2012

# 江苏统计年鉴

# JIANGSU STATISTICAL YEARBOOK

（总第29期 №.29）

江 苏 省 统 计 局
国家统计局江苏调查总队 编

*Compiled by*
Jiangsu Provincial Statistics Bureau
Survey Office of the National Bureau of Statistics in Jiangsu

中国统计出版社
China Statistics Press

（京）新登字 041 号



**图书在版编目（CIP）数据**

江苏统计年鉴. 2012：汉英对照／江苏省统计局，国家统计局江苏调查总队编. -- 北京：中国统计出版社，2012.8

ISBN 978-7-5037-6591-9

Ⅰ. ①江… Ⅱ. ①江… ②国… Ⅲ. ①统计资料—江苏省—2012—年鉴—汉、英 Ⅳ. ①C832.53-54

中国版本图书馆 CIP 数据核字(2012)第 164092 号

**江苏统计年鉴-2012**

作　　者／江苏省统计局　国家统计局江苏调查总队
责任编辑／佘竞雄　刘金成
执行编辑／刘学军
封面设计／王素捷
出版发行／中国统计出版社
通信地址／北京市西城区月坛南街 57 号
邮　　编／100826
办公地址／北京市丰台区西三环南路甲 6 号
电　　话／(010)63376907
网　　址／http://csp.stats.gov.cn
印　　刷／南京人民印刷厂
经　　销／新华书店
开　　本／880×1230 毫米　1/16
字　　数／1808 千字
印　　张／48.38　3 彩页
版　　别／2012 年 7 月第 1 版
版　　次／2012 年 7 月第 1 次印刷
书　　号／ISBN 978-7-5037-6591-9/C·2672
定　　价／460.00 元

**本书附同版本 CD-ROM 一张，光盘内容以书面文字为准。**

**中国统计版图书，如有印装错误，本社发行部负责调换。**

# 《江苏统计年鉴-2012》

## 编委会和编辑人员

# Jiangsu Statistical Yearbook – 2012

## EDITORIAL BOARD AND EDITORIAL STAFF

# 编者说明

一、《江苏统计年鉴—2012》(以下简称《年鉴》)是一部全面、系统反映江苏省2011年及历史重要年份国民经济和社会发展情况的资料性年刊,收录了江苏省及各地区大量的经济社会发展统计信息。

二、《年鉴》分为二十二个部分:1. 综合,2. 国民经济核算,3. 人口、就业和职工工资,4. 人民生活,5. 固定资产投资,6. 价格指数,7. 财政、金融,8. 对外经济贸易,9. 能源、资源、环境,10. 农业,11. 工业,12. 建筑业,13. 运输、邮电,14. 批发零售、住宿餐饮和旅游,15. 教育、科技,16. 文化、体育、卫生,17. 社会服务及其他,18. 城市经济与建设,19. 区域经济,20. 市县社会经济,21. 县(市)社会经济发展序列,22. 乡镇基本情况。另附录全国分省主要指标。为方便读者使用,各篇章前设有《简要说明》,对本篇章的主要内容、资料来源、统计范围、统计方法以及历史变动情况予以简要概述,篇末附有《主要统计指标解释》。

三、《年鉴》资料大部分来自年度统计报表,一部分来自抽样调查等。全国分省资料来自国家统计局出版的有关统计资料。

四、《年鉴》中所使用的度量衡单位均采用国际统一标准计量单位。

五、《年鉴》中国民经济行业分类按2002年国家标准《国民经济行业分类》(GB/T4754－2002)执行。

六、《年鉴》总量指标计算所采用的价格均为现行价格。

七、《年鉴》部分数据合计数或相对数由于单位取舍不同产生的计算误差未作机械调整。

八、《年鉴》表中"..."表示数据不足本表最小单位数;"空格"表示该项统计指标数据不详或无该项数据;"#"表示其中的主要项。

感谢国内外广大读者多年来对《年鉴》编辑出版工作的支持和帮助,欢迎继续提出宝贵意见,使《年鉴》的形式和内容更趋完善。

# EDITOR'S NOTES

Ⅰ. *Jiangsu Statistical Yearbook2012* (abbreviated as Yearbook hereafter) is an annual publication which provides comprehenisive and systematic data series about the national economy and social development in Jiangsu Province in 2011 and some selected data series in historically important years. It includes much statistical information on social and economic development in the province and in various regions.

Ⅱ. The Yearbook contatins the following twenty-two parts: 1. General Survey, 2. National Accounts, 3. Population, Employment and Wages, 4. People's Living Conditions, 5. Investment in Fixed Assets, 6. Price Indices, 7. Government Finance, Financial Intermediation, 8. Foreign Trade and Economic Cooperation, 9. Energy, Resource and Environment, 10. Agriculture, 11. Industry, 12. Construction, 13. Transport, Postal and Telecommunication Services, 14. Wholesale and Retail Trade, Hotels, Catering Services and Tourism, 15. Education, Science and Technology, 16. Culture, Sports and Public Health, 17. Social Services and Others, 18. Urban Economy and Construction, 19. Regional Economy, 20. Social Economy of Cities and Counties, 21. Social Economy Development Alignment of Counties (Cities), 22. Basic Conditions of Villages and Towns, Appendix, Major Indicators by Region. To facilitate readers, the Brief Introduction at the beginning of each chapter provides a summary of the main contents of the chapter, data sources, statistical scope, statistical methods and historical changes. At the end of each chapter, Explanatory Notes on Main Statistical Indicators are included.

Ⅲ. The major data sources of this publication are obtained from annual statistical reports, and some from sample surveys. National major indicators grouped by provinces are obtained from relative statistical data published by the National Bureau of Statistics of China.

Ⅳ. The units of measurement used in the Yearbook are all internationally standard measurement units.

Ⅴ. The classification of national economic industry used in the Yearbook is the national standard of 2002's "The Classification on National Economic Industry", i. e. (GB/T4754 - 2002).

Ⅵ. The price used for gross indicator's calculating are current prise.

Ⅶ. Statistical dicrepancies due to rouding are not adjusted.

Ⅷ. In the Yearbook, "…" indicates that the figure is not large enough to be measured with the samllest unit in the table; (blank) indicates that the figure is not available, "#" indicates the major component items.

We express thanks to the general readers of domestic and abroad for supporting and helping the work of compilcation and publication of the Yearbook. We sincerely welcome conitinued valuable suggestions from the general readers so that the form and content of the Yearbook can be further improved.

# 目　录

# CONTENTS

## 1　综　合

## General Survey

## 2 国民经济核算

## National Accounts

## 3 人口、就业和职工工资

## Population, Employment and Wages

## 4 人民生活

## People's Living Conditions

## 5 固定资产投资

## Investment in Fixed Assets

## 6　价格指数

## Price Indices



## 7　财政、金融

## Government Finance, Financial Intermediation

## 8　对外经济贸易

## Foreign Trade and Economic Cooperation

## 9　能源、资源、环境

**Energy, Resource and Environment**

## 10 农业

## Agriculture

## 11 工业

## Industry

## 12 建筑业

## Construction



## 13 运输、邮电

## Transport, Postal and Telecommunication Services

## 14 批发零售、住宿餐饮和旅游

## Wholesale and Retail Trade, Hotels, Catering Services and Tourism



## 15 教育、科技

## Education, Science and Technology

## 16　文化、体育、卫生
## Culture, Sports and Public Health

## 17 社会服务及其他

## Social Services and Others

## 18 城市经济与建设

## Urban Economy and Construction

## 19　区域经济

## Regional Economy



## 20　市县社会经济

## Social Economy of Cities and Counties

## 21　县(市)社会经济发展序列

## Social Economy Development Alignment of Counties(Cities)

## 22　乡镇基本情况

## Basic Conditions of Villages and Towns

## 附录　全国分省主要指标

## Appendix Major Indicators by Region

# 1

# 综　合

# General Survey

# 简 要 说 明

**主要内容和资料来源**

一、综合资料主要包括行政区划、国民经济和社会发展综合资料、基本单位统计资料以及私营个体统计资料四部分。

二、行政区划资料，由民政部门根据截止到上一年末全省行政区划变更情况整理提供。

三、国民经济综合资料是抽取全书的精华，通过对各篇章主要统计指标及其速度、结构、比例和效益等的加工计算，来反映国民经济和社会发展的总体情况。

四、基本单位统计资料根据基本单位统计年报汇总整理。

五、私营个体统计资料，由工商行政管理部门整理提供。

# Brief Introduction

**Main Contents and Sources of Data**

Ⅰ. This chapter consists of four parts: divisions of administrative areas, summary data on the national economy and social development, basic unit of statistics, private and individual statistics.

Ⅱ. Date about divisions of administrative areas is provided by Civil Affairs bureau which given the change of the administrative divisions end of year.

Ⅲ. Data on divisions of administrative areas in China are prepared and provided by the Ministry of Civil Affairs on the basis of the changes in the divisions of administrative areas as approved by the State Council at the end of the previous year.

Ⅳ. Date of basic unit is come from basic unit of statistics annual report. .

Ⅴ. Date of private and individual economy provided by Department of Business Administration.

# 综 合
# GENERAL SURVEY

## 从数字看 2011 年的江苏
## Jiangsu in Statistics '2011

### 江苏的地位
### Position of Jiangsu in the Country

| | | | | |
|---|---|---|---|---|
| 地区生产总值 | Gross Domestic Product | 占全国 | 10.4% | 10.4 percent of china |
| #第三产业 | Tertiary Industry | 占全国 | 10.3% | 10.3 percent of china |
| 人均地区生产总值 | Per Capital GDP | 高于全国 | 27207 元 | Over 27207 yuan |
| 全社会固定资产投资总额 | Total Investment in Fixed Assets | 占全国 | 8.6% | 8.6 percent of china |
| 社会消费品零售总额 | Total Retail Sales of Consumer Goods | 占全国 | 8.7% | 8.7 percent of china |
| 进出口总额 | Total Imports and Exports | 占全国 | 14.8% | 14.8 percent of china |
| #出口总额 | Total Exports | 占全国 | 16.5% | 16.5 percent of china |
| 粮食产量 | Output of Grain | 占全国 | 5.8% | 5.8 percent of china |
| 钢材产量 | Output of Steel | 占全国 | 11.3% | 11.3 percent of china |
| 发电量 | Output of Electricity | 占全国 | 8.0% | 8.0 percent of china |
| 城镇居民人均可支配收入 | Per Capita Disposable Income of Urban Residents | 高于全国 | 4531 元 | Over 4531 yuan |
| 农村居民人均纯收入 | Per Capita Net Income of Rural Residents | 高于全国 | 3828 元 | Over 3828 yuan |

### 江苏的人口
### Population of Jiangsu

| | | | | |
|---|---|---|---|---|
| 年末人口 | Population | 7898.80 | 万人 | (10000 persons) |
| 从业人员 | Employment | 4758.23 | 万人 | (10000 persons) |
| #在岗职工人数 | Staff and Workers Employed | 774.39 | 万人 | (10000 persons) |
| 出生人口 | Births | 75.61 | 万人 | (10000 persons) |
| 死亡人口 | Deaths | 55.03 | 万人 | (10000 persons) |
| 结婚人数 | Marriages | 86.75 | 万对 | (10000 couples) |
| 离婚人数 | Divorces | 16.68 | 万对 | (10000 couples) |
| 人口密度 | Density of Population | 770 | 人/平方公里 | (person/sq. km) |
| 人口平均期望寿命(2005 年) | Life Expectancy(2005) | 75.32 | 岁 | (year) |
| 男 | Male | 72.86 | 岁 | (year) |
| 女 | Female | 77.85 | 岁 | (year) |

## 江苏的经济发展
## Economic Development of Jiangsu

| | | 1953－2011年<br>平均增长(%)<br>1953－2011<br>Average Annual<br>Growth Rate(%) | 1979－2011年<br>平均增长(%)<br>1979－2011<br>Average Annual<br>Growth Rate(%) |
|---|---|---|---|
| 地区生产总值 | Gross Domestic Product | 9.3 | 12.6 |
| 第一产业 | Primary Industry | 3.7 | 4.7 |
| 第二产业 | Secondary Industry | 13.3 | 14.1 |
| #工业 | Industry | 13.4 | 14.2 |
| 第三产业 | Tertiary Industry | 9.7 | 14.4 |
| 全社会固定资产投资 | Total Investment in Fixed Assets | 18.2 | 24.1 |
| 财政收入 | Government Revenue | 13.8 | 17.9 |
| 货物运输量 | Freight Traffic | 8.7 | 8.4 |
| 社会消费品零售总额 | Total Retail Sales of Consumer Goods | 12.3 | 17.2 |
| 出口总额 | Total Exports | | 22.2 |

## 江苏的一天
## One Day in Jiangsu

| | | | | |
|---|---|---|---|---|
| 地区生产总值 | Groos Domestic Product | 134.55 | 亿元 | (100 million yuan) |
| 第一产业 | Primary Industry | 8.40 | 亿元 | (100 million yuan) |
| 第二产业 | Secondary Industry | 69.05 | 亿元 | (100 million yuan) |
| #工业 | Industry | 61.04 | 亿元 | (100 million yuan) |
| 第三产业 | Tertiary Industry | 57.10 | 亿元 | (100 million yuan) |
| 财政收入 | Government Revenue | 38.68 | 亿元 | (100 million yuan) |
| 货物运输量 | Freight Traffic | 582.45 | 万吨 | (10000 tons) |
| 竣工房屋面积 | Floor Space of Residential Housing Completed | 149.73 | 万平方米 | (10000 sq. m) |
| 社会消费品零售总额 | Total Retail Sales of Consumer Goods | 43.80 | 亿元 | (100 million yuan) |
| 出口总额 | Total Exports | 85650.15 | 亿美元 | (USD 100 million) |
| 出版报纸 | Newspapers Published | 779.73 | 万份 | (10000 copies) |
| 邮寄函件 | Letters Delivered | 258.90 | 万件 | (10000 pieces) |

# 1－1 行 政 区 划 (2011 年)
## Administrative Divisions(2011)

单位:个 (unit)

| 市 名 City | | 各级市单位数 Number of Cities at All Levels | 县级单位数 Number of Counties | 县 County | 县级市 Cities at County Level | 市辖区 Districts Under the Jurisdiction of Cities |
|---|---|---|---|---|---|---|
| **全 省** | **Total** | **38** | **104** | **24** | **25** | **55** |
| 南京市 | Nanjing | 1 | 13 | 2 | | 11 |
| 无锡市 | Wuxi | 3 | 8 | | 2 | 6 |
| 徐州市 | Xuzhou | 3 | 10 | 3 | 2 | 5 |
| 常州市 | Changzhou | 3 | 7 | | 2 | 5 |
| 苏州市 | Suzhou | 6 | 11 | | 5 | 6 |
| 南通市 | Nantong | 4 | 8 | 2 | 3 | 3 |
| 连云港市 | Lianyungang | 1 | 7 | 4 | | 3 |
| 淮安市 | Huaian | 1 | 8 | 4 | | 4 |
| 盐城市 | Yancheng | 3 | 9 | 5 | 2 | 2 |
| 扬州市 | Yangzhou | 3 | 6 | 1 | 2 | 3 |
| 镇江市 | Zhenjiang | 4 | 6 | | 3 | 3 |
| 泰州市 | Taizhou | 5 | 6 | | 4 | 2 |
| 宿迁市 | Suqian | 1 | 5 | 3 | | 2 |

1－1 续表 Continued

单位:个 (unit)

| 市 名 City | | 镇 Town | 乡 Township | 街道办事处 Subdistrict Office | 村民委员会 Village Committee | 居民委员会 Neighbourhood Committee |
|---|---|---|---|---|---|---|
| **全 省** | **Total** | **860** | **96** | **344** | **15625** | **6083** |
| 南京市 | Nanjing | 29 | | 84 | 571 | 764 |
| 无锡市 | Wuxi | 32 | | 51 | 673 | 580 |
| 徐州市 | Xuzhou | 113 | | 41 | 2166 | 527 |
| 常州市 | Changzhou | 37 | | 21 | 782 | 359 |
| 苏州市 | Suzhou | 58 | | 36 | 1097 | 882 |
| 南通市 | Nantong | 93 | 2 | 20 | 1425 | 563 |
| 连云港市 | Lianyungang | 53 | 30 | 17 | 1432 | 235 |
| 淮安市 | Huaian | 91 | 24 | 11 | 1458 | 241 |
| 盐城市 | Yancheng | 99 | | 13 | 1900 | 526 |
| 扬州市 | Yangzhou | 71 | 5 | 12 | 1127 | 352 |
| 镇江市 | Zhenjiang | 35 | | 18 | 504 | 285 |
| 泰州市 | Taizhou | 74 | 6 | 16 | 1471 | 391 |
| 宿迁市 | Suqian | 75 | 29 | 4 | 1019 | 378 |

# 1－2 “十六大”以来江苏经济社会发展情况

单位:亿元

| 指　　标 | Item | 2002 | 2007 | 2008 |
|---|---|---|---|---|
| 地区生产总值 | Gross Domestic Product | 10606.85 | 26018.48 | 30981.98 |
| 第一产业 | Primary Industry | 1110.44 | 1816.31 | 2100.11 |
| 第二产业 | Secondary Industry | 5604.49 | 14471.26 | 16993.34 |
| 第三产业 | Tertiary Industry | 3891.92 | 9730.91 | 11888.53 |
| 人均地区生产总值　（元） | Per Capita GDP　(yuan) | 14369 | 33837 | 40014 |
| 全社会固定资产投资 | Total Investment in Fixed Assets | 3849.24 | 12268.07 | 15060.45 |
| #房地产开发投资 | Real Estate Davelopment | 544.13 | 2515.91 | 3064.46 |
| 财政总收入 | Government Revenue | 1483.68 | 5591.29 | 7109.72 |
| #地方财政一般预算收入 | Local Government Budgetary Revenue | 643.70 | 2237.73 | 2731.41 |
| 地方财政一般预算支出 | Local Government Budgetary Expenditure | 860.25 | 2553.72 | 3247.49 |
| 金融机构存款余额 | Deposits of Banking System | 11881.19 | 30450.54 | 37017.48 |
| #居民储蓄 | Saving Deposits | 6276.20 | 13014.92 | 16721.18 |
| 金融机构贷款余额 | Loans of Banking System | 8234.58 | 22092.10 | 26160.72 |
| 全部工业增加值 | Added Value of All Industties | 4880.09 | 13105.24 | 15271.20 |
| 规模以上工业总产值 | Gross Output Value of above Designated Size Industry | 13865.86 | 53316.38 | 67798.68 |
| 规模以上工业利税总额 | Total Profits and Taxes of above Designated Size Industry | 1128.57 | 4423.16 | 6574.69 |
| #利润总额 | Total Profits | 554.21 | 2765.77 | 3972.93 |
| 建筑业增加值 | Added Value of Construction | 724.40 | 1366.02 | 1722.14 |
| 社会消费品零售总额 | Total Retail Sale of Consumer Goods | 3656.57 | 7985.90 | 9905.10 |
| 进出口总额　（亿美元） | Total Imports and Exports　(USD 100 million) | 703.05 | 3496.71 | 3922.68 |
| #出口 | Exports | 384.80 | 2037.33 | 2380.36 |
| 实际外商直接投资　（亿美元） | Actual Foreign Direct Investment (USD 100 million) | 103.66 | 218.92 | 251.20 |
| 高等学校在校生数　（万人） | Students Enrollment in Institutions of Higher Education　(10000 persons) | 70.02 | 147.23 | 157.26 |
| R&D 经费支出 | Internal Expenses of Research and Development | 109.09 | 430.20 | 584.57 |
| 高新技术产业产值 | Output Value in High－tech Industry | 2527.75 | 14689.96 | 18402.19 |
| 卫生机构床位数　（万张） | Hospital Beds　(10000 units) | 17.45 | 22.00 | 23.51 |
| 执业(助理)医师数　（万人） | Doctors　(10000 persons) | 10.22 | 11.87 | 11.97 |
| 在岗职工年平均工资　（元） | Average Wages of Staff and Workers Employed　(yuan) | 13509 | 27374 | 31667 |
| 人均储蓄存款余额　（元） | Per Capita Savings Deposit of Residents　(yuan) | 8475 | 16852 | 21541 |
| 城镇居民人均可支配收入　（元） | Per Capita Disposable Income of Urban Residents　(yuan) | 8178 | 16378 | 18680 |
| 农村居民人均纯收入　（元） | Per Capita Net Income of Rural Residents　(yuan) | 3996 | 6561 | 7357 |

# Situation on Economic and Social Development of Jiangsu since the 16th Party Congress

(100 million yuan)

| 2009 | 2010 | 2011 | 2003～2007年年均增长(%) Average Annual Growth Rate(%) | 2008～2011年年均增长(%) Average Annual Growth Rate(%) | 2003～2011年年均增长(%) Average Annual Growth Rate(%) |
|---|---|---|---|---|---|
| 34457.30 | 41425.48 | 49110.27 | 14.5 | 12.2 | 13.5 |
| 2261.86 | 2540.10 | 3064.78 | 3.3 | 4.3 | 3.8 |
| 18566.37 | 21753.93 | 25203.28 | 16.4 | 12.6 | 14.7 |
| 13629.07 | 17131.45 | 20842.21 | 14.5 | 12.9 | 13.8 |
| 44253 | 52840 | 62290 | 13.6 | 11.5 | 12.7 |
| 18949.88 | 22020.73 | 26693.82 | 26.1 | 21.5 | 24.0 |
| 3338.50 | 4299.38 | 5567.94 | 35.8 | 22.0 | 29.5 |
| 8404.99 | 11743.22 | 14119.85 | 30.4 | 26.1 | 28.4 |
| 3228.78 | 4079.86 | 5148.92 | 28.3 | 23.2 | 26.0 |
| 4017.36 | 4914.06 | 6221.72 | 24.3 | 24.9 | 24.6 |
| 48850.29 | 58984.14 | 65723.56 | 20.7 | 21.2 | 20.9 |
| 20080.63 | 23334.48 | 25914.74 | 15.7 | 18.8 | 17.1 |
| 35296.73 | 42121.04 | 47868.30 | 21.8 | 21.3 | 21.6 |
| 16464.94 | 19277.65 | 22280.61 | 17.1 | 12.8 | 15.2 |
| 73200.03 | 92056.48 | 107680.68 | 30.9 | 19.2 | 25.6 |
| 6794.67 | 9316.01 | 11038.45 | 31.4 | 25.7 | 28.8 |
| 4099.58 | 5970.56 | 7074.44 | 37.9 | 26.5 | 32.7 |
| 2101.43 | 2476.28 | 2922.67 | 10.3 | 11.1 | 10.7 |
| 11484.10 | 13606.80 | 15988.38 | 16.9 | 19.0 | 17.8 |
| 3388.32 | 4657.93 | 5397.59 | 37.8 | 11.5 | 25.4 |
| 1992.43 | 2705.50 | 3126.23 | 39.6 | 11.3 | 26.2 |
| 253.23 | 284.98 | 321.32 | 16.1 | 10.1 | 13.4 |
| 165.34 | 164.94 | 165.94 | 16.0 | 3.0 | 10.1 |
| 717.12 | 871.39 | 1071.96 | 31.6 | 25.6 | 28.9 |
| 21987.23 | 30354.84 | 38377.76 | 42.2 | 27.1 | 35.3 |
| 25.15 | 26.97 | 29.64 | 4.7 | 7.7 | 6.1 |
| 12.32 | 12.90 | 13.47 | 3.0 | 3.2 | 3.1 |
| 35890 | 40505 | 45987 | 15.2 | 13.8 | 14.6 |
| 25711 | 29652 | 32808 | 14.7 | 18.1 | 16.2 |
| 20552 | 22944 | 26341 | 14.9 | 12.6 | 13.9 |
| 8004 | 9118 | 10805 | 10.4 | 13.3 | 11.7 |

# 1－3 国民经济和社会发展总量与速度指标

| 指标 | Item | 总量指标 | | | |
|---|---|---|---|---|---|
| | | 1978 | 1990 | 1995 | 2000 |
| **人口与就业** | **Population and Employment** | | | | |
| **人口（万人）** | **Population (10000 persons)** | | | | |
| 年末人口 | Population at the Year-end | 5834.32 | 6766.90 | 7066.02 | 7327.24 |
| 城镇人口 | Urban | 800.77 | 1458.94 | 1929.09 | 3040.81 |
| 乡村人口 | Rural | 5033.55 | 5307.96 | 5136.93 | 4286.43 |
| **就业（万人）** | **Employment (10000 persons)** | | | | |
| 就业人数 | Employment | 2777.72 | 4225.02 | 4385.17 | 4418.14 |
| #职工人数 | Staff and Workers | 581.50 | 879.85 | 915.98 | 673.25 |
| #国有单位 | State-owned Units | 366.37 | 536.88 | 576.24 | 411.40 |
| 年末城镇登记失业人数 | Unemployment Registered in Urban Area | | 22.52 | 20.13 | 30.36 |
| **宏观经济** | **Macroeconomy** | | | | |
| **国民经济核算（亿元）** | **National Economic Accounting (100 million yuan)** | | | | |
| 地区生产总值 | Gross Domestic Product | 249.24 | 1416.50 | 5155.25 | 8553.69 |
| 第一产业 | Primary Industry | 68.71 | 355.17 | 866.24 | 1048.34 |
| 第二产业 | Secondary Industry | 131.09 | 692.59 | 2715.26 | 4435.89 |
| 第三产业 | Tertiary Industry | 49.44 | 368.74 | 1573.75 | 3069.46 |
| 支出法地区生产总值 | Gross Domestic Expenditures | | | | |
| #最终消费 | Final Consumption Expenditure | 130.55 | 717.36 | 2250.66 | 3710.72 |
| 居民消费 | Resident Consumption | 115.15 | 608.29 | 1806.43 | 2815.51 |
| 政府消费 | Government Consumption Expenditure | 15.40 | 109.07 | 444.23 | 895.21 |
| 资本形成总额 | Gross Capital Formation | 77.98 | 588.44 | 2479.30 | 4044.78 |
| 固定资本形成 | Fixed Capital Formation | 40.40 | 374.12 | 1756.88 | 3225.42 |
| 存货增加 | Changes in Stock | 37.58 | 214.32 | 722.42 | 819.36 |
| **固定资产投资（亿元）** | **Investment in Fixed Assets (100 million yuan)** | | | | |
| 全社会固定资产投资总额 | Total Investment in Fixed Assets | 21.75 | 356.30 | 1680.17 | 2995.43 |
| #国有单位 | State-owned Units | 20.70 | 134.86 | 602.70 | 1200.01 |
| 集体单位 | Collective-owned Units | 1.05 | 74.87 | 491.08 | 455.86 |
| #房地产开发 | Real Estale Development | | 11.71 | 240.85 | 358.72 |
| **财政（亿元）** | **Public Finance (100 million yuan)** | | | | |
| 地方一般预算收入 | Local Government Budgetary Revenue | 61.09 | 136.20 | 172.64 | 448.31 |
| 地方一般预算支出 | Local Government Budgetary Expenditure | 28.38 | 100.97 | 253.49 | 591.28 |

# Aggregate Indicators on National Economic and Social Development and Their Indices and Growth Rate

| Aggregate Data | | | 速度指标 Indicies and Growth Rate | | | | | | | | |
|---|---|---|---|---|---|---|---|---|---|---|---|
| | | | 2011年比下列各年增长(%) Index (2011 as percentage of the following years) | | | | | | 年平均增长(%) Average Annual Growth Rate | | |
| 2005 | 2010 | 2011 | 1978 | 1990 | 1995 | 2000 | 2005 | 2010 | 1979 ~ 2011 | 2001 ~ 2011 | 2006 ~ 2011 |
| 7588.24 | 7869.34 | 7898.80 | 35.4 | 16.7 | 11.8 | 7.8 | 4.1 | 0.4 | 0.9 | 0.7 | 0.7 |
| 3832.06 | 4767.63 | 4889.36 | 510.6 | 235.1 | 153.5 | 60.8 | 27.6 | 2.6 | 5.6 | 4.4 | 4.1 |
| 3756.18 | 3101.71 | 3009.44 | -40.2 | -43.3 | -41.4 | -29.8 | -19.9 | -3.0 | -1.5 | -3.2 | -3.6 |
| 4578.75 | 4754.68 | 4758.23 | 71.3 | 12.6 | 8.5 | 7.7 | 3.9 | 0.1 | 1.6 | 0.7 | 0.6 |
| 602.93 | 710.58 | 774.39 | 33.2 | -12.0 | -15.5 | 15.0 | 28.4 | 9.0 | 0.9 | 1.3 | 4.3 |
| 273.43 | 263.95 | 276.86 | -24.4 | -48.4 | -52.0 | -32.7 | 1.3 | 4.9 | -0.8 | -3.5 | 0.2 |
| 41.63 | 40.65 | 41.45 | | 84.1 | 105.9 | 36.5 | -0.4 | 2.0 | | 2.9 | -0.1 |
| 18598.69 | 41425.48 | 49110.27 | 4916.5 | 1328.7 | 552.4 | 284.2 | 109.2 | 11.0 | 12.6 | 13.0 | 13.1 |
| 1461.51 | 2540.10 | 3064.78 | 352.9 | 141.9 | 85.7 | 47.9 | 28.3 | 4.0 | 4.7 | 3.6 | 4.2 |
| 10524.96 | 21753.93 | 25203.28 | 7682.1 | 1828.2 | 663.0 | 333.0 | 115.6 | 11.7 | 14.1 | 14.3 | 13.7 |
| 6612.22 | 17131.45 | 20842.21 | 8463.8 | 1619.3 | 615.4 | 297.0 | 118.1 | 11.1 | 14.4 | 13.4 | 13.9 |
| 7658.69 | 17238.08 | 20649.28 | 4488.7 | 1486.0 | 596.4 | 324.9 | 128.2 | 13.3 | 12.3 | 14.1 | 14.7 |
| 5339.09 | 10942.82 | 13534.19 | 3159.6 | 1109.2 | 466.5 | 269.5 | 110.3 | 14.7 | 11.1 | 12.6 | 13.2 |
| 2319.60 | 6295.26 | 7115.09 | 16186.7 | 3626.5 | 1111.3 | 490.7 | 169.6 | 10.8 | 16.7 | 17.5 | 18.0 |
| 9462.30 | 21173.29 | 25049.05 | 8042.7 | 1261.3 | 525.7 | 270.9 | 97.6 | 10.5 | 14.3 | 12.7 | 12.0 |
| 8888.80 | 20709.14 | 24522.24 | 17265.9 | 2049.9 | 732.0 | 359.4 | 105.1 | 10.6 | 16.9 | 14.9 | 12.7 |
| 573.45 | 464.15 | 526.81 | 203.8 | -20.3 | -48.8 | -62.7 | -16.8 | 7.1 | 3.4 | -8.6 | -3.0 |
| 8739.71 | 22020.73 | 26693.82 | 122630.2 | 7392.0 | 1488.8 | 791.2 | 205.4 | 21.2 | 24.1 | 22.0 | 20.5 |
| 2077.97 | 4438.46 | 5004.82 | 24077.9 | 3611.1 | 730.4 | 317.1 | 140.9 | 15.1 | 18.1 | 13.9 | 15.8 |
| 445.16 | 902.96 | 1132.95 | 107800.0 | 1413.2 | 130.7 | 148.5 | 154.5 | 25.5 | 23.6 | 8.6 | 16.8 |
| 1545.15 | 4299.38 | 5567.94 | | 47448.6 | 2211.8 | 1452.2 | 260.3 | 29.5 | | 28.3 | 23.8 |
| 1322.68 | 4079.86 | 5148.92 | 8328.4 | 3680.4 | 2882.5 | 1048.5 | 289.3 | 26.2 | 14.4 | 24.8 | 25.4 |
| 1673.40 | 4914.06 | 6221.72 | 21822.9 | 6061.9 | 2354.4 | 952.2 | 271.8 | 26.6 | 17.7 | 23.9 | 24.5 |

1-3 续表 1

| 指 标 | Item | 总量指标 1978 | 1990 | 1995 | 2000 |
|---|---|---|---|---|---|
| **物价 （上年=100）** | **Price （preceding year=100）** | | | | |
| 商品零售价格指数 | General Retail Price Index | 100.2 | 102.3 | 114.3 | 98.6 |
| 居民消费价格指数 | General Consumer Price Index | 100.1 | 103.2 | 115.8 | 100.1 |
| 工业生产者出厂价格指数 | Ex -factory Price Index of Industrial Producers | | | 114.2 | 101.1 |
| **利用外资 （亿美元）** | **Utilization of Foreign Capital （USD 100 million）** | | | | |
| 合同外商直接投资 | Contracted Foreign Direct Investment | | 2.44 | 129.70 | 106.11 |
| 实际外商直接投资 | Actual Foreign Direct Investment | | 1.41 | 47.81 | 64.24 |
| **产 业** | **Industry** | | | | |
| **农业** | **Agriculture** | | | | |
| 农林牧渔业劳动力 （万人） | Number of Persons Engaged in Agriculture, Forestry, Animal Husbandry and Fishery （10000 persons） | 2030.67 | 1714.49 | 1541.33 | 1480.22 |
| 农林牧渔业总产值 （亿元） | Gross Output Value of Agriculture, Forestry, Animal Husbandry and Fishery （100 million yuan） | 105.87 | 580.53 | 1686.78 | 1869.73 |
| 主要农产品产量 （万吨） | Output of Major Farm Products （10000 tons） | | | | |
| 粮食 | Grain | 2400.65 | 3264.15 | 3286.30 | 3106.63 |
| 棉花 | Cotton | 47.54 | 46.42 | 56.15 | 31.45 |
| 油料 | Oil-bearing Crops | 37.44 | 112.39 | 159.46 | 225.65 |
| 糖料 | Sugar Crops | 6.88 | 22.26 | 23.37 | 28.26 |
| 蚕茧 | Silkworm Cocoons | 2.63 | 12.00 | 18.62 | 9.01 |
| 猪牛羊肉 | Pork, Beef and Mutton | | 158.38 | 217.82 | 227.41 |
| 水产品 | Aquatic Products | 39.76 | 118.25 | 219.47 | 308.79 |
| **工业** | **Industry** | | | | |
| 全部工业增加值 （亿元） | Added Value of All Industties （100 million yuan） | 117.10 | 634.13 | 2467.63 | 3848.52 |
| 主要工业产品产量 （万吨） | Output of Major Industrial Products （10000 tons） | | | | |
| 粗钢 | Steel | 54.51 | 190.18 | 360.40 | 617.16 |
| 钢材 | Rolled-steel | 60.31 | 203.01 | 787.89 | 1401.83 |
| 发电量 （亿千瓦小时） | Electricity （100 million kW·h） | 126.42 | 404.47 | 700.41 | 909.69 |
| 原煤 | Coal | 1707.02 | 2407.79 | 2650.72 | 2479.02 |
| 农用化肥（折100%） | Chemical Furtilizers | 72.18 | 145.90 | 191.85 | 192.38 |
| 化学农药 | Chemical Pesticide | 4.92 | 4.51 | 12.18 | 17.23 |
| 水泥 | Cement | 444.10 | 1532.89 | 3966.42 | 4599.52 |
| 化学纤维 | Chemical Fiber | 2.11 | 40.76 | 102.20 | 190.99 |
| 彩色电视机 （万台） | Color Television Sets （10000 units） | 0.03 | 36.64 | 11.45 | 127.66 |
| 家用电冰箱 （万台） | Household Refrigerators （10000 units） | | 83.18 | 250.72 | 285.17 |
| **建筑业** | **Construction** | | | | |
| 建筑业企业职工平均人数 （万人） | Average Number of Employed Persons （10000 persons） | | 124.31 | 232.94 | 221.48 |
| 建筑业总产值 （亿元） | Gross Output Value （100 million yuan） | | 147.23 | 998.11 | 1546.17 |
| 施工房屋面积 （万平方米） | Floor Space of Building Under Construction （10000 sq. m） | | 5240.98 | 16646.14 | 21287.10 |
| 竣工房屋面积 （万平方米） | Floor Space of Building Completed （10000 sq. m） | | 3307.93 | 8739.38 | 12329.65 |

Continued 1

| Aggregate Data | | | 速度指标 Indicies and Growth Rate | | | | | | | | |
|---|---|---|---|---|---|---|---|---|---|---|---|
| | | | 2010年比下列各年增长(%) Index (2010 as percentage of the following years) | | | | | | 年平均增长(%) Average Annual Growth Rate | | |
| 2005 | 2010 | 2011 | 1978 | 1990 | 1995 | 2000 | 2005 | 2010 | 1979 ~ 2011 | 2001 ~ 2011 | 2006 ~ 2011 |
| 100.3 | 103.2 | 104.6 | 337.4 | 107.6 | 15.1 | 15.7 | 16.2 | 4.6 | 4.6 | 1.3 | 2.5 |
| 102.1 | 103.8 | 105.3 | 472.7 | 168.7 | 42.5 | 30.6 | 21.6 | 5.3 | 5.4 | 2.5 | 3.3 |
| 102.6 | 107.3 | 106.2 | | | 15.4 | 27.6 | 18.2 | 6.2 | 2.2 | 2.2 | 2.8 |
| 457.22 | 568.33 | 595.54 | | 24291.4 | 359.2 | 461.3 | 30.3 | 4.8 | | 17.0 | 4.5 |
| 131.80 | 284.98 | 321.32 | | 22672.5 | 572.1 | 400.2 | 143.8 | 12.8 | | 15.8 | 16.0 |
| 1058.28 | 859.83 | 821.69 | -59.5 | -52.1 | -46.7 | -44.5 | -22.4 | -4.4 | -2.7 | -5.2 | -4.1 |
| 2576.98 | 4297.14 | 5237.45 | 558.0 | 231.3 | 109.1 | 57.5 | 28.4 | 4.2 | 5.9 | 4.2 | 4.3 |
| 2834.59 | 3235.10 | 3307.76 | 37.8 | 1.3 | 0.7 | 6.5 | 16.7 | 2.2 | 1.0 | 0.6 | 2.6 |
| 32.27 | 26.08 | 24.68 | -48.1 | -46.8 | -56.0 | -21.5 | -23.5 | -5.4 | -2.0 | -2.2 | -4.4 |
| 215.99 | 151.97 | 144.05 | 284.7 | 28.2 | -9.7 | -36.2 | -33.3 | -5.2 | 4.2 | -4.0 | -6.5 |
| 22.23 | 10.27 | 9.61 | 39.6 | -56.8 | -58.9 | -66.0 | -56.8 | -6.4 | 1.0 | -9.3 | -13.0 |
| 10.59 | 7.91 | 7.07 | 168.8 | -41.1 | -62.0 | -21.5 | -33.2 | -10.6 | 3.0 | -2.2 | -6.5 |
| 242.13 | 223.91 | 226.76 | | 43.2 | 4.1 | -0.3 | -6.3 | 1.3 | | 0.0 | -1.1 |
| 388.66 | 460.44 | 475.97 | 1097.1 | 302.5 | 116.9 | 54.1 | 22.5 | 3.4 | 7.8 | 4.0 | 3.4 |
| 9440.18 | 19277.65 | 22280.61 | 7993.9 | 1832.8 | 674.7 | 353.2 | 120.4 | 12.3 | 14.2 | 14.7 | 14.1 |
| 3284.86 | 6242.75 | 6838.77 | 12445.9 | 3495.9 | 1797.5 | 1008.1 | 108.2 | 9.8 | 15.8 | 24.4 | 13.0 |
| 4328.32 | 9122.95 | 9994.01 | 16471.1 | 4822.9 | 1168.5 | 612.9 | 130.9 | 9.4 | 16.7 | 19.5 | 15.0 |
| 1789.53 | 3358.98 | 3755.63 | 2870.8 | 828.5 | 436.2 | 312.8 | 109.9 | 10.8 | 10.8 | 13.8 | 13.2 |
| 2817.56 | 2122.48 | 2100.27 | 23.0 | -12.8 | -20.8 | -15.3 | -25.5 | -0.8 | 0.6 | -1.5 | -4.8 |
| 284.63 | 241.96 | 243.70 | 237.6 | 67.0 | 27.0 | 26.7 | -14.4 | 2.8 | 3.8 | 2.2 | -2.6 |
| 30.26 | 61.76 | 75.83 | 1441.3 | 1581.4 | 522.6 | 340.1 | 150.6 | 24.5 | 8.6 | 14.4 | 16.5 |
| 9579.15 | 15647.46 | 14899.69 | 3255.0 | 872.0 | 275.6 | 223.9 | 55.5 | 2.8 | 11.2 | 11.3 | 7.6 |
| 458.49 | 1027.19 | 1123.80 | 53161 | 2657.1 | 999.6 | 488.4 | 145.1 | 10.5 | 21.0 | 17.5 | 16.1 |
| 403.81 | 1766.89 | 1476.93 | 4923000 | 3930.9 | 12799.0 | 1056.9 | 265.7 | -10.1 | 38.7 | 24.9 | 24.1 |
| 318.46 | 812.49 | 1194.79 | | 1336.4 | 376.5 | 319.0 | 275.2 | 48.0 | | 13.9 | 24.7 |
| 342.24 | 598.98 | 607.55 | | 388.7 | 160.8 | 174.3 | 77.5 | 1.4 | | 9.6 | 10.0 |
| 4368.95 | 12405.90 | 15122.74 | | 10171.5 | 1415.1 | 878.1 | 246.1 | 21.9 | | 23.0 | 23.0 |
| 52242.23 | 119036 | 145451 | | 2675.3 | 773.8 | 583.3 | 178.4 | 22.2 | | 19.1 | 18.6 |
| 25391.86 | 48560.07 | 54650.20 | | 1552.1 | 525.3 | 343.2 | 115.2 | 12.5 | | 14.5 | 13.6 |

| 指　标 Item | | 总量指标 | | | |
| --- | --- | --- | --- | --- | --- |
| | | 1978 | 1990 | 1995 | 2000 |
| **交通运输** | **Transportation** | | | | |
| 货运量（万吨） | Freight Traffic (10000 tons) | 14626 | 49399 | 81830 | 90436 |
| #铁路 | Railways | 3224 | 4235 | 4143 | 4077 |
| 公路 | Highways | 4488 | 27904 | 49578 | 59056 |
| 水运 | Waterways | 6557 | 15908 | 27161 | 25902 |
| 客运量（万人） | Passenger Traffic (10000 persons) | 25621 | 48339 | 84803 | 107244 |
| #铁路 | Railways | 2752 | 4788 | 5185 | 4891 |
| 公路 | Highways | 18694 | 41850 | 78947 | 101713 |
| 水运 | Waterways | 4175 | 1701 | 623 | 514 |
| 港口货物吞吐量（万吨） | Volume of Freight Handled at Seaports (10000 tons) | 10183 | 17002 | 20177 | 39200 |
| **邮电通信业** | **Postal and Telecommunications Services** | | | | |
| 邮电业务总量（亿元） | Total Business Revenue (100 million yuan) | 1.83 | 9.98 | 72.24 | 323.45 |
| 函件（亿件） | Number of Letters Delivered (100 million pieces) | 1.63 | 3.30 | 5.31 | 5.74 |
| 年末固定电话用户（万户） | Number of Eited Telephone Subseribers at Year-end (10000 househalds) | | | 330.17 | 1138.06 |
| 城市 | Urban | | | 226.54 | 535.43 |
| 农村 | Rural | | | 103.63 | 602.63 |
| 年末移动电话用户（万户） | Number of Mobile Telephone Subseribers at Year-end (10000 househalds) | | | 23.19 | 619.50 |
| **国内商业** | **Domestic Trade** | | | | |
| 社会消费品零售总额（亿元） | Total Retail Sales of Consumer Goods (100 million yuan) | 84.79 | 515.43 | 1741.92 | 2908.46 |
| **对外经济贸易和旅游** | **Foreign Trade and Tourism** | | | | |
| 进出口总额（亿美元） | Total Imports and Exports (USD 100 million) | 4.27 | 41.39 | 162.78 | 456.38 |
| 进口 | Imports | 0.09 | 11.95 | 64.96 | 198.69 |
| 出口 | Exports | 4.18 | 29.44 | 97.82 | 257.70 |
| 接待海外旅游人数（万人） | Number of International Tourists Received (10000 persons) | 11.33 | 72.48 | 76.77 | 160.94 |
| **金融保险（亿元）** | **Banking and Insurance (100 million yuan)** | | | | |
| 金融机构存款 | Deposits of Banking System | 60.72 | 860.33 | 3500.49 | 8400.75 |
| 金融机构贷款 | Loans of Banking System | 115.29 | 1013.45 | 2875.39 | 5967.66 |
| 国内保险保费收入 | Domestic Premium | | 9.31 | 29.01 | 132.03 |
| **教育、科技、文化** | **Education, Science and Technology and Culture** | | | | |
| **教育** | **Education** | | | | |
| 高等学校本专科在校学生（万人） | Students Enrollment in Institutions of Higher Education (10000 persons) | 6.05 | 14.69 | 20.86 | 45.19 |
| 中等专业学校在校学生（万人） | Students Enrollment in Specialized Secondary Schools (10000 persons) | 3.84 | 13.99 | 31.87 | 43.62 |
| 普通中学在校学生（万人） | Students Enrollment in Regular Secondary Schools (10000 persons) | 385.85 | 281.97 | 316.75 | 373.64 |
| 小学在校学生（万人） | Students Enrollment in Primary Schools (10000 persons) | 868.90 | 612.29 | 644.77 | 718.55 |
| **科技** | **Science and Technology** | | | | |
| 县以上科研机构数（个） | Number of Scientific & Technological Research Institutions of County Level and Above (unit) | | 326 | 337 | 313 |
| 各类专业技术人员（万人） | Scientific and Technical Personnel (10000 persons) | 22.18 | 158.86 | 184.97 | 194.24 |

Continued 2

| Aggregate Data | | | 速 度 指 标 Indicies and Growth Rate | | | | | | | | |
|---|---|---|---|---|---|---|---|---|---|---|---|
| | | | 2010 年比下列各年增长(%) Index (2010 as percentage of the following years) | | | | | | 年平均增长(%) Average Annual Growth Rate | | |
| 2005 | 2010 | 2011 | 1978 | 1990 | 1995 | 2000 | 2005 | 2010 | 1979 ~ 2011 | 2001 ~ 2011 | 2006 ~ 2011 |
| 112909 | 188565 | 212594 | 1353.5 | 330.4 | 159.8 | 135.1 | 88.3 | 12.7 | 8.4 | 8.1 | 11.1 |
| 5090 | 6374 | 7282 | 125.9 | 71.9 | 75.8 | 78.6 | 43.1 | 14.2 | 2.5 | 5.4 | 6.1 |
| 76301 | 123500 | 140803 | 3037.3 | 404.6 | 184.0 | 138.4 | 84.5 | 14.0 | 11.0 | 8.2 | 10.8 |
| 29277 | 48702 | 54012 | 723.7 | 239.5 | 98.9 | 108.5 | 84.5 | 10.9 | 6.6 | 6.9 | 10.7 |
| 145204 | 226627 | 247405 | 865.6 | 411.8 | 191.7 | 130.7 | 70.4 | 9.2 | 7.1 | 7.9 | 9.3 |
| 6658 | 9711 | 10598 | 285.1 | 121.3 | 104.4 | 116.7 | 59.2 | 9.1 | 4.2 | 7.3 | 8.1 |
| 138287 | 215850 | 235673 | 1160.7 | 463.1 | 198.5 | 131.7 | 70.4 | 9.2 | 8.0 | 7.9 | 9.3 |
| 37 | 590 | 579 | -86.1 | -66.0 | -7.1 | 12.6 | 1464.9 | -1.9 | -5.8 | 1.1 | 58.2 |
| 75517 | 158977 | 180683 | 1674.4 | 962.7 | 795.5 | 360.9 | 139.3 | 13.7 | 9.1 | 14.9 | 15.6 |
| 728.08 | 2194.60 | 974.30 | 137332 | 25100.5 | 3381.5 | 677.6 | 245.4 | 14.6 | 24.5 | 20.5 | 22.9 |
| 4.21 | 9.36 | 9.45 | 479.8 | 186.4 | 78.0 | 64.6 | 124.5 | 1.0 | 5.5 | 4.6 | 14.4 |
| 3059.35 | 2498.80 | 2370.94 | | | 618.1 | 108.3 | -22.5 | -5.1 | | 6.9 | -4.2 |
| 2089.54 | 1527.80 | 1392.53 | | | 514.7 | 160.1 | -33.4 | -8.9 | | 9.1 | -6.5 |
| 969.81 | 971.00 | 978.41 | | | 844.1 | 62.4 | 0.9 | 0.8 | | 4.5 | 0.1 |
| 2550.00 | 5923.10 | 6684.83 | | | 28726.3 | 979.1 | 162.2 | 12.9 | | 24.1 | 17.4 |
| 5735.50 | 13606.80 | 15988.38 | 18756 | 3002.0 | 817.9 | 449.7 | 178.8 | 17.5 | 17.2 | 16.8 | 18.6 |
| 2279.41 | 4657.93 | 5397.59 | 126162 | 12940.5 | 3215.9 | 1082.7 | 136.8 | 15.9 | 24.2 | 25.2 | 15.5 |
| 1049.59 | 1952.43 | 2271.36 | 2515247 | 18902.7 | 3396.4 | 1043.2 | 116.4 | 16.3 | 35.9 | 24.8 | 13.7 |
| 1229.82 | 2705.50 | 3126.23 | 74608 | 10519.6 | 3096.0 | 1113.1 | 154.2 | 15.6 | 22.2 | 25.5 | 16.8 |
| 378.30 | 653.55 | 737.33 | 6408 | 917.3 | 860.4 | 358.1 | 94.9 | 12.8 | 13.5 | 14.8 | 11.8 |
| 22001.44 | 58984.14 | 65723.56 | 108140 | 7539.3 | 1777.6 | 682.4 | 198.7 | 11.4 | 23.6 | 20.6 | 20.0 |
| 15396.59 | 42121.04 | 47868.30 | 41420 | 4623.3 | 1564.8 | 702.1 | 210.9 | 13.6 | 20.0 | 20.8 | 20.8 |
| 437.34 | 1162.67 | 1200.02 | | 12789.6 | 4036.6 | 808.9 | 174.4 | 3.2 | | 22.2 | 18.3 |
| 115.98 | 164.94 | 165.94 | 2642.8 | 1029.6 | 695.5 | 267.2 | 43.1 | 0.6 | 10.6 | 12.6 | 6.2 |
| 66.10 | 68.30 | 63.59 | 1556.0 | 354.5 | 99.5 | 45.8 | -3.8 | -6.9 | 8.9 | 3.5 | -0.6 |
| 491.56 | 368.61 | 339.82 | -11.9 | 20.5 | 7.3 | -9.1 | -30.9 | -7.8 | -0.4 | -0.9 | -6.0 |
| 485.53 | 398.78 | 409.60 | -52.9 | -33.1 | -36.5 | -43.0 | -15.6 | 2.7 | -2.3 | -5.0 | -2.8 |
| 146 | 135 | 136 | | -58.3 | -59.6 | -56.5 | -6.8 | 0.7 | | -7.3 | -1.2 |
| 148.67 | 140.53 | 140.51 | 533.5 | -11.6 | -24.0 | -27.7 | -5.5 | 0.0 | 5.8 | -2.9 | -0.9 |

1-3 续表 3

| 指 标 | Item | 总量指标 1978 | 1990 | 1995 | 2000 |
|---|---|---|---|---|---|
| #工程技术人员 | Engineering Personnel | 7.83 | 31.84 | 28.38 | 44.84 |
| **文化** | **Culture** | | | | |
| 图书出版量 （亿册） | Books Published (100 million copies) | 1.94 | 3.44 | 4.05 | 3.47 |
| 杂志出版量 （万册） | Magazines Issued (10000 copies) | 535 | 4107 | 7005 | 11008 |
| 报纸出版量 （亿份） | Newspapers Issued (100 million copies) | 2.45 | 8.27 | 15.95 | 23.34 |
| **家庭、生活、环境** | **Family, People's Livelihood and Environment** | | | | |
| **家庭** | **Family** | | | | |
| 总户数 （万户） | Total Househalds (10000 househalds) | 1423.11 | 1806.78 | 2066.09 | 2220.38 |
| 城镇居民平均每户家庭人口 （人） | Average Household Size in Urban Areas (person) | | 3.34 | 3.19 | 3.07 |
| 农村居民平均每户家庭人口 （人） | Average Household Size in Rural Areas (person) | | 4.10 | 4.01 | 3.74 |
| **居住** | **Housing** | | | | |
| 城镇居民人均住房建筑面积 （平方米） | Per Capita Net Floor Space of Urban Residents (sq. m) | 5.7 | 17.29 | 21.69 | 25.54 |
| 农村居民人均住房面积 （平方米） | Per Capita Net Floor Space of Rural Residents (sq. m) | 9.7 | 25.20 | 25.71 | 33.70 |
| **生活** | **People's Livelihood** | | | | |
| 城镇居民人均可支配收入 （元） | Per Capita Annual Disposable Income of Urban Residents (yuan) | 288 | 1464 | 4634 | 6800 |
| 农村居民人均纯收入 （元） | Per Capita Net Income of Rural Residents (yuan) | 155 | 884 | 2457 | 3595 |
| 居民储蓄存款余额 （亿元） | Outstanding Amount of Saving Deposits (100 million yuan) | 12.40 | 470.86 | 1922.33 | 4456.83 |
| **工资** | **Wages and Welfare** | | | | |
| 工资总额 （亿元） | Total Wages of Staff and Workers (100 million yuan) | 29.05 | 184.60 | 541.62 | 705.36 |
| 职工平均工资 （元） | Average Wage of Staff and Workers (yuan) | 513 | 2129 | 5943 | 10299 |
| **卫生** | **Health Care** | | | | |
| 卫生机构数 （个） | Number of Health Care Organizations (unit) | 9277 | 12366 | 12039 | 12813 |
| #医院卫生院 | Hospital and Commune Hospitals | 2428 | 2491 | 2534 | 2511 |
| 床位数 （万张） | Number of Hospital Beds (10000 units) | 12.29 | 16.45 | 17.46 | 17.31 |
| #医院卫生院 | Hospital and Commune Hospitals | 11.07 | 14.54 | 15.48 | 16.18 |
| 卫生技术人员数 （万人） | Number of Medical Technical Personnels (10000 persons) | 14.00 | 21.35 | 24.55 | 25.36 |
| #医生 | Doctors | 5.70 | 9.94 | 11.22 | 11.44 |
| **市政建设** | **Urban Civil Construction** | | | | |
| 自来水供水量 （亿吨） | Volume of Tap Water Supply (100 million tons) | 3.51 | 25.67 | 38.23 | 35.34 |
| 排水管道长度 （公里） | Length of Sewer Pipelines (km) | 1503 | 4099 | 8262 | 11097 |
| 年末实有道路长度 （公里） | Year-end Length of Paved Roads (km) | 1893 | 5812 | 8163 | 11011 |
| **环境** | **Environment** | | | | |
| 污染治理项目本年完成投资 （亿元） | Investment for the Pollution Treatment Projects Completed in This Year (100 million yuan) | | 2.48 | 5.42 | 13.11 |
| 本年施工污染治理项目数 （个） | Number of Pollution Treatment Itemes Under Construction (unit) | | 1382 | 919 | 2412 |
| 工业废水排放量 （亿吨） | Volume of Industrial Waste Water Discharged (100 million tons) | | 24.24 | 22.02 | 20.19 |
| 工业粉尘去除量 （万吨） | Volume of Industrial Dust Removed (10000 tons) | | 81 | 112 | 210 |

Continued 3

| Aggregate Data | | | 速度指标 Indicies and Growth Rate | | | | | | | | |
|---|---|---|---|---|---|---|---|---|---|---|---|
| | | | 2010年比下列各年增长(%) Index (2010 as percentage of the following years) | | | | | | 年平均增长(%) Average Annual Growth Rate | | |
| 2005 | 2010 | 2011 | 1978 | 1990 | 1995 | 2000 | 2005 | 2010 | 1979 ~ 2011 | 2001 ~ 2011 | 2006 ~ 2011 |
| 20.96 | 19.00 | 19.82 | 153.1 | -37.8 | -30.2 | -55.8 | -5.4 | 4.3 | 2.9 | -7.2 | -0.9 |
| 4.26 | 5.17 | 5.49 | 183.0 | 59.6 | 35.6 | 58.2 | 28.9 | 6.2 | 3.2 | 4.3 | 4.3 |
| 8743 | 10475 | 11601 | 2068.4 | 182.5 | 65.6 | 5.4 | 32.7 | 10.7 | 9.8 | 0.5 | 4.8 |
| 26.80 | 27.12 | 28.46 | 1061.6 | 244.1 | 78.4 | 21.9 | 6.2 | 4.9 | 7.7 | 1.8 | 1.0 |
| 2463.60 | 2564.59 | 2572.90 | 80.8 | 42.4 | 24.5 | 15.9 | 4.4 | 0.3 | 1.8 | 1.3 | 0.7 |
| 2.92 | 2.79 | 2.82 | | -15.6 | -11.6 | -8.1 | -3.4 | 1.1 | | -0.8 | -0.6 |
| 3.74 | 3.68 | 3.44 | | -16.1 | -14.2 | -8.0 | -8.0 | -6.5 | | -0.8 | -1.4 |
| 28.76 | 33.39 | 34.72 | 509.1 | 100.8 | 60.1 | 35.9 | 20.7 | 4.0 | 5.6 | 2.8 | 3.2 |
| 38.59 | 46.33 | 48.55 | 400.5 | 92.7 | 88.8 | 44.1 | 25.8 | 4.8 | 5.0 | 3.4 | 3.9 |
| 12319 | 22944 | 26341 | 9046.2 | 1699.2 | 468.4 | 287.4 | 113.8 | 14.8 | 14.7 | 13.1 | 13.5 |
| 5276 | 9118 | 10805 | 6871.0 | 1122.3 | 339.8 | 200.5 | 104.8 | 18.5 | 13.7 | 10.5 | 12.7 |
| 10581.27 | 23334.48 | 25914.74 | 208890 | 5403.7 | 1248.1 | 481.5 | 144.9 | 11.1 | 26.1 | 17.4 | 16.1 |
| 1252.06 | 2841.33 | 3548.29 | 12114.4 | 1822.2 | 555.1 | 403.0 | 183.4 | 24.9 | 15.7 | 15.8 | 19.0 |
| 20957 | 40505 | 45987 | 8864.3 | 2060.0 | 673.8 | 346.5 | 119.4 | 13.5 | 14.6 | 14.6 | 14.0 |
| 15324 | 30961 | 31680 | | | | | | 2.3 | | | |
| 2486 | 2433 | 2506 | 3.2 | 0.6 | -1.1 | -0.2 | 0.8 | 3.0 | 0.1 | 0.0 | 0.1 |
| 19.75 | 26.97 | 29.64 | 141.2 | 80.2 | 69.8 | 71.2 | 50.1 | 9.9 | 2.7 | 5.0 | 7.0 |
| 18.59 | 24.74 | 27.30 | 146.6 | 87.8 | 76.4 | 68.7 | 46.9 | 10.3 | 2.8 | 4.9 | 6.6 |
| 25.71 | 32.84 | 35.05 | 150.4 | 64.2 | 42.8 | 38.2 | 36.3 | 6.7 | 2.8 | 3.0 | 5.3 |
| 10.87 | 12.90 | 13.47 | 136.3 | 35.5 | 20.1 | 17.7 | 23.9 | 4.4 | 2.6 | 1.5 | 3.6 |
| 39.05 | 48.28 | 47.70 | 1259.0 | 85.8 | 24.8 | 35.0 | 22.2 | -1.2 | 8.2 | 2.8 | 3.4 |
| 28568 | 46867 | 51735 | 3342.1 | 1162.1 | 526.2 | 366.2 | 81.1 | 10.4 | 11.3 | 15.0 | 10.4 |
| 28674 | 31899 | 32491 | 1616.4 | 459.0 | 298.0 | 195.1 | 13.3 | 1.9 | 9.0 | 10.3 | 2.1 |
| 38.95 | 18.60 | | | | | | | | | | |
| 782 | 388 | | | | | | | | | | |
| 29.63 | 26.38 | | | | | | | | | | |
| 388.73 | 344.54 | | | | | | | | | | |

# 1-4 国民经济和社会发展结构指标

## Structural Indicators on National Economic and Social Development

单位:% (%)

| 指标 | Item | 1978 | 1995 | 2000 | 2005 | 2010 | 2011 |
|---|---|---|---|---|---|---|---|
| **人口与就业** | **Population and Employment** | | | | | | |
| **人口** | **Population** | | | | | | |
| 城乡结构 | Urban and Rural Structure | | | | | | |
| 城镇 | Urban | 13.7 | 27.3 | 41.5 | 50.5 | 60.6 | 61.9 |
| 乡村 | Rural | 86.3 | 72.7 | 58.5 | 49.5 | 39.4 | 38.1 |
| 性别结构 | Sexual Structure | | | | | | |
| 男 | Male | 50.6 | 50.8 | 50.6 | 50.02 | 50.38 | 50.36 |
| 女 | Female | 49.4 | 49.2 | 49.4 | 49.98 | 49.62 | 49.64 |
| **就业** | **Employment** | | | | | | |
| 产业结构 | Industrial Structure | | | | | | |
| 第一产业 | Primary Industry | 69.7 | 46.9 | 42.8 | 30.9 | 22.3 | 21.5 |
| 第二产业 | Secondary Industry | 19.6 | 32.1 | 30.2 | 37.2 | 42.0 | 42.4 |
| 第三产业 | Tertiary Industry | 10.7 | 21.0 | 27.0 | 31.9 | 35.7 | 36.1 |
| 经济类型结构 | Structures by Ownership | | | | | | |
| 城镇单位从业人员 | Staff and Workers Employed in Urban Units | 20.9 | 21.1 | 15.7 | 13.7 | 16.1 | 17.1 |
| 国有单位 | State-owned | 13.2 | 13.3 | 9.5 | 6.2 | 5.9 | 6.1 |
| 城镇集体单位 | Collective-owned | 7.7 | 6.3 | 2.7 | 0.8 | 0.6 | 0.7 |
| 其他单位 | Others | | 1.5 | 3.5 | 6.7 | 9.5 | 10.3 |
| 城镇私营企业和个体从业人员 | Urban Private Enterprises and Self-employed Workers | 0.1 | 1.5 | 4.0 | 12.8 | 27.3 | 29.0 |
| 其他 | Others | 79.0 | 77.4 | 80.3 | 73.5 | 56.6 | 53.9 |
| **宏观经济** | **Macro Economy** | | | | | | |
| **国民经济核算** | **National Economic Accounting** | | | | | | |
| 地区生产总值产业结构 | Industrial Structures | | | | | | |
| 第一产业 | Primary Industry | 27.6 | 16.8 | 12.2 | 7.9 | 6.1 | 6.3 |
| 第二产业 | Secondary Industry | 52.6 | 52.7 | 51.9 | 56.6 | 52.5 | 51.3 |
| 第三产业 | Tertiary Industry | 19.8 | 30.5 | 35.9 | 35.6 | 41.4 | 42.4 |
| 地区生产总值支出结构 | Domestic Expenditures | | | | | | |
| 最终消费 | Total Consumption | 52.4 | 43.7 | 43.4 | 41.2 | 41.6 | 42.1 |
| 居民消费 | Resident Consumption | 46.2 | 35.0 | 32.9 | 28.7 | 26.4 | 27.6 |
| 政府消费 | Government Consumption Expenditure | 6.2 | 8.6 | 10.5 | 12.5 | 15.2 | 14.5 |
| 资本形成总额 | Gross Capital Formation | 31.3 | 48.1 | 47.3 | 50.9 | 51.1 | 51.0 |
| 固定资本 | Fixed Capital Formation | 16.2 | 34.1 | 37.7 | 47.8 | 50.0 | 49.9 |
| 存货增加 | Changes in Stock | 15.1 | 14.0 | 9.6 | 3.1 | 1.1 | 1.1 |
| 净出口 | Net Exports | 16.3 | 8.2 | 9.3 | 7.9 | 7.3 | 6.9 |
| **投资** | **Investment** | | | | | | |
| 经济类型结构 | Structure by Ownership | | | | | | |
| 国有经济 | State-owned | 95.2 | 35.9 | 40.1 | 23.8 | 20.1 | 19.0 |
| 集体经济 | Collective-owned | 4.8 | 29.2 | 15.2 | 5.1 | 4.2 | 4.3 |

1－4 续表1 Continued 1

单位:% (%)

| 指标 | Item | 1978 | 1995 | 2000 | 2005 | 2010 | 2011 |
|---|---|---|---|---|---|---|---|
| 港澳台及外商投资经济 | Hong Kong, Macao, Taiwan and Foreign Investment Economy | | 17.9 | 12.1 | 17.9 | 13.7 | 12.6 |
| 私营个体经济 | Private and Individuals | | | 10.9 | 30.0 | 35.9 | 36.8 |
| 其他经济 | Others | | 17.0 | 21.7 | 23.2 | 26.1 | 27.3 |
| 资金来源结构 | Structure of Funded Sources | | | | | | |
| 国家预算资金 | State Budgetary Appropriation | | 1.5 | 2.5 | 0.7 | 1.1 | 1.1 |
| 国内贷款 | Domestic Loans | | 16.1 | 16.3 | 13.8 | 12.6 | 12.3 |
| 利用外资 | Foreign Investment | | 13.6 | 9.4 | 9.1 | 4.4 | 4.1 |
| 自筹资金 | Fundraising | | 52.4 | 61.0 | 63.3 | 63.1 | 68.0 |
| 其他投资 | Others | | 16.4 | 10.8 | 13.1 | 18.8 | 14.5 |
| **财　政** | **Government Finance** | | | | | | |
| 地方一般预算支出结构 | Structure of Local General Budgetary Expenditure | | | | | | |
| #农林水事务 | Operating Expenses of Agriculture, Forestry and Water | 25.1 | 8.5 | 7.9 | 5.8 | 10.0 | 9.9 |
| 教育支出 | Education | 10.8 | 20.9 | 19.9 | 15.4 | 17.6 | 17.6 |
| **利用外资** | **Utilization of Foreign Capital** | | | | | | |
| 实际外商直接投资结构 | Structure of Foreign Direct Investment | | | | | | |
| 合资经营企业 | Joint Venture Enterprises | | 69.5 | 35.4 | 18.9 | 16.6 | 16.5 |
| 合作经营企业 | Cooperative Operation Enterprises | | 5.8 | 5.6 | 1.5 | 0.9 | 0.6 |
| 独资经营企业 | Foreign Solely Funded Enterprises | | 24.7 | 59.0 | 79.0 | 80.1 | 82.1 |
| 外商投资股份制企业 | Share Holding with Foreign Investment | | | 0.04 | 0.7 | 2.3 | 0.8 |
| **产业经济** | **Industrial Economy** | | | | | | |
| **农　业** | **Agriculture** | | | | | | |
| 农林牧渔业产值结构 | Structure of Gross Output Value | | | | | | |
| 农业 | Farming | 80.4 | 58.5 | 58.6 | 50.1 | 52.8 | 50.4 |
| 林业 | Forestry | 1.4 | 1.3 | 1.6 | 1.8 | 1.8 | 1.8 |
| 牧业 | Animal Husbandry | 15.8 | 28.2 | 23.0 | 23.2 | 21.5 | 22.7 |
| 渔业 | Fishery | 2.3 | 12.1 | 16.7 | 19.9 | 18.7 | 20.3 |
| 农林牧渔服务业 | Service in Support of Agriculture | | | | 5.0 | 5.1 | 4.8 |
| **工　业** | **Industry** | | | | | | |
| 工业产值按经济类型分 | Grouped by Ownership | | | | | | |
| #国有企业 | State-owned | 61.5 | 21.4 | 12.7 | 6.5 | 4.8 | 5.0 |
| 集体企业 | Collective-owned | 31.2 | 36.3 | 19.0 | 5.1 | 1.4 | 1.1 |
| 港澳台商投资企业 | Enterprise Invested by Hong Kong, Macao and Taiwan Funds | | | 9.1 | 11.8 | 10.9 | 11.5 |
| 外商投资企业 | Enterprise Invested by Foreign Funds | | | 18.6 | 28.7 | 28.8 | 28.5 |
| 工业产值按轻重分 | Grouped by Light and Heavy Industry | | | | | | |
| 轻工业 | Light Industry | 52.4 | 47.7 | 43.2 | 31.2 | 26.6 | 24.7 |
| 重工业 | Heavy Industry | 47.6 | 52.3 | 56.8 | 68.8 | 73.4 | 75.3 |
| **建筑业** | **Construction** | | | | | | |
| 建筑业总产值结构 | Structure of Gross Output Value of Construction | | | | | | |

1－4 续表 2 Continued 2

单位:% (%)

| 指 标 | Item | 1978 | 1995 | 2000 | 2005 | 2010 | 2011 |
|---|---|---|---|---|---|---|---|
| 国有经济 | State－owned | | 25.8 | 24.4 | 19.8 | 9.7 | 9.3 |
| 地方 | Local－owned | | 20.8 | 19.9 | 16.7 | 5.7 | 5.3 |
| 部属 | Central－owned | | 5.0 | 4.4 | 3.1 | 4.1 | 4.0 |
| 城镇集体经济 | Colletive－owned | | 26.0 | 24.4 | 3.5 | 5.4 | 6.3 |
| 乡镇企业及其它经济 | Rural and Township Industry and Others | | 48.2 | 51.2 | 76.7 | 84.9 | 84.4 |
| **运 输 业** | **Transportation** | | | | | | |
| 货运量结构 | Structure of Freight Traffic | | | | | | |
| #铁路 | Railways | 22.0 | 5.1 | 4.5 | 4.5 | 3.4 | 3.4 |
| 公路 | Highways | 30.7 | 60.6 | 65.3 | 67.6 | 65.5 | 66.2 |
| 水运 | Waterways | 44.8 | 33.2 | 28.6 | 25.9 | 25.8 | 25.4 |
| **对外经济贸易和旅游** | **Foreign Trade and Tourism** | | | | | | |
| 出口商品结构 | Structure of Exports | | | | | | |
| #亚洲地区 | Asia | | 62.4 | 51.3 | 45.4 | 39.2 | 42.0 |
| 欧洲地区 | Europe | | 16.3 | 20.6 | 24.8 | 27.7 | 25.3 |
| 北美洲 | North America | | 16.3 | 20.9 | 23.8 | 23.1 | 21.3 |
| 海外旅游人数结构 | Structure of Tourists | | | | | | |
| 外国人 | Foreigners | 76.2 | 65.6 | 61.0 | 69.3 | 72.5 | 73.0 |
| 港澳同胞 | Compatriots from Hongkong, Macao | 23.8 | 19.1 | 16.8 | 11.9 | 9.8 | 9.9 |
| 台湾同胞 | Compatriots from Taiwan | | 15.3 | 22.2 | 18.8 | 17.7 | 17.1 |
| **教育、科技、文化** | **Education, Science and Culture** | | | | | | |
| **教 育** | **Education** | | | | | | |
| 在校学生结构 | Structure of Student Enrollment | | | | | | |
| 大学生 | College and University Students | 0.5 | 2.0 | 3.8 | 9.7 | 16.1 | 16.6 |
| 中学生 | Secondary School Students | 30.8 | 36.0 | 36.2 | 49.6 | 45.1 | 42.4 |
| 小学生 | Primary School Students | 68.7 | 62.0 | 60.0 | 40.6 | 38.8 | 41.0 |
| 专任教师结构 | Full-time Teachers by Type | | | | | | |
| 大学 | Colleges and Universities | 3.0 | 5.2 | 5.8 | 10.5 | 15.1 | 15.4 |
| 中学 | Secondary Schools | 37.1 | 42.4 | 43.7 | 48.6 | 47.9 | 47.6 |
| 小学 | Primary Schools | 59.9 | 52.4 | 50.5 | 40.9 | 37.0 | 37.0 |
| **科 技** | **Science and Technology** | | | | | | |
| 各类专业技术人员结构 | Structure of Scientific and Technical Personnel | | | | | | |
| #工程技术人员 | Engineering Personnel | 35.3 | 15.3 | 23.1 | 14.1 | 13.5 | 14.1 |
| 农业技术人员 | Agriculture | 6.1 | 1.4 | 2.4 | 2.1 | 1.9 | 2.0 |
| 科学研究人员 | Scientific Research | 5.5 | 0.3 | 0.9 | 1.2 | 1.1 | 1.2 |

1－4 续表3 Continued 3

单位:% (%)

| 指 标 | Item | 1978 | 1995 | 2000 | 2005 | 2010 | 2011 |
|---|---|---|---|---|---|---|---|
| 卫生技术人员 | Health Care | 30.5 | 8.4 | 11.9 | 15.8 | 15.1 | 15.7 |
| 教学人员 | Teaching | 22.5 | 27.4 | 34.1 | 46.6 | 47.5 | 49.2 |
| **生活、环境** | **People's Livelihood and Environment** | | | | | | |
| **生 活** | **People's Livelihood** | | | | | | |
| 城镇居民消费结构 | Consumption Structure of Urban Residents | | | | | | |
| 食品 | Food | 55.1 | 51.9 | 41.1 | 37.2 | 36.5 | 36.1 |
| 衣着 | Clothing | 13.8 | 12.8 | 9.2 | 9.3 | 10.2 | 10.6 |
| 居住 | Residence | | 7.3 | 8.2 | 9.2 | 8.6 | 7.1 |
| 其他 | Others | | 28.0 | 41.5 | 44.3 | 44.7 | 46.2 |
| 农村居民消费结构 | Consumption Structure of Rural Residents | | | | | | |
| 食品 | Food | 62.1 | 54.8 | 43.5 | 44.0 | 38.1 | 38.5 |
| 衣着 | Clothing | 12.1 | 6.5 | 5.4 | 5.4 | 5.4 | 5.3 |
| 居住 | Residence | 13.6 | 17.8 | 18.9 | 14.4 | 17.9 | 17.1 |
| 其他 | Others | 12.1 | 20.9 | 32.2 | 36.2 | 38.6 | 39.1 |
| **卫 生** | **Health Care** | | | | | | |
| 卫生机构构成 | Structure of Health Care Institutions | | | | | | |
| #医院卫生院 | Hospitals and Commune Hospitals | 26.2 | 21.0 | 19.6 | 16.2 | 7.9 | 7.9 |
| 门诊部 | Clinics | | | 0.8 | 2.4 | 1.7 | 2.2 |
| 妇幼保健院 | Maternity and Child Care Institutions | 0.9 | 1.0 | 0.9 | 0.7 | 0.3 | 0.3 |
| 疾病预防控制中心 | Disease Protection and Controlling Centers | 1.2 | 1.2 | 1.1 | 1.0 | 0.4 | 0.4 |
| 卫生技术人员构成 | Structure of Medical Technical Personnels | | | | | | |
| #执业医师 | Doctors | 40.7 | 45.7 | 45.1 | 42.3 | 39.3 | 38.4 |
| 注册护士 | Registered Nurses | 12.8 | 26.2 | 29.1 | 31.3 | 37.3 | 38.7 |
| 卫生机构床位数构成 | Hospital Beds by Structures | | | | | | |
| 医院卫生院 | Hospitals | 90.1 | 88.7 | 93.5 | 94.1 | 91.7 | 92.1 |
| 疗养院、所 | Sanatoriums (Stations) | 1.1 | 4.1 | 3.2 | 2.5 | 0.8 | 0.9 |
| 其他卫生机构 | Other Sanatation Organization | 8.9 | 7.3 | 3.2 | 3.4 | 7.5 | 7.0 |
| **环 境** | **Environment** | | | | | | |
| 污染治理项目投资结构 | Uses of Funds in Pollution Treatment | | | | | | |
| 治理废水 | Waste Water Treatment | | 61.6 | 49.8 | 20.9 | 40.0 | |
| 治理废气 | Waste Gas Treatment | | 24.7 | 41.9 | 73.1 | 38.7 | |
| 治理固体废物 | Solid Wastes Treatment | | 8.5 | 6.0 | 0.5 | 4.8 | |
| 治理噪声 | Noise Abatement | | 3.5 | 1.1 | 0.6 | 1.1 | |
| 其他 | Others | | 1.7 | 1.2 | 4.9 | 15.4 | |

# 1-5 江苏国民经济占全国的比重（2011年）
## Percentage of Jiangsu's National Economy in the Country (2011)

| 指标 | Item | 全国 Country | 江苏 Jiangsu | 江苏占全国的比重(%) Percentage to the Country of Jiangsu(%) |
|---|---|---|---|---|
| 土地面积 （万平方公里） | Land Area (10000 sq. km) | 960 | 10.26 | 1.1 |
| 年末总人口 （万人） | Year-end Total Population (10000 persons) | 134735 | 7898.80 | 5.9 |
| 地区生产总值 （亿元） | Domestic Gross Product (100 million yuan) | 471564 | 49110.27 | 10.4 |
| 第一产业 | Primary Industry | 47712 | 3064.78 | 6.4 |
| 第二产业 | Secondary Industry | 220592 | 25203.28 | 11.4 |
| 第三产业 | Tertiary Industry | 203260 | 20842.21 | 10.3 |
| 人均地区生产总值 （元） | Per Capita GDP (yuan) | 35083 | 62290 | 高27207元 |
| 地方一般预算收入 （亿元） | Local Government Budgetary Revenue (100 million yuan) | 52434 | 5148.92 | 9.8 |
| 固定资产投资(含农户)（亿元） | Investment in Fixed Assets(Including Farm Households) | 311022 | 26693.82 | 8.6 |
| #固定资产投资(不含农户) | Investment in Fixed Assets (Excluding Farm Households) | 301933 | 26314.66 | 8.7 |
| #房地产开发 | Real Estate Development | 61740 | 5567.94 | 9.0 |
| 社会消费品零售总额 （亿元） | Total Retail Sales of Consumer Goods (100 million yuan) | 183919 | 15988.38 | 8.7 |
| 进出口总额 （亿美元） | Total Exports and Imports (USD 100 million) | 36421 | 5397.59 | 14.8 |
| #出　口 | Exports | 18986 | 3126.23 | 16.5 |
| 普通高等学校本专科在校生 （万人） | Students Enrollment in Institutions of Higher Education (10000 persons) | 2309 | 165.94 | 7.2 |
| 卫生机构床位数 （万张） | Number of Beds of Health Care Institutions | 516 | 29.64 | 5.7 |
| 卫生技术人员 （万人） | Medical Technical Personnel (10000 persons) | 620 | 35.05 | 5.7 |
| #执业(助理)医师 | Practitioner (Assistant) Doctors | 247 | 13.47 | 5.5 |
| 城镇非私营单位在岗职工年平均工资 （元） | Average Wages of Staff and Workers Employed (Excluded Private) (yuan) | 41799 | 45987 | 高4188元 |
| 城镇居民人均可支配收入（元） | Per Capita Disposable Income of Urban Residents (yuan) | 21810 | 26341 | 高4531元 |
| 农村居民人均纯收入 （元） | Per Capita Net Income of Rural Residents (yuan) | 6977 | 10805 | 高3828元 |
| 居民人均储蓄 （元） | Per Capita Savings Deposit of Residents (yuan) | 25505 | 32808 | 高7303元 |
| 工农业主要产品产量 （万吨） | Output of Major Industrial and Agricultural Products (10000 tons) | | | |
| 粮　食 | Grain | 57121 | 3307.76 | 5.8 |
| 棉　花 | Cotton | 659 | 24.68 | 3.7 |
| 油　料 | Oil-bearing Crops | 3307 | 144.05 | 4.4 |
| 粗　钢 | Rough Steel | 68388 | 6838.77 | 10.0 |
| 钢　材 | Rolled Steel | 88258 | 9994.01 | 11.3 |
| 发电量 （亿千瓦小时） | Electricity (100 million kW·h) | 47001 | 3755.63 | 8.0 |
| 水　泥 | Cement | 20.9 | 1.49 | 7.1 |
| 农用化肥(折100%) | Chemical Fertilizers (convert into 100%) | 6217 | 243.70 | 3.9 |
| 化学纤维 | Chemical Fibers | 3390 | 1123.80 | 33.2 |
| 布 （亿米） | Cloth (100 million) | 837 | 67.73 | 8.1 |
| 彩色电视机 （万台） | Colour Television Sets (10000 set) | 12231 | 1476.93 | 12.1 |
| 汽　车 （万辆） | Moter Vehicles (10000 units) | 1842 | 80.38 | 4.4 |

# 1-6 江苏的一天
## One Day in Jiangsu

| 指标 | Item | 1978 | 1995 | 2000 | 2005 | 2010 | 2011 |
|---|---|---|---|---|---|---|---|
| **每天创造的财富** | **Daily Production** | | | | | | |
| 地区生产总值（亿元） | Gross Domestic Product (100 million yuan) | 0.68 | 14.12 | 23.43 | 50.96 | 113.49 | 134.55 |
| 第一产业 | Primary Industry | 0.19 | 2.37 | 2.87 | 4.00 | 6.96 | 8.40 |
| 第二产业 | Secondary Industry | 0.36 | 7.44 | 12.15 | 28.84 | 59.60 | 69.05 |
| 工　业 | Industry | 0.32 | 6.76 | 10.54 | 25.86 | 52.82 | 61.04 |
| 建筑业 | Construction | 0.04 | 0.68 | 1.61 | 2.97 | 6.78 | 8.01 |
| 第三产业 | Tertiary Industry | 0.14 | 4.31 | 8.41 | 18.12 | 46.94 | 57.10 |
| #房地产业 | Real Estate | 0.02 | 0.37 | 0.82 | 2.19 | 7.13 | 7.53 |
| 财政收入（亿元） | Government Revenue (100 million yuan) | 0.17 | 0.96 | 2.37 | 8.56 | 32.17 | 38.68 |
| 粮　食（万吨） | Grain (10000 tons) | 6.58 | 9.00 | 8.51 | 7.77 | 8.86 | 9.06 |
| 猪牛羊肉（吨） | Meat (ton) | | 5968 | 6230 | 6633 | 6135 | 6213 |
| 水产品（吨） | Aquatic Products (ton) | 1089 | 6013 | 8460 | 10648 | 12615 | 13040 |
| 粗　钢（万吨） | Steel (10000 tons) | 0.15 | 0.99 | 1.69 | 9.00 | 17.10 | 18.74 |
| 钢　材（万吨） | Rolled-steel (10000 tons) | 0.17 | 2.16 | 3.84 | 11.86 | 24.99 | 27.38 |
| 发电量（亿千瓦小时） | Electricity (100 million kW · h) | 0.35 | 1.92 | 2.49 | 4.90 | 9.20 | 10.29 |
| 原　煤（万吨） | Coal (10000 tons) | 4.68 | 7.26 | 6.79 | 7.72 | 5.82 | 5.75 |
| 水　泥（万吨） | Cement (10000 tons) | 1.22 | 10.87 | 12.60 | 26.24 | 42.87 | 40.82 |
| 布（万米） | Cloth (10000 m) | 385 | 1340 | 924 | 1479 | 2424 | 1856 |
| **每天消费量** | **Daily Consumption** | | | | | | |
| 最终消费（亿元） | Final Consumption (100 million yuan) | 0.36 | 6.17 | 10.17 | 20.98 | 47.23 | 56.57 |
| 居民消费 | Resident Consumption | 0.32 | 4.95 | 7.71 | 14.63 | 29.98 | 37.08 |
| 城镇居民每人消费性支出（元） | Per Capita Living Expenditure of Urban Residents (yuan) | 0.76 | 10.34 | 14.58 | 23.62 | 39.33 | 45.98 |
| #食品消费 | Food Consumption | 0.42 | 5.36 | 6.00 | 8.78 | 14.36 | 16.61 |
| 农村居民每人生活消费支出（元） | Per Capita Living Expenditure of Rural Residents (yuan) | 0.38 | 5.31 | 6.40 | 9.77 | 17.93 | 21.08 |
| #食品消费 | Food Consumption | 0.24 | 2.91 | 2.79 | 4.30 | 6.83 | 8.10 |
| 政府消费 | Government Consumption Expenditure | 0.04 | 1.22 | 2.45 | 6.36 | 17.25 | 19.49 |
| 社会消费品零售总额（亿元） | Total Retail Sales of Consumer Goods (100 million yuan) | 0.23 | 4.77 | 7.97 | 15.71 | 37.28 | 43.80 |
| **每天其他经济活动** | **Other Daily Economic Activities** | | | | | | |
| 货物运输量（万吨） | Freight Traffic (10000 tons) | 40.07 | 224.19 | 247.77 | 309.34 | 516.60 | 582.45 |
| 旅客运输量（万人） | Passenger Traffic (10000 persons) | 70.19 | 232.34 | 293.82 | 397.82 | 620.90 | 677.82 |
| 竣工房屋面积（万平方米） | Floor Space of Housing Completed (10000 sq. m) | | 45.61 | 58.32 | 69.57 | 133.04 | 149.73 |
| 出版报纸（万份） | Newspaper Published (10000 copies) | 67.12 | 436.99 | 639.45 | 734.25 | 743.05 | 779.73 |
| 邮寄函件（万件） | Letters Delivered (10000 pieces) | 44.66 | 145.48 | 157.26 | 115.34 | 256.44 | 258.90 |
| 进出口总额（万美元） | Total of Imports and Exports (USD 10000) | 117 | 4460 | 12504 | 62450 | 127614 | 147879 |
| #出口 | Export | 115 | 2680 | 7060 | 33694 | 74123 | 85650 |
| 实际外商直接投资（万美元） | Actual Foreign Direct Investment (USD 10000) | | 1310 | 1760 | 3611 | 7808 | 8803 |
| **每天人口变动和婚姻** | **Daily Population Changes and Marriages** | | | | | | |
| 出生人数（人） | Births (person) | 2483 | 2377 | 1808 | 1886 | 2079 | 2072 |
| 死亡人数（人） | Deaths (person) | 968 | 1266 | 1299 | 1436 | 1470 | 1508 |
| 结婚对数（对） | Marriages (couple) | | 1576 | 1365 | 1293 | 2074 | 2377 |
| 离婚对数（对） | Divorces (couple) | | 120 | 153 | 339 | 439 | 457 |

# 1-7 全省人均国民经济主要指标
# Major Per Capita Indicators of Jiangsu National Economy

| 指标 | Item | 1978 | 1995 | 2000 | 2005 | 2010 | 2011 |
|---|---|---|---|---|---|---|---|
| 地区生产总值 (元) | Gross Domestic Product (yuan) | 430 | 7319 | 11765 | 24616 | 52840 | 62290 |
| 第一产业 | Primary Industry | 118 | 1230 | 1442 | 1934 | 3240 | 3887 |
| 第二产业 | Secondary Industry | 226 | 3855 | 6101 | 13930 | 27748 | 31967 |
| 工　业 | Industry | 202 | 3504 | 5294 | 12494 | 24589 | 28260 |
| 建筑业 | Construction | 24 | 352 | 808 | 1436 | 3159 | 3707 |
| 第三产业 | Tertiary Industry | 85 | 2234 | 4222 | 8751 | 21852 | 26436 |
| #房地产业 | Real Estate | 9 | 192 | 410 | 1058 | 3318 | 3485 |
| 地方财政一般预算收入 (元) | Local Government Budgetary Revenue (yuan) | 105 | 245 | 617 | 1751 | 5204 | 6531 |
| 地方财政一般预算支出 (元) | Local Government Budgetary Expenditure (yuan) | 49 | 360 | 813 | 2215 | 6268 | 7892 |
| 全社会固定资产投资额 (元) | Total Investment in Fixed Assets (yuan) | 38 | 2385 | 4120 | 11567 | 29573 | 33858 |
| #房地产开发 | Real Estate Development |  | 342 | 531 | 2045 | 5484 | 7062 |
| 社会消费品零售额 (元) | Total Retail Sales of Consumer Goods (yuan) | 146 | 2473 | 4001 | 7591 | 17356 | 20279 |
| 进出口总额 (美元) | Total Imports and Exports (USD) | 7 | 231 | 628 | 3017 | 5941 | 6846 |
| #出　口 | Exports | 7 | 139 | 354 | 1628 | 3451 | 3965 |
| 农村居民纯收入 (元) | Net Income of Rural Residents (yuan) | 155 | 2457 | 3595 | 5276 | 9118 | 10805 |
| 城镇居民可支配收入 (元) | Disposable Income of Urban Residents (yuan) | 288 | 4634 | 6800 | 12319 | 22944 | 26341 |
| 居民储蓄存款 (元) | Outstanding Amount of Saving Deposits of Urban and Rural Residents (yuan) | 21 | 2721 | 6083 | 13944 | 29652 | 32808 |
| 在校大学生数 (人/万人) | Number of Students Enrollment in Institution of Higher Education (person/10000 persons) | 10 | 31 | 65 | 153 | 210 | 227 |
| 医院病床数 (张/万人) | Hospital Beds (bed/10000 persons) | 19 | 22 | 22 | 24 | 31 | 35 |
| 卫生技术人员数 (人/万人) | Medical Technical Personnel (person/10000 persons) | 24 | 35 | 35 | 34 | 42 | 44 |
| #执业医师 | Doctors | 10 | 16 | 16 | 14 | 16 | 17 |
| 主要工农业产品产量 (千克) | Output of Major Industrial and Agricultural Products (kg) |  |  |  |  |  |  |
| 粮　食 | Grain | 414 | 467 | 427 | 375 | 413 | 420 |
| 棉　花 | Cotton | 8 | 8 | 4 | 4 | 3 | 3 |
| 油　料 | Oil - Bearing Crops | 6 | 23 | 31 | 29 | 19 | 18 |
| 粗　钢 | Steel | 9 | 51 | 85 | 435 | 796 | 867 |
| 原　煤 | Coal | 294 | 376 | 341 | 373 | 271 | 266 |
| 发电量 (千瓦小时) | Electricity (kW·h) | 218 | 994 | 1251 | 2368 | 4285 | 4764 |

# 1－8　全省法人单位数及从业人员数

## Number of Corporations and Empolyment

| 项　目 | Item | 法人单位数(个) Corporation Units (unit) 2010 | 2011 | 从业人员(万人) Employees (10000 persons) 2010 | 2011 |
|---|---|---|---|---|---|
| **合　计** | **Total** | **862285** | **984419** | **3158.23** | **3288.24** |
| **按机构类型分** | **Crouped by Type of Organization** | | | | |
| 企业 | Enterprises | 756458 | 870237 | 2852.64 | 2969.44 |
| 事业单位 | Institutions | 37579 | 37389 | 176.22 | 175.30 |
| 机关 | Agencies & Organizations | 10190 | 10065 | 57.21 | 56.76 |
| 社会团体 | Social Organizations | 13934 | 17183 | 12.31 | 17.71 |
| 民办非企业单位 | Non-enterprise Units Run by NGO | 9281 | 11158 | 19.55 | 21.65 |
| 基金会 | Fund Organizations | 103 | 162 | 0.07 | 0.11 |
| 居委会 | Neighborhood Committee | 6017 | 6008 | 5.86 | 5.91 |
| 村委会 | Village Committee | 16207 | 16147 | 16.07 | 16.04 |
| 其他组织机构 | Others | 12516 | 16070 | 18.30 | 25.33 |
| **按登记注册类型分** | **Grouped by Type of Registration** | | | | |
| 内资 | Inner Funded | 833512 | 954498 | 2631.54 | 2754.58 |
| 国有 | State-owned | 51697 | 51598 | 307.75 | 307.14 |
| 集体 | Collective-owned | 20517 | 19944 | 81.14 | 78.45 |
| 股份合作 | Share Holding Cooperative | 4377 | 4411 | 20.96 | 21.00 |
| 联营 | Joint Ownership | 882 | 995 | 6.35 | 6.50 |
| 国有联营 | State Joint-owned | 136 | 142 | 0.60 | 0.61 |
| 集体联营 | Collective Joint-owned | 335 | 351 | 1.11 | 1.22 |
| 国有与集体联营 | Stale-owned and Collective Joint Funded | 120 | 201 | 1.20 | 1.20 |
| 其他联营 | Other Joint Funded | 291 | 301 | 3.43 | 3.47 |
| 有限责任公司 | Limited Liability Co., Ltd. | 40371 | 46440 | 435.86 | 431.09 |
| 国有独资公司 | State-owned Solely Funded Co. | 488 | 558 | 15.59 | 13.92 |
| 其他有限责任公司 | Other Responsibility Co., Ltd. | 39883 | 45882 | 420.27 | 417.16 |
| 股份有限公司 | Share Holding Co., Ltd. | 9124 | 10394 | 124.93 | 131.93 |
| 私营 | Private | 637947 | 736608 | 1550.65 | 1642.18 |
| 私营独资 | Private Solely Funded | 173058 | 182932 | 327.62 | 335.13 |
| 私营合伙 | Private Partnership | 16631 | 18072 | 35.16 | 36.31 |
| 私营有限责任公司 | Private Responsibility Co., Ltd. | 431603 | 515544 | 1127.26 | 1204.98 |
| 私营股份有限公司 | Private Responsibility Co., Ltd. | 16655 | 20060 | 60.60 | 65.77 |
| 其他 | Others | 68597 | 84108 | 103.89 | 136.29 |

1-8 续表 Continued

| 项 目 | Item | 法人单位数(个) Corporation Units (unit) | | 从业人员(万人) Employees (10000 persons) | |
|---|---|---|---|---|---|
| | | 2010 | 2011 | 2010 | 2011 |
| 港澳台商投资 | Hongkong, Macao and Taiwan Funded | 11125 | 11527 | 186.78 | 193.33 |
| 与港澳台商合资经营 | Join with Hongkong, Macao and Taiwan Funded | 3476 | 3573 | 56.03 | 58.14 |
| 与港澳台商合作经营 | Cooperate with Hong Kong, Macao and Taiwan Funded | 199 | 202 | 2.33 | 2.58 |
| 港澳台商独资 | Hong Kong, Macao and Taiwan with Solely Funded | 7005 | 7312 | 122.56 | 125.89 |
| 港澳台商投资股份有限公司 | Hong Kong, Macao and Taiwan Share Holding Co., Ltd. | 445 | 436 | 5.86 | 6.68 |
| 外商投资 | Foreign Funded | 17648 | 18394 | 339.90 | 340.34 |
| 中外合资经营 | Sino-foreign Joint Funded | 5327 | 5516 | 88.85 | 92.19 |
| 中外合作经营 | Sino-foreign Cooperative Funded | 312 | 322 | 4.25 | 4.01 |
| 外资企业 | Foreign Solely Funded | 11322 | 11847 | 236.44 | 233.31 |
| 外商投资股份有限公司 | Foreign Funded Share Holding Co., Ltd. | 687 | 699 | 10.35 | 10.65 |
| **按行业分** | **Grouped by Sector** | | | | |
| 农、林、牧、渔业 | Farming, Forestry, Animal Husbandry and Fishery | 15522 | 20291 | 37.44 | 50.09 |
| 采矿业 | Mining and Quarrying | 1236 | 1078 | 18.99 | 18.68 |
| 制造业 | Manufacturing | 322616 | 351220 | 1601.93 | 1671.98 |
| 电力、燃气及水的生产和供应业 | Power, Gas and Water Production and Supply | 3029 | 2680 | 18.59 | 19.07 |
| 建筑业 | Construction | 40546 | 49113 | 602.82 | 581.93 |
| 交通运输、仓储和邮政业 | Transportation, Storage and Post | 18908 | 22128 | 74.80 | 76.72 |
| 信息传输、计算机服务和软件业 | Informaiton Transmmision, Computer Service and Software | 16032 | 18448 | 24.99 | 28.84 |
| 批发和零售业 | Wholesale and Retail Sales | 224977 | 267971 | 228.79 | 258.31 |
| 住宿和餐饮业 | Hotel and Catering | 10181 | 10924 | 43.31 | 45.66 |
| 金融业 | Banking | 4192 | 5111 | 34.10 | 35.09 |
| 房地产业 | Real Estate | 23765 | 27468 | 49.65 | 55.24 |
| 租赁和商务服务业 | Leasing and Commercial Services | 51984 | 65651 | 80.45 | 90.89 |
| 科学研究、技术服务和地质勘查业 | Scientific Research, Polytechnical Service and Geological Prospecting | 17752 | 21011 | 31.36 | 34.00 |
| 水利、环境和公共设施管理业 | Water Coservancy, Environment and Public Facility Management | 5611 | 6090 | 17.67 | 18.01 |
| 居民服务和其他服务业 | Resident Services and Others | 13912 | 16648 | 19.08 | 21.20 |
| 教育 | Education | 15414 | 16934 | 105.01 | 106.32 |
| 卫生、社会保障和社会福利业 | Health Care, Social Security and Social Welfare | 10019 | 10899 | 45.10 | 45.64 |
| 文化、体育和娱乐业 | Culture, Sports and Recreation | 6313 | 7394 | 11.42 | 12.83 |
| 公共管理和社会组织 | Public Management and Social Organizations | 60276 | 63360 | 112.73 | 117.76 |

# 1-9 全省产业活动单位数及从业人员数

## Number of Economic Activity Units and Employment

| 项目 | Item | 产业活动单位数(个) Economic Activity Units (unit) | | 从业人员(万人) Employees (10000 persons) | |
|---|---|---|---|---|---|
| | | 2010 | 2011 | 2010 | 2011 |
| **合 计** | **Total** | **940585** | **1065141** | **3227.33** | **3357.45** |
| **按机构类型分** | **Crouped by Type of Organization** | | | | |
| 企业 | Enterprises | 813255 | 929648 | 2916.54 | 3033.37 |
| 事业单位 | Institutions | 47602 | 47231 | 178.93 | 177.92 |
| 机关 | Agencies & Organizations | 14428 | 14265 | 55.67 | 55.32 |
| 社会团体 | Social Organizations | 14487 | 17742 | 12.12 | 17.52 |
| 民办非企业单位 | Non-enterprise Units Run by NGO | 9211 | 11089 | 18.71 | 20.81 |
| 基金会 | Fund Organizations | 105 | 164 | 0.08 | 0.11 |
| 居委会 | Neighborhood Committee | 6045 | 6037 | 5.81 | 5.86 |
| 村委会 | Village Committee | 16202 | 16142 | 15.61 | 15.58 |
| 其他组织机构 | Others | 19250 | 22823 | 23.86 | 30.97 |
| **按登记注册类型分** | **Grouped by Type of Registration** | | | | |
| 内资 | Inner Funded | 906885 | 1029964 | 2695.09 | 2816.46 |
| 国有 | State-owned | 70762 | 70592 | 312.47 | 312.31 |
| 集体 | Collective-owned | 30177 | 29395 | 89.44 | 87.31 |
| 股份合作 | Share Holding Cooperative | 5320 | 5329 | 23.28 | 23.25 |
| 联营 | Joint Ownership | 1039 | 1159 | 6.07 | 6.34 |
| 国有联营 | State Joint-owned | 169 | 179 | 0.82 | 0.82 |
| 集体联营 | Collective Joint-owned | 376 | 387 | 1.02 | 1.13 |
| 国有与集体联营 | Stale-owned and Collective Joint Funded | 130 | 213 | 0.80 | 0.85 |
| 其他联营 | Other Joint Funded | 364 | 380 | 3.43 | 3.53 |
| 有限责任公司 | Limited Liability Co. | 48018 | 54543 | 446.80 | 443.54 |
| 国有独资公司 | State-owned Solely Funded Co. | 650 | 724 | 15.53 | 15.86 |
| 其他有限责任公司 | Other Responsibility Co., Ltd. | 47368 | 53819 | 431.27 | 427.68 |
| 股份有限公司 | Share Holding Co., Ltd. | 18993 | 20327 | 138.87 | 139.10 |
| 私营 | Private | 657468 | 757832 | 1570.61 | 1664.42 |
| 私营独资 | Private Solely Funded | 176303 | 186213 | 331.41 | 338.93 |
| 私营合伙 | Private Partnership | 17032 | 18508 | 35.38 | 36.60 |
| 私营有限责任公司 | Private Responsibility Co., Ltd. | 446808 | 532306 | 1141.77 | 1221.58 |
| 私营股份有限公司 | Private Responsibility Co., Ltd. | 17325 | 20805 | 62.05 | 67.30 |
| 其他 | Others | 75108 | 90787 | 107.55 | 140.19 |

1-9 续表 Continued

| 项　　目 | Item | 产业活动单位数(个) Economic Activity Units (unit) | | 从业人员(万人) Employees (10000 persons) | |
|---|---|---|---|---|---|
| | | 2010 | 2011 | 2010 | 2011 |
| 港澳台商投资 | Hongkong, Macao and Taiwan Funded | 12739 | 13207 | 188.35 | 193.79 |
| 与港澳台商合资经营 | Join with Hongkong, Macao and Taiwan Funded | 3849 | 3953 | 56.90 | 59.13 |
| 与港澳台商合作经营 | Cooperate with Hong Kong, Macao and Taiwan Funded | 215 | 215 | 2.25 | 2.14 |
| 港澳台商独资 | Hong Kong, Macao and Taiwan with Solely Funded | 8220 | 8582 | 123.33 | 126.44 |
| 港澳台商投资股份有限公司 | Hong Kong, Macao and Taiwan Share Holding Co., Ltd. | 455 | 451 | 5.87 | 6.05 |
| 外商投资 | Foreign Funded | 20961 | 21970 | 343.89 | 347.20 |
| 中外合资经营 | Sino-foreign Joint Funded | 6750 | 7069 | 90.90 | 94.49 |
| 中外合作经营 | Sino-foreign Cooperative Funded | 381 | 391 | 4.32 | 4.46 |
| 外资企业 | Foreign Solely Funded | 12977 | 13629 | 238.65 | 237.68 |
| 外商投资股份有限公司 | Foreign Funded Share Holding Co., Ltd. | 853 | 870 | 10.03 | 10.36 |
| **按行业分** | **Grouped by Sector** | | | | |
| 农、林、牧、渔业 | Farming, Forestry, Animal Husbandry and Fishery | 15802 | 20573 | 37.84 | 50.17 |
| 采矿业 | Mining and Quarrying | 1292 | 1126 | 19.61 | 19.30 |
| 制造业 | Manufacturing | 324413 | 353102 | 1608.19 | 1678.19 |
| 电力、燃气及水的生产和供应业 | Power, Gas and Water Production and Supply | 3460 | 3117 | 19.29 | 19.63 |
| 建筑业 | Construction | 42809 | 51701 | 634.71 | 606.37 |
| 交通运输、仓储和邮政业 | Transportation, Storage and Post | 22530 | 25899 | 77.24 | 79.77 |
| 信息传输、计算机服务和软件业 | Informaiton Transmmision, Computer Service and Software | 20202 | 22784 | 26.85 | 31.59 |
| 批发和零售业 | Wholesale and Retail Sales | 251198 | 294715 | 239.13 | 269.17 |
| 住宿和餐饮业 | Hotel and Catering | 12433 | 13418 | 46.79 | 50.22 |
| 金融业 | Banking | 15013 | 16129 | 37.12 | 38.93 |
| 房地产业 | Real Estate | 25734 | 29599 | 52.48 | 58.20 |
| 租赁和商务服务业 | Leasing and Commercial Services | 54414 | 68631 | 81.64 | 95.46 |
| 科学研究、技术服务和地质勘查业 | Scientific Research, Polytechnical Service and Geological Prospecting | 18370 | 21739 | 32.15 | 35.24 |
| 水利、环境和公共设施管理业 | Water Coservancy, Environment and Public Facility Management | 5847 | 6333 | 17.80 | 18.17 |
| 居民服务和其他服务业 | Resident Services and Others | 14756 | 17598 | 19.58 | 21.73 |
| 教育 | Education | 17441 | 18941 | 105.52 | 106.80 |
| 卫生、社会保障和社会福利业 | Health Care, Social Security and Social Welfare | 21292 | 22060 | 46.86 | 47.47 |
| 文化、体育和娱乐业 | Culture, Sports and Recreation | 6671 | 7755 | 11.57 | 12.94 |
| 公共管理和社会组织 | Public Management and Social Organizations | 66908 | 69921 | 112.97 | 118.08 |

## 1－10 分地区私营企业情况（2011 年）
## Private Enterprises by Region (2011)

单位:亿元 (100 million yuan)

| 地 区 | Region | 户数（万户）Households (10000 units) | 雇工人数（万人）Employees (10000 persons) | 投资者人数（万人）Investors (10000 persons) | 注册资金 Registered Capital | 总产值 Total Output Value | 销售总额或营业收入 Total Sales Value or Business Revenue |
|---|---|---|---|---|---|---|---|
| **全 省** | **Total** | **119.79** | **1375.48** | **216.66** | **36197.13** | **8157.01** | **8896.48** |
| 南京市 | Nanjing | 15.41 | 121.08 | 31.95 | 3729.30 | 360.44 | 1299.36 |
| 无锡市 | Wuxi | 12.75 | 155.08 | 26.33 | 4832.02 | 2431.13 | 1806.08 |
| 徐州市 | Xuzhou | 8.01 | 89.14 | 13.12 | 1671.74 | 168.98 | 146.68 |
| 常州市 | Changzhou | 7.52 | 107.50 | 15.26 | 2170.07 | 674.01 | 340.59 |
| 苏州市 | Suzhou | 20.80 | 245.42 | 43.28 | 7288.20 | 1038.14 | 708.20 |
| 南通市 | Nantong | 17.75 | 163.38 | 27.33 | 4918.12 | 1976.87 | 2063.77 |
| 连云港市 | Lianyungang | 3.27 | 33.26 | 5.50 | 1041.50 | 192.25 | 693.30 |
| 淮安市 | Huaian | 4.10 | 59.87 | 6.49 | 1205.40 | 167.85 | 131.57 |
| 盐城市 | Yancheng | 10.83 | 109.40 | 15.58 | 2789.75 | 389.19 | 246.29 |
| 扬州市 | Yangzhou | 5.52 | 86.80 | 9.35 | 2066.80 | 27.58 | 166.00 |
| 镇江市 | Zhenjiang | 5.29 | 75.57 | 8.57 | 2191.12 | 133.44 | 137.69 |
| 泰州市 | Taizhou | 4.73 | 71.04 | 8.30 | 1404.95 | 432.32 | 253.89 |
| 宿迁市 | Suqian | 3.80 | 57.94 | 5.59 | 888.16 | 164.81 | 903.06 |

## 1－11 分地区个体工商业情况（2011 年）
## Self-employment Business by Region (2011)

| 地 区 | Region | 户数（万户）Households (10000 units) | 从业人数（万人）Employees (10000 persons) | 资金数额（亿元）Capital (10000 million yuan) |
|---|---|---|---|---|
| **全 省** | **Total** | **330.41** | **533.01** | **2817.20** |
| 南京市 | Nanjing | 25.64 | 52.69 | 201.14 |
| 无锡市 | Wuxi | 21.77 | 36.51 | 80.13 |
| 徐州市 | Xuzhou | 26.81 | 41.97 | 107.70 |
| 常州市 | Changzhou | 17.08 | 33.12 | 70.61 |
| 苏州市 | Suzhou | 38.28 | 76.72 | 218.14 |
| 南通市 | Nantong | 44.34 | 56.65 | 171.55 |
| 连云港市 | Lianyungang | 11.19 | 15.84 | 54.62 |
| 淮安市 | Huaian | 17.29 | 29.95 | 206.42 |
| 盐城市 | Yancheng | 59.17 | 69.95 | 930.60 |
| 扬州市 | Yangzhou | 14.65 | 26.08 | 124.48 |
| 镇江市 | Zhenjiang | 16.10 | 32.98 | 331.30 |
| 泰州市 | Taizhou | 16.98 | 31.58 | 250.59 |
| 宿迁市 | Suqian | 21.11 | 28.97 | 69.92 |

# 1-12 私营企业基本情况（2011 年）

单位:亿元

| 行业 | Sector | 户数（万户）Households (10000 units) | #城镇 Urban |
|---|---|---|---|
| **总计** | **Total** | **119.79** | **81.32** |
| 农、林、牧、渔业 | Agriculture, Forestry, Animal Husbandry and Fishery | 2.90 | 1.02 |
| 采矿业 | Mining | 0.05 | 0.02 |
| 制造业 | Manufacturing | 41.03 | 21.34 |
| 电力、燃气及水的生产和供应业 | Production and Supply of Electricity, Gas and Water | 0.15 | 0.09 |
| 建筑业 | Construction | 6.64 | 5.47 |
| 交通运输、仓储和邮政业 | Transport, Storage and Post | 2.48 | 1.98 |
| 信息传输、计算机服务和软件业 | Information Transmission, Computer Services and Software | 2.40 | 2.12 |
| 批发和零售业 | Wholesale and Retail Trades | 43.27 | 31.28 |
| 住宿和餐饮业 | Hotels and Catering Services | 1.02 | 0.91 |
| 金融业 | Financial Intermediation | 0.29 | 0.24 |
| 房地产业 | Real Estate | 2.67 | 2.29 |
| 租赁和商务服务业 | Leasing and Business Services | 8.63 | 7.71 |
| #广告业 | Advertising Industry | 1.48 | 1.35 |
| 科学研究、技术服务和地质勘查业 | Scientific Research, Technical Service and Geologic Prospecting | 4.26 | 3.81 |
| 水利、环境和公共设施管理业 | Management of Water Conservancy, Environment and Public Facilities | 0.39 | 0.25 |
| 居民服务和其他服务业 | Services to Households and Other Services | 2.87 | 2.14 |
| 教育 | Education | 0.11 | 0.10 |
| 卫生、社会保障和社会福利业 | Health, Social Security and Social Welfare | 0.09 | 0.08 |
| 文化、体育和娱乐业 | Culture, Sports and Entertainment | 0.54 | 0.46 |
| 其他 | Others | 0.00 | 0.00 |

## Basic Conditions of Private Enterprises (2011)

(100 million yuan)

| 雇工人数（万人） Employees (10000 persons) | #城镇 Urban | 投资者人数（万人） Investors (10000 persons) | #城镇 Urban | 注册资金 Registered Capital | #城镇 Urban | 总产值 Total Output Value | #城镇 Urban | 销售总额或营业收入 Total Sales Value or Business Revenue | #城镇 Urban |
|---|---|---|---|---|---|---|---|---|---|
| **1375.48** | **860.13** | **216.66** | **155.14** | **36197.13** | **24991.60** | **8157.01** | **4696.37** | **8896.48** | **5051.84** |
| 23.77 | 8.56 | 4.10 | 1.61 | 754.62 | 302.45 | 355.89 | 140.08 | 407.80 | 108.85 |
| 1.16 | 0.39 | 0.09 | 0.04 | 28.87 | 20.47 | 61.75 | 40.89 | 35.44 | 27.97 |
| 735.74 | 407.11 | 72.34 | 41.37 | 12623.98 | 7051.53 | 6848.91 | 3937.98 | 1966.08 | 285.94 |
| 2.01 | 1.26 | 0.32 | 0.20 | 113.37 | 74.51 | 172.14 | 99.17 | 150.66 | 97.90 |
| 154.97 | 101.19 | 13.53 | 10.92 | 2576.31 | 1818.30 | 718.32 | 478.26 | 346.67 | 254.80 |
| 24.35 | 17.32 | 4.96 | 3.91 | 606.74 | 482.93 | | | 366.99 | 298.89 |
| 13.21 | 11.82 | 4.43 | 3.99 | 323.35 | 289.41 | | | 167.31 | 76.40 |
| 236.41 | 162.62 | 73.74 | 56.23 | 8379.71 | 5912.59 | | | 2852.44 | 1916.82 |
| 18.89 | 16.69 | 1.62 | 1.44 | 159.64 | 126.80 | | | 563.46 | 441.86 |
| 3.90 | 3.23 | 0.73 | 0.59 | 1024.35 | 822.34 | | | 48.83 | 35.29 |
| 30.50 | 24.97 | 5.32 | 4.28 | 3147.28 | 2544.41 | | | 1186.52 | 873.56 |
| 52.82 | 43.62 | 18.63 | 16.44 | 4300.55 | 3854.98 | | | 189.92 | 151.21 |
| 6.11 | 5.42 | 2.86 | 2.59 | 104.32 | 90.89 | | | | |
| 39.49 | 32.51 | 9.64 | 8.58 | 1608.49 | 1318.04 | | | 52.80 | 32.24 |
| 4.40 | 3.19 | 0.82 | 0.58 | 144.58 | 91.90 | | | 39.41 | 23.62 |
| 27.57 | 20.34 | 5.09 | 3.85 | 308.35 | 200.32 | | | 162.81 | 123.94 |
| 1.04 | 0.81 | 0.20 | 0.17 | 8.50 | 6.33 | | | 5.71 | 4.71 |
| 1.81 | 1.53 | 0.16 | 0.14 | 17.25 | 15.08 | | | 51.14 | 35.56 |
| 3.43 | 2.97 | 0.91 | 0.80 | 71.13 | 59.18 | | | 40.92 | 35.99 |
| 0.01 | 0.00 | 0.00 | 0.00 | 0.06 | 0.04 | | | 261.55 | 226.29 |

# 1－13　个体工商业基本情况（2011 年）

单位:亿元

| 行　业 | Sector | 户数（万户）Households（10000 units） | #城镇 Urban |
|---|---|---|---|
| **总计** | **Total** | **330.41** | **214.48** |
| 农、林、牧、渔业 | Agriculture, Forestry, Animal Husbandry and Fishery | 8.16 | 2.37 |
| 采矿业 | Mining | 0.04 | 0.01 |
| 制造业 | Manufacturing | 28.15 | 14.76 |
| 电力、燃气及水的生产和供应业 | Production and Supply of Electricity, Gas and Water | 0.06 | 0.03 |
| 建筑业 | Construction | 1.09 | 0.68 |
| 交通运输、仓储和邮政业 | Transport, Storage and Post | 8.46 | 6.72 |
| 信息传输、计算机服务和软件业 | Information Transmission, Computer Services and Software | 0.80 | 0.68 |
| 批发和零售业 | Wholesale and Retail Trades | 232.00 | 148.01 |
| 住宿和餐饮业 | Hotels and Catering Services | 17.28 | 14.39 |
| 金融业 | Financial Intermediation | 0.00 | 0.00 |
| 房地产业 | Real Estate | 0.64 | 0.61 |
| 租赁和商务服务业 | Leasing and Business Services | 3.59 | 3.08 |
| #广告业 | Advertising Industry | 0.27 | 0.25 |
| 科学研究、技术服务和地质勘查业 | Scientific Research, Technical Service and Geologic Prospecting | 0.16 | 0.14 |
| 水利、环境和公共设施管理业 | Management of Water Conservancy, Environment and Public Facilities | 0.05 | 0.04 |
| 居民服务和其他服务业 | Services to Households and Other Services | 27.29 | 20.60 |
| 教育 | Education | 0.10 | 0.09 |
| 卫生、社会保障和社会福利业 | Health, Social Security and Social Welfare | 0.29 | 0.26 |
| 文化、体育和娱乐业 | Culture, Sports and Entertainment | 2.22 | 1.96 |
| 其他 | Others | 0.06 | 0.04 |

## Basic Conditions of Self-employment Business (2011)

(100 million yuan)

| 人业人数（万人） Employees (10000 persons) | #城镇 Urban | 资金数额 Capital | #城镇 Urban | 总产值 Total Output Value | 销售总额或营业收入 Total Sales Value or Business Revenue | #城镇 Urban |
|---|---|---|---|---|---|---|
| **533.01** | **374.21** | **2817.20** | **1772.54** | **873.49** | **3245.27** | **2046.77** |
| 12.17 | 4.08 | 145.91 | 51.89 | 22.43 | 24.74 | 11.37 |
| 0.16 | 0.04 | 0.88 | 0.23 | 5.98 | 4.68 | 3.39 |
| 71.70 | 40.46 | 283.94 | 147.22 | 764.47 | 172.45 | 87.90 |
| 0.12 | 0.07 | 1.02 | 0.45 | 8.88 | 11.35 | 9.08 |
| 2.55 | 1.74 | 15.08 | 8.01 | 71.72 | 56.98 | 39.36 |
| 10.18 | 8.22 | 63.92 | 50.73 | | 53.44 | 37.36 |
| 1.25 | 1.10 | 3.73 | 3.11 | | 24.01 | 15.40 |
| 328.94 | 227.93 | 1930.74 | 1201.65 | | 1731.63 | 1282.02 |
| 44.04 | 39.02 | 147.99 | 126.44 | | 267.25 | 218.51 |
| 0.01 | 0.00 | 0.04 | 0.02 | | 0.34 | 0.21 |
| 1.10 | 1.06 | 3.30 | 3.14 | | 34.45 | 20.32 |
| 6.16 | 5.45 | 30.62 | 25.87 | | 24.58 | 19.87 |
| 0.56 | 0.53 | 1.90 | 1.80 | | | |
| 0.32 | 0.29 | 1.03 | 0.90 | | 5.77 | 3.86 |
| 0.12 | 0.10 | 0.61 | 0.46 | | 2.10 | 1.82 |
| 48.99 | 39.90 | 164.06 | 130.15 | | 759.43 | 231.29 |
| 0.21 | 0.20 | 0.84 | 0.67 | | 1.24 | 1.02 |
| 0.60 | 0.56 | 2.37 | 2.19 | | 4.58 | 3.82 |
| 4.32 | 3.95 | 21.01 | 19.34 | | 34.31 | 31.90 |
| 0.07 | 0.06 | 0.11 | 0.07 | | 31.94 | 28.25 |

# 主要统计指标解释

**行政区划**　指国家对行政区域的划分。根据有关法规规定，我国的行政区域划分如下：(1)全国分为省、自治区、直辖市；(2)省、自治区分为自治州、县、自治县、市；(3)自治州分为县、自治县、市；(4)县、自治县分为乡、民族乡、镇；(5)直辖市和较大的市分为区、县；(6)国家在必要时设立的特别行政区。

**平均增长速度**　平均增长速度表明社会经济现象在一个较长的时期内逐期平均增长变化的程度，它不能根据各个环比增长速度直接求得，但与平均发展速度之间存在着一定的数量关系：平均增长速度 = 平均发展速度 - 1。

平均发展速度是一种根据环比发展速度计算的序时平均数，由于各时期对比的基础不同，所以计算平均发展速度不能采用一般的序时平均数的计算方法，计算方法分为水平法和累计法。水平法，又称几何平均法，即将环比发展速度按连乘法用几何平均数公式计算。累计法，也称方程法，根据一段时期内各年发展水平总和与基期水平的关系，列出方程式计算平均发展速度。水平法着重考虑最后一年所达到的发展水平；累计法着重考虑整个时期累计发展水平的总量。

本《年鉴》内所列的平均增长速度，均用"水平法"计算。从某年到某年平均增长速度的年份，均不包括基期年在内。如1978年以来的平均增长速度是以1978年为基期计算的，则写为1979－2011年平均增长速度，其余类推。

**国民经济行业分类**　自2003年定期报表开始使用新的《国民经济行业分类》(GB/T4754－2002)。该分类是由国家统计局组织修订，经国家质量监督检验检疫总局批准，于2002年5月10日发布实施。这次修订是在1994年分类标准的基础上，参照联合国《全部经济活动的国际标准产业分类》(ISIC/Rev.3)进行的。修订后的《国民经济行业分类》(GB/T4754－2002)共有门类20个，大类95个，中类396个，小类913个。新增门类4个，大类增加3个，中类增加28个，小类增加67个。

**企业(单位)登记注册类型**　是以在工商行政管理机关登记注册的各类企业为划分对象，以工商行政管理部门对企业登记注册的类型为依据，将企业登记注册类型分为内资企业、港澳台商投资企业和外商投资企业三大类。内资企业包括国有企业、集体企业、股份合作企业、联营企业、有限责任公司、股份有限公司、私营公司和其他企业；港澳台商投资企业和外商投资企业分别包括合资经营企业、合作经营企业、独资经营企业和股份有限公司。对不在工商行政管理部门进行登记注册的行政机关、事业单位和社会团体，主要按其经费来源和管理方式进行划分。

**国有企业**　指企业全部资产归国家所有，并按《中华人民共和国企业法人登记管理条例》规定登记注册的非公司制的经济组织。不包括有限责任公司中的国有独资公司。

**集体企业**　指企业资产归集体所有，并按《中华人民共和国企业法人登记管理条例》规定登记注册的经济组织。

**股份合作企业**　指以合作制为基础，由企业职工共同出资入股，吸收一定比例的社会资产投资组建，实行自主经营，自负盈亏，共同劳动，民主管理，按劳分配与按股分红相结合的一种集体经济组织。

**联营企业**　指两个及两个以上相同或不同所有制性质的企业法人或事业单位法人，按自愿、平等、互利的原则，共同投资组成的经济组织。联营企业包括国有联营企业、集体联营企业、国有与集体联营企业和其他联营企业。

**有限责任公司**　指根据《中华人民共和国公司登记管理条例》规定登记注册，由两个以上、五十个以下的股东共同出资，每个股东以其所认缴的出资额对公司承担有限责任，公司以其全部资产对其债务承担责任的经济组织。有限责任公司包括国有独资公司以及其他有限责任公司。

**股份有限公司**　指根据《中华人民共和国公司登记管理条例》规定登记注册，其全部注册资本由等额股份构成并通过发行股票筹集资本，股东以其认购的股份对公司承担有限责任，公司以其全部资产对其债务承担责任的经济组织。

**私营企业**　指由自然人投资设立或由自然人控股，以雇佣劳动为基础的营利性经济组织。包括按照《公司法》、《合伙企业法》、《私营企业暂行条例》规定登记注册的私营有限责任公司、私营股份有限公司、私营合伙企业和私营独资企业。

**其他企业**　指上述企业之外的其他内资经济组织。

**与港澳台商合资经营企业**　指港澳台地区投资者与内地企业依照《中华人民共和国中外合资经营企业法》及有关法律的规定，按合同规定的比例投资设立、分享利润和分担风险的企业。

**与港澳台商合作经营企业**　指港澳台地区投资者与内地企业依照《中华人民共和国中外合作经营企业法》及有关法律的规定，依照合作合同的约定进行投资或提供条件设立、分配利润和分担风险的企业。

**港澳台商独资经营企业**　指依照《中华人民共和国外资企业法》及有关法律的规定，在内地由港澳台地区投资者全额投资设立的企业。

**港澳台商投资股份有限公司**　指根据国家有关规定，经原外经贸部依法批准设立，其中港、澳、台商的股本占公司注册资本的比例达25%以上的股份有限公司。凡其中港、澳、台商的股本占公司注册资本的比例小于25%的，属于内资企业中的股份有限公司。

**中外合资经营企业**　指外国企业或外国人与中国内地企业依照《中华人民共和国中外合资经营企业法》及有关法律的规

定，按合同规定的比例投资设立、分享利润和分担风险的企业。

**中外合作经营企业**　指外国企业或外国人与中国内地企业依照《中华人民共和国中外合作经营企业法》及有关法律的规定，依照合作合同的约定进行投资或提供条件设立、分配利润和分担风险的企业。

**外资企业**　指依照《中华人民共和国外资企业法》及有关法律的规定，在中国内地由外国投资者全额投资设立的企业。

**外商投资股份有限公司**　指根据国家有关规定，经原外经贸部依法批准设立，其中外资的股本占公司注册资本的比例达25%以上的股份有限公司。凡其中外资股本占公司注册资本的比例小于25%的，属于内资企业中的股份有限公司。

**行政机关、事业单位和社会团体**　参照企业登记注册类型，主要按其经费来源和管理方式划分。具体规定如下：

(1) 行政机关：包括国家机关和政党机关，原则上均列为"国有"。但有特殊规定的，如供销社等，则列为“集体”。

(2) 事业单位：包括经国家机构编制部门和有关业务主管部门批准成立的各类事业单位，不包括实行企业化管理的事业单位。事业单位的划分办法如下：

① 由国家财政预算拨款或列入财政预算外资金管理以及经费主要来源于国有主管部门或国有上级单位的事业单位，列为“国有”。

② 经费主要来源于集体单位的事业单位，列为“集体”。

③ 公民个人（或个人合伙）开办的事业单位，列为“私营”。

④ 上述以外的其他事业单位，如果其经费来源不明确，按管理方式进行归类。

(3) 社会团体：包括经民政部门批准成立以及未纳入社会团体管理条例范围的工会、妇联等各类社会团体。社会团体的划分办法如下：

① 未纳入民政部社会团体管理条例范围的工会、妇联、共青团、青联、工商联、科协、侨联等社会团体，国家拨款设立的基金会或基金管理组织以及经费主要来源于国有业务主管部门或国有上级单位的社会团体，列为“国有”。

② 经费主要来源于集体单位的社会团体，列为“集体”。

③ 公民个人（或个人合伙）开办的社会团体，划为“私营”。

④ 上述以外的其他社会团体，如果其经费来源不明确，改按管理方式进行归类。

## Explanatory Notes on Main Statistical Indicators

**Divisions of Administrative Areas**　refers to the division of administrative areas by the State. The relative laws stipulate that 1) the whole country is divided into provinces, autonomous regions and municipalities directly under the Central Government; 2) provinces and autonomous regions are further divided into autonomous prefectures, counties, autonomous counties and cities; 3) autonomous prefectures are further divided into counties, autonomous counties and cities; 4) counties and autonomous counties are further divided into townships, ethnic townships and towns; 5) municipalities directly under the Central Government and large cities are divided into districts and counties, 6) the State shall, when necessary, establish special administrative regions.

**Average Annual Growth Rate**　shows the average growth rate of social and economic development during a longer period. It can not be directly calculated by chain based growth rate. The relation is:

Average Annual Growth Rate = Average Speed of Development - 1

Average speed of development is the time series average of speed which calculated by chain based. Because the reference bases during the different periods are not same, average speed of development can not be calculated by the general method. Level approach and accumulative approach for calculating average speed of development rate are applied. The "level approach", or the method of calculating the geometric average, is derived by the formula of geometric average of the chain - based speeds of development, or comparing the level of the last year of the interval with that of the beginning year; the other is called the "accumulative approach" or the "algebraic average", "equation" method, which is derived by the summation of the actual figure of each year in the interval divided by the figure in the base year. The level approach focuses on the level of the last year, while the accumulative approach emphasizes the aggregate development in the duration.

The average annual growth rates listed in the Yearbook are calculated by the level approach. The base year is not listed in the duration for which average annual growth rates are computed. For instance, the average annual growth rate of the 32 years since 1978 is shown as the average annual growth rate of 1979 - 2011 without showing the base year 1978.

**Industrial Classification of the National Economy**　The new Industrial Classification of the National Economy (GB/T 4754 - 2002) is introduced starting from the compilation of 2003 annual statistics. The revision, based on the 1994 classification, was organized by the National Bureau of Statistics taking into consideration of the International Standards of the Industrial Classification of All Economic Activities (ISIC/Rev. 3) of the United Nations. The new Classification was promulgated by the National Administration of Quality Supervision, Inspection and Quarantine on May 10, 2002. The revised version of the Industrial Classification of the National Economy (GB/T 4754 – 2002) is composed of 20 major divisions, 95 divisions, 396 major groups and 913 groups, of which 4 major divisions, 3 divisions, 28 major groups and 67 groups are new respectively

**Registration Status of Enterprises** Enterprises are classified into 3 categories, namely domestic – funded enterprises, enterprises with investment from Hong Kong, Macau and Taiwan, and enterprises with foreign investment, according to the registration status of an enterprise in industrial and commercial administration agencies. Domestic – funded enterprises include State – owned enterprises, collective – owned enterprises, cooperative enterprises, joint ownership enterprises, limited liability corporations, share – holding corporations Ltd., private enterprises and other enterprises. Included in the enterprises with investment from Hong Kong, Macau and Taiwan and enterprises with foreign investment are joint – venture enterprises, cooperative enterprises, sole investment enterprises and share – holding corporations Ltd. For government agencies, institutions and social organizations which are not registered in industrial and commercial administration agencies, they are classified mainly by their sources of funding and manner of management.

**State – owned Enterprises** refer to non – corporation economic units where the entire assets are owned by the State and which have been registered in accordance with the Regulation of the People's Republic of China on the Management of Registration of Corporate Enterprises. Not included from this category are solely State – funded corporations in the limited liability corporations.

**Collective – owned Enterprises** refer to economic units where the assets are owned collectively and which have been registered in accordance with the Regulation of the People's Republic of China on the Management of Registration of Corporate Enterprises.

**Cooperative Enterprises** refer to a form of collective economic units (enterprises) where capitals come mainly from employees as their shares, with certain proportion of capital from the outside, where production is organized on the basis of independent operation, independent accounting for profits and losses, joint work, democratic management, and a distribution system that integrates remuneration according to work with dividend according to capital share.

**Joint Ownership Enterprises** refer to economic units established by two or more corporate enterprises or corporate institutions of the same or different ownership, through joint investment on the basis of voluntary participation, equality, and mutual benefits. They include State joint ownership enterprises; collective joint ownership enterprises; joint State – collective enterprises; and other joint ownership enterprises.

**Limited Liability Corporations** refer to economic units established with investment from 2 – 50 investors and registered in accordance with the Regulation of the People's Republic of China on the Management of Registration of Corporations, each investor bearing limited liability to the corporation depending on its share of investment, and the corporation bearing liability to its debt to the maximum of its total assets. Limited liability corporations include solely State – funded limited liability corporations and other limited liability corporations.

**Share – holding Corporations Ltd.** refer to economic units registered in accordance with the Regulation of the People's Republic of China on the Management of Registration of Corporations, with total registered capital divided into equal shares and raised through issuing stocks. Each investor bears limited liability to the corporation depending on the holding of shares, and the corporation bears liability to its debt to the maximum of its total assets.

**Private Enterprises** refer to profit – making economic units invested and established by natural persons, or controlled by natural persons using employed labour. Included in this category are private limited liability corporations, private share – holding corporations Ltd., private partnership enterprises and private – funded enterprises registered in accordance with the Company Law, the Law on Partnership Business and Interim Regulations on Private Enterprises .

**Other Domestic – funded Enterprises** refer to domestic – funded economic units other than those mentioned above.

**Joint Venture Enterprises with Funds from Hong Kong, Macau and Taiwan** are enterprises established by investors from Hong Kong, Macau and Taiwan with enterprises in the mainland of China in accordance with the Law of the People's Republic of China on Sino – foreign Equity Joint Ventures and other relevant laws, where the establishment of the investment and the sharing of profits and risks are stipulated under joint venture contracts.

**Cooperative Enterprises with Funds from Hong Kong, Macau and Taiwan established by investors from Hong Kong, Macau and Taiwan** with enterprises in the mainland of China in accordance with the Law of the People's Republic of China on Sino – foreign Contractual Joint Venture and other relevant laws, where the investment or provision of facilities and the sharing of profits and risks are stipulated under cooperative contracts.

**Enterprises with Sole (exclusive) Investment from Hong Kong, Macau and Taiwan** refer to enterprises established in the mainland of China with exclusive investment from investors from Hong Kong, Macau and Taiwan in accordance with the Law of the People's Republic of China on Wholly Foreign – owned Enterprises and other relevant laws.

**Share – holding Corporations Ltd.** with Investment from Hong Kong, Macau and Taiwan refer to share – holding corporations Ltd. established with the approval from the former Ministry of Foreign Trade and Economic Relations in line with relevant State regulations, where the share of investment from Hong Kong, Macau or Taiwan businessmen exceeds 25% of the total registered capital of the corporation. In case the share of investment from Hong Kong, Macau or Taiwan is less than 25% of the total registered capital, the enterprise is to be classified as domestic – funded share – holding corporation Ltd.

**Joint Venture Enterprises with Foreign Investment** refer to enterprises jointly established by foreign enterprises or foreigners with enterprises in the mainland of China in accordance with the Law of the People's Republic of China on Sino – foreign Equity Joint Ventures and other relevant laws, where the sharing of investment, profits and risks is stipulated under contract.

**Cooperative Enterprises with Foreign Investment** refer to enterprises jointly established by foreign enterprises or foreigners with enterprises in the mainland of China in accordance with the Law of the People's Republic of China on Sino – foreign Contractual Joint Venture and other relevant laws, where the investment or provision of facilities and the sharing of profits and risks are stipulated under cooperative contracts.

**Enterprises with Sole (exclusive) Foreign Investment** refer to enterprises established in the mainland of China with exclusive investment from foreign investors in accordance with the Law of the People's Republic of China on Wholly Foreign – owned Enterprises and other relevant laws.

**Share – holding Corporations Ltd. with Foreign Investment** refer to share – holding corporations Ltd. established with the approval from the former Ministry of Foreign Trade and Economic Relations in line with relevant State regulations, where the share of investment from foreign investors exceeds 25% of the total registered capital of the corporation. In case the share of foreign investment is less than 25% of the total registered capital, the enterprise is to be classified as domestic – funded share – holding corporation Ltd.

**Government Agencies, Institutions and Social Organizations** are classified into the following categories by source of funds and manner of management taking reference of the registration status of enterprises:

(1) Government agencies: include State and party agencies, classified in principle as State – owned. There are exceptions, such as supply and marketing cooperatives which are classified as collective – owned.

(2) Institutions: include institutions of various types established with the approval by organization and staffing departments of the government, but exclude institutions where enterprise management system is introduced. Institutions are further classified as follows:

(a) Institutions for which their main budgets are from government budget appropriations or extra – budget funds, or allocated from the budget of their competent government agencies. Such institutions are classified as state – owned.

(b) Institutions for which their budget mainly come from collective units. Such institutions are classified as collective – owned.

(c) Social institutions established by individual or a group of citizens, which are classified as private.

(d) Institutions other than those mentioned above for which their sources of budget are not clear. Such institutions are classified by the manner of management.

(3) Social organizations: include social organizations established with the approval from the Ministry of Civil Affairs, and organizations that are not covered by social organization management regulations such as trade unions, women's federations etc.. Social organizations are further classified as follows:

(a) Social organizations that are not covered by social organization management regulations of the Ministry of Civil Affairs such as trade unions, women federations, communist youth leagues, youth associations, industrial and commerce associations, scientist associations, overseas Chinese associations, etc., foundations and fund management organizations established with funds from the state, and social organizations whose funds mainly come from the budget of their competent government agencies. Such institutions are classified as State – owned.

(b) Social organizations for which their budget mainly come from collective units. Such institutions are classified as collective – owned.

(c) Social organizations established by individual or a group of citizens, which are classified as private.

(d) Social organizations other than those mentioned above for which their sources of budget are not clear. Such organizations are classified by the manner of management.

# 2

# 国民经济核算
# National Accounts

# 简要说明

一、地区生产总值数据是根据不同产业部门、不同支出构成的特点和资料来源情况而采用不同方法计算的。

二、地区生产总值是一个价值量指标，其价值的变化受价格变化和物量变化两大因素影响。不变价地区生产总值是把按当期价格计算的地区生产总值换算成按某个固定期（基期）价格计算的价值，从而使两个不同时期的价值进行比较时，能够剔除价格变化的影响，以反映物量变化，反映生产活动成果的实际变动。地区生产总值指数就是根据两个时期不变价地区生产总值计算得到的。随着经济的不断发展，各行业的价格结构也会不断发生变化，为了更好的反映这种变化对于经济的影响，计算不变价地区生产总值需要每隔若干年调整一次基期。我国自开始核算地区生产总值以来，共有1952年、1957年、1970年、1980年、1990年、2000年、2005年7个不变价基期，目前的基期是2005年。也就是说，2006年的不变价地区生产总值是按照2005年价格计算的。由于计算不变价地区生产总值采用按不同基期分段计算，因此本年鉴中的不变价地区生产总值数据也按分段方式公布。

三、本年鉴所列分地区的数据来自各省辖市的国民经济核算资料。由于采取分级核算，各地区数据相加不等于全省总计。

## Brief Introduction

Ⅰ. Data on GDP are computed based on different approaches in the light of the different features of various sectors, various expenditure structures and different data sources.

Ⅱ. Gross Domestic Product (GDP) is a measurement of value which changes depending on changes of price and production. GDP at constant prices converts the gross domestic product based on the current price into a value based on the price of the base period. When adjusted for price changes, the values of two different periods can be compared to reflect changes of both products and production activities. GDP index is derived from the constant-price GDPs of the two periods. As economy grows, changes will take place in the price structures of various industries, and the base period for the measurement of constant-price GDP thus needs to be adjusted every few years in order to better reflect the impact of price change on the economy. Since China started GDP calculation, seven constant-price base periods have been used, i. e., 1952, 1957, 1970, 1980, 1990, 2000 and 2005, and the current base period is 2005. That is to say, the 2006 GDP is calculated on the basis of the 2005 prices. As the calculation of constant-price GDP is based on different base periods, the constant-price GDP data in this yearbook shall also be announced in accordance with various periods.

Ⅲ. Regional data in this Yearbook are prepared from the national accounts data provided by the statistical bureaus of provincial cities. The sum of the regional data is not equal to the total provincial due to the decentralized accounting approach.

# 2-1 主要年份总产出
## Total Output in Major Years

本表按当年价格计算 (at current price)

| 年份<br>Year | 总产出<br>(亿元)<br>Total Output<br>(100 million yuan) | 第一产业<br>Primary Industry | 第二产业<br>Secondary Industry | #工业<br>Industry | 第三产业<br>Tertiary Industry |
|---|---|---|---|---|---|
| 1952 | 81.54 | 31.87 | 27.19 | 25.53 | 22.48 |
| 1955 | 100.53 | 36.22 | 35.77 | 32.82 | 28.54 |
| 1957 | 114.15 | 36.81 | 44.63 | 41.01 | 32.71 |
| 1962 | 133.12 | 40.15 | 56.38 | 53.36 | 36.59 |
| 1965 | 192.52 | 57.27 | 97.49 | 88.08 | 37.76 |
| 1970 | 273.85 | 71.33 | 149.65 | 135.47 | 52.87 |
| 1975 | 412.28 | 91.66 | 260.23 | 235.28 | 60.39 |
| 1976 | 438.59 | 100.71 | 271.19 | 247.59 | 66.69 |
| 1977 | 487.98 | 89.16 | 326.37 | 297.12 | 72.45 |
| 1978 | 566.85 | 105.87 | 378.99 | 337.65 | 81.99 |
| 1979 | 661.26 | 145.25 | 427.36 | 386.05 | 88.65 |
| 1980 | 750:12 | 138.45 | 515.71 | 467.82 | 95.96 |
| 1981 | 816.27 | 153.62 | 557.41 | 504.94 | 105.24 |
| 1982 | 897.85 | 188.11 | 593.52 | 534.87 | 116.22 |
| 1983 | 1014.55 | 206.86 | 679.67 | 600.70 | 128.02 |
| 1984 | 1239.44 | 253.82 | 836.02 | 745.36 | 149.60 |
| 1985 | 1642.70 | 288.55 | 1157.52 | 1036.67 | 196.63 |
| 1986 | 1960.44 | 332.66 | 1380.16 | 1235.38 | 247.62 |
| 1987 | 2472.22 | 380.25 | 1771.85 | 1590.31 | 320.12 |
| 1988 | 3409.56 | 497.95 | 2370.81 | 2152.93 | 540.80 |
| 1989 | 3839.67 | 522.25 | 2713.50 | 2507.42 | 603.92 |
| 1990 | 4208.23 | 580.53 | 2978.51 | 2764.10 | 649.19 |
| 1991 | 4820.22 | 580.93 | 3416.59 | 3161.60 | 822.70 |
| 1992 | 6862.87 | 673.82 | 5089.59 | 4673.57 | 1099.46 |
| 1993 | 10245.27 | 875.37 | 7757.28 | 7096.46 | 1612.62 |
| 1994 | 14163.89 | 1358.50 | 10601.01 | 9826.50 | 2204.38 |
| 1995 | 17699.96 | 1721.35 | 13053.11 | 11995.30 | 2925.50 |
| 1996 | 20304.53 | 1953.13 | 14764.02 | 13425.15 | 3587.38 |
| 1997 | 22314.78 | 2096.40 | 16342.27 | 14703.65 | 3876.11 |
| 1998 | 23433.26 | 2129.05 | 16967.90 | 15163.56 | 4336.31 |
| 1999 | 24578.40 | 2108.71 | 17714.22 | 15779.09 | 4755.47 |
| 2000 | 27034.80 | 2115.39 | 19714.71 | 17653.76 | 5204.71 |
| 2001 | 29832.61 | 2174.81 | 21753.49 | 19595.68 | 5904.31 |
| 2002 | 32550.33 | 1953.50 | 23884.16 | 21386.23 | 6712.67 |
| 2003 | 38729.25 | 2115.88 | 28971.95 | 25882.11 | 7641.42 |
| 2004 | 46972.13 | 2417.63 | 35900.90 | 32068.53 | 8653.60 |
| 2005 | 56754.26 | 2577.02 | 43289.06 | 39088.19 | 10888.18 |
| 2006 | 67730.81 | 2707.13 | 51931.76 | 47205.03 | 13091.92 |
| 2007 | 83861.75 | 3064.84 | 64753.63 | 59576.71 | 16043.28 |
| 2008 | 99579.13 | 3590.64 | 76269.91 | 69486.28 | 19718.58 |
| 2009 | 107849.20 | 3772.77 | 82149.29 | 73871.63 | 21927.14 |
| 2010 | 127976.43 | 4257.14 | 95967.85 | 86320.41 | 27751.45 |
| 2011 | 157421.13 | 5237.45 | 116098.73 | 104736.44 | 36084.95 |

# 2-2 主要年份总产出指数

## Indices of Total Output in Major Years

按可比价格计算,1952 年 = 100 (at constant price with 100 in 1952)

| 年份 Year | 总产出 Total Output | 第一产业 Primary Industry | 第二产业 Secondary Industry | #工业 Industry | 第三产业 Tertiary Industry |
|---|---|---|---|---|---|
| 1952 | 100.0 | 100.0 | 100.0 | 100.0 | 100.0 |
| 1955 | 120.0 | 113.0 | 134.3 | 129.7 | 123.6 |
| 1957 | 127.0 | 109.1 | 169.4 | 165.9 | 132.1 |
| 1962 | 121.8 | 93.4 | 200.8 | 208.5 | 121.4 |
| 1965 | 181.6 | 139.7 | 372.6 | 365.0 | 129.2 |
| 1970 | 263.7 | 166.3 | 653.9 | 651.2 | 179.4 |
| 1975 | 390.0 | 204.4 | 1164.8 | 1165.2 | 207.2 |
| 1976 | 420.8 | 212.3 | 1267.0 | 1285.1 | 232.1 |
| 1977 | 463.9 | 191.0 | 1524.5 | 1543.0 | 249.8 |
| 1978 | 544.0 | 232.1 | 1776.6 | 1755.8 | 285.4 |
| 1979 | 598.9 | 257.4 | 1983.5 | 2000.3 | 291.2 |
| 1980 | 671.6 | 243.2 | 2380.5 | 2417.9 | 304.9 |
| 1981 | 732.4 | 262.4 | 2589.9 | 2618.8 | 342.2 |
| 1982 | 802.5 | 301.5 | 2796.8 | 2820.2 | 376.6 |
| 1983 | 908.5 | 319.4 | 3242.2 | 3211.5 | 415.6 |
| 1984 | 1090.8 | 371.9 | 3955.8 | 3959.1 | 477.5 |
| 1985 | 1379.6 | 383.5 | 5250.3 | 5280.7 | 599.0 |
| 1986 | 1595.5 | 407.5 | 6115.4 | 6161.6 | 731.7 |
| 1987 | 1912.0 | 420.2 | 7474.4 | 7631.1 | 906.9 |
| 1988 | 2399.8 | 448.1 | 9385.3 | 9590.3 | 1288.2 |
| 1989 | 2492.6 | 449.6 | 9671.7 | 10036.5 | 1422.0 |
| 1990 | 2697.8 | 460.9 | 10591.2 | 11042.5 | 1502.8 |
| 1991 | 3046.2 | 455.7 | 12110.4 | 12642.3 | 1807.0 |
| 1992 | 4267.8 | 515.0 | 18038.4 | 18864.6 | 2272.0 |
| 1993 | 5746.6 | 573.1 | 25197.1 | 26795.1 | 2887.9 |
| 1994 | 7334.3 | 642.4 | 33172.0 | 35831.4 | 3354.0 |
| 1995 | 8708.7 | 730.4 | 39686.3 | 42818.5 | 3903.8 |
| 1996 | 10008.5 | 803.0 | 45823.2 | 49213.2 | 4471.4 |
| 1997 | 11314.1 | 856.4 | 52098.2 | 55704.5 | 5035.8 |
| 1998 | 12441.1 | 885.7 | 57347.6 | 61113.7 | 5676.1 |
| 1999 | 13612.6 | 925.5 | 62773.5 | 66941.5 | 6330.8 |
| 2000 | 14939.2 | 959.6 | 68961.7 | 73797.1 | 7079.4 |
| 2001 | 16383.3 | 988.4 | 75650.7 | 81472.0 | 7946.8 |
| 2002 | 18049.8 | 1013.1 | 83613.8 | 89782.1 | 8878.3 |
| 2003 | 20560.9 | 1005.0 | 96748.4 | 103967.7 | 9976.2 |
| 2004 | 23692.0 | 1065.3 | 112553.6 | 121434.3 | 11356.7 |
| 2005 | 27127.3 | 1096.2 | 130562.2 | 141713.8 | 13048.9 |
| 2006 | 31413.4 | 1143.4 | 152104.9 | 165521.7 | 15071.5 |
| 2007 | 36188.3 | 1178.8 | 175985.4 | 193991.4 | 17437.7 |
| 2008 | 41001.3 | 1231.9 | 199039.5 | 220568.2 | 20227.7 |
| 2009 | 46167.5 | 1302.9 | 224536.5 | 247654.0 | 22853.3 |
| 2010 | 52233.8 | 1404.4 | 254107.3 | 280780.2 | 26026.1 |
| 2011 | 58130.7 | 1462.5 | 283540.3 | 314841.1 | 28985.6 |

# 2－3　主要年份地区生产总值

# Gross Domestic Product in Major Years

本表按当年价格计算　　　　(at current price)

| 年份<br>Year | 地区生产总值(亿元)<br>Gross Domestic Product (100 million yuan) | 第一产业<br>Primary Industry | 第二产业<br>Secondary Industry | 工业<br>Industry | 建筑业<br>Construction | 第三产业<br>Tertiary Industry | #金融业<br>Financial Intermediation | #房地产业<br>Real Estate | 人均地区生产总值(元)<br>Per Capita GDP (yuan) |
|---|---|---|---|---|---|---|---|---|---|
| 1952 | 48.41 | 25.49 | 8.53 | 7.63 | 0.90 | 14.39 | | | 131 |
| 1955 | 58.96 | 29.69 | 11.29 | 10.06 | 1.23 | 17.98 | | | 150 |
| 1957 | 65.11 | 29.94 | 14.40 | 12.51 | 1.89 | 20.77 | | | 157 |
| 1962 | 69.20 | 29.10 | 17.34 | 15.69 | 1.65 | 22.76 | | | 161 |
| 1965 | 95.10 | 41.20 | 30.26 | 26.87 | 3.39 | 23.64 | | | 208 |
| 1970 | 129.23 | 51.03 | 46.16 | 42.33 | 3.83 | 32.04 | | | 249 |
| 1975 | 184.16 | 67.59 | 79.61 | 72.70 | 6.91 | 36.96 | | | 329 |
| 1976 | 187.97 | 62.38 | 85.04 | 78.48 | 6.56 | 40.55 | | | 332 |
| 1977 | 202.40 | 53.22 | 105.35 | 97.15 | 8.20 | 43.83 | | | 353 |
| 1978 | 249.24 | 68.71 | 131.09 | 117.10 | 13.99 | 49.44 | 10.43 | 5.50 | 430 |
| 1979 | 298.55 | 104.04 | 141.14 | 126.25 | 14.89 | 53.37 | 10.27 | 5.42 | 509 |
| 1980 | 319.80 | 94.24 | 167.41 | 151.22 | 16.19 | 58.15 | 11.52 | 6.08 | 541 |
| 1981 | 350.02 | 109.39 | 178.01 | 161.11 | 16.90 | 62.62 | 12.32 | 6.50 | 586 |
| 1982 | 390.17 | 135.15 | 185.52 | 168.09 | 17.43 | 69.50 | 13.74 | 7.25 | 645 |
| 1983 | 437.65 | 150.41 | 210.81 | 191.52 | 19.29 | 76.43 | 14.47 | 7.64 | 716 |
| 1984 | 518.85 | 179.00 | 250.39 | 228.58 | 21.81 | 89.46 | 15.52 | 8.19 | 843 |
| 1985 | 651.82 | 195.66 | 339.56 | 307.89 | 31.67 | 116.60 | 18.91 | 11.93 | 1053 |
| 1986 | 744.94 | 224.26 | 376.32 | 337.77 | 38.55 | 144.36 | 25.56 | 13.50 | 1193 |
| 1987 | 922.33 | 246.86 | 493.69 | 443.23 | 50.46 | 181.78 | 25.14 | 14.59 | 1462 |
| 1988 | 1208.85 | 319.18 | 586.82 | 526.92 | 59.90 | 302.85 | 47.44 | 21.25 | 1891 |
| 1989 | 1321.85 | 324.18 | 657.06 | 599.91 | 57.15 | 340.61 | 65.45 | 24.72 | 2038 |
| 1990 | 1416.50 | 355.17 | 692.59 | 634.13 | 58.46 | 368.74 | 72.53 | 27.02 | 2109 |
| 1991 | 1601.38 | 345.14 | 793.92 | 725.83 | 68.09 | 462.32 | 77.81 | 33.51 | 2353 |
| 1992 | 2136.02 | 393.82 | 1119.26 | 1017.94 | 101.32 | 622.94 | 109.27 | 43.89 | 3106 |
| 1993 | 2998.16 | 490.59 | 1598.05 | 1451.97 | 146.08 | 909.52 | 140.04 | 73.03 | 4321 |
| 1994 | 4057.39 | 683.98 | 2186.77 | 2002.22 | 184.55 | 1186.64 | 187.37 | 95.23 | 5801 |
| 1995 | 5155.25 | 866.24 | 2715.26 | 2467.63 | 247.63 | 1573.75 | 244.65 | 134.95 | 7319 |
| 1996 | 6004.21 | 989.18 | 3074.12 | 2754.80 | 319.32 | 1940.91 | 291.71 | 178.79 | 8471 |
| 1997 | 6680.34 | 1035.80 | 3411.86 | 3016.44 | 395.42 | 2232.68 | 318.08 | 211.22 | 9371 |
| 1998 | 7199.95 | 1047.16 | 3640.10 | 3157.69 | 482.41 | 2512.69 | 322.33 | 253.14 | 10049 |
| 1999 | 7697.82 | 1037.37 | 3920.15 | 3387.99 | 532.16 | 2740.30 | 330.25 | 272.34 | 10695 |
| 2000 | 8553.69 | 1048.34 | 4435.89 | 3848.52 | 587.37 | 3069.46 | 349.49 | 298.15 | 11765 |
| 2001 | 9456.84 | 1094.48 | 4907.46 | 4270.90 | 636.56 | 3454.90 | 353.41 | 326.74 | 12879 |
| 2002 | 10606.85 | 1110.44 | 5604.49 | 4880.09 | 724.40 | 3891.92 | 368.86 | 371.09 | 14369 |
| 2003 | 12442.87 | 1162.45 | 6787.11 | 6004.65 | 782.46 | 4493.31 | 392.11 | 447.47 | 16743 |
| 2004 | 15003.60 | 1367.58 | 8437.99 | 7514.39 | 923.60 | 5198.03 | 440.50 | 534.17 | 20031 |
| 2005 | 18598.69 | 1461.51 | 10524.96 | 9440.18 | 1084.78 | 6612.22 | 492.40 | 799.73 | 24616 |
| 2006 | 21742.05 | 1545.05 | 12282.89 | 11097.64 | 1185.25 | 7914.11 | 653.25 | 1017.91 | 28526 |
| 2007 | 26018.48 | 1816.31 | 14471.26 | 13105.24 | 1366.02 | 9730.91 | 1054.25 | 1365.71 | 33837 |
| 2008 | 30981.98 | 2100.11 | 16993.34 | 15271.20 | 1722.14 | 11888.53 | 1298.48 | 1626.13 | 40014 |
| 2009 | 34457.30 | 2261.86 | 18566.37 | 16464.94 | 2101.43 | 13629.07 | 1596.98 | 2025.39 | 44253 |
| 2010 | 41425.48 | 2540.10 | 21753.93 | 19277.65 | 2476.28 | 17131.45 | 2105.92 | 2600.95 | 52840 |
| 2011 | 49110.27 | 3064.78 | 25203.28 | 22280.61 | 2922.67 | 20842.21 | 2600.11 | 2747.89 | 62290 |

# 2-4 主要年份地区生产总值构成

## Composition of Gross Domestic Product in Major Years

本表按当年价格计算,单位:% (at current price, %)

| 年份 Year | 地区生产总值 Gross Domestic Product | 第一产业 Primary Industry | 第二产业 Secondary Industry | 工业 Industry | 建筑业 Construction | 第三产业 Tertiary Industry | #金融业 Financial Intermediation | #房地产业 Real Estate |
|---|---|---|---|---|---|---|---|---|
| 1952 | 100.0 | 52.7 | 17.6 | 15.8 | 1.9 | 29.7 | | |
| 1955 | 100.0 | 50.4 | 19.1 | 17.1 | 2.1 | 30.5 | | |
| 1957 | 100.0 | 46.0 | 22.1 | 19.2 | 2.9 | 31.9 | | |
| 1962 | 100.0 | 42.1 | 25.0 | 22.6 | 2.4 | 32.9 | | |
| 1965 | 100.0 | 43.3 | 31.8 | 28.3 | 3.6 | 24.9 | | |
| 1970 | 100.0 | 39.5 | 35.7 | 32.8 | 3.0 | 24.8 | | |
| 1975 | 100.0 | 36.7 | 43.2 | 39.5 | 3.8 | 20.1 | | |
| 1976 | 100.0 | 33.2 | 45.2 | 41.8 | 3.5 | 21.6 | | |
| 1977 | 100.0 | 26.3 | 52.0 | 48.0 | 4.0 | 21.7 | | |
| 1978 | 100.0 | 27.6 | 52.6 | 47.0 | 5.6 | 19.8 | 4.2 | 2.2 |
| 1979 | 100.0 | 34.8 | 47.3 | 42.3 | 5.0 | 17.9 | 3.4 | 1.8 |
| 1980 | 100.0 | 29.5 | 52.3 | 47.3 | 5.1 | 18.2 | 3.6 | 1.9 |
| 1981 | 100.0 | 31.3 | 50.8 | 46.0 | 4.8 | 17.9 | 3.5 | 1.9 |
| 1982 | 100.0 | 34.6 | 47.6 | 43.1 | 4.5 | 17.8 | 3.5 | 1.9 |
| 1983 | 100.0 | 34.4 | 48.2 | 43.8 | 4.4 | 17.4 | 3.3 | 1.7 |
| 1984 | 100.0 | 34.5 | 48.3 | 44.1 | 4.2 | 17.2 | 3.0 | 1.6 |
| 1985 | 100.0 | 30.0 | 52.1 | 47.2 | 4.9 | 17.9 | 2.9 | 1.8 |
| 1986 | 100.0 | 30.1 | 50.5 | 45.3 | 5.2 | 19.4 | 3.4 | 1.8 |
| 1987 | 100.0 | 26.8 | 53.5 | 48.1 | 5.5 | 19.7 | 2.7 | 1.6 |
| 1988 | 100.0 | 26.4 | 48.5 | 43.6 | 5.0 | 25.1 | 3.9 | 1.8 |
| 1989 | 100.0 | 24.5 | 49.7 | 45.4 | 4.3 | 25.8 | 5.0 | 1.9 |
| 1990 | 100.0 | 25.1 | 48.9 | 44.8 | 4.1 | 26.0 | 5.1 | 1.9 |
| 1991 | 100.0 | 21.5 | 49.6 | 45.3 | 4.3 | 28.9 | 4.9 | 2.1 |
| 1992 | 100.0 | 18.4 | 52.4 | 47.7 | 4.7 | 29.2 | 5.1 | 2.1 |
| 1993 | 100.0 | 16.4 | 53.3 | 48.4 | 4.9 | 30.3 | 4.7 | 2.4 |
| 1994 | 100.0 | 16.9 | 53.9 | 49.3 | 4.5 | 29.2 | 4.6 | 2.3 |
| 1995 | 100.0 | 16.8 | 52.7 | 47.9 | 4.8 | 30.5 | 4.7 | 2.6 |
| 1996 | 100.0 | 16.5 | 51.2 | 45.9 | 5.3 | 32.3 | 4.9 | 3.0 |
| 1997 | 100.0 | 15.5 | 51.1 | 45.2 | 5.9 | 33.4 | 4.8 | 3.2 |
| 1998 | 100.0 | 14.5 | 50.6 | 43.9 | 6.7 | 34.9 | 4.5 | 3.5 |
| 1999 | 100.0 | 13.5 | 50.9 | 44.0 | 6.9 | 35.6 | 4.3 | 3.5 |
| 2000 | 100.0 | 12.2 | 51.9 | 45.0 | 6.9 | 35.9 | 4.1 | 3.5 |
| 2001 | 100.0 | 11.6 | 51.9 | 45.2 | 6.7 | 36.5 | 3.7 | 3.5 |
| 2002 | 100.0 | 10.5 | 52.8 | 46.0 | 6.8 | 36.7 | 3.5 | 3.5 |
| 2003 | 100.0 | 9.3 | 54.6 | 48.3 | 6.3 | 36.1 | 3.2 | 3.6 |
| 2004 | 100.0 | 9.1 | 56.3 | 50.1 | 6.2 | 34.6 | 2.9 | 3.6 |
| 2005 | 100.0 | 7.9 | 56.6 | 50.8 | 5.8 | 35.6 | 2.6 | 4.3 |
| 2006 | 100.0 | 7.1 | 56.5 | 51.0 | 5.5 | 36.4 | 3.0 | 4.7 |
| 2007 | 100.0 | 7.0 | 55.6 | 50.4 | 5.3 | 37.4 | 4.1 | 5.2 |
| 2008 | 100.0 | 6.8 | 54.8 | 49.3 | 5.6 | 38.4 | 4.2 | 5.2 |
| 2009 | 100.0 | 6.5 | 53.9 | 47.8 | 6.1 | 39.6 | 4.6 | 5.9 |
| 2010 | 100.0 | 6.1 | 52.5 | 46.5 | 6.0 | 41.4 | 5.1 | 6.3 |
| 2011 | 100.0 | 6.3 | 51.3 | 45.4 | 5.9 | 42.4 | 5.3 | 5.6 |

# 2-5 不变价地区生产总值

## Gross Domestic Product at Constant Price

单位:亿元 (100 million yuan)

| 年份 Year | 地区生产总值 Gross Domestic Product | 第一产业 Primary Industry | 第二产业 Secondary Industry | 工业 Industry | 建筑业 Construction | 第三产业 Tertiary Industry |
|---|---|---|---|---|---|---|
| | 按 1980 年价格计算 Price Base Year = 1980 | | | | | |
| 1980 | 328.21 | 100.50 | 169.56 | 153.37 | 16.19 | 58.15 |
| 1981 | 363.85 | 113.44 | 181.85 | 164.56 | 17.29 | 68.56 |
| 1982 | 399.66 | 131.53 | 192.41 | 174.63 | 17.78 | 75.72 |
| 1983 | 448.78 | 140.98 | 221.82 | 202.11 | 19.71 | 85.98 |
| 1984 | 519.29 | 159.22 | 261.51 | 231.60 | 29.91 | 98.56 |
| 1985 | 609.14 | 157.88 | 334.88 | 304.52 | 30.36 | 116.38 |
| 1986 | 672.32 | 166.33 | 367.10 | 331.25 | 35.85 | 138.89 |
| 1987 | 762.72 | 167.11 | 433.55 | 388.62 | 44.93 | 162.06 |
| 1988 | 912.08 | 174.37 | 510.67 | 459.37 | 51.30 | 227.04 |
| 1989 | 934.74 | 169.42 | 512.97 | 468.94 | 44.03 | 252.35 |
| 1990 | 981.59 | 171.16 | 540.61 | 496.73 | 43.88 | 269.82 |
| | 按 1990 年价格计算 Price Base Year = 1990 | | | | | |
| 1990 | 1438.00 | 358.93 | 710.33 | 651.87 | 58.46 | 368.74 |
| 1991 | 1557.32 | 344.81 | 773.85 | 709.30 | 64.55 | 438.66 |
| 1992 | 1955.77 | 381.53 | 1020.73 | 928.13 | 92.60 | 553.51 |
| 1993 | 2342.88 | 391.25 | 1258.98 | 1143.28 | 115.70 | 692.65 |
| 1994 | 2728.74 | 411.73 | 1545.47 | 1410.47 | 135.00 | 771.54 |
| 1995 | 3148.95 | 467.66 | 1795.09 | 1626.27 | 168.82 | 886.20 |
| 1996 | 3533.97 | 503.88 | 2016.78 | 1803.53 | 213.25 | 1013.31 |
| 1997 | 3956.46 | 529.04 | 2271.40 | 2007.33 | 264.07 | 1156.02 |
| 1998 | 4392.36 | 540.19 | 2546.93 | 2224.12 | 322.81 | 1305.24 |
| 1999 | 4835.68 | 565.06 | 2834.48 | 2477.67 | 356.81 | 1436.14 |
| 2000 | 5346.92 | 587.06 | 3163.06 | 2779.95 | 383.11 | 1596.80 |
| | 按 2000 年价格计算 Price Base Year = 2000 | | | | | |
| 2000 | 8553.69 | 1048.34 | 4435.89 | 3848.52 | 587.37 | 3069.46 |
| 2001 | 9422.01 | 1079.79 | 4921.27 | 4291.02 | 630.25 | 3420.95 |
| 2002 | 10521.02 | 1109.48 | 5593.98 | 4887.48 | 706.50 | 3817.56 |
| 2003 | 11954.29 | 1107.82 | 6557.21 | 5757.45 | 799.76 | 4289.26 |
| 2004 | 13717.60 | 1174.20 | 7679.60 | 6782.27 | 897.33 | 4863.80 |
| 2005 | 15703.94 | 1207.73 | 8907.14 | 7914.15 | 992.99 | 5589.08 |
| | 按 2005 年价格计算 Price Base Year = 2005 | | | | | |
| 2005 | 18598.69 | 1461.51 | 10524.96 | 9440.18 | 1084.78 | 6612.22 |
| 2006 | 21377.34 | 1534.28 | 12205.31 | 11004.68 | 1200.63 | 7637.75 |
| 2007 | 24571.11 | 1581.10 | 14097.03 | 12836.96 | 1260.07 | 8892.98 |
| 2008 | 27691.48 | 1644.32 | 15960.65 | 14595.62 | 1365.03 | 10086.51 |
| 2009 | 31139.06 | 1717.84 | 17963.59 | 16339.82 | 1623.77 | 11457.63 |
| 2010 | 35099.55 | 1801.27 | 20311.56 | 18513.90 | 1797.66 | 12986.72 |
| | 按 2010 年价格计算 Price Base Year = 2010 | | | | | |
| 2010 | 41425.48 | 2540.10 | 21753.93 | 19277.65 | 2476.28 | 17131.45 |
| 2011 | 45969.83 | 2642.02 | 24296.18 | 21648.83 | 2647.35 | 19031.63 |

# 2-6 主要年份地区生产总值指数
## Indices of Gross Domestic Product in Major Years

按可比价格计算，上年=100 （at constant price，preceding year=100）

| 年份 Year | 地区生产总值指数 Gross Domestic Product | 第一产业 Primary Industry | 第二产业 Secondary Industry | 工业 Industry | 建筑业 Construction | 第三产业 Tertiary Industry | #金融业 Financial Intermediation | #房地产业 Real Estate | 人均地区生产总值指数 Per Capita GDP |
|---|---|---|---|---|---|---|---|---|---|
| 1952 | | | | | | | | | |
| 1955 | 111.1 | 114.7 | 101.7 | 101.9 | 100.7 | 107.0 | | | 108.6 |
| 1957 | 100.4 | 101.8 | 100.5 | 95.5 | 130.9 | 97.6 | | | 98.2 |
| 1962 | 93.2 | 101.5 | 73.5 | 72.8 | 80.8 | 94.0 | | | 91.9 |
| 1965 | 107.1 | 101.3 | 130.8 | 120.8 | 241.7 | 103.1 | | | 104.7 |
| 1970 | 114.9 | 107.1 | 136.5 | 137.5 | 130.6 | 110.1 | | | 112.3 |
| 1975 | 106.1 | 102.1 | 115.6 | 117.1 | 105.4 | 99.2 | | | 104.8 |
| 1976 | 101.0 | 87.3 | 112.0 | 113.7 | 98.8 | 111.3 | | | 99.8 |
| 1977 | 106.3 | 86.7 | 123.9 | 123.8 | 125.3 | 107.1 | | | 105.1 |
| 1978 | 124.6 | 132.1 | 124.6 | 123.3 | 135.7 | 113.9 | | | 123.2 |
| 1979 | 112.0 | 122.9 | 107.1 | 108.0 | 100.4 | 105.7 | 96.4 | 96.5 | 110.8 |
| 1980 | 104.8 | 89.5 | 118.2 | 119.7 | 105.2 | 101.6 | 104.5 | 104.7 | 103.9 |
| 1981 | 110.9 | 112.9 | 107.2 | 107.3 | 106.8 | 117.9 | 117.1 | 117.1 | 109.8 |
| 1982 | 109.8 | 115.9 | 105.8 | 106.1 | 102.8 | 110.4 | 111.0 | 111.0 | 108.5 |
| 1983 | 112.3 | 107.2 | 115.3 | 115.7 | 110.9 | 113.5 | 108.8 | 108.7 | 111.1 |
| 1984 | 115.7 | 112.9 | 117.9 | 114.6 | 151.8 | 114.6 | 114.6 | 114.7 | 114.9 |
| 1985 | 117.3 | 99.2 | 128.1 | 131.5 | 101.5 | 118.1 | 101.1 | 120.9 | 116.6 |
| 1986 | 110.4 | 105.4 | 109.6 | 108.8 | 118.1 | 119.3 | 130.3 | 109.1 | 109.5 |
| 1987 | 113.4 | 100.5 | 118.1 | 117.3 | 125.3 | 116.7 | 91.1 | 100.2 | 112.2 |
| 1988 | 119.6 | 104.3 | 117.8 | 118.2 | 114.2 | 140.1 | 158.6 | 122.4 | 118.0 |
| 1989 | 102.5 | 97.2 | 100.5 | 102.1 | 85.8 | 111.1 | 136.4 | 114.9 | 101.0 |
| 1990 | 105.0 | 101.0 | 105.4 | 105.9 | 99.7 | 106.9 | 109.5 | 108.1 | 101.4 |
| 1991 | 108.3 | 96.1 | 108.9 | 108.8 | 110.4 | 119.0 | 104.8 | 118.3 | 106.9 |
| 1992 | 125.6 | 110.6 | 131.9 | 130.9 | 143.5 | 126.2 | 133.1 | 117.9 | 124.3 |
| 1993 | 119.8 | 102.5 | 123.3 | 123.2 | 124.9 | 125.1 | 113.3 | 149.8 | 118.7 |
| 1994 | 116.5 | 105.2 | 122.8 | 123.4 | 116.7 | 111.4 | 111.9 | 108.1 | 115.6 |
| 1995 | 115.4 | 113.6 | 116.2 | 115.3 | 125.1 | 114.9 | 118.1 | 125.0 | 114.6 |
| 1996 | 112.2 | 107.7 | 112.3 | 110.9 | 126.3 | 114.3 | 115.4 | 123.7 | 111.5 |
| 1997 | 112.0 | 105.0 | 112.6 | 111.3 | 123.8 | 114.1 | 113.5 | 121.5 | 111.3 |
| 1998 | 111.0 | 102.1 | 112.1 | 110.8 | 122.2 | 112.9 | 103.9 | 123.8 | 110.5 |
| 1999 | 110.1 | 104.6 | 111.3 | 111.4 | 110.5 | 110.0 | 104.8 | 111.2 | 109.6 |
| 2000 | 110.6 | 103.9 | 111.6 | 112.2 | 107.4 | 111.2 | 109.8 | 107.5 | 109.5 |
| 2001 | 110.2 | 103.0 | 110.9 | 111.5 | 107.3 | 111.5 | 102.8 | 109.7 | 109.1 |
| 2002 | 111.7 | 102.8 | 113.7 | 113.9 | 112.1 | 111.6 | 105.9 | 112.6 | 111.1 |
| 2003 | 113.6 | 99.9 | 117.2 | 117.8 | 113.2 | 112.4 | 106.8 | 112.0 | 112.9 |
| 2004 | 114.8 | 106.0 | 117.1 | 117.8 | 112.2 | 113.4 | 107.5 | 109.5 | 113.9 |
| 2005 | 114.5 | 102.9 | 116.0 | 116.7 | 110.7 | 114.9 | 118.9 | 124.6 | 113.5 |
| 2006 | 114.9 | 105.0 | 116.0 | 116.6 | 110.7 | 115.5 | 121.3 | 119.3 | 113.9 |
| 2007 | 114.9 | 103.1 | 115.5 | 116.7 | 105.0 | 116.4 | 138.6 | 117.3 | 113.9 |
| 2008 | 112.7 | 104.0 | 113.2 | 113.7 | 108.3 | 113.4 | 112.0 | 109.0 | 111.9 |
| 2009 | 112.4 | 104.5 | 112.5 | 112.0 | 119.0 | 113.6 | 128.1 | 127.3 | 111.8 |
| 2010 | 112.7 | 104.9 | 113.1 | 113.3 | 110.7 | 113.3 | 117.0 | 108.9 | 112.0 |
| 2011 | 111.0 | 104.0 | 111.7 | 112.3 | 106.9 | 111.1 | 106.2 | 101.1 | 110.3 |

## 2-7 主要年份地区生产总值定基指数
## Fixed-base Indices of Gross Domestic Product in Major Years

按可比价格计算 (at constant price)

| 年份 Year | 地区生产总值指数 Gross Domestic Product | 第一产业 Primary Industry | 第二产业 Secondary Industry | 工业 Industry | 建筑业 Construction | 第三产业 Tertiary Industry | #金融业 Financial Intermediation | #房地产业 Real Estate | 人均地区生产总值指数 Per Capita GDP |
|---|---|---|---|---|---|---|---|---|---|
| 1952 | 100.0 | 100.0 | 100.0 | 100.0 | 100.0 | 100.0 | | | 100.0 |
| 1955 | 118.9 | 115.9 | 133.5 | 132.0 | 142.1 | 121.6 | | | 111.3 |
| 1957 | 121.9 | 111.0 | 174.3 | 166.0 | 223.2 | 131.0 | | | 108.8 |
| 1962 | 103.8 | 84.6 | 202.6 | 212.1 | 146.3 | 118.0 | | | 89.2 |
| 1965 | 147.6 | 125.6 | 375.0 | 371.4 | 396.8 | 126.4 | | | 119.1 |
| 1970 | 200.9 | 148.7 | 663.6 | 671.7 | 615.8 | 176.0 | | | 143.1 |
| 1975 | 277.5 | 188.4 | 1179.3 | 1216.2 | 961.1 | 198.1 | | | 182.9 |
| 1976 | 280.3 | 164.4 | 1320.2 | 1382.9 | 949.5 | 220.4 | | | 182.5 |
| 1977 | 297.9 | 142.5 | 1636.2 | 1711.7 | 1189.5 | 236.0 | | | 191.8 |
| 1978 | 371.3 | 188.3 | 2038.8 | 2110.7 | 1613.7 | 268.8 | 100.0 | 100.0 | 236.3 |
| 1979 | 415.9 | 231.3 | 2183.9 | 2279.2 | 1620.0 | 284.1 | 96.4 | 96.5 | 261.8 |
| 1980 | 436.0 | 207.0 | 2580.8 | 2729.0 | 1704.2 | 288.6 | 100.8 | 101.0 | 272.0 |
| 1981 | 483.3 | 233.6 | 2767.9 | 2928.1 | 1820.0 | 340.2 | 118.0 | 118.3 | 298.6 |
| 1982 | 530.9 | 270.9 | 2928.6 | 3107.3 | 1871.6 | 375.8 | 131.0 | 131.2 | 323.9 |
| 1983 | 596.1 | 290.3 | 3376.3 | 3596.3 | 2074.7 | 426.7 | 142.4 | 142.7 | 360.0 |
| 1984 | 689.8 | 327.9 | 3980.4 | 4121.0 | 3148.4 | 489.1 | 163.3 | 163.6 | 413.7 |
| 1985 | 809.2 | 325.1 | 5097.1 | 5418.5 | 3195.8 | 577.6 | 165.1 | 197.8 | 482.3 |
| 1986 | 893.1 | 342.5 | 5587.5 | 5894.1 | 3773.7 | 689.3 | 215.1 | 215.8 | 528.1 |
| 1987 | 1013.2 | 344.1 | 6598.9 | 6914.9 | 4729.5 | 804.3 | 196.1 | 216.1 | 592.7 |
| 1988 | 1211.6 | 359.1 | 7772.8 | 8173.8 | 5400.0 | 1126.7 | 311.0 | 264.6 | 699.5 |
| 1989 | 1241.7 | 348.9 | 7807.8 | 8344.1 | 4634.7 | 1252.4 | 424.3 | 304.2 | 706.4 |
| 1990 | 1303.9 | 352.5 | 8228.5 | 8838.6 | 4618.9 | 1339.1 | 464.7 | 328.7 | 716.5 |
| 1991 | 1412.1 | 338.6 | 8964.3 | 9617.3 | 5100.1 | 1593.0 | 487.2 | 388.7 | 765.9 |
| 1992 | 1773.4 | 374.7 | 11824.1 | 12584.4 | 7316.4 | 2010.0 | 648.4 | 458.2 | 951.7 |
| 1993 | 2124.4 | 384.2 | 14584.0 | 15501.6 | 9141.5 | 2515.3 | 734.9 | 686.3 | 1130.0 |
| 1994 | 2474.3 | 404.3 | 17902.7 | 19124.4 | 10666.4 | 2801.8 | 822.5 | 741.7 | 1305.8 |
| 1995 | 2855.3 | 459.2 | 20794.3 | 22050.4 | 13338.5 | 3218.2 | 971.5 | 926.8 | 1496.3 |
| 1996 | 3204.5 | 494.8 | 23362.4 | 24453.8 | 16849.0 | 3679.8 | 1121.5 | 1146.9 | 1668.6 |
| 1997 | 3587.6 | 519.5 | 26311.9 | 27217.1 | 20864.3 | 4198.0 | 1273.4 | 1393.8 | 1857.4 |
| 1998 | 3982.8 | 530.5 | 29503.6 | 30156.5 | 25505.3 | 4739.9 | 1323.5 | 1726.2 | 2051.6 |
| 1999 | 4384.8 | 554.9 | 32834.6 | 33594.4 | 28191.7 | 5215.3 | 1387.2 | 1919.0 | 2248.4 |
| 2000 | 4848.4 | 576.5 | 36640.9 | 37692.9 | 30269.7 | 5798.7 | 1523.3 | 2062.3 | 2461.4 |
| 2001 | 5340.5 | 593.8 | 40650.2 | 42026.9 | 32479.2 | 6462.7 | 1566.0 | 2262.3 | 2685.1 |
| 2002 | 5963.5 | 610.1 | 46206.8 | 47868.6 | 36409.2 | 7212.0 | 1658.4 | 2547.4 | 2982.4 |
| 2003 | 6775.9 | 609.2 | 54163.2 | 56389.2 | 41215.2 | 8103.1 | 1771.2 | 2853.1 | 3366.1 |
| 2004 | 7775.4 | 645.7 | 63434.3 | 66426.5 | 46243.2 | 9188.5 | 1904.3 | 3124.1 | 3832.3 |
| 2005 | 8902.8 | 664.4 | 73583.7 | 77519.7 | 51191.3 | 10557.6 | 2264.2 | 3892.7 | 4349.7 |
| 2006 | 10229.3 | 697.7 | 85357.1 | 90388.0 | 56668.7 | 12194.0 | 2746.5 | 4643.9 | 4956.0 |
| 2007 | 11753.5 | 719.3 | 98587.5 | 105482.8 | 59502.1 | 14193.8 | 3806.6 | 5447.3 | 5646.4 |
| 2008 | 13246.1 | 748.1 | 111601.0 | 119933.9 | 64440.8 | 16095.8 | 4263.4 | 5937.6 | 6319.6 |
| 2009 | 14895.3 | 781.5 | 125606.1 | 134266.2 | 76655.5 | 18283.8 | 5463.4 | 7560.6 | 7066.6 |
| 2010 | 16787.0 | 819.8 | 142060.5 | 152123.7 | 84864.6 | 20723.8 | 6389.5 | 8233.7 | 7911.1 |
| 2011 | 18628.5 | 852.7 | 158662.2 | 170835.1 | 90727.2 | 23022.5 | 6785.7 | 8327.9 | 8725.9 |

# 2-8 分行业地区生产总值
## Gross Domestic Product by Sector

本表按当年价格计算,单位:亿元　　(at current price, 100 million yuan)

| 行　业 | Sector | 2005 | 2008 | 2009 | 2010 | 2011 |
|---|---|---|---|---|---|---|
| **地区生产总值** | **Gross Domestic Product** | **18598.69** | **30981.98** | **34457.30** | **41425.48** | **49110.27** |
| 第一产业 | Primary Industry | 1461.51 | 2100.11 | 2261.86 | 2540.10 | 3064.78 |
| 农、林、牧、渔业 | Agriculture, Forestry, Animal Husbandry and Fishery | 1461.51 | 2100.11 | 2261.86 | 2540.10 | 3064.78 |
| 农业 | Farming | 918.16 | 1213.69 | 1355.07 | 1556.23 | 1809.83 |
| 林业 | Forestry | 26.25 | 36.81 | 39.79 | 43.90 | 51.22 |
| 畜牧业 | Animal Husbandry | 225.69 | 371.60 | 355.46 | 373.37 | 476.74 |
| 渔业 | Fishery | 220.10 | 369.71 | 399.32 | 444.90 | 584.38 |
| 农、林、牧、渔服务业 | Services in Support of Agriculture | 71.31 | 108.30 | 112.22 | 121.70 | 142.61 |
| 第二产业 | Secondary Industry | 10524.96 | 16993.34 | 18566.37 | 21753.93 | 25203.28 |
| 工业 | Industry | 9440.18 | 15271.20 | 16464.94 | 19277.65 | 22280.61 |
| 采矿业 | Mining | 176.15 | 321.68 | 229.26 | 275.80 | 296.27 |
| 制造业 | Manufacturing | 8846.22 | 14318.30 | 15430.81 | 18101.33 | 20978.51 |
| 电力、燃气及水的生产和供应业 | Production and Supply of Electricity, Gas and Water | 417.81 | 631.22 | 804.87 | 900.52 | 1005.83 |
| 建筑业 | Construction | 1084.78 | 1722.14 | 2101.43 | 2476.28 | 2922.67 |
| 第三产业 | Tertiary Industry | 6612.22 | 11888.53 | 13629.07 | 17131.45 | 20842.21 |
| 交通运输、仓储和邮政业 | Transport, Storage and Post | 798.11 | 1346.26 | 1423.25 | 1768.30 | 2127.93 |
| 信息传输、计算机服务和软件业 | Information Transmmission, Computer Service and Software | 294.20 | 503.63 | 526.52 | 605.28 | 910.86 |
| 批发和零售业 | Wholesale and Retail Trades | 1870.57 | 3115.09 | 3579.81 | 4447.50 | 5341.39 |
| 住宿和餐饮业 | Hotels and Catering Services | 299.13 | 584.67 | 678.36 | 710.98 | 919.13 |
| 金融业 | Financial Intermediation | 492.40 | 1298.48 | 1596.98 | 2105.92 | 2600.11 |
| 房地产业 | Real Estate | 799.73 | 1626.13 | 2025.39 | 2600.95 | 2747.89 |
| 租赁和商务服务业 | Leasing and Business Services | 225.44 | 504.89 | 555.72 | 868.34 | 1191.29 |
| 科学研究、技术服务和地质勘查业 | Scientific Research, Technical Services and Geologic Prospecting | 124.08 | 271.66 | 308.84 | 365.17 | 496.42 |
| 水利、环境和公共设施管理业 | Management of Water Conservancy, Environment and Public Facilities | 86.83 | 134.58 | 154.49 | 215.34 | 280.76 |
| 居民服务和其他服务业 | Services to Households and Other Services | 240.92 | 276.60 | 293.65 | 447.86 | 568.78 |
| 教育 | Education | 545.75 | 741.79 | 869.51 | 1022.72 | 1217.21 |
| 卫生、社会保障和社会福利业 | Healthcare, Social Security and Social Welfare | 207.17 | 374.68 | 416.40 | 500.72 | 664.54 |
| 文化、体育和娱乐业 | Culture, Sports and Entertainment | 96.01 | 128.99 | 150.17 | 220.80 | 268.01 |
| 公共管理和社会组织 | Public Management and Social Organizations | 531.88 | 981.08 | 1049.98 | 1251.57 | 1507.89 |

# 2－9 分行业地区生产总值构成
# Composition of Gross Domestic Product by Sector

本表按当年价格计算,单位:%　　　　(at current price,%)

| 行　业 | Sector | 2005 | 2008 | 2009 | 2010 | 2011 |
|---|---|---|---|---|---|---|
| **地区生产总值** | **Gross Domestic Product** | **100.0** | **100.0** | **100.0** | **100.0** | **100.0** |
| 第一产业 | Primary Industry | 7.9 | 6.8 | 6.5 | 6.1 | 6.3 |
| 农、林、牧、渔业 | Agriculture, Forestry, Animal Husbandry and Fishery | 7.9 | 6.8 | 6.5 | 6.1 | 6.3 |
| 农业 | Farming | 4.9 | 3.9 | 3.9 | 3.8 | 3.7 |
| 林业 | Forestry | 0.1 | 0.1 | 0.1 | 0.1 | 0.1 |
| 畜牧业 | Animal Husbandry | 1.2 | 1.2 | 1.0 | 0.9 | 1.0 |
| 渔业 | Frishery | 1.2 | 1.2 | 1.2 | 1.1 | 1.2 |
| 农、林、牧、渔服务业 | Services in Support of Agriculture | 0.4 | 0.3 | 0.3 | 0.3 | 0.3 |
| 第二产业 | Secondary Industry | 56.6 | 54.8 | 53.9 | 52.5 | 51.3 |
| 工业 | Industry | 50.8 | 49.3 | 47.8 | 46.5 | 45.4 |
| 采矿业 | Mining | 0.9 | 1.0 | 0.7 | 0.7 | 0.6 |
| 制造业 | Manufacturing | 47.6 | 46.2 | 44.8 | 43.7 | 42.7 |
| 电力、燃气及水的生产和供应业 | Production and Supply of Electricity, Gas and Water | 2.2 | 2.0 | 2.3 | 2.2 | 2.0 |
| 建筑业 | Construction | 5.8 | 5.6 | 6.1 | 6.0 | 5.9 |
| 第三产业 | Tertiary Industry | 35.6 | 38.4 | 39.6 | 41.4 | 42.4 |
| 交通运输、仓储和邮政业 | Transport, Storage and Post | 4.3 | 4.3 | 4.1 | 4.3 | 4.3 |
| 信息传输、计算机服务和软件业 | Information Transmission, Computer Services and Software | 1.6 | 1.6 | 1.5 | 1.5 | 1.8 |
| 批发和零售业 | Wholesale and Retail Trades | 10.1 | 10.1 | 10.4 | 10.7 | 10.9 |
| 住宿和餐饮业 | Hotels and Catering Services | 1.6 | 1.9 | 2.0 | 1.7 | 1.9 |
| 金融业 | Financial Intermediation | 2.6 | 4.2 | 4.6 | 5.1 | 5.3 |
| 房地产业 | Real Estate | 4.3 | 5.2 | 5.9 | 6.3 | 5.6 |
| 租赁和商务服务业 | Leasing and Business Services | 1.2 | 1.6 | 1.6 | 2.1 | 2.4 |
| 科学研究、技术服务和地质勘查业 | Scientific Research, Technical Services and Geologic Prospecting | 0.7 | 0.9 | 0.9 | 0.9 | 1.0 |
| 水利、环境和公共设施管理业 | Management of Water Conservancy, Environment and Public Facilities | 0.5 | 0.4 | 0.4 | 0.5 | 0.6 |
| 居民服务和其他服务业 | Services to Households and Other Services | 1.3 | 0.9 | 0.9 | 1.1 | 1.2 |
| 教育 | Education | 2.9 | 2.4 | 2.5 | 2.5 | 2.5 |
| 卫生、社会保障和社会福利业 | Health Care, Social Security and Social Welfare | 1.1 | 1.2 | 1.2 | 1.2 | 1.3 |
| 文化、体育和娱乐业 | Culture, Sports and Entertainment | 0.5 | 0.4 | 0.4 | 0.5 | 0.5 |
| 公共管理和社会组织 | Public Management and Social Organizations | 2.9 | 3.2 | 3.0 | 3.0 | 3.1 |

# 2－10 主要年份按收入法计算的地区生产总值

## Income Approach Components of Gross Domestic Product in Major Years

本表按当年价格计算 (at current price)

| 年 份<br>Year | 地区生产总值(亿元)<br>Gross Domestic Product (100 million yuan) | 劳动者报酬<br>Compensation of Employees | 生产税净额<br>Net Taxes on Production | 固定资产折旧<br>Depreciation of Fixed Assets | 营业盈余<br>Operating Surplus | 占地区生产总值比重(%) Composition of Gross Domestic Product(%)<br>劳动者报酬<br>Compensation of Employees | 生产税净额<br>Net Taxes on Production | 固定资产折旧<br>Depreciation of Fixed Assets | 营业盈余<br>Operating Surplus |
|---|---|---|---|---|---|---|---|---|---|
| 1978 | 249.24 | 116.91 | 31.79 | 19.98 | 80.56 | 46.9 | 12.8 | 8.0 | 32.3 |
| 1980 | 319.80 | 152.29 | 45.96 | 23.90 | 97.65 | 47.6 | 14.4 | 7.5 | 30.5 |
| 1985 | 651.82 | 321.08 | 89.26 | 48.80 | 192.68 | 49.3 | 13.7 | 7.5 | 29.6 |
| 1990 | 1416.50 | 693.86 | 192.85 | 186.92 | 342.87 | 49.0 | 13.6 | 13.2 | 24.2 |
| 1991 | 1601.38 | 731.05 | 183.38 | 217.55 | 469.40 | 45.7 | 11.5 | 13.6 | 29.3 |
| 1992 | 2136.02 | 1015.80 | 268.62 | 280.87 | 570.73 | 47.6 | 12.6 | 13.1 | 26.7 |
| 1993 | 2998.16 | 1288.09 | 466.67 | 322.64 | 920.76 | 43.0 | 15.6 | 10.8 | 30.7 |
| 1994 | 4057.39 | 1827.96 | 590.40 | 440.18 | 1198.86 | 45.1 | 14.6 | 10.8 | 29.5 |
| 1995 | 5155.25 | 2427.68 | 684.68 | 624.90 | 1417.99 | 47.1 | 13.3 | 12.1 | 27.5 |
| 1996 | 6004.21 | 2840.19 | 774.39 | 739.10 | 1650.53 | 47.3 | 12.9 | 12.3 | 27.5 |
| 1997 | 6680.34 | 3162.19 | 889.95 | 871.54 | 1756.66 | 47.3 | 13.3 | 13.0 | 26.3 |
| 1998 | 7199.95 | 3372.60 | 942.41 | 981.85 | 1903.09 | 46.8 | 13.1 | 13.6 | 26.4 |
| 1999 | 7697.82 | 3531.22 | 998.28 | 1083.95 | 2084.36 | 45.9 | 13.0 | 14.1 | 27.1 |
| 2000 | 8553.69 | 3914.44 | 1107.55 | 1226.26 | 2305.44 | 45.8 | 12.9 | 14.3 | 27.0 |
| 2001 | 9456.84 | 4332.91 | 1229.29 | 1384.14 | 2510.50 | 45.8 | 13.0 | 14.6 | 26.5 |
| 2002 | 10606.85 | 4828.99 | 1390.24 | 1516.35 | 2871.27 | 45.5 | 13.1 | 14.3 | 27.1 |
| 2003 | 12442.87 | 5629.45 | 1732.06 | 1742.17 | 3339.18 | 45.2 | 13.9 | 14.0 | 26.8 |
| 2004 | 15003.60 | 6056.96 | 2357.46 | 2142.36 | 4446.81 | 40.4 | 15.7 | 14.3 | 29.6 |
| 2005 | 18598.69 | 7597.91 | 2622.82 | 3034.54 | 5343.42 | 40.9 | 14.1 | 16.3 | 28.7 |
| 2006 | 21742.05 | 8850.32 | 3370.48 | 3249.67 | 6271.58 | 40.7 | 15.5 | 14.9 | 28.8 |
| 2007 | 26018.48 | 9684.74 | 4317.14 | 3565.59 | 8451.01 | 37.2 | 16.6 | 13.7 | 32.5 |
| 2008 | 30981.98 | 12520.61 | 4912.90 | 4141.55 | 9406.92 | 40.4 | 15.9 | 13.4 | 30.4 |
| 2009 | 34457.30 | 15019.10 | 5420.70 | 4674.05 | 9343.45 | 43.6 | 15.7 | 13.6 | 27.1 |
| 2010 | 41425.48 | 17141.63 | 6278.34 | 5483.65 | 12521.86 | 41.4 | 15.2 | 13.2 | 30.2 |
| 2011 | 49110.27 | 20523.13 | 7272.03 | 6588.02 | 14727.09 | 41.8 | 14.8 | 13.4 | 30.0 |

# 2-11 分行业按收入法计算的地区生产总值(2011 年)
# Income Approach Components of Gross Domestic Product by Sector(2011)

本表按当年价格计算,单位:亿元 (at current price, 100 million yuan)

| 行业 | Sector | 增加值 Value Added | 劳动者报酬 Compensation of Employees | 生产税净额 Net Taxes on Production | 固定资产折旧 Depreciation of Fixed Assets | 营业盈余 Operating Surplus |
|---|---|---|---|---|---|---|
| **地区生产总值** | **Gross Domestic Product** | **49110.27** | **20523.13** | **7272.03** | **6588.02** | **14727.09** |
| 第一产业 | Primary Industry | 3064.78 | 3010.87 | | 53.90 | |
| 农、林、牧、渔业 | Agriculture, Forestry, Animal Husbandry and Fishery | 3064.78 | 3010.87 | | 53.90 | |
| 第二产业 | Secondary Industry | 25203.28 | 8823.68 | 4264.30 | 3562.56 | 8552.74 |
| 工业 | Industry | 22280.61 | 7118.38 | 3860.50 | 3445.10 | 7856.63 |
| 采矿业 | Mining | 296.27 | 110.13 | 70.85 | 42.75 | 72.54 |
| 制造业 | Manufacturing | 20978.51 | 6804.85 | 3622.44 | 2986.96 | 7564.25 |
| 电力、燃气及水的生产和供应业 | Production and Supply of Electricity, Gas and Water | 1005.83 | 203.40 | 167.20 | 415.38 | 219.84 |
| 建筑业 | Construction | 2922.67 | 1705.30 | 403.80 | 117.47 | 696.10 |
| 第三产业 | Tertiary Industry | 20842.21 | 8688.58 | 3007.73 | 2971.55 | 6174.36 |
| 交通运输、仓储和邮政业 | Transport, Storage and Post | 2127.93 | 1052.28 | 153.91 | 387.89 | 533.85 |
| 信息传输、计算机服务和软件业 | Information Transmmission, Computer Service and Software | 910.86 | 248.96 | 52.15 | 189.46 | 420.29 |
| 批发和零售业 | Wholesale and Retail Trades | 5341.39 | 1776.17 | 1637.50 | 248.86 | 1678.86 |
| 住宿和餐饮业 | Hotels and Catering Services | 919.13 | 769.12 | 73.41 | 46.47 | 30.13 |
| 金融业 | Financial Intermediation | 2600.11 | 511.24 | 354.39 | 45.17 | 1689.31 |
| 房地产业 | Real Estate | 2747.89 | 229.48 | 503.77 | 1237.89 | 776.74 |
| 租赁和商务服务业 | Leasing and Business Services | 1191.29 | 478.45 | 114.56 | 155.51 | 442.78 |
| 科学研究、技术服务和地质勘查业 | Scientific Research, Technical Services and Geologic Prospecting | 496.42 | 242.44 | 32.91 | 42.19 | 178.87 |
| 水利、环境和公共设施管理业 | Management of Water Conservancy, Environment and Public Facilities | 280.76 | 151.26 | 11.12 | 85.86 | 32.53 |
| 居民服务和其他服务业 | Services to Households and Other Services | 568.78 | 310.59 | 37.80 | 43.97 | 176.42 |
| 教育 | Education | 1217.21 | 1023.79 | 4.31 | 161.95 | 27.17 |
| 卫生、社会保障和社会福利业 | Healthcare, Social Security and Social Welfare | 664.54 | 509.18 | 3.42 | 73.55 | 78.40 |
| 文化、体育和娱乐业 | Culture, Sports and Entertainment | 268.01 | 126.21 | 18.95 | 43.97 | 78.87 |
| 公共管理和社会组织 | Public Management and Social Organizations | 1507.89 | 1259.40 | 9.55 | 208.82 | 30.12 |

## 2-12 三次产业贡献率

## Share of the Contributions of the Three Strata of Industry to the Increase of the GDP

本表按可比价格计算,单位:%　　(at constant price,%)

| 年份 Year | 地区生产总值 Gross Domestic Product | 第一产业 Primary Industry | 第二产业 Secondary Industry | #工业 Industry | 第三产业 Tertiary Industry |
|---|---|---|---|---|---|
| 1990 | 100.0 | 3.7 | 59.0 | 59.3 | 37.3 |
| 1991 | 100.0 | -11.8 | 53.2 | 48.1 | 58.6 |
| 1992 | 100.0 | 9.2 | 62.0 | 54.9 | 28.8 |
| 1993 | 100.0 | 2.6 | 61.5 | 55.6 | 35.9 |
| 1994 | 100.0 | 5.3 | 74.2 | 69.2 | 20.5 |
| 1995 | 100.0 | 13.3 | 59.4 | 51.4 | 27.3 |
| 1996 | 100.0 | 9.4 | 57.6 | 46.0 | 33.0 |
| 1997 | 100.0 | 5.9 | 60.3 | 48.2 | 33.8 |
| 1998 | 100.0 | 2.6 | 63.2 | 49.7 | 34.2 |
| 1999 | 100.0 | 5.6 | 64.9 | 57.2 | 29.5 |
| 2000 | 100.0 | 4.3 | 64.3 | 59.1 | 31.4 |
| 2001 | 100.0 | 3.6 | 55.9 | 51.0 | 40.5 |
| 2002 | 100.0 | 2.7 | 61.2 | 54.3 | 36.1 |
| 2003 | 100.0 | -0.1 | 67.2 | 60.7 | 32.9 |
| 2004 | 100.0 | 3.8 | 63.6 | 58.1 | 32.6 |
| 2005 | 100.0 | 1.7 | 61.8 | 57.0 | 36.5 |
| 2006 | 100.0 | 2.7 | 60.5 | 56.5 | 36.8 |
| 2007 | 100.0 | 1.5 | 59.7 | 57.9 | 38.8 |
| 2008 | 100.0 | 2.1 | 60.4 | 57.7 | 37.4 |
| 2009 | 100.0 | 2.1 | 58.1 | 50.6 | 39.8 |
| 2010 | 100.0 | 2.1 | 59.3 | 54.9 | 38.6 |
| 2011 | 100.0 | 2.2 | 56.0 | 52.2 | 41.8 |

注:产业贡献率指各产业增加值增量与GDP增量之比。

Note: Industrial contribution ration refers to the proportion of the increment of the value-added of each industry to the increment of GDP.

## 2-13 三次产业对地区生产总值增长的拉动
## Contribution of the Three Strata of Industry to GDP Growth

本表按可比价格计算,单位:%　　　　(at constant price,%)

| 年份 Year | 地区生产总值 Gross Domestic Product | 第一产业 Primary Industry | 第二产业 Secondary Industry | #工业 Industry | 第三产业 Tertiary Industry |
|---|---|---|---|---|---|
| 1990 | 5.0 | 0.2 | 2.9 | 3.0 | 1.9 |
| 1991 | 8.3 | -1.0 | 4.4 | 4.0 | 4.9 |
| 1992 | 25.6 | 2.4 | 15.8 | 14.1 | 7.4 |
| 1993 | 19.8 | 0.5 | 12.2 | 11.0 | 7.1 |
| 1994 | 16.5 | 0.9 | 12.2 | 11.4 | 3.4 |
| 1995 | 15.4 | 2.1 | 9.1 | 7.9 | 4.2 |
| 1996 | 12.2 | 1.2 | 7.0 | 5.6 | 4.0 |
| 1997 | 12.0 | 0.7 | 7.2 | 5.8 | 4.1 |
| 1998 | 11.0 | 0.3 | 6.9 | 5.5 | 3.8 |
| 1999 | 10.1 | 0.6 | 6.5 | 5.8 | 3.0 |
| 2000 | 10.6 | 0.5 | 6.8 | 6.3 | 3.3 |
| 2001 | 10.2 | 0.4 | 5.7 | 5.2 | 4.1 |
| 2002 | 11.7 | 0.3 | 7.2 | 6.3 | 4.2 |
| 2003 | 13.6 | 0.0 | 9.1 | 8.3 | 4.5 |
| 2004 | 14.8 | 0.6 | 9.4 | 8.6 | 4.8 |
| 2005 | 14.5 | 0.2 | 9.0 | 8.3 | 5.3 |
| 2006 | 14.9 | 0.4 | 9.0 | 8.4 | 5.5 |
| 2007 | 14.9 | 0.2 | 8.9 | 8.6 | 5.8 |
| 2008 | 12.3 | 0.3 | 7.4 | 7.1 | 4.6 |
| 2009 | 12.4 | 0.3 | 7.2 | 6.3 | 4.9 |
| 2010 | 12.7 | 0.3 | 7.5 | 7.0 | 4.9 |
| 2011 | 11.0 | 0.2 | 6.2 | 5.7 | 4.6 |

注:三次产业拉动指 GDP 增长速度与各产业贡献率之乘积。

Note: Contribution of the three strata of industry to GDP growth refers to the growth rate of GDP multiplied by the contribution share of every industry.

# 2-14 分市地区生产总值

本表按当年价格计算,单位:亿元

| 地区 | Region | 地区生产总值 Gross Domestic Product | | | | | | |
|---|---|---|---|---|---|---|---|---|
| | | 2005 | 2006 | 2007 | 2008 | 2009 | 2010 | 2011 |
| **按省辖市分** | **by Cities** | | | | | | | |
| 南 京 | Nanjing | 2451.94 | 2822.80 | 3340.05 | 3814.62 | 4230.26 | 5130.65 | 6145.52 |
| 无 锡 | Wuxi | 2808.84 | 3310.88 | 3879.70 | 4460.62 | 4991.72 | 5793.30 | 6880.15 |
| 徐 州 | Xuzhou | 1226.65 | 1464.74 | 1747.86 | 2118.84 | 2390.16 | 2942.14 | 3551.65 |
| 常 州 | Changzhou | 1308.18 | 1585.11 | 1913.50 | 2266.32 | 2519.93 | 3044.89 | 3580.99 |
| 苏 州 | Suzhou | 4138.21 | 4900.63 | 5850.11 | 7078.09 | 7740.20 | 9228.91 | 10716.99 |
| 南 通 | Nantong | 1483.79 | 1788.39 | 2163.69 | 2593.13 | 2872.80 | 3465.67 | 4080.22 |
| 连云港 | Lianyungang | 495.64 | 594.96 | 700.54 | 825.83 | 941.13 | 1193.31 | 1410.52 |
| 淮 安 | Huaian | 572.42 | 676.62 | 812.44 | 992.25 | 1121.75 | 1388.07 | 1690.00 |
| 盐 城 | Yancheng | 1058.10 | 1233.22 | 1441.12 | 1688.28 | 1917.00 | 2332.76 | 2771.33 |
| 扬 州 | Yangzhou | 982.17 | 1125.23 | 1357.21 | 1645.89 | 1856.39 | 2229.49 | 2630.30 |
| 镇 江 | Zhenjiang | 881.89 | 1044.83 | 1258.55 | 1491.83 | 1672.08 | 1987.64 | 2311.45 |
| 泰 州 | Taizhou | 861.56 | 1037.08 | 1222.32 | 1446.29 | 1660.92 | 2048.72 | 2422.61 |
| 宿 迁 | Suqian | 392.38 | 480.46 | 585.61 | 721.09 | 826.85 | 1064.09 | 1320.83 |
| **按区域分** | **by Region** | | | | | | | |
| 苏 南 | Southern Jiangsu | 11589.07 | 13664.25 | 16241.92 | 19111.48 | 21154.19 | 25185.39 | 29635.09 |
| 苏 中 | Mid Jiangsu | 3327.53 | 3950.70 | 4743.22 | 5685.31 | 6390.12 | 7743.88 | 9133.14 |
| 苏 北 | Northern Jiangsu | 3745.19 | 4450.00 | 5287.57 | 6346.29 | 7196.89 | 8920.37 | 10744.32 |

# Gross Domestic Product by Region

(at current price, 100 million yuan)

| 第一产业增加值 Value-added of the Primary Industry | | | | | | | 第二产业增加值 Value-added of the Secondary Industry | | | | | | |
|---|---|---|---|---|---|---|---|---|---|---|---|---|---|
| 2005 | 2006 | 2007 | 2008 | 2009 | 2010 | 2011 | 2005 | 2006 | 2007 | 2008 | 2009 | 2010 | 2011 |
| 102.00 | 109.55 | 115.28 | 119.4 | 129.18 | 142.29 | 164.28 | 1199.48 | 1359.94 | 1607.22 | 1771.28 | 1930.66 | 2327.86 | 2760.84 |
| 52.12 | 60.02 | 69.55 | 86.8 | 93.62 | 104.94 | 122.98 | 1700.98 | 1980.48 | 2276.61 | 2576.54 | 2836.38 | 3208.79 | 3728.12 |
| 174.24 | 190.05 | 207.58 | 232.0 | 249.90 | 282.82 | 334.54 | 620.14 | 756.49 | 909.33 | 1105.76 | 1249.04 | 1490.92 | 1777.04 |
| 59.62 | 66.07 | 74.32 | 84.5 | 91.75 | 99.78 | 111.78 | 799.05 | 954.45 | 1135.13 | 1317.05 | 1429.73 | 1683.68 | 1950.84 |
| 91.71 | 104.15 | 115.18 | 133.6 | 142.82 | 155.79 | 177.75 | 2681.54 | 3152.03 | 3632.03 | 4257.90 | 4547.12 | 5253.81 | 5957.74 |
| 163.90 | 176.29 | 186.80 | 219.3 | 236.47 | 266.22 | 287.21 | 828.79 | 992.10 | 1209.96 | 1451.63 | 1607.50 | 1908.56 | 2221.48 |
| 101.31 | 112.71 | 126.64 | 142.3 | 154.46 | 182.60 | 204.11 | 209.77 | 265.82 | 318.71 | 378.49 | 435.61 | 545.07 | 654.28 |
| 123.42 | 131.17 | 142.50 | 159.5 | 170.97 | 195.97 | 223.46 | 258.39 | 311.53 | 379.99 | 472.40 | 541.48 | 647.10 | 794.18 |
| 254.13 | 270.45 | 287.82 | 306.3 | 330.40 | 374.21 | 416.83 | 457.21 | 552.84 | 668.49 | 808.37 | 923.74 | 1096.55 | 1306.26 |
| 94.77 | 100.99 | 111.48 | 134.1 | 144.88 | 161.37 | 184.54 | 543.56 | 629.81 | 764.92 | 924.70 | 1042.03 | 1229.34 | 1427.87 |
| 38.69 | 40.19 | 51.17 | 70.3 | 75.05 | 81.53 | 100.77 | 533.57 | 631.51 | 744.47 | 878.95 | 973.08 | 1120.63 | 1272.39 |
| 94.89 | 102.00 | 112.93 | 123.8 | 133.70 | 151.65 | 175.11 | 477.85 | 585.56 | 694.02 | 828.34 | 943.07 | 1125.85 | 1308.21 |
| 102.09 | 112.63 | 128.69 | 147.8 | 159.60 | 187.09 | 209.72 | 166.25 | 211.35 | 263.87 | 329.53 | 382.86 | 479.14 | 614.48 |
| | | | | | | | | | | | | | |
| 344.14 | 379.98 | 425.50 | 494.6 | 532.42 | 584.33 | 677.56 | 6914.62 | 8078.41 | 9395.46 | 10801.72 | 11716.97 | 13594.77 | 15669.93 |
| 353.56 | 379.28 | 411.21 | 477.2 | 515.05 | 579.24 | 646.86 | 1850.20 | 2207.47 | 2668.90 | 3204.67 | 3592.60 | 4263.75 | 4957.56 |
| 755.19 | 817.01 | 893.22 | 987.9 | 1065.33 | 1222.69 | 1388.65 | 1711.76 | 2098.03 | 2540.39 | 3094.55 | 3532.73 | 4258.78 | 5146.24 |

本表按当年价格计算，单位：亿元

| 地区 | Region | 全部工业增加值 Value-added of the Industry | | | | | | |
|---|---|---|---|---|---|---|---|---|
| | | 2005 | 2006 | 2007 | 2008 | 2009 | 2010 | 2011 |
| **按省辖市分** | **by Cities** | | | | | | | |
| 南　京 | Nanjing | 1043.58 | 1181.94 | 1412.22 | 1532.2 | 1640.53 | 2005.21 | 2390.51 |
| 无　锡 | Wuxi | 1592.55 | 1861.11 | 2154.25 | 2427.7 | 2651.53 | 2986.52 | 3463.12 |
| 徐　州 | Xuzhou | 527.93 | 647.50 | 787.01 | 952.7 | 1065.28 | 1268.61 | 1509.82 |
| 常　州 | Changzhou | 719.95 | 875.04 | 1047.61 | 1209.4 | 1301.63 | 1530.86 | 1768.91 |
| 苏　州 | Suzhou | 2520.33 | 2978.55 | 3442.20 | 4025.3 | 4265.47 | 4916.49 | 5555.33 |
| 南　通 | Nantong | 677.09 | 821.31 | 1021.80 | 1219.6 | 1319.43 | 1568.49 | 1840.41 |
| 连云港 | Lianyungang | 166.77 | 212.26 | 258.57 | 303.7 | 341.75 | 431.84 | 517.82 |
| 淮　安 | Huaian | 216.07 | 258.50 | 321.53 | 399.8 | 450.33 | 537.00 | 661.15 |
| 盐　城 | Yancheng | 392.68 | 476.02 | 577.04 | 699.5 | 789.95 | 935.51 | 1111.50 |
| 扬　州 | Yangzhou | 469.91 | 554.62 | 682.03 | 821.5 | 913.61 | 1074.61 | 1240.87 |
| 镇　江 | Zhenjiang | 482.11 | 579.60 | 688.29 | 809.4 | 896.63 | 1039.78 | 1175.63 |
| 泰　州 | Taizhou | 405.79 | 502.29 | 601.65 | 723.3 | 825.35 | 981.02 | 1132.27 |
| 宿　迁 | Suqian | 125.96 | 163.33 | 211.35 | 264.7 | 305.01 | 386.37 | 502.57 |
| **按区域分** | **by Region** | | | | | | | |
| 苏　南 | Southern Jiangsu | 6358.52 | 7476.24 | 8744.57 | 10004.0 | 10755.79 | 12478.86 | 14353.50 |
| 苏　中 | Mid Jiangsu | 1552.79 | 1878.22 | 2305.47 | 2764.4 | 3058.39 | 3624.12 | 4213.55 |
| 苏　北 | Northern Jiangsu | 1429.41 | 1757.61 | 2155.50 | 2620.4 | 2952.32 | 3559.33 | 4302.86 |

2 – 14 Continued

(at current price, 100 million yuan)

| 第三产业增加值 Value-added of the Tertiary Industry | | | | | | | 人均地区生产总值(元) Per Capita GDP (yuan) | | | | | | |
|---|---|---|---|---|---|---|---|---|---|---|---|---|---|
| 2005 | 2006 | 2007 | 2008 | 2009 | 2010 | 2011 | 2005 | 2006 | 2007 | 2008 | 2009 | 2010 | 2011 |
| 1150.46 | 1353.31 | 1617.55 | 1923.94 | 2170.42 | 2660.49 | 3220.41 | 36112 | 40072 | 45743 | 50855 | 55290 | 65273 | 76263 |
| 1055.74 | 1270.38 | 1533.54 | 1797.28 | 2061.72 | 2479.57 | 3029.05 | 51034 | 57899 | 65570 | 73733 | 81146 | 92167 | 107437 |
| 432.28 | 518.20 | 630.95 | 781.08 | 891.22 | 1168.40 | 1440.07 | 13861 | 16666 | 20003 | 24350 | 27514 | 34084 | 41407 |
| 449.51 | 564.59 | 704.05 | 864.77 | 998.45 | 1261.43 | 1518.37 | 32116 | 37809 | 44452 | 51746 | 56890 | 67327 | 77485 |
| 1364.97 | 1644.45 | 2102.91 | 2686.59 | 3050.26 | 3819.31 | 4581.50 | 55667 | 62526 | 69151 | 78875 | 83696 | 93043 | 102129 |
| 491.10 | 620.00 | 766.93 | 922.20 | 1028.84 | 1290.89 | 1571.53 | 20138 | 24545 | 29991 | 36199 | 40231 | 48083 | 56005 |
| 184.56 | 216.43 | 255.19 | 305.04 | 351.06 | 465.64 | 552.13 | 10873 | 13149 | 15611 | 18505 | 21144 | 26987 | 32119 |
| 190.61 | 233.92 | 289.95 | 360.35 | 409.30 | 545.00 | 672.36 | 11468 | 13671 | 16612 | 20500 | 23277 | 28861 | 35181 |
| 346.76 | 409.93 | 484.81 | 573.61 | 662.86 | 862.00 | 1048.24 | 13529 | 15939 | 18879 | 22359 | 25553 | 31640 | 38222 |
| 343.84 | 394.43 | 480.81 | 587.09 | 669.48 | 838.78 | 1017.89 | 21719 | 25102 | 30435 | 36858 | 41406 | 49786 | 58950 |
| 309.63 | 373.13 | 462.92 | 542.58 | 623.95 | 785.48 | 938.29 | 29881 | 35076 | 41848 | 49235 | 54732 | 64284 | 73981 |
| 288.82 | 349.52 | 415.37 | 494.15 | 584.15 | 771.22 | 939.29 | 18309 | 22256 | 26530 | 31386 | 35711 | 44118 | 52396 |
| 124.03 | 156.48 | 193.06 | 243.76 | 284.39 | 397.86 | 496.63 | 7901 | 9766 | 12078 | 15091 | 17460 | 22525 | 27839 |
| | | | | | | | | | | | | | |
| 4330.31 | 5205.86 | 6420.96 | 7815.16 | 8904.80 | 11006.28 | 13287.61 | 43320 | 49202 | 56025 | 63845 | 69278 | 79501 | 90622 |
| 1123.77 | 1363.95 | 1663.11 | 2003.44 | 2282.47 | 2900.88 | 3528.72 | 20050 | 24048 | 29133 | 35014 | 39263 | 47422 | 55788 |
| 1278.24 | 1534.96 | 1853.96 | 2263.84 | 2598.83 | 3438.90 | 4209.43 | 12009 | 14392 | 17281 | 20922 | 23835 | 29774 | 36094 |

# 2-15 分市地区生产总值指数

按可比价格计算，上年=100

| 地区 | Region | 2005 | 2006 | 2007 | 2008 | 2009 | 2010 | 2011 |
|---|---|---|---|---|---|---|---|---|
| | | 地区生产总值指数 Indices of Gross Domestic Product | | | | | | |
| **按省辖市分** | **by Cities** | | | | | | | |
| 南　京 | Nanjing | 115.1 | 115.1 | 115.7 | 112.1 | 111.5 | 113.1 | 112.0 |
| 无　锡 | Wuxi | 115.1 | 115.3 | 115.3 | 112.4 | 111.6 | 113.2 | 111.6 |
| 徐　州 | Xuzhou | 114.3 | 115.1 | 115.3 | 113.5 | 113.9 | 114.0 | 113.5 |
| 常　州 | Changzhou | 115.1 | 115.2 | 115.6 | 112.4 | 111.7 | 113.1 | 112.2 |
| 苏　州 | Suzhou | 115.3 | 115.8 | 116.1 | 113.2 | 111.5 | 113.3 | 112.0 |
| 南　通 | Nantong | 115.4 | 115.7 | 116.2 | 113.3 | 114.0 | 113.0 | 112.1 |
| 连云港 | Lianyungang | 114.2 | 115.1 | 115.1 | 113.1 | 113.6 | 113.6 | 113.0 |
| 淮　安 | Huaian | 114.3 | 114.9 | 115.2 | 113.4 | 114.2 | 113.8 | 113.2 |
| 盐　城 | Yancheng | 114.3 | 115.0 | 115.0 | 113.2 | 113.4 | 113.6 | 112.8 |
| 扬　州 | Yangzhou | 115.1 | 115.2 | 115.7 | 113.4 | 113.8 | 113.5 | 112.2 |
| 镇　江 | Zhenjiang | 115.0 | 115.2 | 115.5 | 112.7 | 113.7 | 113.3 | 112.3 |
| 泰　州 | Taizhou | 115.0 | 115.2 | 115.5 | 113.9 | 113.8 | 113.5 | 112.1 |
| 宿　迁 | Suqian | 114.7 | 115.3 | 115.5 | 113.9 | 113.5 | 113.7 | 112.8 |
| **按区域分** | **by Region** | | | | | | | |
| 苏　南 | Southern Jiangsu | 115.2 | 115.4 | 115.7 | 112.6 | 111.7 | 113.2 | 111.9 |
| 苏　中 | Mid Jiangsu | 115.2 | 115.4 | 115.9 | 113.5 | 114.0 | 113.3 | 112.1 |
| 苏　北 | Northern Jiangsu | 114.3 | 115.1 | 115.2 | 113.4 | 113.8 | 113.8 | 113.1 |

# Indices of Gross Domestic Product by Region

(at constant price, preceding year = 100)

| 第一产业增加值指数<br>Primary Industry | | | | | | | 第二产业增加值指数<br>Secondary Industry | | | | | | |
|---|---|---|---|---|---|---|---|---|---|---|---|---|---|
| 2005 | 2006 | 2007 | 2008 | 2009 | 2010 | 2011 | 2005 | 2006 | 2007 | 2008 | 2009 | 2010 | 2011 |
| 102.7 | 104.0 | 103.6 | 102.7 | 104.1 | 104.1 | 104.1 | 117.9 | 115.4 | 115.9 | 109.6 | 110.1 | 113.6 | 112.3 |
| 104.2 | 106.3 | 105.6 | 103.8 | 106.6 | 104.3 | 104.4 | 115.7 | 115.5 | 114.9 | 111.7 | 108.2 | 113.1 | 111.6 |
| 104.0 | 104.3 | 104.1 | 105.8 | 105.5 | 104.2 | 104.5 | 115.0 | 117.8 | 117.7 | 114.0 | 114.6 | 115.7 | 114.6 |
| 105.0 | 105.0 | 103.5 | 104.2 | 104.7 | 104.3 | 103.9 | 116.3 | 115.8 | 116.2 | 112.1 | 110.8 | 113.2 | 112.2 |
| 100.2 | 103.4 | 104.2 | 103.6 | 104.5 | 104.1 | 104.1 | 115.3 | 115.8 | 115.6 | 112.2 | 109.8 | 113.3 | 111.5 |
| 102.8 | 104.3 | 103.4 | 104.1 | 104.2 | 104.0 | 103.7 | 119.1 | 117.8 | 118.3 | 113.7 | 115.4 | 113.7 | 112.4 |
| 103.3 | 108.2 | 107.9 | 105.8 | 104.0 | 105.1 | 104.0 | 119.9 | 118.8 | 118.3 | 114.8 | 115.9 | 116.9 | 115.6 |
| 104.2 | 105.0 | 105.0 | 105.0 | 104.3 | 104.6 | 104.1 | 119.5 | 119.1 | 118.8 | 115.0 | 116.5 | 116.5 | 115.2 |
| 106.8 | 105.2 | 104.0 | 104.3 | 104.0 | 104.3 | 103.8 | 118.6 | 119.6 | 119.1 | 116.0 | 115.8 | 116.8 | 114.8 |
| 106.0 | 104.8 | 105.0 | 105.0 | 105.1 | 104.5 | 104.0 | 117.3 | 116.9 | 117.0 | 113.9 | 114.5 | 114.6 | 112.6 |
| 103.1 | 107.3 | 102.2 | 105.9 | 104.5 | 104.5 | 105.5 | 115.1 | 115.6 | 115.9 | 112.3 | 111.9 | 113.8 | 112.7 |
| 104.4 | 104.6 | 104.4 | 104.5 | 104.6 | 104.5 | 104.3 | 117.2 | 117.0 | 117.2 | 114.1 | 114.4 | 114.5 | 112.5 |
| 102.6 | 104.3 | 106.2 | 106.0 | 105.6 | 105.3 | 104.3 | 121.3 | 121.3 | 119.8 | 117.1 | 115.7 | 117.5 | 116.6 |
| | | | | | | | | | | | | | |
| 102.8 | 104.7 | 103.9 | 103.7 | 104.7 | 104.2 | 104.3 | 115.9 | 115.6 | 115.6 | 111.6 | 109.8 | 113.3 | 111.8 |
| 104.0 | 104.5 | 104.1 | 104.5 | 104.6 | 104.3 | 104.0 | 118.0 | 117.3 | 117.6 | 113.8 | 114.9 | 114.2 | 112.5 |
| 104.6 | 105.3 | 105.0 | 105.2 | 104.6 | 104.6 | 104.1 | 117.9 | 119.0 | 118.5 | 115.1 | 115.5 | 116.4 | 115.1 |

2-15 续 表

按可比价格计算，上年=100

| 地 区 | Region | 全部工业增加值指数 Industry | | | | | | |
|---|---|---|---|---|---|---|---|---|
| | | 2005 | 2006 | 2007 | 2008 | 2009 | 2010 | 2011 |
| **按省辖市分** | **by Cities** | | | | | | | |
| 南 京 | Nanjing | 118.0 | 115.9 | 117.6 | 109.9 | 109.3 | 114.4 | 112.9 |
| 无 锡 | Wuxi | 115.5 | 115.9 | 115.7 | 112.1 | 107.6 | 113.2 | 111.7 |
| 徐 州 | Xuzhou | 114.1 | 117.9 | 120.0 | 115.0 | 113.5 | 115.7 | 115.6 |
| 常 州 | Changzhou | 116.5 | 116.2 | 117.3 | 112.6 | 110.4 | 113.3 | 112.6 |
| 苏 州 | Suzhou | 115.6 | 116.3 | 116.1 | 112.7 | 109.5 | 113.3 | 111.7 |
| 南 通 | Nantong | 119.6 | 119.2 | 120.9 | 115.1 | 113.8 | 114.3 | 112.9 |
| 连云港 | Lianyungang | 119.5 | 120.8 | 119.0 | 116.3 | 114.9 | 117.8 | 117.3 |
| 淮 安 | Huaian | 119.3 | 118.1 | 119.5 | 117.3 | 115.5 | 117.4 | 116.3 |
| 盐 城 | Yancheng | 118.7 | 119.1 | 120.0 | 117.8 | 115.3 | 117.0 | 115.0 |
| 扬 州 | Yangzhou | 117.8 | 118.1 | 119.2 | 114.7 | 114.8 | 114.8 | 113.0 |
| 镇 江 | Zhenjiang | 115.7 | 117.3 | 117.0 | 113.2 | 111.7 | 114.9 | 113.0 |
| 泰 州 | Taizhou | 118.1 | 118.2 | 119.4 | 115.9 | 114.7 | 114.6 | 112.9 |
| 宿 迁 | Suqian | 120.8 | 120.5 | 122.9 | 117.8 | 115.2 | 119.3 | 118.4 |
| **按区域分** | **by Region** | | | | | | | |
| 苏 南 | Southern Jiangsu | 116.1 | 116.2 | 116.4 | 112.1 | 109.3 | 113.6 | 112.1 |
| 苏 中 | Mid Jiangsu | 118.7 | 118.6 | 120.0 | 115.2 | 114.3 | 114.5 | 112.9 |
| 苏 北 | Northern Jiangsu | 117.4 | 118.9 | 120.1 | 116.5 | 114.6 | 116.8 | 116.0 |

2－15 Continued

(at constant price, preceding year＝100)

| 第三产业增加值指数 Tertiary Industry | | | | | | |
|---|---|---|---|---|---|---|
| 2005 | 2006 | 2007 | 2008 | 2009 | 2010 | 2011 |
| 113.4 | 115.7 | 116.4 | 115.3 | 113.5 | 113.0 | 112.3 |
| 114.8 | 115.5 | 116.4 | 113.8 | 117.1 | 113.7 | 111.8 |
| 117.9 | 115.7 | 116.1 | 115.4 | 115.6 | 114.2 | 114.5 |
| 114.7 | 115.5 | 116.0 | 113.7 | 114.1 | 113.6 | 112.8 |
| 116.7 | 116.8 | 117.8 | 115.8 | 114.5 | 113.7 | 112.9 |
| 114.4 | 115.7 | 116.2 | 115.0 | 114.3 | 113.6 | 113.2 |
| 114.9 | 114.8 | 115.1 | 114.7 | 115.2 | 113.3 | 113.4 |
| 114.6 | 115.6 | 116.1 | 115.5 | 115.8 | 114.1 | 114.3 |
| 114.2 | 115.9 | 116.6 | 114.4 | 115.2 | 113.6 | 114.0 |
| 114.3 | 115.4 | 116.2 | 114.5 | 115.0 | 113.9 | 113.2 |
| 116.6 | 115.4 | 116.4 | 113.9 | 117.7 | 113.4 | 112.6 |
| 115.4 | 115.6 | 116.1 | 115.9 | 115.0 | 113.9 | 113.1 |
| 116.6 | 116.3 | 116.5 | 114.7 | 115.1 | 113.0 | 112.3 |
| | | | | | | |
| 115.1 | 115.9 | 116.8 | 114.8 | 115.1 | 113.5 | 112.5 |
| 114.6 | 115.6 | 116.2 | 115.1 | 114.7 | 113.8 | 113.2 |
| 115.9 | 115.7 | 116.1 | 115.0 | 115.4 | 113.8 | 113.9 |

# 2－16 分市地区生产总值构成

单位:%

| 地 区 | Region | 第一产业 Primary Industry 2005 | 2006 | 2007 | 2008 | 2009 | 2010 | 2011 |
|---|---|---|---|---|---|---|---|---|
| **按省辖市分** | **by Cities** | | | | | | | |
| 南 京 | NanjingNanjing | 4.2 | 3.9 | 3.5 | 3.1 | 3.1 | 2.8 | 2.7 |
| 无 锡 | Wuxi | 1.9 | 1.8 | 1.8 | 1.9 | 1.9 | 1.8 | 1.8 |
| 徐 州 | Xuzhou | 14.2 | 13.0 | 11.9 | 10.9 | 10.5 | 9.6 | 9.4 |
| 常 州 | Changzhou | 4.6 | 4.2 | 3.9 | 3.7 | 3.6 | 3.3 | 3.1 |
| 苏 州 | Suzhou | 2.2 | 2.1 | 2.0 | 1.9 | 1.8 | 1.7 | 1.7 |
| 南 通 | Nantong | 11.0 | 9.9 | 8.6 | 8.5 | 8.2 | 7.7 | 7.0 |
| 连云港 | Lianyungang | 20.4 | 18.9 | 18.1 | 17.2 | 16.4 | 15.3 | 14.5 |
| 淮 安 | Huaian | 21.6 | 19.4 | 17.5 | 16.1 | 15.2 | 14.1 | 13.2 |
| 盐 城 | Yancheng | 24.0 | 21.9 | 20.0 | 18.1 | 17.2 | 16.0 | 15.0 |
| 扬 州 | Yangzhou | 9.6 | 9.0 | 8.2 | 8.1 | 7.8 | 7.2 | 7.0 |
| 镇 江 | Zhenjiang | 4.4 | 3.8 | 4.1 | 4.7 | 4.5 | 4.1 | 4.4 |
| 泰 州 | Taizhou | 11.0 | 9.8 | 9.2 | 8.6 | 8.0 | 7.4 | 7.2 |
| 宿 迁 | Suqian | 26.0 | 23.4 | 22.0 | 20.5 | 19.3 | 17.6 | 15.9 |
| **按区域分** | **by Region** | | | | | | | |
| 苏 南 | Southern Jiangsu | 3.0 | 2.8 | 2.6 | 2.6 | 2.5 | 2.3 | 2.3 |
| 苏 中 | Mid Jiangsu | 10.6 | 9.6 | 8.7 | 8.4 | 8.1 | 7.5 | 7.1 |
| 苏 北 | Northern Jiangsu | 20.2 | 18.4 | 16.9 | 15.6 | 14.8 | 13.7 | 12.9 |

## Composition of Gross Domestic Product by Region

(%)

| 第二产业 Secondary Industry | | | | | | | 第三产业 Tertiary Industry | | | | | | |
|---|---|---|---|---|---|---|---|---|---|---|---|---|---|
| 2005 | 2006 | 2007 | 2008 | 2009 | 2010 | 2011 | 2005 | 2006 | 2007 | 2008 | 2009 | 2010 | 2011 |
| 48.9 | 48.2 | 48.1 | 46.4 | 45.6 | 45.4 | 44.9 | 46.9 | 47.9 | 48.4 | 50.4 | 51.3 | 51.9 | 52.4 |
| 60.6 | 59.8 | 58.7 | 57.8 | 56.8 | 55.4 | 54.2 | 37.6 | 38.4 | 39.5 | 40.3 | 41.3 | 42.8 | 44.0 |
| 50.6 | 51.6 | 52.0 | 52.2 | 52.3 | 50.7 | 50.0 | 35.2 | 35.4 | 36.1 | 36.9 | 37.3 | 39.7 | 40.5 |
| 61.1 | 60.2 | 59.3 | 58.1 | 56.7 | 55.3 | 54.5 | 34.4 | 35.6 | 36.8 | 38.2 | 39.6 | 41.4 | 42.4 |
| 64.8 | 64.3 | 62.1 | 60.2 | 58.7 | 56.9 | 55.6 | 33.0 | 33.6 | 35.9 | 38.0 | 39.4 | 41.4 | 42.7 |
| 55.9 | 55.5 | 55.9 | 56.0 | 56.0 | 55.1 | 54.4 | 33.1 | 34.7 | 35.4 | 35.6 | 35.8 | 37.2 | 38.5 |
| 42.3 | 44.7 | 45.5 | 45.8 | 46.3 | 45.7 | 46.4 | 37.2 | 36.4 | 36.4 | 36.9 | 37.3 | 39.0 | 39.1 |
| 45.1 | 46.0 | 46.8 | 47.6 | 48.3 | 46.6 | 47.0 | 33.3 | 34.6 | 35.7 | 36.3 | 36.5 | 39.3 | 39.8 |
| 43.2 | 44.8 | 46.4 | 47.9 | 48.2 | 47.0 | 47.1 | 32.8 | 33.2 | 33.6 | 34.0 | 34.6 | 37.0 | 37.8 |
| 55.3 | 56.0 | 56.4 | 56.2 | 56.1 | 55.1 | 54.3 | 35.0 | 35.1 | 35.4 | 35.7 | 36.1 | 37.6 | 38.7 |
| 60.5 | 60.4 | 59.2 | 58.9 | 58.2 | 56.4 | 55.0 | 35.1 | 35.7 | 36.8 | 36.4 | 37.3 | 39.5 | 40.6 |
| 55.5 | 56.5 | 56.8 | 57.3 | 56.8 | 55.0 | 54.0 | 33.5 | 33.7 | 34.0 | 34.2 | 35.2 | 37.6 | 38.8 |
| 42.4 | 44.0 | 45.1 | 45.7 | 46.3 | 45.0 | 46.5 | 31.6 | 32.6 | 33.0 | 33.8 | 34.4 | 37.4 | 37.6 |
| | | | | | | | | | | | | | |
| 59.7 | 59.1 | 57.8 | 56.5 | 55.4 | 54.0 | 52.9 | 37.4 | 38.1 | 39.5 | 40.9 | 42.1 | 43.7 | 44.8 |
| 55.6 | 55.9 | 56.3 | 56.4 | 56.2 | 55.1 | 54.3 | 33.8 | 34.5 | 35.1 | 35.2 | 35.7 | 37.5 | 38.6 |
| 45.7 | 47.1 | 48.0 | 48.8 | 49.1 | 47.7 | 47.9 | 34.1 | 34.5 | 35.1 | 35.7 | 36.1 | 38.6 | 39.2 |

# 2－17　按支出法计算的地区生产总值

本表按当年价格计算

| 年　份 Year | 地　区 生产总值（亿元） Gross Domestic Product (100 million yuan) | 最终消费 Final Consumption Expenditures | 居民消费 Household Consumption Expenditures | 农村居民 Rural Household | 城镇居民 Urban Household |
|---|---|---|---|---|---|
| 1978 | 249.24 | 130.55 | 115.15 | 76.11 | 39.04 |
| 1980 | 319.80 | 175.47 | 154.72 | 105.13 | 49.59 |
| 1985 | 651.82 | 353.72 | 300.86 | 219.98 | 80.88 |
| 1989 | 1321.85 | 662.01 | 557.60 | 386.40 | 171.20 |
| 1990 | 1416.50 | 717.36 | 608.29 | 403.29 | 205.00 |
| 1991 | 1601.38 | 835.07 | 656.99 | 423.60 | 233.39 |
| 1992 | 2136.02 | 960.21 | 735.62 | 459.99 | 275.63 |
| 1993 | 2998.16 | 1251.08 | 984.44 | 569.94 | 414.50 |
| 1994 | 4057.39 | 1721.45 | 1350.89 | 782.19 | 568.70 |
| 1995 | 5155.25 | 2250.66 | 1806.43 | 1029.92 | 776.51 |
| 1996 | 6004.21 | 2721.84 | 2218.68 | 1314.01 | 904.67 |
| 1997 | 6680.34 | 3020.94 | 2417.77 | 1390.51 | 1027.26 |
| 1998 | 7199.95 | 3161.88 | 2513.52 | 1370.53 | 1142.99 |
| 1999 | 7697.82 | 3339.79 | 2594.18 | 1328.04 | 1266.14 |
| 2000 | 8553.69 | 3710.72 | 2815.51 | 1338.46 | 1477.05 |
| 2001 | 9456.84 | 4141.92 | 3027.67 | 1373.31 | 1654.36 |
| 2002 | 10606.85 | 4801.91 | 3475.13 | 1505.92 | 1969.21 |
| 2003 | 12442.87 | 5484.04 | 3909.55 | 1440.63 | 2468.92 |
| 2004 | 15003.60 | 6227.21 | 4429.02 | 1369.38 | 3059.64 |
| 2005 | 18598.69 | 7658.70 | 5339.09 | 1588.27 | 3750.82 |
| 2006 | 21742.05 | 9045.90 | 6236.42 | 1801.63 | 4434.79 |
| 2007 | 26018.48 | 10933.70 | 7328.19 | 2079.04 | 5249.15 |
| 2008 | 30981.98 | 12843.37 | 8425.61 | 2285.87 | 6139.74 |
| 2009 | 34457.30 | 14375.40 | 9235.38 | 2479.34 | 6756.04 |
| 2010 | 41425.48 | 17238.08 | 10942.82 | 2676.41 | 8266.41 |
| 2011 | 49110.27 | 20649.28 | 13534.19 | 3105.75 | 10428.44 |

## Gross Domestic Product by Expenditure Approach

(at current price)

| 政府消费 Government Consumption Expenditures | 资本形成总额 Gross Capital Formation | 固定资本形成 Fixed Capital Formation | 存货增加 Changes in Inventories | 货物和服务净出口 Net Export of Goods and Services |
|---|---|---|---|---|
| 15.40 | 77.98 | 40.40 | 37.58 | 40.71 |
| 20.75 | 97.44 | 58.25 | 39.19 | 46.89 |
| 52.86 | 271.42 | 193.25 | 78.17 | 26.68 |
| 104.41 | 528.44 | 336.24 | 192.20 | 131.40 |
| 109.07 | 588.44 | 374.12 | 214.32 | 110.70 |
| 178.08 | 694.80 | 461.98 | 232.82 | 71.51 |
| 224.59 | 1069.20 | 747.29 | 321.91 | 106.61 |
| 266.64 | 1589.93 | 1201.41 | 388.52 | 157.15 |
| 370.56 | 2018.95 | 1434.95 | 584.00 | 316.99 |
| 444.23 | 2479.30 | 1756.88 | 722.42 | 425.29 |
| 503.16 | 2798.62 | 2062.17 | 736.45 | 483.75 |
| 603.17 | 2925.28 | 2295.97 | 629.31 | 734.12 |
| 648.36 | 3321.44 | 2642.29 | 679.15 | 716.63 |
| 745.61 | 3554.26 | 2842.65 | 711.61 | 803.77 |
| 895.21 | 4044.78 | 3225.42 | 819.36 | 798.19 |
| 1114.25 | 4393.21 | 3543.16 | 850.05 | 921.71 |
| 1326.78 | 4808.67 | 3994.23 | 814.44 | 996.27 |
| 1574.49 | 6182.38 | 5480.80 | 701.58 | 776.45 |
| 1798.19 | 7957.76 | 6972.68 | 985.08 | 818.63 |
| 2319.60 | 9462.30 | 8888.80 | 573.45 | 1477.70 |
| 2809.50 | 10721.70 | 10069.30 | 652.43 | 1974.40 |
| 3605.50 | 12504.50 | 11727.90 | 776.61 | 2580.30 |
| 4417.76 | 15017.72 | 14038.68 | 979.04 | 3120.89 |
| 5140.02 | 17571.90 | 17137.99 | 433.91 | 2510.00 |
| 6295.26 | 21173.29 | 20709.14 | 464.15 | 3014.11 |
| 7115.09 | 25049.05 | 24522.24 | 526.81 | 3411.94 |

# 2-18 按支出法计算的地区生产总值指数

## Indices of Gross Domestic Product by Expenditure Approach

按可比价格计算,1952 年 = 100 (at constant price with 100 in 1952)

| 年份 Year | 地区生产总值指数 Gross Domestic Product | 最终消费 Final Consumption Expenditures | 居民消费 Household Consumption Expenditure | 农村居民 Rural Household | 城镇居民 Urban Household | 政府消费 Government Consumption Expenditures | 资本形成总额 Gross Capital Formation | 固定资本形成 Fixed Capital Formation | 存货增加 Changes in Inventories |
|---|---|---|---|---|---|---|---|---|---|
| 1952 | 100.0 | 100.0 | 100.0 | 100.0 | 100.0 | 100.0 | 100.0 | 100.0 | 100.0 |
| 1978 | 371.3 | 367.6 | 352.3 | 290.1 | 607.8 | 545.3 | 695.7 | 593.2 | 847.1 |
| 1980 | 436.0 | 468.4 | 448.7 | 379.7 | 732.2 | 696.3 | 809.3 | 811.3 | 806.4 |
| 1985 | 809.2 | 824.0 | 757.4 | 693.7 | 1022.5 | 1595.0 | 2156.6 | 2573.0 | 1541.6 |
| 1989 | 1241.7 | 1000.3 | 885.3 | 757.8 | 1411.2 | 2331.2 | 3610.7 | 3998.6 | 3037.7 |
| 1990 | 1303.9 | 1063.7 | 949.6 | 791.9 | 1601.7 | 2383.2 | 4161.1 | 4791.5 | 3229.8 |
| 1991 | 1412.1 | 1162.8 | 992.5 | 806.8 | 1754.9 | 3246.0 | 4472.4 | 5230.2 | 3389.1 |
| 1992 | 1773.4 | 1493.5 | 1253.9 | 988.1 | 2337.9 | 4462.1 | 5534.2 | 7583.6 | 3054.8 |
| 1993 | 2124.4 | 1787.9 | 1518.0 | 1122.8 | 3114.8 | 5103.7 | 6603.7 | 9239.5 | 3450.0 |
| 1994 | 2474.3 | 2095.2 | 1772.7 | 1324.5 | 3585.7 | 6068.9 | 7772.3 | 10860.6 | 4074.8 |
| 1995 | 2855.3 | 2422.4 | 2027.1 | 1514.1 | 4102.3 | 7331.8 | 9053.4 | 12381.0 | 5022.8 |
| 1996 | 3204.5 | 2670.9 | 2261.5 | 1757.6 | 4311.6 | 7711.4 | 10229.2 | 14289.6 | 5367.3 |
| 1997 | 3587.6 | 2944.6 | 2444.1 | 1850.0 | 4851.4 | 9193.2 | 11375.3 | 16021.8 | 5834.1 |
| 1998 | 3982.8 | 3250.8 | 2677.4 | 1930.6 | 5686.3 | 10441.6 | 12662.2 | 18662.4 | 5645.7 |
| 1999 | 4384.8 | 3593.4 | 2889.2 | 1970.4 | 6573.2 | 12530.4 | 13870.1 | 20698.5 | 5922.1 |
| 2000 | 4848.4 | 3970.6 | 3107.9 | 1974.7 | 7632.5 | 15034.2 | 15272.9 | 22421.1 | 6900.9 |
| 2001 | 5340.5 | 4420.0 | 3371.3 | 2038.8 | 8640.9 | 18080.3 | 16765.7 | 24392.9 | 7841.6 |
| 2002 | 5963.5 | 4993.8 | 3714.3 | 2119.8 | 9963.0 | 21867.4 | 18721.5 | 28445.5 | 7294.1 |
| 2003 | 6775.9 | 5667.9 | 4176.3 | 2025.7 | 12455.3 | 25417.8 | 21744.0 | 35873.5 | 5035.9 |
| 2004 | 7775.4 | 6452.9 | 4780.6 | 1967.3 | 15489.1 | 28542.9 | 25319.8 | 41206.1 | 6550.7 |
| 2005 | 8902.8 | 7391.4 | 5459.3 | 2101.1 | 18199.6 | 32947.9 | 28664.5 | 50217.2 | 3093.4 |
| 2006 | 10229.3 | 8581.4 | 6212.7 | 2330.1 | 20929.6 | 40097.6 | 32047.0 | 56193.1 | 3449.2 |
| 2007 | 11753.5 | 9963.0 | 7045.2 | 2586.4 | 23943.5 | 48999.3 | 35956.7 | 62823.8 | 4049.3 |
| 2008 | 13246.1 | 11328.0 | 7806.0 | 2777.8 | 26840.6 | 58505.2 | 39768.1 | 68603.6 | 5312.7 |
| 2009 | 14895.3 | 13038.5 | 8875.5 | 3138.9 | 30598.3 | 68743.6 | 45812.9 | 83010.4 | 2353.5 |
| 2010 | 16787.0 | 14889.9 | 10011.5 | 3229.9 | 35677.6 | 80155.0 | 51264.6 | 93137.7 | 2403.0 |
| 2011 | 18633.6 | 16870.3 | 11483.2 | 3481.9 | 41707.1 | 88811.7 | 56647.4 | 103010.3 | 2573.6 |

# 2-19 按支出法计算的地区生产总值构成

## Composition of Gross Domestic Product by Expenditure Approach

本表按当年价格计算,单位:%　　　　(at current price,%)

| 年份 Year | 地区生产总值 Gross Domestic Product | 最终消费 Final Consumption Expenditures | 居民消费 Household Consumption Expenditures | 农村居民 Rural Household | 城镇居民 Urban Household | 政府消费 Government Consumption Expenditures | 资本形成总额 Gross Capital Formation | 固定资本形成 Fixed Capital Formation | 存货增加 Changes in Inventories | 货物和服务净出口 Net Export of Goods and Services |
|---|---|---|---|---|---|---|---|---|---|---|
| 1978 | 100.0 | 52.4 | 46.2 | 30.5 | 15.7 | 6.2 | 31.3 | 16.2 | 15.1 | 16.3 |
| 1980 | 100.0 | 54.9 | 48.4 | 32.9 | 15.5 | 6.5 | 30.5 | 18.2 | 12.2 | 14.7 |
| 1985 | 100.0 | 54.3 | 46.2 | 33.8 | 12.4 | 8.1 | 41.6 | 29.6 | 12.0 | 4.1 |
| 1989 | 100.0 | 50.1 | 42.2 | 29.2 | 13.0 | 7.9 | 40.0 | 25.4 | 14.5 | 9.9 |
| 1990 | 100.0 | 50.6 | 42.9 | 28.5 | 14.5 | 7.7 | 41.5 | 26.4 | 15.1 | 7.8 |
| 1991 | 100.0 | 52.1 | 41.0 | 26.5 | 14.6 | 11.1 | 43.4 | 28.8 | 14.5 | 4.5 |
| 1992 | 100.0 | 45.0 | 34.4 | 21.5 | 12.9 | 10.5 | 50.1 | 35.0 | 15.1 | 5.0 |
| 1993 | 100.0 | 41.7 | 32.8 | 19.0 | 13.8 | 8.9 | 53.0 | 40.1 | 13.0 | 5.2 |
| 1994 | 100.0 | 42.4 | 33.3 | 19.3 | 14.0 | 9.1 | 49.8 | 35.4 | 14.4 | 7.8 |
| 1995 | 100.0 | 43.7 | 35.0 | 20.0 | 15.1 | 8.6 | 48.1 | 34.1 | 14.0 | 8.2 |
| 1996 | 100.0 | 45.3 | 37.0 | 21.9 | 15.1 | 8.4 | 46.6 | 34.3 | 12.3 | 8.1 |
| 1997 | 100.0 | 45.2 | 36.2 | 20.8 | 15.4 | 9.0 | 43.8 | 34.4 | 9.4 | 11.0 |
| 1998 | 100.0 | 43.9 | 34.9 | 19.0 | 15.9 | 9.0 | 46.1 | 36.7 | 9.4 | 10.0 |
| 1999 | 100.0 | 43.4 | 33.7 | 17.3 | 16.4 | 9.7 | 46.2 | 36.9 | 9.2 | 10.4 |
| 2000 | 100.0 | 43.4 | 32.9 | 15.6 | 17.3 | 10.5 | 47.3 | 37.7 | 9.6 | 9.3 |
| 2001 | 100.0 | 43.8 | 32.0 | 14.5 | 17.5 | 11.8 | 46.5 | 37.5 | 9.0 | 9.7 |
| 2002 | 100.0 | 45.3 | 32.8 | 14.2 | 18.6 | 12.5 | 45.3 | 37.7 | 7.7 | 9.4 |
| 2003 | 100.0 | 44.1 | 31.4 | 11.6 | 19.8 | 12.7 | 49.7 | 44.0 | 5.6 | 6.2 |
| 2004 | 100.0 | 41.5 | 29.5 | 9.1 | 20.4 | 12.0 | 53.0 | 46.5 | 6.6 | 5.5 |
| 2005 | 100.0 | 41.2 | 28.7 | 8.5 | 20.2 | 12.5 | 50.9 | 47.8 | 3.1 | 7.9 |
| 2006 | 100.0 | 41.6 | 28.7 | 8.3 | 20.4 | 12.9 | 49.3 | 46.3 | 3.0 | 9.1 |
| 2007 | 100.0 | 42.0 | 28.2 | 8.0 | 20.2 | 13.9 | 48.1 | 45.1 | 3.0 | 9.9 |
| 2008 | 100.0 | 41.5 | 27.2 | 7.4 | 19.8 | 14.3 | 48.5 | 45.3 | 3.2 | 10.1 |
| 2009 | 100.0 | 41.7 | 26.8 | 7.2 | 19.6 | 14.9 | 51.0 | 49.7 | 1.3 | 7.3 |
| 2010 | 100.0 | 41.6 | 26.4 | 6.5 | 20.0 | 15.2 | 51.1 | 50.0 | 1.1 | 7.3 |
| 2011 | 100.0 | 42.1 | 27.6 | 6.3 | 21.2 | 14.5 | 51.0 | 49.9 | 1.1 | 6.9 |

# 主要统计指标解释

**可比价格**　指计算各种总量指标所采用的扣除了价格变动因素的价格，可进行不同时期总量指标的对比。按可比价格计算总量指标有两种方法：一种是直接用产品产量乘某一年的不变价格计算；另一种是用价格指数进行缩减。

**不变价格**　指以同类产品某年的平均价格作为固定价格，用于计算各年的产品价值。按不变价格计算的产品价值消除了价格变动因素，不同时期对比可以反映生产的发展速度。新中国成立后，随着工农业产品价格水平的变化，国家统计局先后五次制定了全国统一的工业产品不变价格和农业产品不变价格。从 1952 年到 1957 年使用 1952 年工（农）业产品不变价格，从 1957 年到 1970 年使用 1957 年不变价格，从 1971 年到 1980 年使用 1970 年不变价格，从 1981 年到 1990 年使用 1980 年不变价格，从 1991 年到 2000 年使用 1990 年不变价格，从 2001 年到 2005 年使用 2000 年不变价格，从 2006 年到 2010 年使用 2005 年不变价格。

**国内生产总值（GDP）**　指一个国家所有常住单位在一定时期内生产活动的最终成果。国内生产总值有三种表现形态，即价值形态、收入形态和产品形态。从价值形态看，它是所有常住单位在一定时期内生产的全部货物和服务价值超过同期中间投入的全部非固定资产货物和服务价值的差额，即所有常住单位的增加值之和；从收入形态看，它是所有常住单位在一定时期内创造并分配给常住单位和非常住单位的初次收入分配之和；从产品形态看，它是所有常住单位在一定时期内最终使用的货物和服务价值与货物和服务净出口价值之和。在实际核算中，国内生产总值有三种计算方法，即生产法、收入法和支出法。三种方法分别从不同的方面反映国内生产总值及其构成。对于地区，GDP 中文名称为“地区生产总值”。

**支出法国内生产总值**　指一个国家所有常住单位在一定时期内用于最终消费、资本形成总额，以及货物和服务的净出口总额，它反映本期生产总值的使用及构成。对于地区，名称为“支出法地区生产总值”。

**最终消费**　指常住单位在一定时期内对于货物和服务的全部最终消费支出，也就是常住单位为满足物质、文化和精神生活的需要，从本国经济领土和国外购买的货物和服务的支出；不包括非常住单位在本国经济领土内的消费支出。最终消费分为居民消费和政府消费。

**居民消费**　指常住住户对货物和服务的全部最终消费支出。居民消费按市场价格计算，即按居民支付的购买者价格计算。购买者价格是购买者取得货物所支付的价格，包括购买者支付的运输和商业费用。居民消费除了直接以货币形式购买货物和服务的消费之外，还包括以其他方式获得的货物和服务的消费支出，即所谓的虚拟消费支出。居民虚拟消费支出包括以下几种类型：单位以实物报酬及实物转移的形式提供给劳动者的货物和服务；住户生产并由本住户消费了的货物和服务，其中的服务仅指住户的自有住房服务；金融机构提供的金融媒介服务；保险公司提供的保险服务。

**政府消费**　指政府部门为全社会提供公共服务的消费支出和免费或以较低价格向住户提供的货物和服务的净支出。前者等于政府服务的产出价值减去政府单位所获得的经营收入的价值，政府服务的产出价值等于它的经常性业务支出加上固定资产折旧；后者等于政府部门免费或以较低价格向住户提供的货物和服务的市场价值减去向住户收取的价值。

**资本形成总额**　指常住单位在一定时期内获得的减去处置的固定资产加存货的变动，包括固定资本形成总额和存货增加。

**固定资本形成总额**　指常住单位购置、转入和自产自用的固定资产，扣除固定资产的销售和转出后的价值，分有形固定资产形成总额和无形固定资产形成总额。有形固定资产形成总额包括一定时期内完成的建筑工程、安装工程和设备工器具购置（减处置）价值，以及土地改良、新增役、种、奶、毛、娱乐用牲畜和新增经济林木价值。无形固定资产形成总额包括矿藏的勘探、计算机软件、娱乐和文学艺术品原件等获得减处置。

**存货增加**　指常住单位存货实物量变动的市场价值，即期末价值减期初价值的差额。存货增加可以是正值，也可以是负值；正值表示存货上升，负值表示存货下降。它包括生产单位购进的原材料、燃料和储备物资等存货，以及生产单位生产的产成品、在制品等存货等。

**货物和服务净出口**　指货物和服务出口减货物和服务进口的差额。出口包括常住单位向非常住单位出售或无偿转让的各种货物和服务的价值；进口包括常住单位从非常住单位购买或无偿得到的各种货物和服务的价值。由于服务活动的提供与使用同时发生，因此服务的进出口业务并不发生出入境现象，一般把常住单位从国外得到的服务作为进口，非常住单位从本国得到的服务作为出口。货物的出口和进口都按离岸价格计算。

# Explanatory Notes on Main Statistical Indicators

**Comparable Prices**　refer to prices that are used to remove the factors of price change in calculating economic aggregates, so as to facilitate comparison of aggregates over time. Two methods are used for calculating economic aggregates at comparable prices: 1. Multiplying the output of products by their constant prices of certain year;2. Deflation of data at current prices by relevant price index.

**Constant Price** refers to the average price of a given product in certain year, which is used for comparison of output value over time. As the output value at constant prices removes the factor of price changes, it reflects the trend of production development over time. Since 1949, with the changes in general price level, National Bureau of Statistics has issued nationally unified constant prices five times: the 1952 constant prices for 1952 – 1957; the 1957 constant prices for 1957 – 1970; the 1970 constant prices for 1971 – 1980; the 1980 constant prices for 1981 – 1990; the 1990 constant prices for 1991 – 2000; the 2000 constant prices for 2001 – 2005; the 2005 constant prices for 2006 – 2010.

**Gross Domestic Product(GDP)** refers to the final products of all resident units in a country during a certain period of time. Gross domestic product is expressed in three different forms, i. e. value, income, and products respectively. The form of value refers to the total value of all products and services produced by all resident units during a certain period of time minus total value of intimidate input of materials and services of the nature of non-fixed assets or the summation of the value-added of all resident units; the form of income includes all the income created by all resident units and distributed primarily to all resident and non-resident units; the form of products refers to the value of all final goods and services for final use by all resident units plus the value of net exports of goods and services during a given period of time. In the practice of national accounting, gross domestic product is calculated with three approaches, i. e. production approach, income approach, and expenditure approach, which reflect gross domestic product and its composition from different aspects. The Chinese meaning of "GDP" is "Gross Regional Product" as to the certain region.

**GDP Calculated with Expenditure Approach** refers to total expenditure on final consumption, total capital formation and net export of goods and services by resident units of a country in a certain period of time. It reflects the composition of GDP by its use.

**Final Consumption** refers to the total expenditure of resident units on final consumption of goods and services in a certain period, namely the expenditure of the resident units for purchases of goods and services from domestic economic territory and abroad to meet the requirements of material, cultural and spiritual life. It excludes the expenditure of non-resident units on consumption in the economic territory of the country. The final consumption is classified into household consumption and government consumption.

**Households Consumption** refers to the total expenditure of resident households on the final consumption of goods and services. The households consumption is calculated at market prices, namely the purchasers prices which the households pay; the purchasers prices of goods are the prices the households pay when they obtain the goods, including the transport and commercial expenses paid by the households. In addition to the consumption of goods and services bought by the households directly with money, the expenditure on goods and services obtained by the households in other ways, i. e. the so-called imputed expenditure on consumption, is also included in the households consumption. The imputation expenditure of the households on consumption includes the following types: (a) the goods and services provided to the households by the units in the form of payment in kind and transfer in kind; (b) the goods and services produced and consumed by the households themselves, in which the services refer only to the services provided by the residential buildings owned by the households; (c) the services of financial intermediary provided by the financial institutions; (d) the insurance services provided by the insurance companies.

**Government Consumption** refers to the expenditure on the consumption of the public services provided by the government to the whole society and the net expenditure on the goods and services provided by the government to the households at free charge or lower prices. The former equals to the output value of the government services minus the value of operating income obtained by the government departments. (The output value of the government services equals to its current operating expenditure plus depreciation of fixed assets). The latter equals to the market value of the goods and services provided by the government free of charge or at low prices to the households minus the value received by the government from the households.

**Total Capital Formation** refers to the fixed assets acquired minus those disposed and the change in inventory, including the total fixed assets formation and the increase in inventory.

**Total Fixed Capital Formation** refers to the value of fixed assets purchased, transferred in by the resident units and those produced and used by themselves deducting the value of fixed assets sold and transferred out. It can be classified into total tangible assets formation and total intangible assets formation. The total tangible assets formation include the value of the construction projects, installation projects completed and the equipment, apparatus and instruments purchased as well as the value of land improved, the value of draught animals, breeding stock, milk, wool and recreational animals and the newly increased economic forest in a certain period. The total intangible assets formation includes the prospecting of minerals, the acquisition of computer software, the originals of recreational works and works of literature and arts minus the disposal of them. Increase in Inventory refers to the market value of the change in inventory, i. e. the difference of value between the beginning and the end of the period. The increase in inventory can be positive or negative. A positive value indicates the increase in inventory while a negative value indicates the decrease in stock. The inventory includes the raw materials, fuels and reserve materials purchased by the production units as well as the inventory of finished products, semi-finished products, work in progress. etc.

**Increase in Inventory** refers to the market value of the change in inventory, i. e. The difference of value between the beginning and the end of the period. The increase in inventory can be positive or negative. A positive value indicates the increase in inventory while a negative value indicates the decrease in stock. The inventory includes the materials, fuels and reserve materials purchased by the production units as well as the inventory of finished products, semi-finished products, work-in-progress, ect.

**Net Export of Goods and Services** refers to the difference of the exports of goods and services minus the imports of goods and services. The imports include the value of various goods and services sold or gratuitously transferred by the resident units to the non-resident units. The imports include the value of various goods and services purchased or gratuitously acquired by the resident units from the non-resident units. Because the provision of services and the use of them happen simultaneously, the import and export of services do not appear to have the phenomena of crossing the border of the country. The acquisition of services by the resident units from abroad is usually treated as import while the acquisition of services by non-resident units in this country is usually treated as export. The export and import of goods are calculated at FOB.

# 3

# 人口、就业和职工工资
# Population, Employment and Wages

# 简 要 说 明

**一、本篇资料主要内容**

本篇资料反映我省 2011 年及历年人口就业和职工工资方面的基本情况。

**二、本篇资料来源**

1. 人口资料:表 3 – 1、表 3 – 2、表 3 – 3 为年末主要人口推算数据,其中 2001 – 2009 年数据根据第六次人口普查作了修订;表 3 – 4 为公安户籍资料;表 3 – 5 为六次人口普查主要数据;表 3 – 6 为年末常住人口推算数据;表 3 – 7 至 3 – 9 为 2011 年人口变动情况抽样调查样本数据;表 3 – 10 为 2011 年劳动力调查样本数据;表 3 – 11 至 3 – 16 为第六次全国人口普查计算机汇总的数据。

2. 就业基本情况及分组资料、职工工资总额等资料,根据《劳动统计报表制度》、《劳动力调查制度》等搜集资料,加工整理。

3. 私营企业及个体工商业就业人员,由工商行政管理部门提供。城镇登记失业人数,由人力资源和社会保障部门整理提供。

**三、本篇统计调查方法**

1. 人口资料采用抽样调查方法和人口普查资料进行整理。

2. 城镇单位(不含私营个体)统计资料采用全面调查方法;劳动力调查采用抽样调查方法;私营企业和个体工商户资料利用行政登记资料进行汇总。

# Brief Introduction

**I. Main Contents**

Data in this chapter show the basic condition of the population, employment and wages in 2011 as well as previous years for the province.

**II. Sources of Data**

1. Data on population: Data in tables 3 – 1, 3 – 2 and 3 – 3 are estimated from the main population at year-end, figures for 2001 – 2009 have been revised in line with the data from the sixth National Population Census; data in table 3 – 4 are household registered population; data in table 3 – 5 present the main results from the sixth national population censuses from department of public security; data in table 3 – 6 are estimation of permanent population at year-end; data in tables 3 – 7 to 3 – 9 are the data of change of population sampling survey in 2011; data in table 3 – 10 are the data of labor sampling survey in 2011; data in tables 3 – 11 to 3 – 16 are the tabulation data of the sixth National Population Census.

2. Data on basic conditions of employment, data by groups, total wage bills of staff and workers are collected and compiled through *The Reporting Form System on Labour Statistics*, *The Sample Survey System on Labour Force*.

3. Data on the number of employed persons in private enterprises and self-employed individuals are provided by the administration for industry and commerce.

**III. Methodology of Survey**

1. Data on population are collected by sampling survey and compiled according to the population censuses.

2. A complete reporting is used in the employed persons in urban units (excluded private and individual units); the sampling survey on labour force are conducted using sampling methods; statistics on private enterprises and self-employed individuals are collected and compiled on basis of administrative registering records.

# 3-1 全省人口数、户数(常住)
# Population and Households(Permanent)

| 年份 Year | 总户数(万户) Households (10000 households) | 总人口(万人) Total Population (10000 persons) | 按性别分 Grouped by Sex | | | | 平均每户人数(人/户) Average Family Size (person/households) | 年平均人口(万人) Average Annual Population (10000 persons) | 人口密度(人/平方公里) Density of Population (person/sq. km) |
|---|---|---|---|---|---|---|---|---|---|
| | | | 男 Male | | 女 Female | | | | |
| | | | 人口数(万人) Population (10000 persons) | 比重(%) Proportion | 人口数(万人) Population (10000 persons) | 比重(%) Proportion | | | |
| 1990 | 1806.78 | 6766.90 | 3443.68 | 50.89 | 3323.22 | 49.11 | 3.75 | | 660 |
| 1991 | 1859.70 | 6843.70 | 3451.96 | 50.44 | 3391.74 | 49.56 | 3.68 | 6805.30 | 667 |
| 1992 | 1957.85 | 6911.20 | 3483.24 | 50.40 | 3427.96 | 49.60 | 3.53 | 6877.45 | 674 |
| 1993 | 1893.28 | 6967.27 | 3513.59 | 50.43 | 3453.68 | 49.57 | 3.68 | 6939.24 | 679 |
| 1994 | 1923.44 | 7020.54 | 3534.09 | 50.34 | 3486.45 | 49.66 | 3.65 | 6993.91 | 684 |
| 1995 | 2066.09 | 7066.02 | 3589.56 | 50.80 | 3476.46 | 49.20 | 3.42 | 7043.28 | 689 |
| 1996 | 2014.21 | 7110.16 | 3610.72 | 50.78 | 3499.44 | 49.22 | 3.53 | 7088.09 | 693 |
| 1997 | 2133.69 | 7147.86 | 3628.08 | 50.76 | 3519.78 | 49.24 | 3.35 | 7129.01 | 697 |
| 1998 | 2087.92 | 7182.46 | 3643.21 | 50.72 | 3539.26 | 49.28 | 3.44 | 7165.16 | 700 |
| 1999 | 2121.51 | 7213.13 | 3656.05 | 50.69 | 3557.08 | 49.31 | 3.40 | 7197.80 | 703 |
| 2000 | 2220.38 | 7327.24 | 3710.28 | 50.64 | 3616.96 | 49.36 | 3.30 | 7270.19 | 714 |
| 2001 | 2314.00 | 7358.52 | 3724.81 | 50.62 | 3633.71 | 49.38 | 3.18 | 7342.88 | 717 |
| 2002 | 2350.96 | 7405.50 | 3752.03 | 50.67 | 3653.47 | 49.33 | 3.15 | 7382.01 | 722 |
| 2003 | 2345.19 | 7457.70 | 3775.26 | 50.62 | 3682.44 | 49.38 | 3.18 | 7431.60 | 727 |
| 2004 | 2388.23 | 7522.95 | 3811.87 | 50.67 | 3711.08 | 49.33 | 3.15 | 7490.33 | 733 |
| 2005 | 2463.60 | 7588.24 | 3795.64 | 50.02 | 3792.60 | 49.98 | 3.08 | 7555.59 | 740 |
| 2006 | 2485.61 | 7655.66 | 3829.47 | 50.02 | 3826.19 | 49.98 | 3.08 | 7621.95 | 746 |
| 2007 | 2507.51 | 7723.13 | 3863.09 | 50.02 | 3860.03 | 49.98 | 3.08 | 7689.40 | 753 |
| 2008 | 2504.03 | 7762.48 | 3883.33 | 50.03 | 3879.15 | 49.97 | 3.10 | 7742.81 | 756 |
| 2009 | 2519.44 | 7810.27 | 3908.18 | 50.04 | 3902.09 | 49.96 | 3.10 | 7786.38 | 761 |
| 2010 | 2564.59 | 7869.34 | 3964.31 | 50.38 | 3905.03 | 49.62 | 3.07 | 7839.80 | 767 |
| 2011 | 2572.90 | 7898.80 | 3977.69 | 50.36 | 3921.11 | 49.64 | 3.07 | 7884.07 | 770 |

# 3-2 全省市、镇、乡村人口数及其构成

## City, Town, Country Population and It's Composition

单位:万人 (10000 persons)

| 年 份 Year | 总人口数 Total Population | #城镇人口 Urban | | 市 City | | 镇 Town | | 乡村 Rural | |
|---|---|---|---|---|---|---|---|---|---|
| | | 人口数 Population | 占总人口% Proportion | 人口数 Population | 占总人口% Proportion | 人口数 Population | 占总人口% Proportion | 人口数 Population | 占总人口% Proportion |
| 1978 | 5834.32 | 800.77 | 13.7 | 570.14 | 9.8 | 230.63 | 3.9 | 5033.55 | 86.3 |
| 1980 | 5938.19 | 901.78 | 15.2 | 636.41 | 10.7 | 265.37 | 4.5 | 5036.41 | 84.8 |
| 1985 | 6213.48 | 1099.79 | 17.7 | | | | | 5113.69 | 82.3 |
| 1990 | 6766.90 | 1458.94 | 21.6 | 1043.45 | 15.4 | 415.49 | 6.1 | 5307.96 | 78.5 |
| 1991 | 6843.70 | 1587.74 | 23.2 | 1163.43 | 17.0 | 424.31 | 6.2 | 5255.96 | 76.8 |
| 1992 | 6911.20 | 1643.72 | 23.8 | 1182.59 | 17.1 | 461.13 | 6.7 | 5267.48 | 76.2 |
| 1993 | 6967.27 | 1673.58 | 24.0 | 1199.26 | 17.2 | 474.32 | 6.8 | 5293.69 | 76.0 |
| 1994 | 7020.54 | 1733.01 | 24.7 | 1255.58 | 17.9 | 477.43 | 6.8 | 5287.53 | 75.3 |
| 1995 | 7066.02 | 1929.09 | 27.3 | 1331.30 | 18.8 | 597.79 | 8.5 | 5136.93 | 72.7 |
| 1996 | 7110.16 | 1942.50 | 27.3 | 1328.18 | 18.7 | 614.32 | 8.6 | 5167.66 | 72.7 |
| 1997 | 7147.86 | 2133.64 | 29.9 | 1465.31 | 20.5 | 668.33 | 9.4 | 5014.22 | 70.1 |
| 1998 | 7182.46 | 2262.47 | 31.5 | 1537.05 | 21.4 | 725.42 | 10.1 | 4919.99 | 68.5 |
| 1999 | 7213.13 | 2520.09 | 34.9 | 1685.84 | 23.4 | 834.25 | 11.6 | 4693.04 | 65.1 |
| 2000 | 7327.24 | 3040.81 | 41.5 | 1868.45 | 25.5 | 1172.36 | 16.0 | 4286.43 | 58.5 |
| 2001 | 7358.52 | 3134.73 | 42.6 | 1927.93 | 26.2 | 1206.80 | 16.4 | 4223.79 | 57.4 |
| 2002 | 7405.50 | 3310.25 | 44.7 | 2028.37 | 27.4 | 1281.89 | 17.3 | 4095.25 | 55.3 |
| 2003 | 7457.70 | 3487.97 | 46.8 | 2137.38 | 28.7 | 1350.59 | 18.1 | 3969.73 | 53.2 |
| 2004 | 7522.95 | 3624.56 | 48.2 | 2174.73 | 28.9 | 1449.82 | 19.3 | 3898.39 | 51.8 |
| 2005 | 7588.24 | 3832.06 | 50.5 | 2307.80 | 30.4 | 1524.26 | 20.1 | 3756.18 | 49.5 |
| 2006 | 7655.66 | 3973.29 | 51.9 | 2392.85 | 31.3 | 1580.44 | 20.6 | 3682.37 | 48.1 |
| 2007 | 7723.13 | 4108.70 | 53.2 | 2474.33 | 32.0 | 1634.37 | 21.2 | 3614.43 | 46.8 |
| 2008 | 7762.48 | 4215.17 | 54.3 | 2538.45 | 32.7 | 1676.72 | 21.6 | 3547.31 | 45.7 |
| 2009 | 7810.27 | 4342.51 | 55.6 | 2619.43 | 33.5 | 1723.08 | 22.1 | 3467.76 | 44.4 |
| 2010 | 7869.34 | 4767.63 | 60.6 | 3012.38 | 38.3 | 1755.25 | 22.3 | 3101.71 | 39.4 |
| 2011 | 7898.80 | 4889.36 | 61.9 | 3095.45 | 39.2 | 1793.91 | 22.7 | 3009.44 | 38.1 |

# 3－3 全省人口自然变动
## Natural Change of Population

单位：万人　　　　(10000 persons)

| 年　份<br>Year | 出　生 Birth | | 死　亡 Death | | 自然增长 Natural Growth | |
|---|---|---|---|---|---|---|
| | 人　数<br>Population | 出生率（‰）<br>Birth Rate | 人　数<br>Population | 死亡率（‰）<br>Death Rate | 人　数<br>Population | 自然增长率(‰)<br>Natural Growth Rate |
| 1978 | 90.62 | 15.63 | 35.32 | 6.09 | 55.30 | 9.54 |
| 1979 | 85.79 | 14.63 | 34.31 | 5.85 | 51.48 | 8.78 |
| 1980 | 86.90 | 14.69 | 38.87 | 6.57 | 48.03 | 8.12 |
| 1981 | 100.58 | 16.83 | 37.18 | 6.22 | 63.40 | 10.61 |
| 1982 | 99.42 | 16.43 | 34.77 | 5.75 | 64.65 | 10.68 |
| 1983 | 73.17 | 11.97 | 36.39 | 5.95 | 36.78 | 6.02 |
| 1984 | 64.09 | 10.42 | 36.32 | 5.90 | 27.77 | 4.52 |
| 1985 | 67.11 | 10.84 | 36.35 | 5.87 | 30.76 | 4.97 |
| 1986 | 82.38 | 13.20 | 36.19 | 5.80 | 46.19 | 7.40 |
| 1987 | 97.27 | 15.42 | 36.50 | 5.79 | 60.77 | 9.63 |
| 1988 | 102.46 | 16.03 | 37.65 | 5.89 | 64.81 | 10.14 |
| 1989 | 111.27 | 17.15 | 36.31 | 5.60 | 74.96 | 11.55 |
| 1990 | 137.96 | 20.54 | 43.86 | 6.53 | 94.10 | 14.01 |
| 1991 | 116.03 | 17.05 | 44.23 | 6.50 | 71.80 | 10.55 |
| 1992 | 108.04 | 15.71 | 46.49 | 6.76 | 61.55 | 8.95 |
| 1993 | 96.94 | 13.97 | 45.87 | 6.61 | 51.07 | 7.36 |
| 1994 | 96.38 | 13.78 | 47.98 | 6.86 | 48.40 | 6.92 |
| 1995 | 86.77 | 12.32 | 46.20 | 6.56 | 40.57 | 5.76 |
| 1996 | 85.84 | 12.11 | 46.64 | 6.58 | 39.20 | 5.53 |
| 1997 | 81.47 | 11.43 | 48.76 | 6.84 | 32.71 | 4.59 |
| 1998 | 78.60 | 10.97 | 49.01 | 6.84 | 29.59 | 4.13 |
| 1999 | 75.58 | 10.50 | 49.95 | 6.94 | 25.63 | 3.56 |
| 2000 | 66.01 | 9.08 | 47.40 | 6.52 | 18.61 | 2.56 |
| 2001 | 66.31 | 9.03 | 48.61 | 6.62 | 17.70 | 2.41 |
| 2002 | 67.69 | 9.17 | 51.60 | 6.99 | 16.09 | 2.18 |
| 2003 | 67.18 | 9.04 | 52.24 | 7.03 | 14.94 | 2.01 |
| 2004 | 70.78 | 9.45 | 53.93 | 7.20 | 16.85 | 2.25 |
| 2005 | 69.81 | 9.24 | 53.12 | 7.03 | 16.70 | 2.21 |
| 2006 | 71.34 | 9.36 | 53.96 | 7.08 | 17.38 | 2.28 |
| 2007 | 72.05 | 9.37 | 54.36 | 7.07 | 17.69 | 2.30 |
| 2008 | 72.32 | 9.34 | 54.51 | 7.04 | 17.81 | 2.30 |
| 2009 | 74.36 | 9.55 | 54.43 | 6.99 | 19.93 | 2.56 |
| 2010 | 76.31 | 9.73 | 53.94 | 6.88 | 22.37 | 2.85 |
| 2011 | 75.61 | 9.59 | 55.03 | 6.98 | 20.58 | 2.61 |

# 3-4 全省人口数、户数(户籍)

## Population and Households(Registered)

| 年份 Year | 总户数(万户) Households (10000 households) | 总人口(万人) Total Population (10000 persons) | 按性别分 Grouped by Sex 男 Male 人口数(万人) Population (10000 persons) | 比重(%) Proportion | 女 Female 人口数(万人) Population (10000 persons) | 比重(%) Proportion | 平均每户人数(人/户) Average Family Size (person/households) | 年平均人口(万人) Average Annual Population (10000 persons) | 人口密度(人/平方公里) Density of Population (person/sq. km) |
|---|---|---|---|---|---|---|---|---|---|
| 1949 | 838.00 | 3512.00 | 1778.80 | 50.65 | 1733.20 | 49.35 | 4.19 | | 342 |
| 1952 | 888.00 | 3739.00 | 1891.60 | 50.59 | 1847.40 | 49.41 | 4.21 | 3697.50 | 364 |
| 1957 | 985.51 | 4182.71 | 2087.06 | 49.90 | 2095.65 | 50.10 | 4.24 | 4136.05 | 408 |
| 1962 | 1089.51 | 4333.74 | 2155.01 | 49.70 | 2178.73 | 50.30 | 3.98 | 4288.57 | 422 |
| 1965 | 1110.13 | 4623.74 | 2319.92 | 50.17 | 2303.82 | 49.83 | 4.17 | 4567.75 | 451 |
| 1970 | 1215.28 | 5252.09 | 2635.02 | 50.17 | 2617.07 | 49.83 | 4.32 | 5185.36 | 512 |
| 1975 | 1315.55 | 5636.12 | 2842.86 | 50.44 | 2793.26 | 49.56 | 4.28 | 5600.91 | 549 |
| 1976 | 1348.24 | 5700.76 | 2878.79 | 50.50 | 2821.97 | 49.50 | 4.23 | 5668.44 | 556 |
| 1977 | 1385.48 | 5765.28 | 2913.01 | 50.50 | 2852.27 | 49.50 | 4.16 | 5733.02 | 562 |
| 1978 | 1423.11 | 5834.33 | 2950.45 | 50.57 | 2883.88 | 49.43 | 4.10 | 5799.81 | 569 |
| 1979 | 1443.62 | 5892.55 | 2981.05 | 50.59 | 2911.50 | 49.41 | 4.08 | 5863.44 | 574 |
| 1980 | 1471.76 | 5938.19 | 3003.75 | 50.58 | 2934.44 | 49.42 | 4.03 | 5915.37 | 579 |
| 1981 | 1518.91 | 6010.24 | 3047.66 | 50.71 | 2962.58 | 49.29 | 3.96 | 5974.22 | 586 |
| 1982 | 1554.78 | 6088.94 | 3093.60 | 50.81 | 2995.34 | 49.19 | 3.92 | 6049.59 | 593 |
| 1983 | 1574.46 | 6134.99 | 3122.06 | 50.89 | 3012.93 | 49.11 | 3.90 | 6111.97 | 598 |
| 1984 | 1597.81 | 6171.43 | 3143.01 | 50.93 | 3028.42 | 49.07 | 3.86 | 6153.21 | 602 |
| 1985 | 1633.62 | 6213.48 | 3168.25 | 50.99 | 3045.23 | 49.01 | 3.80 | 6192.46 | 606 |
| 1986 | 1681.10 | 6269.90 | 3199.18 | 51.02 | 3070.72 | 48.98 | 3.73 | 6241.69 | 611 |
| 1987 | 1736.98 | 6348.00 | 3241.71 | 51.07 | 3106.29 | 48.93 | 3.65 | 6308.95 | 619 |
| 1988 | 1834.32 | 6438.27 | 3289.49 | 51.09 | 3148.78 | 48.91 | 3.51 | 6393.14 | 628 |
| 1989 | 1903.71 | 6535.85 | 3339.10 | 51.09 | 3196.75 | 48.91 | 3.43 | 6487.06 | 637 |
| 1990 | 1956.89 | 6671.73 | 3406.33 | 51.06 | 3265.40 | 48.94 | 3.41 | 6618.80 | 650 |
| 1991 | 1987.55 | 6733.87 | 3439.29 | 51.07 | 3294.58 | 48.93 | 3.39 | 6702.80 | 656 |
| 1992 | 2015.17 | 6767.49 | 3457.77 | 51.09 | 3309.72 | 48.91 | 3.36 | 6750.68 | 660 |
| 1993 | 2034.87 | 6800.69 | 3476.26 | 51.12 | 3324.43 | 48.88 | 3.34 | 6784.09 | 663 |
| 1994 | 2055.96 | 6831.28 | 3491.72 | 51.11 | 3339.56 | 48.89 | 3.32 | 6815.99 | 666 |
| 1995 | 2085.96 | 6868.42 | 3509.59 | 51.10 | 3358.83 | 48.90 | 3.29 | 6849.85 | 669 |
| 1996 | 2113.07 | 6908.13 | 3528.95 | 51.08 | 3379.19 | 48.92 | 3.27 | 6888.28 | 673 |
| 1997 | 2146.87 | 6948.36 | 3537.04 | 50.90 | 3411.32 | 49.10 | 3.24 | 6928.25 | 677 |
| 1998 | 2186.70 | 6983.09 | 3565.55 | 51.06 | 3417.54 | 48.94 | 3.19 | 6965.73 | 681 |
| 1999 | 2221.70 | 7009.09 | 3577.71 | 51.04 | 3431.37 | 48.96 | 3.15 | 6996.09 | 683 |
| 2000 | 2268.56 | 7069.28 | 3602.92 | 50.97 | 3466.36 | 49.03 | 3.12 | 7039.19 | 689 |
| 2001 | 2300.83 | 7097.00 | 3616.16 | 50.95 | 3480.84 | 49.05 | 3.08 | 7083.14 | 692 |
| 2002 | 2323.06 | 7127.33 | 3631.10 | 50.95 | 3496.23 | 49.05 | 3.07 | 7112.17 | 695 |
| 2003 | 2344.84 | 7163.93 | 3646.60 | 50.90 | 3517.33 | 49.10 | 3.06 | 7145.63 | 698 |
| 2004 | 2359.61 | 7206.05 | 3663.62 | 50.84 | 3542.43 | 49.16 | 3.05 | 7184.99 | 702 |
| 2005 | 2382.21 | 7252.88 | 3686.09 | 50.82 | 3566.79 | 49.18 | 3.04 | 7229.47 | 707 |
| 2006 | 2390.18 | 7317.72 | 3715.24 | 50.77 | 3602.48 | 49.23 | 3.06 | 7285.30 | 713 |
| 2007 | 2390.55 | 7354.08 | 3733.67 | 50.77 | 3620.41 | 49.23 | 3.08 | 7335.90 | 717 |
| 2008 | 2399.15 | 7388.63 | 3750.38 | 50.77 | 3638.25 | 49.23 | 3.08 | 7371.36 | 720 |
| 2009 | 2403.89 | 7419.23 | 3765.32 | 50.75 | 3653.91 | 49.25 | 3.09 | 7403.93 | 723 |
| 2010 | 2417.01 | 7466.59 | 3787.73 | 50.73 | 3678.86 | 49.27 | 3.09 | 7442.91 | 728 |
| 2011 | 2425.11 | 7514.25 | 3811.84 | 50.73 | 3702.41 | 49.27 | 3.10 | 7490.42 | 732 |

# 3-5 全省历次人口普查主要数据

## Major Data of All Previous Provincial Population Census

| 指　　标 | Item | 1953 | 1964 | 1982 | 1990 | 2000 | 2010 |
|---|---|---|---|---|---|---|---|
| 总人口（万人） | Total Population (10000 persons) | 3767.29 | 4452.21 | 6052.11 | 6705.68 | 7304.36 | 7866.09 |
| 男 | Male | 1888.95 | 2242.71 | 3076.75 | 3412.32 | 3698.20 | 3962.67 |
| 女 | Female | 1878.34 | 2209.50 | 2975.36 | 3293.36 | 3606.16 | 3903.42 |
| 性别比（女性为100） | Sex Ratio (Female = 100) | 100.6 | 101.5 | 103.4 | 103.6 | 102.6 | 101.5 |
| 家庭户规模（人/户） | Family Size (person/household) | 4.19 | 4.09 | 3.91 | 3.66 | 3.25 | 2.94 |
| 各年龄组人口（万人） | Population by Age Group (10000 persons) | | | | | | |
| 0—14岁 | Aged 0—14 | 1414.86 | 1772.66 | 1753.75 | 1592.47 | 1434.20 | 1023.35 |
| 15—64岁 | Aged 15—64 | 2183.21 | 2514.48 | 3962.69 | 4657.93 | 5224.32 | 5986.88 |
| 65岁及以上 | Aged 65 and Over | 169.22 | 165.07 | 335.67 | 455.28 | 645.84 | 855.86 |
| 民族人口（万人） | Population by Ethnicity (10000 persons) | | | | | | |
| 汉族 | Han Nationality | 3760.92 | 4443.90 | 6041.08 | 6690.37 | 7278.37 | 7827.60 |
| 占总人口比重（%） | Proportion (%) | 99.8 | 99.8 | 99.8 | 99.8 | 99.6 | 99.5 |
| 少数民族 | Minority Nationalities | 6.37 | 8.31 | 11.03 | 15.28 | 25.99 | 38.49 |
| 占总人口比重（%） | Proportion (%) | 0.2 | 0.2 | 0.2 | 0.2 | 0.4 | 0.5 |
| 每十万人拥有的各种受教育程度人口（人） | Population with Various Education Attainments per 100000 Persons (person) | | | | | | |
| 大专及以上 | Junior College and Above | | 386 | 639 | 1474 | 3919 | 10820 |
| 高中和中专 | Senior Secondary School and Technical Secondary School | | 1470 | 6981 | 8670 | 13079 | 16150 |
| 初中 | Junior Secondary School | | 5236 | 20049 | 26426 | 36365 | 38676 |
| 小学 | Primary School | | 26588 | 32613 | 34791 | 32882 | 24196 |
| 城乡人口（万人） | Population by Residence (10000 persons) | | | | | | |
| 城镇人口 | Urban Population | 556.81 | 660.26 | 957.22 | 1446.85 | 3086.24 | 4737.15 |
| 乡村人口 | Rural Population | 3210.48 | 3791.95 | 5094.89 | 5258.83 | 4218.12 | 3128.94 |
| 平均预期寿命（岁） | Average Life Expectancy (age) | | | 69.49 | 71.62 | 74.13 | |
| 男 | Male | | | 67.35 | 69.46 | 71.88 | |
| 女 | Female | | | 71.56 | 73.82 | 76.47 | |

注：2010年数据取自人口普查计算机汇总资料。

Note: Data of 2010 are gathered from the tabulation data of population census.

# 3－6 按地区分常住人口

## Population by Region

单位:万人 (10000 persons)

| 地 区 Region | | 2010 总人口 Total | 2010 城镇人口 Urban Population | 2010 城镇人口比重(%) Proportion | 2011 总人口 Total | 2011 城镇人口 Urban Population | 2011 城镇人口比重(%) Proportion |
|---|---|---|---|---|---|---|---|
| **全 省** | **Total** | **7869.34** | **4767.63** | **60.58** | **7898.80** | **4889.36** | **61.90** |
| 按省辖市分 | by Cities | | | | | | |
| 南京市 | Nanjing | 800.76 | 628.60 | 78.50 | 810.91 | 646.54 | 79.73 |
| 无锡市 | Wuxi | 637.56 | 452.35 | 70.95 | 643.22 | 464.60 | 72.23 |
| 徐州市 | Xuzhou | 858.21 | 462.56 | 53.90 | 857.26 | 475.18 | 55.43 |
| 常州市 | Changzhou | 459.33 | 293.74 | 63.95 | 464.97 | 303.16 | 65.20 |
| 苏州市 | Suzhou | 1046.85 | 738.51 | 70.55 | 1051.87 | 750.09 | 71.31 |
| 南通市 | Nantong | 728.18 | 407.78 | 56.00 | 728.91 | 419.85 | 57.60 |
| 连云港市 | Lianyungang | 439.71 | 227.55 | 51.75 | 438.61 | 233.12 | 53.15 |
| 淮安市 | Huaian | 480.40 | 244.00 | 50.79 | 480.34 | 249.97 | 52.04 |
| 盐城市 | Yancheng | 726.40 | 381.36 | 52.50 | 723.74 | 390.82 | 54.00 |
| 扬州市 | Yangzhou | 446.08 | 253.06 | 56.73 | 446.30 | 258.41 | 57.90 |
| 镇江市 | Zhenjiang | 311.45 | 192.97 | 61.96 | 313.43 | 197.53 | 63.02 |
| 泰州市 | Taizhou | 462.13 | 257.18 | 55.65 | 462.60 | 262.81 | 56.81 |
| 宿迁市 | Suqian | 472.28 | 227.97 | 48.27 | 476.64 | 237.28 | 49.78 |
| 按区域分 | by Regions | | | | | | |
| 苏 南 | Southern Jiangsu | 3255.95 | 2306.17 | 70.83 | 3284.40 | 2361.92 | 71.91 |
| 苏 中 | Mid Jiangsu | 1636.39 | 918.02 | 56.10 | 1637.81 | 941.07 | 57.46 |
| 苏 北 | Northern Jiangsu | 2977.00 | 1543.44 | 51.85 | 2976.59 | 1586.37 | 53.29 |

注：表中数据为2010、2011年末常住人口推算数据。

Note: Data in the table are estimation of permanent population at the end of 2010, 2011.

# 3-7 全省人口年龄构成情况(2011 年 11 月 1 日零时)
## Composition of Population Grouped by Age (0 o'clock on November 1,2011)

单位:人 (person)

| 年龄组<br>Age Group | 总人口<br>Total | #女<br>Female | 市镇<br>Urban | 市<br>City | 镇<br>Town | 乡村<br>Rural |
|---|---|---|---|---|---|---|
| **合 计(Total)** | **394313** | **195744** | **306063** | **174792** | **131271** | **88250** |
| 0—4 | 19054 | 8547 | 14927 | 7614 | 7313 | 4127 |
| 5—9 | 17553 | 7884 | 13821 | 7182 | 6639 | 3732 |
| 10—14 | 15713 | 7180 | 12269 | 6398 | 5871 | 3444 |
| 15—19 | 22310 | 10503 | 17735 | 10069 | 7666 | 4575 |
| 20—24 | 34740 | 17015 | 28057 | 17592 | 10465 | 6683 |
| 25—29 | 28343 | 14492 | 23553 | 15339 | 8214 | 4790 |
| 30—34 | 27992 | 14219 | 23354 | 15163 | 8191 | 4638 |
| 35—39 | 31367 | 15780 | 25684 | 15412 | 10272 | 5683 |
| 40—44 | 40832 | 20784 | 32127 | 17904 | 14223 | 8705 |
| 45—49 | 37863 | 19012 | 28829 | 16264 | 12565 | 9034 |
| 50—54 | 23380 | 11619 | 17696 | 10034 | 7662 | 5684 |
| 55—59 | 28651 | 14139 | 20804 | 11075 | 9729 | 7847 |
| 60—64 | 21617 | 10865 | 15586 | 8433 | 7153 | 6031 |
| 65—69 | 15022 | 7469 | 10623 | 5427 | 5196 | 4399 |
| 70—74 | 11933 | 6071 | 8384 | 4430 | 3954 | 3549 |
| 75—79 | 9163 | 4806 | 6514 | 3315 | 3199 | 2649 |
| 80—84 | 5375 | 3081 | 3739 | 1927 | 1812 | 1636 |
| 85—89 | 2486 | 1596 | 1735 | 905 | 830 | 751 |
| 90 及以上<br>(90 and over) | 919 | 682 | 626 | 309 | 317 | 293 |

注:本表是 2011 年人口变动情况抽样调查样本数据,抽样比为 4.99‰。
Note: Data in the table are the data of change of population by 4.99‰ sampling survey in 2011.

## 3-8 全省人口受教育程度情况（2011 年 11 月 1 日零时）
## Educated Situation of Population (0 o'clock on November 1, 2011)

单位：人 (person)

| 项 目 | Item | 6 岁及以上人口合计 Aged 6 and Over | 不识字或识字很少 Illiterate or Nearly Illiterate | 小 学 Primary Shool | 初 中 Junior Secondary Shool | 高 中 Senior and Specialized Secondary Shool | 大 学 及以上 Junior College and Above |
|---|---|---|---|---|---|---|---|
| **合 计** | **Total** | **371296** | **20271** | **93853** | **151677** | **63095** | **42400** |
| 男 | Male | 185870 | 4924 | 41554 | 79453 | 36360 | 23579 |
| 女 | Female | 185426 | 15347 | 52299 | 72224 | 26735 | 18821 |
| 按城乡分 | Grouped by City and Country | | | | | | |
| 城 镇 | City | 288025 | 13461 | 65460 | 115482 | 54020 | 39602 |
| 男 | Male | 144749 | 3205 | 29008 | 59952 | 30618 | 21966 |
| 女 | Female | 143276 | 10256 | 36452 | 55530 | 23402 | 17636 |
| 乡 村 | Country | 83271 | 6810 | 28393 | 36195 | 9075 | 2798 |
| 男 | Male | 41121 | 1719 | 12546 | 19501 | 5742 | 1613 |
| 女 | Female | 42150 | 5091 | 15847 | 16694 | 3333 | 1185 |

注：本表是 2011 年人口变动情况抽样调查样本数据，抽样比为 4.99‰。
Note: Data in the table are the data of change of population by 4.99‰ sampling survey in 2011.

## 3-9 全省 15 岁及以上人口的婚姻状况（2011 年 11 月 1 日零时）
## Marriage Status of Population Aged 15 and Over (0 o'clock on November 1, 2011)

单位：人 (person)

| 年龄组 Age Group | 未 婚 Never Married | 初婚有配偶 First Married | 再婚有配偶 Re-married | 离 婚 Divorce | 丧 偶 Widowed |
|---|---|---|---|---|---|
| **合计 (Total)** | **55787** | **258422** | **4782** | **3584** | **19417** |
| 15—19 | 21772 | 494 | 13 | 20 | 10 |
| 20—24 | 24059 | 10583 | 40 | 48 | 10 |
| 25—29 | 5673 | 22348 | 134 | 173 | 15 |
| 30—34 | 1273 | 25948 | 310 | 428 | 33 |
| 35—39 | 528 | 29674 | 547 | 514 | 104 |
| 40—44 | 518 | 38503 | 845 | 703 | 263 |
| 45—49 | 427 | 35418 | 819 | 661 | 538 |
| 50—54 | 297 | 21450 | 512 | 377 | 744 |
| 55—59 | 422 | 25898 | 563 | 323 | 1445 |
| 60—64 | 267 | 18914 | 352 | 146 | 1938 |
| 65 及以上(65 and over) | 551 | 29192 | 647 | 191 | 14317 |

注：本表是 2011 年人口变动情况抽样调查样本数据，抽样比为 4.99‰。
Note: Data in the table are the data of change of population by 4.99‰ sampling survey in 2011.

# 3-10 全省16岁及以上人口经济活动情况（2011年11月10日零时）
## Condition of Economic Activities of Age 16 and Above Population(0 o'clock on November 10,2011)

单位:人 (person)

| 年龄组 Age Group | 16岁及以上人口 16 aged and Above Population | | | 经济活动人口 Economically-active Population | | | 非经济活动人口 Non Economically-active Population | | |
|---|---|---|---|---|---|---|---|---|---|
| | 小计 Total | 男 Male | 女 Female | 小计 Total | 男 Male | 女 Female | 小计 Total | 男 Male | 女 Female |
| **合计 (Total)** | **11984** | **5933** | **6051** | **8464** | **4563** | **3901** | **3520** | **1370** | **2150** |
| 16—19 | 663 | 382 | 281 | 133 | 78 | 55 | 530 | 304 | 226 |
| 20—24 | 952 | 491 | 461 | 691 | 370 | 321 | 261 | 121 | 140 |
| 25—29 | 772 | 375 | 397 | 700 | 364 | 336 | 72 | 11 | 61 |
| 30—34 | 804 | 385 | 419 | 753 | 377 | 376 | 51 | 8 | 43 |
| 35—39 | 1023 | 491 | 532 | 960 | 482 | 478 | 63 | 9 | 54 |
| 40—44 | 1519 | 753 | 766 | 1426 | 731 | 695 | 93 | 22 | 71 |
| 45—49 | 1495 | 733 | 762 | 1372 | 723 | 649 | 123 | 10 | 113 |
| 50—54 | 899 | 434 | 465 | 690 | 410 | 280 | 209 | 24 | 185 |
| 55—59 | 1156 | 592 | 564 | 806 | 495 | 311 | 350 | 97 | 253 |
| 60—64 | 894 | 438 | 456 | 471 | 266 | 205 | 423 | 172 | 251 |
| 65及以上 (65 and over) | 1807 | 859 | 948 | 462 | 267 | 195 | 1345 | 592 | 753 |

注：本表是2011年劳动力抽样调查样本数据，抽样比为0.15‰。
Note: Data in the table are the data of change of labour by 0.15‰ sampling survey in 2011.

## 3－11 全省分年龄、性别的人口
## Population Grouped by Age and Sex

| 年龄<br>Age | 人口数（人）<br>Population | 男<br>Male | 女<br>Female | 占总人口比重（%）<br>Proportion | 男<br>Male | 女<br>Female | 性别比（女＝100）<br>Sex Ratio |
|---|---|---|---|---|---|---|---|
| **合 计<br>Total** | **78660941** | **39626707** | **39034234** | **100.00** | **50.38** | **49.62** | **101.52** |
| 0—4 岁 | 3807254 | 2079984 | 1727270 | 4.84 | 2.64 | 2.20 | 120.42 |
| 5—9 岁 | 3207573 | 1754767 | 1452806 | 4.08 | 2.23 | 1.85 | 120.78 |
| 10—14 岁 | 3218657 | 1753098 | 1465559 | 4.09 | 2.23 | 1.86 | 119.62 |
| 15—19 岁 | 5642735 | 2939819 | 2702916 | 7.17 | 3.74 | 3.44 | 108.76 |
| 20—24 岁 | 7783471 | 3887759 | 3895712 | 9.89 | 4.94 | 4.95 | 99.80 |
| 25—29 岁 | 5631916 | 2782481 | 2849435 | 7.16 | 3.54 | 3.62 | 97.65 |
| 30—34 岁 | 5529757 | 2755438 | 2774319 | 7.03 | 3.50 | 3.53 | 99.32 |
| 35—39 岁 | 6405159 | 3185636 | 3219523 | 8.14 | 4.05 | 4.09 | 98.95 |
| 40—44 岁 | 7966614 | 3924609 | 4042005 | 10.13 | 4.99 | 5.14 | 97.10 |
| 45—49 岁 | 6525182 | 3255929 | 3269253 | 8.30 | 4.14 | 4.16 | 99.59 |
| 50—54 岁 | 4938416 | 2510290 | 2428126 | 6.28 | 3.19 | 3.09 | 103.38 |
| 55—59 岁 | 5429570 | 2742953 | 2686617 | 6.90 | 3.49 | 3.42 | 102.10 |
| 60—64 岁 | 4015991 | 2038145 | 1977846 | 5.11 | 2.59 | 2.51 | 103.05 |
| 65—69 岁 | 2878272 | 1454528 | 1423744 | 3.66 | 1.85 | 1.81 | 102.16 |
| 70—74 岁 | 2272319 | 1119522 | 1152797 | 2.89 | 1.42 | 1.47 | 97.11 |
| 75—79 岁 | 1730639 | 794443 | 936196 | 2.2 | 1.01 | 1.19 | 84.86 |
| 80—84 岁 | 1035707 | 428578 | 607129 | 1.32 | 0.54 | 0.77 | 70.59 |
| 85—89 岁 | 476649 | 170336 | 306313 | 0.61 | 0.22 | 0.39 | 55.61 |
| 90—94 岁 | 136102 | 40532 | 95570 | 0.17 | 0.05 | 0.12 | 42.41 |
| 95—99 岁 | 26805 | 7406 | 19399 | 0.03 | 0.01 | 0.02 | 38.18 |
| 100 岁及以上<br>100 and over | 2153 | 454 | 1699 | … | … | … | 26.72 |

注：本表为第六次人口普查计算机汇总的 2010 年 11 月 1 日零时常住人口数据。（下同）

Note：Date in the table are the tabulation data of registered permanent population in 0 o'clock November 1,2010 of of the sixth National Population Census.（the same below）

# 3－12 全省分年龄、性别、受教育程度的6岁及以上人口
## Population Aged 6 and Over by Age, Sex and Educational Attainment

单位:人 (person)

| 年龄 Age | 6岁及以上人口 Aged 6 and Over | 男 Male | 女 Female | 未上过学 No Schooling | 男 Male | 女 Female | 小学 Primary School | 男 Male | 女 Female |
|---|---|---|---|---|---|---|---|---|---|
| **合计 Total** | **74119475** | **37142803** | **36976672** | **3448220** | **793662** | **2654558** | **19033077** | **8283702** | **10749375** |
| 6—9岁 | 2473361 | 1350847 | 1122514 | 82020 | 44847 | 37173 | 2364459 | 1291089 | 1073370 |
| 10—14岁 | 3218657 | 1753098 | 1465559 | 17804 | 9897 | 7907 | 1604662 | 877332 | 727330 |
| 15—19岁 | 5642735 | 2939819 | 2702916 | 14199 | 7600 | 6599 | 203527 | 100100 | 103427 |
| 20—24岁 | 7783471 | 3887759 | 3895712 | 19137 | 9468 | 9669 | 258405 | 104597 | 153808 |
| 25—29岁 | 5631916 | 2782481 | 2849435 | 17369 | 7480 | 9889 | 243491 | 84757 | 158734 |
| 30—34岁 | 5529757 | 2755438 | 2774319 | 23381 | 9009 | 14372 | 395064 | 134700 | 260364 |
| 35—39岁 | 6405159 | 3185636 | 3219523 | 41411 | 13120 | 28291 | 773399 | 252577 | 520822 |
| 40—44岁 | 7966614 | 3924609 | 4042005 | 76942 | 21574 | 55368 | 1431189 | 469660 | 961529 |
| 45—49岁 | 6525182 | 3255929 | 3269253 | 85615 | 19883 | 65732 | 1245683 | 383030 | 862653 |
| 50—54岁 | 4938416 | 2510290 | 2428126 | 157621 | 34239 | 123382 | 1630196 | 564245 | 1065951 |
| 55—59岁 | 5429570 | 2742953 | 2686617 | 293592 | 61517 | 232075 | 2556435 | 1014355 | 1542080 |
| 60—64岁 | 4015991 | 2038145 | 1977846 | 335158 | 66598 | 268560 | 2135629 | 950506 | 1185123 |
| 65岁及以上 65 and over | 8558646 | 4015799 | 4542847 | 2283971 | 488430 | 1795541 | 4190938 | 2056754 | 2134184 |

3－12 续表 Continued

单位:人 (person)

| 年龄 Age | 初 中 Junior Middle School | 男 Male | 女 Female | 高 中 Senior Middle School | 男 Male | 女 Female | 大专及以上 Junior College and Above | 男 Male | 女 Female |
|---|---|---|---|---|---|---|---|---|---|
| **合 计 Total** | **30423013** | **16111145** | **14311868** | **12703757** | **7229593** | **5474164** | **8511408** | **4724701** | **3786707** |
| 6—9 岁 | 26850 | 14895 | 11955 | 32 | 16 | 16 | | | |
| 10—14 岁 | 1528887 | 830802 | 698085 | 67094 | 34965 | 32129 | 210 | 102 | 108 |
| 15—19 岁 | 2144745 | 1123715 | 1021030 | 2459511 | 1320870 | 1138641 | 820753 | 387534 | 433219 |
| 20—24 岁 | 3055474 | 1454790 | 1600684 | 1894409 | 1022519 | 871890 | 2556046 | 1296385 | 1259661 |
| 25—29 岁 | 2555025 | 1206275 | 1348750 | 1225460 | 656522 | 568938 | 1590571 | 827447 | 763124 |
| 30—34 岁 | 2835019 | 1376413 | 1458606 | 1238765 | 669386 | 569379 | 1037528 | 565930 | 471598 |
| 35—39 岁 | 3748212 | 1856047 | 1892165 | 1113680 | 632199 | 481481 | 728457 | 431693 | 296764 |
| 40—44 岁 | 4783998 | 2425916 | 2358082 | 1109869 | 651007 | 458862 | 564616 | 356452 | 208164 |
| 45—49 岁 | 3465101 | 1801296 | 1663805 | 1308568 | 765021 | 543547 | 420215 | 286699 | 133516 |
| 50—54 岁 | 1940987 | 1154330 | 786657 | 1002752 | 611337 | 391415 | 206860 | 146139 | 60721 |
| 55—59 岁 | 1889276 | 1196646 | 692630 | 517880 | 348624 | 169256 | 172387 | 121811 | 50576 |
| 60—64 岁 | 1120611 | 732074 | 388537 | 297237 | 195786 | 101451 | 127356 | 93181 | 34175 |
| 65 岁及以上 65 and over | 1328828 | 937946 | 390882 | 468500 | 321341 | 147159 | 286409 | 211328 | 75081 |

# 3-13 全省分性别的民族人口

## Nationality Population by Sex

单位:人 (person)

| 民族 | Nationality | 人口数 Poputaion | 男 Male | 女 Female |
|---|---|---|---|---|
| **合 计** | **Total** | **78660941** | **39626707** | **39034234** |
| 汉族 | Han | 78276015 | 39442857 | 38833158 |
| 蒙古族 | Mongolian | 10691 | 5160 | 5531 |
| 回族 | Hui | 130757 | 67024 | 63733 |
| 藏族 | Tibetan | 3358 | 1451 | 1907 |
| 维吾尔族 | Uygur | 4367 | 2038 | 2329 |
| 苗族 | Miao | 49535 | 21979 | 27556 |
| 彝族 | Yi | 18896 | 8576 | 10320 |
| 壮族 | Zhuang | 20880 | 9272 | 11608 |
| 布依族 | Bouyei | 16689 | 7315 | 9374 |
| 朝鲜族 | Korean | 9525 | 4920 | 4605 |
| 满族 | Manchu | 18074 | 8865 | 9209 |
| 侗族 | Dong | 12280 | 4889 | 7391 |
| 瑶族 | Yao | 3575 | 1644 | 1931 |
| 白族 | Bai | 4020 | 1723 | 2297 |
| 土家族 | Tujia | 41258 | 20177 | 21081 |
| 哈尼族 | Hani | 2916 | 953 | 1963 |
| 哈萨克族 | Kazak | 2124 | 985 | 1139 |
| 傣族 | Dai | 2189 | 693 | 1496 |
| 黎族 | Li | 2447 | 974 | 1473 |
| 傈僳族 | Lisu | 1447 | 383 | 1064 |
| 佤族 | Va | 1481 | 701 | 780 |
| 畲族 | She | 1738 | 958 | 780 |
| 高山族 | Gaoshan | 120 | 54 | 66 |
| 拉祜族 | Lahu | 1042 | 187 | 855 |
| 水族 | Shui | 13089 | 7056 | 6033 |
| 东乡族 | Dongxiang | 420 | 277 | 143 |
| 纳西族 | Naxi | 329 | 123 | 206 |
| 景颇族 | Jingpo | 298 | 92 | 206 |
| 柯尔克孜族 | Kirgiz | 61 | 30 | 31 |
| 土族 | Tu | 2263 | 986 | 1277 |
| 达斡尔族 | Daur | 283 | 136 | 147 |
| 仫佬族 | Mulam | 522 | 223 | 299 |
| 羌族 | Qiang | 954 | 486 | 468 |
| 布朗族 | Blang | 265 | 67 | 198 |
| 撒拉族 | Salar | 353 | 187 | 166 |
| 毛南族 | Maonan | 184 | 94 | 90 |
| 仡佬族 | Gelao | 2488 | 1291 | 1197 |
| 锡伯族 | Xibe | 433 | 189 | 244 |
| 阿昌族 | Achang | 98 | 44 | 54 |
| 普米族 | Pumi | 38 | 14 | 24 |
| 塔吉克族 | Tajik | 17 | 5 | 12 |
| 怒族 | Nu | 356 | 158 | 198 |
| 乌孜别克族 | Ozbek | 15 | 6 | 9 |
| 俄罗斯族 | Russian | 109 | 48 | 61 |
| 鄂温克族 | Ewenki | 49 | 20 | 29 |
| 德昂族 | De'ang | 14 | 5 | 9 |
| 保安族 | Bonan | 32 | 16 | 16 |
| 裕固族 | Yugur | 41 | 25 | 16 |
| 京族 | Jing | 218 | 101 | 117 |
| 塔塔尔族 | Tatar | 19 | 11 | 8 |
| 独龙族 | Drung | 26 | 10 | 16 |
| 鄂伦春族 | Oroqen | 43 | 16 | 27 |
| 赫哲族 | Hezhen | 68 | 36 | 32 |
| 门巴族 | Moinba | 136 | 65 | 71 |
| 珞巴族 | Lhoba | 1 | 1 | |
| 基诺族 | Jino | 24 | 5 | 19 |
| 其他未识别的民族 | Non-identified | 2222 | 1080 | 1142 |
| 外国人加入中国籍 | Chinese Roreigner | 49 | 26 | 23 |

# 3-14 全省分性别、受教育程度、行业的就业人口

单位:人

| 行业 | Sector | 就业人口 Employed Population | 男 Male | 女 Female |
|---|---|---|---|---|
| **合 计** | **Total** | **4486706** | **2407685** | **2079021** |
| 农、林、牧、渔业 | Agriculture, Forestry, Animal Husbandry and Fishery | 1021904 | 453267 | 568637 |
| 采矿业 | Mining | 16509 | 12580 | 3929 |
| 制造业 | Manufacturing | 1527814 | 773263 | 754551 |
| 电力、燃气及水的生产和供应业 | Production and Supply of Electricity, Gas and Water | 30690 | 23131 | 7559 |
| 建筑业 | Construction | 400328 | 350640 | 49688 |
| 交通运输、仓储和邮政业 | Transport, Storage and Post | 180597 | 144542 | 36055 |
| 信息传输、计算机服务和软件业 | "Information Transmmission, Computer Service and Software" | 29582 | 17005 | 12577 |
| 批发和零售业 | Wholesale and Retail Trades | 556554 | 252236 | 304318 |
| 住宿和餐饮业 | Hotels and Catering Services | 139764 | 61704 | 78060 |
| 金融业 | Financial Intermediation | 38091 | 18814 | 19277 |
| 房地产业 | Real Estate | 38786 | 24545 | 14241 |
| 租赁和商务服务业 | Leasing and Business Services | 43533 | 25922 | 17611 |
| 科学研究、技术服务和地质勘查业 | "Scientific Research, Technical Services and Geologic Prospecting" | 14743 | 9852 | 4891 |
| 水利、环境和公共设施管理业 | "Management of Water Conservancy, Environment and Public Facilities" | 24491 | 14502 | 9989 |
| 居民服务和其他服务业 | Services to Households and Other Services | 142948 | 74024 | 68924 |
| 教育 | Education | 102785 | 45424 | 57361 |
| 卫生、社会保障和社会福利业 | Healthcare, Social Security and Soial Welfare | 51091 | 20195 | 30896 |
| 文化、体育和娱乐业 | Culture, Sports and Entertainment | 20533 | 10822 | 9711 |
| 公共管理和社会组织 | Public Management and Social Organizations | 105960 | 75217 | 30743 |
| 国际组织 | International Organization | 3 | | 3 |

注：本表为第六次人口普查计算机汇总的2010年11月1日零时常住人口数据(长表抽样数据)。(下同)

## Employed Population by Educational Attainment, Sex and Sector

(person)

| 未上过学 No Schooling | 男 Male | 女 Female | 小学 Primary School | 男 Male | 女 Female |
|---|---|---|---|---|---|
| **105488** | **27032** | **78456** | **904180** | **391262** | **512918** |
| 76566 | 17391 | 59175 | 443797 | 168549 | 275248 |
| 144 | 68 | 76 | 1958 | 1397 | 561 |
| 10194 | 2883 | 7311 | 203070 | 79111 | 123959 |
| 61 | 31 | 30 | 1504 | 1177 | 327 |
| 3994 | 2598 | 1396 | 77112 | 63256 | 13856 |
| 1078 | 594 | 484 | 21549 | 15617 | 5932 |
| 49 | 13 | 36 | 612 | 314 | 298 |
| 6699 | 1740 | 4959 | 80314 | 31492 | 48822 |
| 1960 | 332 | 1628 | 21941 | 6474 | 15467 |
| 20 | 8 | 12 | 486 | 220 | 266 |
| 428 | 127 | 301 | 4640 | 2623 | 2017 |
| 292 | 88 | 204 | 3692 | 1884 | 1808 |
| 19 | 7 | 12 | 361 | 216 | 145 |
| 673 | 218 | 455 | 6020 | 2959 | 3061 |
| 2649 | 727 | 1922 | 27958 | 11353 | 16605 |
| 125 | 29 | 96 | 2187 | 831 | 1356 |
| 134 | 27 | 107 | 1655 | 621 | 1034 |
| 68 | 11 | 57 | 1157 | 536 | 621 |
| 335 | 140 | 195 | 4167 | 2632 | 1535 |

Note: Date in the table are the tabulation data of registered permanent population in 0 o'clock November 1,2010 of of the sixth National Population Census (the long table sampling data). (the same below)

单位：人

| 行业 | Sector | 初中 Junior Middle School | 男 Male | 女 Female |
|---|---|---|---|---|
| **合计** | **Total** | **2189462** | **1214778** | **974684** |
| 农、林、牧、渔业 | Agriculture, Forestry, Animal Husbandry and Fishery | 437372 | 224166 | 213206 |
| 采矿业 | Mining | 8667 | 6862 | 1805 |
| 制造业 | Manufacturing | 854418 | 408315 | 446103 |
| 电力、燃气及水的生产和供应业 | Production and Supply of Electricity, Gas and Water | 9714 | 7625 | 2089 |
| 建筑业 | Construction | 248090 | 223460 | 24630 |
| 交通运输、仓储和邮政业 | Transport, Storage and Post | 100690 | 83663 | 17027 |
| 信息传输、计算机服务和软件业 | Information Transmmission, Computer Service and Software | 4974 | 2841 | 2133 |
| 批发和零售业 | Wholesale and Retail Trades | 279572 | 126662 | 152910 |
| 住宿和餐饮业 | Hotels and Catering Services | 78428 | 35533 | 42895 |
| 金融业 | Financial Intermediation | 4541 | 2098 | 2443 |
| 房地产业 | Real Estate | 13770 | 9503 | 4267 |
| 租赁和商务服务业 | Leasing and Business Services | 14792 | 9686 | 5106 |
| 科学研究、技术服务和地质勘查业 | Scientific Research, Technical Services and Geologic Prospecting | 2026 | 1343 | 683 |
| 水利、环境和公共设施管理业 | Management of Water Conservancy, Environment and Public Facilities | 8630 | 5146 | 3484 |
| 居民服务和其他服务业 | Services to Households and Other Services | 82534 | 43595 | 38939 |
| 教育 | Education | 9909 | 4305 | 5604 |
| 卫生、社会保障和社会福利业 | Healthcare, Social Security and Soial Welfare | 7725 | 3727 | 3998 |
| 文化、体育和娱乐业 | Culture, Sports and Entertainment | 6624 | 3373 | 3251 |
| 公共管理和社会组织 | Public Management and Social Organizations | 16986 | 12875 | 4111 |
| 国际组织 | International Organization | | | |

Continued

(person)

| 高　中 Senior Middle School | 男 Male | 女 Female | 大专及以上 Junior College and Above | 男 Male | 女 Female |
|---|---|---|---|---|---|
| **751414** | **464931** | **286483** | **536162** | **309682** | **226480** |
| 58758 | 39578 | 19180 | 5411 | 3583 | 1828 |
| 3649 | 2757 | 892 | 2091 | 1496 | 595 |
| 306904 | 186543 | 120361 | 153228 | 96411 | 56817 |
| 9808 | 7541 | 2267 | 9603 | 6757 | 2846 |
| 50755 | 45816 | 4939 | 20377 | 15510 | 4867 |
| 40068 | 33253 | 6815 | 17212 | 11415 | 5797 |
| 7245 | 3867 | 3378 | 16702 | 9970 | 6732 |
| 127365 | 60148 | 67217 | 62604 | 32194 | 30410 |
| 28242 | 15025 | 13217 | 9193 | 4340 | 4853 |
| 8975 | 4532 | 4443 | 24069 | 11956 | 12113 |
| 9384 | 6231 | 3153 | 10564 | 6061 | 4503 |
| 10233 | 6447 | 3786 | 14524 | 7817 | 6707 |
| 2700 | 1832 | 868 | 9637 | 6454 | 3183 |
| 4523 | 3144 | 1379 | 4645 | 3035 | 1610 |
| 23690 | 14705 | 8985 | 6117 | 3644 | 2473 |
| 16306 | 7379 | 8927 | 74258 | 32880 | 41378 |
| 12766 | 5053 | 7713 | 28811 | 10767 | 18044 |
| 5300 | 2950 | 2350 | 7384 | 3952 | 3432 |
| 24743 | 18130 | 6613 | 59729 | 41440 | 18289 |
|  |  |  | 3 |  | 3 |

# 3－15　全省分年龄、性别、职业的就业人口
## Employed Population by Age, Sex and Vocation

单位：人　　　　(person)

| 年龄<br>性别<br>Age<br>Sex | 就业人口<br>Employed Population | 国家机关、党群组织、企业、事业单位负责人<br>Principal of Government Agencies, Party Agencies, Enterprises and Institutions | 专业技术人员<br>Professionals | 办事人员和有关人员<br>Clerk and Relevant Personnel | 商业、服务业人员<br>Bussiness and Service Personnel | 农、林、牧、渔、水利业生产人员<br>Farming, Forestry, Animal Husbandry and Fishery Production Personnel | 生产、运输设备操作人员及有关人员<br>Produtcion, Transporting Equipment Operating Personnel and Relevant Personnel | 不便分类的其他从业人员<br>Inconvenience Classification of other Employees |
|---|---|---|---|---|---|---|---|---|
| **总　计<br>Total** | **4486706** | **120713** | **358827** | **224317** | **983626** | **1023809** | **1771788** | **3626** |
| 16－19岁 | 122930 | 261 | 3401 | 2206 | 25240 | 13493 | 78257 | 72 |
| 20－24岁 | 491605 | 4814 | 44996 | 24305 | 115731 | 46161 | 255269 | 329 |
| 25－29岁 | 465448 | 11409 | 68437 | 32242 | 116134 | 39716 | 197140 | 370 |
| 30－34岁 | 475074 | 16675 | 61216 | 29912 | 121986 | 40025 | 204872 | 388 |
| 35－39岁 | 558423 | 19968 | 52782 | 28984 | 137977 | 64644 | 253601 | 467 |
| 40－44岁 | 700624 | 23116 | 49113 | 30607 | 169750 | 108542 | 318838 | 658 |
| 45－49岁 | 559361 | 21185 | 39285 | 29863 | 128544 | 116937 | 223045 | 502 |
| 50－54岁 | 369331 | 11566 | 20196 | 20002 | 69138 | 134141 | 113971 | 317 |
| 55－59岁 | 363303 | 8726 | 13510 | 16688 | 55665 | 183702 | 84715 | 297 |
| 60－64岁 | 197423 | 2184 | 3735 | 5392 | 25642 | 130586 | 29747 | 137 |
| 65－69岁 | 106054 | 592 | 1486 | 2787 | 11831 | 80193 | 9107 | 58 |
| 70－74岁 | 49813 | 153 | 471 | 1043 | 4126 | 41703 | 2294 | 23 |
| 75岁及以上<br>75 and over | 27317 | 64 | 199 | 286 | 1862 | 23966 | 932 | 8 |
| **男<br>Male** | **2407685** | **93082** | **176724** | **153496** | **457381** | **453606** | **1071219** | **2177** |
| 16－19岁 | 62281 | 157 | 1456 | 1309 | 11868 | 6819 | 40629 | 43 |
| 20－24岁 | 251335 | 2961 | 18927 | 12343 | 49970 | 19956 | 146983 | 195 |
| 25－29岁 | 241339 | 7717 | 31097 | 17405 | 52094 | 16248 | 116573 | 205 |
| 30－34岁 | 248017 | 11972 | 27408 | 18421 | 54617 | 16235 | 119143 | 221 |
| 35－39岁 | 289445 | 14960 | 24595 | 19503 | 60156 | 25087 | 144880 | 264 |
| 40－44岁 | 358852 | 17844 | 23955 | 21374 | 72308 | 40569 | 182461 | 341 |
| 45－49岁 | 296097 | 16819 | 20317 | 21962 | 56407 | 44398 | 135904 | 290 |
| 50－54岁 | 219576 | 10022 | 13073 | 17286 | 38806 | 55903 | 84263 | 223 |
| 55－59岁 | 219386 | 7935 | 11061 | 15460 | 33911 | 83151 | 67653 | 215 |
| 60－64岁 | 113595 | 1972 | 3044 | 4782 | 15621 | 64543 | 23528 | 105 |
| 65－69岁 | 62575 | 531 | 1253 | 2473 | 7572 | 43722 | 6975 | 49 |
| 70－74岁 | 29544 | 134 | 393 | 934 | 2842 | 23589 | 1634 | 18 |
| 75岁及以上<br>75 and over | 15643 | 58 | 145 | 244 | 1209 | 13386 | 593 | 8 |
| **女<br>Female** | **2079021** | **27631** | **182103** | **70821** | **526245** | **570203** | **700569** | **1449** |
| 16－19岁 | 60649 | 104 | 1945 | 897 | 13372 | 6674 | 37628 | 29 |
| 20－24岁 | 240270 | 1853 | 26069 | 11962 | 65761 | 26205 | 108286 | 134 |
| 25－29岁 | 224109 | 3692 | 37340 | 14837 | 64040 | 23468 | 80567 | 165 |
| 30－34岁 | 227057 | 4703 | 33808 | 11491 | 67369 | 23790 | 85729 | 167 |
| 35－39岁 | 268978 | 5008 | 28187 | 9481 | 77821 | 39557 | 108721 | 203 |
| 40－44岁 | 341772 | 5272 | 25158 | 9233 | 97442 | 67973 | 136377 | 317 |
| 45－49岁 | 263264 | 4366 | 18968 | 7901 | 72137 | 72539 | 87141 | 212 |
| 50－54岁 | 149755 | 1544 | 7123 | 2716 | 30332 | 78238 | 29708 | 94 |
| 55－59岁 | 143917 | 791 | 2449 | 1228 | 21754 | 100551 | 17062 | 82 |
| 60－64岁 | 83828 | 212 | 691 | 610 | 10021 | 66043 | 6219 | 32 |
| 65－69岁 | 43479 | 61 | 233 | 314 | 4259 | 36471 | 2132 | 9 |
| 70－74岁 | 20269 | 19 | 78 | 109 | 1284 | 18114 | 660 | 5 |
| 75岁及以上<br>75 and over | 11674 | 6 | 54 | 42 | 653 | 10580 | 339 | 0 |

# 3－16 全省分年龄、性别、婚姻状况的人口
# Population by Age, Sex and Marital Status

单位：人 (person)

| 年龄 Age | 15岁及以上人口 15 and over | 男 Male | 女 Female | 未婚 Unmarried | 男 Male | 女 Female |
|---|---|---|---|---|---|---|
| **合计 Total** | **6569375** | **3241556** | **3327819** | **1253715** | **703478** | **550237** |
| 15—19岁 | 526697 | 274592 | 252105 | 519370 | 272452 | 246918 |
| 20—24岁 | 715410 | 354292 | 361118 | 528333 | 283443 | 244890 |
| 25—29岁 | 523993 | 255032 | 268961 | 110316 | 67170 | 43146 |
| 30—34岁 | 523208 | 257833 | 265375 | 24877 | 17033 | 7844 |
| 35—39岁 | 611352 | 300810 | 310542 | 13161 | 10326 | 2835 |
| 40—44岁 | 767428 | 374369 | 393059 | 11757 | 10266 | 1491 |
| 45—49岁 | 634094 | 312899 | 321195 | 8232 | 7471 | 761 |
| 50—54岁 | 482778 | 243549 | 239229 | 7965 | 7550 | 415 |
| 55—59岁 | 536453 | 269636 | 266817 | 9150 | 8805 | 345 |
| 60—64岁 | 398928 | 201400 | 197528 | 7380 | 7106 | 274 |
| 65岁及以上 65 and over | 849034 | 397144 | 451890 | 13174 | 11856 | 1318 |

3－16 续表 Continued

单位:人 (person)

| 年龄<br>Age | 有配偶<br>Married | 男<br>Male | 女<br>Female | 离婚<br>Divorced | 男<br>Male | 女<br>Female | 丧偶<br>Widowed | 男<br>Male | 女<br>Female |
|---|---|---|---|---|---|---|---|---|---|
| **合计<br>Total** | **4856390** | **2388092** | **2468298** | **73878** | **41815** | **32063** | **385392** | **108171** | **277221** |
| 15—19 岁 | 7305 | 2129 | 5176 | 20 | 10 | 10 | 2 | 1 | 1 |
| 20—24 岁 | 186073 | 70322 | 115751 | 915 | 497 | 418 | 89 | 30 | 59 |
| 25—29 岁 | 409133 | 185546 | 223587 | 4223 | 2230 | 1993 | 321 | 86 | 235 |
| 30—34 岁 | 488607 | 235885 | 252722 | 8794 | 4660 | 4134 | 930 | 255 | 675 |
| 35—39 岁 | 583789 | 283383 | 300406 | 11966 | 6420 | 5546 | 2436 | 681 | 1755 |
| 40—44 岁 | 734333 | 353931 | 380402 | 14618 | 8229 | 6389 | 6720 | 1943 | 4777 |
| 45—49 岁 | 603987 | 295815 | 308172 | 12006 | 6752 | 5254 | 9869 | 2861 | 7008 |
| 50—54 岁 | 451489 | 226444 | 225045 | 7877 | 4804 | 3073 | 15447 | 4751 | 10696 |
| 55—59 岁 | 492406 | 248122 | 244284 | 5740 | 3554 | 2186 | 29157 | 9155 | 20002 |
| 60—64 岁 | 349669 | 180454 | 169215 | 3133 | 1971 | 1162 | 38746 | 11869 | 26877 |
| 65 岁及以上<br>65 and over | 549599 | 306061 | 243538 | 4586 | 2688 | 1898 | 281675 | 76539 | 205136 |

# 3－17 就业基本情况 Employment

| 指 标 | Item | 1995 | 2000 | 2005 | 2009 | 2010 | 2011 |
|---|---|---|---|---|---|---|---|
| **从业人员合计 （万人）** | **Total Number of Employed Persons （10000 persons）** | **4385.17** | **4418.14** | **4578.75** | **4726.54** | **4754.68** | **4758.23** |
| 第一产业 | Primary Industry | 2057.08 | 1890.96 | 1414.83 | 1120.19 | 1060.29 | 1023.02 |
| 第二产业 | Secondary Industry | 1407.64 | 1335.16 | 1703.29 | 1942.61 | 1996.97 | 2017.49 |
| 第三产业 | Tertiary Industry | 920.45 | 1192.02 | 1460.62 | 1663.74 | 1697.42 | 1717.72 |
| **从业人员构成 （%）** | **Composition of Employed Persons （%）** | | | | | | |
| 第一产业 | Primary Industry | 46.9 | 42.8 | 30.9 | 23.7 | 22.3 | 21.5 |
| 第二产业 | Secondary Industry | 32.1 | 30.2 | 37.2 | 41.1 | 42.0 | 42.4 |
| 第三产业 | Tertiary Industry | 21.0 | 27.0 | 31.9 | 35.2 | 35.7 | 36.1 |
| **城镇从业人员 （万人）** | **Employed Persons in Urban Units （10000 persons）** | **1119.33** | **1655.00** | **2133.58** | **2548.86** | **2809.58** | **2869.51** |
| #城镇单位从业人员 | Urban Employed Persons | 926.48 | 693.09 | 628.82 | 721.34 | 763.75 | 811.28 |
| 国有单位 | State-owned Units | 581.88 | 421.75 | 283.75 | 278.83 | 281.21 | 291.00 |
| 城镇集体单位 | Urban Collective Owned Units | 277.71 | 117.94 | 38.70 | 30.98 | 30.31 | 31.20 |
| 其他单位 | Others | 66.89 | 153.41 | 306.37 | 411.54 | 452.23 | 489.08 |
| 内资单位 | Domestic Funded | 29.63 | 102.03 | 176.27 | 219.76 | 243.52 | 267.27 |
| 股份合作单位 | Cooperative Units | | 17.84 | 8.31 | 6.76 | 6.31 | 7.25 |
| 联营单位 | Joint Ownership Units | 11.92 | 5.45 | 1.78 | 1.05 | 1.10 | 1.16 |
| 有限责任公司 | Limited Liability Corporations | | 47.07 | 88.09 | 104.96 | 106.90 | 114.96 |
| 股份有限公司 | Share-holding Corporations Ltd. | | 30.66 | 52.88 | 59.70 | 59.27 | 69.91 |
| 其他 | Others | | 0.99 | 25.21 | 47.30 | 69.95 | 73.99 |
| 港澳台商投资单位 | Units with Funds from Hong Kong, Macao & Taiwan | 19.27 | 20.00 | 50.38 | 60.42 | 65.03 | 68.72 |
| 外商投资单位 | Foreign Funded Units | 17.99 | 31.38 | 79.72 | 131.35 | 143.68 | 153.08 |
| 私营企业 | Private Enterprises | 65.89 | 96.57 | 397.20 | 855.51 | 958.85 | 1007.62 |
| 个体 | Self-employed Individuals | | 81.18 | 189.20 | 291.57 | 338.45 | 374.21 |
| **职工人数 （万人）** | **Number of Staff and Workers （10000 persons）** | **915.98** | **673.25** | **602.93** | **673.74** | **710.58** | **774.39** |
| 国有单位 | State-owned Units | 576.24 | 411.40 | 273.43 | 263.26 | 263.95 | 276.86 |
| 城镇集体单位 | Urban Collective-owned Units | 273.96 | 114.85 | 36.84 | 28.15 | 27.35 | 27.77 |
| 其他单位 | Units of Other Types of Ownership | 65.78 | 147.00 | 292.67 | 382.32 | 419.28 | 469.76 |
| **城镇单位女性从业人员 （万人）** | **Number of Employed Female Persons in Urban Units （10000 persons）** | **375.50** | **270.20** | **264.94** | **303.13** | **319.03** | **335.23** |
| **年末城镇登记失业人数 （万人）** | **Number of Registered Unemployed Persons in Urban Areas（year-end）（10000 persons）** | **20.13** | **30.36** | **41.63** | **40.74** | **40.65** | **41.45** |
| **年末城镇登记失业率 （%）** | **Registered Unemployment Rate in Urban Areas(year-end) （%）** | **2.0** | **3.2** | **3.6** | **3.22** | **3.16** | **3.22** |

# 3－18 从 业 人 数

## Number of Employed Persons

单位:万人 (10000 persons)

| 年份<br>Year | 从业人数<br>Total Number of Employed Persons | #城镇单位职工人数<br>Number of Staff and Workers in Urban Units | 国有单位<br>State-owned Units | 城镇集体单位<br>Urban Collective-owned Units | 其他单位<br>Other Uuits | #城镇单位其他从业人员<br>Others Employed Persons in Urban Areas | #城镇私营及个体从业人员<br>Employed Persons in Urban Private Enterprises and Individual Units |
|---|---|---|---|---|---|---|---|
| 1978 | 2777.72 | 581.50 | 366.37 | 215.13 | | | 1.62 |
| 1980 | 2821.03 | 644.15 | 401.98 | 242.17 | | | 2.75 |
| 1985 | 3262.97 | 782.44 | 468.80 | 305.39 | 8.25 | | 11.86 |
| 1989 | 3519.83 | 867.55 | 525.24 | 324.73 | 17.58 | | 19.10 |
| 1990 | 4225.02 | 879.85 | 536.88 | 323.34 | 19.63 | | 23.57 |
| 1991 | 4272.97 | 899.27 | 551.52 | 324.91 | 22.84 | | 21.92 |
| 1992 | 4315.12 | 904.09 | 562.69 | 313.81 | 27.59 | | 23.63 |
| 1993 | 4339.81 | 914.73 | 574.02 | 293.57 | 47.14 | 12.81 | 37.11 |
| 1994 | 4362.76 | 909.83 | 571.39 | 277.27 | 60.67 | 11.04 | 52.99 |
| 1995 | 4385.17 | 915.98 | 576.24 | 273.96 | 65.78 | 10.50 | 65.89 |
| 1996 | 4386.97 | 905.52 | 575.48 | 256.91 | 73.13 | 10.79 | 72.80 |
| 1997 | 4388.79 | 893.74 | 577.54 | 239.61 | 76.59 | 11.29 | 90.12 |
| 1998 | 4389.92 | 752.76 | 471.52 | 161.85 | 119.39 | 16.41 | 129.89 |
| 1999 | 4390.71 | 717.12 | 445.27 | 139.03 | 132.82 | 18.99 | 150.34 |
| 2000 | 4418.14 | 673.25 | 411.40 | 114.85 | 147.00 | 19.84 | 177.75 |
| 2001 | 4436.45 | 625.83 | 377.40 | 90.34 | 158.09 | 22.35 | 232.79 |
| 2002 | 4472.84 | 590.32 | 329.96 | 67.11 | 193.25 | 25.33 | 240.61 |
| 2003 | 4499.97 | 579.10 | 304.98 | 52.58 | 221.54 | 29.41 | 352.60 |
| 2004 | 4537.07 | 575.08 | 281.03 | 41.11 | 252.94 | 31.77 | 446.86 |
| 2005 | 4578.75 | 602.93 | 273.43 | 36.83 | 292.67 | 25.89 | 586.40 |
| 2006 | 4628.95 | 645.71 | 268.41 | 33.58 | 343.72 | 33.66 | 722.30 |
| 2007 | 4677.88 | 667.27 | 268.54 | 33.12 | 365.62 | 35.41 | 828.61 |
| 2008 | 4700.96 | 668.29 | 264.31 | 31.45 | 372.53 | 39.35 | 1019.13 |
| 2009 | 4726.54 | 673.74 | 263.26 | 28.15 | 382.32 | 47.61 | 1147.08 |
| 2010 | 4754.68 | 710.58 | 263.95 | 27.35 | 419.28 | 53.17 | 1297.30 |
| 2011 | 4758.23 | 774.39 | 276.86 | 27.77 | 469.76 | 36.89 | 1381.83 |

注：1. 从1990年开始从业人数为推算数。
2. 1998年以前的职工人数包括在岗职工人数和下岗职工人数(下同)。
3. 1998年开始的职工人数为在岗职工人数,不包括离开本单位仍保留劳动关系的职工人数(下同)。

Note：1. Since 1990, the number of employed persons was the estimated figure.
2. Before 1998, the number of staff and workers included employed and laid off personnels. (The same as in the following tables)
3. Since 1998, the number of staff and workers included employed personnels, excluded staff and workers who had left self units, but still remained the labor relationship. (The same as in the following tables)

# 3－19 分三次产业的从业人数

## Number of Employed Persons by Three Types of Industries

单位：万人　　　　　　　　　　　　　　　　　　　　　　　　　　　　　　　　　（10000 persons）

| 年 份<br>Year | 从业人数<br>Total Number of Employed Persons | | | | 构 成（%）<br>Composition（%） | | |
|---|---|---|---|---|---|---|---|
| | | 第一产业<br>Primary Industry | 第二产业<br>Secondary Industry | 第三产业<br>Tertiary Industry | 第一产业<br>Primary Industry | 第二产业<br>Secondary Industry | 第三产业<br>Tertiary Industry |
| 1978 | 2777.72 | 1937.06 | 544.57 | 296.09 | 69.7 | 19.6 | 10.7 |
| 1980 | 2821.03 | 1987.28 | 546.48 | 287.27 | 70.4 | 19.4 | 10.2 |
| 1985 | 3262.97 | 1738.09 | 1065.75 | 459.13 | 53.2 | 32.7 | 14.1 |
| 1989 | 3519.83 | 1714.69 | 1215.40 | 589.74 | 48.7 | 34.5 | 16.8 |
| 1990 | 4225.02 | 2389.25 | 1212.58 | 623.19 | 56.6 | 28.7 | 14.7 |
| 1991 | 4272.97 | 2405.68 | 1226.34 | 640.95 | 56.3 | 28.7 | 15.0 |
| 1992 | 4315.12 | 2337.93 | 1270.80 | 706.39 | 54.2 | 29.4 | 16.4 |
| 1993 | 4339.81 | 2228.06 | 1325.38 | 786.37 | 51.4 | 30.5 | 18.1 |
| 1994 | 4362.76 | 2131.65 | 1375.14 | 855.97 | 48.9 | 31.5 | 19.6 |
| 1995 | 4385.17 | 2057.08 | 1407.64 | 920.45 | 46.9 | 32.1 | 21.0 |
| 1996 | 4386.97 | 2014.06 | 1397.25 | 975.66 | 45.9 | 31.9 | 22.2 |
| 1997 | 4388.79 | 1981.54 | 1382.03 | 1025.22 | 45.1 | 31.5 | 23.4 |
| 1998 | 4389.92 | 1946.49 | 1341.12 | 1102.31 | 44.3 | 30.6 | 25.1 |
| 1999 | 4390.71 | 1908.64 | 1330.39 | 1151.68 | 43.5 | 30.3 | 26.2 |
| 2000 | 4418.14 | 1890.96 | 1335.16 | 1192.02 | 42.8 | 30.2 | 27.0 |
| 2001 | 4436.45 | 1832.25 | 1375.30 | 1228.90 | 41.3 | 31.0 | 27.7 |
| 2002 | 4472.84 | 1744.41 | 1453.67 | 1274.76 | 39.0 | 32.5 | 28.5 |
| 2003 | 4499.97 | 1615.49 | 1547.99 | 1336.49 | 35.9 | 34.4 | 29.7 |
| 2004 | 4537.07 | 1506.31 | 1633.35 | 1397.42 | 33.2 | 36.0 | 30.8 |
| 2005 | 4578.75 | 1414.83 | 1703.29 | 1460.62 | 30.9 | 37.2 | 31.9 |
| 2006 | 4628.95 | 1323.88 | 1777.52 | 1527.55 | 28.6 | 38.4 | 33.0 |
| 2007 | 4677.88 | 1230.28 | 1857.12 | 1590.48 | 26.3 | 39.7 | 34.0 |
| 2008 | 4700.96 | 1179.94 | 1889.79 | 1631.23 | 25.1 | 40.2 | 34.7 |
| 2009 | 4726.54 | 1120.19 | 1942.61 | 1663.74 | 23.7 | 41.1 | 35.2 |
| 2010 | 4754.68 | 1060.29 | 1996.97 | 1697.42 | 22.3 | 42.0 | 35.7 |
| 2011 | 4758.23 | 1023.02 | 2017.49 | 1717.72 | 21.5 | 42.4 | 36.1 |

# 3-20 城镇单位（不含私营、个体）从业人员（2011年）

## Employed Persons in Urban Units (Excluded Private and Individual Units)(2011)

单位：万人 (10000 persons)

| 项目 | Item | 从业人员年末人数 Number of Employed Persons at Year-end | 在岗职工 Employed | 其他从业人员 Others |
|---|---|---|---|---|
| **总计** | **Total** | **811.28** | **774.39** | **36.89** |
| 按登记注册类型分 | Grouped by Status of Registration | | | |
| 国有单位 | State-owned Units | 291.00 | 276.86 | 14.14 |
| 城镇集体单位 | Urban Collective-owned Units | 31.20 | 27.77 | 3.43 |
| 其他单位 | Other Units | 489.08 | 469.76 | 19.32 |
| 内资单位 | Domestic Funded | 267.27 | 251.62 | 15.65 |
| 股份合作单位 | Cooperative Units | 7.25 | 7.03 | 0.22 |
| 联营单位 | Joint Ownership Units | 1.16 | 1.12 | 0.04 |
| 有限责任公司 | Limited Liability Corporations | 114.96 | 109.51 | 5.45 |
| 股份有限公司 | Share-holding Corporations Ltd. | 69.91 | 64.88 | 5.03 |
| 其他 | Others | 73.99 | 69.08 | 4.91 |
| 港、澳、台商投资单位 | Units with Funds from Hong Kong, Macao and Taiwan | 68.72 | 67.92 | 0.80 |
| 外商投资单位 | Foreign Funded Units | 153.08 | 150.21 | 2.87 |
| 按企业、事业、机关分 | Grouped by Enterprises, Institutions and Agencies | | | |
| 企业 | Enterprises | 590.98 | 566.72 | 24.26 |
| 事业 | Institutions | 162.99 | 153.48 | 9.51 |
| 机关 | Agencies & Organizations | 56.50 | 53.42 | 3.08 |
| 按国民经济行业分 | Grouped by Sector | | | |
| 农、林、牧、渔业 | Agriculture, Forestry, Animal Husbandry and Fishery | 9.35 | 9.11 | 0.24 |
| 采矿业 | Mining | 12.85 | 12.72 | 0.13 |
| 制造业 | Manufacturing | 353.69 | 349.35 | 4.34 |
| 电力、燃气及水的生产和供应业 | Production and Supply of Electricity, Gas and Water | 13.21 | 13.05 | 0.17 |
| 建筑业 | Construction | 65.19 | 57.21 | 7.98 |
| 交通运输、仓储和邮政业 | Traffic, Transport, Storage and Post | 31.35 | 30.79 | 0.57 |
| 信息传输、计算机服务和软件业 | Information Transmission, Computer Services and Software | 9.92 | 9.69 | 0.23 |
| 批发和零售业 | Wholesale and Retail Trades | 32.09 | 31.03 | 1.07 |
| 住宿和餐饮业 | Hotels and Catering Services | 11.73 | 9.93 | 1.80 |
| 金融业 | Financial Intermediation | 28.94 | 22.88 | 6.06 |
| 房地产业 | Real Estate | 7.93 | 7.42 | 0.51 |
| 租赁和商务服务业 | Leasing and Business Services | 11.18 | 10.45 | 0.73 |
| 科学研究、技术服务和地质勘查业 | Scientific Research, Technical Service and Geologic Prospecting | 11.96 | 11.40 | 0.56 |
| 水利、环境和公共设施管理业 | Management of Water Conservancy, Environment and Public Facilities | 12.99 | 11.14 | 1.85 |
| 居民服务和其他服务业 | Services to Households and Other Services | 1.11 | 1.03 | 0.08 |
| 教育 | Education | 87.08 | 83.49 | 3.59 |
| 卫生、社会保障和社会福利业 | Health, Social Security and Social Welfare | 39.66 | 36.59 | 3.08 |
| 文化、体育和娱乐业 | Culture, Sports and Entertainment | 6.02 | 5.67 | 0.35 |
| 公共管理和社会组织 | Public Management and Social Organization | 65.01 | 61.46 | 3.55 |

# 3－21 分细行业在岗职工人数（2011 年）

## Number of Employed Staff and Workers by Sector in Detail（2011）

单位：万人 （10000 persons）

| 项 目 | Item | 在岗职工人数 Number of Employed Staff and Workers | 国有单位 State-owned Units | 城镇集体单位 Urban Collective-owned Units | 其他单位 Other Units |
|---|---|---|---|---|---|
| **总 计** | **Total** | **774.39** | **276.86** | **27.77** | **469.76** |
| 按企业、事业、机关分 | Grouped by Enterprises, Institutions and Agencies | | | | |
| 企业 | Enterprises | 566.72 | 82.20 | 18.26 | 466.25 |
| 事业 | Institutions | 153.48 | 141.18 | 9.46 | 2.84 |
| 机关 | Agencies & Organizations | 53.42 | 53.39 | 0.03 | |
| 按国民经济行业分 | Grouped by Sector | | | | |
| 农、林、牧、渔业 | Agriculture, Forestry, Animal Husbandry and Fishery | 9.11 | 8.59 | 0.18 | 0.34 |
| 农业 | Farming | 7.11 | 6.97 | 0.04 | 0.10 |
| 林业 | Forestry | 0.45 | 0.44 | | 0.01 |
| 畜牧业 | Animal Husbandry | 0.23 | 0.13 | 0.01 | 0.09 |
| 渔业 | Fishery | 0.15 | 0.09 | 0.01 | 0.05 |
| 农、林、牧、渔业服务业 | Service in Support of Agriculture | 1.17 | 0.96 | 0.11 | 0.10 |
| 采矿业 | Mining | 12.72 | 7.79 | 0.17 | 4.77 |
| 制造业 | Manufacturing | 349.35 | 15.57 | 6.50 | 327.28 |
| 电力、燃气及水的生产和供应业 | Production and Supply of Electricity, Gas and Water | 13.05 | 7.12 | 0.40 | 5.52 |
| 电力、热力的生产和供应业 | Production and Supply of Electric Power and Heat Power | 9.43 | 5.59 | 0.27 | 3.57 |
| 燃气生产和供应业 | Production and Supply of Gas | 0.75 | 0.04 | | 0.71 |
| 水的生产和供应业 | Production and Supply of Water | 2.86 | 1.49 | 0.13 | 1.24 |
| 建筑业 | Construction | 57.21 | 6.58 | 4.12 | 46.51 |
| 房屋和土木工程建筑业 | Construction of Building & Civil engineering | 49.61 | 4.85 | 3.67 | 41.10 |
| 建筑安装业 | Architectural Installation | 5.41 | 1.51 | 0.40 | 3.50 |
| 建筑装饰业 | Architectural Decoration | 1.45 | 0.04 | 0.01 | 1.40 |
| 其他建筑业 | Other Construction | 0.73 | 0.18 | 0.04 | 0.51 |
| 交通运输、仓储和邮政业 | Traffic, Transport, Storage and Post | 30.79 | 17.89 | 1.15 | 11.75 |
| 铁路运输业 | Railway Transport | 4.70 | 4.34 | 0.23 | 0.13 |
| 道路运输业 | Road Transport | 9.13 | 3.63 | 0.65 | 4.85 |
| 城市公共交通业 | Urban Public Transport | 4.16 | 2.24 | 0.01 | 1.91 |
| 水上运输业 | Water Transport | 5.77 | 1.70 | 0.21 | 3.86 |
| 航空运输业 | Air Transport | 0.94 | 0.82 | | 0.12 |
| 管道运输业 | Transport Via Pipeline | 1.04 | 1.01 | | 0.03 |
| 装卸搬运和其他运输服务业 | Loading, Unloading and Other Transport Services | 0.91 | 0.34 | 0.04 | 0.53 |
| 仓储业 | Storage | 0.72 | 0.43 | 0.01 | 0.28 |
| 邮政业 | Post | 3.41 | 3.37 | 0.01 | 0.03 |
| 信息传输、计算机服务和软件业 | Information Transmission, Computer Services and Software | 9.69 | 2.55 | 0.04 | 7.10 |
| 电信和其他信息传输服务业 | Telecommunications and Other Information Transmission Services | 6.71 | 2.52 | 0.03 | 4.15 |
| 计算机服务业 | Computer Services | 0.26 | 0.03 | | 0.22 |
| 软件业 | Software | 2.73 | | | 2.72 |
| 批发和零售业 | Wholesale and Retail Trades | 31.03 | 4.81 | 1.66 | 24.56 |
| 批发业 | Wholesale Trade | 13.89 | 2.84 | 0.80 | 10.25 |
| 零售业 | Retail Trade | 17.14 | 1.97 | 0.86 | 14.31 |

3－21 续表 Continued

单位:万人 (10000 persons)

| 项目 | Item | 在岗职工人数 Number of Employed Staff and Workers | 国有单位 State-owned Units | 城镇集体单位 Urban Collective-owned Units | 其他单位 Other Units |
|---|---|---|---|---|---|
| 住宿和餐饮业 | Hotels and Catering Services | 9.93 | 1.68 | 0.37 | 7.87 |
| 住宿业 | Hotel | 5.90 | 1.47 | 0.30 | 4.14 |
| 餐饮业 | Catering Services | 4.03 | 0.21 | 0.08 | 3.74 |
| 金融业 | Financial Intermediation | 22.88 | 7.44 | 2.16 | 13.28 |
| 银行业 | Bank | 17.86 | 6.17 | 2.16 | 9.53 |
| 证券业 | Security Activities | 0.95 | 0.08 | | 0.87 |
| 保险业 | Insurance | 3.71 | 0.88 | | 2.83 |
| 其他金融活动 | Other Financial Activities | 0.36 | 0.31 | | 0.05 |
| 房地产业 | Real Estate | 7.42 | 1.70 | 0.28 | 5.44 |
| 房地产开发经营 | Development and Management of Real Estate | 4.63 | 0.60 | 0.12 | 3.91 |
| 租赁和商务服务业 | Leasing and Business Services | 10.45 | 4.62 | 1.35 | 4.48 |
| 租赁业 | Leasing | 0.12 | 0.06 | | 0.06 |
| 商务服务业 | Business Services | 10.33 | 4.57 | 1.35 | 4.41 |
| 科学研究、技术服务和地质勘查业 | Scientific Research, Technical Service and Geologic Prospecting | 11.40 | 8.18 | 0.12 | 3.10 |
| 研究与试验发展 | Research and Experimental Development | 4.03 | 3.30 | 0.01 | 0.72 |
| 专业技术服务业 | Professional Technical Services | 5.41 | 3.13 | 0.09 | 2.20 |
| 科技交流和推广服务业 | Services of Science and Technology Exchanges and Promotion | 0.94 | 0.73 | 0.02 | 0.19 |
| 地质勘查业 | Geologic Prospecting | 1.02 | 1.02 | | |
| 水利、环境和公共设施管理业 | Management of Water Conservancy, Environment and Public Facilities | 11.14 | 8.49 | 1.43 | 1.21 |
| 水利管理业 | Management of Water Conservancy | 3.18 | 3.07 | 0.05 | 0.06 |
| 环境管理业 | Environmental Management | 4.60 | 3.00 | 1.25 | 0.35 |
| 公共设施管理业 | Management of Public Facilities | 3.35 | 2.42 | 0.13 | 0.80 |
| 居民服务和其他服务业 | Services to Households and Other Services | 1.03 | 0.46 | 0.17 | 0.41 |
| 居民服务业 | Services to Households | 0.58 | 0.34 | 0.07 | 0.18 |
| 其他服务业 | Other Services | 0.45 | 0.12 | 0.10 | 0.23 |
| 教　育 | Education | 83.49 | 80.63 | 0.58 | 2.28 |
| 卫生、社会保障和社会福利业 | Health, Social Security and Social Welfare | 36.59 | 27.24 | 6.84 | 2.51 |
| 卫　生 | Health | 35.05 | 25.79 | 6.76 | 2.49 |
| 社会保障业 | Social Security | 0.93 | 0.89 | 0.03 | 0.01 |
| 社会福利业 | Social Welfare | 0.61 | 0.55 | 0.05 | 0.01 |
| 文化、体育和娱乐业 | Culture, Sports and Entertainment | 5.67 | 4.08 | 0.25 | 1.35 |
| 新闻出版业 | Journalism and Publishing Activities | 1.02 | 0.85 | | 0.16 |
| 广播、电视、电影和音像业 | Broadcasting, Movies, Television and Audiovisual Activities | 2.46 | 1.56 | 0.05 | 0.85 |
| 文化艺术业 | Cultural and Art Activities | 1.63 | 1.41 | 0.19 | 0.02 |
| 体　育 | Sports Activities | 0.35 | 0.20 | | 0.15 |
| 娱乐业 | Entertainment | 0.21 | 0.05 | 0.01 | 0.16 |
| 公共管理和社会组织 | Public Management and Social Organization | 61.46 | 61.45 | 0.01 | |
| #中国共产党机关 | Organs of Communist Party of China | 1.47 | 1.47 | | |
| 国家机构 | Government Agencies | 59.03 | 59.02 | 0.01 | |
| 人民政协和民主党派 | People's Political Consultative Conference and Democratic Parties | 0.27 | 0.27 | | |
| 群众团体、社会团体和宗教组织 | Non-governmental Organizations, Social Organizations and Religion Organizations | 0.68 | 0.68 | | |

# 3-22 制造业在岗职工人数（2011年）
# Number of Staff and Workers Employed in Manufacturing Industry (2011)

单位：万人 (10000 persons)

| 行业 | Sector | 在岗职工人数 Number of Employed Staff and Workers | 国有单位 State-owned Units | 城镇集体单位 Urban Collective-owned Units | 其他单位 Other Units |
|---|---|---|---|---|---|
| **制造业总计** | **Total of Manufacturing Industry** | **349.35** | **15.57** | **6.50** | **327.28** |
| 农副食品加工业 | Processing of Food from Agricultural Products | 4.52 | 0.15 | 0.03 | 4.34 |
| 食品制造业 | Manufacture of Food | 4.45 | 0.14 | 0.04 | 4.27 |
| 饮料制造业 | Manufacture of Beverage | 5.38 | 0.33 | 0.01 | 5.04 |
| 烟草制品业 | Manufacture of Tobacco | 0.61 | 0.61 | | |
| 纺织业 | Manufacture of Textile | 30.25 | 0.58 | 0.40 | 29.27 |
| 纺织服装、鞋、帽制造业 | Manufacture of Textile Wearing, Apparel, Footwear and Caps | 24.27 | 0.67 | 0.25 | 23.35 |
| 皮革、毛皮、羽毛(绒)及其制品业 | Manufacture of Leather, Fur, Feather and Related Products | 4.27 | 0.06 | 0.04 | 4.17 |
| 木材加工及木、竹、藤、棕、草制品业 | Processing of Timber, Manufacture of Wood, Bamboo, Rattan, Palm and Straw Products | 1.86 | | 0.01 | 1.85 |
| 家具制造业 | Manufacture of Furniture | 1.91 | | 0.02 | 1.89 |
| 造纸及纸制品业 | Manufacture of Paper and Paper Products | 4.89 | 0.28 | 0.06 | 4.55 |
| 印刷业和记录媒介的复制 | Printing, Reproduction of Recording Media | 2.07 | 0.27 | 0.12 | 1.69 |
| 文教体育用品制造业 | Manufacture of Articles For Culture, Education and Sport Activities | 3.54 | | 0.06 | 3.48 |
| 石油加工、炼焦及核燃料加工业 | Processing of Petroleum, Coking, Processing of Nuclear Fuel | 1.32 | 0.07 | 0.02 | 1.23 |
| 化学原料及化学制品制造业 | Manufacture of Raw Chemical Materials and Chemical Products | 21.17 | 1.77 | 0.61 | 18.79 |
| 医药制造业 | Manufacture of Medicines | 7.92 | 0.14 | 0.51 | 7.27 |
| 化学纤维制造业 | Manufacture of Chemical Fibers | 2.90 | | 0.06 | 2.84 |
| 橡胶制品业 | Manufacture of Rubber | 4.29 | 0.15 | 0.10 | 4.04 |
| 塑料制品业 | Manufacture of Plastics | 5.94 | 0.23 | 0.18 | 5.53 |
| 非金属矿物制品业 | Manufacture of Non-metallic Mineral Products | 10.80 | 0.83 | 0.22 | 9.75 |
| 黑色金属冶炼及压延加工业 | Smelting and Pressing of Ferrous Metals | 10.72 | 0.07 | 0.03 | 10.62 |
| 有色金属冶炼及压延加工业 | Smelting and Pressing of Non-ferrous Metals | 4.91 | 0.96 | 0.17 | 3.79 |
| 金属制品业 | Manufacture of Metal Products | 12.69 | 0.34 | 0.44 | 11.91 |
| 通用设备制造业 | Manufacture of General Purpose Machinery | 26.67 | 2.39 | 0.57 | 23.70 |
| 专用设备制造业 | Manufacture of Special Purpose Machinery | 13.08 | 0.74 | 0.44 | 11.90 |
| 交通运输设备制造业 | Manufacture of Transport Equipment | 27.04 | 3.04 | 0.29 | 23.71 |
| 电气机械及器材制造业 | Manufacture of Electrical Machinery and Equipment | 27.27 | 1.14 | 0.99 | 25.14 |
| 通信设备、计算机及其他电子设备制造业 | Manufacture of Communication Equipment, Computers and Other Electronic Equipment | 73.95 | 0.17 | 0.39 | 73.38 |
| 仪器仪表及文化、办公用机械制造业 | Manufacture of Measuring Instruments and Machinery for Cultural Activity and Office Work | 7.80 | 0.36 | 0.15 | 7.30 |
| 工艺品及其他制造业 | Manufacture of Artwork and Other Manufacturing | 2.72 | 0.08 | 0.28 | 2.35 |
| 废弃资源和废旧材料回收加工业 | Recycling and Disposal of Waste | 0.15 | | 0.01 | 0.14 |

# 3－23　分行业女性从业人员数(2011年)

# Number of Employed Women by Sector (2011)

单位:万人　　(10000 persons)

| 行业 | Sector | 女性从业人员数 Number of Emloyed Women | 国有单位 State-owned Units | 城镇集体单位 Urban Collective-owned Units | 其他单位 Other Units |
|---|---|---|---|---|---|
| **总　计** | **Total** | **335.23** | **117.68** | **13.20** | **204.35** |
| 农、林、牧、渔业 | Agriculture, Forestry, Animal Husbandry and Fishery | 3.90 | 3.72 | 0.07 | 0.11 |
| 采矿业 | Mining | 3.64 | 2.33 | 0.05 | 1.26 |
| 制造业 | Manufacturing | 159.17 | 5.37 | 2.95 | 150.85 |
| 电力、燃气及水的生产和供应业 | Production and Supply of Electricity, Gas and Water | 3.42 | 1.81 | 0.10 | 1.51 |
| 建筑业 | Construction | 7.72 | 1.34 | 1.00 | 5.38 |
| 交通运输、仓储和邮政业 | Traffic, Transport, Storage and Post | 10.31 | 6.79 | 0.41 | 3.11 |
| 信息传输、计算机服务和软件业 | Information Transmission, Computer Services and Software | 3.87 | 1.08 | 0.02 | 2.77 |
| 批发和零售业 | Wholesale and Retail Trades | 17.34 | 1.86 | 0.78 | 14.70 |
| 住宿和餐饮业 | Hotels and Catering Services | 6.64 | 0.98 | 0.23 | 5.43 |
| 金融业 | Financial Intermediation | 14.88 | 4.25 | 0.91 | 9.72 |
| 房地产业 | Real Estate | 3.04 | 0.67 | 0.12 | 2.25 |
| 租赁和商务服务业 | Leasing and Business Services | 3.89 | 1.33 | 0.42 | 2.14 |
| 科学研究、技术服务和地质勘查业 | Scientific Research, Technical Service and Geologic Prospecting | 3.45 | 2.53 | 0.04 | 0.88 |
| 水利、环境和公共设施管理业 | Management of Water Conservancy, Environment and Public Facilities | 5.15 | 3.58 | 1.02 | 0.55 |
| 居民服务和其他服务业 | Services to Households and Other Services | 0.42 | 0.15 | 0.09 | 0.17 |
| 教育 | Education | 45.13 | 43.25 | 0.55 | 1.33 |
| 卫生、社会保障和社会福利业 | Health, Social Security and Social Welfare | 24.57 | 18.49 | 4.37 | 1.71 |
| 文化、体育和娱乐业 | Culture, Sports and Entertainment | 2.38 | 1.81 | 0.11 | 0.46 |
| 公共管理和社会组织 | Public Management and Social Organization | 16.34 | 16.34 | | |

# 3-24 城镇失业人数及失业率

## Number of Urban Unemployed Persons and Unemployed Rate

单位:万人 (10000 persons)

| 年份 Year | 下岗失业人员就业、再就业人数 Reemployees | 年末尚有失业人数 Unemployment Registered at Year-end | 年末城镇登记失业率(%) Registered Unemployment Rate at Year-end |
|---|---|---|---|
| 1979 | 54.70 | 34.30 | 5.4 |
| 1980 | 32.78 | 20.29 | 3.1 |
| 1985 | 15.25 | 7.15 | 0.9 |
| 1990 | 28.06 | 22.52 | 2.4 |
| 1991 | 23.33 | 18.68 | 2.0 |
| 1992 | 21.43 | 18.81 | 2.0 |
| 1993 | 20.64 | 19.43 | 2.0 |
| 1994 | 22.19 | 19.58 | 2.0 |
| 1995 | 21.49 | 20.13 | 2.0 |
| 1996 | 20.78 | 22.34 | 2.2 |
| 1997 | 21.40 | 23.80 | 2.4 |
| 1998 | 21.61 | 24.26 | 2.6 |
| 1999 | 21.57 | 26.57 | 2.9 |
| 2000 | 27.01 | 30.36 | 3.4 |
| 2001 | 34.94 | 36.14 | 3.6 |
| 2002 | 39.96 | 42.17 | 4.2 |
| 2003 | 54.46 | 41.84 | 4.1 |
| 2004 | 60.22 | 42.90 | 3.9 |
| 2005 | 62.92 | 41.63 | 3.6 |
| 2006 | 68.65 | 40.40 | 3.4 |
| 2007 | 81.89 | 39.26 | 3.19 |
| 2008 | 92.19 | 41.09 | 3.25 |
| 2009 | 52.00 | 40.74 | 3.22 |
| 2010 | 60.93 | 40.65 | 3.16 |
| 2011 | 66.11 | 41.45 | 3.22 |

# 3－25 职工工资总额及指数
## Total Wage Bill of Staff and Workers and Related Index

| 年 份 Year | 绝对数(亿元) Total Wage Bill(100 million yuan) | | | | 指数(以上年为100) Index (preceding year＝100) | | | |
|---|---|---|---|---|---|---|---|---|
| | 全部职工 Total | 国有单位 State-owned units | 城镇集体单位 Urban Collective-owned units | 其他单位 Other Types of Ownership | 全部职工 Total | 国有单位 State-owned units | 城镇集体单位 Urban Collective-owned units | 其他单位 Other Types of Ownership |
| 1978 | 29.05 | 19.84 | 9.21 | | 110.7 | 110.8 | 110.6 | |
| 1979 | 33.10 | 22.46 | 10.64 | | 113.9 | 113.2 | 115.5 | |
| 1980 | 41.63 | 27.99 | 13.64 | | 125.8 | 124.6 | 128.2 | |
| 1981 | 44.13 | 29.60 | 14.53 | | 106.0 | 105.8 | 106.5 | |
| 1982 | 48.14 | 32.35 | 15.79 | | 109.1 | 109.3 | 108.7 | |
| 1983 | 50.78 | 34.41 | 16.37 | | 105.5 | 106.4 | 103.7 | |
| 1984 | 67.28 | 43.34 | 23.25 | 0.69 | 132.5 | 126.0 | 142.0 | |
| 1985 | 86.17 | 55.10 | 30.09 | 0.98 | 128.1 | 127.1 | 129.4 | 142.0 |
| 1986 | 105.56 | 67.93 | 36.28 | 1.35 | 122.5 | 123.3 | 120.6 | 137.8 |
| 1987 | 121.26 | 78.09 | 41.30 | 1.87 | 114.9 | 115.0 | 113.8 | 138.5 |
| 1988 | 152.53 | 99.17 | 50.60 | 2.76 | 125.8 | 127.0 | 122.5 | 147.6 |
| 1989 | 165.38 | 108.56 | 53.05 | 3.77 | 108.4 | 109.5 | 104.8 | 136.6 |
| 1990 | 184.60 | 123.25 | 56.70 | 4.65 | 111.6 | 113.5 | 106.9 | 123.3 |
| 1991 | 204.43 | 136.26 | 62.05 | 6.12 | 110.7 | 110.6 | 109.4 | 131.6 |
| 1992 | 251.51 | 170.85 | 71.64 | 9.02 | 123.0 | 125.4 | 115.4 | 147.4 |
| 1993 | 328.21 | 221.91 | 85.85 | 20.45 | 130.5 | 129.9 | 119.8 | 226.7 |
| 1994 | 450.44 | 312.56 | 103.32 | 34.56 | 137.2 | 140.8 | 120.3 | 169.0 |
| 1995 | 541.62 | 369.10 | 126.57 | 45.95 | 120.2 | 118.1 | 122.5 | 132.9 |
| 1996 | 595.72 | 411.30 | 128.61 | 55.81 | 110.0 | 111.4 | 101.6 | 121.5 |
| 1997 | 635.44 | 446.95 | 124.86 | 63.63 | 106.7 | 108.7 | 97.1 | 114.0 |
| 1998 | 628.49 | 422.35 | 99.49 | 106.65 | 103.0 | 101.8 | 92.9 | 131.3 |
| 1999 | 666.28 | 443.41 | 91.90 | 130.97 | 106.0 | 105.0 | 92.4 | 122.8 |
| 2000 | 705.36 | 463.63 | 82.98 | 158.75 | 105.9 | 104.6 | 90.3 | 121.2 |
| 2001 | 758.55 | 498.61 | 71.42 | 188.52 | 107.5 | 107.5 | 86.1 | 118.8 |
| 2002 | 813.09 | 506.06 | 60.42 | 246.61 | 107.2 | 101.5 | 84.6 | 130.8 |
| 2003 | 917.33 | 540.59 | 53.51 | 323.23 | 112.8 | 106.8 | 88.6 | 131.1 |
| 2004 | 1050.35 | 591.38 | 48.20 | 410.77 | 114.5 | 109.4 | 90.1 | 127.1 |
| 2005 | 1252.06 | 672.70 | 48.80 | 530.56 | 119.2 | 113.8 | 101.2 | 129.2 |
| 2006 | 1520.39 | 768.86 | 52.55 | 698.97 | 121.4 | 114.3 | 107.7 | 131.7 |
| 2007 | 1806.65 | 896.36 | 61.72 | 848.57 | 118.8 | 116.6 | 117.5 | 121.4 |
| 2008 | 2132.45 | 1035.56 | 72.33 | 1024.57 | 118.0 | 115.5 | 117.2 | 120.7 |
| 2009 | 2403.32 | 1196.05 | 75.78 | 1131.49 | 112.7 | 115.5 | 104.8 | 110.4 |
| 2010 | 2841.33 | 1344.25 | 85.33 | 1411.75 | 118.2 | 112.4 | 112.6 | 124.8 |
| 2011 | 3548.29 | 1569.23 | 102.31 | 1876.75 | 124.9 | 116.7 | 119.9 | 132.9 |

注：1998 年起职工工资为在岗职工工资，不包括离开本单位仍保留劳动关系的职工的生活补助费(下同)。

Note: Since 1998, the wage bill of staff and workers was for employed personnels, excluded living expense subsidies of the personnels who had left self units, but still remained labor relationship(the same as in the following tables).

## 3-26 城镇单位(不含私营个体)从业人员劳动报酬(2011年)

## Earning of Employed Persons in Urban Units (Excluded Private and Individual Units) (2011)

单位:亿元 (100 million yuan)

| 项目 | Item | 从业人员全年劳动报酬 Annual Earning | 在岗职工工资总额 Annual Wage of Staff and Workers | 其他从业人员劳动报酬 Annual Earning of Others |
|---|---|---|---|---|
| **总计** | **Total** | **3673.28** | **3548.29** | **124.99** |
| **按登记注册类型分** | **Grouped by status of Registration** | | | |
| 国有单位 | State-owned Units | 1606.23 | 1569.23 | 37.00 |
| 城镇集体单位 | Urban Collective-owned Units | 111.15 | 102.31 | 8.83 |
| 其他单位 | Other Units | 1955.91 | 1876.75 | 79.16 |
| 内资单位 | Domestic Funded | 1055.50 | 1011.96 | 43.54 |
| 股份合作单位 | Cooperative Units | 25.62 | 25.04 | 0.58 |
| 联营单位 | Joint Ownership Units | 3.70 | 3.60 | 0.10 |
| 有限责任公司 | Limited Liability Corporations | 440.80 | 427.29 | 13.52 |
| 股份有限公司 | Share-holding Corporations Ltd. | 349.16 | 332.07 | 17.08 |
| 其他 | Others | 236.22 | 223.96 | 12.25 |
| 港、澳、台商投资单位 | Units with Funds from Hong Kong, Macao and Taiwan | 241.64 | 236.95 | 4.69 |
| 外商投资单位 | Foreign Funded Units | 658.77 | 627.84 | 30.93 |
| **按企业、事业、机关分** | **Grouped by Enterprises, Institutions and Agencies** | | | |
| 企业 | Enterprises | 2446.17 | 2353.72 | 92.45 |
| 事业 | Institutions | 850.73 | 825.41 | 25.32 |
| 机关 | Agencies & Organizations | 373.07 | 366.03 | 7.04 |
| **按国民经济行业分** | **Grouped by Sector** | | | |
| 农、林、牧、渔业 | Agriculture, Forestry, Animal Husbandry and Fishery | 22.59 | 22.25 | 0.34 |
| 采矿业 | Mining | 61.70 | 61.54 | 0.16 |
| 制造业 | Manufacturing | 1347.94 | 1308.87 | 39.06 |
| 电力、燃气及水的生产和供应业 | Production and Supply of Electricity, Gas and Water | 98.47 | 97.96 | 0.51 |
| 建筑业 | Construction | 204.92 | 185.04 | 19.88 |
| 交通运输、仓储和邮政业 | Transport, Storage and Post | 138.07 | 136.66 | 1.41 |
| 信息传输、计算机服务和软件业 | Information Transmission, Computer Services and Software | 69.81 | 68.99 | 0.82 |
| 批发和零售业 | Wholesale and Retail Trades | 118.66 | 115.97 | 2.69 |
| 住宿和餐饮业 | Hotels and Catering Services | 31.07 | 29.09 | 1.98 |
| 金融业 | Financial Intermediation | 245.46 | 225.31 | 20.14 |
| 房地产业 | Real Estate | 37.97 | 36.35 | 1.62 |
| 租赁和商务服务业 | Leasing and Business Services | 37.83 | 36.30 | 1.53 |
| 科学研究、技术服务和地质勘查业 | Scientific Research, Technical Service and Geologic Prospecting | 82.91 | 80.64 | 2.27 |
| 水利、环境和公共设施管理业 | Management of Water Conservancy, Environment and Public Facilities | 46.48 | 43.22 | 3.26 |
| 居民服务和其他服务业 | Services to Households and Other Services | 4.49 | 4.28 | 0.21 |
| 教育 | Education | 472.64 | 462.83 | 9.82 |
| 卫生、社会保障和社会福利业 | Health, Social Security and Social Welfare | 206.78 | 196.56 | 10.23 |
| 文化、体育和娱乐业 | Culture, Sports and Entertainment | 31.39 | 30.43 | 0.96 |
| 公共管理和社会组织 | Public Management and Social Organization | 414.10 | 405.99 | 8.11 |

# 3－27 城镇单位(不含私营个体)在岗职工工资总额(2011年)
## Total Wages of Staff and Workers in Urban Units (Excluded Private and Individual Units)(2011)

单位:亿元 (100 million yuan)

| 项目 | Item | 在岗职工在岗职工工资总额 Total Wage of Staff and Workers | 国有单位 State-owned Units | 城镇集体单位 Urban Collective-owned Uints | 其他单位 Others |
|---|---|---|---|---|---|
| **总计** | **Total** | **3548.29** | **1569.23** | **102.31** | **1876.75** |
| **按企业、事业、机关分** | **Grouped by Enterprises, Institutions and Agencies** | | | | |
| 企业 | Enterprises | 2353.72 | 430.01 | 62.22 | 1861.49 |
| 事业 | Institutions | 825.41 | 773.13 | 39.88 | 12.40 |
| 机关 | Agencies & Organizations | 366.03 | 365.84 | 0.18 | 0.00 |
| **按国民经济行业分** | **Grouped by Sector** | | | | |
| 农、林、牧、渔业 | Agriculture, Forestry, Animal Husbandry and Fishery | 22.25 | 20.69 | 0.67 | 0.89 |
| 采矿业 | Mining | 61.54 | 40.67 | 0.48 | 20.40 |
| 制造业 | Manufacturing | 1308.87 | 74.84 | 17.87 | 1216.16 |
| 电力、燃气及水的生产和供应业 | Production and Supply of Electricity, Gas and Water | 97.96 | 60.68 | 1.46 | 35.82 |
| 建筑业 | Construction | 185.04 | 32.19 | 12.73 | 140.13 |
| 交通运输、仓储和邮政业 | Transport, Storage and Post | 136.66 | 87.79 | 3.80 | 45.07 |
| 信息传输、计算机服务和软件业 | Information Transmission, Computer Services and Software | 68.99 | 13.60 | 0.16 | 55.24 |
| 批发和零售业 | Wholesale and Retail Trades | 115.97 | 21.17 | 4.07 | 90.73 |
| 住宿和餐饮业 | Hotels and Catering Services | 29.09 | 4.85 | 0.96 | 23.28 |
| 金融业 | Financial Intermediation | 225.31 | 62.48 | 15.45 | 147.38 |
| 房地产业 | Real Estate | 36.35 | 9.01 | 0.99 | 26.35 |
| 租赁和商务服务业 | Leasing and Business Services | 36.30 | 15.88 | 4.16 | 16.26 |
| 科学研究、技术服务和地质勘查业 | Scientific Research, Technical Service and Geologic Prospecting | 80.64 | 54.99 | 0.56 | 25.08 |
| 水利、环境和公共设施管理业 | Management of Water Conservancy, Environment and Public Facilities | 43.22 | 34.94 | 3.66 | 4.62 |
| 居民服务和其他服务业 | Services to Households and Other Services | 4.28 | 2.34 | 0.74 | 1.20 |
| 教育 | Education | 462.83 | 450.20 | 2.26 | 10.37 |
| 卫生、社会保障和社会福利业 | Health, Social Security and Social Welfare | 196.56 | 155.02 | 31.41 | 10.13 |
| 文化、体育和娱乐业 | Culture, Sports and Entertainment | 30.43 | 21.97 | 0.82 | 7.64 |
| 公共管理和社会组织 | Public Management and Social Organization | 405.99 | 405.93 | 0.06 | 0.00 |

# 3-28 制造业在岗职工工资总额(2011年)

# Total Wages of Staff and Workers Employed in Manufacturing Industry (2011)

单位:亿元 (100 million yuan)

| 行业 | Sector | 在岗职工工资总额 Total Wage of Staff and Workers Employed | 国有单位 State-owned Units | 城镇集体单位 Urban Collective-owned Uints | 其他单位 Others |
|---|---|---|---|---|---|
| **制造业总计** | **Total of Manufacturing Industry** | **1308.87** | **74.84** | **17.87** | **1216.16** |
| 农副食品加工业 | Processing of Food from Agricultural Products | 14.47 | 0.28 | 0.09 | 14.10 |
| 食品制造业 | Manufacture of Food | 14.88 | 0.56 | 0.06 | 14.26 |
| 饮料制造业 | Manufacture of Beverage | 15.67 | 1.21 | 0.02 | 14.45 |
| 烟草制品业 | Manufacture of Tobacco | 7.04 | 7.04 | 0.00 | 0.00 |
| 纺织业 | Manufacture of Textile | 88.49 | 1.87 | 1.06 | 85.56 |
| 纺织服装、鞋、帽制造业 | Manufacture of Textile Wearing, Apparel, Footwear and Caps | 67.12 | 2.42 | 0.50 | 64.21 |
| 皮革、毛皮、羽毛(绒)及其制品业 | Manufacture of Leather, Fur, Feather and Related Products | 13.57 | 0.13 | 0.08 | 13.37 |
| 木材加工及木、竹、藤、棕、草制品业 | Processing of Timber, Manufacture of Wood, Bamboo, Rattan, Palm and Straw Products | 5.32 | 0.00 | 0.03 | 5.29 |
| 家具制造业 | Manufacture of Furniture | 7.64 | 0.00 | 0.07 | 7.56 |
| 造纸及纸制品业 | Manufacture of Paper and Paper Products | 21.64 | 1.43 | 0.13 | 20.09 |
| 印刷业和记录媒介的复制 | Printing, Reproduction of Recording Media | 7.34 | 0.92 | 0.25 | 6.17 |
| 文教体育用品制造业 | Manufacture of Articles For Culture, Education and Sport Activities | 8.61 | 0.00 | 0.21 | 8.40 |
| 石油加工、炼焦及核燃料加工业 | Processing of Petroleum, Coking, Processing of Nuclear Fuel | 7.91 | 0.32 | 0.05 | 7.55 |
| 化学原料及化学制品制造业 | Manufacture of Raw Chemical Materials and Chemical Products | 86.88 | 7.20 | 1.94 | 77.74 |
| 医药制造业 | Manufacture of Medicines | 29.46 | 0.25 | 1.38 | 27.83 |
| 化学纤维制造业 | Manufacture of Chemical Fibers | 12.19 | 0.00 | 0.15 | 12.03 |
| 橡胶制品业 | Manufacture of Rubber | 16.46 | 0.54 | 0.28 | 15.64 |
| 塑料制品业 | Manufacture of Plastics | 21.95 | 1.55 | 0.41 | 19.99 |
| 非金属矿物制品业 | Manufacture of Non-metallic Mineral Products | 35.57 | 4.45 | 0.57 | 30.55 |
| 黑色金属冶炼及压延加工业 | Smelting and Pressing of Ferrous Metals | 43.72 | 0.19 | 0.07 | 43.46 |
| 有色金属冶炼及压延加工业 | Smelting and Pressing of Non-ferrous Metals | 17.95 | 3.38 | 0.35 | 14.21 |
| 金属制品业 | Manufacture of Metal Products | 46.59 | 2.15 | 1.29 | 43.15 |
| 通用设备制造业 | Manufacture of General Purpose Machinery | 105.57 | 9.88 | 1.48 | 94.22 |
| 专用设备制造业 | Manufacture of Special Purpose Machinery | 51.08 | 2.80 | 1.28 | 47.00 |
| 交通运输设备制造业 | Manufacture of Transport Equipment | 122.16 | 17.65 | 0.88 | 103.63 |
| 电气机械及器材制造业 | Manufacture of Electrical Machinery and Equipment | 107.01 | 6.14 | 2.75 | 98.12 |
| 通信设备、计算机及其他电子设备制造业 | Manufacture of Communication Equipment, Computers and Other Electronic Equipment | 292.61 | 0.94 | 1.36 | 290.32 |
| 仪器仪表及文化、办公用机械制造业 | Manufacture of Measuring Instruments and Machinery for Cultural Activity and Office Work | 31.60 | 1.30 | 0.34 | 29.96 |
| 工艺品及其他制造业 | Manufacture of Artwork and Other Manufacturing | 7.64 | 0.24 | 0.79 | 6.61 |
| 废弃资源和废旧材料回收加工业 | Recycling and Disposal of Waste | 0.72 | 0.00 | 0.02 | 0.70 |

# 3-29 职工平均工资及指数

## Average Wage of Staff and Workers and Related Indices

| 年份 Year | 绝对数（元） Absolute Figure (yuan) | | | | 指数（以上年为100） Index (preceding year = 100) | | | |
|---|---|---|---|---|---|---|---|---|
| | 全部职工 Total | 国有单位 State-owned Units | 城镇集体单位 Urban Collective-owned Units | 其他单位 Others | 全部职工 Total | 国有单位 State-owned Units | 城镇集体单位 Urban Collective-owned Units | 其他单位 Others |
| 1978 | 513 | 563 | 432 | | 108.2 | 108.9 | 107.5 | |
| 1979 | 565 | 618 | 478 | | 110.3 | 109.8 | 110.9 | |
| 1980 | 667 | 721 | 578 | | 117.8 | 116.7 | 120.7 | |
| 1981 | 672 | 718 | 594 | | 100.7 | 99.6 | 102.8 | |
| 1982 | 703 | 748 | 626 | | 104.6 | 104.2 | 105.4 | |
| 1983 | 723 | 768 | 643 | | 102.8 | 102.7 | 102.7 | |
| 1984 | 931 | 1003 | 820 | 1012 | 128.8 | 130.6 | 127.5 | |
| 1985 | 1135 | 1211 | 1015 | 1237 | 121.9 | 120.7 | 123.8 | 122.2 |
| 1986 | 1327 | 1430 | 1166 | 1468 | 116.9 | 118.1 | 114.9 | 118.7 |
| 1987 | 1471 | 1581 | 1295 | 1639 | 110.9 | 110.6 | 111.1 | 111.6 |
| 1988 | 1796 | 1936 | 1564 | 2059 | 122.1 | 122.5 | 120.8 | 125.6 |
| 1989 | 1918 | 2082 | 1639 | 2185 | 106.8 | 107.5 | 104.8 | 106.1 |
| 1990 | 2129 | 2331 | 1776 | 2444 | 111.0 | 111.9 | 108.4 | 111.9 |
| 1991 | 2302 | 2501 | 1932 | 2773 | 108.1 | 107.3 | 108.8 | 113.5 |
| 1992 | 2800 | 3057 | 2292 | 3370 | 121.6 | 122.2 | 118.6 | 121.5 |
| 1993 | 3615 | 3896 | 2937 | 4434 | 129.1 | 127.4 | 128.1 | 131.6 |
| 1994 | 4974 | 5491 | 3728 | 5827 | 137.6 | 140.9 | 126.9 | 131.4 |
| 1995 | 5943 | 6441 | 4621 | 7137 | 119.5 | 117.3 | 124.0 | 122.5 |
| 1996 | 6603 | 7186 | 4990 | 7740 | 111.1 | 111.6 | 108.0 | 108.4 |
| 1997 | 7108 | 7745 | 5183 | 8376 | 107.6 | 107.8 | 103.9 | 108.2 |
| 1998 | 8256 | 8872 | 6033 | 8867 | 105.7 | 106.3 | 101.3 | 102.5 |
| 1999 | 9171 | 9855 | 6452 | 9763 | 111.1 | 111.1 | 106.9 | 110.1 |
| 2000 | 10299 | 11109 | 6962 | 10698 | 112.3 | 112.7 | 107.9 | 109.6 |
| 2001 | 11842 | 12917 | 7543 | 11790 | 115.0 | 116.3 | 108.3 | 110.2 |
| 2002 | 13509 | 15030 | 8638 | 12633 | 114.1 | 116.4 | 114.5 | 107.2 |
| 2003 | 15712 | 17502 | 9836 | 14656 | 116.3 | 116.4 | 113.9 | 116.0 |
| 2004 | 18202 | 20876 | 11350 | 16346 | 115.8 | 119.3 | 115.4 | 111.5 |
| 2005 | 20957 | 24659 | 13064 | 18468 | 115.1 | 118.1 | 115.1 | 113.0 |
| 2006 | 23782 | 28722 | 15550 | 20691 | 113.5 | 116.5 | 119.0 | 112.0 |
| 2007 | 27374 | 33411 | 18837 | 23641 | 115.1 | 116.3 | 121.1 | 114.3 |
| 2008 | 31667 | 39325 | 22929 | 27067 | 115.7 | 117.7 | 121.7 | 114.5 |
| 2009 | 35890 | 45446 | 27022 | 29901 | 113.3 | 115.6 | 117.9 | 110.5 |
| 2010 | 40505 | 51245 | 31502 | 34260 | 112.9 | 112.8 | 116.6 | 114.6 |
| 2011 | 45987 | 57002 | 37302 | 40028 | 113.5 | 111.2 | 118.4 | 116.8 |

# 3-30 职工平均工资指数
## Average Wage Indices of Staff and Workers

1978年=100　　　　(100 in 1978)

| 年份 Year | 全部职工 Total | | 国有单位 State-owned Units | | 城镇集体单位 Urban Collective-owned Units | | 其他单位 Others | |
|---|---|---|---|---|---|---|---|---|
| | 平均货币工资指数 Index of Average Wage | 平均实际工资指数 Index of Average Real Wage | 平均货币工资指数 Index of Average Wage | 平均实际工资指数 Index of Average Real Wage | 平均货币工资指数 Index of Average Wage | 平均实际工资指数 Index of Average Real Wage | 平均货币工资指数 Index of Average Wage | 平均实际工资指数 Index of Average Real Wage |
| 1978 | 100.0 | 100.0 | 100.0 | 100.0 | 100.0 | 100.0 | | |
| 1979 | 110.3 | 109.5 | 109.8 | 109.0 | 110.9 | 110.1 | | |
| 1980 | 130.0 | 121.7 | 128.1 | 119.9 | 133.8 | 125.3 | | |
| 1981 | 130.0 | 118.3 | 128.1 | 116.6 | 133.8 | 121.7 | | |
| 1982 | 137.0 | 122.3 | 132.9 | 118.7 | 144.9 | 129.4 | | |
| 1983 | 140.9 | 132.7 | 136.4 | 128.4 | 148.8 | 140.1 | | |
| 1984 | 181.5 | 154.9 | 178.2 | 152.0 | 189.8 | 161.9 | 100.0 | 100.0 |
| 1985 | 221.2 | 174.9 | 215.1 | 170.0 | 235.0 | 185.8 | 122.2 | 111.5 |
| 1986 | 258.7 | 189.2 | 254.0 | 185.8 | 269.9 | 197.4 | 145.1 | 124.4 |
| 1987 | 286.7 | 189.7 | 280.8 | 185.8 | 299.8 | 198.4 | 162.0 | 125.7 |
| 1988 | 350.1 | 189.0 | 343.9 | 185.7 | 362.0 | 195.5 | 203.5 | 128.8 |
| 1989 | 373.9 | 174.1 | 369.8 | 172.2 | 379.4 | 176.6 | 215.9 | 117.8 |
| 1990 | 415.0 | 189.8 | 414.0 | 189.3 | 411.1 | 188.0 | 241.5 | 127.4 |
| 1991 | 448.7 | 190.5 | 444.2 | 188.6 | 447.2 | 189.9 | 274.0 | 134.2 |
| 1992 | 545.8 | 213.2 | 543.0 | 212.1 | 530.6 | 207.3 | 333.0 | 149.9 |
| 1993 | 704.7 | 231.9 | 692.0 | 227.7 | 679.9 | 223.7 | 438.1 | 166.1 |
| 1994 | 969.6 | 254.6 | 675.3 | 256.1 | 863.0 | 226.6 | 575.8 | 174.2 |
| 1995 | 1158.5 | 261.7 | 1144.0 | 258.5 | 1069.7 | 241.7 | 705.2 | 183.6 |
| 1996 | 1287.1 | 262.5 | 1276.4 | 260.3 | 1155.1 | 235.5 | 764.8 | 179.7 |
| 1997 | 1385.6 | 278.9 | 1375.7 | 276.9 | 1199.8 | 241.5 | 827.7 | 192.0 |
| 1998 | 1609.4 | 324.1 | 1575.8 | 317.3 | 1396.5 | 281.2 | 876.2 | 203.4 |
| 1999 | 1787.7 | 365.1 | 1750.4 | 357.5 | 1493.5 | 305.0 | 964.7 | 227.1 |
| 2000 | 2007.6 | 410.1 | 1973.2 | 403.0 | 1611.6 | 329.2 | 1057.1 | 215.9 |
| 2001 | 2308.4 | 471.0 | 2294.3 | 468.1 | 1746.1 | 356.3 | 1165.0 | 237.7 |
| 2002 | 2545.6 | 525.2 | 2669.6 | 550.8 | 1999.5 | 412.5 | 1248.3 | 257.5 |
| 2003 | 3062.8 | 629.6 | 3108.7 | 639.0 | 2276.9 | 468.0 | 1448.2 | 297.7 |
| 2004 | 3548.2 | 703.3 | 3708.0 | 735.0 | 2627.3 | 520.8 | 1615.2 | 320.2 |
| 2005 | 4085.2 | 793.1 | 4379.9 | 850.3 | 3024.1 | 587.1 | 1824.9 | 354.3 |
| 2006 | 4635.9 | 885.8 | 5101.6 | 974.8 | 3599.5 | 687.8 | 2044.6 | 390.7 |
| 2007 | 5336.1 | 980.5 | 5934.5 | 1090.4 | 4360.4 | 801.2 | 2336.1 | 429.2 |
| 2008 | 6172.9 | 1078 | 6984.9 | 1219.9 | 5307.6 | 926.9 | 2674.6 | 467.1 |
| 2009 | 6996.1 | 1226.7 | 8072.1 | 1415.4 | 6255.1 | 1096.7 | 2954.6 | 518.1 |
| 2010 | 7895.7 | 1336.3 | 9102.1 | 1540.6 | 7292.1 | 1234.1 | 3385.4 | 573.0 |
| 2011 | 8964.3 | 1443.5 | 10124.7 | 1630.5 | 8634.7 | 1390.4 | 3955.3 | 637.0 |

注:其他单位以1984年为100。
Note: Other units with 100 in 1984.

## 3-31 城镇单位(不含私营个体)从业人员年平均劳动报酬(2011 年)

## Average Earning of Employed Persons in Urban Units (Excluded Private and Individual Units)(2011)

单位:元 (yuan)

| 项目 | Item | 从业人员年平均劳动报酬 Annual Average Earning | 在岗职工平均工资 Annual Average Wage of Staff and Workers | 其他从业人员年均劳动报酬 Annual Average Earning of Others |
|---|---|---|---|---|
| **总计** | **Total** | **45487** | **45987** | **34759** |
| **按登记注册类型分** | **Grouped by Type of Registreration** | | | |
| 国有单位 | State-owned Units | 55522 | 57002 | 26426 |
| 城镇集体单位 | Urban Collective-owned Units | 36085 | 37302 | 26192 |
| 其他单位 | Other Units | 40126 | 40028 | 42592 |
| 内资单位 | Inner Funded | 40312 | 41007 | 28919 |
| 股份合作单位 | Share Holding Cooperative Units | 35330 | 35612 | 26325 |
| 联营单位 | Joint-owned Co.,Ltd. | 32162 | 32504 | 23633 |
| 有限责任公司 | Responsibility Co.,Ltd. | 38804 | 39434 | 25780 |
| 股份有限公司 | Share Holding Co.,Ltd. | 52249 | 53715 | 34145 |
| 其他 | Others | 32355 | 32712 | 26964 |
| 港、澳、台商投资单位 | Hong Kong, Macao and Taiwan Funded | 34585 | 34313 | 57703 |
| 外商投资单位 | Foreign Funded | 42298 | 41028 | 113806 |
| **按企业、事业、机关分** | **Grouped by Character of the Units** | | | |
| 企业 | Enterprises | 41535 | 41628 | 39304 |
| 事业 | Institutions | 52572 | 54136 | 27077 |
| 机关 | Government Agencies | 66648 | 69164 | 23044 |
| **按国民经济行业分** | **Grouped by Sector** | | | |
| 农、林、牧、渔业 | Farming, Forestry, Animal Husbandry and Fishery | 23319 | 23586 | 13342 |
| 采矿业 | Mining and Quarrying | 47936 | 48187 | 15937 |
| 制造业 | Manufacturing | 37720 | 37097 | 86350 |
| 电力、燃气及水的生产和供应业 | Electric Power, Gas and Water Production and Supply | 74137 | 74690 | 30550 |
| 建筑业 | Construction | 33549 | 34418 | 27167 |
| 交通运输、仓储和邮政业 | Transportation, Storage and Post | 44266 | 44631 | 24719 |
| 信息传输、计算机服务和软件业 | Information Transmission, Computer Service and Software | 72919 | 73812 | 36124 |
| 批发和零售业 | Wholesale and Retail Trade | 37256 | 37682 | 25039 |
| 住宿和餐饮业 | Hotel and Catering Industry | 27236 | 29433 | 12997 |
| 金融业 | Banking | 86520 | 101176 | 33016 |
| 房地产业 | Real Estate | 48591 | 49793 | 31548 |
| 租赁和商务服务业 | Leasing and Commercial Services | 33643 | 34476 | 21389 |
| 科学研究、技术服务和地质勘查业 | Scientific Research, Technical Services and Geological Prospecting | 70982 | 72411 | 41749 |
| 水利、环境和公共设施管理业 | Management of Water Conservancy, Environment and Public Facilities | 35896 | 38962 | 17556 |
| 居民服务和其他服务业 | Resident's Service and Other Services | 41160 | 42631 | 24243 |
| 教育 | Education | 54499 | 55594 | 28254 |
| 卫生、社会保障和社会福利业 | Health Care, Social Security and Social Welfare | 53117 | 54729 | 33916 |
| 文化、体育和娱乐业 | Culture, Sports and Recreation | 52576 | 54435 | 25186 |
| 公共管理和社会组织 | Public Management and Socail Organizations | 64229 | 66604 | 23064 |

# 3－32 分细行业在岗职工平均工资(2011 年)

# Average Wage of Staff and Workers by Sector in Detail (2011)

单位:元 (yuan)

| 项目 | Item | 在岗职工平均工资 Annual Average Wage of Staff and Workers | 国有单位 State-owned Units | 城镇集体单位 Urban Collective-owned Units | 其他单位 Others |
|---|---|---|---|---|---|
| **总计** | **Total** | **45987** | **57002** | **37302** | **40028** |
| **按企业、事业、机关分** | **Grouped by Enterprises, Institutions and Agencies** | | | | |
| 企业 | Enterprises | 41628 | 52407 | 34491 | 40004 |
| 事业 | Institutions | 54136 | 55124 | 42655 | 43217 |
| 机关 | Agencies & Organizations | 69164 | 69167 | 63271 | |
| **按国民经济行业分** | **Grouped by Sector** | | | | |
| 农、林、牧、渔业 | Agriculture, Forestry, Animal Husbandry and Fishery | 23586 | 23262 | 32862 | 26529 |
| 农业 | Farming | 21683 | 21535 | 26644 | 30528 |
| 林业 | Forestry | 21824 | 21603 | 37825 | 28333 |
| 畜牧业 | Animal Husbandry | 23617 | 22153 | 23194 | 25930 |
| 渔业 | Fishery | 24073 | 24058 | 24818 | 23882 |
| 农、林、牧、渔业服务业 | Service in Support of Agriculture | 36084 | 37295 | 35925 | 24209 |
| 采矿业 | Mining | 48187 | 52096 | 28103 | 42533 |
| 制造业 | Manufacturing | 37097 | 48817 | 27319 | 36747 |
| 电力、燃气及水的生产和供应业 | Production and Supply of Electricity, Gas and Water | 74690 | 84111 | 35830 | 65204 |
| 电力、热力的生产和供应业 | Production and Supply of Electric Power and Heat Power | 84973 | 95263 | 37004 | 72207 |
| 燃气生产和供应业 | Production and Supply of Gas | 51529 | 58917 | 37444 | 51130 |
| 水的生产和供应业 | Production and Supply of Water | 45953 | 41650 | 33513 | 52576 |
| 建筑业 | Construction | 34418 | 47724 | 33019 | 32464 |
| 房屋和土木工程建筑业 | Construction of Building & Civil Engineering | 33197 | 42460 | 32180 | 32069 |
| 建筑安装业 | Architectural Installation | 44604 | 65193 | 41434 | 35833 |
| 建筑装饰业 | Architectural Decoration | 34767 | 36922 | 27101 | 34744 |
| 其他建筑业 | Other Construction | 36410 | 47572 | 24802 | 33231 |
| 交通运输、仓储和邮政业 | Transport, Storage and Post | 44631 | 49527 | 33242 | 38353 |
| 铁路运输业 | Railway Transport | 54620 | 55457 | 31192 | 63830 |
| 道路运输业 | Road Transport | 35906 | 37718 | 35033 | 34666 |
| 城市公共交通业 | Urban Public Transport | 41854 | 41011 | 31889 | 42919 |

单位:元 (yuan)

| 项 目 | Item | 在岗职工平均工资 Annual Average Wage of Staff and Workers | 国有单位 State-owned Units | 城镇集体单位 Urban Collective-owned Uints | 其他单位 Others |
|---|---|---|---|---|---|
| 水上运输业 | Water Transport | 42017 | 53328 | 27131 | 37809 |
| 航空运输业 | Air Transport | 102177 | 109734 | | 49277 |
| 管道运输业 | Transport Via Pipeline | 59053 | 58467 | | 80231 |
| 装卸搬运和其他运输服务业 | Loading, Unloading and Other Transport Services | 43453 | 48771 | 43114 | 40173 |
| 仓储业 | Storage | 45615 | 44313 | 35858 | 48031 |
| 邮政业 | Post | 42174 | 42015 | 79620 | 56725 |
| 信息传输、计算机服务和软件业 | Information Transmission, Computer Services and Software | 73812 | 53980 | 44399 | 81324 |
| 电信和其他信息传输服务业 | Telecommunications and Other Information Transmission Services | 63470 | 53738 | 44857 | 69561 |
| 计算机服务业 | Computer Services | 53369 | 71483 | 35667 | 50800 |
| 软件业 | Software | 103008 | 75476 | | 103031 |
| 批发和零售业 | Wholesale and Retail Trades | 37682 | 44143 | 24239 | 37335 |
| 批发业 | Wholesale Trade | 45324 | 50116 | 26449 | 45516 |
| 零售业 | Retail Trade | 31498 | 35587 | 22130 | 31497 |
| 住宿和餐饮业 | Hotels and Catering Services | 29433 | 28897 | 26447 | 29687 |
| 住宿业 | Hotel | 30155 | 29436 | 26826 | 30637 |
| 餐饮业 | Catering Services | 28362 | 25223 | 25058 | 28615 |
| 金融业 | Financial Intermediation | 101176 | 86248 | 72672 | 114257 |
| 银行业 | Bank | 107720 | 91478 | 72721 | 126497 |
| 证券业 | Security Activities | 130853 | 114871 | | 132290 |
| 保险业 | Insurance | 64974 | 53788 | | 68163 |
| 其他金融活动 | Other Financial Activities | 69363 | 58523 | 20250 | 130534 |
| 房地产业 | Real Estate | 49793 | 53089 | 36692 | 49407 |
| 房地产开发经营 | Development and Management of Real Estate | 56020 | 55138 | 31300 | 56894 |
| 租赁和商务服务业 | Leasing and Business Services | 34476 | 34616 | 30884 | 35388 |
| 租赁业 | Leasing | 30180 | 31141 | 31941 | 29210 |
| 商务服务业 | Business Services | 34525 | 34658 | 30881 | 35471 |
| 科学研究、技术服务和地质勘查业 | Scientific Research, Technical Service and Geologic Prospecting | 72411 | 68507 | 47495 | 83877 |
| 研究与试验发展 | Research and Experimental Development | 86880 | 82645 | 42536 | 106948 |
| 专业技术服务业 | Professional Technical Services | 69970 | 64676 | 49710 | 78589 |

3-32 续 表 Continued 2

单位:元 (yuan)

| 项目 | Item | 在岗职工平均工资 Annual Average Wage of Staff and Workers | 国有单位 State-owned Units | 城镇集体单位 Urban Collective-owned Uints | 其他单位 Others |
|---|---|---|---|---|---|
| 科技交流和推广服务业 | Services of Science and Technology Exchanges and Promotion | 49403 | 47770 | 39734 | 57196 |
| 地质勘查业 | Geologic Prospecting | 49928 | 49928 | | |
| 水利、环境和公共设施管理业 | Management of Water Conservancy, Environment and Public Facilities | 38962 | 41283 | 25627 | 38461 |
| 水利管理业 | Management of Water Conservancy | 43889 | 43982 | 35900 | 45557 |
| 环境管理业 | Environmental Management | 30760 | 33684 | 24537 | 28065 |
| 公共设施管理业 | Management of Public Facilities | 45500 | 47211 | 32186 | 42462 |
| 居民服务和其他服务业 | Services to Households and Other Services | 42631 | 51188 | 44115 | 31653 |
| 居民服务业 | Services to Households | 46652 | 53730 | 42300 | 34717 |
| 其他服务业 | Other Services | 37143 | 44100 | 45358 | 29032 |
| 教育 | Education | 55594 | 55965 | 41152 | 45875 |
| 卫生、社会保障和社会福利业 | Health, Social Security and Social Welfaree | 54729 | 58075 | 46417 | 41265 |
| 卫生 | Health | 54823 | 58365 | 46415 | 41151 |
| 社会保障业 | Social Security | 52914 | 52956 | 50973 | 53796 |
| 社会福利业 | Social Welfare | 52131 | 52803 | 44426 | 58667 |
| 文化、体育和娱乐业 | Culture, Sports and Entertainment | 54435 | 54608 | 32986 | 57967 |
| 新闻出版业 | Journalism and Publishing Activities | 72152 | 69417 | | 86330 |
| 广播、电视、电影和音像业 | Broadcasting, Movies, Television and Audiovisual Activities | 55400 | 53943 | 28181 | 59691 |
| 文化艺术业 | Cultural and Art Activities | 44993 | 46461 | 34246 | 48137 |
| 体育 | Sports Activities | 46771 | 55572 | | 34476 |
| 娱乐业 | Entertainment | 42072 | 42945 | 31110 | 42394 |
| 公共管理和社会组织 | Public Management and Social Organization | 66604 | 66602 | 88233 | |
| #中国共产党机关 | Organs of Communist Party of China | 71306 | 71306 | | |
| 国家机构 | Government Agencies | 66359 | 66356 | 91000 | |
| 人民政协和民主党派 | People's Political Consultative Conference and Democratic Parties | 82370 | 82370 | | |
| 群众团体、社会团体和宗教组织 | Non-governmental Organizations, Social Organizations and Religion Organizations | 71869 | 71885 | 50600 | |

# 3－33　制造业在岗职工平均工资　(2011 年)
## Annual Average Wage of Staff and Workers in Units of Manufacturing Industry (2011)

单位:元　　(yuan)

| 行　业 | Sector | 在岗职工平均工资 Annual Average Wage Employed | 国有单位 State-owned Units | 城镇集体单位 Urban Collective-owned Uints | 其他单位 Others |
|---|---|---|---|---|---|
| **制造业总计** | **Total of Manufacturing Industry** | **37097** | **48817** | **27319** | **36747** |
| 农副食品加工业 | Processing of Food from Agricultural Products | 32182 | 18368 | 28325 | 32702 |
| 食品制造业 | Manufacture of Food | 33064 | 40596 | 14774 | 32991 |
| 饮料制造业 | Manufacture of Beverage | 30460 | 36056 | 18000 | 30094 |
| 烟草制品业 | Manufacture of Tobacco | 115440 | 115440 | | |
| 纺织业 | Manufacture of Textile | 28884 | 31686 | 26789 | 28856 |
| 纺织服装、鞋、帽制造业 | Manufacture of Textile Wearing, Apparel, Footwear and Caps | 27207 | 35225 | 19605 | 27057 |
| 皮革、毛皮、羽毛(绒)及其制品业 | Manufacture of Leather, Fur, Feather and Related Products | 30730 | 24168 | 22119 | 30883 |
| 木材加工及木、竹、藤、棕、草制品业 | Processing of Timber, Manufacture of Wood, Bamboo, Rattan, Palm and Straw Products | 28664 | | 21356 | 28717 |
| 家具制造业 | Manufacture of Furniture | 39411 | 29333 | 31506 | 39514 |
| 造纸及纸制品业 | Manufacture of Paper and Paper Products | 43710 | 51128 | 20033 | 43581 |
| 印刷业和记录媒介的复制 | Printing, Reproduction of Recording Media | 35216 | 34257 | 20825 | 36393 |
| 文教体育用品制造业 | Manufacture of Articles For Culture, Education and Sport Activities | 24191 | 31250 | 29149 | 24087 |
| 石油加工、炼焦及核燃料加工业 | Processing of Petroleum, Coking, Processing of Nuclear Fuel | 60747 | 46087 | 30190 | 61987 |
| 化学原料及化学制品制造业 | Manufacture of Raw Chemical Materials and Chemical Products | 40943 | 40153 | 31708 | 41318 |
| 医药制造业 | Manufacture of Medicines | 38050 | 18681 | 27016 | 39213 |
| 化学纤维制造业 | Manufacture of Chemical Fibers | 41636 | | 24919 | 41996 |
| 橡胶制品业 | Manufacture of Rubber | 38086 | 35889 | 27873 | 38417 |
| 塑料制品业 | Manufacture of Plastics | 35070 | 68856 | 22787 | 34151 |
| 非金属矿物制品业 | Manufacture of Non-metallic Mineral Products | 33152 | 55618 | 25925 | 31464 |
| 黑色金属冶炼及压延加工业 | Smelting and Pressing of Ferrous Metals | 41628 | 26596 | 25066 | 41772 |
| 有色金属冶炼及压延加工业 | Smelting and Pressing of Non-ferrous Metals | 34870 | 34158 | 20797 | 35648 |
| 金属制品业 | Manufacture of Metal Products | 35709 | 62539 | 28797 | 35209 |
| 通用设备制造业 | Manufacture of General Purpose Machinery | 40033 | 45846 | 26814 | 39812 |
| 专用设备制造业 | Manufacture of Special Purpose Machinery | 38794 | 37484 | 27979 | 39288 |
| 交通运输设备制造业 | Manufacture of Transport Equipment | 46443 | 58705 | 29634 | 45056 |
| 电气机械及器材制造业 | Manufacture of Electrical Machinery and Equipment | 39463 | 55392 | 27397 | 39241 |
| 通信设备、计算机及其他电子设备制造业 | Manufacture of Communication Equipment, Computers and Other Electronic Equipment | 38263 | 53999 | 35041 | 38243 |
| 仪器仪表及文化、办公用机械制造业 | Manufacture of Measuring Instruments and Machinery for Cultural Activity and Office Work | 37536 | 35873 | 23361 | 37873 |
| 工艺品及其他制造业 | Manufacture of Artwork and Other Manufacturing | 27642 | 28245 | 27123 | 27684 |
| 废弃资源和废旧材料回收加工业 | Recycling and Disposal of Waste | 48546 | 39200 | 30824 | 49511 |

# 主要统计指标解释

**人口数** 指一定时点、一定地区范围内的有生命的个人的总和。

年度统计的年末人口数指每年 12 月 31 日 24 时的人口数。年度统计的全国人口总数内未包括台湾省和港澳同胞以及海外华侨人数。

**城镇人口和乡村人口**

1952 – 1989 年城镇人口是指市辖区内和县辖镇的全部人口；乡村人口是指县辖乡人口。

1990 – 1999 年城镇人口是指设区的市的区人口和不设区的市所辖的街道人口以及不设区的市所辖镇的居民委员会人口和县辖镇的居民委员会人口；乡村人口是除上述两种人口以外的全部人口。

2000 – 2005 年人口普查和 2000 年以后城镇人口：市人口是指设区市的人口密度在 1500 人/平方公里以上的市区人口和人口密度不足 1500 人的区政府驻地和区辖其他街道人口，以及政府驻地的城市建设延伸到的周边乡镇人口；不设区市的市政府驻地和市辖其他街道人口，以及政府驻地的城市建设延伸到的乡镇人口。镇人口是指镇政府驻地和镇辖其他居委会人口，以及镇政府驻地的城区建设延伸到周边村民委员会人口。乡村人口是指除上述人口以外的全部人口。

2006 年至今的城镇人口分为城区人口和镇区人口。其中，城区人口，包括街道办事处所辖的居民委员会（社区委员会），及城市公共设施、居住设施等连接到的其他居民委员会（社区委员会）和村民委员会的人口。镇区人口，包括镇所辖的居民委员会（社区委员会），镇的公共设施、居住设施等连接到的村民委员会，以及常住人口在 3000 人以上独立的工矿区、开发区、科研单位、大专院校、农场、林场等特殊区域中的人口。乡村人口是指除上述人口以外的全部人口。

**出生率（又称粗出生率）** 指在一定时期内（通常为一年）一定地区的出生人数与同期内平均人数（或期中人数）之比。一般用千分率表示。本资料中的出生率指年出生率，其计算公式为：

出生率 = 年出生人数/年平均人数 × 1000‰

式中：出生人数指活产婴儿，即胎儿脱离母体时（不管怀孕月数），有过呼吸或其他生命现象。年平均人数指年初、年底人口数的平均数，也可用年中人口数代替。

**死亡率（又称粗死亡率）** 指在一定时期内（通常为一年）一定地区的死亡人数与同期内平均人数（或期中人数）之比，一般用千分率表示。本资料中的死亡率指年死亡率，其计算公式为：

死亡率 = 年死亡人数/年平均人数 × 1000‰

**人口自然增长率** 指在一定时期内（通常为一年）人口自然增加数（出生人数减死亡人数）与该时期内平均人数（或期中人数）之比，一般用千分率表示。计算公式为：

人口自然增长率 =（本年出生人数 – 本年死亡人数）/年平均人数 × 1000‰

**文盲率** 指常住人口中 15 岁及以上不识字人口所占比重。

**从业人员** 指从事一定社会劳动并取得劳动报酬或经营收入的人员，包括在岗职工、再就业的离退休人员、私营业主、个体户主、私营和个体就业人员、乡镇企业就业人员、农村就业人员、其他就业人员（包括民办教师、宗教职业者、现役军人等）。这一指标反映了一定时期内全部劳动力资源的实际利用情况，是研究我国基本国情国力的重要指标。

**各单位的从业人员** 指在各级国家机关、政党机关、社会团体及企业、事业单位中工作，取得工资或其他形式的劳动报酬的全部人员。包括在岗职工、再就业的离退休人员、民办教师以及在各单位中工作的外方人员和港澳台方人员、兼职人员、借用的外单位人员和第二职业者。不包括离开本单位仍保留劳动关系的职工。各单位的就业人员反映了各单位实际参加生产或工作的全部劳动力。

**城镇私营和个体从业人员** 城镇私营就业人员指在工商管理部门注册登记，其经营地址设在县城关镇（含城关镇）以上的私营企业就业人员；包括私营企业投资者和雇工。城镇个体就业人员指在工商管理部门注册登记，并持有城镇户口或在城镇长期居住，经批准从事个体工商经营的就业人员；包括个体经营者和在个体工商户劳动的家庭帮工和雇工。

**城镇登记失业人员** 指有非农业人口，在劳动年龄（16 周岁至退休年龄）内，有劳动能力无业而要求就业，并在当地就业服括返聘的离退休人员、民办教师、在国有经济单位工作的外方人员和港、澳、台人员（1998 年以后的数据均为在岗职工数据，其他相关指标如职工工资总额，职工平均工资等指标也从 1998 年按此口径进行了相应调整）。

**国有单位职工** 指在国有经济单位及其附属机构工作，并由其支付工资的各类人员。

**城镇集体单位职工** 指在城镇集体经济单位及其管理部门工作，并由其支付工资的各类人员。

**其他单位职工** 指在联营经济、股份制经济、外商投资经济、港、澳、台投资经济单位工作，并由其支付工资的各类人员。

**职工工资总额** 指各单位在一定时期内直接支付给本单位全部职工的劳动报酬总额。工资总额的计算原则应以直接支付给职工的全部劳动报酬为根据。各单位支付给职工的劳动报酬以及其他根据有关规定支付的工资，不论是计入成本的还是不计入成本的,不论是按国家规定列入计征奖金税项目的,还是未列入计征奖金税项目的,不论是以货币形式支付的还是以实物形式支付的,均包括在工资总额内。

**职工平均工资** 指企业、事业、机关单位的职工在一定时期内平均每人所得的货币工资额。它表明一定时期职工工资收入的高低程度,是反映职工工资水平的主要指标。计算公式为:

职工平均工资 = 报告期实际支付的全部职工工资总额/报告期全部职工平均人数

**职工平均工资指数** 指报告期职工平均工资与基期职工平均工资的比率,是反映不同时期职工货币工资水平变动情况的相对数。计算公式为:

职工平均工资指数 = 报告期平均工资/基期职工平均工资 × 100%

**职工平均实际工资指数** 职工平均实际工资指扣除物价变动因素后的职工平均工资。职工平均实际工资指数是反映实际工资变动情况的相对数,表明职工实际工资水平提高或降低的程度。计算公式为:

职工平均实际工资指数 = 报告期平均工资指数/报告期城镇居民消费价格指数 × 100% 。

## Explanatory Notes on Main Statistical Indicators

**Total Population** refers to the total number of people alive at a certain point of time within a given area.

The annual statistics on total population is taken at midnight, the 31st of December, not including residents in Taiwan province, Chinese compatriots in Hong Kong and Macao and overseas Chinese.

**Urban Population and Rural Population**

From 1952 to 1989 urban population refers to the population of municipal districts and towns under the administration of counties; rural population refers to the population of townships under the administration of counties. From 1990 to 1999 rural population is composed of the population of districts of cities divided into districts, the population of sub – district offices under the cities not divided into districts, the population of neighborhoods of towns under the administration of cities not divided into districts and the population of neighborhoods of towns under the administration of counties; rural population is the population other than those mentioned above. Rural population from 2000 to 2005: city population is composed of the population of districts of cities divided into districts with population density at more than 1500 people per square kilometer, the population of places where the district governments are stationed and other sub – district offices under the administration of the district with population density at less than 1500 people per square kilometer, and the population of circumjacent townships where are the extending areas of city construction of the places where the governments are stationed; the population of places where the city (not divided into districts) governments are stationed and other sub – district offices under the administration of the city, and the population of circumjacent townships where are the extending areas of city construction of the places where the governments are stationed. Town population refers to the population of places where town governments are stationed and other neighborhood committees under the administration of the towns, and the population of circumjacent villagers' committees where are the extending areas of town construction of the places where the town governments are stationed. Rural population is the population other than those mentioned above. From 2006 to now urban population is composed of city population and town population. City population includes the population of neighborhood committees (community committees) under the administration of sub – district offices and the population of other neighborhood committees (community committees) and villagers' committees connected through city common facilities and residence facilities. Town population includes the population of neighborhood committees (community committees) under the administration of towns and the population of villagers' committees connected through town common facilities and residence facilities, and the population of special areas with more than 3000 permanent residents, such as independent mining areas, development zones, research institutes, universities and colleges, farms, forestry centers and so on. Rural population is the population other than those mentioned above.

**Birth Rate or(Crude Birth Rate)** refers to the ratio of the number of births to the average population(or mid-period population) during a certain period of time(usually a year) which is often expressed in ‰. Birth rate in the chapter refers to annual birth rate. The following formula is used: Birth Rate = Number of Births/Average Number of Population × 1000‰

Number of births refers to live births i. e. the births when babies had showed any vital phenomena regardless of the length of pregnancy.

Annual Average Number of Population is the average of the number of population at the beginning of the year and that at the end of the year. Sometimes it is substituted for with the mid year population.

**Death Rate(or Crude Death Rate)** refers to the ratio of the number of deaths to the average population(or mid-period population) during a certain period of time (usually a year) which is often expressed in ‰. Death rate in the chapter refers to annual death rate. The following formula is used:

Death Rate = Number of Deaths/Annual Average Number of Population × 1000‰

**Natural Growth Rate of Population** refers to the ratio of natural increase in population (number of births minus number of deaths) in a certain period of time (usually a year) to the average population (or mid-period population) of the same period which is often expressed in ‰. The following formulas are applied:

Natural Growth of Population = (Number of Births − Number of Deaths)/Average Number of Population × 1000‰

Natural Growth Rate of Population = Birth Rate-Death Rate

**Illiteracy Rate** refers to the percentage of illiterate population to total aged 15 and over of resilent population.

**Employed Persons** refer to the persons who are engaged in social working and receive remuneration payment or earn business income, including total staff and workers, re-employed retirees, employers of private enterprises, self-employed workers, employees in private enterprises and individual economy, employees in township enterprises, employed persons in the rural areas, and other employed persons (including teachers in the schools run by the local people, people engaged in religious profession and the servicemen, etc.). This indicator reflects the actual utilization of total labour force during a certain period of time and is often used for the research on China's economic situation and national power.

**Persons Employed in Various Units** refer to all the persons working in government agencies of various levels, political and party organization, social organizations, enterprises and institutions, and receiving wages or other forms of payment. They include fully-employed staff and workers, re-employed retirees, teachers in schools run by the local people, foreigners and Chinese compatriots from Hong Kong, Macao, and Taiwan working in various units, part-time employees, employees of other units working temporarily at current posts, and employees holding the second job, but exclude staff and workers who have left their working units while keeping their labour contract (employment relation) unchanged. This indicator reflects the total number of laborers actually engaged in production or other operations in various units.

**Persons Employed in Private Enterprises and Self-Employed Individuals in Urban Areas** Persons employed in private enterprises refer to the persons employed in the private enterprises which have been registered at the departments of industrial and commercial administration and are situated at a county town (i. e. a town' where the county government is located) for business operation or at urban areas with the level higher than a county town. The self-employed individuals in urban areas refer to persons who hold the certificates of residence in urban areas or have resided in the urban areas for a long time and have been registered at the departments of industrial and commercial administration and approved to be engaged in individual industrial or commercial business, including self-employed persons as well as helpers and hired labourers who work in the individual households engaged in industrial or commercial business.

**Registered Urban Unemployed Persons** The registered unemployed persons in urban areas refer to the persons who are registered as permanent residents in the urban areas engaged in non-agricultural activities, aged within the range of working age, capable to labour, unemployed but desirous to be employed and have been registered at the local employment service agencies to apply for a job.

**Staff and Workers in State-owned Economic Units** refer to the persons who work in the state-owned economic units or their attached units and are listed in their payrolls.

**Staff and Workers of Collective Owned Units in Urban Areas** refer to the persons who work in collective owned units in urban areas and their administration departments and receive payment therefrom.

**Staff and Workers in Units of Other types of Ownership** refer to those who work in (and receive payment therefrom) enterprises and institutions of joint ownership, share holding, foreign ownership, and ownership by entrepreneurs from Hong Kong, Macao, and Taiwan.

**Total Wages of Staff and Workers** refer to the total remuneration payment to staff and workers in various units during a certain period of time. The calculation of total wages is based on the total remuneration payment to the staff and workers. Therefore, all the wages and salaries and other payments to staff and workers are included in the total wages regardless of their sources, category, and forms (in kind or cash). (Total wages of staff and workers in this yearbook include only total wages of fully employed staff and workers, excluding the living allowances distributed to those who have left their working units while keeping their labor contract/employment relation unchanged).

**Average Wage of Staff and Workers** refers to the average wage in money terms per person during a certain period of time for staff and workers in enterprises, institutions, and government agencies, which reflects the general level of wage income during a certain period of time and is calculated as follows:

Average Wage of Staff and Workers = Total Wages of Staff and Workers at the Report Period/Average Number of Staff and Workers at the Report Period.

**Average Wage Indices of Staff and Workers** refers to the ratio of average wage of staff and workers in the report period to that in the base period, which reflects the change of wage of staff and workers at the different period. It is calculated as follows:

Average Wage Indices of Staff and Workers = Average Wage of Staff and Workers at the Report Period/Average Wage of Staff and Workers at the Base Period ×100%

**Average Real Wage Indices of Staff and Workers** average real wage of staff and workers refers to the average wage of staff and workers after removing the effects of the price changes and average real wage indices of staff and workers refers to the change of real wage, which reflects the relative increasing or decreasing level of real wage of staff and workers, which is calculated as follows:

Average Real Wage Indices of Staff and Workers = Average Wage Indices of Staff and Workers at the Report Period/Urban Consumer Price Indices at the Report Period ×100%

# 4

# 人民生活
# People's Living Conditions

# 简 要 说 明

**一、本篇资料的主要内容**

本篇资料反映我省人民生活现状及变化情况，分为城镇居民生活和农村居民生活两部分。

**二、城镇居民生活状况资料来源**

城镇居民生活状况的数据来源于城镇住户调查，是对城镇居民家庭抽样调查汇总的结果。调查内容主要包括家庭人口及其构成、家庭现金收支、主要商品购买数量及支出金额、劳动就业状况、居住状况和耐用消费品的拥有量等。

**三、城镇住户调查方法**

城镇住户调查采用分层随机抽样的方法确定。调查户的抽选工作分两步进行。第一步进行一次性的大样本调查；第二步从大样本调查中抽出一个小样本，作为经常性调查户，开展记账工作。

大样本调查每三年进行一次，其目的主要是为经常性调查提供抽样框和为经常性调查数据评估提供基础资料。在大样本调查中，各调查市、县采取分层、二（多）阶段、与大小成比例（PPS 方法）的随机等距方法选取调查样本。即先按区分层，在层内按照 PPS 方法随机等距抽选调查社区/居委会，在抽中社区/居委会内随机等距抽选调查住宅。部分大城市根据需要可以采用三阶段抽样，即先抽选社区/居委会，再抽选调查小区，最后抽选调查住宅。对选出的大样本或一相样本开展调查，取得调查户家庭人口、就业人口、收入等辅助资料，然后，根据这些资料进行分组，从中按比例抽出一个小样本也称二相样本，作为经常性调查户，开展日记账工作。

**四、农村居民生活资料来源**

农村居民生活状况的数据来源于农村住户抽样调查。主要内容包括农村居民家庭基本情况、住房情况、收入、生活消费支出、主要消费品消费量、耐用消费品拥有量等。

**五、农村住户调查方法**

农村住户调查综合运用多种抽样方法确定住户调查网点。农村住户调查在 95% 的概率把握程度下要求抽样误差不得超过 ±3%。为保证农村住户调查资料的准确性，调查户设置现金和实物两本帐，并聘请辅助调查员帮助做好记账工作，及时核实、汇总住户调查资料。

为解决调查户的厌烦情绪及样本老化问题，增强抽样调查网点的代表性，更加准确、及时地反映农村社会经济情况，农村住户调查网点实行样本轮换制度，每五年为一个周期。

# Brief Introduction

**Ⅰ. Main Contents**

Data in this chapter show the people's living conditions in Jiangsu, consisting of two parts, on the life of urban and rural households respectively.

**Ⅱ. Sources of Data on the Living Conditions of Urban Residents**

Data on the living condition of urban residents come from the data collected through a sample survey on the urban households. The main contents of the survey include persons in the household and the household composition; cash income and expenditure of the household; quantity of major commodities purchased and expenditure; the employment of household members; the housing condition; and the possession of durable consumer goods.

**Ⅲ. Methodology for Urban Household Survey**

Sample cities and towns in urban areas are selected by using stratified random sampling method. The selection of sample households in urban areas is done by two steps: the first step is to have a one – off large sample survey; the second step is to select a small sample from the large sample to be used as regular sample households for diaries.

The large sample survey is conducted for every three years; the objective is to provide sample frame for regular surveys and basic information for data evaluation of regular surveys. In the large sample survey, samples in sample cities and towns are selected by systematic sampling method schemes, such as two - phase sampling and stratifying method, two - stage (multi) method and probability proportional to size (PPS) method. Namely, stratification is done at district level, and then PPS systematic sampling method is used to select sample communities/resident's committees, finally the same method is used to select dwellings from the selected districts/resident's committees. In some large cities, three - stage sampling method is used. First, the communities/resident's committees are selected. Secondly, sample districts are selected. Thirdly, sample dwellings are selected. A survey will be conducted to the large samples or the first phase samples to collect relevant information on household population, persons employed, income and so on. Then grouping is made based on the information collected, small samples or the second phase samples are selected according to proportions which are regular sample households to keep diary.

**Ⅳ. Sources of Data on the Living Conditions of Rural Residents**

Data on the living conditions of rural residents come from data collected through the sample survey on rural households. The main contents of the survey include the basic condition of rural households, housing conditions, income, consumption expenditure, consumption of major consumer goods and the quantity of durable consumer goods owned.

**Ⅴ. Methodology for Rural Household Survey**

Sample survey on rural households use a combination of various sampling approaches. It is required that the sampling error should not exceed ± 3%, with a confidence probability as 95%. In order to ensure the accuracy of the survey data on the rural households, two accounts are designed for the respondent households: the cash account and the account on goods in kind. Assistant enumerators have been recruited to help the households keep good accounts and to check on a timely fashion and to and tabulate the data from the survey.

In order to overcome the tedium of respondent households and to ensure that the sample is accurately representative over time and reflects the changing rural social and economic situation, a rotation sampling scheme is implemented. A complete cycle of rotation is 5 years.

# 4－1　人民生活水平情况

## Basic Statistics on People's Living Standard

| 指　　标 | Item | 1995 | 2000 | 2005 | 2010 | 2011 |
|---|---|---|---|---|---|---|
| **就业** | **Employment** | | | | | |
| 农村居民家庭每户整半劳动力　（人） | Average Number of Full/semi Laborer Per Rural Household　(person) | 2.79 | 2.62 | 2.66 | 2.66 | 2.55 |
| 每一农村劳动力负担人数　（人） | Number of Dependents Per Laborer of Rural Household　(person) | 1.1.44 | 1.43 | 1.41 | 1.38 | 1.35 |
| 城镇居民家庭每户就业人口　（人） | Average Number of Employed Persons per Urban Household　(person) | 1.85 | 1.65 | 1.42 | 1.41 | 1.45 |
| 每一城镇就业者负担人数　（人） | Number of Dependents per Laborer of Urban Household　(person) | 1.72 | 1.86 | 2.06 | 1.98 | 1.94 |
| 城镇登记失业率　（%） | Registered Urban Unemployment Rate　(%) | 2.0 | 3.2 | 3.6 | 3.16 | 3.22 |
| **收入与支出** | **Income** | | | | | |
| 城镇居民人均可支配收入　（元） | PerCapita Disposable Income of Urban Households　(yuan) | 4634 | 6800 | 12319 | 22944 | 26341 |
| 城镇居民生活消费支出　（元） | PerCapita Consumption Expanditure of Urban Households　(yuan) | 3772 | 5323 | 8622 | 14357 | 16782 |
| 农村居民人均纯收入（元） | PerCapita Net Income of Rural Households　(yuan) | 2457 | 3595 | 5276 | 9118 | 10805 |
| 农村居民生活消费支出　（元） | PerCapita Living Expenditure of Rural Households　(yuan) | 1938 | 2337 | 3567 | 6543 | 7693 |
| 职工年平均工资　（元） | Annual Average Wage of Workers and Staff　(yuan) | 5943 | 10299 | 20957 | 40505 | 45987 |
| 人均储蓄存款余额　（元） | Per Capita Balance of Saving Deposit　(yuan) | 2721 | 6083 | 13944 | 29652 | 32808 |
| **生活质量** | **Life Quality** | | | | | |
| 居民家庭恩格尔系数（%） | Household's Engle Coefficient　(%) | | | | | |
| 城镇 | Urban | 51.9 | 41.1 | 37.2 | 36.5 | 36.1 |
| 农村 | Rural | 54.8 | 43.5 | 44.0 | 38.1 | 38.5 |
| 人均住房面积　（平方米） | PerCapita Floor Space of Residential Building　(sq. m) | | | | | |
| 城镇人均建筑面积 | PerCapita Building Space in Urban Areas | 21.69 | 25.54 | 28.76 | 33.39 | 34.72 |
| 农村人均住房面积 | PerCapita Living Space in Rural Areas | 25.71 | 33.70 | 38.59 | 46.33 | 48.55 |
| **交通状况** | **Traffic** | | | | | |
| 城市每万人拥有公共汽（电）车　（辆） | Numberof Public Transportation Vehicles Per 10000 Persons　(unit) | 7.1 | 10.6 | 9.1 | 11.2 | 11.3 |
| 城市每万人拥有道路面积　（平方米） | Area of Paved Roads in City Per 10000 Persons　(sq. m) | 8.3 | 10.6 | 16.3 | 21.3 | 21.7 |
| 城镇每百户拥有家用汽车　（辆） | Numberof Automabiles per 100 Urban Households　(unit) | | | 4.29 | 13.83 | 23.92 |
| 农村每百户拥有摩托车　（辆） | Numberof Motor cycles per 100 Rural Households　(unit) | 8.65 | 28.50 | 52.74 | 63.26 | 57.0 |

4－1 续表 1 Continued 1

| 指 标 | Item | 1995 | 2000 | 2005 | 2010 | 2011 |
|---|---|---|---|---|---|---|
| **邮电通信水平** | **Level of Postal and Telecommunication** | | | | | |
| 每一邮政局所服务面积（平方公里） | AverageArea Served by Every Post Office (sq. km) | | | 35.8 | 40.4 | 40.9 |
| 固定电话普及率（部/百人） | Popularization Rate of Fixed Telephones (unit/100 persons) | | 15.5 | 40.9 | 32.4 | 30.1 |
| 移动电话普及率（部/百人） | Rate Popularization of Mobil-telephones (unit/100 persons) | | 8.5 | 34.1 | 76.7 | 85.0 |
| **城市公用事业** | **Public Utilities in Urban Areas** | | | | | |
| 用水普及率（%） | Coverage Rate of Urban Population with Access to Tap Water (%) | 98.9 | 99.2 | 96.3 | 99.6 | 99.6 |
| 燃气普及率（%） | Coverage Rate of Urban Population with Access to Gas (%) | 81.8 | 95.8 | 93.3 | 99.1 | 99.0 |
| 人均公园绿地面积（平方米） | PerCapita Public Green Land Area (sq. m) | 6.9 | 8.1 | 10.3 | 13.3 | 13.3 |
| **文化、教育和卫生** | **Culture, Education and Healthcare** | | | | | |
| 文化 | Culture | | | | | |
| 广播综合人口覆盖率（%） | Radio Coverage of Population (%) | 86.9 | 99.6 | 99.7 | 100.0 | 100.0 |
| 电视综合人口覆盖率（%） | TV Coverage of Population (%) | 93.5 | 99.5 | 99.6 | 99.9 | 99.9 |
| 城镇每百户拥有彩色电视机（台） | Numberof Color TV Sets Owned per 100 Households in Urban Areas (unit) | 85.2 | 124.5 | 153.2 | 170.7 | 171.8 |
| 农村每百户拥有彩色电视机（台） | Numberof Color TV Sets Owned per 100 Households in Rural Areas (unit) | | 53.9 | 104.7 | 142.1 | 142.1 |
| 每百户家用电脑拥有量（台） | Number of Computers Owned per 100 Households (unit) | | | | | |
| 城镇 | Urban Areas | | 10.65 | 46.35 | 81.36 | 96.94 |
| 农村 | Rural Areas | | | 2.88 | 11.0 | 15.8 |
| 居民家庭文教娱乐支出比重（%） | Percentage of Household Expenditure on Culture, Recreation and Education (%) | | | | | |
| 城镇 | Urban Areas | 7.81 | 12.60 | 14.94 | 14.86 | 16.06 |
| 农村 | Rural Areas | 7.18 | 11.51 | 13.43 | 13.88 | 13.84 |
| 教育 | Education | | | | | |
| 升学率（%） | Enrollment Rate (%) | | | | | |
| 学龄儿童入学率 | Enrollment Rate of School-age Chidren | 99.8 | 99.8 | 99.8 | 99.9 | 99.9 |
| 小学毕业生升学率 | Enrollment Rate of Primary School Graduates | 96.6 | 97.2 | 99.8 | 100.0 | 100.0 |
| 初中毕业生升学率 | Enrollment Rate of Junior Secondary School Graduates | 56.8 | 68.5 | 89.6 | 97.5 | 97.7 |
| 每万人口在校学生数（人） | Number of Students per 10000 Persons (person) | | | | | |
| 大学生数 | University (or college) Students | 29.5 | 61.7 | 155.2 | 209.6 | 210.1 |

4－1 续表 2 Continued 2

| 指 标 | Item | 1995 | 2000 | 2005 | 2010 | 2011 |
|---|---|---|---|---|---|---|
| 中学生数 | Secondary School Students | 530.5 | 592.3 | 793.3 | 588.1 | 536.3 |
| 小学生数 | Primary School Students | 912.5 | 980.7 | 649.6 | 506.8 | 518.6 |
| 平均每一教师负担学生（人） | Average Number of Students Supported by a Teacher (person) | | | | | |
| 大学 | University (or college) | 7.6 | 13.7 | 18.4 | 17.4 | 17.3 |
| 中学 | Secondary School | 16.9 | 17.3 | 19.0 | 14.3 | 13.2 |
| 小学 | Primary School | 23.6 | 24.9 | 18.6 | 16.0 | 16.4 |
| 卫生 | Public Health | | | | | |
| 每万人拥有病床（张） | Number of Hospital Beds per 10000 Persons (unit) | 21.9 | 22.1 | 25.6 | 31.5 | 34.6 |
| 每万人拥有医生数（人） | Number of Doctors per 10000 Persons (person) | 15.9 | 15.6 | 15.0 | 16.4 | 17.1 |
| 居民家庭医疗保健支出比重(%) | Percentage of Household Expenditure on Medicine and Healthcare | | | | | |
| 城镇 | Urban Areas | 1.95 | 5.53 | 6.72 | 5.61 | 5.74 |
| 农村 | Rural Areas | 2.53 | 5.54 | 5.57 | 5.54 | 5.77 |
| **社会保障、社区服务和治安** | **Social Security, Community Service and Public Security** | | | | | |
| 社会保障 | Social Security | | | | | |
| 参加基本养老保险职工人数（万人） | Number of Workers Joining Basic Pension Insurance (10000 persons) | | 646.6 | 952.3 | 1503.4 | 1659.6 |
| 参加失业保险人数（万人） | Number of Workers Joining Unemployment Insurance (10000 persons) | 638.0 | 757.0 | 838.5 | 1153.8 | 1238.2 |
| 参加基本医疗保险人数（万人） | Number of Workers Joining Basic Medicine Insurance (10000 persons) | | 235.5 | 1123.1 | 1848.3 | 2012.4 |
| 参加新型农村合作医疗人数（万人） | Number of Persons Joining New-type Rural Cooperative Medical Treatment (10000 persons) | | | 3870 | 4380 | 4374 |
| 城镇居民最低生活保障人数（万人） | Number of Urban Residents Supported by Lowest Life Security Line (10000 persons) | | 7.4 | 42.3 | 42.81 | 40.94 |
| 农村居民最低生活保障人数（万人） | Number of Rural Residents Supported by Lowest Life Security Line (10000 persons) | | 18.4 | 87.2 | 139.43 | 141.71 |
| 社区服务 | Community Service | | | | | |
| 城镇社区服务设施（个） | Number of Urban Community Service Facilities (unit) | 4960 | 18065 | 24550 | 17092 | 15876 |
| 城镇便民利民服务网点（个） | Number of Convenience Stores in Urban Area (unit) | 12118 | 42503 | 71447 | 107657 | 79940 |
| 社会治安 | Social Public Security | | | | | |
| 公安机关刑事案件立案数（起） | Number of Criminal Cases Registered (file) | 74233 | 274010 | 424166 | 410319 | 405143 |
| 公安机关治安案件受理数（起） | Number of Public Security Cases Accepted by Public Security Organs (case) | 150738 | 205280 | 1130791 | 1224213 | 936236 |
| 交通事故发生数（起） | Number of Traffic Accidents (times) | 14544 | 54307 | 27690 | 13947 | 13434 |
| 火灾事故发生数（起） | Number of Fire Accidents (times) | 2569 | 11156 | 19249 | 5299 | 4715 |

# 4-2 农村居民家庭人均收入及恩格尔系数

## Per Capita Annual Income and Engle Coefficient of Rural Households

| 年 份 Year | 农村居民家庭人均纯收入 Per Capita Net Income of Rural Houselds | | | | 农村居民家庭恩格尔系数（%） Engle Coefficient of Rural Households | 城乡居民收入比（以农民收入为1） Income Ratio of Urban and Rural Residents (1 for a Rural Resident) |
|---|---|---|---|---|---|---|
| | 绝对数（元） Value (yuan) | 名义增长（%） Nominal Growth Rate(%) | 实际增长（%） Real Growth Rate(%) | 实际增长指数（1978年=100） Real Income Index(100 in 1978) | | |
| 1978 | 155 | | | 100.0 | 62.3 | 1.86 |
| 1979 | 200 | | | 127.5 | 59.9 | |
| 1980 | 218 | | | 150.1 | 58.0 | 1.99 |
| 1981 | 258 | 18.4 | 17.3 | 176.1 | 56.9 | 1.74 |
| 1982 | 309 | 19.8 | 18.6 | 208.9 | 55.5 | 1.57 |
| 1983 | 357 | 15.4 | 15.4 | 241.1 | 55.3 | 1.40 |
| 1984 | 448 | 25.6 | 21.0 | 291.7 | 53.0 | 1.40 |
| 1985 | 493 | 10.0 | 0.5 | 293.2 | 52.1 | 1.55 |
| 1986 | 561 | 13.9 | 6.7 | 312.8 | 49.5 | 1.62 |
| 1987 | 627 | 11.6 | 3.7 | 324.4 | 48.4 | 1.60 |
| 1988 | 797 | 27.2 | 4.8 | 340.0 | 46.1 | 1.53 |
| 1989 | 876 | 9.9 | -7.3 | 315.1 | 50.2 | 1.57 |
| 1990 | 884 | 0.9 | 6.3 | 335.0 | 52.3 | 1.66 |
| 1991 | 921 | 4.2 | -5.8 | 315.6 | 56.1 | 1.76 |
| 1992 | 1061 | 15.2 | 10.3 | 348.1 | 54.7 | 2.02 |
| 1993 | 1267 | 19.4 | 3.0 | 358.5 | 50.2 | 2.19 |
| 1994 | 1832 | 44.6 | 6.0 | 380.0 | 54.8 | 2.06 |
| 1995 | 2457 | 34.1 | 9.5 | 416.1 | 54.8 | 1.89 |
| 1996 | 3029 | 23.3 | 12.6 | 468.6 | 51.2 | 1.71 |
| 1997 | 3270 | 7.9 | 4.4 | 489.2 | 48.9 | 1.76 |
| 1998 | 3377 | 3.3 | 4.5 | 511.2 | 47.8 | 1.78 |
| 1999 | 3495 | 3.5 | 5.3 | 538.3 | 44.7 | 1.87 |
| 2000 | 3595 | 2.9 | 3.5 | 557.1 | 43.5 | 1.89 |
| 2001 | 3785 | 5.3 | 4.0 | 579.4 | 42.6 | 1.95 |
| 2002 | 3996 | 5.6 | 5.9 | 613.6 | 40.0 | 2.05 |
| 2003 | 4239 | 6.1 | 5.2 | 645.5 | 41.4 | 2.18 |
| 2004 | 4754 | 12.1 | 7.2 | 692.0 | 44.2 | 2.20 |
| 2005 | 5276 | 11.0 | 8.4 | 750.1 | 44.0 | 2.33 |
| 2006 | 5813 | 10.2 | 8.4 | 813.1 | 41.8 | 2.42 |
| 2007 | 6561 | 12.9 | 7.7 | 875.7 | 41.6 | 2.50 |
| 2008 | 7357 | 12.1 | 6.2 | 930.0 | 41.3 | 2.54 |
| 2009 | 8004 | 8.8 | 9.4 | 1017.4 | 39.2 | 2.57 |
| 2010 | 9118 | 13.9 | 9.2 | 1111.0 | 38.1 | 2.52 |
| 2011 | 10805 | 18.5 | 11.9 | 1243.2 | 38.5 | 2.44 |

# 4－3　城镇居民家庭人均收入及恩格尔系数

# Per Capita Annual Income and Engle Coefficient of Urban Households

| 年　份 Year | 城镇居民家庭人均可支配收入 Per Capita Disposal Income of Urban Households | | | | 城镇居民家庭恩格尔系数（%） Engle Coefficient of Urban Households（%） |
|---|---|---|---|---|---|
| | 绝对数（元） Value（yuan） | 名义增长（%） Nominal Growth Rate（%） | 实际增长（%） Real Growth Rate（%） | 实际增长指数（1978年＝100） Real Income Index（100 in 1978） | |
| 1978 | 288 | | | 100.0 | 55.1 |
| 1979 | | | | | |
| 1980 | 433 | | | 141.4 | 55.1 |
| 1981 | 448 | 3.4 | 1.0 | 142.8 | 55.9 |
| 1982 | 484 | 8.0 | 7.1 | 152.9 | 58.2 |
| 1983 | 498 | 2.9 | 2.1 | 156.2 | 58.6 |
| 1984 | 626 | 25.7 | 20.7 | 188.5 | 56.3 |
| 1985 | 766 | 22.3 | 11.6 | 210.4 | 52.5 |
| 1986 | 910 | 18.8 | 11.8 | 235.1 | 51.2 |
| 1987 | 1005 | 10.4 | －0.1 | 234.8 | 52.0 |
| 1988 | 1218 | 21.2 | －1.1 | 232.2 | 50.8 |
| 1989 | 1372 | 12.6 | －2.9 | 225.5 | 53.9 |
| 1990 | 1464 | 6.7 | 3.2 | 232.6 | 55.5 |
| 1991 | 1623 | 10.9 | 3.0 | 239.5 | 55.7 |
| 1992 | 2138 | 31.8 | 21.1 | 290.0 | 53.9 |
| 1993 | 2774 | 29.7 | 9.3 | 316.9 | 49.4 |
| 1994 | 3779 | 36.2 | 8.8 | 344.7 | 50.1 |
| 1995 | 4634 | 22.6 | 5.5 | 363.7 | 51.9 |
| 1996 | 5186 | 11.9 | 1.0 | 367.3 | 51.0 |
| 1997 | 5765 | 11.2 | 9.7 | 403.1 | 47.7 |
| 1998 | 6018 | 4.4 | 4.4 | 420.8 | 45.1 |
| 1999 | 6538 | 8.6 | 10.2 | 463.7 | 44.1 |
| 2000 | 6800 | 4.0 | 4.0 | 482.3 | 41.1 |
| 2001 | 7375 | 8.5 | 8.3 | 522.5 | 39.7 |
| 2002 | 8178 | 10.9 | 12.7 | 588.8 | 40.4 |
| 2003 | 9263 | 13.3 | 12.3 | 661.0 | 38.3 |
| 2004 | 10482 | 13.2 | 9.1 | 721.3 | 40.0 |
| 2005 | 12319 | 17.5 | 15.2 | 831.1 | 37.2 |
| 2006 | 14084 | 14.3 | 12.5 | 935.2 | 36.0 |
| 2007 | 16378 | 16.3 | 11.7 | 1044.7 | 36.7 |
| 2008 | 18680 | 14.1 | 8.5 | 1133.5 | 37.9 |
| 2009 | 20552 | 10.0 | 10.5 | 1252.5 | 36.3 |
| 2010 | 22944 | 11.6 | 7.8 | 1350.2 | 36.5 |
| 2011 | 26341 | 14.8 | 9.2 | 1474.4 | 36.1 |

## 4－4 城镇居民家庭基本情况
## Basic Conditions of Urban Households

| 指标 | Item | 2000 | 2005 | 2010 | 2011 |
|---|---|---|---|---|---|
| **基本情况** | **Basic Conditions** | | | | |
| 调查户数 （户） | Number of Households Surveyed (household) | 2600 | 5000 | 5100 | 5100 |
| 平均每户家庭人口 （人） | Average Household Size (person) | 3.07 | 2.92 | 2.79 | 2.82 |
| 平均每户就业人口 （人） | Average Number of Employed Persons Per Household (person) | 1.65 | 1.42 | 1.41 | 1.45 |
| 平均每一就业人口负担人数 （人） | Number of Dependents per Employee (person) | 1.86 | 2.06 | 1.98 | 1.94 |
| 平均每户就业面 （%） | Proportion of Employment per Household (%) | 53.70 | 48.63 | 50.54 | 51.40 |
| 平均每人建筑面积（平方米） | Average Building Space per Capita (sq. m) | 25.54 | 28.76 | 33.39 | 34.72 |
| 平均每人使用面积（平方米） | Average Living Floor Space per Capita (sq. m) | 19.20 | 21.69 | 25.05 | 26.05 |
| **人均家庭总收入 （元）** | **Per Capita Annual Income (yuan)** | | **13329.95** | **25115.54** | **28971.98** |
| **#可支配收入** | **Disposable Income** | **6800.23** | **12318.57** | **22944.26** | **26340.73** |
| 最低收入户 | Lowest Income Households | 2771.10 | 3354.90 | 6942.56 | 8497.24 |
| 低收入户 | Low Income Households | 3843.77 | 5179.42 | 10410.68 | 12644.45 |
| 中等偏下户 | Lower Middle Income Households | 4929.73 | 7259.61 | 14149.33 | 16855.93 |
| 中等收入户 | Middle Income Households | 6349.98 | 10294.59 | 19246.25 | 22478.82 |
| 中等偏上户 | Upper Middle Income Households | 8229.57 | 14400.98 | 26140.52 | 30385.88 |
| 高收入户 | High Income Households | 10790.69 | 19983.54 | 36458.58 | 41272.04 |
| 最高收入户 | Highest Income Households | 14949.09 | 33699.29 | 61764.72 | 67125.97 |
| **人均家庭总支出 （元）** | **Per Capita Annual Expenditure (yuan)** | | **11897.97** | **20139.25** | **23190.67** |
| #消费性支出 | Per Capita Consumption Expenditure | 5323.18 | 8621.82 | 14357.49 | 16781.74 |
| 食品 | Food | 2189.80 | 3205.79 | 5243.14 | 6060.91 |
| 衣着 | Clothing | 492.10 | 804.23 | 1465.54 | 1772.06 |
| 居住 | Residence | 436.26 | 794.94 | 1234.05 | 1187.74 |
| 家庭设备用品及服务 | Household Facilities, Articles and Services | 570.37 | 586.84 | 1026.32 | 1193.81 |
| 医疗保健 | Healthcare and Medical Services | 294.39 | 579.32 | 805.73 | 962.45 |
| 交通通讯 | Transport and Communications | 392.38 | 1050.88 | 1935.07 | 2262.19 |
| 教育文化娱乐服务 | Recreation, Education and Cultural Services | 670.56 | 1287.90 | 2133.25 | 2695.52 |
| 杂项商品和服务 | Miscellaneous Goods and Services | 277.32 | 311.92 | 514.41 | 647.06 |
| 借贷支出 | Debit and Credit Expenditure | 1347.39 | 3798.04 | 9922.61 | 11188.29 |
| #存入储蓄款 | Savings Deposit | 1020.84 | 3083.44 | 9207.47 | 10130.13 |
| 购买有价证券 | Buying Securities | 31.86 | 25.32 | 23.76 | 30.26 |

# 4－5 城镇居民家庭人均收入支出情况(2011 年)

单位:元

| 指　　标 | Item | 全省调查户平均水平 Average | 最低收入户占 10% Lowest Income Households (first decile group) | #更低收入户占 5% Poor Households (first five percent group) |
|---|---|---|---|---|
| **家庭总收入** | **Per Capita Annual Total Income** | **28971.98** | **9782.85** | **7986.81** |
| **#可支配收入** | **Disposable Income** | **26340.73** | **8497.24** | **6841.65** |
| #工资性收入 | Income from wages and Salaries | 17761.58 | 6278.84 | 5170.72 |
| 工资及补贴收入 | Wages and Subsidies | 17541.46 | 6114.47 | 4947.03 |
| 其他劳动收入 | Other Labor Income | 220.11 | 164.37 | 223.69 |
| 经营净收入 | Net Income from Household Operations | 3026.57 | 1139.08 | 993.30 |
| 财产性收入 | Income from Properties | 667.06 | 64.42 | 57.07 |
| #利息收入 | Interest | 148.13 | 18.56 | 12.11 |
| 转移性收入 | Income from Transfers | 7516.76 | 2300.51 | 1765.72 |
| #养老金或离退休金 | Pensions for Retirees | 6218.04 | 1645.96 | 1013.95 |
| #出售财物收入 | Income from Selling Properties | 125.41 | 149.94 | 18.49 |
| 借贷收入 | Debit and Credit Income | 7096.20 | 2176.52 | 1517.40 |
| #提取储蓄存款 | Drawing Money from Bank | 6778.69 | 1772.50 | 1460.12 |
| **家庭总支出** | **Expenditures** | **23190.67** | **9722.84** | **8003.52** |
| 消费性支出 | Expenditures for Consumption | 16781.74 | 7017.74 | 6097.77 |
| 购房与建房支出 | Expenses on Purchase of Housing and Construction | 929.17 | 578.50 | 49.79 |
| 转移性支出 | Expenses on Transfers | 3055.82 | 943.25 | 840.09 |
| 财产性支出 | Expenses on Properties | 208.70 | 32.55 | 5.98 |
| 社会保障支出 | Expenses on Social Security | 2215.25 | 1150.80 | 1009.89 |
| #借贷支出 | Debit and Credit Expenditure | 11188.29 | 1549.54 | 873.95 |
| #存入储蓄款 | Savings Deposit | 10130.13 | 1305.95 | 810.94 |
| 购买有价证券 | Buying Securities | 30.26 | | |
| 消费性支出中: | Among Consumptive Expenditures | | | |
| 食品 | Food | 6060.91 | 3187.72 | 2805.58 |
| #粮食 | Grain | 417.74 | 337.18 | 326.94 |
| 淀粉及薯类 | Starches and Tubers | 56.66 | 49.48 | 52.50 |
| 干豆类及豆制品 | Beans and Bean Products | 86.92 | 73.52 | 70.48 |
| 油脂类 | Oil and Fats | 124.47 | 106.78 | 107.31 |
| 肉类 | Meat | 865.13 | 597.91 | 518.73 |
| 禽类 | Poultry | 339.99 | 187.96 | 162.79 |
| 蛋类 | Eggs | 123.90 | 100.18 | 94.11 |
| 水产品类 | Aquatic Products | 458.25 | 222.95 | 177.04 |

# Per Capita Income and Expenditure of Urban Households (2011)

(yuan)

| 按收入水平分组 Grouped by Level of Income | | | | | |
|---|---|---|---|---|---|
| 低收入户占10% Low Income Households (second decile group) | 中等偏下户 占20% Lower Middle Income Households (second quintile group) | 中等收入户 占20% Middle Income Households (third quintile group) | 中等偏上户 占20% Upper Middle Income Households (fourth quintile group) | 高收入户 占10% High Income Households (ninth decile group) | 最高收入户 占10% Highest Income Households (tenth decile group) |
| **14003.37** | **18634.29** | **24588.72** | **33428.30** | **45493.25** | **73205.82** |
| **12644.45** | **16855.93** | **22478.82** | **30385.88** | **41272.04** | **67125.97** |
| 8748.26 | 11832.59 | 14477.04 | 20478.10 | 29192.65 | 43452.71 |
| 8600.38 | 11696.36 | 14385.69 | 20353.68 | 28848.63 | 42543.87 |
| 147.87 | 136.23 | 91.34 | 124.42 | 344.02 | 908.85 |
| 1398.98 | 1818.04 | 1992.49 | 2834.94 | 4011.17 | 11313.79 |
| 189.10 | 213.67 | 314.47 | 698.72 | 1117.01 | 3123.76 |
| 19.56 | 41.98 | 63.40 | 185.64 | 222.91 | 701.45 |
| 3667.04 | 4769.99 | 7804.73 | 9416.55 | 11172.42 | 15315.56 |
| 2877.28 | 3944.94 | 6927.48 | 7953.19 | 9493.78 | 11496.95 |
| 2.94 | 9.27 | 6.46 | 102.97 | 425.26 | 493.71 |
| 4050.96 | 4060.27 | 5959.72 | 7846.71 | 10382.37 | 20238.74 |
| 3608.93 | 3709.32 | 5797.74 | 7751.75 | 9625.14 | 19873.82 |
| **13085.69** | **16229.74** | **20031.11** | **26737.48** | **35186.94** | **51983.04** |
| 9299.90 | 12154.02 | 14938.57 | 19807.37 | 25098.99 | 35346.91 |
| 1190.30 | 628.65 | 756.78 | 543.00 | 1494.74 | 2303.27 |
| 1363.29 | 1793.18 | 2360.61 | 3492.41 | 4652.44 | 9063.44 |
| 43.42 | 67.31 | 118.55 | 259.34 | 401.40 | 795.40 |
| 1188.76 | 1586.58 | 1856.60 | 2635.37 | 3539.37 | 4474.02 |
| 3821.56 | 4971.64 | 8599.10 | 12528.13 | 18873.51 | 38922.91 |
| 3537.01 | 4551.13 | 7873.86 | 11169.30 | 17458.01 | 34948.83 |
| 0.99 | 0.24 | 10.37 | 85.88 | 28.19 | 89.94 |
| | | | | | |
| 4126.03 | 5043.69 | 6065.13 | 6984.72 | 8150.41 | 9560.50 |
| 341.95 | 402.48 | 430.69 | 449.88 | 489.83 | 455.73 |
| 49.50 | 56.87 | 60.30 | 57.74 | 59.85 | 58.87 |
| 79.59 | 84.83 | 91.65 | 89.98 | 94.18 | 90.42 |
| 117.39 | 125.29 | 129.59 | 128.29 | 130.59 | 124.61 |
| 756.92 | 850.21 | 929.94 | 931.37 | 991.75 | 903.18 |
| 266.24 | 320.81 | 377.15 | 385.24 | 407.30 | 387.40 |
| 107.53 | 122.24 | 132.74 | 130.50 | 134.49 | 128.22 |
| 322.36 | 403.10 | 494.97 | 545.23 | 589.41 | 594.16 |

单位:元

| 指标 Item | | 全省调查户平均水平 Average | 最低收入户占10% Lowest Income Households (first decile group) | #更低收入户占5% Poor Households (first five percent group) |
|---|---|---|---|---|
| 蔬菜类 | Vegetables | 582.89 | 395.96 | 365.14 |
| 调味品 | Condiments | 66.92 | 45.97 | 43.21 |
| 糖类 | Sugar | 54.13 | 23.31 | 18.76 |
| 烟草类 | Tobacco | 378.79 | 132.48 | 89.10 |
| 酒类 | Liquor | 207.39 | 81.89 | 69.29 |
| 饮料 | Beverages | 96.29 | 36.22 | 30.58 |
| 干鲜瓜果类 | Dried and Fresh Melons and Fruits | 441.46 | 204.89 | 180.32 |
| 糕点 | Cake | 118.39 | 60.10 | 50.35 |
| 奶及奶制品 | Milk and Processed Products | 279.66 | 137.66 | 111.27 |
| 其他食品 | Other Food | 122.96 | 56.67 | 46.10 |
| 衣着 | Clothing | 1772.06 | 661.72 | 516.01 |
| #服装 | Garments | 1338.75 | 489.01 | 379.97 |
| 衣着材料 | Clothing Materials | 18.07 | 7.34 | 3.69 |
| 鞋类 | Shoes | 346.32 | 139.07 | 112.18 |
| 其他衣着用品 | Other Clothing | 56.55 | 22.48 | 16.94 |
| 居住 | Residence | 1187.74 | 533.46 | 523.51 |
| #租赁房房租 | Rent | 42.39 | 25.04 | 26.59 |
| 水 | Water | 101.83 | 56.91 | 50.86 |
| 电 | Electricity | 374.53 | 248.96 | 224.17 |
| 家庭设备用品及服务 | Facilities, Articales and Services | 1193.81 | 400.22 | 368.53 |
| 耐用消费品 | Durable Consumer Goods | 475.03 | 137.58 | 134.80 |
| 室内装饰品 | Articles for Interior Decoration | 21.99 | 2.49 | 1.53 |
| 床上用品 | Bed Articles | 105.04 | 25.48 | 25.37 |
| 家庭日用杂品 | Household Articles for Daily Use | 485.33 | 220.30 | 193.26 |
| 家具材料 | Furniture Materials | 3.67 | 2.23 | 4.17 |
| 家庭服务 | Household Services | 102.75 | 12.15 | 9.40 |
| 医疗保健 | Hualth Care and Medical Services | 962.45 | 435.23 | 391.88 |
| #药品费 | Expenses of Medicine | 415.56 | 253.89 | 227.42 |
| 滋补保健品 | Health Care product | 216.57 | 20.14 | 12.58 |
| 医疗费 | Medical Expenses | 289.31 | 156.32 | 147.71 |
| 交通和通讯 | Transport and Communications | 2262.19 | 627.71 | 427.60 |
| #交通费 | Transport | 228.03 | 80.35 | 61.19 |
| 电信费 | Telecommunications | 492.08 | 236.49 | 203.40 |
| 教育文化娱乐服务 | Recreation, Education and Cultural Services | 2695.52 | 961.73 | 871.46 |
| 文化娱乐用品 | Recreation Articales | 655.92 | 171.23 | 147.58 |
| 文化娱乐服务 | Recreation Services | 1033.95 | 196.43 | 155.74 |
| 教育 | Education | 1005.65 | 594.07 | 568.14 |
| 杂项商品和服务 | Miscellaneous Goods and Services | 647.06 | 209.96 | 193.19 |

Continued

(yuan)

| 按收入水平分组 Grouped by Level of Income | | | | | |
|---|---|---|---|---|---|
| 低收入户占10% Low Income Households (second decile group) | 中等偏下户占20% Lower Middle Income Households (second quintile group) | 中等收入户占20% Middle Income Households (third quintile group) | 中等偏上户占20% Upper Middle Income Households (fourth quintile group) | 高收入户占10% High Income Households (ninth decile group) | 最高收入户占10% Highest Income Households (tenth decile group) |
| 492.26 | 536.34 | 629.65 | 644.93 | 689.39 | 651.62 |
| 55.24 | 61.26 | 70.79 | 74.60 | 77.26 | 80.47 |
| 31.08 | 37.31 | 45.17 | 67.02 | 85.87 | 110.96 |
| 207.43 | 312.39 | 363.04 | 417.58 | 567.25 | 751.06 |
| 108.19 | 146.57 | 194.26 | 241.44 | 300.43 | 454.28 |
| 49.76 | 78.34 | 85.91 | 118.91 | 148.40 | 176.00 |
| 262.73 | 337.37 | 437.15 | 537.97 | 621.16 | 755.44 |
| 71.59 | 91.86 | 117.48 | 145.94 | 166.18 | 188.78 |
| 174.87 | 231.52 | 279.44 | 341.67 | 397.01 | 409.56 |
| 76.45 | 92.74 | 124.01 | 144.48 | 178.71 | 210.50 |
| 973.99 | 1297.46 | 1513.49 | 2090.46 | 2710.94 | 3876.50 |
| 720.76 | 953.76 | 1128.77 | 1569.11 | 2089.06 | 3027.96 |
| 12.54 | 16.66 | 16.37 | 24.73 | 20.62 | 26.20 |
| 201.45 | 275.63 | 307.57 | 412.54 | 501.12 | 680.51 |
| 32.30 | 41.32 | 49.25 | 70.30 | 81.83 | 116.10 |
| 686.80 | 835.26 | 1140.61 | 1381.47 | 1745.12 | 2378.76 |
| 22.29 | 42.66 | 17.48 | 54.38 | 56.83 | 97.52 |
| 73.03 | 83.95 | 98.82 | 118.02 | 138.60 | 157.95 |
| 299.92 | 337.71 | 360.99 | 406.49 | 463.79 | 549.07 |
| 596.26 | 786.97 | 1015.40 | 1466.29 | 1898.94 | 2733.82 |
| 213.10 | 305.40 | 398.40 | 589.44 | 800.32 | 1109.77 |
| 7.67 | 5.63 | 8.51 | 27.92 | 64.85 | 68.55 |
| 51.65 | 62.17 | 89.32 | 141.15 | 165.69 | 243.37 |
| 293.24 | 374.23 | 451.21 | 569.51 | 701.51 | 915.25 |
| 4.56 | 0.92 | 3.69 | 3.78 | 8.40 | 5.14 |
| 26.04 | 38.63 | 64.27 | 134.49 | 158.17 | 391.73 |
| 645.89 | 702.82 | 903.05 | 1155.88 | 1426.17 | 1718.90 |
| 352.94 | 363.68 | 407.65 | 465.36 | 548.86 | 553.44 |
| 56.75 | 75.75 | 191.53 | 297.45 | 453.76 | 565.26 |
| 228.19 | 250.68 | 249.98 | 360.11 | 340.88 | 472.22 |
| 727.64 | 1340.80 | 1722.29 | 2823.61 | 3775.53 | 6280.73 |
| 96.49 | 140.11 | 181.44 | 291.55 | 358.32 | 567.70 |
| 345.42 | 415.11 | 473.18 | 541.76 | 684.41 | 849.13 |
| 1300.57 | 1832.23 | 2121.52 | 3185.07 | 4297.80 | 6670.24 |
| 337.16 | 421.40 | 568.45 | 773.38 | 1156.32 | 1498.43 |
| 298.89 | 438.08 | 743.05 | 1261.42 | 1904.53 | 3371.19 |
| 664.52 | 972.74 | 810.02 | 1150.27 | 1236.94 | 1800.62 |
| 242.72 | 314.80 | 457.07 | 719.87 | 1094.07 | 2127.46 |

# 4－6　城镇居民家庭人均购买主要商品数量(2011 年)

单位:千克

| 项　　目 | Item | 全省调查户平均水平 Average | 最低收入户占 10% Lowest Income Households (first decile group) | #更低收入户占 5% Poor Households (first five percent group) |
|---|---|---|---|---|
| 食用植物油 | Edible Vegetable Oil | 8.44 | 8.08 | 8.27 |
| 猪肉 | Pork | 21.19 | 15.79 | 14.32 |
| 牛肉 | Beef | 1.99 | 1.69 | 1.29 |
| 羊肉 | Mutton | 0.71 | 0.48 | 0.40 |
| 鸡鸭 | Chicken and Duck | 9.84 | 7.07 | 6.38 |
| 鲜蛋 | Fresh Eggs | 10.65 | 9.79 | 9.55 |
| 鱼 | Fish | 13.40 | 9.90 | 8.83 |
| 虾 | Shrimp | 2.73 | 1.38 | 0.98 |
| 鲜菜 | Fresh Vegetables | 115.34 | 99.66 | 98.79 |
| 白酒 | Liquor | 2.03 | 1.54 | 1.45 |
| 啤酒 | Beer | 2.48 | 2.04 | 1.98 |
| 茶叶 | Tea | 0.22 | 0.08 | 0.07 |
| 鲜果 | Fresh Fruits | 31.78 | 20.23 | 19.36 |
| 鲜瓜 | Fresh Melons | 15.54 | 12.29 | 12.18 |
| 糕点 | Cake | 5.31 | 3.63 | 3.16 |
| 鲜乳品 | Fresh Dairy Products | 16.02 | 9.01 | 6.65 |
| 奶粉 | Milk Powder | 0.58 | 0.26 | 0.24 |
| 酸奶 | Yagurt | 3.01 | 1.12 | 1.02 |
| 服装　(件) | Garment　(piece) | 8.74 | 5.28 | 4.59 |

# Per Capita Annual Purchases of Major Commodities of Urban Households by Level of Income (2011)

(kg)

| 按收入水平分组 Grouped by Level of Income | | | | | |
|---|---|---|---|---|---|
| 低收入户占10% Low Income Households (second decile group) | 中等偏下户占20% Lower Middle Income Households (second quintile group) | 中等收入户占20% Middle Income Households (third quintile group) | 中等偏上户占20% Upper Middle Income Households (fourth quintile group) | 高收入户占10% High Income Households (ninth decile group) | 最高收入户占10% Highest Income Households (tenth decile group) |
| 8.64 | 8.99 | 8.81 | 8.16 | 8.22 | 7.45 |
| 19.65 | 21.28 | 22.64 | 22.53 | 23.44 | 20.42 |
| 1.60 | 1.98 | 2.16 | 2.00 | 2.24 | 2.19 |
| 0.57 | 0.68 | 0.83 | 0.79 | 0.74 | 0.71 |
| 9.25 | 10.05 | 10.82 | 10.44 | 10.26 | 9.27 |
| 9.78 | 10.93 | 11.53 | 10.86 | 10.63 | 9.66 |
| 12.08 | 13.28 | 14.44 | 14.57 | 14.33 | 13.29 |
| 2.04 | 2.55 | 2.92 | 3.25 | 3.39 | 3.22 |
| 107.63 | 113.95 | 122.93 | 118.18 | 125.83 | 111.08 |
| 1.82 | 2.45 | 2.08 | 1.96 | 2.15 | 1.82 |
| 2.85 | 2.35 | 2.52 | 2.54 | 2.74 | 2.32 |
| 0.13 | 0.22 | 0.22 | 0.27 | 0.27 | 0.30 |
| 22.82 | 26.99 | 32.82 | 36.31 | 40.75 | 44.15 |
| 11.57 | 14.32 | 16.31 | 16.81 | 17.51 | 19.94 |
| 3.84 | 4.65 | 5.49 | 6.10 | 6.52 | 6.97 |
| 10.97 | 13.61 | 16.41 | 18.94 | 21.61 | 22.02 |
| 0.39 | 0.44 | 0.93 | 0.59 | 0.72 | 0.56 |
| 1.48 | 2.00 | 2.83 | 4.28 | 4.72 | 5.04 |
| 6.46 | 7.74 | 8.46 | 10.06 | 10.45 | 13.37 |

# 4－7　城镇居民家庭平均每百户年末耐用品拥有量(2011 年)

| 项　目 Item | | 全省调查户平均水平 Average | 最低收入户占 10% Lowest Income Households (first decile group) | #更低收入户占 5% Poor Households (first five percent group) |
|---|---|---|---|---|
| 摩托车　（辆） | Motorcycle (unit) | 18.56 | 18.04 | 16.39 |
| 助力车　（辆） | Hand Car (unit) | 82.36 | 87.21 | 79.16 |
| 家用汽车　（辆） | Automobile (unit) | 23.92 | 3.42 | 2.35 |
| 洗衣机　（台） | Washing Machine (set) | 101.04 | 94.33 | 91.56 |
| 电冰箱柜　（台） | Refrigerator (set) | 100.70 | 88.33 | 81.22 |
| 彩色电视机　（台） | Color TV Set (set) | 171.79 | 133.62 | 123.38 |
| 家用电脑　（台） | Computer (set) | 96.94 | 59.65 | 53.16 |
| 组合音响　（套） | Hi-Fi Stereo Component System (set) | 22.71 | 10.30 | 7.89 |
| 摄像机　（台） | Vedio Camera (set) | 10.89 | 2.72 | 2.89 |
| 照相机　（架） | Camera (set) | 50.86 | 15.27 | 7.66 |
| 钢琴　（架） | Pianoe (set) | 3.31 | 0.35 | 0.33 |
| 其他中高档乐器　（件） | Other Medium and High-Grade Musical Instrument (unit) | 4.22 | 1.33 | 1.40 |
| 微波炉　（台） | Microwave Oven (set) | 91.58 | 73.58 | 63.95 |
| 空调器　（台） | Air Conditioner (set) | 195.96 | 106.47 | 84.91 |
| 淋浴热水器　（台） | Water Heater for Shower (set) | 100.06 | 77.42 | 69.61 |
| 消毒碗柜　（台） | Disinfection Cupboard (set) | 9.51 | 1.43 | 0.73 |
| 洗碗机　（台） | HDishwasher (set) | 0.77 | 0.40 | 0.84 |
| 健身器材　（件） | ealth Equipment (unit) | 6.20 | 0.47 | 0.66 |
| 固定电话　（部） | Fixed Telephone (set) | 83.10 | 65.98 | 61.88 |
| 移动电话　（部） | Mobile Telephone (set) | 210.87 | 188.91 | 172.83 |

## Ownership of Durable Consumer Goods per 100 Urban Households at Year-end by Level of Income (2011)

| 收入水平分组 Grouped by Level of Income | | | | | |
|---|---|---|---|---|---|
| 低收入户占10% Low Income Households (second decile group) | 中等偏下户 占20% Lower Middle Income Households (second quintile group) | 中等收入户 占20% Middle Income Households (third quintile group) | 中等偏上户 占20% Upper Middle Income Households (fourth quintile group) | 高收入户 占10% High Income Households (ninth decile group) | 最高收入户 占10% Highest Income Households (tenth decile group) |
| 20.66 | 21.93 | 16.41 | 20.30 | 17.10 | 13.33 |
| 100.37 | 98.00 | 87.53 | 73.66 | 69.40 | 54.49 |
| 6.09 | 10.14 | 19.01 | 29.73 | 43.08 | 59.90 |
| 98.14 | 99.65 | 100.44 | 103.01 | 103.11 | 106.74 |
| 97.07 | 97.92 | 100.52 | 102.79 | 105.92 | 110.02 |
| 158.59 | 159.11 | 170.93 | 179.80 | 189.65 | 205.49 |
| 77.22 | 85.89 | 90.71 | 104.49 | 120.63 | 137.94 |
| 14.66 | 17.64 | 20.42 | 27.17 | 34.07 | 33.52 |
| 3.01 | 6.77 | 8.58 | 14.31 | 18.31 | 22.20 |
| 31.18 | 34.23 | 46.87 | 61.60 | 74.88 | 89.87 |
| 0.87 | 1.62 | 2.74 | 4.11 | 6.99 | 6.75 |
| 2.75 | 3.90 | 3.63 | 4.47 | 5.32 | 7.93 |
| 88.30 | 89.07 | 93.17 | 94.26 | 98.38 | 98.62 |
| 152.83 | 165.08 | 188.36 | 216.71 | 247.49 | 284.81 |
| 89.23 | 94.28 | 101.16 | 106.60 | 108.06 | 115.50 |
| 4.58 | 5.09 | 7.16 | 11.84 | 13.95 | 23.78 |
| 1.01 | 0.76 | 0.38 | 0.92 | 0.75 | 1.38 |
| 2.82 | 3.09 | 4.30 | 6.92 | 12.17 | 15.74 |
| 78.64 | 75.57 | 85.34 | 86.41 | 93.22 | 93.83 |
| 211.62 | 213.98 | 200.72 | 214.45 | 218.63 | 227.26 |

## 4-8 城镇居民家庭平均每人购买主要商品数量
## Per Capita Annual Purchases of Major Commodities in Urban Households

单位:公斤 (kg)

| 项　目 | Item | 1990 | 1995 | 2000 | 2005 | 2010 | 2011 |
|---|---|---|---|---|---|---|---|
| 大米 | Rice | 78.53 | 71.28 | 56.16 | 50.33 | 47.06 | 44.08 |
| 面粉 | Flour | 17.73 | 10.60 | 5.74 | 6.25 | 5.58 | 5.37 |
| 植物油 | Edible Vegetable Oil | 6.98 | 7.31 | 8.60 | 8.62 | 8.22 | 8.44 |
| 鲜菜 | Fresh Vegetables | 117.73 | 112.30 | 105.01 | 104.70 | 121.55 | 115.34 |
| 猪肉 | Pork | 18.49 | 19.86 | 19.71 | 20.98 | 21.86 | 21.19 |
| 牛羊肉 | Beef and Mutton | 2.38 | 1.40 | 1.77 | 2.37 | 2.42 | 2.70 |
| 蛋类 | Eggs | 7.54 | 10.14 | 11.87 | 10.71 | 10.75 | 11.82 |
| 鱼虾 | Fish and Shrimp | 10.76 | 14.31 | 15.89 | 15.30 | 16.80 | 16.13 |
| 鲜瓜果 | Fresh Melons&Fruits | 45.32 | 45.39 | 47.42 | 51.87 | 54.44 | 47.32 |
| 糕点 | Cake | 3.94 | 3.11 | 3.01 | 3.73 | 5.09 | 5.31 |
| 鲜酸奶 | Yogurt | 3.72 | 4.19 | 12.04 | 22.00 | 20.16 | 19.03 |
| 服装　（件） | Garments　(piece) | 2.45 | 4.82 | 5.81 | 6.95 | 8.11 | 8.74 |

## 4-9 城镇居民家庭平均每百户年末耐用品拥有量
## Ownership of Major Durable Consumer Goods per 100 Urban Households at Year-end

| 项　目 | Item | 1990 | 1995 | 2000 | 2005 | 2010 | 2011 |
|---|---|---|---|---|---|---|---|
| 洗衣机　（台） | Washing Machines　(set) | 85.81 | 95.35 | 96.15 | 99.38 | 102.08 | 101.04 |
| 电冰箱柜　（台） | Refrigerators　(set) | 49.09 | 71.35 | 90.06 | 96.47 | 99.36 | 100.70 |
| 摩托车　（辆） | Motorcycles　(unit) | 1.90 | 6.77 | 27.28 | 27.42 | 21.59 | 18.56 |
| 彩色电视机　（台） | Color TV Sets　(set) | 51.46 | 85.22 | 124.45 | 153.19 | 170.66 | 171.79 |
| 空调器　（台） | Air Conditioners　(set) | 0.07 | 10.53 | 45.90 | 123.92 | 170.61 | 195.96 |
| 家用电脑　（台） | Computers　(set) | | | 10.65 | 46.35 | 81.36 | 96.94 |
| 健身器材　（件） | Health Equipment　(set) | | | 5.09 | 5.59 | 5.46 | 6.20 |
| 固定电话　（部） | Fixed Telephones　(set) | | | | 130.79 | 109.29 | 83.10 |
| 移动电话　（部） | Mobile Telephones　(set) | | | 25.47 | 120.61 | 183.26 | 210.87 |
| 家用汽车　（辆） | Automobile　(unit) | | | | 4.29 | 13.83 | 23.92 |

# 4－10　农村居民家庭基本情况
## Basic Conditions of Rural Households

| 指　标 | Item | 2000 | 2005 | 2010 | 2011 |
|---|---|---|---|---|---|
| **调查户数　　　　（户）** | **Number of Households Surveyed (household)** | **3400** | **3400** | **3400** | **5000** |
| **调查户人口　　　（人）** | **Residents Surveyed (person)** | | | | |
| 常住人口 | Permanent Residents | 12711 | 12712 | 12499 | 17204 |
| 平均每户常住人口 | Average Numbe of Permanent Residents per Household | 3.74 | 3.74 | 3.68 | 3.44 |
| 平均每户整、半劳动力 | Average Number of Full/Semi Labour Force per Household | 2.62 | 2.66 | 2.66 | 2.55 |
| 平均每个劳动力负担人口（包括劳动力本人） | Average Number of Dependents per Labour Force(including the laborer-self) | 1.43 | 1.41 | 1.38 | 1.35 |
| **人均住房面积　（平方米）** | **Per Capita Floor Space of Houses (sq. m)** | **33.7** | **38.6** | **46.3** | **48.6** |
| **平均每人全年收入　（元）** | **Per Capita Annual Income (yuan)** | | | | |
| 总收入 | Total Revenue | 4542.0 | 6682.3 | 11138.5 | 13366.6 |
| 纯收入 | Net Income | 3595.1 | 5276.3 | 9118.2 | 10805.0 |
| 现金收入 | Cash Income | 3673.6 | 6035.3 | 10230.8 | 12421.4 |
| **按人均纯收入水平分组的户数占调查总户数的比重（%）** | **Percentage of Households Grouped by per Capita Annual Net Income (%)** | | | | |
| 1000 元以下 | Below 1000 yuan | 2.9 | 1.6 | 1.6 | 1.7 |
| 1000—2000 元 | 1000—2000 yuan | 17.1 | 6.6 | 2.4 | 3.1 |
| 2000—3000 元 | 2000—3000 yuan | 26.8 | 14.1 | 4.5 | 4.7 |
| 3000—4000 元 | 3000—4000 yuan | 21.0 | 18.0 | 8.1 | 7.0 |
| 4000—5000 元 | 4000—5000 yuan | 12.2 | 14.7 | 8.7 | 7.4 |
| 5000—6000 元 | 5000—6000 yuan | 20.0 | 11.5 | 10.2 | 7.5 |
| 6000—8000 元 | 6000—8000 yuan | | 15.4 | 17.9 | 14.0 |
| 8000—10000 元 | 8000—10000 yuan | | 8.8 | 14.2 | 11.6 |
| 10000 元以上 | 10000 yuan and Over | | 9.3 | 32.4 | 43.0 |
| **平均每人全年支出　（元）** | **Per Capita Annual Expenditures (yuan)** | | | | |
| 总支出 | Total Expenditure | 3434.3 | 5281.3 | 9163.6 | 11046.9 |
| #家庭经营性费用支出 | Expenditure for Household Operations | 678.0 | 1185.1 | 1604.7 | 2031.6 |
| 购置生产性固定资产支出 | Purchase of Productive Fixed Assets Expenditures | 28.8 | 141.4 | 164.1 | 182.3 |
| 生活消费支出 | Expenses on Household Consumption | 2337.5 | 3567.1 | 6542.9 | 7693.3 |
| 财产性支出 | Expenses on Properties | 14.7 | 6.1 | 51.3 | 9.4 |
| 转移性支出 | Expenses on Transfers | 272.0 | 346.9 | 765.0 | 1100.5 |
| 现金支出 | Cash Expenditure | 2970.2 | 4776.1 | 8587.3 | 10569.1 |
| #生产费用 | Productive Costs | 667.2 | 1261.1 | 1723.3 | 2162.0 |
| 税费支出 | Taxes and Fees | 97.0 | 33.3 | 34.6 | 29.8 |
| 生活消费支出 | Expenses on Household Consumption | 1922.1 | 3137.9 | 6041.9 | 7309.2 |

# 4-11 农村居民家庭平均每人总收入和纯收入
# Annual per Capita Revenue and Net Income of Rural Households

单位:元 (yuan)

| 指标 | Item | 2000 | 2005 | 2010 | 2011 |
|---|---|---|---|---|---|
| **总收入** | **Total Revenue** | **4542.0** | **6682.3** | **11138.5** | **13366.6** |
| 工资性收入 | Wages Income | 1663.1 | 2786.1 | 4896.4 | 5747.0 |
| 在非企业组织中劳动的收入 | Non-enterprise Units | 283.9 | 353.7 | 569.3 | 603.2 |
| 在本乡地域内劳动得到的收入 | Income from Labour in Native Region | 902.7 | 1474.1 | 2774.7 | 3303.4 |
| #在本地企业劳动得到的收入 | Local Enterprises | 740.2 | 1251.2 | 2350.0 | 2787.5 |
| 外出从业得到的收入 | Income from Labour in Non-native Region | 476.5 | 958.3 | 1552.4 | 1840.4 |
| 家庭经营收入 | Income from Household Operations | 2636.1 | 3470.6 | 5068.0 | 6107.4 |
| 财产性收入 | Income from Properties | 48.1 | 150.4 | 398.9 | 476.1 |
| 转移性收入 | Income from Transfers | 194.7 | 275.2 | 775.2 | 1036.0 |
| **纯收入** | **Net Income** | **3595.1** | **5276.3** | **9118.2** | **10805.0** |
| 工资性收入 | Wages Income | 1663.1 | 2786.1 | 4896.4 | 5747.0 |
| 家庭经营收入 | Household Operations | 1771.0 | 2125.0 | 3215.0 | 3780.9 |
| 农业收入 | Farming | | 946.4 | 1323.5 | 1514.2 |
| 林业收入 | Forestry | | 39.6 | 73.9 | 76.3 |
| 牧业收入 | Animal Husbandry | | 256.5 | 202.3 | 261.5 |
| 渔业收入 | Fishery | | 135.6 | 244.9 | 306.0 |
| 工业收入 | Industry | | 147.5 | 356.9 | 435.1 |
| 建筑业收入 | Construction | | 104.0 | 139.9 | 166.6 |
| 交通运输邮电业收入 | Transport and Post | | 188.8 | 267.5 | 270.0 |
| 批零贸易餐饮业收入 | Wholesale and Retail Trade and Catering Services | | 205.3 | 464.0 | 576.0 |
| 社会服务业收入 | Social Services | | 61.9 | 75.9 | 109.8 |
| 文教卫生业收入 | Education, Culture and Health Care | | 3.2 | 18.0 | 14.9 |
| 其他家庭经营收入 | Income from Other Household Operations | | 36.2 | 48.3 | 50.5 |
| 财产性收入 | Income from Properties | 48.1 | 150.4 | 398.9 | 476.1 |
| 转移性收入 | Income from Transfers | 112.9 | 214.8 | 607.9 | 801.0 |

## 4－12 农村居民家庭平均每人生活消费支出
## Per Capita Rural Household Living Expenditures

单位:元 (yuan)

| 指　标 | Item | 2000 | 2005 | 2010 | 2011 |
|---|---|---|---|---|---|
| **生活消费支出** | **Total Consumption Expenditure** | **2337.5** | **3567.1** | **6542.9** | **7693.3** |
| 食品 | Food | 1017.6 | 1569.3 | 2491.5 | 2958.2 |
| 主食 | Staple Food | 259.7 | 307.2 | 380.1 | 407.6 |
| 副食及其他食品 | Non-Staple Food and Others | 670.2 | 1031.2 | 1631.0 | 2016.9 |
| 在外饮食 | Food Consumption Outside | 87.7 | 230.9 | 480.4 | 533.7 |
| 衣着 | Clothing | 126.7 | 191.1 | 350.0 | 408.1 |
| 居住 | Residence | 441.6 | 512.5 | 1170.9 | 1319.1 |
| #住房装饰 | Housing Decoration | 53.6 | 99.5 | 162.6 | 250.0 |
| 家庭设备用品及服务 | Household Facilities, Articles and Services | 115.0 | 168.0 | 327.7 | 411.9 |
| 交通和通讯 | Transport and Communications | 155.5 | 363.8 | 785.5 | 916.9 |
| 文化教育娱乐用品及服务 | Cultural, Educational and Recreational Articles and Services | 269.0 | 478.9 | 908.1 | 1064.4 |
| 医疗保健 | Healthcare and Medical Services | 129.5 | 198.5 | 362.3 | 443.8 |
| 其他商品和服务 | Miscellaneous Goods and Services | 82.6 | 85.0 | 146.9 | 170.9 |

## 4－13 农村居民家庭房屋情况
## Housing Conditions of Rural Household

| 指　标 | | 2000 | 2005 | 2010 | 2011 |
|---|---|---|---|---|---|
| **平均每人住房** | **per Capita Housing Conditions** | | | | |
| 人均住房价值 (元) | Per Capita Value of Houses (yuan) | 9397.9 | 15462.7 | 25843.2 | 30495.4 |
| 人均住房面积 (平方米) | Per Capita Floor Space of Houses (sq. m) | 33.7 | 38.6 | 46.3 | 48.6 |
| 按住房类型分 | Grouped by Type of Houses | | | | |
| #楼房面积 | Per Capita Floor Space of Storied Buildings | 19.7 | 25.5 | 31.71 | 32.3 |
| 砖瓦平房面积 | Per Capita Floor Space of Brick and Wood Bungalow | 13.5 | 12.7 | 14.39 | 16.3 |
| 按住房结构分 | Grouped by House Structure | | | | |
| #钢筋混凝土结构 | Reinforced Concrete Structure | 8.4 | 21.6 | 26.9 | 25.0 |
| 砖木结构 | Brick and Wood Structure | 24.8 | 16.6 | 19.3 | 23.6 |
| **平均每人本年新建房屋** | **Houses Newly Built per Capita This Year** | | | | |
| 新建(购)住房每平方米价值 (元) | Value of per Square of the Rooms Newly Built (yuan) | 352.6 | 563.1 | 903.5 | 1050.8 |
| 人均新建(购)住房面积 (平方米) | Per Capita Floor Space of Houses Newly Built (sq. m) | 1.14 | 0.85 | 0.95 | 1.11 |
| #钢筋混凝土结构 | Reinforced Concrete Structures | 0.43 | 0.66 | 0.66 | 0.94 |
| 砖木结构 | Brick and Wood Structures | 0.69 | 0.19 | 0.28 | 0.14 |
| #楼房 | Storied Buildings | 0.75 | 0.69 | 0.79 | 0.91 |

## 4－14　不同收入组农村居民家庭基本情况(2011 年)
## Basic Condition of Rural Household Grouped by Income(2011)

| 指　标 | Item | 低收入户 Low Income Households | 中低收入户 Low-medium Income Households | 中等收入户 Medium Income Households | 中高收入户 Upper-medium Income Households | 高收入户 High Income Households |
|---|---|---|---|---|---|---|
| 平均每户常住人口　(人) | Average Number of Permanent Residents per Household (person) | 3.8 | 3.7 | 3.5 | 3.3 | 2.9 |
| 平均每户整、半劳动力(人) | Average Number of Full/Semi Labour Force per Household (person) | 2.5 | 2.6 | 2.7 | 2.5 | 2.4 |
| 平均每个劳动力负担人口(人) | Average Number of Dependents per Labour Force (person) | 1.51 | 1.41 | 1.32 | 1.29 | 1.22 |
| 平均每人总收入　(元) | Per Capita Total Income (yuan) | 5301.0 | 8143.5 | 11348.3 | 15580.4 | 30169.7 |
| #现金收入 | Cash Income | 4574.5 | 7270.4 | 10380.6 | 14712.4 | 28812.9 |
| 平均每人总支出　(元) | Per Capita Total Expenditure (yuan) | 7451.7 | 8185.4 | 9752.2 | 12084.2 | 19539.9 |
| #现金支出 | Cash Expenditure | 7015.2 | 7709.0 | 9238.9 | 11618.6 | 19035.6 |
| 平均每人纯收入　(元) | Per Capita Net Income (yuan) | 3455.1 | 6544.9 | 9453.4 | 13484.1 | 24147.6 |
| 工资性收入 | Wages Income | 1752.1 | 3724.2 | 5762.1 | 8451.2 | 12047.2 |
| 家庭经营收入 | Income from Other Household Operations | 1231.1 | 2124.0 | 2781.4 | 3594.6 | 9143.2 |
| 财产性收入 | Income from Properties | 117.4 | 184.2 | 215.9 | 492.6 | 1396.5 |
| 转移性收入 | Income from Transfers | 354.5 | 512.6 | 694.0 | 945.6 | 1560.9 |

## 4－15　不同收入组农村居民家庭平均每人生活消费支出(2011 年)
## Per Capita Living Expenditure of Rural Household Grouped by Income(2011)

单位:元　(yuan)

| 指　标 | Item | 低收入户 Low Income Households | 中低收入户 Low-medium Income Households | 中等收入户 Medium Income Households | 中高收入户 Upper-medium Income Households | 高收入户 High Income Households |
|---|---|---|---|---|---|---|
| **生活消费支出** | **Total Consumption Expenditures** | **5037.6** | **5928.6** | **6725.1** | **8598.6** | **13392.1** |
| 食品 | Food | 2067.8 | 2317.8 | 2704.8 | 3393.4 | 4703.7 |
| 衣着 | Clothing | 260.0 | 294.3 | 366.2 | 509.2 | 675.7 |
| 居住 | Residence | 809.7 | 1037.2 | 1035.3 | 1289.4 | 2677.6 |
| 家庭设备用品及服务 | Household Facilities, Articles and Services | 266.8 | 297.2 | 347.6 | 509.0 | 707.6 |
| 交通和通讯 | Transport and Communications | 482.0 | 611.0 | 813.6 | 1037.3 | 1837.0 |
| 文化教育娱乐用品及服务 | Cultural, Educational and Recreational Articles and Services | 667.6 | 853.5 | 885.7 | 1173.5 | 1918.1 |
| 医疗保健 | Healthcare and Medical Services | 377.2 | 399.3 | 407.7 | 495.6 | 569.3 |
| 其他商品和服务 | Miscellaneous Goods and Services | 106.6 | 118.3 | 164.4 | 191.3 | 303.1 |
| **生活消费现金支出** | **Total Cash Consumption Expenditures** | **4676.5** | **5523.5** | **6305.8** | **8222.7** | **13036.2** |
| 食品 | Food | 1720.3 | 1931.9 | 2302.7 | 3030.9 | 4358.7 |
| 衣着 | Clothing | 260.0 | 294.0 | 366.1 | 509.2 | 675.6 |
| 居住 | Residence | 796.0 | 1018.5 | 1018.2 | 1276.9 | 2667.2 |
| 家庭设备用品及服务 | Household Facilities, Articles and Services | 266.7 | 296.9 | 347.5 | 508.1 | 707.1 |
| 交通和通讯 | Transport and Communications | 482.0 | 611.0 | 813.6 | 1037.3 | 1837.0 |
| 文化教育娱乐用品及服务 | Cultural, Educational and Recreational Articles and Services | 667.6 | 853.5 | 885.7 | 1173.5 | 1918.1 |
| 医疗保健 | Healthcare and Medical Services | 377.2 | 399.3 | 407.7 | 495.6 | 569.3 |
| 其他商品和服务 | Miscellaneous Goods and Services | 106.6 | 118.3 | 164.4 | 191.3 | 303.1 |

## 4-16 农村居民家庭平均每人主要消费品消费量
## Rural Household per Capita Consumption on Major Consumer Goods

单位:公斤 (kg)

| 指标 | Item | 2000 | 2005 | 2010 | 2011 |
|---|---|---|---|---|---|
| 粮食(原粮) | Grain (Unprocessed Grains) | 288.1 | 208.6 | 176.7 | 158.0 |
| #稻谷 | Rice | 188.2 | 147.1 | 129.4 | 114.5 |
| 小麦 | Wheat | 72.5 | 45.4 | 35.0 | 35.8 |
| 蔬菜及其制品 | Fresh Vegetables and processed products | 115.7 | 108.9 | 107.0 | 93.2 |
| 植物油 | Edible Vegetable Oil | 8.9 | 7.8 | 7.0 | 7.8 |
| 动物油 | Edible Animal Oil | 0.7 | 0.3 | 0.2 | 0.1 |
| 肉类及其制品 | Meat and Processed Products | 17.8 | 23.0 | 24.0 | 23.5 |
| #猪肉 | Pork | 11.5 | 12.8 | 12.9 | 12.7 |
| 牛羊肉 | Beef and Mutton | 0.8 | 1.3 | 1.3 | 1.3 |
| 家禽 | Poultry | 4.4 | 5.6 | 6.2 | 5.7 |
| 蛋类及其制品 | Eggs and Processed Products | 8.2 | 6.4 | 6.8 | 6.4 |
| 水产品及其制品 | Aquatic Products | 7.7 | 10.0 | 11.2 | 10.5 |
| #鱼类 | Fishes | 6.8 | 8.2 | 9.2 | 8.8 |
| 虾、贝、蟹类 | Shrimp, Shellfish and Crab | 0.5 | 1.2 | 1.4 | 1.2 |
| 水果(含果用瓜) | Fruit (including melon fruits) | 21.1 | 18.0 | 9.1 | 10.2 |
| 食糖 | Sugar | 1.5 | 1.2 | 1.2 | 1.1 |
| 酒 | Liquor | 7.4 | 11.2 | 11.5 | 10.6 |

## 4-17 农村居民家庭年末平均每百户耐用消费品拥有量
## Rural Household Year-end Possession of Durable Consumer Goods per 100 Households

| 指标 | | Item | | 2000 | 2005 | 2010 | 2011 |
|---|---|---|---|---|---|---|---|
| 彩色电视机 | (台) | Color TV Sets | (set) | 53.9 | 104.7 | 142.1 | 142.1 |
| 影碟机 | (台) | Video Disc Players | (set) | 11.2 | 30.1 | 40.6 | 30.0 |
| 电话机 | (部) | Telephones | (set) | 51.4 | 89.4 | 90.9 | 84.2 |
| 移动电话 | (部) | Mobile Telephones | (set) | 9.1 | 78.0 | 171.0 | 183.1 |
| 洗衣机 | (台) | Washing Machines | (set) | 46.1 | 67.9 | 91.5 | 90.6 |
| 电冰箱 | (台) | Refrigerators | (set) | 19.9 | 36.0 | 59.3 | 66.9 |
| 抽油烟机 | (台) | Exhaust Fans | (set) | 5.1 | 12.6 | 24.1 | 30.8 |
| 自行车 | (辆) | Bicycles | (unit) | 175.4 | 162.1 | 159.9 | 153.1 |
| 摩托车 | (辆) | Motorcycles | (unit) | 28.5 | 52.7 | 63.3 | 57.0 |
| 空调机 | (台) | Air Conditioners | (set) | 5.4 | 22.2 | 47.4 | 56.6 |
| 照相机 | (架) | Cameras | (set) | 4.0 | 6.7 | 12.5 | 12.0 |
| 热水器 | (台) | Water Heater for Shower | (set) | 11.1 | 32.1 | 62.6 | 71.4 |
| 家用电脑 | (台) | Computer | (set) | | 2.9 | 11.0 | 15.8 |
| 家用汽车 | (辆) | Aatomobile | (unit) | 0.5 | 1.1 | 3.0 | 4.0 |

# 4－18 按纯收入分组农村居民家庭购买商品数量(2011 年)

## Annual Purchases of Commodities in Rural Households by Level of Net Income(2011)

单位:公斤 (kg)

| 指　标 | Item | 全省平均 Average | 低收入户 Low Income Households | 中低收入户 Low-medium Income Households | 中等收入户 Medium Income Households | 中高收入户 Upper-medium Income Households | 高收入户 High Income Households |
|---|---|---|---|---|---|---|---|
| **平均每人购买** | **Per Capita Perchases of Commodities** | | | | | | |
| 粮食(原粮) | Grain(Unprocessed Grain) | 60.6 | 47.0 | 49.7 | 55.7 | 72.1 | 85.2 |
| 食用植物油 | Edible Vegetable Oil | 6.4 | 5.5 | 5.8 | 6.5 | 7.1 | 7.6 |
| 动物油 | Animal Oil | 0.1 | 0.1 | 0.1 | 0.1 | 0.1 | 0.2 |
| 蔬菜 | Vegetables | 30.3 | 23.0 | 23.2 | 28.6 | 36.5 | 43.3 |
| 豆制品　(元) | Beans and Bean Products (yuan) | 31.0 | 29.2 | 28.9 | 31.6 | 32.8 | 33.3 |
| 猪肉 | Pork | 12.1 | 8.9 | 9.8 | 11.5 | 14.4 | 17.4 |
| 牛羊肉 | Beef and Mutton | 1.2 | 0.9 | 1.0 | 1.1 | 1.4 | 1.6 |
| 家禽 | Poultry | 4.2 | 2.8 | 3.1 | 3.6 | 5.1 | 6.8 |
| 鲜蛋 | Fresh Eggs | 4.2 | 3.5 | 3.7 | 4.0 | 4.9 | 5.4 |
| 水产品 | Aquatic products | 9.8 | 7.3 | 7.4 | 9.6 | 11.0 | 14.6 |
| 食糖 | Sugar | 1.1 | 1.0 | 0.9 | 1.1 | 1.1 | 1.4 |
| 卷烟　(盒) | Cigarettes (pack) | 31.5 | 25.1 | 24.9 | 30.2 | 35.7 | 44.6 |
| 酒 | Liquor | 9.5 | 7.9 | 7.9 | 9.9 | 10.8 | 11.7 |
| 茶叶 | Tea | 0.1 | 0.0 | 0.1 | 0.1 | 0.1 | 0.2 |
| 水果(含果用瓜) | Fruits(including melon fruits) | 10.1 | 8.1 | 8.6 | 10.3 | 11.1 | 13.8 |
| 服装　(件) | Garments (piece) | 4.0 | 2.9 | 3.3 | 3.8 | 4.6 | 5.8 |
| 鞋　(双) | Shoes (pair) | 2.1 | 1.8 | 1.9 | 2.0 | 2.5 | 2.3 |
| **平均每户购买** | **Per Household Perchases of Commodities** | | | | | | |
| 水泥 | Cement | 288.3 | 311.0 | 277.3 | 169.7 | 309.0 | 374.3 |
| 木材(立方米) | Timber (cu. m) | 0.1 | 0.0 | 0.0 | 0.0 | 0.1 | 0.3 |

单位:公斤 (kg)

| 指标 Item | | 全省平均 Average | 低收入户 Low Income Households | 中低收入户 Low-medium Income Households | 中等收入户 Medium Income Households | 中高收入户 Upper-medium Income Households | 高收入户 High Income Households |
|---|---|---|---|---|---|---|---|
| 钢材 | Steel | 18.7 | 8.0 | 20.2 | 1.9 | 9.4 | 53.9 |
| 水泥预制件 (件) | Cement Prefabricated Components (piece) | 2.8 | 3.3 | 3.1 | 4.6 | 1.5 | 1.4 |
| 砖瓦 (块) | Brisks and Tiles (piece) | 349.7 | 520.5 | 294.8 | 202.7 | 365.2 | 364.9 |
| 化肥 | Chemical Fertilizers | 610.4 | 680.7 | 766.6 | 666.1 | 518.3 | 420.3 |
| 饼肥 | Cake Fertilizers | 1.5 | 1.8 | 1.8 | 1.7 | 0.7 | 1.4 |
| 农药 (元) | Chemical Insecticide (yuan) | 313.4 | 300.3 | 374.2 | 358.6 | 272.1 | 261.9 |
| 农用薄膜 | Plastic Film for Agricultural Use | 2.4 | 1.0 | 2.5 | 2.4 | 2.1 | 4.2 |
| **平均每百户购买** | **Per 100 Households Perchases of Commodities** | | | | | | |
| 彩色电视机(台) | Color TV Sets (set) | 8.8 | 6.0 | 6.9 | 7.7 | 9.4 | 13.8 |
| 收录机 (台) | Radio Cassette Players (set) | 1.8 | 0.6 | 1.6 | 2.3 | 2.4 | 1.9 |
| 照相机 (架) | Cameras (set) | 0.8 | 0.5 | 0.2 | 0.4 | 1.0 | 1.9 |
| 洗衣机 (台) | Washing Machines (set) | 5.5 | 5.3 | 5.2 | 4.9 | 5.8 | 6.3 |
| 电风扇 (台) | Electric Fans (set) | 15.1 | 12.7 | 14.9 | 16.0 | 16.2 | 15.8 |
| 电冰箱 (台) | Refrigerators (set) | 7.2 | 5.4 | 7.1 | 7.5 | 8.6 | 7.3 |
| 空调机 (台) | Air Conditioners (set) | 7.9 | 5.2 | 5.3 | 6.4 | 8.3 | 14.2 |
| 油烟机 (台) | Exhaust Fans (set) | 1.4 | 0.5 | 1.3 | 1.2 | 1.7 | 2.1 |
| 热水器 (台) | Water Heaters for Shower (set) | 3.6 | 2.9 | 2.7 | 3.5 | 4.5 | 4.6 |
| 微波炉 (台) | Microwave Stoves (set) | 3.1 | 2.6 | 2.1 | 2.2 | 4.0 | 4.6 |
| 自行车 (辆) | Bicycles (unit) | 4.4 | 3.9 | 4.6 | 4.9 | 4.2 | 4.4 |
| 电动自行车(辆) | Power-driven Bicycles (unit) | 18.4 | 15.6 | 17.8 | 18.6 | 20.0 | 20.2 |
| 摩托车 (辆) | Motorcycles (unit) | 2.1 | 1.3 | 2.3 | 2.1 | 2.4 | 2.5 |
| 电话 (部) | Telephones (set) | 0.8 | 0.2 | 0.4 | 1.0 | 0.8 | 1.5 |

# 4－19 分地区城镇居民家庭基本情况(2011 年)

| 指标 | Item | 苏南 Southern Jiangsu | 苏中 Mid Jiangsu | 苏北 Northern Jiangsu |
|---|---|---|---|---|
| **基本情况** | **Basic Conditions** | | | |
| 调查户数 (户) | Number of Households Surveyed (household) | 4640 | 2160 | 4260 |
| 平均每户家庭人口 (人) | Average Household Size (person) | 2.79 | 2.90 | 3.00 |
| 平均每户就业人口 (人) | Average Number of Employed Persons Per Household (person) | 1.46 | 1.53 | 1.53 |
| 平均每一就业人口负担人数 (人) | Number of Dependents per Employee (person) | 1.92 | 1.89 | 1.96 |
| 平均每户就业面 (%) | Proportion of Employment per Household (%) | 52.1 | 52.8 | 51.1 |
| 平均每人现住房建筑面积 (平方米) | Average Building Space per Capita (sq. m) | 35.3 | 38.4 | 36.2 |
| **人均家庭总收入 (元)** | **Per Capita Annual Income (yuan)** | **35106** | **26208** | **19771** |
| #人均可支配收入 | Per Capita Disposable Income | 31762 | 24052 | 18415 |
| #低 20% | Low first quintile group | 14513 | 12939 | 8734 |
| 较低 20% | Quite low second quintile group | 21711 | 17727 | 13062 |
| 中 20% | Middle third quintile group | 27763 | 22436 | 16874 |
| 较高 20% | Quite high fourth quintile group | 36989 | 28496 | 21929 |
| 高 20% | High last quintile group | 62905 | 45503 | 37080 |
| #工资性收入 | Wages and Subsidies | 21871 | 16033 | 11560 |
| 经营净收入 | Net Income from Household Operations | 3280 | 3289 | 3103 |
| 财产性收入 | Income from Properties | 1159 | 519 | 417 |
| 转移性收入 | Income from Transfers | 8796 | 6368 | 4691 |
| **人均家庭总支出 (元)** | **Per Capita Annual Expenditure (yuan)** | **27886** | **20417** | **16759** |
| #消费性支出 | Expenditures for Consumption | 20244 | 15042 | 12353 |
| 食品 | Food | 7088 | 5551 | 4459 |
| 衣着 | Clothing | 2015 | 1766 | 1465 |
| 居住 | Residence | 1480 | 1113 | 933 |
| 家庭设备用品及服务 | Facilities, Articales and Services | 1379 | 1051 | 847 |
| 医疗保健 | Hualth Care and Medical Services | 1122 | 739 | 646 |
| 交通通讯 | Transport and Communications | 3007 | 1688 | 1445 |
| 教育文化娱乐服务 | Recreation, Education and Cultural Services | 3378 | 2606 | 2104 |
| 杂项商品和服务 | Miscellaneous Goods and Services | 775 | 527 | 454 |

## Basic Conditions of Urban Households by Region(2011)

| 南京 Nanjing | 无锡 Wuxi | 徐州 Xuzhou | 常州 Changzhou | 苏州 Suzhou | 南通 Nantong | 连云港 Lianyun gang | 淮安 Huaian | 盐城 Yancheng | 扬州 Yanzhou | 镇江 Zhenjiang | 泰州 Taizhou | 宿迁 Suqian |
|---|---|---|---|---|---|---|---|---|---|---|---|---|
| 1560 | 650 | 1060 | 640 | 1190 | 800 | 640 | 800 | 1120 | 740 | 600 | 620 | 640 |
| 2.73 | 2.67 | 2.93 | 2.78 | 2.89 | 2.80 | 2.93 | 2.95 | 2.99 | 3.02 | 2.91 | 2.94 | 3.28 |
| 1.46 | 1.31 | 1.50 | 1.38 | 1.53 | 1.50 | 1.45 | 1.56 | 1.53 | 1.61 | 1.63 | 1.50 | 1.67 |
| 1.87 | 2.05 | 1.95 | 2.01 | 1.90 | 1.87 | 2.03 | 1.90 | 1.95 | 1.87 | 1.79 | 1.96 | 1.96 |
| 53.5 | 48.8 | 51.2 | 49.7 | 52.7 | 53.6 | 49.4 | 52.7 | 51.2 | 53.4 | 55.8 | 51.1 | 50.9 |
| 31.8 | 36.2 | 34.7 | 37.0 | 36.1 | 39.5 | 36.9 | 34.9 | 36.8 | 36.2 | 39.4 | 39.0 | 38.9 |
| **34629** | **34605** | **20878** | **32184** | **38645** | **27428** | **20000** | **19850** | **20660** | **24996** | **28741** | **25469** | **15725** |
| 31100 | 31638 | 19206 | 29559 | 34617 | 25094 | 18483 | 18510 | 19414 | 22835 | 26637 | 23597 | 14972 |
| 14091 | 14683 | 8433 | 12743 | 15892 | 12637 | 9045 | 8595 | 9238 | 13872 | 12905 | 12501 | 8342 |
| 21694 | 21184 | 13165 | 20575 | 23140 | 18390 | 13444 | 12877 | 13500 | 18018 | 19257 | 16389 | 11939 |
| 27582 | 26514 | 17391 | 26895 | 29931 | 23864 | 17482 | 16437 | 17571 | 21829 | 24307 | 20766 | 14521 |
| 36639 | 36088 | 23057 | 34604 | 40080 | 30624 | 22230 | 21210 | 23344 | 26522 | 32039 | 27063 | 17741 |
| 61099 | 65278 | 40816 | 57262 | 68571 | 47634 | 35454 | 37480 | 39742 | 39196 | 50130 | 48329 | 26240 |
| 22543 | 19742 | 12590 | 19236 | 24604 | 17056 | 11453 | 11468 | 11750 | 15114 | 18225 | 15315 | 9353 |
| 2666 | 3574 | 2464 | 4452 | 3174 | 3122 | 2576 | 3485 | 3609 | 3127 | 3211 | 3713 | 3672 |
| 765 | 778 | 479 | 1078 | 1955 | 618 | 301 | 372 | 500 | 490 | 418 | 391 | 316 |
| 8656 | 10512 | 5345 | 7418 | 8912 | 6631 | 5670 | 4525 | 4800 | 6265 | 6887 | 6050 | 2385 |
| **27430** | **27191** | **17405** | **25590** | **31514** | **21930** | **16473** | **17625** | **17813** | **19056** | **20614** | **19358** | **13045** |
| 20098 | 19780 | 12450 | 19126 | 22330 | 15613 | 11473 | 13287 | 13188 | 14757 | 15518 | 14415 | 10634 |
| 7133 | 6979 | 4338 | 6591 | 7615 | 5651 | 4321 | 4861 | 4710 | 5588 | 5936 | 5355 | 3995 |
| 1964 | 1814 | 1463 | 1920 | 2234 | 1803 | 1282 | 1470 | 1610 | 1758 | 1961 | 1715 | 1406 |
| 1286 | 1833 | 951 | 1244 | 1620 | 1052 | 938 | 1004 | 1038 | 1100 | 1111 | 1221 | 639 |
| 1502 | 1321 | 901 | 1263 | 1457 | 1172 | 851 | 862 | 839 | 958 | 989 | 950 | 732 |
| 1202 | 1230 | 729 | 1372 | 983 | 767 | 629 | 709 | 606 | 759 | 762 | 675 | 492 |
| 2611 | 2706 | 1286 | 3153 | 3729 | 1985 | 1222 | 1636 | 1679 | 1357 | 2012 | 1543 | 1392 |
| 3680 | 3018 | 2316 | 2953 | 3836 | 2675 | 1776 | 2294 | 2210 | 2708 | 2131 | 2396 | 1617 |
| 720 | 880 | 466 | 631 | 856 | 507 | 453 | 451 | 496 | 528 | 616 | 558 | 362 |

# 4－20 分地区农村居民家庭基本情况(2011 年)

| 指 标 | Item | 苏 南 Southern Jiangsu | 苏 中 Mid Jiangsu | 苏 北 Northern Jiangsu |
|---|---|---|---|---|
| **调查户数 (户)** | **Number of Households Surveyed (household)** | **3100** | **2500** | **5270** |
| **调查户人口 (人)** | **Residents Surveyed (person)** | | | |
| 常住人口 | Permanent Residents | 10006 | 7105 | 19324 |
| 平均每户常住人口 | Average Numbe of Permanent Residents per Household | 3.2 | 3.4 | 3.7 |
| 平均每户整、半劳动力 | Average Number of Full/Semi Labour Force per Household | 2.5 | 2.6 | 2.7 |
| 平均每个劳动力负担人口(包括劳动力本人) | Average Number of Dependents per Labour Force(including the laborer-self) | 1.3 | 1.3 | 1.4 |
| **人均住房面积 (平方米)** | **Per Capita Floor Space of Houses (sq. m)** | **62.8** | **52.7** | **46.3** |
| **人均家庭总收入 (元)** | **Per Capita Annual Income (yuan)** | **17819** | **14556** | **12516** |
| **人均纯收入 (元)** | **Per Capita Net Income (yuan)** | **15213** | **11396** | **9246** |
| #工资性收入 | Wages Income | 9982 | 6623 | 4488 |
| 家庭经营收入 | Income from Household Operations | 3443 | 3798 | 4123 |
| 财产性收入 | Income from Properties | 767 | 271 | 156 |
| 转移性收入 | Income from Transfers | 1020 | 704 | 480 |
| #低收入户 | Low Income Households | 6854 | 4026 | 3483 |
| 中低收入户 | Medium Low Income | 10996 | 7681 | 6326 |
| 中等收入户 | Medium Income Housesholds | 13922 | 10573 | 8460 |
| 中高收入户 | Upper-Med-ium Income | 17783 | 14275 | 11182 |
| 高收入户 | High Income Households | 29643 | 24018 | 19651 |
| **人均总支出 (元)** | **Per Capita Annual Expenditure (yuan)** | **14935** | **12305** | **9646** |
| #家庭经营费用支出 | Expenditure for Household Operations | 1935 | 2518 | 2862 |
| 购置生产性固定资产支出 | Purchase of Productive Fixed Assets Expenditures | 87 | 195 | 245 |
| 生活消费支出 | Expenses on Household Consumption | 11045 | 8193 | 5909 |
| 食品 | Food | 3954 | 2884 | 2208 |
| 衣着 | Clothing | 794 | 533 | 377 |
| 居住 | Residence | 1411 | 1146 | 914 |
| 家庭设备用品及服务 | Household Facilities, Articles and Services | 600 | 503 | 345 |
| 交通和通讯 | Transport and Communications | 1440 | 824 | 554 |
| 文化教育娱乐用品及服务 | Cultural, Educational and Recreational Articles and Services | 1937 | 1499 | 1041 |
| 医疗保健 | Healthcare and Medical Services | 653 | 576 | 364 |
| 其他商品和服务 | Miscellaneous Goods and Services | 256 | 227 | 106 |
| 财产性支出 | Expenses on Properties | 7 | 7 | 10 |
| 转移性支出 | Expenses on Transfers | 1830 | 1336 | 589 |
| #现金支出 | Cash Expenditure | 14539 | 11777 | 9198 |
| #生产费用 | Productive Costs | 2001 | 2684 | 3034 |
| 税费支出 | Taxes and Fees | 31 | 34 | 26 |
| 生活消费支出 | Expenses on Household Consumption | 10718 | 7740 | 5551 |

## Basic Conditions of Rural Households by Region(2011)

| 南京 Nanjing | 无锡 Wuxi | 徐州 Xuzhou | 常州 Changzhou | 苏州 Suzhou | 南通 Nantong | 连云港 Lianyungang | 淮安 Huaian | 盐城 Yancheng | 扬州 Yangzhou | 镇江 Zhenjiang | 泰州 Taizhou | 宿迁 Suqian |
|---|---|---|---|---|---|---|---|---|---|---|---|---|
| **790** | **450** | **1300** | **520** | **890** | **1100** | **770** | **920** | **1430** | **700** | **450** | **700** | **850** |
| 2520 | 1422 | 4647 | 1618 | 3152 | 3555 | 3063 | 3804 | 4478 | 2558 | 1418 | 2336 | 3326 |
| 3.2 | 3.2 | 3.6 | 3.1 | 3.5 | 3.2 | 4.0 | 4.1 | 3.1 | 3.7 | 3.2 | 3.3 | 3.9 |
| 2.5 | 2.4 | 2.6 | 2.4 | 2.6 | 2.5 | 2.8 | 2.9 | 2.5 | 2.7 | 2.5 | 2.5 | 2.7 |
| 1.3 | 1.3 | 1.4 | 1.3 | 1.4 | 1.3 | 1.4 | 1.4 | 1.3 | 1.3 | 1.3 | 1.3 | 1.4 |
| **58.9** | **66.0** | **44.7** | **61.5** | **69.0** | **54.2** | **41.5** | **41.3** | **44.2** | **48.3** | **53.3** | **53.9** | **40.0** |
| **15749** | **18050** | **12651** | **17565** | **20414** | **15213** | **11033** | **10881** | **15284** | **13639** | **15417** | **14103** | **11204** |
| **13108** | **16438** | **9490** | **14838** | **17226** | **11730** | **8434** | **8645** | **10511** | **11217** | **12825** | **11046** | **8344** |
| 8156 | 11844 | 4221 | 9770 | 11250 | 6631 | 4562 | 4672 | 4636 | 7133 | 7622 | 6186 | 4473 |
| 3845 | 2660 | 4588 | 3168 | 3694 | 3984 | 3392 | 3448 | 5046 | 3423 | 3860 | 3837 | 3345 |
| 494 | 698 | 196 | 829 | 1159 | 330 | 170 | 94 | 165 | 156 | 354 | 278 | 123 |
| 613 | 1235 | 485 | 1071 | 1123 | 786 | 309 | 431 | 665 | 505 | 990 | 745 | 403 |
| 6554 | 7477 | 3250 | 6252 | 8658 | 4730 | 3577 | 3773 | 3721 | 6034 | 4396 | 6231 | 3187 |
| 9953 | 12345 | 6005 | 11193 | 12522 | 7659 | 5842 | 6270 | 7434 | 8313 | 8658 | 8148 | 5766 |
| 12377 | 15560 | 8119 | 14352 | 15544 | 10539 | 7831 | 8287 | 9900 | 10766 | 11580 | 11618 | 7698 |
| 15557 | 20371 | 10713 | 18275 | 19399 | 14135 | 10356 | 10998 | 13106 | 13182 | 15051 | 15779 | 10130 |
| 26305 | 30642 | 21764 | 27589 | 31543 | 23005 | 18296 | 16745 | 21310 | 19303 | 27484 | 20310 | 17793 |
| **13998** | **14520** | **9491** | **15065** | **16746** | **13039** | **8474** | **8582** | **11631** | **10906** | **12961** | **12131** | **9092** |
| 2147 | 947 | 2799 | 2133 | 2203 | 2664 | 2261 | 1915 | 4308 | 2108 | 2192 | 2418 | 2320 |
| 76 | 108 | 214 | 62 | 110 | 195 | 156 | 119 | 401 | 57 | 58 | 305 | 266 |
| 9956 | 11239 | 5973 | 11207 | 12485 | 8510 | 5498 | 5904 | 6142 | 7791 | 9136 | 8046 | 5838 |
| 3731 | 4115 | 2170 | 3976 | 4221 | 3077 | 2018 | 2198 | 2267 | 2916 | 3445 | 2573 | 2352 |
| 762 | 815 | 490 | 801 | 866 | 526 | 360 | 275 | 364 | 562 | 651 | 520 | 325 |
| 1361 | 1483 | 855 | 1340 | 1478 | 1217 | 968 | 1178 | 829 | 1017 | 1343 | 1146 | 841 |
| 563 | 519 | 315 | 699 | 652 | 478 | 388 | 282 | 399 | 522 | 517 | 525 | 334 |
| 1025 | 1380 | 650 | 1411 | 1994 | 881 | 483 | 537 | 585 | 676 | 1002 | 860 | 436 |
| 1809 | 2059 | 1103 | 1810 | 2294 | 1568 | 894 | 961 | 1139 | 1409 | 1441 | 1469 | 1004 |
| 485 | 625 | 310 | 893 | 664 | 596 | 298 | 343 | 406 | 484 | 561 | 620 | 466 |
| 219 | 242 | 80 | 279 | 316 | 167 | 88 | 129 | 152 | 206 | 175 | 333 | 81 |
| 10 | 23 | 6 | 1 | … | 14 | 54 | 1 | 1 | 0 | 2 | 1 | 2 |
| 1769 | 2200 | 479 | 1652 | 1881 | 1564 | 493 | 630 | 739 | 916 | 1548 | 1334 | 599 |
| 13442 | 14219 | 9221 | 14570 | 16543 | 12551 | 8132 | 7948 | 10955 | 10240 | 12404 | 11655 | 8757 |
| 2197 | 1036 | 2990 | 2157 | 2310 | 2834 | 2373 | 1881 | 4569 | 2121 | 2222 | 2699 | 2573 |
| 38 | 2 | 18 | 5 | 67 | 41 | 13 | 13 | 33 | 33 | 23 | 25 | 51 |
| 9445 | 11002 | 5739 | 10823 | 12338 | 8105 | 5200 | 5431 | 5632 | 7182 | 8650 | 7648 | 5546 |

# 主要统计指标解释

**家庭总收入** 指调查户中生活在一起的所有家庭成员在调查期得到的工薪收入、经营净收入、财产性收入、转移性收入的总和,不包括借贷收入。收入的统计标准以实际发生的数额为准,无论收入是补发还是预发,只要是调查期得到的都应如实计算,不作分摊。

**可支配收入** 指调查户可用于最终消费支出和其它非义务性支出以及储蓄的总和,即居民家庭可以用来自由支配的收入。它是家庭总收入扣除交纳的个人所得税、个人交纳的社会保障费以及调查户的记账补贴后的收入。计算公式为:

可支配收入 = 家庭总收入 - 交纳的个人所得税 - 个人交纳的社会保障支出 - 记账补贴

**消费支出** 指调查户用于本家庭日常生活的全部支出,包括食品、衣着、家庭设备用品及服务、医疗保健、交通和通讯、娱乐教育文化服务、居住、杂项商品和服务八大类等。

**农村居民家庭纯收入** 指农村常住居民家庭总收入中,扣除从事生产和非生产经营费用支出、缴纳税款和上交承包集体任务金额以后剩余的,可直接用于进行生产性、非生产性建设投资、生活消费和积蓄的那一部分收入。农村居民家庭纯收入包括从事生产性和非生产性的经营收入,在外人口寄回带回和国家财政救济、各种补贴等非经营性收入;既包括货币收入,又包括自产自用的实物收入。但不包括向银行、信用社和向亲友借款等属于借贷性的收入。

**农村居民家庭生活消费支出** 指农村常住居民家庭用于日常生活的全部开支,是反映和研究农民家庭实际生活消费水平高低的重要指标。

# Explanatory Notes on Main Statistical Indicators

**Total Income of Households** refers to the sum of incomes of all members living in a same family. The total incomes include wage income, net income of operation, property income, transferred income; exclude debit and credit incomes. The calculating of total incomes is based on the value actually occurred during the period of investigation. So long as the incomes are obtained during the period of in visitation, all the incomes are included in the total incomes, regardless the incomes are re-issued or issued in advance. and don't to be shared.

**Disposable Income** refers to the sum of final consumption expenditure, non-obligation expenditure and saving deposits of the sample households. They are the incomes which can be freely allocated by household after some deducting. The deducting include the payment of individual taxes, payment of individual social security costs and subsidies of keeping account offered to sample households.

The formula is:

Disposable income = Total income of household-individual taxes payment-individual social security costs payment-subsidies of keeping account.

**Consumption Expenditure** refers to all of the daily expenditures of sample households, include food, clothing, home equipments and articles and services, medicine and health care, means of transportation and telecommunications, recreation, education, culture and services, residence, and miscellaneous goods and services etc. eight categories.

**Net Income of Rural Households** refers to the total income of the permanent residents of the rural households during a year after the deduction of the expenses for productive and non-productive business operation, the payment for taxes and the payment for collective units for their contracted tasks, which can then be spent for investments in productive and non-productive construction, for consumption in daily life and for savings deposit. The net income of the rural households includes not only the income from the productive and non-productive business operation, but also includes the income from the non-business operation, such as the money remitted or brought back by the members of the household who are in other places, the government relief payment and various subsidies. It includes not only the money income, but also the income in kind. But the income borrowing from banks, friends and relatives is excluded.

**Expenditure of Rural Households for Consumption** refers to total expenses of rural households on daily life, including expenses on food, clothing, housing, fuel, articles for daily use, and expenses on cultural life and services. This indicator is used to show the actual consumption level of peasants.

# 5

# 固定资产投资

# Investment in Fixed Assets

# 简要说明

**一、本篇资料的主要内容**

本篇资料通过对一定时期全社会建造和购置固定资产活动的数量方面的描述，反映报告期内固定资产投资的规模和速度、固定资产投资的结构和比例关系、固定资产投资的资金来源及固定资产投资的效果等。

**二、本篇资料的统计范围**

固定资产投资统计的范围包括：城乡建设项目投资，房地产开发投资，国防、人防建设项目投资及农户投资。

**三、本篇的资料来源**

固定资产投资统计调查。

**四、本篇的统计调查方法**

全面统计报表。

# Brief Introduction

**Ⅰ. Main Contents**

Statistics in this chapter describe activities on the construction and purchase of fixed assets of the whole country during a given period of time, and reflect the size, growth, structure, ratio, financing and results of the investment in fixed assets during the reference period.

**Ⅱ. Scope of Statistics**

Statistics on the investment in fixed assets cover investments in capital construction projects in urban and rural areas, investments in real estate development, as well as investments in national defence projects and civil defence projects, and rural household investment.

**Ⅲ. Sources of Data**

Data on investments in fixed assets are from surveys conducted.

**Ⅳ. Methodology of Data Collection**

Data on investments in fixed assets are collected by the system of reporting form with complete enumeration.

# 5－1 固定资产投资主要指标

## Major Indicators of Investment in Fixed Assets

| 指　　标 | Item | 1995 | 2000 | 2005 | 2010 | 2011 |
|---|---|---|---|---|---|---|
| **投资总额 （亿元）** | **Total Investment （100 million yuan）** | **1680.17** | **2995.43** | **8739.71** | **21643.02** | **26314.66** |
| 按经济类型分 | Grouped by Ownership | | | | | |
| 国有经济 | State Owned Units | 602.70 | 1200.01 | 2077.97 | 4348.46 | 5004.82 |
| 集体经济 | Collective Owned Units | 491.08 | 455.86 | 445.16 | 902.96 | 1132.95 |
| #农村 | Rural Area | 362.17 | 314.27 | 271.06 | | 436.32 |
| 私营个体经济 | Private Individuals | | 326.08 | 2623.60 | 7778.02 | 9696.87 |
| #农村 | Rural Area | | 204.87 | 1405.13 | | 2815.56 |
| 联营经济 | Joint-Ownership | 28.26 | 14.12 | 7.39 | 11.83 | 58.12 |
| 股份制经济 | Share Holding Co. Lid. | 28.63 | 94.19 | 395.59 | 934.63 | 1305.12 |
| 有限责任公司 | Limited Liability Corporations | 10.51 | 93.54 | 1457.32 | 4215.32 | 5187.19 |
| 港澳台投资经济 | Funds from Hong Kong, Macao and Taiwan | 86.51 | 125.59 | 589.17 | 1263.87 | 1368.34 |
| 外商投资经济 | Foreign lnvestment | 213.71 | 237.63 | 979.46 | 1706.07 | 1935.06 |
| 其他经济 | Others | 218.77 | 448.41 | 164.05 | 481.86 | 626.18 |
| 按资金来源分 | Grouped by Sources of Funds | | | | | |
| 国家预算内资金 | State Budget | 25.83 | 73.42 | 67.60 | 273.00 | 344.87 |
| 国内贷款 | Domestic Loans | 270.16 | 489.04 | 1264.49 | 3231.05 | 3751.24 |
| 利用外资 | Foreign Investment | 228.89 | 281.17 | 836.19 | 1135.69 | 1241.65 |
| 自筹资金 | Self-raising Fund | 880.02 | 1827.79 | 5826.89 | 16186.61 | 20652.57 |
| 其他资金来源 | Others | 275.27 | 324.01 | 1205.90 | 4839.81 | 4394.19 |
| 按构成分 | Grouped by Composition of Funds | | | | | |
| 建筑安装工程 | Construction and Installation | 983.24 | 1817.08 | 4879.72 | 11804.76 | 14569.44 |
| 设备工器具购置 | Purchase of Equipments and Instruments | 536.48 | 867.74 | 2544.36 | 6436.57 | 8112.05 |
| 其他费用 | Others | 160.45 | 310.61 | 1315.63 | 3401.70 | 3633.17 |
| 按产业分 | Grouped by Industry | | | | | |
| #住宅 | Residential Buildings | 366.67 | 580.13 | 1298.75 | 3453.96 | 4515.78 |
| 第一产业 | Primary Industry | 40.94 | 116.20 | 45.42 | 131.79 | 155.20 |
| 第二产业 | Secondary Industry | 819.54 | 1358.56 | 4872.12 | 11518.55 | 13927.20 |
| 第三产业 | Tertiary Industry | 819.69 | 1520.67 | 3822.17 | 9992.68 | 12232.25 |
| **新增固定资产 （亿元）** | **Newly Increased Fixed Assets （100million yuan）** | | | **7353.67** | **15376.53** | **18858.51** |
| **房屋建筑面积 （万平方米）** | **Floor Space of Building （10000 sq.m）** | | | | | |
| 施工面积 | Floor Space Under Construction | 16234.74 | 17417.62 | 35712.52 | 67120.33 | 81473.45 |
| #住宅 | Residential Buildings | 10530.29 | 11273.48 | 16594.76 | 28487.84 | 33720.86 |
| 竣工面积 | Floor Space Completed | 12452.44 | 13471.88 | 17838.93 | 24490.56 | 27670.93 |
| #住宅 | Residential Buildings | 9036.00 | 9323.98 | 7860.33 | 7619.06 | 7948.57 |
| **商品房销售面积** | **Floor Space of Commercializ Buildings Sold** | **798.31** | **1740.93** | **5135.55** | **9485.47** | **7970.49** |

注：1. 自筹投资中含发行债券部分(下同)。
2. 从2003年开始,资金来源为可用于投资的资金到位数(下同)。
3. 从2004年开始,水利业投资从第一产业调到第三产业(下同)。
4. 从2010年开始,投资总额中不含农户投资(下同)。

Noe: 1. Fund raising included bond publishing(so did as follows).
2. Since 2003, the sources of finance was available for investment(so did as follows).
3. Since 2004, the investment for water conservancy was transferred from primary industry to tertiary industry(so did as follows).
4. Since 2010, the investment of farm households was not included in the total investment.

# 5-2 固定资产投资额
## Investment in Fixed Assets

单位:亿元 (100 million yuan)

| 年　份<br>Items | 投资额<br>Investment | #工业投资<br>Industrial Investment | #房地产开发<br>Real Estate Davelopment | #国有经济<br>Statee-owned | #集体经济<br>Collective-owned | #私营个体<br>Private Individuals | #外商及港澳台商投资<br>Hong Kong, Macao, Taiwan and Foreign Funds |
|---|---|---|---|---|---|---|---|
| 1978 | 21.75 | | | 20.70 | 1.05 | | |
| 1979 | 26.75 | | | 25.52 | 1.23 | | |
| 1980 | 34.73 | | | 34.73 | 3.08 | | |
| **"六五"时期<br>The Period of the Sixth Five-year plan** | **564.89** | | | **242.73** | **156.57** | | |
| 1981 | 60.50 | | | 26.09 | 17.81 | | |
| 1982 | 76.21 | | | 35.58 | 20.85 | | |
| 1983 | 105.27 | | | 46.79 | 21.41 | | |
| 1984 | 130.98 | | | 53.84 | 37.44 | | |
| 1985 | 191.93 | | | 80.43 | 59.06 | | |
| **"七五"时期<br>The Period of the Seventh Five-year plan** | **1606.75** | | | **642.46** | **377.21** | | |
| 1986 | 241.23 | | | 100.97 | 61.28 | | |
| 1987 | 317.12 | | | 128.43 | 80.35 | | |
| 1988 | 371.87 | | | 154.04 | 93.45 | | |
| 1989 | 320.23 | | | 124.16 | 67.26 | | |
| 1990 | 356.30 | | 11.71 | 134.86 | 74.87 | | |
| **"八五"时期<br>The Period of the Eighth Five-year plan** | **5307.18** | | **554.92** | **1944.32** | **1788.50** | | |
| 1991 | 439.98 | | 17.22 | 172.09 | 109.87 | | |
| 1992 | 711.70 | | 30.42 | 288.00 | 276.16 | | |
| 1993 | 1144.20 | | 114.01 | 403.67 | 493.12 | | |
| 1994 | 1331.13 | | 152.42 | 477.86 | 418.27 | | |
| 1995 | 1680.17 | | 240.85 | 602.70 | 491.08 | | 300.22 |
| **"九五"时期<br>The Period of the Ninth Five-year plan** | **12426.20** | | **1463.68** | **4912.01** | **2288.90** | | **2124.97** |
| 1996 | 1949.53 | | 232.62 | 708.60 | 465.21 | | 399.99 |
| 1997 | 2203.09 | | 241.55 | 826.60 | 447.94 | | 437.25 |
| 1998 | 2535.50 | | 300.24 | 1031.96 | 457.36 | | 514.23 |
| 1999 | 2742.65 | | 330.55 | 1144.84 | 462.53 | 148.23 | 410.28 |
| 2000 | 2995.43 | | 358.72 | 1200.01 | 455.86 | 326.08 | 363.22 |
| **"十五"时期<br>The Period of the Tenth Five-year plan** | **28055.30** | **10495.83** | **4583.38** | **8790.13** | **2018.49** | **6453.90** | **4719.01** |
| 2001 | 3302.96 | 684.83 | 414.36 | 1285.71 | 400.36 | 528.38 | 378.17 |
| 2002 | 3849.24 | 905.69 | 544.13 | 1422.06 | 297.56 | 769.90 | 568.77 |
| 2003 | 5335.80 | 1667.65 | 809.96 | 1998.19 | 456.98 | 932.11 | 972.88 |
| 2004 | 6827.59 | 2104.28 | 1269.78 | 2006.20 | 418.43 | 1599.91 | 1230.56 |
| 2005 | 8739.71 | 5133.38 | 1545.15 | 2077.97 | 445.16 | 2623.60 | 1568.63 |
| **"十一五"时期<br>The Period of the Eleventh Five-year plan** | **79534.10** | **42558.47** | **15124.96** | **14898.12** | **3136.70** | **27735.48** | **12592.54** |
| 2006 | 10071.42 | 5347.13 | 1906.71 | 2144.93 | 441.57 | 3049.30 | 1756.83 |
| 2007 | 12268.07 | 6599.08 | 2515.91 | 2092.57 | 453.28 | 4125.86 | 2301.12 |
| 2008 | 15060.45 | 8246.27 | 3064.46 | 2494.77 | 539.99 | 5268.79 | 2838.43 |
| 2009 | 18949.88 | 10167.44 | 3338.50 | 3677.11 | 753.73 | 6872.67 | 2681.77 |
| 2010 | 23184.28 | 12342.54 | 4299.38 | 4488.74 | 948.13 | 8418.86 | 3014.39 |
| 2010(新口径)(New Statistical Scale) | 21643.02 | 11442.06 | 4299.38 | 4348.46 | 902.95 | 7778.03 | 2969.94 |
| **"十二五"时期<br>The Period of the Twelveth Five-year plan** | | | | | | | |
| 2011 | 26314.66 | 13771.12 | 5567.94 | 5004.82 | 1132.95 | 9696.87 | 3303.41 |

注:房地产开发投资统计制度从1990年开始建立,城乡私营个体投资统计制度从1999年开始建立。

Notes: The statitistical system of real estate development investment was established in 1990, while that of the urban and rural private and individual investment was established in 1999.

# 5－3 按登记注册类型分固定资产投资
## Investment in Fixed Assets by Registration Status

单位:亿元 (100 million yuan)

| 指标 | Item | 2010 投资额 Investment | 2010 #工业投资 Industrial Investment | 2011 投资额 Investment | 2011 #工业投资 |
|---|---|---|---|---|---|
| **总计** | **Total** | **21643.02** | **11442.06** | **26314.66** | **13771.12** |
| 内资企业 | Domestic Funded Enterprises | 18644.80 | 9156.30 | 22972.55 | 11339.94 |
| 国有企业 | State-owned Enterprises | 3927.36 | 695.24 | 4543.89 | 879.94 |
| 集体企业 | Collective-owned Enterprises | 807.64 | 95.86 | 1039.47 | 91.42 |
| 股份合作企业 | Cooperative Enterprises | 89.27 | 54.89 | 85.13 | 49.35 |
| 联营企业 | Joint Ownreship Enterprises | 28.05 | 8.88 | 97.88 | 30.52 |
| 国有联营 | State Joint Ownership Enterprises | 10.16 | 3.27 | 31.41 | 8.19 |
| 集体联营 | Collective Joint Ownership Enterprises | 6.06 | 3.14 | 8.35 | 1.02 |
| 国有与集体联营 | Joint State-collective Enterprises | 7.41 | 1.36 | 33.33 | 6.80 |
| 其他联营企业 | Other Joint Ownership Enterprises | 4.42 | 1.11 | 24.79 | 14.52 |
| 有限责任公司 | Limited Liability Corporations | 4626.26 | 2301.76 | 5616.72 | 2677.50 |
| 国有独资公司 | State Sole Funded Corporations | 410.94 | 135.63 | 429.52 | 108.37 |
| 其他有限责任公司 | Other Limited Liability Corporations | 4215.32 | 2166.13 | 5187.19 | 2569.13 |
| 股份有限公司 | Share-holding Corporations Ltd. | 934.63 | 580.23 | 1305.12 | 825.45 |
| 私营企业 | Private Enterprises | 7749.74 | 5147.58 | 9658.18 | 6518.74 |
| 其他企业 | Others Enterprises | 481.86 | 271.85 | 626.18 | 267.01 |
| 港、澳、台商投资企业 | Enterprises with Funds from Hong Kong, Macao and Taiwan | 1263.87 | 845.46 | 1368.34 | 815.29 |
| 合资经营企业 | Joint-venture Enterprises | 455.72 | 269.28 | 498.85 | 265.09 |
| 合作经营企业 | Cooperative Enterprises | 42.63 | 28.17 | 42.89 | 12.01 |
| 股份有限公司 | Share-holding Corporations Ltd. | 688.70 | 491.96 | 766.76 | 498.85 |
| 独资经营企业 | Enterprises with Sole Fund | 76.82 | 56.04 | 59.85 | 39.35 |
| 外商投资企业 | Foreign Funded Enterprises | 1706.07 | 1434.92 | 1935.06 | 1602.77 |
| 合资经营企业 | Joint-venture Enterprises | 531.21 | 446.45 | 678.01 | 567.37 |
| 合作经营企业 | Cooperative Enterprises | 45.46 | 21.13 | 31.59 | 15.45 |
| 独资企业 | Enterprises with Sole Fund | 1064.39 | 908.31 | 1168.13 | 970.42 |
| 股份有限公司 | Share-holding Corporations Ltd. | 65.02 | 59.03 | 57.33 | 49.54 |
| 个体经营 | Individuals | 28.29 | 5.38 | 38.70 | 13.12 |
| 个体户 | Self-employed Individuals | 25.27 | 3.79 | 28.29 | 6.08 |
| 个人合伙 | Partnership Individuals | 3.02 | 1.59 | 10.40 | 7.04 |

# 5-4 按资金来源和构成分固定资产投资

# Investment in Fixed Assets by Sources of Finance and Use of Funds

| 年 份<br>Year | 按资金来源分<br>Grouped by Sources of Funds | | | | |
|---|---|---|---|---|---|
| | 国家预算内资金<br>State Budget | 国内贷款<br>Domestic Loans | 利用外资<br>Foreign Investment | 自筹资金<br>Self-raising | 其他资金来源<br>Others |
| **投资额(亿元)**<br>**Investment (100 million yuan)** | | | | | |
| 1985 | 17.25 | 36.79 | 3.98 | 64.45 | 69.46 |
| 1986 | 18.74 | 43.52 | 12.71 | 73.27 | 92.99 |
| 1987 | 21.46 | 63.15 | 19.15 | 85.66 | 127.71 |
| 1988 | 17.23 | 69.94 | 27.77 | 106.30 | 150.63 |
| 1989 | 16.80 | 41.74 | 19.91 | 91.66 | 150.12 |
| 1990 | 15.02 | 45.47 | 15.92 | 106.47 | 173.42 |
| 1991 | 16.38 | 84.77 | 20.41 | 290.13 | 28.29 |
| 1992 | 24.73 | 189.49 | 40.56 | 378.30 | 78.62 |
| 1993 | 17.85 | 253.80 | 89.48 | 649.95 | 133.12 |
| 1994 | 17.54 | 242.93 | 151.96 | 744.20 | 174.50 |
| 1995 | 25.83 | 270.16 | 228.89 | 880.02 | 275.27 |
| 1996 | 24.01 | 282.88 | 335.16 | 1001.29 | 306.19 |
| 1997 | 29.63 | 293.66 | 390.59 | 1199.29 | 289.92 |
| 1998 | 49.46 | 331.83 | 413.66 | 1406.39 | 334.16 |
| 1999 | 62.91 | 399.36 | 309.02 | 1639.01 | 332.35 |
| 2000 | 73.42 | 489.04 | 281.17 | 1827.79 | 324.01 |
| 2001 | 69.97 | 524.51 | 326.22 | 1977.97 | 404.29 |
| 2002 | 54.48 | 735.30 | 421.21 | 2237.73 | 400.52 |
| 2003 | 92.61 | 1141.99 | 579.51 | 2999.19 | 587.42 |
| 2004 | 81.30 | 1233.07 | 641.66 | 4201.29 | 928.38 |
| 2005 | 67.60 | 1264.49 | 836.19 | 5826.89 | 1205.90 |
| 2006 | 66.59 | 1445.16 | 874.82 | 6800.90 | 1590.15 |
| 2007 | 135.20 | 1561.06 | 1255.85 | 8522.18 | 2398.08 |
| 2008 | 153.86 | 1818.06 | 1394.98 | 10624.51 | 2210.27 |
| 2009 | 278.79 | 2774.45 | 1114.78 | 14064.93 | 4350.16 |
| 2010 | 282.11 | 3343.47 | 1154.87 | 17553.37 | 4912.63 |
| 2010(新口径)(New Statistical Scale) | 273.00 | 3231.05 | 1135.69 | 16186.61 | 4839.81 |
| 2011 | 344.87 | 3751.24 | 1241.65 | 20652.57 | 4394.19 |
| **构成(%) Composition(%)** | | | | | |
| 1985 | 9.0 | 19.1 | 2.1 | 33.6 | 36.2 |
| 1990 | 4.2 | 12.8 | 4.5 | 29.9 | 48.6 |
| 1995 | 1.5 | 16.1 | 13.6 | 52.4 | 16.4 |
| 1996 | 1.2 | 14.5 | 17.2 | 51.4 | 15.7 |
| 1997 | 1.3 | 13.3 | 17.7 | 54.5 | 13.2 |
| 1998 | 1.9 | 13.1 | 16.3 | 55.5 | 13.2 |
| 1999 | 2.3 | 14.6 | 11.3 | 59.7 | 12.1 |
| 2000 | 2.5 | 16.3 | 9.4 | 61.0 | 10.8 |
| 2001 | 2.1 | 15.9 | 9.9 | 59.9 | 12.2 |
| 2002 | 1.4 | 19.1 | 11.0 | 58.1 | 10.4 |
| 2003 | 1.7 | 21.2 | 10.7 | 55.5 | 10.9 |
| 2004 | 1.1 | 17.4 | 9.1 | 59.3 | 13.1 |
| 2005 | 0.7 | 13.8 | 9.1 | 63.3 | 13.1 |
| 2006 | 0.6 | 13.4 | 8.1 | 63.1 | 14.8 |
| 2007 | 1.0 | 11.3 | 9.0 | 61.4 | 17.3 |
| 2008 | 0.9 | 11.2 | 8.6 | 65.6 | 13.6 |
| 2009 | 1.2 | 12.3 | 4.9 | 62.3 | 19.3 |
| 2010 | 1.0 | 12.3 | 4.2 | 64.4 | 18.0 |
| 2010(新口径)(New Statistical Scale) | 1.1 | 12.6 | 4.4 | 63.1 | 18.9 |
| 2011 | 1.1 | 12.3 | 4.1 | 68.0 | 14.5 |

| 年 份<br>Year | 按构成分 Grouped by Use of Funds | | |
|---|---|---|---|
| | 建筑安装工程<br>Construction and Installation | 设备工器具<br>Purchases of Equipments and Instruments | 其他费用<br>Others |
| **投资额(亿元)<br>Investment (100 million yuan)** | | | |
| 1985 | 149.40 | 34.41 | 8.12 |
| 1986 | 187.33 | 43.82 | 10.08 |
| 1987 | 240.92 | 60.61 | 15.60 |
| 1988 | 281.34 | 73.71 | 16.82 |
| 1989 | 256.23 | 52.25 | 11.75 |
| 1990 | 284.24 | 53.70 | 18.36 |
| 1991 | 347.72 | 71.33 | 20.93 |
| 1992 | 408.59 | 257.45 | 45.66 |
| 1993 | 651.17 | 395.34 | 97.69 |
| 1994 | 775.84 | 437.87 | 117.42 |
| 1995 | 983.24 | 536.48 | 160.45 |
| 1996 | 1151.16 | 600.59 | 197.78 |
| 1997 | 1307.24 | 688.66 | 207.19 |
| 1998 | 1503.62 | 755.02 | 276.86 |
| 1999 | 1682.72 | 746.75 | 313.18 |
| 2000 | 1817.08 | 867.74 | 310.61 |
| 2001 | 1901.68 | 967.21 | 434.07 |
| 2002 | 2091.15 | 1160.08 | 598.01 |
| 2003 | 2906.59 | 1510.59 | 918.62 |
| 2004 | 3886.52 | 1928.66 | 1012.41 |
| 2005 | 4879.72 | 2544.36 | 1315.63 |
| 2006 | 5624.16 | 2944.50 | 1502.76 |
| 2007 | 6804.65 | 3558.53 | 1904.89 |
| 2008 | 8310.70 | 4587.89 | 2161.86 |
| 2009 | 10454.05 | 5901.61 | 2594.22 |
| 2010 | 12601.51 | 7054.33 | 3528.44 |
| 2010(新口径)(New Statistical Scale) | 11804.76 | 6436.57 | 3401.70 |
| 2011 | 14569.44 | 8112.05 | 3633.17 |
| **构成(%) Composition(%)** | | | |
| 1985 | 77.9 | 17.9 | 4.2 |
| 1990 | 80.0 | 15.1 | 4.9 |
| 1995 | 58.5 | 31.9 | 9.6 |
| 1996 | 59.0 | 30.8 | 10.2 |
| 1997 | 59.3 | 31.3 | 9.4 |
| 1998 | 59.3 | 29.8 | 10.9 |
| 1999 | 61.4 | 27.2 | 11.4 |
| 2000 | 60.6 | 29.0 | 10.4 |
| 2001 | 57.6 | 29.3 | 13.1 |
| 2002 | 54.3 | 30.1 | 15.6 |
| 2003 | 54.5 | 28.3 | 17.2 |
| 2004 | 56.9 | 28.3 | 14.8 |
| 2005 | 55.8 | 29.1 | 15.1 |
| 2006 | 55.9 | 29.2 | 14.9 |
| 2007 | 55.5 | 29.0 | 15.5 |
| 2008 | 55.2 | 30.5 | 14.3 |
| 2009 | 55.2 | 31.1 | 13.7 |
| 2010 | 54.4 | 30.4 | 15.2 |
| 2010(新口径)(New Statistical Scale) | 54.5 | 29.7 | 15.7 |
| 2011 | 55.4 | 30.8 | 13.8 |

# 5-5 按构成分固定资产投资（2011年）
# Investment in Fixed Assets by Use of Funds(2011)

单位:亿元 (100 million yuan)

| 行业 | Sector | 投资额 Investment | 建筑工程 Construction | 安装工程 Installation | 设备工器具购置 Purchase of Equipment and Instruments | 其他 Others |
|---|---|---|---|---|---|---|
| **总计** | **Total** | **26314.66** | **13340.25** | **1229.19** | **8112.05** | **3633.17** |
| 农、林、牧、渔业 | Agriculture, Forestry, Animal Husbandry and Fishery | 155.20 | 99.38 | 6.14 | 31.26 | 18.42 |
| 农业 | Farming | 67.80 | 42.95 | 3.03 | 11.52 | 10.31 |
| 林业 | Forestry | 5.52 | 3.61 | 0.18 | 0.78 | 0.95 |
| 畜牧业 | Animal Husbandry | 33.58 | 16.31 | 1.65 | 12.04 | 3.58 |
| 渔业 | Fishery | 13.17 | 9.13 | 0.38 | 2.27 | 1.39 |
| 农、林、牧、渔服务业 | Service in Support of Agriculture | 35.14 | 27.39 | 0.90 | 4.65 | 2.19 |
| 采矿业 | Mining | 68.02 | 26.36 | 5.11 | 30.10 | 6.44 |
| 煤炭开采和洗选业 | Mining and Washing of Coal | 13.91 | 3.39 | 1.80 | 7.71 | 1.01 |
| 石油和天然气开采业 | Extraction of Petroleum and Natural Gas | 15.01 | 7.93 | 0.58 | 2.18 | 4.31 |
| 黑色金属矿采选业 | Mining and Processing of Ferrous Metal Ores | 11.31 | 5.58 | 0.47 | 4.88 | 0.38 |
| 有色金属矿采选业 | Mining and processing of Non-Ferracs Metal Ores | 1.35 | 0.69 | 0.25 | 0.35 | 0.06 |
| 非金属矿采选业 | Mining and Processing of Nonmetal Ores | 25.37 | 8.25 | 1.95 | 14.54 | 0.63 |
| 其他采矿业 | Mining of Other Ores | 1.07 | 0.52 | 0.06 | 0.44 | 0.04 |
| 制造业 | Manufacturing | 13073.81 | 4508.59 | 640.39 | 7030.85 | 893.98 |
| 农副食品加工业 | Processing of Food from Agricultural Products | 245.83 | 106.70 | 11.82 | 103.70 | 23.61 |
| 食品制造业 | Manufacture of Food | 124.16 | 48.40 | 6.23 | 61.23 | 8.31 |
| 饮料制造业 | Manufacture of Beverage | 69.61 | 25.52 | 3.80 | 35.41 | 4.89 |
| 烟草制品业 | Manufacture of Tobacco | 12.18 | 2.18 | 0.39 | 4.84 | 4.77 |
| 纺织业 | Manufacture of Textile | 666.00 | 214.04 | 26.34 | 381.31 | 44.31 |
| 纺织服装、鞋、帽制造业 | Manufacture of Textile Wearing, Apparel, Footwear and Caps | 254.86 | 93.14 | 13.34 | 130.86 | 17.52 |
| 皮革、毛皮、羽毛(绒)及其制品业 | Manufacture of Leather, Fur, Feather and Related Products | 58.77 | 26.14 | 2.66 | 25.97 | 4.00 |
| 木材加工及木、竹、藤、棕、草制品业 | Processing of Timber, Manufacture of Wood, Bamboo, Rattan, Palm and Straw Products | 152.80 | 52.71 | 10.00 | 80.42 | 9.67 |
| 家具制造业 | Manufacture of Furniture | 85.11 | 35.56 | 5.06 | 38.99 | 5.50 |
| 造纸及纸制品业 | Manufacture of Paper and Paper Products | 196.57 | 57.66 | 6.62 | 120.44 | 11.85 |
| 印刷业和记录媒介的复制 | Printing, Reproduction of Recording Media | 68.10 | 18.32 | 3.79 | 43.23 | 2.76 |
| 文教体育用品制造业 | Manufacture of Articles For Culture, Education and Sport Activities | 64.15 | 20.78 | 3.52 | 35.05 | 4.81 |
| 石油加工、炼焦及核燃料加工业 | Processing of Petroleum, Coking, Processing of Nuclear Fuel | 72.35 | 26.38 | 5.81 | 33.02 | 7.14 |
| 化学原料及化学制品制造业 | Manufacture of Raw Chemical Materials and Chemical Products | 1301.04 | 402.26 | 90.42 | 701.62 | 106.74 |
| 医药制造业 | Manufacture of Medicines | 224.38 | 86.50 | 12.69 | 105.15 | 20.04 |
| 化学纤维制造业 | Manufacture of Chemical Fibers | 188.06 | 62.31 | 5.58 | 113.18 | 7.00 |
| 橡胶制品业 | Manufacture of Rubber | 103.78 | 36.01 | 2.92 | 57.45 | 7.41 |
| 塑料制品业 | Manufacture of Plastics | 306.50 | 109.17 | 16.41 | 162.62 | 18.30 |
| 非金属矿物制品业 | Manufacture of Non - metallic Mineral Products | 778.75 | 270.90 | 40.55 | 420.03 | 47.27 |
| 黑色金属冶炼及压延加工业 | Smelting and Pressing of Ferrous Metals | 484.33 | 128.21 | 29.65 | 295.70 | 30.76 |
| 有色金属冶炼及压延加工业 | Smelting and Pressing of Non-ferrous Metals | 218.17 | 70.25 | 8.21 | 129.21 | 10.49 |

## 5-5 续 表 1 Continued 1

单位:亿元 (100 million yuan)

| 行业 | Sector | 投资额 Investment | 建筑工程 Construction | 安装工程 Installation | 设备工器具购置 Purchase of Equipment and Instruments | 其他 Others |
|---|---|---|---|---|---|---|
| 金属制品业 | Manufacture of Metal Products | 810.20 | 296.14 | 36.29 | 426.93 | 50.83 |
| 通用设备制造业 | Manufacture of General Purpose Machinery | 1286.48 | 484.39 | 58.99 | 653.47 | 89.63 |
| 专用设备制造业 | Manufacture of Special Purpose Machinery | 889.95 | 350.70 | 43.48 | 430.60 | 65.17 |
| 交通运输设备制造业 | Manufacture of Transport Equipment | 951.83 | 350.41 | 54.06 | 485.47 | 61.89 |
| 电气机械及器材制造业 | Manufacture of Electrical Machinery and Equipment | 1470.69 | 503.45 | 66.80 | 801.86 | 98.59 |
| 通信设备、计算机及其他电子设备 | Manufacture of Communication Equipment, Computers and Other Electronic Equipment | 1375.21 | 370.54 | 52.41 | 870.78 | 81.49 |
| 仪器仪表及文化、办公用机械制造 | Manufacture of Measuring Instruments and Machinery for Cultural Activity and Office Work | 419.27 | 149.08 | 16.72 | 225.27 | 28.20 |
| 工艺品及其他制造业 | Manufacture of Artwork and Other Manufacturing | 155.90 | 94.61 | 4.16 | 38.14 | 19.00 |
| 废弃资源和废旧材料回收加工业 | Recycling and Disposal of Waste | 38.75 | 16.14 | 1.67 | 18.89 | 2.04 |
| 电力、燃气及水的生产和供应业 | Production and Supply of Electricity, Gas and Water | 629.30 | 237.17 | 91.93 | 246.87 | 53.33 |
| 电力、热力的生产和供应业 | Production and Supply of Electric Power and Heat Power | 432.55 | 127.55 | 67.77 | 194.79 | 42.43 |
| 燃气生产和供应业 | Production and Supply of Gas | 64.24 | 26.02 | 10.67 | 24.29 | 3.26 |
| 水的生产和供应业 | Production and Supply of Water | 132.51 | 83.60 | 13.49 | 27.78 | 7.64 |
| 建筑业 | Construction | 156.08 | 110.46 | 4.54 | 18.21 | 22.88 |
| 房屋和土木工程建筑业 | Construction of Building and civil Engineering | 141.00 | 102.51 | 3.81 | 12.50 | 22.18 |
| 建筑安装业 | Building Installation | 6.05 | 1.98 | 0.52 | 3.25 | 0.31 |
| 建筑装饰业 | Building Decoration | 2.76 | 1.43 | 0.16 | 1.01 | 0.17 |
| 其他建筑业 | Other Construction | 6.27 | 4.54 | 0.06 | 1.45 | 0.21 |
| 交通运输、仓储和邮政业 | Transport, Storage and Post | 1190.32 | 811.70 | 26.15 | 178.44 | 174.03 |
| 铁路运输业 | Railway Transport | 40.77 | 30.17 | 0.45 | 5.81 | 4.34 |
| 道路运输业 | Road Transport | 428.43 | 339.62 | 1.82 | 24.50 | 62.48 |
| 城市公共交通业 | Urban Public Transport | 193.77 | 118.75 | 5.62 | 25.61 | 43.78 |
| 水上运输业 | Water Transport | 212.86 | 125.90 | 3.19 | 53.42 | 30.35 |
| 航空运输业 | Air Transport | 22.02 | 10.88 | 0.75 | 9.66 | 0.72 |
| 管道运输业 | Transport Via Pipelines | 4.41 | 1.49 | 0.06 | 2.79 | 0.06 |
| 装卸搬运和其他运输服务业 | Loading, Unloading and Other Transport Services | 36.39 | 26.12 | 1.05 | 4.77 | 4.44 |
| 仓储业 | Storage | 249.19 | 157.50 | 12.90 | 51.04 | 27.75 |
| 邮政业 | Post | 2.49 | 1.26 | 0.31 | 0.82 | 0.10 |
| 信息传输、计算机服务和软件业 | Information Transmission, Computer Services and Software | 180.43 | 75.32 | 43.73 | 48.63 | 12.75 |
| 电信和其他信息传输服务业 | Telecommunications and Other Information Transmission Services | 94.26 | 17.89 | 37.62 | 34.72 | 4.03 |
| 计算机服务业 | Computer Services | 19.47 | 14.99 | 1.41 | 2.07 | 1.00 |
| 软件业 | Software | 66.71 | 42.44 | 4.70 | 11.83 | 7.73 |
| 批发和零售业 | Wholesale and Retail Trades | 588.04 | 394.92 | 31.26 | 84.44 | 77.42 |
| 批发业 | Wholesale Trades | 238.83 | 156.67 | 12.88 | 37.64 | 31.64 |
| 零售业 | Retail Trades | 349.21 | 238.25 | 18.37 | 46.80 | 45.78 |

单位:亿元 (100 million yuan)

| 行业 | Sector | 投资额 Investment | 建筑工程 Constru-ction | 安装工程 Installa-tion | 设备工器具购置 Purchase of Equipment and Instr-uments | 其他 Others |
|---|---|---|---|---|---|---|
| 住宿和餐饮业 | Hotels and Catering Services | 335.50 | 214.35 | 35.35 | 46.18 | 39.62 |
| 住宿业 | Hotels | 221.66 | 146.01 | 24.76 | 25.36 | 25.52 |
| 餐饮业 | Catering Serrices | 113.84 | 68.34 | 10.58 | 20.82 | 14.10 |
| 金融业 | Financial Intermediation | 55.41 | 41.87 | 1.96 | 3.63 | 7.95 |
| 银行业 | Bank | 26.88 | 20.86 | 1.16 | 2.20 | 2.66 |
| 证券业 | Security Activities | 5.37 | 3.20 | 0.01 | 0.06 | 2.09 |
| 保险业 | Insurance | 2.70 | 2.17 | 0.02 | 0.30 | 0.22 |
| 其他金融活动 | Other Financial Activities | 20.46 | 15.64 | 0.77 | 1.07 | 2.98 |
| 房地产业 | Real Estate | 6587.09 | 4361.11 | 245.06 | 194.82 | 1786.10 |
| 房地产业 | Real Estate | 6587.09 | 4361.11 | 245.06 | 194.82 | 1786.10 |
| 租赁和商务服务业 | Leasing and Business Services | 394.19 | 257.90 | 14.48 | 24.50 | 97.32 |
| 租赁业 | Leasing | 4.58 | 2.86 | 0.14 | 1.53 | 0.06 |
| 商务服务业 | Business Services | 389.60 | 255.03 | 14.34 | 22.97 | 97.26 |
| 科学研究、技术服务和地质勘查业 | Scientific Research, Technical Service and Geologic Prospecting | 226.12 | 145.91 | 8.29 | 40.06 | 31.86 |
| 研究与试验发展 | Research and Experimental Development | 67.55 | 44.38 | 2.19 | 14.31 | 6.67 |
| 专业技术服务业 | Professional Technical Services | 55.16 | 33.61 | 1.22 | 17.02 | 3.30 |
| 科技交流和推广服务业 | Services of Science and Technology Exchanges and Promotion | 88.79 | 58.87 | 4.88 | 6.28 | 18.76 |
| 地质勘查业 | Geologic Prospecting | 14.61 | 9.04 | 0.00 | 2.44 | 3.12 |
| 水利、环境和公共设施管理业 | Management of Water Conservancy, Environment and Public Facilities | 1737.39 | 1368.33 | 26.80 | 48.87 | 293.38 |
| 水利管理业 | Management of Water Conservancy | 151.16 | 122.81 | 2.86 | 10.84 | 14.64 |
| 环境管理业 | Environmental Management | 72.11 | 47.94 | 2.11 | 6.51 | 15.55 |
| 公共设施管理业 | Management of Public Facilities | 1514.12 | 1197.58 | 21.84 | 31.52 | 263.19 |
| 居民服务和其他服务业 | Services to Households and Other Services | 105.34 | 67.09 | 6.44 | 9.81 | 21.99 |
| 居民服务业 | Services to Households | 78.20 | 49.42 | 3.57 | 6.59 | 18.63 |
| 其他服务业 | Other Services | 27.13 | 17.67 | 2.88 | 3.22 | 3.37 |
| 教育 | Education | 218.82 | 178.09 | 8.76 | 15.27 | 16.70 |
| 教育 | Education | 218.82 | 178.09 | 8.76 | 15.27 | 16.70 |
| 卫生、社会保障和社会福利业 | Health, Social Security and Social Welfare | 145.66 | 98.96 | 11.25 | 19.92 | 15.53 |
| 卫生 | Health | 126.19 | 82.68 | 10.70 | 19.47 | 13.34 |
| 社会保障业 | Social Security | 8.02 | 6.61 | 0.20 | 0.02 | 1.18 |
| 社会福利业 | Social Welfare | 11.45 | 9.66 | 0.35 | 0.43 | 1.01 |
| 文化、体育和娱乐业 | Culture, Sports and Entertainment | 209.76 | 138.49 | 12.72 | 24.85 | 33.71 |
| 新闻出版业 | Journalism and Publishing Activities | 4.33 | 3.51 | | | 0.82 |
| 广播、电视、电影和音像业 | Broadcasting, Movies, Television and Audiovisual Activities | 15.58 | 8.80 | 1.44 | 1.54 | 3.81 |
| 文化艺术业 | Cultural and Art Activities | 68.74 | 42.90 | 4.26 | 6.64 | 14.94 |
| 体育 | Sports Activities | 38.30 | 31.89 | 1.85 | 1.59 | 2.98 |
| 娱乐业 | Entertainment | 82.80 | 51.38 | 5.17 | 15.08 | 11.17 |
| 公共管理和社会组织 | Public Management and Social Organization | 258.19 | 204.25 | 8.83 | 15.35 | 29.77 |
| 中国共产党机关 | Organs of Communist Party of China | 1.61 | 1.61 | | | |
| 国家机构 | Government Agencies | 207.09 | 159.43 | 7.43 | 14.24 | 26.00 |
| 人民政协和民主党派 | People's Political Cousultative Conference and Remocratic Parlies | 0.35 | 0.35 | | | |
| 群众团体、社会团体和宗教组织 | Non-governmental Organizations, Social organizations and Relighion Organizations | 7.06 | 5.08 | 0.15 | 0.13 | 1.70 |
| 基层群众自治组织 | Grass Roots Self-governing Organizataions | 42.08 | 37.78 | 1.25 | 0.98 | 2.07 |

# 5-6 按建设性质分固定资产投资(2011年)
# Investment in Fixed Assets by Type of Construction(2011)

单位:亿元 (100 million yuan)

| 行业 | Sector | 投资额 Investment | #新建 New Construction | #扩建 Expansion | #改建 Reconstruction |
|---|---|---|---|---|---|
| **总计** | **Total** | **26314.66** | **11546.17** | **5018.90** | **3135.62** |
| 农、林、牧、渔业 | Agriculture, Forestry, Animal Husbandry and Fishery | 155.20 | 94.34 | 36.52 | 22.67 |
| 农业 | Farming | 67.80 | 45.18 | 13.52 | 9.05 |
| 林业 | Forestry | 5.52 | 1.59 | 3.68 | 0.25 |
| 畜牧业 | Animal Husbandry | 33.58 | 29.09 | 4.03 | 0.46 |
| 渔业 | Fishery | 13.17 | 6.38 | 6.08 | 0.71 |
| 农、林、牧、渔服务业 | Service in Support of Agriculture | 35.14 | 12.10 | 9.21 | 12.20 |
| 采矿业 | Mining | 68.02 | 34.23 | 22.31 | 10.18 |
| 煤炭开采和洗选业 | Mining and Washing of Coal | 13.91 | 8.39 | | 5.43 |
| 石油和天然气开采业 | Extraction of Petroleum and Natural Gas | 15.01 | 0.30 | 13.11 | 1.60 |
| 黑色金属矿采选业 | Mining and Processing of Ferrous Metul Ores | 11.31 | 8.37 | 1.60 | 1.34 |
| 有色金属矿采选业 | Mining and Processing of Non-Ferrous Metal Ores | 1.35 | 0.54 | 0.81 | |
| 非金属矿采选业 | Mining and Processing of Nonmetal Ores | 25.37 | 16.12 | 6.79 | 1.26 |
| 其他采矿业 | Mining of Other Ores | 1.07 | 0.51 | | 0.56 |
| 制造业 | Manufacturing | 13073.81 | 6802.16 | 3364.70 | 2057.45 |
| 农副食品加工业 | Processing of Food from Agricultural Products | 245.83 | 163.24 | 51.68 | 25.95 |
| 食品制造业 | Manufacture of Food | 124.16 | 70.44 | 28.25 | 17.60 |
| 饮料制造业 | Manufacture of Beverage | 69.61 | 40.72 | 17.43 | 7.75 |
| 烟草制品业 | Manufacture of Tobacco | 12.18 | 0.40 | 7.19 | 3.37 |
| 纺织业 | Manufacture of Textile | 666.00 | 300.18 | 217.29 | 100.65 |
| 纺织服装、鞋、帽制造业 | Manufacture of Textile Wearing, Apparel, Footwear and Caps | 254.86 | 143.61 | 58.57 | 43.73 |
| 皮革、毛皮、羽毛(绒)及其制品业 | Manufacture of Leather, Fur, Feather and Related Products | 58.77 | 34.72 | 13.82 | 9.19 |
| 木材加工及木、竹、藤、棕、草制品业 | Processing of Timber, Manufacture of Wood, Bamboo, Rattan, Palm and Straw Products | 152.80 | 108.92 | 33.17 | 9.36 |
| 家具制造业 | Manufacture of Furniture | 85.11 | 59.31 | 17.55 | 7.44 |
| 造纸及纸制品业 | Manufacture of Paper and Paper Products | 196.57 | 112.40 | 43.53 | 26.70 |
| 印刷业和记录媒介的复制 | Printing, Reproduction of Recording Media | 68.10 | 22.47 | 14.03 | 25.28 |
| 文教体育用品制造业 | Manufacture of Articles for Culture, Education and Sport Activities | 64.15 | 32.15 | 22.23 | 8.18 |
| 石油加工、炼焦及核燃料加工业 | Processing of Petroleum, Coking, Processing of Nuclear Fuel | 72.35 | 64.99 | 5.06 | 2.05 |
| 化学原料及化学制品制造业 | Manufacture of Raw Chemical Materials and Chemical Products | 1301.04 | 648.83 | 313.75 | 274.57 |
| 医药制造业 | Manufacture of Medicines | 224.38 | 140.81 | 35.75 | 36.53 |
| 化学纤维制造业 | Manufacture of Chemical Fibers | 188.06 | 90.20 | 77.32 | 12.09 |
| 橡胶制品业 | Manufacture of Rubber | 103.78 | 52.67 | 16.32 | 26.20 |
| 塑料制品业 | Manufacture of Plastics | 306.50 | 170.76 | 76.90 | 41.39 |
| 非金属矿物制品业 | Manufacture of Non-metallic Mineral Products | 778.75 | 473.71 | 165.46 | 109.60 |
| 黑色金属冶炼及压延加工业 | Smelting and Pressing of Ferrous Metals | 484.33 | 159.51 | 134.89 | 175.87 |
| 有色金属冶炼及压延加工业 | Smelting and Pressing of Non-ferrous Metals | 218.17 | 92.19 | 60.72 | 52.20 |

5－6 续 表 1 Continued 1

单位:亿元 (100 million yuan)

| 行业 | Sector | 投资额 Investment | #新建 New Construction | #扩建 Expansion | #改建 Reconstruction |
|---|---|---|---|---|---|
| 金属制品业 | Manufacture of Metal Products | 810.20 | 419.46 | 249.77 | 103.90 |
| 通用设备制造业 | Manufacture of General Purpose Machinery | 1286.48 | 657.81 | 355.37 | 192.04 |
| 专用设备制造业 | Manufacture of Special Purpose Machinery | 889.95 | 465.04 | 242.07 | 118.60 |
| 交通运输设备制造业 | Manufacture of Transport Equipment | 951.83 | 462.49 | 277.27 | 138.23 |
| 电气机械及器材制造业 | Manufacture of Electrical Machinery and Equipment | 1470.69 | 832.87 | 377.43 | 172.39 |
| 通信设备、计算机及其他电子设备 | Manufacture of Communication Equipment, Computers and Other Electronic Equipment | 1375.21 | 640.51 | 296.30 | 235.28 |
| 仪器仪表及文化、办公用机械制造 | Manufacture of Measuring Instruments and Machinery for Cultural Activity and Office Work | 419.27 | 225.71 | 97.56 | 63.75 |
| 工艺品及其他制造业 | Manufacture of Artwork and Other Manufacturing | 155.90 | 88.86 | 51.29 | 13.93 |
| 废弃资源和废旧材料回收加工业 | Recycling and Disposal of Waste | 38.75 | 27.18 | 6.72 | 3.64 |
| 电力、燃气及水的生产和供应业 | Production and Supply of Electricity, Gas and Water | 629.30 | 258.83 | 220.72 | 135.56 |
| 电力、热力的生产和供应业 | Production and Supply of Electric Power and Heat Power | 432.55 | 158.00 | 162.43 | 100.98 |
| 燃气生产和供应业 | Production and Supply of Gas | 64.24 | 47.68 | 9.81 | 4.28 |
| 水的生产和供应业 | Production and Supply of Water | 132.51 | 53.15 | 48.48 | 30.31 |
| 建筑业 | Construction | 156.08 | 84.81 | 19.34 | 47.63 |
| 房屋和土木工程建筑业 | Construction of Building and civil Engineering | 141.00 | 76.98 | 16.29 | 45.73 |
| 建筑安装业 | Building Installation | 6.05 | 2.20 | 0.95 | 1.22 |
| 建筑装饰业 | Building Decoration | 2.76 | 1.89 | 0.05 | 0.33 |
| 其他建筑业 | Other Construction | 6.27 | 3.73 | 2.06 | 0.36 |
| 交通运输、仓储和邮政业 | Transport, Storage and Post | 1190.32 | 758.02 | 248.73 | 117.54 |
| 铁路运输业 | Railway Transport | 40.77 | 38.07 | 0.15 | |
| 道路运输业 | Road Transport | 428.43 | 174.06 | 158.77 | 82.36 |
| 城市公共交通业 | Urban Public Transport | 193.77 | 182.95 | 1.25 | 1.26 |
| 水上运输业 | Water Transport | 212.86 | 130.54 | 33.67 | 8.39 |
| 航空运输业 | Air Transport | 22.02 | 20.18 | 0.31 | 1.53 |
| 管道运输业 | Transport Via Pipelines | 4.41 | 3.81 | 0.60 | |
| 装卸搬运和其他运输服务业 | Loading, Unloading and Other Transport Services | 36.39 | 29.48 | 2.73 | 3.91 |
| 仓储业 | Storage | 249.19 | 177.17 | 51.15 | 19.47 |
| 邮政业 | Post | 2.49 | 1.77 | 0.10 | 0.62 |
| 信息传输、计算机服务和软件业 | Information Transmission, Computer Services and Software | 180.43 | 80.42 | 66.92 | 30.41 |
| 电信和其他信息传输服务业 | Telecommunications and Other Information Transmission Services | 94.26 | 20.39 | 49.58 | 24.04 |
| 计算机服务业 | Computer Services | 19.47 | 10.66 | 6.32 | 0.67 |
| 软件业 | Software | 66.71 | 49.38 | 11.02 | 5.71 |
| 批发和零售业 | Wholesale and Retail Trades | 588.04 | 427.09 | 78.58 | 75.21 |
| 批发业 | Wholesale Trades | 238.83 | 170.96 | 43.13 | 19.08 |
| 零售业 | Retail Trades | 349.21 | 256.13 | 35.45 | 56.13 |

5－6 续 表 2 Continued 2

单位:亿元 (100 million yuan)

| 行业 | Sector | 投资额 Investment | #新建 New Construction | #扩建 Expansion | #改建 Reconstruction |
|---|---|---|---|---|---|
| 住宿和餐饮业 | Hotels and Catering Services | 335.50 | 221.85 | 47.55 | 65.28 |
| 住宿业 | Hotels | 221.66 | 165.05 | 31.07 | 25.01 |
| 餐饮业 | Catering Services | 113.84 | 56.80 | 16.48 | 40.27 |
| 金融业 | Financial Intermediation | 55.41 | 37.59 | 10.39 | 6.65 |
| 银行业 | Bank | 26.88 | 16.80 | 5.89 | 3.98 |
| 证券业 | Security Activities | 5.37 | 0.91 | 4.17 | 0.29 |
| 保险业 | Insurance | 2.70 | 1.86 | | 0.26 |
| 其他金融活动 | Other Financial Activities | 20.46 | 18.01 | 0.33 | 2.12 |
| 房地产业 | Real Estate | 6587.09 | 818.21 | 141.95 | 43.64 |
| 房地产业 | Real Estate | 6587.09 | 818.21 | 141.95 | 43.64 |
| 租赁和商务服务业 | Leasing and Business Services | 394.19 | 321.26 | 55.35 | 12.40 |
| 租赁业 | Leasing | 4.58 | 3.12 | 0.16 | 0.29 |
| 商务服务业 | Business Services | 389.60 | 318.14 | 55.19 | 12.12 |
| 科学研究、技术服务和地质勘查业 | Scientific Research, Technical Service and Geologic Prospecting | 226.12 | 151.36 | 40.54 | 29.11 |
| 研究与试验发展 | Research and Experimental Development | 67.55 | 46.17 | 16.93 | 2.03 |
| 专业技术服务业 | Professional Technical Serrices | 55.16 | 27.02 | 5.83 | 20.42 |
| 科技交流和推广服务业 | Services of Science and Technology Exchanges and Promotion | 88.79 | 77.42 | 3.92 | 6.65 |
| 地质勘查业 | Geologic Prospecting | 14.61 | 0.75 | 13.86 | |
| 水利、环境和公共设施管理业 | Management of Water Conservancy, Environment and Public Facilities | 1737.39 | 860.27 | 482.06 | 378.59 |
| 水利管理业 | Management of Water Conservancy | 151.16 | 48.37 | 55.54 | 45.53 |
| 环境管理业 | Environmental Management | 72.11 | 30.93 | 13.42 | 26.91 |
| 公共设施管理业 | Management of Public Facilities | 1514.12 | 780.97 | 413.10 | 306.14 |
| 居民服务和其他服务业 | Services to Households and Other Services | 105.34 | 71.04 | 14.70 | 14.25 |
| 居民服务业 | Services to House Holds | 78.20 | 52.73 | 9.33 | 11.51 |
| 其他服务业 | Othe Services | 27.13 | 18.31 | 5.37 | 2.74 |
| 教育 | Education | 218.82 | 148.84 | 40.21 | 18.54 |
| 教育 | Education | 218.82 | 148.84 | 40.21 | 18.54 |
| 卫生、社会保障和社会福利业 | Health, Social Security and Social Welfare | 145.66 | 86.64 | 29.57 | 12.20 |
| 卫生 | Health | 126.19 | 70.22 | 28.79 | 10.05 |
| 社会保障业 | Social Security | 8.02 | 5.45 | 0.43 | 2.02 |
| 社会福利业 | Social Welfare | 11.45 | 10.96 | 0.35 | 0.14 |
| 文化、体育和娱乐业 | Culture, Sports and Entertainment | 209.76 | 144.20 | 37.47 | 24.49 |
| 新闻出版业 | Journalism and Publishing Activities | 4.33 | 0.25 | 4.08 | |
| 广播、电视、电影和音像业 | Broadcasting, Movies, Television and Audiovisual Activities | 15.58 | 12.72 | 2.00 | 0.71 |
| 文化艺术业 | Cultural and Art Activities | 68.74 | 51.48 | 8.45 | 8.28 |
| 体育 | Sports Activities | 38.30 | 30.66 | 5.78 | 1.65 |
| 娱乐业 | Entertainment | 82.80 | 49.09 | 17.16 | 13.84 |
| 公共管理和社会组织 | Public Management and Social Organization | 258.19 | 145.00 | 61.29 | 33.81 |
| 中国共产党机关 | Organs of Communist Party of China | 1.61 | 0.62 | | 0.99 |
| 国家机构 | Government Agencies | 207.09 | 124.60 | 41.46 | 25.25 |
| 人民政协和民主党派 | People's Political Cousultative Conference and Democratic Parties | 0.35 | | 0.35 | |
| 群众团体、社会团体和宗教组织 | Non-governmental Organizations, Social organizations and Religion Organizations | 7.06 | 3.33 | 2.60 | 0.84 |
| 基层群众自治组织 | Grass Roots Self-governing Organizations | 42.08 | 16.46 | 16.88 | 6.74 |

# 5－7 按隶属关系和注册类型分固定资产投资(2011 年)

单位:亿元

| 行业 | Sector | 投资额 Investment | 中央 Central Investment | 地方 Local Investment |
|---|---|---|---|---|
| **总计** | **Total** | **26314.66** | **610.58** | **25704.07** |
| 农、林、牧、渔业 | Agriculture, Forestry, Animal Husbandry and Fishery | 155.20 | | 155.20 |
| 农业 | Farming | 67.80 | | 67.80 |
| 林业 | Forestry | 5.52 | | 5.52 |
| 畜牧业 | Animal Husbandry | 33.58 | | 33.58 |
| 渔业 | Fishery | 13.17 | | 13.17 |
| 农、林、牧、渔服务业 | Service in Support of Agriculture | 35.14 | | 35.14 |
| 采矿业 | Mining | 68.02 | 23.78 | 44.23 |
| 煤炭开采和洗选业 | Mining and Washing of Coal | 13.91 | 4.50 | 9.41 |
| 石油和天然气开采业 | Extraction of Petroleum and Natural Gas | 15.01 | 14.42 | 0.59 |
| 黑色金属矿采选业 | Mining and Processing of Ferrous Metul Ores | 11.31 | 1.30 | 10.01 |
| 有色金属矿采选业 | Mining and Processing of Non-ferrous Metal Ores | 1.35 | | 1.35 |
| 非金属矿采选业 | Mining and Processing of Nonmetal Ores | 25.37 | 3.56 | 21.81 |
| 其他采矿业 | Mining of Other Ores | 1.07 | | 1.07 |
| 制造业 | Manufacturing | 13073.81 | 292.47 | 12781.34 |
| 农副食品加工业 | Processing of Food from Agricultural Products | 245.83 | 2.58 | 243.25 |
| 食品制造业 | Manufacture of Food | 124.16 | | 124.16 |
| 饮料制造业 | Manufacture of Beverage | 69.61 | | 69.61 |
| 烟草制品业 | Manufacture of Tobacco | 12.18 | 0.80 | 11.38 |
| 纺织业 | Manufacture of Textile | 666.00 | | 666.00 |
| 纺织服装、鞋、帽制造业 | Manufacture of Textile Wearing, Apparel, Footwear and Caps | 254.86 | 0.34 | 254.53 |
| 皮革、毛皮、羽毛(绒)及其制品业 | Manufacture of Leather, Fur, Feather and Related Products | 58.77 | | 58.77 |
| 木材加工及木、竹、藤、棕、草制品业 | Processing of Timber, Manufacture of Wood, Bamboo, Rattan, Palm and Straw Products | 152.80 | | 152.80 |
| 家具制造业 | Manufacture of Furniture | 85.11 | | 85.11 |
| 造纸及纸制品业 | Manufacture of Paper and Paper Products | 196.57 | 0.14 | 196.44 |
| 印刷业和记录媒介的复制 | Printing, Reproduction of Recording Media | 68.10 | | 68.10 |
| 文教体育用品制造业 | Manufacture of Articles For Culture, Education and Sport Activities | 64.15 | | 64.15 |
| 石油加工、炼焦及核燃料加工业 | Processing of Petroleum, Coking, Processing of Nuclear Fuel | 72.35 | | 72.35 |
| 化学原料及化学制品制造业 | Manufacture of Raw Chemical Materials and Chemical Products | 1301.04 | 58.92 | 1242.13 |
| 医药制造业 | Manufacture of Medicines | 224.38 | | 224.38 |
| 化学纤维制造业 | Manufacture of Chemical Fibers | 188.06 | | 188.06 |
| 橡胶制品业 | Manufacture of Rubber | 103.78 | | 103.78 |
| 塑料制品业 | Manufacture of Plastics | 306.50 | 0.73 | 305.78 |
| 非金属矿物制品业 | Manufacture of Non-metallic Mineral Products | 778.75 | 11.69 | 767.07 |
| 黑色金属冶炼及压延加工业 | Smelting and Pressing of Ferrous Metals | 484.33 | 80.17 | 404.16 |
| 有色金属冶炼及压延加工业 | Smelting and Pressing of Non-ferrous Metals | 218.17 | 0.28 | 217.89 |

# Investment in Fixed Assets by Jurisdiction of Management and Registration Status(2011)

(100 million yuan)

| 内 资<br>Domestic Funds | 港澳台商投资<br>Funds from Hong Kong, Macao and Taiwan | 外商投资<br>Foreign Funded | 国有控股<br>State-holding | 集体控股<br>Collective-holding | 私人控股<br>Private-holding |
|---|---|---|---|---|---|
| **22972.55** | **1368.34** | **1935.06** | **5932.86** | **1545.08** | **14581.68** |
| 147.70 | 2.92 | 1.39 | 15.65 | 27.48 | 101.01 |
| 65.28 | 0.20 | 1.39 | 4.98 | 10.59 | 48.51 |
| 4.77 | | 0.18 | 1.14 | 4.21 | |
| 30.35 | 2.34 | | 2.42 | | 28.91 |
| 12.16 | 0.38 | | 2.54 | 3.55 | 6.82 |
| 35.14 | | 5.53 | 12.20 | 12.56 | |
| 67.07 | 0.95 | | 30.69 | 2.58 | 32.79 |
| 13.91 | | | 9.09 | | 4.82 |
| 15.01 | | | 14.42 | | 0.59 |
| 11.31 | | | 1.55 | | 8.76 |
| 1.35 | | | | 0.31 | 1.04 |
| 24.42 | 0.95 | | 5.63 | 2.27 | 16.52 |
| 1.07 | | | 1.07 | | |
| 10708.21 | 755.61 | 1596.86 | 916.14 | 263.83 | 9457.50 |
| 233.19 | 3.77 | 7.94 | 6.18 | 5.12 | 220.65 |
| 99.48 | 12.53 | 12.15 | 9.12 | 0.28 | 94.32 |
| 56.23 | 2.11 | 11.26 | 6.86 | 1.23 | 36.40 |
| 12.18 | | | 11.78 | | 0.40 |
| 603.12 | 31.89 | 30.12 | 13.80 | 3.31 | 580.05 |
| 232.25 | 8.42 | 13.64 | 1.50 | 0.44 | 229.12 |
| 55.99 | 1.15 | 1.51 | | | 55.92 |
| 146.59 | 1.64 | 3.82 | | | 145.46 |
| 81.38 | 0.60 | 3.13 | | 0.19 | 79.08 |
| 131.38 | 9.31 | 55.89 | 6.56 | 0.16 | 129.96 |
| 64.54 | 1.28 | 2.28 | 1.64 | | 60.26 |
| 57.75 | 2.92 | 3.48 | | | 55.74 |
| 65.37 | 2.39 | 4.60 | 2.75 | | 61.13 |
| 957.58 | 117.44 | 226.02 | 184.49 | 18.39 | 787.28 |
| 180.65 | 12.79 | 30.94 | 4.69 | 2.46 | 173.81 |
| 165.39 | 5.71 | 16.95 | 0.50 | 1.81 | 171.72 |
| 86.05 | 1.62 | 16.11 | 1.90 | 14.19 | 64.24 |
| 275.43 | 7.49 | 23.27 | 0.88 | 0.70 | 261.88 |
| 695.12 | 39.02 | 44.61 | 33.79 | 4.80 | 631.13 |
| 447.97 | 16.51 | 19.85 | 101.14 | 48.51 | 289.64 |
| 199.79 | 5.12 | 13.27 | 3.98 | 6.06 | 190.38 |

5-7 续 表 1

单位:亿元

| 行 业 | Sector | 投资额 Investment | 中 央 Central Investment | 地 方 Local Investment |
|---|---|---|---|---|
| 金属制品业 | Manufacture of Metal Products | 810.20 | 1.92 | 808.28 |
| 通用设备制造业 | Manufacture of General Purpose Machinery | 1286.48 | 1.51 | 1284.97 |
| 专用设备制造业 | Manufacture of Special Purpose Machinery | 889.95 | 2.41 | 887.53 |
| 交通运输设备制造业 | Manufacture of Transport Equipment | 951.83 | 6.91 | 944.92 |
| 电气机械及器材制造业 | Manufacture of Electrical Machinery and Equipment | 1470.69 | 20.80 | 1449.90 |
| 通信设备、计算机及其他电子设备 | Manufacture of Communication Equipment, Computers and Other Electronic Equipment | 1375.21 | 89.98 | 1285.23 |
| 仪器仪表及文化、办公用机械制造 | Manufacture of Measuring Instruments and Machinery for Cultural Activity and Office Work | 419.27 | 12.83 | 406.44 |
| 工艺品及其他制造业 | Manufacture of Artwork and Other Manufacturing | 155.90 | 0.48 | 155.42 |
| 废弃资源和废旧材料回收加工业 | Recycling and Disposal of Waste | 38.75 | | 38.75 |
| 电力、燃气及水的生产和供应业 | Production and Supply of Electricity, Gas and Water | 629.30 | 120.37 | 508.92 |
| 电力、热力的生产和供应业 | Production and Supply of Electric Power and Heat Power | 432.55 | 112.93 | 319.61 |
| 燃气生产和供应业 | Production and Supply of Gas | 64.24 | 7.00 | 57.24 |
| 水的生产和供应业 | Production and Supply of Water | 132.51 | 0.44 | 132.07 |
| 建筑业 | Construction | 156.08 | 0.39 | 155.69 |
| 房屋和土木工程建筑业 | Construction of Building and Civil Engineering | 141.00 | 0.39 | 140.61 |
| 建筑安装业 | Building Installation | 6.05 | | 6.05 |
| 建筑装饰业 | Building Decoration | 2.76 | | 2.76 |
| 其他建筑业 | Other Construction | 6.27 | | 6.27 |
| 交通运输、仓储和邮政业 | Transport, Storage and Post | 1190.32 | 27.82 | 1162.51 |
| 铁路运输业 | Railway Transport | 40.77 | | 40.77 |
| 道路运输业 | Road Transport | 428.43 | 1.92 | 426.50 |
| 城市公共交通业 | Urban Public Transport | 193.77 | 5.29 | 188.47 |
| 水上运输业 | Water Transport | 212.86 | | 212.86 |
| 航空运输业 | Air Transport | 22.02 | 13.65 | 8.37 |
| 管道运输业 | Transport Via Pipelines | 4.41 | 0.01 | 4.40 |
| 装卸搬运和其他运输服务业 | Loading, Unloading and Other Transport Services | 36.39 | 0.92 | 35.47 |
| 仓储业 | Storage | 249.19 | 6.03 | 243.17 |
| 邮政业 | Post | 2.49 | | 2.49 |
| 信息传输、计算机服务和软件业 | Information Transmission, Computer Services and Software | 180.43 | 15.31 | 165.12 |
| 电信和其他信息传输服务业 | Telecommunications and Other Information Transmission Services | 94.26 | 12.11 | 82.15 |
| 计算机服务业 | Computer Services | 19.47 | | 19.47 |
| 软件业 | Software | 66.71 | 3.20 | 63.50 |
| 批发和零售业 | Wholesale and Retail Trades | 588.04 | | 588.04 |
| 批发业 | Wholesale Trades | 238.83 | | 238.83 |
| 零售业 | Retail Trades | 349.21 | | 349.21 |

5－7 Continued 1

(100 million yuan)

| 内　资<br>Domestic Funds | 港澳台商投资<br>Funds from Hong Kong, Macao and Taiwan | 外商投资<br>Foreign Funded | 国有控股<br>State-holding | 集体控股<br>Collective-holding | 私人控股<br>Private-holding |
|---:|---:|---:|---:|---:|---:|
| 738.42 | 28.46 | 41.31 | 9.69 | 33.87 | 697.15 |
| 1159.67 | 29.30 | 93.26 | 65.37 | 25.81 | 1052.73 |
| 746.79 | 41.43 | 100.23 | 42.75 | 9.33 | 683.71 |
| 741.47 | 45.17 | 164.69 | 63.12 | 5.48 | 675.96 |
| 1202.46 | 76.58 | 190.63 | 142.45 | 27.94 | 1015.23 |
| 744.21 | 224.13 | 406.58 | 146.79 | 22.12 | 592.44 |
| 347.57 | 18.48 | 53.22 | 18.10 | 1.55 | 310.83 |
| 146.56 | 4.92 | 4.42 | 35.04 | 30.08 | 79.75 |
| 33.63 | 3.44 | 1.68 | 1.31 | | 31.15 |
| 564.66 | 58.73 | 5.90 | 389.82 | 17.95 | 151.84 |
| 381.87 | 47.98 | 2.70 | 284.93 | 9.95 | 80.50 |
| 54.37 | 7.94 | 1.94 | 16.64 | | 42.02 |
| 128.42 | 2.82 | 1.27 | 88.25 | 8.00 | 29.32 |
| 153.27 | 0.10 | 0.03 | 79.93 | 11.68 | 58.15 |
| 138.61 | 0.00 | | 77.86 | 10.38 | 47.11 |
| 5.63 | 0.10 | 0.03 | 0.25 | | 5.67 |
| 2.76 | | | 0.05 | 0.15 | 2.56 |
| 6.27 | | | 1.77 | 1.15 | 2.81 |
| 1153.91 | 17.93 | 13.93 | 739.10 | 73.27 | 312.50 |
| 40.77 | | | 39.59 | | 1.18 |
| 426.80 | 1.38 | 0.24 | 369.37 | 16.27 | 37.30 |
| 193.64 | | 0.13 | 189.16 | 0.86 | 3.04 |
| 204.30 | 4.02 | | 97.35 | 21.72 | 83.03 |
| 22.02 | | | 15.23 | 5.84 | 0.64 |
| 4.41 | | | 0.01 | 2.00 | 0.60 |
| 35.11 | 0.70 | 0.58 | 3.30 | 0.08 | 31.54 |
| 224.37 | 11.83 | 12.99 | 24.45 | 26.28 | 153.54 |
| 2.49 | | | 0.64 | 0.22 | 1.63 |
| 143.79 | 20.33 | 16.31 | 104.45 | 10.08 | 38.17 |
| 64.86 | 15.48 | 13.92 | 71.31 | 0.26 | 2.32 |
| 16.58 | 2.41 | 0.48 | 4.08 | 5.65 | 6.85 |
| 62.35 | 2.44 | 1.91 | 29.06 | 4.17 | 29.00 |
| 552.05 | 14.33 | 20.52 | 54.96 | 35.79 | 420.18 |
| 228.93 | 5.64 | 3.70 | 29.33 | 22.55 | 170.19 |
| 323.12 | 8.69 | 16.82 | 25.63 | 13.24 | 250.00 |

5-7 续 表 2

单位:亿元

| 行业 | Sector | 投资额 Investment | 中央 Central Investment | 地方 Local Investment |
|---|---|---|---|---|
| 住宿和餐饮业 | Hotels and Catering Services | 335.50 | 0.50 | 335.00 |
| 住宿业 | Hotels | 221.66 | | 221.66 |
| 餐饮业 | Catering Services | 113.84 | 0.50 | 113.34 |
| 金融业 | Financial Intermediation | 55.41 | 5.14 | 50.26 |
| 银行业 | Bank | 26.88 | 5.14 | 21.73 |
| 证券业 | Security Activities | 5.37 | | 5.37 |
| 保险业 | Insurance | 2.70 | | 2.70 |
| 其他金融活动 | Other Financial Activities | 20.46 | | 20.46 |
| 房地产业 | Real Estate | 6587.09 | 79.77 | 6507.32 |
| 房地产业 | Real Estate | 6587.09 | 79.77 | 6507.32 |
| 租赁和商务服务业 | Leasing and Business Services | 394.19 | 0.12 | 394.07 |
| 租赁业 | Leasing | 4.58 | | 4.58 |
| 商务服务业 | Business Services | 389.60 | 0.12 | 389.49 |
| 科学研究、技术服务和地质勘查业 | Scientific Research, Technical Service and Geologic Prospecting | 226.12 | 17.71 | 208.41 |
| 研究与试验发展 | Research and Experimental Developmant | 67.55 | 0.77 | 66.78 |
| 专业技术服务业 | Professional Technical Serrices | 55.16 | 0.83 | 54.33 |
| 科技交流和推广服务业 | Services of Science and Technology Exchanges and Promotion | 88.79 | 2.25 | 86.54 |
| 地质勘查业 | Geologic Prospecting | 14.61 | 13.86 | 0.75 |
| 水利、环境和公共设施管理业 | Management of Water Conservancy, Environment and Public Facilities | 1737.39 | 16.30 | 1721.08 |
| 水利管理业 | Management of Water Conservancy | 151.16 | 5.26 | 145.90 |
| 环境管理业 | Environmental Management | 72.11 | 0.12 | 71.99 |
| 公共设施管理业 | Management of Public Facilities | 1514.12 | 10.92 | 1503.20 |
| 居民服务和其他服务业 | Services to Households and Other Services | 105.34 | | 105.34 |
| 居民服务业 | Services to Households | 78.20 | | 78.20 |
| 其他服务业 | Other Services | 27.13 | | 27.13 |
| 教育 | Education | 218.82 | 8.93 | 209.89 |
| 教育 | Education | 218.82 | 8.93 | 209.89 |
| 卫生、社会保障和社会福利业 | Health, Social Security and Social Welfare | 145.66 | | 145.66 |
| 卫生 | Health | 126.19 | | 126.19 |
| 社会保障业 | Social Security | 8.02 | | 8.02 |
| 社会福利业 | Social Welfare | 11.45 | | 11.45 |
| 文化、体育和娱乐业 | Culture, Sports and Entertainment | 209.76 | | 209.76 |
| 新闻出版业 | Journalism and Publishing Activities | 4.33 | | 4.33 |
| 广播、电视、电影和音像业 | Broadcasting, Movies, Television and Audiovisual Activities | 15.58 | | 15.58 |
| 文化艺术业 | Cultural and Art Activities | 68.74 | | 68.74 |
| 体育 | Sports Activities | 38.30 | | 38.30 |
| 娱乐业 | Entertainment | 82.80 | | 82.80 |
| 公共管理和社会组织 | Public Management and Social Organization | 258.19 | 1.98 | 256.21 |
| 中国共产党机关 | Organs of Communist Party of China | 1.61 | | 1.61 |
| 国家机构 | Government Agencies | 207.09 | 1.98 | 205.11 |
| 人民政协和民主党派 | People's Political Cousultative Conference and Democratic Parties | 0.35 | | 0.35 |
| 群众团体、社会团体和宗教组织 | Non-governmental Organizations, Social Organizations and Religion Organizations | 7.06 | | 7.06 |
| 基层群众自治组织 | Grass Roots Self-governing Organizations | 42.08 | | 42.08 |

5－7 Continued 2

(100 million yuan)

| 内　资<br>Domestic Funds | 港澳台商投资<br>Funds from Hong Kong, Macao and Taiwan | 外商投资<br>Foreign Funded | 国有控股<br>State-holding | 集体控股<br>Collective-holding | 私人控股<br>Private-holding |
|---|---|---|---|---|---|
| 303.64 | 7.04 | 15.14 | 41.68 | 21.29 | 240.11 |
| 202.25 | 6.01 | 10.19 | 36.31 | 13.09 | 153.42 |
| 101.39 | 1.02 | 4.94 | 5.37 | 8.20 | 86.69 |
| 54.38 | 0.39 | 0.63 | 37.97 | 4.24 | 11.09 |
| 26.00 | 0.24 | 0.63 | 20.70 | 3.24 | 1.54 |
| 5.37 | | | 5.08 | | |
| 2.70 | | | 1.35 | 1.00 | 0.35 |
| 20.31 | 0.15 | 0.00 | 10.83 | | 9.20 |
| 5886.26 | 465.06 | 235.14 | 1310.72 | 564.50 | 3298.03 |
| 5886.26 | 465.06 | 235.14 | 1310.72 | 564.50 | 3298.03 |
| 372.09 | 17.92 | 3.68 | 195.99 | 43.17 | 128.81 |
| 3.68 | 0.91 | | 0.29 | | 3.39 |
| 368.42 | 17.01 | 3.68 | 195.70 | 43.17 | 125.42 |
| 209.96 | 0.43 | 15.72 | 133.21 | 26.29 | 47.05 |
| 55.37 | | 12.18 | 25.42 | 6.13 | 20.41 |
| 54.20 | | 0.97 | 27.07 | 13.59 | 12.33 |
| 85.79 | 0.43 | 2.57 | 66.86 | 5.81 | 14.32 |
| 14.61 | | | 13.86 | 0.75 | |
| 1732.21 | 2.60 | 2.08 | 1303.62 | 286.08 | 108.38 |
| 151.16 | | | 129.21 | 18.01 | 3.13 |
| 72.11 | | | 46.13 | 16.29 | 8.00 |
| 1508.94 | 2.60 | 2.08 | 1128.28 | 251.78 | 97.25 |
| 103.97 | 0.43 | | 23.98 | 21.55 | 58.31 |
| 77.26 | | | 14.98 | 18.46 | 44.05 |
| 26.71 | 0.43 | | 9.00 | 3.10 | 14.26 |
| 218.65 | 0.16 | | 157.05 | 36.96 | 23.26 |
| 218.65 | 0.16 | | 157.05 | 36.96 | 23.26 |
| 137.53 | 3.11 | 5.03 | 104.29 | 20.49 | 12.40 |
| 120.35 | 0.82 | 5.03 | 94.48 | 14.86 | 11.32 |
| 8.02 | | | 5.28 | 2.52 | 0.21 |
| 9.16 | 2.30 | | 4.53 | 3.11 | 0.87 |
| 205.02 | 0.31 | 2.69 | 110.35 | 17.65 | 71.80 |
| 4.33 | | | 2.28 | 2.05 | |
| 15.58 | | | 10.02 | 0.65 | 4.32 |
| 67.88 | | | 54.54 | 7.15 | 6.60 |
| 38.30 | | | 32.90 | 2.20 | 3.20 |
| 78.92 | 0.31 | 2.69 | 10.60 | 5.60 | 57.68 |
| 258.19 | | | 183.26 | 60.21 | 10.31 |
| 1.61 | | | 1.61 | | |
| 207.09 | | | 172.40 | 24.34 | 7.29 |
| 0.35 | | | 0.35 | | |
| 7.06 | | | 0.75 | 2.90 | 2.07 |
| 42.08 | | | 8.14 | 32.97 | 0.95 |

# 5-8 按行业分施工投产项目个数（2011 年）

## Number of Projects Under Construction and Putinto Use by Sector(2011)

| 行业 | Sector | 施工项目（个）Number of Projects under Construction (unit) | #新开工 Number of Proiects Started this Year | 全部建成投产项目（个）Number of Projects Completed and Put into Use (unit) | 项目建成投产率（%）Rate of Construction Projects Completed and Put into Use(%) |
|---|---|---|---|---|---|
| **总计** | **Total** | **37126** | **26389** | **26574** | **71.58** |
| 农、林、牧、渔业 | Agriculture, Forestry, Animal Husbandry and Fishery | 645 | 458 | 420 | 65.12 |
| 农业 | Farming | 331 | 228 | 203 | 61.33 |
| 林业 | Forestry | 32 | 25 | 25 | 78.13 |
| 畜牧业 | Animal Husbandry | 130 | 88 | 94 | 72.31 |
| 渔业 | Fishery | 65 | 48 | 39 | 60.00 |
| 农、林、牧、渔服务业 | Service in Support of Agriculture | 87 | 69 | 59 | 67.82 |
| 采矿业 | Mining | 102 | 66 | 81 | 79.41 |
| 煤炭开采和洗选业 | Mining and Washing of Coal | 14 | 7 | 12 | 85.71 |
| 石油和天然气开采业 | Exctraction of Petroleum and Natural Gas | 18 | 16 | 16 | 88.89 |
| 黑色金属矿采选业 | Mining and Processing of Ferrous Metal Ores | 8 | 4 | 5 | 62.50 |
| 有色金属矿采选业 | Mining and Processing of Non-ferrous Metal Ores | 3 | 1 | 2 | 66.67 |
| 非金属矿采选业 | Mining and Processing of Nonmetal Ores | 57 | 37 | 44 | 77.19 |
| 其他采矿业 | Mining of Other Ores | 2 | 1 | 2 | 100.00 |
| 制造业 | Manufacturing | 24682 | 17976 | 18542 | 75.12 |
| 农副食品加工业 | Processing of Food from Agricultural | 611 | 421 | 433 | 70.87 |
| 食品制造业 | Manufacture of Food | 290 | 199 | 225 | 77.59 |
| 饮料制造业 | Manufacture of Beverage | 117 | 75 | 88 | 75.21 |
| 烟草制品业 | Manufacture of Tobacco | 6 | 4 | 2 | 33.33 |
| 纺织业 | Manufacture of Textile | 2199 | 1659 | 1810 | 82.31 |
| 纺织服装、鞋、帽制造业 | Manufacture of Textile Wearing, Apparel, Footwear and Caps | 871 | 692 | 692 | 79.45 |
| 皮革、毛皮、羽毛(绒)及其制品业 | Manufacture of Leather, Fur, Feather and Related Products | 166 | 120 | 134 | 80.72 |
| 木材加工及木、竹、藤、棕、草制品业 | Processing of Timber, Manufacture of Wood, Bamboo, Rattan, Palm and Straw Products | 452 | 293 | 374 | 82.74 |
| 家具制造业 | Manufacture of Furniture | 259 | 184 | 202 | 77.99 |
| 造纸及纸制品业 | Manufacture of Paper and Paper Products | 311 | 218 | 238 | 76.53 |
| 印刷业和记录媒介的复制 | Printing, Reproduction of Recording Media | 213 | 169 | 187 | 87.79 |
| 文教体育用品制造业 | Manufacture of Articles For Culture, Education and Sport Activities | 177 | 137 | 142 | 80.23 |
| 石油加工、炼焦及核燃料加工业 | Processing of Petroleum, Coking, Processing of Nuclear Fuel | 51 | 31 | 31 | 60.78 |
| 化学原料及化学制品制造业 | Manufacture of Raw Chemical Materials and Chemical Products | 1616 | 1111 | 1150 | 71.16 |
| 医药制造业 | Manufacture of Medicines | 371 | 240 | 257 | 69.27 |
| 化学纤维制造业 | Manufacture of Chemical Fibers | 225 | 172 | 175 | 77.78 |
| 橡胶制品业 | Manufacture of Rubber | 192 | 142 | 150 | 78.13 |
| 塑料制品业 | Manufacture of Plastics | 812 | 607 | 638 | 78.57 |
| 非金属矿物制品业 | Manufacture of Non-metallic Mineral Products | 1586 | 1190 | 1198 | 75.54 |
| 黑色金属冶炼及压延加工业 | Smelting and Pressing of Ferrous Metals | 370 | 260 | 272 | 73.51 |
| 有色金属冶炼及压延加工业 | Smelting and Pressing of Non-ferrous Metals | 388 | 271 | 284 | 73.20 |

5－8 续 表1 Continued 1

| 行业 | Sector | 施工项目（个）Number of Projects under Construction (unit) | #新开工 Number of Projects Started this Year | 全部建成投产项目（个）Number of Projects Completed and Put into Use (unit) | 项目建成投产率（%）Rate of Construction Projects Completed and Put into Use(%) |
|---|---|---|---|---|---|
| 金属制品业 | Manufacture of Metal Products | 1931 | 1469 | 1499 | 77.63 |
| 通用设备制造业 | Manufacture of General Purpose Machinery | 3176 | 2405 | 2332 | 73.43 |
| 专用设备制造业 | Manufacture of Special Purpose Machinery | 1946 | 1424 | 1405 | 72.20 |
| 交通运输设备制造业 | Manufacture of Transport Equipment | 1452 | 1001 | 1017 | 70.04 |
| 电气机械及器材制造业 | Manufacture of Electrical Machinery and Equipment | 2323 | 1665 | 1684 | 72.49 |
| 通信设备、计算机及其他电子设备 | Manufacture of Communication Equipment, Computers and Other Electronic Equipment | 1588 | 1115 | 1178 | 74.18 |
| 仪器仪表及文化、办公用机械制造 | Manufacture of Measuring Instruments and Machinery for Cultural Activity and Office Work | 587 | 432 | 453 | 77.17 |
| 工艺品及其他制造业 | Manufacture of Artwork and Other Manufacturing | 321 | 225 | 241 | 75.08 |
| 废弃资源和废旧材料回收加工业 | Recycling and Disposal of Waste | 75 | 45 | 51 | 68.00 |
| 电力、燃气及水的生产和供应业 | Production and Supply of Electricity, Gas and Water | 640 | 428 | 386 | 60.31 |
| 电力、热力的生产和供应业 | Production and Supply of Electric Power and Heat Power | 326 | 229 | 191 | 58.59 |
| 燃气生产和供应业 | Production and Supply of Gas | 57 | 38 | 36 | 63.16 |
| 水的生产和供应业 | Production and Supply of Water | 257 | 161 | 159 | 61.87 |
| 建筑业 | Construction | 293 | 249 | 200 | 68.26 |
| 房屋和土木工程建筑业 | Construction of Building and Civil Engineering | 232 | 204 | 155 | 66.81 |
| 建筑安装业 | Building Installation | 26 | 18 | 21 | 80.77 |
| 建筑装饰业 | Building Decoration | 13 | 11 | 10 | 76.92 |
| 其他建筑业 | Other Construction | 22 | 16 | 14 | 63.64 |
| 交通运输、仓储和邮政业 | Transport, Storage and Post | 927 | 500 | 488 | 52.64 |
| 铁路运输业 | Railway Transport | 13 | 4 | 6 | 46.15 |
| 道路运输业 | Road Transport | 466 | 236 | 233 | 50.00 |
| 城市公共交通业 | Urban Public Transport | 31 | 24 | 18 | 58.06 |
| 水上运输业 | Water Transport | 94 | 51 | 43 | 45.74 |
| 航空运输业 | Air Transport | 6 | 2 | 1 | 16.67 |
| 管道运输业 | Transport Via Pipelines | 4 | 4 | 2 | 50.00 |
| 装卸搬运和其他运输服务业 | Loading, Unloading and Other Transport Services | 42 | 28 | 25 | 59.52 |
| 仓储业 | Storage | 263 | 146 | 157 | 59.70 |
| 邮政业 | Post | 8 | 5 | 3 | 37.50 |
| 信息传输、计算机服务和软件业 | Information Transmission, Computer Services and Software | 215 | 129 | 129 | 60.00 |
| 电信和其他信息传输服务业 | Telecommunications and Other Information Transmission Services | 101 | 77 | 77 | 76.24 |
| 计算机服务业 | Computer Services | 21 | 11 | 8 | 38.10 |
| 软件业 | Software | 93 | 41 | 44 | 47.31 |
| 批发和零售业 | Wholesale and Retail Trades | 1043 | 725 | 746 | 71.52 |
| 批发业 | Wholesale Trades | 364 | 247 | 245 | 67.31 |
| 零售业 | Retail Trades | 679 | 478 | 501 | 73.78 |

5-8 续 表2 Continued 2

| 行 业 Sector | | 施工项目(个) Number of Projects under Construction (unit) | #新开工 Number of Proiects Started this Year | 全部建成投产项目(个) Number of Projects Completed and Put into Use (unit) | 项目建成投产率(%) Rate of Construction Projects Completed and Put into Use(%) |
|---|---|---|---|---|---|
| 住宿和餐饮业 | Hotels and Catering Services | 688 | 520 | 540 | 78.49 |
| 住宿业 | Hotels | 354 | 240 | 248 | 70.06 |
| 餐饮业 | Catering Services | 334 | 280 | 292 | 87.43 |
| 金融业 | Financial Intermediation | 106 | 72 | 74 | 69.81 |
| 银行业 | Bank | 68 | 45 | 47 | 69.12 |
| 证券业 | Security Activities | 3 | 1 | 1 | 33.33 |
| 保险业 | Insurance | 8 | 6 | 4 | 50.00 |
| 其他金融活动 | Other Financial Activities | 27 | 20 | 22 | 81.48 |
| 房地产业 | Real Estate | 1230 | 815 | 653 | 53.09 |
| 房地产业 | Real Estate | 1230 | 815 | 653 | 53.09 |
| 租赁和商务服务业 | Leasing and Business Services | 465 | 297 | 262 | 56.34 |
| 租赁业 | Leasing | 8 | 8 | 6 | 75.00 |
| 商务服务业 | Business Services | 457 | 289 | 256 | 56.02 |
| 科学研究、技术服务和地质勘查业 | Scientific Research, Technical Service and Geologic Prospecting | 389 | 283 | 259 | 66.58 |
| 研究与试验发展 | Research and Experimental Developmant | 86 | 60 | 41 | 47.67 |
| 专业技术服务业 | Professional Technical Serrices | 180 | 151 | 148 | 82.22 |
| 科技交流和推广服务业 | Services of Science and Technology Exchanges and Promation | 108 | 59 | 60 | 55.56 |
| 地质勘查业 | Geologic Prospecting | 15 | 13 | 10 | 66.67 |
| 水利、环境和公共设施管理业 | Management of Water Conservancy, Environment and Public Facilities | 3578 | 2455 | 2450 | 68.47 |
| 水利管理业 | Management of Water Conservancy | 282 | 201 | 196 | 69.50 |
| 环境管理业 | Environmental Management | 173 | 120 | 127 | 73.41 |
| 公共设施管理业 | Management of Public Facilities | 3123 | 2134 | 2127 | 68.11 |
| 居民服务和其他服务业 | Services to Households and Other Services | 254 | 187 | 200 | 78.74 |
| 居民服务业 | Services to Households | 189 | 141 | 152 | 80.42 |
| 其他服务业 | Other Services | 65 | 46 | 48 | 73.85 |
| 教育 | Education | 496 | 327 | 302 | 60.89 |
| 教育 | Education | 496 | 327 | 302 | 60.89 |
| 卫生、社会保障和社会福利业 | Health, Social Security and Social Welfare | 279 | 164 | 141 | 50.54 |
| 卫生 | Health | 232 | 128 | 116 | 50.00 |
| 社会保障业 | Social Security | 18 | 14 | 8 | 44.44 |
| 社会福利业 | Social Welfare | 29 | 22 | 17 | 58.62 |
| 文化、体育和娱乐业 | Culture, Sports and Entertainment | 361 | 245 | 222 | 61.50 |
| 新闻出版业 | Journalism and Publishing Activities | 4 | 1 | 1 | 25.00 |
| 广播、电视、电影和音像业 | Broadcasting, Movies, Television and Audiovisual Activities | 24 | 14 | 15 | 62.50 |
| 文化艺术业 | Cultural and Art Activities | 125 | 76 | 70 | 56.00 |
| 体育 | Sports Activities | 32 | 19 | 12 | 37.50 |
| 娱乐业 | Entertainment | 176 | 135 | 124 | 70.45 |
| 公共管理和社会组织 | Public Management and Social Organization | 733 | 493 | 479 | 65.35 |
| 中国共产党机关 | Organs of Communist Party of China | 3 | 3 | 3 | 100.00 |
| 国家机构 | Government Agencies | 548 | 348 | 334 | 60.95 |
| 人民政协和民主党派 | People's Political Consultative Conference and Democratic Parties | 1 | 1 | 0 | 0.00 |
| 群众团体、社会团体和宗教组织 | Non-governmental Organizations, Social Organizations and Religion Organizations | 29 | 24 | 17 | 58.62 |
| 基层群众自治组织 | Grass Roots Self-governing Organizations | 152 | 117 | 125 | 82.24 |

# 5－9　国有单位固定资产投资
## Investment of State-owned Units in Capital Construction

| 指　　标 | Item | 2010 | | 2011 | |
|---|---|---|---|---|---|
| | | 合　计<br>Total | #房地产开发<br>Real Estate Development | 合　计<br>Total | #房地产开发<br>Real Estate Development |
| **建设项目** | **Construction Projects** | | | | |
| 施工项目　　(个) | Number of Projects Under Construction (unit) | 5117 | | 5350 | |
| 全部建成投产项目(个) | Total Projects Completed and Put into Use (unit) | 2987 | | 3136 | |
| 建成项目投产率　(%) | Rate of Projects Completed and Put into Use (%) | 58.4 | | 58.6 | |
| 建设周期　　(年) | Construction Cycle (year) | 1.71 | | 1.71 | |
| **资金来源　　(亿元)** | **Sources of Funds (100 million yuan)** | | | | |
| 国家预算内资金 | State Budget | 261.40 | | 307.90 | |
| 国内贷款 | Domestic Loans | 924.41 | 148.20 | 1103.57 | 249.97 |
| 利用外资 | Foreign Investment | 0.00 | 0.00 | 3.32 | 0.00 |
| 自筹资金 | Secf－raising Funds | 3017.55 | 164.74 | 3486.55 | 242.13 |
| 其他资金 | Others | 534.48 | 264.29 | 403.44 | 227.29 |
| **投资总额　　(亿元)** | **Total Investment (100 million yuan)** | **4488.74** | **382.34** | **5004.82** | **575.14** |
| 按构成分 | Grouped by Use of Funds | | | | |
| #建筑工程 | Construction | 2869.78 | 203.59 | 3346.64 | 383.78 |
| 安装工程 | Installation | 189.38 | 13.17 | 218.36 | 13.13 |
| 设备工具器具购置 | Purchase of Equipment and Instruments | 511.96 | 2.80 | 617.00 | 7.87 |
| 按产业分 | Grouped by Industry | | | | |
| 第一产业 | Primary Industry | 15.86 | | 13.14 | |
| 第二产业 | Secondary Industry | 905.69 | | 1072.10 | |
| 第三产业 | Tertiary Industry | 3567.20 | 382.34 | 3919.58 | 575.14 |
| #住宅 | Residential Buildings | 465.07 | 317.33 | 632.89 | 445.14 |
| 按建设性质分 | Grouped by Type of Construction | | | | |
| #新建 | New Construction | 2280.34 | | 2501.20 | |
| 扩建 | Expension | 1091.58 | | 1094.69 | |
| 改建 | Reconstruction | 651.32 | | 732.43 | |
| **房屋建筑面积(万平方米)** | **Floor Space of Buildings (10000 sq. m)** | | | | |
| 施工面积 | Floor Space Under Construction | 9121.78 | 2917.70 | 11604.56 | 4228.05 |
| #住　宅 | Residential Buildings | 3480.26 | 2425.61 | 5043.93 | 3511.21 |
| 竣工面积 | Floor Space Completed | 3132.59 | 636.41 | 3193.05 | 809.07 |
| #住　宅 | Residential Buildings | 991.36 | 547.53 | 1217.44 | 686.90 |

注:建设周期按项目个数计算。

Note: Construction cycle was calculated by the number of construction projects.

# 5－10 房地产开发投资主要指标
## Major Indicaotrs of Real Estate Investment

| 指标 | Item | 1995 | 2000 | 2005 | 2010 | 2011 |
|---|---|---|---|---|---|---|
| **投资完成额 （亿元）** | **Investment Completed This Year (100 million yuan)** | **240.85** | **358.72** | **1545.15** | **4299.38** | **5567.94** |
| 按构成分 | Grouped by Use of Funds | | | | | |
| #建筑安装工程 | Construction and Installation Projects | 172.75 | 255.81 | 1091.29 | 2897.21 | 3748.60 |
| 设备工器具购置 | Purchase of Equipment and Instruments | 5.96 | 3.34 | 12.53 | 41.09 | 175.32 |
| 按工程用途分 | Grouped by Use of Project | | | | | |
| #住宅 | Residential Buidlings | 139.24 | 260.79 | 1133.06 | 3158.46 | 4094.03 |
| #90 平方米以下 | Below 90 Square Meters | | | | 733.15 | 909.70 |
| #140 平方米以上 | Above 140 Square Meters | | | | 744.76 | 1233.58 |
| 办公楼 | Office Buildings | 23.91 | 21.59 | 54.27 | 154.61 | 204.57 |
| 商业营业用房 | Houses for Business Use | 34.73 | 48.48 | 217.02 | 611.08 | 737.26 |
| 其他 | Others | 42.98 | 27.86 | 140.81 | 375.23 | 532.08 |
| 按资金来源分 | Grouped by Sources of Funds | | | | | |
| 国内贷款 | Domesitc Loans | 54.23 | 88.01 | 392.73 | 1515.66 | 1629.96 |
| 利用外资 | Foreign Investment | 27.66 | 5.82 | 33.16 | 92.76 | 84.69 |
| 自筹投资 | Self－raising Funds | 77.85 | 101.34 | 614.76 | 2031.38 | 2635.02 |
| 其他投资 | Others | 108.69 | 195.48 | 998.18 | 4382.54 | 3960.87 |
| **房屋建筑面积 （万平方米）** | **Floor Space of Building (10000 sq. m)** | | | | | |
| 施工面积 | Floor Space Under Construction | 3510.13 | 4268.45 | 15619.26 | 35106.90 | 40500.27 |
| #住宅 | Residential Buidlings | 2502.75 | 3348.36 | 12385.98 | 26347.13 | 30260.37 |
| 竣工面积 | Floor Space Completed | 1630.06 | 2143.22 | 5500.12 | 8696.28 | 8448.24 |
| #住宅 | Residential Buildings | 1339.47 | 1774.80 | 4497.68 | 6553.53 | 6476.75 |
| **商品房销售情况 （万平方米）** | **Sale of Commercialized Buildings (10000 sq. m)** | | | | | |
| 房屋销售面积 | Floor Space of Commercialized Buildings | 798.31 | 1740.93 | 5135.55 | 9485.47 | 7970.49 |
| #住宅 | Residential Buildings | 708.89 | 1555.97 | 4523.14 | 8112.37 | 6767.25 |
| #90 平方米以下 | Below 90 Square Meters | | | | 1583.11 | 1321.68 |
| #140 平方米以上 | Above 140 Square Meters | | | | 1816.86 | 1364.77 |

注：① 本表资金来源均为资金到位数。
② 2011 年开始，将以前 140 平方米及以上改为 144 平方米及以上。

Note：① The funds sources of this table were all available for investment.
② The high－grade residential area standard has been changed to 144 square meters and above.

# 5－11　房地产开发企业经营情况
# Operating Statistics on Enterprises for Real Estate Development

| 指　　标 | Item | 1995 | 2000 | 2005 | 2010 | 2011 |
|---|---|---|---|---|---|---|
| **企业个数　（个）** | **Number of Enterprises (unit)** | **1641** | **1930** | **3810** | **6070** | **6402** |
| 内资 | Domestic Funded | 1257 | 1636 | 3384 | 5450 | 5777 |
| #国有 | State－owned Enterprises | 618 | 585 | 248 | 252 | 268 |
| 集体 | Collective－owned Enterprises | 488 | 482 | 192 | 124 | 115 |
| 港澳台商投资 | Enterprises with Funds from Hong Kong, Macao and Taiwan | 189 | 197 | 277 | 352 | 365 |
| 外商投资 | Foreign Funded | 195 | 97 | 149 | 268 | 260 |
| **平均从业人数　（万人）** | **Average Number of Employed Persons (10000 persons)** | **5.01** | **5.74** | **8.47** | **13.17** | **15.02** |
| 内资 | Domestic Funded | | | 7.54 | 11.61 | 13.27 |
| #国有 | State－owned Enterprises | | | 0.63 | 0.59 | 0.74 |
| 集体 | Collective－owned Enterprises | | | 0.33 | 0.19 | 0.21 |
| 港澳台商投资 | Enterprises with Funds from Hong Kong, Macao and Taiwan | | | 0.59 | 0.87 | 1.03 |
| 外商投资 | Foreign Funded | | | 0.34 | 0.69 | 0.73 |
| **土地开发及购置（万平方米）** | **Land Development and Purchase (10000 sq. m)** | | | | | |
| 本年完成开发土地面积 | Land Space Developed This Year | 1329.00 | 886.59 | 1827.36 | | |
| 本年土地成交价款（亿元） | Total Value of Land Purchased (100 million yuan) | | | 319.02 | 613.85 | 693.21 |
| 待开发土地面积 | Land Space Pending Development | 1045.00 | 928.335 | 3981.34 | 3798.79 | 4504.81 |
| 本年购置土地面积 | Land Space Purchased This Year | 744.00 | 1395.98 | 2848.80 | 2055.71 | 2693.67 |
| **资产负债　（亿元）** | **Assets and Liabilities (100 million yuan)** | | | | | |
| 实收资本 | Capital Held | | | 953.90 | 4061.51 | 5170.66 |
| #国家资本金 | State Capital | | | 86.75 | 447.96 | |
| 资产总计 | Total Assets | 668.50 | 1201.82 | 5679.81 | 19791.32 | 25313.85 |
| 累计折旧 | Total Depreciation | 4.84 | 13.25 | 34.48 | 128.74 | 162.20 |
| #本年折旧 | Depreciation This Year | 1.35 | 2.75 | 8.45 | 33.70 | 45.21 |
| 负债总计 | Total Liabilities | 495.15 | 958.47 | 4343.07 | 14233.81 | 18543.27 |
| 所有者权益 | Owners' Equity | 173.35 | 243.36 | 1336.74 | 5557.51 | 6770.58 |
| 资产负债率　（%） | Assets Liability Ratio (%) | | | | | |
| **经营情况　（亿元）** | **Operating Statistics (100 million yuan)** | | | | | |
| 经营总收入（主营业务收入） | Total Revenue (Main Business Income) | 114.80 | 294.00 | 1279.25 | 5384.70 | 5085.84 |
| 土地转让收入 | Land Transferred | 4.38 | 3.19 | 15.18 | 14.22 | 100.45 |
| 商品房屋销售收入 | Commercialized Buildings Sold | 98.81 | 274.84 | 1225.33 | 5280.77 | 4844.92 |
| 房屋出租收入 | Houses Leased | 0.80 | 3.50 | 5.19 | 28.68 | 44.83 |
| 其他收入 | Others | 10.81 | 12.47 | 33.55 | 61.03 | 95.64 |
| 经营税金及附加（主营业务税金及附加） | Operating Tax and Extra Charges (Main Business Taxes and Extra Charges) | 5.99 | 13.11 | 79.89 | 413.99 | 415.78 |
| 营业利润 | Operating Profit | 8.67 | 8.73 | 112.96 | 793.91 | 639.29 |

# 5－12 按登记注册类型分房地产开发投资(2011 年)

单位:亿元

| 项　　目 | | 总　计 Total | 内　资 Domestic Funds | 国　有 State-owned | 集　体 Collective-owned |
|---|---|---|---|---|---|
| **企业个数　　　　（个）** | **Number of Enterprises　　　（unit）** | **6402** | **5777** | **233** | **94** |
| **本年完成投资** | **Investment Completed This Year** | **5567.94** | **4874.93** | **526.54** | **51.35** |
| 按构成分 | Grouped by Use of Funds | | | | |
| 建筑工程 | Construction Projects | 3527.68 | 3103.95 | 347.47 | 38.13 |
| 安装工程 | Installation Projects | 220.92 | 194.37 | 11.26 | 2.28 |
| 设备工器具购置 | Pruchase of Equipment and Instruments | 175.32 | 149.93 | 7.23 | 2.05 |
| 其他费用 | Others Expenses | 1644.02 | 1426.68 | 160.58 | 8.89 |
| 按构成用途分 | Grouped by Use of Project | | | | |
| 住宅 | Residential Buildings | 4094.03 | 3549.49 | 411.22 | 40.69 |
| #90 平方米以下 | Below 90 Square Meters | 909.70 | 829.63 | 175.07 | 8.46 |
| 140 平方米以上 | Above 140 Square Meters | 1233.58 | 974.56 | 44.85 | 2.95 |
| 别墅、高档公寓 | Villas, High－grade Apartments | 536.67 | 427.29 | 9.84 | 0.07 |
| 办公楼 | Office Buidings | 204.57 | 186.51 | 15.40 | 1.90 |
| 商业营业用房 | Buidings for Business Use | 737.26 | 654.78 | 27.69 | 5.77 |
| 其他 | Others | 532.08 | 484.15 | 72.24 | 2.98 |
| **本年新增固定资产** | **Newly Increased Fixed Assets This Year** | **2852.55** | **2449.01** | **179.30** | **18.92** |
| **资金来源** | **Sources of Funds** | | | | |
| 本年资金来源合计 | Total of Funds This Year | 10719.11 | 9062.91 | 803.72 | 90.59 |
| 上年末结余资金 | Balance of Founds Last Year | 2408.58 | 1880.93 | 169.34 | 8.56 |
| 本年资金来源小计 | Subtotal Funds This Year | 8310.54 | 7181.98 | 634.38 | 82.03 |
| 国内贷款 | Domestic Loans | 1629.96 | 1464.77 | 227.75 | 11.44 |
| 利用外资 | Foreign Investment | 84.69 | 8.83 | 0.00 | 0.00 |
| 自筹资金 | Self-raising Funds | 2635.02 | 2392.67 | 213.87 | 43.52 |
| #自有资金 | Self-owned | 1335.50 | 1208.33 | 131.37 | 33.70 |
| 其他资金来源 | Others | 3960.87 | 3315.72 | 192.77 | 27.06 |
| #定金及预收款 | Bargain Money and Pre-received Money | 2503.57 | 2067.02 | 121.18 | 16.44 |

# Investment in Real Estate Development by Registration Status(2011)

(100 million yuan)

| 股份合作 Cooperative Enterprises | 联营 Joint Ownership | 国有独资公司 State Sole Funded | 其它有限责任公司 Other Limited Liability Corporations | 股份有限公司 Share Holding Co., Ltd. | 私营 Private | 其它 Other |
|---|---|---|---|---|---|---|
| **20** | **8** | **33** | **1698** | **258** | **3339** | **94** |
| **12.80** | **4.51** | **45.70** | **1837.95** | **230.45** | **2061.72** | **103.90** |
| | | | | | | |
| 9.01 | 3.12 | 34.30 | 1148.37 | 148.42 | 1315.45 | 59.68 |
| 0.21 | 0.01 | 1.86 | 66.39 | 10.44 | 95.99 | 5.93 |
| 0.53 | 0.01 | 0.63 | 56.57 | 5.92 | 71.73 | 5.25 |
| 3.05 | 1.37 | 8.91 | 566.62 | 65.67 | 578.54 | 33.04 |
| | | | | | | |
| 10.04 | 2.90 | 32.13 | 1355.21 | 150.57 | 1468.19 | 78.55 |
| 0.89 | 1.15 | 5.00 | 281.98 | 33.96 | 309.05 | 14.06 |
| 1.91 | 0.09 | 8.15 | 426.57 | 33.73 | 426.05 | 30.26 |
| 1.21 | 0.00 | 4.27 | 216.21 | 9.16 | 174.94 | 11.60 |
| 0.19 | 0.01 | 2.97 | 86.53 | 5.69 | 72.36 | 1.45 |
| 1.37 | 0.20 | 3.67 | 227.98 | 37.41 | 338.95 | 11.75 |
| 1.21 | 1.40 | 6.94 | 168.24 | 36.77 | 182.22 | 12.16 |
| **7.30** | **0.16** | **69.25** | **858.64** | **124.54** | **1138.90** | **52.01** |
| | | | | | | |
| 21.35 | 11.06 | 101.87 | 3592.71 | 411.87 | 3838.37 | 191.37 |
| 4.92 | 0.36 | 22.69 | 688.91 | 90.85 | 867.66 | 27.64 |
| 16.43 | 10.70 | 79.18 | 2903.80 | 321.02 | 2970.71 | 163.74 |
| 1.96 | 3.17 | 20.05 | 583.11 | 59.87 | 538.38 | 19.03 |
| 0.00 | 0.00 | 0.00 | 4.58 | 0.00 | 4.25 | 0.00 |
| 7.87 | 3.67 | 24.90 | 901.09 | 126.62 | 991.44 | 79.69 |
| 1.86 | 3.50 | 19.01 | 412.32 | 46.80 | 527.65 | 32.12 |
| 6.60 | 3.86 | 34.22 | 1415.02 | 134.53 | 1436.64 | 65.01 |
| 4.69 | 2.64 | 19.75 | 902.56 | 85.60 | 877.10 | 37.07 |

5－12 续 表

单位:亿元

| 指 标 | Iteam | 港澳台商投资 Funds from Hong Kong, Macao and Taiwan | 合资经营 Joint-venture Enterprises | 合作经营 Cooperative Enterprises |
|---|---|---|---|---|
| **企业个数 (个)** | **Number of Enterprises (unit)** | **365** | **156** | **13** |
| **本年完成投资** | **Investment Completed This Year** | **460.35** | **205.98** | **26.26** |
| 按构成分 | Grouped by Use of Funds | | | |
| 建筑工程 | Construction Projects | 283.53 | 109.06 | 14.52 |
| 安装工程 | Installation Projects | 17.42 | 8.52 | 3.60 |
| 设备工器具购置 | Pruchase of Equipment and Instruments | 12.72 | 3.93 | 2.95 |
| 其他费用 | Others Expenses | 146.67 | 84.47 | 5.18 |
| 按构成用途分 | Grouped by Use of Project | | | |
| 住宅 | Residential Buildings | 359.79 | 158.51 | 21.26 |
| #90平方米以下 | Below 90 Square Meters | 48.04 | 15.15 | 6.61 |
| 140平方米以上 | Above 140 Square Meters | 174.48 | 78.10 | 8.80 |
| 别墅、高档公寓 | Villas, High－grade Apartments | 88.34 | 46.26 | 0.00 |
| 办公楼 | Office Buidings | 13.90 | 6.54 | 0.54 |
| 商业营业用房 | Buidings for Business Use | 58.65 | 24.96 | 3.11 |
| 其他 | Others | 28.00 | 15.97 | 1.34 |
| **本年新增固定资产** | **Newly Increased Fixed Assets This Year** | **223.09** | **81.94** | **23.10** |
| **资金来源** | **Sources of Funds** | | | |
| 本年资金来源合计 | Total of Funds This Year | 1013.22 | 396.46 | 52.40 |
| 上年末结余资金 | Balance of Founds Last Year | 307.52 | 105.91 | 22.39 |
| 本年资金来源小计 | Subtotal Funds This Year | 705.69 | 290.55 | 30.01 |
| 国内贷款 | Domestic Loans | 79.56 | 29.00 | 6.26 |
| 利用外资 | Foreign Investment | 59.70 | 16.89 | 0.00 |
| 自筹资金 | Self-raising Funds | 151.97 | 80.91 | 2.76 |
| #自有资金 | Self-owned | 69.82 | 44.05 | 0.70 |
| 其他资金来源 | Others | 414.47 | 163.75 | 20.99 |
| #定金及预收款 | Bargain Money and Pre-received Money | 284.25 | 116.26 | 12.55 |

5－12 Contnued

(100 million yuan)

| 独资公司 Enterprises with Sole Fund | 股份有限公司 Share Holding Co., Ltd. | 外商投资 Foreign Inveslment | 合资经营 Joint-venture Enterprises | 合作经营 Cooperative Enterprises | 独资公司 Enterprises with Sole Fund | 股份有限公司 Share Holding Co., Ltd. |
|---|---|---|---|---|---|---|
| **190** | **6** | **260** | **112** | **10** | **134** | **4** |
| **215.92** | **12.18** | **232.67** | **87.34** | **14.90** | **129.37** | **1.06** |
| | | | | | | |
| 151.20 | 8.75 | 140.19 | 51.24 | 9.66 | 78.76 | 0.53 |
| 4.92 | 0.38 | 9.13 | 4.64 | 0.98 | 3.52 | 0.00 |
| 5.74 | 0.10 | 12.68 | 4.58 | 2.00 | 5.88 | 0.21 |
| 54.06 | 2.96 | 70.67 | 26.87 | 2.26 | 41.22 | 0.33 |
| | | | | | | |
| 169.04 | 10.98 | 184.76 | 66.69 | 12.31 | 104.69 | 1.06 |
| 22.57 | 3.71 | 32.04 | 12.69 | 1.75 | 17.19 | 0.41 |
| 85.87 | 1.72 | 84.53 | 22.95 | 5.25 | 56.33 | 0.00 |
| 42.04 | 0.04 | 21.04 | 5.58 | 0.70 | 14.77 | 0.00 |
| 6.82 | 0.00 | 4.16 | 0.68 | 0.00 | 3.47 | 0.00 |
| 30.22 | 0.36 | 23.83 | 11.97 | 2.03 | 9.83 | 0.00 |
| 9.85 | 0.84 | 19.93 | 8.00 | 0.56 | 11.38 | 0.00 |
| **111.02** | **7.04** | **180.45** | **50.48** | **21.54** | **108.43** | **0.00** |
| | | | | | | |
| 534.57 | 29.78 | 642.99 | 204.71 | 37.77 | 396.12 | 4.39 |
| 174.05 | 5.17 | 220.13 | 64.08 | 16.27 | 138.00 | 1.77 |
| 360.52 | 24.61 | 422.86 | 140.63 | 21.50 | 258.12 | 2.62 |
| 42.10 | 2.20 | 85.63 | 24.01 | 0.33 | 61.29 | 0.00 |
| 41.00 | 1.81 | 16.17 | 3.99 | 0.00 | 12.18 | 0.00 |
| 67.45 | 0.84 | 90.39 | 38.09 | 1.00 | 51.29 | 0.00 |
| 24.28 | 0.80 | 57.35 | 25.90 | 0.00 | 31.45 | 0.00 |
| 209.98 | 19.75 | 230.68 | 74.54 | 20.17 | 133.35 | 2.62 |
| 143.36 | 12.08 | 152.30 | 47.57 | 13.53 | 89.28 | 1.93 |

# 主要统计指标解释

**固定资产投资**　是以货币表现的建造和购置固定资产活动的工作量，它是反映固定资产投资规模、速度、比例关系和使用方向的综合性指标。全社会固定资产投资按登记注册类型可分为国有、集体、个体、联营、股份制、外商、港澳台商、其他等。全社会固定资产投资总额分为城镇项目投资、农村建设项目投资和房地产开发投资三个部分。

**城镇和农村建设项目投资**　指城镇和农村各种登记注册类型的企业、事业、行政单位及个体户进行的计划总投资500万元及500万元以上建设项目的投资。

**房地产开发投资**　指房地产开发公司、商品房建设公司及其他房地产开发法人单位和附属于其他法人单位实际从事房地产开发或经营的活动单位统一开发的包括统代建、拆迁还建的住宅、厂房、仓库、饭店、宾馆、度假村、写字楼、办公楼等房屋建筑物和配套的服务设施，土地开发工程（如道路、给水、排水、供电、供热、通讯、平整场地等基础设施工程）的投资；不包括单纯的土地交易活动。

**固定资产投资的资金来源**　根据固定资产投资的资金来源不同，分为国家预算内资金、国内贷款、利用外资、自筹资金和其他资金来源。

（1）国家预算内资金：分为财政拨款和财政安排的贷款两部分。包括中央财政的基本建设基金、专项支出、收回再贷、贴息资金，财政安排的挖潜改造和新产品试制支出、城建支出、商业部门简易建筑支出、不发达地区发展基金等资金中用于固定资产投资的资金；地方财政中由国家统筹安排的资金等。

（2）国内贷款：指报告期内企、事业单位向银行及非银行金融机构借入的用于固定资产投资的各种国内借款。包括银行利用自有资金及吸收的存款发放的贷款、上级主管部门拨入的国内贷款、国家专项贷款（包括煤代油贷款、劳改煤矿专项贷款等）、地方财政专项资金安排的贷款、国内储备贷款、周转贷款等。

（3）利用外资：指报告期收到的用于固定资产建造和购置投资的境外资金（包括设备、材料、技术在内）。计算利用外资时，需要折算成人民币，折算中所使用的外汇汇率按现汇计算，即按使用外汇时的汇率计算。包括外商直接投资、对外借款及外商其他投资。不包括我国自有外汇资金。

（4）自筹资金：指固定资产投资单位报告期收到的，由各地区、各部门及企业、事业单位筹集用于固定资产投资的预算外资金，包括中央各部门、各级地方和企业、事业单位的自有资金。

（5）其他资金：指在报告期收到的除以上各种资金之外其他用于固定资产投资的资金。包括社会集资、个人资金、无偿捐赠的资金及其他单位拨入的资金等。

**固定资产投资按国民经济行业分**　按建设项目建成投产后的主要产品或主要用途及社会经济活动性质来确定。一般情况下，一个建设项目或一个企业、事业单位只能属于一种国民经济行业。

**固定资产投资按建设性质分**　建设项目的性质一般分为新建、扩建、改建、迁建、恢复。

（1）新建：一般是指从无到有、"平地起家"新开始建设的单位。有的单位原有的基础很小，经过建设后其新增加的固定资产价值超过原有固定资产价值（原值）三倍以上的也算新建。

（2）扩建：一般是指为扩大原有产品的生产能力，在厂内或其他地点增建主要生产车间（或主要工程）、独立的生产线或分厂的企业；事业单位和行政单位在原单位增建业务用房（如学校增建教学用房、医院增建门诊部或病床用房、行政机关增建办公楼等）也作为扩建。

（3）改建：一般是指现有企业、事业单位为了技术进步，提高产品质量，增加花色品种，促进产品升级换代，降低消耗和成本，加强资源综合利用和三废治理、劳保安全等，采用新技术、新工艺、新设备、新材料等对现有设施、工艺条件进行技术改造或更新（包括相应配套的辅助性生产、生活福利设施）。有的企业为充分发挥现有生产能力，进行填平补齐而增建不增加本单位主要产品生产能力的车间等，也属于改建。

**固定资产投资按构成分**　固定资产投资活动按其工作内容和实现方式分为建筑安装工程，设备、工具、器具购置，其他费用三个部分。

（1）建筑安装工程（建筑安装工作量）：指各种房屋、建筑物的建造工程和各种设备、装置的安装工程。包括各种房屋建造工程，各种用途设备基础和各种工业窑炉的砌筑工程；为施工而进行的各种准备工作和临时工程以及完工后的清理工作等；铁路、道路的铺设，矿井的开凿及石油管道的架设等；水利工程；防空地下建筑等特殊工程；以及各种机械设备的安装工程；为测定安装工程质量，对设备进行的试运工作。在安装工程中，不包括被安装设备本身的价值。

（2）设备、工具、器具购置：指购置或自制达到固定资产标准的设备、工具、器具的价值，固定资产的标准按财务部门规定。新建单位、扩建单位的新建车间按照设计和计划要求购置或自制的全部设备、工具、器具，不论是否达到固定资产标准均计入"设备、工具、器具购置"中。

(3)其他费用:指在固定资产建造和购置过程中发生的,除建筑安装工程和设备、工具、器具购置以外的各种应摊入固定资产的费用。

**施工项目**　指报告期内曾进行建筑或安装工程施工活动的建设项目,包括报告期内新开工项目、报告期以前开工跨入报告期继续施工的项目以及报告期施过工并在报告期内全部建成投产或停缓建的项目。

**全部建成投产项目**　工业项目是指设计文件规定形成生产能力的主体工程及其相应配套的辅助设施全部建成,经负荷试运转,证明具备生产设计规定合格产品的条件,并经过验收鉴定合格或达到竣工验收标准,与生产性工程配套的生活福利设施可以满足近期正常生产的需要,正式移交生产的建设项目。非工业项目是指设计文件规定的主体工程和相应的配套工程全部建成,能够发挥设计规定的全部效益,经验收鉴定合格或达到竣工验收标准,正式移交使用的建设项目。

**房屋建筑面积**　指从房屋外墙线算起的各层平面面积的总和,包括可供使用的有效面积和房屋结构(如柱、墙)占用的面积。多层建筑按各层(包括地下室)面积总和计算。

**住宅建筑面积**　指施工和竣工房屋建筑面积中供居住用的施工和竣工房屋建筑面积。

**施工面积**　指报告期内施工的全部房屋建筑面积。包括本期新开工的面积、上期跨入本期继续施工的房屋面积、上期停缓建在本期恢复施工的房屋面积、本期竣工的房屋面积及本期施工后又停缓建的房屋面积。

**竣工面积**　指在报告期内房屋建筑按照设计要求已全部完工,达到住人和使用条件,经验收鉴定合格,正式移交使用单位的建筑面积。

**房屋建筑面积竣工率**　指一定时期内房屋竣工面积占同期房屋施工面积的比率。它是从房屋建筑施工速度的角度反映投资效果和建筑业经济效益的指标。

**新增固定资产**　指通过投资活动所形成的新的固定资产价值,包括已经建成投入生产或交付使用的工程价值和达到固定资产标准的设备、工具、器具的价值及有关应摊入的费用。它是以价值形式表示的固定资产投资成果的综合性指标,可以综合反映不同时期、不同部门、不同地区的固定资产投资成果。

**建设项目投产率**　指一定时期内全部建成投入生产项目个数与同期正式施工项目个数的比率。它是从项目建设速度的角度反映投资效果的指标。

**建设周期**　是指报告期(年)所有正式施工项目全部建成平均需要的时间,它是从宏观角度反映建设速度的指标。建设周期的计算方法有两种:

(1)按建设项目计算:建设周期 = 报告期正式施工项目个数/报告期全部建成投产项目个数

(2)按投资额计算:建设周期 = 报告期正式施工项目计划总投资之和/报告期正式施工项目完成投资之和。

## Explanatory Notes on Main Statistical Indicators

**Investment in Fixed Assets**　refers to the volume of activities in construction and purchases of fixed assets of the whole country expressed in monetary terms, it is a comprehensive indicator which shows the size, pace, proportional relations and use direction of the investment in fixed assets. Total investment in fixed assets in the whole country includes, by type of ownership, the investment by State – owned units, collective – owned units, individuals, joint ownership units, share – holding units, as well as investments by entrepreneurs from foreign countries and from Hong Kong, Macao and Taiwan, and by other units. The investment in fixed assets in the whole country is classified into the following three parts: investment in urban projects, rural construction projects and real estate development.

**Urban and Rural Investment in Construction Projects**　refers to construction projects involving a total planned investment of 5 million yuan and over by enterprises of various types of ownership, institutions, administrative units and individuals in urban and rural areas.

**Investment in Real Estate Development**　It includes the investment by the real estate development companies, commercial buildings construction companies and other real estate development units of various types of ownership in the construction of house buildings, such as residential buildings, factory buildings, warehouses, hotels, guesthouses, holiday villages, office buildings, and the complementary service facilities and land development projects, such as roads, water supply, water drainage, power supply, heating, telecommunications, land leveling and other projects of infrastructure. It excludes the activities in simple land transactions.

**Sources of Funds for Investment in Fixed Assets**　state budgetary appropriation, domestic loans, foreign investment, self-raised funds, and others.

(1) Fund from the State budget consists of budgetary appropriation and loans from the State budget. More specifically, it includes, from the budget of the central government, capital construction fund, special expenses, loans from repayment, discount fund,

expenses on innovation and trial production of new products, expenses on urban construction, expenses on temporary construction from business departments, development fund for less developed areas, as well as local budgetary fund transferred from the central budget.

(2) Domestic loans refer to various funds borrowed by enterprises and institutions from banks and non-bank financial institutions during the reference period for the purpose of investment in fixed assets, including loans issued by banks from their self-owned funds and deposit, loans appropriated by higher responsible authorities, special loans by government (including loan for replacing petroleum with coal, special loan for reform through labor coal mines), loans arranged by local government from special funds, domestic reserve loan, and working loan, etc.

(3) Foreign investment refers to foreign funds received during the reference period for the construction and purchase of investment in fixed assets (covering equipment, materials and technology). In calculating the utilization of foreign capital, foreign currencies are converted into Chinese RMB applying the current exchange rate when the foreign capitals are actually used. It includes foreign borrowings (loans from foreign governments and international financial institutions, export credit, commercial loans from foreign banks, issue of bonds and stocks overseas), foreign direct investment and other foreign investments.

(4) Self – raised funds refer to extra – budgetary funds for investment in fixed assets received during the reference period by investing units from central government ministries, local governments, enterprises and institutions, including their self – raised funds.

(5) Others refer to funds for investment in fixed assets received from sources other than those listed above, including funds raised from society and individuals, donations, and funds transferred from other units.

**Investment in Fixed Assets by Sector** In general, one project or one enterprise or institution can only be classified into one sector.

**Investment in Fixed Assets by Types of Construction** The construction projects in general can be classified by the type of construction into new construction, expansion, reconstruction, moving and resumption.

(1) New construction in general refers to newly constructed units. In the case in which the value of the original fixed assets is quite small, and the value of newly added fixed assets exceeds the original ones by three times, the expansion construction is considered as new construction.

(2) Expansion refers to construction of new major production workshop or independent production line within a factory or in other locations, or construction of a branch factory so as to increase the production capacity of the original products. Newly constructed business houses in institutions and administrative organizations (such as the newly constructed teaching buildings in schools, clinics or bed building in hospitals, and office buildings in administrative agencies, etc.) are also classified as expansion.

(3) Reconstruction refers to technical innovation and transformation of the existing equipment and technical conditions undertaken by enterprises and institutions for the purposes of technological advancement, improvement in product quality, enlarging variety of products, promoting new generation of products, reducing production consumption and cost, promoting comprehensive utilization of resources, strengthening treatment of waste gas, waste water and solid wastes, and safety in production, etc. through application of new technologies and techniques, use of new equipment and new materials (including accessory facilities for production or for living and welfare purposes). Construction of new workshops for improving existing production capacity rather than increasing production capacity is also considered as reconstruction.

**Investment in Fixed Assets by Structure** refers to the three major parts of investment activities, i. e. construction and installation, purchase of equipment and instrument, and other expenses.

(1) Construction and installation (work volume of construction and installation) refers to the construction of various houses and buildings and installation of various kinds of equipment and instruments, including construction of various houses, equipment foundations and industrial kilns and stoves, preparation works for project construction, and clearing up works post project construction, pavement of railways and roads, drilling of mines and putting up of oil pipes, construction of projects of water conservancy, construction of underground air-raid shelters and construction of other special projects, installation of various machinery equipment, testing operation for pretesting the quality of installation projects. The value of equipment installed is not included in the value of installation projects.

(2) Purchase of equipment and instruments refers to the total value of equipment, tools, and vessels purchased or self-produced which come up to standards for fixed assets. Equipment, tools and vessels purchased or self produced for new workshops by newly established or expanded units are categorized as "purchase of equipment and instruments" no matter whether they come up to the standards for fixed assets or not.

(3) Other expenses refer to expenses occurring during the construction or purchase of fixed assets other than construction, installation or purchase of equipment and instruments.

**Projects under Construction** refer to projects having construction and installation activities undertaken in the reference period, including projects started in the reference period, or continued from the previous pound, or completed and put into production or suspended in the reference period.

**Projects Completed and Put into Use** Industrial projects refer to the major projects and accessory facilities completed which result in forming production capacity and have been checked and accepted while the living and welfare facilities have been completed and can ensure normal production and formally put into production. Non-industrial projects refer to the major projects and accessory facilities completed which possess the designed capacity and have been checked, accepted and formally put into production.

**Floor Space of Buildings under Construction** refers to total floor space in each story of buildings calculated from the outside line of building walls, including both usable space and the space occupied by constructions like pillars or walls. The floor space of multistory buildings includes the total floor space of each story (including basement).

**Floor Space of Residential Buildings** refers to the floor space of the residential buildings among the total space of buildings under construction or completed.

**Floor Space under Construction** refers to total floor space of all buildings under construction during the reference period, including floor space of newly started buildings during the reference period, floor space of construction extended from the previous period to the current period, floor space of construction suspended during the previous period and resumed in the current period, floor space of construction completed in the current period, and floor space of construction started and then suspended in the current period.

**Floor Space of Buildings Completed** refers to the floor space of buildings completed in the reference period, which have come up to the designed standards and have been put into use.

**Completion Rate of Floor Space of Buildings** refers to the ratio of the floor space of buildings completed in certain period of time to the floor space of buildings under construction in the same period which reflects the investment result and economic efficiency of the construction industry from the angle of the speed of project construction.

**Newly Increased Fixed Assets** refer to the newly increased value of fixed assets through investment, including the value of projects completed and put into production, the value of equipment, tools, and vessels considered as fixed assets, as well as the relevant expenses as investment in fixed assets. This is a comprehensive indicator of investment in fixed assets, reflecting the achievements of investment in fixed assets in different periods, different sectors, and different regions.

**Rate of Construction Projects Completed and Put into Use** refers to the ratio of the number of construction projects completed and put into use in certain period of time to the number of projects under construction in the same period. This reflects the investment efficiency from the angle of the speed of projects construction.

**Construction cycle** refers to how longtime it will be taken in average that all the projects formally under construction can be completed in reference year. This indicator reflect the speed of construction in view of macrocosm.

There are two formulas in calculating the construction cycle:

(1) By the number of construction projects

Construction cycle = number of projects formally under construction in reference period (year) / number of all the projects are completed and put in production in reference period (year)

(2) By the value of investment

Construction cycle = total investment plan for the projects formally under construction in reference period (year) / total fulfihnent of investment on the projects formally under construction in reference period (year).

# 6

# 价格指数
# Price Indices

# 简 要 说 明

**一、本篇资料的主要内容**

本篇价格指数资料，反映生产、流通、消费与投资等环节的价格变动趋势和变动幅度。主要包括居民消费价格指数、商品零售价格指数、农业生产资料价格指数、工业生产者价格指数、固定资产投资价格指数和房地产价格指数等。

**二、本篇的资料来源**

价格指数编制由国家统计局江苏调查总队组织实施。各市、县调查队依据国家统计局统一制定的价格统计调查制度向基层采集原始数据汇总后上报。

**三、居民消费、商品零售价格指数**

编制居民消费、商品零售价格指数的资料采用抽样调查和重点调查相结合的方法取得，即在全省选择不同经济区域和分布合理的地区，以及有代表性的商品作为样本，对其市场价格进行定期调查，以样本推断总体。编制过程按下列几个步骤进行：

1. 选择调查地区和调查点。调查地区按照经济区域和地区分布合理等原则，选出具有代表性的大、中、小城市和县作为国家的调查地区，在此基础上选定经营规模大、商品种类多的商场（包括集市和服务网点）作为调查点。

2. 选择代表商品和代表规格品。代表商品是选择那些消费量大、价格变动有代表性的商品；代表规格品的确定是根据商品零售资料和城市居民、农村居民的消费支出记帐资料，按照有关规定筛选的。筛选原则：(1)与社会生产和人民生活关系密切；(2)消费（销售）数量（金额）大；(3)市场供应稳定；(4)价格变动趋势有代表性；(5)所选的代表规格品之间差异大。

目前，居民消费价格调查按用途划分为8大类，262个基本分类，各地每月调查600种以上规格产品价格；商品零售价格按用途划分为16个大类，229个基本分类，各地每月调查500种以上的规格产品价格。

3. 价格调查方式。采用派员直接到调查点登记调查，同时聘请辅助调查员协助登记调查。

4. 权数的确定。商品零售价格指数的计算权数主要根据社会商品零售额资料确定；居民消费价格指数的计算权数根据城乡居民家庭消费支出构成确定。

**四、工业生产者价格指数**

工业生产者价格包括工业企业产品第一次出售时的出厂价格（下简称工业生产者出厂价格）和原材料、燃料、动力购进价格（下简称工业生产者购进价格）。

工业生产者价格调查采用重点调查与典型调查相结合的调查方法。重点调查将全部年主营业务收入2000万元以上（2010年以前为500万元以上）的企业列为调查对象；典型调查是把年主营业务收入2000万元以下（2010年以前为500万元以下）的企业作为抽样对象。

1. 代表企业的选择原则：(1)按工业行业选择调查企业，各中类行业原则上都要有调查企业。(2)大型企业应尽量都选上（或占相当大比重）。(3)选择生产稳定、正常的企业作为调查对象。

2. 代表产品的选择原则：(1)按工业行业选择基本分类和代表产品。(2)选择对国计民生影响大的产品。(3)选择生产较为稳定的产品。(4)选择有发展前景的产品。(5)选择具有地方特色的产品。

目前《工业生产者出厂价格调查目录》包括11000多种工业产品，并将其划分为1700多个基本分类。工业生产者购进价格调查项目由上述出厂调查目录的大部分和部分农副产品两部分组成，包括6000多种调查产品，确定为900多个基本分类。

3. 价格调查方式。采用企业报表形式。

4. 权数的确定。工业生产者出厂价格统计中，小类及小类以上的权数资料来源于工业统计中分行业工业销售产值数据资料；基本分类的权数资料来源于独立的工业企业产品权数调查。工业生产者购进价格统计中，基本分类及以上分类的权数资料主要来源于独立的工业企业产品权数调查，小类及小类以上的权数还可以参照相应行业的出厂权数和分行业的投入产出数据资料。权数一般五年更换一次。

**五、固定资产投资价格指数**

固定资产投资价格调查采用重点调查与典型调查相结合的方法。固定资产投资价格调查所涉及的价格是构成固定资产投资额实体的实际购进价格或结算价格。调查的内容包括构成当年建筑工程实体的钢材、木材、水泥、地方建材（如砖、瓦、灰、沙、石等)、化工材料(如油漆等)等主要建筑材料价格;作为活劳动投入的劳动力价格(单位工资)和建筑机械使用费;设备工器具购置和其他费用投资价格。

固定资产投资价格调查样本的选择遵循以下原则:

1. 选择建筑安装工程调查点的原则:(1)样本单位应具有一定覆盖面;(2)投资经济活动代表性强;(3)兼顾不同经济类型;(4)选择重点工程;(5)兼顾国民经济各门类及不同工程类别。

2. 选择其他费用调查点的原则:在选择其他费用调查点时,所遵循的原则与建筑安装工程调查点的原则基本相同,特别是要注意选择那些投资额大的工程。但由于其他费用不易取得,所以在实际操作过程中,应同时在建设单位、施工单位开展重点调查,并辅以典型调查(从管理部门取得资料)。

3. 价格调查方式。采用企业报表和调查员走访相结合的方式。

4. 权数的确定。固定资产投资价格指数的计算权数是建筑安装工程、设备工器具购置和其他费用三者前三年投资完成额的平均比重。

**六、房地产价格指数**

从广义上讲,房地产是房产与地产的总称。因此房地产价格调查的内容主要包括以下几个部分:

1. 住宅销售价格。从进入房地产市场的渠道看,住宅销售价格包括新建住宅和二手住宅两部分。

2. 住宅租赁价格。住宅租赁价格包括经济适用住房、廉租住房和商品住宅三部分。

3. 土地交易价格。土地交易价格包括居住用地、工业用地、商业营业用地和其他用地四部分。

4. 物业服务价格。物业服务价格包括经济适用住房和商品住宅两部分。

新建住宅价格调查,在2010年以前采用重点调查与典型调查相结合的方法,从2011年开始,采用全面调查的方法。二手住宅价格调查采用重点调查与典型调查相结合的方法。

调查方式采用报表与走访相结合的方式。

## Brief Introduction

**Ⅰ. Main Contents**

Data on price indices in this chapter show the changing trends and the change rates in the prices of production, trade, consumption and investment, including mainly consumer price indices, retail price indices, price indices for means of agricultural production, producer price indices for farm products, price indices for investment in fixed assets, and price indices for real estate.

**Ⅱ. Sources of Data**

Compilation of statistics on price indices is organized by the Survey Office of the National Bureau of Statistics in Jiangsu. The selected cities and counties collect data from the grassroots units in accordance with the scheme of price survey system stipulated by the NBS, tabulate them and report them to the higher agencies.

**Ⅲ. Consumer Price Indices and Retail Price Indices**

Data for compilation of the consumer price indices and the retail price indices in Jiangsu are collected through a combination of sample surveys and surveys of key units. Areas distributed in different economic regions are selected as the sample areas and representative commodities are selected as the sample commodities. Regular surveys are conducted to collect data on their market prices. Population parameters are inferred on the basis of the sample data. Following are major steps in the process of calculation of the price indices:

(1) The selection of areas and survey points: Based on such principles as regional economic features and reasonable geographic distribution, representative sample areas for the national survey are selected which include large, medium and small cities and counties. When the sample areas have been selected, large-scale shops and markets (including fairs and service outlets) with wide variety of commodities are selected as survey points.

(2) The selection of representative commodi-

ties and their specifications or varieties: The representative commodities selected are those consumed in large quantity and representative in price changes. The representative specifications or varieties are determined according to the data on the retail sales of commodities and the consumption expenditure account data of the residents of urban households and rural households; and selection follows the related instructions. The principles for selection are: (a) The commodities are closely related to social production and people's living conditions; (b) They are consumes (or sold) in large quantities (or large values); (c) The market supply is stable; (d) The changes of their prices are representative in trend; (e) There is great heterogeneity among the specifications or varieties selected.

At present, data are collected on 600 and more specifications each month under 262 basic headings in 8 categories in the consumer price surveys. For the retail price surveys, data are collected on more than 500 specifications each month under 229 basic headings in 16 categories.

(3) Method of data collection: Enumerators are sent to the survey points to take the records of the prices. Assistant enumerators are recruited to assist the survey work.

(4) Determination of the weights: The weights for calculation of the retail price indices are determined mainly according to the total retail sales of commodities. The weights for calculation of the consumer price indices are determined according to the composition of the consumption expenditures of urban and rural households.

**Ⅳ. Producer Price Indices for Manufactured Goods**

Producer prices for manufactured goods refer to the ex-factory price of manufactured goods when they are first sold. The survey program is a combined use of the key units' survey and typical units' survey methods. Key units refer to those non-State-owned industrial enterprises with annual revenue above 5 million yuan. Typical units refer to the industrial enterprises with annual sale revenue below 5 million yuan.

(1) Principles for selecting the representative enterprises:

(a) Enterprises to be covered in the survey are selected by industrial sectors. In principle, every branch should have enterprises selected; (b) All (or a majority of) large-sized enterprises should be selected; (c) Enterprises selected should be those with normal and stable production; (d) Different types of ownership should be considered in selecting enterprises.

(2) Principle for the selection of representative goods:

(a) The goods are selected by industrial sectors; (b) The selected goods should have great impact on the national economy and people's living conditions; (c) The production of the goods selected are relatively more stable; (d) The prospects of the goods selected are promising; (e) The goods selected are typical to the place in question.

The current List of Manufactured Goods for the survey includes over 4,000 goods (including 7,500 specifications or varieties). The industrial sales value of the industries represented by these goods accounts for more than 70 percent of total industrial sales value of all the country.

(3) Method of data collection: The method of reporting forms by enterprises is adopted.

(4) Determination of the weights: The weights for calculation of the producer price indices for manufactured goods are determined according to the total sales value of manufactured goods. Data from the industrial census are used for the calculation. If census data are not available for the reference year, industrial statistical data and statistical data from other agencies will be used to estimate the weights. The weights are replaced every five years.

**Ⅴ. Price Indices for Investment in Fixed Assets**

Data on prices of investment in fixed assets are collected by a program involving the combined use of surveys on key units and surveys on typical units. The prices collected in the surveys of investment in fixed assets are the actual purchasing prices or settlement prices of entities of investment in fixed assets. The survey content includes the prices of main construction materials that constitute the architectural engineering entity in the year, such as steel, timber, cement, local construction materials (such as brick, tile, calcareous ashes, sand, stone, etc.), chemical materials (such as oil paint, etc.), the price of labor force as input (wages), prices for renting of building machinery and equipment, the purchasing price of equipment, tools and instruments and the prices of others investments.

The following principles should be followed in selecting the sample for the price survey of investment in fixed assets:

(1) Principles for selecting the survey points of construction and installation: (a) Sample units should have a good coverage; (b) The economic activity of investment should have strong representativeness; (c) Different economic types of ownership should be considered; (d) key projects should be selected; (e) Attention should be given to various sectors of the national economy and types of projects.

(2) Principles for selecting price survey points of other fees: The principles for selecting survey points of others fees is in general the same as that of construction and installation, with special attention being paid to selecting projects with huge investment value. Since it is not easy to obtain the other fees, during the actual data gathering operations, survey on key construction owner units and building units is to conducted concurrently with survey on typical units (with information from administration units)

(3) Method of price survey: A combination of enterprises reporting system and enumerator visits method.

(4) Determination of the weights: The weights for calculation of the price indices for investment in fixed assets are determined according to the average proportion of construction and installation, purchase of equipment, tools and instruments and other investments in the 3 preceding years.

**Ⅵ. Price Indices for Real Estate**

In the broad sense real estate refers to properties in terms of both buildings and land. Therefore, the price survey on real estate covers the following items:

1) Sale prices of houses. In terms of the types of houses sold at the market, sale prices of houses include the prices for commercialized houses and for second-hand houses.

2) Renting price of houses. Included in this category are prices for renting residential housing, office buildings, buildings for business or recreational purposes, buildings for industrial or storage purposes, and housing for other purposes.

3) Transaction prices of land. Included in this category are prices for the transaction of land used for residential housing, for industrial and storage purposes, for business or recreational purposes and for other uses.

4) Property management price. Included in this category are prices for residential housing, office buildings, buildings for business or recreational purposes, and buildings for industrial or storage purposes.

New housing price Survey before 2010 using the key survey and typical method of combining. Beginning of 2011, take a comprohensive survey. Second – hand housing prices using a combiration of approaches fouse on investigation and sampling surveys. The mothod including reports and visition.

# 6－1 各种价格指数
## Price Indices

上年＝100 (preceding year＝100)

| 年份<br>Year | 居民消费价格指数<br>Consumer Price Index | 城市<br>Urban | 农村<br>Rural | 商品零售价格指数<br>Retail Price Index | 工业生产者出厂价格指数<br>Producer Price Index for Manufactured Goods | 工业生产者购进价格指数<br>Purchasing Price Index | 固定资产投资价格指数<br>Price Index for Investment in Fixed Assets |
|---|---|---|---|---|---|---|---|
| 1979 | 101.0 | 100.7 | 101.3 | 101.3 | | | |
| 1980 | 105.6 | 105.7 | 105.6 | 105.8 | | | |
| 1981 | 101.5 | 102.3 | 100.9 | 101.4 | | | |
| 1982 | 100.9 | 100.9 | 101.0 | 100.9 | | | |
| 1983 | 100.4 | 100.8 | 100.0 | 100.1 | | | |
| 1984 | 103.0 | 104.1 | 102.1 | 102.5 | | | |
| 1985 | 109.5 | 109.6 | 109.4 | 109.5 | | | |
| 1986 | 107.1 | 106.4 | 107.7 | 107.1 | | | |
| 1987 | 109.2 | 110.5 | 107.7 | 109.3 | | | |
| 1988 | 121.9 | 122.6 | 121.4 | 122.3 | | | |
| 1989 | 117.1 | 116.0 | 118.5 | 116.8 | | | |
| 1990 | 103.2 | 103.4 | 103.0 | 102.3 | | | |
| 1991 | 104.9 | 107.7 | 101.9 | 104.8 | 103.2 | 107.0 | 104.5 |
| 1992 | 106.6 | 108.8 | 104.4 | 105.1 | 103.8 | 110.2 | 112.1 |
| 1993 | 118.2 | 118.7 | 117.3 | 115.9 | 118.5 | 125.7 | 138.8 |
| 1994 | 123.2 | 125.3 | 121.7 | 123.6 | 121.4 | 120.1 | 114.6 |
| 1995 | 115.8 | 116.2 | 115.3 | 114.3 | 114.2 | 117.3 | 107.4 |
| 1996 | 109.3 | 110.8 | 107.1 | 106.8 | 100.6 | 103.9 | 103.2 |
| 1997 | 101.7 | 101.3 | 102.0 | 99.3 | 97.9 | 97.9 | 99.2 |
| 1998 | 99.4 | 100.0 | 99.0 | 98.2 | 94.5 | 91.4 | 98.8 |
| 1999 | 98.7 | 98.6 | 98.8 | 96.9 | 96.1 | 94.4 | 98.3 |
| 2000 | 100.1 | 100.0 | 100.1 | 98.6 | 101.1 | 107.1 | 101.2 |
| 2001 | 100.8 | 100.1 | 101.5 | 98.9 | 99.1 | 99.5 | 100.8 |
| 2002 | 99.2 | 98.4 | 100.2 | 98.4 | 97.6 | 98.6 | 101.3 |
| 2003 | 101.0 | 100.9 | 101.2 | 99.8 | 102.3 | 106.5 | 104.3 |
| 2004 | 104.1 | 103.7 | 104.6 | 102.2 | 106.5 | 116.3 | 109.3 |
| 2005 | 102.1 | 102.0 | 102.4 | 100.3 | 102.6 | 107.6 | 100.9 |
| 2006 | 101.6 | 101.6 | 101.7 | 100.8 | 101.5 | 106.4 | 101.2 |
| 2007 | 104.3 | 104.1 | 104.8 | 102.9 | 102.6 | 105.0 | 104.9 |
| 2008 | 105.4 | 105.2 | 105.6 | 104.9 | 104.6 | 115.0 | 110.0 |
| 2009 | 99.6 | 99.6 | 99.5 | 98.9 | 95.2 | 91.9 | 97.7 |
| 2010 | 103.8 | 103.6 | 104.3 | 103.2 | 107.3 | 112.8 | 105.1 |
| 2011 | 105.3 | 105.1 | 105.9 | 104.6 | 106.2 | 108.9 | 106.8 |

# 6－2 各种价格定基指数
## Fixed-base Price Indices

| 年 份<br>Year | 居民消费价格指数(1978年=100)<br>Consumer Price Index (1978=100) | 城 市<br>Urban | 农 村<br>Rural | 商品零售价格指数(1978年=100)<br>Retail Price Index (1978=100) | 工业生产者出厂价格指数(1990年=100)<br>Producer Price Index for Manufactured Goods (1990=100) | 工业生产者购进价格指数(1990年=100)<br>Purchasing Price Index (1990=100) | 固定资产投资价格指数(1990年=100)<br>Price Index for Investment in Fixed Assets (1990=100) |
|---|---|---|---|---|---|---|---|
| 1979 | 101.0 | 100.7 | 101.3 | 101.3 | | | |
| 1980 | 106.7 | 106.4 | 107.0 | 107.7 | | | |
| 1981 | 108.3 | 108.9 | 107.9 | 108.7 | | | |
| 1982 | 109.2 | 109.9 | 109.0 | 109.7 | | | |
| 1983 | 109.7 | 110.7 | 109.0 | 109.8 | | | |
| 1984 | 113.0 | 115.3 | 111.3 | 112.5 | | | |
| 1985 | 123.7 | 126.4 | 121.8 | 123.2 | | | |
| 1986 | 132.5 | 134.4 | 131.1 | 131.9 | | | |
| 1987 | 144.7 | 148.6 | 141.2 | 144.2 | | | |
| 1988 | 176.3 | 182.1 | 171.5 | 176.4 | | | |
| 1989 | 206.5 | 211.3 | 203.2 | 206.0 | | | |
| 1990 | 213.1 | 218.5 | 209.3 | 210.7 | | | |
| 1991 | 223.5 | 235.3 | 213.3 | 220.9 | 103.2 | 107.0 | 104.5 |
| 1992 | 238.3 | 256.0 | 222.6 | 232.1 | 107.1 | 117.9 | 117.1 |
| 1993 | 281.7 | 303.9 | 261.2 | 269.0 | 126.9 | 148.2 | 162.6 |
| 1994 | 347.0 | 380.7 | 317.8 | 332.5 | 154.1 | 178.0 | 186.3 |
| 1995 | 401.8 | 442.4 | 366.5 | 380.1 | 176.0 | 208.8 | 200.1 |
| 1996 | 439.2 | 490.2 | 392.5 | 405.9 | 177.0 | 216.9 | 206.5 |
| 1997 | 446.7 | 496.6 | 400.3 | 403.1 | 173.3 | 212.4 | 204.9 |
| 1998 | 444.0 | 496.6 | 396.3 | 395.8 | 163.8 | 194.1 | 202.4 |
| 1999 | 438.2 | 489.6 | 391.6 | 383.5 | 157.4 | 183.3 | 199.0 |
| 2000 | 438.7 | 489.6 | 392.0 | 378.1 | 159.1 | 196.3 | 201.4 |
| 2001 | 442.2 | 490.1 | 397.8 | 373.9 | 157.7 | 195.3 | 203.0 |
| 2002 | 438.6 | 482.2 | 398.6 | 368.0 | 153.9 | 192.6 | 205.6 |
| 2003 | 443.0 | 486.5 | 403.4 | 367.3 | 157.4 | 205.2 | 214.4 |
| 2004 | 461.2 | 504.5 | 422.0 | 375.4 | 167.6 | 238.6 | 234.3 |
| 2005 | 470.9 | 514.6 | 432.1 | 376.5 | 171.9 | 256.8 | 236.4 |
| 2006 | 478.4 | 522.8 | 439.5 | 379.5 | 174.5 | 273.2 | 239.2 |
| 2007 | 499.0 | 544.3 | 460.6 | 390.5 | 179.0 | 286.7 | 250.9 |
| 2008 | 525.9 | 572.6 | 486.4 | 409.6 | 187.2 | 329.7 | 276.0 |
| 2009 | 523.8 | 570.3 | 484.0 | 405.1 | 178.2 | 303.0 | 269.7 |
| 2010 | 543.7 | 590.8 | 504.8 | 418.1 | 191.2 | 341.8 | 283.5 |
| 2011 | 572.7 | 621.1 | 534.7 | 437.4 | 203.1 | 372.2 | 302.8 |

# 6－3 主要年份居民消费价格指数
## Consumer Price Indices in Major Years

上年＝100 (preceding year＝100)

| 类别 | Item | 2005 | 2007 | 2008 | 2009 | 2010 | 2011 |
|---|---|---|---|---|---|---|---|
| **居民消费价格总指数** | **General Consumer Price Index** | **102.1** | **104.3** | **105.4** | **99.6** | **103.8** | **105.3** |
| 食品 | Food | 103.9 | 111.4 | 113.0 | 100.9 | 107.4 | 111.8 |
| 粮食 | Grain | 100.0 | 103.0 | 106.1 | 104.4 | 115.2 | 111.1 |
| 淀粉及制品 | Starches and Tubers | 111.0 | 103.5 | 107.8 | 104.8 | 104.7 | 113.8 |
| 干豆类及豆制品 | Bean and Its Products | 100.7 | 105.9 | 135.3 | 97.7 | 108.0 | 106.6 |
| 油脂 | Oil or Fat | 92.4 | 128.6 | 125.1 | 75.7 | 103.3 | 113.7 |
| 肉禽及其制品 | Meat, Poultry and their Processed Products | 104.3 | 127.6 | 120.4 | 91.2 | 103.0 | 120.8 |
| 蛋 | Eggs | 104.3 | 122.5 | 104.0 | 100.8 | 107.4 | 115.0 |
| 水产品 | Aquatic Products | 105.4 | 105.2 | 112.0 | 102.2 | 110.9 | 110.5 |
| 菜 | Vegetables | 114.8 | 112.6 | 108.3 | 117.1 | 117.2 | 102.1 |
| #鲜 菜 | Fresh Vegetables | 116.2 | 112.6 | 107.1 | 118.1 | 117.7 | 101.6 |
| 调 味 品 | Flavoring | 100.8 | 101.0 | 103.7 | 103.2 | 104.6 | 108.0 |
| 糖 | Sugar | 103.1 | 101.9 | 105.6 | 103.2 | 108.6 | 110.9 |
| 茶及饮料 | Tea and Beverages | 100.0 | 100.8 | 103.5 | 101.8 | 101.2 | 104.3 |
| 干鲜瓜果 | Dried and Fresh Fruits and Melons | 98.1 | 104.8 | 110.9 | 106.9 | 113.0 | 114.4 |
| #鲜 瓜 果 | Fresh Fruits | 97.5 | 103.7 | 108.0 | 110.1 | 112.8 | 114.4 |
| 糕点饼干面包 | Cake, Biscuit and Bread | 100.4 | 102.5 | 110.2 | 102.4 | 101.5 | 109.8 |
| 液体乳及乳制品 | Milk and Its Products | 100.7 | 105.9 | 120.0 | 100.9 | 104.1 | 109.3 |
| 在外用膳食品 | Dining Out | 104.2 | 106.8 | 109.9 | 102.7 | 103.7 | 110.3 |
| 其他食品 | Others | 103.3 | 106.7 | 111.5 | 100.4 | 101.7 | 107.5 |
| 烟酒及用品 | Tobacco, Liquor and Articals | 100.6 | 101.4 | 102.9 | 101.7 | 102.4 | 104.0 |
| 烟草 | Tobacco | 100.4 | 100.8 | 100.5 | 100.2 | 100.2 | 100.1 |
| 酒 | Liquor | 100.8 | 102.7 | 107.7 | 103.8 | 106.8 | 111.3 |
| 衣着 | Clothing | 98.6 | 101.3 | 100.5 | 99.0 | 100.7 | 103.4 |
| 服 装 | Garments | 98.5 | 101.3 | 100.7 | 99.7 | 100.8 | 103.9 |

6－3 续 表 Continued

上年＝100 (preceding year＝100)

| 类 别 Item | | 2005 | 2007 | 2008 | 2009 | 2010 | 2011 |
|---|---|---|---|---|---|---|---|
| 衣着材料 | Clothing Material | 100.2 | 102.6 | 106.8 | 102.9 | 105.0 | 111.3 |
| 鞋袜帽 | Footgear and Hats | 97.8 | 101.0 | 99.4 | 96.8 | 100.2 | 101.5 |
| 衣着加工服务费 | Clothing Manufacturing Services | 104.1 | 102.9 | 103.6 | 101.9 | 104.0 | 107.0 |
| 家庭设备用品及维修服务 | Household Facilities and Articles | 100.2 | 102.2 | 104.1 | 101.3 | 100.1 | 104.4 |
| 耐用消费品 | Durable Consumer Goods | 99.5 | 101.7 | 102.2 | 98.6 | 98.3 | 103.6 |
| 室内装饰品 | Interior Decorations | 100.0 | 101.3 | 101.4 | 99.9 | 100.4 | 102.4 |
| 床上用品 | Bed Articles | 99.7 | 100.8 | 102.0 | 98.3 | 101.7 | 103.4 |
| 家庭日用杂品 | Daily Use Household Articles | 100.0 | 101.4 | 107.2 | 104.6 | 99.9 | 102.4 |
| 家庭服务及加工维修服务 | Household Services, Processing and Repairing Services | 104.2 | 107.1 | 106.6 | 106.6 | 107.7 | 116.0 |
| 医疗保健和个人用品 | Health Care and Personal Articles | 100.2 | 101.4 | 102.5 | 100.7 | 102.9 | 103.1 |
| 医疗保健 | Health Care | 99.4 | 101.0 | 101.4 | 100.8 | 102.4 | 101.9 |
| 个人用品及服务 | Personal Articals and Services | 101.9 | 102.1 | 105.1 | 100.4 | 104.0 | 105.2 |
| 交通和通信 | Transportation and Communication | 98.4 | 98.5 | 98.6 | 96.7 | 99.8 | 100.8 |
| 交通 | Transportation | 100.8 | 99.9 | 100.9 | 96.8 | 101.7 | 102.5 |
| 通信 | Communication | 96.2 | 96.7 | 95.3 | 96.5 | 96.7 | 97.7 |
| 娱乐教育文化用品及服务 | Recreation, Education and Culture Articles and Services | 102.2 | 97.1 | 99.0 | 99.9 | 101.6 | 100.6 |
| 文娱用耐用消费品及服务 | Durable Consumer Goods for Recreational Use and Services | 93.0 | 88.6 | 87.6 | 87.3 | 91.5 | 91.2 |
| 教育 | Education | 105.1 | 97.9 | 100.6 | 102.3 | 102.7 | 102.3 |
| 文化娱乐类 | Cultural and Recreational Articals | 102.3 | 101.4 | 102.3 | 103.1 | 102.5 | 101.0 |
| 旅游 | Tourism | 100.3 | 98.9 | 101.4 | 99.5 | 107.3 | 103.5 |
| 居住 | Residence | 104.4 | 104.3 | 104.2 | 97.5 | 105.0 | 104.1 |
| 建房及装修材料 | Building and Docorative Material | 104.3 | 106.8 | 106.9 | 98.4 | 105.4 | 106.9 |
| 住房租金 | Renting | 101.6 | 103.6 | 102.4 | 100.3 | 106.0 | 103.9 |
| 自有住房 | Private Housing | 104.2 | 104.4 | 102.2 | 86.3 | 103.7 | 104.0 |
| 水、电、燃料 | Water, Electricity and Fuels | 105.0 | 101.9 | 103.9 | 97.4 | 104.5 | 102.1 |
| 消费品价格指数 | Consumption Goods | 101.8 | 105.5 | 106.8 | 99.3 | 103.9 | 106.4 |
| 服务项目价格指数 | Service | 103.2 | 100.5 | 101.2 | 100.2 | 103.6 | 103.1 |

# 6－4 居民消费价格分类指数（2011 年）
## Consumer Price Indices by Category（2011）

上年＝100 （preceding year＝100）

| 类　　别 | Item | 全省 Total | 城市 Urban | 农村 Rural |
|---|---|---|---|---|
| **居民消费价格总指数** | **General Consumer Price Index** | **105.3** | **105.1** | **105.9** |
| 食品 | Food | 111.8 | 111.7 | 112.2 |
| 粮食 | Grain | 111.1 | 112.3 | 109.8 |
| 淀粉及制品 | Starches | 113.8 | 112.7 | 115.8 |
| 干豆类及豆制品 | Bean and Its Products | 106.6 | 106.9 | 106.0 |
| 油脂 | Oil or Fat | 113.7 | 113.6 | 113.8 |
| 肉禽及其制品 | Meat，Poultry Cheir Processing Products and | 120.8 | 120.4 | 121.8 |
| 蛋 | Eggs | 115.0 | 115.0 | 115.1 |
| 水产品 | Aquatic Products | 110.5 | 109.7 | 112.5 |
| 菜 | Vegetables | 102.1 | 101.9 | 102.6 |
| #鲜菜 | Fresh Vegetables | 101.6 | 101.3 | 102.2 |
| 调味品 | Flavoring | 108.0 | 107.3 | 109.3 |
| 糖 | Sugar | 110.9 | 110.6 | 111.7 |
| 茶及饮料 | Tea and Beverages | 104.3 | 103.9 | 105.2 |
| 干鲜瓜果 | Dried and Fresh Fruits and Melons | 114.4 | 114.9 | 112.7 |
| #鲜瓜果 | Fresh Fruits | 114.4 | 114.8 | 113.0 |
| 糕点饼干面包 | Cake，Biscuit and Bread | 109.8 | 110.5 | 108.1 |
| 液体乳及乳制品 | Milk and Its Products | 109.3 | 109.7 | 107.9 |
| 在外用膳食品 | Dining Out | 110.3 | 110.0 | 110.9 |
| 其它食品 | Others | 107.5 | 108.4 | 104.2 |
| 烟酒及用品 | Tobacco，Liquor and Articals | 104.0 | 104.1 | 103.7 |
| 烟草 | Tobacco | 100.1 | 100.3 | 99.8 |
| 酒 | Liquor | 111.3 | 111.8 | 110.4 |
| 衣着 | Clothing | 103.4 | 104.0 | 102.1 |
| 服装 | Garments | 103.9 | 104.3 | 103.1 |

6－4 续 表 Continued

上年＝100 (preceding year＝100)

| 类 别 | Item | 全省 Total | 城市 Urban | 农村 Rural |
|---|---|---|---|---|
| 衣着材料 | Clothing Material | 111.3 | 111.6 | 110.2 |
| 鞋袜帽 | Footgear and Hats | 101.5 | 102.6 | 98.6 |
| 衣着加工服务 | Clothing Manufacturing Services | 107.0 | 107.2 | 106.5 |
| 家庭设备用品及维修服务 | Household Facilities and Articles | 104.4 | 104.8 | 103.3 |
| 耐用消费品 | Durable Consumer Goods | 103.6 | 104.2 | 102.3 |
| 室内装饰品 | Interior Decorations | 102.4 | 102.4 | 102.4 |
| 床上用品 | Bed Articles | 103.4 | 101.2 | 109.6 |
| 家庭日用杂品 | Daily Use Household Articles | 102.4 | 102.7 | 101.8 |
| 家庭服务及加工维修服务 | Household Services, Processing and Repairing Services | 116.0 | 117.2 | 110.6 |
| 医疗保健和个人用品 | Health Care and Personal Articles | 103.1 | 103.1 | 103.1 |
| 医疗保健 | Health Care | 101.9 | 102.0 | 101.5 |
| 个人用品及服务 | Personal Articals and Services | 105.2 | 105.0 | 106.2 |
| 交通和通讯 | Transportation and Communication | 100.8 | 100.7 | 101.1 |
| 交通 | Transportation | 102.5 | 102.2 | 103.4 |
| 通信 | Communication | 97.7 | 97.8 | 97.4 |
| 娱乐教育文化用品及服务 | Recreation, Education and Culture Articles and Services | 100.6 | 100.3 | 101.4 |
| 文娱用耐用消费品及服务 | Durable Consumer Goods for Recreational Use and Services | 91.2 | 90.5 | 93.5 |
| 教育 | Education | 102.3 | 102.2 | 102.6 |
| 文化娱乐用品 | Cultural and Recreational Articals | 101.0 | 100.9 | 101.5 |
| 旅游 | Tourism | 103.5 | 103.0 | 106.3 |
| 居住 | Residence | 104.1 | 103.7 | 105.7 |
| 建房及装修材料 | Building and Docorative Material | 106.9 | 106.6 | 107.5 |
| 住房租金 | Renting | 103.9 | 103.6 | 105.4 |
| 自有住房 | Private Housing | 104.0 | 103.5 | 106.3 |
| 水、电、燃料 | Water, Electricity and Fuels | 102.1 | 101.8 | 103.0 |

# 6-5 商品零售价格分类指数（2011 年）
# Retail Price Indices by Categories (2011)

上年 = 100 (preceding year = 100)

| 类别 | Item | 全省 Total | 城市 Urban | 农村 Rural |
|---|---|---|---|---|
| **商品零售价格指数** | **General Retail Price Index** | **104.6** | **104.4** | **105.2** |
| 食品 | Food | 111.5 | 111.3 | 112.1 |
| 饮料烟酒 | Beverages, Tobacco and Liquor | 103.9 | 103.8 | 103.9 |
| 服装鞋帽 | Garments, Shoes, Hats | 103.4 | 103.8 | 102.3 |
| 纺织品 | Textiles | 102.8 | 100.4 | 109.7 |
| 家用电器音像器材 | Household Appliances, Music and Video Equipment | 98.6 | 98.8 | 98.2 |
| 文化办公用品 | Cultural and Office Appliances | 96.5 | 96.0 | 98.5 |
| 日用品 | Articles for Daily Use | 102.8 | 102.6 | 103.2 |
| 体育娱乐用品 | Sports and Recreation Arcticles | 102.5 | 103.1 | 100.2 |
| 交通、通信用品 | Transportation and Communicatior Appliances | 95.9 | 95.8 | 96.3 |
| 家具 | Furniture | 107.3 | 107.9 | 105.8 |
| 化妆品 | Cosmetics | 100.5 | 99.9 | 102.4 |
| 金银珠宝 | Gold, Silver and Jewelry | 114.5 | 115.2 | 112.2 |
| 中西药品及医保用品 | Traditional Chinese and Western Medicines and Health Care Articles | 101.7 | 102.6 | 98.3 |
| 书报杂志电子出版物 | Books, Newspapers, Magazines and Electronic Publications | 100.7 | 100.9 | 100.1 |
| 燃料 | Fuels | 109.3 | 108.7 | 111.3 |
| 建筑材料五金电料 | Building Materials and Hardware | 106.3 | 106.3 | 106.3 |
| **农业生产资料类** | **Means of Agricultural Production General Price Index** | **112.6** | | |
| 农用手工工具 | Farm Handtools | 109.9 | | |
| 饲料 | Forage | 112.4 | | |
| 产品畜 | Production Livestock | 132.2 | | |
| 半机械化农具 | Semi-mechanized Farm Tools | 102.0 | | |
| 机械化农具 | Mechanized Farm Machinery | 105.3 | | |
| 化学肥料 | Chemical Fertilizer | 111.2 | | |
| 农药及农药械 | Pesticide and Its Appliances | 99.2 | | |
| 化学农药 | Chemical Pesticide | 98.8 | | |
| 农药械 | Pesticide Appliances | 106.5 | | |
| 农用机油 | Oil for Farm Machinery | 110.9 | | |
| 其他农业生产资料 | Other Means of Agricultural Production | 113.3 | | |
| 农业生产服务 | Service for Agricultural Prodcution | 113.5 | | |

# 6-6 工业生产者出厂价格指数

## Industrial Producer Price Indices for Manufactured Goods

上年=100　　　　(preceding year=100)

| 类别 | Item | 1995 | 2000 | 2005 | 2010 | 2011 |
|---|---|---|---|---|---|---|
| **工业生产者出厂价格指数** | **Industrial Producer Price Indices for Manufactured Goods** | **114.2** | **101.1** | **102.6** | **107.3** | **106.2** |
| 轻工业 | Light Industry | 117.4 | 97.9 | 100.3 | 104.9 | 107.4 |
| 以农产品为原料 | Using Farm Products as Raw Materials | 118.5 | 97.1 | 100.9 | 107.3 | 109.1 |
| 以非农产品为原料 | Using Non-Farm Products as Raw Materials | 115.6 | 99.5 | 100.1 | 103.6 | 104.7 |
| 重工业 | Heavy Industry | 110.7 | 102.8 | 105.4 | 109.7 | 105.8 |
| 采掘 | Mining and Quarrying | 109.7 | 102.2 | 121.6 | 125.0 | 112.4 |
| 原料 | Raw Materials | 113.2 | 110.9 | 109.7 | 113.8 | 108.3 |
| 加工 | Manufacturing | 108.9 | 96.7 | 102.1 | 107.4 | 104.9 |
| 生产资料 | Means of Production | 113.2 | 103.0 | 103.2 | 108.2 | 106.3 |
| 采掘 | Mining and Quarrying | 109.7 | 101.9 | 121.9 | 124.4 | 112.4 |
| 原料 | Raw Materials | 116.3 | 110.8 | 108.9 | 114.3 | 109.1 |
| 加工 | Manufacturing | 110.6 | 97.3 | 100.9 | 106.3 | 105.5 |
| 生活资料 | Consumer Goods | 115.4 | 96.6 | 100.5 | 103.1 | 105.4 |
| 食品 | Food | 126.2 | 89.6 | 99.9 | 105.6 | 110.2 |
| 衣着 | Clothing | 115.7 | 100.9 | 102.9 | 103.2 | 104.6 |
| 一般日用品 | Daily-use Articles | 112.4 | 98.5 | 101.2 | 102.1 | 105.7 |
| 耐用消费品 | Durable Consumer Goods | 100.6 | 95.6 | 98.2 | 100.8 | 100.8 |

# 6-7 分部门工业生产者出厂价格指数

## Industrial Producer Price Indices by Industry for Manufactured Goods

上年=100　　　　(preceding year=100)

| 类别 | Item | 1995 | 2000 | 2005 | 2010 | 2011 |
|---|---|---|---|---|---|---|
| **工业生产者出厂价格指数** | **Industrial Producer Price Indices by Industry for Manufactured Goods** | **114.2** | **101.1** | **102.6** | **107.3** | **106.2** |
| 冶金工业 | Metallurgical Industry | 100.3 | 104.1 | 103.5 | 112.6 | 110.2 |
| 电力工业 | Power Industry | 111.6 | 106.1 | 106.0 | 100.5 | 101.1 |
| 煤炭及炼焦工业 | Coal Industry | 111.2 | 94.0 | 116.1 | 116.8 | 107.2 |
| 石油工业 | Petroleum Industry | 119.1 | 144.4 | 119.6 | 127.3 | 119.4 |
| 化学工业 | Chemical Industry | 124.0 | 105.2 | 105.8 | 113.8 | 108.7 |
| 机械工业 | Machine Building Industry | 104.9 | 95.8 | 100.0 | 102.9 | 102.4 |
| 建筑材料工业 | Building Materials Industry | 107.2 | 99.2 | 95.4 | 105.5 | 111.6 |
| 森林工业 | Timber Industry | 99.6 | 97.1 | 103.0 | 101.3 | 103.3 |
| 食品工业 | Food Industry | 126.2 | 89.4 | 99.6 | 105.1 | 109.9 |
| 纺织工业 | Textile Industry | 119.2 | 101.8 | 101.5 | 111.7 | 112.7 |
| 缝纫工业 | Tailoring Industry | 103.4 | 102.0 | 103.3 | 103.2 | 104.5 |
| 皮革工业 | Leather Industry | 120.0 | 102.5 | 101.5 | 101.8 | 104.0 |
| 造纸工业 | Paper Industry | 137.7 | 104.9 | 101.8 | 107.9 | 106.1 |
| 文教艺术用品工业 | Cultural, Educational and Handicrafts Articles | 111.0 | 103.4 | 102.2 | 101.1 | 101.0 |
| 其他工业 | Others | 140.1 | 102.6 | 100.8 | 104.0 | 108.0 |

# 6-8 分行业工业生产者出厂价格指数
## Industrial Producer Price Indices by Sector for Manufactured Goods

上年=100 (preceding year=100)

| 类别 | Item | 2005 | 2008 | 2009 | 2010 | 2011 |
|---|---|---|---|---|---|---|
| **工业生产者出厂价格指数** | **Industrial Producer Price Indices by Sector for Manufactured Goods** | **102.6** | **104.6** | **95.2** | **107.3** | **106.2** |
| 煤炭开采和洗选业 | Mining and Washing of Coal | 125.3 | 136.9 | 86.6 | 119.9 | 105.0 |
| 石油和天然气开采业 | Extraction of Petroleum and Natural Gas | 141.1 | 134.2 | 67.2 | 148.9 | 132.2 |
| 黑色金属矿采选业 | Mining and Processing of Ferrous Metal Ores | 115.9 | 131.0 | 78.3 | 124.1 | 114.5 |
| 有色金属矿采选业 | Mining and Processing of Non-Ferrous Metal Ores | 120.5 | 89.5 | 87.3 | 155.5 | 130.9 |
| 非金属矿采选业 | Mining and Processing of Nonmetal Ores | 106.4 | 108.8 | 97.1 | 105.0 | 111.5 |
| 农副食品加工业 | Processing of Food from Agricultural Products | 99.0 | 117.6 | 94.2 | 107.0 | 113.0 |
| 食品制造业 | Processing of Foodstuff | 101.6 | 111.6 | 104.3 | 102.9 | 107.4 |
| 饮料制造业 | Manufacture of Beverages | 99.9 | 102.1 | 99.8 | 102.1 | 106.0 |
| 烟草制品业 | Manufacture of Tobacco | 100.9 | 100.1 | 102.3 | 101.3 | 100.0 |
| 纺织业 | Manufacture of Textile | 101.5 | 102.3 | 96.5 | 110.7 | 112.4 |
| 纺织服装、鞋、帽制造业 | Manufacture of Textile Wearing Apparel, Footware, and Caps | 103.7 | 101.1 | 100.5 | 103.3 | 103.1 |
| 皮革、毛皮、羽毛(绒)及其制品业 | Manufacture of Leather, Fur, Feather and Related Products | 101.8 | 99.8 | 98.5 | 103.0 | 104.4 |
| 木材加工及木、竹、藤、棕、草制品业 | Processing of Timber, Manufacture of Wood, Bamboo, Rattan, Palm and Straw Products | 103.1 | 103.8 | 95.3 | 101.2 | 103.8 |
| 家具制造业 | Manufacture of Furniture | 101.6 | 102.8 | 101.6 | 100.2 | 102.5 |
| 造纸及纸制品业 | Manufacture of Paper and Paper Products | 101.8 | 105.9 | 94.7 | 107.9 | 106.1 |
| 印刷业和记录媒介的复制 | Printing, Reproduction of Recording Media | 101.3 | 100.2 | 100.2 | 100.3 | 102.4 |
| 文教体育用品制造业 | Manufacture of Articles for Culture, Education and Sport Activities | 103.4 | 103.4 | 100.7 | 101.7 | 107.7 |
| 石油加工、炼焦及核燃料加工业 | Processing of Petroleum. Coking, Processing of Nuclear Fuel | 117.3 | 119.6 | 91.4 | 126.0 | 120.3 |

6－8 续 表 Continued

上年＝100 (preceding year＝100)

| 类 别 | Item | 2005 | 2008 | 2009 | 2010 | 2011 |
|---|---|---|---|---|---|---|
| 化学原料及化学制品制造业 | Manufacture of Raw Chemical Materials and Chemical Products | 109.0 | 107.4 | 91.4 | 116.7 | 109.5 |
| 医药制造业 | Manufacture of Medicines | 100.0 | 102.7 | 101.5 | 105.4 | 103.6 |
| 化学纤维制造业 | Manufacture of Chemical Fibers | 106.5 | 97.6 | 92.7 | 116.1 | 111.2 |
| 橡胶制品业 | Manufacture of Rubber | 103.0 | 103.7 | 101.2 | 105.8 | 110.6 |
| 塑料制品业 | Manufacture of Plastics | 102.5 | 104.7 | 95.8 | 103.5 | 104.5 |
| 非金属矿物制品业 | Manufacture of Non-ferrous Metals | 95.8 | 105.9 | 97.9 | 105.1 | 110.9 |
| 黑色金属冶炼及压延加工业 | Smelting and Pressing of Ferrous Metals | 103.2 | 119.6 | 88.2 | 114.5 | 112.1 |
| 有色金属冶炼及压延加工业 | Smelting and Pressing of Non-ferrous Metals | 109.1 | 95.6 | 86.5 | 118.9 | 111.9 |
| 金属制品业 | Manufacture of Metal Products | 102.8 | 110.5 | 95.2 | 102.4 | 104.4 |
| 通用设备制造业 | Manufacture of General Purpose Machinery | 101.6 | 103.9 | 97.9 | 100.3 | 104.2 |
| 专用设备制造业 | Manufacture of Special Purpose Machinery | 100.2 | 102.8 | 100.3 | 101.3 | 102.2 |
| 交通运输设备制造业 | Manufacture of Transport Equipment | 99.2 | 102.4 | 100.0 | 102.3 | 101.1 |
| 电气机械及器材制造业 | Manufacture of Electrical Machinery and Equipment | 103.6 | 102.2 | 94.7 | 107.2 | 105.6 |
| 通信设备、计算机及其他电子设备制造业 | Manufacture of Communication Equipment, Computers and Other Electronic Equipment | 97.3 | 96.0 | 93.5 | 102.4 | 100.4 |
| 仪器仪表及文化、办公用机械制造业 | Manufacture of Measuring Instruments and Machinery for Cultural Activity and Office Work | 98.8 | 101.8 | 104.4 | 99.6 | 98.2 |
| 工艺品及其他制造业 | Manufacture of Artwork and Other Manufacturing | 100.1 | 102.6 | 99.0 | 104.8 | 110.5 |
| 废弃资源和废旧材料回收加工业 | Recycling and Disposal of Waste | 121.0 | 97.3 | 112.4 | 100.7 | 113.5 |
| 电力、热力的生产和供应业 | Production and Supply of Electric Power and Heat Power | 106.0 | 103.0 | 104.1 | 100.6 | 100.8 |
| 燃气生产和供应业 | Production and Supply of Gas | 101.3 | 105.1 | 88.6 | 109.7 | 106.1 |
| 水的生产和供应业 | Production and Supply of Water | 106.7 | 102.0 | 105.1 | 106.5 | 102.1 |

## 6－9 工业生产者购进价格指数
## Industrial Purchasing Price Index

上年＝100 (preceding year＝100)

| 类别 | Item | 1995 | 2000 | 2005 | 2010 | 2011 |
|---|---|---|---|---|---|---|
| **工业生产者购进价格指数** | **Industrial Purchasing Price Index** | **117.3** | **107.1** | **107.6** | **112.8** | **108.9** |
| 燃料动力类 | Fuel and Power | 107.7 | 112.4 | 113.2 | 119.6 | 110.7 |
| 黑色金属材料类 | Ferrous Metal | 96.0 | 105.4 | 106.7 | 110.3 | 108.5 |
| 有色金属材料和电线类 | Non-Ferrous Metal and Wire | 123.5 | 109.9 | 120.4 | 118.4 | 112.1 |
| 化工原料类 | Chemical Materials | 131.7 | 121.1 | 109.8 | 117.0 | 110.8 |
| 木材及纸浆类 | Timber and Pulp | 124.8 | 98.6 | 103.3 | 111.3 | 101.2 |
| 建筑材料及非金属矿类 | Construction Materials and Non-Metal Mining Industry | 110.8 | 97.9 | 94.2 | 103.1 | 113.3 |
| 其他工业原材料、半成品类 | Other Industrial Raw Materials and Semi-Finished Products | | 102.1 | 105.4 | 103.4 | 104.2 |
| 农副产品类 | Farm and Sideline Products | 131.9 | 98.0 | 97.4 | 110.8 | 117.6 |
| 纺织原料类 | Textile Raw Materials | 125.7 | 100.8 | 102.4 | 107.6 | 114.4 |

## 6－10 固定资产投资价格指数
## Price Index for Investment in Fixed Assets

上年＝100 (preceding year＝100)

| 类别 | Item | 1995 | 2000 | 2005 | 2010 | 2011 |
|---|---|---|---|---|---|---|
| **固定资产投资价格指数** | **Price Index for Investment in Fixed Assets** | **107.4** | **101.2** | **100.9** | **105.1** | **106.8** |
| 建筑安装工程、装饰工程 | Construction and Installation | 107.1 | 102.4 | 99.6 | 106.9 | 110.4 |
| 设备、工器具购置 | Equipments, Tools and Instruments | 105.3 | 97.8 | 100.5 | 101.7 | 101.2 |
| 其他费用 | Others | 113.8 | 102.6 | 106.5 | 105.6 | 105.2 |

# 6-11 房地产价格指数
## Real Estate Price Index

上年=100 (preceding year=100)

| 类别 | Item | 2007 | 2008 | 2009 | 2010 | 2011 |
|---|---|---|---|---|---|---|
| 新建住宅 | New Residential | | | | | |
| 南京 | Nanjing | 108.3 | 103.6 | 99.2 | 110.4 | 101.3 |
| 无锡 | Wuxi | 105.3 | 105.8 | 101.0 | 106.1 | 102.3 |
| 徐州 | Xuzhou | 108.0 | 104.0 | 96.5 | 107.3 | 103.6 |
| 扬州 | Yangzhou | 106.2 | 105.0 | 101.8 | 106.1 | 104.2 |
| 二手住宅 | Second - hand Residential | | | | | |
| 南京 | Nanjing | 105.0 | 102.4 | 103.3 | 104.8 | 99.8 |
| 无锡 | Wuxi | 106.8 | 110.1 | 101.0 | 103.5 | 104.1 |
| 徐州 | Xuzhou | 104.0 | 101.4 | 101.4 | 103.1 | 99.6 |
| 扬州 | Yangzhou | 103.9 | 105.0 | 99.1 | 105.4 | 103.0 |
| 土地交易总计 | Total Land Transactions | | | | | |
| 南京 | Nanjing | 103.9 | 103.6 | 102.6 | 104.6 | 102.3 |
| 无锡 | Wuxi | 117.3 | 106.1 | 95.9 | 106.9 | 104.9 |
| 徐州 | Xuzhou | 105.7 | 101.9 | 102.7 | 109.6 | 108.9 |
| 扬州 | Yangzhou | 102.9 | 105.0 | 103.4 | 105.4 | 102.6 |
| 居住用地 | Residential Land | | | | | |
| 南京 | Nanjing | 104.0 | 104.6 | 103.3 | 106.0 | 101.9 |
| 无锡 | Wuxi | 114.5 | 105.5 | 94.8 | 109.1 | 104.3 |
| 徐州 | Xuzhou | 105.7 | 102.0 | 105.1 | 117.0 | 112.0 |
| 扬州 | Yangzhou | 103.6 | 105.9 | 103.9 | 107.4 | 102.1 |
| 住宅租赁总计 | Total Residential Tenancies | | | | | |
| 南京 | Nanjing | 104.2 | 102.3 | 100.8 | 105.0 | 103.4 |
| 无锡 | Wuxi | 106.6 | 102.6 | 101.2 | 104.9 | 106.9 |
| 徐州 | Xuzhou | 101.6 | 102.7 | 101.7 | 105.7 | 104.2 |
| 扬州 | Yangzhou | 101.3 | 102.1 | 100.8 | 105.9 | 106.2 |
| 商品住宅租赁 | Commercial Residential Rental | | | | | |
| 南京 | Nanjing | 104.2 | 102.4 | 100.9 | 105.5 | 103.5 |
| 无锡 | Wuxi | 106.6 | 102.6 | 101.2 | 105.2 | 107.4 |
| 徐州 | Xuzhou | 101.6 | 102.4 | 101.7 | 105.9 | 104.3 |
| 扬州 | Yangzhou | 101.3 | 102.2 | 100.7 | 106.5 | 107.2 |
| 住宅物业服务总计 | Total Residential Property Services | | | | | |
| 南京 | Nanjing | 103.1 | 100.5 | 99.3 | 100.6 | 100.7 |
| 无锡 | Wuxi | 100.0 | 100.0 | 100.1 | 105.9 | 100.0 |
| 徐州 | Xuzhou | 102.0 | 100.3 | 100.0 | 100.2 | 100.4 |
| 扬州 | Yangzhou | 100.0 | 100.0 | 100.0 | 100.0 | 108.0 |
| 商品住宅物业服务 | Commercial Residential Property Services | | | | | |
| 南京 | Nanjing | 103.1 | 100.6 | 99.2 | 100.7 | 100.8 |
| 无锡 | Wuxi | 100.0 | 100.0 | 100.1 | 100.1 | 100.0 |
| 徐州 | Xuzhou | 102.0 | 100.4 | 100.0 | 100.2 | 100.5 |
| 扬州 | Yangzhou | 100.0 | 100.0 | 100.0 | 100.0 | 108.9 |

# 主要统计指标解释

**商品零售价格指数** 是反映城乡商品零售价格变动趋势的一种经济指数。零售物价的调整变动直接影响到城乡居民的生活支出和国家的财政收入,影响居民购买力和市场供需平衡,影响消费与积累的比例。因此,计算零售价格指数,可以从一个侧面对上述经济活动进行观察和分析。

**居民消费价格指数** 是反映一定时期内城乡居民所购买的生活消费品价格和服务项目价格变动趋势和程度的相对数,是对城市居民消费价格指数和农村居民消费价格指数进行综合汇总计算的结果。利用居民消费价格指数,可以观察和分析消费品的零售价格和服务价格变动对城乡居民实际生活费支出的影响程度。

**城市居民消费价格指数** 是反映城市居民家庭所购买的生活消费品价格和服务项目价格变动趋势和程度的相对数。城市居民消费价格指数可以观察和分析消费品的零售价格和服务项目价格变动对职工货币工资的影响,作为研究职工生活和确定工资政策的依据。

**农村居民消费价格指数** 是反映农村居民家庭所购买的生活消费品价格和服务项目价格变动趋势和程度的相对数。农村居民消费价格指数可以观察农村消费品的零售价格和服务项目价格变动对农村居民生活消费支出的影响,直接反映农民生活水平的实际变化情况,为分析和研究农村居民生活问题提供依据。

**工业生产者价格指数** 是反映工业产品价格变化趋势和变动幅度的统计指标,是工业企业的产品价格在不同时间和空间条件下平均变动的相对数。工业生产者价格包括工业品第一次出售时的出厂价格和企业作为中间投入的原材料、燃料、动力购进价格,简称为工业生产者出厂价格和工业生产者购进价格。工业生产者价格指数是进行国民经济核算和经济管理的重要依据。

**固定资产投资价格指数** 是反映固定资产投资价格变动趋势和程度的相对数。固定资产投资额由建筑安装工程投资完成额,设备、工器具购置投资完成额和其他费用投资完成额三部分组成。编制固定资产投资价格指数应首先分别编制上述三部分投资的价格指数,然后采用加权算术平均法求出固定资产投资价格总指数。

编制固定资产投资价格指数可以准确地反映固定资产投资中涉及的各类商品和取费项目价格变动趋势和变动幅度,消除按现价计算的固定资产投资指标中的价格变动因素,真实地反映固定资产投资的规模、速度、结构和效益,为国家制定、检查固定资产投资计划并提高宏观调控水平,为完善国民经济核算体系提供科学的、可靠的依据。

**房地产价格指数** 是反映一定时期内房地产价格变动趋势和程度的相对数。利用房地产价格指数,可以对一定区域内房地产商品的价格走向、升降趋势进行观察和分析,为市场调控提供依据。国家统计局现行统计制度中,房地产价格指数包括销售价格指数、房屋租赁价格指数、物业管理价格指数和土地交易价格指数。

# Explanatory Notes on Main Statistical Indicators

**Retail Price Index** reflects the general change in retail prices of commodities. The change and adjustment in retail prices directly affect the living expenditure of urban and rural residents, government revenue, purchasing power of residents and the equilibrium of market supply and demand, and the ratio of consumption to accumulation. Therefore, the calculation of retail price index is useful to analyze the changes of the above economic activities.

**Consumer Price Index** reflects the trend of changes in prices of consumer goods and services purchased by urban and rural residents, and is a composite index derived from the urban consumer price index and the rural consumer price index. Consumer price index can be used to analyze the impact of consumer price change on actual expenditure for living cost of urban and rural residents.

**Urban Consumer Price Index** reflects the trend and degree of changes in prices of consumer goods and services purchased by urban households. It can be used to observe and analyze the impact of price changes in consumer goods and services on money wages ot staff and workers, and provide basis for policy making concerning the living cost and wages of staff and workers.

**Rural Consumer Price Index** reflects the trend and degree of changes in prices of consumer goods and services purchased by rural households. It can be used to observe the impact of change in retail prices of consumer goods and service prices in rural areas on living expenditure of rural households, and to show the changes in the living standard of peasants. It provides basis for analysis and research on condition of life in rural areas.

**Industrial Producer Price Index** roflects the trend and manitude of response changes in the prices of industrial prouducts. It is the price of the industrial enterprises in the different time and space in relative number. This index including industrial products for the first time and as an intermediate input of raw materials full and power purchase. It is an important basis for the national accounts and economic management.

**Price Index for Investment in Fixed Assets** reflects the trend and degree of changes in prices of investment in fixed assets. The investment in fixed assets consists of three componen, namely the investment in construction and installation, the investment in purchases of equipment and instrument, and the investment in other items. Price index of investment in fixed assets is calculated as the weighted arithmetic mean of the price indices of the three components of investment in fixed assets.

**Real Estate Price Index** reflects the relative number of the trends and extent of changes in real estate prices during a given period. It is can observed and analyzed the trend movements of real estate. In pational Bureau of Statistics, real estate price indices including the housing sales price index the rental price index, property price index and price index of and transactions.

Removing the factor of price change in the aggregates of investment at current prices, this indicator shows the changes in the prices of commodities and fees involved in the investment of fixed assets, and can be used to observe the actual size, growth, structure, and efficiency of investment in fixed assets and provides reliable and scientific data for government planning, management, decision making, and further improving the current national accounting system.

# 7

# 财政、金融

# Government Finance, Financial Intermediation

# 简 要 说 明

本篇主要反映财政收支的基本情况及金融、证券和保险业的发展情况。

**一、财政部分的主要内容、资料来源和口径说明**

财政统计资料主要内容：一是财政收支历年统计数据，主要包括财政总收入、地方一般预算收入、各项税收、地方一般预算支出及指标总量占比等；二是财政收支的主要构成项目，包括地方一般预算收入、上划中央收入以及地方一般预算支出等。

资料来源：财政相关统计资料由江苏省财政厅提供，资料基础为财政决算表和财政预算外资金收支决算表。其中，有关财政收支方面的资料根据财政决算收支总表、财政决算收入明细表、财政决算支出明细表的数据加工整理编制。

财政统计资料口径变动说明：财政预算外资金从1982年开始建立统计制度，1993年实施新的财务通则和会计准则，国营企业更新改造资金、大修理基金等不再作为预算外资金，因此1992年以前年度与1993年以后年度的预算外资金收支不可比。从1997年起，财政部将政府预算收支科目分为两部分，即：将纳入预算管理的政府性基金收支及原属预算外的地方税费附加收支称为财政基金预算收支，原来的财政预算收支改称为财政一般预算收支，与以前年度不可比。2007年财政收支科目实施了较大改革，特别是财政支出项目口径变化很大，与往年数据不可比。

**二、金融部分的主要内容和资料来源**

金融统计资料主要内容：反映我省金融、证券和保险业发展情况。由四个部分构成：一是金融机构金融活动情况，二是金融机构、人员情况，三是保险业务情况，四是直接融资情况。

资料来源：金融机构金融活动情况和金融机构、人员情况由人民银行南京分行提供，包括：7－3金融机构本外币存贷款年末余额、7－4金融机构人民币存款年末余额、7－5金融机构人民币贷款年末余额、7－6金融机构外币存贷款年末余额、7－7国有独资商业银行人民币存贷款年末余额、7－8农村信用社人民币存贷款年末余额、7－9金融机构、人员情况表；保险业务情况由中国保险监督管理委员会江苏监管局提供（7－10保险业务主要指标）；直接融资情况由中国证券监督管理委员会江苏监管局提供（7－11江苏辖区证券市场基本情况）。

# Brief Introduction

The data in this chapter present the government revenue and expenditure situation. Also present the development of financial, securities and insurance industries.

**Ⅰ. Main Contents, Sources of Data and Diameter Description of Government Revenue**

Financial Statistics main including the revenue and expenditure statistics over the years, fiscal revenue, local general budget revenue, tax, local budget expenditures and total proportion of such indicators. The second is the main component of revenue and expenditure project, including local general budget revenue, on the designated central and local general revenue budget spending.

The data is provided by of the Finance Department of Jiangsu province. The base data from the financial balance sheets and financial extra-budgetary revenue and expenditure balance sheet. Among them, information about revenue and expenditure of the total balance sheet based on financial accounts, financial accounts of income schedule, schedule of expenditures of financial accounts data processing order preparation.

Data on the extra-budgetary funds have been collected in accordance with the statistical reporting scheme since 1982. In 1993, new general financial rules and accounting standards were implemented. As a result, the innovation fund and the major repair fund in the State-owned enterprises were no longer listed as extra-budgetary funds. Therefore the extra-budgetary revenues and the extra-budgetary expenditures in the years before 1993 and since 1993 are not comparable. Starting from 1997, government funds have been reclassified into budget management and have not been included in the extra-budgetary revenue and expenditure. Therefore, figures since 1997 are not comparable with the earlier figures.

In 2007, financial renvenve and expenditure subject a large reform, especially the caliber charges of financial support for projects are not comparable with previous years data.

## Ⅱ. Main Contents and Sources of Data of Finance

Data in this chapter show the development of Jiangsu province's financial, securities and insurance industries. (1) the financial activities of the financial institutions; (2) the Situation of Financial Institutions and Personnel; (3) the situation regarding the insurance business ; (4) the situation regarding direct financing.

Financial situation of financial institutions and institutions, personnel provided by the People's Bank of China, Nanjing Branch. Deposits and Loans Balance of Banking Organizations of RMB and foreign currency Year-end (7 - 3). Deposits Balance of Banking Organizations of RMB end of year Year-end (7 - 4). Loans Balance of Banking Organizations of RMB end of year Year-end (7 - 5). Deposits and Loans Balance of Banking Organizations of foreign currency Year-end (7 - 6). Deposits and Loans Balance of State-owned and State Funded Commercial Bank Year-end (7 - 7). Deposits and Loans Balance of Rural Credit Cooperatives Year-end (7 - 8). Number of Institutions and Staff and Workers of Banking Organizations (7 - 9). Major indicator of Insurance Business (7 - 10), provided by China Insurance Regulatory Commission , Jiangsu Branch. Basic Information of Securities Markets within Jiangsu (7 - 11), provided b by the China Securities Regulatory Commission, Jiangsu province.

# 7-1 历年财政收支

## Financial Revenue and Expenditure over the Years

| 年 份<br>Year | 财政总收入（亿元）<br>Government Revenue (100 million yuan) | #地方一般预算收入<br>General Budget Revenue | #各项税收<br>Taxes | 地方一般预算支出（亿元）<br>Local General Budget Expenditure (100 million yuan) | 财政总收入占地区生产总值的比重(%)<br>Percentage of Government Revenue to GDP(%) | 地方一般预算收入占地区生产总值的比重(%)<br>Percentage of Budget Revenue to GDP(%) |
|---|---|---|---|---|---|---|
| 1950 | 3.95 | 3.95 | 3.89 | 0.76 | | |
| 1951 | 5.32 | 5.32 | 5.10 | 0.98 | | |
| 1952 | 6.80 | 6.80 | 6.30 | 2.11 | 14.0 | 14.0 |
| 1953 | 7.78 | 7.78 | 7.18 | 2.50 | 14.6 | 14.6 |
| 1954 | 8.67 | 8.67 | 7.93 | 2.88 | 16.1 | 16.1 |
| 1955 | 8.47 | 8.47 | 7.76 | 2.88 | 14.4 | 14.4 |
| 1956 | 9.66 | 9.66 | 8.49 | 4.08 | 15.6 | 15.6 |
| 1957 | 10.10 | 10.10 | 8.56 | 4.80 | 15.5 | 15.5 |
| 1958 | 17.82 | 17.82 | 10.97 | 11.27 | 23.7 | 23.7 |
| 1959 | 24.94 | 24.94 | 12.53 | 14.36 | 31.3 | 31.3 |
| 1960 | 26.19 | 26.19 | 12.52 | 17.52 | 30.2 | 30.2 |
| 1961 | 17.45 | 17.45 | 9.68 | 8.66 | 24.2 | 24.2 |
| 1962 | 13.31 | 13.31 | 9.76 | 6.23 | 19.2 | 19.2 |
| 1963 | 13.70 | 13.70 | 9.11 | 6.64 | 18.1 | 18.1 |
| 1964 | 17.24 | 17.24 | 10.44 | 9.54 | 19.3 | 19.3 |
| 1965 | 19.40 | 19.40 | 11.79 | 8.07 | 20.4 | 20.4 |
| 1966 | 22.89 | 22.89 | 12.97 | 9.05 | 20.8 | 20.8 |
| 1967 | 17.02 | 17.02 | 11.38 | 7.93 | 17.2 | 17.2 |
| 1968 | 16.20 | 16.20 | 11.07 | 6.14 | 15.8 | 15.8 |
| 1969 | 21.75 | 21.75 | 13.85 | 8.58 | 19.5 | 19.5 |
| 1970 | 28.66 | 28.66 | 17.34 | 11.33 | 22.2 | 22.2 |
| 1971 | 34.12 | 34.12 | 19.50 | 12.51 | 23.0 | 23.0 |
| 1972 | 37.84 | 37.84 | 21.95 | 14.97 | 24.1 | 24.1 |
| 1973 | 42.22 | 42.22 | 23.42 | 16.31 | 24.7 | 24.7 |
| 1974 | 39.51 | 39.51 | 23.63 | 17.89 | 23.0 | 23.0 |
| 1975 | 43.41 | 43.41 | 26.26 | 17.70 | 23.6 | 23.6 |
| 1976 | 44.02 | 44.02 | 28.35 | 18.71 | 23.4 | 23.4 |
| 1977 | 51.65 | 51.65 | 32.20 | 19.96 | 25.5 | 25.5 |
| 1978 | 61.09 | 61.09 | 35.93 | 28.38 | 24.5 | 24.5 |
| 1979 | 59.28 | 59.28 | 38.33 | 32.06 | 19.9 | 19.9 |
| 1980 | 62.45 | 62.45 | 41.36 | 28.95 | 19.5 | 19.5 |
| 1981 | 63.04 | 63.04 | 44.64 | 23.79 | 18.0 | 18.0 |

| 年 份<br>Year | 财政总收入（亿元）<br>Government Revenue（100 million yuan） | #地方一般预算收入<br>General Budget Revenue | #各项税收<br>Taxes | 地方一般预算支出（亿元）<br>Local General Budget Expenditure（100 million yuan） | 财政总收入占地区生产总值的比重（%）<br>Percentage of Government Revenue to GDP（%） | 地方一般预算收入占地区生产总值的比重（%）<br>Percentage of Budget Revenue to GDP（%） |
|---|---|---|---|---|---|---|
| 1982 | 66.61 | 66.61 | 49.84 | 24.63 | 17.1 | 17.1 |
| 1983 | 73.63 | 73.63 | 54.57 | 32.29 | 16.8 | 16.8 |
| 1984 | 76.28 | 76.28 | 61.79 | 39.15 | 14.7 | 14.7 |
| 1985 | 89.00 | 89.00 | 80.32 | 50.53 | 13.7 | 13.7 |
| 1986 | 98.73 | 98.73 | 87.29 | 66.16 | 13.3 | 13.3 |
| 1987 | 107.17 | 107.17 | 94.96 | 68.00 | 11.6 | 11.6 |
| 1988 | 117.96 | 117.96 | 107.74 | 81.45 | 9.8 | 9.8 |
| 1989 | 126.39 | 126.39 | 122.82 | 92.25 | 9.6 | 9.6 |
| 1990 | 136.20 | 136.20 | 130.96 | 100.97 | 9.6 | 9.6 |
| 1991 | 143.29 | 143.29 | 125.91 | 128.18 | 8.9 | 8.9 |
| 1992 | 152.31 | 152.31 | 145.49 | 125.86 | 7.1 | 7.1 |
| 1993 | 221.30 | 221.30 | 220.05 | 163.87 | 7.4 | 7.4 |
| 1994 | 293.41 | 136.62 | 121.05 | 200.17 | 7.2 | 3.4 |
| 1995 | 350.08 | 172.64 | 146.39 | 253.49 | 6.8 | 3.3 |
| 1996 | 427.99 | 223.17 | 184.65 | 310.94 | 7.1 | 3.7 |
| 1997 | 512.93 | 255.59 | 210.56 | 364.36 | 7.7 | 3.8 |
| 1998 | 579.90 | 296.58 | 244.20 | 424.90 | 8.1 | 4.1 |
| 1999 | 680.23 | 343.36 | 314.26 | 484.65 | 8.8 | 4.5 |
| 2000 | 865.00 | 448.31 | 409.14 | 591.28 | 10.1 | 5.2 |
| 2001 | 1064.99 | 572.15 | 523.84 | 729.64 | 11.3 | 6.1 |
| 2002 | 1483.68 | 643.70 | 565.30 | 860.25 | 14.0 | 6.1 |
| 2003 | 1968.92 | 798.11 | 690.53 | 1047.68 | 15.8 | 6.4 |
| 2004 | 2216.41 | 980.43 | 833.64 | 1312.04 | 14.8 | 6.5 |
| 2005 | 3124.83 | 1322.68 | 1107.27 | 1673.40 | 16.8 | 7.1 |
| 2006 | 3935.87 | 1656.68 | 1389.13 | 2013.25 | 18.1 | 7.6 |
| 2007 | 5591.29 | 2237.73 | 1894.77 | 2553.72 | 21.5 | 8.6 |
| 2008 | 7109.72 | 2731.41 | 2278.71 | 3247.49 | 22.9 | 8.8 |
| 2009 | 8404.99 | 3228.78 | 2654.75 | 4017.36 | 24.4 | 9.4 |
| 2010 | 11743.22 | 4079.86 | 3312.61 | 4914.06 | 28.3 | 9.8 |
| 2011 | 14119.85 | 5148.92 | 4124.62 | 6221.72 | 28.8 | 10.5 |

注：财政总收入为地方一般预算收入、基金收入、上划中央四税之和。

Note: Provincial Financial Revenue is the Sum of General Budget Revenue, Fund Revenue and Four Kinds of Taxes to the Central Government.

# 7－2 财政收支

# General Budgetary Revenue

单位:亿元　　　　(100 million yuan)

| 指　　标 | Item | 2007 | 2008 | 2009 | 2010 | 2011 |
|---|---|---|---|---|---|---|
| **一般预算收入** | **General Budgetary Revenue** | **2237.73** | **2731.41** | **3228.78** | **4079.86** | **5148.91** |
| 税收收入 | Taxes | 1894.77 | 2278.71 | 2654.75 | 3312.61 | 4124.62 |
| 增值税 | Value Added Tax | 413.81 | 483.04 | 516.59 | 562.60 | 650.80 |
| 营业税 | Business Taxes | 574.02 | 663.90 | 833.86 | 1023.92 | 1260.60 |
| 企业所得税 | Company Income Tax | 316.22 | 398.92 | 407.85 | 554.43 | 731.17 |
| 个人所得税 | Personal Income Tax | 110.95 | 129.23 | 140.21 | 180.94 | 237.74 |
| 城市维护建设税 | Urban Maintenance and Development Tax | 108.94 | 125.55 | 134.66 | 164.81 | 270.82 |
| 房产税 | Tax on Real Estates | 54.26 | 69.07 | 80.99 | 92.11 | 121.39 |
| 土地增值税 | Value Added Tax on Land | 51.39 | 63.46 | 98.17 | 170.36 | 256.97 |
| 耕地占用税 | Tax on Use of Arable Land | 14.76 | 25.93 | 42.66 | 58.98 | 54.33 |
| 契税 | Tax on Contracts | 159.42 | 179.12 | 245.45 | 324.72 | 319.78 |
| 其他各项税收 | Others | 91.00 | 140.50 | 154.31 | 179.75 | 221.02 |
| 非税收收入 | Non-tax Income | 342.96 | 452.70 | 574.03 | 767.25 | 1024.29 |
| 专项收入 | Special Project Income | 76.86 | 91.79 | 91.33 | 107.37 | 160.76 |
| 行政事业性收费收入 | Income from Administrative Fees | 119.02 | 133.25 | 159.68 | 224.57 | 321.22 |
| 罚没收入 | Penalty and Cofiscatory Income | 71.76 | 75.17 | 77.19 | 89.31 | 97.53 |
| 国有资本经营收入 | Profit from State-owned Assets | 65.50 | 128.17 | 184.78 | 257.53 | 285.63 |
| 其他各项收入 | Other Income | 9.82 | 24.33 | 61.05 | 88.47 | 159.15 |
| **上划中央收入** | **Turn Over Revenue to the Central Government** | **2006.22** | **2401.79** | **2641.94** | **3134.39** | **3800.57** |
| 消费税 | Consumption Tax | 136.31 | 173.27 | 293.18 | 361.21 | 431.46 |
| 增值税 | Value Added Tax | 1241.42 | 1449.11 | 1565.89 | 1705.21 | 1964.85 |
| 企业所得税 | Company Income Tax | 462.06 | 585.56 | 572.56 | 796.56 | 1047.65 |
| 个人所得税 | Personal Income Tax | 166.43 | 193.85 | 210.31 | 271.41 | 356.61 |
| **一般预算支出** | **General Budgetary Expenditure** | **2553.72** | **3247.49** | **4017.36** | **4914.06** | **6221.72** |
| 一般公共服务 | General Public Service | 438.27 | 516.86 | 568.48 | 631.24 | 748.45 |
| 公共安全 | Public Security | 210.73 | 252.88 | 284.75 | 326.80 | 371.40 |
| 教育 | Education | 492.90 | 592.60 | 680.63 | 865.36 | 1093.22 |
| 科学技术 | Science and Technology | 68.73 | 91.52 | 117.02 | 150.35 | 213.40 |
| 文化体育与传媒 | Culture, Sports and Media | 48.16 | 66.74 | 77.18 | 88.67 | 116.86 |
| 社会保障和就业 | Social Security and Employment | 212.53 | 231.52 | 299.17 | 364.48 | 481.65 |
| 医疗卫生 | Medical Treatment and Healthcare | 115.29 | 148.61 | 198.21 | 249.69 | 349.86 |
| 环境保护 | Envionment Protection | 45.34 | 95.18 | 147.60 | 139.89 | 170.37 |
| 城乡社区事务 | Operating Expenses of Urban and Rural Communities | 311.22 | 361.79 | 474.93 | 624.53 | 812.06 |
| 农林水事务 | Operating Expenses of Agriculture, Forestry and Water | 193.63 | 276.16 | 403.27 | 489.16 | 618.13 |
| 交通运输 | Transport | 79.15 | 117.21 | 230.87 | 276.00 | 391.69 |
| 资源勘探电力信息等事务 | Operating Expenses of Industry, Commerce and Financial Intermediation | | | | 262.96 | 294.39 |
| 其他各项支出 | Others | 152.27 | 207.75 | 224.63 | 444.92 | 560.24 |

# 7-3 历年金融机构存贷款

## The Balance of Deposits of Financial Institutions over the Years

单位:亿元 (100 million yuan)

| 年 份 Year | 金融机构各项存款余额(本外币) The balance of deposits of financial institutions(RMB and foreign currency) | #居民储蓄 Household savings | 金融机构各项贷款余额(本外币) Financial institutions, the loan balance (RMB and foreign currency) | 金融机构各项存款余额(人民币) The balance of deposits of financial institutions (RMB) | #居民储蓄 Household savings | 金融机构各项贷款余额(人民币) Financial institutions, the loan balance (RMB) |
|---|---|---|---|---|---|---|
| 1970 | | | | 34.01 | 2.87 | 56.39 |
| 1971 | | | | 34.08 | 3.26 | 63.10 |
| 1972 | | | | 66.98 | 3.75 | 63.80 |
| 1973 | | | | 37.63 | 4.27 | 71.66 |
| 1974 | | | | 40.94 | 4.81 | 75.49 |
| 1975 | | | | 48.89 | 5.30 | 83.74 |
| 1976 | | | | 51.81 | 8.46 | 91.96 |
| 1977 | | | | 55.38 | 9.66 | 98.47 |
| 1978 | | | | 60.72 | 12.40 | 115.29 |
| 1979 | | | | 78.31 | 16.68 | 129.70 |
| 1980 | | | | 95.55 | 23.72 | 159.11 |
| 1981 | | | | 124.54 | 30.42 | 195.33 |
| 1982 | | | | 146.21 | 40.60 | 217.87 |
| 1983 | | | | 171.12 | 56.93 | 242.28 |
| 1984 | | | | 221.68 | 74.76 | 333.40 |
| 1985 | | | | 247.12 | 99.35 | 387.06 |
| 1986 | | | | 372.62 | 139.59 | 528.83 |
| 1987 | | | | 443.44 | 193.68 | 659.29 |
| 1988 | | | | 517.81 | 231.85 | 742.10 |
| 1989 | | | | 640.84 | 331.86 | 835.56 |
| 1990 | | | | 860.33 | 471.18 | 1013.45 |
| 1991 | | | | 1136.51 | 617.61 | 1230.49 |
| 1992 | | | | 1422.61 | 766.11 | 1480.80 |
| 1993 | | | | 1797.33 | 964.22 | 1777.80 |
| 1994 | | | | 2481.10 | 1352.57 | 2218.15 |
| 1995 | | | | 3500.49 | 1922.33 | 2875.39 |
| 1996 | | | | 4706.36 | 2581.06 | 3840.74 |
| 1997 | | | | 5674.94 | 3101.89 | 4452.46 |
| 1998 | | | | 6578.80 | 3656.46 | 5063.57 |
| 1999 | | | | 7470.43 | 4131.98 | 5535.15 |
| 2000 | | | | 8400.75 | 4456.83 | 5967.66 |
| 2001 | | | | 9700.68 | 5172.83 | 6671.74 |
| 2002 | | | | 11881.19 | 6276.20 | 8234.58 |
| 2003 | | | | 15378.49 | 7638.18 | 11299.55 |
| 2004 | | | | 18211.02 | 8863.10 | 13480.98 |
| 2005 | 22821.57 | 10860.60 | 16282.60 | 22001.44 | 10581.27 | 15396.59 |
| 2006 | 26722.83 | 12454.90 | 19383.65 | 25860.47 | 12183.47 | 18485.02 |
| 2007 | 31337.99 | 13213.11 | 23265.83 | 30450.54 | 13014.92 | 22092.10 |
| 2008 | 38063.38 | 16916.74 | 27081.06 | 37017.48 | 16721.18 | 26160.72 |
| 2009 | 50061.85 | 20303.67 | 36846.34 | 48850.29 | 20080.63 | 35296.73 |
| 2010 | 60583.07 | 23533.13 | 44180.21 | 58984.14 | 23334.48 | 42121.04 |
| 2011 | 67638.75 | 26111.82 | 50283.52 | 65723.56 | 25914.74 | 47868.30 |

# 7-4 金融机构本外币存贷款年末余额(2011 年)

单位:亿元

| 指标 | Item | 全省 Total | 南京 Nanjing | 无锡 Wuxi | 徐州 Xuzhou | 常州 Changzhou |
|---|---|---|---|---|---|---|
| **各项存款** | **The deposits** | **67638.75** | **14241.99** | **9722.44** | **3003.76** | **5020.88** |
| #单位存款 | Unit deposits | 38982.01 | 9393.54 | 6150.62 | 1433.58 | 2709.40 |
| #活期存款 | Demand deposits | 13680.09 | 3300.85 | 1842.99 | 589.07 | 996.59 |
| 定期存款 | Time deposits | 9646.37 | 2641.79 | 1574.16 | 300.35 | 630.98 |
| 通知存款 | Notice deposits | 1733.07 | 357.02 | 309.85 | 26.93 | 85.77 |
| 保证金存款 | Margin deposits | 7788.09 | 1286.47 | 1621.49 | 324.49 | 608.59 |
| 个人存款 | Individual deposits | 26446.99 | 4046.44 | 3383.01 | 1508.27 | 2208.05 |
| #储蓄存款 | Savings deposit | 26111.82 | 3968.03 | 3340.09 | 1500.83 | 2171.20 |
| 财政性存款 | Fiscal deposits | 638.69 | 251.20 | 35.38 | 34.49 | 31.10 |
| 临时性存款 | Temporary deposit | 199.21 | 95.81 | 17.25 | 11.28 | 11.22 |
| 委托存款 | Trust deposits | 202.12 | 28.72 | 37.14 | 9.52 | 20.54 |
| 其他存款 | Other deposits | 1169.72 | 426.28 | 99.03 | 6.61 | 40.57 |
| **各项贷款** | **Loans** | **50283.52** | **11723.52** | **7279.81** | **1744.09** | **3505.80** |
| #境内贷款 | Domestic loans | 50130.17 | 11658.60 | 7275.80 | 1744.01 | 3505.23 |
| #短期贷款 | Short - term loans | 23257.14 | 4083.84 | 3817.73 | 978.34 | 1936.28 |
| #个人贷款及透支 | Personal loans and overdrafts | 2968.87 | 385.62 | 289.56 | 230.73 | 167.91 |
| #个人消费贷款 | Loans for personal consumption | 431.48 | 128.24 | 45.69 | 13.98 | 21.92 |
| 单位普通贷款及透支 | Units of ordinary loans and overdrafts | 17499.66 | 3258.41 | 3033.77 | 636.46 | 1515.55 |
| #经营贷款 | Business Loan | 17141.53 | 3169.04 | 3015.05 | 624.64 | 1485.21 |
| 中长期贷款 | Long - term loans | 25459.51 | 7203.68 | 3220.67 | 687.28 | 1485.65 |
| #个人贷款 | Personal loans | 8244.59 | 1457.14 | 885.81 | 341.70 | 575.96 |
| #个人消费贷款 | Loans for personal consumption | 7108.32 | 1288.10 | 777.61 | 284.43 | 483.56 |
| 单位普通贷款 | The unit normal loan | 14563.91 | 4548.08 | 1940.10 | 276.07 | 830.43 |
| #经营贷款 | Business Loan | 2611.24 | 898.73 | 361.13 | 47.19 | 96.93 |
| 融资租赁 | Finance leases | 98.71 | 98.71 | | | |
| 票据融资 | Bill financing | 1300.82 | 268.06 | 236.04 | 77.26 | 82.92 |
| 各项垫款 | The advances | 13.98 | 4.31 | 1.36 | 1.13 | 0.38 |

# RMB and Foreign Currency Deposits and Loans Balance of Banking Organizations at Year – end(2011)

(100 million yuan)

| 苏州 Suzhou | 南通 Nantong | 连云港 Lianyungang | 淮安 Huaian | 盐城 Yancheng | 扬州 Yangzhou | 镇江 Zhenjiang | 泰州 Taizhou | 宿迁 Suqian |
|---|---|---|---|---|---|---|---|---|
| **16004.17** | **5614.60** | **1388.69** | **1335.01** | **2336.19** | **2860.65** | **2474.45** | **2632.69** | **1003.23** |
| 10067.26 | 2427.16 | 723.38 | 623.53 | 1015.61 | 1356.55 | 1307.46 | 1278.43 | 495.52 |
| 3068.49 | 845.50 | 337.51 | 394.27 | 513.95 | 565.45 | 480.73 | 466.90 | 277.79 |
| 2582.33 | 570.06 | 84.78 | 81.81 | 181.80 | 352.88 | 253.80 | 316.60 | 75.02 |
| 675.48 | 114.97 | 4.74 | 13.88 | 9.95 | 66.73 | 45.05 | 20.30 | 2.41 |
| 2007.05 | 516.58 | 196.18 | 82.85 | 178.29 | 214.01 | 371.89 | 294.48 | 85.73 |
| 5233.35 | 3087.27 | 629.42 | 683.47 | 1273.24 | 1449.01 | 1123.31 | 1320.94 | 501.22 |
| 5126.89 | 3068.10 | 626.63 | 680.93 | 1268.12 | 1435.27 | 1115.64 | 1311.60 | 498.48 |
| 142.31 | 29.79 | 21.27 | 20.60 | 30.14 | 18.18 | 13.97 | 6.59 | 3.68 |
| 25.44 | 6.63 | 3.68 | 4.16 | 5.96 | 3.39 | 7.46 | 5.10 | 1.84 |
| 59.20 | 10.73 | 3.00 | 0.91 | 3.68 | 15.56 | 7.82 | 4.93 | 0.38 |
| 476.61 | 53.03 | 7.96 | 2.34 | 7.57 | 17.98 | 14.44 | 16.70 | 0.60 |
| **12776.25** | **3408.64** | **1088.17** | **1016.58** | **1585.24** | **1751.50** | **1835.50** | **1804.45** | **763.97** |
| 12695.01 | 3408.08 | 1088.03 | 1016.37 | 1585.18 | 1750.99 | 1834.91 | 1804.35 | 763.61 |
| 5411.53 | 1884.37 | 568.33 | 464.38 | 820.39 | 865.72 | 993.00 | 1034.68 | 398.55 |
| 590.05 | 265.38 | 124.61 | 113.70 | 204.08 | 139.78 | 111.93 | 194.17 | 151.35 |
| 107.27 | 38.48 | 5.53 | 4.07 | 9.24 | 14.96 | 15.60 | 19.29 | 7.23 |
| 4048.90 | 1406.99 | 374.97 | 313.76 | 537.04 | 647.13 | 766.87 | 731.07 | 228.73 |
| 3989.34 | 1338.75 | 356.45 | 311.58 | 519.27 | 644.87 | 751.78 | 714.26 | 221.30 |
| 6974.71 | 1444.96 | 504.84 | 526.18 | 701.36 | 829.57 | 809.01 | 713.86 | 357.74 |
| 2418.31 | 427.79 | 248.50 | 294.90 | 337.14 | 398.13 | 263.71 | 325.71 | 269.78 |
| 2139.45 | 351.57 | 206.71 | 252.57 | 287.86 | 334.79 | 224.73 | 258.80 | 218.12 |
| 3967.00 | 926.61 | 228.24 | 224.50 | 328.05 | 407.13 | 462.44 | 344.47 | 80.79 |
| 714.99 | 112.81 | 49.01 | 27.36 | 60.57 | 101.75 | 79.64 | 49.94 | 11.17 |
| 304.35 | 78.57 | 13.99 | 25.56 | 63.40 | 55.51 | 32.39 | 55.50 | 7.28 |
| 4.43 | 0.18 | 0.87 | 0.25 | 0.02 | 0.19 | 0.52 | 0.30 | 0.04 |

# 7-5 金融机构人民币存贷款年末余额(2011 年)

单位:亿元

| 指标 | Item | 全省 Total | 南京 Nanjing | 无锡 Wuxi | 徐州 Xuzhou | 常州 Changzhou |
|---|---|---|---|---|---|---|
| **各项存款** | **The deposits** | **65723.56** | **13945.92** | **9372.69** | **2980.99** | **4902.15** |
| #单位存款 | Unit deposits | 37299.96 | 9175.00 | 5831.77 | 1416.48 | 2605.90 |
| #活期存款 | Demand deposits | 12780.91 | 3169.47 | 1670.90 | 577.32 | 926.39 |
| 定期存款 | Time deposits | 9326.89 | 2591.00 | 1506.40 | 295.92 | 607.54 |
| 通知存款 | Notice deposits | 1557.38 | 344.38 | 273.64 | 26.93 | 82.07 |
| 保证金存款 | Margin deposits | 7511.86 | 1265.75 | 1578.70 | 323.58 | 602.74 |
| 个人存款 | Individual deposits | 26239.72 | 3984.32 | 3354.20 | 1502.67 | 2193.53 |
| #储蓄存款 | Savings deposit | 25914.74 | 3910.20 | 3312.38 | 1495.42 | 2157.39 |
| 财政性存款 | Fiscal deposits | 638.69 | 251.20 | 35.38 | 34.49 | 31.10 |
| 临时性存款 | Temporary deposit | 177.22 | 82.54 | 15.18 | 11.22 | 10.99 |
| 委托存款 | Trust deposits | 201.41 | 28.26 | 37.13 | 9.52 | 20.54 |
| 其他存款 | Other deposits | 1166.56 | 424.62 | 99.03 | 6.61 | 40.08 |
| **各项贷款** | **Loans** | **47868.30** | **11132.09** | **6883.44** | **1734.84** | **3406.35** |
| #境内贷款 | Domestic loans | 47817.11 | 11127.60 | 6881.45 | 1734.76 | 3405.78 |
| #短期贷款 | Short - term loans | 21338.26 | 3755.64 | 3464.59 | 969.09 | 1839.97 |
| #个人贷款及透支 | Personal loans and overdrafts | 2968.62 | 385.60 | 289.50 | 230.73 | 167.89 |
| #个人消费贷款 | Loans for personal consumption | 431.22 | 128.22 | 45.63 | 13.97 | 21.89 |
| 单位普通贷款及透支 | Units of ordinary loans and overdrafts | 16976.63 | 3120.23 | 2965.13 | 636.46 | 1504.61 |
| #经营贷款 | Business Loan | 16631.71 | 3043.89 | 2946.41 | 624.64 | 1474.26 |
| 中长期贷款 | Long - term loans | 25067.34 | 7002.54 | 3179.52 | 687.28 | 1482.51 |
| #个人贷款 | Personal loans | 8244.38 | 1457.13 | 885.79 | 341.70 | 575.96 |
| #个人消费贷款 | Loans for personal consumption | 7108.11 | 1288.09 | 777.60 | 284.43 | 483.56 |
| 单位普通贷款 | The unit normal loan | 14318.05 | 4423.43 | 1918.51 | 276.07 | 830.24 |
| #经营贷款 | Business Loan | 2535.34 | 847.39 | 359.53 | 47.19 | 96.93 |
| 融资租赁 | Finance leases | 98.71 | 98.71 | | | |
| 票据融资 | Bill financing | 1300.55 | 267.83 | 236.03 | 77.26 | 82.92 |
| 各项垫款 | The advances | 12.26 | 2.88 | 1.32 | 1.13 | 0.38 |

# RMB Deposits and Loans Balance of Banking Organizations at Year – end(2011)

(100 million yuan)

| 苏州 Suzhou | 南通 Nantong | 连云港 Lianyungang | 淮安 Huaian | 盐城 Yancheng | 扬州 Yangzhou | 镇江 Zhenjiang | 泰州 Taizhou | 宿迁 Suqian |
|---|---|---|---|---|---|---|---|---|
| **15180.78** | **5502.08** | **1367.85** | **1310.00** | **2320.16** | **2818.31** | **2431.84** | **2592.95** | **997.81** |
| 9301.17 | 2330.92 | 706.23 | 600.54 | 1003.45 | 1322.05 | 1272.48 | 1242.89 | 491.08 |
| 2700.83 | 797.04 | 327.55 | 385.07 | 502.48 | 545.57 | 457.62 | 445.74 | 274.93 |
| 2453.25 | 552.05 | 82.97 | 69.26 | 181.78 | 345.30 | 251.06 | 315.53 | 74.83 |
| 565.19 | 110.25 | 4.24 | 13.61 | 9.95 | 63.67 | 41.26 | 19.77 | 2.41 |
| 1854.99 | 492.58 | 191.32 | 81.89 | 177.62 | 210.11 | 366.55 | 281.70 | 84.35 |
| 5182.00 | 3071.12 | 625.99 | 681.46 | 1269.48 | 1441.34 | 1116.31 | 1317.07 | 500.24 |
| 5078.59 | 3052.28 | 623.23 | 678.92 | 1264.37 | 1427.87 | 1108.83 | 1307.77 | 497.50 |
| 142.31 | 29.79 | 21.27 | 20.60 | 30.14 | 18.18 | 13.97 | 6.59 | 3.68 |
| 20.73 | 6.49 | 3.42 | 4.15 | 5.86 | 3.22 | 6.82 | 4.78 | 1.84 |
| 58.97 | 10.73 | 3.00 | 0.91 | 3.68 | 15.56 | 7.82 | 4.93 | 0.38 |
| 475.61 | 53.03 | 7.96 | 2.34 | 7.57 | 17.97 | 14.44 | 16.70 | 0.59 |
| **11873.89** | **3285.39** | **1011.18** | **991.69** | **1558.64** | **1718.03** | **1787.42** | **1725.34** | **760.00** |
| 11832.38 | 3284.83 | 1011.04 | 991.48 | 1558.58 | 1717.52 | 1786.84 | 1725.24 | 759.64 |
| 4649.17 | 1766.19 | 508.36 | 440.36 | 797.70 | 837.26 | 954.79 | 960.58 | 394.57 |
| 589.96 | 265.37 | 124.61 | 113.70 | 204.07 | 139.77 | 111.91 | 194.16 | 151.35 |
| 107.18 | 38.47 | 5.53 | 4.06 | 9.23 | 14.95 | 15.59 | 19.28 | 7.23 |
| 3810.68 | 1387.27 | 372.28 | 310.56 | 535.38 | 641.83 | 753.96 | 709.53 | 228.72 |
| 3751.29 | 1319.04 | 353.76 | 308.38 | 517.61 | 639.56 | 738.86 | 692.73 | 221.28 |
| 6874.71 | 1439.89 | 487.82 | 525.31 | 697.46 | 824.56 | 799.14 | 708.86 | 357.74 |
| 2418.13 | 427.79 | 248.50 | 294.90 | 337.14 | 398.13 | 263.71 | 325.71 | 269.78 |
| 2139.27 | 351.57 | 206.71 | 252.57 | 287.86 | 334.79 | 224.73 | 258.80 | 218.12 |
| 3893.54 | 922.18 | 225.39 | 223.64 | 326.99 | 402.83 | 454.84 | 339.60 | 80.79 |
| 702.08 | 112.81 | 49.01 | 27.36 | 60.57 | 100.59 | 75.62 | 45.08 | 11.17 |
| 304.32 | 78.57 | 13.99 | 25.56 | 63.40 | 55.51 | 32.39 | 55.50 | 7.28 |
| 4.17 | 0.18 | 0.87 | 0.25 | 0.02 | 0.19 | 0.52 | 0.30 | 0.04 |

# 7－6　金融机构外汇存贷款年末余额(2011 年)

单位:亿美元

| 指　　标 | Item | 全省 Total | 南京 Nanjing | 无锡 Wuxi | 徐州 Xuzhou | 常州 Changzhou |
|---|---|---|---|---|---|---|
| **各项存款** | **The deposits** | **303.95** | **46.99** | **55.51** | **3.61** | **18.84** |
| #单位存款 | Unit deposits | 266.95 | 34.68 | 50.60 | 2.71 | 16.43 |
| #活期存款 | Demand deposits | 142.71 | 20.85 | 27.31 | 1.86 | 11.14 |
| 定期存款 | Time deposits | 50.70 | 8.06 | 10.75 | 0.70 | 3.72 |
| 通知存款 | Notice deposits | 27.88 | 2.01 | 5.75 | | 0.59 |
| 保证金存款 | Margin deposits | 43.84 | 3.29 | 6.79 | 0.15 | 0.93 |
| 个人存款 | Individual deposits | 32.90 | 9.86 | 4.57 | 0.89 | 2.30 |
| #储蓄存款 | Savings deposit | 31.28 | 9.18 | 4.40 | 0.86 | 2.19 |
| 财政性存款 | Fiscal deposits | | | | | |
| 临时性存款 | Temporary deposit | 3.49 | 2.11 | 0.33 | 0.01 | 0.04 |
| 委托存款 | Trust deposits | 0.11 | 0.07 | 0.00 | | 0.00 |
| 其他存款 | Other deposits | 0.50 | 0.26 | 0.00 | 0.00 | 0.08 |
| **各项贷款** | **Loans** | **383.31** | **93.86** | **62.91** | **1.47** | **15.78** |
| #境内贷款 | Domestic loans | 367.10 | 84.27 | 62.59 | 1.47 | 15.78 |
| #短期贷款 | Short－term loans | 304.54 | 52.09 | 56.05 | 1.47 | 15.29 |
| #个人贷款及透支 | Personal loans and overdrafts | 0.04 | 0.00 | 0.01 | 0.00 | 0.00 |
| #个人消费贷款 | Loans for personal consumption | 0.04 | 0.00 | 0.01 | 0.00 | 0.00 |
| 单位普通贷款及透支 | Units of ordinary loans and overdrafts | 83.01 | 21.93 | 10.89 | | 1.74 |
| #经营贷款 | Business Loan | 80.91 | 19.86 | 10.89 | | 1.74 |
| 中长期贷款 | Long－term loans | 62.24 | 31.92 | 6.53 | | 0.50 |
| #个人贷款 | Personal loans | 0.03 | 0.00 | 0.00 | | |
| #个人消费贷款 | Loans for personal consumption | 0.03 | 0.00 | 0.00 | | |
| 单位普通贷款 | The unit normal loan | 39.02 | 19.78 | 3.43 | | 0.03 |
| #经营贷款 | Business Loan | 12.05 | 8.15 | 0.25 | | |
| 融资租赁 | Finance leases | | | | | |
| 票据融资 | Bill financing | 0.04 | 0.04 | 0.00 | | |
| 各项垫款 | The advances | 0.27 | 0.23 | 0.01 | | |

# Foreign Exchange Deposits and Loans of Financial Institutions at Year - end(2011)

(100 million yuan)

| 苏州<br>Suzhou | 南通<br>Nantong | 连云港<br>Liangyungang | 淮安<br>Huaian | 盐城<br>Yancheng | 扬州<br>Yangzhou | 镇江<br>Zhenjiang | 泰州<br>Taizhou | 宿迁<br>Suqian |
|---|---|---|---|---|---|---|---|---|
| **130.68** | **17.86** | **3.31** | **3.97** | **2.54** | **6.72** | **6.76** | **6.31** | **0.86** |
| 121.58 | 15.27 | 2.72 | 3.65 | 1.93 | 5.48 | 5.55 | 5.64 | 0.70 |
| 58.35 | 7.69 | 1.58 | 1.46 | 1.82 | 3.15 | 3.67 | 3.36 | 0.45 |
| 20.49 | 2.86 | 0.29 | 1.99 | 0.00 | 1.20 | 0.43 | 0.17 | 0.03 |
| 17.50 | 0.75 | 0.08 | 0.04 | | 0.49 | 0.60 | 0.08 | |
| 24.13 | 3.81 | 0.77 | 0.15 | 0.11 | 0.62 | 0.85 | 2.03 | 0.22 |
| 8.15 | 2.56 | 0.54 | 0.32 | 0.60 | 1.22 | 1.11 | 0.61 | 0.16 |
| 7.66 | 2.51 | 0.54 | 0.32 | 0.60 | 1.17 | 1.08 | 0.61 | 0.16 |
| | | | | | | | | |
| 0.75 | 0.02 | 0.04 | 0.00 | 0.02 | 0.03 | 0.10 | 0.05 | 0.00 |
| 0.04 | 0.00 | | | | 0.00 | | | |
| 0.16 | 0.00 | 0.00 | 0.00 | 0.00 | 0.00 | | | 0.00 |
| **143.21** | **19.56** | **12.22** | **3.95** | **4.22** | **5.31** | **7.63** | **12.56** | **0.63** |
| 136.91 | 19.56 | 12.22 | 3.95 | 4.22 | 5.31 | 7.63 | 12.56 | 0.63 |
| 120.99 | 18.76 | 9.52 | 3.81 | 3.60 | 4.52 | 6.06 | 11.76 | 0.63 |
| 0.01 | 0.00 | 0.00 | 0.00 | 0.00 | 0.00 | 0.00 | 0.00 | 0.00 |
| 0.01 | 0.00 | 0.00 | 0.00 | 0.00 | 0.00 | 0.00 | 0.00 | 0.00 |
| 37.81 | 3.13 | 0.43 | 0.51 | 0.26 | 0.84 | 2.05 | 3.42 | 0.00 |
| 37.78 | 3.13 | 0.43 | 0.51 | 0.26 | 0.84 | 2.05 | 3.42 | 0.00 |
| 15.87 | 0.80 | 2.70 | 0.14 | 0.62 | 0.79 | 1.57 | 0.79 | |
| 0.03 | 0.00 | | 0.00 | | | 0.00 | | |
| 0.03 | 0.00 | | 0.00 | | | 0.00 | | |
| 11.66 | 0.70 | 0.45 | 0.14 | 0.17 | 0.68 | 1.21 | 0.77 | |
| 2.05 | | | | | 0.19 | 0.64 | 0.77 | |
| | | | | | | | | |
| 0.00 | 0.00 | | | | | | | |
| 0.04 | | | | | | | | |

## 7－7　金融机构人员情况表
## Number of Institutions and Staff and Workers of Banking Organizations

| 指　　标 | Item | 2005 | 2008 | 2009 | 2010 | 2011 |
|---|---|---|---|---|---|---|
| **机构数　　（家）** | **Number of Institutions（unit）** | **9662** | **8882** | **8872** | **11425** | **11661** |
| #国有商业银行 | State-owned Commercial Banks | 5124 | 4595 | 4561 | 4561 | 4641 |
| 政策性银行 | Banks of Budgetary Subsidies | 91 | 94 | 94 | 92 | 93 |
| 其他商业银行 | Other Commercial Banks | 1081 | 652 | 694 | 736 | 768 |
| 农村合作银行 | Rural Cooperative Banks | 105 | 730 | 846 | 715 | 330 |
| 农村商业银行 | Rural Commercial Banks | 705 | 704 | 766 | 1283 | 1975 |
| 农村信用社 | Rural Credit Cooperatives | 2474 | 1605 | 1397 | 1073 | 677 |
| 财务公司 | Financial Companies | 3 | 4 | 5 | 6 | 7 |
| 信托投资公司 | Trusted Investment Agencies | 5 | 4 | 4 | 4 | 4 |
| 租赁公司 | Rent Companies | 3 | 1 | 1 | 1 | 1 |
| **职工人数　　（人）** | **Number of Staff and Workers（person）** | **147533** | **154994** | **162202** | **179177** | **191572** |
| #国有商业银行 | State-owned Commercial Banks | 84802 | 87085 | 89035 | 92892 | 96267 |
| 政策性银行 | Banks of Budgetary Subsidies | 2096 | 2150 | 2171 | 2126 | 2165 |
| 其他商业银行 | Other Commercial Banks | 22710 | 19400 | 21923 | 24390 | 27527 |
| 农村合作银行 | Rural Cooperative Banks | 1118 | 8411 | 10250 | 8982 | 4279 |
| 农村商业银行 | Rural Commercial Banks | 6761 | 7527 | 8888 | 15278 | 25937 |
| 农村信用社 | Rural Credit Cooperatives | 25413 | 19333 | 17077 | 13411 | 8694 |
| 财务公司 | Financial Companies | 48 | 51 | 102 | 126 | 177 |
| 信托投资公司 | Trusted Investment Agencies | 181 | 155 | 173 | 222 | 242 |
| 租赁公司 | Rent Companies | 37 | 51 | 62 | 78 | 93 |

注：机构数为营业网点数。
Note：The Insititution means business department.

# 7-8 保险业务主要指标

## Major indicators of Insurance Business

单位:亿元　　　　　　　　　　　　　　　　　　　　　　　　　　　　　　　　　(100 million yuan)

| 指　标 | Item | 2005 | 2007 | 2008 | 2009 | 2010 | 2011 |
|---|---|---|---|---|---|---|---|
| **保费收入** | **Premium** | **437.34** | **577.08** | **775.45** | **907.73** | **1162.67** | **1200.02** |
| 财产险 | Property Insurance | 93.64 | 157.10 | 181.11 | 228.39 | 311.91 | 379.92 |
| #企业财产保险 | Enterprise Property Insurance | 13.91 | 18.04 | 20.90 | 22.26 | 28.22 | 33.66 |
| 家庭财产保险 | Household Property Insurance | 1.00 | 1.25 | 1.30 | 1.41 | 1.62 | 1.89 |
| 机动车辆保险 | Motor Vehicle Insurance | 64.40 | 118.25 | 133.26 | 173.56 | 236.92 | 285.03 |
| 人身意外伤害险 | Accident Injury Insurance | 10.89 | 15.85 | 18.31 | 20.40 | 25.96 | 31.08 |
| 健康险 | Health Insurance | 24.37 | 28.08 | 47.79 | 39.45 | 44.39 | 47.93 |
| 寿险 | Life Insurance | 308.43 | 375.61 | 528.19 | 619.49 | 780.41 | 741.09 |
| **各项赔款和给付** | **Claim and Payment** | **118.83** | **187.46** | **267.02** | **273.53** | **251.78** | **324.41** |
| 财产险 | Property Insurance | 53.30 | 85.87 | 121.19 | 127.41 | 134.41 | 178.49 |
| #企业财产保险 | Enterprise Property Insurance | 5.94 | 8.36 | 23.07 | 10.94 | 9.78 | 14.06 |
| 家庭财产保险 | Household Property Insurance | 0.30 | 0.30 | 0.36 | 0.32 | 0.35 | 0.48 |
| 机动车辆保险 | Motor Vehicle Insurance | 40.76 | 69.09 | 88.93 | 104.12 | 109.88 | 146.61 |
| 人身意外伤害险 | Accident Injury Insurance | 3.29 | 4.57 | 5.37 | 5.92 | 7.01 | 8.36 |
| 健康险 | Health Insurance | 9.04 | 7.86 | 11.12 | 15.31 | 17.99 | 28.60 |
| 寿险 | Life Insurance | 53.21 | 89.16 | 129.54 | 124.89 | 92.38 | 108.95 |
| **保险公司数　（家）** | **Number of Insurance Co. (unit)** | **29** | **56** | **64** | **69** | **76** | **86** |
| #财产保险公司 | Property Insurance Co. | 13 | 23 | 25 | 27 | 32 | 38 |
| 人寿保险公司 | Life Insurance Co. | 10 | 33 | 39 | 42 | 44 | 48 |
| #中资保险公司 | Chinese-Funded Co. | 22 | 42 | 47 | 50 | 52 | 59 |
| 外资保险公司 | Foreign-Funded Co. | 7 | 14 | 17 | 19 | 24 | 27 |
| **保险公司分支机构（家）** | **Branches of Insurance Co. (unit)** | **4033** | **5080** | **5300** | **5770** | **5600** | **5881** |
| **从业人员数　（万人）** | **Number of Staff and Workers (10000 persons)** | **14.72** | **18.58** | **22.00** | **23.50** | **22.70** | **22.80** |

# 7-9 江苏辖区证券市场基本情况
## Basic Information of Securities Markets within Jiangsu

| 指标 | | Item | 2000 | 2005 | 2009 | 2010 | 2011 |
|---|---|---|---|---|---|---|---|
| 上市公司数 | (家) | Number of Listed Companies (unit) | 58 | 90 | 128 | 169 | 214 |
| #A 股 | | A Shares | 56 | 88 | 123 | 164 | 203 |
| #B 股 | | B Shares | 5 | 2 | 5 | 5 | 5 |
| 辅导企业数 | | Number of Guidance Enterprises (unit) | 60 | 104 | 166 | 153 | 204 |
| 证券公司数 | (家) | Number of Securities Companies (unit) | 6 | 7 | 5 | 5 | 6 |
| 证券营业部数 | (家) | Number of Securities Business Departments (unit) | 147 | 202 | 252 | 306 | 331 |
| 证券交易服务部数 | (家) | Number of Securities Trading Service Departments (unit) | 0 | 57 | 33 | 0 | 0 |
| 期货经纪公司 | (家) | Number of Futures Broker Companies (unit) | 12 | 12 | 11 | 11 | 11 |
| 期货经纪公司营业部 | (个) | Number of Trading Offices of Futures Broker Companies (unit) | | 23 | 58 | 74 | 87 |
| 证券投资咨询机构数 | (家) | Number of Securities Investment Consultative Institutions (unit) | 4 | 3 | 3 | 3 | 3 |
| 证券从业人员数 | (人) | Number of Staff and Workers in Securities (person) | 3366 | 3925 | 6543 | 9278 | 11381 |
| 期货从业人员数 | (人) | Number of Staff and Workers in Futures (person) | 309 | 570 | 1336 | 1821 | 2199 |
| 证券投资者开户数 | (万户) | Number of Accounts of Securities Investors (10000 accounts) | 241 | 330 | 610 | 666 | 700 |
| 期货投资者开户数 | (户) | Number of Accounts of Futures Investors (account) | 2306 | 15606 | 90514 | 135600 | 159100 |
| 上市公司募集资金总额 | (亿元) | Total Capital Volume Collected by Listed Companies (100 million yuan) | 88.61 | 16.68 | 308.12 | 791.77 | 670 |
| 发行 | | Issuing | 55.32 | 8.82 | 92.60 | 470.70 | 477 |
| 配股 | | Share Right Issued | 21.07 | | | 54.78 | 9.03 |
| 增发 | | Adding Shares Issue | 12.22 | 7.86 | 195.52 | 194.89 | 137.28 |
| 公司债 | | Debenture | | | 20.00 | 14.20 | 47.00 |
| 上市公司总资产 | (亿元) | Total Assets of Listed Companies (100 million yuan) | 1098.82 | 2407.00 | 6159.90 | 10259.40 | 11036.57 |
| 上市公司净资产 | (亿元) | Net Assets of Listed Companies (101 million yuan) | 691.61 | 1075.00 | 2072.87 | 3628.08 | 4103.76 |
| 上市公司总股本 | (亿股) | Total Capital Shares of Listed Companies (100 million yuan) | 251.67 | 362.47 | 658.53 | 899.01 | 1136.70 |
| 市价总值 | (亿元) | Total Market Value (100 million yuan) | 2532.66 | 1729.44 | 8874.40 | 13824.31 | 10514.50 |
| 上市公司净利润 | (亿元) | Net Profit of Listed Companies (100 million yuan) | 59.36 | 72.44 | 214.50 | 447.72 | 474.63 |
| 上市公司每股平均收益 | (元) | Per Share Income of Listed Companies (yuan) | 0.27 | 0.19 | 0.36 | 0.51 | 0.48 |
| 证券经营机构证券交易量 | (亿元) | Trading Volume of Securities Business Institutions (100 million yuan) | 8412.00 | 3902.00 | 72659.73 | 76897.17 | 59694.48 |
| 期货经营机构代理交易量 | (亿元) | Proxy Trading Volume of Futures Business Institutions (100 million yuan) | 786.00 | 9825.00 | 91637.42 | 215753.23 | 178479.60 |

# 主要统计指标解释

**财政收入** 指国家财政参与社会产品分配所取得的收入，是实现国家职能的财力保证。按我省口径，财政总收入为地方一般预算收入、基金收入和上划中央四税之和。

**财政支出** 国家财政将筹集起来的资金进行分配使用，以满足经济建设和各项事业的需要。

**存款** 指企业、机关、团体或居民根据资金必须收回的原则，把货币资金存入银行或其他信用机构保管并取得一定利息的一种信用活动形式。它是银行信贷资金的主要来源。

**贷款** 指银行或其他信用机构根据资金必须归还的原则，按一定利率，为企业、个人等提供资金的一种信用活动形式。

**保险公司** 经保险监管机构批准设立，并依法登记注册经营保险业务的公司。

**保险金额** 保险人承担赔偿或者给付保险金责任的最高限额。

**保费** 投保人为取得保险保障，按保险合同约定向保险人支付的费用。

**赔款** 保险人对保险事故造成的损失，根据合同约定向被保险人或受益人给予的经济补偿。

**给付** 人身保险合同中，保险人向被保险人或受益人给付保险金的行为。包括死伤医疗给付、满期给付和年金给付。死伤医疗给付指因人寿保险及长期健康保险业务的被保险人在保险期内发生保险责任范围内的保险事故，保险公司按保险合同约定支付给被保险人（或受益人）的保险金。满期给付指因人寿保险业务的被保险人生存至保险期满，保险公司按保险合同约定支付给被保险人的满期保险金。年金给付指保险公司因年金保险业务的被保险人生存至规定的年龄，按保险合同约定支付给被保险人的给付金额。

# Explanatory Notes on Main Statistical Indicators

**Government Revenue** refers to income for the government finance through participating in the distribution of social products. It is the financial guarantee to ensure government functioning. In our province, total financial revenue is the sum of local general budgetary revenue, funds budgetary revenue and four taxes turned over to central government.

**Government Expenditure** refers to the distribution and use of the funds which the government finance has raised, so as to meet the needs of economic construction and various causes.

**Deposit** is a form of credit by which enterprises, institutions, organizations or residents can put money into banks and other credit institutions for safekeeping and interest earning under the principle of freedrawal. Deposits are major sources of credit funds of banks.

**Loan** is a form of credit by which banks and other credit institutions provide funds at certain interest rate to enterprises and individual in the light of the principle of unconditional repayment.

**Insurance Companies** refer to commercial insurance companies of various forms registered by law and established with the approval of insurance regulatory agencies.

**Amount Insured** refers to the maximum that the insurant will get for the claim of the case insured.

**Premium** is the fee paid by the insurant to the insurer to obtain the obligation of compensation from the insurance within the agreed terms.

**Settled Claim** is the compensation paid by the insurer to the insurant or beneficiary for the loss of the insurance accident in accordance with the insurance contract.

**Payment** is the behavior that the insurer pays insured amount to the insurant or the beneficiary according to the personal insurance contract. It includes payment for death, injury or medical treatment, payment at maturity and annuity payment. Payment for death, injury or medical treatment refers to the money paid to the insurant (or the beneficiary) in accordance with the life or health insurance contract when the insurant encounters accidents within the insured period covered in the contract. Payment at maturity refers to the payment to the insurant in accordance with the life insurance contract at the end of the insured period. Annuity payment refers to the payment to the insurant in accordance with the life insurance contract when the insurant under the annuity insurance lives to the specified age.

# 8

# 对外经济贸易
# Foreign Trade and Economic Cooperation

# 简要说明

本篇资料综合反映江苏的对外贸易、利用外资、对外直接投资、对外经济合作的历年概况，重点反映对外经济贸易的近期发展状况。

**一、对外贸易部分**

对外贸易统计的主要内容包括：进出口货物的品种、数（重）量、金额、国别（地区）、经营单位、境内目的地、境内货源地、贸易方式、关别等项目。

对外贸易统计的资料来源于海关总署，调查方法是全面调查。

历年出口商品分类金额和历年进口商品分类金额按照联合国《国际贸易标准分类》（SITC）进行统计。进出口商品分类金额按照海关合作理事会制定的《商品名称和编码协调制度》（HS）目录进行统计。

对各国（地区）进出口总额表中，出口货物按中华人民共和国关境外最终目的国（地区），进口货物按中华人民共和国关境外原产国（地区）统计。进出口总额分别按境内经营单位所在地和目的地、货源地列示。经营单位所在地是指江苏省境内进出口企业报关注册的登记地；境内货源地是指出口货物在江苏省境内的产地或原始发货地。

**二、利用外资统计部分**

利用外资统计的主要内容包括：对外借款、外商直接投资和外商其他投资、外商投资企业登记注册情况。

统计范围是凡经工商行政管理机关核准登记，在江苏省境内所有利用外资的单位和部门，经批准设立的中外合资经营企业、合作经营企业、外资企业、外商投资股份制企业、合作开发项目等具有法人资格的独立核算企业（包括港澳台地区投资企业），在华从事经营活动的外国及港澳台地区企业及外国公司在江苏境内设立的分支机构。

利用外资统计的资料来源于商务部门，其中，外商投资企业的登记注册情况资料来源于工商行政管理部门，调查方法是全面调查。

**三、对外经济合作部分**

对外经济合作统计的主要内容包括：对外承包工程、对外劳务合作的合同数、合同金额、完成营业额等。

统计范围是对外承包工程、对外劳务合作。

该制度统计单位是经各级商务主管部门批准的从事对外承包和劳务合作业务并具有法人地位的对外承包劳务企业。

资料来源是商务部门，调查方法是全面调查。

**四、对外直接投资部分**

对外直接投资统计的内容主要包括：境内投资主体的基本情况、境外企业的基本情况等。

统计范围主要包括境内投资主体通过直接投资在境外设立的各类公司型企业和非公司型企业。

资料来源是商务部门，调查方法是全面调查。

**五、其他**

历年人民币对美元、日元、港币的年平均汇价，资料来源于国家外汇管理局，各年的年平均汇价是根据当年国家外汇管理局公布的每日汇价进行加权平均计算而得出的。

# Brief Introduction

Data in this chapter provide summary data of Jiangsu's foreign trade, utilization of foreign capital, overseas direct investment, contracted projects and labour cooperation with foreign countries or territories over the years, focusing on the recent situation of foreign trade and economic cooperation.

**Ⅰ. Foreign Trade**

Data on foreign trade include: varieties of imports and exports, amount (weight), value, countries (regions), imports and exports corporations, destination within territory, origin of goods within territory, mode of trade, types of tariffs and so on.

Sources of data on foreign trade are from the General Administration of Customs of the People's Republic of China through a comprehensive reporting system.

Customs statistics in value terms for both imports and exports are compiled according to the classifications of *UN Standard International Trade Classification* ( *SITC* ). However, the *Harmonized Commodity Description and Coding System* ( *HS* ) stipulated by the Customs Cooperation Council is also used in the classification of the import and export commodities.

In the table on total imports and exports with related countries and regions, the export commodities are calculated at the Customs of the countries (regions) of destination and the import commodities are calculated at the Customs of the countries (regions) of origin. The total values of the import and export commodities are calculated respectively at the provinces where the import or export corporations are situated and at the provinces of destination or provinces of origin within the border of Jiangsu. The province where the import or export corporations are situated refers to the province where the import or export corporations have applied to and have been registered at the Customs. The province of origin within the border of Jiangsu refers to the province where the export commodities are produced or originally delivered.

**Ⅱ. Statistics on Utilization of Foreign Capitals**

Utilization of foreign capitals includes: foreign loans, foreign direct investments and other foreign investments, and the basic condition of registration of foreign funded enterprises.

The statistics cover all the units and departments which have utilized foreign capital and all the Sino-foreign joint ventures, Sino-foreign cooperative enterprises, ventures exclusively with foreign investment, foreign-funded stock companies, Sino-foreign cooperative development projects and other corporate enterprises ( including the enterprises funded by the entrepreneurs from Hong Kong, Macao and Taiwan) with independent accounting system which have been approved by the Chinese government to set up in the boundary of Jiangsu

Data on utilization of foreign capitals are from departments of commerce, of which, data on basic condition of registration of foreign funded enterprises are from industrial and commercial administrations through comprehensive reporting system.

**Ⅲ. Foreign Economic Cooperation**

Data on foreign economic cooperation include: number of contracted foreign projects and foreign labour services cooperation, contracted volume, complete business turnover and so on.

The statistics cover contracted projects, labour services cooperation.

The statistical unit in the scheme is the corporate enterprise engaged in contracted projects and labour services cooperation with foreign countries and has been approved by the department of commerce at various levels.

Data on foreign economic cooperation are from departments of commerce through a comprehensive reporting system.

**Ⅳ. Overseas Direct Investment**

Contents of statistics on overseas direct investment include basic situation of domestic investors and overseas enterprises they invest in.

The statistics cover overseas corporate and non-corporate enterprises of various forms established by domestic investors through their investment operation.

Data on foreign economic cooperation are from departments of commerce through a comprehensive reporting system.

**Ⅴ. Others**

The average exchange rates of RMB yuan to US dollar, Japanese yen and Hong Kong dollar over the years come from the State Administration of Exchange Control. The annual average exchange rate is calculated as the weighted mean of the daily exchange rates provided by the State Administration of Foreign Exchange in the year.

# 8-1 对外经济主要指标

## Major Indicators of Foreign Trade and Economic Cooperation

单位:亿美元 (USD 100 million)

| 指标 | Item | 2000 | 2005 | 2010 | 2011 |
|---|---|---|---|---|---|
| **进出口总额** | **Total Imports and Exports** | **456.38** | **2279.41** | **4657.93** | **5397.59** |
| 进口总额 | Total Import | 198.68 | 1049.59 | 1952.42 | 2271.36 |
| 初级产品 | Primary Goods | 24.33 | 97.08 | 279.60 | 377.63 |
| 工业制成品 | Manufactured Goods | 174.35 | 952.51 | 1672.83 | 1893.73 |
| 出口总额 | Total Exports | 257.70 | 1229.82 | 2705.50 | 3126.23 |
| 初级产品 | Primary Goods | 8.40 | 15.77 | 43.74 | 61.33 |
| 工业制成品 | Manufactured Goods | 249.30 | 1214.05 | 2661.76 | 3064.90 |
| **合同外商直接投资项目（个）** | **Number of Projects for Contracted Foreign Direct Investment (unit)** | **2645** | **7126** | **4661** | **4496** |
| **合同外商直接投资** | **Total Amount of Contracted Foreign Direct Investment** | **106.11** | **464.39** | **568.33** | **595.54** |
| **实际外商直接投资** | **Total Amount of Actual Foreign & Regions Direct Investment** | **64.23** | **131.83** | **284.98** | **321.32** |
| **外商投资企业基本情况** | **Registered Foreign-funded Enterprises** | | | | |
| 年底登记户数 （户） | Number of Registered Enterprises (unit) | 18192 | 33321 | 39207 | 52959 |
| 投资总额 | Total Investment | 774.80 | 2657.28 | 5081.06 | 5728.51 |
| 注册资本 | Registered Capital | 419.64 | 1321.32 | 2738.99 | 3050.09 |
| **对外经济合作** | **Economic Cooperation with Foreign Countries & Regions** | | | | |
| 合同金额 | Contracted Value | 9.80 | 33.10 | 62.08 | 65.98 |
| #对外承包工程 | Contracted Projects | 5.85 | 29.01 | 54.47 | 59.49 |
| 对外劳务合作 | Labor Services | 3.94 | 4.05 | 7.60 | 6.49 |
| 完成营业额 | Value of Turnover Fulfilled | 8.01 | 31.97 | 59.67 | 67.28 |
| #对外承包工程 | Contracted Projects | 4.97 | 25.11 | 51.98 | 59.92 |
| 对外劳务合作 | Labor Services | 3.03 | 6.81 | 7.69 | 7.36 |
| **境外投资情况** | **Overseas Investment** | | | | |
| 新批项目数 （个） | Newly Approved projects (unit) | 34 | 160 | 408 | 505 |
| #贸易型项目 | Trade | 8 | 82 | 162 | 213 |
| 非贸易型项目 | Nontrade | 26 | 78 | 246 | 292 |
| 中方协议金额 （万美元） | Protocol Fund from China (USD 10000) | 1783 | 20504 | 217613 | 360154 |
| #贸易型项目 | Trade | 209 | 4214 | 61064 | 101672 |
| 非贸易型项目 | Nontrade | 1574 | 16291 | 156549 | 258483 |

# 8－2　人民币对主要外币年平均汇价(中间价)

## Average Exchange Rate of RMB Yuan Against Main Convertible Currencies　(Middle Price)

单位:人民币元　　(RMB yuan)

| 年　份<br>Year | 100 美元<br>100 US Dollars | 100 日元<br>100 Japanese Yen | 100 港元<br>100 Hong Kong Dollars | 100 欧元<br>100 Euro |
|---|---|---|---|---|
| 1985 | 293.66 | 1.2457 | 37.57 | |
| 1986 | 345.28 | 2.0694 | 44.22 | |
| 1987 | 372.21 | 2.5799 | 47.74 | |
| 1988 | 372.21 | 2.9082 | 47.70 | |
| 1989 | 376.51 | 2.7360 | 48.28 | |
| 1990 | 478.32 | 3.3233 | 61.39 | |
| 1991 | 532.33 | 3.9602 | 68.45 | |
| 1992 | 551.46 | 4.3608 | 71.24 | |
| 1993 | 576.20 | 5.2020 | 74.41 | |
| 1994 | 861.87 | 8.4370 | 111.53 | |
| 1995 | 835.10 | 8.9225 | 107.96 | |
| 1996 | 831.42 | 7.6352 | 107.51 | |
| 1997 | 828.98 | 6.8600 | 107.09 | |
| 1998 | 827.91 | 6.3488 | 106.88 | |
| 1999 | 827.83 | 7.2932 | 106.66 | |
| 2000 | 827.84 | 7.6864 | 106.18 | |
| 2001 | 827.70 | 6.8075 | 106.08 | |
| 2002 | 827.70 | 6.6237 | 106.07 | 800.58 |
| 2003 | 827.70 | 7.1466 | 106.24 | 936.13 |
| 2004 | 827.68 | 7.6552 | 106.23 | 1029.00 |
| 2005 | 819.17 | 7.4484 | 105.30 | 1019.53 |
| 2006 | 797.18 | 6.8570 | 102.62 | 1001.90 |
| 2007 | 760.40 | 6.4632 | 97.46 | 1041.75 |
| 2008 | 694.51 | 6.7427 | 89.19 | 1022.27 |
| 2009 | 683.10 | 7.2986 | 88.12 | 952.70 |
| 2010 | 676.95 | 7.7279 | 87.13 | 897.25 |
| 2011 | 645.88 | 8.1050 | 82.97 | 900.11 |

# 8－3　对外贸易进出口总额

## Total Imports and Exports

单位:亿美元　　(USD 100 million)

| 年　份<br>Year | 海关进出口总额(经营单位)<br>Total Import and Export Value by Customs<br>(Running Unit) | | | 海关进出口总额(目源地)<br>Total Import and Export Value by Customs<br>(Goods Destination or Original Place) | | |
|---|---|---|---|---|---|---|
| | 合　计<br>Total | 进　口<br>Imports | 出　口<br>Exports | 合　计<br>Total | 进　口<br>Imports | 出　口<br>Exports |
| 1985 | 19.87 | 4.01 | 15.86 | | | |
| 1986 | 24.12 | 5.42 | 18.70 | | | |
| 1987 | 28.73 | 7.56 | 21.17 | | | |
| 1988 | 34.58 | 10.41 | 24.17 | | | |
| 1989 | 38.43 | 13.07 | 25.36 | | | |
| 1990 | 41.39 | 11.95 | 29.44 | | | |
| 1991 | 53.10 | 18.85 | 34.25 | | | |
| 1992 | 69.62 | 29.60 | 40.02 | | | |
| 1993 | 91.29 | 44.77 | 46.52 | 107.75 | 59.81 | 47.94 |
| 1994 | 117.59 | 50.73 | 66.86 | 122.47 | 52.86 | 69.61 |
| 1995 | 162.78 | 64.96 | 97.82 | 180.05 | 79.42 | 100.63 |
| 1996 | 206.88 | 90.87 | 116.01 | 222.17 | 102.92 | 119.25 |
| 1997 | 236.21 | 95.32 | 140.89 | 252.93 | 108.82 | 144.11 |
| 1998 | 264.26 | 107.75 | 156.51 | 281.66 | 122.09 | 159.57 |
| 1999 | 312.61 | 129.52 | 183.09 | 328.62 | 142.80 | 185.82 |
| 2000 | 456.38 | 198.68 | 257.70 | 491.98 | 228.17 | 263.81 |
| 2001 | 513.55 | 224.77 | 288.78 | 544.84 | 250.91 | 293.93 |
| 2002 | 703.05 | 318.25 | 384.80 | 745.09 | 354.80 | 390.29 |
| 2003 | 1136.70 | 545.30 | 591.40 | 1213.37 | 617.26 | 596.11 |
| 2004 | 1708.57 | 833.60 | 874.97 | 1794.72 | 913.67 | 881.05 |
| 2005 | 2279.41 | 1049.59 | 1229.82 | 2384.86 | 1138.75 | 1246.11 |
| 2006 | 2839.95 | 1235.77 | 1604.19 | 2990.58 | 1360.67 | 1629.91 |
| 2007 | 3496.71 | 1459.38 | 2037.33 | 3723.93 | 1646.19 | 2077.74 |
| 2008 | 3922.68 | 1542.32 | 2380.36 | 4304.81 | 1852.62 | 2452.19 |
| 2009 | 3388.32 | 1395.89 | 1992.43 | 3659.94 | 1585.99 | 2073.95 |
| 2010 | 4657.93 | 1952.42 | 2705.50 | 4987.59 | 2173.02 | 2814.58 |
| 2011 | 5397.59 | 2271.36 | 3126.23 | 5813.74 | 2568.98 | 3244.77 |

# 8－4 按贸易方式和经济类型分的进口额

## Total Imports by Type of Trade and Ownership

单位:万美元 (USD 10000)

| 项 目 | Item | 1995 | 2000 | 2005 | 2006 | 2007 |
|---|---|---|---|---|---|---|
| **进口总额** | **Total** | **649637** | **1986857** | **10495916** | **12357660** | **14593773** |
| **按贸易方式分** | **Grouped by Type of Trade** | | | | | |
| #一般贸易 | Ordinary Trade | 111328 | 805495 | 2567227 | 2826514 | 3604815 |
| 来料加工装配贸易 | Assembling Trade with Provided Raw Material | 59356 | 177242 | 2206083 | 2606088 | 2917612 |
| 进料加工贸易 | Processing Trade with Raw Material | 275754 | 760323 | 4281335 | 4795488 | 5547911 |
| 加工贸易进口设备 | Processing and Assembling with Equipments Provided | 920 | 3250 | 16598 | 25603 | 22320 |
| 外商投资企业作为投资进口的设备、物品 | Import Equipments As Investment | 194066 | 205002 | 713437 | 808564 | 742184 |
| 出料加工贸易 | Processing Trade Providing Raw Material | 6 | 245 | 323 | 365 | 1225 |
| 易货贸易 | Barter Trade | 273 | 14 | | | |
| 保税监管场所进出境货物 | Bonded Inbounded and Outbound Goods | 6454 | 19877 | 480551 | 809748 | 1127876 |
| 海关特殊监管区域物流货物 | Areas under Special Customs Supervision Logistics Goods | | 13505 | 149628 | 213943 | 322018 |
| **按经济类型分** | **Grouped by Ownership** | | | | | |
| #国有企业 | State-owned Enterprises | 156154 | 341580 | 724622 | 668662 | 725334 |
| 集体企业 | Collective-owned Enterprises | 6571 | 69063 | 295997 | 267035 | 312123 |
| 私营企业 | Private Enterprise | | | | | |
| 外商投资企业 | Foreign-funded Enterprises | 485810 | 1572744 | 9051633 | 10739914 | 12458678 |
| #中外合作 | Sino-Foreign Cooperative | 21967 | 19324 | 46125 | 97208 | 143808 |
| 中外合资 | Sino-Foreign Joint Funded | 342411 | 688667 | 1988967 | 2392255 | 2780454 |
| 外商独资 | Foreign Funded | 121432 | 864753 | 7016541 | 8250451 | 9534416 |

8－4 续 表 Continued

单位:万美元 (USD 10000)

| 项 目 | Item | 2008 | 2009 | 2010 | 2011 |
|---|---|---|---|---|---|
| **进口总额** | **Total** | **15423221** | **13958895** | **19524242.3** | **22713585** |
| **按贸易方式分** | **Grouped by Type of Trade** | | | | |
| #一般贸易 | Ordinary Trade | 4313955 | 4514236 | 6661871 | 8808975 |
| 来料加工装配贸易 | Assembling Trade with Provided Raw Material | 2502028 | 1991927 | 3029632 | 2584198 |
| 进料加工贸易 | Processing Trade with Raw Material | 5901443 | 5081375 | 6259631 | 6846520 |
| 加工贸易进口设备 | Processing and Assembling with Equipments Provided | 27646 | 8862 | 24046 | 12439 |
| 外商投资企业作为投资进口的设备、物品 | Import Equipments as Investment | 760534 | 424921 | 540942 | 543889 |
| 出料加工贸易 | Processing Trade Providing Raw Material | | 3360 | 10011 | 1264 |
| 易货贸易 | Barter Trade | 6770 | | | |
| 保税监管场所进出境货物 | Bonded Inbounded and Outbound Goods | 1383328 | 1485333 | 1316980 | 1423321 |
| 海关特殊监管区域物流货物 | Areas under Special Customs Supervision Logistics Goods | 367591 | 324387 | 1438972 | 2235781 |
| **按经济类型分** | **Grouped by Ownership** | | | | |
| #国有企业 | State-owned Enterprises | 832382 | 825041 | 1233789 | 1687688 |
| 集体企业 | Collective-owned Enterprises | 429304 | 441059 | 630165 | 882131 |
| 私营企业 | Private Enterprise | | | | 3115689 |
| 外商投资企业 | Foreign-funded Enterprises | 12860466 | 11308167 | 15487958 | 17016200 |
| #中外合作 | Sino-Foreign Cooperative | 142576 | 61254 | 83739 | 151522 |
| 中外合资 | Sino-Foreign Joint Funded | 3112895 | 2707401 | 3741557 | 4448230 |
| 外商独资 | Foreign Funded | 9604995 | 8539512 | 11662662 | 12416448 |

# 8－5　按贸易方式和经济类型分的出口额

## Total Exports by Type of Trade and Ownership

单位:万美元　　(USD 10000)

| 项目 | Item | 1995 | 2000 | 2005 | 2006 | 2007 |
|---|---|---|---|---|---|---|
| **出口总额** | **Total** | **978166** | **2576979** | **12298215** | **16041885** | **20373279** |
| **按贸易方式分** | **Grouped by Type of Trade** | | | | | |
| #一般贸易 | Ordinary Trade | 591604 | 1211041 | 4063266 | 5315091 | 7052593 |
| 来料加工装配贸易 | Assembling Trade with Provided Raw Material | 62605 | 230389 | 2136794 | 2823576 | 3413599 |
| 进料加工贸易 | Processing Trade with Raw Material | 322281 | 1134768 | 6068317 | 7789884 | 9642835 |
| 出料加工贸易 | Processing Trade Providing Raw Material | 61 | 208 | 212 | 343 | 1759 |
| 易货贸易 | Barter Trade | 226 | | | | 36 |
| 保税监管场所进出境货物 | Bonded Inbounded and Outbound Goods | 282 | 178 | 18072 | 72862 | 158951 |
| 海关特殊监管区域物流货物 | Areas under Special Customs Supervision Logistics Goods | | 175 | 6584 | 12295 | 70212 |
| **按经济类型分** | **Grouped by Ownership** | | | | | |
| #国有企业 | State-owned Enterprises | 658499 | 978705 | 1437264 | 1579037 | 1774933 |
| 集体企业 | Collective-owned Enterprises | 26014 | 142478 | 424385 | 446692 | 488119 |
| 私营企业 | Private Enterprise | | | | | |
| 外商投资企业 | Foreign-funded Enterprises | 293481 | 1445478 | 9422831 | 12361846 | 15562540 |
| #中外合作 | Sino-Foreign Cooperative | 8481 | 22813 | 50670 | 94802 | 152958 |
| 中外合资 | Sino-Foreign Joint Funded | 200544 | 577231 | 2004875 | 2398139 | 2846005 |
| 外商独资 | Foreign Funded | 84456 | 845434 | 7367286 | 9868906 | 12563577 |

8－5　续表　Continued

单位:万美元　　(USD 10000)

| 项目 | Item | 2008 | 2009 | 2010 | 2011 |
|---|---|---|---|---|---|
| **出口总额** | **Total** | **23803627** | **19924278** | **27055014.3** | **31262305** |
| **按贸易方式分** | **Grouped by Type of Trade** | | | | |
| #一般贸易 | Ordinary Trade | 9201196 | 7089419 | 9893423 | 12623974 |
| 来料加工装配贸易 | Assembling Trade with Provided Raw Material | 1993047 | 1461254 | 2366301 | 2225413 |
| 进料加工贸易 | Processing Trade with Raw Material | 12203499 | 10799402 | 13614392 | 14993058 |
| 出料加工贸易 | Processing Trade Providing Raw Material | | 1687 | 8547 | 650 |
| 易货贸易 | Barter Trade | 6831 | | 3 | |
| 保税监管场所进出境货物 | Bonded Inbounded and Outbound Goods | 281161 | 495398 | 798224 | 622100 |
| 海关特殊监管区域物流货物 | Areas under Special Customs Supervision Logistics Goods | 88332 | 26062 | 290044 | 714457 |
| **按经济类型分** | **Grouped by Ownership** | | | | |
| #国有企业 | State-owned Enterprises | 2079459 | 1737839 | 2432073 | 2650599 |
| 集体企业 | Collective-owned Enterprises | 710286 | 390355 | 536210 | 610920 |
| 私营企业 | Private Enterprise | | | | 6454030 |
| 外商投资企业 | Foreign-funded Enterprises | 17495986 | 14664056 | 19231877 | 21521089 |
| #中外合作 | Sino-foreign Cooperative | 141916 | 73288 | 86417 | 115562 |
| 中外合资 | Sino-foreign Joint Funded | 3405400 | 2575758 | 3792282 | 4694500 |
| 外商独资 | Foreign Funded | 13948670 | 12015010 | 15353178 | 16711028 |

# 8－6 进口商品分类总额

## Total Value of Imports by Category of Commodities

单位：万美元　　　　(USD 10000)

| 项目 | Item | 2000 | 2005 | 2006 | 2007 |
|---|---|---|---|---|---|
| **进口总额** | **Total** | **1986857** | **10495916** | **12357660** | **14593773** |
| **初级产品** | **Primary Goods** | **243306** | **970816** | **1138881** | **1493142** |
| #食品及活动物 | Food and Live Animals | 6992 | 28847 | 32247 | 48453 |
| 饮料及烟类 | Beverages and Tobacco | 24 | 44 | 180 | 454 |
| 非食用原料(燃料除外) | Non-edible Raw Materials | 199534 | 808066 | 904846 | 1228874 |
| 矿物燃料、润滑油及有关原料 | Mineral Fuels, Lubricants and Related Materials | 32777 | 107273 | 138831 | 134069 |
| 动植物油、脂及蜡 | Animal and Vegetable Oils, Fats and Wax | 3979 | 26586 | 62777 | 81292 |
| **工业制成品** | **Manufactured Goods** | **1743551** | **9525099** | **11218779** | **13100631** |
| #化学成品及有关产品 | Chemicals and Related Products | 305997 | 1326580 | 1504635 | 1956188 |
| 按原料分类的制成品 | Manufactured Goods Grouped by Raw Materials | 361815 | 971346 | 1110503 | 1377498 |
| 机械及运输设备 | Machinery and Transport Equipments | 968560 | 5290062 | 6515826 | 7314232 |
| 杂项制品 | Miscellaneous Products | 106909 | 1933346 | 2082266 | 2445768 |

8－6 续表 Continued

单位：万美元　　　　(USD 10000)

| 项目 | Item | 2008 | 2009 | 2010 | 2011 |
|---|---|---|---|---|---|
| **进口总额** | **Total** | **15423221** | **13958895** | **19524242** | **22713585** |
| **初级产品** | **Primary Goods** | **1993119** | **1937040** | **2795967** | **3776321** |
| #食品及活动物 | Food and Live Animals | 49737 | 52912 | 90348 | 139635 |
| 饮料及烟类 | Beverages and Tobacco | 876 | 1557 | 2360 | 4462 |
| 非食用原料(燃料除外) | Non-edible Raw Materials | 1667081 | 1500036 | 2156528 | 2964063 |
| 矿物燃料、润滑油及有关原料 | Mineral Fuels, Lubricants and Related Materials | 154693 | 239178 | 357542 | 454514 |
| 动植物油、脂及蜡 | Animal and Vegetable Oils, Fats and Wax | 120732 | 143357 | 189189 | 213646 |
| **工业制成品** | **Manufactured Goods** | **13430102** | **12021855** | **16728275** | **18937265** |
| #化学成品及有关产品 | Chemicals and Related Products | 2200862 | 2078178 | 3065531 | 3934639 |
| 按原料分类的制成品 | Manufactured Goods Grouped by Raw Materials | 1390178 | 1279222 | 1586613 | 1834901 |
| 机械及运输设备 | Machinery and Transport Equipments | 7228022 | 6518946 | 9279548 | 10117268 |
| 杂项制品 | Miscellaneous Products | 2603823 | 2140468 | 2790729 | 3043768 |

# 8－7　出口商品分类总额

## Total Value of Exports by Category of Commodities

单位:万美元　　　　　　　　　　　　(USD 10000)

| 项　目 | Item | 2000 | 2005 | 2006 | 2007 |
|---|---|---|---|---|---|
| **出口总额** | **Total** | **2576979** | **12298215** | **16041885** | **20373279** |
| **初级产品** | **Primary Goods** | **83977** | **157683** | **210543** | **252819** |
| #食品及活动物 | Food and Live Animals | 44048 | 72218 | 94228 | 116740 |
| 饮料及烟类 | Beverages and Tobacco | 109 | 814 | 718 | 685 |
| 非食用原料(燃料除外) | Non-edible Raw Materials | 25181 | 52379 | 71289 | 99299 |
| 矿物燃料、润滑油及有关原料 | Mineral Fuels, Lubricants and Related Materials | 14026 | 29711 | 38236 | 31964 |
| 动植物油、脂及蜡 | Animal and Vegetable Oils, Fats and Wax | 613 | 2561 | 6072 | 4131 |
| **工业制成品** | **Manufactured Goods** | **2493002** | **12140532** | **15831342** | **20120460** |
| #化学成品及有关产品 | Chemicals and Related Products | 193596 | 657343 | 817431 | 1099562 |
| 按原料分类的制成品 | Manufactured Goods Grouped by Raw Materials | 490649 | 1805190 | 2450890 | 3235587 |
| 机械及运输设备 | Machinery and Transport Equipments | 969493 | 7014182 | 9486590 | 11932832 |
| 杂项制品 | Miscellaneous Products | 839264 | 2661011 | 3072220 | 3842907 |

8－7　续表　Continued

单位:万美元　　　　　　　　　　　　(USD 10000)

| 项　目 | Item | 2008 | 2009 | 2010 | 2011 |
|---|---|---|---|---|---|
| **出口总额** | **Total** | **23803627** | **19924278** | **27055014** | **31262305** |
| **初级产品** | **Primary Goods** | **323717** | **296382** | **437429** | **613281** |
| #食品及活动物 | Food and Live Animals | 138288 | 147728 | 192966 | 208191 |
| 饮料及烟类 | Beverages and Tobacco | 645 | 630 | 253 | 417 |
| 非食用原料(燃料除外) | Non-edible Raw Materials | 129786 | 103407 | 174192 | 250927 |
| 矿物燃料、润滑油及有关原料 | Mineral Fuels, Lubricants and Related Materials | 49857 | 40931 | 66033 | 148631 |
| 动植物油、脂及蜡 | Animal and Vegetable Oils, Fats and Wax | 5141 | 3687 | 3986 | 5115 |
| **工业制成品** | **Manufactured Goods** | **23479910** | **19627896** | **26617586** | **30649025** |
| #化学成品及有关产品 | Chemicals and Related Products | 1500565 | 1175260 | 1667929 | 2273585 |
| 按原料分类的制成品 | Manufactured Goods Grouped by Raw Materials | 3967489 | 2623471 | 3781028 | 4847150 |
| 机械及运输设备 | Machinery and Transport Equipments | 13647960 | 11944616 | 16448028 | 17880782 |
| 杂项制品 | Miscellaneous Products | 4353787 | 3871165 | 4704451 | 5625714 |

# 8-8 进出口商品细分类总额(2011年)
# Value of Imports and Exports by Category of Commodities (2011)

单位:万美元 (USD 10000)

| 项 目 | Item | 进出口总额 Total Improts and Exports Value | 进 口 Imports | 出 口 Exports |
|---|---|---|---|---|
| **总 计** | **Total** | **53975890** | **22713585** | **31262305** |
| **初级产品** | **Primary Goods** | **4389601** | **3776321** | **613281** |
| **食品及活动物** | **Food and Live Animal** | **347827** | **139635** | **208191** |
| 活动物 | Live Animals | 261 | 22 | 239 |
| 肉及肉制品 | Meat and Related Products | 33577 | 30071 | 3506 |
| 乳品及蛋品 | Dairy Products and Eggs | 10823 | 9657 | 1166 |
| 鱼、甲壳及软体类动物及其制品 | Fish, Shellfish Products | 23300 | 3535 | 19765 |
| 谷物及其制品 | Cereals and Related Products | 22032 | 8533 | 13498 |
| 蔬菜及水果 | Vegetables and Fruits | 135687 | 46465 | 89221 |
| 糖、糖制品及蜂蜜 | Sugar, Sugar Products and Natural Honey | 9600 | 2019 | 7581 |
| 咖啡、茶、可可、调味料及其制品 | Coffee, Tea, Cocoa, Spices and Related Products | 26279 | 11892 | 14387 |
| 饲料(不包括未碾磨谷物) | Forage | 35907 | 5800 | 30107 |
| 杂项食品 | Miscellaneous Food | 50363 | 21642 | 28721 |
| **饮料及烟类** | **Beverages and Tobacco** | **4879** | **4462** | **417** |
| #饮料 | Beverages | 4846 | 4429 | 417 |
| **非食用原料(燃料除外)** | **Non-edible Materials** | **3214989** | **2964063** | **250927** |
| 生皮及生毛皮 | Raw Hides and Raw Furs | 12455 | 12416 | 39 |
| 油籽及含油果实 | Oil Seeds and Oil-bearing Fruits | 314720 | 314290 | 430 |
| 生橡胶(包括合成橡胶及再生橡胶) | Raw Rubber | 161522 | 141678 | 19845 |
| 软木及木材 | Cork and Wood | 188227 | 180280 | 7947 |
| 纸浆及废纸 | Paper Pulp and Paper Waste | 393403 | 389870 | 3533 |
| 纺织纤维(羊毛条除外)及其废料 | Textile Fiber and Waste | 542968 | 385276 | 157692 |
| 天然肥料及矿物(煤、石油及宝石除外) | Natural Fertilizers and Minerals | 90516 | 80509 | 10007 |
| 金属矿砂及金属废料 | Metallic Ore and Metallic Waste | 1452977 | 1442174 | 10804 |
| 其他动、植物原料 | Other Raw Materials of Animals and Plants | 58201 | 17571 | 40630 |
| **矿物燃料、润滑油及有关原料** | **Mineral Fuels, Lubricants and Related Materials** | **603145** | **454514** | **148631** |
| #煤、焦炭及煤砖 | Coal, Coke and Coal Brick | 116765 | 106680 | 10085 |
| 石油、石油产品及有关原料 | Petroleum, Petroleum Products and Related Materials | 462631 | 324685 | 137947 |
| 天然气及人造气 | Natural Gas and Man-made Gas | 23749 | 23150 | 599 |
| **动植物油、脂** | **Animal and Vegetable Oils and Wax** | **218761** | **213646** | **5115** |
| 动物油、脂 | Animal Oil, Fat | 7695 | 3155 | 4541 |
| 植物油、脂 | Vegetable Oil, Fat | 199656 | 199350 | 305 |
| 已加工的动植物油、脂及动植物蜡 | Processed Animal and Vegetable Oils, Fats and Wax | 11410 | 11141 | 268 |

8－8 续表 Continued

单位：万美元 (USD 10000)

| 指标 | Item | 进出口总额 Total Improts and Exports Value | 进口 Imports | 出口 Exports |
|---|---|---|---|---|
| **工业制成品** | **Manufactured Goods** | **49586289** | **18937265** | **30649025** |
| **化学成品及有关产品** | **Chemicals and Related Products** | **6208224** | **3934639** | **2273585** |
| 有机化学品 | Organic Chemicals | 3000126 | 2069047 | 931079 |
| 无机化学品 | Inorganic Chemicals | 424385 | 207075 | 217310 |
| 染料、鞣料及着色料 | Dye, Tanning Material and Colouring Materials | 157484 | 57193 | 100292 |
| 医药品 | Pharmaceutical Products | 370221 | 178318 | 191903 |
| 精油、香料及盥洗、光洁制品 | Essential Oils, Perfumed Materials, Toilet Preparations, Bright and clean products | 110973 | 34028 | 76945 |
| 制成肥料 | Finished Fertilizers | 52993 | 15426 | 37568 |
| 初级形状的塑料 | Primary Shaped Plastics | 921605 | 608474 | 313131 |
| 非初级形状的塑料 | Non-primary Shaped Plastics | 489398 | 360242 | 129156 |
| 其他化学原料及产品 | Other Chemical Materials and Related Products | 681039 | 404837 | 276202 |
| **按原料分类的制成品** | **Manufactured Goods Grouped by Materials** | **6682051** | **1834901** | **4847150** |
| 皮革、皮革制品及已鞣毛皮 | Leather and Related Products and Tanned Furs | 36280 | 25234 | 11046 |
| 橡胶制品 | Rubber and Related Products | 317725 | 94058 | 223667 |
| 软木及木制品(家具除外) | Cork and Wooden Products | 266558 | 4194 | 262364 |
| 纸及纸板;纸浆、纸及纸板制品 | Paper and Paperboard; Articles of Paper Pulp, of Paper or Paperboard | 308807 | 67500 | 241307 |
| 纺纱、织物、制成品及有关产品 | Textile Fabrics, Textile Materials and Related Pro－ | 2035025 | 262380 | 1772645 |
| 非金属矿物制品 | Non-metalic Mineral Products | 384573 | 141707 | 242866 |
| 钢铁 | Iron and Steel | 1482299 | 446345 | 1035955 |
| 有色金属 | Nonferrous Metal | 773557 | 526101 | 247456 |
| 金属制品 | Metallic Products | 1077227 | 267382 | 809845 |
| **机械及运输设备** | **Machinery and Transport Equipment** | **27998050** | **10117268** | **17880782** |
| 动力机械及设备 | Power-driven Machinery and Related Equipment | 904482 | 384933 | 519549 |
| 特种工业专用机械 | Special Industrial Machinery of Particular Use | 1892239 | 1313094 | 579146 |
| 金工机械 | Metalworking Machinery | 469686 | 350600 | 119086 |
| 通用工业机械设备及零件 | Equipment and Accessories for General Industrial | 2016935 | 827047 | 1189888 |
| 办公用机械及自动数据处理设备 | Machinery for Office Use and Automatic Data－processing Equipment | 6598372 | 952825 | 5645547 |
| 电信及声音的录制及重放装置设备 | Telecommunication and Recorders | 3461003 | 564911 | 2896092 |
| 电力机械、器具及其电气零件 | Electronic Machinery, Equipment and Accessories | 10339804 | 5388277 | 4951527 |
| 陆路车辆(包括气垫式) | Overland Vehicles | 1142969 | 257101 | 885868 |
| 其他运输设备 | Other Transport Equipment | 1172562 | 78482 | 1094080 |
| **杂项制品** | **Miscellaneous Products** | **8669483** | **3043768** | **5625714** |
| 活动房屋;卫生、水道、供热及照明装置 | Movable Houses, Public Health, Waterway, Heat Supply and Lighting Installation | 114218 | 12899 | 101320 |
| 家具及其零件;褥垫及类似填充制品 | Furniture and Accessories, Beddings and Filler Products and Similar Products for Stuffing | 449258 | 10639 | 438618 |
| 旅行用品、手提包及类似品 | Travel Articles, Handbag and Similar Articles | 150514 | 1633 | 148881 |
| 服装及衣着附件 | Garments and Clothing Accessories | 2333796 | 24487 | 2309309 |
| 鞋靴 | Parts of Footwear | 217514 | 33267 | 184247 |
| 专业、科学及控制用仪器和装置 | Instruments and Equipment for Professional, Scien－tific and Control Use | 3698941 | 2264915 | 1434026 |
| 摄影器材、光学物品及钟表 | Photographic and Optical Equipment and Clocks | 594062 | 375003 | 219059 |
| 杂项制品 | Miscellaneous Products | 1111179 | 320926 | 790253 |

# 8－9 进出口商品主要国家和地区

## Imports and Exports Value by Countries and Regions

单位:万美元 (USD 10000)

| 国 别 (地 区) | Countries (Regions) | 2010 进出口 Imports and Exports | 2010 进 口 Imports | 2010 出 口 Exports | 2011 进出口 Imports and Exports | 2011 进 口 Imports | 2011 出 口 Exports |
|---|---|---|---|---|---|---|---|
| **亚 洲** | **Asia** | **24973443** | **14372943** | **10600501** | **29223183** | **16091179** | **13132005** |
| #巴林 | Bahrain | 10453 | 3503 | 6950 | 12879 | 5930 | 6949 |
| 孟加拉国 | Bangladesh | 171111 | 2561 | 168551 | 223288 | 5868 | 217421 |
| 缅甸 | Myanmar | 29473 | 1947 | 27526 | 33832 | 2387 | 31444 |
| 柬埔寨 | Cambodia | 34400 | 571 | 33829 | 48772 | 1128 | 47644 |
| 塞浦路斯 | Cyprus | 48411 | 47 | 48364 | 10919 | 25 | 10895 |
| 中国香港 | Hong Kong | 1854944 | 60265 | 1794679 | 2440180 | 84940 | 2355240 |
| 印度 | India | 783893 | 147294 | 636599 | 1026262 | 217142 | 809120 |
| 印度尼西亚 | Indonesia | 568147 | 245894 | 322253 | 796378 | 332091 | 464286 |
| 伊朗 | Iran | 211096 | 86654 | 124442 | 306738 | 152095 | 154643 |
| 以色列 | Israel | 92043 | 18124 | 73919 | 112459 | 23508 | 88951 |
| 日本 | Japan | 5690989 | 3144932 | 2546057 | 6690128 | 3627964 | 3062164 |
| 科威特 | Kuwait | 48629 | 29545 | 19084 | 71523 | 48602 | 22922 |
| 中国澳门 | Macao | 6236 | 315 | 5921 | 5960 | 412 | 5548 |
| 马来西亚 | Malaysia | 1460075 | 1069830 | 390246 | 1642019 | 1221910 | 420109 |
| 巴基斯坦 | Pakistan | 90249 | 8508 | 81741 | 121438 | 15733 | 105705 |
| 菲律宾 | Philippines | 375641 | 245946 | 129695 | 435994 | 271687 | 164307 |
| 卡塔尔 | Qatar | 29635 | 18172 | 11462 | 45322 | 30171 | 15152 |
| 沙特阿拉伯 | Saudi Arabia | 304249 | 167179 | 137070 | 456494 | 286987 | 169506 |
| 新加坡 | Singapore | 960243 | 421961 | 538282 | 1174781 | 502619 | 672162 |
| 韩国 | Korea, Rep. | 5386133 | 4013905 | 1372228 | 5664190 | 3997918 | 1666272 |
| 斯里兰卡 | Sri Lanka | 24416 | 552 | 23864 | 36099 | 1216 | 34883 |
| 叙利亚 | Syria | 25776 | 368 | 25408 | 22467 | 44 | 22423 |
| 泰国 | Thailand | 968614 | 589333 | 379281 | 1111347 | 636506 | 474841 |
| 土耳其 | Turkey | 254544 | 16699 | 237844 | 336083 | 19922 | 316161 |
| 阿拉伯联合酋长国 | United Arab Emirates | 313836 | 15900 | 297936 | 434022 | 17865 | 416157 |
| 越南 | Vietnam | 334986 | 51080 | 283906 | 452064 | 120115 | 331949 |
| 中国台湾省 | Taiwan Province | 3549735 | 2830704 | 719031 | 3933848 | 3108297 | 825551 |
| **非 洲** | **Africa** | **767218** | **137573** | **629644** | **984537** | **178348** | **806189** |
| #喀麦隆 | Cameroon | 10472 | 6818 | 3654 | 11440 | 5551 | 5889 |
| 埃及 | Egypt | 68317 | 3303 | 65014 | 82967 | 5536 | 77430 |
| 加蓬 | Gabon | 10409 | 8116 | 2293 | 4136 | 2330 | 1806 |
| 摩洛哥 | Morocco | 27973 | 3482 | 24491 | 34705 | 4414 | 30291 |
| 尼日利亚 | Nigeria | 91149 | 511 | 90638 | 113915 | 1155 | 112761 |
| 南非 | South Africa | 218100 | 61906 | 156194 | 280079 | 83586 | 196492 |
| **欧 洲** | **Europe** | **9628104** | **2120737** | **7507367** | **10753391** | **2834348** | **7919042** |
| #比利时 | Belgium | 311097 | 82270 | 228826 | 425543 | 98767 | 326776 |
| 丹麦 | Denmark | 107627 | 23619 | 84008 | 138304 | 26220 | 112084 |
| 英国 | United Kindom | 893080 | 99597 | 793484 | 915851 | 138531 | 777320 |

8－9 续表 Continued

单位:万美元 (USD 10000)

| 国别(地区) | Countries (Regions) | 2010 进出口 Imports and Exports | 2010 进口 Imports | 2010 出口 Exports | 2011 进出口 Imports and Exports | 2011 进口 Imports | 2011 出口 Exports |
|---|---|---|---|---|---|---|---|
| 德国 | Germany | 2462702 | 796917 | 1665785 | 2664900 | 1046573 | 1618327 |
| 法国 | France | 580288 | 138244 | 442044 | 669825 | 170788 | 499038 |
| 爱尔兰 | Ireland | 46479 | 9894 | 36585 | 50749 | 10814 | 39935 |
| 意大利 | Italy | 855283 | 176618 | 678665 | 893355 | 229392 | 663963 |
| 荷兰 | Netherlands | 1593225 | 99086 | 1494138 | 1733803 | 145387 | 1588416 |
| 希腊 | Greece | 61342 | 1725 | 59617 | 51267 | 4705 | 46561 |
| 葡萄牙 | Portugal | 41612 | 6374 | 35238 | 42173 | 7151 | 35022 |
| 西班牙 | Spain | 363878 | 40667 | 323212 | 346508 | 53621 | 292887 |
| 奥地利 | Austria | 101969 | 72368 | 29601 | 121616 | 87588 | 34028 |
| 芬兰 | Finland | 186546 | 54963 | 131583 | 228672 | 61140 | 167532 |
| 匈牙利 | Hungary | 120989 | 19473 | 101517 | 134379 | 24640 | 109740 |
| 挪威 | Norway | 80066 | 36671 | 43394 | 106489 | 53810 | 52679 |
| 波兰 | Poland | 255597 | 20463 | 235135 | 251257 | 27301 | 223956 |
| 罗马尼亚 | Romania | 55310 | 5370 | 49940 | 71886 | 6464 | 65422 |
| 瑞典 | Sweden | 257480 | 139516 | 117965 | 349099 | 211678 | 137421 |
| 瑞士 | Switzerland | 174089 | 116862 | 57227 | 242636 | 177953 | 64683 |
| 俄罗斯联邦 | Russia Fed. | 442467 | 77048 | 365419 | 609421 | 127915 | 481506 |
| 乌克兰 | Ukraine | 97067 | 32704 | 64363 | 132707 | 36979 | 95729 |
| 捷克 | Czech Rep. | 301525 | 30331 | 271194 | 289204 | 37800 | 251404 |
| **拉丁美洲** | **Latin America** | **2193337** | **738655** | **1454682** | **2822108** | **886775** | **1935333** |
| #阿根廷 | Argentina | 205683 | 88601 | 117083 | 249293 | 91764 | 157529 |
| 巴西 | Brazil | 828982 | 398500 | 430482 | 1091944 | 489769 | 602175 |
| 智利 | Chile | 216789 | 102089 | 114700 | 257722 | 115738 | 141984 |
| 哥伦比亚 | Colombia | 64280 | 4520 | 59760 | 93321 | 4038 | 89284 |
| 危地马拉 | Guatemala | 11455 | 328 | 11128 | 18044 | 424 | 17620 |
| 墨西哥 | Mexico | 339789 | 53140 | 286649 | 465306 | 69618 | 395688 |
| 巴拿马 | Panama | 178453 | 58 | 178395 | 197723 | 207 | 197516 |
| 秘鲁 | Peru | 63079 | 16334 | 46745 | 87934 | 21029 | 66906 |
| 乌拉圭 | Uruguay | 48745 | 35176 | 13569 | 55792 | 32940 | 22852 |
| 委内瑞拉 | Venezuela | 51315 | 10218 | 41097 | 107192 | 9557 | 97635 |
| **北美洲** | **North America** | **7777432** | **1517609** | **6259823** | **8466580** | **1795035** | **6671544** |
| #加拿大 | Canada | 635284 | 222853 | 412431 | 737511 | 271357 | 466154 |
| 美国 | United States | 7128564 | 1294719 | 5833845 | 7722154 | 1523678 | 6198476 |
| **大洋洲** | **Oceania** | **1238835** | **635950** | **602885** | **1725242** | **927064** | **798178** |
| #澳大利亚 | Australia | 1080348 | 574584 | 505764 | 1535361 | 842268 | 693093 |
| 新西兰 | New Zealand | 88837 | 43644 | 45194 | 120933 | 62339 | 58594 |
| 巴布亚新几内亚 | Papua New Guinea | 11804 | 9044 | 2760 | 18909 | 14583 | 4326 |
| 附:东南亚国家联盟 | Association of Southeast - Asia Nations | 4736221 | 2628869 | 2107352 | 5701316 | 3090452 | 2610864 |
| 欧洲联盟 | European Union | 8828534 | 1847074 | 6981461 | 9611914 | 2428259 | 7183655 |
| 亚太经济合作组织 | Asia-Pacific Economic Cooperation | 32305210 | 16214204 | 16091006 | 37213145 | 18266347 | 18946798 |

# 8－10 主要商品进口数量和金额
## Major Import Commodities in Volume and Value

| 商品名称 |  | Item |  | 2010 数量 Volume | 2010 金额(千美元) Value (USD 1000) | 2011 数量 Volume | 2011 金额(千美元) Value (USD 1000) |
|---|---|---|---|---|---|---|---|
| 冻鱼 | (吨) | Frozen Fish | (ton) | 6818 | 10717 | 1380 | 4899 |
| 鲜、干水果及坚果 | (吨) | Fresh, Dried Fruits and Nuts | (ton) | 1250 | 3528 | 5434 | 8051 |
| 谷物及谷物粉 | (万吨) | Cereals and Cereal Powder | (10000 tons) | 44 | 99038 | 24 | 80111 |
| 大豆 | (万吨) | Soybean | (ton) | 732 | 3390777 | 550 | 3103045 |
| 食用植物油 | (万吨) | Edible Vegetable Oil | (10000 tons) | 112 | 1005861 | 110 | 1246825 |
| 食糖 | (万吨) | Sugar | (10000 tons) |  | 2712 | 1 | 5452 |
| 酒类 | (千升) | Alcohol | (kiloliter) | 9771 | 23375 | 16102 | 46846 |
| 饲料用鱼粉 | (万吨) | Fish Powder for Forage | (10000 tons) |  | 6022 | 1 | 17731 |
| 纸烟 | (万条) | Cigarette | (10000 carton) | 13 | 1196 | 3 | 330 |
| 天然橡胶(包括胶乳) | (万吨) | Natural Rubber | (10000 tons) | 15 | 446900 | 14 | 642180 |
| 合成橡胶(包括胶乳) | (吨) | Synthetic Rubber | (ton) | 199588 | 562089 | 222840 | 768099 |
| 原木 | (万立方米) | Log | (10 kilostere) | 508 | 989168 | 725 | 1384174 |
| 锯材 | (万立方米) | Wood Sawn | (10 kilostere) | 68 | 174393 | 153 | 376627 |
| 胶合板及类似多层板 | (万立方米) | Veneer | (10 kilostere) |  | 3645 |  | 2807 |
| 纸浆 | (万吨) | Paper Pulp | (10000 tons) | 311 | 2460949 | 344 | 2915224 |
| 羊毛 | (吨) | Wool | (ton) | 153917 | 1095165 | 154561 | 1617604 |
| 毛条 | (吨) | Woolen Yarn | (ton) | 1053 | 6153 | 931 | 9268 |
| 棉花 | (万吨) | Cotton | (10000 tons) | 53 | 1068964 | 61 | 1672405 |
| 二醋酸纤维丝束 | (吨) | Acetate | (ton) | 216 | 1184 | 259 | 1571 |
| 纺织用合成纤维 | (万吨) | Synthietic Fibre for Spinning | (10000 tons) | 9 | 263275 | 9 | 297688 |
| 人造纤维短纤 | (吨) | Man-made Fibre | (ton) | 6865 | 17791 | 12082 | 40798 |
| 铁矿砂及其精矿 | (万吨) | Iron Ores | (10000 tons) | 4898 | 6536074 | 5675 | 10026494 |
| 锰矿砂及其精矿 | (万吨) | Manganese Ores | (10000 tons) | 45 | 108183 | 62 | 121791 |
| 铜矿砂及其精矿 | (万吨) | Copper Ores | (10000 tons) | 4 | 14778 | 2 | 49888 |
| 铬矿砂及其精矿 | (万吨) | Chrome Ores | (10000 tons) | 69 | 192069 | 90 | 249201 |
| 氧化铝 | (万吨) | Alumina | (10000 tons) | 58 | 204981 | 20 | 91162 |
| 煤 | (万吨) | Coal | (10000 tons) | 690 | 993177 | 668 | 920314 |
| 成品油 | (万吨) | Petroleum Products Refined | (10000 tons) | 161 | 1272191 | 162 | 1736999 |
| 液化石油气及其他烃类气 | (万吨) | Liquefied Petroleum Gas | (10000 tons) | 14 | 107306 | 26 | 231499 |
| 甲苯 | (吨) | Toluene | (ton) | 220758 | 186592 | 216102 | 232956 |
| 二甲苯 | (万吨) | Xylene | (10000 tons) | 65 | 681928 | 96 | 1354702 |

8-10 续 表 1 Continued 1

| 商品名称 Item | | | | 2010 | | 2011 | |
|---|---|---|---|---|---|---|---|
| | | | | 数量 Volume | 金额(千美元) Value (USD 1000) | 数量 Volume | 金额(千美元) Value (USD 1000) |
| 苯乙烯 | (吨) | Styrene | (ton) | 1891861 | 2251040 | 2010709 | 2837058 |
| 乙二醇 | (吨) | Glycol | (ton) | 2784277 | 2383368 | 3455722 | 4052232 |
| 异氰酸酯 | (吨) | Isocyanic Ester | (ton) | 29933 | 82778 | 22514 | 80334 |
| 对苯二甲酸 | (吨) | Telephthalic Acid | (ton) | 2551607 | 2403226 | 2470110 | 3130135 |
| 己内酰胺 | (吨) | Caprolactam | (ton) | 120545 | 297453 | 125250 | 405388 |
| 医药品 | (吨) | Pharmaceuticals | (ton) | 4669 | 976991 | 6871 | 1783178 |
| 美容化妆品及护肤品 | (吨) | Cosmetics and Skin Care Products | (ton) | 2242 | 38560 | 2657 | 44673 |
| 肥料 | (万吨) | Fertilizer | (10000 tons) | 13 | 44501 | 35 | 154259 |
| 合成有机染料 | (吨) | Synthetic Organic Dyeing | (ton) | 3844 | 38876 | 3847 | 39302 |
| 钛白粉 | (吨) | Titanium Dioxide | (ton) | 14417 | 37413 | 12083 | 40104 |
| 聚合物油漆及清漆 | (吨) | Polymer Paint and Varnish | (ton) | 21782 | 112203 | 19446 | 113334 |
| 感光材料 | | Sensitization Material | | | 58452 | | 54495 |
| 初级形状的塑料 | (万吨) | Primary-shape Plastic | (10000 tons) | 228 | 4926422 | 223 | 5464319 |
| 初级形状的聚乙烯 | (吨) | Primary-shape Polythene | (ton) | 321519 | 479756 | 320495 | 535337 |
| 初级形状的线型低密度聚乙烯 | (吨) | Primary-shape Line-type Low-density Polythene | (ton) | 134984 | 183494 | 126745 | 192194 |
| 初级形状的聚丙烯 | (吨) | Primary-shape Polypropylene | (ton) | 258048 | 371506 | 246543 | 423670 |
| 初级形状的聚苯乙烯聚合物 | (吨) | Primary-shape Polystyrene | (ton) | 391861 | 802221 | 430801 | 983109 |
| ABS 树脂 | (吨) | ABS Colophony | (ton) | 245319 | 541730 | 222976 | 581457 |
| 初级形状的聚氯乙烯 | (吨) | Primary-shape PVC | (ton) | 188885 | 216927 | 175405 | 232744 |
| 初级形状的聚酯 | (吨) | Primary-shape Polyester | (ton) | 219455 | 673932 | 202494 | 680547 |
| 聚酯切片 | (吨) | Polyester Slice | (ton) | 34011 | 46125 | 28786 | 50730 |
| 聚酰胺切片 | (吨) | Polyamide Slice | (ton) | 67173 | 215425 | 72256 | 275637 |
| 非泡沫塑料的板、片、膜、箔 | (吨) | Non-foam Plastic Board, Slice, Film and Foil | (ton) | 248263 | 2513104 | 240631 | 2485103 |
| 废塑料 | (万吨) | Waste Plastic | (10000 tons) | 56 | 382485 | 74 | 620420 |
| 农药 | (吨) | Pesticides | (ton) | 7233 | 93840 | 10146 | 138996 |
| 牛皮革及马皮革 | (吨) | Cowskin and Horse Leather | (ton) | 29119 | 187460 | 24467 | 224731 |
| 废纸 | (万吨) | Waste Paper | (10000 tons) | 336 | 760901 | 373 | 983476 |
| 纸及纸板(未切成形的) | (万吨) | Paper and Paper Board | (10000 tons) | 43 | 558706 | 45 | 610589 |
| 纺织纱线、织物及制品 | | Textile Yarn, Textile and Their Products | | | 2296736 | | 2637066 |
| 服装及衣着附件 | | Garments and Clothing Accessories | | | 148798 | | 244782 |
| 玻璃纤维及其制品 | (吨) | Fiberglass | (ton) | 46359 | 226177 | 40577 | 235960 |
| 钻石 | (千克) | Diamond | (kg) | 8 | 3252 | 8 | 3155 |
| 废金属 | (万吨) | Waste Metal | (10000 tons) | 232 | 1413826 | 369 | 2667731 |
| 钢坯及粗锻件 | (万吨) | Billet and Crude Forgings | (10000 tons) | 19 | 183209 | 27 | 252925 |

| 商品名称 Item | | 2010 数量 Volume | 2010 金额（千美元）Value（USD 1000） | 2011 数量 Volume | 2011 金额（千美元）Value（USD 1000） |
|---|---|---|---|---|---|
| 钢材（万吨） | Rolled Steel（10000 tons） | 244 | 3207333 | 244 | 3765285 |
| 钢铁制标准紧固件（吨） | Iron and Steel Standard Solidity Articles（ton） | 33641 | 387410 | 35756 | 426290 |
| 未锻造的铜及铜材（吨） | Copper and its Material（ton） | 341476 | 2975630 | 319999 | 3272676 |
| 未锻造的铝及铝材（吨） | Aluminium and its Material（ton） | 144390 | 813520 | 131491 | 922808 |
| 钢铁或铝制结构体及其部件（吨） | Iron and Steel and Aluminium Units and Parts（ton） | 23781 | 118520 | 29523 | 113452 |
| 蒸汽锅炉及过热水锅炉（台） | Steam Boiler（set） | 37 | 5288 | 79 | 7966 |
| 活塞式内燃机的零件（吨） | Parts of Piston Internal-combustion Engine（ton） | 25649 | 417518 | 25636 | 433423 |
| 液泵及液体提升机（台） | Hydraulic Pumps and Lifters（set） | 8073702 | 577424 | 11972464 | 722705 |
| 制冷设备用压缩机（万台） | Compressors for Refrigerating Equipment（10000 set） | 225 | 190925 | 190 | 174336 |
| 空气调节器（台） | Air Conditioners（set） | 4272 | 25263 | 3959 | 27895 |
| 冷冻机和制冷设备（台） | Refrigerating Equipment（set） | | 85019 | 96903 | 116257 |
| 非家用型水的过滤、净化机器（台） | Non-household Water Purify Machines（set） | 32299 | 24614 | 21731 | 23958 |
| 饮料及液体食品灌装设备（台） | Beverage Filling Equipment（set） | 56 | 66439 | 106 | 62498 |
| 机械提升搬运装卸设备及零件 | Machine Lifting, Transporting and Loading and Unloading Equipment and Accessories | | 577739 | | 737569 |
| 建筑及采矿用机械及零件 | Construction and Mining Machinery and Spare Parts | | 1017593 | | 1309063 |
| 食品、饮料工业用加工机械及零件 | Food Processing Machinery and Spare Parts | | 44609 | | 68962 |
| 制造纸及纸制品用机械及零件 | Paper and Related Articles Production Machinery | | 267362 | | 180875 |
| 印刷、装订机械及零件 | Printing and Bookbinding Machinery | | 1104243 | | 970747 |
| 纺织机械及零件 | Textile Machinery | | 1253711 | | 1598786 |
| 工业用缝纫机（台） | Industrial Use Sewing Machine（set） | 5617 | 7914 | 6274 | 11996 |
| 金属加工机床（台） | Machine Tools（set） | 23975 | 2138205 | 22909 | 2804173 |
| 加工中心（台） | Machining Center（set） | 9248 | 784494 | 8771 | 998889 |
| 金属轧机及零件 | Metal Rolling Machine and Accessories | | 117221 | | 107618 |
| 橡胶或塑料加工机械及零件 | Rubber and Plastic Processing Machinery | | 667375 | | 923653 |
| 型模及金属铸造用型箱（吨） | Metal Forging Molds（ton） | 2022 | 276323 | 3069 | 312719 |
| 阀门（万套） | Valves（10000 set） | 3003 | 649910 | 4049 | 862710 |
| 自动数据处理设备及其部件（万台） | Automatic Data Processing Machines and Accessories（10000 set） | 19503 | 5144847 | 19243 | 5082299 |
| 自动数据处理设备的零件（吨） | Accessories of Automatic Data Processing Machines（ton） | 19636 | 4608853 | 22639 | 3629043 |
| 制造单晶柱或晶圆用的机器及装置（台） | Crystal Pole Making Machine（set） | 2381 | 858800 | 2584 | 1514897 |
| 制造半导体器件或集成电路用的机器及装置（台） | Semiconductor and IC Making Machine（set） | 2107 | 1287088 | 3654 | 2585320 |
| 制造平板显示器用的机器及装置（台） | Flat Display Making Machine（set） | 1393 | 326265 | 1984 | 611699 |
| 电动机及发电机（万台） | Electric Motors and Generators（10000 set） | 10999 | 412956 | 9396 | 511351 |
| 发电机组及旋转式变流机（台） | Electric Moter Set and Converters（set） | 1147 | 116971 | 1755 | 219016 |
| 变压、整流、电感器及零件 | Transformer, Recitifier, Inductance and Accessories | | 1734947 | | 1816112 |

| 商 品 名 称 Item | | 2010 | | 2011 | |
|---|---|---|---|---|---|
| | | 数 量 Volume | 金 额（千美元） Value（USD 1000） | 数 量 Volume | 金 额（千美元） Value（USD 1000） |
| 蓄电池 （万个） | Accumulator （10000） | 103154 | 2244332 | 98285 | 1905347 |
| 电话机 （台） | Telephone （set） | 323760 | 86681 | 2594405 | 699767 |
| 数字式程控电话或电报交换机（台） | Digital Program-controlled Telephone or Telegraph Exchange （set） | 142 | 1297 | 216 | 840 |
| 无线电导航雷达及遥控设备（台） | Radio Navigation Radar and Remote Device （set） | 2075081 | 92309 | 2636156 | 95440 |
| 电视摄像机、数字照相机及视频摄录一体机 （万台） | TV Camera, Digital Camera and Video Creator （10000 set） | 2648 | 121406 | 2900 | 278789 |
| 声音录制或重放设备 （万台） | Audio Recorder and Playback Device （10000 set） | | 52 | | 336 |
| 收音设备（包括收录音组合机及整套散件） （万台） | Radio Device （10000 set） | | 647 | 2 | 1622 |
| 电视机（包括整套散件） （万台） | TV set （10000 set） | | 352 | | 134 |
| 电视、收音机及无线电讯设备的零附件 （吨） | TV sets, Radio and Spare Parts of Wireless Dispatch Equipments （ton） | 12999 | 1424339 | 10289 | 1578701 |
| 电容器 （吨） | Capacitor （ton） | 9683 | 1309452 | 9132 | 1730220 |
| 电阻器 （吨） | Resistor （ton） | 2454 | 303041 | 2528 | 329728 |
| 印刷电路 （万块） | Printing Circuits （10000 board） | 801075 | 2180074 | 837202 | 2295798 |
| 通断保护电路装置及零件 | Electrical Apparatus and Spare Parts for Switching or Protecting Electrical Cursuits | | 3412951 | | 3737815 |
| 电视显像管 （万只） | Kinescope （10000） | 1 | 409 | | 60 |
| 彩色数据/图形显示管 （万只） | Color Digital/Graph Display （10000） | | 40 | | |
| 二极管及类似半导体器件（百万个） | Diodes and Similar Semi Conductors （million） | 52588 | 3701573 | 56030 | 4071462 |
| 集成电路 （百万个） | IC （million） | 45870 | 33979709 | 48610 | 32502425 |
| 电线和电缆 （吨） | Electric Wire and Cable （ton） | 29544 | 620478 | 30291 | 702885 |
| 汽车（包括整套散件） （辆） | Automobile （set） | 2650 | 227653 | 5424 | 456255 |
| 装有引擎的汽车底盘 （台） | Moter Underpan with Engine （set） | 160 | 11469 | 444 | 32375 |
| 汽车零件 | Parts of Motor Vehicles | | 1433387 | | 1946925 |
| 航空器零件 （吨） | Aerostat Parts （ton） | 96 | 26379 | 143 | 31859 |
| 船舶 （艘） | Watercrafts （unit） | 151 | 9292 | 179 | 15194 |
| 液晶显示板 （万个） | Liquid Crystal Display Panel （10000 board） | 48658 | 15695100 | 62111 | 16620265 |
| 医疗仪器及器械 | Medical Instruments and Appliances | | 245492 | | 334694 |
| 计量检测分析自控仪器及器具 | Automatic Instruments of Measuring, Examining and Analysing and Related Apparatus | | 3011755 | | 3530162 |
| 手表 （万只） | Watch （10000 set） | 1 | 397 | 2 | 674 |
| 印刷品 （吨） | Printed Matter （ton） | 2797 | 229954 | 4357 | 256877 |
| 塑料制品 （吨） | Plastic Products （ton） | 77707 | 846218 | 82825 | 959989 |
| 农产品 | Agricultural Products | | 9122436 | | 10714249 |
| 机电产品 | Electronic Mechanical Products | | 121092723 | | 131991219 |
| 高新技术产品 | New and High Technology Products | | 84982820 | | 91035943 |

# 8－11　主要商品出口数量和金额
## Major Export Commodities in Volume and Value

| 商品名称 | | Item | | 2010 数量 Volume | 2010 金额（千美元）Value（USD 1000） | 2011 数量 Volume | 2011 金额（千美元）Value（USD 1000） |
|---|---|---|---|---|---|---|---|
| 冻鸡 | （吨） | Frozen Chicken | （ton） | | | | |
| 水海产品 | （万吨） | Aquatic and Seawater Products | （10000 ton） | 3 | 94003 | 3 | 114601 |
| 谷物及谷物粉 | （万吨） | Cereals and Cereal Powder | （10000 ton） | 1 | 3409 | 1 | 2346 |
| 蔬菜 | （万吨） | Vegetables | （10000 tons） | 51 | 616682 | 54 | 597186 |
| 鲜、干水果及坚果 | （万吨） | Fresh, Dried Fruits and Nuts | （10000 tons） | 1 | 7169 | 1 | 8215 |
| 食用油籽 | （万吨） | Edible Oil Seeds | （10000 tons） | 2 | 14853 | | 4182 |
| 食用植物油 | （吨） | Edible Vegetable Oil | （ton） | 179 | 890 | 1144 | 2905 |
| 食糖 | （吨） | Sugar | （ton） | 1432 | 1252 | 1136 | 1327 |
| 天然蜂蜜 | （吨） | Natural Honey | （ton） | 9428 | 15771 | 7945 | 14754 |
| 茶叶 | （吨） | Tea | （ton） | 6795 | 13509 | 5281 | 11156 |
| 猪肉罐头 | （吨） | Canned Pork | （ton） | 1714 | 3806 | 2195 | 5960 |
| 蘑菇罐头 | （吨） | Canned Mushroom | （ton） | 6758 | 8314 | 7301 | 10848 |
| 啤酒 | （万升） | Beer | （10 kiloliter） | 204 | 1275 | 303 | 2048 |
| 肠衣 | （吨） | Casings | （ton） | 24880 | 163820 | 29701 | 214680 |
| 填充用羽毛;羽绒 | （吨） | Feathers and Down for Stuffing | （ton） | 5984 | 59593 | 4926 | 60062 |
| 药材 | （吨） | Medical Materials | （ton） | 1811 | 6226 | 1658 | 7674 |
| 肥料 | （万吨） | Fertilizer | （10000 ton） | 58 | 149641 | 116 | 415420 |
| 锯材 | （立方米） | Wood Sawn | （stere） | 9584 | 6174 | 7661 | 5539 |
| 胶合板及类似多层板 | （万立方米） | Veneer | （10 kilostere） | 328 | 1126759 | 410 | 1532986 |
| 印刷品 | （吨） | Printed Matter | （ton） | 26510 | 129029 | 25176 | 147186 |
| 生丝 | （吨） | Raw Silk | （ton） | 1750 | 69711 | 1747 | 88260 |
| 煤 | （万吨） | Coal | （10000 tons） | | 634 | 42 | 100848 |
| 成品油 | （万吨） | Petroleum Products Refined | （10000 tons） | 70 | 381654 | 133 | 847588 |
| 氧化铝 | （吨） | Alumina | （ton） | 23564 | 10573 | 39810 | 17123 |
| 氧化锌及过氧化锌 | （吨） | Zinc Oxide and Zinc Peroxide | （ton） | 991 | 1730 | 1358 | 4444 |
| 合成有机染料 | （吨） | Synthetic Organic Dyeing | （ton） | 45261 | 275567 | 43892 | 293598 |
| 医药品 | （吨） | Pharmaceuticals | （ton） | 95901 | 1597039 | 100426 | 1919028 |
| 美容化妆品及护肤品 | （吨） | Cosmetics and Skin Care Products | | 7172 | 97656 | 7827 | 108939 |
| 口腔及牙齿清洁剂 | （吨） | Mouth and Teech Detergent | （ton） | 6468 | 18132 | 7081 | 20724 |
| 洗衣粉 | （吨） | Detergent Powder | （ton） | 15817 | 7012 | 13735 | 6654 |
| 烟花、爆竹 | （吨） | Firework and Cracker | （ton） | 1777 | 4113 | 2933 | 6236 |

| 商 品 名 称 Item | | 2010 | | 2011 | |
|---|---|---|---|---|---|
| | | 数 量 Volume | 金 额（千美元）Value（USD 1000） | 数 量 Volume | 金 额（千美元）Value（USD 1000） |
| 新的充气橡胶轮胎 （万条） | New Pneumatic Rubber Tyres （10000） | 4688 | 1259751 | 4779 | 1646515 |
| 家用或装饰用木制品 （万吨） | Wooden Products for Domestic Use and Decoration （10000 tons） | 2 | 47549 | 2 | 46969 |
| 纸及纸板（未切成形的）（万吨） | Paper and Paper Board （10000 tons） | 172 | 1651849 | 180 | 1941123 |
| 纺织纱线、织物及制品 | Textile Yarn Thread, Woven Goods and Related Products | | 14344320 | | 17775259 |
| 水泥及水泥熟料 （万吨） | Cement （10000 tons） | 141 | 61792 | 64 | 31764 |
| 平板玻璃 （万平方米） | Plate Glass （10 kilostere） | 1752 | 74402 | 3070 | 149026 |
| 玻璃制品 （吨） | Glass Products | 213268 | 354363 | 229846 | 420288 |
| 家用陶瓷器皿 （万吨） | Porcelain and Pottery Ware for Household Use （10000 tons） | 9 | 126430 | 8 | 125683 |
| 珍珠、钻石、宝石及半宝石 | Pearl, Gem and Semi-gem | | 4146 | | 5581 |
| 生铁及镜铁 （万吨） | Pig Iron and Spiegeleisen （10000 tons） | 51 | 225454 | 61 | 306795 |
| 铁合金 （万吨） | Ferroalloy （10000 tons） | 4 | 99961 | 4 | 400398 |
| 钢坯及粗锻件 （万吨） | Billet and Crude Forgings （10000 tons） | 13 | 74931 | | 456 |
| 钢材 （万吨） | Rolled Steel （10000 tons） | 764 | 6905448 | 864 | 9590499 |
| 废钢 （吨） | Waste Steel （ton） | 372673 | 161137 | 24930 | 12699 |
| 未锻造的铜及铜材 （吨） | Copper and its Material （ton） | 67179 | 495277 | 69524 | 597575 |
| 未锻造的铝及铝材 （万吨） | Aluminium and its Material （10000 tons） | 37 | 1122232 | 54 | 1697313 |
| 未锻造的锰 （吨） | Manganese （ton） | 346 | 1228 | 253 | 1175 |
| 钢铁或铜制标准紧固件 （万吨） | Standard Infrangible Articles made of Steel or Copper （10000 tons） | 20 | 415468 | 27 | 621479 |
| 不锈钢厨具、餐具等家用器具（吨） | Kitchenware, Tableware and Home Appliances Made of Stainless Steel （ton） | 11144 | 70525 | 10455 | 69671 |
| 餐桌、厨房及其他家用搪瓷器（吨） | Porcelain and Pottery Ware for Table, Kitchen and Other Household Use （ton） | 6175 | 10650 | 6277 | 12624 |
| 手用或机用工具 （万吨） | Hand Tools and Tools for Machines （10000 tons） | 19 | 919501 | 21 | 1151826 |
| 电扇 （万台） | Electric Fans （10000 set） | 2195 | 97183 | 2554 | 128917 |
| 空气调节器 （万台） | Air Conditioners （10000 set） | 214 | 516357 | 195 | 456726 |
| 冰箱 （万台） | Refrigerators （10000 set） | 422 | 743824 | 419 | 866853 |
| 洗衣机 （万台） | Washing Machines （10000 set） | 538 | 997066 | 587 | 1153455 |
| 纺织机械及零件 | Textile Machinery | | 385061 | | 547232 |
| 家用型缝纫机 （万台） | Ordinary Sewing Machines （10000 set） | 170 | 65744 | 169 | 75678 |
| 工业用缝纫机 （万台） | Industrial Sewing Machines （10000 set） | 10 | 26204 | 12 | 33632 |
| 金属加工机床 （万台） | Machine Tools for Processing Metal （10000 set） | 223 | 401615 | 232 | 573486 |
| 电子计算器（包括具有计算功能的袖珍数据记录重现机）（万台） | Electron Calculators （10000 set） | 237 | 28864 | 296 | 8424 |
| 自动数据处理设备及其部件（万台） | Automatic Data Processing Machines and Accessories （10000 set） | 38165 | 53326477 | 41031 | 51315359 |

| 商品名称 Item | | 2010 | | 2011 | |
|---|---|---|---|---|---|
| | | 数量 Volume | 金额(千美元) Value (USD 1000) | 数量 Volume | 金额(千美元) Value (USD 1000) |
| 自动数据处理设备的零件(万吨) | Accessories of Automatic Data Processing Machines (ton) | 8 | 7375748 | 8 | 5897882 |
| 打印机(包括多功能一体机)(万台) | Printers (including Multi Function Printers) (10000 set) | 858 | 2348701 | 732 | 2418161 |
| 液晶显示板 (万个) | Liquid Crystal Display Panel (10000 board) | 31809 | 8811333 | 39200 | 10649760 |
| 轴承 (万套) | Bearings (10000) | 59987 | 417545 | 67123 | 564165 |
| 电动机及发电机 (万台) | Electric Motors and Generators (10000 set) | 12496 | 1116155 | 14984 | 1416852 |
| 变压器 (万个) | Transformers (10000) | 7300 | 190061 | 5934 | 178961 |
| 静止式变流器 (万个) | Static Converters (10000) | 42548 | 1770040 | 46695 | 2001466 |
| 原电池 (万个) | Primary Cells and Batteries (10000) | 18510 | 12491 | 23339 | 17581 |
| 蓄电池 (万个) | Accumulator (10000) | 48491 | 1767971 | 48211 | 1876518 |
| 电话机 (万台) | Telephone (10000) | 2229 | 1151052 | 2080 | 1291300 |
| 扬声器 (万个) | Loudspeakers (10000) | 14767 | 279146 | 18533 | 355258 |
| 激光唱机 (万台) | Laser Phonographs (10000) | 9 | 6427 | 4 | 2800 |
| 录、放像机 (万台) | Video Cassette Recorders (10000 set) | 496 | 586661 | 166 | 131222 |
| 声音录制或重放设备 (万台) | Audio Recorder and Playback Device (10000 set) | 324 | 135392 | 126 | 59496 |
| 收音设备(包括收录音组合机及整套散件) (万台) | Radio Device (10000 set) | 282 | 155950 | 317 | 159596 |
| 电视机(包括整套散件)(万台) | TV sets (10000 set) | 1466 | 5122164 | 1185 | 3828585 |
| 录放音、像机及唱机的零附件 | Accessories of Videorecorder, Camera and Gramophone | | 141526 | | 82084 |
| 电视、收音机及无线电讯设备的零附件 (吨) | TV sets, Radio and Spare Parts of Wireless Dispatch Equipments (ton) | 198052 | 3517747 | 165547 | 3067959 |
| 电容器 (吨) | Capacitor (ton) | 20920 | 862723 | 19624 | 1236477 |
| 印刷电路 (百万块) | Printing Circuits (10000 board) | 4965 | 2350729 | 6096 | 2787877 |
| 通断保护电路装置及零件 | Electrical Apparatus and Spare Parts for Switching or Protecting Electrical Cursuits | | 1973420 | | 2463555 |
| 节能灯 (百万只) | Energy-saving Lights (million) | 91 | 98095 | 69 | 75357 |
| 二极管及类似半导体器件(百万个) | Diodes and Similar Semi Conductors (million) | 63815 | 13649619 | 66489 | 15116737 |
| 集成电路 (百万个) | IC (million) | 22849 | 7972048 | 25962 | 8931424 |
| 电线和电缆 (万吨) | Electric Wire and Cable (ton) | 24 | 1955894 | 24 | 2137633 |
| 集装箱 (万个) | Containers (million) | 29 | 1222906 | 46 | 2156548 |
| 汽车和汽车底盘 (万辆) | Motor Vehicles and Chassis (10000 set) | 4 | 491281 | 3 | 748875 |
| 汽车零件 | Parts of Motor Vehicles | | 2794134 | | 3882880 |
| 摩托车 (万辆) | Motorcycles (10000 set) | 118 | 516380 | 125 | 555019 |

| 商品名称 | Item | 2010 | | 2011 | |
|---|---|---|---|---|---|
| | | 数量 Volume | 金额（千美元） Value (USD 1000) | 数量 Volume | 金额（千美元） Value (USD 1000) |
| 自行车 （万辆） | Bicycles （10000 set） | 962 | 657106 | 892 | 706626 |
| 摩托车及自行车的零件 | Parts of Motorcycles and Bicycles | | 500388 | | 571808 |
| 船舶 （艘） | Watercrafts | 14907 | 8488313 | 15142 | 10357978 |
| 照相机 （万架） | Cameras （10000 set） | 2827 | 1922475 | 2618 | 1851778 |
| 医疗仪器及器械 | Medical Instruments and Appliances | | 904829 | | 1009230 |
| 手表 （万只） | Watches （10000） | 425 | 3087 | 861 | 7962 |
| 日用钟 （万只） | Clocks （10000） | 616 | 10889 | 823 | 15990 |
| 家具及其零件 | Furniture and its Parts | | 2297339 | | 2640776 |
| 床垫、寝具及类似品 | Beddings, Bedclothing and Similar Products | | 1474996 | | 1745408 |
| 灯具、照明装置及类似品 | Lamps and Lanterns, Lighting Installation and Similar Products | | 639810 | | 807021 |
| 旅行用品及箱包 （吨） | Travel Articles, Suitcases and Handbags and Similar Articles （ton） | | 1103451 | 188506732 | 1469639 |
| 体育用具及设备 | Physical Appliances and Equipments | | 745422 | | 818622 |
| 服装及衣着附件 | Garments and Clothing Accessories | | 19239993 | | 23094950 |
| 鞋类 | Footware | | 1612842 | | 1842474 |
| 塑料制品 （万吨） | Plastic Products （10000 tons） | 87 | 2104928 | 97 | 2598703 |
| 玩具 | Toys | | 873063 | | 973172 |
| 游戏机 （万台） | Recreational Machines （10000 set） | 293 | 237653 | 242 | 165995 |
| 圣诞用品 （吨） | Christmas Articles | 8592 | 50381 | 8928 | 61026 |
| 足球、篮球、排球 （万个） | Footballs, Basketballs and Volleyballs （10000） | 4183 | 75351 | 3688 | 74024 |
| 打火机 （百万个） | Lighters （million） | 92 | 7708 | 103 | 9929 |
| 艺术品、收藏品及古董 | Artworks, Collections and Antiques | | 2012 | | 3630 |
| 贵金属或包贵金属的首饰 | Noble Metals | | 22484 | | 21363 |
| 伞 （万把） | Umbrellas （10000） | 851 | 32763 | 1244 | 46809 |
| 竹编结品 （吨） | Bamboo-work （ton） | 864 | 3056 | 829 | 3460 |
| 藤编结品 （吨） | Bine-work （ton） | 63 | 773 | 48 | 528 |
| 草编结品 （吨） | Grass-work （ton） | 734 | 3743 | 340 | 2006 |
| 柳编结品 （吨） | Wickerwork （ton） | 1812 | 6350 | 1275 | 6348 |
| 农产品 | Farm Products | | 2521670 | | 2812297 |
| 机电产品 | Electronic Mechanical Products | | 188337267 | | 207745492 |
| 高新技术产品 | New and High Technology Products | | 125689681 | | 129439608 |

# 8－12　合同外商直接投资项目

## Number of Contracted Projects of Foreign Direct Investment

单位:个 (unit)

| 指标 | Item | 2011年止累计 2011 Year end Accumulated | 1995 | 2000 | 2005 | 2010 | 2011 |
|---|---|---|---|---|---|---|---|
| **合计** | **Total** | **102211** | **4056** | **2645** | **7126** | **4661** | **4496** |
| 合资经营企业 | Joint Venture Enterprises | 47335 | 2827 | 1119 | 1749 | 934 | 932 |
| 合作经营企业 | Cooperative Enterprises | 3017 | 265 | 116 | 112 | 26 | 29 |
| 独资经营企业 | Foreign Solely Funded | 51821 | 964 | 1410 | 5259 | 3696 | 3531 |
| 外商投资股份制企业 | Share Holding with Foreign Investment | 38 | | | 6 | 5 | 4 |

# 8－13　合同外商直接投资金额

## Value of Contracted Projects of Foreign Direct Investment

单位:万美元 (USD 10000)

| 指标 | Item | 2011年止累计 2011 Year end Accumulated | 1995 | 2000 | 2005 | 2010 | 2011 |
|---|---|---|---|---|---|---|---|
| **合计** | **Total** | **55097463** | **1296951** | **1061059** | **4643882** | **5683321** | **5955372** |
| 合资经营企业 | Joint Venture Enterprises | 11107293 | 662155 | 348861 | 602054 | 801993 | 980904 |
| 合作经营企业 | Cooperative Enterprises | 1425032 | 67518 | 55431 | 73794 | 65786 | 34123 |
| 独资经营企业 | Foreign Solely Funded | 42293874 | 567278 | 656767 | 3949724 | 4764618 | 4889203 |
| 外商投资股份制企业 | Share Holding with Foreign Investment | 271264 | | | 18310 | 50924 | 51142 |

# 8-14 实际外商直接投资金额
## Actual Value of Foreign Direct Investment

单位:万美元 (USD 10000)

| 指 标 | Item | 1985~2011 | 1990 | 1995 | 2000 | 2005 | 2006 |
|---|---|---|---|---|---|---|---|
| **合 计** | **Total** | **25336053** | **14110** | **478058** | **642358** | **1318339** | **1743140** |
| 合资经营企业 | Joint Venture Enterprises | 6423882 | 13787 | 332166 | 227369 | 248652 | 364883 |
| 合作经营企业 | Cooperative Enterprises | 621477 | 249 | 27684 | 35755 | 19130 | 21722 |
| 独资经营企业 | Foreign Solely Funded | 18074006 | 74 | 118208 | 378946 | 1041074 | 1356017 |
| 外商投资股份制企业 | Share Holding with Foreign Investment | 216688 | | | 288 | 9483 | 518 |

8-14 续表 Continued

单位:万美元 (USD 10000)

| 指 标 | Item | 2007 | 2008 | 2009 | 2010 | 2011 |
|---|---|---|---|---|---|---|
| **合 计** | **Total** | **2189206** | **2512001** | **2532298** | **2849777** | **3213173** |
| 合资经营企业 | Joint Venture Enterprises | 342890 | 435198 | 404788 | 474350 | 597420 |
| 合作经营企业 | Cooperative Enterprises | 23355 | 20293 | 36554 | 24697 | 25950 |
| 独资经营企业 | Foreign Solely Funded | 1819913 | 2048174 | 2030215 | 2283780 | 2554283 |
| 外商投资股份制企业 | Share Holding with Foreign Investment | 3048 | 8336 | 60741 | 66950 | 35520 |

# 8-15 按行业分外商直接投资(2011年)
## Foreign Direct Investment Grouped by Sector(2011)

单位:万美元 (USD 10000)

| 行业 | Item | 项目(个) Number of Projects(unit) | 合同外资 Contracted Foreign Capital | 实际外资 Actual Investment |
|---|---|---|---|---|
| **总计** | **Total** | **4496** | **5955372** | **3213173** |
| 农、林、牧、渔业 | Agriculture, Forestry, Animal Husbandry and Fishery | 241 | 222496 | 67255 |
| 采矿业 | Mining | 5 | 15883 | 27556 |
| 制造业 | Manufacturing | 2729 | 3926958 | 1872545 |
| 农副食品加工业 | Processing of Food from Agricultural Products | 26 | 50111 | 33308 |
| 食品制造业 | Manufacture of Food | 29 | 24413 | 26944 |
| 饮料制造业 | Manufacture of Beverage | 7 | 26166 | 7464 |
| 烟草制品业 | Manufacture of Tobacco | | | |
| 纺织业 | Manufacture of Textile | 91 | 88492 | 54136 |
| 纺织服装、鞋、帽制造业 | Manufacture of Textile Wearing, Apparel, Footwear and Caps | 214 | 159095 | 57848 |
| 皮革、毛皮、羽毛(绒)及其制品业 | Manufacture of Leather, Fur, Feather and Related Products | 23 | 19987 | 8246 |
| 木材加工及木、竹、藤、棕、草制品业 | Processing of Timber, Manufacture of Wood, Bamboo, Rattan, Palm and Straw Products | 21 | 22497 | 12027 |
| 家具制造业 | Manufacture of Furniture | 46 | 38082 | 16762 |
| 造纸及纸制品业 | Manufacture of Paper and Paper Products | 24 | 66794 | 53503 |
| 印刷业和记录媒介的复制 | Printing, Reproduction of Recording Media | 8 | 8206 | 6031 |
| 文教体育用品制造业 | Manufacture of Articles For Culture, Education and Sport Activities | 46 | 38743 | 9686 |
| 石油加工、炼焦及核燃料加工业 | Processing of Petroleum, Coking, Processing of Nuclear Fuel | 1 | -12462 | 13458 |
| 化学原料及化学制品制造业 | Manufacture of Raw Chemical Materials and Chemical Products | 89 | 247670 | 143624 |
| 医药制造业 | Manufacture of Medicines | 29 | 68492 | 27169 |
| 化学纤维制造业 | Manufacture of Chemical Fibers | 6 | 22660 | 11417 |
| 橡胶制品业 | Manufacture of Rubber | 22 | 40200 | 33558 |
| 塑料制品业 | Manufacture of Plastics | 78 | 90653 | 41735 |
| 非金属矿物制品业 | Manufacture of Non-metallic Mineral Products | 103 | 140406 | 77784 |
| 黑色金属冶炼及压延加工业 | Smelting and Pressing of Ferrous Metals | 1 | 19917 | 13236 |
| 有色金属冶炼及压延加工业 | Smelting and Pressing of Non-ferrous Metals | 17 | 48760 | 31731 |
| 金属制品业 | Manufacture of Metal Products | 133 | 160781 | 68071 |

8－15 续 表 Continued

单位:万美元 (USD 10000)

| 行业 Item | | 项 目(个) Number of Projects(unit) | 合同外资 Contracted Foreign Capital | 实际外资 Actual Investment |
|---|---|---|---|---|
| 通用设备制造业 | Manufacture of General Purpose Machinery | 480 | 662501 | 181331 |
| 专用设备制造业 | Manufacture of Special Purpose Machinery | 288 | 367675 | 185928 |
| 交通运输设备制造业 | Manufacture of Transport Equipment | 163 | 257772 | 131299 |
| 电气机械及器材制造业 | Manufacture of Electrical Machinery and Equipment | 367 | 677141 | 291844 |
| 通信设备、计算机及其他电子设备制造业 | Manufacture of Communication Equipment, Computers and Other Electronic Equipment | 319 | 504364 | 283751 |
| 仪器仪表及文化、办公用机械制造业 | Manufacture of Measuring Instruments and Machinery for Cultural Activity and Office Work | 49 | 45859 | 25878 |
| 工艺品及其他制造业 | Manufacture of Artwork and Other Manufacturing | 44 | 37100 | 19402 |
| 废弃资源和废旧材料回收加工业 | Recycling and Disposal of Waste | 5 | 4902 | 5384 |
| 电力、燃气及水的生产和供应业 | Production and Supply of Electricity, Gas and Water | 23 | 39436 | 37274 |
| 建筑业 | Construction | 59 | 80269 | 35104 |
| 交通运输、仓储和邮政业 | Transport, Storage and Post | 50 | 85878 | 63208 |
| 信息传输、计算机服务和软件业 | Information Transmission, Computer Services and Software | 142 | 77561 | 22128 |
| 批发和零售业 | Wholesale and Retail Trades | 617 | 249731 | 129989 |
| 住宿和餐饮业 | Hotels and Catering Services | 48 | 19486 | 16190 |
| 金融业 | Financial Intermediation | 16 | 37154 | 37058 |
| 房地产业 | Real Estate | 67 | 701745 | 710111 |
| 租赁和商务服务业 | Leasing and Business Services | 267 | 245558 | 107790 |
| 科学研究、技术服务和地质勘查业 | Scientific Research, Technical Service and Geologic Prospecting | 161 | 137468 | 58763 |
| 水利、环境和公共设施管理业 | Management of Water Conservancy, Environment and Public Facilities | 40 | 86006 | 16296 |
| 居民服务和其他服务业 | Services to Households and Other Services | 17 | 8524 | 4925 |
| 教育 | Education | 2 | 18 | 101 |
| 卫生、社会保障和社会福利业 | Health, Social Security and Social Welfare | 2 | 7588 | 4712 |
| 文化、体育和娱乐业 | Culture, Sports and Entertainment | 10 | 13613 | 2168 |

# 8－16 按国家或地区分外商直接投资

## Foreign Direct Investment by Countries or Regions

单位:万美元 (USD 10000)

| 国家或地区 | Countries or Regions | 2000 | | | 2005 | | |
|---|---|---|---|---|---|---|---|
| | | 项 目(个) Number of Projects (unit) | 合同外资 Contracted Foreign Capital | 实际投资 Actual Invest-ment | 项 目(个) Number of Projects (unit) | 合同外资 Contracted Foreign Capital | 实际投资 Actual Invest-ment |
| **合 计** | **Total** | **2645** | **1061059** | **642358** | **7126** | **4643882** | **1318339** |
| **亚 洲** | **Asia** | **1751** | **500061** | **392755** | **4653** | **2749773** | **715551** |
| #中国香港 | Hong Kong | 595 | 204658 | 153648 | 1988 | 1301538 | 295406 |
| 中国澳门 | Macao | 19 | 2073 | 2061 | 37 | 12026 | 3745 |
| 中国台湾省 | Taiwan Province | 584 | 131101 | 58096 | 1105 | 512826 | 60802 |
| 印度尼西亚 | Indonesia | 7 | 1426 | 1495 | 22 | 21779 | 2320 |
| 日本 | Japan | 252 | 73320 | 63311 | 528 | 328382 | 170088 |
| 马来西亚 | Malaysia | 16 | 17763 | 2035 | 69 | 44243 | 15555 |
| 菲律宾 | Philippines | 14 | 1254 | 372 | 13 | 9630 | 4187 |
| 新加坡 | Singapore | 82 | 38291 | 76055 | 252 | 175204 | 70505 |
| 韩国 | Korea, Rep. | 143 | 21004 | 21746 | 447 | 254894 | 80475 |
| 泰国 | Thailand | 11 | 2566 | 2661 | 43 | 37735 | 2190 |
| **非 洲** | **Africa** | **26** | **13292** | **5654** | **149** | **101808** | **30123** |
| **欧 洲** | **Europe** | **183** | **229324** | **97738** | **629** | **334925** | **119772** |
| #比利时 | Belgium | 5 | 2996 | 3682 | 13 | 6058 | 2189 |
| 丹麦 | Dermark | 5 | 2439 | 1578 | 11 | 6948 | 1571 |
| 英国 | United Kindom | 39 | 28359 | 20789 | 116 | 54032 | 13564 |
| 德国 | Germany | 47 | 134191 | 11299 | 129 | 50687 | 36479 |
| 法国 | France | 17 | 10804 | 14408 | 62 | 29522 | 16971 |
| 爱尔兰 | Ireland | | | | 4 | 3105 | 649 |
| 意大利 | Italy | 18 | 23894 | 11727 | 72 | 41808 | 5853 |
| 卢森堡 | Luxemboury | 1 | 517 | 580 | 7 | 7418 | 4473 |
| 荷兰 | Netherlands | 7 | 13372 | 22210 | 44 | 51993 | 13632 |
| 希腊 | Greece | | | | 1 | 20 | 22 |
| 葡萄牙 | Portugal | 2 | 343 | | | | 161 |
| 西班牙 | Spain | 4 | 220 | 270 | 38 | 20118 | 7131 |
| 芬兰 | Finland | 2 | 3938 | 860 | 7 | 2225 | 282 |
| 瑞士 | Switzerland | 3 | 1402 | 2482 | 23 | 12032 | 6747 |
| **拉丁美洲** | **Latin America** | **176** | **172081** | **70850** | **545** | **595994** | **258338** |
| **北美洲** | **North America** | **419** | **109750** | **62955** | **881** | **478601** | **83693** |
| #加拿大 | Canada | 62 | 9460 | 4189 | 170 | 63601 | 8556 |
| 美国 | United States | 352 | 93696 | 56973 | 701 | 389834 | 70904 |
| **大洋洲** | **Oceania** | **89** | **35819** | **10706** | **406** | **290006** | **66932** |
| #澳大利亚 | Australia | 54 | 8247 | 4049 | 138 | 70698 | 8003 |

8－16 续 表 Continued

单位:万美元 (USD 10000)

| 国家或地区 Countries or Regions | | 2010 | | | 2011 | | |
|---|---|---|---|---|---|---|---|
| | | 项 目（个）Number of Projects (unit) | 合同外资 Contracted Foreign Capital | 实际投资 Actual Invest-ment | 项 目（个）Number of Projects (unit) | 合同外资 Contracted Foreign Capital | 实际投资 Actual Invest-ment |
| **合 计** | **Total** | **4661** | **5683321** | **2849777** | **4496** | **5955372** | **3213173** |
| **亚 洲** | **Asia** | **3484** | **4332511** | **1945291** | **3293** | **4677857** | **2355932** |
| #中国香港 | Hong Kong | 1700 | 2776039 | 1400580 | 1731 | 2973015 | 1670260 |
| 中国澳门 | Macao | 19 | 13884 | 4748 | 10 | 13337 | 13351 |
| 中国台湾省 | Taiwan Province | 849 | 663852 | 152086 | 730 | 671987 | 111615 |
| 印度尼西亚 | Indonesia | 12 | 5720 | 4958 | 8 | 4835 | 1771 |
| 日本 | Japan | 322 | 294315 | 102853 | 352 | 351610 | 243619 |
| 马来西亚 | Malaysia | 38 | 29079 | 11163 | 43 | 93737 | 8619 |
| 菲律宾 | Philippines | 14 | 17509 | 5028 | 16 | 18330 | 2101 |
| 新加坡 | Singapore | 177 | 268024 | 128730 | 124 | 305198 | 203235 |
| 韩国 | Korea, Rep. | 260 | 194801 | 103416 | 211 | 188648 | 81757 |
| 泰国 | Thailand | 4 | 3688 | 1966 | 4 | 10371 | 3914 |
| **非 洲** | **Africa** | **141** | **91718** | **47199** | **98** | **59215** | **44849** |
| **欧 洲** | **Europe** | **345** | **283685** | **172465** | **355** | **288666** | **157802** |
| #比利时 | Belgium | 5 | －2566 | 223 | 4 | 3979 | 1607 |
| 丹麦 | Dermark | 15 | 7173 | 2813 | 8 | 4249 | 1598 |
| 英国 | United Kindom | 58 | 59479 | 30816 | 51 | 41390 | 17641 |
| 德国 | Germany | 78 | 74869 | 26775 | 95 | 49681 | 33866 |
| 法国 | France | 27 | 51545 | 25352 | 27 | 47832 | 22788 |
| 爱尔兰 | Ireland | 2 | 82 | 4 | 1 | 195 | 416 |
| 意大利 | Italy | 35 | 29321 | 16196 | 32 | 21046 | 9337 |
| 卢森堡 | Luxembourg | 3 | 2536 | 1467 | 7 | 4431 | 2394 |
| 荷兰 | Netherlands | 21 | －2782 | 25494 | 23 | 37129 | 28278 |
| 希腊 | Greece | 1 | 1 | 107 | 2 | 1002 | 1 |
| 葡萄牙 | Portugal | | 1000 | 750 | 1 | 746 | 431 |
| 西班牙 | Spain | 26 | 11775 | 9267 | 25 | 21405 | 7077 |
| 芬兰 | Finland | 8 | 6116 | 3164 | 7 | 3674 | 8272 |
| 瑞士 | Switzerland | 11 | －1373 | 8533 | 14 | 7804 | 9700 |
| **拉丁美洲** | **Latin America** | **141** | **283432** | **304028** | **168** | **197142** | **300580** |
| **北美洲** | **North America** | **427** | **284416** | **142528** | **434** | **294265** | **115419** |
| #加拿大 | Canada | 90 | 55482 | 36319 | 113 | 97608 | 19432 |
| 美国 | United States | 332 | 225003 | 92252 | 318 | 193449 | 86737 |
| **大洋洲** | **Oceania** | **174** | **189701** | **77397** | **172** | **143314** | **90035** |
| #澳大利亚 | Australia | 60 | 64902 | 13235 | 51 | 48408 | 12961 |

# 8－17 年末登记外商投资企业行业分布情况(2011 年)

## Sector Distribution Registered of Foreign-funded Enterprises at the Year-end(2011)

| 行业 | Item | 企业数(个) Number of Registered Enterprises (unit) | 投资总额(万美元) Total Investment (USD 10000) | 注册资本(万美元) Registered Capital (USD 10000) | #外方 Capital Invested by Foreign Partner |
|---|---|---|---|---|---|
| **总计** | **Total** | **52959** | **57285081** | **30500878** | **26116704** |
| 农、林、牧、渔业 | Agriculture, Forestry, Animal Husbandry and Fishery | 866 | 722159 | 482077 | 447709 |
| 采矿业 | Mining | 22 | 129044 | 61645 | 55568 |
| 制造业 | Manufacturing | 32048 | 41332147 | 20993316 | 17970877 |
| 电力、燃气及水的生产和供应业 | Production and Supply of Electricity, Gas and Water | 487 | 1429965 | 557522 | 366777 |
| 建筑业 | Construction | 600 | 756190 | 502120 | 425464 |
| 交通运输、仓储和邮政业 | Transport, Storage and Post | 785 | 1021945 | 513201 | 371758 |
| 信息传输、计算机服务和软件业 | Information Transmission, Computer Services and Software | 4769 | 374019 | 229280 | 201001 |
| 批发和零售业 | Wholesale and Retail Trades | 5134 | 1492231 | 832859 | 761420 |
| 住宿和餐饮业 | Hotels and Catering Services | 1525 | 365416 | 229478 | 199314 |
| 金融业 | Financial Intermediation | 561 | 140499 | 113996 | 61419 |
| 房地产业 | Real Estate | 1792 | 4928703 | 3332750 | 2962984 |
| 租赁和商务服务业 | Leasing and Business Services | 1863 | 1255905 | 927973 | 830965 |
| 科学研究、技术服务和地质勘查业 | Scientific Research, Technical Service and Geologic Prospecting | 1772 | 2632292 | 1367107 | 1161541 |
| 水利、环境和公共设施管理业 | Management of Water Conservancy, Environment and Public Facilities | 114 | 384998 | 175190 | 147674 |
| 居民服务和其他服务业 | Services to Households and Other Services | 419 | 129215 | 76228 | 65530 |
| 教育 | Education | 19 | 5911 | 4554 | 4069 |
| 卫生、社会保障和社会福利业 | Health, Social Security and Social Welfare | 17 | 74391 | 31559 | 23322 |
| 文化、体育和娱乐业 | Culture, Sports and Entertainment | 159 | 109950 | 69952 | 59261 |
| 其他 | Other | 7 | 100 | 71 | 51 |

# 8－18　对外承包工程和劳务合作

## Contracted Projects and Labor Services Cooperation with Foreign Countries

| 年　份<br>Year | 合　同　数(份)<br>Number of Contracts (unit) | 合同金额<br>(万美元)<br>Contracted Value<br>(USD 10000) | 实际完成营业额<br>(万美元)<br>Value of Business Fulfilled (USD 10000) | 年末在外人数(人)<br>Number of Persons Abroad at the Year-end(person) |
|---|---|---|---|---|
| **总　计 Total** | | | | |
| 1985 | 88 | 2966 | | |
| 1990 | 77 | 4046 | 4046 | 1271 |
| 1995 | 309 | 28113 | 25928 | 8206 |
| 1996 | 312 | 36379 | 29048 | 12372 |
| 1997 | 427 | 47621 | 38465 | 15046 |
| 1998 | 652 | 62476 | 52166 | 23223 |
| 1999 | 805 | 81531 | 61263 | 32425 |
| 2000 | 1066 | 97983 | 80083 | 43051 |
| 2001 | 1454 | 125790 | 113206 | 65369 |
| 2002 | 1245 | 171692 | 155902 | 73683 |
| 2003 | 1253 | 208649 | 197512 | 79053 |
| 2004 | 3748 | 245052 | 248113 | 91086 |
| 2005 | 2318 | 330973 | 319738 | 100280 |
| 2006 | 5445 | 468098 | 435416 | 112421 |
| 2007 | 1428 | 452460 | 416043 | 117199 |
| 2008 | 1256 | 488804 | 459893 | 101185 |
| 2009 | 2352 | 503389 | 507804 | 99784 |
| 2010 | 2023 | 620766 | 596702 | 95765 |
| 2011 | | 659792 | 672761 | 89348 |
| **对外承包工程 Contracted Projects** | | | | |
| 1985 | 13 | 262 | | |
| 1990 | 32 | 3571 | 3521 | 881 |
| 1995 | 101 | 19495 | 19774 | 2946 |
| 1996 | 148 | 24040 | 22725 | 3298 |
| 1997 | 239 | 34599 | 31011 | 5997 |
| 1998 | 224 | 38224 | 34878 | 5784 |
| 1999 | 273 | 52110 | 34636 | 7403 |
| 2000 | 306 | 58544 | 49722 | 8616 |
| 2001 | 513 | 71200 | 62747 | 8320 |
| 2002 | 587 | 133743 | 105403 | 10992 |
| 2003 | 642 | 174201 | 142671 | 13449 |
| 2004 | 3317 | 213267 | 188958 | 21073 |
| 2005 | 1853 | 290079 | 251095 | 30211 |
| 2006 | 4975 | 426788 | 376509 | 38432 |
| 2007 | 922 | 400569 | 344919 | 41268 |
| 2008 | 791 | 432043 | 388434 | 34945 |
| 2009 | 727 | 449596 | 433249 | 36739 |
| 2010 | 968 | 544726 | 519838 | 35987 |
| 2011 | 891 | 594909 | 599171 | 35484 |
| **对外劳务合作 Labor Cooperation** | | | | |
| 1985 | 75 | 2704 | | |
| 1990 | 45 | 475 | 525 | 390 |
| 1995 | 205 | 8591 | 6120 | 5260 |
| 1996 | 163 | 12253 | 6287 | 9068 |
| 1997 | 188 | 13022 | 7454 | 9049 |
| 1998 | 427 | 24250 | 17271 | 17439 |
| 1999 | 523 | 29286 | 26538 | 25012 |
| 2000 | 754 | 39394 | 30293 | 34426 |
| 2001 | 911 | 48689 | 45316 | 56852 |
| 2002 | 622 | 37401 | 49989 | 62670 |
| 2003 | 597 | 33444 | 53984 | 65576 |
| 2004 | 421 | 31322 | 56974 | 69984 |
| 2005 | 464 | 40451 | 68056 | 70049 |
| 2006 | 467 | 41243 | 58843 | 73984 |
| 2007 | 506 | 51874 | 71087 | 75924 |
| 2008 | 461 | 56072 | 71304 | 66240 |
| 2009 | 1625 | 53793 | 74555 | 63045 |
| 2010 | 1055 | 76040 | 76864 | 59778 |
| 2011 | | 64883 | 73590 | 53864 |

注：合同数口径 2007 年起调整，在国内承包的外资项目不再作为对外承包工程。

Note: "Contracted projects" are adjusted from 2007, foreign funded projects contracted in domestic are no longer "contracted projects with foreign countries".

## 8－19 开发区基本情况

| 名　称 | Name | 业务总收入（亿元）Total Business Income (100 million yuan) 2010 | 2011 |
|---|---|---|---|
| **总计** | **Total** | **92701.08** | **122594.41** |
| **国家级** | **State Level** | **45588.28** | **63410.81** |
| 南通经济技术开发区 | Nantong Economic & Technological Development Area | 1593.53 | 2041.86 |
| 连云港经济技术开发区 | Lianyungang Economic and Technological Development Zone | 920.86 | 1255.46 |
| 昆山经济技术开发区 | Kunshan Economic & Technical Development Zone | 5476.36 | 6223.57 |
| 苏州工业园区 | Suzhou Industrial Park | 4897.83 | 5907.33 |
| 南京经济技术开发区 | Nanjing Economic and Technological Development Zone | 2054.28 | 2568.08 |
| 张家港保税区 | Zhangjiagang Free Trade Zone | 3505.41 | 4600.49 |
| 南京高新技术产业开发区 | Nanjing New & High Technology Industry Development Zone | 1424.64 | 1450.70 |
| 常州高新技术产业开发区 | Changzhou New & High Technology Industry Development Zone | 2869.84 | 3602.24 |
| 苏州高新技术产业开发区 | Suzhou New & High Technology Industry Development Zone | 2593.24 | 3126.22 |
| 无锡高新技术产业开发区 | Wuxi New & High Technology Industry Development Zone | 4448.86 | 5206.61 |
| 宜兴环保科技工业园 | Yixing Industrial Park for Environmental Science & Technology | 424.23 | 549.09 |
| 泰州医药高新技术产业开发区 | Taizhou Medical Hi－tech Development Zone | 695.28 | 919.87 |
| 昆山高新技术产业开发区 | Kunshan New & High Technology Industry Development Zone | 2187.52 | 2453.27 |
| 江阴高新技术产业开发区 | Jiangyin New & High Technology Industry Development Zone | 1580.10 | 1888.18 |
| 扬州经济技术开发区 | Yangzhou Economic and Technological Development Zone | 1855.15 | 2568.35 |
| 镇江经济技术开发区 | Zhenjiang Economic and Technological Development Zone | 1642.70 | 2258.70 |
| 徐州经济技术开发区 | Xuzhou Economic and Technological Development Zone | 1517.56 | 1916.74 |
| 淮安经济技术开发区 | Huaian Economic and Technological Development Zone | 1307.99 | 1830.43 |
| 盐城经济技术开发区 | Yancheng Economic and Technological Development Zone | 1152.84 | 1810.75 |
| 江宁经济技术开发区 | Jiangning Economic and Technological Development Zone | 1524.35 | 2012.40 |
| 常熟经济技术开发区 | Changshu Economic and Technological Development Zone | 1816.97 | 2382.62 |
| 吴江经济技术开发区 | Wujiang Economic and Technological Development Zone | 1289.48 | 1484.44 |
| 太仓港经济技术开发区 | Taicang Port Economic and Technological Development Zone | 1376.40 | 1603.21 |
| 锡山经济技术开发区 | Xishan Economic and Technological Development Zone | 1125.05 | 1383.81 |
| 无锡太湖国家旅游度假区 | Wuxi Taihu Lake National Tourist Resort | 267.88 | 312.50 |
| 苏州太湖国家旅游度假区 | Suzhou Taihu Lake National Tourist Resort | 121.48 | 128.77 |
| 张家港经济技术开发区 | Zhangjiagang Economic and Technological Development Zone | 1526.20 | 1925.12 |
| **省级** | **Provincial Level** | **47112.80** | **59183.61** |
| 宿迁经济开发区 | Suqian Economic Development Zone | 269.59 | 361.49 |
| 南京化学工业园区 | Nanjing Chemical Industrial Park | 1063.80 | 1404.04 |
| 南京浦口经济开发区 | Nanjing Pukou Economic Development Zone | 321.08 | 417.53 |

# Basic Conditions of Development Zones

| 地方一般预算收入（万元）Local General Budget Revenue（10000 yuan） | | 进出口总额（万美元）Total Value of Import and Export（USD 10000） | | 出口总额（万美元）Export Value（USD 10000） | | 实际外商直接投资额（万美元）Actual Value of Foreign Direct Investment（USD 10000） | |
|---|---|---|---|---|---|---|---|
| 2010 | 2011 | 2010 | 2011 | 2010 | 2011 | 2010 | 2011 |
| **16006869** | **21863951** | **35868205** | **40875429** | **20272496** | **23222185** | **2223299** | **2432944** |
| **7813448** | **11161548** | **29080316** | **34045424** | **15826948** | **18493618** | **1182958** | **1337782** |
| 248487 | 281152 | 335998 | 415312 | 174026 | 230667 | 47572 | 47699 |
| 216738 | 269635 | 203987 | 263625 | 71793 | 107431 | 34394 | 34542 |
| 527031 | 659506 | 6848579 | 6974098 | 4594446 | 4428219 | 67318 | 67506 |
| 1331800 | 1643008 | 7327783 | 7133125 | 3408277 | 3545483 | 204426 | 227054 |
| 260108 | 336063 | 1044809 | 1167002 | 403327 | 490981 | 28233 | 45832 |
| 223753 | 189998 | 1131713 | 1423529 | 251677 | 297510 | 40315 | 33954 |
| 140126 | 149057 | 251234 | 318006 | 131929 | 186522 | 9993 | 23508 |
| 560813 | 730151 | 838805 | 1062044 | 501652 | 627081 | 64983 | 104439 |
| 571002 | 710317 | 2826106 | 3136485 | 1789802 | 1989452 | 69967 | 73775 |
| 831991 | 1044700 | 3085465 | 3503046 | 1690316 | 1854487 | 125254 | 120855 |
| 78246 | 116967 | 29656 | 45422 | 27105 | 42893 | 10213 | 4436 |
| 124415 | 169240 | 99028 | 118286 | 74392 | 97908 | 24005 | 27418 |
| 389459 | 443284 | 827386 | 924382 | 433813 | 532203 | 47654 | 50653 |
| 170550 | 212672 | 410831 | 542586 | 227864 | 308212 | 15174 | 25205 |
| 375444 | 457488 | 339948 | 441548 | 232790 | 290960 | 52753 | 32458 |
| 205005 | 310234 | 325613 | 419015 | 108181 | 136448 | 77584 | 52595 |
| 225057 | 426000 | 254572 | 331144 | 134966 | 168215 | 55165 | 57028 |
| 303681 | 424198 | 107482 | 153786 | 62088 | 86513 | 30027 | 51989 |
| 197288 | 339127 | 156771 | 229606 | 48712 | 67737 | 13681 | 16741 |
| 398978 | 555470 | 552913 | 766761 | 305764 | 403524 | 68208 | 47357 |
| 280453 | 354383 | 997501 | 1143755 | 648144 | 730382 | 48429 | 48017 |
| 224289 | 234020 | 1467667 | 1664434 | 722291 | 810586 | 57068 | 44065 |
| 347579 | 422459 | 599433 | 886635 | 268328 | 371017 | 62138 | 25934 |
| 179737 | 219222 | 229782 | 251813 | 143742 | 162964 | 37285 | 33935 |
| 47600 | 5500 | 16786 | 21650 | 6412 | 7549 | 4809 | 4229 |
| 51684 | 53865 | 10514 | 14644 | 5045 | 6551 | 907 | 2113 |
| 315126 | 403832 | 584165 | 693685 | 415890 | 512123 | 18275 | 34445 |
| **8193421** | **10702403** | **6787889** | **6830005** | **4445548** | **4728567** | **1040341** | **1095162** |
| 68520 | 90604 | 62257 | 37277 | 38337 | 23026 | 7220 | 7989 |
| 94507 | 254231 | 71825 | 113914 | 27272 | 62162 | 28233 | 19884 |
| 71808 | 91511 | 17198 | 24216 | 11931 | 19180 | 20765 | 11656 |

8－19 续表1

| 名　称 | Name | 业务总收入（亿元）Total Business Income (100 million yuan) | |
|---|---|---|---|
| | | 2010 | 2011 |
| 六合经济开发区 | Liuhe Economic Development Zone | 285.12 | 357.17 |
| 溧水经济开发区 | Lishui Economic Development Zone | 304.00 | 376.39 |
| 高淳经济开发区 | Gaochun Economic Development Zone | 260.41 | 348.58 |
| 南京栖霞经济开发区 | Nanjing Xixia Economic Development Zone | 104.63 | 141.25 |
| 南京雨花经济开发区 | Nanjing Yuhua Economic Development Zone | 69.42 | 93.00 |
| 南京江宁滨江经济开发区 | Nanjing Jiangning Binjiang Economic Development Zone | 200.31 | 253.05 |
| 南京白下高新技术产业园区 | Nanjing Baixia High - tech Zone | 73.31 | 90.99 |
| 无锡蠡园高新技术产业园区 | Wuxi Liyuan New & High Technology Industry Development Zone | 395.33 | 500.36 |
| 无锡惠山经济开发区 | Wuxi Huishan Economic Development Zone | 391.78 | 472.89 |
| 宜兴陶瓷产业园区 | Yixing Pottery and Porcelain Industry Zone | 113.29 | 118.80 |
| 无锡经济开发区 | Wuxi Economic Development Zone | 58.62 | 55.06 |
| 无锡硕放工业园区 | Wuxi Shuofang Economic Development Zone | 336.85 | 450.14 |
| 宜兴经济开发区 | Yixing Economic Development Zone | 578.70 | 1475.37 |
| 江阴临港经济开发区 | Jiangyin Lingang Economic Development Zone | 2016.14 | 2846.01 |
| 常熟东南经济开发区 | Changshu Dongnan Economic Development Zone | 513.94 | 631.58 |
| 苏州吴中经济开发区 | Suzhou Wuzhong Economic Development Zone | 1022.02 | 1695.44 |
| 吴江汾湖经济开发区 | Wujiang Fenhu Lake Economic Development Zone | 653.19 | 798.20 |
| 苏州浒墅关经济开发区 | Suzhou Xushiguan Economic Development Zone | 514.17 | 649.85 |
| 苏州相城经济开发区 | Suzhou Xiangcheng Economic Development Zone | 277.65 | 340.64 |
| 昆山花桥经济开发区 | Kunshan Huaqiao Economic Development Zone | 553.87 | 649.22 |
| 常州天宁经济开发区 | Changzhou Tianning Economic Development Zone | 948.55 | 1079.30 |
| 武进高新技术产业园区 | Wujin New & High Technology Industry Development Zone | 1600.75 | 1782.12 |
| 常州戚墅堰经济开发区 | Changzhou Qishuyan Economic Development Zone | 255.41 | 282.07 |
| 溧阳经济开发区 | Liyang Economic Development Zone | 973.87 | 1377.81 |
| 金坛经济开发区 | Jintan Economic Development Zone | 559.71 | 721.73 |
| 常州钟楼经济开发区 | Zhonglou Economic Development Zone | 639.16 | 706.64 |
| 武进经济开发区 | Wujin Economic Development Zone | 115.29 | 157.32 |
| 常州新北工业园区 | Changzhou Xinbei Industrial Park | 66.46 | 84.08 |
| 丹阳经济开发区 | Danyang Economic Development Zone | 852.90 | 1235.51 |
| 扬中经济开发区 | Yangzhong Economic Development Zone | 279.48 | 405.31 |
| 句容经济开发区 | Jurong Economic Development Zone | 250.85 | 432.25 |
| 丹徒经济开发区 | Dantu Economic Development Zone | 315.89 | 426.45 |
| 镇江京口工业园区 | Zhenjiang Jingkou Industrial Park | 116.59 | 264.99 |
| 镇江润州工业园区 | Zhenjiang Runzhou Industrial Park | 221.56 | 400.59 |
| 南通崇川经济开发区 | Nantong Chongchuan Economic Development Zone | 509.07 | 624.21 |

Continued 1

| 地方一般预算收入（万元）Local General Budget Revenue（10000 yuan） | | 进出口总额（万美元）Total Value of Import and Export（USD 10000） | | 出口总额（万美元）Export Value（USD 10000） | | 实际外商直接投资额（万美元）Actual Value of Foreign Direct Investment（USD 10000） | |
|---|---|---|---|---|---|---|---|
| 2010 | 2011 | 2010 | 2011 | 2010 | 2011 | 2010 | 2011 |
| 65955 | 95852 | 40767 | 54482 | 39130 | 51797 | 2508 | 8525 |
| 90032 | 115907 | 14502 | 27171 | 13407 | 24710 | 11376 | 10516 |
| 24867 | 29648 | 27827 | 37263 | 23602 | 34916 | 1356 | 2068 |
| 14462 | 18452 | 20235 | 18493 | 11541 | 10723 | 5161 | 1233 |
| 17945 | 19704 | 2339 | 1573 | 2082 | 1357 | 5184 | 6949 |
| 25590 | 37999 | 3729 | 3821 | 2862 | 3093 | 820 | 2137 |
| 14592 | 15775 | 38830 | 52591 | 32763 | 45898 | 3705 | 6000 |
| 59083 | 72216 | 47741 | 52424 | 33488 | 38496 | 1954 | 1821 |
| 77869 | 97412 | 39031 | 47878 | 31650 | 36977 | 4043 | 4448 |
| 4986 | 18889 | 11416 | 9737 | 10583 | 8959 | 205 | 4647 |
| 99196 | 47804 | 27377 | 29470 | 22225 | 23094 | 1352 | 858 |
| 43279 | 56263 | 11616 | 11640 | 4174 | 5233 | 4390 | 4660 |
| 118603 | 212263 | 122741 | 127024 | 104560 | 106257 | 20201 | 3445 |
| 246130 | 307346 | 288159 | 453562 | 151463 | 191771 | 21779 | 5489 |
| 123665 | 164968 | 217503 | 270660 | 111819 | 151937 | 28527 | 37391 |
| 227382 | 273670 | 329704 | 573575 | 218684 | 428440 | 30598 | 39037 |
| 133327 | 176029 | 120386 | 146766 | 83888 | 100057 | 11607 | 20057 |
| 126065 | 144975 | 219808 | 211801 | 113151 | 106558 | 6552 | 9257 |
| 55597 | 68693 | 104013 | 105260 | 73688 | 73279 | 4879 | 4301 |
| 217308 | 221284 | 135479 | 157853 | 68806 | 79960 | 6105 | 16314 |
| 228847 | 301280 | 83729 | 110450 | 71415 | 85813 | 23709 | 25290 |
| 240597 | 304327 | 243789 | 293464 | 179283 | 192005 | 49585 | 77418 |
| 48510 | 59850 | 17201 | 26878 | 14414 | 18534 | 6252 | 2970 |
| 170512 | 239012 | 35233 | 72809 | 28142 | 60813 | 9320 | 11479 |
| 75230 | 98800 | 103044 | 102590 | 84172 | 81500 | 25423 | 14760 |
| 100537 | 162979 | 105006 | 122637 | 82475 | 102845 | 7388 | 28594 |
| 32040 | 46478 | 10951 | 16962 | 9136 | 13597 | 7702 | 9703 |
| 9412 | 11116 | 23530 | 32067 | 7118 | 12237 | 1368 | 7562 |
| 87909 | 162957 | 47125 | 193931 | 38612 | 149094 | 8127 | 25520 |
| 58483 | 102136 | 32469 | 48208 | 15071 | 15111 | 7842 | 12974 |
| 54242 | 95133 | 23447 | 32699 | 14143 | 22666 | 11119 | 32270 |
| 67892 | 98501 | 28592 | 39386 | 23376 | 32199 | 1947 | 8270 |
| 34538 | 55261 | 21704 | 8531 | 18499 | 6060 | 4435 | 7217 |
| 29093 | 63799 | 35548 | 42537 | 20874 | 30835 | 3610 | 4660 |
| 37668 | 135699 | 130385 | 362299 | 44292 | 220717 | 2679 | 10970 |

| 名　称　Name | | 业务总收入（亿元）Total Business Income (100 million yuan) | |
|---|---|---|---|
| | | 2010 | 2011 |
| 南通高新技术产业园区 | Nantong New & High Technology Industry Development Zone | 1027.57 | 1459.16 |
| 如东经济开发区 | Rudong Economic Development Zone | 811.09 | 1135.62 |
| 海门经济开发区 | Haimen Economic Development Zone | 1425.02 | 1897.11 |
| 如皋经济开发区 | Rugao Economic Development Zone | 738.26 | 1048.33 |
| 南通港闸经济开发区 | Nantong Gangzha Economic Development Zone | 460.87 | 603.13 |
| 海安经济开发区 | Haian Economic Development Zone | 1192.28 | 1676.81 |
| 启东经济开发区 | Qidong Economic Development Zone | 702.41 | 982.89 |
| 启东吕四港经济开发区 | Qidong Lvsi Port Economic Development Zone | 446.25 | 601.50 |
| 海门工业园区 | Haimen Industrial Park | 410.91 | 688.12 |
| 靖江经济开发区 | Jingjiang Economic Development Zone | 1428.00 | 1860.40 |
| 泰兴经济开发区 | Taixing Economic Development Zone | 656.93 | 950.87 |
| 姜堰经济开发区 | Jiangyan Economic Development Zone | 483.52 | 650.80 |
| 兴化经济开发区 | Xinghua Economic Development Zone | 257.12 | 380.93 |
| 泰州海陵工业园区 | Taizhou Hailing Industrial Park | 159.77 | 415.29 |
| 泰州高港高新技术产业园区 | Taizhou Gaogang New & High Technology Industry Development Zone | 286.98 | 366.58 |
| 江阴－靖江工业园区 | Jiangyin&Jingjiang Industrial Park | 414.08 | 565.11 |
| 仪征经济开发区 | Yizheng Economic Development Zone | 665.55 | 934.53 |
| 高邮经济开发区 | Gaoyou Economic Development Zone | 458.16 | 775.20 |
| 宝应经济开发区 | Baoying Economic Development Zone | 431.76 | 687.41 |
| 江都经济开发区 | Jiangdu Economic Development Zone | 700.00 | 1015.00 |
| 扬州维扬经济开发区 | Yangzhou Weiyang Economic Development Zone | 247.93 | 329.98 |
| 扬州邗江经济开发区 | Yangzhou Hanjiang Economic Development Zone | 631.08 | 970.49 |
| 扬州化学工业园区 | Yangzhou Chemical Industrial Park | 248.79 | 800.45 |
| 淮安工业园区 | Huaian Industrial Park | 163.35 | 238.13 |
| 楚州经济开发区 | Chuzhou Economic Development Zone | 171.78 | 330.86 |
| 金湖经济开发区 | Jinhu Economic Development Zone | 175.22 | 236.90 |
| 淮阴经济开发区 | Huaiyin Economic Development Zone | 248.15 | 376.94 |
| 洪泽经济开发区 | Hongze Economic Development Zone | 192.75 | 279.50 |
| 盱眙经济开发区 | Xuyi Economic Development Zone | 230.10 | 410.71 |
| 涟水经济开发区 | Lianshui Economic Development Zone | 249.91 | 322.26 |
| 阜宁经济开发区 | Funing Economic Development Zone | 315.63 | 413.93 |
| 大丰经济开发区 | Dafeng Economic Development Zone | 338.01 | 473.78 |
| 响水经济开发区 | Xiangshui Economic Development Zone | 257.32 | 360.87 |
| 射阳经济开发区 | Sheyang Economic Development Zone | 277.21 | 380.32 |
| 盐都经济开发区 | Yandu Economic Development Zone | 268.90 | 469.46 |

Continued 2

| 地方一般预算收入（万元）Local General Budget Revenue（10000 yuan） | | 进出口总额（万美元）Total Value of Import and Export（USD 10000） | | 出口总额（万美元）Export Value（USD 10000） | | 实际外商直接投资额（万美元）Actual Value of Foreign Direct Investment（USD 10000） | |
|---|---|---|---|---|---|---|---|
| 2010 | 2011 | 2010 | 2011 | 2010 | 2011 | 2010 | 2011 |
| 162115 | 235066 | 56520 | 54427 | 44054 | 41785 | 5890 | 6586 |
| 97318 | 121500 | 35773 | 58921 | 31864 | 53165 | 5138 | 3121 |
| 176010 | 279701 | 88549 | 124290 | 61950 | 84138 | 27343 | 10052 |
| 97850 | 157520 | 36959 | 108022 | 32430 | 78658 | 9777 | 6729 |
| 72592 | 163006 | 84900 | 129583 | 73156 | 110147 | 3463 | 2397 |
| 174278 | 248520 | 86597 | 105918 | 72662 | 88438 | 10910 | 15824 |
| 107048 | 146560 | 214774 | 219613 | 152875 | 157627 | 11419 | 9681 |
| 55079 | 65670 | 3349 | 4982 | 3259 | 4949 | 4895 | 2296 |
| 15109 | 51805 | 17238 | 21413 | 17225 | 21199 | 5392 | 904 |
| 152018 | 213279 | 268763 | 354091 | 201996 | 280065 | 16511 | 14290 |
| 69738 | 98553 | 104346 | 144111 | 50464 | 71718 | 13505 | 18842 |
| 44512 | 59913 | 28161 | 32469 | 21543 | 25898 | 11509 | 11133 |
| 57208 | 83995 | 22814 | 31892 | 14733 | 21643 | 10154 | 10131 |
| 19025 | 60750 | 22373 | 29672 | 14130 | 17838 | 6054 | 13788 |
| 35002 | 49381 | 155742 | 137777 | 86317 | 68869 | 9449 | 11547 |
| 52633 | 80475 | 48390 | 27795 | 33398 | 13146 | 14325 | 10295 |
| 94740 | 156367 | 19681 | 29810 | 16598 | 26296 | 11241 | 25138 |
| 74950 | 138700 | 19517 | 24206 | 18758 | 22967 | 12231 | 19188 |
| 79185 | 122690 | 24384 | 54264 | 17384 | 40319 | 13966 | 12917 |
| 155600 | 188891 | 55862 | 83350 | 49954 | 75932 | 20226 | 19079 |
| 36425 | 47250 | 16031 | 26178 | 15417 | 24294 | 7425 | 17336 |
| 47523 | 146229 | 131742 | 145065 | 116993 | 129105 | 16586 | 18660 |
| 38900 | 59170 | 37752 | 44484 | 13676 | 18324 | 8327 | 13038 |
| 13791 | 22524 | 11240 | 14263 | 10420 | 12853 | 3824 | 5967 |
| 26748 | 50299 | 11568 | 14841 | 10604 | 13435 | 6444 | 8289 |
| 26638 | 47215 | 11071 | 13867 | 9779 | 13487 | 11280 | 8420 |
| 67166 | 98985 | 19820 | 31102 | 9383 | 10933 | 12099 | 7977 |
| 34059 | 48678 | 10357 | 6370 | 9478 | 6058 | 7222 | 15043 |
| 18264 | 76564 | 8010 | 10038 | 4964 | 6956 | 10263 | 15387 |
| 53875 | 76465 | 12406 | 19746 | 10655 | 16623 | 8029 | 16141 |
| 43183 | 110542 | 13888 | 18234 | 12166 | 15601 | 7334 | 13350 |
| 76896 | 118974 | 22061 | 26729 | 14864 | 17450 | 8924 | 14075 |
| 42867 | 67986 | 2150 | 40405 | 2043 | 30087 | 3953 | 5695 |
| 36590 | 56605 | 7469 | 8734 | 6872 | 8269 | 6759 | 7777 |
| 47436 | 119425 | 8218 | 15896 | 2325 | 4019 | 4407 | 7926 |

8－19 续表3

| 名　称 | Name | 业务总收入（亿元）Total Business Income（100 million yuan） | |
|---|---|---|---|
| | | 2010 | 2011 |
| 东台经济开发区 | Dongtai Economic Development Zone | 235.61 | 309.87 |
| 亭湖经济开发区 | Tinghu Economic Development Zone | 344.83 | 449.25 |
| 滨海经济开发区 | Binhai Economic Development Zone | 227.56 | 406.05 |
| 建湖经济开发区 | Jianhu Economic Development Zone | 351.13 | 425.41 |
| 徐州高新技术产业园区 | Xuzhou New & High Technology Industry Development Zone | 618.54 | 840.44 |
| 徐州工业园区 | Xuzhou Industrial Park | 266.19 | 505.28 |
| 丰县经济开发区 | Fengxian Economic Development Zone | 255.14 | 440.17 |
| 睢宁经济开发区 | Suining Economic Development Zone | 167.87 | 333.06 |
| 新沂经济开发区 | Xinyi Economic Development Zone | 255.94 | 625.10 |
| 沛县经济开发区 | Peixian Economic Development Zone | 287.75 | 632.28 |
| 邳州经济开发区 | Pizhou Economic Development Zone | 301.55 | 616.41 |
| 东海经济开发区 | Donghai Economic Development Zone | 156.35 | 258.59 |
| 赣榆经济开发区 | Ganyu Economic Development Zone | 215.90 | 334.64 |
| 连云经济开发区 | Lianyun Economic Development Zone | 115.28 | 178.69 |
| 海州经济开发区 | Haizhou Economic Development Zone | 111.90 | 135.20 |
| 灌云经济开发区 | Guanyun Economic Development Zone | 108.10 | 160.30 |
| 连云港化学工业园区 | Lianyungang Chemical Industrial Park | 177.03 | 225.60 |
| 宿城经济开发区 | Sucheng Economic Development Zone | 158.68 | 295.70 |
| 宿豫经济开发区 | Suyu Economic Development Zone | 175.35 | 256.38 |
| 沭阳经济开发区 | Shuyang Economic Development Zone | 202.66 | 377.86 |
| 泗阳经济开发区 | Siyang Economic Development Zone | 212.61 | 308.48 |
| 泗洪经济开发区 | Sihong Economic Development Zone | 170.60 | 181.56 |
| 南京珍珠泉旅游度假区 | Nanjing Pearl Spring Tourist Resort | 1.00 | 1.30 |
| 溧阳天目湖旅游度假区 | Liyang Tianmuhu Lake Tourist Resort | 93.82 | 116.49 |
| 淀山湖旅游度假中心 | Dianshanhu Lake Tourist Resort | 15.08 | 19.92 |
| 阳澄湖旅游度假中心 | Yangchenghu Tourist Resort | 26.80 | 15.84 |
| 无锡太湖山水城旅游度假区 | Wuxi Taihu Lake Mountain, Water and City Tourist Resort | 351.95 | 380.49 |
| 南通洋口港工业园区 | Nantong Yangkou Port Industrial Park | 318.91 | 319.01 |
| 赣榆海洋经济开发区 | Ganyu Ocean Economic Development zone | 31.37 | 43.61 |
| 大丰海洋经济开发区 | Dafeng Ocean Economic Development zone | 287.59 | 393.87 |
| 苏通科技产业园 | Su-Tong Science & Technology Park | 6.54 | 0.00 |

注：2011年有4个原省级开发区升格为国家级开发区。
Note: There were four former provincial development zone upgraded to the state level development zones in 2011.

Continued 3

| 地方一般预算收入（万元）Local General Budget Revenue (10000 yuan) | | 进出口总额（万美元）Total Value of Import and Export (USD 10000) | | 出口总额（万美元）Export Value (USD 10000) | | 实际外商直接投资额（万美元）Actual Value of Foreign Direct Investment (USD 10000) | |
|---|---|---|---|---|---|---|---|
| 2010 | 2011 | 2010 | 2011 | 2010 | 2011 | 2010 | 2011 |
| 45047 | 60870 | 11427 | 17466 | 9521 | 15546 | 10528 | 12644 |
| 54614 | 67392 | 4551 | 16669 | 4443 | 16202 | 4262 | 8317 |
| 65859 | 102068 | 12592 | 15485 | 12310 | 14897 | 5594 | 7831 |
| 67792 | 121535 | 12161 | 16562 | 11449 | 15683 | 7192 | 12465 |
| 124794 | 162302 | 12120 | 18853 | 8482 | 13562 | 4222 | 15138 |
| 53160 | 100998 | 13451 | 24641 | 8177 | 9681 | 7049 | 11153 |
| 59562 | 84628 | 5655 | 6077 | 4797 | 5359 | 3291 | 3016 |
| 36620 | 92508 | 17662 | 31302 | 7898 | 18314 | 2119 | 9275 |
| 45470 | 158370 | 22750 | 24679 | 14297 | 19826 | 4214 | 6199 |
| 74420 | 121875 | 8272 | 26096 | 7981 | 25790 | 7801 | 8658 |
| 67297 | 152337 | 22883 | 34121 | 20171 | 31029 | 3945 | 12991 |
| 35071 | 63683 | 14820 | 24613 | 12040 | 18049 | 15016 | 4150 |
| 33832 | 48361 | 3879 | 8326 | 3642 | 5466 | 7781 | 2313 |
| 60177 | 93274 | 67224 | 80178 | 30652 | 42841 | 5109 | 5323 |
| 19369 | 19494 | 8580 | 11729 | 7759 | 10603 | 2841 | 13 |
| 24780 | 36294 | 7688 | 9639 | 6827 | 8708 | 8745 | 560 |
| 37068 | 45200 | 2715 | 3391 | 2402 | 3176 | 6486 | 276 |
| 61534 | 85508 | 1005 | 22272 | 955 | 17374 | 2317 | 1571 |
| 82251 | 99760 | 3903 | 31004 | 2851 | 27576 | 525 | 2477 |
| 83743 | 112841 | 14131 | 20924 | 11419 | 16524 | 4189 | 3665 |
| 78542 | 105792 | 19840 | 43871 | 17867 | 42731 | 1759 | 1927 |
| 64200 | 68805 | 12292 | 11260 | 11617 | 10906 | 1129 | 30 |
| 4187 | 3518 | 0 | 0 | 0 | 0 | 0 | 0 |
| 21607 | 23006 | 4058 | 7053 | 3105 | 6409 | 3455 | 4210 |
| 6031 | 8819 | 818 | 0 | 779 | 0 | 138 | 1294 |
| 5188 | 5201 | 600 | 401 | 470 | 322 | 1203 | 614 |
| 45304 | 50150 | 8698 | 16301 | 7982 | 9854 | 7654 | 15226 |
| 19595 | 19733 | 5347 | 6596 | 4106 | 4713 | 19292 | 21642 |
| 8894 | 13270 | 1708 | 2717 | 1699 | 2709 | 4083 | 289 |
| 85060 | 121680 | 8137 | 11322 | 7509 | 10520 | 10230 | 10852 |
| 10712 | 15055 | 0 | 0 | 0 | 0 | 0 | 3685 |

# 8－20　境外投资情况
## Information of Overseas Investment

| 指　标 | Item | 2000 | 2005 | 2010 | 2011 |
|---|---|---|---|---|---|
| **新批项目数　（个）** | **Number of Newly Approved Projects　(unit)** | **34** | **160** | **408** | **505** |
| #企业 | Enterprise | 32 | 132 | 360 | 443 |
| #子公司 | Sub-enterprise | 28 | 111 | 326 | 410 |
| 独资子公司 | Joint Venture Enterprise | 19 | 88 | 269 | 343 |
| 合资子公司 | Solely Funded Enterprise | 9 | 23 | 57 | 67 |
| 联营公司 | Joint Ownership Enterprise | 4 | 21 | 34 | 33 |
| #国有及国有控股企业 | State-owned Enterprise | 13 | 31 | 39 | 34 |
| 集体企业 | Collective-owned Enterprise | 2 | 4 | 5 | 3 |
| 民营企业 | Private Enterprise | 19 | 104 | 269 | 369 |
| 外资企业 | Foreign Funded Enterprise | | 21 | 95 | 99 |
| 机构 | Institution | 2 | 28 | 48 | 62 |
| #参股并购类项目 | Projects of Share Participating and Merging | | 17 | 47 | 64 |
| 风险投资类项目 | Venture Investment Projects | | 5 | 2 | 9 |
| #贸易型项目 | Trade Projects | 8 | 82 | 162 | 213 |
| 非贸易型项目 | Nontrade Projects | 26 | 78 | 246 | 292 |
| #境外加工贸易项目 | Projects of Overseas Processing Trade | 15 | 21 | 41 | 32 |
| 境外资源开发项目 | Projects of Overseas Resource Development | | 5 | 7 | 18 |
| **中方协议金额　（万美元）** | **Protocol Fund from China　(USD 10000)** | **1783** | **20504** | **217613** | **360154** |
| #企业 | Enterprise | 1759 | 20194 | 216646 | 359239 |
| #子公司 | Sub-enterprise | 1702 | 14058 | 211877 | 351789 |
| 独资子公司 | Joint Venture Enterprise | 1256 | 10688 | 191032 | 315587 |
| 合资子公司 | Solely Funded Enterprise | 446 | 3370 | 20846 | 36202 |
| 联营公司 | Joint Ownership Enterprise | 57 | 6136 | 4769 | 7450 |
| #国有及国有控股企业 | State-owned Enterprise | 668 | 5105 | 39 | 27271 |
| 集体企业 | Collective-owned Enterprise | 91 | 505 | 5 | 1495 |
| 民营企业 | Private Enterprise | 1024 | 14168 | 269 | 251638 |
| 外资企业 | Foreign Funded Enterprise | | 726 | 95 | 79750 |
| 机构 | Institution | 24 | 310 | 967 | 915 |
| #参股并购类项目 | Projects of Share Participating and Merging | | 6425 | 46726 | 49129 |
| 风险投资类项目 | Venture Investment Projects | | 347 | 137 | 8899 |
| #贸易型项目 | Trade Projects | 209 | 4214 | 61064 | 101672 |
| 非贸易型项目 | Nontrade Projects | 1574 | 16291 | 156549 | 258483 |
| #境外加工贸易项目 | Projects of Overseas Processing Trade | 1142 | 3232 | 30787 | 14760 |
| 境外资源开发项目 | Projects of Overseas Resource Development | | 4131 | 3202 | 39067 |

# 8-21 境外投资主要国别地区情况

## Information of Overseas Investment to Main Countries or Regions

| 国家(地区) | Country (Region) | 2000 新批项目数(个) Number of Newly Approved Projects | 2000 中方协议投资(万美元) Protocol Fund from China (USD 10000) | 2010 新批项目数(个) Number of Newly Approved Projects | 2010 中方协议投资(万美元) Protocol Fund from China (USD 10000) | 2011 新批项目数(个) Number of Newly Approved Projects | 2011 中方协议投资(万美元) Protocol Fund from China (USD 10000) |
|---|---|---|---|---|---|---|---|
| **全　部** | **Total** | **34** | **1783** | **408** | **217613** | **505** | **360154** |
| **亚洲** | **Asia** | **15** | **555** | **221** | **105722** | **289** | **186727** |
| 孟加拉国 | Bangladesh | 1 | 42 | 4 | 2340 | 9 | 1344 |
| 文莱 | Brunei | | | 1 | 210 | 2 | 150 |
| 缅甸 | Burma | | | 1 | 102 | | |
| 柬埔寨 | Cambodia | | | 3 | 510 | 8 | 1763 |
| 朝鲜 | North Korea | | | | | 2 | 777 |
| 中国香港 | Hong Kong | 2 | 87 | 92 | 72695 | 123 | 133581 |
| 印度 | India | 1 | 5 | 9 | 1813 | 11 | 1831 |
| 印度尼西亚 | Indonesia | 1 | 14 | 7 | 2343 | 12 | 8511 |
| 伊朗 | Iran | | | 2 | 152 | 1 | 50 |
| 日本 | Japan | | | 22 | 1952 | 22 | 2131 |
| 约旦 | Jordan | | | | | | |
| 老挝 | Laos | | | 2 | 360 | 3 | 2700 |
| 中国澳门 | Macao | | | 3 | 66 | | |
| 马来西亚 | Malaysia | | | 3 | 2950 | 6 | 2647 |
| 蒙古 | Mongolia | 2 | 70 | 2 | 10 | 3 | 390 |
| 尼泊尔 | Nepal | | | | | 1 | 50 |
| 阿曼 | Oman | | | | | 1 | 42 |
| 巴基斯坦 | Pakistan | | | 1 | 60 | 2 | 185 |
| 菲律宾 | Philippines | 1 | 60 | 3 | 700 | 1 | 5 |
| 卡塔尔 | Qatar | | | | | 1 | 150 |
| 沙特阿拉伯 | Saudi Arabia | | | 2 | 880 | 4 | 455 |
| 新加坡 | Singapore | 1 | 32 | 14 | 6965 | 21 | 9699 |
| 韩国 | Korea | 1 | 38 | 7 | 229 | 10 | 1515 |
| 叙利亚 | Syria | | | | | 1 | 5 |
| 泰国 | Thailand | | | 7 | 4847 | 11 | 3611 |
| 土耳其 | Tether | | | | | 3 | 3285 |
| 阿拉伯联合酋长国 | United Arab Emirates | 2 | 183 | 5 | 989 | 4 | 511 |
| 越南 | Vietnam | 3 | 25 | 19 | 2400 | 10 | 1620 |
| 中国台湾 | Taiwan Province | | | 8 | 1513 | 10 | 1441 |
| 哈萨克斯坦 | Kazakhstan | | | | | 3 | 205 |
| 吉尔吉斯斯坦 | Kyrgyzstan | | | 1 | 1000 | 1 | 8000 |
| 土库曼斯坦 | Turkmenistan | | | 2 | 300 | | |
| 乌兹别克斯坦 | Uzbekistan | | | 1 | 336 | 3 | 73 |

8－21 续 表 1 Contiued 1

| 国家(地区) Country(Region) | | 2000 | | 2010 | | 2011 | |
|---|---|---|---|---|---|---|---|
| | | 新批项目数(个) Number of Newly Approved Projects | 中方协议投资(万美元) Protocol Fund from China (USD 10000) | 新批项目数(个) Number of Newly Approved Projects | 中方协议投资(万美元) Protocol Fund from China (USD 10000) | 新批项目数(个) Number of Newly Approved Projects | 中方协议投资(万美元) Protocol Fund from China (USD 10000) |
| **非洲** | **Africa** | **5** | **461** | **28** | **11229** | **41** | **37015** |
| 阿尔及利亚 | Airily | | | 1 | 50 | 2 | 5 |
| 安哥拉 | Angola | | | 2 | 125 | 2 | 900 |
| 乍得 | Chad | | | | | 1 | 400 |
| 贝宁 | Benin | | | 1 | 748 | | |
| 埃及 | Egypt | | | 3 | 1485 | | |
| 赤道几内亚 | Guinea | | | 1 | 50 | | |
| 埃塞俄比亚 | Ethiopia | | | 4 | 4982 | 9 | 8854 |
| 加纳 | Ghana | 1 | 60 | 1 | 300 | | |
| 几内亚 | Guinea | | | | | 2 | 17800 |
| 肯尼亚 | Kenya | | | 1 | 200 | 5 | 1065 |
| 利比亚 | Libya | | | 1 | 975 | | |
| 马里 | Mali | | | | | 1 | 100 |
| 毛里塔尼亚 | Mauritania | | | | | 1 | 20 |
| 毛里求斯 | Mauritius | | | 2 | 100 | | |
| 摩洛哥 | Morocco | | | | | 2 | 305 |
| 莫桑比克 | Mozambique | 1 | 40 | | | 1 | 20 |
| 纳米比亚 | Namibia | | | 1 | 50 | 1 | 100 |
| 尼日利亚 | Nigeria | | | 4 | 572 | 1 | 5 |
| 塞内加尔 | Senegal | | | 1 | 50 | | |
| 南非 | South Africa | 2 | 271 | 1 | 900 | 4 | 262 |
| 苏丹 | Sudan | | | 1 | 200 | 1 | 5 |
| 坦桑尼亚 | Tanzania | 1 | 90 | 1 | －158 | 1 | 500 |
| 民主刚果 | Democratic Congo | | | | | 1 | 0 |
| 赞比亚 | Zambia | | | 2 | 600 | 5 | 6574 |
| 津巴布韦 | Zimbabwe | | | | | 1 | 100 |
| **欧洲** | **Europe** | **3** | **152** | **62** | **39628** | **60** | **40845** |
| 比利时 | Belgium | | | 2 | 60 | 2 | 3020 |
| 丹麦 | Denmark | | | 2 | 14 | | |
| 英国 | United Kingdom | | | 8 | 2366 | 5 | 1265 |
| 德国 | Germany | | | 14 | 7230 | 17 | 7085 |
| 法国 | France | | | 2 | 1085 | 5 | 2728 |
| 爱尔兰 | Ireland | | | 1 | 100 | | |
| 意大利 | Italy | | | 8 | 20649 | 3 | 311 |
| 卢森堡 | Luxembourg | | | 1 | 466 | 5 | 16170 |

8-21 续 表 2 Contiued 2

| 国家(地区) Country(Region) | | 2000 新批项目数(个) Number of Newly Approved Projects | 2000 中方协议投资(万美元) Protocol Fund from China (USD 10000) | 2010 新批项目数(个) Number of Newly Approved Projects | 2010 中方协议投资(万美元) Protocol Fund from China (USD 10000) | 2011 新批项目数(个) Number of Newly Approved Projects | 2011 中方协议投资(万美元) Protocol Fund from China (USD 10000) |
|---|---|---|---|---|---|---|---|
| 荷兰 | Netherlands | | | 6 | 374 | 6 | 1223 |
| 西班牙 | Spain | | | 1 | 2800 | 1 | 60 |
| 保加利亚 | Bulgaria | | | 1 | 967 | 1 | 760 |
| 芬兰 | Finland | | | 1 | 49 | | |
| 匈牙利 | Hungary | | | 1 | 100 | 1 | 0 |
| 列支敦士登 | Liechtenstein | | | | | 1 | 1523 |
| 挪威 | Norway | | | 1 | 68 | 1 | 40 |
| 波兰 | Poland | | | 1 | 100 | 1 | 5 |
| 罗马尼亚 | Romania | | | 1 | 100 | | |
| 瑞典 | Sweden | | | | | 2 | 90 |
| 瑞士 | Switzerland | | | 2 | 1000 | 4 | 6295 |
| 阿塞拜疆 | Azerbaijan | | | | | 1 | 250 |
| 白俄罗斯 | White Russia | | | 1 | 20 | | |
| 俄罗斯联邦 | the Russian Federation | 3 | 152 | 6 | 622 | 4 | 20 |
| 捷克 | Czech | | | 1 | 1358 | | |
| 塞尔维亚 | Serbia | | | 1 | 100 | | |
| **拉丁美洲** | **Latin America** | **2** | **85** | **12** | **11459** | **22** | **37805** |
| 阿根廷 | Argentina | 1 | 60 | | | 1 | 5 |
| 巴哈马 | Bahamas | | | | | 1 | 735 |
| 巴西 | Brazil | 1 | 25 | 1 | 5 | | |
| 开曼群岛 | Cayman Islands | | | 2 | 8057 | 4 | 2705 |
| 智利 | Chili | | | 1 | 50 | 2 | 780 |
| 哥伦比亚 | Colombia | | | | | 1 | 5 |
| 厄瓜多尔 | Ecuador | | | | | 1 | 5 |
| 墨西哥 | Mexico | | | 2 | 105 | 1 | 1000 |
| 巴拉圭 | Paraguay | | | 1 | 1980 | | |
| 英属维尔京群岛 | British Virgin Islands | | | 5 | 1262 | 11 | 32570 |
| **北美洲** | **North America** | **6** | **250** | **75** | **36173** | **74** | **36926** |
| 加拿大 | Canada | | | 12 | 6256 | 11 | 15337 |
| 美国 | United States | 6 | 250 | 62 | 29467 | 62 | 21464 |
| 百慕大群岛 | Bermuda | | | 1 | 450 | 1 | 124 |
| **大洋洲** | **Oceania** | **3** | **281** | **10** | **13401** | **19** | **20836** |
| 澳大利亚 | Australia | 3 | 281 | 9 | 12901 | 17 | 15136 |
| 斐济 | Fiji | | | | | 1 | 5500 |
| 新西兰 | New Zealand | | | 1 | 500 | | |
| 其他国家 (地区) | Other Countries (Regions) | | | | | 1 | 200 |

# 8－22 分行业境外投资情况
## Information of Overseas Investment by Sector

| 行业 | Sector | 2010 新批项目数（个）Number of Newly Approved Projects | 2010 中方协议投资（万美元）Protocol Fund from China (USD 10000) | 2011 新批项目数（个）Number of Newly Approved Projects | 2011 中方协议投资（万美元）Protocol Fund from China (USD 10000) |
|---|---|---|---|---|---|
| **总　计** | **Total** | **408** | **217613** | **505** | **360154** |
| **第一产业** | **Primary Industry** | **8** | **3476** | **5** | **4772** |
| 农、林、牧、渔业 | Farming, Forestry, Animal Husbandry and Fishery | 8 | 3476 | 5 | 4772 |
| 农业 | Farming | 2 | 695 | 3 | 2572 |
| 林业 | Forestry | 5 | 2581 | 1 | 2000 |
| 畜牧业 | Animal Husbandry |  |  | 1 | 200 |
| 渔业 | Fishery | 1 | 200 |  |  |
| **第二产业** | **Secondary Industry** | **134** | **104268** | **158** | **151148** |
| 采矿业 | Mining | 3 | 2300 | 12 | 32961 |
| 黑色金属矿采选业 | Mining and Processing of Ferrous Metal Ores |  |  | 2 | 680 |
| 有色金属矿采选业 | Mining and Processing of Non-ferrous Metal Ores | 3 | 2300 | 7 | 22050 |
| 非金属矿采选业 | Mining and Processing of Nonmetal Ores |  |  | 1 | 7900 |
| 其他采矿业 | Other Mining |  |  | 2 | 2331 |
| 制造业 | Manufacturing | 103 | 63461 | 115 | 63865 |
| 农副食品加工业 | Processing of Food from Agricultural Products | 2 | 485 | 3 | 530 |
| 食品制造业 | Manufacture of Food |  |  | 2 | 138 |
| 饮料制造业 | Manufacture of Beverage |  |  |  |  |
| 纺织业 | Manufacture of Textile | 9 | 4156 | 3 | 800 |
| 纺织服装、鞋、帽制造业 | Manufacture of Textile Wearing, Apparel, Footwear and Caps | 4 | 2330 | 12 | 2727 |
| 皮革、毛皮、羽毛（绒）及其制品业 | Manufacture of Textile, Fur, Feather and Related Products | 2 | 660 |  |  |
| 木材加工及木、竹、藤、棕、草制品业 | Processing of Timber, Manufacture of Wood, Bamboo, Rattan, Palm and Straw Products | 10 | 2487 | 6 | 1750 |
| 家具制造业 | Manufacture of Furniture | 1 | 300 | 1 | 350 |
| 造纸及纸制品业 | Manufacture of Paper and Paper Products | 1 | 980 |  |  |
| 印刷业和记录媒介的复制 | Printing, Reproduction of Recording Media |  |  | 1 | 590 |
| 文教体育用品制造业 | Manufacture of Articles For Culture, Education and Sport Activities |  |  | 1 | 1500 |
| 石油加工、炼焦及核燃料加工业 | Processing of Petroleum, Coking, Processing of Nuclear Fuel |  |  | 1 | 11000 |
| 化学原料及化学制品制造业 | Manufacture of Raw Chemical Materials and Chemical Products | 6 | 5907 | 8 | 5522 |
| 医药制造业 | Manufacture of Medicines | 5 | 1020 | 4 | 375 |
| 化学纤维制造业 | Manufacture of Chemical Fibers |  |  | 1 | 570 |
| 橡胶制品业 | Manufacture of Rubber |  |  | 5 | 1921 |
| 塑料制品业 | Manufacture of Plastics | 7 | 2557 | 6 | 1615 |
| 非金属矿物制品业 | Manufacture of Non-metallic Mineral Products |  |  | 1 | 500 |
| 黑色金属冶炼及压延加工业 | Smelting and Pressing of Ferrous Metals | 2 | 1208 | 3 | 9516 |
| 有色金属冶炼及压延加工业 | Smelting and Pressing of Non-ferrous Metals |  |  | 1 | 0 |
| 金属制品业 | Manufacture of Metal Products | 4 | 1360 | 12 | 2474 |
| 通用设备制造业 | Manufacture of General Purpose Machinery | 12 | 24496 | 7 | 6782 |
| 专用设备制造业 | Manufacture of Special Purpose Machinery | 16 | 4045 | 12 | 4362 |
| 交通运输设备制造业 | Manufacture of Transport Equipment | 9 | 4783 | 6 | 5654 |
| 电气机械及器材制造业 | Manufacture of Electrical Machinery and Equipment | 3 | 699 | 8 | 1005 |
| 通信设备、计算机及其他电子设备制造业 | Manufacture of Communication Equipment, Computers and Other Electronic Equipment | 6 | 4496 | 8 | 2380 |
| 仪器仪表及文化、办公用机械制造业 | Manufacture of Measuring Instruments and Machinery for Cultural Activity and Office Work | 1 | 215 | 1 | 80 |

8－22 续 表 Continued

| 行业 Sector | | 2010 新批项目数（个）Number of Newly Approved Projects | 2010 中方协议投资（万美元）Protocol Fund from China (USD 10000) | 2011 新批项目数（个）Number of Newly Approved Projects | 2011 中方协议投资（万美元）Protocol Fund from China (USD 10000) |
|---|---|---|---|---|---|
| 工艺品及其他制造业 | Manufacture of Artwork and Other Manufacturing | 2 | 765 | | |
| 废弃资源和废旧材料回收加工业 | Recycling and Disposal of Waste | 1 | 512 | 2 | 1725 |
| 电力、燃气及水的生产和供应业 | Production and Supply of Electricity, Gas and Water | 11 | 36417 | 14 | 35868 |
| 电力、热力的生产和供应业 | Production and Supply of Electric Power and Heat Power | 11 | 36417 | 14 | 35868 |
| 建筑业 | Construction | 17 | 2089 | 17 | 18455 |
| 房屋和土木工程建筑业 | Construction of Building & Civil Engineering | 9 | 1432 | 9 | 17435 |
| 建筑安装业 | Building Installation | 2 | 129 | 4 | 400 |
| 建筑装饰业 | Building Decoration | 1 | 118 | | |
| 其他建筑业 | Other Construction | 5 | 410 | 4 | 620 |
| **第三产业** | **Tertiary Industry** | **266** | **109869** | **342** | **204234** |
| **交通运输、仓储和邮政业** | **Transport, Storage and Post** | **5** | **3310** | **8** | **6010** |
| 道路运输业 | Road Transport | 1 | 800 | 2 | 250 |
| 水上运输业 | Warter Transport | 2 | 1990 | 4 | 5160 |
| 装卸搬运和其他运输服务业 | Loading, Unloading and Other Transport Services | 1 | 500 | | |
| 仓储业 | Storage | 1 | 20 | 2 | 600 |
| 信息传输、计算机服务和软件业 | Information Transmission, Computer Services and Software | 21 | 12018 | 16 | 17588 |
| 电信和其他信息传输服务业 | Information Transmission | 2 | 500 | 1 | 980 |
| 计算机服务业 | Computer Services | 4 | 8550 | 5 | 15594 |
| 软件业 | Software | 15 | 2968 | 10 | 1014 |
| 批发和零售业 | Wholesale and Retail Trades | 127 | 37351 | 176 | 86699 |
| 批发业 | Wholesale Trades | 121 | 35773 | 161 | 84524 |
| 零售业 | Retail Trads | 6 | 1578 | 15 | 2175 |
| 住宿和餐饮业 | Hotels and Catering Services | 5 | 4764 | 3 | 11500 |
| 住宿业 | Hotels | 1 | 4125 | 3 | 11500 |
| 餐饮业 | Catering Services | 4 | 639 | | |
| 房地产业 | Real Estate | 6 | 14804 | 9 | 28176 |
| 房地产业 | Real Estate | 6 | 14804 | 9 | 28176 |
| 租赁和商务服务业 | Leasing and Business Services | 77 | 28052 | 100 | 44576 |
| 租赁业 | Leasing | 2 | 1080 | 2 | 2001 |
| 商务服务业 | Business Services | 75 | 26972 | 98 | 42575 |
| 科学研究、技术服务和地质勘查业 | Scientific Research, Technical Services and Geologic Prospecting | 17 | 4171 | 22 | 6202 |
| 研究与试验发展 | Research and Experimental Development | 11 | 3393 | 15 | 5555 |
| 专业技术服务业 | Professional Technical Services | 3 | 320 | 3 | 402 |
| 科技交流和推广服务业 | Services of Science and Technology Exchanges and Promotion | 3 | 458 | 4 | 245 |
| 居民服务和其他服务业 | Services to Households and Other Services | 4 | 258 | 5 | 400 |
| 其他服务业 | Other Services | 4 | 258 | 5 | 400 |
| 教育 | Education | 3 | 142 | 1 | 70 |
| 教育 | Education | 3 | 142 | 1 | 70 |
| 文化、体育和娱乐业 | Culture, Sports and Entertainment | 1 | 5000 | 2 | 3013 |
| 广播、电视、电影和音像业 | Broadcasting, Movies, Television and Audiovisual Activities | 1 | 5000 | | |
| 体育 | Sports | | | 1 | 13 |
| 娱乐业 | Entertainment | | | 1 | 3000 |

# 8－23 分地区境外投资情况
## Information of Overseas Investment by Region

| 地 区 | Region | 2000 新批项目数（个）Number of Newly Approved Projects | 2000 中方协议投资（万美元）Protocol Fund from China (USD 10000) | 2010 新批项目数（个）Number of Newly Approved Projects | 2010 中方协议投资（万美元）Protocol Fund from China (USD 10000) | 2011 新批项目数（个）Number of Newly Approved Projects | 2011 中方协议投资（万美元）Protocol Fund from China (USD 10000) |
|---|---|---|---|---|---|---|---|
| **全 省** | **Total** | **34** | **1783** | **408** | **217613** | **505** | **360154** |
| 苏 南 | Southern Jiangsu | 19 | 853 | 299 | 170992 | 334 | 240886 |
| 苏 中 | Middle Jiangsu | 5 | 522 | 75 | 38804 | 123 | 63707 |
| 苏 北 | Northern Jiangsu | 5 | 191 | 23 | 5217 | 32 | 45638 |
| 南京市 | Nanjing | 5 | 112 | 48 | 34427 | 53 | 58827 |
| 无锡市 | Wuxi | 8 | 367 | 69 | 35106 | 76 | 64776 |
| 徐州市 | Xuzhou | 2 | 132 | 5 | 1573 | 10 | 12095 |
| 常州市 | Changzhou | 4 | 55 | 40 | 34186 | 49 | 44457 |
| 苏州市 | Suzhou | 2 | 320 | 118 | 47446 | 138 | 70048 |
| 南通市 | Nantong | 2 | 70 | 35 | 31825 | 52 | 45110 |
| 连云港市 | Lianyungang | 1 | 38 | 5 | 1820 | 8 | 29458 |
| 淮安市 | Huaian | | | 3 | 600 | 2 | 602 |
| 盐城市 | Yancheng | 2 | 21 | 6 | 671 | 6 | 2694 |
| 扬州市 | Yangzhou | 2 | 297 | 20 | 3024 | 42 | 6179 |
| 镇江市 | Zhenjiang | | | 24 | 19828 | 18 | 2778 |
| 泰州市 | Taizhou | 1 | 155 | 20 | 3955 | 29 | 12419 |
| 宿迁市 | Suqian | | | 4 | 553 | 6 | 788 |

# 主要统计指标解释

**进出口总额**　海关进出口总额指实际进出我国国境的货物总金额。包括对外贸易实际进出口货物，来料加工装配进出口货物，国家间、联合国及国际组织无偿援助物资和赠送品，华侨、港澳台同胞和外籍华人捐赠品，租赁期满归承租人所有的租赁货物，进料加工进出口货物，边境地方贸易及边境地区小额贸易进出口货物（边民互市贸易除外），中外合资企业、中外合作经营企业、外商独资经营企业进出口货物和公用物品，到、离岸价格在规定限额以上的进出口货样和广告品（无商业价值、无使用价值和免费提供出口的除外），从保税仓库提取在中国境内销售的进口货物，以及其他进出口货物。进出口总额用以观察一个国家在对外贸易方面的总规模。我国规定出口货物按离岸价格统计，进口货物按到岸价格统计。

**商品经营单位所在地进、出口额**　指所在地海关注册登记的有进出口经营权的企业实际进、出口额。

**商品目的地进口额和商品货源地出口额**　目的地进口额指进口货物的消费、使用或最终抵运地的实际进口额，货源地出口额是指出口货物的产地或原始发货地的实际出口额。

**外商直接投资**　指外国企业和经济组织或个人（包括华侨、港澳台胞以及我国在境外注册的企业）按我国有关政策、法规，用现汇、实物、技术等在我国境内开办外商独资企业、与我国境内的企业或经济组织共同举办中外合资经营企业、合作经营企业或合作开发资源的投资（包括外商投资收益的再投资）。

**对外承包工程**　指各对外承包公司以招标议标承包方式承揽的下列业务：(1)承包国外工程建设项目，(2)承包我国对外经援项目，(3)承包我国驻外机构的工程建设项目，(4)承包我国境内利用外资进行建设的工程项目，(5)与外国承包公司合营或联合承包工程项目时我国公司分包部分，(6)对外承包兼营的房屋开发业务。对外承包工程的营业额是以货币表现的本期内完成的对外承包工程的工作量，包括以前年度签订的合同和本年度新签订的合同在报告期内完成的工作量。

**对外劳务合作**　指以收取工资的形式向业主或承包商提供技术和劳动服务的活动。我国对外承包公司在境外开办的合营企业，中国公司同时又提供劳务的，其劳务部分也纳入劳务合作统计。劳务合作营业额按报告期内向雇主提交的结算数（包括工资、加班费和奖金等）统计。

# Explanatory Notes on Main Statistical Indicators

**Total Imports and Exports at Customs**　refer to the value of commodities imported into and exported from the boundary of China. They include the actual imports and exports through foreign trade, imported and exported goods under the processing and assembling trades and materials, supplies and gifts as aid given gratis between governments and by the United Nations and other international organizations, and contributions donated by overseas Chinese, compatriots in Hong Kong and Macao and Chinese with foreign citizenship, leasing commodities owned by tenant at the expiration of leasing period, the imported and exported commodities processed with imported materials, commodities trading in border areas (excluding mutual exchange goods), the imported and exported commodities and articles for public use of the Sino-foreign joint ventures, cooperative enterprises and ventures exclusively with foreign own investment. Also included are import or export of samples and advertising goods for whose CIF or FOB value are beyond the permitted ceiling (excluding goods of no trading or use value and free commodities for export), imported goods sold in China from bonded warehouses and other imported or exported goods. The indicator of the total imports and exports at customs can be used to observe the total size of external trade in a country. In accordance with the stipulation of the Chinese government, imports are calculated at CIF, while exports are calculated at FOB.

**Import Export Value by Location of Chinas Foreign Trade Managing Units**　refers to actual value of imports and exports carried out by corporations which have been registered by the local customhouse and are vested with fight to run import export business.

**Import Value of Commodities by the Places of their Destination and Export Value of Commodities by the Places of their Origin in China**: The former indicator refers to the value of import commodities of the places of their consumption, utilization or the places of their final destination. The latter indicator refers to the value of export commodities of the places of their origin or the places of the commodities dispatched.

**Direct Investment by Foreign Entrepreneurs**　refers to the investments inside China by foreign enterprises and economic organizations or individuals (including overseas Chinese, compatriots from Hong Kong and Macao, and Chinese enterprises registered abroad), following the relevant policies and laws of China, for the establishment of ventures exclusively with foreign own investment, Sino-foreign joint ventures and cooperative enterprises or for co-operative exploration of resources with enterprises or economic organizations in China. It includes the re investment of the foreign entrepreneurs with the profits gained from the investment. Foreign direct investment of 2005 was the volume affirmed by the Commercial Department.

**Contracted Projects with Foreign Countries** refer to projects undertaken by Chinese contractors (project contracting companies) through bidding process. They include: (1) overseas civil engineering construction projects financed by foreign investors; (2) overseas projects financed by the Chinese government through its foreign aid programs; (3) construction projects of Chinese diplomatic missions, trade offices and other institutions stationed abroad; (4) construction projects in China financed by foreign investment; (5) sub – contracted projects to be taken by Chinese contractors through a joint umbrella project with foreign contractor(s); (6) housing development projects. The business income from international contracted projects is the work volume of contracted projects completed during the reference period, expressed in monetary terms, including completed work on projects signed in previous years.

**Service Cooperation with Foreign Countries** refers to the activities of providing technology and labor services to employers or contractors in the forms of receiving salaries and wages. Labor services providing by contractual joint ventures of Chinese international contracting corporations should be included in the statistics of service co – operation with foreign countries. The business income of labor service co operation is the income in the form of wages and salaries, overtime pay, bonuses and other remuneration received from the employers during the reference period.

# 9

# 能源、资源、环境

# Energy，Resource and Environment

# 简 要 说 明

**一、本篇资料的主要内容**

本篇主要反映我省自然资源状况、能源消费、环境保护事业发展情况。

自然资源状况包括地理位置、面积、河流、资源、气象等数据资料。

能源消费包括综合能源平衡表、规模以上工业企业主要能源品种消费量等。

环境保护事业发展情况主要包括污染排放与处理情况、生态环境保护情况等。

**二、本篇资料的统计范围**

本篇资料的统计范围为全社会。

**三、本篇的资料来源**

自然状况根据有关历史资料进行整理和编辑。

气象、水资源、环境保护事业发展情况分别由气象、水利、环保等部门提供。

能源消费数据来自历年能源平衡表及相关能源统计年报。

# Brief Introduction

**I. Main Contents**

This chapter contains information that reflects natural resource conditions, energy consumption and the development of environment protection.

Data on natural resource cover geographic location, area, rivers and lakes, resource and meteorological phenomena, etc.

Data on energy cover aggregate balance sheet of energy and major energy consumption of above designated industrial enterprises, etc. Data on the development of environment protection mainly include discharge and treatment of pollution, ecological and environmental protection, etc.

**II. Sources of Data**

The scope of data in this chapter is the whole country.

**III. Sources of Data**

Data on natural conditions are compiled in accordance with historical information.

Data on meteorological phenomena, water resources, development of environment protection are provided respectively by meteorology, water conservancy and environment protection ministry.

Data on energy consumption are from the energy balance sheets over the years and relevant energy statistics annals.

# 自然概况

## 位　置

江苏简称苏，位于我国大陆东部沿海中心，介于东经116°18′—121°57′，北纬30°45′—35°20′之间。东濒黄海，西连安徽，北接山东，东南与浙江和上海毗邻。

江苏地处美丽富饶的长江三角州，平原辽阔，主要有苏南平原，江淮平原、黄淮平原和东部滨海平原，自然条件优越，经济基础较好。

## 面　积

全省面积10.26万平方公里，占全国总面积的1.1%。其中平原面积7.06万平方公里，水面面积1.73万平方公里。海岸线长954公里。

## 河　流

全省境内河川交错，水网密布，长江横穿东西400多公里，大运河纵贯南北690公里，西南部有秦淮河，北部有苏北灌溉总渠、新沭河、通扬运河等。有大小湖泊290多个，全国五大淡水湖，江苏得其二，太湖和洪泽湖象两面大明镜，分别镶嵌在水乡江南和苏北平原。

## 资　源

江苏以地形地势低平，河湖众多为特点，平原、水面所占比例之大，在全国居首位，成为江苏一大地理优势。水产资源丰富，有广阔的海涂、浅海，东部沿海渔场面积达15.4万平方公里，其中包括著名的吕泗、海州湾等四大渔场，盛产黄鱼、带鱼、昌鱼、虾类、蟹类及贝藻类等。江苏也是全国河蟹、鳗鱼苗的主要产地。内陆水面2600多万亩，养殖面积852万亩，有淡水鱼类140余种，已利用的有40多种。矿产资源分布广泛，品种较多，已发现的有133种。能源矿产主要有煤炭、石油和天然气；非金属矿产有硫、磷、钠盐、水晶、兰晶石、蓝宝石、金刚石、高岭土、石灰石、石英砂、大理石、陶瓷粘土；金属矿产有铁、铜、铅、锌、银、金、锶、锰等。粘土类矿产、建材类矿产、化工原料矿产、冶金辅助原料矿产、特种用途矿产和有色金属矿产，是江苏矿产资源的优势。

## 气　候

全省气候具有明显的季风特征，处于亚热带向暖温带过渡地带，大致以淮河—灌溉总渠一线为界，以南属亚热带湿润季风气候，以北属暖温带湿润季风气候。全省气候温和，雨量适中，四季分明。

# Natural Resources

### Location

Jiangsu (Short for Su) lies in the east of the country. It is situated in the center of the costal area, between 116°18′—121°57′E and 30°45′—35°20′N, with Yellowsea on the east, Anhui province on the west, Shandong on the north, and Zhejiang and Shanghai as its neighbours on the southeast.

Jiangsu seats on the beautiful and abundant Yangtze River Delta. Composed of vast plains, mainly South-Su, Jianghuai, Huanghuai and eastern plain by the sea, the province provides favorable natural conditions and good economic bases.

### Area

The area of Jiangsu is 102.6 thousand square kilometres, occupied 1.1 % of the total national area, among which 70.6 thousand square kilometres are plain areas, 17.3 thousand square kilometres are water surface. The coastline of the province is as long as 954 kilmetres.

### Rivers and Lakes

In Jiangsu, there are rivers crisscrossing throughout the province, and distributes the network of waterways. The Yangtze River travels the whole area of Jiangsu, from west to east, for more than 400 kilometres. The Grand Canal flows south to north for 690 kilometres. There are Qinhuai River in the southeast of Jiangsu, Subei general irrigation canal, Xinshu River and Tongyang canal etc. in the north part. Among the 290 lakes of varying size in Jiangsu, the Taihu Lake and Hongzehu Lake are both listed among the national "Five Large Fresh Water Lakes", like two bright mirrors inlaid respectively into the southern region of the Changjiang River and Subei Plain.

### Resources

The province is characteristic of topographical features in low and flat terrains, with numerous rivers and lakes. The proportion of plain and watersurface area is so large that it ranks the first in China and become a geographical superiority proportion. There are plentiful aquatic resources, vast shallow sea beaches and epeiric seas. There are 154 thousand square kilometres of fishing grounds on the eastern coastal area, composed of the four famous fishing grounds such as Lusi and Haizhouwan etc., abound in yellow croaker, hairtail, butterfish, shrimp and crab, and shellfish and algae. Jiangsu is also a main production area of crabs and young eels in the country. There are more than 26 million mu of interior water surface, with 8520 thousand mu of aquatic farm. Among 140 kinds and more of flesh water fishes, over 40 are utilized. Numerous varieties of mineral resources are widely dispersed, 133 kinds of them have been discovered. The main sources of energy and minerals dispersed in Jiangsu are coal, petroleum and natural gas. Nonmetallic minerals contain sulphur, phosphorus, sodium, crystal, dyanite, sapphire, diamond, kaolin, limestone, quartzite, marble and pottery clay. Metallic minerals contain iron, copper, lead, zinc, silver, gold, strontium and manganese. The minerals as clay, construction materials, sand, chemical raw materials, metallurgical assistance raw materials, special purpose minerals and non-ferrous metal minerals become a mineral superiority of Jiangsu.

### Climate

Located in a transition area from subtripical zone to temperature zone, Jiangsu shows a distinct characteristic of monsoon. Taking the Huaihe river to general irrigation canal as an approximate line of demarcation, the climate to the south of the line belongs to monsoon of tropical moist zone, while the climate to the north of the line belongs to monsoon of warm moist zone. Jiangsu has a warm climate, with moderate rainfall and distinct seasons.

# 9-1 主要城市月平均气温(2011年)

## Monthly Average Temperature of Major Cities (2011)

单位:摄氏度 (℃)

| 市名 City | 1月 Jan | 2月 Feb | 3月 Mar | 4月 Apr | 5月 May | 6月 June | 7月 July | 8月 Aug | 9月 Sept | 10月 Oct | 11月 Nov | 12月 Dec | 年平均气温 Yearly Average |
|---|---|---|---|---|---|---|---|---|---|---|---|---|---|
| 南京市 Nanjing | -0.1 | 5.0 | 9.4 | 17.0 | 22.3 | 24.6 | 28.1 | 27.0 | 23.2 | 17.6 | 14.7 | 4.2 | 16.1 |
| 无锡市 Wuxi | 0.0 | 5.0 | 9.2 | 16.3 | 21.8 | 24.3 | 27.6 | 26.6 | 23.0 | 17.7 | 14.8 | 4.4 | 15.9 |
| 徐州市 Xuzhou | 0.1 | 5.1 | 9.3 | 16.3 | 22.1 | 24.6 | 28.4 | 27.0 | 23.4 | 18.0 | 15.3 | 4.7 | 16.2 |
| 常州市 Changzhou | 0.6 | 5.3 | 9.4 | 16.4 | 22.0 | 24.6 | 29.1 | 27.6 | 23.8 | 18.4 | 15.8 | 5.1 | 16.5 |
| 苏州市 Suzhou | 1.1 | 5.7 | 9.4 | 16.2 | 21.8 | 24.6 | 29.8 | 28.1 | 24.5 | 19.0 | 16.3 | 6.0 | 16.9 |
| 南通市 Nantong | -0.4 | 4.2 | 7.7 | 14.5 | 20.5 | 23.5 | 28.1 | 26.3 | 22.6 | 17.4 | 14.8 | 4.3 | 15.3 |
| 连云港市 Lianyungang | -0.3 | 4.6 | 8.9 | 15.8 | 21.7 | 24.1 | 27.4 | 26.4 | 22.8 | 17.3 | 14.5 | 4.1 | 15.6 |
| 淮安市 Huaian | -0.8 | 4.3 | 9.0 | 16.3 | 21.9 | 24.4 | 27.5 | 26.7 | 22.7 | 17.2 | 14.4 | 3.6 | 15.6 |
| 盐城市 Yancheng | -1.5 | 3.4 | 8.6 | 15.4 | 20.5 | 24.7 | 26.9 | 26.2 | 21.4 | 16.2 | 12.7 | 2.7 | 14.8 |
| 扬州市 Yangzhou | -2.3 | 2.9 | 8.7 | 15.6 | 20.5 | 24.8 | 26.6 | 25.7 | 20.9 | 15.8 | 11.9 | 2.1 | 14.4 |
| 镇江市 Zhenjiang | -1.6 | 2.9 | 7.3 | 14.0 | 20.0 | 23.3 | 26.4 | 26.2 | 21.9 | 16.5 | 13.2 | 3.3 | 14.5 |
| 泰州市 Taizhou | -2.0 | 3.4 | 9.0 | 16.4 | 21.4 | 26.2 | 27.5 | 25.8 | 20.9 | 15.9 | 11.1 | 1.8 | 14.8 |
| 宿迁市 Suqian | -2.4 | 2.1 | 7.4 | 13.8 | 19.1 | 23.5 | 26.3 | 25.8 | 21.2 | 15.6 | 11.6 | 1.9 | 13.8 |

# 9-2 主要城市月降水量(2011年)

## Monthly Precipitation of Major Cities (2011)

单位:毫米 (mm)

| 市名 City | 1月 Jan | 2月 Feb | 3月 Mar | 4月 Apr | 5月 May | 6月 June | 7月 July | 8月 Aug | 9月 Sept | 10月 Oct | 11月 Nov | 12月 Dec | 全年累计 Yearly Total |
|---|---|---|---|---|---|---|---|---|---|---|---|---|---|
| 南京市 Nanjing | 10.8 | 17.2 | 43.2 | 11.6 | 40.6 | 312.9 | 278.0 | 284.3 | 12.6 | 28.7 | 21.3 | 15.8 | 1077.0 |
| 无锡市 Wuxi | 9.8 | 13.5 | 50.8 | 21.3 | 43.3 | 232.2 | 197.4 | 362.0 | 16.4 | 46.0 | 27.2 | 23.2 | 1043.1 |
| 徐州市 Xuzhou | 10.5 | 22.6 | 43.8 | 26.1 | 49.3 | 270.3 | 355.5 | 571.8 | 10.0 | 25.3 | 21.6 | 26.1 | 1432.9 |
| 常州市 Changzhou | 23.1 | 21.6 | 43.1 | 25.4 | 42.6 | 334.3 | 145.6 | 353.1 | 12.7 | 20.4 | 17.2 | 27.8 | 1066.9 |
| 苏州市 Suzhou | 19.4 | 17.1 | 48.8 | 55.4 | 52.7 | 300.8 | 111.3 | 187.9 | 8.9 | 61.0 | 21.8 | 25.9 | 911.0 |
| 南通市 Nantong | 5.5 | 24.5 | 29.3 | 25.9 | 52.0 | 297.3 | 230.0 | 257.1 | 16.4 | 25.1 | 46.3 | 25.9 | 1035.3 |
| 连云港市 Lianyungang | 5.4 | 14.7 | 38.3 | 17.5 | 64.6 | 208.2 | 412.8 | 315.1 | 12.3 | 45.9 | 39.2 | 26.1 | 1200.1 |
| 淮安市 Huaian | 11.5 | 14.9 | 37.1 | 22.9 | 102.6 | 295.5 | 449.3 | 292.1 | 14.2 | 48.8 | 35.8 | 23.9 | 1348.6 |
| 盐城市 Yancheng | 0.0 | 46.5 | 19.3 | 12.8 | 77.8 | 62.2 | 185.7 | 387.5 | 69.4 | 38.0 | 74.6 | 30.1 | 1003.9 |
| 扬州市 Yangzhou | 0.0 | 43.0 | 14.2 | 10.7 | 37.5 | 49.8 | 166.0 | 282.8 | 49.8 | 12.3 | 61.0 | 24.3 | 751.4 |
| 镇江市 Zhenjiang | 0.1 | 24.7 | 20.7 | 10.3 | 60.3 | 201.4 | 288.3 | 119.0 | 41.5 | 24.6 | 81.3 | 18.8 | 891.0 |
| 泰州市 Taizhou | 0.0 | 42.4 | 8.5 | 6.7 | 89.2 | 69.0 | 179.5 | 172.6 | 46.3 | 24.4 | 92.8 | 19.8 | 751.2 |
| 宿迁市 Suqian | 0.0 | 28.8 | 13.6 | 11.0 | 68.2 | 61.6 | 221.1 | 162.6 | 41.8 | 10.2 | 54.5 | 33.2 | 706.6 |

## 9－3　水资源总量（2011 年）
## Water Resources (2011)

单位:亿立方米　　　　(100 million cu. m)

| 项　　目 | Item | 水资源总量 Total | 地表水资源量 Surface Water Volume | 地下水资源量 Underground Water Volume | 地下水与地表水重复计算量 Duplicated Computation Volume of Surface Water and Underground Water | 年降水量 Annual Precipitation |
|---|---|---|---|---|---|---|
| **合计** | **Total** | **492.40** | **398.96** | **115.13** | **21.68** | **1031.69** |
| **按流域区域分** | **by Drainage Area** | | | | | |
| 淮河流域 | Drainage Area of Huaihe River | 275.30 | 211.77 | 76.38 | 12.85 | 605.11 |
| 王家坝至中渡区 | from Wangjiaba to Zhongdu | 45.76 | 34.05 | 12.84 | 1.13 | 91.36 |
| 中渡以下 | below Zhongdu | 161.41 | 136.55 | 32.04 | 7.18 | 317.79 |
| 沂沭泗河区 | Yishusi River District | 68.13 | 41.17 | 31.49 | 4.53 | 195.96 |
| 长江流域 | Drainage Area of Yangtze River | 217.10 | 187.19 | 38.75 | 8.84 | 426.58 |
| 湖口以下干流 | below Hukou | 107.16 | 89.33 | 19.74 | 1.91 | 211.56 |
| 太湖流域 | Drainage Area of Taihu Lake | 109.93 | 97.85 | 19.02 | 6.94 | 215.02 |
| **按行政区域分** | **by Administrative Areas** | | | | | |
| 南京市 | Nanjing | 36.02 | 30.96 | 6.42 | 1.36 | 70.19 |
| 无锡市 | Wuxi | 37.59 | 34.18 | 4.51 | 1.10 | 58.26 |
| 徐州市 | Xuzhou | 32.23 | 15.86 | 17.31 | 0.94 | 86.14 |
| 常州市 | Changzhou | 29.38 | 26.35 | 3.69 | 0.66 | 51.00 |
| 苏州市 | Suzhou | 32.06 | 27.76 | 8.16 | 3.86 | 88.66 |
| 南通市 | Nantong | 50.64 | 42.41 | 8.92 | 0.69 | 101.00 |
| 连云港市 | Lianyungang | 16.39 | 10.95 | 6.64 | 1.20 | 52.97 |
| 淮安市 | Huaian | 58.88 | 46.78 | 16.10 | 4.00 | 110.74 |
| 盐城市 | Yancheng | 73.65 | 60.34 | 17.28 | 3.97 | 152.12 |
| 扬州市 | Yangzhou | 39.26 | 34.03 | 5.53 | 0.30 | 77.52 |
| 镇江市 | Zhenjiang | 21.49 | 19.59 | 3.97 | 2.07 | 41.44 |
| 泰州市 | Taizhou | 33.13 | 27.80 | 5.48 | 0.15 | 65.24 |
| 宿迁市 | Suqian | 31.67 | 21.95 | 11.10 | 1.38 | 76.41 |

## 9－4　农村自然灾害情况
## Basic Siatistics on Rural Natural Disaster

单位:千公顷　　　　(1000 hectares)

| 指　标 | Item | 2000 | 2005 | 2007 | 2008 | 2009 | 2010 | 2011 |
|---|---|---|---|---|---|---|---|---|
| 受灾面积 | Area Covered | 3411.68 | 2139.50 | 1642.00 | 483.70 | 1001.63 | 1070.93 | 1810.60 |
| #旱　灾 | Drought | 1196.87 | 225.94 | 70.47 | | 466.51 | 522.99 | 1261.69 |
| 水　灾 | Flood | 175.59 | 781.97 | 719.39 | 93.80 | 151.86 | 316.37 | 290.39 |

# 9－5 综合能源平衡表
# Aggregate Balance Sheet of Energy

单位:万吨标准煤　　　　(10000 tons standardized coal)

| 项 | 目 Item | 2000 | 2005 | 2007 | 2008 |
|---|---|---|---|---|---|
| **可供消费的能源总量** | **Total Energy** | | | | |
| 一次能源生产量 | Primary Energy Output | 1996.86 | 2267.63 | 2405.84 | 2489.40 |
| 回收能 | Retrieved | 136.24 | 356.07 | 641.62 | 883.24 |
| 进口量 | Imported | 708.45 | 2315.38 | 2441.19 | 2226.54 |
| 出口量 | Exported | 48.20 | 186.52 | 70.43 | 97.34 |
| 年初年末库存差额 | Stock Changes in the Year | 13.21 | －19.73 | －128.23 | －200.66 |
| **能源消费总量** | **Total Energy consumption** | **8612.43** | **17167.39** | **20948.04** | **22232.23** |
| 在总量中: | of This Total: | | | | |
| 农、林、牧、渔、水利业 | Farming forestry, Animal Husbandry, Fishery and water conservancy | 400.39 | 321.59 | 330.16 | 330.89 |
| 工业 | Industry | 6743.95 | 14020.33 | 17307.23 | 18133.51 |
| 建筑业 | constlructlion | 41.34 | 204.68 | 227.77 | 232.93 |
| 交通运输、仓储及邮电通讯业 | Transportantion, Storage, post and Telecommunication | 358.52 | 899.45 | 1058.69 | 1201.71 |
| 批发和零售贸易餐饮业 | Wholesale and Retail and catering Trade | 169.94 | 249.86 | 293.51 | 341.13 |
| 其他 | Others | 209.38 | 373.21 | 476.52 | 538.59 |
| 生活消费 | Residential consumption | 688.91 | 1098.27 | 1254.16 | 1453.47 |
| 在总量中: | of This Total: | | | | |
| 终端消费 | Final consumption | 8220.49 | 16311.17 | 20008.61 | 21245.30 |
| #工业 | Industry | 6352.00 | 13164.12 | 16367.80 | 17146.59 |
| 损失量 | Loss | 269.36 | 653.43 | 748.50 | 803.13 |

9-5 续 表 Continued

单位:万吨标准煤 (10000 tons standardized coal)

| 项 | 目 Item | 2009 | 2010 | 2011 |
|---|---|---|---|---|
| **可供消费的能源总量** | **Total Energy** | | | |
| 一次能源生产量 | Primary Energy Output | 2618.54 | 2771.96 | 2627.41 |
| 回收能 | Retrieved | 1039.79 | 884.86 | 128.43 |
| 进口量 | Imported | 2806.18 | 3267.83 | 3142.29 |
| 出口量 | Exported | 205.33 | 176.89 | 318.74 |
| 年初年末库存差额 | Stock Changes in the Year | -26.50 | -377.43 | -119.56 |
| **能源消费总量** | **Total Energy consumption** | **23709.28** | **25773.70** | **27588.97** |
| 在总量中: | of This Total: | | | |
| 农、林、牧、渔、水利业 | Farming forestry, Animal Husbandry, Fishery and Water Conservancy | 360.96 | 394.68 | 451.96 |
| 工业 | Industry | 19260.23 | 20597.82 | 22013.25 |
| 建筑业 | Constlructlion | 249.09 | 281.22 | 328.45 |
| 交通运输、仓储及邮电通讯业 | Transportantion, Storage, Post and Telecommunication | 1254.10 | 1462.56 | 1566.3 |
| 批发和零售贸易餐饮业 | Wholesale and Retail and Catering Trade | 366.74 | 400.80 | 442.59 |
| 其他 | Others | 628.20 | 753.80 | 850.81 |
| 生活消费 | Residential Consumption | 1589.96 | 1882.82 | 1935.61 |
| 在总量中: | of This Total: | | | |
| 终端消费 | Final Consumption | 22667.03 | 24267.83 | 26031.34 |
| #工业 | Industry | 18218.00 | 19976.78 | 20455.61 |
| 损失量 | Loss | 826.90 | 954.20 | 985.96 |

# 9-6 规模以上工业企业主要能源消费量
## Major Energy Consumption of above Designated Industrial Enterprises

单位:万吨　　(10000 tons)

| 名　称 | Item | 2000 | 2007 | 2008 | 2009 | 2010 | 2011 |
|---|---|---|---|---|---|---|---|
| 煤　炭 | Coal | 16490.60 | 20000.28 | 21487.96 | 22323.72 | 24786.52 | 27509.83 |
| 焦　炭 | Coke | 1562.66 | 2270.20 | 2356.47 | 2519.04 | 2784.16 | 3151.45 |
| 原　油 | Crude Oil | 2250.86 | 2444.20 | 2305.25 | 2652.49 | 2992.16 | 2974.73 |
| 汽　油 | Gasoline | 32.07 | 40.98 | 43.68 | 44.60 | 47.54 | 41.24 |
| 煤　油 | Kerasene | 3.75 | 4.04 | 3.31 | 2.24 | 2.53 | 1.91 |
| 柴　油 | Diesel Oil | 117.88 | 114.00 | 121.51 | 108.36 | 111.37 | 105.08 |
| 燃料油 | Fuel Oil | 212.52 | 177.44 | 138.58 | 116.47 | 110.60 | 87.32 |
| 液化石油气 | LPG | 53.40 | 43.37 | 45.56 | 44.64 | 38.03 | 42.03 |

# 9-7 规模以上工业企业平均每天主要能源消费量
## Average Daily Energy Consumption of above Designated Industrial Enterprises

单位:吨　　(ton)

| 名　称 | Item | 2005 | 2007 | 2008 | 2009 | 2010 | 2011 |
|---|---|---|---|---|---|---|---|
| 煤　炭 | Coal | 451797 | 547953 | 588711 | 611609 | 679083 | 753694 |
| 焦　炭 | Coke | 42813 | 62197 | 64561 | 69015 | 76278 | 86341 |
| 原　油 | Crude Oil | 61667 | 66964 | 63158 | 72671 | 81977 | 81499 |
| 汽　油 | Gasoline | 879 | 1123 | 1197 | 1222 | 1302 | 1130 |
| 煤　油 | Kerasene | 103 | 111 | 91 | 61 | 69 | 52 |
| 柴　油 | Diesel Oil | 3230 | 3123 | 3329 | 2969 | 3051 | 2879 |
| 燃料油 | Fuel Oil | 5822 | 4861 | 3797 | 3191 | 3030 | 2392 |
| 液化石油气 | LPG | 1463 | 1188 | 1248 | 1223 | 1042 | 1152 |

## 9-8 江苏电网生产经营综合情况
## General Production and Business of Jiangsu Power Grid

| 指标名称 | Item | 2005 | 2007 | 2008 |
|---|---|---|---|---|
| 发电装机 （万千瓦） | Power Generation Capacity （10000 kW） | 4270 | 5599 | 5442 |
| 发电量 （亿千瓦时） | Power Generation （100 million kW·h） | 2120.00 | 2825.33 | 2887.26 |
| 统调发电最高负荷（万千瓦） | Maximum Controlled Power Generation Load （10000 kW） | 3215.7 | 4392.5 | 4328.2 |
| 统调发电平均负荷率 （%） | Average Controlled Power Generation Load Rate （%） | 89.67 | 89.72 | 89.30 |
| 全社会用电量 （亿千瓦时） | Total Electricity Consumption （100 million kW·h） | 2193.45 | 2952.02 | 3118.32 |
| 第一产业 | among it: Primary Industry （100 million kW·h） | 29.12 | 24.47 | 23.34 |
| 第二产业 | Secondary Industry （100 million kW·h） | 1793.34 | 2439.13 | 2529.68 |
| #工业 | Industry （100 million kW·h） | 1771.28 | 2415.45 | 2502.70 |
| 第三产业 | Tertiary Industry （100 million kW·h） | 170.27 | 233.06 | 269.57 |
| 统调用电最高负荷（万千瓦） | Maximum Controlled Electricity Consumption Load （10000 kW） | 3319.3 | 4562.4 | 4726.7 |
| 统调用电平均负荷率 （%） | Average Controlled Electricity Consumption Load Rate （%） | 88.94 | 90.03 | 89.00 |
| 电源固定资产投资 （亿元） | Investment in Fixed Assets in Power Supply （100 million yuan） | 289.02 | 125.52 | 59.08 |
| 电网固定资产投资 （亿元） | Investment in Fixed Assets in Power Grid （100 million yuan） | 166.02 | 226.25 | 300.46 |
| 新增110千伏及以上输电能力 （公里） | Newly Increased Capacity of 110 kV and above Power Transmission （km） | 5188 | 5119 | 6502 |
| 新增110千伏及以上变电能力 （万千伏安） | Newly Increased Capacity of 110 kV and above Power Transformation （10000 kW） | 1863 | 1979 | 3750 |
| 新投发电装机 （万千瓦） | Newly Increased Power Generation Capacity （10000 kW） | 1450.50 | 406.45 | 349.16 |

9-8 续 表 Continued

| 指标名称 | Item | 2009 | 2010 | 2011 |
|---|---|---|---|---|
| 发电装机 （万千瓦） | Power Generation Capacity （10000 kW） | 5650 | 6458 | 6992 |
| 发电量 （亿千瓦时） | Power Generation （100 million kW·h） | 2984.31 | 3499.29 | 3932.92 |
| 统调发电最高负荷（万千瓦） | Maximum Controlled Power Generation Load （10000 kW） | 4479.5 | 5302.6 | 5815.3 |
| 统调发电平均负荷率 （%） | Average Controlled Power Generation Load Rate （%） | 90.36 | 90.99 | 91.41 |
| 全社会用电量 （亿千瓦时） | Total Electricity Consumption （100 million kW·h） | 3313.99 | 3864.37 | 4281.62 |
| 第一产业 | among it: Primary Industry （100 million kW·h） | 25.45 | 28.36 | 33.01 |
| 第二产业 | Secondary Industry （100 million kW·h） | 2660.16 | 3085.35 | 3424.64 |
| #工业 | Industry （100 million kW·h） | 2631.28 | 3052.12 | 3385.19 |
| 第三产业 | Tertiary Industry （100 million kW·h） | 304.44 | 361.04 | 415.76 |
| 统调用电最高负荷（万千瓦） | Maximum Controlled Electricity Consumption Load （10000 kW） | 5229.7 | 6033.7 | 6627.5 |
| 统调用电平均负荷率 （%） | Average Controlled Electricity Consumption Load Rate （%） | 89.61 | 90.22 | 90.77 |
| 电源固定资产投资 （亿元） | Investment in Fixed Assets in Power Supply （100 million yuan） | 93.06 | 103.89 | 172.13 |
| 电网固定资产投资 （亿元） | Investment in Fixed Assets in Power Grid （100 million yuan） | 321.29 | 296.95 | 330.71 |
| 新增110千伏及以上输电能力 （公里） | Newly Increased Capacity of 110 kV and above Power Transmission （km） | 5987 | 5210 | 6291 |
| 新增110千伏及以上变电能力 （万千伏安） | Newly Increased Capacity of 110 kV and above Power Transformation （10000 kW） | 4091 | 4061 | 3828 |
| 新投发电装机 （万千瓦） | Newly Increased Power Generation Capacity （10000 kW） | 303.90 | 864.80 | 618.47 |

# 9－9 全社会用电情况
# Basic Situation of Total Electricity Consumption

单位:亿千瓦时 (100 million kW · h)

| 项 目 | Item | 2005 | 2007 | 2008 | 2009 | 2010 | 2011 |
|---|---|---|---|---|---|---|---|
| **全社会用电量** | **Total** | **2193.45** | **2952.02** | **3118.32** | **3313.99** | **3864.37** | **4281.62** |
| 按产业分 | Grouped by Type of Industry | | | | | | |
| 第一产业 | Primary Industry | 29.12 | 24.47 | 23.34 | 25.45 | 28.36 | 33.01 |
| 第二产业 | Secondary Industry | 1793.34 | 2439.13 | 2529.68 | 2660.16 | 3085.35 | 3424.64 |
| 第三产业 | Tertiary Industry | 170.27 | 233.06 | 269.57 | 304.44 | 361.04 | 415.76 |
| 按行业分 | Grouped by Sector | | | | | | |
| 农林牧渔水利业 | Farming, Forestry, Animal Husbandry, Fishery and Water Conservancy | 29.12 | 24.47 | 23.34 | 25.45 | 28.36 | 33.01 |
| #排灌 | Irrigation | 12.05 | 8.92 | 7.56 | 8.44 | 8.94 | 10.17 |
| 工业 | Industry | 1771.28 | 2415.45 | 2502.70 | 2631.28 | 3052.12 | 3385.19 |
| #轻工业 | Light Industry | 519.99 | 615.90 | 612.33 | 640.56 | 725.64 | 795.72 |
| 重工业 | Heavy Industry | 1251.29 | 1799.55 | 1890.37 | 1990.73 | 2326.48 | 2589.48 |
| #制造业 | Manufacturing | 1745.07 | 1928.80 | 1998.23 | 2090.27 | 2447.56 | 2719.94 |
| #纺织业 | Manufacture of Textile | 228.39 | 309.72 | 298.69 | 309.01 | 340.06 | 366.68 |
| 化学原料及化学制品制造业 | Chemical Raw Materials and Chemical Products | 210.26 | 275.81 | 282.74 | 287.34 | 311.38 | 328.08 |
| 非金属矿物制品业 | Manufacture of Non-metallic Mineral Products | 118.77 | 146.18 | 151.02 | 154.33 | 172.91 | 190.28 |
| 黑色金属冶炼及压延加工业 | Smelting and Pressing of Ferrous Metals | 224.90 | 336.90 | 341.65 | 343.37 | 388.12 | 424.59 |
| 通用及专用设备制造业 | Ordinary and Special Purpose Equipment | 67.39 | 107.02 | 124.09 | 132.72 | 178.23 | 215.80 |
| 建筑业 | Construction | 22.06 | 23.68 | 26.98 | 28.88 | 33.23 | 39.45 |
| 交通运输、仓储和邮政业 | Transportation, Post and Telecommunication | 16.45 | 19.50 | 22.89 | 25.40 | 31.01 | 39.99 |
| 信息传输、计算机服务和软件业 | Information Transmission, Computer Service and Software | 9.01 | 13.12 | 15.25 | 17.70 | 20.80 | 25.42 |
| 商业、住宿和餐饮业 | Commerce, Hotel and Catering Industry | 55.52 | 73.47 | 83.42 | 93.64 | 108.25 | 121.00 |
| 金融、房地产、商务及居民服务业 | Banking, Real Estate, Commercial and Residents' Service | 27.72 | 43.78 | 53.62 | 62.66 | 78.92 | 93.91 |
| 公共事业及管理组织 | Public undertaking and Management Organizations | 61.58 | 83.20 | 94.38 | 105.05 | 122.05 | 135.46 |
| 城乡居民生活用电 | Electricity Consumption by Urban and Rural Residents | 200.72 | 255.35 | 295.74 | 323.93 | 389.62 | 408.21 |
| 城镇居民 | Urban Area | 102.18 | 127.17 | 146.17 | 159.26 | 194.26 | 201.34 |
| 乡村居民 | Rural Area | 98.54 | 128.19 | 149.57 | 164.67 | 195.36 | 206.87 |

# 9-10 分地区全社会用电量
## Electricity Consumption by Region

单位:亿千瓦时 (100 million kW·h)

| 地区 | Region | 2005 | 2007 | 2008 | 2009 | 2010 | 2011 |
|---|---|---|---|---|---|---|---|
| **全 省** | **Total** | **2193.45** | **2952.02** | **3118.32** | **3313.99** | **3864.37** | **4281.62** |
| **苏 南** | **Southern Jiangsu** | **1429.59** | **1925.13** | **2000.92** | **2097.90** | **2403.82** | **2627.72** |
| 南京市 | Nanjing | 246.67 | 299.13 | 310.79 | 337.05 | 373.66 | 399.74 |
| 镇江市 | Zhenjiang | 97.18 | 126.80 | 137.69 | 144.92 | 164.22 | 184.09 |
| 常州市 | Changzhou | 182.66 | 230.62 | 237.33 | 255.41 | 291.19 | 331.66 |
| 无锡市 | Wuxi | 337.05 | 461.31 | 466.69 | 480.57 | 550.64 | 580.60 |
| 苏州市 | Suzhou | 566.04 | 807.27 | 848.42 | 879.94 | 1024.10 | 1131.63 |
| **苏 中** | **Mid Jiangsu** | **316.61** | **433.96** | **466.10** | **502.04** | **577.40** | **643.67** |
| 扬州市 | Yangzhou | 82.04 | 108.94 | 116.99 | 129.16 | 151.09 | 167.22 |
| 泰州市 | Taizhou | 95.74 | 134.02 | 145.57 | 155.43 | 176.61 | 195.68 |
| 南通市 | Nantong | 138.83 | 191.01 | 203.55 | 217.45 | 249.70 | 287.30 |
| **苏 北** | **Northern Jiangsu** | **322.18** | **435.75** | **483.61** | **549.83** | **672.60** | **796.00** |
| 徐州市 | Xuzhou | 120.18 | 160.30 | 172.00 | 202.44 | 246.01 | 287.30 |
| 淮安市 | Huaian | 59.05 | 77.71 | 89.70 | 95.82 | 111.77 | 126.37 |
| 宿迁市 | Suqian | 25.90 | 38.79 | 45.60 | 53.89 | 72.69 | 94.03 |
| 盐城市 | Yancheng | 76.26 | 106.21 | 118.39 | 131.64 | 158.63 | 184.58 |
| 连云港市 | Lianyungang | 40.80 | 52.74 | 57.92 | 66.03 | 83.52 | 103.71 |

注：各市用电量中未包括网损、大厂厂用电量和江河抽水电量(下同)。
Note: The consumption excludes grid loss, consumption for big plants or pumping consumption for rivers.

# 9－11 分地区工业用电量
## Industrial Electricity Consumption by Region

单位:亿千瓦时 (100 million kW·h)

| 地 区 | Region | 2005 | 2007 | 2008 | 2009 | 2010 | 2011 |
|---|---|---|---|---|---|---|---|
| **全 省** | **Total** | **1771.28** | **2415.45** | **2502.70** | **2631.28** | **3052.12** | **3385.19** |
| **苏 南** | **Southern Jiangsu** | **1168.80** | **1596.21** | **1624.04** | **1685.72** | **1916.54** | **2095.47** |
| 南京市 | Nanjing | 173.53 | 207.11 | 207.70 | 223.75 | 242.66 | 256.84 |
| 镇江市 | Zhenjiang | 79.96 | 105.32 | 112.48 | 117.14 | 131.81 | 148.95 |
| 常州市 | Changzhou | 145.20 | 190.80 | 192.09 | 205.41 | 231.82 | 267.21 |
| 无锡市 | Wuxi | 286.55 | 397.24 | 393.45 | 400.88 | 455.00 | 476.28 |
| 苏州市 | Suzhou | 483.56 | 695.73 | 718.32 | 738.54 | 855.25 | 946.19 |
| **苏 中** | **Mid Jiangsu** | **243.06** | **339.81** | **359.33** | **383.84** | **436.74** | **489.32** |
| 扬州市 | Yangzhou | 60.32 | 81.03 | 85.49 | 93.72 | 109.96 | 122.04 |
| 泰州市 | Taizhou | 77.59 | 109.39 | 117.64 | 124.71 | 138.94 | 155.13 |
| 南通市 | Nantong | 105.15 | 149.39 | 156.19 | 165.41 | 187.84 | 212.15 |
| **苏 北** | **Northern Jiangsu** | **234.35** | **322.25** | **351.66** | **397.50** | **488.30** | **586.17** |
| 徐州市 | Xuzhou | 91.61 | 126.33 | 132.69 | 156.85 | 191.90 | 225.91 |
| 淮安市 | Huaian | 45.10 | 59.07 | 68.47 | 71.28 | 81.75 | 92.09 |
| 宿迁市 | Suqian | 15.87 | 25.23 | 29.41 | 34.61 | 48.81 | 66.04 |
| 盐城市 | Yancheng | 54.34 | 76.58 | 84.71 | 93.42 | 111.86 | 132.29 |
| 连云港市 | Lianyungang | 27.43 | 35.04 | 36.37 | 41.34 | 53.99 | 69.84 |

# 9-12 主要发电厂发电情况
# Electricity Production of Major Power Plants

| 厂名 | Item | 2010 装机容量(万千瓦) Installed Capacity (10000 kW) | 2010 发电量(亿千瓦时) Electricity Production (100 million kW·h) | 2011 装机容量(万千瓦) Installed Capacity (10000 kW) | 2011 发电量(亿千瓦时) Electricity Production (100 million kW·h) |
|---|---|---|---|---|---|
| **全省总计** | **Total** | **6458** | **3499.29** | **6992** | **3932.92** |
| #统调发电厂 | Unified Planning Power Plant | 5732 | 3174.23 | 6241 | 3610.77 |
| 非统调发电厂 | Non-unified Planning Power Plant | 727 | 325.06 | 750 | 322.14 |
| **(一)国网新源公司** | **State Grid Xinyuan Co.** | **100** | **10.93** | **100** | **9.87** |
| 华东宜兴抽水蓄能有限公司 | East China Yixing Pumped storage Power Co., Ltd. | 100 | 10.93 | 100 | 9.87 |
| **(二)中国国电集团公司** | **China Guodian Group Co.** | **776** | **457.28** | **892** | **503.34** |
| 中国国电集团谏壁发电厂 | China Guodian Jianbi Power Plant | 132 | 74.86 | 232 | 119.02 |
| 国电江苏谏壁发电有限公司 | Guodian Jiangsu Jianbi Power Co., Ltd. | 66 | 40.70 | 66 | 39.44 |
| 江阴苏龙热电有限公司 | Jiangyin Sulong Thermal Power Co., Ltd. | 122 | 72.14 | 122 | 74.77 |
| 国电常州发电有限公司 | Guodian Changzhou Power Co., Ltd. | 126 | 78.45 | 126 | 76.69 |
| 国电宿迁热电有限公司 | Guodian Suqian Thermal Power Co., Ltd. | 27 | 11.24 | 27 | 13.42 |
| 国电泰州发电有限公司 | Guodian Taizhou Power Co., Ltd. | 200 | 128.34 | 200 | 126.16 |
| 天生港发电有限公司 | Tianshenggang Power Co., Ltd. | 66 | 41.39 | 66 | 42.72 |
| **(三)中国华能集团公司** | **China Huaneng Group Co.** | **748** | **422.31** | **731** | **495.96** |
| 华能(苏州工业园区)发电有限责任公司 | Huaneng (Suzhou Industrial Park) Power CO., Ltd. | 190 | 116.24 | 64 | 41.35 |
| 华能太仓发电有限责任公司 | Taicang Power Co., Ltd of Huaneng Group | | | 126 | 84.37 |
| 华能南通发电厂 | Nantong Power Plant of Huaneng Group | 140 | 86.43 | 140 | 93.21 |
| 华能南京发电厂 | Naijing Power Plant of Huaneng Group | 64 | 37.59 | 64 | 39.81 |
| 华能南京金陵发电有限责任公司(燃机) | Nanjing Jinling Power Co., Ltd of Huaneng Group(Combustion Generating) | 78 | 24.34 | 78 | 37.40 |
| 华能南京金陵发电有限责任公司(煤机) | Nanjing Jinling Power Co., Ltd of Huaneng Group(Coal machine) | 100 | 67.18 | 100 | 115.26 |
| 华能淮阴第二发电有限责任公司 | Huaiyin second Power Co., Ltd of Huaneng Group | 154 | 80.48 | 132 | 73.70 |
| **(四)中国电力投资集团公司** | **China Power Investment Group Co.** | **278** | **151.85** | **283** | **152.55** |
| 江苏常熟发电有限公司 | Jiangsu Changshu Power Co., Ltd. | 132 | 79.49 | 132 | 76.13 |
| 江苏阚山发电有限公司 | Jiangsu Kanshan Power Co., Ltd. | 120 | 67.20 | 120 | 72.56 |
| **(五)中国大唐集团公司** | **China Datang Group Co.** | **490** | **214.15** | **528** | **288.10** |
| 江苏徐塘发电有限公司 | Jiangsu Xutang Power Co., Ltd. | 130 | 72.63 | 130 | 66.41 |
| 江苏大唐国际吕四港发电有限公司 | Jiangsu Datang Lvsi Power Co., Ltd. | 240 | 125.74 | 264 | 154.65 |
| 大唐南京发电厂 | Datang Nanjing Power Plant | 120 | 15.78 | 132 | 66.98 |
| **(六)中国华电集团公司** | **China Huadian Group Co.** | **385** | **169.27** | **487** | **224.09** |
| 江苏华电扬州发电有限公司 | Jiangsu Huadian Yangzhou Power Co., Ltd. | 88 | 37.44 | 88 | 37.77 |
| 上海华电电力发展有限公司 | Shanghai Huadian Power Development Co., Ltd. | 130 | 83.66 | 124 | 67.45 |
| 中国华电集团公司望亭发电厂 | Wangting Power Plant of China Huadian Group | | | 66 | 39.68 |

| 厂　　名　Item | | 2010 | | 2011 | |
|---|---|---|---|---|---|
| | | 装机容量（万千瓦）Installed Capacity（10000 kW） | 发电量（亿千瓦时）Electricity Production（100 million kW·h） | 装机容量（万千瓦）Installed Capacity（10000 kW） | 发电量（亿千瓦时）Electricity Production（100 million kW·h） |
| 江苏华电集团望亭天然气发电有限公司 | Jiangsu Huadian Wangting Natural Gas Power Co., Ltd. | 78 | 24.10 | 78 | 36.02 |
| 江苏华电戚墅堰发电有限公司(燃机) | Jiangsu Huadian Qishuyan Power Co., Ltd( Combustion Generating) | 78 | 23.83 | 78 | 40.02 |
| 江苏华电戚墅堰热电有限公司 | Jiangsu Huadian Qishuyan Thermal Power Co., Ltd. | 0 | 0.00 | 40 | 1.32 |
| **(七)江苏省国信集团公司** | **Jiangsu Province Guoxin Group Co.** | **434** | **260.61** | **543** | **274.17** |
| 新海发电有限公司 | Xinhai Power Co., Ltd. | 66 | 39.70 | 66 | 40.39 |
| 盐城发电有限公司 | Yancheng Power Co., Ltd. | 41 | 18.44 | 53 | 16.57 |
| 江苏淮阴发电有限责任公司 | Jiansu Huaiying Power Co., Ltd. | 33 | 20.23 | 66 | 30.56 |
| 江苏射阳港发电有限责任公司 | Jiansu Sheyanggang Power Co., Ltd. | 14 | 7.09 | 74 | 17.17 |
| 扬州第二发电有限责任公司 | Yangzhou No. 2 Power Co., Ltd. | 252 | 164.21 | 126 | 81.43 |
| 江苏国信扬州发电有限公司 | Yanzhou Power Co., Ltd of Jiangsu Province Guoxin Group | | | 126 | 76.32 |
| **(八)华润集团公司** | **Huarun Group Co.** | **919** | **513.85** | **892** | **603.90** |
| #华润电力(常熟)有限公司 | Huarun( Changsu) Power Co., Ltd. | 195 | 121.70 | 195 | 125.78 |
| 江苏镇江发电有限公司 | Jiangsu Zhenjiang Power Co., Ltd. | 154 | 101.25 | 154 | 98.31 |
| 徐州华润电力有限公司 | Xuzhou Huarun Power Co., Ltd. | 128 | 72.57 | 128 | 68.33 |
| 南京华润热电有限公司 | Nanjing Huarun Thermal Power Co., Ltd. | 93 | 47.44 | 66 | 45.93 |
| 徐州华鑫发电有限公司 | Xuzhou Huaxing Power Co., Ltd. | 66 | 38.44 | 66 | 34.06 |
| 江苏南热发电有限责任公司 | Jiangsu Nanjing Thermal Power Co., Ltd. | 60 | 37.85 | 60 | 62.72 |
| 铜山华润电力有限公司 | Tongshan Huarun Power Co., Ltd. | 200 | 58.81 | 200 | 118.56 |
| **(九)省内其他电厂** | **Other Plant Invested by Other Co.** | **2329** | **1299.04** | **2536** | **1380.93** |
| 江苏利港电力有限公司 | Jiangsu Ligang Power Co., Ltd. | 144 | 83.28 | 144 | 80.52 |
| 江阴利港发电股份公司 | Jiangyin Ligang Power Co., Ltd. | 126 | 108.87 | 126 | 138.03 |
| 太仓港协鑫发电有限公司 | Taicanggang Xiexin Power Co., Ltd. | 157 | 95.90 | 157 | 93.49 |
| 国华太仓发电有限责任公司 | Guohua Taicang Power Co., Ltd. | 126 | 78.31 | 126 | 83.80 |
| 张家港沙洲电力有限公司 | Zhangjiagang Shazhou Power Co., Ltd. | 126 | 79.88 | 126 | 83.01 |
| 张家港华兴电力有限公司 | Zhangjiagang Huaxing Power Co., Ltd. | 78 | 26.01 | 78 | 41.32 |
| 苏州工业园区蓝天燃机热电有限公司 | Suzhou Lantian Internal-combustion Thermal Power Co., Ltd. | 36 | 18.28 | 36 | 22.99 |
| 国华徐州发电有限公司 | Guohua Xuzhou Power Company | 44 | 24.31 | 244 | 33.95 |
| 江苏徐矿综合利用发电有限公司 | Jiangsu Xukuang comprehensive utilization Power Co., Ltd. | 60 | 33.08 | 60 | 35.18 |
| 江苏核电有限公司 | Jiangsu Nuclear Power Co., Ltd. | 200 | 157.02 | 200 | 160.71 |

# 9－13 环境保护基本情况
## Basic Statistics on Environmental Protection

| 项目 | Item | 1995 | 2000 | 2005 | 2009 | 2010 |
|---|---|---|---|---|---|---|
| **环保系统建设情况** | **Construction of Environmental Agencies** | | | | | |
| 机构数 （个） | Number of Agencies (unit) | 501 | 873 | 587 | 703 | 727 |
| #科研所 | Scientific Reasearch Center | 8 | 10 | 13 | 13 | 12 |
| 监测站 | Monitoring Station | 11 | 122 | 100 | 107 | 110 |
| 监理所 | Supervising Administrative Center | 12 | 272 | 173 | 152 | 152 |
| 人员数 （人） | Number of Staff and Workers (person) | 5672 | 7433 | 8631 | 10020 | 10240 |
| #监测人员 | Monitoring Personnel | 727 | 2574 | 3098 | 3427 | 3564 |
| 监理人员 | Supervising Administrative Personnel | 225 | 1714 | 2435 | 2968 | 2992 |
| **污染排放与处理情况** | **Discharge and Treatment of Pollution** | | | | | |
| **废水** | **Waster Water** | | | | | |
| 工业废水排放量 （亿吨） | Industrial Waste Water Emission (100 million tons) | 22.02 | 20.19 | 29.63 | 26.74 | 26.38 |
| #符合排放标准的 | According to Standard | 14.41 | 18.57 | 28.89 | 25.72 | 25.86 |
| 城镇生活污水排放量 （亿吨） | Volume of Urban Domestic Sewage Emission (100 million tons) | | 14.74 | 22.31 | 26.62 | 29.17 |
| 工业废水排放达标量 （亿吨） | Volume of Industrial Waste Water Emission Standiardized (100million tons) | 14.41 | 18.57 | 28.89 | 25.72 | 25.87 |
| 工业废水排放的污染物 （公斤） | Filth of Industrial Waste Water Discharged (kg) | | | | | |
| 汞及其无机化合物 | Mercury and Inorganic Compound | 75 | 10 | 50 | 20 | 0.9 |
| 砷及其无机化合物 | Arsenic and Inorganic Compound | 166274 | 52040 | 4170 | 886 | 851 |
| 铅及其无机化合物 | Aluminium and Inorganic Compound | 9021 | 13330 | 20750 | 2684 | 2429 |
| 挥发酚 | Phenol | 462699 | 114230 | 88020 | 35187 | 26865 |
| 氰化物 | Cyanide | 97199 | 48420 | 36800 | 10348 | 10156 |

9－13 续 表1 Continued 1

| 项目 | Item | 1995 | 2000 | 2005 | 2009 | 2010 |
|---|---|---|---|---|---|---|
| **废气** | **Waste Gas** | | | | | |
| 工业废气排放量（亿标立米） | Volume of Industrial Waste Gas Emission (100 million standardized cu. m) | 7872.11 | 9078.20 | 20196.58 | 27431.75 | 31212.93 |
| #生产工艺排放的 | Waste Gas in the Process of Production | 1888.00 | 2556.56 | 7448.51 | 9679.52 | 10978.37 |
| 二氧化硫排放量（万吨） | Volume of Sulphur Dioxide Emission (10000 tons) | | 89.05 | 137.34 | 107.41 | 105.05 |
| #工业 | Industry | 104.47 | 84.33 | 131.24 | 101.18 | 100.25 |
| 生活 | Daily Life | | 4.72 | 6.10 | 6.23 | 4.80 |
| 化学需氧量排放量（万吨） | Volume of COD Emission (10000 tons) | | 65.38 | | 82.17 | 78.80 |
| #工业 | Industry | 50.40 | 24.14 | | 25.13 | 25.63 |
| 生活 | Daily Life | | 41.24 | | 57.04 | 53.17 |
| 烟尘排放量（万吨） | Volume of Soot Emission (10000 tons) | | 39.60 | 45.25 | 33.01 | 33.53 |
| #工业 | Industry | 54.00 | 37.47 | 42.64 | 30.15 | 29.91 |
| 生活 | Daily Life | | 2.13 | 2.61 | 2.86 | 3.62 |
| 工业粉尘排放量（万吨） | Volume of Industrial Soot Emission (10000 tons) | 27.00 | 25.68 | 35.45 | 16.37 | 15.11 |
| 二氧化硫去除量（万吨） | Volume of Sulphur Dioxide Removed (10000 tons) | 12.72 | 18.72 | 73.29 | 185.55 | 215.78 |
| 工业烟尘去除量（万吨） | Volume of Industrial Soot Removed (10000 tons) | 772.14 | 725.41 | 1771.51 | 2279.39 | 2345.89 |
| 工业粉尘去除量（万吨） | Volume of Industrial Dust Removed (10000 tons) | 112.00 | 210.48 | 388.73 | 323.08 | 344.54 |
| 固体废物 | Solid Waste Residue | | | | | |
| 工业固体废物产生量（万吨） | Industrial Solid Waste Residue Produced (10000 tons) | 2883.00 | 3038.19 | 5757.37 | 8027.81 | 9063.83 |
| #危险废物 | Dangerous Residue | | 76.51 | 83.90 | 126.06 | 132.89 |
| 工业固体废物综合利用率（%） | Rate of Industrial Solid Waste Utilized in a Conprehensive Way (%) | 77.5 | 85.5 | 94.9 | 96.7 | 96.1 |
| 工业固体废物综合利用量（万吨） | Volume of Industrial Solid Waste Utilizedin a Comprehensive Way (10000 tons) | 2295.34 | 2598.40 | 5986.51 | 7862.25 | 8760.59 |
| 工业固体废物排放量（万吨） | Volume of Industrial Solid Waste Dischaged (10000 tons) | 25.61 | 4.50 | 0.01 | 0.00 | 0.00 |
| “三废”综合利用产品产值（亿元） | Output Value of Products Made from Comprehensive Utilization of Waste Water, Waste Gas and Solid Wastes (100 million yuan) | | 21.87 | 93.20 | 201.44 | 218.97 |

9－13　续　表2　Continued 2

| 项　　目 | Item | 1995 | 2000 | 2005 | 2009 | 2010 |
|---|---|---|---|---|---|---|
| **工业污染治理项目及投资情况** | **Investment in Anti-Industrial Pollution Projects** | | | | | |
| 本年施工污染治理项目数（个） | Number of Anti-Pollution Projects Under Construction in This Year (unit) | 919 | 2412 | 782 | 651 | 388 |
| 废水治理项目 | Waste Water | 357 | 966 | 425 | 379 | 185 |
| 废气治理项目 | Waste Gas | 359 | 1216 | 257 | 189 | 139 |
| 固体废物治理项目 | Solid Wastes | 38 | 68 | 27 | 19 | 13 |
| 噪声治理项目 | Noice Abatement | 127 | 98 | 27 | 11 | 9 |
| 其他 | Others | 38 | 64 | 46 | 53 | 42 |
| 污染治理项目本年完成投资（亿元） | Investment in Anti-Pollution Projects Completed in This Year (100 million yuan) | 5.42 | 13.11 | 38.95 | 27.05 | 18.60 |
| 废水治理项目 | Waste Water | 3.34 | 6.53 | 8.16 | 14.54 | 7.44 |
| 废气治理项目 | Waste Gas | 1.34 | 5.49 | 28.46 | 10.48 | 7.19 |
| 固体废物治理项目 | Solid Wastes | 0.46 | 0.79 | 0.20 | 0.34 | 0.90 |
| 噪声治理项目 | Noice Abatement | 0.19 | 0.14 | 0.22 | 0.04 | 0.20 |
| 其他 | Others | 0.09 | 0.16 | 1.91 | 1.65 | 2.87 |
| 生态环境保护情况 | Ecological and Environmental Protection | | | | | |
| 自然保护区面积（万公顷） | Areas of Natural Reserves (10000 hectares) | 49.90 | 59.55 | 85.15 | 56.50 | 56.71 |
| 自然保护区个数（个） | Number of Natural Reserves (unit) | 10 | 23 | 40 | 31 | 29 |
| 保护区面积占辖区面积（%） | Ratio of the Area of Reserves to the Area Under Jurisdiction (%) | 4.8 | 5.8 | 6.8 | 5.5 | 5.5 |
| 已批准国家级生态示范区（个） | Number of State Level Ecological Model Zones Permitted (unit) | | | | | 12 |

# 主要统计指标解释

**气候** 指地球与大气之间长期能量交换与质量交换所形成的一种自然环境状态,它是多种因素综合作用的结果。气候既是人类生活和生产的环境要素之一,又是供给人类生活和生产的重要资源。气温、降水、湿度等气象要素的多年平均值是用来描述一个地区气候状况的主要参数,而各种气象要素某年、某月的平均值(或总量)则可以反映出该时期天气气候状况的重要特征。

**自然资源** 指人类可以直接从自然界获得,并用于生产和生活的物质资源。自然资源一般可以分成可再生资源和非再生资源两大类。可再生资源指在较短时间内可以再生、可以循环利用的资源,包括土地资源、水资源、气候资源、生物资源和海洋资源等。非再生资源指在使用后不能再生的资源,包括矿产资源和地热能源。

**耕地面积** 指经过开垦用以种植农作物并经常进行耕耘的土地面积。包括种有作物的土地面积、休闲地、新开荒地和抛荒未满三年的土地面积。

**水资源** 水在自然界中以固体、液体和气态三种聚集状态存在,分布于海洋、陆地(包括土壤)以及大气之中,通过水循环形成水资源。水资源包括经人类控制并直接可供灌溉、发电、给水、航运、养殖等用途的地表水和地下水,以及江河、湖泊、井、泉、潮汐、港湾和养殖水域等。水资源是发展国民经济不可缺少的重要自然资源。

**地表水和地下水** 陆地上的水因空间分布不同,分为地表水和地下水。地表水指分别存在于河流、湖泊、沼泽、冰川和冰盖等水体中水分的总称,又称陆地水。地下水指储存在地面以下饱和岩土孔隙、裂隙及溶洞中的水。

**矿产资源** 矿产指由地质作用形成,富集于地壳中或出露于地表达到工农业利用要求的有用矿物。矿产是一种重要的自然资源,是社会发展的重要物质基础。

**矿产保有储量** 指探明的矿产储量(包括工业储量和远景储量),扣除已开采部分和地下损失量后的年末实有储量。

**气温** 指空气的温度,我国一般以摄氏度(℃)为单位表示。气象观测的温度表是放在离地面约 1.5 米处通风良好的百叶箱里测量的,因此,通常说的气温指的是离地面 1.5 米处百叶箱中的温度。其统计计算方法为:

月平均气温是将全月各日的平均气温相加,除以该月的天数而得。

年平均气温是将 12 个月的月平均气温累加后除以 12 而得。

**降水量** 指从天空降落到地面的液态或固态(经融化后)水,未经蒸发、渗透、流失而在地面上积聚的深度。其统计计算方法为:

月降水量是将全月各日的降水量累加而得。

年降水量是将 12 个月的月降水量累加而得。

**能源生产总量** 指一定时期内,全国一次能源生产量的总和。该指标是观察全国能源生产水平、规模、构成和发展速度的总量指标。一次能源生产量包括原煤、原油、天然气、水电、核能及其他动力能(如风能、地热能等)发电量,不包括低热值燃料生产量、生物质能、太阳能等的利用和由一次能源加工转换而成的二次能源产量。

**能源消费总量** 指一定时期内,全国各行业和居民生活消费的各种能源的总和。该指标是观察能源消费水平、构成和增长速度的总量指标。能源消费总量包括原煤和原油及其制品、天然气、电力,不包括低热值燃料、生物质能和太阳能等的利用。能源消费总量分为终端能源消费量、能源加工转换损失量和能源损失量三部分。

(1) 终端能源消费量:指一定时期内,全国生产和生活消费的各种能源在扣除了用于加工转换二次能源消费量和损失量以后的数量。

(2) 能源加工转换损失量:指一定时期内,全国投入加工转换的各种能源数量之和与产出各种能源产品之和的差额。该指标是观察能源在加工转换过程中损失量变化的指标。

(3) 能源损失量:指一定时期内,能源在输送、分配、储存过程中发生的损失和由客观原因造成的各种损失量,不包括各种气体能源放空、放散量。

**工业废水排放量** 指经过企业厂区所有排放口排到企业外部的工业废水量。包括生产废水、外排的直接冷却水、超标排放的矿井地下水和与工业废水混排的厂区生活污水,不包括外排的间接冷却水(清污不分流的间接冷却水应计算在内)。

**工业废水排放达标量** 指各项指标都达到国家或地方排放标准的外排工业废水量,包括未经处理外排达标和经过处理后外排达标两部分。

**工业废水处理量** 指报告期内各种水治理设施实际处理的工业废水量,包括处理后外排和处理后回用的工业废水量和虽经处理但未达到国家或地方排放标准的废水量。如车间和厂排放口均有治理设施,并对同一废水分级处理时,不应重复计算工业废水处理量。

**工业废气排放量** 指企业厂区内燃料燃烧和生产工艺过程中产生的各种排入空气的含有污染物的气体总量,按标准状态〔273K,101325Pa〕计算。

**工业二氧化硫排放量** 指企业在燃料燃烧和生产工艺过程中排入大气的二氧化硫数量。

**工业烟尘排放量** 指企业厂区内燃料燃烧产生的烟气中夹带的颗粒物数量。

**工业粉尘排放量** 指企业在生产工艺过程中排放的颗粒物重量,如钢铁企业的耐火材料粉尘、焦化企业的筛焦系统粉尘、烧结机的粉尘、石灰窑的粉尘、建材企业的水泥粉尘等。不包括电厂排入大气的烟尘。

**工业固体废物产生量** 指企业在生产过程中产生的固体状、半固体状和高浓度液体状废弃物的总量,包括危险废物、冶炼废渣、粉煤灰、炉渣、煤矸石、尾矿、放射性废物和其他废物等;不包括矿山开采的剥离废石和掘进废石(煤矸石和呈酸性或碱性的废石除外)。酸性或碱性废石指采掘的废石其流经水、雨淋水的pH值小于4或pH值大于10.5者。

**工业固体废物处置量** 指将固体废物焚烧或者最终置于符合环境保护规定要求的场所,并不再回取的工业固体废物量(包括当年处置往年的工业固体废物累计贮存量)。处置方法有填埋(其中危险废物应安全填埋)、焚烧、专业贮存场(库)封场处理、深层灌注、回填矿井等。

**工业固体废物排放量** 指将所产生的固体废物排到固体废物污染防治设施、场所以外的数量,不包括矿山开采的剥离废石和掘进废石(煤矸石和呈酸性或碱性的废石除外)。

**环境污染与破坏事故** 指由于违反环境保护法规的经济、社会活动与行为,以及意外因素的影响或不可抗拒的自然灾害等原因,致使环境受到污染,国家重点保护的野生动植物、自然保护区受到破坏,人体健康受到危害,社会经济和人民财产受到损失,造成不良社会影响的突发性事件。

## Explanatory Notes on Main Statistical Indicators

**Climate** refers to the natural environmental status formed by the long-term exchange of energy and mass between the earth and the air, and is the results of interaction of many factors. Climate is both one of the environment factors and the important resources for the living and production activities of the human being. The average values across several years of meteorological factors such as temperature, rainfall and humidity are used as important parameters to describe the climate of a region, while the average values (or total values) of a given year or month of meteorological factors reflect the key characteristics of climate for that period of time.

**Natural Resources** refer to material resources that could be obtained from the nature by human being and used for production and living. Natural resources in general can be classified as renewable resources and non-renewable resources. Renewable resources refer to resources that could be renewed and recycled during a relatively short period of time, including land resource, water resource, climate resource, biology resource and marine resource. Non-renewable resources include resources that could not be renewed, such as minerals and geothermal resource.

**Area of Cultivated Land** refers to area of land reclaimed for the regular cultivation of various farm crops, including crop-cover land, fallow, newly reclaimed land and land laid idle for less than 3 years.

**Water Resource** Water exists in the nature in solid, liquid and gaseous states, is distributed in the ocean, land (including earth) and air, and constitutes the water resource through the circulation of water. Water resource includes the surface water and underground water that is controlled by the human being for irrigation, power-generation, water supply, navigation and cultivation. It also includes rivers, lakes, wells, springs, tides, gulf and water area for cultivation. Water resource as an important natural resource is indispensable for the development of the national economy.

**Surface Water and Underground Water** Water on earth can be divided into surface water and underground water according to its distribution. Surface water refers to moisture exists in rivers, lakes, swamps, glaciers, icecaps and so on. It is also called land water. The underground water refers to water deposited underground in the cranny and the hole of saturated rock soil and in the water-eroded cave.

**Mineral Resources** refer to useful minerals that can be used for industrial or agricultural purposes enriched in lithosphere or on earth due to the geological process. Minerals are important natural resources, and important material base for social development.

**Ensured Mineral Reserves** refer to the actual mineral reserves, which equal to the proven mineral reserves (including industrial reserves and prospective reserves) minus extracted parts and underground losses.

**Temperature** refers to the air temperature. China uses centigrade as the unit. The thermometry used for weather observation is put in a breezy shutter, which is 1.5 meters high from the ground. Therefore, the commonly used temperature refers to the temperature in the breezy shutter 1.5 meters away from the ground. The calculation method is as follows:

**Monthly average temperature** is the summation of average daily temperature of one month divided by the actual days of that particular month.

**Annual average temperature** is the summation of monthly average of a year divided by 12 months.

**Volume of Precipitation** refers to the deepness of liquid state or solid state (thawed) water falling from the sky to the ground that has not been evaporated, infiltrated or run off. The calculation method is as follows:

**Monthly precipitation** is the summation of daily precipitation of a month.

**Annual precipitation** is the summation of 12 months precipitation of a year.

**Total Energy Production** refers to the total production of primary energy by all energy producing enterprises in the country in a given period of time. It is a comprehensive indicator to show the level, scale, composition and pace of development of energy production of the country. The production of primary energy includes that of coal, crude oil, natural gas, hydro-power and electricity generated by nuclear energy and other means such as wind power and geothermal power. However, it does not include the production of fuels of low calorific value, bio-energy, solar energy and secondary energy converted from primary energy.

**Total Energy Consumption** refers to the total consumption of energy of various kinds by the production sectors and the households in the country in a given period of time. It is a comprehensive indicator to show the scale, composition and pace of increase of energy consumption. Total energy consumption includes that of coal, crude oil and their products, natural gas and electricity. However, it does not include the consumption of fuel of low calorific value, bio-energy and solar energy. Total energy consumption can be divided into three parts: end-use energy consumption; loss during the process of energy conversion; and energy loss.

(1) End-use Energy Consumption: It refers to the total energy consumption by the production sectors and the households in the country (region) in a given period of time. It does not include the consumption during the conversion of primary energy into secondary energy and the loss in the process of energy conversion.

(2) Loss During the Process of Energy Conversion: It refers to the total input of various kinds of energy for conversion, minus the total output of various kinds of energy in the country in a given period of time. It is an indicator to show the loss that occurs during the process of energy conversion.

(3) Energy Loss: It refers to the total of the loss of energy during the course of energy transport, distribution and storage and the loss caused by any objective reason in a given period of time. The loss of various kinds of gas due to gas discharges and stocktaking is not included.

**Volume of Industrial Waste Water Discharged** refers to the volume of industrial waste water discharged, through all outlets, to the outside of industrial enterpises, including waste water produced, direct-cooling water, underground water from mines that does not meet the standard of discharge, and the domestic sewage mixed up with industrial waste water when discharged, but excluding discharged indirect-cooling water.

**Volume of Waste Water up to the Standard for Discharge** refers to the volume of discharged industrial waste water that with or without treatment, has come up to the national or local standards of discharge.

**Volume of Treated Industrial Waste Water** refers to the volume of industrial waste water after being treated and purified through various water treatment facilities in the reference period, including the volume discharged or recovered after being treated. The volume of waste water that fails to meet the national or local standards after treatment is also included. If there are treatment facilities both at the outlets of workshops and at the outlets of the factory, and the same volume of waste water has been treated twice, duplication should be avoided in the calculation of the volume of treated industrial waste water.

**Volume of Waste Water Industrial Gas Emission** refers to waste gas emitted from burning of fuels and from production process in the area of the factory, and is measured by (273 k, 101325 Pa) under standard condition.

**Volume of Industrial Sulphur Dioxide Discharged** refers to the volume of sulphur dioxide discharged to the air in the process of fuel burning or in the production process.

**Volume of Industrial Soot Discharged** refers to the volume of solid soot in the smoke discharged in the process of fuel burning in the area of the factory.

**Industrial Dust Discharged** refers to the total weight of solid dust discharged by industrial enterprises in the production process, such as dust of refractory materials from iron plants, dust from coke-screening system or from sintering machines of coking plant, dust from lime kilns, cement dust from building material enterprises, ect., but excluding smoke and dust discharged from power plants.

**Volume of Industrial Solid Wastes Produced** refer to the total volume of solid, semi-solid or high concentration liquid residue produced by industrial enterprises in their production process, including dangerous wastes, residues from melting, slag, powdered, coalash, gangue, chemical residues, tailings, radiative residues, but excluding stripped or dug stones in mining(except gangue and acid or alkali stones which are stone washed or soaked by water with a pH value smaller than 4 or larger than 10.5).

**Volume of Industrial Solid Wastes Treated** refers to the solid wastes disposed of in a non-recoverable place that meet the requirment of environmental protection, such as burying(the dangerous wastes should be buried safely), burning, piling in designated sites, pouring water into the deep strata, filling of old mines, ect. (including treatment of solid wastes piled up in the previous years).

**Volume of Industrial Solid Wastes Discharged** refers to the volume of industrial solid wastes produced and discharged at the places outside the special facilities or special sites for preventing against pollution, excluding stripped or dug stones in mining(excep gangue and acid or alkali waste stones).

**Accidents of Environmental Pollution and Destruction** refer to sudden accidents, due to economic and social behavior or activities in contrast with environment protection legislation, unexpected factors or irresistible natural disasters, that cause the pollution of environment, the destruction of natural protection zones, wild plants and animals, the danger to health of people, and the loss in the property of the society and people.

# 10

# 农　业
# Agriculture

# 简 要 说 明

**一、本篇资料的主要内容及统计范围**

本篇资料反映我省农业生产和农村经济的基本情况，内容主要包括农业机械拥有量、农林牧渔业产值、主要农产品产量、水利设施与除涝治碱、农村居民家庭拥有生产性固定资产、国营农场、乡镇企业基本情况等方面的统计资料。

农业统计范围包括全社会除军马生产及农业科研机构进行的农业生产以外的所有农业生产活动。即农村各种经济组织和农户经营的农林牧渔业生产活动；各种专业性农、林、牧、渔场的农业生产活动；国家各级机关、团体、学校、部队进行的农业生产活动；集体所有制的乡、镇、村办农场的农业生产活动；以及工矿企业经营的农、林、牧、渔业生产活动。

1. 农业：指对各种农作物的种植活动。包括谷物、豆类、薯类、棉花、油料、糖料、麻类、烟叶、蔬菜、园艺作物、水果、坚果、饮料和香料作物、中草药及其他作物的种植。

2. 林业：包括林木的栽培（不包括茶园、桑园和果园的栽培、管理和收获等活动），木材和竹材的采运，林产品的采集。

3. 畜牧业：包括牲畜饲养和放牧，家禽饲养以及野生动物的捕猎和饲养。

4. 渔业：包括水生动物和海藻类植物的养殖和捕捞。

5. 农、林、牧、渔服务业：指对农、林、牧、渔业生产活动进行的各种支持性服务。但不包括各种科学技术和专业性技术服务活动。

**二、本篇的资料来源及统计调查方法**

1. 农业生产基本情况：根据《农林牧渔业统计报表制度》、《农业产值和价格综合统计报表制度》、《县城社会经济基本情况统计报表制度》的有关资料整理提供。

《农林牧渔业统计报表制度》为全面报表，由各级统计部门根据当地实际情况，采取抽样调查、重点调查或全面调查的办法搜集资料并逐层上报，或利用同级业务部门统计资料上报。如林业生产情况、渔业生产情况等指标取自同级业务部门的统计资料。

《县城社会经济基本情况统计报表制度》主要对乡、村基本情况每年进行一次全面调查。

2. 农户家庭固定资产根据《农村住户调查方案》的有关资料整理提供。

3. 国营农场基本情况资料主要取材于农垦系统汇总的统计报表，统计方法为逐级上报、全面汇总。

4. 灌溉、水库和除涝、治水、治碱情况及各地区水利设施和除涝、治碱面积资料，主要来源于水利部门汇总的统计报表。资料收集以县为基本统计单位，采取逐级汇总上报的方式。有些特殊指标如灌区数、大型水库、跨县的中小型水库，由地区直接统计，上报省水利厅。

# Brief Introduction

**I. Main Contents and Statistical Scopes**

The data in this chapter show the basic conditions of agricultural production and rural economy, including mainly quantity of agricultural machinery, output of agriculture, forestry, animal husbandry and fishery, output of major products, facilities of water conservancy and efforts to eliminate water-logging and combat alkalinity, productive fixed assets owned by rural households, basic conditions of State-owned farms.

Statistics on agriculture cover all agricultural production activities except horse raising for military purpose and agricultural production activities undertaken by agriculture research institutions. In other words, included in agriculture statistics are production activities in agriculture, forestry, animal husbandry and fishery undertaken by rural economic units of various types and by rural households; production activities of farms specializing in agriculture, forestry, animal husbandry and fishery; production activities in agriculture undertaken by government agencies, institutions, schools and military units; production activities in agriculture undertaken by collective farms run by townships and villages; and production activities in agriculture, forestry, animal husbandry and fishery undertaken by manufacturing and mining enterprises.

(1) Agriculture: refers to cultivation of farm crops, including cereals, beans, tuber crops, cotton, oil-bearing crops, sugar crops, hemp, tobacco leaves, vegetables, gardening plants, fruits, nuts, crops for beverages and spices, medicinal herbs and other farm crops.

(2) Forestry: includes the planting of trees (excluding the operations of planting, management and harvesting on tea plantations, mulberry fields and orchards), cutting and transport of timber and bamboo and collection of forest products.

(3) Animal husbandry: includes the raising and grazing of domestic animals and poultry, and the hunting and raising of wild animals.

(4) Fishery: includes cultivation and catching of aquatic animals and seaweed.

(5) Services in support of agriculture, forestry, animal husbandry and fishery: include supporting services to production activities in agriculture, forestry, animal husbandry and fishery but do not include activities of science and technology and professional services.

**II. Data Sources and Survey Methods**

(1) Data on agricultural production come from the Statistical Reporting Form System on Agriculture, Forestry, Animal Husbandry and Fishery; the Statistical Reporting System on Agricultural Output and Prices; Statistical Reporting System on Basical Social Economy of Country.

Statistical Reporting Form System on Agriculture, Forestry, Animal Husbandry and Fishery is a comprehensive reporting program. Data required in this reporting program are collected by statistical offices at all levels by means of sample surveys, surveys of key units or complete enumeration depending on the local circumstances, or estimated by using information from other government agencies at the same level. For instance, some data on forestry and fishery are obtained from statistics data collected by other government agencies at the same level.

Statistical Reporting System on Basical Social Economy of Country is conducted every year to collect information on the basic conditions of all towns, townships and villages, and a complete enumeration in administratively designated towns.

(2) Data on fixed assets, cultivated land and sales of farm products of rural households are collected and compiled by the Department of Rural Social and Economic Survey through the System of Rural Household Survey.

(3) Data on the basic conditions of the State-owned farms come from the statistical reports tabulated by the Bureau of Reclamation. Data are collected from the grassroots units in accordance with the statistical reporting scheme whereby reporting is done level by level for aggregation.

(4) Data on irrigation and reservoirs, data on efforts to eliminate water-logging, to prevent floods by water control and to combat alkalinity as well as data on the facilities of water conservancy and the area of water-logging eliminated and the improved area of saline-alkaline land come mainly from statistical reports of the Ministry of Water Resources. The statistical scope includes provinces, autonomous regions and municipalities directly under the Central Government. Data are collected from individual counties in accordance with the statistical reporting system and are tabulated and reported level by level. Data on some special indicators, such as the number of irrigated areas, large reservoirs and the medium-sized and small reservoirs that cut across counties are collected directly by the prefectures and reported to the provincial departments of water resources.

# 10 - 1 农业基本情况
## Basic Statistics of Agriculture

| 指 标 Item | | 1995 | 2000 | 2005 | 2010 | 2011 |
|---|---|---|---|---|---|---|
| 乡村户数 (万户) | Rural Households (10000 units) | 1516.85 | 1496.27 | 1505.88 | 1483.26 | 1466.28 |
| 乡村劳动力 (万人) | Rural Laborers (10000 persons) | 2773.04 | 2688.03 | 2662.50 | 2670.68 | 2652.65 |
| 按性别分 | Grouped by Sex | | | | | |
| 男 | Male | 1424.43 | 1382.49 | 1384.61 | 1401.55 | 1390.26 |
| 女 | Female | 1348.61 | 1305.54 | 1277.89 | 1269.13 | 1262.39 |
| 按行业分 | Grouped by Sector | | | | | |
| 农林牧渔业 | Agriculture, Forestry, Animal Husbandry, Fishery | 1541.33 | 1480.22 | 1058.28 | 859.83 | 821.69 |
| #农业 | Farming | 1326.54 | 1270.58 | 885.40 | 707.28 | 672.09 |
| 工业 | Industry | 531.78 | 436.81 | 598.52 | 773.89 | 790.79 |
| 建筑业 | Construction | 227.39 | 252.02 | 316.38 | 367.42 | 372.52 |
| 交通运输、仓储业和邮电通讯业 | Transport, Storage, Post and Telecommunication | 92.33 | 89.06 | 107.76 | 111.74 | 113.15 |
| 批发、零售贸易业、餐饮业 | Wholesale, Retail Sales and Catering Services | 73.04 | 104.81 | 156.12 | 199.60 | 208.22 |
| 金融、保险业 | Banking and Insurance | 2.11 | 2.50 | 5.88 | 8.36 | 9.49 |
| 房地产、社会服务业 | Real Estate and Social Services | 15.61 | 22.78 | 37.24 | 37.23 | 37.39 |
| 卫生、体育、社会福利业 | Healthcare, Sports and Social Welfare | 9.69 | 10.24 | 11.19 | 12.89 | 13.63 |
| 教育、文化、艺术和广播电视事业 | Education, Culture, Arts, Broadcasting and Television | 15.50 | 14.13 | 14.43 | 15.93 | 16.74 |
| 科学研究和综合技术服务事业 | Scientific Research and Ploytechnical Services | 2.00 | 2.07 | 3.04 | 3.20 | 3.53 |
| 乡经济组织管理 | Rural Economic Management | 17.37 | 15.87 | 12.46 | 12.08 | 11.94 |
| 其他 | Others | 244.89 | 257.52 | 341.20 | 268.51 | 253.56 |
| 农业机械总动力 (万千瓦) | Total Power of Agricultural Machinery (10000 kW) | 2226.95 | 2925.29 | 3135.33 | 3937.34 | 4106.11 |
| 化肥施用量 (万吨) | Consumption of Chemical Fertilizers (10000 tons) | 292.77 | 335.45 | 340.81 | 341.11 | 337.21 |
| 农村用电量 (亿千瓦小时) | Electricity Consumed in Rural Areas (100 million kW·h) | 238.16 | 314.60 | 825.10 | 1472.89 | 1606.83 |
| 农作物总播种面积 (千公顷) | Sown Area of Farm Crops (1000 hectares) | 7909.01 | 7944.87 | 7641.20 | 7619.58 | 7663.25 |
| #粮食 | Grain Crops | 5755.15 | 5304.31 | 4909.48 | 5282.36 | 5319.20 |
| 主要农产品产量 (万吨) | Output of Major Farm Products (10000 tons) | | | | | |
| 粮食 | Grain | 3286.30 | 3106.63 | 2834.59 | 3235.10 | 3307.76 |
| 棉花 | Cotton | 56.16 | 31.45 | 32.27 | 26.08 | 24.68 |
| 油料 | Oil-bearing | 159.46 | 225.65 | 215.99 | 151.97 | 144.05 |
| 肉类产量 | Meat | 231.85 | 328.87 | 352.34 | 366.64 | 375.92 |
| 水产品产量 | Aquatic Products | 219.47 | 308.79 | 388.66 | 460.44 | 475.93 |

# 10－2 灌溉、水库和除涝、治水、治碱情况
## Irrigation, Reservoirs, Flood Prevention, Water and Soil Conservation and Improvement of Saline-alkaline Land

| 项 目 | Item | 1990 | 2000 | 2005 | 2010 | 2011 |
|---|---|---|---|---|---|---|
| 年底灌区数 (处) | Number of Irrigated Areas at year-end (set) | 185 | 189 | 200 | 217 | 172 |
| 50 万亩以上 | 500000 Units of Area and Over | 13 | 4 | 6 | 5 | 5 |
| 30－50 万亩 | 300000—500000 Units of Area | | 23 | 23 | 31 | 24 |
| 灌区有效灌溉面积 (万亩) | Effective Irrigated Area (10000 units of area) | 1541.14 | 1278.09 | 1510.02 | 1751.06 | 1469.07 |
| 50 万亩以上 | 500000 Units of Area and Over | 478.50 | 161.82 | 252.53 | 212.58 | 212.48 |
| 30－50 万亩 | 300000—500000 Units of Area | | 531.45 | 506.43 | 705.33 | 531.01 |
| 水库 (座) | Number of Reservoirs (unit) | 1143 | 912 | 917 | 910 | 907 |
| 大型水库 | Large Reservoir | 80 | 8 | 8 | 8 | 8 |
| 中型水库 | Medium-sized Reservoir | 40 | 42 | 42 | 42 | 42 |
| 小型水库 | Small Reservoir | 1095 | 862 | 867 | 860 | 857 |
| 水库库容量 (亿立方米) | Capacity of Reservoirs (100million cu. m) | 190.17 | 189.05 | 189.13 | 189.18 | 189.08 |
| 大型水库 | Large Reservoir | 167.14 | 167.22 | 167.15 | 167.27 | 167.27 |
| 中型水库 | Medium-sized Reservoir | 12.13 | 11.90 | 11.88 | 11.92 | 11.93 |
| 小型水库 | Small Reservoir | 10.90 | 9.93 | 10.10 | 9.99 | 9.88 |
| 节水灌溉面积 (千公顷) | Water-saving Irrigated Area (1000 hectares) | | 1180.07 | 1423.50 | 1627.93 | 1733.33 |
| 除涝面积 (千公顷) | Flooded or Waterlogged Area (1000 hectares) | 4073.95 | 2793.28 | 2794.81 | 2802.51 | 2778.25 |
| 水土流失治理面积 (千公顷) | Area of Soil Erosion under Control (1000 hectares) | 1026.79 | 1076.87 | 863.56 | 1155.27 | 1110.23 |
| 治碱面积 (千公顷) | Improved Area of Saline-alkaline Land (1000 hectares) | 948.16 | 683.50 | 701.29 | | |
| 堤防长度 (公里) | Total Length of Dikes (km) | 49786.65 | 55132.63 | 51030.09 | 52261.72 | 51852.69 |
| 堤防保护面积 (千公顷) | Area of Land Protected by Dikes (1000 hectares) | 3799.09 | 3514.23 | 3625.53 | 3494.30 | 3355.19 |

注：大型水库库容：1 亿立方米以上；中型水库库容：1 千万至 1 亿立方米；小型水库库容：10 万至 1 千万立方米。

Note：Large-scale reservior capacity：100 million steres and above；Medium-scale reservior capacity：10 to 100 million steres；Small-scale reservior capacity：100000 to 1000000 steres.

# 10 - 3 主要年份农林牧渔业总产值

# Gross Output Value of Agriculture, Forestry, Animal Husbandry and Fishery in Major Years

当年价格,单位:亿元 (at current price,100 million yuan)

| 年份 Year | 农林牧渔业总产值 Total | 农业 Farming | 林业 Foresty | 畜牧业 Animal Husbandry | 渔业 Fishery | 农林牧渔服务业 Services in Support of Agriculture |
|---|---|---|---|---|---|---|
| 1949 | 22.59 | 19.41 | … | 3.02 | 0.16 | |
| 1952 | 31.87 | 26.14 | 0.03 | 5.00 | 0.70 | |
| 1957 | 36.81 | 30.10 | 0.22 | 5.25 | 1.24 | |
| 1962 | 40.15 | 34.19 | 0.32 | 4.48 | 1.16 | |
| 1965 | 57.27 | 47.02 | 0.63 | 8.25 | 1.37 | |
| 1970 | 71.33 | 57.08 | 0.85 | 11.76 | 1.64 | |
| 1975 | 91.66 | 72.17 | 1.47 | 15.55 | 2.47 | |
| 1976 | 100.71 | 82.53 | 1.31 | 14.86 | 2.01 | |
| 1977 | 89.16 | 73.05 | 1.25 | 12.90 | 1.96 | |
| 1978 | 105.87 | 85.17 | 1.48 | 16.78 | 2.44 | |
| 1979 | 145.25 | 114.26 | 2.03 | 25.77 | 3.19 | |
| 1980 | 138.45 | 105.98 | 1.94 | 26.65 | 3.88 | |
| 1981 | 153.62 | 119.90 | 2.00 | 27.11 | 4.61 | |
| 1982 | 188.11 | 145.69 | 1.96 | 35.80 | 4.66 | |
| 1983 | 206.86 | 160.38 | 3.30 | 36.66 | 6.52 | |
| 1984 | 253.82 | 193.28 | 4.33 | 47.17 | 9.04 | |
| 1985 | 288.55 | 201.85 | 4.63 | 66.54 | 15.53 | |
| 1986 | 332.66 | 235.07 | 5.15 | 69.83 | 22.61 | |
| 1987 | 380.25 | 257.90 | 6.02 | 87.95 | 28.38 | |
| 1988 | 497.95 | 310.20 | 7.29 | 140.49 | 39.97 | |
| 1989 | 522.25 | 325.02 | 7.02 | 148.13 | 42.08 | |
| 1990 | 580.53 | 362.46 | 7.94 | 160.78 | 49.35 | |
| 1991 | 580.93 | 354.42 | 7.55 | 168.30 | 50.66 | |
| 1992 | 673.82 | 411.33 | 9.93 | 188.64 | 63.92 | |
| 1993 | 875.37 | 518.55 | 14.61 | 236.81 | 105.40 | |
| 1994 | 1335.23 | 777.94 | 18.38 | 390.70 | 148.21 | |
| 1995 | 1686.78 | 986.15 | 21.42 | 475.67 | 203.54 | |
| 1996 | 1693.76 | 1062.39 | 23.48 | 368.54 | 239.35 | |
| 1997 | 1816.37 | 1085.26 | 22.56 | 430.57 | 277.98 | |
| 1998 | 1849.20 | 1096.88 | 24.16 | 435.51 | 292.65 | |
| 1999 | 1837.43 | 1095.13 | 26.13 | 413.95 | 302.22 | |
| 2000 | 1869.73 | 1096.02 | 30.17 | 430.53 | 313.01 | |
| 2001 | 1956.10 | 1142.66 | 30.76 | 448.51 | 334.17 | |
| 2002 | 2011.48 | 1165.49 | 36.29 | 456.02 | 353.68 | |
| 2003 | 1952.20 | 981.25 | 31.49 | 458.87 | 371.56 | 109.03 |
| 2004 | 2417.63 | 1242.41 | 40.16 | 563.44 | 449.47 | 122.15 |
| 2005 | 2576.98 | 1291.06 | 45.27 | 599.14 | 511.86 | 129.65 |
| 2006 | 2718.61 | 1416.91 | 54.26 | 544.48 | 543.39 | 159.57 |
| 2007 | 3064.72 | 1542.53 | 58.88 | 704.38 | 579.00 | 179.94 |
| 2008 | 3590.64 | 1746.83 | 64.92 | 916.46 | 665.75 | 196.69 |
| 2009 | 3816.02 | 1948.20 | 70.79 | 873.97 | 719.25 | 203.81 |
| 2010 | 4297.14 | 2269.56 | 78.12 | 923.25 | 805.25 | 220.95 |
| 2011 | 5237.45 | 2640.95 | 92.81 | 1190.50 | 1060.44 | 252.74 |

# 10－4 主要年份农林牧渔业总产值指数

## Indices of Gross Output Value of Agriculture, Forestry, Animal Husbandry and Fishery in Major Years

按可比价格计算,上年＝100　　(at constant price with 100 in preceding year)

| 年 份<br>Year | 农林牧渔业总产值指数<br>Total | 农 业<br>Farming | 林 业<br>Forestry | 畜牧业<br>Animal Husbandry | 渔 业<br>Fishery | 农林牧渔服务业<br>Services in Support of Agriculture |
|---|---|---|---|---|---|---|
| 1949 | 100.0 | 100.0 | | 100.0 | 100.0 | |
| 1952 | 117.4 | 110.0 | | 141.9 | 306.1 | |
| 1957 | 103.4 | 99.2 | 553.8 | 128.4 | 106.9 | |
| 1962 | 101.1 | 97.5 | 98.2 | 135.2 | 94.9 | |
| 1965 | 105.7 | 100.5 | 168.0 | 141.7 | 95.6 | |
| 1970 | 107.2 | 107.1 | 67.2 | 109.4 | 124.2 | |
| 1975 | 100.9 | 99.5 | 98.0 | 107.1 | 104.0 | |
| 1976 | 103.9 | 105.1 | 121.1 | 93.4 | 94.4 | |
| 1977 | 89.9 | 89.5 | 99.2 | 93.0 | 101.9 | |
| 1978 | 121.5 | 123.4 | 84.5 | 115.6 | 98.8 | |
| 1979 | 110.9 | 108.5 | 105.0 | 131.8 | 110.3 | |
| 1980 | 94.5 | 91.9 | 99.5 | 102.1 | 118.2 | |
| 1981 | 107.9 | 109.7 | 95.3 | 99.3 | 115.4 | |
| 1982 | 114.9 | 113.0 | 106.0 | 123.8 | 105.2 | |
| 1983 | 105.9 | 107.2 | 110.8 | 98.2 | 99.6 | |
| 1984 | 116.4 | 106.3 | 117.8 | 118.2 | 124.1 | |
| 1985 | 103.1 | 99.0 | 107.9 | 117.1 | 126.3 | |
| 1986 | 106.3 | 106.6 | 97.3 | 100.6 | 134.9 | |
| 1987 | 103.1 | 103.3 | 104.8 | 101.2 | 108.1 | |
| 1988 | 106.6 | 104.8 | 93.8 | 114.4 | 108.9 | |
| 1989 | 100.3 | 100.6 | 94.4 | 99.5 | 101.7 | |
| 1990 | 102.5 | 101.1 | 97.4 | 106.7 | 107.9 | |
| 1991 | 98.9 | 95.9 | 90.0 | 105.2 | 101.2 | |
| 1992 | 113.0 | 113.7 | 119.1 | 110.5 | 115.6 | |
| 1993 | 111.3 | 106.2 | 124.1 | 114.0 | 134.8 | |
| 1994 | 112.1 | 108.0 | 112.4 | 117.5 | 119.0 | |
| 1995 | 113.6 | 112.9 | 117.0 | 110.8 | 124.0 | |
| 1996 | 107.4 | 108.7 | 107.4 | 103.1 | 111.8 | |
| 1997 | 107.7 | 106.4 | 92.6 | 110.9 | 109.5 | |
| 1998 | 104.0 | 103.0 | 109.9 | 104.2 | 107.2 | |
| 1999 | 105.2 | 105.9 | 100.0 | 103.5 | 106.5 | |
| 2000 | 105.0 | 103.1 | 119.9 | 107.5 | 107.4 | |
| 2001 | 104.5 | 105.0 | 99.1 | 102.4 | 106.7 | |
| 2002 | 103.8 | 102.3 | 115.8 | 103.9 | 108.0 | 100.0 |
| 2003 | 101.0 | 94.3 | 120.0 | 102.8 | 106.6 | 130.0 |
| 2004 | 107.8 | 113.8 | 109.4 | 97.7 | 109.7 | 107.0 |
| 2005 | 103.7 | 101.1 | 107.5 | 103.6 | 110.7 | 104.0 |
| 2006 | 104.9 | 105.4 | 115.7 | 101.2 | 106.8 | 106.0 |
| 2007 | 103.1 | 102.6 | 109.9 | 100.7 | 104.4 | 108.3 |
| 2008 | 104.5 | 103.2 | 104.7 | 107.1 | 105.4 | 102.6 |
| 2009 | 104.6 | 103.3 | 105.2 | 106.6 | 105.2 | 104.0 |
| 2010 | 104.4 | 103.8 | 105.6 | 105.3 | 104.5 | 105.1 |
| 2011 | 104.2 | 104.3 | 104.0 | 102.7 | 104.4 | 107.6 |

# 10－5 主要年份农林牧渔业总产值定基指数
## Fixed-base Indices of Gross Output Value of Agriculture, Forestry, Animal Husbandry and Fishery in Major Years

按可比价格计算,1949 年＝100 （ at constant price with 100 in 1949）

| 年 份 Year | 农林牧渔业总产值指数 Total | 农 业 Farming | 林 业 Forestry | 畜牧业 Animal Husbandry | 渔 业 Fishery | 农林牧渔服务业 Services in Support of Agriculture |
|---|---|---|---|---|---|---|
| 1949 | 100.0 | 100.0 | | 100.0 | 100.0 | |
| 1952 | 144.2 | 135.7 | 100.0 | 166.5 | 612.2 | |
| 1957 | 157.4 | 151.4 | 900.0 | 159.0 | 563.4 | |
| 1962 | 134.7 | 134.1 | 1387.5 | 106.8 | 407.3 | |
| 1965 | 201.4 | 190.7 | 2162.5 | 224.6 | 534.1 | |
| 1970 | 239.7 | 232.5 | 1487.5 | 255.0 | 575.6 | |
| 1975 | 294.7 | 281.6 | 2487.5 | 322.3 | 819.5 | |
| 1976 | 306.2 | 296.1 | 3012.5 | 301.1 | 773.2 | |
| 1977 | 275.4 | 264.9 | 2987.0 | 280.1 | 787.8 | |
| 1978 | 334.6 | 326.8 | 2525.0 | 323.9 | 778.0 | |
| 1979 | 371.1 | 354.7 | 2650.0 | 426.8 | 858.5 | |
| 1980 | 350.7 | 326.0 | 2637.5 | 435.8 | 1014.6 | |
| 1981 | 378.4 | 357.7 | 2512.5 | 432.6 | 1170.7 | |
| 1982 | 434.8 | 404.2 | 2662.5 | 535.6 | 1231.7 | |
| 1983 | 460.6 | 433.3 | 2950.0 | 525.9 | 1226.8 | |
| 1984 | 536.3 | 460.6 | 3475.0 | 621.5 | 1522.0 | |
| 1985 | 553.1 | 456.1 | 3750.0 | 727.9 | 1922.0 | |
| 1986 | 587.7 | 486.4 | 3650.0 | 732.5 | 2592.7 | |
| 1987 | 605.9 | 502.4 | 3825.0 | 741.1 | 2802.4 | |
| 1988 | 646.1 | 526.3 | 3587.5 | 847.5 | 3051.2 | |
| 1989 | 648.3 | 529.4 | 3387.5 | 843.1 | 3102.4 | |
| 1990 | 664.6 | 535.2 | 3300.5 | 899.3 | 3346.3 | |
| 1991 | 657.1 | 513.3 | 2971.7 | 946.3 | 3385.3 | |
| 1992 | 742.5 | 583.6 | 3538.2 | 1045.7 | 3913.7 | |
| 1993 | 826.4 | 619.6 | 4391.5 | 1191.6 | 5275.3 | |
| 1994 | 926.3 | 668.9 | 4936.8 | 1400.2 | 6278.5 | |
| 1995 | 1052.7 | 755.4 | 5774.3 | 1551.0 | 7785.4 | |
| 1996 | 1130.6 | 821.0 | 6204.0 | 1599.2 | 8707.8 | |
| 1997 | 1217.1 | 873.5 | 5746.0 | 1773.5 | 9532.8 | |
| 1998 | 1265.6 | 899.4 | 6313.9 | 1847.5 | 10219.7 | |
| 1999 | 1331.1 | 952.4 | 6312.3 | 1911.5 | 10883.6 | |
| 2000 | 1397.9 | 981.6 | 7566.8 | 2055.1 | 11688.1 | |
| 2001 | 1461.5 | 1030.6 | 7500.2 | 2103.9 | 12474.9 | |
| 2002 | 1516.9 | 1053.8 | 8681.6 | 2186.3 | 13475.4 | 100.0 |
| 2003 | 1532.8 | 994.0 | 10415.4 | 2248.1 | 14369.5 | 130.0 |
| 2004 | 1653.0 | 1131.5 | 11389.9 | 2196.7 | 15768.3 | 139.1 |
| 2005 | 1714.2 | 1143.9 | 12245.5 | 2275.4 | 17448.0 | 144.6 |
| 2006 | 1798.2 | 1205.6 | 14168.0 | 2302.7 | 18634.5 | 153.3 |
| 2007 | 1853.2 | 1236.7 | 15569.2 | 2319.0 | 19458.1 | 166.1 |
| 2008 | 1936.8 | 1276.4 | 16294.7 | 2483.0 | 20510.8 | 170.5 |
| 2009 | 2024.9 | 1318.4 | 17144.7 | 2646.0 | 21573.2 | 177.4 |
| 2010 | 2113.6 | 1368.5 | 18104.8 | 2786.9 | 22552.0 | 186.5 |
| 2011 | 2201.6 | 1427.5 | 18836.2 | 2863.4 | 23554.6 | 200.8 |

# 10－6　农林牧渔业分项产值
# Gross Output Value of Agriculture, Forestry, Animal Husbandry and Fishery by Branch

按当年价格计算,单位:亿元　　(at current price,100million yuan)

| 指　　标 | Item | 2005 | 2007 | 2008 | 2009 | 2010 | 2011 |
|---|---|---|---|---|---|---|---|
| **农林牧渔业总产值** | **Total** | **2576.98** | **3064.72** | **3590.64** | **3816.02** | **4297.14** | **5237.45** |
| **农业产值** | **Farming** | **1291.06** | **1542.53** | **1746.83** | **1948.20** | **2269.56** | **2640.95** |
| 谷物及其他作物 | Planting | 722.50 | 804.80 | 855.24 | 903.10 | 993.21 | 1140.33 |
| #谷物 | Cereal | 495.04 | 573.66 | 610.62 | 668.23 | 736.25 | 876.60 |
| 薯类 | Tubers | 28.41 | 27.15 | 28.95 | 29.53 | 34.00 | 36.07 |
| 豆类 | Beans | 24.16 | 26.05 | 35.50 | 37.15 | 37.01 | 37.74 |
| 棉花 | Cotton | 57.31 | 68.31 | 53.38 | 46.07 | 80.75 | 72.72 |
| 油料 | Oil-bearing | 64.06 | 52.95 | 75.91 | 70.44 | 66.49 | 71.92 |
| 蔬菜园艺作物 | Vegetables and Gardening Crops | 454.17 | 593.91 | 735.20 | 870.12 | 1074.92 | 1258.82 |
| #蔬菜(含菜用瓜、食用菌) | Vegetable (include melons、Edible Mushroom) | 391.98 | 521.31 | 662.94 | 796.42 | 989.12 | 1165.18 |
| 水果、坚果、饮料和香料作物 | Fresh Fruits, Nuts, Beverage and Perfume Crops | 100.04 | 127.13 | 145.11 | 168.18 | 192.72 | 232.25 |
| #水果、坚果(含果用瓜) | Fresh Fruits, Nuts (include melons) | 87.70 | 103.29 | 116.24 | 139.04 | 158.26 | 196.50 |
| 中药材 | Chinese Herbal Medicine | 14.35 | 16.68 | 11.28 | 6.79 | 8.71 | 9.55 |
| **林业产值** | **Forestry** | **45.27** | **58.88** | **64.92** | **70.79** | **78.12** | **92.81** |
| 林木的培育和种植 | Afforestation | 29.68 | 37.48 | 46.06 | 49.83 | 58.89 | 70.42 |
| 竹木采运 | Cutting and Transportation of Bamboos and Timber | 6.66 | 11.50 | 8.44 | 8.82 | 10.98 | 13.37 |
| 林产品 | Forest Products | 8.93 | 9.90 | 10.42 | 12.14 | 8.25 | 9.02 |
| **牧业产值** | **Animal Husbandry** | **599.14** | **704.38** | **916.46** | **873.97** | **923.25** | **1190.50** |
| 牲畜饲养 | Livestock Raising | 54.43 | 40.94 | 49.52 | 56.06 | 59.59 | 73.81 |
| #牛 | Cattle and Buffaloes | 7.13 | 5.36 | 5.84 | 7.23 | 8.16 | 10.24 |
| 羊 | Sheep and Goats | 29.24 | 13.60 | 22.60 | 24.94 | 25.62 | 32.52 |
| 猪的饲养 | Hogs Raising | 240.53 | 280.11 | 422.09 | 348.47 | 364.96 | 470.12 |
| 家禽饲养 | Poultry Raising | 239.50 | 309.56 | 379.23 | 403.49 | 425.35 | 545.43 |
| #肉禽 | Live Animal and Poultry Products | 116.18 | 156.70 | 183.59 | 195.39 | 245.86 | 316.81 |
| 禽蛋 | Poultry Eggs | 121.73 | 150.65 | 191.48 | 203.60 | 177.20 | 225.73 |
| 狩猎和捕捉动物 | Hunting | 1.87 | 2.13 | 2.18 | 2.81 | 1.46 | 1.86 |
| 其他畜牧业 | Other Animal Husbandry | 62.81 | 71.64 | 63.43 | 63.15 | 71.90 | 99.28 |
| **渔业产值** | **Fishery** | **511.86** | **579.00** | **665.75** | **719.25** | **805.25** | **1060.44** |
| 海水产品 | Seawater Aquatic Products | 123.76 | 146.06 | 176.06 | 188.04 | 207.77 | 279.56 |
| 内陆水域水产品 | Freshwater Aquatic Products | 388.10 | 432.94 | 489.69 | 531.21 | 597.48 | 780.88 |
| **农林牧渔服务业产值** | **Services in Support of Agriculture** | **129.65** | **179.94** | **196.69** | **203.81** | **220.95** | **252.74** |

# 10－7 农作物播种面积

## Total Sown Areas of Farm Crops

单位：千公顷 (1000 hectares)

| 年 份<br>Year | 总播种面积<br>Total Sown Areas | 粮食作物<br>Grain Crops | #小 麦<br>Wheat | #稻 谷<br>Rice | #薯 类<br>Tubers | #玉 米<br>Corn | #大 豆<br>Soybeans |
|---|---|---|---|---|---|---|---|
| 1978 | 8582.74 | 6310.93 | 1412.82 | 2661.18 | 478.29 | 445.01 | 345.36 |
| 1980 | 8248.93 | 6090.25 | 1519.47 | 2676.15 | 332.02 | 386.21 | 236.47 |
| 1985 | 8557.84 | 6432.44 | 2170.39 | 2431.11 | 282.45 | 659.62 | 317.93 |
| 1989 | 8384.33 | 6454.51 | 2353.54 | 2419.67 | 248.16 | 501.15 | 309.39 |
| 1990 | 8259.18 | 6363.02 | 2399.19 | 2454.44 | 221.65 | 461.01 | 244.67 |
| 1991 | 8091.70 | 6202.77 | 2364.93 | 2351.40 | 214.51 | 426.44 | 177.81 |
| 1992 | 8234.63 | 6180.77 | 2366.23 | 2447.27 | 192.59 | 421.14 | 192.28 |
| 1993 | 8032.29 | 6029.66 | 2281.66 | 2278.44 | 201.00 | 472.37 | 270.67 |
| 1994 | 7861.76 | 5748.78 | 2114.26 | 2168.36 | 179.46 | 458.95 | 255.41 |
| 1995 | 7909.01 | 5755.15 | 2150.35 | 2250.31 | 166.71 | 461.98 | 201.32 |
| 1996 | 7914.10 | 5877.42 | 2216.26 | 2335.91 | 180.59 | 467.83 | 179.49 |
| 1997 | 7966.78 | 5994.43 | 2341.37 | 2377.62 | 169.61 | 439.00 | 217.44 |
| 1998 | 8058.28 | 5946.26 | 2314.95 | 2369.70 | 162.67 | 473.49 | 220.83 |
| 1999 | 8023.43 | 5828.52 | 2251.70 | 2398.45 | 156.89 | 454.31 | 210.41 |
| 2000 | 7944.87 | 5304.31 | 1954.60 | 2203.46 | 158.26 | 423.16 | 249.19 |
| 2001 | 7777.42 | 4886.66 | 1712.81 | 2010.25 | 146.01 | 429.81 | 244.37 |
| 2002 | 7797.40 | 4882.58 | 1715.85 | 1982.05 | 143.75 | 436.53 | 243.44 |
| 2003 | 7681.49 | 4659.47 | 1620.45 | 1840.93 | 134.20 | 451.90 | 241.68 |
| 2004 | 7668.98 | 4774.59 | 1601.17 | 2112.90 | 114.17 | 389.11 | 216.42 |
| 2005 | 7641.20 | 4909.48 | 1684.44 | 2209.33 | 100.16 | 370.24 | 214.80 |
| 2006 | 7385.16 | 5110.80 | 1912.67 | 2216.00 | 76.27 | 378.17 | 213.00 |
| 2007 | 7407.73 | 5215.59 | 2039.12 | 2228.07 | 67.73 | 391.21 | 222.73 |
| 2008 | 7510.27 | 5267.10 | 2073.12 | 2232.55 | 66.17 | 398.51 | 232.77 |
| 2009 | 7558.15 | 5272.04 | 2077.61 | 2233.24 | 66.55 | 399.84 | 232.98 |
| 2010 | 7619.58 | 5282.36 | 2093.07 | 2234.16 | 61.26 | 403.70 | 226.90 |
| 2011 | 7663.25 | 5319.20 | 2112.41 | 2248.63 | 59.43 | 414.34 | 219.71 |

10－7 续 表 Continued

单位：千公顷 (1000 hectares)

| 年 份<br>Year | 经济作物<br>Economic Crops | #棉 花<br>Cotton | #油菜籽<br>Rape-seeds | #花 生<br>Peanuts | #芝 麻<br>Sesame | #黄红麻<br>Jute and Ambary Hemp | #甘 蔗<br>Sugar-cane | #甜 菜<br>Beet-roots | #烤 烟<br>Flue-cured Tobacco | 其他作物<br>Others |
|---|---|---|---|---|---|---|---|---|---|---|
| 1978 | 905.84 | 589.99 | 156.46 | 65.49 | 10.60 | 20.71 | 0.75 | 6.91 | 7.05 | 1365.97 |
| 1980 | 957.04 | 631.00 | 169.58 | 83.79 | 4.61 | 11.51 | 0.35 | 5.78 | 2.17 | 1201.64 |
| 1985 | 1302.77 | 592.24 | 442.64 | 134.11 | 12.85 | 24.78 | 4.11 | 4.39 | 3.47 | 822.63 |
| 1989 | 1194.62 | 535.19 | 459.12 | 116.39 | 6.29 | 5.14 | 3.92 | 2.09 | 9.47 | 735.20 |
| 1990 | 1188.41 | 572.13 | 440.81 | 108.71 | 5.85 | 5.16 | 3.35 | 2.23 | 5.63 | 707.75 |
| 1991 | 1202.48 | 550.61 | 482.80 | 102.95 | 4.79 | 4.57 | 3.18 | 0.73 | 5.16 | 686.45 |
| 1992 | 1350.29 | 673.43 | 483.78 | 107.36 | 7.14 | 3.99 | 3.83 | 0.70 | 7.39 | 703.57 |
| 1993 | 1143.39 | 517.65 | 458.30 | 125.42 | 8.65 | 5.20 | 5.50 | 1.31 | 2.02 | 859.24 |
| 1994 | 1225.86 | 534.57 | 516.59 | 146.52 | 6.65 | 2.15 | 4.57 | 0.70 | 0.87 | 887.12 |
| 1995 | 1268.75 | 564.90 | 530.66 | 148.66 | 7.54 | 1.31 | 3.95 | 0.17 | 1.17 | 885.11 |
| 1996 | 1132.24 | 485.91 | 498.00 | 123.55 | 9.19 | 0.89 | 3.66 | 0.87 | 1.44 | 904.44 |
| 1997 | 1063.10 | 438.74 | 473.93 | 117.25 | 13.66 | 0.79 | 3.46 | 1.51 | 2.61 | 909.25 |
| 1998 | 1063.32 | 416.16 | 468.94 | 141.39 | 16.23 | 0.54 | 3.25 | 0.52 | 0.09 | 1048.70 |
| 1999 | 1006.41 | 261.99 | 518.83 | 177.25 | 20.62 | 0.41 | 4.20 | 0.15 | 0.01 | 1188.50 |
| 2000 | 1227.97 | 295.27 | 650.50 | 227.90 | 18.20 | 0.20 | 5.16 | 0.07 | 0.02 | 1412.59 |
| 2001 | 1347.53 | 383.99 | 681.04 | 230.21 | 15.53 | 0.36 | 5.75 | 0.40 | … | 1543.23 |
| 2002 | 1255.19 | 311.35 | 668.08 | 223.63 | 15.00 | 0.32 | 6.08 | 0.38 | … | 1659.63 |
| 2003 | 1315.37 | 369.50 | 683.03 | 214.52 | 12.70 | 0.31 | 5.98 | 0.29 | … | 1706.65 |
| 2004 | 1356.65 | 409.62 | 689.86 | 218.59 | 11.91 | 0.16 | 4.89 | 0.12 | … | 1537.74 |
| 2005 | 1237.36 | 368.27 | 660.50 | 174.29 | 11.92 | 0.18 | 4.10 | 0.02 |  | 1494.36 |
| 2006 | 1007.48 | 330.40 | 525.47 | 130.60 | 11.38 | 0.04 | 1.39 | 0.01 |  | 1266.88 |
| 2007 | 876.25 | 326.93 | 434.36 | 95.71 | 10.59 | 0.02 | 1.18 | 0.00 |  | 1315.89 |
| 2008 | 883.86 | 300.47 | 454.49 | 101.58 | 11.26 | 0.02 | 1.59 | 0.00 | 0.02 | 1359.31 |
| 2009 | 862.07 | 252.34 | 476.27 | 105.50 | 11.44 | 0.05 | 2.00 | 0.02 | 0.04 | 1424.04 |
| 2010 | 824.77 | 235.68 | 460.08 | 103.39 | 10.80 |  | 1.70 | 0.08 | 0.24 | 1512.45 |
| 2011 | 806.93 | 239.25 | 441.28 | 100.21 | 10.71 | 0.02 | 1.63 |  | 0.04 | 1537.12 |

# 10－8 主要农作物种植结构
# Planting Structure of Major Farm Crops

单位:% (%)

| 项　　目 | Item | 2005 | 2007 | 2008 | 2009 | 2010 | 2011 |
|---|---|---|---|---|---|---|---|
| **农作物总播种面积** | **Total Sown Area of Farm Crops** | **100.00** | **100.00** | **100.00** | **100.00** | **100.00** | **100.00** |
| 粮食作物 | Grain Crops | 64.25 | 70.41 | 70.13 | 69.75 | 69.33 | 69.41 |
| 谷物 | Cereal | 58.42 | 63.15 | 64.68 | 64.40 | 64.14 | 64.29 |
| 稻谷 | Rice | 28.91 | 30.08 | 29.73 | 29.55 | 29.32 | 29.34 |
| 小麦 | Wheat | 22.04 | 27.53 | 27.60 | 27.49 | 27.47 | 27.57 |
| 玉米 | Corn | 4.85 | 5.29 | 5.31 | 5.29 | 5.30 | 5.41 |
| 其它谷物 | Other Cereal | 2.62 | 2.27 | 2.04 | 2.08 | 2.05 | 1.97 |
| 豆类 | Soybeans | 4.52 | 4.34 | 4.57 | 4.47 | 4.38 | 4.35 |
| #大豆 | Sonja | 2.81 | 3.01 | 3.10 | 3.08 | 2.98 | 2.87 |
| 杂豆 | Miscellaneous Beans | 0.19 | 0.18 | 0.17 | 0.18 | 0.18 | 0.17 |
| 薯类 | Tubers | 1.31 | 0.91 | 0.88 | 0.88 | 0.80 | 0.78 |
| 油料作物 | Oil-bearing Crops | 11.08 | 7.30 | 7.56 | 7.85 | 7.54 | 7.21 |
| #花生 | Peanuts | 2.28 | 1.29 | 1.35 | 1.40 | 1.36 | 1.31 |
| 油菜籽 | Rapeseeds | 8.64 | 5.86 | 6.05 | 6.30 | 6.04 | 5.76 |
| 芝麻 | Sesame | 0.16 | 0.14 | 0.15 | 0.15 | 0.14 | 0.14 |
| 棉花 | Cotton | 4.82 | 4.41 | 4.00 | 3.34 | 3.09 | 3.12 |
| 麻类 | Fiber Crops | 0.02 | 0.02 | 0.02 | 0.01 | 0.01 | 0.01 |
| 糖料 | Sugar Crops | 0.05 | 0.02 | 0.02 | 0.03 | 0.02 | 0.02 |
| #甘蔗 | Sugarcane | 0.05 | 0.02 | 0.02 | 0.03 | 0.02 | 0.02 |
| 烟叶 | Tobacco | 0.01 | … | … | … | … | … |
| 药材 | Medicinal Materials | 0.19 | 0.05 | 0.16 | 0.17 | 0.15 | 0.16 |
| 蔬菜、瓜类 | Vegetables and Melon | 17.26 | 15.76 | 16.24 | 16.97 | 17.94 | 18.28 |
| #蔬菜 | Vegetables | 15.63 | 14.07 | 14.56 | 15.18 | 16.14 | 16.44 |
| 其他农作物 | Other Farm Crops | 2.31 | 2.03 | 1.87 | 1.88 | 1.91 | 1.78 |
| #青饲料 | Succulence | 0.58 | 0.54 | 0.46 | 0.37 | 0.39 | 0.37 |

# 10－9　主要农作物播种面积和产量（2011 年）
# Total Sown Areas of Farm Crops and Output（2011）

| 指　　标 | Item | 播种面积（千公顷） Sown Area（1000 hectares） | 单位面积产量（千克/公顷） Per Hectare Output（kg/hectare） | 总产量（吨） Total Output（ton） |
|---|---|---|---|---|
| **农作物总播种面积** | **Total Sown Area of Farm Crops** | **7663.25** | | |
| **粮食大豆总计** | **Total Grain and Soybeans** | **5319.20** | **6219** | **33077581** |
| 夏粮 | Summer Grain | 2361.50 | 4731 | 11171791 |
| 小麦 | Wheat | 2112.41 | 4844 | 10231458 |
| 元麦 | Hull-less Barley | 2.69 | 3600 | 9684 |
| 大麦 | Barley | 146.14 | 4863 | 710679 |
| 蚕豌豆 | Horsebean and Pea | 100.26 | 2194 | 219970 |
| 秋粮 | Autumn Grain | 2957.70 | 7406 | 21905790 |
| 稻谷 | Rice | 2248.63 | 8290 | 18641620 |
| #中稻和一季晚稻 | Early Rice | 2248.63 | 8290 | 18641620 |
| #籼稻 | Among Rice：Long-grained Nonglutinous Rice | 312.48 | 7101 | 2218920 |
| 薯类 | Tubers | 59.43 | 6493 | 385879 |
| 玉米 | Corn | 414.34 | 5459 | 2261700 |
| 高粱 | Sorghum | 0.03 | 2500 | 75 |
| 谷子 | Millet | 0.04 | 1475 | 59 |
| 其他秋粮 | Others | 15.52 | 2602 | 40377 |
| 大豆 | Soybeans | 219.71 | 2622 | 576080 |
| **经济作物** | **Economic Crops** | **806.93** | | |
| 棉花 | Cotton | 239.25 | 1031 | 246786 |
| 油料 | Oil-bearing Crops | 552.30 | 2608 | 1440526 |
| #花生 | Peanuts | 100.21 | 3692 | 369975 |
| 油菜籽 | Rapeseed | 441.28 | 2385 | 1052453 |
| 芝麻 | Sesame | 10.71 | 1668 | 17860 |
| 麻类 | Fiber Crops | 0.78 | 2281 | 1779 |
| #黄麻 | Jute | 0.02 | 4600 | 92 |
| 苎　麻 | Ramee | 0.76 | 2220 | 1687 |
| 糖类 | Sugar Crops | 1.63 | 58940 | 96073 |
| #甘蔗 | Sugarcane | 1.63 | 58940 | 96073 |
| 烟叶 | Tobacco Crops | 0.11 | 2045 | 225 |
| 药材 | Medicinal Materials | 12.63 | | |
| 其他经济作物 | Others | 0.23 | | |
| #薄荷 | Mint | 0.23 | 161 | 37 |
| **其他农作物** | **Others** | **1537.12** | | |
| #蔬菜 | Vegetable | 1260.20 | 36398 | 45868841 |
| 瓜果类 | Melon and Fruits Crops | 140.39 | 34796 | 4884959 |
| 绿肥 | Organic Fertilizer | 11.10 | | |

# 10-10 主要农产品产量
## Output of Major Farm Crops

单位:万吨 (10000 tons)

| 年份 Year | 粮食 Grain | 夏粮 Summer Grain | 秋粮 Autumn Grain | 棉花 Cotton | 油料 Oil-bearing Grops | #花生 Peanuts | #油菜籽 Rape-seeds |
|---|---|---|---|---|---|---|---|
| 1949 | 748.50 | 217.00 | 531.50 | 2.81 | 15.94 | 11.82 | 3.60 |
| 1952 | 997.55 | 277.85 | 719.70 | 9.28 | 21.68 | 14.38 | 6.00 |
| 1957 | 1063.60 | 274.85 | 788.75 | 15.01 | 25.07 | 19.81 | 4.93 |
| 1962 | 965.35 | 280.65 | 684.70 | 8.21 | 10.27 | 6.38 | 3.52 |
| 1965 | 1442.75 | 379.85 | 1062.90 | 26.44 | 21.68 | 13.87 | 7.41 |
| 1970 | 1705.15 | 415.50 | 1289.65 | 32.82 | 21.67 | 10.31 | 10.87 |
| 1975 | 2056.85 | 524.40 | 1532.45 | 45.48 | 29.64 | 11.73 | 17.63 |
| 1978 | 2400.65 | 677.30 | 1723.35 | 47.54 | 37.44 | 13.60 | 23.06 |
| 1980 | 2417.95 | 873.60 | 1544.35 | 41.81 | 38.64 | 14.50 | 23.93 |
| 1985 | 3126.52 | 1064.46 | 2062.06 | 47.91 | 108.78 | 34.13 | 73.11 |
| 1989 | 3282.80 | 1033.00 | 2249.80 | 48.47 | 99.91 | 31.25 | 67.72 |
| 1990 | 3264.15 | 1143.46 | 2120.69 | 46.42 | 112.39 | 30.12 | 81.41 |
| 1991 | 3035.51 | 1032.43 | 2003.08 | 55.71 | 114.06 | 28.12 | 85.32 |
| 1992 | 3320.55 | 1251.19 | 2069.36 | 52.74 | 127.33 | 30.51 | 95.88 |
| 1993 | 3279.70 | 1152.60 | 2127.10 | 42.90 | 125.71 | 37.66 | 87.04 |
| 1994 | 3124.05 | 1105.29 | 2018.76 | 45.71 | 133.59 | 44.80 | 87.77 |
| 1995 | 3286.30 | 1073.46 | 2212.84 | 56.16 | 159.46 | 48.43 | 109.54 |
| 1996 | 3476.35 | 1200.95 | 2275.40 | 53.75 | 147.50 | 39.65 | 106.34 |
| 1997 | 3563.79 | 1226.91 | 2336.88 | 50.75 | 141.93 | 39.53 | 100.53 |
| 1998 | 3415.12 | 864.22 | 2550.90 | 46.19 | 115.63 | 48.90 | 64.26 |
| 1999 | 3559.03 | 1195.96 | 2363.07 | 24.60 | 184.04 | 63.25 | 117.89 |
| 2000 | 3106.63 | 899.75 | 2206.88 | 31.45 | 225.65 | 79.75 | 142.99 |
| 2001 | 2942.05 | 821.44 | 2120.61 | 46.05 | 232.53 | 84.09 | 145.81 |
| 2002 | 2907.05 | 758.18 | 2148.87 | 36.28 | 217.03 | 83.71 | 130.81 |
| 2003 | 2471.85 | 729.29 | 1742.56 | 29.10 | 199.45 | 51.57 | 145.74 |
| 2004 | 2829.06 | 807.24 | 2021.82 | 50.28 | 238.38 | 69.12 | 167.32 |
| 2005 | 2834.59 | 844.42 | 1990.17 | 32.27 | 215.99 | 55.46 | 158.67 |
| 2006 | 3096.03 | 1017.12 | 2078.91 | 35.52 | 176.47 | 45.51 | 129.00 |
| 2007 | 3132.24 | 1070.70 | 2061.54 | 34.75 | 145.08 | 33.84 | 109.46 |
| 2008 | 3175.49 | 1094.50 | 2080.99 | 32.60 | 150.29 | 35.57 | 112.81 |
| 2009 | 3230.10 | 1103.20 | 2126.90 | 25.55 | 162.23 | 38.67 | 121.69 |
| 2010 | 3235.10 | 1105.33 | 2129.77 | 26.08 | 151.97 | 37.70 | 112.44 |
| 2011 | 3307.76 | 1117.18 | 2190.58 | 24.68 | 144.05 | 37.00 | 105.25 |

# 10－11 人均占有主要农产品产量
# Per Capita Output of Major Farm Products

单位:千克/人 (kg/person)

| 年 份<br>Year | 粮食产量<br>Grain | 棉花产量<br>Cotton | 油料产量<br>Oil-bearing Grops | 生猪饲养量(头/人)<br>Output of Raising Hogs (head/person) | 猪、牛、羊肉产量<br>Output of Pork, Beef and Mutton | 水产品产量<br>Output of Aquatic Products |
|---|---|---|---|---|---|---|
| 1952 | 270.0 | 2.5 | 5.9 | 0.24 | | 4.6 |
| 1957 | 257.0 | 3.7 | 6.1 | 0.34 | | 6.9 |
| 1962 | 225.0 | 1.9 | 2.4 | 0.22 | | 4.5 |
| 1965 | 316.0 | 5.8 | 4.8 | 0.46 | | 5.5 |
| 1970 | 329.0 | 6.4 | 4.2 | 0.50 | | 5.2 |
| 1975 | 367.0 | 8.1 | 5.3 | 0.60 | | 6.5 |
| 1978 | 414.0 | 8.2 | 6.5 | 0.60 | | 6.9 |
| 1980 | 408.5 | 7.1 | 6.6 | 0.70 | 18.1 | 7.2 |
| 1985 | 505.0 | 7.8 | 17.6 | 0.64 | 22.4 | 10.9 |
| 1989 | 506.1 | 7.5 | 15.4 | 0.60 | 23.3 | 17.0 |
| 1990 | 486.0 | 6.9 | 16.7 | 0.59 | 23.6 | 17.6 |
| 1991 | 446.1 | 8.2 | 16.8 | 0.59 | 24.0 | 17.3 |
| 1992 | 482.8 | 7.7 | 18.5 | 0.61 | 25.1 | 19.6 |
| 1993 | 472.6 | 6.2 | 18.1 | 0.62 | 25.8 | 22.7 |
| 1994 | 446.7 | 6.5 | 19.1 | 0.65 | 28.5 | 25.8 |
| 1995 | 466.6 | 8.0 | 22.6 | 0.69 | 30.9 | 31.2 |
| 1996 | 490.4 | 7.6 | 20.8 | 0.51 | 24.7 | 34.7 |
| 1997 | 499.9 | 7.1 | 19.9 | 0.57 | 26.2 | 37.3 |
| 1998 | 476.6 | 6.4 | 16.1 | 0.63 | 29.2 | 39.4 |
| 1999 | 494.5 | 3.4 | 25.6 | 0.63 | 29.9 | 41.2 |
| 2000 | 427.3 | 4.3 | 31.0 | 0.66 | 31.3 | 42.5 |
| 2001 | 400.8 | 6.3 | 31.7 | 0.67 | 32.2 | 43.7 |
| 2002 | 394.6 | 4.9 | 29.5 | 0.67 | 32.6 | 45.4 |
| 2003 | 334.4 | 3.9 | 27.0 | 0.68 | 33.1 | 46.4 |
| 2004 | 381.3 | 6.8 | 32.1 | 0.66 | 32.7 | 49.3 |
| 2005 | 380.3 | 4.3 | 29.0 | 0.66 | 32.5 | 52.1 |
| 2006 | 412.1 | 4.7 | 23.5 | 0.63 | 28.4 | 53.0 |
| 2007 | 412.8 | 4.6 | 19.1 | 0.52 | 25.5 | 53.9 |
| 2008 | 415.1 | 4.3 | 19.6 | 0.56 | 26.7 | 55.4 |
| 2009 | 419.5 | 3.3 | 21.1 | 0.59 | 28.0 | 57.6 |
| 2010 | 415.0 | 3.3 | 19.5 | 0.59 | 28.7 | 59.1 |
| 2011 | 419.6 | 3.1 | 18.3 | 0.59 | 28.8 | 60.4 |

# 10－12　蚕、茶、果生产情况
## Statistics on Silkworm Cocoons, Tea and Fruits

单位:万吨　　　　(10000 tons)

| 指　　标 | Item | 1995 | 2000 | 2005 | 2010 | 2011 |
|---|---|---|---|---|---|---|
| 蚕茧产量　(万吨) | Silkworm Cocoons　(10000 tons) | 18.62 | 9.01 | 10.59 | 7.91 | 7.07 |
| 茶叶产量　(万吨) | Tea　(10000 tons) | 1.06 | 1.20 | 1.21 | 1.49 | 1.44 |
| 红毛茶 | Black Tea | 0.13 | 0.18 | 0.14 | 0.24 | 0.24 |
| 绿毛茶 | Green Tea | 0.91 | 0.90 | 1.01 | 1.23 | 1.18 |
| 其他茶 | Others | 0.02 | 0.12 | 0.06 | 0.02 | 0.02 |
| 水果产量　(万吨) | Fruits　(10000 tons) | 101.35 | 176.44 | 202.18 | 237.03 | 267.60 |
| #苹果 | Apples | 32.16 | 69.53 | 55.28 | 56.63 | 61.67 |
| 柑桔 | Citrus | 4.57 | 4.27 | 5.20 | 5.36 | 5.00 |
| 梨 | Pears | 24.30 | 39.01 | 55.62 | 66.91 | 72.97 |
| 葡萄 | Grapes | 5.79 | 8.77 | 15.30 | 33.19 | 39.12 |
| 桃子 | Peaches | 17.74 |  | 31.87 | 45.70 | 49.79 |
| 枇杷 | Loquats | 0.74 |  | 0.64 | 0.84 | 0.99 |
| 红枣 | Dates | 0.18 | 0.25 | 1.00 | 0.97 | 1.17 |
| 柿子 | Persimmons | 7.11 | 19.41 | 12.10 | 5.23 | 13.36 |
| 桑园面积　(千公顷) | Area of Mulberry Plantations　(1000 hectares) | 228.49 | 88.12 | 88.37 | 55.76 | 54.22 |
| 茶园面积　(千公顷) | Area of Tea Plantations　(1000 hectares) | 19.29 | 19.93 | 24.56 | 32.36 | 32.42 |
| #当年采摘面积 | Picked Area in the Year | 10.37 | 15.47 | 20.17 | 27.60 | 27.33 |
| 果园　(千公顷) | Area of Orchards　(1000 hectares) | 157.75 | 153.33 | 191.85 | 191.51 | 202.98 |
| #苹果园 | Apples | 84.46 | 49.57 | 38.44 | 34.02 | 35.84 |
| 柑桔园 | Citrus | 2.01 | 3.25 | 3.88 | 3.59 | 3.40 |
| 梨园 | Pears | 22.89 | 38.60 | 47.26 | 37.80 | 39.46 |
| 葡萄园 | Grapes | 3.93 | 5.93 | 11.44 | 21.65 | 25.43 |

# 10－13 林业生产情况
## Statistics on Forestry

| 指标 | Item | 1995 | 2000 | 2005 | 2010 | 2011 |
|---|---|---|---|---|---|---|
| 造林面积（千公顷） | Area of forestation （1000 hectares） | 27.20 | 51.25 | 54.67 | 89.89 | 57.29 |
| 用材林 | Timber Forests | 12.44 | 40.83 | 14.20 | 4.69 | 7.60 |
| 经济林 | By-product Forests | 11.30 | 7.28 | 7.69 | 6.58 | 7.68 |
| 防护林 | Protection Forests | 3.36 | 2.95 | 32.77 | 78.63 | 41.08 |
| 其他林 | Others | 0.10 | 0.19 | 0.01 | | 0.92 |
| 林产品产量（吨） | Output of Forestry Products （ton） | | | | | |
| 油茶籽 | Tea-oil Seeds | 18 | 38 | 170 | 15 | 4 |
| 竹笋干 | Bamboo Shoots | 1254 | 1279 | 686 | 7739 | 2794 |
| 板栗 | Chestnut | 7156 | 13514 | 20535 | 26805 | 26255 |
| 白果 | Ginkgo | 5303 | 8729 | 12000 | 33518 | 34228 |
| 育苗面积（千公顷） | Area of Seedlings （1000 hectares） | 8.89 | 16.56 | 79.34 | 112.57 | 109.44 |
| 当年苗木产量（亿株） | Output of Seedlings in this year （100 million units） | | | 18.00 | 29.07 | 79.03 |
| 幼林抚育作业面积（千公顷次） | Young Growth Works Areas （1000 hectares-times） | 125.36 | 103.57 | 244.42 | 318.76 | 197.67 |
| 成林抚育实际面积（千公顷） | Adult Growth Actual Areas （1000 hectares） | 89.87 | 117.43 | 251.21 | 483.44 | 441.48 |
| 林木种子采集量（吨） | Output of Forestry Seeds Picking （ton） | 203 | 177 | 320 | 468 | 1315 |
| 木材采伐量（万立方米） | Output of Timber Cutting （10000 cu. m） | 153.02 | 136.16 | 57.90 | 150.70 | 166.14 |
| 竹材采伐量（万根） | Bamboo Cutting （10000 units） | 732.38 | 646.60 | 555.00 | 391.90 | 359.11 |
| 四旁植树（万株） | Planting （10000 units） | 14633 | 12435 | 13445 | 12184 | 9476 |
| 林木种子园面积（公顷） | Area of Forest Seeds Field Gardens （hectare） | 108 | 138 | 60 | 75 | 177 |

# 10－14 畜牧业生产情况
## Statistics on Livestock

| 指标 | Item | 1995 | 2000 | 2005 | 2010 | 2011 |
|---|---|---|---|---|---|---|
| **牲畜年末头数（万头）** | **Livestock（Year-end）（10000 units）** | | | | | |
| 大牲畜 | Large Animals | 123.27 | 74.51 | 73.88 | 40.90 | 39.25 |
| 牛 | Cattle and Buffaloes | 99.06 | 59.14 | 64.61 | 35.70 | 34.05 |
| #良种及改良乳牛 | Fine improved Various Cows | 2.93 | 6.75 | 16.11 | 22.10 | 21.47 |
| 马 | Horses | 2.48 | 1.40 | 1.35 | 0.38 | 0.38 |
| 驴 | Donkeys | 18.79 | 12.57 | 6.39 | 3.73 | 3.73 |
| 骡 | Mules | 2.94 | 1.40 | 1.53 | 1.09 | 1.09 |
| 猪 | Hogs | 2118.97 | 2015.42 | 1927.20 | 1728.52 | 1745.49 |
| 羊 | Sheep and Goats | 1273.89 | 1022.97 | 1174.99 | 411.15 | 415.57 |
| 山羊 | Goats | 1211.16 | 994.39 | 1155.17 | 401.30 | 405.69 |
| 绵羊 | Sheep | 62.73 | 28.58 | 19.82 | 9.80 | 9.88 |
| **畜禽产品产量** | **Output of Livestock and Poultry Products** | | | | | |
| 猪牛羊出栏头数（万头） | Hogs, Sheep and Goats（10000 units） | | | | | |
| 当年肉猪出栏头数 | Hogs | 2754.90 | 2787.35 | 2974.88 | 2847.03 | 2878.23 |
| 当年出售和自宰的肉用牛 | Cattle and Buttaloes Sold and Killed in the Year | 35.62 | 27.43 | 30.71 | 18.71 | 19.36 |
| 当年出售和自宰的肉用羊（万只） | Sheep and Goats Sold and Killed in the Year（10000 units） | 1724.38 | 1372.40 | 1569.06 | 672.48 | 663.73 |
| 肉类产量（万吨） | Output of Meat（10000 tons） | 316.95 | 328.87 | 352.34 | 366.64 | 375.92 |
| 猪肉 | Pork | 195.82 | 206.54 | 218.54 | 213.06 | 215.86 |
| 牛肉 | Beef | 5.43 | 5.12 | 5.71 | 3.48 | 3.58 |
| 羊肉 | Mutton | 16.54 | 15.75 | 17.88 | 7.37 | 7.32 |
| 禽肉 | Poultry | 84.33 | 96.51 | 104.60 | 132.67 | 138.87 |
| 其他禽产品产量（吨） | Others（ton） | | | | | |
| 牛奶产量 | Milk | 99948 | 255223 | 566204 | 572836 | 591700 |
| 绵羊毛产量 | Sheep's Wool | 2305 | 1104 | 640 | 350 | 326 |
| 山羊毛产量 | Goat's Wool | 71 | 17 | 32 | 1 | 1 |
| 蜂蜜 | Honey | 7275 | 7116 | 7079 | 5079 | 4116 |
| 禽蛋（万吨） | Poultry Eggs（10000 tons） | 175.32 | 181.38 | 182.01 | 190.57 | 194.86 |

# 10－15 水产品产量
# Output of Aquatic Products

| 指标 | Item | 1995 | 2000 | 2005 | 2010 | 2011 |
|---|---|---|---|---|---|---|
| **水产品产量 （万吨）** | **Output of Aquatic Products （10000 tons）** | **219.47** | **308.79** | **388.66** | **460.44** | **475.97** |
| 海水产品 | Seawater Aquatic Products | 65.08 | 90.87 | 113.43 | 136.44 | 142.08 |
| 按生产性质分 | Grouped by Nature | | | | | |
| 天然生产 | Naturally Grown | 56.70 | 66.00 | 58.28 | 57.93 | 57.84 |
| 人工养殖 | Artificially Cultured | 8.38 | 24.87 | 55.15 | 78.51 | 84.24 |
| 按类别分 | Grouped by Category | | | | | |
| 鱼类 | Fish | 37.71 | 47.33 | 45.04 | 38.87 | 39.52 |
| 甲壳类 | Shrimp, Prawn and Crab | 10.74 | 12.92 | 15.44 | 20.13 | 21.50 |
| 贝类 | Shellfish | 16.23 | 29.78 | 51.08 | 67.60 | 72.09 |
| 藻类 | Algae | 0.40 | 0.84 | 1.87 | 2.99 | 2.60 |
| 按主要品种分 | Among Seawater Aquatic | | | | | |
| 大黄鱼 | Big Yellow Croaker | 0.04 | 0.31 | 0.09 | 0.05 | 0.02 |
| 小黄鱼 | Little Yellow Croaker | 4.06 | 4.35 | 4.29 | 3.09 | 3.38 |
| 带鱼 | Hairtail | 14.30 | 8.51 | 9.99 | 6.22 | 6.25 |
| 墨鱼 | Cuttlefish | 0.31 | 0.20 | 0.14 | 0.22 | |
| 淡水产品 | Freshwater Aquatic Products | 154.39 | 217.92 | 275.23 | 324.00 | 333.88 |
| 按生产性质分 | Grouped by Nature | | | | | |
| 天然生产 | Naturally Grown | 25.47 | 29.68 | 32.91 | 33.24 | 33.37 |
| 人工养殖 | Artificially Cultured | 128.92 | 188.24 | 242.32 | 290.76 | 300.51 |
| 按类别分 | Grouped by Category | | | | | |
| 鱼类 | Fish | 139.34 | 183.06 | 211.90 | 238.11 | 245.58 |
| 甲壳类 | Shrimp, Prawn and Crab | 9.73 | 31.50 | 54.48 | 69.93 | 72.11 |
| 贝类 | Shellfish | 5.32 | 3.36 | 8.85 | 11.68 | 12.23 |
| **水产养殖面积 （千公顷）** | **Aquatic Raise Areas （1000 hectares）** | **555.23** | **705.99** | **813.59** | **750.08** | **769.40** |
| 淡水养殖面积 | Freshwater Area for Breeding | 467.29 | 561.81 | 640.64 | 557.65 | 568.33 |
| 海水养殖面积 | Seawater Area for Breeding | 87.94 | 144.18 | 172.95 | 192.43 | 201.07 |

# 10－16 农业现代化情况
## Statistics on Agricultural Modernization

| 指标 | Item | 1995 | 2000 | 2005 | 2010 | 2011 |
|---|---|---|---|---|---|---|
| **农业机械化情况** | **Statistics on Agricultural Machinery** | | | | | |
| 机耕面积 （千公顷） | Ploughed Area by Tractors (1000 hectares) | 3639.43 | 4096.55 | 3923.66 | 5537.78 | 5622.49 |
| 机播面积 （千公顷） | Sown Area by Tractors (1000 hectares) | 1730.23 | 1822.72 | 2123.44 | 3259.80 | 3476.19 |
| #机播小麦面积 | Sown Area of Wheat by Tractors | 1661.56 | 1611.65 | 1700.87 | 1850.47 | 1934.98 |
| 机械植保面积 （千公顷） | Planting Protection Area by Tractors (1000 hectares) | 2730.54 | 4573.06 | 4653.00 | 5202.20 | 5116.25 |
| 机械收获面积 （千公顷） | Harvest Area by Tractors (1000 hectares) | 1194.21 | 2971.78 | 3787.42 | 4790.50 | 4903.66 |
| **农村电气化情况** | **Electrification of Rural Area** | | | | | |
| 农村用电量（亿千瓦小时） | Electricity Consumed in Rural Areas (100 million kW·h) | 238.16 | 314.60 | 825.10 | 1472.89 | 1606.83 |
| **农用物资使用情况** | **Agricultural Product Material Used** | | | | | |
| 化肥施用量（折纯量） （万吨） | Consumption of Chemical Fertilizers (pure) (10000 tons) | 292.77 | 335.45 | 340.81 | 341.11 | 337.21 |
| 每亩耕地施用化肥（折纯量） （千克） | Per Mu Consumption of Chemical Fertilizers (pure) (kg) | 43.80 | 44.57 | 47.46 | 48.51 | 48.83 |
| 农用塑料薄膜使用量 （万吨） | Plastic Film (10000 tons) | 5.35 | 6.51 | 7.20 | 10.02 | 10.64 |
| 农用柴油使用量 （万吨） | Diesel Oil (10000 tons) | 59.17 | 75.98 | 78.76 | 97.48 | 99.96 |
| 农药使用量 （万吨） | Agricultural Chemical Insecticides (10000 tons) | 8.87 | 9.15 | 10.33 | 9.01 | 8.65 |
| **农田水利情况** | **Irrigation and Water Conservancy** | | | | | |
| 有效灌溉面积 （千公顷） | Effective Irrigation Area (1000 hectares) | 3832.78 | 3900.85 | 3817.67 | 3819.74 | 3817.92 |
| #机电排灌面积 | Electrical Irrigation Area | 3803.50 | 3727.55 | 3543.06 | 3447.68 | 3390.48 |
| 占有效灌溉面积的比重 （%） | Electrical Irrigation Area Rate in Effective Irrigation Area (%) | 99.2 | 95.6 | 92.8 | 90.3 | 88.8 |
| 机电井数 （万眼） | Number of Electrical Wells (10000 units) | 4.75 | 4.62 | 4.09 | 3.74 | 3.78 |

注：机播小麦面积2009年及以前为机播三麦面积口径。

Note: The data of Sown Area of Wheat by Tractors in 2009 and befor refers to Sown Area of Three－wheat by Tractors.

# 10－17 主要农业机械和农产品加工机械年底拥有量
## Agricultural Machinery and Machinery for Processing Farm Products at Year-end

| 年 份<br>Year | 农业机械总动力（万千瓦）<br>Total Power of Agricultural Machinery (10000 kW) | 农用小型及手扶拖拉机（万台）<br>Small and Walking Agricultural Tractors (10000 units) | 农用排灌动力机械（万千瓦）<br>Machinery for Agricultural Drainage and Irrigation (10000 kW) | 农用水泵（万台）<br>Agricultural Water Pumps (10000 units) | 联合收割机（台）<br>Combine Harvesters (unit) |
|---|---|---|---|---|---|
| 1978 | 855.16 | 19.25 | 363.73 | 29.20 | 295 |
| 1980 | 1113.05 | 25.61 | 442.48 | 36.18 | 478 |
| 1985 | 1675.06 | 49.16 | 450.27 | 37.75 | 687 |
| 1989 | 2212.37 | 70.02 | 475.95 | 40.29 | 1821 |
| 1990 | 2004.77 | 71.65 | 490.83 | 39.63 | 2411 |
| 1991 | 1966.61 | 72.64 | 492.88 | 40.73 | 3583 |
| 1992 | 2016.07 | 72.41 | 494.57 | 41.55 | 5964 |
| 1993 | 2081.75 | 73.52 | 501.35 | 41.59 | 7279 |
| 1994 | 2161.40 | 74.98 | 507.66 | 42.63 | 8604 |
| 1995 | 2226.95 | 75.04 | 508.91 | 43.36 | 12063 |
| 1996 | 2297.43 | 76.53 | 515.99 | 44.84 | 20074 |
| 1997 | 2499.69 | 83.32 | 538.66 | 50.63 | 27656 |
| 1998 | 2594.83 | 83.87 | 553.73 | 52.20 | 33343 |
| 1999 | 2767.89 | 86.78 | 577.99 | 54.07 | 42266 |
| 2000 | 2925.29 | 88.89 | 576.25 | 65.62 | 48821 |
| 2001 | 2957.93 | 89.42 | 618.72 | 58.09 | 52025 |
| 2002 | 2983.89 | 89.75 | 604.04 | 59.74 | 56151 |
| 2003 | 3029.10 | 87.46 | 567.79 | 58.81 | 58645 |
| 2004 | 3052.51 | 86.71 | 599.71 | 56.88 | 61115 |
| 2005 | 3135.33 | 90.11 | 609.08 | 61.93 | 69569 |
| 2006 | 3278.53 | 91.37 | 606.00 | 62.00 | 77100 |
| 2007 | 3392.44 | 89.95 | 431.40 | 59.09 | 78498 |
| 2008 | 3630.86 | 120.44 | 601.83 | 59.80 | 85327 |
| 2009 | 3810.57 | 123.32 | 612.87 | 60.42 | 90979 |
| 2010 | 3937.34 | 122.84 | 630.46 | 59.29 | 98511 |
| 2011 | 4106.11 | 123.41 | 642.41 | 63.49 | 103500 |

10－17 续表 Continued

| 年 份<br>Year | 机动脱粒机（万台）<br>Motorized Huller (10000 units) | 机动喷雾（粉）器（万部）<br>Motorized Duster (10000 units) | 大中型拖拉机配套农具（万件）<br>Large and Mediumsized Tractor Towing Farm Machinery (10000 units) | 小型拖拉机配套农具（万件）<br>Small Tractor Towing Farm Machinery (10000 units) |
|---|---|---|---|---|
| 1978 | 32.96 | 2.01 | 2.45 | 33.99 |
| 1980 | 40.99 | 4.33 | 3.23 | 53.58 |
| 1985 | 68.51 | 5.51 | 3.38 | 111.15 |
| 1989 | 86.36 | 7.08 | 3.29 | 112.49 |
| 1990 | 89.42 | 9.49 | 3.42 | 118.26 |
| 1991 | 92.29 | 11.35 | 3.91 | 122.40 |
| 1992 | 93.37 | 12.37 | 4.16 | 122.33 |
| 1993 | 94.80 | 12.63 | 4.30 | 124.66 |
| 1994 | 98.32 | 13.28 | 4.37 | 125.50 |
| 1995 | 105.22 | 17.08 | 4.69 | 127.74 |
| 1996 | 105.01 | 19.64 | 5.68 | 129.22 |
| 1997 | 121.42 | 26.55 | 7.00 | 138.63 |
| 1998 | 123.80 | 29.10 | 7.69 | 143.08 |
| 1999 | 124.52 | 31.59 | 8.51 | 148.41 |
| 2000 | 129.69 | 33.26 | 8.62 | 152.45 |
| 2001 | 120.16 | 35.17 | 8.39 | 151.48 |
| 2002 | 111.45 | 34.54 | 8.17 | 145.02 |
| 2003 | 93.56 | 34.99 | 7.84 | 145.70 |
| 2004 | 91.45 | 34.88 | 7.52 | 144.45 |
| 2005 | 73.95 | 37.41 | 8.08 | 143.64 |
| 2006 | 75.00 | 39.50 | 8.37 | 144.68 |
| 2007 | 59.00 | 41.39 | 9.13 | 143.07 |
| 2008 | 43.62 | 50.27 | 11.01 | 163.43 |
| 2009 | 38.00 | 53.50 | 13.29 | 170.91 |
| 2010 | 33.19 | 57.32 | 16.41 | 168.83 |
| 2011 | 20.92 | 61.92 | 19.17 | 173.59 |

# 10－18　农村居民家庭平均每户生产性固定资产原值(年底数)
# Original Value of Productive Fixed Assets per Rural Household (Year-end)

单位:元　　　　(yuan)

| 年份 Year | 合计 Total | 役畜和产品畜 Draught and Commodity Animals | 大中型铁木农具 Large and Medium-sized Wooden and Iron Farm Tools | 农林牧渔业机械 Machinery for Farm, Forestry, Animal Husbandry and Fishery | 工业机械 Industrial Machinery | 交通运输、仓储及邮政业 Transport, Storage, Post and Telecommunication | 生产用房 Building for Productive Purpose |
|---|---|---|---|---|---|---|---|
| 1985 | 424.0 | 67.1 | 21.6 | 46.6 | 9.2 | 66.8 | 182.2 |
| 1989 | 816.9 | 84.8 | 26.3 | 146.8 | 37.4 | 177.7 | 295.8 |
| 1990 | 840.7 | 89.4 | 33.2 | 168.7 | 27.6 | 159.7 | 307.2 |
| 1991 | 1107.9 | 102.0 | 42.0 | 224.8 | 39.5 | 169.5 | 478.2 |
| 1992 | 1284.5 | 114.1 | 73.6 | 232.0 | 53.4 | 200.3 | 555.1 |
| 1993 | 1482.0 | 123.9 | 101.2 | 317.1 | 42.8 | 232.0 | 664.5 |
| 1994 | 1658.2 | 200.3 | 115.1 | 405.0 | 54.3 | 221.8 | 592.2 |
| 1995 | 1845.6 | 221.3 | 132.5 | 469.9 | 85.0 | 285.8 | 595.2 |
| 1996 | 2828.9 | 230.6 | 93.3 | 794.1 | 200.4 | 409.9 | 1014.6 |
| 1997 | 3265.5 | 194.8 | 100.3 | 930.5 | 138.2 | 677.4 | 1133.5 |
| 1998 | 3158.9 | 168.2 | 116.0 | 923.6 | 153.4 | 526.0 | 1133.2 |
| 1999 | 3034.9 | 160.0 | 81.4 | 969.9 | 138.8 | 594.6 | 1011.3 |
| 2000 | 4293.8 | 139.3 | 291.0 | 1088.0 | 430.3 | 800.4 | 1544.7 |
| 2001 | 4810.2 | 137.4 | 211.7 | 1143.2 | 297.6 | 883.0 | 1658.6 |
| 2002 | 5044.8 | 143.8 | 231.5 | 1313.2 | 466.8 | 906.8 | 1554.3 |
| 2003 | 5623.8 | 174.8 | 239.7 | 1283.0 | 444.2 | 990.5 | 1876.9 |
| 2004 | 5975.6 | 188.3 | 216.5 | 1353.8 | 580.6 | 946.1 | 2054.6 |
| 2005 | 7134.6 | 161.3 | 172.8 | 1176.6 | 848.5 | 1701.7 | 2017.8 |
| 2006 | 7734.2 | 152.2 | 186.9 | 1349.1 | 840.3 | 1642.1 | 2331.7 |
| 2007 | 8225.8 | 246.3 | 201.9 | 1403.6 | 805.4 | 1706.4 | 2505.8 |
| 2008 | 9027.0 | 214.7 | 204.9 | 1540.3 | 1015.1 | 1789.7 | 2805.5 |
| 2009 | 10298.1 | 220.7 | 232.5 | 1603.7 | 961.0 | 1822.6 | 3302.9 |
| 2010 | 11782.1 | 172.3 | 189.9 | 1897.2 | 1559.8 | 1628.3 | 3382.4 |
| 2011 | 13686.2 | 365.2 | 199.2 | 1979.6 | 1607.8 | 2029.2 | 3866.8 |

# 10－19 农村居民家庭平均每百户拥有主要生产性固定资产数量(年底数)

## Number of Major Productive Fixed Assets Possessed per 100 Rural Household (Year-end)

| 年份<br>Year | 汽车(辆)<br>Trucks (unit) | 大中型拖拉机(台)<br>Large and Medium-sized Agricultural Tractors (set) | 小型及手扶拖拉机(台)<br>Small and Walking Agricultural Tractors (set) | 机动脱粒机(台)<br>Motorized Hullers (set) | 农用水泵(台)<br>Agricultural Water Pumps (set) | 役畜(头)<br>Draught Animals (head) | 产品畜(头)<br>Commodity Animals (head) |
|---|---|---|---|---|---|---|---|
| 1985 | 0.03 | 0.01 | 3.21 | 2.96 | 0.70 | 8.42 | 18.46 |
| 1989 | 0.10 | 0.18 | 6.21 | 5.45 | 1.18 | 8.85 | 13.41 |
| 1990 | 0.04 | 0.12 | 6.37 | 6.10 | 1.32 | 9.07 | 10.73 |
| 1991 | 0.04 | 0.07 | 7.77 | 9.40 | 1.41 | 8.11 | 19.26 |
| 1992 | 0.06 | 0.06 | 8.40 | 12.51 | 3.10 | 6.65 | 21.26 |
| 1993 | 0.01 | 0.09 | 8.63 | 27.52 | 6.12 | 9.07 | 21.38 |
| 1994 | 0.03 | 0.27 | 9.27 | 14.43 | 3.33 | 9.32 | 20.12 |
| 1995 | 0.09 | 0.29 | 10.31 | 14.05 | 2.53 | 10.17 | 20.38 |
| 1996 | 0.44 | 0.41 | 12.04 | 18.98 | 7.95 | 8.73 | 26.68 |
| 1997 | 0.55 | 0.26 | 13.65 | 21.05 | 8.32 | 5.84 | 18.56 |
| 1998 | 0.75 | 0.33 | 15.14 | 24.08 | 8.46 | 4.81 | 21.94 |
| 1999 | 0.99 | 1.43 | 15.85 | 22.84 | 8.59 | 6.22 | 18.79 |
| 2000 | 1.03 | 0.49 | 18.11 | 24.20 | 13.23 | 6.60 | 26.85 |
| 2001 | 1.03 | 0.48 | 19.64 | 26.59 | 15.21 | 4.44 | 23.09 |
| 2002 | 1.07 | 0.60 | 19.38 | 26.89 | 16.09 | 4.68 | 21.59 |
| 2003 | 1.32 | 0.85 | 19.60 | 25.95 | 16.94 | 4.89 | 22.56 |
| 2004 | 1.26 | 1.12 | 17.41 | 24.90 | 17.68 | 3.16 | 17.94 |
| 2005 | 2.02 | 0.97 | 16.99 | 12.29 | 17.36 | 3.66 | 16.59 |
| 2006 | 2.04 | 1.21 | 17.74 | 13.85 | 17.84 | 2.71 | 17.85 |
| 2007 | 2.10 | 1.46 | 17.31 | 12.03 | 19.86 | 2.03 | 22.44 |
| 2008 | 2.13 | 1.03 | 17.02 | 10.85 | 20.05 | 1.76 | 23.59 |
| 2009 | 2.28 | 1.21 | 17.11 | 10.26 | 19.07 | 1.59 | 21.53 |
| 2010 | 1.82 | 0.97 | 18.02 | 8.74 | 17.97 | 1.32 | 14.15 |
| 2011 | 3.09 | 1.32 | 18.68 | 4.72 | 16.58 | 1.58 | 31.48 |

# 10－20　农业主要经济效益指标
## Main Indicators on Economic Benefit of Agriculture

| 指　　标 | Item | 1995 | 2000 | 2005 | 2010 | 2011 |
|---|---|---|---|---|---|---|
| **每个农林牧渔业劳动力创造的** | **Per Laborer** | | | | | |
| 农林牧渔业总产值（元） | Gross Output Value in Rural Area (yuan) | 10943.67 | 12526.54 | 23500.48 | 49502.22 | 62294.20 |
| 粮食产量（公斤） | Output of Grain (kg) | 2131.12 | 2081.33 | 2584.97 | 3726.78 | 3934.25 |
| 棉花产量（公斤） | Output of Cotton (kg) | 36.44 | 21.07 | 29.42 | 30.05 | 29.35 |
| 油料产量（公斤） | Output of Oil-bearing Crops (kg) | 103.46 | 151.18 | 196.97 | 175.07 | 171.34 |
| 肉类产量（公斤） | Output of Meat (kg) | 198.46 | 220.88 | 321.31 | 422.37 | 447.12 |
| 水产品产量（公斤） | Output of Aquatic Products (kg) | 142.39 | 206.88 | 354.43 | 530.42 | 566.06 |
| **每亩耕地创造的** | **Per Agriculture Laborer Grass Output Value of Agriculture** | | | | | |
| 农林牧渔业总产值（元） | Per Agriculture Laborer Grass Output Value of Agriculture (yuan) | 2527.97 | 2488.80 | 3593.83 | 6110.76 | 7583.40 |
| 农林牧渔业增加值（元） | Per Agriculture Laborer Grass Output Value of Agriculture (yuan) | 1271.42 | 1372.59 | 2038.18 | 3612.17 | 4437.55 |

注：产值、增加值均为现行价格。
Note: Both output value and value-added are caculated at current prices.

# 10－21　乡镇企业主要指标（2011 年）

单位:亿元

| 指　　标 | Item | 企业个数（个）Number of Enterprises (unit) | 从业人员（万人）Employees (10000 persons) |
|---|---|---|---|
| **总　　计** | **Total** | **697920** | **1635.02** |
| **按登记注册类型分组** | **Grouped by status of Registration** | | |
| 内资企业小计 | Domestic Funded Enterprises | 678354 | 1376.94 |
| 集体企业 | Collective-owned Enterprises | 2856 | 22.81 |
| 股份合作企业 | Cooperative Enterprises | 6088 | 15.56 |
| 联营企业 | Joint Ownership Enterprises | 2739 | 6.74 |
| 有限责任公司 | Limited Liability Corporations | 93213 | 307.32 |
| 股份有限公司 | Share-holding Co. Ltd. | 11458 | 55.79 |
| 私营企业 | Private Enterprises | 562000 | 968.72 |
| 港、澳、台商投资企业 | Enterprises with Funds from Hong Kong, Macao and Taiwan | 8054 | 107.19 |
| 外商投资企业 | Foreign Funded Enterprises | 11512 | 150.89 |
| **按国民经济行业分组** | **Grouped by Sector** | | |
| 农业企业 | Enterprises in Rural Areas | 3405 | 11.06 |
| 工业 | Industry | 363086 | 1258.80 |
| 采矿业 | Mining | 879 | 6.29 |
| 制造业 | Manufacturing | 361168 | 1248.23 |
| 电力、燃气及水的生产和供应业 | Production and Distribution of Electricity, Gas and Water | 1039 | 4.28 |
| 建筑业 | Construction | 10992 | 116.75 |
| #资质等级企业 | Qualified Enterprises | 3717 | 73.37 |
| 交通运输仓储业 | Transport and Storage | 54625 | 38.78 |
| 批发零售业 | Wholesale and Retail Sales | 145594 | 94.80 |
| 住宿及餐饮业 | Hotels and catering | 45972 | 44.54 |
| #餐饮业 | Catering | 24286 | 27.21 |
| 居民服务、其他服务业和娱乐业 | Services to Household, Other Services and Entertainment | 49274 | 42.12 |
| 其他 | Others | 24972 | 28.16 |

## Basic Statistics on Township and Village Collective Enterprises (2011)

(100 million yuan)

| 总产值（现价）Total Output Value | 营业收入 Business Revenue | 利润总额 Total Profits | 上交税金 Taxes | 劳动者报酬 Earning |
|---|---|---|---|---|
| **100477.83** | **99797.27** | **5823.74** | **3244.43** | **4270.95** |
| | | | | |
| 80598.29 | 80445.80 | 4585.33 | 2651.44 | 3416.46 |
| 2727.26 | 2669.85 | 138.33 | 76.13 | 75.99 |
| 1259.35 | 1223.33 | 56.31 | 44.70 | 34.77 |
| 200.67 | 195.48 | 12.03 | 4.61 | 12.99 |
| 20293.45 | 20298.29 | 1190.66 | 660.49 | 768.80 |
| 5352.88 | 5237.94 | 280.30 | 159.86 | 224.06 |
| 50764.68 | 50820.91 | 2907.70 | 1705.64 | 2299.84 |
| 8189.63 | 8075.34 | 531.11 | 232.58 | 345.84 |
| 11689.91 | 11276.13 | 707.31 | 360.42 | 508.65 |
| | | | | |
| 237.95 | 240.51 | 14.52 | 7.15 | 17.21 |
| 83903.10 | 81600.96 | 4648.83 | 2699.44 | 3160.79 |
| 236.55 | 216.69 | 15.75 | 13.89 | 13.84 |
| 83002.29 | 80731.47 | 4572.19 | 2640.46 | 3127.45 |
| 664.26 | 652.79 | 60.88 | 45.09 | 19.51 |
| 3711.17 | 3535.77 | 224.75 | 127.92 | 373.07 |
| 1751.76 | 1670.06 | 107.61 | 53.94 | 184.63 |
| 970.11 | 964.74 | 73.01 | 38.48 | 87.64 |
| 7739.61 | 9259.14 | 493.21 | 186.72 | 321.30 |
| 1001.45 | 1006.31 | 83.22 | 45.47 | 103.06 |
| 426.33 | 439.60 | 40.08 | 21.06 | 56.81 |
| 1357.30 | 1633.20 | 117.75 | 63.91 | 107.62 |
| 1557.13 | 1556.63 | 168.47 | 75.33 | 100.26 |

# 10－22 国有农场基本情况
## Basic Statistics on State Farms

| 指　标　Item | | 2005 | 2007 | 2008 | 2009 | 2010 | 2011 |
|---|---|---|---|---|---|---|---|
| 农场数（个） | Number of Farms (unit) | 18 | 18 | 18 | 18 | 18 | 18 |
| 职工人数（万人） | Number of Staff and Workers (10000 persons) | 7.13 | 6.82 | 6.66 | 6.53 | 6.63 | 6.48 |
| 耕地面积（千公顷） | Cultivated Area (1000 hectares) | 64.26 | 65.31 | 73.86 | 72.92 | 73.11 | 72.86 |
| 农业机械总动力（万千瓦） | Total Power of Agricultural Machinery (10000 kW) | 36.62 | 45.20 | 43.80 | 44.33 | 46.39 | 47.89 |
| 农业机械拥有量（台、辆） | Ownership of Agricultural Machinery (unit) | | | | | | |
| 大中型农用拖拉机 | Large and Medium-sized Agricultural Tractors | 2222 | 2814 | 3329 | 3542 | 3737 | 3606 |
| 小型及手扶拖拉机 | Small and Walking Agricultural Tractors | 3392 | 2707 | 2630 | 2606 | 2011 | 1820 |
| 农用排灌动力机械 | Machinery for Agricultural Drainage and Irrigation | 1545 | 1429 | 1350 | 1273 | 1224 | 1102 |
| 联合收割机 | Combine Harvesters | 1564 | 1977 | 2070 | 2076 | 2096 | 2029 |
| 农用载重汽车 | Trucks for Agricultural Use | 146 | 106 | 113 | 113 | 118 | 88 |
| 农用化肥施用量（万吨） | Consumption of Chemical Fertilizers (10000 tons) | 13.76 | 14.45 | 14.40 | 14.24 | 14.71 | 13.14 |
| 农业总产值（亿元） | Gross Agricultural Output Value (100 million yuan) | 25.21 | 30.04 | 34.08 | 40.69 | 45.10 | 51.44 |
| 农作物总播种面积（千公顷） | Sown Area of Farm Crops (1000 hectares) | 116.59 | 127.95 | 137.22 | 137.77 | 137.47 | 136.36 |
| 粮食作物 | Grain | 95.49 | 115.59 | 123.39 | 128.14 | 125.60 | 122.44 |
| 棉　花 | Cotton | 11.25 | 4.01 | 3.19 | 0.96 | 0.22 | 0.29 |
| 油　料 | Oil-bearing Crops | 2.73 | 0.82 | 1.12 | 1.17 | 0.09 | 0.07 |
| 年底实有桑园面积（公顷） | Area of Mulberry Plantations (year-end) (hectare) | 213 | 240 | 253 | 250 | 250 | 239 |
| 年底实有果园面积（公顷） | Area of Orchards (year-end) (hectare) | 105 | 138 | 176 | 178 | 203 | 206 |
| 主要农产品产量 | Output of Major Farm Products | | | | | | |
| 粮食作物（万吨） | Grain (10000 tons) | 68.70 | 84.33 | 95.02 | 98.17 | 86.68 | 91.05 |
| 棉　花（万吨） | Cotton (10000 tons) | 0.87 | 0.56 | 0.46 | 0.15 | 0.32 | 0.45 |
| 油　料（万吨） | Oil-bearing Crops (10000 tons) | 0.75 | 0.25 | 0.32 | 0.31 | 0.23 | 0.21 |
| 水　果（万吨） | Fruits (10000 tons) | 0.12 | 0.15 | 0.17 | 0.26 | 0.19 | 0.36 |
| 畜牧业、渔业生产 | Production of Animal Husbandry and Fishery | | | | | | |
| 大牲畜年底头数（万头） | Number of Large Animals (year-end) (10000 heads) | 0.26 | 0.33 | 0.35 | 0.48 | 0.42 | 0.46 |
| 猪年底头数（万头） | Number of Hogs (10000 heads) | 4.17 | 5.09 | 6.54 | 7.58 | 7.65 | 8.19 |
| 羊年底只数（万只） | Number of Sheep and Goats Sheep (10000 heads) | 1.46 | 1.28 | 1.22 | 1.23 | 1.33 | 1.21 |
| 畜产品产量（万吨） | Output of Livestock Products (10000 tons) | | | | | | |
| 猪牛羊肉 | Pork, Beef and Mutton | 3.75 | 5.07 | 6.26 | 6.83 | 7.83 | 7.87 |
| #猪　肉 | Pork | 1.18 | 1.33 | 1.67 | 1.70 | 2.08 | 2.16 |
| 牛　奶 | Milk | 0.46 | 0.68 | 0.70 | 0.76 | 0.76 | 0.82 |
| 禽　蛋 | Poultry Eggs | 0.32 | 0.65 | 0.83 | 0.71 | 0.97 | 1.22 |
| 羊　毛 | Sheep Wool | | | | | | |
| 水产品总产量（万吨） | Output of Aquatic Products (10000 tons) | 2.43 | 2.71 | 3.23 | 4.03 | 4.55 | 4.66 |

注：本表为农垦系统数据。

Note: Data in this table are from farming system.

# 主要统计指标解释

**农林牧渔业总产值** 指以货币表现的农、林、牧、渔业全部产品和对农业生产进行各种支持性服务活动的总量,它反映一定时期内农业生产总规模和总成果。从2003年开始农林牧渔业总产值执行新的国民经济行业分类标准,包括农业、林业、牧业、渔业、农林牧渔服务业,不再包括农民兼营商品性工业。农林牧渔业总产值中的农、林、牧、渔四业的计算方法通常是按农、林、牧、渔业产品及其副产品的产量分别乘以各自单位产品价格求得,现行价格从2003年开始使用生产价格调查的价格;少数生产周期较长,当年没有产品或产品产量不易统计的,则采用间接方法匡算其产值;然后将四业产品产值与农林牧渔服务业相加即为农林牧渔业总产值。1957年以前的农林牧渔业总产值中包括了厩肥和农民自给性手工业(如农民自制衣服、鞋、袜,自己从事粮食初步加工等)。1958年及以后,林业中增加了村及村以下竹木采伐产值;牧业中取消了厩肥产值;副业中取消了农民自给性手工业产值,增加了村及村以下办的工业产值;渔业中增加了海洋捕捞水产品产值。1980年及以后,在副业中增加了农民家庭兼营工业商品部分的产值。从1984年起村及村以下工业产值划归工业。从1993年起取消副业,将野生动物的捕猎划入牧业、野生植物采集和农民家庭兼营商品性工业划归农业,从2003年起不再包括农民家庭兼营商品性工业产值。1996年第一次农业普查以后,由于畜牧业产品年报数据与普查数据之间存在一定的差距,国家统计局农调总队对畜牧业年报数据与普查数据进行衔接,相应的畜牧业产值进行调整。

**粮食产量** 指全社会的产量。包括国有经济经营的、集体统一经营的和农民家庭经营的粮食产量,还包括工矿企业办的农场和其他生产单位的产量。粮食除包括稻谷、小麦、玉米、高粱、谷子及其他杂粮外,还包括薯类和豆类。其产量计算方法,豆类按去豆荚后的干豆计算;薯类(包括甘薯和马铃薯,不包括芋头和木薯)1963年以前按每4公斤鲜薯折1公斤粮食计算,从1964年开始改为按5公斤鲜薯折1公斤粮食计算。城市郊区作为蔬菜的薯类(如马铃薯等)按鲜品计算,并且不作粮食统计。其他粮食一律按脱粒后的原粮计算。

**棉花产量** 指全社会的产量。包括春播棉和夏播棉。产量按皮棉计算。

**油料产量** 指全部油料作物的生产量。包括花生、油菜籽、芝麻、向日葵籽、胡麻籽(亚麻籽)和其他油料。不包括大豆、木本油料和野生油料。花生以带壳干花生计算。

**水产品产量** 指人工养殖的水产品和天然生长的水产品的捕捞量。包括海水的鱼类、虾蟹类、贝类和藻类以及内陆水域的鱼类、虾蟹类和贝类,不包括淡水水生植物。

**猪、牛、羊肉产量** 指当年出栏并已屠宰、除去头蹄下水后带骨肉(即胴体重)的重量。

**期初(末)畜禽存栏头(只)数** 指报告期初(末)农村各种合作经济组织和国营农场、农民个人、机关、团体、学校、工矿企业、部队等单位以及城镇居民饲养的大牲畜、猪、羊、家禽等畜禽的存栏数。

**耕地面积** 是指年初可用来种植农作物并经常进行耕种、能够正常收获的土地。包括当年实际耕种的熟地、当年新开荒地、休闲不满三年随时可以复耕的地和当年休闲地以及以种植农作物为主并附带种植桑树、茶树、果树和其他林木的土地、沿海、沿湖地区已围垦利用的"海涂"、"湖田"等面积。不包括临时种植农作物的坡度在25度以上的陡坡地、在河套、湖畔、库区临时开发的成片或零星土地,属于专业性的桑园、茶园、果园、果木苗圃、林地、芦苇地、天然或人工草地面积、也不包括已列为国家和省(区、市)退耕计划但临时耕种的土地。

**农作物播种面积** 指实际播种或移植有农作物的面积。凡是实际种植有农作物的面积,不论种植在耕地上还是种植在非耕地上,均包括在农作物播种面积中。在播种季节基本结束后,因遭灾而重新改种和补种的农作物面积,也包括在内。

**有效灌溉面积** 指具有一定的水源,地块比较平整,灌溉工程或设备已经配套,在一般年景下当年能够进行正常灌溉的耕地面积。在一般情况下,有效灌溉面积应等于灌溉工程或设备已经配备,能够进行正常灌溉的水田和水浇地面积之和。

**农用化肥施用量** 指本年内实际用于农业生产的化肥数量,包括氮肥、磷肥、钾肥和复合肥。化肥施用量要求按折纯量计算数量。折纯量是指把氮肥、磷肥、钾肥分别按含氮、含五氧化二磷、含氧化钾的百分之一百成份进行折算后的数量。复合肥按其所含主要成分折算。

**农业机械总动力** 指主要用于农、林、牧、渔业的各种动力机械的动力总和。包括耕作机械、排灌机械、收获机械、农用运输机械、植物保护机械、牧业机械、林业机械、渔业机械和其他农业机械[内燃机按引擎马力折成瓦(特)计算、电动机按功率折成瓦(特)计算]。不包括专门用于乡、镇、村、组办工业、基本建设、非农业运输、科学试验和教学等非农业生产方面用的动力机械与作业机械。

**农林牧渔业劳动力** 指全社会直接参加农林牧渔业生产活动的劳动力。

## Explanatory Notes on Main Statistical Indicators

**Gross Output Value of Farming, Forestry, Animal Husbandry and Fishery** refers to the total value of products of farming, forestry, animal husbandry and fishery and various supporting service activities for agricultural production, which reflects the total scale and result of agricultural production during a given period. Since 2003, the total output value of farming, forestry, animal husbandry and fishery is counted with new classified standard of the national economy, including the service industry serving for agricultural production, while excluding the output value of commercialized handicraft products. Gross output value of farming, forestry, animal husbandry, fishery and the value of service industry is obtained by first multiplying the output of each product with its price, resulting in the output value of each single item. Since 2003, the current price is used by the investigated production price. For a small number of products, annual output of which is not available or difficult to get due to the long production growing process involved, the output value is estimated through an indirect approach. The sum of output value of all products of farming, forestry, animal husbandry, fishery and service activities for them is then equal to the gross output value of agriculture. Prior to 1957, Chinas gross agricultural output value included barnyard manure and handicraft products for self consumption (clothes, shoes, stockings, and initial grain processing undertaken by peasants). Since 1958, cutting and felling of bamboo and trees by villages and other cooperative organizations under villages have been included in forestry; value of barnyard manure has been excluded from animal husbandry; self consumed handicrafts has been excluded from sideline occupations, while the output value of industries run by villages and cooperative organizations under village had been included in sideline occupations and the output value of fish catches by motor fishing boats has been added to fishery. Since 1980, the value of handicraft products made for sale by individuals in households had been added to sideline occupations. Since 1984, industries run by villages and under villages have been included in the sector of industry. Since 1993, the subdivision of sideline occupations has been canceled, and the hunting of wild animals has been classified into animal husbandry, and the gathering of wild plants and commodity industryrun by rural household have been included infarming. Since 2003, the output value of commercialized handicraft products, as the farmer's household sideline occupation, don't include in farming anymore. The first agriculture census of China in 1996 revealed some discrepancy between the production of animal products from the annual reports and that from the census. Efforts were made by the Rural Socio – economic Survey Organization of NBS to adjust the output value of animal husbandry to make the figures from the annual reports consistent with the census data.

**Grain Output** refers to the grain production in the whole country including grains produced by state farms, collective units, industrial enterprises and mines. Grain includes rice, wheat, corn, sorghum, millet and other miscellaneous grains as well as tubers and beans. Output of beans refers to dry beans without pods. The output of tubers (sweet potatoes and potatoes, not including taros and cassava) was converted into that of grain at the ratio 4: 1, e. 4 kilograms of fresh tubers was equivalent to 1 kilogram of grain up to 1963. Since 1964 the ratio for conversion has been 5: 1. Tubers supplied as vegetables (such as potatoes) in cities and suburbs are calculated as fresh vegetables and their output is not included in the output of grain. Output of all other grains refers to husked grain.

**Cotton Output** refers to the cotton production in the whole country including cotton sown in spring and in autumn. Output is measured as the weight of ginned cotton.

**Output of Oil-bearing Crops** refers to the total production of oil bearing crops of various kinds, including peanuts, (dry, in shell) rapeseeds, sesame, sunflower seeds, flax seeds, and other oil bearing crops. Soybeans, oil-bearing woody plants, and wild oil-bearing crops are not included.

**Output of Aquatic Products** refers to catches of both artificially cultured and naturally grown aquatic products, including fish, shrimps, crabs and shellfish in sea and inland water as well as seaweed. Freshwater plants are not included.

**Output of Pork, Beef, and Mutton** refers to the meat of slaughtered hogs, cattle, sheep and goats with head, feet, and offal taken away.

**Number of Livestock or Poultry in Stock at Beginning (or End)** refers to the total number of large animals, pigs, sheep, fowls, etc. raised by rural cooperative organizations, state farms, rural individuals, government agencies, schools, industrial and mining enterprises, army, and urban residents at the beginning (or end) of the reference period.

**Regularly Cultivated Land** refers to farmland among the total land resources which is exclusively used for farming and is under regular cultivation with harvest in normal years. Included are currently cultivated land, land that has been abandoned or put in idle for less than 3 years and could be re-used for cultivation at any time, and new-claimed land that has been put into cultivation for more than 3 years. Excluded under this category are steep slope land over 25 degrees under temporary cultivation, land (large or small plots) that is claimed along river bends, lake sides or banks of reservoirs, as well as land that has been designated under the "Green for Grain" programmes of the state and provincial governments but is still temporarily under cultivation.

**Sown Area of Crops** refers to area of land sown or transplanted with crops regardless of being in cultivated area or non cultivated area. Area of land re-sown due to natural disasters is also included.

**Irrigated Area** refers to areas that are effectively irrigated, level land which has water source and complete sets of irrigation facilities to lift and move adequate water for irrigation purpose under normal conditions. Under normal conditions, irrigated area is the sum of watered fields and irrigated fields where irrigation systems or equipment have been installed for regular irrigation purpose.

**Consumption of Chemical Fertilizers in Agriculture** refers to the quantity of chemical fertilizers applied in agriculture in the year, including nitrogenous fertilizer, phosphate fertilizer, potash fertilizer, and compound fertilizer. The consumption of chemical fertilizers is required in calculation to convert the gross weight into weight containing 100% effective component (e. g. 100% nitrogen content in nitrogenous fertilizer, 100% phosphorous pentoxide contents in phosphate fertilizer, 100% potassium oxide contents in potash fertilizer). Compound fertilizer is converted with its major component.

**Total Power of Farm Machinery** refers to total mechanical power of machinery used in farming, forestry, animal husbandry, and fishery, including ploughing, irrigation and drainage, harvesting, transport, plant protection, stock breeding, forestry and fishery. The power of internal combustion engines is required to convert horsepower into watts and the power of electric motors is required to beconverted into watts. Machinery employed for non agricultural purposes, such as the machines used in township run and village – run industry, construction, non agricultural transport, scientific experiments and teaching, is excluded.

**Labour Force Engaged in Farming, Forestry, Animal Husbandry and Fishery** refers to the total laborers who are directly engaged in production of farming, forestry, animal husbandry and fishery.

# 11

# 工　业

# Industry

# 简 要 说 明

**一、本篇资料的主要内容**

本篇资料反映我省工业经济方面的基本情况,包括:

1. 全省规模以上工业企业主要经济指标,以及按企业登记注册类型、轻重工业、企业规模、工业行业大类分组的主要经济指标和经济效益指标;

2. 国有及国有控股、私营、外商投资和港澳台商投资工业企业按工业行业大类分组的主要经济指标和经济效益指标;

3. 大中型工业企业按工业行业大类分组的主要经济指标和经济效益指标;

4. 主要工业产品产量等。

**二、本篇资料的统计范围**

本篇资料的统计范围1998年至2006年为全部国有及年主营业务收入在500万元以上非国有工业企业。2007至2010年为年主营业务收入在500万元以上工业企业(即规模以上工业企业)。本篇资料中工业行业分类按2002年《国民经济行业分类标准》划分;企业大中小型划分按2003年《统计上大中小型企业划分办法(暂行)》标准执行。

**三、本篇的资料来源和统计调查方法**

本篇工业企业统计数据主要是根据工业统计年度报表中有关资料整理汇总的。

# Brief Introduction

## I. Main Contents

Data in this chapter reflect the basic conditions of the industrial sector in Jiangsu:

(1) Main economic indicators of industrial enterprises above designated size; as well as their main economic indicators and efficiency indicators classified by type of registration, by light and heavy industries, by size of enterprise, by branch of industry .

(2) Main economic indicators and efficiency indicators of State - owned industrial enterprises and enterprises where the State holds the majority of shares; private industrial enterprises, foreign - funded industrial enterprises and enterprises funded by entrepreneurs from Hong Kong, Macao and Taiwan classified by branch of industry.

(3) Main economic indicators and efficiency indicators of large and medium - sized industrial enterprises classified by branch of industry.

(4) Output of key industrial products.

## II. Scopes of Statistics

The scopes of industrial statistics are all State - owned industrial enterprises and non - State - owned industrial enterprises with revenue from principal business over 5 million yuan from 1998 to 2006. From 2007 to 2010, the scopes of industrial statistics are all industrial enterprises with revenue from principal business over 5 million yuan, (or the industrial enterprises above designated size). Data by branch of industry this chapter are based on the 2002's National Industrial Classification of all Economic Activities, and data by size of enterprise are based on the 2003's Preliminary Standards of Enterprises by Size.

## III. Sources of Data and Methods of Survey

The data on enterprises statistics in this Chapter are collected mainly based on the relevant data in the annual industrial statistics reporting forms.

# 11－1　1998—2011 年规模以上工业企业主要经济指标

## Main Indicators of Industrial Enterprises above Designated Size(1998—2011)

单位:亿元　　　　(100 million yuan)

| 年份 Year<br>地区 Region | 企业单位数(个) Number of Enterprises (unit) | 工业总产值 Gross Industrial Output Value | 主营业务收入 Revenue from Principal Business | 利润总额 Total Profits | 利税总额 Total Profits and Taxes | 应收账款净额 Accounts Receivalble | 产成品 Finished Goods |
|---|---|---|---|---|---|---|---|
| 1998 | 17957 | 8053.03 | 7375.45 | 151.51 | 491.61 | 1238.11 | 584.21 |
| 1999 | 18001 | 8915.44 | 8256.12 | 234.07 | 623.42 | 1360.48 | 617.49 |
| 2000 | 18309 | 10452.87 | 9971.01 | 370.03 | 833.65 | 1496.80 | 666.81 |
| 2001 | 19684 | 11747.83 | 11247.52 | 419.85 | 942.60 | 1583.56 | 707.66 |
| 2002 | 21476 | 13865.86 | 13534.77 | 554.21 | 1128.57 | 1848.48 | 734.00 |
| 2003 | 23862 | 18034.60 | 18019.97 | 793.98 | 1474.09 | 2420.45 | 845.99 |
| 2004 | 27123 | 24836.47 | 24492.28 | 1111.42 | 1939.56 | 3025.34 | 1164.41 |
| 2005 | 32224 | 32707.09 | 32098.48 | 1384.64 | 2387.07 | 4056.66 | 1298.38 |
| 2006 | 36319 | 41410.40 | 41015.28 | 1906.91 | 3168.41 | 4954.52 | 1527.95 |
| 2007 | 41841 | 53316.38 | 52594.30 | 2765.77 | 4423.16 | 6287.46 | 1916.52 |
| 2008 | 45818 | 67798.68 | 66481.84 | 3972.93 | 6574.69 | 7239.07 | 2484.95 |
| 2009 | 60817 | 73200.03 | 71724.90 | 4099.58 | 6794.67 | 8316.41 | 2676.61 |
| 2010 | 64136 | 92056.48 | 91077.41 | 5970.56 | 9316.01 | 10261.18 | 3042.05 |
| 2011 | 43368 | 107680.68 | 107030.09 | 7074.44 | 11038.45 | 11885.97 | 3655.22 |
| 南京市 Nanjing | 2508 | 10354.65 | 10472.31 | 594.40 | 1191.05 | 1087.00 | 319.13 |
| 无锡市 Wuxi | 5241 | 14561.97 | 14567.14 | 1149.48 | 1523.17 | 2173.09 | 635.54 |
| 徐州市 Xuzhou | 2788 | 6950.65 | 6940.76 | 643.54 | 1123.70 | 417.40 | 182.26 |
| 常州市 Changzhou | 3638 | 8270.77 | 8212.53 | 468.43 | 713.30 | 1203.95 | 344.58 |
| 苏州市 Suzhou | 9904 | 27778.75 | 27898.91 | 1484.73 | 2028.08 | 4192.35 | 1133.05 |
| 南通市 Nantong | 4912 | 8679.82 | 8432.59 | 694.85 | 1017.50 | 682.15 | 275.50 |
| 连云港市 Lianyungang | 1263 | 2630.52 | 2601.68 | 190.10 | 299.95 | 190.32 | 69.64 |
| 淮安市 Huaian | 1495 | 2941.00 | 2918.90 | 150.21 | 299.68 | 150.37 | 64.10 |
| 盐城市 Yancheng | 2590 | 4360.07 | 4355.32 | 269.17 | 508.98 | 265.11 | 124.91 |
| 扬州市 Yangzhou | 2584 | 6772.79 | 6563.35 | 517.25 | 841.64 | 479.62 | 133.59 |
| 镇江市 Zhenjiang | 2173 | 5207.67 | 5040.45 | 301.58 | 468.23 | 490.93 | 178.29 |
| 泰州市 Taizhou | 2489 | 5813.13 | 5672.88 | 438.02 | 711.56 | 490.19 | 151.34 |
| 宿迁市 Suqian | 1795 | 1522.30 | 1498.37 | 190.53 | 262.02 | 79.73 | 52.20 |

注：本表 2011 年统计范围为年主营业务收入 2000 万元以上企业,2010 年及以前为 500 万元以上企业。下同。

Note: Data of 2011 in this table covers industrial enterprises with annual revenue over 2000 million yuan, data of 2010 and before covers those over 500 million yuan. The same below.

# 11-2 规模以上工业企业单位数和产销总值(2011年)

# Number of Industrial Enterprises above Designated Size and Their Total Value of Gross Output and Sales (2011)

单位:亿元 (100 million yuan)

| 项目 | Item | 企业单位数(个) Number of Enterprises (unit) | 工业总产值(现价) Gross Industrial Output Value (current price) | #新产品产值 Output Value of New Products | 工业销售产值(现价) Value of Industrial Products Sold (current price) | #出口交货值 Delivery Value for Export |
|---|---|---|---|---|---|---|
| **总计** | **Total** | **43368** | **107680.68** | **13755.21** | **106320.56** | **21289.91** |
| **按登记注册类型分** | **Grouped by Status of Registration** | | | | | |
| 内资企业 | Domestic Funded Enterprises | 32431 | 64650.45 | 7575.22 | 63758.79 | 4012.05 |
| 国有企业 | State - owned Enterprises | 291 | 5360.31 | 532.35 | 5365.58 | 147.42 |
| 集体企业 | Collective - owned Enterprises | 500 | 1183.63 | 60.80 | 1169.78 | 38.03 |
| 股份合作企业 | Cooperative Enterprises | 205 | 486.41 | 50.56 | 479.64 | 11.41 |
| 联营企业 | Joint Ownership Enterprises | 31 | 56.69 | 2.56 | 55.55 | 2.32 |
| 有限责任公司 | Limited Liability Corporations | 3105 | 13565.80 | 2445.88 | 13421.01 | 895.57 |
| #国有独资 | State Sole Funded Corporatios | 50 | 1319.61 | 375.21 | 1312.42 | 88.43 |
| 股份有限公司 | Share - holding Corporations Ltd. | 701 | 5703.81 | 1314.07 | 5621.57 | 414.62 |
| 私营企业 | Private Enterprises | 27415 | 37834.70 | 3148.10 | 37193.12 | 2490.77 |
| 其他企业 | Other Enterprises | 183 | 459.10 | 20.90 | 452.54 | 11.91 |
| 港、澳、台商投资企业 | Enterprises with Funds from Hong Kong, Macao and Taiwan | 3888 | 12394.99 | 1540.98 | 12113.97 | 3976.40 |
| 外商投资企业 | Foreign Funded Enterprises | 7049 | 30635.25 | 4639.01 | 30447.80 | 13301.46 |
| **按轻重工业分** | **Grouped by Light & Heavy Industries** | | | | | |
| 轻工业 | Light Industry | 16322 | 26636.19 | | 26331.96 | 4902.45 |
| 重工业 | Heavy Industry | 27046 | 81044.49 | | 79988.60 | 16387.46 |
| **按企业规模分** | **Grouped by Size of Enterprises** | | | | | |
| 大型企业 | Large Enterprises | 1174 | 44866.71 | 9099.13 | 44479.40 | 14188.64 |
| 中型企业 | Medium - sized Enterprises | 5707 | 23621.75 | 2850.74 | 23250.72 | 4044.67 |
| 小型企业 | Small Enterprises | 35532 | 38736.30 | 1798.77 | 38139.85 | 3038.50 |
| 微型企业 | Micro - Enterprises | 955 | 455.93 | | 450.58 | 18.10 |

## 11－2 续 表 1 Continued 1

单位:亿元 (100 million yuan)

| 项 目 | Item | 企业单位数(个) Number of Enterprises (unit) | 工业总产值(现价) Gross Industrial Output Value (current price) | #新产品产值 Output Value of New Products | 工业销售产值(现价) Value of Industrial Products Sold (current price) | #出口交货值 Delivery Value for Export |
|---|---|---|---|---|---|---|
| **按原行业分** | **Grouped by Sector(old)** | | | | | |
| **采矿业** | Mining | 154 | 664.40 | 9.14 | 657.37 | 1.35 |
| 煤炭开采和洗选业 | Mining and Washing of Coal | 15 | 309.57 | 1.31 | 306.40 | |
| 石油和天然气开采业 | Extraction of Petroleum and Natural Gas | 2 | 90.87 | | 90.87 | |
| 黑色金属矿采选业 | Mining and Processing of Ferrous Metal Ores | 22 | 78.44 | | 78.03 | |
| 有色金属矿采选业 | Mining and Processing of Non－ferrous Metals Ores | 4 | 9.25 | | 9.07 | |
| 非金属矿采选业 | Mining and Processing of Nonmetal Ores | 111 | 176.27 | 7.83 | 173.00 | 1.35 |
| 其他采矿业 | Mining of Other Ores | | | | | |
| **制造业** | Manufacturing | 42832 | 103114.89 | 13728.47 | 101770.95 | 21280.75 |
| 农副食品加工业 | Processing of Food from Agricultural Products | 1355 | 2564.45 | 38.50 | 2545.65 | 66.94 |
| 食品制造业 | Manufacture of Food | 314 | 484.99 | 21.06 | 478.20 | 50.78 |
| 饮料制造业 | Manufacture of Beverage | 176 | 759.44 | 51.72 | 754.84 | 2.89 |
| 烟草制品业 | Manufacture of Tobacco | 5 | 403.60 | 6.44 | 403.50 | |
| 纺织业 | Manufacture of Textile | 5227 | 6084.89 | 501.80 | 6005.80 | 892.92 |
| 纺织服装、鞋、帽制造业 | Manufacture of Textile Wearing, Apparel, Footwear and Caps | 2233 | 2803.55 | 346.06 | 2769.58 | 716.31 |
| 皮革、毛皮、羽毛(绒)及其制品业 | Manufacture of Textile, Fur, Feather and Related Products | 391 | 451.30 | 14.87 | 441.44 | 148.20 |
| 木材加工及木、竹、藤、棕、草制品业 | Processing of Timber, Manufacture of Wood, Bamboo, Rattan, Palm and Straw Products | 1248 | 1308.64 | 60.32 | 1279.92 | 158.32 |
| 家具制造业 | Manufacture of Furniture | 195 | 199.99 | 1.88 | 197.43 | 82.80 |
| 造纸及纸制品业 | Manufacture of Paper and Paper Products | 620 | 1200.68 | 135.22 | 1199.62 | 150.71 |
| 印刷业和记录媒介的复制 | Printing, Reproduction of Recording Media | 366 | 333.35 | 24.08 | 330.38 | 42.33 |
| 文教体育用品制造业 | Manufacture of Articles For Culture, Education and Sport Activities | 538 | 523.87 | 26.98 | 516.65 | 186.74 |

11－2 续 表 2 Continued 2

单位:亿元 (100 million yuan)

| 项 目 Item | | 企业单位数(个) Number of Ente-rprises (unit) | 工业总产值(现价) Gross Industrial Output Value (current price) | #新产品产值 Output Value of New Products | 工业销售产值(现价) Value of Industrial Products Seld (current price) | #出口交货值 Delivery Value for Export |
|---|---|---|---|---|---|---|
| 石油加工、炼焦及核燃料加工业 | Processing of Petroleum, Coking, Processing of Nuclear Fuel | 120 | 1886.95 | 34.49 | 1856.86 | 12.39 |
| 化学原料及化学制品制造业 | Manufacture of Raw Chemical Materials and Chemical Products | 3657 | 11738.06 | 1443.45 | 11591.52 | 1027.84 |
| 医药制造业 | Manufacture of Medicines | 595 | 1810.02 | 332.85 | 1784.09 | 190.12 |
| 化学纤维制造业 | Manufacture of Chemical Fibers | 800 | 2268.16 | 337.66 | 2248.11 | 154.49 |
| 橡胶制品业 | Manufacture of Rubber | 381 | 713.08 | 156.69 | 706.00 | 160.31 |
| 塑料制品业 | Manufacture of Plastics | 1457 | 1450.62 | 79.31 | 1423.73 | 225.05 |
| 非金属矿物制品业 | Manufacture of Non－metallic Mineral Products | 2216 | 3157.50 | 128.84 | 3104.70 | 177.60 |
| 黑色金属冶炼及压延加工业 | Smelting and Pressing of Ferrous Metals | 946 | 8352.72 | 938.83 | 8271.78 | 419.64 |
| 有色金属冶炼及压延加工业 | Smelting and Pressing of Non－ferrous Metals | 929 | 2986.29 | 211.05 | 2951.78 | 150.71 |
| 金属制品业 | Manufacture of Metal Products | 2604 | 3829.26 | 349.63 | 3764.68 | 438.92 |
| 通用设备制造业 | Manufacture of General Purpose Machinery | 4525 | 6492.06 | 879.61 | 6378.94 | 757.46 |
| 专用设备制造业 | Manufacture of Special Purpose Machinery | 2451 | 3930.77 | 504.55 | 3870.75 | 572.57 |
| 交通运输设备制造业 | Manufacture of Transport Equipment | 2081 | 7639.20 | 1392.99 | 7582.85 | 1615.98 |
| 电气机械及器材制造业 | Manufacture of Electrical Machinery and Equipment | 3561 | 11653.06 | 2431.80 | 11423.96 | 2096.92 |
| 通信设备、计算机及其他电子设备制造业 | Manufacture of communications and other electronic equipment | 2408 | 14862.25 | 2833.34 | 14726.79 | 10156.01 |
| 仪器仪表及文化、办公用机械制造业 | Manufacture of Measuring Instruments and Machinery for Cultural Activity and Office Work | 890 | 2454.89 | 396.67 | 2406.77 | 504.27 |
| 工艺品及其他制造业 | Manufacture of Artwork and Other Manufacturing | 415 | 490.19 | 46.97 | 487.00 | 121.23 |
| 废弃资源和废旧材料回收加工业 | Recycling and Disposal of Waste | 128 | 281.06 | 0.83 | 267.63 | 0.30 |
| **电力、燃气及水的生产和供应业** | **Production and Supply of Electricity, Gas and Water** | **382** | **3901.39** | **17.60** | **3892.24** | **7.81** |
| 电力、热力的生产和供应业 | Production and Supply of Electric Power and Heat Power | 226 | 3566.95 | 17.59 | 3562.17 | |
| 燃气生产和供应 | Production and Supply of Gas | 63 | 238.85 | | 235.87 | 7.81 |
| 水的生产和供应业 | Production and Supply of Water | 93 | 95.59 | 0.01 | 94.20 | |

11－2 续 表 3 Continued 3

单位:亿元 (100 million yuan)

| 项 目 | Item | 企业单位数（个）Number of Ente-prises (unit) | 工业总产值（现价）Gross Industrial Output Value (current price) | 工业销售产值（现价）Value of Industrial Products Seld (current price) | #出口交货值 Delivery Value for Export |
|---|---|---|---|---|---|
| **按新行业分** | **Grouped by Sector(New)** | | | | |
| **采矿业** | **Mining** | **154** | **664.40** | **657.36** | **1.35** |
| 煤炭开采和洗选业 | Mining and Washing of Coal | 14 | 307.55 | 304.37 | |
| 石油和天然气开采业 | Extraction of Petroleum and Natural Gas | 2 | 90.87 | 90.87 | |
| 黑色金属矿采选业 | Mining and Processing of Ferrous Metal Ores | 22 | 78.44 | 78.03 | |
| 有色金属矿采选业 | Mining and Processing of Non－ferrous Metals Ores | 4 | 9.25 | 9.07 | |
| 非金属矿采选业 | Mining and Processing of Nonmetal Ores | 111 | 176.27 | 173.00 | 1.35 |
| 开采辅助活动 | Mining Activities | 1 | 2.02 | 2.02 | |
| 其他采矿业 | Mining of Other Ores | | | | |
| **制造业** | **Manufacturing** | **42832** | **103114.89** | **101770.95** | **21280.75** |
| 农副食品加工业 | Processing of Food from Agricultural Products | 1357 | 2565.81 | 2546.85 | 66.94 |
| 食品制造业 | Manufacture of Food | 314 | 489.17 | 482.38 | 52.06 |
| 酒、饮料和精制茶制造业 | Manufacture of Alcoholil beverges and refined tea | 177 | 760.06 | 755.58 | 2.89 |
| 烟草制品业 | Manufacture of Tobacco | 5 | 403.60 | 403.50 | |
| 纺织业 | Manufacture of Textile | 4825 | 5740.24 | 5664.32 | 755.57 |
| 纺织服装、服饰业 | Manufacture of Textile and apparol | 2540 | 3080.68 | 3046.06 | 822.00 |
| 皮革、毛皮、羽毛及其制品和制鞋业 | Manufacture of Textile, Fur, Feather and foot-wear Products | 549 | 598.93 | 587.06 | 201.99 |
| 木材加工和木、竹、藤、棕、草制品业 | Processing of Timber, Manufacture of Wood, Bamboo, Rattan, Palm and Straw Products | 1250 | 1312.77 | 1283.93 | 160.38 |
| 家具制造业 | Manufacture of Furniture | 192 | 198.87 | 196.25 | 82.80 |
| 造纸和纸制品业 | Manufacture of Paper and Paper Products | 621 | 1201.67 | 1200.77 | 150.72 |
| 印刷和记录媒介复制业 | Printing, Reproduction of Recording Media | 367 | 337.81 | 334.87 | 42.39 |
| 文教、工美、体育和娱乐用品制造业 | Manufacture of Culture, education, arts, crafts sports and enterfaiment supplies | 773 | 781.91 | 772.71 | 255.29 |
| 石油加工、炼焦和核燃料加工业 | Processing of Petroleum, Coking, Processing of Nuclear Fuel | 119 | 1885.80 | 1855.70 | 12.39 |
| 化学原料和化学制品制造业 | Manufacture of Raw Chemical Materials and Chemical Products | 3652 | 11849.96 | 11704.12 | 1029.13 |

11－2 续 表 4 Continued 4

单位：亿元 (100 million yuan)

| 项 目 | Item | 企业单位数（个）Number of Enterprises (unit) | 工业总产值（现价）Gross Industrial Output Value (current price) | 工业销售产值（现价）Value of Industrial Products Seld (current price) | #出口交货值 Delivery Value for Export |
|---|---|---|---|---|---|
| 医药制造业 | Manufacture of Medicines | 606 | 1832.19 | 1805.27 | 187.40 |
| 化学纤维制造业 | Manufacture of Chemical Fibers | 804 | 2218.66 | 2198.11 | 153.08 |
| 橡胶和塑料制品业 | Manufacture of Rubber and Plastics | 1769 | 2121.28 | 2088.06 | 395.69 |
| 非金属矿物制品业 | Manufacture of Non－metallic Mineral Products | 2225 | 3141.54 | 3090.81 | 176.42 |
| 黑色金属冶炼和压延加工业 | Smelting and Pressing of Ferrous Metals | 1613 | 9128.65 | 9032.06 | 438.20 |
| 有色金属冶炼和压延加工业 | Smelting and Pressing of Non－ferrous Metals | 927 | 2972.69 | 2938.93 | 154.13 |
| 金属制品业 | Manufacture of Metal Products | 2875 | 4159.99 | 4088.51 | 470.50 |
| 通用设备制造业 | Manufacture of General Purpose Machinery | 3635 | 5706.05 | 5609.26 | 967.68 |
| 专用设备制造业 | Manufacture of Special Purpose Machinery | 2431 | 3867.51 | 3806.50 | 542.31 |
| 汽车制造业 | Manufacturing of Automobile | 1168 | 3836.99 | 3824.94 | 288.54 |
| 铁路、船舶、航空航天和其他运输设备制造业 | Manufacture of Railroad, Marine, Aviation and other Transport Equipment | 900 | 3757.59 | 3715.76 | 1322.84 |
| 电气机械和器材制造业 | Manufacture of Electrical Machinery and Equipment | 3559 | 11753.47 | 11523.72 | 2135.49 |
| 计算机、通信和其他电子设备制造业 | Manufacture of computer communications and other electronic equipment | 2409 | 14714.02 | 14578.72 | 10115.62 |
| 仪器仪表制造业 | Manufacture of instrumentation | 843 | 2161.80 | 2115.73 | 246.18 |
| 其他制造业 | Other Manufacturing | 171 | 226.34 | 225.16 | 51.83 |
| 废弃资源综合利用业 | Manufacture of Recycling and Disposal of Waste | 126 | 280.42 | 266.96 | 0.27 |
| 金属制品、机械和设备修理业 | Manufacture of Metal Products, Machinery and Equipment Repair | 30 | 28.40 | 28.36 | 0.03 |
| **电力、燃气及水的生产和供应业** | **Production and Supply of Electricity, Gas and Water** | **382** | **3901.39** | **3892.24** | **7.81** |
| 电力、热力的生产和供应业 | Production and Supply of Electric Power and Heat Power | 226 | 3566.95 | 3562.17 | |
| 燃气生产和供应 | Production and Supply of Gas | 63 | 238.85 | 235.87 | 7.81 |
| 水的生产和供应业 | Production and Supply of Water | 93 | 95.58 | 94.20 | |

# 11 -3 规模以上工业企业主要经济指标(2011 年)

单位:亿元

| 项 目 | Item | 资产总计 Total Assets | 流动资产 Current Assets | 应收账款 Accounts Receivalble |
|---|---|---|---|---|
| **总 计** | **Total** | **76258.16** | **42801.75** | **11885.97** |
| **按登记注册类型分** | **Grouped by Status of Registration** | | | |
| 内资企业 | Domestic Funded Enterprises | 44591.43 | 24500.70 | 6030.91 |
| 国有企业 | State - owned Enterprises | 5735.05 | 1780.40 | 268.82 |
| 集体企业 | Collective - owned Enterprises | 740.19 | 469.91 | 95.32 |
| 股份合作企业 | Cooperative Enterprises | 339.77 | 175.81 | 54.93 |
| 联营企业 | Joint Ownership Enterprises | 44.10 | 20.44 | 6.42 |
| 有限责任公司 | Limited Liability Corporations | 11836.09 | 6282.90 | 1273.65 |
| #国有独资 | State Sole Funded Corporatios | 1898.47 | 919.73 | 226.17 |
| 股份有限公司 | Share - holding Corporations Ltd. | 4895.31 | 2883.94 | 593.27 |
| 私营企业 | Private Enterprises | 20709.71 | 12700.52 | 3706.25 |
| 其他企业 | Other Enterprises | 291.21 | 186.78 | 32.27 |
| 港、澳、台商投资企业 | Enterprises with Funds from Hong Kong, Macao and Taiwan | 9989.49 | 5586.28 | 1653.18 |
| 外商投资企业 | Foreign Funded Enterprises | 21677.24 | 12714.77 | 4201.88 |
| **按轻重工业分** | **Grouped by Light & Heavy Industries** | | | |
| 轻工业 | Light Industry | 18083.88 | 10225.26 | 2306.31 |
| 重工业 | Heavy Industry | 58174.28 | 32576.48 | 9579.66 |
| **按企业规模分** | **Grouped by Size of Enterprises** | | | |
| 大型企业 | Large Enterprises | 35395.69 | 19083.59 | 4647.64 |
| 中型企业 | Medium - sized Enterprises | 18302.30 | 10208.31 | 3000.00 |
| 小型企业 | Small Enterprises | 22313.85 | 13350.50 | 4183.65 |
| 微型企业 | Micro - Enterprises | 246.33 | 159.35 | 54.67 |
| **按行业分** | **Grouped by Sector** | | | |
| **采矿业** | **Mining** | **1007.87** | **350.24** | **50.90** |
| 煤炭开采和洗选业 | Mining and Washing of Coal | 547.65 | 188.22 | 28.40 |
| 石油和天然气开采业 | Extraction of Petroleum and Natural Gas | 212.78 | 52.01 | 7.07 |
| 黑色金属矿采选业 | Mining and Processing of Ferrous Metal Ores | 37.14 | 20.91 | 4.38 |
| 有色金属矿采选业 | Mining and Processing of Non - ferrous Metals Ores | 9.22 | 5.57 | 0.38 |
| 非金属矿采选业 | Mining and Processing of Nonmetal Ores | 198.87 | 83.24 | 10.67 |
| 开采辅助活动 | Mining Activities | 2.22 | 0.29 | |
| 其他采矿业 | Mining of Other Ores | | | |
| **制造业** | **Manufacturing** | **69310.96** | **41301.50** | **11631.72** |
| 农副食品加工业 | Processing of Food from Agricultural Products | 1251.16 | 757.07 | 94.70 |
| 食品制造业 | Manufacture of Food | 397.67 | 218.76 | 48.44 |
| 酒、饮料和精制茶制造业 | Manufacture of Beverage | 571.56 | 327.04 | 29.81 |
| 烟草制品业 | Manufacture of Tobacco | 395.92 | 314.03 | 5.60 |
| 纺织业 | Manufacture of Textile | 3614.94 | 2057.36 | 441.68 |
| 纺织服装、服饰业 | Manufacture of Textile and apparol | 1763.00 | 1042.74 | 228.67 |

## Main Economic Indicators of above Designated Size Industrial Enterprises(2011)

(100 million yuan)

| 存货<br>Inventory | #产成品<br>Finished Goods | 固定资产原价<br>Original value of Fixed Assets | 固定资产合计<br>Original value | 负债合计<br>Total Liabilities | 所有者权益<br>Owners' Equities | #实收资本<br>Paid-in Capital |
|---|---|---|---|---|---|---|
| **9879.03** | **3655.22** | **41481.97** | **24693.42** | **44372.68** | **31885.22** | **26222.95** |
| 5666.29 | 2225.41 | 23047.00 | 14199.44 | 26804.32 | 17786.86 | 17498.51 |
| 481.75 | 90.56 | 5126.42 | 2935.41 | 3488.20 | 2246.85 | 881.14 |
| 100.99 | 36.57 | 275.06 | 149.92 | 423.23 | 316.96 | 136.41 |
| 45.62 | 24.75 | 197.02 | 133.67 | 210.48 | 129.29 | 59.90 |
| 6.79 | 3.88 | 23.62 | 16.37 | 22.11 | 21.99 | 7.64 |
| 1440.72 | 544.06 | 6041.06 | 3911.23 | 7518.28 | 4317.72 | 11708.29 |
| 217.29 | 92.53 | 886.81 | 627.07 | 1159.87 | 738.59 | 275.46 |
| 680.67 | 276.64 | 1993.62 | 1195.64 | 2537.18 | 2358.11 | 848.89 |
| 2860.48 | 1230.35 | 9273.91 | 5775.00 | 12415.89 | 8293.69 | 3818.07 |
| 49.26 | 18.61 | 116.30 | 82.19 | 188.96 | 102.25 | 38.17 |
| 1279.24 | 435.49 | 6023.58 | 3388.92 | 5737.15 | 4252.34 | 2540.00 |
| 2933.50 | 994.31 | 12411.39 | 7105.07 | 11831.21 | 9846.02 | 6184.44 |
| 2549.69 | 1045.20 | 9191.41 | 5556.53 | 10022.79 | 8061.03 | 4048.77 |
| 7329.34 | 2610.02 | 32290.56 | 19136.89 | 34349.89 | 23824.19 | 22174.18 |
| 4348.94 | 1419.97 | 20487.85 | 11618.83 | 21012.06 | 14383.63 | 5981.33 |
| 2439.25 | 960.13 | 10123.81 | 6153.77 | 10453.82 | 7848.42 | 4326.45 |
| 3069.30 | 1266.89 | 10789.63 | 6870.38 | 12765.16 | 9548.51 | 15854.99 |
| 21.54 | 8.24 | 80.68 | 50.44 | 141.65 | 104.66 | 60.19 |
| **58.31** | **17.47** | **746.99** | **479.77** | **576.11** | **431.77** | **204.72** |
| 37.60 | 11.04 | 340.50 | 247.49 | 337.28 | 210.36 | 58.46 |
| 5.61 | 0.40 | 276.19 | 144.48 | 112.17 | 100.61 | 98.43 |
| 2.55 | 1.05 | 13.16 | 8.81 | 21.66 | 15.48 | 3.39 |
| 0.52 | 0.30 | 4.46 | 2.60 | 5.50 | 3.72 | 1.19 |
| 12.02 | 4.67 | 109.86 | 74.49 | 97.21 | 101.66 | 41.70 |
|  |  | 2.82 | 1.92 | 2.27 | -0.06 | 1.54 |
| **9685.49** | **3627.13** | **34574.86** | **20376.18** | **39868.12** | **29442.58** | **25031.65** |
| 201.49 | 77.42 | 674.79 | 348.62 | 824.48 | 426.66 | 199.38 |
| 56.16 | 22.68 | 199.60 | 137.45 | 222.59 | 175.08 | 101.84 |
| 109.00 | 35.49 | 263.68 | 177.66 | 307.15 | 264.41 | 130.90 |
| 101.67 | 4.05 | 90.83 | 46.34 | 53.54 | 342.38 | 14.22 |
| 596.59 | 272.97 | 1974.57 | 1139.28 | 2205.00 | 1409.94 | 823.64 |
| 289.17 | 142.77 | 706.67 | 423.39 | 996.42 | 766.57 | 338.87 |

11－3 续 表1

单位:亿元

| 项　目 Item | | 资产总计 Total Assets | 流动资产 Current Assets | 应收账款 Accounts Receivalble |
|---|---|---|---|---|
| 皮革、毛皮、羽毛及其制品和制鞋业 | Manufacture of Textile, Fur, Feather and footwear Products | 255.45 | 164.39 | 43.72 |
| 木材加工和木、竹、藤、棕、草制品业 | Processing of Timber, Manufacture of Wood, Bamboo, Rattan, Palm and Straw Products | 518.75 | 290.14 | 60.44 |
| 家具制造业 | Manufacture of Furniture | 136.64 | 78.98 | 19.45 |
| 造纸和纸制品业 | Manufacture of Paper and Paper Products | 1550.13 | 667.19 | 154.98 |
| 印刷和记录媒介复制业 | Printing, Reproduction of Recording Media | 324.20 | 171.75 | 62.78 |
| 文教、工美、体育和娱乐用品制造业 | Manufacture of Culture, education, arts, crafts sports and enterfaiment supplies | 337.75 | 192.92 | 52.03 |
| 石油加工、炼焦和核燃料加工业 | Processing of Petroleum, Coking, Processing of Nuclear Fuel | 617.64 | 340.62 | 56.69 |
| 化学原料和化学制品制造业 | Manufacture of Raw Chemical Materials and Chemical Products | 7821.82 | 4005.17 | 964.93 |
| 医药制造业 | Manufacture of Medicines | 1259.49 | 719.37 | 198.32 |
| 化学纤维制造业 | Manufacture of Chemical Fibers | 1680.11 | 878.22 | 110.04 |
| 橡胶和塑料制品业 | Manufacture of Rubber and Plastics | 1429.83 | 806.16 | 287.55 |
| 非金属矿物制品业 | Manufacture of Non－metallic Mineral Products | 2542.12 | 1447.64 | 461.39 |
| 黑色金属冶炼和压延加工业 | Smelting and Pressing of Ferrous Metals | 6434.07 | 3595.89 | 522.19 |
| 有色金属冶炼和压延加工业 | Smelting and Pressing of Non－ferrous Metals | 1340.00 | 901.42 | 224.98 |
| 金属制品业 | Manufacture of Metal Products | 2738.57 | 1730.71 | 562.12 |
| 通用设备制造业 | Manufacture of General Purpose Machinery | 4548.63 | 2923.72 | 941.45 |
| 专用设备制造业 | Manufacture of Special Purpose Machinery | 3000.25 | 1994.82 | 657.47 |
| 汽车制造业 | Manufacturing of Automobile | 2626.84 | 1588.50 | 486.57 |
| 铁路、船舶、航空航天和其他运输设备制造业 | Manufacture of Railroad, Marine, Aviation and other Transport Equipment | 3634.13 | 2306.68 | 381.99 |
| 电气机械和器材制造业 | Manufacture of Electrical Machinery and Equipment | 7944.95 | 5263.92 | 1922.63 |
| 计算机、通信和其他电子设备制造业 | Manufacture of computer communications and other electronic equipment | 8518.99 | 5185.03 | 2227.64 |
| 仪器仪表制造业 | Manufacture of instrumentation | 1666.89 | 1056.16 | 309.86 |
| 其他制造业 | Other Manufacturing | 98.12 | 49.09 | 15.10 |
| 废弃资源综合利用业 | Manufacture of Recycling and Disposal of Waste | 273.67 | 215.20 | 54.89 |
| 金属制品、机械和设备修理业 | Manufacture of Metal Products, Machinery and Equipment Repair | 17.68 | 10.79 | 3.59 |
| **电力、燃气及水的生产和供应业** | **Production and Supply of Electricity, Gas and Water** | **5939.33** | **1150.01** | **203.34** |
| 电力、热力的生产和供应业 | Production and Supply of Electric Power and Heat Power | 4894.15 | 805.72 | 178.93 |
| 燃气生产和供应 | Production and Supply of Gas | 360.11 | 148.45 | 14.40 |
| 水的生产和供应业 | Production and Supply of Water | 685.07 | 195.85 | 10.01 |

11－3 Continued 1

(100 million yuan)

| 存货<br>Inventory | #产成品<br>Finished Goods | 固定资产原价<br>Original value of Fixed Assets | 固定资产合计<br>Original value | 负债合计<br>Total Liabilities | 所有者权益<br>Owners' Equities | #实收资本<br>Paid-in Capital |
|---|---|---|---|---|---|---|
| 46.31 | 16.44 | 124.29 | 68.71 | 141.84 | 113.61 | 67.91 |
| 77.25 | 41.47 | 313.42 | 192.88 | 253.98 | 264.77 | 108.89 |
| 22.98 | 6.95 | 59.38 | 37.41 | 73.27 | 63.37 | 43.57 |
| 111.79 | 42.36 | 1002.75 | 610.84 | 822.84 | 727.27 | 519.93 |
| 31.13 | 12.38 | 195.92 | 116.07 | 168.86 | 155.34 | 73.27 |
| 54.80 | 24.81 | 174.55 | 106.09 | 178.89 | 158.85 | 78.37 |
| 143.77 | 40.95 | 364.17 | 200.42 | 411.09 | 206.54 | 117.65 |
| 931.84 | 391.23 | 4655.20 | 2839.67 | 4295.27 | 3526.54 | 1927.12 |
| 136.29 | 56.81 | 536.35 | 384.50 | 515.63 | 743.86 | 241.37 |
| 233.63 | 111.28 | 986.27 | 585.48 | 1051.88 | 628.23 | 346.03 |
| 199.36 | 85.74 | 885.35 | 511.68 | 686.99 | 742.83 | 448.52 |
| 254.75 | 104.05 | 1424.90 | 871.01 | 1519.10 | 1022.99 | 574.98 |
| 967.60 | 351.68 | 3339.44 | 2048.21 | 4296.75 | 2137.32 | 827.48 |
| 201.77 | 76.11 | 485.79 | 316.97 | 864.23 | 475.77 | 10288.56 |
| 404.96 | 163.70 | 1107.90 | 722.34 | 1600.98 | 1137.59 | 606.28 |
| 784.85 | 289.52 | 1690.90 | 1141.41 | 2488.46 | 2060.09 | 900.33 |
| 546.45 | 194.01 | 1216.73 | 729.68 | 1643.45 | 1356.81 | 694.74 |
| 325.80 | 141.89 | 1221.76 | 759.68 | 1574.99 | 1051.85 | 642.55 |
| 545.58 | 77.15 | 1262.28 | 868.13 | 2281.87 | 1352.26 | 507.07 |
| 911.97 | 393.06 | 3001.70 | 1745.24 | 4522.95 | 3422.00 | 1654.64 |
| 1052.02 | 330.59 | 5840.73 | 2745.01 | 4738.42 | 3780.51 | 2383.09 |
| 276.60 | 73.77 | 642.36 | 416.44 | 854.42 | 812.47 | 307.85 |
| 14.02 | 5.38 | 64.21 | 37.09 | 45.23 | 52.88 | 20.63 |
| 53.69 | 39.68 | 59.36 | 42.15 | 216.02 | 57.65 | 38.60 |
| 2.19 | 0.73 | 8.99 | 6.34 | 11.55 | 6.13 | 3.38 |
| **135.23** | **10.62** | **6160.12** | **3837.47** | **3928.46** | **2010.87** | **986.58** |
| 111.36 | 9.24 | 5523.86 | 3356.45 | 3285.26 | 1608.88 | 766.75 |
| 17.71 | 0.72 | 151.83 | 121.55 | 221.92 | 138.19 | 82.11 |
| 6.16 | 0.67 | 484.44 | 359.47 | 421.27 | 263.80 | 137.72 |

单位:亿元

| 项　目 | Item | 主营业务收入 Revenue from Principal Business | 主营业务成本 Cost of Principle Business |
|---|---|---|---|
| **总　计** | **Total** | **107030.09** | **92370.05** |
| **按登记注册类型分** | **Grouped by Status of Registration** | | |
| 内资企业 | Domestic Funded Enterprises | 64305.69 | 55474.19 |
| 国有企业 | State－owned Enterprises | 5475.93 | 4643.27 |
| 集体企业 | Collective－owned Enterprises | 1173.64 | 1032.45 |
| 股份合作企业 | Cooperative Enterprises | 475.46 | 411.32 |
| 联营企业 | Joint Ownership Enterprises | 56.25 | 49.79 |
| 有限责任公司 | Limited Liability Corporations | 13829.06 | 11779.82 |
| #国有独资 | State Sole Funded Corporatios | 1375.87 | 1139.77 |
| 股份有限公司 | Share－holding Corporations Ltd. | 5659.86 | 4675.46 |
| 私营企业 | Private Enterprises | 37176.49 | 32488.19 |
| 其他企业 | Other Enterprises | 459.02 | 393.89 |
| 港、澳、台商投资企业 | Enterprises with Funds from Hong Kong, Macao and Taiwan | 12213.61 | 10599.55 |
| 外商投资企业 | Foreign Funded Enterprises | 30510.79 | 26296.31 |
| **按轻重工业分** | **Grouped by Light & Heavy Industries** | | |
| 轻工业 | Light Industry | 26428.87 | 22248.53 |
| 重工业 | Heavy Industry | 80601.22 | 70121.52 |
| **按企业规模分** | **Grouped by Size of Enterprises** | | |
| 大型企业 | Large Enterprises | 45145.83 | 38921.84 |
| 中型企业 | Medium－sized Enterprises | 23259.13 | 19757.52 |
| 小型企业 | Small Enterprises | 38174.85 | 33277.00 |
| 微型企业 | Micro－Enterprises | 450.29 | 413.69 |
| **按行业分** | **Grouped by Sector** | | |
| **采矿业** | **Mining** | **665.64** | **468.64** |
| 煤炭开采和洗选业 | Mining and Washing of Coal | 310.93 | 226.68 |
| 石油和天然气开采业 | Extraction of Petroleum and Natural Gas | 90.16 | 32.23 |
| 黑色金属矿采选业 | Mining and Processing of Ferrous Metal Ores | 77.99 | 64.20 |
| 有色金属矿采选业 | Mining and Processing of Non－ferrous Metals Ores | 9.67 | 5.52 |
| 非金属矿采选业 | Mining and Processing of Nonmetal Ores | 174.86 | 138.34 |
| 开采辅助活动 | Mining Activities | 2.02 | 1.68 |
| 其他采矿业 | Mining of Other Ores | | |
| **制造业** | **Manufacturing** | **102459.13** | **88333.67** |
| 农副食品加工业 | Processing of Food from Agricultural Products | 2556.74 | 2275.33 |
| 食品制造业 | Manufacture of Food | 485.88 | 394.44 |
| 酒、饮料和精制茶制造业 | Manufacture of Beverage | 748.10 | 552.67 |
| 烟草制品业 | Manufacture of Tobacco | 403.62 | 90.19 |
| 纺织业 | Manufacture of Textile | 5663.10 | 5049.69 |
| 纺织服装、服饰业 | Manufacture of Textile and apparol | 3033.92 | 2608.93 |

(100 million yuan)

| 主营业务税金及附加 Taxes and Other Charges on Principle Business | 利润总额 Total Profits | 利税总额 Total Profits and Taxes | 应交增值税 Value Added Tax Payable | 全部从业人员年平均人数（万人） Annual Average Employed Persons (10000 persons) |
|---|---|---|---|---|
| **845.98** | **7074.44** | **11038.45** | **3118.03** | **1091.86** |
| 680.95 | 4084.54 | 6920.55 | 2155.06 | 636.81 |
| 313.35 | 294.76 | 840.78 | 232.66 | 25.65 |
| 4.14 | 60.69 | 99.58 | 34.75 | 10.51 |
| 1.89 | 30.47 | 53.43 | 21.06 | 5.08 |
| 0.27 | 1.63 | 3.47 | 1.58 | 0.67 |
| 79.52 | 888.34 | 1374.56 | 406.70 | 112.20 |
| 16.03 | 86.24 | 148.67 | 46.40 | 12.57 |
| 109.99 | 475.71 | 814.94 | 229.24 | 45.33 |
| 170.32 | 2298.17 | 3677.33 | 1208.84 | 433.91 |
| 1.46 | 34.78 | 56.46 | 20.21 | 3.45 |
| 36.53 | 897.44 | 1251.35 | 317.38 | 162.44 |
| 128.51 | 2092.45 | 2866.55 | 645.59 | 292.61 |
| 349.46 | 1812.31 | 3011.69 | 849.93 | 380.07 |
| 496.53 | 5262.13 | 8026.76 | 2268.10 | 711.79 |
| 548.26 | 3060.74 | 4880.39 | 1271.39 | 373.36 |
| 105.94 | 1705.08 | 2499.75 | 688.72 | 311.57 |
| 190.63 | 2289.72 | 3631.66 | 1151.31 | 405.66 |
| 1.15 | 18.90 | 26.65 | 6.60 | 1.27 |
| **30.39** | **73.06** | **150.80** | **47.35** | **15.57** |
| 6.34 | 35.19 | 67.63 | 26.10 | 9.03 |
| 20.65 | 14.70 | 43.59 | 8.24 | 2.02 |
| 0.30 | 5.08 | 9.24 | 3.85 | 0.84 |
| 0.18 | 3.03 | 4.13 | 0.92 | 0.20 |
| 2.92 | 15.11 | 26.27 | 8.24 | 3.46 |
|  | -0.06 | -0.06 |  | 0.03 |
| **800.24** | **6800.05** | **10523.20** | **2922.90** | **1062.05** |
| 9.43 | 160.52 | 236.44 | 66.49 | 16.79 |
| 2.03 | 36.09 | 54.99 | 16.87 | 7.25 |
| 25.34 | 124.71 | 189.67 | 39.62 | 6.80 |
| 225.32 | 68.77 | 347.58 | 53.50 | 0.60 |
| 21.10 | 298.09 | 479.00 | 159.80 | 96.22 |
| 13.91 | 209.16 | 313.22 | 90.14 | 77.44 |

11－3 续 表 3

单位:亿元

| 项　目 Item | | 主营业务收入 Revenue from Principal Business | 主营业务成本 Cost of Principle Business |
|---|---|---|---|
| 皮革、毛皮、羽毛及其制品和制鞋业 | Manufacture of Textile, Fur, Feather and footwear Products | 583.09 | 510.76 |
| 木材加工和木、竹、藤、棕、草制品业 | Processing of Timber, Manufacture of Wood, Bamboo, Rattan, Palm and Straw Products | 1314.08 | 1113.05 |
| 家具制造业 | Manufacture of Furniture | 194.01 | 167.80 |
| 造纸和纸制品业 | Manufacture of Paper and Paper Products | 1206.85 | 1024.94 |
| 印刷和记录媒介复制业 | Printing, Reproduction of Recording Media | 333.21 | 272.85 |
| 文教、工美、体育和娱乐用品制造业 | Manufacture of Culture, education, arts, crafts sports and enterfaiment supplies | 769.85 | 667.78 |
| 石油加工、炼焦和核燃料加工业 | Processing of Petroleum, Coking, Processing of Nuclear Fuel | 1982.01 | 1767.36 |
| 化学原料和化学制品制造业 | Manufacture of Raw Chemical Materials and Chemical Products | 11772.86 | 10022.77 |
| 医药制造业 | Manufacture of Medicines | 1816.80 | 1199.09 |
| 化学纤维制造业 | Manufacture of Chemical Fibers | 2240.85 | 2002.00 |
| 橡胶和塑料制品业 | Manufacture of Rubber and Plastics | 2087.71 | 1799.27 |
| 非金属矿物制品业 | Manufacture of Non－metallic Mineral Products | 3097.00 | 2627.98 |
| 黑色金属冶炼和压延加工业 | Smelting and Pressing of Ferrous Metals | 9312.33 | 8444.71 |
| 有色金属冶炼和压延加工业 | Smelting and Pressing of Non－ferrous Metals | 2957.86 | 2692.09 |
| 金属制品业 | Manufacture of Metal Products | 4073.14 | 3524.21 |
| 通用设备制造业 | Manufacture of General Purpose Machinery | 5645.74 | 4686.78 |
| 专用设备制造业 | Manufacture of Special Purpose Machinery | 3791.34 | 3131.48 |
| 汽车制造业 | Manufacturing of Automobile | 3858.98 | 3189.46 |
| 铁路、船舶、航空航天和其他运输设备制造业 | Manufacture of Railroad, Marine, Aviation and other Transport Equipment | 3623.60 | 3059.64 |
| 电气机械和器材制造业 | Manufacture of Electrical Machinery and Equipment | 11575.17 | 9913.79 |
| 计算机、通信和其他电子设备制造业 | Manufacture of computer communications and other electronic equipment | 14700.52 | 13339.28 |
| 仪器仪表制造业 | Manufacture of instrumentation | 2097.25 | 1721.62 |
| 其他制造业 | Other Manufacturing | 224.09 | 196.58 |
| 废弃资源综合利用业 | Manufacture of Recycling and Disposal of Waste | 279.69 | 260.89 |
| 金属制品、机械和设备修理业 | Manufacture of Metal Products, Machinery and Equipment Repair | 29.75 | 26.28 |
| **电力、燃气及水的生产和供应业** | **Production and Supply of Electricity, Gas and Water** | **3905.32** | **3567.74** |
| 电力、热力的生产和供应业 | Production and Supply of Electric Power and Heat Power | 3576.05 | 3316.73 |
| 燃气生产和供应 | Production and Supply of Gas | 236.87 | 193.78 |
| 水的生产和供应业 | Production and Supply of Water | 92.40 | 57.22 |

(100 million yuan)

| 主营业务税金及附加 Taxes and Other Charges on Principle Business | 利润总额 Total Profits | 利税总额 Total Profits and Taxes | 应交增值税 Value Added Tax Payable | 全部从业人员年平均人数(万人) Annual Average Employed Persons (10000 persons) |
|---|---|---|---|---|
| 2.33 | 29.60 | 52.81 | 20.88 | 15.64 |
| 12.66 | 105.20 | 173.48 | 55.62 | 19.55 |
| 0.88 | 9.09 | 15.15 | 5.17 | 4.56 |
| 3.85 | 81.16 | 115.65 | 30.65 | 11.69 |
| 1.47 | 29.46 | 41.33 | 10.40 | 6.50 |
| 3.66 | 41.52 | 70.77 | 25.58 | 17.98 |
| 116.03 | 44.27 | 272.19 | 111.88 | 2.81 |
| 81.81 | 939.49 | 1365.82 | 344.52 | 66.80 |
| 12.35 | 175.59 | 284.59 | 96.66 | 17.00 |
| 5.16 | 132.99 | 195.00 | 56.85 | 15.75 |
| 8.23 | 129.28 | 198.22 | 60.71 | 32.76 |
| 17.51 | 231.09 | 378.98 | 130.39 | 36.57 |
| 23.45 | 452.63 | 703.27 | 227.19 | 40.67 |
| 8.15 | 130.91 | 187.26 | 48.19 | 12.76 |
| 16.12 | 267.44 | 417.00 | 133.44 | 49.30 |
| 23.34 | 454.72 | 647.23 | 169.16 | 67.96 |
| 16.77 | 317.75 | 449.49 | 114.97 | 48.64 |
| 62.40 | 315.51 | 507.38 | 129.48 | 33.64 |
| 16.38 | 395.79 | 536.57 | 124.41 | 42.28 |
| 36.17 | 766.21 | 1135.51 | 333.14 | 99.52 |
| 21.41 | 641.39 | 837.74 | 174.93 | 185.03 |
| 10.32 | 191.88 | 276.49 | 74.29 | 23.52 |
| 1.08 | 12.26 | 21.59 | 8.25 | 4.14 |
| 1.38 | 6.38 | 16.42 | 8.67 | 1.31 |
| 0.21 | 1.11 | 2.38 | 1.05 | 0.59 |
| 15.35 | 201.33 | 364.46 | 147.78 | 14.24 |
| 13.54 | 161.57 | 311.88 | 136.78 | 10.41 |
| 1.04 | 32.18 | 39.10 | 5.89 | 1.24 |
| 0.77 | 7.59 | 13.48 | 5.12 | 2.59 |

# 11－4　规模以上工业企业主要经济效益指标（2011年）

单位：%

| 项　　目 | Item | 企业亏损面 Percentage of Loss Making Enterprises | 产值利税率 Percentage of Profit and Tax to Output Value |
|---|---|---|---|
| **总　计** | **Total** | **9.43** | **10.25** |
| **按登记注册类型分** | **Grouped by Status of Registration** | | |
| 内资企业 | Domestic Funded Enterprises | 6.60 | 10.70 |
| 国有企业 | State－owned Enterprises | 14.09 | 15.69 |
| 集体企业 | Collective－owned Enterprises | 6.80 | 8.41 |
| 股份合作企业 | Cooperative Enterprises | 9.76 | 10.98 |
| 联营企业 | Joint Ownership Enterprises | 19.35 | 6.13 |
| 有限责任公司 | Limited Liability Corporations | 9.15 | 10.13 |
| #国有独资 | State Sole Funded Corporatios | 18.00 | 11.27 |
| 股份有限公司 | Share－holding Corporations Ltd. | 7.56 | 14.29 |
| 私营企业 | Private Enterprises | 6.14 | 9.72 |
| 其他企业 | Other Enterprises | 11.48 | 12.30 |
| 港、澳、台商投资企业 | Enterprises with Funds from Hong Kong, Macao and Taiwan | 16.49 | 10.10 |
| 外商投资企业 | Foreign Funded Enterprises | 18.54 | 9.36 |
| **按轻重工业分** | **Grouped by Light & Heavy Industries** | | |
| 轻工业 | Light Industry | 9.64 | 11.31 |
| 重工业 | Heavy Industry | 9.30 | 9.90 |
| **按企业规模分** | **Grouped by Size of Enterprises** | | |
| 大型企业 | Large Enterprises | 7.84 | 10.88 |
| 中型企业 | Medium－sized Enterprises | 12.44 | 10.58 |
| 小型企业 | Small Enterprises | 8.99 | 9.38 |
| 微型企业 | Micro－Enterprises | 9.53 | 5.84 |
| **按行业分** | **Grouped by Sector** | | |
| **采矿业** | **Mining** | **3.90** | **22.70** |
| 煤炭开采和洗选业 | Mining and Washing of Coal | 0.00 | 21.99 |
| 石油和天然气开采业 | Extraction of Petroleum and Natural Gas | 50.00 | 47.98 |
| 黑色金属矿采选业 | Mining and Processing of Ferrous Metal Ores | 9.09 | 11.78 |
| 有色金属矿采选业 | Mining and Processing of Non－ferrous Metals Ores | 0.00 | 44.66 |
| 非金属矿采选业 | Mining and Processing of Nonmetal Ores | 1.80 | 14.90 |
| 开采辅助活动 | Mining Activities | 100.00 | －2.98 |
| 其他采矿业 | Mining of Other Ores | 0.00 | 0.00 |
| **制造业** | **Manufacturing** | **9.33** | **10.21** |
| 农副食品加工业 | Processing of Food from Agricultural Products | 4.57 | 9.22 |
| 食品制造业 | Manufacture of Food | 13.06 | 11.24 |
| 酒、饮料和精制茶制造业 | Manufacture of Beverage | 14.12 | 24.95 |
| 烟草制品业 | Manufacture of Tobacco | 0.00 | 86.12 |
| 纺织业 | Manufacture of Textile | 9.24 | 8.34 |
| 纺织服装、服饰业 | Manufacture of Textile and apparol | 7.80 | 10.17 |

## Main Indicators on Economic Benefit of above Designated Size Industrial Enterprises(2011)

(%)

| 销售利税率 Percentage of Profit and Tax to Sales | 资金利税率 Percentage of Profit and Tax to capital | 资产负债率 Assets Liability Ratio | 流动资产周转次数(次/年) Times of Turnover of Circulating Funds (times/year) | 成本费用利润率 Ratio of Profits to Industrial Cost | 产品销售率 Proportion of Products Sold | 总资产贡献率 Ratio of Total Assets to Industrial Output Value |
|---|---|---|---|---|---|---|
| **10.31** | **16.35** | **58.19** | **2.50** | **7.15** | **98.74** | **15.62** |
| | | | | | | |
| 10.76 | 17.88 | 60.11 | 2.62 | 6.86 | 98.62 | 16.93 |
| 15.35 | 17.83 | 60.82 | 3.08 | 6.03 | 100.10 | 15.59 |
| 8.48 | 16.07 | 57.18 | 2.50 | 5.49 | 98.83 | 15.14 |
| 11.24 | 17.26 | 61.95 | 2.70 | 6.84 | 98.61 | 17.77 |
| 6.18 | 9.43 | 50.14 | 2.75 | 2.99 | 97.98 | 8.51 |
| 9.94 | 13.48 | 63.52 | 2.20 | 6.90 | 98.93 | 13.12 |
| 10.81 | 9.61 | 61.09 | 1.50 | 6.74 | 99.45 | 8.98 |
| 14.40 | 19.98 | 51.83 | 1.96 | 9.26 | 98.56 | 17.66 |
| 9.89 | 19.90 | 59.95 | 2.93 | 6.64 | 98.30 | 19.32 |
| 12.30 | 20.99 | 64.89 | 2.46 | 8.30 | 98.57 | 21.21 |
| 10.25 | 13.94 | 57.43 | 2.19 | 7.93 | 97.73 | 13.45 |
| 9.40 | 14.46 | 54.58 | 2.40 | 7.43 | 99.39 | 13.91 |
| | | | | | | |
| 11.40 | 19.08 | 55.42 | 2.58 | 7.45 | 98.86 | 17.84 |
| 9.96 | 15.52 | 59.05 | 2.47 | 7.05 | 98.70 | 14.93 |
| | | | | | | |
| 10.81 | 15.90 | 59.36 | 2.37 | 7.38 | 99.14 | 14.81 |
| 10.75 | 15.28 | 57.12 | 2.28 | 7.94 | 98.43 | 14.85 |
| 9.51 | 17.96 | 57.21 | 2.86 | 6.43 | 98.46 | 17.57 |
| 5.92 | 12.70 | 57.50 | 2.83 | 4.37 | 98.83 | 11.68 |
| | | | | | | |
| **22.65** | **18.17** | **57.16** | **1.90** | **13.02** | **98.94** | **15.60** |
| 21.75 | 15.52 | 61.59 | 1.65 | 12.92 | 98.97 | 12.82 |
| 48.35 | 22.19 | 52.72 | 1.73 | 26.95 | 100.00 | 20.96 |
| 11.85 | 31.08 | 58.32 | 3.73 | 7.40 | 99.47 | 26.06 |
| 42.69 | 50.57 | 59.69 | 1.74 | 45.84 | 98.08 | 44.86 |
| 15.02 | 16.65 | 48.88 | 2.10 | 9.63 | 98.14 | 14.41 |
| -2.98 | -2.73 | 102.53 | 6.96 | -2.89 | 100.00 | -2.72 |
| 0.00 | 0.00 | 0.00 | 0.00 | 0.00 | 0.00 | 0.00 |
| **10.27** | **17.06** | **57.52** | **2.48** | **7.18** | **98.70** | **16.29** |
| 9.25 | 21.38 | 65.90 | 3.38 | 6.75 | 99.26 | 20.29 |
| 11.32 | 15.44 | 55.97 | 2.22 | 8.00 | 98.61 | 14.75 |
| 25.35 | 37.58 | 53.74 | 2.29 | 19.19 | 99.41 | 33.89 |
| 86.12 | 96.45 | 13.52 | 1.29 | 62.68 | 99.98 | 87.19 |
| 8.46 | 14.98 | 61.00 | 2.75 | 5.58 | 98.68 | 14.98 |
| 10.32 | 21.36 | 56.52 | 2.91 | 7.43 | 98.88 | 18.85 |

11－4 续 表1

单位：%

| 项 目 Item | | 企业亏损面 Percentage of Loss Making Enterprises | 产值利税率 Percentage of Profit and Tax to Output Value |
|---|---|---|---|
| 皮革、毛皮、羽毛及其制品和制鞋业 | Manufacture of Textile, Fur, Feather and footwear Products | 10.56 | 8.82 |
| 木材加工和木、竹、藤、棕、草制品业 | Processing of Timber, Manufacture of Wood, Bamboo, Rattan, Palm and Straw Products | 2.16 | 13.21 |
| 家具制造业 | Manufacture of Furniture | 18.23 | 7.62 |
| 造纸和纸制品业 | Manufacture of Paper and Paper Products | 12.24 | 9.62 |
| 印刷和记录媒介复制业 | Printing, Reproduction of Recording Media | 10.08 | 12.23 |
| 文教、工美、体育和娱乐用品制造业 | Manufacture of Culture, education, arts, crafts sports and enterfaiment supplies | 8.41 | 9.05 |
| 石油加工、炼焦和核燃料加工业 | Processing of Petroleum, Coking, Processing of Nuclear Fuel | 12.61 | 14.43 |
| 化学原料和化学制品制造业 | Manufacture of Raw Chemical Materials and Chemical Products | 8.30 | 11.53 |
| 医药制造业 | Manufacture of Medicines | 9.08 | 15.53 |
| 化学纤维制造业 | Manufacture of Chemical Fibers | 14.05 | 8.79 |
| 橡胶和塑料制品业 | Manufacture of Rubber and Plastics | 10.18 | 9.34 |
| 非金属矿物制品业 | Manufacture of Non－metallic Mineral Products | 7.73 | 12.06 |
| 黑色金属冶炼和压延加工业 | Smelting and Pressing of Ferrous Metals | 9.24 | 7.70 |
| 有色金属冶炼和压延加工业 | Smelting and Pressing of Non－ferrous Metals | 14.02 | 6.30 |
| 金属制品业 | Manufacture of Metal Products | 8.52 | 10.02 |
| 通用设备制造业 | Manufacture of General Purpose Machinery | 6.74 | 11.34 |
| 专用设备制造业 | Manufacture of Special Purpose Machinery | 8.14 | 11.62 |
| 汽车制造业 | Manufacturing of Automobile | 10.53 | 13.22 |
| 铁路、船舶、航空航天和其他运输设备制造业 | Manufacture of Railroad, Marine, Aviation and other Transport Equipment | 7.89 | 14.28 |
| 电气机械和器材制造业 | Manufacture of Electrical Machinery and Equipment | 9.86 | 9.66 |
| 计算机、通信和其他电子设备制造业 | Manufacture of computer communications and other electronic equipment | 20.30 | 5.69 |
| 仪器仪表制造业 | Manufacture of instrumentation | 6.41 | 12.79 |
| 其他制造业 | Other Manufacturing | 9.36 | 9.54 |
| 废弃资源综合利用业 | Manufacture of Recycling and Disposal of Waste | 12.70 | 5.86 |
| 金属制品、机械和设备修理业 | Manufacture of Metal Products, Machinery and Equipment Repair | 10.00 | 8.37 |
| **电力、燃气及水的生产和供应业** | **Production and Supply of Electricity, Gas and Water** | **22.25** | **9.34** |
| 电力、热力的生产和供应业 | Production and Supply of Electric Power and Heat Power | 26.55 | 8.74 |
| 燃气生产和供应 | Production and Supply of Gas | 9.52 | 16.37 |
| 水的生产和供应业 | Production and Supply of Water | 20.43 | 14.10 |

11－4 Continued 1

(%)

| 销售利税率 Percentage of Profit and Tax to Sales | 资金利税率 Percentage of Profit and Tax to capital | 资产负债率 Assets Liability Ratio | 流动资产周转次数(次/年) Times of Turnover of Circulating Funds (times/year) | 成本费用利润率 Ratio of Profits to Industrial Cost | 产品销售率 Proportion of Products Sold | 总资产贡献率 Ratio of Total Assets to Industrial Output Value |
|---|---|---|---|---|---|---|
| 9.06 | 22.66 | 55.53 | 3.55 | 5.40 | 98.02 | 21.70 |
| 13.20 | 35.91 | 48.96 | 4.53 | 8.85 | 97.80 | 35.56 |
| 7.81 | 13.01 | 53.62 | 2.46 | 4.99 | 98.68 | 11.60 |
| 9.58 | 9.05 | 53.08 | 1.81 | 7.22 | 99.92 | 8.80 |
| 12.40 | 14.36 | 52.08 | 1.94 | 9.69 | 99.13 | 13.84 |
| 9.19 | 23.67 | 52.97 | 3.99 | 5.75 | 98.82 | 21.98 |
| 13.73 | 50.31 | 66.56 | 5.82 | 2.45 | 98.40 | 45.31 |
| 11.60 | 19.95 | 54.91 | 2.94 | 8.76 | 98.77 | 18.73 |
| 15.66 | 25.78 | 40.94 | 2.53 | 10.75 | 98.53 | 23.30 |
| 8.70 | 13.32 | 62.61 | 2.55 | 6.32 | 99.07 | 13.29 |
| 9.49 | 15.04 | 48.05 | 2.59 | 6.61 | 98.43 | 14.99 |
| 12.24 | 16.34 | 59.76 | 2.14 | 8.09 | 98.39 | 16.22 |
| 7.55 | 12.46 | 66.78 | 2.59 | 5.14 | 98.94 | 12.64 |
| 6.33 | 15.37 | 64.49 | 3.28 | 4.69 | 98.86 | 15.60 |
| 10.24 | 17.00 | 58.46 | 2.35 | 7.06 | 98.28 | 16.66 |
| 11.46 | 15.92 | 54.71 | 1.93 | 8.80 | 98.30 | 15.09 |
| 11.86 | 16.50 | 54.78 | 1.90 | 9.19 | 98.42 | 15.91 |
| 13.15 | 21.61 | 59.96 | 2.43 | 9.06 | 99.69 | 20.06 |
| 14.81 | 16.90 | 62.79 | 1.57 | 12.13 | 98.89 | 15.44 |
| 9.81 | 16.20 | 56.93 | 2.20 | 7.14 | 98.05 | 15.46 |
| 5.70 | 10.56 | 55.62 | 2.84 | 4.61 | 99.08 | 10.22 |
| 13.18 | 18.78 | 51.26 | 1.99 | 10.14 | 97.87 | 17.35 |
| 9.63 | 25.04 | 46.10 | 4.56 | 5.85 | 99.48 | 23.23 |
| 5.87 | 6.38 | 78.94 | 1.30 | 2.34 | 95.20 | 6.71 |
| 7.99 | 13.87 | 65.32 | 2.76 | 3.93 | 99.84 | 14.08 |
| **9.33** | **7.31** | **66.14** | **3.40** | **5.38** | **99.77** | **7.84** |
| 8.72 | 7.49 | 67.13 | 4.44 | 4.70 | 99.87 | 8.23 |
| 16.51 | 14.48 | 61.63 | 1.60 | 15.04 | 98.75 | 11.40 |
| 14.58 | 2.43 | 61.49 | 0.47 | 8.09 | 98.55 | 3.18 |

# 11－5 国有控股工业企业主要经济指标（2011 年）

单位：亿元

| | 项　目　Item | 单位数（个）Number of Enterprises (unit) | 资产总计 Total Assets | 流动资产 Current Assets |
|---|---|---|---|---|
| **总　计** | **Total** | **769** | **12934.96** | **4968.52** |
| **按登记注册类型分** | **Grouped by Status of Registration** | | | |
| 内资企业 | Domestic Funded Enterprises | 667 | 11506.82 | 4435.97 |
| 国有企业 | State－owned Enterprises | 291 | 5735.05 | 1780.40 |
| 集体企业 | Collective－owned Enterprises | | | |
| 股份合作企业 | Cooperative Enterprises | 4 | 115.08 | 24.06 |
| 联营企业 | Joint Ownership Enterprises | 14 | 23.15 | 10.00 |
| 有限责任公司 | Limited Liability Corporations | 302 | 4336.39 | 1979.28 |
| #国有独资 | State Sole Funded Corporatios | 50 | 1898.47 | 919.73 |
| 股份有限公司 | Share－holding Corporations Ltd. | 52 | 1288.71 | 638.12 |
| 私营企业 | Private Enterprises | | | |
| 其他企业 | Other Enterprises | 4 | 8.44 | 4.11 |
| 港、澳、台商投资企业 | Enterprises with Funds from Hong Kong, Macao and Taiwan | 39 | 319.93 | 100.54 |
| 外商投资企业 | Foreign Funded Enterprises | 63 | 1108.21 | 432.01 |
| **按轻重工业分** | **Grouped by Light & Heavy Industries** | | | |
| 轻工业 | Light Industry | 203 | 1554.93 | 786.11 |
| 重工业 | Heavy Industry | 566 | 11380.02 | 4182.41 |
| **按企业规模分** | **Grouped by Size of Enterprises** | | | |
| 大型企业 | Large Enterprises | 125 | 8982.15 | 3389.10 |
| 中型企业 | Medium－sized Enterprises | 254 | 2628.41 | 1016.96 |
| 小型企业 | Small Enterprises | 380 | 1306.13 | 554.38 |
| 微型企业 | Micro－Enterprises | 10 | 18.27 | 8.07 |
| **按行业分** | **Grouped by Sector** | | | |
| **采矿业** | **Mining** | **29** | **872.89** | **293.53** |
| 煤炭开采和洗选业 | Mining and Washing of Coal | 4 | 507.97 | 174.33 |
| 石油和天然气开采业 | Extraction of Petroleum and Natural Gas | 2 | 212.78 | 52.01 |
| 黑色金属矿采选业 | Mining and Processing of Ferrous Metal Ores | 3 | 19.45 | 12.50 |
| 有色金属矿采选业 | Mining and Processing of Non－ferrous Metals Ores | 1 | 2.52 | 1.22 |
| 非金属矿采选业 | Mining and Processing of Nonmetal Ores | 19 | 130.17 | 53.48 |
| 开采辅助活动 | Mining Activities | | | |
| 其他采矿业 | Mining of Other Ores | | | |
| **制造业** | **Manufacturing** | **607** | **7416.47** | **3874.71** |
| 农副食品加工业 | Processing of Food from Agricultural Products | 23 | 36.47 | 17.24 |
| 食品制造业 | Manufacture of Food | 14 | 43.11 | 25.12 |
| 酒、饮料和精制茶制造业 | Manufacture of Beverage | 7 | 58.69 | 34.38 |
| 烟草制品业 | Manufacture of Tobacco | 5 | 395.92 | 314.03 |
| 纺织业 | Manufacture of Textile | 24 | 154.67 | 61.86 |
| 纺织服装、服饰业 | Manufacture of Textile and apparol | 24 | 31.18 | 19.28 |

# Main Economic Indicators of State Shareholding Industrial Enterprises(2011)

(100 million yuan)

| 应收账款<br>Accounts Receivalble | 存货<br>Inventory | #产成品<br>Finished Goods | 固定资产原价<br>Original Value of Fixed Assets | 固定资产合计<br>Original value | 负债合计<br>Total Liabilities | 所有者权益<br>Owners' Equities |
|---|---|---|---|---|---|---|
| **949.77** | **1276.31** | **358.69** | **9299.73** | **5723.16** | **7970.35** | **4964.61** |
| 841.68 | 1139.94 | 316.16 | 8251.01 | 5040.51 | 7144.78 | 4362.03 |
| 268.82 | 481.75 | 90.56 | 5126.42 | 2935.41 | 3488.20 | 2246.85 |
| 12.12 | 6.22 | 1.44 | 102.02 | 88.72 | 84.40 | 30.68 |
| 2.31 | 4.66 | 2.80 | 16.90 | 11.56 | 15.06 | 8.09 |
| 438.01 | 453.98 | 170.33 | 2304.62 | 1628.45 | 2813.67 | 1522.72 |
| 226.17 | 217.29 | 92.53 | 886.81 | 627.07 | 1159.87 | 738.59 |
| 118.97 | 192.50 | 50.75 | 696.63 | 373.64 | 738.28 | 550.43 |
| 1.45 | 0.83 | 0.29 | 4.43 | 2.73 | 5.17 | 3.27 |
| 15.34 | 35.52 | 8.04 | 225.50 | 150.74 | 197.25 | 122.68 |
| 92.75 | 100.86 | 34.49 | 823.22 | 531.91 | 628.31 | 479.89 |
| 58.86 | 202.99 | 40.86 | 790.57 | 520.85 | 703.03 | 851.90 |
| 890.91 | 1073.32 | 317.83 | 8509.16 | 5202.31 | 7267.32 | 4112.70 |
| 620.72 | 921.78 | 238.70 | 6611.84 | 3894.29 | 5380.97 | 3601.18 |
| 210.88 | 202.22 | 63.52 | 1832.34 | 1241.07 | 1729.08 | 899.32 |
| 117.40 | 151.63 | 55.86 | 835.00 | 579.34 | 846.79 | 459.33 |
| 0.78 | 0.68 | 0.60 | 20.55 | 8.47 | 13.50 | 4.77 |
| **39.16** | **48.98** | **12.78** | **666.62** | **430.78** | **503.56** | **369.34** |
| 26.39 | 34.64 | 9.58 | 312.14 | 229.85 | 310.17 | 197.80 |
| 7.07 | 5.61 | 0.40 | 276.19 | 144.48 | 112.17 | 100.61 |
| 0.83 | 1.40 | 0.46 | 6.02 | 3.68 | 12.07 | 7.37 |
| 0.02 | 0.09 | 0.03 | 1.66 | 1.31 | 1.46 | 1.06 |
| 4.85 | 7.23 | 2.31 | 70.61 | 51.46 | 67.68 | 62.49 |
| **784.33** | **1130.80** | **337.45** | **3642.27** | **2248.60** | **4340.31** | **3076.16** |
| 1.37 | 4.83 | 3.32 | 19.34 | 15.55 | 26.30 | 10.17 |
| 2.95 | 11.06 | 0.77 | 20.83 | 17.05 | 32.50 | 10.61 |
| 3.60 | 18.52 | 6.19 | 22.14 | 16.38 | 33.27 | 25.42 |
| 5.60 | 101.67 | 4.05 | 90.83 | 46.34 | 53.54 | 342.38 |
| 6.19 | 19.39 | 9.52 | 76.23 | 47.59 | 84.23 | 70.45 |
| 3.65 | 3.83 | 1.79 | 11.82 | 7.72 | 14.45 | 16.72 |

11－5 续 表1

单位:亿元

| 项目 | Item | 单位数(个) Number of Enterprises (unit) | 资产总计 Total Assets | 流动资产 Current Assets |
|---|---|---|---|---|
| 皮革、毛皮、羽毛及其制品和制鞋业 | Manufacture of Textile, Fur, Feather and footwear Products | | | |
| 木材加工和木、竹、藤、棕、草制品业 | Processing of Timber, Manufacture of Wood, Bamboo, Rattan, Palm and Straw Products | 1 | 0.16 | 0.07 |
| 家具制造业 | Manufacture of Furniture | | | |
| 造纸和纸制品业 | Manufacture of Paper and Paper Products | 6 | 24.24 | 9.28 |
| 印刷和记录媒介复制业 | Printing, Reproduction of Recording Media | 15 | 16.36 | 7.32 |
| 文教、工美、体育和娱乐用品制造业 | Manufacture of Culture, education, arts, crafts sports and enterfaiment supplies | 2 | 2.73 | 1.45 |
| 石油加工、炼焦和核燃料加工业 | Processing of Petroleum, Coking, Processing of Nuclear Fuel | 10 | 259.29 | 118.41 |
| 化学原料和化学制品制造业 | Manufacture of Raw Chemical Materials and Chemical Products | 73 | 1419.41 | 575.15 |
| 医药制造业 | Manufacture of Medicines | 21 | 106.30 | 64.00 |
| 化学纤维制造业 | Manufacture of Chemical Fibers | 9 | 107.67 | 48.96 |
| 橡胶和塑料制品业 | Manufacture of Rubber and Plastics | 11 | 28.54 | 11.47 |
| 非金属矿物制品业 | Manufacture of Non－metallic Mineral Products | 47 | 208.25 | 84.90 |
| 黑色金属冶炼和压延加工业 | Smelting and Pressing of Ferrous Metals | 12 | 462.57 | 124.22 |
| 有色金属冶炼和压延加工业 | Smelting and Pressing of Non－ferrous Metals | 10 | 34.79 | 22.24 |
| 金属制品业 | Manufacture of Metal Products | 23 | 170.79 | 93.94 |
| 通用设备制造业 | Manufacture of General Purpose Machinery | 49 | 858.80 | 554.89 |
| 专用设备制造业 | Manufacture of Special Purpose Machinery | 33 | 148.02 | 104.92 |
| 汽车制造业 | Manufacturing of Automobile | 30 | 638.60 | 340.97 |
| 铁路、船舶、航空航天和其他运输设备制造业 | Manufacture of Railroad, Marine, Aviation and other Transport Equipment | 41 | 805.48 | 454.16 |
| 电气机械和器材制造业 | Manufacture of Electrical Machinery and Equipment | 48 | 433.65 | 279.08 |
| 计算机、通信和其他电子设备制造业 | Manufacture of computer communications and other electronic equipment | 42 | 705.36 | 343.42 |
| 仪器仪表制造业 | Manufacture of instrumentation | 22 | 256.19 | 157.08 |
| 其他制造业 | Other Manufacturing | 1 | 2.32 | 1.88 |
| 废弃资源综合利用业 | Manufacture of Recycling and Disposal of Waste | 1 | 5.12 | 3.67 |
| 金属制品、机械和设备修理业 | Manufacture of Metal Products, Machinery and Equipment Repair | 3 | 1.78 | 1.29 |
| **电力、燃气及水的生产和供应业** | **Production and Supply of Electricity, Gas and Water** | **133** | **4645.59** | **800.28** |
| 电力、热力的生产和供应业 | Production and Supply of Electric Power and Heat Power | 79 | 3954.73 | 580.41 |
| 燃气生产和供应 | Production and Supply of Gas | 11 | 169.11 | 68.10 |
| 水的生产和供应业 | Production and Supply of Water | 43 | 521.75 | 151.77 |

11－5 Continued 1

(100 million yuan)

| 应收账款<br>Accounts Receivalble | 存货<br>Inventory | #产成品<br>Finished Goods | 固定资产原价<br>Original Value of Fixed Assets | 固定资产净值<br>Net Value of Fixed Assets | 负债合计<br>Total Liabilities | 所有者权益<br>Owners' Equities |
|---|---|---|---|---|---|---|
| | | | 0.14 | 0.08 | 0.06 | 0.10 |
| 1.50 | 4.26 | 1.53 | 24.41 | 12.64 | 9.41 | 14.83 |
| 2.73 | 1.16 | 0.47 | 13.63 | 6.84 | 7.67 | 8.69 |
| 0.64 | 0.55 | 0.18 | 1.99 | 1.03 | 1.01 | 1.72 |
| 6.01 | 92.49 | 15.54 | 190.27 | 91.82 | 184.36 | 74.93 |
| 63.81 | 186.17 | 53.82 | 1228.59 | 608.14 | 721.33 | 698.08 |
| 11.64 | 13.00 | 6.05 | 39.16 | 22.85 | 42.04 | 64.26 |
| 3.70 | 12.57 | 4.99 | 78.92 | 44.18 | 57.10 | 50.57 |
| 2.28 | 4.50 | 2.89 | 22.33 | 13.70 | 20.00 | 8.55 |
| 14.46 | 14.76 | 5.36 | 139.05 | 99.32 | 131.17 | 77.08 |
| 17.29 | 40.25 | 14.04 | 295.93 | 187.77 | 300.62 | 161.96 |
| 2.41 | 10.20 | 2.76 | 13.83 | 9.43 | 23.96 | 10.83 |
| 18.73 | 26.26 | 11.74 | 60.91 | 44.41 | 113.53 | 57.27 |
| 177.69 | 163.82 | 76.48 | 169.57 | 184.41 | 541.27 | 317.53 |
| 34.68 | 33.66 | 7.36 | 51.45 | 31.01 | 99.68 | 48.34 |
| 74.88 | 78.36 | 35.59 | 309.18 | 186.72 | 430.29 | 208.32 |
| 93.05 | 125.10 | 16.86 | 285.99 | 208.37 | 534.84 | 270.63 |
| 126.76 | 54.34 | 18.43 | 128.27 | 102.57 | 277.26 | 156.39 |
| 57.80 | 77.28 | 35.02 | 293.90 | 206.46 | 467.23 | 238.13 |
| 49.70 | 31.50 | 2.40 | 51.90 | 35.48 | 126.63 | 129.55 |
| 0.65 | 0.61 | 0.02 | 0.89 | 0.23 | 1.01 | 1.31 |
| 0.02 | 0.08 | 0.08 | 0.01 | 0.06 | 4.07 | 1.05 |
| 0.54 | 0.57 | 0.19 | 0.76 | 0.43 | 1.49 | 0.28 |
| **126.28** | **96.53** | **8.46** | **4990.84** | **3043.79** | **3126.48** | **1519.10** |
| 118.40 | 89.70 | 7.89 | 4573.12 | 2734.42 | 2688.53 | 1266.20 |
| 2.66 | 2.10 | 0.25 | 54.30 | 44.47 | 111.15 | 57.97 |
| 5.22 | 4.73 | 0.32 | 363.41 | 264.89 | 326.81 | 194.94 |

单位:亿元

| 项　　目 | Item | #实收资本 Paid-in capital | 主营业务收入 Revenue from Principal Business | 主营业务成本 Cost of Principle Business |
|---|---|---|---|---|
| **总　　计** | **Total** | **2375.16** | **11970.70** | **10126.34** |
| **按登记注册类型分** | **Grouped by Status of Registration** | | | |
| 内资企业 | Domestic Funded Enterprises | 1918.33 | 10669.85 | 9033.97 |
| 国有企业 | State - owned Enterprises | 881.14 | 5475.93 | 4643.27 |
| 集体企业 | Collective - owned Enterprises | | | |
| 股份合作企业 | Cooperative Enterprises | 24.65 | 89.44 | 78.14 |
| 联营企业 | Joint Ownership Enterprises | 2.92 | 29.77 | 26.54 |
| 有限责任公司 | Limited Liability Corporations | 728.69 | 3443.76 | 2919.44 |
| #国有独资 | State Sole Funded Corporatios | 275.46 | 1375.87 | 1139.77 |
| 股份有限公司 | Share - holding Corporations Ltd. | 278.20 | 1613.17 | 1350.31 |
| 私营企业 | Private Enterprises | | | |
| 其他企业 | Other Enterprises | 2.74 | 17.78 | 16.26 |
| 港、澳、台商投资企业 | Enterprises with Funds from Hong Kong, Macao and Taiwan | 99.72 | 266.42 | 241.65 |
| 外商投资企业 | Foreign Funded Enterprises | 357.12 | 1034.43 | 850.72 |
| **按轻重工业分** | **Grouped by Light & Heavy Industries** | | | |
| 轻工业 | Light Industry | 235.05 | 1220.31 | 715.51 |
| 重工业 | Heavy Industry | 2140.11 | 10750.39 | 9410.82 |
| **按企业规模分** | **Grouped by Size of Enterprises** | | | |
| 大型企业 | Large Enterprises | 1474.32 | 8869.77 | 7457.49 |
| 中型企业 | Medium - sized Enterprises | 567.72 | 1769.36 | 1511.51 |
| 小型企业 | Small Enterprises | 330.11 | 1315.62 | 1143.26 |
| 微型企业 | Micro - Enterprises | 3.01 | 15.94 | 14.08 |
| **按行业分** | **Grouped by Sector** | | | |
| **采矿业** | **Mining** | **187.26** | **454.62** | **298.81** |
| 煤炭开采和洗选业 | Mining and Washing of Coal | 55.81 | 259.91 | 187.53 |
| 石油和天然气开采业 | Extraction of Petroleum and Natural Gas | 98.43 | 90.16 | 32.23 |
| 黑色金属矿采选业 | Mining and Processing of Ferrous Metal Ores | 1.78 | 34.40 | 27.32 |
| 有色金属矿采选业 | Mining and Processing of Non - ferrous Metals Ores | 0.15 | 0.89 | 0.41 |
| 非金属矿采选业 | Mining and Processing of Nonmetal Ores | 31.09 | 69.26 | 51.32 |
| 开采辅助活动 | Mining Activities | | | |
| 其他采矿业 | Mining of Other Ores | | | |
| **制造业** | **Manufacturing** | **1512.01** | **8343.57** | **6877.45** |
| 农副食品加工业 | Processing of Food from Agricultural Products | 5.46 | 95.25 | 88.19 |
| 食品制造业 | Manufacture of Food | 6.18 | 29.04 | 22.93 |
| 酒、饮料和精制茶制造业 | Manufacture of Beverage | 9.09 | 97.73 | 41.36 |
| 烟草制品业 | Manufacture of Tobacco | 14.22 | 403.62 | 90.19 |
| 纺织业 | Manufacture of Textile | 32.47 | 109.26 | 93.39 |
| 纺织服装、服饰业 | Manufacture of Textile and apparol | 6.83 | 40.36 | 32.15 |

11－5 Continued 2

(100 million yuan)

| 主营业务税金及附加 Taxes and Other Charges on Principle Business | 利润总额 Total Profits | 利税总额 Total Profits and Taxes | 应交增值税 Value Added Tax Payable | 全部从业人员年平均人数（万人）Annual Average Employed Persons (10000 persons) |
|---|---|---|---|---|
| **445.67** | **709.86** | **1645.55** | **490.02** | **69.46** |
| 436.91 | 597.74 | 1482.86 | 448.21 | 62.81 |
| 313.35 | 294.76 | 840.78 | 232.66 | 25.65 |
| 0.31 | 6.80 | 12.33 | 5.22 | 0.23 |
| 0.19 | 0.34 | 1.24 | 0.70 | 0.42 |
| 31.74 | 209.79 | 349.43 | 107.90 | 29.44 |
| 16.03 | 86.24 | 148.67 | 46.40 | 12.57 |
| 91.29 | 85.76 | 278.50 | 101.45 | 6.86 |
| 0.02 | 0.29 | 0.59 | 0.27 | 0.21 |
| 0.92 | 11.14 | 19.18 | 7.12 | 2.15 |
| 7.84 | 100.97 | 143.51 | 34.70 | 4.49 |
| 239.79 | 158.34 | 484.64 | 86.51 | 11.52 |
| 205.87 | 551.52 | 1160.90 | 403.51 | 57.94 |
| 414.57 | 520.43 | 1312.56 | 377.56 | 48.90 |
| 11.92 | 100.95 | 170.31 | 57.44 | 14.99 |
| 19.14 | 87.91 | 161.74 | 54.69 | 5.56 |
| 0.04 | 0.56 | 0.94 | 0.34 | 0.01 |
| **27.73** | **51.07** | **113.38** | **34.58** | **11.66** |
| 5.76 | 28.55 | 56.29 | 21.97 | 7.72 |
| 20.65 | 14.70 | 43.59 | 8.24 | 2.02 |
| 0.18 | 1.38 | 2.87 | 1.31 | 0.42 |
| 0.02 | 0.15 | 0.29 | 0.12 | 0.05 |
| 1.12 | 6.29 | 10.33 | 2.93 | 1.44 |
| **405.74** | **529.47** | **1266.79** | **331.58** | **47.73** |
| 0.36 | 2.76 | 5.25 | 2.13 | 0.42 |
| 0.17 | 1.29 | 2.69 | 1.23 | 0.51 |
| 11.16 | 35.67 | 51.33 | 4.50 | 0.69 |
| 225.32 | 68.77 | 347.58 | 53.50 | 0.60 |
| 0.51 | 8.22 | 11.87 | 3.13 | 2.25 |
| 0.17 | 2.72 | 4.34 | 1.45 | 1.19 |

11－5 续 表 3

单位:亿元

| 项目 | Item | #实收资本 Paid-in capital | 主营业务收入 Revenue from Principal Business | 主营业务成本 Cost of Principle Business |
|---|---|---|---|---|
| 皮革、毛皮、羽毛及其制品和制鞋业 | Manufacture of Textile, Fur, Feather and footwear Products | | | |
| 木材加工和木、竹、藤、棕、草制品业 | Processing of Timber, Manufacture of Wood, Bamboo, Rattan, Palm and Straw Products | 0.10 | 4.03 | 3.95 |
| 家具制造业 | Manufacture of Furniture | | | |
| 造纸和纸制品业 | Manufacture of Paper and Paper Products | 3.97 | 21.17 | 16.79 |
| 印刷和记录媒介复制业 | Printing, Reproduction of Recording Media | 5.03 | 10.92 | 9.10 |
| 文教、工美、体育和娱乐用品制造业 | Manufacture of Culture, education, arts, crafts sports and enterfaiment supplies | 0.62 | 2.68 | 2.29 |
| 石油加工、炼焦和核燃料加工业 | Processing of Petroleum, Coking, Processing of Nuclear Fuel | 62.19 | 1193.02 | 1071.02 |
| 化学原料和化学制品制造业 | Manufacture of Raw Chemical Materials and Chemical Products | 427.49 | 1937.46 | 1647.04 |
| 医药制造业 | Manufacture of Medicines | 22.37 | 98.42 | 72.34 |
| 化学纤维制造业 | Manufacture of Chemical Fibers | 28.20 | 134.83 | 108.41 |
| 橡胶和塑料制品业 | Manufacture of Rubber and Plastics | 7.55 | 37.38 | 35.17 |
| 非金属矿物制品业 | Manufacture of Non－metallic Mineral Products | 36.44 | 178.69 | 139.95 |
| 黑色金属冶炼和压延加工业 | Smelting and Pressing of Ferrous Metals | 109.81 | 403.65 | 390.54 |
| 有色金属冶炼和压延加工业 | Smelting and Pressing of Non－ferrous Metals | 8.61 | 158.00 | 154.49 |
| 金属制品业 | Manufacture of Metal Products | 37.46 | 144.34 | 120.35 |
| 通用设备制造业 | Manufacture of General Purpose Machinery | 61.87 | 718.48 | 597.03 |
| 专用设备制造业 | Manufacture of Special Purpose Machinery | 32.89 | 116.03 | 97.10 |
| 汽车制造业 | Manufacturing of Automobile | 164.92 | 803.52 | 684.01 |
| 铁路、船舶、航空航天和其他运输设备制造业 | Manufacture of Railroad, Marine, Aviation and other Transport Equipment | 132.42 | 681.66 | 585.87 |
| 电气机械和器材制造业 | Manufacture of Electrical Machinery and Equipment | 79.96 | 427.20 | 360.46 |
| 计算机、通信和其他电子设备制造业 | Manufacture of computer communications and other electronic equipment | 179.45 | 339.83 | 291.55 |
| 仪器仪表制造业 | Manufacture of instrumentation | 34.76 | 150.45 | 116.36 |
| 其他制造业 | Other Manufacturing | 0.46 | 1.99 | 1.30 |
| 废弃资源综合利用业 | Manufacture of Recycling and Disposal of Waste | 1.00 | 0.94 | 0.91 |
| 金属制品、机械和设备修理业 | Manufacture of Metal Products, Machinery and Equipment Repair | 0.18 | 3.59 | 3.21 |
| **电力、燃气及水的生产和供应业** | **Production and Supply of Electricity, Gas and Water** | **675.89** | **3172.51** | **2950.08** |
| 电力、热力的生产和供应业 | Production and Supply of Electric Power and Heat Power | 553.58 | 3056.90 | 2868.14 |
| 燃气生产和供应 | Production and Supply of Gas | 43.06 | 57.27 | 48.36 |
| 水的生产和供应业 | Production and Supply of Water | 79.25 | 58.34 | 33.57 |

11－5 Continued 3

(100 million yuan)

| 主营业务税金及附加 Taxes and Other Charges on Principle Business | 利润总额 Total Profits | 利税总额 Total Profits and Taxes | 应交增值税 Value Added Tax Payable | 全部从业人员年平均人数（万人） Annual Average Employed Persons (10000 persons) |
|---|---|---|---|---|
| | 0.04 | 0.12 | 0.08 | 0.01 |
| 0.09 | 2.05 | 2.98 | 0.85 | 0.33 |
| 0.06 | 0.66 | 1.22 | 0.50 | 0.37 |
| | 0.20 | 0.24 | 0.04 | 0.03 |
| 99.29 | 3.62 | 197.45 | 94.55 | 1.08 |
| 45.54 | 130.14 | 227.49 | 51.80 | 7.18 |
| 0.53 | 8.16 | 13.86 | 5.18 | 1.42 |
| 0.62 | 17.12 | 23.17 | 5.43 | 0.70 |
| 0.18 | -0.26 | 1.52 | 1.60 | 0.45 |
| 0.85 | 21.67 | 30.17 | 7.66 | 1.51 |
| 0.40 | -1.50 | 4.12 | 5.21 | 1.27 |
| 0.07 | 1.35 | 1.98 | 0.56 | 0.26 |
| 0.44 | 13.72 | 18.08 | 3.92 | 1.49 |
| 2.13 | 57.66 | 80.34 | 20.55 | 4.50 |
| 0.44 | 7.02 | 10.75 | 3.29 | 1.40 |
| 12.07 | 43.13 | 79.77 | 24.57 | 5.23 |
| 2.04 | 50.29 | 65.36 | 13.03 | 6.65 |
| 1.54 | 24.30 | 41.39 | 15.55 | 2.90 |
| 0.80 | 9.38 | 14.97 | 4.80 | 3.96 |
| 0.91 | 21.08 | 28.36 | 6.36 | 1.22 |
| | 0.22 | 0.24 | 0.02 | 0.07 |
| | -0.05 | -0.01 | 0.03 | |
| 0.01 | 0.06 | 0.13 | 0.05 | 0.04 |
| **12.20** | **129.32** | **265.38** | **123.87** | **10.07** |
| 11.59 | 119.65 | 249.81 | 118.57 | 7.78 |
| 0.15 | 6.39 | 8.26 | 1.72 | 0.31 |
| 0.46 | 3.28 | 7.31 | 3.57 | 1.98 |

# 11－6 国有控股工业企业主要经济效益指标（2011 年）

单位：%

| 项目 | Item | 企业亏损面 Percentage of Loss Making Enterprises | 产值利税率 Percentage of Profit and Tax to Output Value |
|---|---|---|---|
| **总 计** | **Total** | **15.21** | **14.04** |
| **按登记注册类型分** | **Grouped by Status of Registration** | | |
| 内资企业 | Domestic Funded Enterprises | 15.29 | 14.27 |
| 国有企业 | State－owned Enterprises | 14.09 | 15.69 |
| 集体企业 | Collective－owned Enterprises | 0.00 | 0.00 |
| 股份合作企业 | Cooperative Enterprises | 0.00 | 13.40 |
| 联营企业 | Joint Ownership Enterprises | 21.43 | 3.89 |
| 有限责任公司 | Limited Liability Corporations | 15.89 | 10.67 |
| #国有独资 | State Sole Funded Corporatios | 18.00 | 11.27 |
| 股份有限公司 | Share－holding Corporations Ltd. | 19.23 | 17.28 |
| 私营企业 | Private Enterprises | 0.00 | 0.00 |
| 其他企业 | Other Enterprises | 0.00 | 3.30 |
| 港、澳、台商投资企业 | Enterprises with Funds from Hong Kong, Macao and Taiwan | 12.82 | 7.17 |
| 外商投资企业 | Foreign Funded Enterprises | 15.87 | 13.48 |
| **按轻重工业分** | **Grouped by Light & Heavy Industries** | | |
| 轻工业 | Light Industry | 19.21 | 39.74 |
| 重工业 | Heavy Industry | 13.78 | 11.06 |
| **按企业规模分** | **Grouped by Size of Enterprises** | | |
| 大型企业 | Large Enterprises | 11.20 | 15.10 |
| 中型企业 | Medium－sized Enterprises | 17.72 | 9.72 |
| 小型企业 | Small Enterprises | 14.74 | 12.85 |
| 微型企业 | Micro－Enterprises | 20.00 | 4.81 |
| **按行业分** | **Grouped by Sector** | | |
| **采矿业** | **Mining** | **6.90** | **24.98** |
| 煤炭开采和洗选业 | Mining and Washing of Coal | 0.00 | 21.77 |
| 石油和天然气开采业 | Extraction of Petroleum and Natural Gas | 50.00 | 47.98 |
| 黑色金属矿采选业 | Mining and Processing of Ferrous Metal Ores | 33.33 | 8.47 |
| 有色金属矿采选业 | Mining and Processing of Non－ferrous Metals Ores | 0.00 | 30.19 |
| 非金属矿采选业 | Mining and Processing of Nonmetal Ores | 0.00 | 14.82 |
| 开采辅助活动 | Mining Activities | 0.00 | 0.00 |
| 其他采矿业 | Mining of Other Ores | 0.00 | 0.00 |
| **制造业** | **Manufacturing** | **14.17** | **15.65** |
| 农副食品加工业 | Processing of Food from Agricultural Products | 17.39 | 5.42 |
| 食品制造业 | Manufacture of Food | 14.29 | 9.09 |
| 酒、饮料和精制茶制造业 | Manufacture of Beverage | 42.86 | 51.17 |
| 烟草制品业 | Manufacture of Tobacco | 0.00 | 86.12 |
| 纺织业 | Manufacture of Textile | 16.67 | 11.02 |
| 纺织服装、服饰业 | Manufacture of Textile and apparol | 4.17 | 12.68 |

# Main Indicators on Economic Benefit of State Shareholding Industrial Enterprises(2011)

(%)

| 销售利税率 Percentage of Profit and Tax to Sales | 资金利税率 Percentage of Profit and Tax to Capital | 资产负债率 Assets Liability Ratio | 流动资产周转次数(次/年) Times of Turnover of Circulating Funds (times/year) | 成本费用利润率 Ratio of Profits to Industrial Cost | 产品销售率 Proportion of Products Sold | 总资产贡献率 Ratio of Total Assets to Industrial Output Value |
|---|---|---|---|---|---|---|
| **13.75** | **15.39** | **61.62** | **2.41** | **6.53** | **99.51** | **13.79** |
| | | | | | | |
| 13.90 | 15.65 | 62.09 | 2.41 | 6.17 | 99.63 | 13.97 |
| 15.35 | 17.83 | 60.82 | 3.08 | 6.03 | 100.10 | 15.59 |
| 0.00 | 0.00 | 0.00 | 0.00 | 0.00 | 0.00 | 0.00 |
| 13.78 | 10.93 | 73.34 | 3.72 | 8.10 | 98.73 | 13.88 |
| 4.16 | 5.74 | 65.07 | 2.98 | 1.16 | 97.67 | 6.02 |
| 10.15 | 9.69 | 64.89 | 1.74 | 6.50 | 98.93 | 9.37 |
| 10.81 | 9.61 | 61.09 | 1.50 | 6.74 | 99.45 | 8.98 |
| 17.26 | 27.53 | 57.29 | 2.53 | 5.92 | 99.60 | 22.47 |
| 0.00 | 0.00 | 0.00 | 0.00 | 0.00 | 0.00 | 0.00 |
| 3.32 | 8.61 | 61.24 | 4.32 | 1.68 | 100.46 | 7.77 |
| 7.20 | 7.63 | 61.65 | 2.65 | 4.31 | 99.20 | 7.64 |
| 13.87 | 14.89 | 56.70 | 2.39 | 11.06 | 98.38 | 13.68 |
| | | | | | | |
| 39.71 | 37.08 | 45.21 | 1.55 | 18.99 | 98.85 | 31.68 |
| 10.80 | 12.37 | 63.86 | 2.57 | 5.50 | 99.59 | 11.35 |
| | | | | | | |
| 14.80 | 18.02 | 59.91 | 2.62 | 6.54 | 99.72 | 15.46 |
| 9.63 | 7.54 | 65.78 | 1.74 | 6.02 | 99.76 | 8.15 |
| 12.29 | 14.27 | 64.83 | 2.37 | 7.21 | 97.70 | 13.77 |
| 5.87 | 5.66 | 73.90 | 1.97 | 3.58 | 99.02 | 6.69 |
| | | | | | | |
| **24.94** | **15.65** | **57.69** | **1.55** | **13.54** | **99.22** | **13.62** |
| 21.66 | 13.93 | 61.06 | 1.49 | 12.46 | 99.14 | 11.56 |
| 48.35 | 22.19 | 52.72 | 1.73 | 26.95 | 100.00 | 20.96 |
| 8.33 | 17.72 | 62.09 | 2.75 | 4.56 | 100.06 | 16.17 |
| 33.21 | 11.67 | 57.87 | 0.73 | 20.85 | 82.61 | 11.27 |
| 14.92 | 9.84 | 51.99 | 1.30 | 10.05 | 98.29 | 9.30 |
| 0.00 | 0.00 | 0.00 | 0.00 | 0.00 | 0.00 | 0.00 |
| 0.00 | 0.00 | 0.00 | 0.00 | 0.00 | 0.00 | 0.00 |
| **15.18** | **20.69** | **58.52** | **2.15** | **7.14** | **99.39** | **17.76** |
| 5.51 | 16.02 | 72.12 | 5.52 | 3.02 | 100.23 | 14.75 |
| 9.26 | 6.38 | 75.38 | 1.16 | 4.56 | 97.43 | 7.66 |
| 52.53 | 101.13 | 56.69 | 2.84 | 69.80 | 100.17 | 88.04 |
| 86.12 | 96.45 | 13.52 | 1.29 | 62.68 | 99.98 | 87.19 |
| 10.86 | 10.85 | 54.45 | 1.77 | 8.03 | 97.09 | 8.60 |
| 10.75 | 16.06 | 46.35 | 2.09 | 7.23 | 104.33 | 13.83 |

11－6 续 表1

单位:%

| 项　　目 Item | | 企业亏损面 Percentage of Loss Making Enterprises | 产值利税率 Percentage of Profit and Tax to Output Value |
|---|---|---|---|
| 皮革、毛皮、羽毛及其制品和制鞋业 | Manufacture of Textile, Fur, Feather and footwear Products | 0.00 | 0.00 |
| 木材加工和木、竹、藤、棕、草制品业 | Processing of Timber, Manufacture of Wood, Bamboo, Rattan, Palm and Straw Products | 0.00 | 3.30 |
| 家具制造业 | Manufacture of Furniture | 0.00 | 0.00 |
| 造纸和纸制品业 | Manufacture of Paper and Paper Products | 16.67 | 14.00 |
| 印刷和记录媒介复制业 | Printing, Reproduction of Recording Media | 33.33 | 9.78 |
| 文教、工美、体育和娱乐用品制造业 | Manufacture of Culture, education, arts, crafts sports and enterfaiment supplies | 0.00 | 9.05 |
| 石油加工、炼焦和核燃料加工业 | Processing of Petroleum, Coking, Processing of Nuclear Fuel | 40.00 | 17.91 |
| 化学原料和化学制品制造业 | Manufacture of Raw Chemical Materials and Chemical Products | 12.33 | 12.20 |
| 医药制造业 | Manufacture of Medicines | 19.05 | 15.13 |
| 化学纤维制造业 | Manufacture of Chemical Fibers | 11.11 | 16.84 |
| 橡胶和塑料制品业 | Manufacture of Rubber and Plastics | 27.27 | 3.83 |
| 非金属矿物制品业 | Manufacture of Non－metallic Mineral Products | 14.89 | 16.05 |
| 黑色金属冶炼和压延加工业 | Smelting and Pressing of Ferrous Metals | 16.67 | 1.16 |
| 有色金属冶炼和压延加工业 | Smelting and Pressing of Non－ferrous Metals | 20.00 | 1.26 |
| 金属制品业 | Manufacture of Metal Products | 4.35 | 12.44 |
| 通用设备制造业 | Manufacture of General Purpose Machinery | 8.16 | 11.58 |
| 专用设备制造业 | Manufacture of Special Purpose Machinery | 15.15 | 9.37 |
| 汽车制造业 | Manufacturing of Automobile | 30.00 | 10.71 |
| 铁路、船舶、航空航天和其他运输设备制造业 | Manufacture of Railroad, Marine, Aviation and other Transport Equipment | 9.76 | 8.88 |
| 电气机械和器材制造业 | Manufacture of Electrical Machinery and Equipment | 10.42 | 9.20 |
| 计算机、通信和其他电子设备制造业 | Manufacture of computer communications and other electronic equipment | 11.90 | 4.97 |
| 仪器仪表制造业 | Manufacture of instrumentation | 0.00 | 18.23 |
| 其他制造业 | Other Manufacturing | 0.00 | 12.18 |
| 废弃资源综合利用业 | Manufacture of Recycling and Disposal of Waste | 100.00 | －0.99 |
| 金属制品、机械和设备修理业 | Manufacture of Metal Products, Machinery and Equipment Repair | 0.00 | 3.46 |
| **电力、燃气及水的生产和供应业** | **Production and Supply of Electricity, Gas and Water** | **21.80** | **8.37** |
| 电力、热力的生产和供应业 | Production and Supply of Electric Power and Heat Power | 21.52 | 8.20 |
| 燃气生产和供应 | Production and Supply of Gas | 0.00 | 12.97 |
| 水的生产和供应业 | Production and Supply of Water | 27.91 | 11.95 |

11－6 Continued 1

(%)

| 销售利税率 Percentage of Profit and Tax to Sales | 资金利税率 Percentage of Profit and Tax to Capital | 资产负债率 Assets Liability Ratio | 流动资产周转次数(次/年) Times of Turnover of Circulating Funds (times/year) | 成本费用利润率 Ratio of Profits to Industrial Cost | 产品销售率 Proportion of Products Sold | 总资产贡献率 Ratio of Total Assets to Industrial Output Value |
|---|---|---|---|---|---|---|
| 0.00 | 0.00 | 0.00 | 0.00 | 0.00 | 0.00 | 0.00 |
| 3.10 | 80.48 | 36.79 | 55.62 | 1.03 | 98.05 | 80.48 |
| 0.00 | 0.00 | 0.00 | 0.00 | 0.00 | 0.00 | 0.00 |
| 14.10 | 13.61 | 38.83 | 2.28 | 10.54 | 100.97 | 12.84 |
| 11.16 | 8.60 | 46.86 | 1.49 | 6.24 | 99.09 | 7.78 |
| 9.13 | 9.87 | 36.91 | 1.85 | 7.77 | 97.83 | 9.36 |
| 16.55 | 93.92 | 71.10 | 10.08 | 0.33 | 99.45 | 77.19 |
| 11.74 | 19.23 | 50.82 | 3.37 | 7.42 | 99.95 | 17.03 |
| 14.09 | 15.96 | 39.55 | 1.54 | 9.05 | 96.61 | 13.62 |
| 17.19 | 24.88 | 53.03 | 2.75 | 14.75 | 99.73 | 22.21 |
| 4.07 | 6.05 | 70.06 | 3.26 | -0.66 | 95.64 | 9.70 |
| 16.89 | 16.38 | 62.99 | 2.10 | 13.77 | 98.82 | 16.47 |
| 1.02 | 1.32 | 64.99 | 3.25 | -0.37 | 98.99 | 1.16 |
| 1.26 | 6.26 | 68.87 | 7.10 | 0.86 | 99.59 | 7.53 |
| 12.53 | 13.07 | 66.47 | 1.54 | 10.43 | 97.74 | 10.97 |
| 11.18 | 10.87 | 63.03 | 1.29 | 8.74 | 99.63 | 10.12 |
| 9.27 | 7.91 | 67.34 | 1.11 | 6.37 | 100.54 | 7.81 |
| 9.93 | 15.12 | 67.38 | 2.36 | 5.77 | 99.20 | 12.74 |
| 9.59 | 9.86 | 66.40 | 1.50 | 7.93 | 100.51 | 8.46 |
| 9.69 | 10.84 | 63.94 | 1.53 | 6.15 | 96.62 | 10.54 |
| 4.41 | 2.72 | 66.24 | 0.99 | 2.82 | 100.01 | 3.21 |
| 18.85 | 14.73 | 49.43 | 0.96 | 16.00 | 96.32 | 11.16 |
| 12.26 | 11.57 | 43.41 | 1.06 | 11.97 | 99.46 | 10.52 |
| -1.17 | -0.29 | 79.53 | 0.26 | -4.71 | 100.00 | 0.04 |
| 3.53 | 7.34 | 84.08 | 2.77 | 1.80 | 100.00 | 7.86 |
| **8.37** | **6.90** | **67.30** | **3.96** | **4.21** | **99.85** | **7.49** |
| 8.17 | 7.54 | 67.98 | 5.27 | 4.05 | 99.95 | 8.22 |
| 14.43 | 7.34 | 65.72 | 0.84 | 11.58 | 96.57 | 5.37 |
| 12.53 | 1.75 | 62.64 | 0.38 | 5.21 | 98.28 | 2.65 |

# 11－7　私营工业企业主要经济指标（2011 年）

单位:亿元

| 项　目 | Item | 单位数（个）Number of Enterprises (unit) | 资产总计 Total Assets | 流动资产 Current Assets |
|---|---|---|---|---|
| **总　计** | Total | 27415 | 20709.71 | 12700.52 |
| **按登记注册类型分** | **Grouped by Status of Registration** | | | |
| 私营独资企业 | Private Solely Funds Enterprises | 4523 | 1700.88 | 937.45 |
| 私营合伙企业 | Private Partnership Enterprises | 447 | 211.07 | 113.97 |
| 私营有限责任公司 | Private Limited Liabieity Corporations | 21586 | 17354.44 | 10766.04 |
| 私营股份有限公司 | Private Share Holding Co., Ltd. | 859 | 1443.32 | 883.06 |
| **按轻重工业分** | **Grouped by Light & Heavy Industries** | | | |
| 轻工业 | Light Industry | 10592 | 5642.00 | 3263.14 |
| 重工业 | Heavy Industry | 16823 | 15067.71 | 9437.38 |
| **按企业规模分** | **Grouped by Size of Enterprises** | | | |
| 大型企业 | Large Enterprises | 240 | 4893.59 | 2950.82 |
| 中型企业 | Medium－sized Enterprises | 2308 | 5082.70 | 3065.63 |
| 小型企业 | Small Enterprises | 24116 | 10605.51 | 6593.91 |
| 微型企业 | Micro－Enterprises | 751 | 127.90 | 90.15 |
| **按行业分** | **Grouped by Sector** | | | |
| **采矿业** | **Mining** | **89** | **35.44** | **15.45** |
| 煤炭开采和洗选业 | Mining and Washing of Coal | 7 | 1.54 | 0.79 |
| 石油和天然气开采业 | Extraction of Petroleum and Natural Gas | | | |
| 黑色金属矿采选业 | Mining and Processing of Ferrous Metal Ores | 10 | 10.13 | 4.79 |
| 有色金属矿采选业 | Mining and Processing of Non－ferrous Metals Ores | 2 | 0.25 | 0.14 |
| 非金属矿采选业 | Mining and Processing of Nonmetal Ores | 70 | 23.52 | 9.73 |
| 开采辅助活动 | Mining Activities | | | |
| 其他采矿业 | Mining of Other Ores | | | |
| **制造业** | **Manufacturing** | **27265** | **20547.32** | **12647.91** |
| 农副食品加工业 | Processing of Food from Agricultural Products | 1017 | 402.72 | 209.90 |
| 食品制造业 | Manufacture of Food | 165 | 86.44 | 51.49 |
| 酒、饮料和精制茶制造业 | Manufacture of Beverage | 90 | 57.48 | 30.71 |
| 烟草制品业 | Manufacture of Tobacco | | | |
| 纺织业 | Manufacture of Textile | 3547 | 1714.87 | 1006.92 |
| 纺织服装、服饰业 | Manufacture of Textile and apparol | 1469 | 806.48 | 457.17 |
| 皮革、毛皮、羽毛及其制品和制鞋业 | Manufacture of Textile, Fur, Feather and footwear Products | 337 | 93.27 | 57.12 |
| 木材加工和木、竹、藤、棕、草制品业 | Processing of Timber, Manufacture of Wood, Bamboo, Rattan, Palm and Straw Products | 1097 | 282.43 | 147.56 |
| 家具制造业 | Manufacture of Furniture | 111 | 57.94 | 31.88 |
| 造纸和纸制品业 | Manufacture of Paper and Paper Products | 402 | 210.28 | 125.08 |

# Main Economic Indicators of Private Industrial Enterprises(2011)

(100 million yuan)

| 应收账款<br>Accounts Receivalble | 存货<br>Inventory | #产成品<br>Finished Goods | 固定资产原价<br>Original Value of Fixed Assets | 固定资产合计<br>Original value | 负债合计<br>Total Liabilities |
|---|---|---|---|---|---|
| **3706.25** | **2860.48** | **1230.35** | **9273.91** | **5775.00** | **12415.89** |
| | | | | | |
| 286.80 | 197.37 | 93.60 | 1046.93 | 608.88 | 904.17 |
| 34.43 | 25.95 | 12.91 | 158.95 | 71.04 | 121.43 |
| 3155.72 | 2433.53 | 1027.30 | 7491.68 | 4724.68 | 10638.38 |
| 229.30 | 203.64 | 96.54 | 576.36 | 370.41 | 751.91 |
| | | | | | |
| 786.29 | 862.70 | 402.73 | 2905.21 | 1712.80 | 3416.34 |
| 2919.96 | 1997.79 | 827.62 | 6368.70 | 4062.20 | 8999.55 |
| | | | | | |
| 635.12 | 732.80 | 286.67 | 1971.83 | 1272.35 | 2910.78 |
| 835.01 | 717.90 | 314.90 | 2429.68 | 1448.40 | 3038.74 |
| 2201.16 | 1398.31 | 624.00 | 4839.18 | 3029.23 | 6385.74 |
| 34.95 | 11.48 | 4.79 | 33.22 | 25.03 | 80.63 |
| | | | | | |
| **6.94** | **3.55** | **2.20** | **20.24** | **15.17** | **11.89** |
| 0.24 | 0.44 | 0.13 | 1.50 | 0.63 | 0.73 |
| | | | | | |
| 2.78 | 0.57 | 0.38 | 4.86 | 3.40 | 3.59 |
| 0.01 | 0.08 | 0.08 | 0.11 | 0.11 | 0.07 |
| 3.91 | 2.46 | 1.60 | 13.77 | 11.03 | 7.50 |
| | | | | | |
| **3691.34** | **2853.18** | **1227.59** | **9150.64** | **5683.81** | **12320.91** |
| 36.05 | 63.14 | 29.37 | 342.49 | 151.34 | 214.81 |
| 13.52 | 16.59 | 9.64 | 40.25 | 26.66 | 53.44 |
| 3.29 | 10.26 | 4.14 | 25.70 | 20.95 | 33.40 |
| | | | | | |
| 239.79 | 282.62 | 136.52 | 909.13 | 530.27 | 1126.61 |
| 97.31 | 135.12 | 67.35 | 346.71 | 208.01 | 454.18 |
| 15.68 | 16.51 | 6.59 | 44.19 | 26.98 | 57.24 |
| 25.75 | 40.49 | 19.08 | 169.22 | 117.84 | 117.53 |
| 5.84 | 7.97 | 2.89 | 25.85 | 16.56 | 35.38 |
| 42.29 | 26.49 | 10.40 | 110.93 | 64.75 | 133.52 |

11－7 续 表1

单位：亿元

| 项　目 | Item | 单位数(个) Number of Enterprises (unit) | 资产总计 Total Assets | 流动资产 Current Assets |
|---|---|---|---|---|
| 印刷和记录媒介复制业 | Printing, Reproduction of Recording Media | 236 | 171.38 | 88.00 |
| 文教、工美、体育和娱乐用品制造业 | Manufacture of Culture, education, arts, crafts sports and enterfaiment supplies | 441 | 121.70 | 71.00 |
| 石油加工、炼焦和核燃料加工业 | Processing of Petroleum, Coking, Processing of Nuclear Fuel | 67 | 53.33 | 31.35 |
| 化学原料和化学制品制造业 | Manufacture of Raw Chemical Materials and Chemical Products | 2112 | 1992.73 | 1196.84 |
| 医药制造业 | Manufacture of Medicines | 282 | 217.01 | 128.18 |
| 化学纤维制造业 | Manufacture of Chemical Fibers | 664 | 722.07 | 404.55 |
| 橡胶和塑料制品业 | Manufacture of Rubber and Plastics | 1053 | 411.57 | 248.41 |
| 非金属矿物制品业 | Manufacture of Non－metallic Mineral Products | 1533 | 1241.92 | 732.87 |
| 黑色金属冶炼和压延加工业 | Smelting and Pressing of Ferrous Metals | 1270 | 1947.94 | 1215.50 |
| 有色金属冶炼和压延加工业 | Smelting and Pressing of Non－ferrous Metals | 658 | 658.68 | 464.53 |
| 金属制品业 | Manufacture of Metal Products | 2039 | 1371.25 | 891.54 |
| 通用设备制造业 | Manufacture of General Purpose Machinery | 2388 | 1320.83 | 815.43 |
| 专用设备制造业 | Manufacture of Special Purpose Machinery | 1504 | 1162.76 | 764.35 |
| 汽车制造业 | Manufacturing of Automobile | 604 | 508.23 | 315.98 |
| 铁路、船舶、航空航天和其他运输设备制造业 | Manufacture of Railroad, Marine, Aviation and other Transport Equipment | 512 | 744.07 | 410.79 |
| 电气机械和器材制造业 | Manufacture of Electrical Machinery and Equipment | 2253 | 2738.94 | 1900.58 |
| 计算机、通信和其他电子设备制造业 | Manufacture of computer communications and other electronic equipment | 758 | 679.45 | 396.39 |
| 仪器仪表制造业 | Manufacture of instrumentation | 458 | 642.81 | 385.71 |
| 其他制造业 | Other Manufacturing | 113 | 64.60 | 31.19 |
| 废弃资源综合利用业 | Manufacture of Recycling and Disposal of Waste | 69 | 56.58 | 31.29 |
| 金属制品、机械和设备修理业 | Manufacture of Metal Products, Machinery and Equipment Repair | 16 | 7.56 | 5.61 |
| **电力、燃气及水的生产和供应业** | **Production and Supply of Electricity, Gas and Water** | **61** | **126.95** | **37.16** |
| 电力、热力的生产和供应业 | Production and Supply of Electric Power and Heat Power | 38 | 105.41 | 27.43 |
| 燃气生产和供应 | Production and Supply of Gas | 11 | 10.11 | 3.99 |
| 水的生产和供应业 | Production and Supply of Water | 12 | 11.43 | 5.75 |

(100 million yuan)

| 应收账款<br>Accounts Receivalble | 存货<br>Inventory | #产成品<br>Finished Goods | 固定资产原价<br>Original Value of Fixed Assets | 固定资产合计<br>Original value | 负债合计<br>Total Liabilities |
|---|---|---|---|---|---|
| 29.95 | 16.58 | 6.01 | 99.63 | 59.63 | 106.78 |
| 20.36 | 17.58 | 8.15 | 62.82 | 39.12 | 69.72 |
| 6.75 | 9.12 | 4.15 | 24.67 | 18.20 | 38.81 |
| 325.48 | 243.72 | 109.04 | 842.75 | 544.91 | 1172.92 |
| 29.14 | 25.10 | 12.14 | 93.44 | 65.97 | 111.77 |
| 62.63 | 111.28 | 46.13 | 356.36 | 219.18 | 455.29 |
| 96.39 | 51.01 | 22.93 | 205.48 | 132.03 | 233.56 |
| 253.90 | 115.96 | 44.87 | 636.04 | 368.30 | 784.02 |
| 304.02 | 302.16 | 140.94 | 877.91 | 537.78 | 1283.57 |
| 118.03 | 80.98 | 34.53 | 169.27 | 114.55 | 451.27 |
| 299.38 | 191.64 | 76.56 | 515.31 | 341.52 | 851.23 |
| 282.60 | 193.67 | 75.07 | 616.17 | 381.34 | 736.56 |
| 251.73 | 181.57 | 68.08 | 434.09 | 287.72 | 708.58 |
| 109.83 | 66.00 | 30.02 | 210.62 | 136.20 | 314.94 |
| 95.74 | 120.25 | 31.68 | 386.06 | 273.36 | 472.25 |
| 667.43 | 331.88 | 158.35 | 925.41 | 534.69 | 1525.57 |
| 142.81 | 74.62 | 35.35 | 343.87 | 221.80 | 360.14 |
| 97.83 | 100.90 | 31.07 | 262.93 | 202.50 | 347.71 |
| 9.57 | 8.77 | 4.34 | 45.46 | 25.13 | 29.79 |
| 6.30 | 10.45 | 1.91 | 25.58 | 14.73 | 35.08 |
| 1.98 | 0.74 | 0.28 | 2.31 | 1.78 | 5.25 |
| **7.96** | **3.76** | **0.57** | **103.03** | **76.03** | **83.08** |
| 6.58 | 2.67 | 0.21 | 91.29 | 66.37 | 68.70 |
| 0.88 | 0.65 | 0.08 | 6.76 | 5.66 | 7.16 |
| 0.50 | 0.44 | 0.27 | 4.98 | 4.01 | 7.22 |

11－7 续 表 2

单位:亿元

| 项　目 | Item | 所有者权益 Owners' Equities | #实收资本 Paid-in capital | 主营业务收入 Revenue from Principal Business |
|---|---|---|---|---|
| **总　计** | Total | 8293.69 | 3818.07 | 37176.49 |
| **按登记注册类型分** | **Grouped by Status of Registration** | | | |
| 私营独资企业 | Private Solely Funds Enterprises | 796.65 | 334.66 | 4427.76 |
| 私营合伙企业 | Private Partnership Enterprises | 89.64 | 39.85 | 564.96 |
| 私营有限责任公司 | Private Limited Liabieity Corporations | 6715.98 | 3194.07 | 30265.29 |
| 私营股份有限公司 | Private Share Holding Co. , Ltd. | 691.41 | 249.48 | 1918.48 |
| **按轻重工业分** | **Grouped by Light & Heavy Industries** | | | |
| 轻工业 | Light Industry | 2225.64 | 1081.56 | 10741.85 |
| 重工业 | Heavy Industry | 6068.05 | 2736.52 | 26434.64 |
| **按企业规模分** | **Grouped by Size of Enterprises** | | | |
| 大型企业 | Large Enterprises | 1982.81 | 608.71 | 6731.38 |
| 中型企业 | Medium－sized Enterprises | 2043.90 | 841.49 | 8175.76 |
| 小型企业 | Small Enterprises | 4219.70 | 2339.81 | 21962.73 |
| 微型企业 | Micro－Enterprises | 47.28 | 28.07 | 306.62 |
| **按行业分** | **Grouped by Sector** | | | |
| **采矿业** | **Mining** | **23.54** | **7.88** | **104.91** |
| 煤炭开采和洗选业 | Mining and Washing of Coal | 0.81 | 0.49 | 10.77 |
| 石油和天然气开采业 | Extraction of Petroleum and Natural Gas | | | |
| 黑色金属矿采选业 | Mining and Processing of Ferrous Metal Ores | 6.54 | 0.49 | 16.14 |
| 有色金属矿采选业 | Mining and Processing of Non－ferrous Metals Ores | 0.18 | 0.15 | 2.32 |
| 非金属矿采选业 | Mining and Processing of Nonmetal Ores | 16.02 | 6.74 | 75.68 |
| 开采辅助活动 | Mining Activities | | | |
| 其他采矿业 | Mining of Other Ores | | | |
| **制造业** | **Manufacturing** | **8226.27** | **3778.91** | **36992.12** |
| 农副食品加工业 | Processing of Food from Agricultural Products | 187.90 | 75.95 | 1199.80 |
| 食品制造业 | Manufacture of Food | 33.00 | 16.24 | 156.60 |
| 酒、饮料和精制茶制造业 | Manufacture of Beverage | 24.09 | 12.84 | 115.28 |
| 烟草制品业 | Manufacture of Tobacco | | | |
| 纺织业 | Manufacture of Textile | 588.25 | 384.79 | 3000.74 |
| 纺织服装、服饰业 | Manufacture of Textile and apparol | 352.31 | 128.21 | 1475.39 |
| 皮革、毛皮、羽毛及其制品和制鞋业 | Manufacture of Textile, Fur, Feather and footwear Products | 36.03 | 20.63 | 262.71 |
| 木材加工和木、竹、藤、棕、草制品业 | Processing of Timber, Manufacture of Wood, Bamboo, Rattan, Palm and Straw Products | 164.89 | 68.42 | 982.03 |
| 家具制造业 | Manufacture of Furniture | 22.56 | 13.05 | 85.19 |
| 造纸和纸制品业 | Manufacture of Paper and Paper Products | 76.75 | 36.84 | 400.58 |

(100 million yuan)

| 主营业务成本 Cost of Principle Business | 主营业务税金及附加 Taxes and Other Charges on Principle Business | 利润总额 Total Profits | 利税总额 Total Profits and Taxes | 应交增值税 Value Added Tax Payable | 全部从业人员年平均人数（万人） Annual Average Employed Persons (10000 persons) |
|---|---|---|---|---|---|
| **32488.19** | **170.32** | **2298.17** | **3677.33** | **1208.84** | **433.91** |
| 3868.75 | 27.71 | 297.58 | 485.91 | 160.62 | 56.58 |
| 487.29 | 3.49 | 40.17 | 66.19 | 22.53 | 6.19 |
| 26521.66 | 130.90 | 1807.12 | 2900.89 | 962.87 | 351.51 |
| 1610.49 | 8.22 | 153.30 | 224.35 | 62.83 | 19.63 |
| 9473.51 | 50.41 | 596.72 | 975.76 | 328.64 | 172.48 |
| 23014.68 | 119.92 | 1701.45 | 2701.57 | 880.20 | 261.43 |
| 5887.06 | 22.91 | 457.63 | 711.63 | 231.09 | 57.63 |
| 7013.17 | 37.42 | 585.35 | 895.48 | 272.71 | 116.90 |
| 19301.84 | 109.22 | 1246.76 | 2056.91 | 700.93 | 258.39 |
| 286.11 | 0.77 | 8.43 | 13.31 | 4.11 | 1.00 |
| **86.93** | **1.58** | **8.29** | **15.14** | **5.26** | **1.72** |
| 9.32 | 0.06 | 0.69 | 1.25 | 0.50 | 0.10 |
| 12.52 | 0.09 | 1.31 | 2.38 | 0.98 | 0.28 |
| 2.30 |  | 0.04 | 0.04 |  | 0.01 |
| 62.79 | 1.43 | 6.26 | 11.47 | 3.77 | 1.33 |
| **32333.82** | **168.35** | **2283.59** | **3653.85** | **1201.90** | **431.50** |
| 1059.92 | 6.19 | 71.86 | 111.13 | 33.08 | 10.47 |
| 133.25 | 0.88 | 9.86 | 16.58 | 5.84 | 2.52 |
| 97.01 | 4.75 | 7.56 | 16.74 | 4.43 | 1.47 |
| 2702.60 | 11.81 | 137.02 | 234.77 | 85.94 | 53.28 |
| 1286.57 | 6.40 | 95.09 | 146.77 | 45.28 | 38.17 |
| 231.03 | 1.33 | 13.37 | 24.06 | 9.36 | 6.98 |
| 844.89 | 10.14 | 84.03 | 136.75 | 42.58 | 14.99 |
| 74.46 | 0.51 | 4.68 | 7.96 | 2.77 | 1.73 |
| 353.51 | 1.91 | 20.91 | 35.10 | 12.28 | 4.94 |

11－7 续 表 3

单位:亿元

| 项　目 | Item | 所有者权益 Owners' Equities | #实收资本 Paid-in capital | 主营业务收入 Revenue from Principal Business |
|---|---|---|---|---|
| 印刷和记录媒介复制业 | Printing, Reproduction of Recording Media | 64.60 | 23.44 | 182.87 |
| 文教、工美、体育和娱乐用品制造业 | Manufacture of Culture, education, arts, crafts sports and enterfaiment supplies | 51.98 | 22.66 | 360.33 |
| 石油加工、炼焦和核燃料加工业 | Processing of Petroleum, Coking, Processing of Nuclear Fuel | 14.52 | 10.99 | 180.60 |
| 化学原料和化学制品制造业 | Manufacture of Raw Chemical Materials and Chemical Products | 819.80 | 365.58 | 3956.88 |
| 医药制造业 | Manufacture of Medicines | 105.23 | 38.44 | 483.20 |
| 化学纤维制造业 | Manufacture of Chemical Fibers | 266.78 | 113.41 | 1112.22 |
| 橡胶和塑料制品业 | Manufacture of Rubber and Plastics | 178.00 | 90.41 | 854.24 |
| 非金属矿物制品业 | Manufacture of Non－metallic Mineral Products | 457.86 | 228.64 | 1820.80 |
| 黑色金属冶炼和压延加工业 | Smelting and Pressing of Ferrous Metals | 664.37 | 253.92 | 3520.16 |
| 有色金属冶炼和压延加工业 | Smelting and Pressing of Non－ferrous Metals | 207.41 | 107.49 | 1504.37 |
| 金属制品业 | Manufacture of Metal Products | 520.01 | 266.88 | 2414.25 |
| 通用设备制造业 | Manufacture of General Purpose Machinery | 584.27 | 274.65 | 2179.52 |
| 专用设备制造业 | Manufacture of Special Purpose Machinery | 454.18 | 222.75 | 1661.54 |
| 汽车制造业 | Manufacturing of Automobile | 193.29 | 84.25 | 791.62 |
| 铁路、船舶、航空航天和其他运输设备制造业 | Manufacture of Railroad, Marine, Aviation and other Transport Equipment | 271.82 | 108.07 | 1175.11 |
| 电气机械和器材制造业 | Manufacture of Electrical Machinery and Equipment | 1213.36 | 563.46 | 4817.41 |
| 计算机、通信和其他电子设备制造业 | Manufacture of computer communications and other electronic equipment | 319.25 | 124.51 | 1125.51 |
| 仪器仪表制造业 | Manufacture of instrumentation | 295.11 | 97.22 | 900.81 |
| 其他制造业 | Other Manufacturing | 34.81 | 9.27 | 168.96 |
| 废弃资源综合利用业 | Manufacture of Recycling and Disposal of Waste | 21.50 | 14.36 | 92.05 |
| 金属制品、机械和设备修理业 | Manufacture of Metal Products, Machinery and Equipment Repair | 2.31 | 1.54 | 11.36 |
| **电力、燃气及水的生产和供应业** | **Production and Supply of Electricity, Gas and Water** | **43.87** | **31.29** | **79.46** |
| 电力、热力的生产和供应业 | Production and Supply of Electric Power and Heat Power | 36.71 | 26.50 | 64.53 |
| 燃气生产和供应 | Production and Supply of Gas | 2.95 | 2.25 | 6.43 |
| 水的生产和供应业 | Production and Supply of Water | 4.21 | 2.54 | 8.50 |

(100 million yuan)

| 主营业务成本 Cost of Principle Business | 主营业务税金及附加 Taxes and Other Charges on Principle Business | 利润总额 Total Profits | 利税总额 Total Profits and Taxes | 应交增值税 Value Added Tax Payable | 全部从业人员年平均人数(万人) Annual Average Employed Persons (10000 persons) |
|---|---|---|---|---|---|
| 155.63 | 0.73 | 11.73 | 17.96 | 5.50 | 3.39 |
| 311.92 | 1.71 | 22.37 | 37.13 | 13.05 | 7.22 |
| 169.73 | 0.66 | 3.72 | 7.72 | 3.33 | 0.69 |
| 3437.99 | 17.29 | 272.15 | 417.43 | 127.99 | 28.74 |
| 411.80 | 2.74 | 39.72 | 60.54 | 18.07 | 4.60 |
| 1019.07 | 2.43 | 43.52 | 76.19 | 30.24 | 8.15 |
| 747.24 | 3.62 | 49.38 | 80.67 | 27.67 | 13.24 |
| 1569.65 | 11.27 | 120.93 | 209.20 | 77.00 | 21.03 |
| 3189.68 | 11.48 | 179.66 | 285.88 | 94.74 | 20.95 |
| 1377.24 | 3.51 | 63.94 | 93.98 | 26.52 | 7.04 |
| 2106.45 | 10.38 | 143.47 | 244.58 | 90.73 | 28.36 |
| 1852.92 | 11.10 | 141.58 | 229.27 | 76.59 | 31.80 |
| 1396.85 | 8.63 | 116.74 | 184.55 | 59.19 | 23.67 |
| 671.10 | 3.31 | 51.59 | 82.20 | 27.31 | 11.80 |
| 999.33 | 6.07 | 94.41 | 144.01 | 43.53 | 13.74 |
| 4160.41 | 18.59 | 334.73 | 510.25 | 156.93 | 40.84 |
| 972.13 | 5.06 | 72.05 | 113.33 | 36.22 | 17.58 |
| 756.82 | 4.28 | 64.67 | 103.68 | 34.73 | 10.56 |
| 150.24 | 0.84 | 9.35 | 16.59 | 6.40 | 2.62 |
| 84.55 | 0.60 | 2.98 | 7.61 | 4.03 | 0.58 |
| 9.82 | 0.11 | 0.54 | 1.22 | 0.57 | 0.36 |
| **67.44** | **0.39** | **6.28** | **8.35** | **1.68** | **0.69** |
| 54.80 | 0.31 | 5.29 | 6.78 | 1.18 | 0.51 |
| 5.44 | 0.02 | 0.41 | 0.61 | 0.17 | 0.08 |
| 7.20 | 0.05 | 0.58 | 0.96 | 0.33 | 0.10 |

# 11－8 私营工业企业主要经济效益指标（2011 年）

单位:%

| 项 目 Item | | 企业亏损面 Percentage of Loss Making Enterprises | 产值利税率 Percentage of Profit and Tax to Output Value |
|---|---|---|---|
| **总 计** | **Total** | **6.14** | **9.72** |
| **按登记注册类型分** | **Grouped by Status of Registration** | | |
| 私营独资企业 | Private Solely Funds Enterprises | 2.76 | 10.76 |
| 私营合伙企业 | Private Partnership Enterprises | 4.70 | 11.41 |
| 私营有限责任公司 | Private Limited Liabieity Corporations | 6.76 | 9.43 |
| 私营股份有限公司 | Private Share Holding Co., Ltd. | 8.96 | 11.41 |
| **按轻重工业分** | **Grouped by Light & Heavy Industries** | | |
| 轻工业 | Light Industry | 6.82 | 8.93 |
| 重工业 | Heavy Industry | 5.71 | 10.04 |
| **按企业规模分** | **Grouped by Size of Enterprises** | | |
| 大型企业 | Large Enterprises | 2.50 | 10.46 |
| 中型企业 | Medium - sized Enterprises | 6.11 | 10.74 |
| 小型企业 | Small Enterprises | 6.13 | 9.19 |
| 微型企业 | Micro - Enterprises | 7.59 | 4.27 |
| **按行业分** | **Grouped by Sector** | | |
| **采矿业** | **Mining** | **2.25** | **14.28** |
| 煤炭开采和洗选业 | Mining and Washing of Coal | 0.00 | 11.60 |
| 石油和天然气开采业 | Extraction of Petroleum and Natural Gas | 0.00 | 0.00 |
| 黑色金属矿采选业 | Mining and Processing of Ferrous Metal Ores | 10.00 | 14.95 |
| 有色金属矿采选业 | Mining and Processing of Non - ferrous Metals Ores | 0.00 | 1.85 |
| 非金属矿采选业 | Mining and Processing of Nonmetal Ores | 1.43 | 14.90 |
| 开采辅助活动 | Mining Activities | 0.00 | 0.00 |
| 其他采矿业 | Mining of Other Ores | 0.00 | 0.00 |
| **制造业** | **Manufacturing** | **6.11** | **9.71** |
| 农副食品加工业 | Processing of Food from Agricultural Products | 3.15 | 9.18 |
| 食品制造业 | Manufacture of Food | 10.30 | 10.39 |
| 酒、饮料和精制茶制造业 | Manufacture of Beverage | 8.89 | 14.31 |
| 烟草制品业 | Manufacture of Tobacco | 0.00 | 0.00 |
| 纺织业 | Manufacture of Textile | 7.56 | 7.70 |
| 纺织服装、服饰业 | Manufacture of Textile and apparol | 5.24 | 9.75 |
| 皮革、毛皮、羽毛及其制品和制鞋业 | Manufacture of Textile, Fur, Feather and footwear Products | 9.20 | 8.94 |
| 木材加工和木、竹、藤、棕、草制品业 | Processing of Timber, Manufacture of Wood, Bamboo, Rattan, Palm and Straw Products | 0.82 | 13.91 |
| 家具制造业 | Manufacture of Furniture | 8.11 | 9.03 |
| 造纸和纸制品业 | Manufacture of Paper and Paper Products | 9.20 | 8.60 |

# Main Indicators on Economic Benefit of Private Industrial Enterprises(2011)

(%)

| 销售利税率 Percentage of Profit and Tax to Sales | 资金利税率 Percentage of Profit and Tax to capital | 资产负债率 Assets Liability Ratio | 流动资产周转次数(次/年) Times of Turnover of Circulating Funds (times/year) | 成本费用利润率 Ratio of Profits to Industrial Cost | 产品销售率 Proportion of Products Sold | 总资产贡献率 Ratio of Total Assets to Industrial Output Value |
|---|---|---|---|---|---|---|
| **9.89** | **19.90** | **59.95** | **2.93** | **6.64** | **98.30** | **19.32** |
| | | | | | | |
| 10.97 | 31.42 | 53.16 | 4.72 | 7.29 | 98.14 | 30.13 |
| 11.72 | 35.78 | 57.53 | 4.96 | 7.76 | 97.92 | 33.26 |
| 9.58 | 18.73 | 61.30 | 2.81 | 6.39 | 98.39 | 18.29 |
| 11.69 | 17.90 | 52.10 | 2.17 | 8.82 | 97.53 | 16.91 |
| | | | | | | |
| 9.08 | 19.61 | 60.55 | 3.29 | 5.92 | 98.32 | 18.96 |
| 10.22 | 20.01 | 59.73 | 2.80 | 6.93 | 98.30 | 19.46 |
| | | | | | | |
| 10.57 | 16.85 | 59.48 | 2.28 | 7.34 | 98.66 | 16.03 |
| 10.95 | 19.84 | 59.79 | 2.67 | 7.75 | 97.90 | 19.26 |
| 9.37 | 21.37 | 60.21 | 3.33 | 6.07 | 98.35 | 20.96 |
| 4.34 | 11.56 | 63.04 | 3.40 | 2.84 | 98.04 | 11.69 |
| | | | | | | |
| **14.43** | **49.46** | **33.56** | **6.79** | **8.88** | **97.58** | **43.98** |
| 11.59 | 88.06 | 47.60 | 13.64 | 6.87 | 98.47 | 82.23 |
| 0.00 | 0.00 | 0.00 | 0.00 | 0.00 | 0.00 | 0.00 |
| 14.74 | 29.04 | 35.45 | 3.37 | 9.44 | 98.29 | 24.78 |
| 1.87 | 17.57 | 27.55 | 16.68 | 1.65 | 100.00 | 17.58 |
| 15.16 | 55.25 | 31.89 | 7.78 | 9.32 | 97.23 | 50.01 |
| 0.00 | 0.00 | 0.00 | 0.00 | 0.00 | 0.00 | 0.00 |
| 0.00 | 0.00 | 0.00 | 0.00 | 0.00 | 0.00 | 0.00 |
| **9.88** | **19.93** | **59.96** | **2.92** | **6.63** | **98.30** | **19.35** |
| 9.26 | 30.76 | 53.34 | 5.72 | 6.46 | 98.49 | 29.53 |
| 10.59 | 21.21 | 61.82 | 3.04 | 6.73 | 97.37 | 21.15 |
| 14.52 | 32.40 | 58.10 | 3.75 | 7.26 | 98.20 | 31.50 |
| 0.00 | 0.00 | 0.00 | 0.00 | 0.00 | 0.00 | 0.00 |
| 7.82 | 15.27 | 65.70 | 2.98 | 4.80 | 98.39 | 15.54 |
| 9.95 | 22.07 | 56.32 | 3.23 | 6.89 | 98.25 | 19.44 |
| 9.16 | 28.61 | 61.37 | 4.60 | 5.42 | 97.84 | 27.45 |
| 13.92 | 51.52 | 41.62 | 6.66 | 9.48 | 97.73 | 50.19 |
| 9.34 | 16.44 | 61.06 | 2.67 | 5.90 | 97.87 | 14.43 |
| 8.76 | 18.49 | 63.50 | 3.20 | 5.55 | 98.04 | 18.77 |

11－8 续 表1

单位:%

| 项　　目 Item | | 企业亏损面 Percentage of Loss Making Enterprises | 产值利税率 Percentage of Profit and Tax to Output Value |
|---|---|---|---|
| 印刷和记录媒介复制业 | Printing, Reproduction of Recording Media | 6.78 | 9.70 |
| 文教、工美、体育和娱乐用品制造业 | Manufacture of Culture, education, arts, crafts sports and enterfaiment supplies | 3.63 | 10.13 |
| 石油加工、炼焦和核燃料加工业 | Processing of Petroleum, Coking, Processing of Nuclear Fuel | 7.46 | 4.21 |
| 化学原料和化学制品制造业 | Manufacture of Raw Chemical Materials and Chemical Products | 5.73 | 10.32 |
| 医药制造业 | Manufacture of Medicines | 7.09 | 12.20 |
| 化学纤维制造业 | Manufacture of Chemical Fibers | 12.80 | 6.83 |
| 橡胶和塑料制品业 | Manufacture of Rubber and Plastics | 5.70 | 9.21 |
| 非金属矿物制品业 | Manufacture of Non－metallic Mineral Products | 5.28 | 11.42 |
| 黑色金属冶炼和压延加工业 | Smelting and Pressing of Ferrous Metals | 8.35 | 8.02 |
| 有色金属冶炼和压延加工业 | Smelting and Pressing of Non－ferrous Metals | 12.46 | 6.17 |
| 金属制品业 | Manufacture of Metal Products | 6.47 | 9.95 |
| 通用设备制造业 | Manufacture of General Purpose Machinery | 4.36 | 10.29 |
| 专用设备制造业 | Manufacture of Special Purpose Machinery | 4.79 | 10.84 |
| 汽车制造业 | Manufacturing of Automobile | 4.97 | 10.05 |
| 铁路、船舶、航空航天和其他运输设备制造业 | Manufacture of Railroad, Marine, Aviation and other Transport Equipment | 5.27 | 12.25 |
| 电气机械和器材制造业 | Manufacture of Electrical Machinery and Equipment | 6.57 | 10.37 |
| 计算机、通信和其他电子设备制造业 | Manufacture of computer communications and other electronic equipment | 6.33 | 9.80 |
| 仪器仪表制造业 | Manufacture of instrumentation | 3.49 | 11.02 |
| 其他制造业 | Other Manufacturing | 2.65 | 9.73 |
| 废弃资源综合利用业 | Manufacture of Recycling and Disposal of Waste | 7.25 | 8.37 |
| 金属制品、机械和设备修理业 | Manufacture of Metal Products, Machinery and Equipment Repair | 6.25 | 10.54 |
| **电力、燃气及水的生产和供应业** | **Production and Supply of Electricity, Gas and Water** | **22.95** | **10.36** |
| 电力、热力的生产和供应业 | Production and Supply of Electric Power and Heat Power | 26.32 | 10.40 |
| 燃气生产和供应 | Production and Supply of Gas | 18.18 | 8.98 |
| 水的生产和供应业 | Production and Supply of Water | 16.67 | 11.09 |

11 - 8 Continued 1

(%)

| 销售利税率 Percentage of Profit and Tax to Sales | 资金利税率 Percentage of Profit and Tax to capital | 资产负债率 Assets Liability Ratio | 流动资产周转次数(次/年) Times of Turnover of Circulating Funds (times/year) | 成本费用利润率 Ratio of Profits to Industrial Cost | 产品销售率 Proportion of Products Sold | 总资产贡献率 Ratio of Total Assets to Industrial Output Value |
|---|---|---|---|---|---|---|
| 9.82 | 12.17 | 62.30 | 2.08 | 6.87 | 98.59 | 12.06 |
| 10.30 | 33.72 | 57.29 | 5.08 | 6.67 | 98.61 | 32.08 |
| 4.27 | 15.58 | 72.77 | 5.76 | 2.12 | 99.00 | 16.54 |
| 10.55 | 23.97 | 58.86 | 3.31 | 7.43 | 98.47 | 22.58 |
| 12.53 | 31.18 | 51.51 | 3.77 | 9.00 | 97.48 | 29.57 |
| 6.85 | 12.22 | 63.05 | 2.75 | 4.11 | 98.68 | 12.14 |
| 9.44 | 21.20 | 56.75 | 3.44 | 6.18 | 97.84 | 21.09 |
| 11.49 | 19.00 | 63.13 | 2.48 | 7.14 | 98.58 | 18.38 |
| 8.12 | 16.31 | 65.89 | 2.90 | 5.42 | 98.56 | 16.34 |
| 6.25 | 16.23 | 68.51 | 3.24 | 4.47 | 98.56 | 15.90 |
| 10.13 | 19.83 | 62.08 | 2.71 | 6.37 | 98.21 | 19.73 |
| 10.52 | 19.16 | 55.76 | 2.67 | 7.00 | 98.03 | 18.71 |
| 11.11 | 17.54 | 60.94 | 2.17 | 7.61 | 98.05 | 17.34 |
| 10.38 | 18.18 | 61.97 | 2.51 | 7.02 | 97.35 | 17.81 |
| 12.26 | 21.05 | 63.47 | 2.86 | 8.85 | 99.07 | 20.53 |
| 10.59 | 20.95 | 55.70 | 2.53 | 7.52 | 98.26 | 20.09 |
| 10.07 | 18.33 | 53.00 | 2.84 | 6.89 | 98.47 | 17.96 |
| 11.51 | 17.63 | 54.09 | 2.34 | 7.85 | 97.82 | 17.31 |
| 9.82 | 29.46 | 46.11 | 5.42 | 5.90 | 99.48 | 27.04 |
| 8.27 | 16.54 | 62.00 | 2.94 | 3.40 | 94.98 | 14.57 |
| 10.76 | 16.56 | 69.38 | 2.03 | 5.01 | 98.70 | 17.15 |
| **10.51** | **7.37** | **65.44** | **2.14** | **8.42** | **98.92** | **8.53** |
| 10.51 | 7.23 | 65.18 | 2.35 | 8.72 | 99.10 | 8.64 |
| 9.42 | 6.27 | 70.81 | 1.61 | 6.80 | 98.46 | 6.33 |
| 11.30 | 9.85 | 63.15 | 1.48 | 7.34 | 97.98 | 9.41 |

# 11－9 外商投资和港澳台商投资工业企业主要经济指标（2011 年）

单位:亿元

| 项目 | Item | 单位数（个）Number of Enterprises (unit) | 资产总计 Total Assets | 流动资产 Current Capitals |
|---|---|---|---|---|
| **总　计** | **Total** | **10937** | **31666.73** | **18301.04** |
| **按登记注册类型分** | **Grouped by Status of Registration** | | | |
| 与港澳台商合资经营 | Joint－venture Enterprises with HongKong Macao and Taiwan | 1478 | 4083.86 | 2291.12 |
| 与港澳台商合作经营 | Cooperative Enterprises with HongKong, Macao and Taiwan | 52 | 122.32 | 83.72 |
| 港澳台商独资 | Enterprises with Sole Funds from HongKong, Macao and Taiwan | 2282 | 5337.92 | 3006.56 |
| 港澳台商投资股份有限公司 | Share Holding with HongKong, Macao and Taiwan Investment | 74 | 444.84 | 204.52 |
| 其他港澳台投资 | | 2 | 0.55 | 0.36 |
| 中外合资经营 | Joint－venture Enterprises with Foreign Funded | 2202 | 7136.52 | 4008.79 |
| 中外合作经营 | Chinese－foreign Cooperative Enterprises | 116 | 255.00 | 140.47 |
| 外资企业 | Foreign Solely Funded | 4613 | 13322.66 | 8154.97 |
| 外商投资股份有限公司 | Share Holding with Foreign Investment | 114 | 960.57 | 409.50 |
| 其他外商投资 | | 4 | 2.49 | 1.04 |
| **按轻重工业分** | **Grouped by Light & Heavy Industries** | | | |
| 轻工业 | Light Industry | 4098 | 7534.86 | 4195.78 |
| 重工业 | Heavy Industry | 6839 | 24131.87 | 14105.26 |
| **按企业规模分** | **Grouped by Size of Enterprises** | | | |
| 大型企业 | Large Enterprises | 619 | 14709.69 | 8477.58 |
| 中型企业 | Medium－sized Enterprises | 2529 | 8586.12 | 4890.43 |
| 小型企业 | Small Enterprises | 7655 | 8279.55 | 4883.63 |
| 微型企业 | Micro－Enterprises | 134 | 91.37 | 49.41 |
| **按行业分** | **Grouped by Sector** | | | |
| **采矿业** | **Mining** | **7** | **20.99** | **11.53** |
| 煤炭开采和洗选业 | Mining and Washing of Coal | | | |
| 石油和天然气开采业 | Extraction of Petroleum and Natural Gas | | | |
| 黑色金属矿采选业 | Mining and Processing of Ferrous Metal Ores | 2 | 1.72 | 0.75 |
| 有色金属矿采选业 | Mining and Processing of Non－ferrous Metals Ores | | | |
| 非金属矿采选业 | Mining and Processing of Nonmetal Ores | 4 | 17.05 | 10.48 |
| 开采辅助活动 | Mining Activities | 1 | 2.22 | 0.29 |
| 其他采矿业 | Mining of Other Ores | | | |
| **制造业** | **Manufacturing** | **10796** | **30362.68** | **17976.48** |
| 农副食品加工业 | Processing of Food from Agricultural Products | 166 | 663.23 | 442.73 |
| 食品制造业 | Manufacture of Food | 93 | 227.54 | 119.20 |
| 酒、饮料和精制茶制造业 | Manufacture of Beverage | 49 | 163.71 | 83.04 |
| 烟草制品业 | Manufacture of Tobacco | | | |
| 纺织业 | Manufacture of Textile | 873 | 981.15 | 573.72 |
| 纺织服装、服饰业 | Manufacture of Textile and apparol | 886 | 506.29 | 306.90 |

## Main Economic Indicators of Industrial Enterprises with Hong Kong, Macao, Taiwan and Foreign Funds (2011)

(100 million yuan)

| 应收账款 Accounts Receivalble | 存 货 Inventory | #产成品 Finished Goods | 固定资产原价 Original Value of Fixed Assets | 固定资产合 计 Original value | 负债合计 Total Liabilities | 所有者权益 Owners' Equities |
|---|---|---|---|---|---|---|
| **5855.06** | **4212.74** | **1429.80** | **18434.97** | **10493.99** | **17568.36** | **14098.36** |
| 531.33 | 591.73 | 190.35 | 1907.04 | 1300.60 | 2602.38 | 1481.48 |
| 28.60 | 14.01 | 2.55 | 40.67 | 27.66 | 77.85 | 44.47 |
| 1032.48 | 640.67 | 229.51 | 3770.53 | 1874.99 | 2826.16 | 2511.76 |
| 60.68 | 32.66 | 12.98 | 305.06 | 185.51 | 230.41 | 214.44 |
| 0.09 | 0.17 | 0.11 | 0.27 | 0.15 | 0.35 | 0.20 |
| 1044.37 | 880.90 | 334.43 | 4277.36 | 2506.84 | 4015.64 | 3120.87 |
| 38.06 | 33.32 | 6.75 | 144.23 | 92.21 | 144.80 | 110.20 |
| 3021.32 | 1937.17 | 627.20 | 7355.58 | 4209.59 | 7280.69 | 6041.96 |
| 97.86 | 81.76 | 25.81 | 631.33 | 295.12 | 389.29 | 571.28 |
| 0.27 | 0.36 | 0.12 | 2.89 | 1.31 | 0.79 | 1.70 |
| 1096.78 | 1003.86 | 373.40 | 4043.52 | 2459.22 | 4041.67 | 3493.19 |
| 4758.27 | 3208.88 | 1056.40 | 14391.44 | 8034.77 | 13526.69 | 10605.18 |
| 2754.98 | 1711.57 | 491.06 | 9163.24 | 4834.78 | 8586.48 | 6123.22 |
| 1601.67 | 1232.39 | 452.68 | 5091.57 | 2996.35 | 4612.34 | 3973.77 |
| 1483.66 | 1262.16 | 484.06 | 4149.01 | 2642.61 | 4325.20 | 3954.35 |
| 14.75 | 6.62 | 2.00 | 31.14 | 20.25 | 44.34 | 47.02 |
| **2.15** | **0.54** | **0.14** | **17.85** | **8.55** | **14.95** | **6.04** |
| 0.24 | 0.12 | 0.07 | 0.88 | 0.69 | 0.95 | 0.77 |
| 1.91 | 0.42 | 0.07 | 14.15 | 5.94 | 11.73 | 5.33 |
| | | | 2.82 | 1.92 | 2.27 | -0.06 |
| **5780.87** | **4175.07** | **1428.16** | **17228.34** | **9698.80** | **16775.15** | **13587.51** |
| 43.69 | 108.24 | 34.19 | 195.39 | 130.96 | 481.78 | 181.45 |
| 26.45 | 23.23 | 10.23 | 112.82 | 78.56 | 113.56 | 113.98 |
| 12.34 | 32.96 | 15.77 | 119.05 | 75.15 | 93.76 | 69.95 |
| 132.43 | 168.61 | 73.55 | 562.22 | 325.02 | 539.80 | 441.35 |
| 78.56 | 75.04 | 26.37 | 245.08 | 145.15 | 267.37 | 238.92 |

单位:亿元

| 项 目 | Item | 单位数（个） Number of Enterprises (unit) | 资产总计 Total Assets | 流动资产 Current Capitals |
|---|---|---|---|---|
| 皮革、毛皮、羽毛及其制品和制鞋业 | Manufacture of Textile, Fur, Feather and footwear Products | 174 | 149.94 | 99.89 |
| 木材加工和木、竹、藤、棕、草制品业 | Processing of Timber, Manufacture of Wood, Bamboo, Rattan, Palm and Straw Products | 78 | 91.50 | 57.05 |
| 家具制造业 | Manufacture of Furniture | 74 | 77.83 | 46.46 |
| 造纸和纸制品业 | Manufacture of Paper and Paper Products | 152 | 1262.10 | 501.75 |
| 印刷和记录媒介复制业 | Printing, Reproduction of Recording Media | 80 | 107.28 | 62.91 |
| 文教、工美、体育和娱乐用品制造业 | Manufacture of Culture, education, arts, crafts sports and enterfaiment supplies | 276 | 165.32 | 95.85 |
| 石油加工、炼焦和核燃料加工业 | Processing of Petroleum, Coking, Processing of Nuclear Fuel | 18 | 104.58 | 63.30 |
| 化学原料和化学制品制造业 | Manufacture of Raw Chemical Materials and Chemical Products | 924 | 3578.04 | 1710.72 |
| 医药制造业 | Manufacture of Medicines | 165 | 503.53 | 287.84 |
| 化学纤维制造业 | Manufacture of Chemical Fibers | 84 | 493.48 | 206.43 |
| 橡胶和塑料制品业 | Manufacture of Rubber and Plastics | 566 | 846.48 | 451.33 |
| 非金属矿物制品业 | Manufacture of Non－metallic Mineral Products | 396 | 769.16 | 422.94 |
| 黑色金属冶炼和压延加工业 | Smelting and Pressing of Ferrous Metals | 185 | 1175.37 | 591.54 |
| 有色金属冶炼和压延加工业 | Smelting and Pressing of Non－ferrous Metals | 170 | 487.27 | 301.01 |
| 金属制品业 | Manufacture of Metal Products | 551 | 927.79 | 564.80 |
| 通用设备制造业 | Manufacture of General Purpose Machinery | 834 | 1620.86 | 1084.34 |
| 专用设备制造业 | Manufacture of Special Purpose Machinery | 668 | 1370.58 | 918.56 |
| 汽车制造业 | Manufacturing of Automobile | 442 | 1347.58 | 817.89 |
| 铁路、船舶、航空航天和其他运输设备制造业 | Manufacture of Railroad, Marine, Aviation and other Transport Equipment | 232 | 2051.08 | 1405.23 |
| 电气机械和器材制造业 | Manufacture of Electrical Machinery and Equipment | 851 | 2889.11 | 1871.66 |
| 计算机、通信和其他电子设备制造业 | Manufacture of computer communications and other electronic equipment | 1482 | 7040.86 | 4348.07 |
| 仪器仪表制造业 | Manufacture of instrumentation | 236 | 525.94 | 347.94 |
| 其他制造业 | Other Manufacturing | 45 | 26.69 | 13.97 |
| 废弃资源综合利用业 | Manufacture of Recycling and Disposal of Waste | 41 | 201.20 | 175.51 |
| 金属制品、机械和设备修理业 | Manufacture of Metal Products, Machinery and Equipment Repair | 5 | 7.21 | 3.91 |
| **电力、燃气及水的生产和供应业** | **Production and Supply of Electricity, Gas and Water** | **134** | **1283.06** | **313.04** |
| 电力、热力的生产和供应业 | Production and Supply of Electric Power and Heat Power | 80 | 902.03 | 217.25 |
| 燃气生产和供应 | Production and Supply of Gas | 36 | 247.62 | 75.34 |
| 水的生产和供应业 | Production and Supply of Water | 18 | 133.41 | 20.45 |

11 -9 Continued 1

(100 million yuan)

| 应收账款<br>Accounts Receivalble | 存　货<br>Inventory | #产成品<br>Finished Goods | 固定资产原价<br>Original Value of Fixed Assets | 固定资产合　计<br>Original value | 负债合计<br>Total Liabilities | 所有者权益<br>Owners' Equities |
|---|---|---|---|---|---|---|
| 26.25 | 28.00 | 8.98 | 74.52 | 37.49 | 76.66 | 73.28 |
| 13.38 | 17.84 | 8.82 | 42.68 | 25.72 | 47.26 | 44.24 |
| 13.51 | 14.70 | 3.91 | 33.25 | 20.63 | 37.26 | 40.57 |
| 103.91 | 73.54 | 27.13 | 840.72 | 514.35 | 647.44 | 614.65 |
| 25.66 | 10.95 | 5.09 | 63.54 | 38.18 | 42.55 | 64.73 |
| 25.77 | 30.02 | 12.33 | 90.68 | 53.68 | 80.83 | 84.49 |
| 15.28 | 22.46 | 12.58 | 53.61 | 36.83 | 57.20 | 47.38 |
| 466.75 | 388.21 | 174.41 | 2345.18 | 1494.15 | 1908.38 | 1669.66 |
| 78.20 | 63.00 | 24.93 | 219.21 | 146.47 | 211.82 | 291.71 |
| 21.49 | 64.11 | 26.11 | 341.18 | 221.88 | 290.05 | 203.43 |
| 165.09 | 124.88 | 51.45 | 606.57 | 334.48 | 384.47 | 462.02 |
| 150.20 | 85.98 | 40.47 | 495.24 | 300.66 | 395.02 | 374.14 |
| 117.26 | 190.18 | 73.63 | 645.91 | 442.49 | 797.27 | 378.10 |
| 76.53 | 82.59 | 30.10 | 242.69 | 154.59 | 269.49 | 217.78 |
| 187.06 | 147.89 | 54.17 | 443.77 | 279.25 | 466.49 | 461.30 |
| 355.88 | 319.22 | 91.70 | 651.42 | 408.57 | 793.34 | 827.53 |
| 310.11 | 281.81 | 95.82 | 619.44 | 340.30 | 684.89 | 685.68 |
| 268.86 | 162.85 | 67.12 | 701.93 | 437.45 | 759.41 | 588.16 |
| 187.89 | 301.81 | 23.00 | 573.71 | 388.25 | 1258.17 | 792.91 |
| 722.06 | 328.93 | 123.89 | 1358.12 | 757.53 | 1709.76 | 1179.35 |
| 1989.03 | 873.70 | 249.20 | 5255.07 | 2343.68 | 3893.49 | 3147.37 |
| 113.85 | 108.22 | 25.49 | 250.58 | 132.27 | 279.91 | 246.03 |
| 4.45 | 3.82 | 0.94 | 15.89 | 10.57 | 11.96 | 14.74 |
| 47.67 | 41.16 | 36.48 | 24.16 | 21.57 | 170.68 | 30.52 |
| 1.25 | 1.13 | 0.30 | 4.71 | 2.93 | 5.10 | 2.11 |
| **72.04** | **37.13** | **1.50** | **1188.78** | **786.64** | **778.25** | **504.80** |
| 56.30 | 19.42 | 1.10 | 947.97 | 592.92 | 571.35 | 330.69 |
| 12.01 | 14.97 | 0.38 | 120.94 | 96.35 | 136.18 | 111.44 |
| 3.73 | 2.73 | 0.02 | 119.86 | 97.37 | 70.73 | 62.68 |

单位:亿元

| 项 目 | Item | #实收资本 Paid-in Capital | 主营业务收入 Revenue from Principal Business | 主营业务成本 Cost of Principle Business |
|---|---|---|---|---|
| **总 计** | **Total** | **8724.44** | **42724.40** | **36895.85** |
| **按登记注册类型分** | **Grouped by Status of Registration** | | | |
| 与港澳台商合资经营 | Joint－venture Enterprises with HongKong Macao and Taiwan | 796.56 | 4708.65 | 4050.57 |
| 与港澳台商合作经营 | Cooperative Enterprises with HongKong, Macao and Taiwan | 17.27 | 182.42 | 142.60 |
| 港澳台商独资 | Enterprises with Sole Funds from HongKong, Macao and Taiwan | 1618.94 | 6885.62 | 6059.22 |
| 港澳台商投资股份有限公司 | Share Holding with HongKong, Macao and Taiwan Investment | 107.20 | 435.07 | 345.38 |
| 其他港澳台投资 | | 0.04 | 1.86 | 1.78 |
| 中外合资经营 | Joint－venture Enterprises with Foreign Funded | 1715.19 | 9731.57 | 8224.28 |
| 中外合作经营 | Chinese－foreign Cooperative Enterprises | 71.28 | 298.73 | 261.02 |
| 外资企业 | Foreign Solely Funded | 4116.17 | 19637.91 | 17128.01 |
| 外商投资股份有限公司 | Share Holding with Foreign Investment | 281.05 | 836.25 | 677.50 |
| 其他外商投资 | | 0.76 | 6.33 | 5.51 |
| **按轻重工业分** | **Grouped by Light & Heavy Industries** | | | |
| 轻工业 | Light Industry | 2232.98 | 9763.54 | 8223.78 |
| 重工业 | Heavy Industry | 6491.46 | 32960.87 | 28672.07 |
| **按企业规模分** | **Grouped by Size of Enterprises** | | | |
| 大型企业 | Large Enterprises | 3295.41 | 21322.71 | 18648.54 |
| 中型企业 | Medium－sized Enterprises | 2632.53 | 10429.29 | 8809.00 |
| 小型企业 | Small Enterprises | 2771.10 | 10883.96 | 9361.71 |
| 微型企业 | Micro－Enterprises | 25.41 | 88.44 | 76.61 |
| **按行业分** | **Grouped by Sector** | | | |
| **采矿业** | **Mining** | **3.87** | **22.40** | **17.24** |
| 煤炭开采和洗选业 | Mining and Washing of Coal | | | |
| 石油和天然气开采业 | Extraction of Petroleum and Natural Gas | | | |
| 黑色金属矿采选业 | Mining and Processing of Ferrous Metal Ores | 0.71 | 5.93 | 5.40 |
| 有色金属矿采选业 | Mining and Processing of Non－ferrous Metals Ores | | | |
| 非金属矿采选业 | Mining and Processing of Nonmetal Ores | 1.61 | 14.45 | 10.17 |
| 开采辅助活动 | Mining Activities | 1.54 | 2.02 | 1.68 |
| 其他采矿业 | Mining of Other Ores | | | |
| **制造业** | **Manufacturing** | **8408.09** | **42025.91** | **36309.20** |
| 农副食品加工业 | Processing of Food from Agricultural Products | 96.80 | 866.84 | 781.30 |
| 食品制造业 | Manufacture of Food | 67.11 | 241.53 | 187.58 |
| 酒、饮料和精制茶制造业 | Manufacture of Beverage | 65.46 | 177.81 | 137.68 |
| 烟草制品业 | Manufacture of Tobacco | | | |
| 纺织业 | Manufacture of Textile | 301.91 | 1330.58 | 1166.57 |
| 纺织服装、服饰业 | Manufacture of Textile and apparol | 133.43 | 1011.82 | 881.39 |

11 - 9 Continued 2

(100 million yuan)

| 主营业务税金及附加 Taxes and Other Charges on Principle Business | 利润总额 Total Profits | 利税总额 Total Profits and Taxes | 应交增值税 Value Added Tax Payable | 全部从业人员年平均人数（万人） Annual Average Employed Persons (10000 persons) |
|---|---|---|---|---|
| **165.03** | **2989.89** | **4117.90** | **962.97** | **455.05** |
| 13.89 | 372.30 | 534.80 | 148.62 | 48.40 |
| 1.38 | 22.13 | 32.68 | 9.17 | 1.90 |
| 18.84 | 459.34 | 620.91 | 142.73 | 106.56 |
| 2.41 | 43.66 | 62.87 | 16.80 | 5.51 |
|  | 0.02 | 0.08 | 0.07 | 0.06 |
| 77.33 | 829.36 | 1181.01 | 274.32 | 72.21 |
| 1.29 | 18.62 | 29.57 | 9.66 | 3.68 |
| 46.78 | 1168.29 | 1557.19 | 342.12 | 207.71 |
| 3.06 | 75.96 | 98.29 | 19.27 | 8.81 |
| 0.04 | 0.21 | 0.49 | 0.23 | 0.20 |
| 36.28 | 684.16 | 993.72 | 273.28 | 140.85 |
| 128.75 | 2305.74 | 3124.18 | 689.70 | 314.20 |
| 85.34 | 1478.79 | 1990.51 | 426.38 | 206.16 |
| 37.87 | 792.03 | 1097.74 | 267.85 | 146.52 |
| 41.63 | 710.28 | 1019.13 | 267.22 | 102.18 |
| 0.19 | 8.79 | 10.52 | 1.53 | 0.19 |
| **0.36** | **1.86** | **3.32** | **1.10** | **0.15** |
| 0.01 | 0.07 | 0.42 | 0.33 | 0.01 |
| 0.35 | 1.85 | 2.96 | 0.77 | 0.11 |
|  | -0.06 | -0.06 |  | 0.03 |
| **161.77** | **2913.66** | **4012.73** | **937.30** | **451.71** |
| 1.91 | 62.47 | 84.92 | 20.54 | 3.41 |
| 0.74 | 22.84 | 31.64 | 8.05 | 3.37 |
| 4.79 | 9.85 | 22.02 | 7.38 | 1.62 |
| 4.54 | 78.11 | 118.31 | 35.67 | 21.76 |
| 4.21 | 60.23 | 94.76 | 30.31 | 29.47 |

11－9 续 表 3

单位:亿元

| 项 目 Item | | #实收资本 Paid-in Capital | 主营业务收入 Revenue from Principal Business | 主营业务成本 Cost of Principle Business |
|---|---|---|---|---|
| 皮革、毛皮、羽毛及其制品和制鞋业 | Manufacture of Textile, Fur, Feather and footwear Products | 44.72 | 296.09 | 258.15 |
| 木材加工和木、竹、藤、棕、草制品业 | Processing of Timber, Manufacture of Wood, Bamboo, Rattan, Palm and Straw Products | 31.38 | 143.50 | 120.04 |
| 家具制造业 | Manufacture of Furniture | 30.28 | 105.14 | 90.23 |
| 造纸和纸制品业 | Manufacture of Paper and Paper Products | 470.34 | 711.50 | 590.04 |
| 印刷和记录媒介复制业 | Printing, Reproduction of Recording Media | 36.76 | 102.70 | 76.98 |
| 文教、工美、体育和娱乐用品制造业 | Manufacture of Culture, education, arts, crafts sports and enterfaiment supplies | 48.61 | 323.81 | 280.55 |
| 石油加工、炼焦和核燃料加工业 | Processing of Petroleum, Coking, Processing of Nuclear Fuel | 14.54 | 265.99 | 216.15 |
| 化学原料和化学制品制造业 | Manufacture of Raw Chemical Materials and Chemical Products | 1095.24 | 4379.89 | 3656.33 |
| 医药制造业 | Manufacture of Medicines | 122.68 | 562.68 | 340.46 |
| 化学纤维制造业 | Manufacture of Chemical Fibers | 146.42 | 583.77 | 495.82 |
| 橡胶和塑料制品业 | Manufacture of Rubber and Plastics | 334.39 | 1042.65 | 892.53 |
| 非金属矿物制品业 | Manufacture of Non－metallic Mineral Products | 268.75 | 738.92 | 611.91 |
| 黑色金属冶炼和压延加工业 | Smelting and Pressing of Ferrous Metals | 246.38 | 1865.91 | 1687.51 |
| 有色金属冶炼和压延加工业 | Smelting and Pressing of Non－ferrous Metals | 154.76 | 870.10 | 774.17 |
| 金属制品业 | Manufacture of Metal Products | 260.14 | 1147.30 | 984.96 |
| 通用设备制造业 | Manufacture of General Purpose Machinery | 424.54 | 1998.00 | 1623.73 |
| 专用设备制造业 | Manufacture of Special Purpose Machinery | 374.33 | 1609.13 | 1303.66 |
| 汽车制造业 | Manufacturing of Automobile | 374.40 | 2080.03 | 1674.88 |
| 铁路、船舶、航空航天和其他运输设备制造业 | Manufacture of Railroad, Marine, Aviation and other Transport Equipment | 269.84 | 1614.86 | 1329.83 |
| 电气机械和器材制造业 | Manufacture of Electrical Machinery and Equipment | 706.90 | 4033.75 | 3479.26 |
| 计算机、通信和其他电子设备制造业 | Manufacture of computer communications and other electronic equipment | 2113.65 | 12981.63 | 11876.72 |
| 仪器仪表制造业 | Manufacture of instrumentation | 140.28 | 731.32 | 596.32 |
| 其他制造业 | Other Manufacturing | 10.15 | 43.62 | 36.92 |
| 废弃资源综合利用业 | Manufacture of Recycling and Disposal of Waste | 22.38 | 154.35 | 148.03 |
| 金属制品、机械和设备修理业 | Manufacture of Metal Products, Machinery and Equipment Repair | 1.49 | 10.72 | 9.51 |
| **电力、燃气及水的生产和供应业** | **Production and Supply of Electricity, Gas and Water** | **312.49** | **676.09** | **569.42** |
| 电力、热力的生产和供应业 | Production and Supply of Electric Power and Heat Power | 196.18 | 483.28 | 417.47 |
| 燃气生产和供应 | Production and Supply of Gas | 64.77 | 175.47 | 140.56 |
| 水的生产和供应业 | Production and Supply of Water | 51.53 | 17.34 | 11.38 |

11－9 Continued 3

(100 million yuan)

| 主营业务税金及附加 Taxes and Other Charges on Principle Business | 利润总额 Total Profits | 利税总额 Total Profits and Taxes | 应交增值税 Value Added Tax Payable | 全部从业人员年平均人数（万人） Annual Average Employed Persons (10000 persons) |
|---|---|---|---|---|
| 0.91 | 15.26 | 26.90 | 10.73 | 8.10 |
| 1.00 | 11.75 | 17.74 | 5.00 | 2.13 |
| 0.32 | 4.08 | 6.66 | 2.26 | 2.74 |
| 1.50 | 53.37 | 69.98 | 15.11 | 5.32 |
| 0.49 | 14.19 | 18.14 | 3.46 | 2.18 |
| 1.45 | 15.40 | 27.59 | 10.75 | 9.37 |
| 8.25 | 23.03 | 38.01 | 6.74 | 0.39 |
| 13.60、 | 436.75 | 580.33 | 129.98 | 18.40 |
| 4.45 | 68.80 | 111.72 | 38.46 | 5.81 |
| 1.67 | 59.86 | 75.64 | 14.10 | 3.90 |
| 3.78 | 63.15 | 95.25 | 28.32 | 16.45 |
| 3.36 | 61.96 | 95.16 | 29.84 | 9.64 |
| 1.82 | 89.76 | 134.98 | 43.40 | 6.61 |
| 3.51 | 44.09 | 60.07 | 12.47 | 3.72 |
| 3.50 | 79.96 | 110.53 | 27.08 | 14.70 |
| 6.91 | 200.30 | 255.48 | 48.27 | 21.61 |
| 5.47 | 165.12 | 206.94 | 36.35 | 18.09 |
| 50.41 | 200.47 | 326.14 | 75.26 | 14.56 |
| 7.05 | 248.40 | 314.64 | 59.19 | 18.97 |
| 7.89 | 228.89 | 325.05 | 88.28 | 39.31 |
| 14.43 | 519.54 | 660.23 | 126.26 | 160.38 |
| 3.03 | 72.94 | 95.25 | 19.28 | 8.03 |
| 0.20 | 2.03 | 3.70 | 1.46 | 1.30 |
| 0.53 | 0.83 | 4.48 | 3.12 | 0.32 |
| 0.04 | 0.22 | 0.45 | 0.19 | 0.06 |
| **2.91** | **74.37** | **101.86** | **24.57** | **3.19** |
| 1.95 | 43.71 | 64.97 | 19.31 | 1.86 |
| 0.83 | 26.84 | 32.10 | 4.43 | 0.94 |
| 0.13 | 3.83 | 4.79 | 0.83 | 0.39 |

# 11－10 外商投资和港澳台商投资工业企业主要经济效益指标（2011年）

单位：%

| 项　　目 | Item | 企业亏损面 Percentage of Loss Making Enterprises | 产值利税率 Percentage of Profit and Tax to Output Value |
|---|---|---|---|
| **总　计** | **Total** | **17.81** | **9.57** |
| **按登记注册类型分** | **Grouped by Status of Registration** | | |
| 与港澳台商合资经营 | Joint－venture Enterprises with HongKong Macao and Taiwan | 12.58 | 11.22 |
| 与港澳台商合作经营 | Cooperative Enterprises with HongKong, Macao and Taiwan | 5.77 | 17.65 |
| 港澳台商独资 | Enterprises with Sole Funds from HongKong, Macao and Taiwan | 19.50 | 8.87 |
| 港澳台商投资股份有限公司 | Share Holding with HongKong, Macao and Taiwan Investment | 9.46 | 14.19 |
| 其他港澳台投资 | | 0.00 | 4.77 |
| 中外合资经营 | Joint－venture Enterprises with Foreign Funded | 11.22 | 12.06 |
| 中外合作经营 | Chinese－foreign Cooperative Enterprises | 16.38 | 9.83 |
| 外资企业 | Foreign Solely Funded | 22.11 | 7.91 |
| 外商投资股份有限公司 | Share Holding with Foreign Investment | 16.67 | 11.63 |
| 其他外商投资 | | 50.00 | 7.73 |
| **按轻重工业分** | **Grouped by Light & Heavy Industries** | | |
| 轻工业 | Light Industry | 16.57 | 10.20 |
| 重工业 | Heavy Industry | 18.56 | 9.39 |
| **按企业规模分** | **Grouped by Size of Enterprises** | | |
| 大型企业 | Large Enterprises | 11.47 | 9.33 |
| 中型企业 | Medium－sized Enterprises | 19.06 | 10.38 |
| 小型企业 | Small Enterprises | 17.95 | 9.24 |
| 微型企业 | Micro－Enterprises | 15.67 | 12.15 |
| **按行业分** | **Grouped by Sector** | | |
| **采矿业** | **Mining** | **28.57** | **14.61** |
| 煤炭开采和洗选业 | Mining and Washing of Coal | 0.00 | 0.00 |
| 石油和天然气开采业 | Extraction of Petroleum and Natural Gas | 0.00 | 0.00 |
| 黑色金属矿采选业 | Mining and Processing of Ferrous Metal Ores | 0.00 | 6.23 |
| 有色金属矿采选业 | Mining and Processing of Non－ferrous Metals Ores | 0.00 | 0.00 |
| 非金属矿采选业 | Mining and Processing of Nonmetal Ores | 25.00 | 21.12 |
| 开采辅助活动 | Mining Activities | 100.00 | －2.98 |
| 其他采矿业 | Mining of Other Ores | 0.00 | 0.00 |
| **制造业** | **Manufacturing** | **17.81** | **9.48** |
| 农副食品加工业 | Processing of Food from Agricultural Products | 10.24 | 9.85 |
| 食品制造业 | Manufacture of Food | 16.13 | 13.27 |
| 酒、饮料和精制茶制造业 | Manufacture of Beverage | 24.49 | 12.17 |
| 烟草制品业 | Manufacture of Tobacco | 0.00 | 0.00 |
| 纺织业 | Manufacture of Textile | 15.35 | 8.76 |
| 纺织服装、服饰业 | Manufacture of Textile and apparol | 11.85 | 9:24 |

# Main Indicators on Economic Benefit of Industrial Enterprises with Hong Kong, Macao, Taiwan and Foreign Funds (2011)

(%)

| 销售利税率 Percentage of Profit and Tax to Sales | 资金利税率 Percertage of Profit and Tax to Capital | 资产负债率 Assets Liability Ratio | 流动资产周转次数(次/年) Times of Turnover of Circulating Funds (times/year) | 成本费用利润率 Ratio of Profits to Industrial Cost | 产品销售率 Proportion of Products Sold | 总资产贡献率 Ratio of Total Assets to Industrial Output Value |
|---|---|---|---|---|---|---|
| **9.64** | **14.30** | **55.48** | **2.33** | **7.58** | **98.91** | **13.77** |
| 11.36 | 14.89 | 63.72 | 2.06 | 8.56 | 96.56 | 14.53 |
| 17.92 | 29.34 | 63.65 | 2.18 | 13.81 | 99.40 | 26.94 |
| 9.02 | 12.72 | 52.95 | 2.29 | 7.17 | 98.40 | 12.17 |
| 14.45 | 16.12 | 51.80 | 2.13 | 11.20 | 99.05 | 15.19 |
| 4.53 | 16.61 | 63.35 | 5.20 | 0.92 | 97.92 | 16.35 |
| 12.14 | 18.13 | 56.27 | 2.43 | 9.42 | 99.69 | 17.47 |
| 9.90 | 12.71 | 56.78 | 2.13 | 6.66 | 101.30 | 12.78 |
| 7.93 | 12.59 | 54.65 | 2.41 | 6.38 | 99.26 | 12.22 |
| 11.75 | 13.95 | 40.53 | 2.04 | 10.09 | 98.19 | 11.20 |
| 7.67 | 20.69 | 31.67 | 6.11 | 3.53 | 100.55 | 23.01 |
| 10.18 | 14.93 | 53.64 | 2.33 | 7.57 | 99.58 | 14.08 |
| 9.48 | 14.11 | 56.05 | 2.34 | 7.58 | 98.71 | 13.67 |
| 9.34 | 14.95 | 58.37 | 2.52 | 7.53 | 99.14 | 14.19 |
| 10.53 | 13.92 | 53.72 | 2.13 | 8.25 | 98.64 | 13.56 |
| 9.36 | 13.54 | 52.24 | 2.23 | 7.01 | 98.70 | 13.24 |
| 11.89 | 15.10 | 48.53 | 1.79 | 10.82 | 101.34 | 11.90 |
| **14.81** | **16.52** | **71.21** | **1.94** | **9.37** | **105.26** | **17.87** |
| 0.00 | 0.00 | 0.00 | 0.00 | 0.00 | 0.00 | 0.00 |
| 0.00 | 0.00 | 0.00 | 0.00 | 0.00 | 0.00 | 0.00 |
| 7.00 | 28.65 | 55.17 | 7.85 | 1.32 | 99.25 | 25.09 |
| 0.00 | 0.00 | 0.00 | 0.00 | 0.00 | 0.00 | 0.00 |
| 20.50 | 18.04 | 68.76 | 1.38 | 15.01 | 108.88 | 19.82 |
| -2.98 | -2.73 | 102.53 | 6.96 | -2.89 | 100.00 | -2.72 |
| 0.00 | 0.00 | 0.00 | 0.00 | 0.00 | 0.00 | 0.00 |
| **9.55** | **14.50** | **55.25** | **2.34** | **7.51** | **98.89** | **13.95** |
| 9.80 | 14.80 | 72.64 | 1.96 | 7.71 | 100.23 | 13.64 |
| 13.10 | 16.00 | 49.91 | 2.03 | 10.38 | 99.78 | 14.28 |
| 12.39 | 13.92 | 57.27 | 2.14 | 6.14 | 99.32 | 13.98 |
| 0.00 | 0.00 | 0.00 | 0.00 | 0.00 | 0.00 | 0.00 |
| 8.89 | 13.16 | 55.02 | 2.32 | 6.25 | 99.15 | 13.50 |
| 9.36 | 20.96 | 52.81 | 3.30 | 6.35 | 99.46 | 19.71 |

11－10 续 表1

单位:%

| 项　　目　Item | | 企业亏损面 Percentage of Loss Making Enterprises | 产值利税率 Percentage of Profit and Tax to Output Value |
|---|---|---|---|
| 皮革、毛皮、羽毛及其制品和制鞋业 | Manufacture of Textile, Fur, Feather and footwear Products | 12.64 | 8.83 |
| 木材加工和木、竹、藤、棕、草制品业 | Processing of Timber, Manufacture of Wood, Bamboo, Rattan, Palm and Straw Products | 21.79 | 12.48 |
| 家具制造业 | Manufacture of Furniture | 35.14 | 6.23 |
| 造纸和纸制品业 | Manufacture of Paper and Paper Products | 23.68 | 10.02 |
| 印刷和记录媒介复制业 | Printing, Reproduction of Recording Media | 15.00 | 17.68 |
| 文教、工美、体育和娱乐用品制造业 | Manufacture of Culture, education, arts, crafts sports and enterfaiment supplies | 15.22 | 8.40 |
| 石油加工、炼焦和核燃料加工业 | Processing of Petroleum, Coking, Processing of Nuclear Fuel | 22.22 | 14.30 |
| 化学原料和化学制品制造业 | Manufacture of Raw Chemical Materials and Chemical Products | 15.37 | 13.08 |
| 医药制造业 | Manufacture of Medicines | 10.91 | 19.35 |
| 化学纤维制造业 | Manufacture of Chemical Fibers | 23.81 | 13.91 |
| 橡胶和塑料制品业 | Manufacture of Rubber and Plastics | 19.43 | 9.07 |
| 非金属矿物制品业 | Manufacture of Non－metallic Mineral Products | 16.41 | 12.62 |
| 黑色金属冶炼和压延加工业 | Smelting and Pressing of Ferrous Metals | 15.14 | 7.28 |
| 有色金属冶炼和压延加工业 | Smelting and Pressing of Non－ferrous Metals | 21.76 | 6.87 |
| 金属制品业 | Manufacture of Metal Products | 16.88 | 9.43 |
| 通用设备制造业 | Manufacture of General Purpose Machinery | 13.19 | 12.61 |
| 专用设备制造业 | Manufacture of Special Purpose Machinery | 16.17 | 12.57 |
| 汽车制造业 | Manufacturing of Automobile | 16.97 | 15.61 |
| 铁路、船舶、航空航天和其他运输设备制造业 | Manufacture of Railroad, Marine, Aviation and other Transport Equipment | 14.22 | 18.53 |
| 电气机械和器材制造业 | Manufacture of Electrical Machinery and Equipment | 19.39 | 8.01 |
| 计算机、通信和其他电子设备制造业 | Manufacture of computer communications and other electronic equipment | 28.41 | 5.08 |
| 仪器仪表制造业 | Manufacture of instrumentation | 13.56 | 12.94 |
| 其他制造业 | Other Manufacturing | 28.89 | 8.36 |
| 废弃资源综合利用业 | Manufacture of Recycling and Disposal of Waste | 21.95 | 2.93 |
| 金属制品、机械和设备修理业 | Manufacture of Metal Products, Machinery and Equipment Repair | 40.00 | 5.06 |
| **电力、燃气及水的生产和供应业** | **Production and Supply of Electricity, Gas and Water** | **17.16** | **15.04** |
| 电力、热力的生产和供应业 | Production and Supply of Electric Power and Heat Power | 23.75 | 13.38 |
| 燃气生产和供应 | Production and Supply of Gas | 8.33 | 18.41 |
| 水的生产和供应业 | Production and Supply of Water | 5.56 | 27.17 |

11－10 Continued 1

(%)

| 销售利税率 Percentage of Profit and Tax to Sales | 资金利税率 Percertage of Profit and Tax to Capital | 资产负债率 Assets Liability Ratio | 流动资产周转次数(次/年) Times of Turnover of Circulating Funds (times/year) | 成本费用利润率 Ratio of Profits to Industrial Cost | 产品销售率 Proportion of Products Sold | 总资产贡献率 Ratio of Total Assets to Industrial Output Value |
|---|---|---|---|---|---|---|
| 9.08 | 19.58 | 51.13 | 2.96 | 5.49 | 98.16 | 18.53 |
| 12.36 | 21.44 | 51.65 | 2.52 | 8.97 | 97.95 | 20.35 |
| 6.34 | 9.93 | 47.88 | 2.26 | 4.09 | 99.43 | 8.91 |
| 9.84 | 6.89 | 51.30 | 1.42 | 8.11 | 101.04 | 6.78 |
| 17.67 | 17.95 | 39.66 | 1.63 | 16.01 | 100.36 | 17.43 |
| 8.52 | 18.45 | 48.89 | 3.38 | 5.04 | 98.67 | 17.40 |
| 14.29 | 37.97 | 54.70 | 4.20 | 10.28 | 95.08 | 37.87 |
| 13.25 | 18.11 | 53.34 | 2.56 | 11.14 | 98.55 | 17.11 |
| 19.85 | 25.72 | 42.07 | 1.95 | 14.06 | 99.19 | 22.65 |
| 12.96 | 17.66 | 58.78 | 2.83 | 11.39 | 102.23 | 16.92 |
| 9.14 | 12.12 | 45.42 | 2.31 | 6.44 | 99.06 | 12.23 |
| 12.88 | 13.15 | 51.36 | 1.75 | 9.19 | 97.99 | 13.20 |
| 7.23 | 13.05 | 67.83 | 3.15 | 5.09 | 98.99 | 13.27 |
| 6.90 | 13.19 | 55.31 | 2.89 | 5.47 | 99.06 | 13.68 |
| 9.63 | 13.10 | 50.28 | 2.03 | 7.51 | 98.58 | 12.83 |
| 12.79 | 17.11 | 48.95 | 1.84 | 11.14 | 98.70 | 16.19 |
| 12.86 | 16.44 | 49.97 | 1.75 | 11.45 | 98.32 | 15.61 |
| 15.68 | 25.98 | 56.35 | 2.54 | 10.98 | 100.79 | 24.87 |
| 19.48 | 17.54 | 61.34 | 1.15 | 17.64 | 98.06 | 15.90 |
| 8.06 | 12.36 | 59.18 | 2.16 | 6.07 | 97.60 | 12.12 |
| 5.09 | 9.87 | 55.30 | 2.99 | 4.22 | 99.10 | 9.63 |
| 13.03 | 19.84 | 53.22 | 2.10 | 11.14 | 98.18 | 18.77 |
| 8.47 | 15.06 | 44.79 | 3.12 | 5.01 | 99.60 | 14.83 |
| 2.90 | 2.27 | 84.83 | 0.88 | 0.54 | 95.00 | 2.85 |
| 4.20 | 6.58 | 70.73 | 2.74 | 2.15 | 102.02 | 6.48 |
| **15.07** | **9.26** | **60.66** | **2.16** | **12.06** | **99.72** | **9.37** |
| 13.44 | 8.02 | 63.34 | 2.22 | 9.83 | 99.80 | 8.82 |
| 18.29 | 18.70 | 54.99 | 2.33 | 17.23 | 99.62 | 13.73 |
| 27.61 | 4.06 | 53.02 | 0.85 | 23.08 | 98.64 | 5.00 |

# 11－11　大中型工业企业主要经济指标(2011年)

单位:亿元

| 项　目 | Item | 单位数(个) Number of Enterprises (unit) | 资产总计 Total Assets | 流动资产 Current Assets |
|---|---|---|---|---|
| **总　计** | **Total** | **6881** | **53697.99** | **29291.90** |
| **按登记注册类型分** | **Grouped by Status of Registration** | | | |
| 内资企业 | Domestic Funded Enterprises | 3733 | 30402.18 | 15923.90 |
| 国有企业 | State－owned Enterprises | 148 | 5386.96 | 1614.62 |
| 集体企业 | Collective－owned Enterprises | 54 | 542.88 | 342.48 |
| 股份合作企业 | Cooperative Enterprises | 33 | 271.25 | 128.50 |
| 联营企业 | Joint Ownership Enterprises | 6 | 17.49 | 9.08 |
| 有限责任公司 | Limited Liability Corporations | 653 | 9642.89 | 5107.36 |
| #国有独资 | State Sole Funded Corporatios | 33 | 1844.04 | 896.98 |
| 股份有限公司 | Share－holding Corporations Ltd. | 271 | 4351.02 | 2562.99 |
| 私营企业 | Private Enterprises | 2548 | 9976.30 | 6016.46 |
| 其他企业 | Other Enterprises | 20 | 213.38 | 142.42 |
| 港、澳、台商投资企业 | Enterprises with Funds from Hong Kong, Macao and Taiwan | 1098 | 7172.70 | 3942.14 |
| 外商投资企业 | Foreign Funded Enterprises | 2050 | 16123.11 | 9425.87 |
| **按轻重工业分** | **Grouped by Light & Heavy Industries** | | | |
| 轻工业 | Light Industry | 2654 | 12241.42 | 6831.76 |
| 重工业 | Heavy Industry | 4227 | 41456.57 | 22460.14 |
| **按行业分** | **Grouped by Sector** | | | |
| **采矿业** | **Mining** | **47** | **953.02** | **331.39** |
| 煤炭开采和洗选业 | Mining and Washing of Coal | 7 | 546.10 | 187.43 |
| 石油和天然气开采业 | Extraction of Petroleum and Natural Gas | 2 | 212.78 | 52.01 |
| 黑色金属矿采选业 | Mining and Processing of Ferrous Metal Ores | 5 | 29.09 | 16.72 |
| 有色金属矿采选业 | Mining and Processing of Non－ferrous Metals Ores | 2 | 8.97 | 5.43 |
| 非金属矿采选业 | Mining and Processing of Nonmetal Ores | 31 | 156.08 | 69.81 |
| 开采辅助活动 | Mining Activities | | | |
| 其他采矿业 | Mining of Other Ores | | | |
| **制造业** | **Manufacturing** | **6752** | **48115.60** | **28193.14** |
| 农副食品加工业 | Processing of Food from Agricultural Products | 82 | 653.99 | 414.55 |
| 食品制造业 | Manufacture of Food | 59 | 247.51 | 131.16 |
| 酒、饮料和精制茶制造业 | Manufacture of Beverage | 37 | 432.80 | 256.18 |
| 烟草制品业 | Manufacture of Tobacco | 4 | 392.01 | 312.07 |
| 纺织业 | Manufacture of Textile | 621 | 2012.18 | 1110.68 |
| 纺织服装、服饰业 | Manufacture of Textile and apparol | 661 | 1317.95 | 779.47 |
| 皮革、毛皮、羽毛及其制品和制鞋业 | Manufacture of Textile, Fur, Feather and footwear Products | 126 | 146.40 | 99.89 |
| 木材加工和木、竹、藤、棕、草制品业 | Processing of Timber, Manufacture of Wood, Bamboo, Rattan, Palm and Straw Products | 74 | 235.05 | 140.55 |
| 家具制造业 | Manufacture of Furniture | 33 | 55.44 | 33.08 |
| 造纸和纸制品业 | Manufacture of Paper and Paper Products | 67 | 1265.38 | 495.82 |

# Main Economic Indicators of Big and Medium Size Industrial Enterprises (2011)

(100 million yuan)

| 应收账款 Accounts Receivalble | 存货 Inventory | #产成品 Finished Goods | 固定资产原价 Original Value of Fixed Assets | 固定资产合计 Original value | 负债合计 Total Liabilities | 所有者权益 Owners' Equities |
|---|---|---|---|---|---|---|
| **7647.64** | **6788.19** | **2380.09** | **30611.66** | **17772.60** | **31465.88** | **22232.05** |
| 3290.99 | 3844.22 | 1436.35 | 16356.85 | 9941.47 | 18267.06 | 12135.06 |
| 241.37 | 433.77 | 72.68 | 4935.54 | 2799.47 | 3253.67 | 2133.29 |
| 49.82 | 79.96 | 26.92 | 186.63 | 98.17 | 303.79 | 239.08 |
| 36.92 | 33.61 | 19.28 | 165.57 | 116.93 | 167.86 | 103.39 |
| 3.04 | 2.29 | 1.09 | 3.42 | 3.14 | 7.82 | 9.67 |
| 958.34 | 1192.73 | 450.73 | 4833.16 | 3102.33 | 6184.06 | 3458.84 |
| 217.18 | 211.25 | 91.54 | 858.72 | 602.63 | 1126.36 | 717.68 |
| 509.07 | 613.36 | 249.90 | 1754.08 | 1045.82 | 2252.22 | 2098.80 |
| 1470.14 | 1450.70 | 601.57 | 4401.51 | 2720.75 | 5949.52 | 4026.71 |
| 22.29 | 37.80 | 14.18 | 76.93 | 54.86 | 148.11 | 65.27 |
| 1158.09 | 920.02 | 296.94 | 4614.64 | 2497.01 | 4241.11 | 2931.59 |
| 3198.56 | 2023.94 | 646.80 | 9640.17 | 5334.12 | 8957.71 | 7165.40 |
| 1379.57 | 1694.07 | 657.80 | 5994.49 | 3669.42 | 6657.67 | 5583.75 |
| 6268.08 | 5094.12 | 1722.30 | 24617.17 | 14103.18 | 24808.21 | 16648.30 |
| **46.12** | **54.58** | **15.65** | **707.74** | **452.18** | **548.15** | **404.87** |
| 28.16 | 37.17 | 10.91 | 339.00 | 246.86 | 336.55 | 209.55 |
| 7.07 | 5.61 | 0.40 | 276.19 | 144.48 | 112.17 | 100.61 |
| 3.41 | 1.90 | 0.58 | 9.03 | 5.88 | 16.32 | 12.77 |
| 0.37 | 0.44 | 0.22 | 4.35 | 2.49 | 5.43 | 3.54 |
| 7.11 | 9.47 | 3.55 | 79.17 | 52.47 | 77.68 | 78.40 |
| **7463.17** | **6638.71** | **2356.56** | **24797.75** | **14218.80** | **27839.22** | **20276.32** |
| 44.31 | 86.45 | 27.20 | 212.34 | 150.98 | 470.40 | 183.60 |
| 28.00 | 33.14 | 10.82 | 122.47 | 86.18 | 142.28 | 105.23 |
| 18.19 | 83.76 | 24.89 | 183.29 | 116.63 | 230.08 | 202.73 |
| 5.48 | 101.61 | 4.04 | 88.33 | 44.58 | 51.71 | 340.29 |
| 188.64 | 337.71 | 147.01 | 1101.04 | 620.82 | 1174.93 | 837.25 |
| 156.75 | 226.96 | 115.34 | 462.47 | 283.13 | 752.08 | 565.87 |
| 26.86 | 28.62 | 9.80 | 60.22 | 31.99 | 80.83 | 65.56 |
| 30.67 | 35.25 | 22.50 | 156.12 | 80.76 | 132.55 | 102.50 |
| 10.46 | 11.50 | 2.72 | 22.89 | 14.78 | 26.06 | 29.38 |
| 87.37 | 78.35 | 29.24 | 861.76 | 517.51 | 655.98 | 609.40 |

单位:亿元

| 项 目 Item | | 单位数(个) Number of Enterprises (unit) | 资产总计 Total Assets | 流动资产 Current Assets |
|---|---|---|---|---|
| 印刷和记录媒介复制业 | Printing, Reproduction of Recording Media | 49 | 158.33 | 79.92 |
| 文教、工美、体育和娱乐用品制造业 | Manufacture of Culture, education, arts, crafts sports and enterfaiment supplies | 126 | 168.01 | 95.43 |
| 石油加工、炼焦和核燃料加工业 | Processing of Petroleum, Coking, Processing of Nuclear Fuel | 16 | 413.90 | 198.96 |
| 化学原料和化学制品制造业 | Manufacture of Raw Chemical Materials and Chemical Products | 402 | 4775.63 | 2284.79 |
| 医药制造业 | Manufacture of Medicines | 120 | 856.57 | 529.58 |
| 化学纤维制造业 | Manufacture of Chemical Fibers | 92 | 1354.91 | 686.67 |
| 橡胶和塑料制品业 | Manufacture of Rubber and Plastics | 215 | 762.99 | 390.69 |
| 非金属矿物制品业 | Manufacture of Non－metallic Mineral Products | 231 | 1127.78 | 544.10 |
| 黑色金属冶炼和压延加工业 | Smelting and Pressing of Ferrous Metals | 187 | 5543.70 | 3035.06 |
| 有色金属冶炼和压延加工业 | Smelting and Pressing of Non－ferrous Metals | 81 | 509.75 | 313.26 |
| 金属制品业 | Manufacture of Metal Products | 301 | 1365.63 | 850.44 |
| 通用设备制造业 | Manufacture of General Purpose Machinery | 443 | 2757.73 | 1800.10 |
| 专用设备制造业 | Manufacture of Special Purpose Machinery | 365 | 1728.85 | 1185.07 |
| 汽车制造业 | Manufacturing of Automobile | 268 | 2001.51 | 1202.98 |
| 铁路、船舶、航空航天和其他运输设备制造业 | Manufacture of Railroad, Marine, Aviation and other Transport Equipment | 205 | 3168.75 | 2010.98 |
| 电气机械和器材制造业 | Manufacture of Electrical Machinery and Equipment | 663 | 5760.44 | 3745.40 |
| 计算机、通信和其他电子设备制造业 | Manufacture of computer communications and other electronic equipment | 1004 | 7492.31 | 4544.69 |
| 仪器仪表制造业 | Manufacture of instrumentation | 182 | 1201.11 | 750.89 |
| 其他制造业 | Other Manufacturing | 27 | 45.06 | 24.32 |
| 废弃资源综合利用业 | Manufacture of Recycling and Disposal of Waste | 7 | 159.84 | 143.90 |
| 金属制品、机械和设备修理业 | Manufacture of Metal Products, Machinery and Equipment Repair | 4 | 4.10 | 2.47 |
| **电力、燃气及水的生产和供应业** | **Production and Supply of Electricity, Gas and Water** | **82** | **4629.36** | **767.37** |
| 电力、热力的生产和供应业 | Production and Supply of Electric Power and Heat Power | 45 | 3978.09 | 589.19 |
| 燃气生产和供应 | Production and Supply of Gas | 11 | 134.18 | 54.95 |
| 水的生产和供应业 | Production and Supply of Water | 26 | 517.10 | 123.23 |

(100 million yuan)

| 应收账款<br>Accounts Receivalble | 存货<br>Inventory | #产成品<br>Finished Goods | 固定资产原价<br>Original Value of Fixed Assets | 固定资产合计<br>Original value | 负债合计<br>Total Liabilities | 所有者权益<br>Owners' Equities |
|---|---|---|---|---|---|---|
| 29.85 | 14.19 | 5.90 | 93.81 | 55.06 | 75.10 | 83.23 |
| 24.41 | 30.25 | 15.07 | 80.15 | 50.19 | 89.55 | 78.45 |
| 31.32 | 87.60 | 19.17 | 299.14 | 156.28 | 290.86 | 123.04 |
| 462.30 | 543.28 | 202.84 | 3094.71 | 1825.13 | 2630.66 | 2144.97 |
| 148.21 | 90.31 | 35.57 | 320.13 | 225.95 | 342.56 | 514.01 |
| 68.31 | 186.50 | 86.24 | 858.01 | 499.54 | 834.66 | 520.25 |
| 128.72 | 108.13 | 45.83 | 536.19 | 312.59 | 342.11 | 420.88 |
| 114.93 | 108.69 | 41.70 | 729.07 | 456.98 | 627.67 | 500.11 |
| 364.22 | 816.92 | 276.03 | 2957.21 | 1794.47 | 3723.93 | 1819.77 |
| 77.66 | 88.54 | 31.42 | 235.10 | 153.71 | 307.86 | 201.89 |
| 257.45 | 214.81 | 84.92 | 536.16 | 340.81 | 804.23 | 561.40 |
| 565.98 | 486.87 | 191.05 | 909.81 | 627.41 | 1527.76 | 1229.97 |
| 386.57 | 337.60 | 121.87 | 732.59 | 402.24 | 976.66 | 752.19 |
| 343.31 | 239.73 | 108.17 | 939.93 | 579.01 | 1212.39 | 789.12 |
| 287.92 | 457.62 | 51.49 | 1073.26 | 742.14 | 2006.90 | 1161.85 |
| 1338.21 | 638.33 | 278.77 | 2246.58 | 1281.68 | 3321.61 | 2438.83 |
| 1985.97 | 917.63 | 280.02 | 5395.52 | 2446.63 | 4219.90 | 3272.36 |
| 210.28 | 203.62 | 53.51 | 441.29 | 294.16 | 620.37 | 580.74 |
| 7.61 | 6.78 | 2.74 | 33.81 | 17.62 | 18.77 | 26.30 |
| 32.10 | 37.54 | 30.55 | 12.44 | 8.26 | 146.23 | 13.62 |
| 1.12 | 0.42 | 0.15 | 1.89 | 1.58 | 2.55 | 1.55 |
| **138.35** | **94.91** | **7.88** | **5106.18** | **3101.62** | **3078.51** | **1550.86** |
| 126.17 | 85.92 | 7.35 | 4637.77 | 2750.12 | 2690.46 | 1287.62 |
| 4.98 | 4.68 | 0.29 | 76.22 | 58.14 | 80.15 | 54.03 |
| 7.20 | 4.30 | 0.24 | 392.18 | 293.37 | 307.90 | 209.20 |

单位:亿元

| 项 目 | Item | #实收资本 Paid-in Capital | 主营业务收入 Revenue from Principal Business | 主营业务成本 Cost of Principle Business |
|---|---|---|---|---|
| **总 计** | **Total** | **10307.77** | **68404.95** | **58679.36** |
| **按登记注册类型分** | **Grouped by Status of Registration** | | | |
| 内资企业 | Domestic Funded Enterprises | 4379.84 | 36652.95 | 31221.82 |
| 国有企业 | State－owned Enterprises | 795.27 | 5006.95 | 4224.92 |
| 集体企业 | Collective－owned Enterprises | 110.98 | 641.06 | 564.46 |
| 股份合作企业 | Cooperative Enterprises | 48.74 | 304.14 | 260.02 |
| 联营企业 | Joint Ownership Enterprises | 2.57 | 20.18 | 17.42 |
| 有限责任公司 | Limited Liability Corporations | 1230.25 | 10495.45 | 8904.47 |
| #国有独资 | State Sole Funded Corporatios | 258.70 | 1341.40 | 1110.50 |
| 股份有限公司 | Share－holding Corporations Ltd. | 723.19 | 4942.94 | 4064.40 |
| 私营企业 | Private Enterprises | 1450.20 | 14907.14 | 12900.24 |
| 其他企业 | Other Enterprises | 18.63 | 335.09 | 285.90 |
| 港、澳、台商投资企业 | Enterprises with Funds from Hong Kong, Macao and Taiwan | 1657.38 | 8479.40 | 7350.75 |
| 外商投资企业 | Foreign Funded Enterprises | 4270.56 | 23272.60 | 20106.79 |
| **按轻重工业分** | **Grouped by Light & Heavy Industries** | | | |
| 轻工业 | Light Industry | 2507.34 | 15389.33 | 12559.22 |
| 重工业 | Heavy Industry | 7800.44 | 53015.63 | 46120.14 |
| **按行业分** | **Grouped by Sector** | | | |
| **采矿业** | **Mining** | **190.15** | **550.06** | **370.45** |
| 煤炭开采和洗选业 | Mining and Washing of Coal | 57.97 | 300.16 | 217.35 |
| 石油和天然气开采业 | Extraction of Petroleum and Natural Gas | 98.43 | 90.16 | 32.23 |
| 黑色金属矿采选业 | Mining and Processing of Ferrous Metal Ores | 1.91 | 56.90 | 45.56 |
| 有色金属矿采选业 | Mining and Processing of Non－ferrous Metals Ores | 1.04 | 7.35 | 3.22 |
| 非金属矿采选业 | Mining and Processing of Nonmetal Ores | 30.80 | 95.48 | 72.09 |
| 开采辅助活动 | Mining Activities | | | |
| 其他采矿业 | Mining of Other Ores | | | |
| **制造业** | **Manufacturing** | **9465.20** | **64621.17** | **55312.88** |
| 农副食品加工业 | Processing of Food from Agricultural Products | 76.66 | 907.41 | 809.48 |
| 食品制造业 | Manufacture of Food | 55.87 | 261.80 | 205.35 |
| 酒、饮料和精制茶制造业 | Manufacture of Beverage | 92.43 | 564.07 | 397.61 |
| 烟草制品业 | Manufacture of Tobacco | 11.92 | 402.51 | 89.22 |
| 纺织业 | Manufacture of Textile | 379.18 | 2690.01 | 2378.15 |
| 纺织服装、服饰业 | Manufacture of Textile and apparol | 234.04 | 1916.38 | 1620.21 |
| 皮革、毛皮、羽毛及其制品和制鞋业 | Manufacture of Textile, Fur, Feather and footwear Products | 40.30 | 294.95 | 256.60 |
| 木材加工和木、竹、藤、棕、草制品业 | Processing of Timber, Manufacture of Wood, Bamboo, Rattan, Palm and Straw Products | 30.33 | 407.82 | 332.99 |
| 家具制造业 | Manufacture of Furniture | 18.03 | 83.02 | 70.89 |
| 造纸和纸制品业 | Manufacture of Paper and Paper Products | 435.95 | 746.61 | 620.67 |

(100 million yuan)

| 主营业务税金及附加<br>Taxes and Other Charges on Principle Business | 利润总额<br>Total Profits | 利税总额<br>Total Profits and Taxes | 应交增值税<br>Value Added Tax Payable | 全部从业人员年平均人数（万人）<br>Annual Average Employed Persons (10000 persons) |
|---|---|---|---|---|
| **654.21** | **4765.82** | **7380.14** | **1960.11** | **684.93** |
| 531.00 | 2495.00 | 4291.89 | 1265.89 | 332.25 |
| 303.61 | 268.90 | 784.54 | 212.03 | 23.75 |
| 1.97 | 33.38 | 51.61 | 16.26 | 5.42 |
| 1.03 | 20.77 | 35.80 | 13.99 | 3.03 |
| 0.09 | 0.59 | 1.17 | 0.49 | 0.33 |
| 62.85 | 674.44 | 1038.20 | 300.91 | 83.42 |
| 15.97 | 85.14 | 147.10 | 46.00 | 12.36 |
| 100.31 | 424.23 | 726.02 | 201.48 | 39.97 |
| 60.33 | 1042.98 | 1607.11 | 503.80 | 174.52 |
| 0.80 | 29.71 | 47.43 | 16.93 | 1.80 |
| 21.81 | 646.34 | 889.06 | 220.91 | 125.81 |
| 101.40 | 1624.48 | 2199.19 | 473.32 | 226.87 |
| 299.34 | 1200.11 | 2023.08 | 523.63 | 222.11 |
| 354.86 | 3565.71 | 5357.06 | 1436.48 | 462.82 |
| **29.04** | **64.77** | **135.94** | **42.13** | **14.33** |
| 6.28 | 34.50 | 66.38 | 25.59 | 8.93 |
| 20.65 | 14.70 | 43.59 | 8.24 | 2.02 |
| 0.23 | 4.43 | 7.58 | 2.93 | 0.69 |
| 0.18 | 2.99 | 4.09 | 0.91 | 0.19 |
| 1.70 | 8.14 | 14.30 | 4.46 | 2.51 |
| **612.91** | **4555.62** | **6963.24** | **1794.72** | **659.88** |
| 2.63 | 66.44 | 96.61 | 27.54 | 5.43 |
| 0.84 | 22.41 | 32.23 | 8.98 | 4.28 |
| 21.75 | 112.61 | 166.76 | 32.40 | 5.02 |
| 225.31 | 68.75 | 347.47 | 53.41 | 0.59 |
| 9.90 | 160.47 | 248.17 | 77.80 | 50.16 |
| 8.88 | 153.87 | 217.99 | 55.23 | 49.50 |
| 1.12 | 14.61 | 26.75 | 11.01 | 9.48 |
| 3.[illegible] | 29.59 | 50.60 | 17.92 | 5.89 |
| 0.23 | 3.87 | 5.99 | 1.89 | 2.47 |
| 2.03 | 58.39 | 78.65 | 18.22 | 5.54 |

单位:亿元

| 项 目 | Item | #实收资本 Paid-in Capital | 主营业务收入 Revenue from Principal Business | 主营业务成本 Cost of Principle Business |
|---|---|---|---|---|
| 印刷和记录媒介复制业 | Printing,Reproduction of Recording Media | 30.33 | 138.37 | 108.49 |
| 文教、工美、体育和娱乐用品制造业 | Manufacture of Culture, education, arts, crafts sports and enterfaiment supplies | 33.94 | 310.27 | 266.64 |
| 石油加工、炼焦和核燃料加工业 | Processing of Petroleum,Coking,Processing of Nuclear Fuel | 74.80 | 1291.03 | 1150.78 |
| 化学原料和化学制品制造业 | Manufacture of Raw Chemical Materials and Chemical Products | 1116.59 | 6363.81 | 5380.28 |
| 医药制造业 | Manufacture of Medicines | 133.31 | 1175.80 | 667.56 |
| 化学纤维制造业 | Manufacture of Chemical Fibers | 268.63 | 1695.93 | 1497.97 |
| 橡胶和塑料制品业 | Manufacture of Rubber and Plastics | 246.28 | 926.77 | 791.55 |
| 非金属矿物制品业 | Manufacture of Non－metallic Mineral Products | 273.44 | 1063.03 | 867.47 |
| 黑色金属冶炼和压延加工业 | Smelting and Pressing of Ferrous Metals | 635.79 | 7476.68 | 6785.35 |
| 有色金属冶炼和压延加工业 | Smelting and Pressing of Non－ferrous Metals | 107.64 | 949.35 | 846.68 |
| 金属制品业 | Manufacture of Metal Products | 248.52 | 1745.66 | 1491.91 |
| 通用设备制造业 | Manufacture of General Purpose Machinery | 442.62 | 2979.08 | 2428.39 |
| 专用设备制造业 | Manufacture of Special Purpose Machinery | 334.73 | 2002.87 | 1635.80 |
| 汽车制造业 | Manufacturing of Automobile | 461.61 | 2914.17 | 2384.28 |
| 铁路、船舶、航空航天和其他运输设备制造业 | Manufacture of Railroad, Marine, Aviation and other Transport Equipment | 391.65 | 2943.77 | 2469.91 |
| 电气机械和器材制造业 | Manufacture of Electrical Machinery and Equipment | 1055.93 | 7619.89 | 6438.92 |
| 计算机、通信和其他电子设备制造业 | Manufacture of computer communications and other electronic equipment | 2023.12 | 13178.31 | 12019.45 |
| 仪器仪表制造业 | Manufacture of instrumentation | 193.38 | 1325.27 | 1076.83 |
| 其他制造业 | Other Manufacturing | 8.22 | 118.84 | 105.19 |
| 废弃资源综合利用业 | Manufacture of Recycling and Disposal of Waste | 9.45 | 120.40 | 111.61 |
| 金属制品、机械和设备修理业 | Manufacture of Metal Products, Machinery and Equipment Repair | 0.52 | 7.29 | 6.66 |
| **电力、燃气及水的生产和供应业** | **Production and Supply of Electricity, Gas and Water** | **652.43** | **3233.72** | **2996.03** |
| 电力、热力的生产和供应业 | Production and Supply of Electric Power and Heat Power | 528.45 | 3107.92 | 2910.71 |
| 燃气生产和供应 | Production and Supply of Gas | 26.69 | 70.54 | 54.31 |
| 水的生产和供应业 | Production and Supply of Water | 97.29 | 55.25 | 31.00 |

11－11 Continued 3

(100 million yuan)

| 主营业务税金及附加 Taxes and Other Charges on Principle Business | 利润总额 Total Profits | 利税总额 Total Profits and Taxes | 应交增值税 Value Added Tax Payable | 全部从业人员年平均人数（万人） Annual Average Employed Persons (10000 persons) |
|---|---|---|---|---|
| 0.61 | 15.76 | 20.82 | 4.44 | 2.85 |
| 1.51 | 14.90 | 26.70 | 10.29 | 9.43 |
| 92.71 | 12.84 | 192.99 | 87.44 | 1.92 |
| 59.79 | 533.56 | 774.04 | 180.69 | 35.36 |
| 8.71 | 122.07 | 202.27 | 71.49 | 10.77 |
| 3.68 | 114.83 | 165.51 | 47.00 | 10.84 |
| 3.46 | 63.80 | 92.93 | 25.67 | 15.94 |
| 5.74 | 107.08 | 161.27 | 48.45 | 14.83 |
| 17.35 | 365.67 | 563.61 | 180.59 | 26.59 |
| 4.11 | 54.63 | 75.85 | 17.11 | 5.28 |
| 6.07 | 131.70 | 201.47 | 63.70 | 22.65 |
| 10.73 | 277.62 | 371.49 | 83.14 | 32.32 |
| 7.90 | 193.78 | 255.16 | 53.48 | 25.25 |
| 57.86 | 249.05 | 405.99 | 99.08 | 22.50 |
| 13.32 | 356.19 | 472.29 | 102.78 | 33.38 |
| 20.23 | 551.70 | 793.51 | 221.57 | 66.98 |
| 15.62 | 560.32 | 712.55 | 136.60 | 166.08 |
| 6.46 | 128.85 | 182.89 | 47.58 | 15.47 |
| 0.56 | 6.79 | 11.79 | 4.44 | 2.32 |
| 0.63 | 3.34 | 8.41 | 4.43 | 0.47 |
| 0.05 | 0.11 | 0.49 | 0.32 | 0.27 |
| **12.26** | **145.43** | **280.96** | **123.27** | **10.71** |
| 11.38 | 128.51 | 257.99 | 118.10 | 8.18 |
| 0.45 | 13.43 | 15.81 | 1.92 | 0.70 |
| 0.43 | 3.49 | 7.16 | 3.24 | 1.83 |

# 11－12 大中型工业企业主要经济效益指标（2011 年）

单位：%

| 项目 | Item | 企业亏损面 Percentage of Loss Making Enterprises | 产值利税率 Percentage of Profit and Tax to Output Value |
|---|---|---|---|
| **总　计** | **Total** | **11.66** | **10.78** |
| **按登记注册类型分** | **Grouped by Status of Registration** | | |
| 内资企业 | Domestic Funded Enterprises | 6.67 | 11.73 |
| 国有企业 | State－owned Enterprises | 12.84 | 15.77 |
| 集体企业 | Collective－owned Enterprises | 7.41 | 8.07 |
| 股份合作企业 | Cooperative Enterprises | 6.06 | 11.53 |
| 联营企业 | Joint Ownership Enterprises | 16.67 | 6.27 |
| 有限责任公司 | Limited Liability Corporations | 8.73 | 10.20 |
| #国有独资 | State Sole Funded Corporatios | 15.15 | 11.45 |
| 股份有限公司 | Share－holding Corporations Ltd. | 5.90 | 14.61 |
| 私营企业 | Private Enterprises | 5.77 | 10.62 |
| 其他企业 | Other Enterprises | 15.00 | 13.78 |
| 港、澳、台商投资企业 | Enterprises with Funds from Hong Kong, Macao and Taiwan | 16.03 | 10.33 |
| 外商投资企业 | Foreign Funded Enterprises | 18.39 | 9.43 |
| **按轻重工业分** | **Grouped by Light & Heavy Industries** | | |
| 轻工业 | Light Industry | 12.28 | 13.12 |
| 重工业 | Heavy Industry | 11.26 | 10.09 |
| **按行业分** | **Grouped by Sector** | | |
| **采矿业** | **Mining** | **2.13** | **24.83** |
| 煤炭开采和洗选业 | Mining and Washing of Coal | 0.00 | 22.37 |
| 石油和天然气开采业 | Extraction of Petroleum and Natural Gas | 50.00 | 47.98 |
| 黑色金属矿采选业 | Mining and Processing of Ferrous Metal Ores | 0.00 | 13.49 |
| 有色金属矿采选业 | Mining and Processing of Non－ferrous Metals Ores | 0.00 | 59.21 |
| 非金属矿采选业 | Mining and Processing of Nonmetal Ores | 0.00 | 14.79 |
| 开采辅助活动 | Mining Activities | 0.00 | 0.00 |
| 其他采矿业 | Mining of Other Ores | 0.00 | 0.00 |
| **制造业** | **Manufacturing** | **11.60** | **10.76** |
| 农副食品加工业 | Processing of Food from Agricultural Products | 2.44 | 10.62 |
| 食品制造业 | Manufacture of Food | 10.17 | 12.26 |
| 酒、饮料和精制茶制造业 | Manufacture of Beverage | 21.62 | 28.94 |
| 烟草制品业 | Manufacture of Tobacco | 0.00 | 86.32 |
| 纺织业 | Manufacture of Textile | 10.95 | 9.13 |
| 纺织服装、服饰业 | Manufacture of Textile and apparol | 10.14 | 11.22 |
| 皮革、毛皮、羽毛及其制品和制鞋业 | Manufacture of Textile, Fur, Feather and footwear Products | 13.49 | 8.77 |
| 木材加工和木、竹、藤、棕、草制品业 | Processing of Timber, Manufacture of Wood, Bamboo, Rattan, Palm and Straw Products | 2.70 | 12.43 |
| 家具制造业 | Manufacture of Furniture | 36.36 | 7.04 |
| 造纸和纸制品业 | Manufacture of Paper and Paper Products | 14.93 | 10.70 |

## Main Indicators on Economic Benefit of Big and Medium Size Industrial Enterprises (2011)

(%)

| 销售利税率 Percentage of Profit and Tax to Sales | 资金利税率 Percentage of Profit and Tax to Capital | 资产负债率 Assets Liability Ratio | 流动资产周转次数(次/年) Times of Turnover of Circulating Funds (times/year) | 成本费用利润率 Ratio of Profits to Industrial Cost | 产品销售率 Proportion of Products Sold | 总资产贡献率 Ratio of Total Assets to Industrial Output Value |
|---|---|---|---|---|---|---|
| 10.79 | 15.68 | 58.60 | 2.34 | 7.57 | 98.89 | 14.82 |
| | | | | | | |
| 11.71 | 16.59 | 60.08 | 2.30 | 7.40 | 98.82 | 15.49 |
| 15.67 | 17.77 | 60.40 | 3.10 | 6.05 | 100.24 | 15.49 |
| 8.05 | 11.71 | 55.96 | 1.87 | 5.49 | 98.88 | 11.27 |
| 11.77 | 14.59 | 61.88 | 2.37 | 7.34 | 98.97 | 15.26 |
| 5.78 | 9.54 | 44.74 | 2.22 | 3.01 | 96.31 | 7.32 |
| 9.89 | 12.65 | 64.13 | 2.05 | 6.89 | 99.13 | 12.30 |
| 10.97 | 9.81 | 61.08 | 1.50 | 6.82 | 99.61 | 9.13 |
| 14.69 | 20.12 | 51.76 | 1.93 | 9.47 | 98.55 | 17.67 |
| 10.78 | 18.39 | 59.64 | 2.48 | 7.56 | 98.24 | 17.68 |
| 14.16 | 24.04 | 69.41 | 2.35 | 9.84 | 98.37 | 24.40 |
| 10.48 | 13.81 | 59.13 | 2.15 | 8.25 | 97.28 | 13.25 |
| 9.45 | 14.90 | 55.56 | 2.47 | 7.59 | 99.60 | 14.27 |
| | | | | | | |
| 13.15 | 19.27 | 54.39 | 2.25 | 8.60 | 99.00 | 17.61 |
| 10.10 | 14.65 | 59.84 | 2.36 | 7.28 | 98.86 | 14.00 |
| | | | | | | |
| **24.71** | **17.35** | **57.52** | **1.66** | **14.16** | **98.84** | **14.90** |
| 22.11 | 15.28 | 61.63 | 1.60 | 13.15 | 98.99 | 12.63 |
| 48.35 | 22.19 | 52.72 | 1.73 | 26.95 | 100.00 | 20.96 |
| 13.32 | 33.55 | 56.10 | 3.40 | 8.98 | 99.78 | 27.40 |
| 55.57 | 51.61 | 60.58 | 1.35 | 69.87 | 97.43 | 45.61 |
| 14.98 | 11.69 | 49.77 | 1.37 | 9.37 | 96.83 | 10.51 |
| 0.00 | 0.00 | 0.00 | 0.00 | 0.00 | 0.00 | 0.00 |
| 0.00 | 0.00 | 0.00 | 0.00 | 0.00 | 0.00 | 0.00 |
| **10.78** | **16.42** | **57.86** | **2.29** | **7.67** | **98.84** | **15.50** |
| 10.65 | 17.08 | 71.93 | 2.19 | 7.92 | 99.84 | 15.86 |
| 12.31 | 14.83 | 57.48 | 2.00 | 9.30 | 98.67 | 13.78 |
| 29.56 | 44.73 | 53.16 | 2.20 | 23.41 | 99.53 | 39.08 |
| 86.33 | 97.43 | 13.19 | 1.29 | 63.24 | 99.98 | 88.03 |
| 9.23 | 14.33 | 58.39 | 2.42 | 6.36 | 98.54 | 14.11 |
| 11.38 | 20.51 | 57.06 | 2.46 | 8.74 | 98.94 | 17.52 |
| 9.07 | 20.28 | 55.22 | 2.95 | 5.27 | 97.61 | 19.06 |
| 12.41 | 22.87 | 56.39 | 2.90 | 8.04 | 97.98 | 24.14 |
| 7.21 | 12.51 | 47.01 | 2.51 | 4.98 | 98.48 | 11.00 |
| 10.53 | 7.76 | 51.84 | 1.51 | 8.50 | 100.81 | 7.55 |

11－12 续 表

单位:%

| 项　　目 Item | | 企业亏损面 Percentage of Loss Making Enterprises | 产值利税率 Percentage of Profit and Tax to Output Value |
|---|---|---|---|
| 印刷和记录媒介复制业 | Printing, Reproduction of Recording Media | 12.24 | 14.58 |
| 文教、工美、体育和娱乐用品制造业 | Manufacture of Culture, education, arts, crafts sports and enterfaiment supplies | 13.49 | 8.50 |
| 石油加工、炼焦和核燃料加工业 | Processing of Petroleum, Coking, Processing of Nuclear Fuel | 43.75 | 15.04 |
| 化学原料和化学制品制造业 | Manufacture of Raw Chemical Materials and Chemical Products | 7.21 | 12.20 |
| 医药制造业 | Manufacture of Medicines | 9.17 | 17.20 |
| 化学纤维制造业 | Manufacture of Chemical Fibers | 15.22 | 9.95 |
| 橡胶和塑料制品业 | Manufacture of Rubber and Plastics | 12.09 | 9.92 |
| 非金属矿物制品业 | Manufacture of Non－metallic Mineral Products | 9.96 | 15.01 |
| 黑色金属冶炼和压延加工业 | Smelting and Pressing of Ferrous Metals | 4.81 | 7.76 |
| 有色金属冶炼和压延加工业 | Smelting and Pressing of Non－ferrous Metals | 6.17 | 7.98 |
| 金属制品业 | Manufacture of Metal Products | 9.63 | 11.31 |
| 通用设备制造业 | Manufacture of General Purpose Machinery | 6.32 | 12.49 |
| 专用设备制造业 | Manufacture of Special Purpose Machinery | 7.95 | 12.57 |
| 汽车制造业 | Manufacturing of Automobile | 10.82 | 14.11 |
| 铁路、船舶、航空航天和其他运输设备制造业 | Manufacture of Railroad, Marine, Aviation and other Transport Equipment | 8.29 | 15.42 |
| 电气机械和器材制造业 | Manufacture of Electrical Machinery and Equipment | 10.41 | 10.29 |
| 计算机、通信和其他电子设备制造业 | Manufacture of computer communications and other electronic equipment | 23.01 | 5.41 |
| 仪器仪表制造业 | Manufacture of instrumentation | 4.40 | 13.40 |
| 其他制造业 | Other Manufacturing | 11.11 | 9.94 |
| 废弃资源综合利用业 | Manufacture of Recycling and Disposal of Waste | 0.00 | 7.05 |
| 金属制品、机械和设备修理业 | Manufacture of Metal Products, Machinery and Equipment Repair | 25.00 | 6.60 |
| **电力、燃气及水的生产和供应业** | **Production and Supply of Electricity, Gas and Water** | **21.95** | **8.71** |
| 电力、热力的生产和供应业 | Production and Supply of Electric Power and Heat Power | 24.44 | 8.33 |
| 燃气生产和供应 | Production and Supply of Gas | 0.00 | 22.33 |
| 水的生产和供应业 | Production and Supply of Water | 26.92 | 12.25 |

Continued

(%)

| 销售利税率 Percentage of Profit and Tax to Sales | 资金利税率 Percentage of Profit and Tax to Capital | 资产负债率 Assets Liability Ratio | 流动资产周转次数(次/年) Times of Turnover of Circulating Funds (times/year) | 成本费用利润率 Ratio of Profits to Industrial Cost | 产品销售率 Proportion of Products Sold | 总资产贡献率 Ratio of Total Assets to Industrial Output Value |
|---|---|---|---|---|---|---|
| 15.04 | 15.42 | 47.43 | 1.73 | 12.81 | 98.89 | 14.17 |
| 8.60 | 18.33 | 53.30 | 3.25 | 5.07 | 99.10 | 16.86 |
| 14.95 | 54.33 | 70.27 | 6.49 | 1.09 | 98.26 | 47.87 |
| 12.16 | 18.83 | 55.09 | 2.79 | 9.28 | 98.93 | 17.52 |
| 17.20 | 26.77 | 39.99 | 2.22 | 11.59 | 98.76 | 24.16 |
| 9.76 | 13.95 | 61.60 | 2.47 | 7.28 | 99.48 | 13.89 |
| 10.03 | 13.21 | 44.84 | 2.37 | 7.37 | 98.51 | 13.22 |
| 15.17 | 16.11 | 55.66 | 1.95 | 11.12 | 98.06 | 15.75 |
| 7.54 | 11.67 | 67.17 | 2.46 | 5.18 | 99.14 | 11.89 |
| 7.99 | 16.24 | 60.39 | 3.03 | 6.17 | 98.65 | 16.44 |
| 11.54 | 16.91 | 58.89 | 2.05 | 8.18 | 98.36 | 16.13 |
| 12.47 | 15.30 | 55.40 | 1.65 | 10.29 | 98.66 | 14.21 |
| 12.74 | 16.07 | 56.49 | 1.69 | 10.76 | 99.01 | 15.59 |
| 13.93 | 22.78 | 60.57 | 2.42 | 9.55 | 100.05 | 20.93 |
| 16.04 | 17.15 | 63.33 | 1.46 | 13.56 | 98.97 | 15.55 |
| 10.41 | 15.78 | 57.66 | 2.03 | 7.86 | 97.74 | 14.93 |
| 5.41 | 10.19 | 56.32 | 2.90 | 4.49 | 99.16 | 9.84 |
| 13.80 | 17.50 | 51.65 | 1.76 | 10.85 | 97.76 | 15.97 |
| 9.92 | 28.12 | 41.64 | 4.89 | 6.09 | 100.41 | 27.50 |
| 6.98 | 5.53 | 91.48 | 0.84 | 2.88 | 90.53 | 5.44 |
| 6.67 | 12.00 | 62.21 | 2.95 | 1.59 | 99.60 | 12.74 |
| **8.69** | **7.26** | **66.50** | **4.21** | **4.66** | **100.03** | **7.76** |
| 8.30 | 7.73 | 67.63 | 5.27 | 4.29 | 100.07 | 8.27 |
| 22.41 | 13.98 | 59.73 | 1.28 | 21.19 | 99.36 | 12.04 |
| 12.96 | 1.72 | 59.54 | 0.45 | 5.80 | 98.48 | 2.70 |

# 11-13 主要年份工业主要产品产量
## Output of Main Industrial Products in Major Years

| 年份<br>Year | 原煤（万吨）<br>Coal<br>(100000 tons) | 发电量（亿千瓦时）<br>Electricity<br>(100 million kW·h) | 钢材（万吨）<br>Rolled Steel<br>(10000 tons) | 水泥（万吨）<br>Cement<br>(10000 tons) | 农用化肥（万吨）<br>Chemical Fertilizer<br>(10000 tons) | 布（亿米）<br>Cloth<br>(100 million m) | 化学纤维（万吨）<br>Chemical Fiber<br>(10000 tons) | 汽车（辆）<br>Motor Vehicles<br>(units) |
|---|---|---|---|---|---|---|---|---|
| 1949 | 81.49 | 1.98 | 0.03 | 3.10 | 0.38 | 2.32 | | |
| 1952 | 113.21 | 4.10 | 0.19 | 36.90 | 1.32 | 6.10 | | |
| 1957 | 193.11 | 7.08 | 0.27 | 80.70 | 3.63 | 6.97 | | |
| 1962 | 462.70 | 15.43 | 6.19 | 58.60 | 10.09 | 3.20 | | 452 |
| 1965 | 485.66 | 25.78 | 18.48 | 103.00 | 20.25 | 6.76 | 0.54 | 2350 |
| 1970 | 699.17 | 49.96 | 18.36 | 163.12 | 28.21 | 9.60 | 0.52 | 7472 |
| 1975 | 1143.75 | 81.80 | 44.09 | 274.16 | 41.82 | 11.68 | 0.88 | 13932 |
| 1978 | 1707.02 | 126.42 | 60.31 | 444.10 | 72.18 | 14.06 | 2.11 | 15079 |
| 1980 | 1690.00 | 156.32 | 104.87 | 629.00 | 111.61 | 17.97 | 3.26 | 19624 |
| 1985 | 2193.85 | 234.48 | 145.18 | 1116.90 | 121.71 | 21.05 | 12.52 | 24474 |
| 1990 | 2407.79 | 404.47 | 203.01 | 1532.89 | 145.90 | 28.91 | 40.76 | 46291 |
| 1991 | 2470.55 | 441.20 | 247.76 | 1823.18 | 147.33 | 27.01 | 48.15 | 64045 |
| 1992 | 2457.76 | 481.15 | 387.51 | 2275.59 | 144.63 | 29.04 | 55.09 | 101009 |
| 1993 | 2505.53 | 536.84 | 466.02 | 2660.50 | 133.69 | 30.19 | 66.18 | 124334 |
| 1994 | 2503.44 | 631.90 | 674.19 | 3087.38 | 153.09 | 32.71 | 78.09 | 129957 |
| 1995 | 2650.72 | 700.41 | 787.89 | 3966.42 | 191.85 | 48.90 | 102.20 | 125197 |
| 1996 | 2606.52 | 756.87 | 795.58 | 4040.28 | 184.30 | 34.55 | 105.94 | 110157 |
| 1997 | 2506.01 | 777.00 | 856.79 | 4031.73 | 187.98 | 40.46 | 139.11 | 104801 |
| 1998 | 2378.53 | 754.27 | 933.63 | 3856.30 | 170.12 | 31.72 | 140.94 | 89828 |
| 1999 | 2291.97 | 787.06 | 1170.25 | 4378.32 | 171.27 | 31.76 | 170.06 | 91300 |
| 2000 | 2479.02 | 909.69 | 1401.83 | 4599.52 | 192.38 | 33.74 | 190.99 | 90636 |
| 2001 | 2451.14 | 986.64 | 1754.13 | 5135.59 | 187.62 | 32.91 | 219.75 | 97682 |
| 2002 | 2593.58 | 1116.56 | 2274.56 | 6035.29 | 205.02 | 37.28 | 261.22 | 168248 |
| 2003 | 2760.40 | 1277.88 | 2876.80 | 7225.14 | 190.90 | 37.61 | 303.76 | 212566 |
| 2004 | 2747.03 | 1539.49 | 3749.91 | 7993.22 | 227.22 | 42.74 | 377.81 | 243750 |
| 2005 | 2817.56 | 1789.53 | 4328.32 | 9579.15 | 284.63 | 53.97 | 458.49 | 305726 |
| 2006 | 3047.53 | 2216.40 | 5816.26 | 10880.77 | 254.66 | 64.95 | 665.14 | 274820 |
| 2007 | 2480.20 | 2674.43 | 7276.33 | 11787.42 | 259.93 | 64.20 | 803.35 | 269387 |
| 2008 | 2428.09 | 2776.85 | 7364.13 | 12683.21 | 255.83 | 74.55 | 790.67 | 330257 |
| 2009 | 2397.44 | 2928.21 | 7859.69 | 14434.14 | 317.34 | 78.97 | 894.50 | 506188 |
| 2010 | 2122.48 | 3358.98 | 9122.95 | 15647.46 | 241.96 | 88.46 | 1027.19 | 728700 |
| 2011 | 2100.27 | 3755.63 | 9994.01 | 14899.69 | 243.70 | 67.73 | 1123.80 | 803758 |

# 11-14 规模以上工业企业主要产品生产、销售、库存（2011年）
## Main Indicators on Economic Benefit of above Designated Size Industrial Enterprises(2011)

单位:万吨 (10000 tons)

| 产品名称 | Item | 年初库存 Stock at Year-beginning | 本年生产 Production This Year | 本年销售 Sales This Year | 年末库存 Stock at Year-end |
|---|---|---|---|---|---|
| 原煤 | Coal | 14.39 | 2100.27 | 780.73 | 20.37 |
| 天然原油 | Crude Oil | 1.40 | 189.02 | 180.07 | 1.39 |
| 原盐 | Salt | 27.94 | 691.80 | 678.30 | 41.45 |
| 精制食用植物油 | Refined Edible Vegetable Oil | 27.79 | 482.53 | 495.44 | 14.82 |
| 乳制品 | Dairy Products | 4.20 | 100.25 | 99.73 | 4.72 |
| 罐头 | Canned Food | 0.48 | 14.22 | 13.58 | 1.13 |
| 卷烟（亿支） | Cigartetes (100 million pieces) | 7.19 | 991.09 | 994.97 | 3.30 |
| 化学纤维 | Chemical Fiber | 29.13 | 1123.80 | 1098.27 | 39.30 |
| 纱 | Yarn | 11.11 | 411.20 | 399.01 | 20.24 |
| 布（亿米） | Cloth (100 million m) | 2.25 | 67.73 | 67.34 | 2.63 |
| #棉布 | Pure Cotton Cloth | 1.27 | 43.81 | 43.75 | 1.31 |
| 棉混纺布(混纺交织布) | Blend Cloth | 0.44 | 10.78 | 10.77 | 0.45 |
| 绒线(毛线) | Knitting Wool | 0.20 | 5.64 | 5.53 | 0.31 |
| 毛机织物(呢绒)（亿米） | Woollen Goods (100 million m) | 0.16 | 2.93 | 2.88 | 0.21 |
| 蚕丝 | Raw Silk | 0.02 | 1.95 | 1.93 | 0.03 |
| 蚕丝及交织机织物(含蚕丝≥50%)（亿米） | Silk Textiles (Silk≥50%) (100 million m) | 0.06 | 0.90 | 0.91 | 0.04 |
| 人造板（万立方米） | Manmade Board (10000 cu. m) | 56.19 | 3638.68 | 3629.54 | 64.85 |
| 汽油 | Gasoline | 2.53 | 298.48 | 287.40 | 4.58 |
| 煤油 | Kerosene | 3.49 | 201.29 | 147.64 | 1.31 |
| 燃料油 | Fuel Oil | 5.04 | 232.36 | 219.94 | 5.43 |
| 焦炭 | Coke | 29.02 | 1952.89 | 1394.05 | 46.62 |
| 硫酸(折100%) | Sulphuric Acid(100%) | 7.75 | 488.07 | 434.28 | 4.79 |
| 浓硝酸(折100%) | Concentrated Nitric Acid(100%) | 0.68 | 35.19 | 19.42 | 2.86 |
| 氢氧化钠(烧碱)(折100%) | Caustic Soda (Sodium Hydroxide) (100%) | 5.57 | 237.00 | 210.30 | 2.46 |
| 碳酸钠(纯碱) | Soda Ash(Sodium Carhonate) | 2.98 | 318.94 | 315.33 | 5.14 |
| 农用化学肥料(折纯) | Chemical Fertilizers(100%) | 3.18 | 243.70 | 242.87 | 3.72 |
| #氮肥(折含N 100%) | Nitrogen(N100%) | 2.29 | 225.01 | 224.83 | 2.47 |
| 磷肥(折合P2O5 100%) | Phosphate(P205 100%) | 0.89 | 18.69 | 18.04 | 1.24 |
| 化学农药原药(折有效成分100%) | Chemical Pesticides(100% effectiveness) | 3.16 | 75.83 | 73.42 | 4.04 |
| 乙烯 | Ethylene | 0.47 | 153.90 | 10.18 | 0.61 |
| 合成洗涤剂 | Synthetic Detergents | 0.34 | 28.14 | 28.31 | 0.18 |
| 化学药品原药(化学原料药) | Chemical Medicines | 0.40 | 8.39 | 8.19 | 0.51 |

单位:万吨　　(10000 tons)

| 产品名称 Item | | 年初库存 Stock at Year-beginning | 本年生产 Production This Year | 本年销售 Sales This Year | 年末库存 Stock at Year-end |
|---|---|---|---|---|---|
| 橡胶轮胎外胎(轮胎外胎)（万条） | Tires (10000 turige) | 538.36 | 10767.60 | 10668.54 | 636.17 |
| 水泥 | Cement | 219.52 | 14899.69 | 14924.06 | 194.89 |
| 平板玻璃（万重量箱） | Peain Glass (10000 wtcases) | 447.54 | 7157.62 | 7106.39 | 498.78 |
| 生铁 | Pig Iron | 23.67 | 5303.54 | 1470.42 | 31.66 |
| 粗钢 | Crude Steel | 77.05 | 6838.77 | 2652.69 | 84.77 |
| 钢材 | Rolled Steel | 197.71 | 9994.01 | 9980.42 | 216.28 |
| 铁合金 | Iron Alloy | 3.00 | 81.89 | 80.97 | 2.58 |
| 十种有色金属 | Ten Kinds of Nonferrous Metal | 0.61 | 69.25 | 68.88 | 0.98 |
| 工业锅炉（万蒸发量吨） | Industrial Boiler (10000 steam-tons) | 0.26 | 3.45 | 3.52 | 0.19 |
| 金属切削机床（万台） | Metal-cutting Machine Tools (10000 units) | 0.27 | 7.55 | 7.40 | 0.42 |
| #数控机床 | Digital Machine Tools | 0.11 | 2.66 | 2.65 | 0.12 |
| 大中型拖拉机（万台） | Large and Medium Tractors (10000 units) | 0.64 | 9.32 | 8.79 | 1.18 |
| 汽车（万辆） | Motor Vechicles (10000 units) | 2.28 | 80.38 | 79.43 | 3.22 |
| #轿车 | Cars | 0.94 | 38.35 | 38.64 | 0.65 |
| 载货汽车 | Trucks | 0.34 | 6.74 | 6.60 | 0.48 |
| 摩托车整车（万辆） | Motorcycles (10000 units) | 9.82 | 193.69 | 196.97 | 6.53 |
| 两轮脚踏自行车（万辆） | Bicycles (10000 units) | 8.37 | 782.22 | 773.34 | 17.25 |
| 家用洗衣机（万台） | Household Washing Machines (10000 units) | 38.92 | 1216.69 | 1178.24 | 77.26 |
| 家用吸尘器（万台） | Vacuum Cleaners (10000 units) | 4.55 | 3282.64 | 3192.18 | 95.01 |
| 家用电冰箱（万台） | Household Refrigerators (10000 units) | 15.18 | 1194.79 | 1177.34 | 32.64 |
| 家用电风扇（万台） | Electric Fans (10000 units) | 2.95 | 264.43 | 265.22 | 2.11 |
| 房间空气调节器（万台） | Air conditioners (10000 units) | 15.71 | 509.49 | 516.42 | 8.77 |
| 家用吸排油烟机（万台） | Range Hoods (10000 units) | 2.18 | 40.83 | 41.01 | 2.00 |
| 程控交换机（万线） | Programcontrollecl Switchboards (10000 lines) | 0.00 | 6.11 | 6.11 | 0.00 |
| #数字程控交换机 | Digital Programcontrolled Switchboards | 0.00 | 6.11 | 6.11 | 0.00 |
| 微型电子计算机（万台） | Micro Computers (10000 units) | 42.14 | 9916.19 | 9778.12 | 180.21 |
| #笔记本计算机 | Notebook PCS | 38.08 | 8907.33 | 8910.49 | 34.93 |
| 打印机（万台） | Printers (10000 units) | 0.98 | 45.07 | 44.22 | 1.81 |
| 集成电路（亿块） | Integrated Circuits (100 million pieces) | 0.95 | 224.83 | 223.31 | 2.46 |
| 彩色电视机（万台） | Color TV Sets (10000 units) | 15.90 | 1476.93 | 1477.41 | 15.42 |
| 照相机（万台） | Cameras (10000 units) | 54.85 | 3113.05 | 3129.82 | 38.08 |
| #数码照相机 | Digital Cameras | 50.94 | 2967.23 | 2984.66 | 33.51 |

# 主要统计指标解释

**工业** 指从事自然资源的开采，对采掘品和农产品进行加工和再加工的物质生产部门。具体包括：(1)对自然资源的开采，如采矿、晒盐、森林采伐等(但不包括禽兽捕猎和水产捕捞)；(2)对农副产品的加工、再加工，如粮油加工、食品加工、缫丝、纺织、制革等；(3)对采掘品的加工、再加工，如炼铁、炼钢、化工生产、石油加工、机器制造、木材加工等，以及电力、自来水、煤气的生产和供应等；(4)对工业品的修理、翻新，如机器设备的修理、交通运输工具(包括小卧车)的修理等。

1984 年以前农村的村及村以下办工业归属农业，1984 年以后划归工业。

**国有及国有控股企业** 指国有企业加上国有控股企业。国有企业是指企业全部资产归国家所有，并按《中华人民共和国企业法人登记管理条例》规定登记注册的非公司制的经济组织。1957 年以前的公私合营和私营工业，后均改造为国营工业，1992 年改为国有工业，这部分工业的资料不单独分列时，均包括在国有企业内。国有控股企业是对混合所有制经济的企业进行的”国有控股”分类。它是指这些企业的全部资产中国有资产(股份)相对其他所有者中的任何一个所有者占资(股)最多的企业。该分组反映了国有经济控股情况。

**集体企业** 指企业资产归集体所有，并按《中华人民共和国企业法人登记管理条例》规定登记注册的经济组织。是社会主义公有制经济的组成部分。包括城乡所有使用集体投资举办的企业，以及部分个人通过集资自愿放弃所有权并依法经工商行政管理机关认定为集体所有制的企业。

**股份合作企业** 指以合作制为基础，由企业职工共同出资入股，吸收一定比例的社会资产投资组建，实行自主经营，自负盈亏，共同劳动，民主管理，按劳分配与按股分红相结合的一种集体经济组织。

**联营企业** 指两个及两个以上相同或不同所有制性质的企业法人或事业单位法人，按自愿、平等、互利的原则，共同投资组成的经济组织。联营企业包括：国有联营企业指国有企业与国有企业间的联营；集体联营企业指集体企业与集体企业间的联营；国有与集体联营企业指国有企业与集体企业间的联营。

**有限责任公司** 指根据《中华人民共和国公司登记管理条例》规定登记注册，由两个以上，五十个以下的股东共同出资，每个股东以其所认缴的出资额对公司承担有限责任，公司以其全部资产对其债务承担责任的经济组织。

有限责任公司包括国有独资公司以及其他有限责任公司。

**股份有限公司** 指根据《中华人民共和国企业法人登记管理条例》规定登记注册，其全部注册资本由等额股份构成并通过发行股票筹集资本，股东以其认购的股份对公司承担有限责任，公司以其全部资产对其债务承担责任的经济组织。

**私营企业** 指由自然人投资设立或由自然人控股，以雇佣劳动为基础的营利性经济组织。包括按照《公司法》、《合伙企业法》、《私营企业暂行条例》规定登记注册的私营有限责任公司、私营股份有限公司、私营合伙企业和私营独资企业。

**港、澳、台商投资企业** 指企业注册登记类型中的港、澳、台资合资、合作、独资经营企业和股份有限公司之和。

**外商投资企业** 指企业注册登记类型中的中外合资、合作经营企业、外资企业和外商投资股份有限公司之和。

**“三资”企业** 系指港、澳、台商投资企业和外资企业的简称。

**轻工业** 指主要提供生活消费品和制作手工工具的工业。按其所使用的原料不同，可分为两大类：(1)以农产品为原料的轻工业，是指直接或间接以农产品为基本原料的轻工业。主要包括食品制造、饮料制造、烟草加工、纺织、缝纫、皮革和毛皮制作、造纸以及印刷等工业；(2)以非农产品为原料的轻工业，是指以工业品为原料的轻工业。主要包括文教体育用品、化学药品制造、合成纤维制造、日用化学制品、日用玻璃制品、日用金属制品、手工工具制造、医疗器械制造、文化和办公用机械制造等工业。

**重工业** 是指为国民经济各部门提供物质技术基础的主要生产资料的工业。按其生产性质和产品用途，可以分为下列三类：(1)采掘(伐)工业，是指对自然资源的开采，包括石油开采、煤炭开采、金属矿开采、非金属矿开采和木材采伐等工业；(2)原材料工业，指向国民经济各部门提供基本材料、动力和燃料的工业。包括金属冶炼及加工、炼焦及焦炭、化学、化工原料、水泥、人造板以及电力、石油和煤炭加工等工业；(3)加工工业，是指对工业原材料进行再加工制造的工业。包括装备国民经济各部门的机械设备制造工业、金属结构、水泥制品等工业，以及为农业提供的生产资料如化肥、农药等工业。

根据上述划分原则，修理业中以重工业产品为修理作业对象的划为重工业，反之划为轻工业。

**工业总产值** 是以货币表现的工业企业在一定时期内生产的已出售或可供出售工业产品总量，它反映一定时间内工业生产的总规模和总水平。它包括：在本企业内不再进行加工，经检验、包装入库(规定不需包装的产品除外)的成品价值，对外加工费收入，自制半成品、在产品期末初差额价值。工业总产值采用“工厂法”计算，即以工业企业作为一个整体，按企业工业生产活动的最终成果来计算，企业内部不允许重复计算，不能把企业内部各个车间(分厂)生产的成果相加。但在企业之间、行业之间、地区之间存在着重复计算。

轻重工业总产值的划分是按“工厂法”计算的，即一个工业企业生产的主要产品性质属于轻工业，则该企业的全部总产值作为轻工业总产值;如它的主要产品性质属于重工业,则该企业的全部总产值作为重工业总产值。

**工业增加值** 是指工业行业在报告期内以货币表现的工业生产活动的最终成果。

**实收资本** 指企业实际收到的投资人投入的资本。按投资主体可分为国家资本、集体资本、法人资本、个人资本、港澳台资本和外商资本等。

**资产总计** 指企业拥有或控制的能以货币计量的经济资源。包括各种财产、债权和其他权利。资产按其流动性划分为流动资产、长期投资、固定资产、无形及递延资产和其他资产。

(1)流动资产 指企业可以在一年内或者超过一年的一个生产周期内变现或耗用的资产合计。包括现金及各种存款、短期投资、应收及预付款项、存货等。

(2)固定资产 指企业固定资产净值、固定资产清理、在建工程、待处理固定资产损失所占用的资金合计。

(3)无形资产 指企业长期使用而没有实物形态的资产。包括专利权、非专利技术、商标权、著作权、土地使用权、商誉等。

**负债合计** 指企业承担的能以货币计量,将以资产或劳务偿付的债务。负债一般按偿还期长短分为流动负债和长期负债、递延税项等。

(1)流动负债 指企业在一年内或者超过一年的一个营业周期内需要偿还的债务合计,其中包括短期借款、应付及预收款项、应付工资、应交税金和应交利润等。

(2)长期负债 指企业在一年以上或者超过一年的一个营业周期以上需要偿还的债务合计,其中包括长期借款、应付债务、长期应付款项等。

**所有者权益** 指企业投资人对企业净资产的所有权。企业净资产等于企业全部资产减去全部负债后的余额,其中包括投资者对企业的最初投入,以及资本公积金、盈余公积金和未分配利润,对股份制企业即为股东权益。

**固定资产原价** 指企业在建造、购置、安装、改建、扩建、技术改造某项固定资产时所支出的全部货币总额。它一般包括买价、包装费、运杂费和安装费等。

**固定资产净值** 是指固定资产原价减去历年已提折旧额后的净额。

**流动资产** 是指可以在一年或者超过一年的一个营业周期内变现或者耗用的资产,包括现金及各种存款、短期投资、应收及预付货款、存货等。

**主营业务收入** 指企业销售商品、提供劳务及让渡资产信用权等日常活动中所产生的收入。

**主营业务成本** 指企业销售商品、提供劳务及让渡资产信用权等日常活动而发生的实际成本。

**主营业务税金及附加** 企业日常活动应负担的税金及附加,包括营业税、消费税、城市维护建设税、资源税、土地增值税和教育费附加等。

**利润总额** 指企业实现的利润。

**应交增值税** 指企业在报告期内应交纳的增值税额。

**资产负债率** 该指标既反映企业经营风险的大小,也反映企业利用债权人提供的资金从事经营活动的能力。计算公式为:

资产负债率 = 负债总额/资产总额 × 100%

**工业成本费用利润率** 指在一定时期内实现的利润与成本费用之比,是反映工业生产成本及费用投入的经济效益指标,同时也是反映降低成本的经济效益的指标。计算公式为:

工业成本费用利润率(%) = 利润总额/成本及费用总额 × 100%

**工业增加值率** 指在一定时期内工业增加值占同期工业总产值的比重,反映降低中间消耗的经济效益。计算公式为:

工业增加值率(%) = 工业增加值(现价)/(工业总产生 + 本年应交销项税) × 100%

**流动资产周转次数** 指在一定时期内流动资产完成的周转次数,反映流动资产的周转速度。计算公式为:

流动资产周转次数 = 产品销售收入/全部流动资产平均余额

**产品销售率** 指报告期工业销售产值与同期全部工业总产值之比,是反映工业产品已实现销售的程度,分析工业产销衔接情况,研究工业产品满足社会需求程度的指标。计算公式为:

产品销售率(%) = 工业销售产值/工业总产值(现价) × 100%

**全员劳动生产率** 指根据产品的价值量指标计算的平均每一个就业人员在单位时间内的产品生产量。是考核企业经济活动的重要指标,是企业生产技术水平、经营管理水平、职工技术熟练程度和劳动积极性的综合表现。目前我国的全员劳动生产率是将工业企业的工业增加值除以同一时期全部就业人员的平均人数来计算的。计算公式为:

全员劳动生产率(%) = 工业增加值/全部就业人员平均人数 × 100%

# Explanatory Notes on Main Statistical Indicators

**Industry** refers to the material production sector which is engaged in extraction of natural resources and processing or reprocessing of minerals and agricultural products, including(1) extraction of natural resources, such as mining, salt production, logging(but not including hunting and fishing); (2) processing and reprocessing of farm and sideline produces, such as rice husking, flour milling, wine making, oil pressing, cotton ginning, silk reeling, spinning and weaving, and leather making; (3) manufacture of industrial products, such as steel making, iron smelting, chemicals manufacturing, petroleum processing, machine building, timber processing; water and gas production and electricity generation and supply; (4) repairing of industrial products such as the repairing of machinery and means of transport(including cars).

Prior to 1984, the rural industry runed by villages and cooperative organizations under village was classified into agriculture. Since 1984, it has been grouped into industry.

(1) **State-owned and State-share holding Enterprises** State-owned enterprises refer to industrial enterprises where the means of production are all owned by the state. Joint state-private industries and private industries, which existed before 1957, have been transformed into state run industries. Statistics on these enterprises has been included in the state-owned industries since 1992 when separation of data was no longer necessary. State-share holding Enterprises refers to classification of "state-share holding" to the mixed-owned enterprises, which indicate that among the total assets of enterprises, the state assets(share) occupying the most part (share) than any other enterprises. Such group reflects the condition of share-holding of the state-owned economy.

(2) **Collective-owned Enterprises** refer to industrial enterprises where the means of production are owned collectively. It is part of sociolist public economy. It including urban and rural enterprises invested by collectives and some enterprises which were formerly owned privately but have been registered in industrial and commercial administration agency as collective units through raising fund from the public.

(3) **Share-holding Cooperative Enterprises** refer to economic units set up on cooperative basis, with funding partly from members of the enterprise and partly from outside investment, where the operation and management is decided by the members who also participate in the production. And the distribution of income is based both on work(labour input) and on shares(capital input).

(4) **Joint – operation enterprises** refer to economic units that established by joint investment by two or more corporate enterprises or institutions of the same or different types of ownership on voluntary, equal and mutual-beneficial basis. They include:

a) state-owned joint-operation enterprises(joint operation between state-owned enterprises);

b) collective joint-operation enterprises(joint operation between collective enterprises);

c) state-collective joint-operation enterprises(joint operation between state and collective enterprises).

(5) **Limited Liability Corporations** refer to economic units registered in accordance with the Regulation of the People's Republic of China on the Management of Registration of Corporations, with capitals from 2 to 49 investors, each investor bears limited liability to the corporation depending on the holding of shares, and the corporation bears liability to its debt to the maximum of its total assets. Limited Liability corporations State-owned Enterprises and othe limited liabliliy corporations.

(6) **Share-holding Corporations Ltd.** refer to economic units registered in accordance with the Regulation of the People's Republic of China on the Management of Registration of Corporate Enterprises, with total registered capitals divided into equal shares and raised through issuing stocks. Each investor bears limited liability to the corporation depending on the holding of shares, and the corporation bears liability to its debt to the maximum of its total assets.

(7) **Private Enterprises** refer to economic units invested or controlled(by holding the majority of the shares) by natural persons who hire labours for profit-making activities. Included in this category are private limited liability corporations, private share-holding corporations Ltd., private partnership enterprises and private sole investment enterprises registered in accordance with the Corporation Law, Partnership Enterprise Law and Tentative Regulation on Private Enterprises.

(8) **Enterprises with Funds form Hong Kong, Macao and Taiwan** refers to all industrial enterprises registered as the joint-venture, cooperative, sole(exclusive) investment industrial enterprises and limited liability corporations with funds from Hong Kong, Macao and Taiwan.

(9) **Foreign Funded Enterprises** refers to all industrial enterprises registered as the joint-venture, cooperative, sole(exclusive) investment industrial enterprises and limited liability corporations with foreign funds.

Sino-foreign Joint Vontures inculding Enterpries with Funds form Hong Kong, Macao and Taiwon, Foreign Funded Enterpries.

**Light Industry** refers to the industry that produces consumer goods and hand tools. It consists of two categories, depending on the materials used:

(1) Industries using farm products as raw materials. These are branches of light industry which directly or indirectly use farm products as basic raw materials, including the manufacture of food and beverages, tobacco processing, textile, clothing, fur and leather manufacturing, paper making, printing, etc.

(2) Industries using non farm products as raw materials. These are branches of light industry which use manufactured goods as raw-materials, including the manufacture of cultural, educational articles and sports goods, chemicals, synthetic fiber, chemical products for daily use, glass products for daily use, metal products for daily use, hand tools, medical apparatus and instruments, and the manufacture of cultural and clerical machinery.

**Heavy Industry** refers to the industry which produces capital goods, and provides various sectors of the national economy with necessary material and technical basis. It consists of the following three branches according to the purpose of production or the use of products:

(1) Mining, quarrying and logging industry refers to the industry that extracts natural resources. Including extraction of petroleum, coal, metal and non – metal ores and logging.

(2) Raw materials industry refers to the industry that provides various sectors of the national economy with raw materials, fuels and power. It includes smelting and processing of metals, coking and coke chemistry, chemical materials and building materials such as cement, plywood, and power, petroleum refining and coal dressing.

(3) Manufacturing industry refers to the industry that processes raw materials. It includes machine building industry which equips sectors of the national economy, industries of metal structure and cement products, industries producing means of agricultural production, such as chemical fertilizers and pesticides.

According to the above principle of classification, the repairing trades which are engaged primarily in repairing products of heavy industry are classified into heavy industry while these engaged in repairing products of light in – dustry are classified into light industry.

**Gross Industrial Output Value** is the total volume of industrial products sold or available for sale in value terms which reflects the total achievements and overall scale of industrial production during a given period. It includes the value of the finished products, which are not to be further processed in the enterprises and have been inspected, packed and put in storage, the value of industrial services rendered to other units, and the changes in the value of the semi – finished products and products in process between the be – ginning and closing of the period. The gross industrial output value is calculated with "factory method". No double calculations are to be made within the same enterprise. However, double counting does occur among different enterprises.

Output value of light and heavy industries is based on the "factory" method. If the major products of an industrial enterprise are classified as light industry products, the entire gross output value of that enterprise is classified into the light industry; the same principle applies to heavy industry.

**Value – added of Industry** refers to the final results of industrial production of the industrial trade in money terms during the reporting period.

**Acctually Received Capital** refer main management capital actually received by enterprises used for long – term circulation, including state capital, collective capital, individual capital, Hong Kong Macao Taiwan capital and foreign capital.

**Total Assets** refer to all economic resources, owned or controlled by enterprises, that could be measured in monetary terms, including properties, creditors equity and other economic rights of all forms. Classified by the degree of equitability, total assets include current assets, long term investment, fixed assets, intangible assets and deferred assets, and other assets.

(1) Current assets (working capital) refer to assets which can be cashed in or spent or consumed in an operating cycle of one year or over one year, including cash, all kinds of deposits, short term investment, receivables, advance payment, stock, etc.

(2) Fixed assets refer to the net value of fixed assets, elearance of fixed assets, project under construction, fixed assets losses in suspense. These are corporations' fund holdings.

(3) Intangible assets refer to the assets without material form used by enterprises over a long time, such as patents, non – patent technologies, trade marks, copyright, land use right, business reputation, etc.

**Total Liabilities** refer to the debts, measured in monetary terms, that enterprises are responsible for repayment in the form of cash, assets or labour. Classified by terms of repayment, liability include liquid liabilities and long-term liabilities.

(1) Liquid liabilities (also called quick liabilities or immediate liabilities) refer to enterprises' total debt payable within an operating cycle of one year or over one year, including short term loans, payable and advance payments, wages payable, taxes payable and prof-

it payable, etc.

(2) Long term liabilities refers to total debt payable within an operating cycle of one year or over one year, including long-term loans, payable liabilities, long-term payable, etc.

**Creditors' Equity** refers to investors ownership of net assets of the enterprise. It is equal to the total assets of the enterprise minus its total liabilities, including the primary input from investors, capital accumulation fund, surplus accumulation fund and undistributed profit. It is the shareholder's equity in share-holdting companies.

**Original Value of Fixed Assets** refers to the original value of all fixed assets owned by industrial enterprises, calculated at the cost paid at the time of purchase, installation, reconstruction, expansion, technical innovation and transformation of the said assets, which includes expenses on purchase, package, transportation, and installation, etc.

**Net Value of Fixed Assets** is obtained by deducting depreciation over years from the original value of fixed assets.

**Working Capital (Current Current)** refers to assets which can be cashed in or spent or consumed in an operating cycle of one year or over one year, which includes cash, various deposits, short term investment, and receivable payments, and advance payments, stock, etc.

**Major Business Revenue** refer to the revenue from the sales of products, service provided and transferring the usage right of assets ect in daily activities.

**Cost of Major Business** refers to the actual cost of products of industrial enterprises, service provided and transferring the usage right of assets ect in daily activities.

**Tax and extra of Major Business** refers to the tax and extra, including city maintenance and construction tax, operation tax, consumption tax, resources tax, extra charges for education and tax on land value added, which should be born by the enterprises.

**Total Profits** refer to the profits gained by the enterprises.

**Value-added Tax Payable** refers to the amount of the value added tax which should be paid by the enterprises in the reporting period.

**Ratio of Debts to Assets** reflect both the operation risk and the capability of the enterprise in making use of the capital from the creditors. It is calculated as follows:

Ratio of debts to assets (%) = (Total debts/total assets) × 100%

**Ratio of Profits to Total Industrial Costs** refers to the ratio of profits realized in a given period to the total costs in the same period, which reflects the economic efficiency of input cost and is calculated as follows:

Ratio of Profits to Total lndustrial Cost (%) = (Total Profits/Total Costs) × 100%

**Value – added Rate of Industry** refers to the ratio of value added of industry in a given period to the gross output value in the same period, which reflects the economic efficiency of cutting down the intermediate input and is calculated as follows:

Value-added Rate of Industry (%) = [Value – added of Industry (at current prices)]/[Gross Output Value (at Current Prices) + taxes payable this year] × 100%

**Turnover of Working Capital** refers to the number of times of turnover of working capital in a given period of time, which reflects the speed of the turnover of working capital and is calculated as follows:

Turnover of Working Capital (%) = (Sales Revenue of Products)/(Average Balance of Total Working Capital) × 100%

**Ratio of Sales to Gross Output Value** refers to the sales of industrial products to the gross industrial output value during the reference period, and is important in reflecting the linkage between production and sales and the extent of the needs of the society that has been met by the supply of industrial products. It is calculated as follows:

Ratio of Sales to Gross Output Value = [Industrial sales/Gross industrial output value (at current prices)] × 100%

**Overall Labour Productivity of Industrial Enterprises** refers to the average output per employed person in industrial enterprises in value terms. It is an important indicator of economic activity to show the level of production tecology, business management, technical proficienly of workers and labor enthusiasm of expression.

At present, the value added and the average number of staff and workers of an industrial enterprises in a given period are used to calculate the overall labour productivity. The formula used is:

Overall Labour Productivity = (Value Added of Industry)/(Average Number of Staff and Workers)

# 12

# 建筑业
# Construction

# 简 要 说 明

**一、本篇资料的主要内容**

本篇资料反映我省建筑业概况和发展情况。包括建筑业企业基本情况和生产经营情况。主要指标有企业个数、从业人员数、建筑业总产值、房屋建筑面积、利润税金、劳动生产率等。

**二、本篇资料的统计范围**

根据建筑业发展的实际情况，建筑业统计范围从 2002 年年报起由原具有建筑业资质等级四级及四级以上的独立核算的建筑业企业调整为具有建筑业资质的独立核算建筑业企业。

**三、本篇的资料来源及统计调查方法**

本篇建筑业企业统计数据是根据国家统计局制定的《建筑业统计报表制度》整理汇总的。建筑业统计报表是各级统计部门根据当地实际情况采取全面调查的方法布置、收集。

# Brief Introduction

**I. Main Contents**

Data in this chapter show the general situation and the development of the construction industry in Jiangsu. They cover the situation of production and management of the construction enterprises, including the number of enterprises; number of employed persons; gross output value of the construction industry; floor space of buildings under construction; profits and taxes ; and labour productivity etc.

**II. Scope of Statistics**

In view of the development of the construction industry, starting from 2002 the scope of construction statistics has been adjusted to include all the construction enterprises of various types of ownership with qualification certificates and independent accounting systems, replacing the previous criteria that required construction enterprises of various types of ownership to have qualification certificates at or above Class 4 with independent accounting systems.

**III. Sources of Data and Methods of Survey**

Data on construction enterprises are collected in accordance with the Reporting Form System of Construction Statistics stipulated by the National Bureau of Statistics. The annual reporting forms on construction statistics are designed in accordance with local situations for comprehensive collection by statistical bureaus of each region and conveyance level by level upwards.

# 12－1 建筑施工企业概况
## Basic Statistics on Construction Enterprises

| 年份 Year | 总计 Total | 国有经济 State-owned | 地方 Local-owned | 部属 Central-owned | 城镇集体经济 Urban Collective-owned | 乡镇企业及其它经济 Rural and Township Enterprises and Others |
|---|---|---|---|---|---|---|
| **企业单位个数（个） Number of Enterprises (unit)** | | | | | | |
| 1985 | 2360 | 114 | 86 | 28 | 148 | 2098 |
| 1989 | 2408 | 175 | 144 | 31 | 204 | 2029 |
| 1990 | 2284 | 162 | 138 | 24 | 201 | 1921 |
| 1991 | 2316 | 173 | 147 | 26 | 209 | 1934 |
| 1992 | 2417 | 203 | 176 | 27 | 251 | 1963 |
| 1993 | 2810 | 308 | 273 | 35 | 429 | 2073 |
| 1994 | 3348 | 389 | 353 | 36 | 513 | 2446 |
| 1995 | 3426 | 406 | 370 | 36 | 505 | 2515 |
| 1996 | 3528 | 589 | 554 | 35 | 868 | 2071 |
| 1997 | 3546 | 564 | 525 | 39 | 884 | 2098 |
| 1998 | 3587 | 573 | 535 | 38 | 881 | 2133 |
| 1999 | 3994 | 550 | 514 | 36 | 980 | 2464 |
| 2000 | 3948 | 529 | 485 | 44 | 903 | 2516 |
| 2001 | 3872 | 469 | 424 | 45 | 631 | 2772 |
| 2002 | 4084 | 489 | 438 | 51 | 440 | 3155 |
| 2003 | 4267 | 358 | 322 | 36 | 326 | 3583 |
| 2004 | 5241 | 318 | 279 | 39 | 266 | 4657 |
| 2005 | 5909 | 556 | 524 | 32 | 220 | 5133 |
| 2006 | 6371 | 444 | 439 | 5 | 206 | 5721 |
| 2007 | 7017 | 453 | 449 | 4 | 204 | 6360 |
| 2008 | 8389 | 413 | 380 | 33 | 213 | 7763 |
| 2009 | 8664 | 391 | 362 | 29 | 181 | 8092 |
| 2010 | 8949 | 375 | 347 | 28 | 392 | 8182 |
| 2011 | 9164 | 392 | 359 | 33 | 380 | 8392 |
| **全部职工平均人数（万人） Average Number of Staff and Workers (10000 persons)** | | | | | | |
| 1985 | 124.09 | 17.60 | 13.82 | 3.78 | 14.05 | 92.44 |
| 1989 | 128.55 | 22.08 | 15.10 | 6.98 | 20.30 | 86.17 |
| 1990 | 124.31 | 21.53 | 15.24 | 6.29 | 23.94 | 78.44 |
| 1991 | 126.44 | 22.06 | 15.83 | 6.23 | 25.46 | 78.92 |
| 1992 | 143.44 | 24.67 | 17.66 | 7.01 | 30.07 | 88.70 |
| 1993 | 175.06 | 34.58 | 27.50 | 7.08 | 34.00 | 106.48 |
| 1994 | 212.17 | 44.60 | 31.60 | 13.00 | 34.37 | 133.20 |
| 1995 | 232.94 | 45.42 | 38.58 | 6.84 | 51.56 | 135.96 |
| 1996 | 220.71 | 59.55 | 52.14 | 7.41 | 55.26 | 105.90 |
| 1997 | 215.69 | 51.20 | 44.57 | 6.63 | 61.70 | 102.78 |

12－1　续表 1　Continued 1

| 年　　份<br>Year | 总　计<br>Total | 国有经济<br>State-owned | 地　方<br>Local-owned | 部　属<br>Central-owned | 城镇集体经济<br>Urban Collective-owned | 乡镇企业及其它经济<br>Rural and Township Enterprises and Others |
|---|---|---|---|---|---|---|
| 1998 | 232.32 | 50.52 | 42.22 | 8.30 | 83.97 | 97.83 |
| 1999 | 222.80 | 46.30 | 38.85 | 7.45 | 63.59 | 112.91 |
| 2000 | 221.48 | 43.85 | 36.41 | 7.44 | 59.73 | 117.9 |
| 2001 | 239.52 | 41.74 | 35.33 | 6.41 | 44.11 | 153.67 |
| 2002 | 251.36 | 45.96 | 39.26 | 6.70 | 30.27 | 175.13 |
| 2003 | 277.91 | 30.37 | 23.85 | 6.52 | 23.62 | 223.92 |
| 2004 | 305.64 | 30.06 | 23.31 | 6.75 | 15.84 | 259.74 |
| 2005 | 342.24 | 60.77 | 53.98 | 6.79 | 13.50 | 267.97 |
| 2006 | 379.77 | 50.24 | 48.44 | 1.80 | 17.49 | 312.04 |
| 2007 | 437.10 | 54.50 | 52.81 | 1.69 | 16.08 | 366.52 |
| 2008 | 488.67 | 44.49 | 34.90 | 9.60 | 22.22 | 421.96 |
| 2009 | 540.52 | 40.43 | 28.30 | 12.13 | 17.25 | 482.84 |
| 2010 | 598.98 | 40.23 | 31.09 | 9.14 | 34.48 | 524.27 |
| 2011 | 607.55 | 38.41 | 29.09 | 9.33 | 37.65 | 531.48 |
| **建筑业总产值**　（亿元）<br>**Gross Output Value of Construction Enterprises (100 million yuan)** | | | | | | |
| 1985 | 82.63 | 14.32 | 10.92 | 3.39 | 10.80 | 57.52 |
| 1989 | 142.05 | 30.94 | 9.52 | 11.42 | 23.97 | 87.14 |
| 1990 | 147.23 | 32.00 | 21.49 | 10.51 | 29.76 | 85.47 |
| 1991 | 176.21 | 37.84 | 26.04 | 11.80 | 34.35 | 104.02 |
| 1992 | 265.80 | 58.20 | 40.07 | 18.12 | 55.99 | 151.62 |
| 1993 | 449.99 | 104.73 | 82.40 | 22.33 | 86.87 | 258.40 |
| 1994 | 738.60 | 171.60 | 131.04 | 40.56 | 178.46 | 388.53 |
| 1995 | 998.11 | 257.36 | 207.39 | 49.97 | 259.76 | 480.98 |
| 1996 | 1049.42 | 377.92 | 318.79 | 59.13 | 253.63 | 417.88 |
| 1997 | 1102.12 | 352.86 | 294.21 | 58.65 | 308.08 | 441.18 |
| 1998 | 1224.42 | 335.16 | 272.55 | 62.61 | 387.29 | 501.97 |
| 1999 | 1338.46 | 343.12 | 282.03 | 61.09 | 346.97 | 648.37 |
| 2000 | 1546.17 | 376.59 | 308.3 | 68.29 | 377.31 | 792.27 |
| 2001 | 1859.41 | 414.58 | 339.7 | 74.88 | 284.9 | 1159.93 |
| 2002 | 2199.52 | 492.90 | 414.84 | 78.06 | 222.35 | 1484.27 |
| 2003 | 2794.94 | 345.39 | 258.10 | 87.29 | 194.75 | 2254.80 |
| 2004 | 3656.66 | 436.40 | 299.08 | 137.32 | 134.09 | 3086.17 |
| 2005 | 4368.95 | 865.07 | 727.50 | 137.57 | 154.46 | 3349.42 |
| 2006 | 5424.85 | 812.35 | 770.02 | 42.33 | 190.51 | 4421.99 |
| 2007 | 7010.57 | 1075.79 | 1038.81 | 36.98 | 222.50 | 5712.28 |
| 2008 | 8547.94 | 917.82 | 620.31 | 297.51 | 328.16 | 7301.96 |
| 2009 | 10264.92 | 981.35 | 618.32 | 363.03 | 291.15 | 8992.42 |
| 2010 | 12405.90 | 1206.68 | 703.69 | 502.99 | 668.42 | 10530.80 |
| 2011 | 15122.74 | 1411.67 | 799.54 | 612.13 | 955.45 | 12755.61 |

| 年份<br>Year | 总计<br>Total | 国有经济<br>State-owned | 地方<br>Local-owned | 部属<br>Central-owned | 城镇集体经济<br>Urban Collective-owned | 乡镇企业及其它经济<br>Rural and Township Enterprises and Others |
|---|---|---|---|---|---|---|
| **施工房屋面积（万平方米）**<br>**Floor Space of Buildings Under Construction（10000 sq. m）** | | | | | | |
| 1985 | 5570.32 | 619.94 | 536.58 | 83.36 | 690.92 | 4259.46 |
| 1989 | 5447.40 | 672.60 | 547.40 | 125.20 | 927.70 | 3847.10 |
| 1990 | 5240.98 | 699.10 | 580.30 | 118.80 | 1070.40 | 3471.48 |
| 1991 | 5711.13 | 778.71 | 660.44 | 118.27 | 1143.12 | 3789.30 |
| 1992 | 7780.32 | 1049.90 | 901.00 | 148.90 | 1688.30 | 5042.12 |
| 1993 | 10229.96 | 1801.32 | 1573.13 | 228.19 | 2045.54 | 6383.10 |
| 1994 | 13201.21 | 2356.00 | 2062.20 | 293.90 | 3269.60 | 7575.61 |
| 1995 | 16646.14 | 3470.96 | 3135.28 | 335.68 | 4621.48 | 8553.70 |
| 1996 | 15672.95 | 5032.00 | 4663.09 | 368.91 | 3723.69 | 6917.26 |
| 1997 | 16191.85 | 4407.38 | 4031.04 | 376.34 | 4344.53 | 7439.94 |
| 1998 | 17803.33 | 3831.67 | 3593.61 | 238.06 | 5887.35 | 8084.31 |
| 1999 | 18748.25 | 3830.22 | 3633.96 | 196.26 | 4710.61 | 10207.42 |
| 2000 | 21287.10 | 4096.75 | 3871.42 | 225.33 | 4982.85 | 12207.50 |
| 2001 | 24319.01 | 3706.55 | 3380.84 | 325.71 | 4060.51 | 16551.95 |
| 2002 | 27753.39 | 3669.91 | 3301.01 | 368.90 | 3113.95 | 20969.53 |
| 2003 | 33949.95 | 1893.32 | 1503.56 | 389.76 | 2369.63 | 29687.00 |
| 2004 | 43170.57 | 2815.09 | 2273.46 | 541.63 | 1655.20 | 38700.28 |
| 2005 | 52242.23 | 7706.17 | 7383.99 | 322.18 | 1966.09 | 42569.97 |
| 2006 | 63140.49 | 6553.90 | 6329.13 | 224.77 | 2248.13 | 54338.46 |
| 2007 | 79901.63 | 9386.76 | 9092.19 | 294.57 | 2833.32 | 67681.55 |
| 2008 | 90144.64 | 5437.75 | 4655.54 | 782.21 | 4115.15 | 80591.74 |
| 2009 | 99659.92 | 3580.73 | 2684.79 | 895.94 | 3416.26 | 92662.93 |
| 2010 | 119035.52 | 4465.90 | 3273.48 | 1192.42 | 5966.74 | 108602.88 |
| 2011 | 145451.48 | 6273.08 | 4486.17 | 1786.91 | 8661.59 | 130516.81 |
| **竣工房屋面积（万平方米）**<br>**Floor Space of Buildings Completed（10000 sq. m）** | | | | | | |
| 1985 | 3527.20 | 272.55 | 245.03 | 27.52 | 382.94 | 2871.71 |
| 1989 | 3446.50 | 284.50 | 246.40 | 38.10 | 502.10 | 2659.90 |
| 1990 | 3307.93 | 354.40 | 302.20 | 52.20 | 617.00 | 2336.53 |
| 1991 | 3422.75 | 361.35 | 322.27 | 39.08 | 618.49 | 2442.91 |
| 1992 | 4387.99 | 446.60 | 395.90 | 50.70 | 837.40 | 3103.99 |
| 1993 | 5767.78 | 772.59 | 705.11 | 67.48 | 1077.09 | 3918.10 |
| 1994 | 9336.28 | 903.20 | 838.60 | 64.60 | 1620.00 | 6813.08 |
| 1995 | 8739.38 | 1304.03 | 1243.04 | 60.99 | 2056.55 | 5378.80 |
| 1996 | 8252.13 | 1946.38 | 1872.36 | 74.02 | 2141.69 | 4164.06 |
| 1997 | 8787.36 | 1678.84 | 1601.39 | 77.46 | 2600.34 | 4508.18 |
| 1998 | 9958.90 | 1748.46 | 1686.40 | 62.05 | 3497.35 | 4713.10 |
| 1999 | 10558.22 | 1692.42 | 1636.92 | 55.50 | 2751.61 | 6114.19 |

12－1 续表3 Continued 3

| 年 份<br>Year | 总 计<br>Total | 国有经济<br>State-owned | 地 方<br>Local-owned | 部 属<br>Central-owned | 城镇集体经济<br>Urban Collective-owned | 乡镇企业及其它经济<br>Rural and Township Enterprises and Others |
|---|---|---|---|---|---|---|
| 2000 | 12329.65 | 1961.86 | 1896.93 | 64.93 | 2986.11 | 7381.68 |
| 2001 | 14268.89 | 1822.02 | 1718.15 | 103.87 | 2622.17 | 9824.70 |
| 2002 | 15478.58 | 1877.94 | 1773.00 | 104.94 | 1867.91 | 11732.73 |
| 2003 | 17730.02 | 879.14 | 786.81 | 92.33 | 1490.80 | 15360.08 |
| 2004 | 21756.82 | 1246.57 | 1084.82 | 161.75 | 1040.82 | 19469.43 |
| 2005 | 25391.86 | 3696.89 | 3526.71 | 170.18 | 1113.19 | 20581.78 |
| 2006 | 28715.39 | 2517.69 | 2448.11 | 69.58 | 1244.15 | 24953.55 |
| 2007 | 34992.20 | 3610.75 | 3505.88 | 104.87 | 1580.78 | 29800.67 |
| 2008 | 40272.98 | 2182.40 | 1948.24 | 234.16 | 2350.51 | 35740.07 |
| 2009 | 43307.52 | 1294.73 | 1063.59 | 231.15 | 1763.20 | 40249.59 |
| 2010 | 48560.07 | 1388.19 | 1034.71 | 353.48 | 2826.55 | 44345.33 |
| 2011 | 54650.20 | 1505.31 | 1291.08 | 214.23 | 4139.90 | 49004.99 |
| **房屋建筑面积竣工率 (%)<br>Rate of Floor Space of Buildings Completed (%)** | | | | | | |
| 1985 | 66.2 | 44.0 | 45.7 | 33.0 | 55.4 | 67.4 |
| 1989 | 63.3 | 42.3 | 45.0 | 30.4 | 54.1 | 69.1 |
| 1990 | 63.1 | 50.7 | 52.1 | 43.9 | 57.6 | 67.3 |
| 1991 | 59.9 | 46.4 | 48.8 | 33.0 | 54.1 | 64.5 |
| 1992 | 56.4 | 42.5 | 43.9 | 34.0 | 49.6 | 61.6 |
| 1993 | 56.4 | 42.9 | 44.8 | 29.6 | 52.7 | 61.4 |
| 1994 | 70.7 | 38.3 | 40.7 | 22.0 | 49.5 | 89.9 |
| 1995 | 52.5 | 34.9 | 39.6 | 18.2 | 44.5 | 62.9 |
| 1996 | 52.7 | 38.7 | 40.2 | 20.1 | 57.5 | 60.2 |
| 1997 | 54.3 | 38.1 | 39.7 | 20.6 | 59.9 | 60.6 |
| 1998 | 55.9 | 45.6 | 46.9 | 26.1 | 59.4 | 58.3 |
| 1999 | 56.3 | 44.2 | 45.0 | 28.3 | 58.4 | 59.9 |
| 2000 | 57.9 | 47.9 | 49.0 | 28.8 | 59.9 | 60.5 |
| 2001 | 58.7 | 49.2 | 50.8 | 31.9 | 64.6 | 59.4 |
| 2002 | 55.8 | 51.2 | 53.7 | 28.4 | 60.0 | 56.0 |
| 2003 | 52.2 | 46.4 | 52.3 | 23.7 | 62.9 | 51.7 |
| 2004 | 50.4 | 44.3 | 47.7 | 29.9 | 62.9 | 50.3 |
| 2005 | 48.6 | 48.0 | 47.8 | 52.8 | 56.6 | 48.3 |
| 2006 | 45.5 | 38.4 | 38.7 | 31.0 | 55.3 | 45.9 |
| 2007 | 43.8 | 38.5 | 38.6 | 35.6 | 55.8 | 44.0 |
| 2008 | 44.7 | 40.1 | 41.8 | 29.9 | 57.1 | 44.3 |
| 2009 | 43.5 | 36.2 | 39.6 | 25.8 | 51.6 | 43.4 |
| 2010 | 40.8 | 31.1 | 31.6 | 29.6 | 47.4 | 40.8 |
| 2011 | 37.6 | 24.0 | 28.8 | 12.0 | 47.8 | 37.5 |

注：本表资料包括施工总承包和专业承包企业，不含劳务分包企业（下同）。

Note: In this table, the data including general contract and specilized contract enterprises under construction, excluding labor divided contract (the same as in the following tables).

# 12－2 建筑业企业主要经济指标
## Main Economic Indicators on Construction Enterprises

单位:亿元 (100 million yuan)

| 指 标 | Item | 2000 | 2005 | 2009 | 2010 | 2011 |
|---|---|---|---|---|---|---|
| 施工企业个数 (个) | Number of Construction Enterprises (unit) | 3948 | 5909 | 8664 | 8949 | 9164 |
| 建筑业总产值 (亿元) | Gross Product of Construction Industry (100 million yuan) | 1546.17 | 4368.95 | 10264.92 | 12405.90 | 15122.74 |
| #建筑工程 | Construction | 1356.76 | 3914.22 | 9389.92 | 11483.20 | 14136.16 |
| 安装工程 | Installation | 159.64 | 388.38 | 794.51 | 842.73 | 877.59 |
| 固定资产折旧 | Depreciation of Fixed Assets | 18.58 | 40.51 | 69.74 | 78.94 | 90.01 |
| 本年应付职工薪酬 | Workers salary paid in this year | 236.62 | 652.55 | 1489.74 | 1760.64 | 2199.71 |
| 工程结算税金及附加 | Taxes and Added Taxes of Settle Accounts | 36.18 | 120.40 | 299.97 | 357.45 | 433.76 |
| 竣工产值 (亿元) | Output Value of Completion (100 million yuan) | 1142.69 | 3490.42 | 8166.18 | 9851.91 | 11225.40 |
| 房屋建筑施工面积 (万平方米) | Floor Space of Buildings Under Construction (10000 sq. m) | 21287.10 | 52242.23 | 99659.92 | 119035.52 | 145451.48 |
| #本年新开工 | Newly Started Projects This Year | 13398.70 | 31885.45 | 50747.23 | 62250.40 | 69732.86 |
| #投标承包面积 | Floor Space of Bidding System | 14987.55 | 45874.76 | 89560.00 | 107026.96 | 127662.52 |
| 房屋建筑竣工面积 (万平方米) | Floor Space of Completed Buildings (10000 sq. m) | 12329.65 | 25391.86 | 43307.52 | 48560.07 | 54650.20 |
| 自有机械设备总台数 (万台) | Number of Owned Machinery Equipments (10000 sets) | 65.55 | 85.93 | 137.42 | 143.29 | 158.99 |
| 自有机械设备总功率 (万千瓦) | Total Power of Owned Machinery Equipments (10000 kW) | 756.70 | 1386.93 | 2828.77 | 3058.54 | 3717.78 |
| 自有机械设备净值 (亿元) | Net Value of Owned Machinery Equipments (100 million yuan) | 126.39 | 258.15 | 495.14 | 507.61 | 631.61 |
| 职工平均人数 (万人) | Annual Average Number of Staff and Workers (10000 persons) | 221.03 | 342.24 | 540.52 | 598.98 | 607.55 |
| 全员劳动生产率 (元/人) | Overall Labor Productivity (yuan/person) | 69953 | 127658 | 189908 | 207117 | 248914 |
| 技术装备率 (元/人) | Rate of Technical Equipment (yuan/person) | 5718.23 | 7598.44 | 9540.09 | 8577.83 | 10172.49 |
| 动力装备率 (千瓦/人) | Rate of Power Equipment (kW/person) | 3.42 | 4.08 | 5.45 | 5.17 | 5.99 |
| 利润总额 (亿元) | Total Profits (100 million yuan) | 20.66 | 111.95 | 399.63 | 496.87 | 594.29 |
| 利税总额 (亿元) | Total Pre-Tax Profits (100 million yuan) | 58.67 | 237.95 | 714.58 | 875.72 | 1061.27 |

# 12－3 按登记注册类型分建筑业企业主要经济指标(2011年)

| 指　标 | Item | 合　计 Total | 内资企业 Domestic | 国有 State-owned | 集体 Collective-owned | 股份合作 Cooperative |
|---|---|---|---|---|---|---|
| 施工企业个数　(个) | Number of Construction Enterprises (unit) | 9164 | 9060 | 244 | 211 | 131 |
| #亏损企业个数 | Number of Loss-making Enterprises | 486 | 470 | 20 | 9 | 5 |
| 年末从业人员数　(万人) | Number of Employed Persons at Year-end (10000 persons) | 620.90 | 618.57 | 17.09 | 12.37 | 3.71 |
| 建筑业总产值　(亿元) | Gross Output Value of Construction (100 million yuan) | 15122.74 | 15042.36 | 674.27 | 243.84 | 90.58 |
| #建筑工程 | Construction | 14136.16 | 14079.79 | 646.57 | 228.64 | 84.01 |
| 安装工程 | Installation | 877.59 | 853.59 | 21.85 | 14.21 | 4.98 |
| 竣工产值　(亿元) | Output Value of completed Building (100 million yuan) | 11225.40 | 11169.22 | 347.78 | 202.04 | 71.84 |
| 房屋建筑施工面积 (万平方米) | Floor Space of Building under Construction (10000 sq. m) | 145451.48 | 145092.31 | 1887.38 | 1817.47 | 367.71 |
| #本年新开工 | Newly Started Projects in This Year | 69732.86 | 69516.23 | 899.76 | 1156.91 | 192.75 |
| #投标承包面积 | Floor Space of Bidding System | 127662.52 | 127371.93 | 1822.40 | 1432.23 | 259.68 |
| 房屋建筑竣工面积 (万平方米) | Floor Space of Building Completed (10000 sq. m) | 54650.20 | 54532.99 | 525.36 | 1050.79 | 260.40 |
| 自有机械设备总台数 (万台) | Total Number of Machinery and Enquipment (10000 sets) | 158.99 | 158.37 | 8.20 | 7.66 | 1.47 |
| 自有机械设备总功率 (万千瓦) | Total Power of Machinery and Enquipment (10000 kW) | 3717.78 | 3702.49 | 254.38 | 78.60 | 24.40 |
| 自有机械设备净值(亿元) | Net Value of Machinery and Enquipment (100 million yuan) | 631.61 | 629.16 | 59.18 | 13.49 | 4.73 |
| 职工平均人数　(万人) | Annual Average Number of Staff and Workers (10000 persons) | 607.55 | 604.24 | 18.54 | 11.58 | 3.50 |
| 全员劳动生产率　(元/人) | Overall Labor Productivity (yuan/person) | 248913 | 248946 | 363601 | 210569 | 258712 |
| 技术装备率　(元/人) | Value of Machines per Laborer (yuan/person) | 10172.61 | 10171.25 | 34630.33 | 10903.87 | 12750.73 |
| 动力装备率　(千瓦/人) | Power of Machines per Laborer (KW/person) | 5.99 | 5.99 | 14.88 | 6.35 | 6.58 |

# Main Economic Indicators on Construction Enterprises by Registration Status (2011)

| 联营<br>Joint Ownership Enterprises | 有限责任公司<br>Limited Liabilit Corporations | 股份有限公司<br>Share-holding Corporations Limited | 私营<br>Private Enterprises | 其他<br>Others | 港澳台商投资企业<br>Enterprises with Funds from Hong Kong, Macao and Taiwan | 外商投资企业<br>Foreign Funded Enterprises |
|---|---|---|---|---|---|---|
| 62 | 2450 | 423 | 5477 | 62 | 47 | 57 |
| 4 | 93 | 17 | 319 | 3 | 8 | 8 |
| 2.71 | 283.81 | 41.76 | 251.11 | 6.00 | 1.27 | 1.05 |
| 104.78 | 7105.47 | 1200.48 | 5434.50 | 188.42 | 37.56 | 42.82 |
| 101.89 | 6648.41 | 1120.32 | 5064.98 | 184.97 | 29.49 | 26.87 |
| 2.31 | 403.36 | 76.09 | 328.46 | 2.34 | 8.06 | 15.94 |
| 62.25 | 5182.70 | 858.66 | 4326.78 | 117.18 | 25.75 | 30.43 |
| 313.54 | 72563.44 | 13014.85 | 53028.73 | 2099.20 | 167.51 | 191.66 |
| 167.08 | 34878.85 | 6405.35 | 25150.43 | 665.09 | 112.23 | 104.40 |
| 216.42 | 68160.42 | 11905.63 | 41510.39 | 2064.76 | 146.54 | 144.06 |
| 214.55 | 26313.43 | 4679.01 | 20988.01 | 501.45 | 57.75 | 59.46 |
| 0.79 | 75.58 | 10.18 | 53.26 | 1.23 | 0.40 | 0.22 |
| 17.22 | 1474.31 | 354.58 | 1468.14 | 30.86 | 6.63 | 8.67 |
| 4.50 | 251.16 | 41.85 | 248.49 | 5.76 | 1.43 | 1.02 |
| 2.35 | 278.48 | 43.94 | 239.68 | 6.16 | 1.68 | 1.62 |
| 445603 | 255148 | 273200 | 226743 | 305816 | 222957 | 263560 |
| 16561.46 | 8849.53 | 10021.19 | 9895.47 | 9612.14 | 11237.73 | 9680.98 |
| 6.34 | 5.19 | 8.49 | 5.85 | 5.15 | 5.20 | 8.23 |

## 12－4 按登记注册类型分建筑业企业财务状况（2011 年）

单位：亿元

| 指　标 Item | | 合　计 Total | 内资企业 Domestic Funded | 国有 State-owned | 集体 Collective-owned | 股份合作 Cooperative Enterprises |
|---|---|---|---|---|---|---|
| 资本金合计 | Total Capital Assets | 2240.22 | 2213.51 | 109.71 | 26.87 | 16.68 |
| 流动资产合计 | Circulating Funds | 7680.61 | 7571.22 | 610.90 | 129.26 | 69.43 |
| #存货 | Stock | 1980.95 | 1967.09 | 141.19 | 32.76 | 12.57 |
| 固定资产合计 | Total Fixed Asstes | 1059.33 | 1049.42 | 95.33 | 22.96 | 9.79 |
| 固定资产原价合计 | Total Original Value of Fixed Assets | 1419.26 | 1406.05 | 136.34 | 32.22 | 11.98 |
| 累计折旧 | Accumulated Depreciation | 502.37 | 497.58 | 53.17 | 12.53 | 4.77 |
| #本年折旧 | Depreciation This Year | 90.01 | 89.24 | 13.25 | 1.51 | 0.88 |
| 在建工程 | Project Under Construction | 100.19 | 99.02 | 8.64 | 2.12 | 0.72 |
| 资产总计 | Total Assets | 9803.58 | 9679.42 | 776.48 | 159.25 | 82.39 |
| 流动负债合计 | Liquid Liability | 5654.41 | 5575.75 | 555.27 | 97.65 | 32.06 |
| 长期负债合计 | Long term Liability | 143.57 | 141.12 | 26.57 | 0.64 | 0.73 |
| 所有者权益合计 | Owners Equity | 3951.90 | 3908.93 | 194.61 | 60.73 | 48.71 |
| 工程结算收入 | Revenue of Project Settlement Accounts | 12458.71 | 12369.34 | 763.77 | 208.63 | 87.41 |
| 工程结算成本 | Costs of Project Settlement Accounts | 10876.55 | 10799.70 | 680.94 | 175.81 | 73.01 |
| 工程结算税金及附加 | Taxes and Extra Charges on Project Settlement Accounts | 433.76 | 431.37 | 20.86 | 7.35 | 2.74 |
| 工程结算利润 | Profits of Project Settlement Accounts | 1082.87 | 1073.50 | 57.52 | 23.43 | 11.10 |
| 其他业务利润 | Profits from Other Businesses | 35.71 | 35.07 | 1.25 | 1.09 | 0.10 |
| 经营费用 | Business Expenses | 65.53 | 64.78 | 4.45 | 2.04 | 0.55 |
| 管理费用 | Management Expenses | 408.35 | 403.51 | 31.68 | 11.30 | 4.01 |
| #税金 | Taxes | 21.60 | 21.34 | 1.09 | 0.50 | 0.23 |
| 利润总额 | Total Profits | 594.29 | 590.02 | 24.79 | 11.38 | 6.76 |
| 应交所得税 | Payable Income Taxes | 133.17 | 131.42 | 5.07 | 2.96 | 1.51 |
| 本年应付职工薪酬 | Workers salary paid in this year | 2199.71 | 2192.00 | 56.12 | 37.48 | 9.60 |

## Financial Indicators on Construction Enterprises by Registration Status (2011)

(100 million yuan)

| 联营<br>Joint Ownership Enterprises | 有限责任公司<br>Limited Liability Corporations | 股份有限公司<br>Share-holding Corporations Limited | 私营<br>Private Enterprises | 其他<br>Others | 港澳台商投资企业<br>Enterprises with Funds from Hong Kong, Macao and Taiwan | 外商投资企业<br>Foreign Funded Enterprises |
|---|---|---|---|---|---|---|
| 71.82 | 622.23 | 96.04 | 1257.70 | 12.47 | 12.31 | 14.40 |
| 63.72 | 3068.24 | 455.15 | 3029.58 | 144.94 | 54.92 | 54.47 |
| 11.66 | 812.96 | 118.85 | 817.24 | 19.86 | 5.27 | 8.60 |
| 6.65 | 393.15 | 74.94 | 439.18 | 7.42 | 3.80 | 6.11 |
| 9.66 | 549.70 | 92.91 | 563.70 | 9.55 | 5.54 | 7.67 |
| 3.50 | 203.88 | 29.01 | 187.43 | 3.29 | 2.34 | 2.45 |
| 0.59 | 31.57 | 4.45 | 36.24 | 0.75 | 0.36 | 0.41 |
| 0.36 | 34.94 | 6.64 | 44.55 | 1.05 | 0.43 | 0.75 |
| 72.88 | 3699.18 | 565.77 | 4165.73 | 157.74 | 60.88 | 63.28 |
| 52.15 | 2279.40 | 344.66 | 2101.13 | 113.44 | 39.35 | 39.30 |
| 0.31 | 53.01 | 8.12 | 51.35 | 0.41 | 0.99 | 1.46 |
| 20.43 | 1356.46 | 208.99 | 1975.15 | 43.86 | 20.45 | 22.52 |
| 82.68 | 5538.44 | 951.43 | 4573.59 | 163.40 | 37.00 | 52.37 |
| 72.89 | 4861.09 | 848.60 | 3947.38 | 139.98 | 32.07 | 44.78 |
| 2.89 | 195.77 | 34.69 | 161.51 | 5.56 | 0.93 | 1.46 |
| 6.56 | 463.46 | 63.87 | 431.21 | 16.34 | 3.64 | 5.74 |
| 0.04 | 11.59 | 1.43 | 19.23 | 0.35 | 0.11 | 0.53 |
| 0.35 | 18.13 | 4.26 | 33.50 | 1.52 | 0.37 | 0.38 |
| 3.62 | 167.11 | 24.42 | 156.54 | 4.83 | 1.56 | 3.27 |
| 0.18 | 8.27 | 1.14 | 9.23 | 0.68 | 0.06 | 0.20 |
| 2.49 | 270.44 | 37.13 | 228.29 | 8.74 | 1.58 | 2.70 |
| 0.57 | 60.80 | 8.13 | 50.89 | 1.48 | 0.37 | 1.38 |
| 8.21 | 1112.01 | 168.80 | 766.88 | 32.90 | 4.04 | 3.68 |

# 12-5 按行业分建筑业企业主要经济指标和财务状况(2011年)
# Main Economic Indicators on Construction Enterprises by Sector (2011)

单位:亿元 (100 million yuan)

| 指标 | Item | 房屋和土木工程建筑业 Building and Civil Engineering Construction | 房屋工程 Building | 土木工程 Civil Engineering | 建筑安装业 Construction Installation | 建筑装饰业 Construction Decoration |
|---|---|---|---|---|---|---|
| 企业个数 (个) | Number of Construction Enterprises (unit) | 4764 | 3055 | 1709 | 1725 | 1705 |
| #亏损企业 | Number of Loss-making Enterprises | 154 | 84 | 70 | 128 | 123 |
| 建筑业总产值 | Gross Output Value of Construction | 13032.98 | 10893.34 | 2139.63 | 1157.30 | 668.86 |
| #建筑工程 | Construction | 12717.25 | 10652.21 | 2065.04 | 564.09 | 636.28 |
| 安装工程 | Installation | 221.93 | 163.12 | 58.81 | 587.78 | 27.99 |
| 竣工产值 | Output Value of completed Building | 9559.24 | 8067.28 | 1491.96 | 882.62 | 569.05 |
| 房屋建筑施工面积 (万平方米) | Floor Space of Building under Construction (10000 sq. m) | 142769.56 | 141448.77 | 1320.79 | 2340.22 | 74.53 |
| #本年新开工 | Newly Started Projects in This Year | 68185.84 | 67524.84 | 661.00 | 1310.74 | 48.20 |
| #投标承包面积 | Floor Space of Bidding System | 125659.16 | 124618.01 | 1041.14 | 1803.85 | 50.23 |
| 房屋建筑竣工面积 (万平方米) | Floor Space of Building Completed (10000 sq. m) | 53083.80 | 52409.50 | 674.29 | 1295.58 | 75.40 |
| 自有机械设备总台数 (万台) | Total Number of Machinery and Enquipment (10000 sets) | 123.68 | 100.84 | 22.84 | 22.93 | 8.63 |
| 自有机械设备总功率 (万千瓦) | Total Power of Machinery and Enquipment (10000 kW) | 3154.82 | 2201.23 | 953.59 | 281.02 | 160.54 |
| 自有机械设备净值 | Net Value of Machinery and Enquipment | 540.10 | 343.62 | 196.48 | 46.55 | 19.41 |
| 职工平均人数(万人) | Annual Average Number of Staff and Workers (10000 persons) | 529.73 | 456.06 | 73.67 | 40.42 | 27.52 |
| 全员劳动生产率 (元/人) | Overall Labor Productivity (yuan/person) | 246030 | 238856 | 290443 | 286320 | 243032 |
| 技术装备率(元/人) | Value of Machines per Laborer (yuan/person) | 9905.09 | 7322.37 | 25851.18 | 12215.95 | 7227.13 |
| 动力装备率 (千瓦/人) | Power of Machines per Laborer (kW/person) | 5.79 | 4.69 | 12.55 | 7.37 | 5.98 |
| 资本金合计 | Total Capital Assets | 1631.11 | 937.04 | 694.08 | 217.62 | 313.57 |
| 流动资产合计 | Circulating Funds | 6132.27 | 4187.05 | 1945.22 | 824.43 | 524.61 |
| #存货 | Stock | 1587.65 | 1173.69 | 413.97 | 207.89 | 143.49 |
| 固定资产合计 | Total Fixed Asstes | 847.31 | 530.03 | 317.28 | 117.18 | 48.55 |

12－5 续 表 Continued

单位:亿元 (100 million yuan)

| 指 标 | Item | 房屋和土木工程建筑业 Building and Civil Engineering Construction | 房屋工程 Building | 土木工程 Civil Engineering | 建筑安装业 Construction Installation | 建筑装饰业 Construction Decoration |
|---|---|---|---|---|---|---|
| 固定资产原价合计 | Total Original Value of Fixed Assets | 1149.76 | 692.12 | 457.64 | 147.21 | 62.30 |
| 累计折旧 | Accumulated Depreciation | 411.18 | 233.07 | 178.11 | 50.49 | 20.80 |
| #本年折旧 | Depreciation This Year | 72.88 | 38.31 | 34.56 | 8.80 | 4.03 |
| 在建工程 | Project Under Construction | 76.58 | 51.72 | 24.86 | 15.57 | 4.60 |
| 资产总计 | Total Assets | 7684.71 | 5050.01 | 2634.70 | 1007.26 | 846.32 |
| 流动负债合计 | Liquid Liability | 4508.89 | 3023.44 | 1485.45 | 620.17 | 387.54 |
| 长期负债合计 | Long term Liability | 123.44 | 64.38 | 59.07 | 8.35 | 8.42 |
| 所有者权益合计 | Owners Equity | 3013.23 | 1930.37 | 1082.86 | 376.72 | 438.83 |
| 工程结算收入 | Revenue of Project Settlement Accounts | 10478.81 | 8345.30 | 2133.50 | 1107.36 | 608.91 |
| 工程结算成本 | Costs of Project Settlement Accounts | 9211.40 | 7400.13 | 1811.26 | 938.00 | 512.89 |
| 工程结算税金及附加 | Taxes and Extra Charges on Project Settlement Accounts | 370.17 | 300.79 | 69.38 | 33.91 | 21.19 |
| 工程结算利润 | Profits of Project Settlement Accounts | 851.54 | 611.22 | 240.32 | 126.55 | 67.54 |
| 其他业务利润 | Profits from Other Businesses | 25.02 | 18.19 | 6.82 | 5.58 | 1.95 |
| 经营费用 | Business Expenses | 45.70 | 33.16 | 12.54 | 8.89 | 7.28 |
| 管理费用 | Management Expenses | 301.41 | 207.94 | 93.47 | 63.96 | 27.85 |
| #税金 | Taxes | 16.77 | 11.95 | 4.82 | 2.75 | 1.32 |
| 利润总额 | Total Profits | 475.68 | 351.27 | 124.42 | 63.13 | 35.78 |
| 利税总额 | Total Pre-Tax Profits | 862.62 | 664.00 | 198.62 | 99.78 | 58.29 |
| 应交所得税 | Payable Income Taxes | 105.83 | 80.03 | 25.80 | 15.06 | 7.81 |
| 本年应付职工薪酬 | Workers salary paid in this year | 1960.92 | 1749.38 | 211.54 | 134.53 | 77.07 |

# 12－6 按地区分建筑业企业主要指标

| 地 区 | Region | 建筑施工企业个数(个) Number of Construction Enterprises (unit) | | 从业人员数(万人) Number of Employed Persons(10000 persons) | |
|---|---|---|---|---|---|
| | | 2010 | 2011 | 2010 | 2011 |
| 全 省 | Total | 8949 | 9164 | 591.77 | 620.90 |
| 南京市 | Nanjing | 1517 | 1579 | 60.35 | 64.85 |
| 无锡市 | Wuxi | 598 | 619 | 25.47 | 24.49 |
| 徐州市 | Xuzhou | 364 | 382 | 33.75 | 40.90 |
| 常州市 | Changzhou | 564 | 577 | 36.12 | 30.78 |
| 苏州市 | Suzhou | 1454 | 1479 | 56.28 | 54.62 |
| 南通市 | Nantong | 890 | 931 | 107.19 | 121.81 |
| 连云港市 | Lianyungang | 214 | 223 | 17.89 | 20.42 |
| 淮安市 | Huaian | 624 | 623 | 37.81 | 44.44 |
| 盐城市 | Yancheng | 668 | 692 | 42.41 | 43.77 |
| 扬州市 | Yangzhou | 743 | 728 | 70.70 | 69.32 |
| 镇江市 | Zhenjiang | 374 | 368 | 15.40 | 13.40 |
| 泰州市 | Taizhou | 640 | 656 | 66.67 | 55.51 |
| 宿迁市 | Suqian | 299 | 307 | 21.72 | 36.58 |
| 苏 南 | Southern Jiangsu | 4507 | 4622 | 193.63 | 188.14 |
| 苏 中 | Middle Jiangsu | 2273 | 2315 | 244.56 | 246.64 |
| 苏 北 | Northern Jiangsu | 2169 | 2227 | 153.58 | 186.12 |

## Main Indicators on Construction Enterprises by Region

| 建筑业总产值(亿元) Gross Output Value of Construction (100 million yuan) | | 房屋建筑施工面积(万平方米) Floor Space of Building under Construction (10000 sq. m) | | 房屋建筑竣工面积(万平方米) Floor Space of Building Completed (10000 sq. m) | |
|---|---|---|---|---|---|
| 2010 | 2011 | 2010 | 2011 | 2010 | 2011 |
| 12405.90 | 15122.74 | 119035.52 | 145451.48 | 48560.07 | 54650.20 |
| 1643.31 | 2006.60 | 10639.05 | 13479.02 | 3962.71 | 4288.39 |
| 499.50 | 540.61 | 4146.27 | 4192.57 | 1894.48 | 1864.70 |
| 535.72 | 648.07 | 4872.40 | 5517.02 | 2530.61 | 2584.80 |
| 735.49 | 883.87 | 6225.53 | 7657.71 | 2659.14 | 2849.49 |
| 1275.58 | 1530.81 | 8323.86 | 10105.76 | 3344.18 | 3945.09 |
| 2731.22 | 3571.78 | 35745.28 | 49322.87 | 10912.19 | 12783.23 |
| 330.16 | 367.75 | 2637.24 | 3052.39 | 1454.53 | 1653.76 |
| 571.88 | 679.21 | 6716.36 | 6083.98 | 3127.22 | 3411.01 |
| 649.44 | 814.79 | 7030.32 | 8280.46 | 3120.42 | 4065.04 |
| 1553.43 | 1894.38 | 13578.07 | 15495.91 | 6749.26 | 7010.33 |
| 321.19 | 349.55 | 1682.19 | 1863.85 | 653.32 | 915.18 |
| 1264.10 | 1436.35 | 14830.48 | 16859.29 | 6755.31 | 7451.74 |
| 294.90 | 398.95 | 2608.46 | 3540.66 | 1396.69 | 1827.44 |
| 4475.07 | 5311.44 | 31016.90 | 37298.91 | 12513.83 | 13862.85 |
| 5548.74 | 6902.51 | 64153.83 | 81678.06 | 24416.77 | 27245.30 |
| 2382.10 | 2908.78 | 23864.79 | 26474.51 | 11629.47 | 13542.06 |

# 主要统计指标解释

**建筑业统计单位** 指从事房屋、构筑物建造、装饰装修、设备安装活动和工程准备、提供施工设备服务等其他建筑活动的法人企业。建筑业法人企业应同时具备的条件是:①依法成立,有自己的名称、组织机构和场所,能够承担民事责任;②独立拥有和使用资产,承担负债,有权与其他单位签订合同;③独立核算盈亏,能够编制资产负债表。

**建筑业总产值(即自行完成施工产值)** 是以货币表现的建筑业企业在一定时期内生产的建筑业产品和服务的总和。建筑业总产值包括:

(1)建筑工程产值:指列入建筑工程预算内的各种工程价值。

(2)安装工程产值:指设备安装工程价值,不包括被安装设备本身价值。

(3)其他产值:指建筑业总产值中除建筑工程、安装工程以外的产值。包括房屋、构筑物修理所完成的产值(不包括被修理的房屋、构筑物本身的价值)、非标准设备制造产值、总包企业向分包企业收取的管理费和不能明确划分的施工活动所完成的产值。

**房屋建筑施工面积** 指在报告期内施过工的全部房屋建筑面积,包括本期新开工的房屋面积、上期跨入本期继续施工的房屋面积、上期停缓建在本期恢复施工的房屋面积、本期竣工的房屋面积及本期施工后又停缓建的房屋面积。

**房屋建筑竣工面积** 指在报告期内房屋建筑按照设计要求全部完工,达到了住人和使用条件,经检查验收鉴定合格的房屋建筑面积。

**自有机械设备年末总台数** 指归本企业(或单位)所有,属于本企业(或单位)固定资产的生产性机械设备年末总台数。包括施工机械、生产设备、运输设备以及其他设备。

**自有机械设备年末总功率** 指本企业(或单位)自有施工机械、生产设备、运输设备以及其他设备等列为固定资产的生产性机械设备年末总功率,按设定能力或查定能力计算。包括机械本身的动力和为该机械服务的单独动力设备,如电动机等。计算单位用千瓦,动力换算可按1马力=0.735千瓦折合成千瓦数。电焊机、变压器、锅炉不计算动力。

**工程结算收入** 指企业承包工程实现的工程价款结算收入,以及向发包单位收取的除工程价款以外按规定列作营业收入的各种款项,如临时设施费、劳动保险费、施工机械调迁费等以及向发包单位收取的各种索赔款。

**工程结算利润** 指已结算工程实现的利润,如亏损以"-"号表示。计算公式为:

工程结算利润=工程结算收入-工程结算成本-工程结算税金及附加-经营费用

**企业总收入** 指与企业生产经营直接有关的各项收入,包括工程结算收入和其他业务收入。计算公式为:

企业总收入=工程结算收入+其他业务收入

**计算建筑业劳动生产率的平均人数** 指建筑业企业(或单位)报告期实际拥有的、与建筑施工活动有关的人员的平均人数,包括参加本企业(或单位)建筑施工活动的非本企业(或单位)人员,但不包括企业内部社会服务性机构的人员以及由本企业支付工资但所从事的工作与本企业生产基本无关的人员。

# Explanatory Notes on Main Statistical Indicators

**Statistical Unit in Construction** refers to corporate enterprise engaged in the construction of buildings and structures and in the installation of equipment. A corporate constrnction enterprise should meet the following 3 requirements: ①being set up in line with relevant legal basis, having its full name, organization and location, and capable of taking civil liabilities; ②independently possessing and using its assets and assuming its liabilities, and entitled to sign contracts with other institutions; ③making independent accounts of its profits and losses, and capable of compiling its own balance sheet.

**Gross Output Value of Construction (Output Value of Projects Under Construction)** refers to total of construction products and services expressed in money terms, completed by construction enterprises during a given period of time. It includes:

(1) Output: value of construction projects, that is the value of projects covered by the project budgets;

(2) Output value of installation projects, that is the value of the installation of equipment (excluding the value of the equipment to be installed);

(3) Other Output Value refers to the total output of construction industry except the output value of constrution projects, output value of installation projects. It covered the output value of buildings and strucutres repairing (excluding the value of buildings and structures being repaired); output value of manufactured non-standard equipment; management expenses collected by general contracted enterprises from branch contracted enterprises, and the output value of const ruction activities which can't to be divided definitely.

**Floor Space of Buildings Under Construction** refers to floor space of buildings under construction during the reference period, including newly started buildings, buildings started earlier and continued during the reference period, and buildings suspended earlier but restarted during the reference period, buildings completed during the reference period, and buildings under construction and then suspended during the reference period.

**Floor Space of Buildings Completed** refers to the floor space of buildings that are completed in the reference period in accordance with the requirements of the design, up to the standard for putting them into use, and have been checked and accepted by concerned departments as qualified ones.

**Total Number of Machinery and Equipment Owned by the End of Year** refers to the number of machines and equipment owned by the enterprises, and listed as the fixed assets of the enterprises by the end of the year, including machinery and equipment for construction, production and transportation.

**Total Power of Machinery and Equipment Owned by the End of Year** refers to the total power of machinery and equipment owned by the enterprises, and listed as the fixed assets of the enterprises by the end of the year, including machinery and equipment for construction, production and transportation. The power of the machinery is calculated on basis of the designed or verified capacity, covering the power of the machinery/equipment and the separate power equipment serving the machinery/equipment (such as electric motors), but excluding welders, transformers and boilers. The unit used for the calculation of power is kilowatt, with horsepower converted to kilowatt by 1 horsepower = 0.735 kilowatt.

**Income from Settlement of Projects** refers to the income received by the construction enterprise from the contracted project through settlement procedures, and other charges to the contractoree as operational costs in addition to the value of the project, such as temporary facility fee, labour insurance premium, moving cost of construction equipment, as well as various types of claims to the contractee.

**Profit from Settlement of Projects** refers to profit realized through settled projects. It is calculated with the following formula:

Profit from Settlement of Projects = Income from Settlement of Projects – Settled Cost – Settled Taxes and Other Cost – cost of Operation.

**Total Revenue of Enterprises** refers to the sum of income from production and operation of enterprises, including income from settlement of projects and other operational income, namely:

Total Revenue of Enterprises = Income from Settlement of Projects + Other Operational Income.

**Number of Average Personnels of Labor Productivity** refers to the average personnels actually held by construction enterprises (units) and related to construction activities in the reference period, including the personnels of other enterprises, who took part in the construction activities of these enterprises, but excluding the personnels of the inner social service institutions, and the personnels their wages were paid by the enterprises but did not take part in the construction activities basically.

# 13

# 运输、邮电

# Transport, Postal and Telecommunication Services

# 简 要 说 明

本篇反映我省交通运输业和邮政、通信业发展情况。

**一、交通运输邮政电信业部分的主要内容**

1. 交通运输业资料主要包括：五种运输方式的线路里程、各种运输方式完成的货物运输量和旅客运输量，全社会港口码头泊位和通过能力，主要港口吞吐量以及民用车辆拥有量等资料。

2. 邮电通信业资料主要包括：邮电业务总量、业务收入情况，电信主要通信能力，邮电主要业务完成情况，邮电通信发展水平等资料。

**二、交通运输邮政电信业部分的资料来源和相关说明**

1. 铁路资料：由上海铁路局提供。范围是江苏境内国家铁路（含控股合资）、地方铁路和非控股合资铁路运营情况，不含军用铁路及由厂矿企事业单位自建的铁路专用线和专用铁道。

2. 公路、水运、港口资料：由江苏省交通运输厅以及南京港、连云港、南通港、苏州港提供。(1)公路和水路线路里程为年末通车和通航里程数，不含未正式投入使用的公路和航道里程；(2)民用汽车拥有量及机动车和汽车驾驶员人数，根据江苏省公安厅交通管理局登记注册的车辆资料和驾驶员资料整理，不含军用车辆，不含拖拉机数量。(3)公路营运汽车拥有量，根据各省辖市道路运输主管部门登记注册的从事公路运输的营业性运输车辆资料整理，从 2010 年起，不含出租车数辆；(4)营业性运输船舶拥有量，根据各省辖市交通运输主管部门登记注册的从事水上客、货运输的营业性船舶资料整理，不含非运输船舶及农业、渔业生产船舶；(5)公路、水路客货运输量资料，由省交通运输厅负责收集整理；(6)公路、水路运输量统计包括全面调查和非全面调查两种方式，统计范围是在各省辖市交通运输主管部门登记注册的从事公路、水路客、货运输的营业性的车辆和船舶所完成的运输量，由交通部门组织实施。(7)规模以上港口的统计范围为年通过能力在 1000 万吨以上的沿海港口和 200 万吨以上的内河港口，以及从事外贸、集装箱装卸的港口，具体范围由交通运输部划定。江苏港口数量为 15 个，沿海 1 个，内河港口 14 个。

3. 管道运输资料：由中国石油化工股份有限公司徐州管道储运分公司提供。包括输原油、输成品油、输天然气及输其他气体的运输量。

4. 民航运输资料：由中国民航江苏安全监督管理局提供。统计对象为在江苏省境内注册从事民用航空运输飞行和通用飞行的航空运输企业和民用航空机场。统计范围为民航运输企业及东航公司从事国内运输、港澳台运输、国际运输的定期航班航线条数及里程、运输量及运营情况，飞行完成情况等。

5. 邮政通信资料：由江苏省邮政管理局和江苏省通信管理局提供。包括邮政企业和年业务收入 200 万元以上快递企业，以及所有从事电信运营的企业（即中国电信、中国移动、中国联通三家基础电信企业），不含专用网业务资料。邮电业务量按业务种类分为邮政业务量和电信业务量；按业务范围分为国内业务量和国际及港澳业务量（对台业务量统计在港澳中）。

# Brief Introduction

Data in this chapter present the development of transportation, post and telecommunications in Jiangsu Province.

**Ⅰ. Main Contents**

1. Data on transport cover mainly the length of the routes of five means of transportation, freight traffic and passenger traffic accomplished by various means of transportation, number of berths and traffic capacity in all ports, volume of freight and passenger handled at major ports, and number of civil motor vehicles.

2. Data on business volume of post and telecommunication services, revenue from post and telecommunication services, telephone lines, tele-

graph lines and the possession of telecommunication facilities; business volume of postal and telecommunication services achieved; and the level of development of postal and telecommunication services.

## Ⅱ. Scope of Statistics

1. Data on railway transportation: from Shanghai Railway Bureau. Including the operation and management of the national, local and joint-venture railways in Jiangsu Province but not including railways for military purpose, lines built by industrial and mining enterprises and special railways.

2. Data on highways, waterways and ports: from Jiangsu Provincial Communications Department and Nanjing, Lianyungang, Nantong. (1) The length of highways and waterways refer to the length open to traffic or navigation at the end of the year, but not including the highways and waterways under construction or not officially having been put into use. (2) Data on the possession of civil motor vehicles and the number of drivers are provided by the divisions of vehicle management under the provincial departments of public security, subordinate to the Traffic Management Bureau, Ministry of Public Security, but not including vehicles for military use. (3) Data on possession of highway vehicles are provided by the divisions of vehicle management under provincial departments of public security, which are subordinate to the Traffic Management Bureau, Ministry of Public Security, including vehicles for business use and non-business use. From 2010, possession of taxies are not included. (4) Data on possession of ships are provided by the divisions of navigation or ports management under municipal departments of communications, which are subordinate to the Ministry of Transport. However, fishing boats, boats for constructions in water and boats for military use are not included. (5) Data on passenger traffic and freight traffic by highways and waterways are collected and prepared by Jiangsu Provincial Communications Department. (6) Data on highway and waterway transportation are collected through both comprehensive reporting system and non-comprehensive reporting system. The statistical scope encompasses all the enterprises, institutional units and individuals (including joint-households) registered in municipal departments of communications and engaged in highway or waterway freight or passenger transport business. (7) Data on production capacity and handling capacity include the seaports handling cargo more than 1 million tons, inland river ports with turnover over 2 million tons and ports with operation in foreign trade and containing shipping. The specific scope are decided by the Administration of Transportation. There are 15ports in Jiangsu Province: 1 coastal port and 14 ports of inland rivers.

3. Data on pipeline transport: Data are from Xuzhou PSTC of China Petroleum & Chemical Corporation. The data on pipeline transport cover the volume transported of petroleum (crude oil) pipelines, petroleum products pipelines, natural gas pipelines and other gas pipelines.

4. Data on civil aviation transport: Data are from Jiangsu Provincial Bureau of Safety Administration of Civil Aviation. The targets of statistical collection are enterprises registered for engagement in civil aviation transport flights and flights for general purposes and civil airports in Jiangsu Province. The scope of statistics encompasses number of lines, mileage flown, transport volume, composition of the fleets operational situation of the airlines, performance of general purpose flights in respect of domestic transport, transport between China mainland and Hong Kong, Macao and Taiwan,

and international transport. .

5. Data on post and telecommunications: Data are from JiangSu Provincial Postal Administration and Jiangsu Communication Administration. Data in this category include postal enterprises express delivery company with revenue above 2 million yuan and all telecommunication enterprises (i. e. the three major enterprises of telecommunication China Telecom, China Mobile and China Unicom), but exclude services provided through dedicated networks. The business volume of post and telecommunications is classified by type of business into postal and telecommunication services, and by customers into domestic service, international service, and service between the Mainland and Hong Kong, Macao (business volume of the service to Taiwan is covered in that for Hong Kong and Macao).

# 13－1 交通运输业基本情况
# Basic Statistics of Transport

| 指 标 | Item | 1995 | 2000 | 2005 | 2010 | 2011 |
|---|---|---|---|---|---|---|
| **运输线路长度（公里）** | **Length of Transport Routes (km)** | | | | | |
| 铁路营业里程 | Railways in Operation | 747 | 752 | 1599 | 1908 | 2348 |
| 铁路正线延展长度 | Extended Raitways | 1290 | 1439 | 2301 | 2922 | 3720 |
| 公路通车里程 | Highways in Operation | 25970 | 58013 | 82739 | 150307 | 152247 |
| #等级公路里程 | Expressway and Class Ⅰ to Ⅳ Highway | | 47718 | 74957 | 141706 | 144113 |
| #高速公路 | Expressways | | 1105 | 2886 | 4059 | 4122 |
| 一级公路 | Class Ⅰ Highways | | 2863 | 4214 | 9514 | 9949 |
| 二级公路 | Class Ⅱ Highways | | 10184 | 13998 | 21328 | 21779 |
| 内河航道里程 | Navigable Inland Waterways | 23803 | 23943 | 24800 | 24248 | 24272 |
| 输油管道里程 | Petroleum Pipelines | 334 | 334 | 760 | 5557 | 6067 |
| 公路桥梁（座） | Highway Bridges (unit) | 9793 | 20678 | 25239 | 64675 | 65815 |
| 公路桥梁长度（米） | Length of Highway Bridges (m) | 337978 | 840649 | 1321763 | 2829872 | 2910978 |
| **客运量总计（万人）** | **Total Passenger Traffic (10000 persons)** | **84803** | **107244** | **145204** | **226627** | **247405** |
| 铁路 | Railways | 5185 | 4891 | 6658 | 9711 | 10598 |
| 公路 | Highways | 78947 | 101713 | 138287 | 215850 | 235673 |
| 水运 | Waterways | 623 | 514 | 37 | 590 | 579 |
| 民用航空 | Civil Aviation | 48 | 126 | 222 | 476 | 555 |
| **旅客周转量（亿人公里）** | **Total Passenger-kilometers (100 million person-km)** | **630.56** | **776.26** | **1222.03** | **1604.00** | **1778.00** |
| **货运量总计（万吨）** | **Total Freight Traffic (10000 tons)** | **81830** | **90436** | **112909** | **188565** | **212594** |
| #铁 路 | Railways | 4143 | 4077 | 5090 | 6374 | 7282 |
| 公 路 | Highways | 49578 | 59056 | 76301 | 123500 | 140803 |
| 水 运 | Waterways | 27161 | 25902 | 29277 | 48702 | 54012 |
| 输油管道 | Petroleum Pipelines | 946 | 1395 | 2236 | 9977 | 10491 |
| **货物周转量（亿吨公里）** | **Total Freight Ton-kilometers (100 million ton-km)** | **1376.88** | **1505.57** | **3068.88** | **6111.57** | **7514.00** |
| **民用车辆拥有量（万辆）** | **Possession of Civil Motor Vehicles (10000 coaches)** | | **588.73** | **969.66** | **1381.88** | **1535.17** |
| #民用汽车拥有量 | Civil Vehicles | 51.19 | 74.51 | 231.11 | 567.71 | 688.38 |
| #载客汽车 | Passenger Vehicles | 21.99 | 41.16 | 144.63 | 472.78 | 586.59 |
| #载货汽车 | Trucks | 27.83 | 31.46 | 43.35 | 72.50 | 82.39 |
| #营运汽车 | Motor Vehicles in Operation | | 28.64 | 37.89 | 76.26 | 82.08 |
| #私人汽车 | Private Vehicles | 5.22 | 18.94 | 147.47 | 434.57 | 541.68 |
| **民用运输船舶拥有量（万艘）** | **Possession of Civil Transport Vessels (10000 units)** | **14.09** | **7.27** | **5.13** | **4.90** | **4.93** |
| 机动船 | Motor Vessels | | 5.39 | 3.45 | 3.83 | 3.94 |
| 驳船 | Barges | | 1.88 | 1.68 | 1.07 | 0.99 |
| **港口货物吞吐量（万吨）** | **Volume of Freight Handled at Ports (10000 tons)** | **20177** | **41364** | **75548** | **158977** | **180683** |

# 13-2 客 运 量
## Passenger Traffic

单位:万人 (10000 persons)

| 年份 Year | 总计 Total | 铁路 Railway | 公路 Highway | 水运 Waterway | 民用航空 Civil Aviation |
|---|---|---|---|---|---|
| 1978 | 25621 | 2752 | 18694 | 4175 | |
| 1980 | 34002 | 3364 | 26463 | 4175 | |
| 1985 | 53935 | 4819 | 45751 | 3365 | |
| 1990 | 48339 | 4788 | 41850 | 1701 | |
| 1991 | 50264 | 4932 | 43764 | 1568 | |
| 1992 | 55400 | 5035 | 48748 | 1617 | |
| 1993 | 59666 | 5533 | 53331 | 797 | 5 |
| 1994 | 61104 | 5471 | 54930 | 677 | 26 |
| 1995 | 84803 | 5185 | 78947 | 623 | 48 |
| 1996 | 91870 | 4502 | 86801 | 499 | 68 |
| 1997 | 93684 | 4433 | 88826 | 341 | 84 |
| 1998 | 97033 | 4451 | 92215 | 273 | 94 |
| 1999 | 101000 | 4824 | 95564 | 504 | 108 |
| 2000 | 107244 | 4891 | 101713 | 514 | 126 |
| 2001 | 110713 | 5029 | 105105 | 430 | 149 |
| 2002 | 115889 | 5297 | 110139 | 284 | 170 |
| 2003 | 123462 | 5104 | 118046 | 147 | 165 |
| 2004 | 128516 | 5997 | 122218 | 91 | 210 |
| 2005 | 145204 | 6658 | 138287 | 37 | 222 |
| 2006 | 161425 | 7293 | 153824 | 27 | 280 |
| 2007 | 187241 | 7658 | 179206 | 27 | 350 |
| 2008 | 208237 | 8846 | 199008 | 32 | 351 |
| 2009 | 201262 | 9167 | 191001 | 686 | 408 |
| 2010 | 226627 | 9711 | 215850 | 590 | 476 |
| 2011 | 247405 | 10598 | 235673 | 579 | 555 |

注：民用航空客运量仅指省内航空公司完成数。
Note: The passenger traffic by civil aviation only referred to the fulfillment in our province.

# 13－3 旅客周转量
## Turnover Volume of Passenger Traffic

单位:亿人公里 (100 million person-km)

| 年 份 Year | 总 计 Total | 铁 路 Railway | 公 路 Highway | 水 运 Waterway | 民用航空 Civil Aviation |
|---|---|---|---|---|---|
| 1978 | 105.29 | 46.35 | 49.93 | 9.01 | |
| 1980 | 140.15 | 61.60 | 68.25 | 10.30 | |
| 1985 | 273.76 | 107.46 | 156.30 | 10.00 | |
| 1990 | 324.94 | 124.13 | 195.24 | 5.57 | |
| 1991 | 342.12 | 132.57 | 204.11 | 5.44 | |
| 1992 | 515.08 | 147.53 | 361.28 | 6.27 | |
| 1993 | 520.86 | 161.36 | 355.50 | 3.42 | 0.58 |
| 1994 | 541.09 | 166.94 | 367.98 | 3.28 | 2.89 |
| 1995 | 630.56 | 163.69 | 459.08 | 3.42 | 4.37 |
| 1996 | 647.73 | 143.85 | 495.70 | 2.51 | 5.67 |
| 1997 | 657.93 | 144.68 | 504.05 | 1.64 | 7.56 |
| 1998 | 680.02 | 141.15 | 527.62 | 1.12 | 10.13 |
| 1999 | 725.66 | 157.65 | 554.04 | 1.40 | 12.57 |
| 2000 | 776.25 | 165.87 | 594.48 | 1.45 | 14.45 |
| 2001 | 874.63 | 173.40 | 682.25 | 1.06 | 17.93 |
| 2002 | 924.31 | 183.80 | 719.08 | 0.70 | 20.71 |
| 2003 | 978.03 | 182.88 | 774.11 | 0.50 | 20.53 |
| 2004 | 1109.19 | 226.73 | 855.41 | 0.27 | 26.78 |
| 2005 | 1222.03 | 245.37 | 948.10 | 0.11 | 28.45 |
| 2006 | 1366.95 | 267.99 | 1062.61 | 0.10 | 36.25 |
| 2007 | 1596.06 | 309.83 | 1241.13 | 0.33 | 44.77 |
| 2008 | 1766.00 | 319.14 | 1400.80 | 0.37 | 45.69 |
| 2009 | 1423.33 | 311.29 | 1058.01 | 1.29 | 52.74 |
| 2010 | 1604.00 | 351.00 | 1196.59 | 1.50 | 54.00 |
| 2011 | 1777.80 | 398.10 | 1307.30 | 1.50 | 70.90 |

# 13－4 货 运 量
# Freight Traffic

单位:万吨 （10000 tons）

| 年份 Year | 总计 Total | 铁路 Railway | 公路 Highway | 水运 Waterway | 内河 Inland Waterway | 沿海、远洋 Seashipping | 输油管道 Petroleum Pipeline |
|---|---|---|---|---|---|---|---|
| 1978 | 14626 | 3224 | 4488 | 6557 | 6557 | | 357 |
| 1980 | 16527 | 3420 | 4427 | 6482 | 6452 | 30 | 2198 |
| 1985 | 46842 | 4037 | 23255 | 18117 | 18067 | 50 | 1433 |
| 1990 | 49399 | 4235 | 27904 | 15908 | 15809 | 99 | 1352 |
| 1991 | 49298 | 4078 | 27948 | 16064 | 15884 | 180 | 1208 |
| 1992 | 56953 | 4343 | 30730 | 20751 | 20533 | 218 | 1129 |
| 1993 | 66339 | 4344 | 35060 | 25915 | 25610 | 305 | 1020 |
| 1994 | 69470 | 4318 | 36899 | 27279 | 26920 | 359 | 974 |
| 1995 | 81830 | 4143 | 49578 | 27161 | 26728 | 433 | 948 |
| 1996 | 84666 | 4361 | 50571 | 28819 | 28429 | 390 | 915 |
| 1997 | 82290 | 4131 | 52441 | 24826 | 24424 | 402 | 892 |
| 1998 | 80429 | 3793 | 54328 | 21363 | 21059 | 304 | 945 |
| 1999 | 81529 | 3941 | 54803 | 21596 | 20045 | 1551 | 1188 |
| 2000 | 90436 | 4077 | 59056 | 25902 | 24275 | 1627 | 1395 |
| 2001 | 87505 | 4239 | 59058 | 22583 | 21030 | 1553 | 1622 |
| 2002 | 88588 | 4407 | 60299 | 22411 | 20681 | 1730 | 1468 |
| 2003 | 93511 | 4462 | 64321 | 23320 | 20845 | 2475 | 1405 |
| 2004 | 100093 | 4665 | 69058 | 24812 | 21239 | 3573 | 1554 |
| 2005 | 112909 | 5090 | 76301 | 29277 | 25061 | 4216 | 2236 |
| 2006 | 125114 | 5169 | 84319 | 32862 | 25779 | 7083 | 2759 |
| 2007 | 143804 | 5177 | 97473 | 37858 | 29567 | 8291 | 3292 |
| 2008 | 166322 | 5118 | 110302 | 42799 | 27154 | 15645 | 8098 |
| 2009 | 160966 | 6137 | 104002 | 42016 | 30221 | 11795 | 8807 |
| 2010 | 188565 | 6374 | 123500 | 48702 | 35713 | 12989 | 9977 |
| 2011 | 212594 | 7282 | 140803 | 54012 | 37783 | 16229 | 10491 |

# 13-5 货物周转量
# Turnover Volume of Freight Traffic

单位:亿吨公里 (100 million ton-km)

| 年份 Year | 总计 Total | 铁路 Railway | 公路 Highway | 水运 Waterway | 内河 Inland Waterway | 沿海、远洋 Seashipping | 输油管道 Petroleum Pipeline |
|---|---|---|---|---|---|---|---|
| 1978 | 283.85 | 172.72 | 11.24 | 87.97 | 87.97 | | 11.92 |
| 1980 | 382.77 | 186.31 | 11.45 | 93.56 | 91.51 | 2.05 | 91.45 |
| 1985 | 575.58 | 240.48 | 81.30 | 205.90 | 194.83 | 11.07 | 47.90 |
| 1990 | 730.22 | 297.44 | 154.01 | 233.65 | 209.53 | 24.12 | 45.12 |
| 1991 | 788.41 | 301.73 | 166.21 | 280.59 | 240.23 | 40.36 | 39.88 |
| 1992 | 963.94 | 333.85 | 179.92 | 400.78 | 361.87 | 38.91 | 49.39 |
| 1993 | 1193.87 | 346.49 | 235.07 | 578.01 | 520.51 | 57.50 | 34.30 |
| 1994 | 1246.12 | 372.13 | 243.33 | 598.02 | 523.21 | 74.81 | 32.64 |
| 1995 | 1376.88 | 393.51 | 281.04 | 670.75 | 585.84 | 84.91 | 31.58 |
| 1996 | 1412.56 | 380.09 | 289.44 | 712.33 | 635.20 | 77.13 | 30.70 |
| 1997 | 1370.63 | 355.73 | 303.40 | 681.42 | 617.18 | 64.24 | 30.08 |
| 1998 | 1353.23 | 343.41 | 316.14 | 661.85 | 579.51 | 82.34 | 31.71 |
| 1999 | 1400.55 | 342.65 | 319.75 | 704.01 | 436.89 | 267.12 | 33.91 |
| 2000 | 1505.57 | 371.32 | 340.72 | 746.39 | 463.17 | 283.22 | 46.84 |
| 2001 | 1524.96 | 371.97 | 340.73 | 757.58 | 489.01 | 268.57 | 54.37 |
| 2002 | 1549.12 | 377.17 | 351.95 | 770.03 | 395.05 | 374.98 | 49.63 |
| 2003 | 1817.44 | 408.69 | 365.01 | 995.34 | 444.98 | 550.36 | 47.97 |
| 2004 | 2398.64 | 434.72 | 386.91 | 1523.63 | 468.13 | 1055.50 | 52.87 |
| 2005 | 3068.88 | 480.49 | 459.18 | 2056.90 | 631.98 | 1424.92 | 71.73 |
| 2006 | 3644.79 | 497.42 | 542.09 | 2515.09 | 583.94 | 1931.15 | 89.54 |
| 2007 | 4099.16 | 424.00 | 638.59 | 2930.08 | 634.65 | 2295.43 | 105.75 |
| 2008 | 4707.50 | 346.50 | 723.60 | 3179.30 | 598.29 | 2581.01 | 457.67 |
| 2009 | 5154.46 | 323.90 | 971.13 | 3372.05 | 638.45 | 2733.60 | 486.74 |
| 2010 | 6111.57 | 336.86 | 1149.10 | 4095.70 | 694.11 | 3401.59 | 529.13 |
| 2011 | 7514.00 | 398.57 | 1315.27 | 5236.91 | 748.30 | 4488.61 | 562.40 |

# 13-6 全社会港口码头泊位和通过能力（2011 年）
# Number of Berths and Traffic Capacity in All Ports (2011)

| 指 标 | Item | 合 计 Total | 沿海港口 Coastal Ports | 内河港口 Ports of Inland Rivers |
|---|---|---|---|---|
| 生产用码头泊位 | Number of Berths of Ports | | | |
| 泊位个数 （个） | Number of Berths (unit) | 7239 | 129 | 6108 |
| 泊位长度 （米） | Length of Ports Line (m) | 431056 | 16833 | 282865 |
| 泊位年通过能力 | Comprehensive Traffic Capacity | | | |
| 货物 （万吨） | Freight (10000 tons) | 138120 | 10381 | 48502 |
| 旅客 （万人） | Passenger (10000 persons) | 993 | | 564 |
| 非生产用码头泊位 | Ports for Nonproductive Use | | | |
| 泊位个数 （个） | Number of Berths (unit) | 56 | | |
| 泊位长度 （米） | Length of Ports Line (m) | 3481 | | |

# 13-7 主要港口吞吐量(2011 年)
# Volume of Freight and Passenger Handled at Major Ports (2011)

| 港 口 | Ports | 旅客吞吐量（万人） Passenger (10000 persons) | #出 港 Departure | 货物吞吐量（万吨） Freight (10000 tons) | #外 贸 Foreign Trade |
|---|---|---|---|---|---|
| **总 计** | **Total** | **14.16** | **7.23** | **180683.31** | **28307.23** |
| 沿海港口 | Coastal Ports | 14.16 | 7.23 | 19785.11 | 9502.82 |
| #连云港 | Lianyungang | 14.16 | 7.23 | 16628.02 | 9157.53 |
| 内河港口 | Ports of Inland Rivers | | | 160898.20 | 18804.41 |
| #长江干流水系 | Yangtze River Mainstream System | | | 115554.05 | 18795.17 |
| 长江支流水系 | Yangtze River Tributary System | | | 8933.75 | |
| 京杭运河水系 | Jing-Hang Canal System | | | 26938.26 | |
| 淮河水系 | Huaihe River System | | | 6517 | |

# 13－8 全省民用车辆拥有量(2011 年)
# Number of Civil Motor Vehicles(2011)

单位:辆 (coach)

| 指 标 | Item | 总 计 Total | #营 运 Working | #进 口 Import | #个 人 Individual |
|---|---|---|---|---|---|
| **合 计** | **Total** | **14591118** | **1193261** | **254087** | **13030125** |
| 汽车 | Civil Vehicles | 6883816 | 820800 | 250429 | 5416833 |
| 载客汽车 | Passenger Vehicles | 5865894 | 150891 | 248165 | 4881307 |
| #大型 | Large Scale | 83487 | 62426 | 700 | 2147 |
| 中型 | Medium Scale | 108295 | 12367 | 3516 | 47138 |
| 小型 | Small Scale | 5473763 | 75271 | 242018 | 4650607 |
| #轿车 | Cars | 4268600 | 73373 | 149114 | 3696667 |
| 载货汽车 | Trucks | 823920 | 563821 | 1132 | 391099 |
| #重型 | Heavy Scale | 269745 | 235015 | 490 | 107613 |
| 中型 | Medium Scale | 185231 | 126962 | 38 | 74861 |
| 轻型 | Light Scale | 366285 | 200841 | 604 | 206623 |
| #普通载货 | Ordinary Trucks | 444889 | 268984 | 626 | 232800 |
| 其他汽车 | Other Vehicles | 194002 | 106088 | 1132 | 144427 |
| #三轮汽车 | Tricycle Motors | 102274 | 75721 | 9 | 100533 |
| 低速汽车 | Lowspeed Vehicles | 29783 | 20085 | 16 | 27714 |
| 摩托车 | Motor | 7629092 | 296613 | 3648 | 7590819 |
| #普通 | Ordinary Motor | 7370920 | 296233 | 3408 | 7333032 |
| 轻便 | Light Motors | 258172 | 380 | 240 | 257787 |
| 挂车 | Freight Trailers | 78166 | 75835 | 10 | 22467 |
| 其他类型车 | Other Motor Vehicles | 44 | 13 | | 6 |
| 拖拉机 | Lowspeed Vehicles | 1340900 | | | |

注:合计数中不含拖拉机数量。
Note: Total do not include number of louspeed vehicles.

# 13－9 私人车辆拥有量
# Number of Private-owned Vehicles

单位:辆 (coach)

| 指 标 | Item | 2005 | 2007 | 2008 | 2009 | 2010 | 2011 |
|---|---|---|---|---|---|---|---|
| **合 计** | **Total** | **8778943** | **10847059** | **11567448** | **12426271** | **12401784** | **13030125** |
| 民用汽车 | Civil Vehicles | 1474688 | 2268743 | 2632743 | 3382248 | 4345668 | 5416833 |
| 载客汽车 | Passenger Vehicles | 942143 | 1754100 | 2197417 | 2911931 | 3839416 | 4881307 |
| #大型 | Large Scale | 905 | 1260 | 1579 | 1776 | 1982 | 2147 |
| 轿车 | Cars | 607462 | 1248332 | 1601572 | 2165102 | 2886147 | 3696667 |
| 载货汽车 | Ordinary Trucks | 146146 | 172800 | 190742 | 252910 | 328679 | 391099 |
| #重型 | Large Scale | 17523 | 25135 | 28448 | 54859 | 84235 | 107613 |
| 其他汽车 | Other | 386399 | 341843 | 244584 | 217407 | 177573 | 144427 |
| 摩托车 | Motors | 7045361 | 8570804 | 8926383 | 9031100 | 8037707 | 7590819 |
| 挂车 | Freight Trailers | 4756 | 7509 | 8320 | 12920 | 18404 | 22467 |

# 13－10　全省公路运输汽车拥有量
## Number of Transport Motor Vehicles

单位:辆 (coach)

| 指　　标 | Item | 2005 | 2007 | 2008 | 2009 | 2010 | 2011 |
|---|---|---|---|---|---|---|---|
| **合　计** | **Total** | **410338** | **409339** | **709129** | **786861** | **790417** | **696443** |
| 载客汽车 | Passenger Vehicles | | | | | | |
| 辆数 | Number | 86038 | 84832 | 88261 | 92566 | 39614 | 40935 |
| 客位 (万客位) | Seats (10000 seats) | 124 | 159 | 173 | 200 | 145 | 155 |
| 载货汽车 | Trucks | | | | | | |
| 辆数 | Number | 324300 | 324507 | 620868 | 694295 | 750803 | 655508 |
| #普通载货汽车 | Ordinary Trucks | 309874 | 299541 | 324502 | 430347 | 520226 | 517568 |
| 吨位 (万吨) | Tonnages (10000 tons) | 148 | 174 | 255 | 346 | 475 | 482 |
| #普通载货汽车 | Ordinary Trucks | 130 | 146 | 166 | 277 | 380 | 387 |

# 13－11　全社会运输船舶拥有量
## Number of Transport Vessels

| 指　　标 | Item | 2010 | | | 2011 | | |
|---|---|---|---|---|---|---|---|
| | | 艘 Number (unit) | 载客量(客位) Passenger Capacity (seat) | 净载重量(万吨位) Dead Weight Tonnage (10000 tons) | 艘 Number (unit) | 载客量(客位) Passenger Capacity (seat) | 净载重量(万吨位) Dead Weight Tonnage (10000 tons) |
| **总　计** | **Total** | **49076** | **27670** | **2848.31** | **49299** | **55236** | **3727.20** |
| #内河船舶 | Inland Waterway Vessels | 48013 | 27010 | 1884.25 | 48039 | 54808 | 2280.71 |
| 沿海船舶 | Coastal Vessels | 971 | 360 | 474.59 | 1123 | 428 | 639.61 |
| 远洋船舶 | Oceanic Vessels | 92 | 300 | 489.46 | 137 | | 806.89 |
| #机动船 | Motor Vessels | 38332 | 27670 | 2420.01 | 39374 | 55236 | 3356.85 |
| 客船 | Passenger Ships | 247 | 16796 | 2.05 | 364 | 55236 | 8.14 |
| 客货船 | Passenger Cargo Ships | 58 | 10874 | 2.91 | | | |
| 货船 | Cargo Ships | 36725 | | 2415.04 | 37785 | | 3348.72 |
| 拖轮 | Tugboats | 1302 | | | 1225 | | |
| 驳船 | Cargo Barges | 10744 | | 428.30 | 9925 | | 370.35 |

## 13－12　邮电业务基本情况
## Basic Conditions of Post and Telecommunication Services

| 指　　标 | | Item | 2000 | 2005 | 2010 | 2011 |
|---|---|---|---|---|---|---|
| 邮电业务总量 | （亿元） | Business Volume of Postal & Telecommunication Services (100 million yuan) | 323.45 | 728.08 | 2194.60 | 974.30 |
| 邮政业务总量 | | Postal Services | 20.13 | 52.95 | 188.30 | 145.50 |
| 电信业务总量 | | Telecommunicatoin Services | 303.32 | 675.13 | 2006.33 | 828.80 |
| 邮电业务收入 | （亿元） | Revenue from Post and Telecommunication Services (100 million yuan) | | 459.58 | 789.20 | 882.60 |
| 邮政业务收入 | | Postal Revenue | | 44.50 | 111.10 | 133.10 |
| 电信业务收入 | | Telecommunication Revenue | | 415.08 | 687.11 | 749.50 |
| 函件 | （亿件） | Letters (100 million pcs) | 5.74 | 4.21 | 9.36 | 9.45 |
| 包件 | （万件） | Parcels (10000 pcs) | 534.00 | 610.14 | 401.40 | 422.14 |
| 快递 | （万件） | Special Express (10000 pcs) | 938.57 | 1719.24 | 23796.50 | 38500.00 |
| 报刊期发数 | （万份） | Newspapers and Magazines Circulation (10000 pcs) | 1730.00 | 1294.38 | 1091.63 | 1198.65 |
| 长途电话通话量 | （万分钟） | Long-distance Calls (10000 minutes) | | 676618 | 582494 | 477714 |
| 移动短信业务量 | （亿条） | Short Message Services (100 million messages) | | 312.95 | 680.80 | 689.71 |
| 年末固定电话用户 | （万户） | Fixed Telephone Subscribers at Year-end (10000 subscribers) | 1138.06 | 3059.35 | 2498.80 | 2370.94 |
| #城市 | | Urban | 535.43 | 2089.54 | 1527.80 | 1392.53 |
| 乡村 | | Rural | 602.63 | 969.81 | 971.00 | 978.41 |
| #住宅电话用户 | | Household Fixed Telephone Subscribers | | 2325.33 | 1759.01 | 1658.28 |
| 城市 | | Urban | 424.43 | 1457.62 | 949.11 | 856.17 |
| 乡村 | | Rural | | 867.71 | 809.90 | 802.11 |
| 年末移动电话用户 | （万户） | Mobile Telephone Subscribers at Year-end (10000 subscribers) | 619.50 | 2550.00 | 5923.10 | 6684.83 |
| 固定宽带接入用户 | （万户） | (10000 subscribers) | 183.31 | 449.46 | 1062.20 | 1221.19 |
| 邮政局所 | （个） | Number of Post Offices (unit) | 5091 | 2866 | 2540 | 2508 |

13－12　续表 Continued

| 指　　标 | Item | 2000 | 2005 | 2010 | 2011 |
|---|---|---|---|---|---|
| 邮路及农村投递路线总长度（万公里） | Length of Postal Routes and Rural Delivery Routes (10000 km) | 35.92 | 37.85 | 32.64 | 33.00 |
| #汽车邮路 | Highway Routes | 5.94 | 8.05 | 5.91 | 5.67 |
| 铁路邮路 | Railway Routes | 0.48 | 0.48 | 0.59 | 0.58 |
| 固定长途电话业务电路（2M） | Long Distance Telephone Lines (2M) | | 20588 | 14046 | 12954 |
| 局用电话交换机容量（万门） | Capacity of Local Office Telephone Exchanges (10000 lines) | 1725 | 4188 | 4288 | 2197.81 |
| 移动电话交换机容量（万门） | Capacity of Mobile Telephone Exchanges (10000 lines) | 620 | 3397 | 8795 | 9536 |
| 固定长途电话交换机容量（万路端） | Capacity of Long-distance Fixed Telephone Exchanges (10000 circuits) | 1138 | 93 | 110 | 110 |
| 长途光缆线路长度（公里） | Length of Long Distance Optical Cable Lines (km) | | 25699 | 33034 | 33318 |
| **邮政通信水平** | **Level of Postal and Telecommunication** | | | | |
| 每局所服务面积（平方公里） | Per Bureau (Office) Service Area (sq. km) | | 35.80 | 40.39 | 40.91 |
| 人均邮电业务量（元/人） | Per Capita Business Volume of Post (yuan/person) | 441.43 | 974.09 | 2788.95 | 83.13 |
| 每百人平均函件量（件/百人） | Number of Letters Mailed Per 100 Persons (unit/100 persons) | 783.38 | 563.25 | 1189.00 | 1198.53 |
| 每百人平均订阅报刊量（份/百人） | Number of Newspaper and Magazine Subscribed Per 100 Persons (unit/100 persons) | 23.61 | 17.32 | 13.87 | 15.23 |
| 每百人平均包件（件/百人） | Number of Parcels Per 100 Persons (unit/100 persons) | 7.29 | 8.16 | 5.10 | 5.36 |
| 每百人长途电话时长（分钟/百人） | Number of Long Distance Telephone Calls Per 100 Persons (minute/100 persons) | 1613.16 | 7885.48 | 7323.38 | 6047.00 |
| 每百人移动短信量（条/百人） | Number of Short Messages Per 100 Persons (unit/person) | | 41869 | 86517 | 87305 |
| 电话普及率（部/百人） | Popularization Rate of Telephones (unit/100 persons) | 23.99 | 75.05 | 109.00 | 115.08 |
| 固定电话普及率 | Popularization Rate of Fixed Telephones | 15.53 | 40.93 | 32.35 | 30.13 |
| 移动电话普及率 | Popularization Rate of Mobile Telephones | 8.45 | 34.12 | 76.68 | 84.95 |

注：2008 年起邮政业业务总量、邮政业业务收入及快递包含国有、民营、外资各类企业的快递业务活动；2011 年起，电信由 2000 年不变单价调整为 2010 年不变单价。

Note: Postal services, postal revenue and express services contain express state-owned, services of private and foreign enterprises from 2008; telecommunication Revenue is caculated at 2010 constant prices ratner than 2000 constant prices.

# 主要统计指标解释

**铁路营业里程**　又称营业长度(包括正式营业和临时营业里程),指办理客货运输业务的铁路正线总长度。凡是全线或部分建成双线及以上的线路,以第一线的实际长度计算;复线、站线、段管线、岔线和特殊用途线以及不计算运费的联络线都不计算营业里程。铁路营业里程是反映铁路运输业基础设施发展水平的重要指标,也是计算客货周转量、运输密度和机车车辆运用效率等指标的基础资料。

**铁路正线延展里程**　指正线第一线、第二线、第三线和其他正线建筑里程之和,不包括站线、段管线、岔线及特殊用途线的延展里程。它是作为计算铁路线上钢轨、枕木及路基砂石需要量的主要依据。

**公路里程**　指在一定时期内实际达到《公路工程技术标准 JTJ01-88》规定的等级公路,并经公路主管部门正式验收交付使用的公路里程数。包括大中城市的郊区公路以及通过小城镇街道部分的公路里程和桥梁、渡口的长度,不包括大中城市的街道、厂矿、林区生产用道和农业生产用道的里程。两条或多条公路共同经由同一路段,只计算一次,不得重复计算里程长度。它是反映公路建设发展规模的重要指标,也是计算运输网密度等指标的基础资料。

**内河航道里程**　也称内河通航里程,指在一定时期内,能通航运输船舶及排筏的天然河流、湖泊水库、运河及通航渠道的长度。包括全年季节性通航累计三个月以上的航道,不包括仅供零散流放竹、木排的河道。它是反映内河水运网规模、水平和发展情况的主要指标。

**输油(气)管道长度**　也称输油(气)里程,指油品(或天然气)的实际输送距离,一般按输油(气)管道的单线长度计算。若包括复线和备用线长度则称为输油(气)管道延展长度,是指管道铺设的实际长度。我们通常使用的是不包括复线的"输油(气)管道里程",它是反映管道运输发展规模和水平的主要指标。

**货(客)运量**　指在一定时期内,各种运输工具实际运送的货物(旅客)数量。它是反映运输业为国民经济和人民生活服务的数量指标,也是制定和检查运输生产计划、研究运输发展规模和速度的重要指标。货运按吨计算,客运按人计算。货物不论运输距离长短、货物类别,均按实际重量统计。旅客不论行程远近或票价多少,均按一人一次客运量统计;半价票、小孩票也按一人统计。

**货物(旅客)周转量**　指在一定时期内,由各种运输工具运送的货物(旅客)数量与其相应运输距离的乘积之总和。它是反映运输业生产总成果的重要指标,也是编制和检查运输生产计划,计算运输效率、劳动生产率以及核算运输单位成本的主要基础资料。计算货物周转量通常按发出站与到达站之间的最短距离,也就是计费距离计算。计算公式为:

货物(旅客)周转量 = ∑货物(旅客)运输量 × 运输距离

**沿海主要港口货物吞吐量**　指经水运进出沿海主要港区范围,并经过装卸的货物数量,包括邮件及办理托运手续的行李、包裹以及补给运输船舶的燃、物料和淡水。货物吞吐量按货物流向分为进口、出口吞吐量,按货物交流性质分为外贸货物吞吐量和国内贸易货物吞吐量。货物吞吐量的货类构成及其流向,是衡量港口生产能力大小的重要指标。

**邮电业务总量**　指以价值量形式表现的邮电通信企业为社会提供各类邮电通信服务的总数量。邮电业务量按专业分类包括函件、包件、汇票、报刊发行、邮政快件、特快专递、邮政储蓄、集邮、公众电报、用户电报、传真、长途电话、出租电路、无线寻呼、移动电话、分组交换数据通信、出租代维等。计算方法为各类产品乘以相应的平均单价(不变价)之和,再加上出租电路和设备、代用户维护电话交换机和线路等的服务收入。它综合反映了一定时期邮电业务发展的总成果,是研究邮电业务量构成和发展趋势的重要指标。计算公式为:

邮电业务总量 = ∑(各类邮电业务量 × 不变单价) + 出租代维及其他业务收入

**移动电话用户**　是指通过移动电话交换机进入移动电话网、占用移动电话号码的电话用户。用户数量以报告期末在移动电话营业部门实际办理登记手续进入移动电话网的户数进行计算,一部移动电话统计为一户。

**电话用户**　指接入国家公众固定电话网,并按固定电话业务进行经营管理的电话用户。1997 年以前,电话用户分为市内电话用户和农村电话用户。"市内电话用户"是指接入县城及县以上城市的电话网上的电话用户;"农村电话用户"是指接入县邮电局农话台及县以下农村电话交换点,以县城为中心(除市话用户外)联通县、乡(镇)、行政村、村民小组的用户。从 1997 年起,电话用户数分组调整为以用户所在区域划分为"城市电话用户"和"乡村电话用户",与过去的按市内电话和农村电话划分方法不同。而电话用户总数、电话机总部数统计范围不变。

**城市电话用户**　指直辖市、省辖市、地级市、县级市的市区、市郊区及县城(包括县人民政府所在地的县城关区或行政建制相当于县人民政府所在地的镇)范围内接入局用交换机的电话用户数,包括分布在农村地区的独立工矿区、林区、驻军等接入局用交换机的电话用户数。

**乡村电话用户**　指县城关区以下的集镇和农村接入局用交换机的电话用户数。

**住宅电话用户** 是指安装在居民住宅或农民家里并按照住宅电话用户登记注册和收费的电话用户。包括私人付费、单位付费和按规定免费安装的住宅电话用户。

**局用交换机容量** 是指安装在本地电信运营商内用于接续本地固定电话的电话交换机容量,有倍增设备按倍增后的数量计数。包括现用和备用的人工或自动交换机的全部容量。

## Explanatory Notes on Main Statistical Indicators

**Length of Railways in Operation** refers to the total length of the trunk line under passenger and freight transportation( including both full operation and temporary operation). The calculation is based on the actual length of the first line even if this line has a full or partial double track or more tracks, excluding double tracks, station sidings, tracks under the charge of stations, branch lines, special-purpose lines and the non-payable connecting lines. The length of railways in operation is an important indicator to show the development of the infrastructure for the railway transport, and also the essential data to calculate volume of passenger freight transport, traffic density and utilization efficiency of the locomotives and carriages.

**Extenuation Length of Trunk Lines** refers to the sum of the first, the second, the third lines and other constructed length of the trunk railways, excluding the extenuation length of the station lines, lines under the jurisdiction depots, siding and lines for special purpose. It provides important information for the calculation of the needs for rails, sleepers, sand and stone for the construction ot railways.

**Length of Highways** refers to the length of highways which are built in conformity with the grades specified by the highway engineering standard formulated by the Ministry of Communications, and have been formally checked and accepted by the departments of highways and put into use. The length of highways includes that of the suburb highways at large and medium-sized cities, highways passing through streets at small cities and towns, and also the length of bridges and ferries. It does not include the length of streets in big and medium-sized cities and highways built for the production purpose at factories, mines, forest areas and agricultural areas. If two or more highways go the same section of the way, the length of the section is only calculated for once and no duplication is allowed. The length of highways is an important indicator to show the development of the highway construction and to provide essential information to calculate the transport network density.

**Length of Navigable Inland Waterways** an indicator reflecting the size and development of inland water network, it refers to the length of the natural rivers, lakes, reservoirs, canals, and ditches open to navigation during a given period, which enables the transport by ships and rafts. It includes the channels open to navigation for over an accumulative 3 months in a year, yet this does not include the river courses which are only used to float odd logs and bamboo rafts.

**Length of Oil(Gas) Pipelines** used as an indicator to show the development, scale and level of the pipeline transportation, it refers to the actual transport distance of oil (or gas) products, and is in general calculated in the length of single pipe line. If the length of the double pipelines and alternate pipeline are included, it is called the extension length of the oil (gas) pipelines, which indicates the actual length of the pipelines built, excluding double pipelines.

**Freight(Passenger) Traffic** refers to the volume of freight (passenger) transported with various means. Freight transport is calculated in tons and passenger traffic is calculated in the number of persons. Despite the type of freight and travelling distance, the freight transport is calculated in the actual weight of the goods; and despite the travelling distance and ticket price, the passenger traffic is calculated by the principle that one person can be counted only once in one travel. The passenger who travel with a half price ticket or a child ticket is also calculated as one person. The freight(passenger) traffic provides a quantitative measure to show how the transport industry serves the national economy and people, and is also an important indicator for planning the transport industry and for studying the development scale and speed of the transport industry.

**Freight Ton-kilometers (Passenger-kilometers)** refer to the sum of the products of the volume of transported cargo (passengers) multiplying by the transport distance, usually using ton-kilometer and passenger-kilometer as units for measurement. Normally, the shortest distance between the departure station and the destination station( i. e. , the payable distance) is the basis to calculate the freight ton-kilometers. This is an important indicator to show the total results of the transport industry, to prepare and examine the transport plan and to measure the efficiency, the labour productivity and the unit cost of transport. The formula is as follows:

Freight Ton-kilometers(Passenger-kilometers) = {fFreight(Passenger) Traffic × Distance of Transportation}

**Volume of Freight Handled in Major Coastal Ports** refers to the volume of cargo passing in and out the harbor area of the major coastal ports and having been loaded and unloaded. The volume includes that of the postal matters, registered luggage and fuels, materials and fresh water as supplies of the ships. The volume of freight handled may be classified by direction of flow as freight for import and freight for export, or by nature of cargo as freight for domestic trade and freight for foreign trade. As an important indicator, the volume of freight handled by type of cargo and by main flow direction reflects the production capacity of ports.

**Business Volume of Post and Telecommunications** refers to the total amount of post and telecommunications services, expressed in value terms, provided by the post and telecommunications departments for the society. Post and telecommunication services can be classified as letters, parcels, remittance, issue of newspapers and magazines, fast mail service, express mail service, savings deposits, stamps for collection, public and individual telegraph service, facsimiles, long-distance telephone service, leasing of telephone lines, urban paging service, mobile telephone service, data transfer and transmission, etc. The accounting approach is to multiply the service products of all types with their average unit price (constant price) to get sum of business value, plus income from other services such as leasing of telephone lines and equipment, maintenance of telephone switchboards and lines on behalf of customers. This indicator reflects the overall results of post and telecommunications service during a given period, and is important to study the composition of business service and the development of post and telecommunications service. The formula is as follows:

Business Volume of Post and Telecommunications = $\sum$ (Transaction of Post and Telecommunication Service × Constant Price) + Income from Leasing, Maintenance and other Services.

**Mobile Telephone Subscribers** refer to the persons who own mobile telephone numbers and are connected with the mobile telephone communication network through the mobile telephone switchboards. The number of subscribers is calculated by the subscribers who have completed registration at mobile communication business centers and entered into the mobile telephone network. One mobile telephone is taken as a subscriber.

**Telephone Subscribers** refer to subscribers that are connected to the public line telephone network provided with telephone services. Before 1997, telephone subscribers were classified as city subscribers and village subscribers. City subscribers referred to those connected to city telephone networks in county towns and cities, while village subscribers referred to those connected to village telephone stations at and below counties. Since 1997, the classification of telephone subscribers was modified on the basis of physical location of the subscribers as rban telephone subscribers and ural telephone subscribers, which is different from the previous classification of catgorizing local telephones and ural telephones, while the definition of total subscribers and total number of telephones remain unchanged.

**Urban Telephone Subscribers** refer to subscribers telephone subscribers, located at municipalities, cities under the jurisdiction of province, cities at prefectural level, downtown and suburb of city at county level town and county towns (including country towns where county government located, and towns of county level according to the administrative organizational system), that are connected to the public line telephone network, including rural mineral area, forest area, military area.

**Rural Telephone Subscribers** refer to telephone subscribers, located at towns under county town and country, that are connected to the public line telephone network.

**Household Telephone Subscribers** refer to telephone sets installed in the dwelling units of urban or rural residents, and registered as residence subscribers for payment, including 3 types of payment for the service: private payment, public payment and free service.

**Capacity of Office Telephone Exchanges** refers to the capacity (measured in gate) of telephone exchanges installed in the offices of local telecommunication service providers for communication between fixed telephones. It includes the capacity of both manual and automatic exchanges in use and for stand-by purpose. Equipment with expansion function is to be counted by the expanded capacity.

# 14

# 批发零售、住宿餐饮和旅游

# Wholesale and Retail Trade, Hotels, Catering Services and Tourism

# 简 要 说 明

**一、本篇资料的主要内容**

本篇资料主要反映江苏消费品市场、批发和零售业、住宿和餐饮业以及旅游业的发展状况。主要内容包括社会消费品零售总额；批发和零售业、住宿和餐饮业全行业经营情况；限额以上批发和零售业、住宿和餐饮业的基本情况、财务状况、连锁经营情况；亿元以上商品交易市场基本情况和成交情况；旅行社、星级饭店基本情况；入境旅游人数、国内居民旅游人数以及国际、国内旅游收入。

**二、本篇资料的统计范围**

社会消费品零售总额的统计范围为参与市场商品零售或餐饮经营活动的各行业法人企业、产业活动单位和个体经营户；批发和零售业、住宿和餐饮业全行业经营情况的统计范围为全部批发和零售业、住宿和餐饮业法人企业、产业活动单位和个体经营户；限额以上批发和零售业基本情况、财务状况和连锁经营情况的统计范围为年主营业务收入达到2000万元及以上的批发业、年主营业务收入达到500万元及以上的零售业法人企业、产业活动单位和个体经营户；限额以上住宿和餐饮业基本情况、财务状况和连锁经营情况的统计范围为年主营业务收入达到200万元及以上的住宿和餐饮业法人企业、产业活动单位和个体经营户；亿元以上商品交易市场基本情况和成交情况统计范围为年商品成交额达到亿元及以上的现货商品交易市场；旅行社和星级饭店基本情况、入境旅游人数、国内居民旅游人数以及国际、国内旅游收入的统计范围为全省范围内的旅行社、星级饭店和旅游者。

**三、本篇资料的来源**

本篇资料中社会消费品零售总额以及批发和零售业、住宿和餐饮业发展情况根据《批发和零售业、住宿和餐饮业统计报表制度》规定的有关统计内容进行加工整理；旅游业发展情况根据旅游局提供的有关资料编制。

**四、本篇资料的统计调查方法**

本篇资料中社会消费品零售总额以及批发和零售业、住宿和餐饮业发展情况方面资料涉及限额以上法人企业、产业活动单位和个体经营户以及亿元及以上商品交易市场的采用全面调查方法；涉及限额以下法人企业、产业活动单位和个体经营户的采用抽样调查方法推算。旅游业发展情况数据中国际、国内旅游收入和国内居民旅游人数等指标采用抽样调查方法，其余数据均为全面调查统计取得。

# Brief Introduction

## Ⅰ. Main Contents

Data in this chapter reflect the development of markets of consumer goods, wholesale and retail trades, hotels and catering services and tourism. Main contents include the total sales of consumer goods, the operation of wholesale and retail trades and hotel and catering services, the basic conditions, financial status and chain operation of the wholesale and retail trades and hotel and catering services above designated size, the basic condition and turnover of large commodity transaction markets with transaction over 100 million yuan, the basic conditions of travel agencies and star-rated hotels, number of international tourists and Chinese residents going abroad, number of domestic tourists and income from international and domestic tourism.

## Ⅱ. Scope of Statistics

The scope of statistics of the total sales of consumer goods include corporate enterprises, establishments, and self-employed individuals involved in wholesale and retail trades and hotels and catering services. The scope of statistics of the operation of wholesale and retail trades and hotel and catering services include all corporate enterprises, establishments, and self-employed individuals involved in wholesale and retail trades and hotels and catering services. The scope of statistics of the basic conditions, financial status and chain operation of the wholesale and retail trades above designated size include corporate enterprises, establishments, and self-employed individuals involved in wholesale trade with annual principal business sales over 20 million yuan, retail trade with annual principal business sales over 5 million yuan. The scope of statistics of the basic conditions, financial status and chain operation of the hotel and catering services above designated size include corporate enterprises, establishments, and self-employed individuals involved in the hotel and catering services with annual principal business sales over 2 million yuan. The scope of statistics of the basic condition and turnover of large commodity transaction markets with transaction over 100 million yuan include all transaction markets with the total sales value of commodities over 100 million yuan. The scope of statistics of the basic conditions of travel agencies and star-rated hotels, number of international tourists and Chinese residents going abroad, number of domestic tourists and income from international and domestic tourism include all travel agencies, star-rated hotels and tourists in Jiangsu Province.

## Ⅲ. Sources of Data

The total sales of consumer goods and the development of wholesale and retail trades, hotels and catering services are collected and processed in accordance with The Statistical Reporting Form System on Wholesale and Retail Trades, Hotels and Catering Services. The data on tourism are from the Ministry of Public Security and State Tourism Administration.

## Ⅳ. Methods of Survey

Data on corporate enterprises above designated size, establishments, self-employed individuals and commodity transaction markets with transaction over 100 million yuan are collected through comprehensive reporting system. Data on enterprises and self-employed individuals below the designated size are collected by sample surveys. Data on tourism are from the comprehensive reporting form system except those on the earnings from international and domestic tourism and number of domestic tourists going abroad from sample surveys.

# 14－1 国内贸易基本情况
# Basic Conditions of Domestic Trade

| 指标 | Item | 2000 | 2005 | 2009 | 2010 | 2011 |
|---|---|---|---|---|---|---|
| **限额以上法人企业 （个）** | **Number of Corporation Enterprises above Designated Size (unit)** | | **3751** | **13388** | **14835** | **14923** |
| #批发业 | Wholesale Trade | 990 | 1202 | 7005 | 7968 | 7399 |
| 零售业 | Retail Trade | 582 | 1256 | 3962 | 4406 | 4865 |
| 住宿业 | Hotels | | 512 | 916 | 906 | 940 |
| 餐饮业 | Catering Services | 209 | 781 | 1505 | 1555 | 1719 |
| **限额以上产业活动单位 （个）** | **Industry Activity Units (unit)** | | **10272** | **25541** | **27047** | **27431** |
| #批发业 | Wholesale Trade | 1567 | 2754 | 10517 | 11531 | 10952 |
| 零售业 | Retail Trade | 1278 | 5798 | 11570 | 11827 | 12486 |
| 住宿业 | Hotels | | 544 | 1028 | 1029 | 1083 |
| 餐饮业 | Catering Services | 262 | 1176 | 2426 | 2660 | 2910 |
| **限额以上企业(单位)从业人数 （人）** | **Engaged persons (person)** | | **539212** | **998638** | **1061028** | **1157919** |
| #批发业 | Wholesale Trade | 195820 | 112991 | 284172 | 310026 | 326716 |
| 零售业 | Retail Trade | 176249 | 242059 | 422222 | 433942 | 455492 |
| 住宿业 | Hotels | | 81512 | 126810 | 134782 | 171029 |
| 餐饮业 | Catering Services | 43384 | 102650 | 165434 | 182278 | 204682 |
| **限额以上批发和零售业** | **Wholesale and Retail Trades** | | | | | |
| 商品购进总额 （亿元） | Total Purchases (100 million yuan) | 2715.80 | 5268.60 | 17107.82 | 24075.96 | 29794.97 |
| 商品销售总额 （亿元） | Total Sales (100 million yuan) | 2952.54 | 5936.71 | 19728.20 | 26994.90 | 33834.05 |
| 商品库存总额 （亿元） | Total Stock (100 million yuan) | 278.23 | 336.91 | 1167.20 | 1537.13 | 1854.40 |
| **社会消费品零售总额 （亿元）** | **Total Retail Sales of Consumer Goods (100 million yuan)** | **2908.46** | **5735.50** | **11484.10** | **13606.80** | **15988.38** |

# 14－2　商品交易市场情况
## Transaction Markets

| 项　　目 | Item | 1995 | 2000 | 2005 | 2009 | 2010 | 2011 |
|---|---|---|---|---|---|---|---|
| **商品交易市场数（个）** | **Number of Commodity Exchange Markets (unit)** | **5111** | **6268** | **4934** | **4061** | **4032** | **3879** |
| **按地区分** | **Groups By Area** | | | | | | |
| 城市 | Urban | 1293 | 2027 | 2279 | 2153 | 2215 | 2113 |
| 农村 | Rural | 3818 | 4241 | 2655 | 1908 | 1817 | 1766 |
| **按市场类型分** | **Groups By Market Type** | | | | | | |
| 消费品市场 | Markets of Consumer Goods | 4711 | 5548 | 4293 | 3579 | 3576 | 3451 |
| 城市 | Urban | 1102 | 1675 | 1830 | 1845 | 1927 | 1842 |
| 农村 | Rural | 3609 | 3873 | 2463 | 1734 | 1649 | 1609 |
| 生产资料市场 | Markets of Production Material | 400 | 720 | 641 | 482 | 456 | 428 |
| 城市 | Urban | 191 | 352 | 449 | 308 | 288 | 271 |
| 农村 | Rural | 209 | 368 | 192 | 174 | 168 | 157 |

# 14－3 按行业分社会消费品零售总额
## Total Retail Sales of Consumer Goods by Sector

单位:亿元 (100 million yuan)

| 年 份<br>Year | 社会消费品零售总额<br>Total Retail Sales of Consumer Goods | 批发和零售业<br>Wholesale and Retail Sales Trade | 住 宿 业<br>Hotel | 餐 饮 业<br>Catering Services | 其他行业<br>Others |
|---|---|---|---|---|---|
| 1978 | 84.79 | 79.18 | | 3.24 | 2.37 |
| 1979 | 99.16 | 91.61 | | 3.90 | 3.65 |
| 1980 | 122.56 | 114.35 | | 4.72 | 3.49 |
| 1981 | 134.79 | 125.16 | | 5.17 | 4.46 |
| 1982 | 150.01 | 138.87 | | 5.49 | 5.65 |
| 1983 | 169.12 | 156.28 | | 6.14 | 6.70 |
| 1984 | 205.05 | 188.80 | | 7.61 | 8.64 |
| 1985 | 262.57 | 240.69 | | 10.45 | 11.43 |
| 1986 | 304.58 | 279.25 | | 12.53 | 12.80 |
| 1987 | 360.74 | 329.31 | | 15.84 | 15.59 |
| 1988 | 471.83 | 432.06 | | 20.33 | 19.44 |
| 1989 | 509.56 | 467.11 | | 22.47 | 19.98 |
| 1990 | 515.43 | 472.72 | | 24.17 | 18.54 |
| 1991 | 578.12 | 529.94 | | 27.86 | 20.32 |
| 1992 | 704.52 | 644.61 | | 33.64 | 26.27 |
| 1993 | 967.77 | 888.24 | | 44.74 | 34.79 |
| 1994 | 1359.61 | 1238.30 | | 71.44 | 49.87 |
| 1995 | 1741.92 | 1573.01 | | 95.21 | 73.70 |
| 1996 | 2080.44 | 1901.47 | | 135.64 | 43.33 |
| 1997 | 2300.61 | 2082.71 | | 167.92 | 49.99 |
| 1998 | 2453.84 | 2208.24 | | 192.52 | 53.08 |
| 1999 | 2649.56 | 2367.59 | | 227.58 | 54.39 |
| 2000 | 2908.46 | 2583.19 | | 269.59 | 55.69 |
| 2001 | 3233.35 | 2845.89 | | 326.71 | 60.76 |
| 2002 | 3656.57 | 3179.23 | | 410.83 | 66.52 |
| 2003 | 4194.50 | 3613.67 | | 510.94 | 69.88 |
| 2004 | 4892.18 | 4333.18 | 41.67 | 496.10 | 21.22 |
| 2005 | 5735.50 | 5051.70 | 49.81 | 583.09 | 50.91 |
| 2006 | 6706.19 | 5898.79 | 67.68 | 678.83 | 60.89 |
| 2007 | 7985.90 | 7023.48 | 82.48 | 810.56 | 69.38 |
| 2008 | 9905.10 | 8890.30 | 99.80 | 826.10 | 88.90 |
| 2009 | 11484.10 | 10312.81 | 107.66 | 957.23 | 106.40 |
| 2010 | 13606.80 | 12207.18 | 127.15 | 1147.99 | 124.50 |
| 2011 | 15988.38 | 14320.87 | 161.94 | 1359.27 | 146.30 |

注:1. 1996 年及以后社会消费品零售总额及各分组指标中不含售给城乡居民生活用住房的零售额。
2. 2004 年为第一次经普数据,2005 年为按经普口径统计数据,1993－2003 年原则根据原各年环比发展速度和 2004 年经济普查数据调整。
3. 2008 年为第二次经普数据,2009 年为按经普口径统计数据,2005－2007 年根据趋势离差法和 2008 年经济普查数据调整。
4. 批发零售业中包括原制造业和其他行业中原农民对非农业居民的零售额。
5. 2003 年前住宿业包括在餐饮业和其他行业中。

Note: 1. Since 1996, the residential house was excluded from the total retail sales of consumer goods and all the targets by groups.
2. Figures of 2004 refer to the First National Economic Census, Figures of 2005 have been adjusted according to the Economic Census. Figures of 1993—2003 have been adjusted in principle according to chain growth rates of every year and the First National Economic Census.
3. Figures of 2008 refer to the Second National Economic Census, Figures of 2009 have been adjusted according to the Economic Census. Figures of 2005—2007 have been adjusted to Trend Deviation Method and the Second Economic Sensus.
4. Wholesale and retail sales trade includes the retail sales of mannufacturing industry and retail sales of the farmers to nonagricultural residents which was included in the original other industry.
5. Before 2003, the retail sales of hotel industry was involved in other industries.

## 14－4　限额以上批发和零售业基本情况(2011 年)
## Basic Conditions of Enterprises above Designated Size in Wholesale and Retail Trades(2011)

| 项　　目 | Item | 法人企业(个) Number of Corporation Enterprises (unit) | 产业活动单位数(个) Number of Establishments (unit) | 零售营业面积(平方米) Floor Space of Retail Business (sq. m) | 从业人员(人) Persons Engaged (person) |
|---|---|---|---|---|---|
| **总　　计** | **Total** | **12264** | **23438** | | **782208** |
| #国有控股 | State-owned and State Share Holding | 632 | 3992 | | 112162 |
| **批发业** | **Wholesale Trade** | **7399** | **10952** | | **326716** |
| #国有控股 | State-owned and State Share Holding | 378 | 2776 | | 73717 |
| **按登记注册类型分** | **Grouped by status of Registration** | | | | |
| 内资企业 | Domestic Funded Enterprises | 7215 | 10691 | | 274202 |
| 国有企业 | State-owned Enterprises | 223 | 324 | | 24558 |
| 集体企业 | Collective-owned Enterprises | 62 | 145 | | 2123 |
| 股份合作企业 | Cooperative Enterprises | 24 | 61 | | 2821 |
| 联营企业 | Joint Ownership Enterprises | 10 | 12 | | 822 |
| 国有联营企业 | State Joint Ownership Enterprises | 5 | 6 | | 751 |
| 集体联营企业 | Collective Joint Ownership Enterprise | 2 | 3 | | 42 |
| 国有与集体联营企业 | Joint State-collective Enterprises | 1 | 1 | | 20 |
| 其他联营企业 | Other Joint Ownership Enterprises | 2 | 2 | | 9 |
| 有限责任公司 | Limited Liability Corporations | 965 | 1416 | | 59655 |
| 国有独资公司 | State solely Funded Corporations | 12 | 56 | | 2296 |
| 其他有限责任公司 | Other Limited Liability Corporations | 953 | 1360 | | 57359 |
| 股份有限公司 | Share-holding Corporations Ltd. | 156 | 2325 | | 53072 |
| 私营企业 | Private Enterprises | 5664 | 6292 | | 128109 |
| 私营独资企业 | Private-funded Enterprises | 296 | 315 | | 8064 |
| 私营合伙企业 | Private Partnership Enterprises | 64 | 66 | | 1144 |
| 私营有限责任公司 | Private Limited Liability Corporations | 5119 | 5713 | | 111139 |
| 私营股份有限公司 | Private Share-holding Corporations Ltd. | 185 | 198 | | 7762 |
| 其他企业 | Other Enterprises | 111 | 116 | | 3042 |
| 港、澳、台商投资企业 | Enterprises with Funds from Hong, Macao and Taiwan | 86 | 135 | | 17280 |
| 合资经营企业 | Joint-venture Enterprises | 18 | 59 | | 3406 |
| 合作经营企业 | Cooperative Enterprises | 1 | 1 | | 9 |
| 独资经营企业 | Enterprises with Sole Fund | 63 | 70 | | 8309 |
| 港、澳、台商投资股份有限公司 | Share-holding Corporations Ltd. | 4 | 5 | | 5556 |
| 外商投资企业 | Foreign Funded Enterprises | 98 | 126 | | 35234 |
| 合资经营企业 | Joint-venture Enterprises | 18 | 25 | | 1686 |
| 合作经营企业 | Cooperative Enterprises | 1 | 3 | | 576 |
| 独资经营企业 | Enterprises with Sole Fund | 79 | 98 | | 32972 |
| 外商投资股份有限公司 | Share-holding Corporations Ltd. | | | | |
| **按行业分** | **Grouped by Sector** | | | | |
| 农畜产品批发 | Wholesale of Farm Products and Livestock Products | 231 | 290 | | 8714 |

| 项 目 | Item | 法人企业(个) Number of Corporation Enterprises (unit) | 产业活动单位数(个) Number of Establishments (unit) | 零售营业面积(平方米) Floor Space of Retail Business (sq. m) | 从业人员(人) Persons Engaged (person) |
|---|---|---|---|---|---|
| 食品、饮料及烟草制品批发 | Wholesale of Food, Beverages and Tobaccos | 371 | 573 | | 37994 |
| 纺织、服装及日用品批发 | Wholesale of Textiles, Garments and Daily Consumer Articals | 1039 | 1118 | | 59860 |
| 文化、体育用品及器材批发 | Wholesale of Culture, Sports Appliances and Equipment | 97 | 120 | | 10664 |
| 医药及医疗器材批发 | Wholesale of Medicines and Medical Appliances | 157 | 261 | | 30453 |
| 矿产品、建材及化工产品批发 | Wholesale of Mineral Products, Building Material and Chemical Products | 3937 | 6708 | | 104986 |
| 机械设备、五金交电及电子产品批发 | Wholesale of Machinery, Hardware and Electronic Equipment | 1038 | 1187 | | 61863 |
| 贸易经纪与代理 | Trade Broker and Agency | 101 | 103 | | 2035 |
| 其他批发 | Others | 428 | 592 | | 10147 |
| **零售业** | **Retail Trade** | **4865** | **12486** | **18369458** | **455492** |
| #国有控股 | State-owned and State Share Holding | 254 | 1216 | 1447011 | 38445 |
| **按登记注册类型分** | **Grouped by status of Registration** | | | | |
| 内资企业 | Domestic Funded Enterprises | 4733 | 11180 | 14161944 | 346538 |
| 国有企业 | State-owned Enterprises | 140 | 477 | 419070 | 14410 |
| 集体企业 | Collective-owned Enterprises | 112 | 174 | 187321 | 5184 |
| 股份合作企业 | Cooperative Enterprises | 34 | 73 | 113135 | 2723 |
| 联营企业 | Joint Ownership Enterprises | 11 | 31 | 18039 | 716 |
| 国有联营企业 | State Joint Ownership Enterprises | 2 | 4 | 6620 | 220 |
| 集体联营企业 | Collective Joint Ownership Enterprise | 2 | 2 | 1905 | 33 |
| 国有与集体联营企业 | Joint State-collective Enterprises | 4 | 4 | 2000 | 85 |
| 其他联营企业 | Other Joint Ownership Enterprises | 3 | 21 | 7514 | 378 |
| 有限责任公司 | Limited Liability Corporations | 877 | 4376 | 5246931 | 111713 |
| 国有独资公司 | State solely Funded Corporations | 4 | 51 | 8152 | 734 |
| 其他有限责任公司 | Other Limited Liability Corporations | 873 | 4325 | 5238779 | 110979 |
| 股份有限公司 | Share-holding Corporations Ltd. | 142 | 429 | 994529 | 33607 |
| 私营企业 | Private Enterprises | 3336 | 5438 | 7047454 | 174263 |
| 私营独资企业 | Private-funded Enterprises | 466 | 562 | 699144 | 13797 |
| 私营合伙企业 | Private Partnership Enterprises | 64 | 68 | 60261 | 1705 |
| 私营有限责任公司 | Private Limited Liability Corporations | 2634 | 4532 | 5762672 | 150045 |
| 私营股份有限公司 | Private Share-holding Corporations Ltd. | 172 | 276 | 525377 | 8716 |
| 其他企业 | Other Enterprises | 81 | 182 | 135465 | 3922 |
| 港、澳、台商投资企业 | Enterprises with Funds from Hong, Macao and Taiwan | 66 | 265 | 1438521 | 53063 |
| 合资经营企业 | Joint-venture Enterprises | 16 | 21 | 264042 | 6418 |
| 合作经营企业 | Cooperative Enterprises | 2 | 65 | 3354 | 1803 |
| 独资经营企业 | Enterprises with Sole Fund | 47 | 177 | 1138924 | 44263 |

14－4 续 表 2 Continued 2

| 项 目 | Item | 法人企业(个) Number of Corporation Enterprises (unit) | 产业活动单位数(个) Number of Establishments (unit) | 零售营业面积(平方米) Floor Space of Retail Business (sq. m) | 从业人员(人) Persons Engaged (person) |
|---|---|---|---|---|---|
| 港、澳、台商投资股份有限公司 | Share-holding Corporations Ltd. | 1 | 2 | 32201 | 579 |
| 外商投资企业 | Foreign Funded Enterprises | 66 | 1041 | 2768993 | 55891 |
| 合资经营企业 | Joint-venture Enterprises | 17 | 786 | 1742259 | 34012 |
| 合作经营企业 | Cooperative Enterprises | 2 | 8 | 41099 | 2904 |
| 独资经营企业 | Enterprises with Sole Fund | 46 | 244 | 970018 | 18545 |
| 外商投资股份有限公司 | Share-holding Corporations Ltd. | 1 | 3 | 15617 | 430 |
| **按行业分** | **Grouped by Sector** | | | | |
| 综合零售 | Integrated Retail | 778 | 3407 | 9276110 | 221040 |
| 食品、饮料及烟草制品专门零售 | Retail of Food, Beverages and Tobaccos | 358 | 1735 | 303164 | 18448 |
| 纺织、服装及日用品专门零售 | Retail of Textiles, Garments and Daily Consumer Articles | 243 | 345 | 507227 | 15080 |
| 文化、体育用品及器材专门零售 | Retail of Culture, Sports Appliances and Equipment | 285 | 690 | 425549 | 17171 |
| 医药及医疗器材专门零售 | Retail of Medicines and Medica Appliances | 268 | 2305 | 421987 | 27630 |
| 汽车、摩托车、燃料及零配件专门零售 | Retail of Motor Vehicles, Motorcycles, Fuel and Parts | 1856 | 2233 | 4674134 | 88539 |
| 家用电器及电子产品专门零售 | Special Retail of Household Electric Appliances and Electronic Products | 646 | 1201 | 1721709 | 49776 |
| 五金、家具及室内装修材料专门零售 | Special Retail of Hardware, Furniture and Decoration Materials | 254 | 285 | 545145 | 8051 |
| 无店铺及其他零售 | Non-shop and Other Retail | 177 | 285 | 494433 | 9757 |
| **按经营方式分** | **Grouped by Business Mode** | | | | |
| 独立商店 | Independent Stores | 3921 | 5293 | 10884742 | 246389 |
| 连锁商店总店 | Chain Stores | 150 | 5151 | 3987941 | 122104 |
| 连锁商店分店 | Branches of Chain Stores | 219 | 1149 | 2606781 | 48456 |
| 其他 | Others | 575 | 893 | 889994 | 38543 |
| **按零售业态分** | **Grouped by Store Type** | | | | |
| 百货商店 | Department Stores | 333 | 445 | 3601913 | 65892 |
| 超级市场 | Supermarkets | 438 | 2445 | 5564449 | 151955 |
| 专业店 | Specialty Stores | 2666 | 6253 | 5573131 | 142714 |
| 专卖店 | Franchised Stores | 1165 | 2410 | 2706307 | 71374 |
| 家居建材店 | Building Material stores | 74 | 83 | 363666 | 3066 |
| 其他 | Others | 189 | 850 | 559992 | 20491 |

注：产业活动单位数包括本省限额上批零住餐法人所属的全部（包括在外省的）产业活动单位和其他行业及外省法人所属在本省的限额以上批发和零售业产业活动单位。营业面积、从业人数为法人在地口径。

Note: The number of establishments include the number of enterprises above designated size in wholesale and retail trades of Jiangsu and other province eatablished in Jiangsu. The data of persons engaged and floor space of retail business base on the data of corporation enterprises.

# 14－5　批发和零售业商品购销存总额(2011 年)
# Total Value of Commodity Purchasing, Sales and Inventory of Enterprises above Designated Size in Wholesale and Retail Sale Trade(2011)

单位:亿元　　　　(100 million yuan)

| 项　　目 | Item | 商品购进总额 Total Purchaes Value | 商品销售总　额 Total Sales Value | 批　发 Wholesale Value | 零　售 Retail Sale Value | 商品库存总额 Stock |
|---|---|---|---|---|---|---|
| **总　计** | **Total** | | **58663.44** | **44445.85** | **14217.59** | |
| **限额以上企业和单位** | **Above Designated Size Enterprises and Units** | **29794.97** | **33834.05** | **26661.76** | **7172.29** | **1854.40** |
| #国有控股 | State-owned and State Share Holding | 5743.59 | 6785.08 | 5501.05 | 1284.03 | 370.44 |
| **批发业** | **Wholesale Trade** | **24373.44** | **27382.32** | **26196.42** | **1185.91** | **1321.59** |
| #国有控股 | State-owned and State Share Holding | 5189.50 | 6161.19 | 5449.00 | 712.18 | 318.57 |
| **按登记注册类型分** | **Grouped by status of Registration** | | | | | |
| 内资企业 | Domestic Funded Enterprises | 21708.12 | 24354.24 | 23225.74 | 1128.50 | 1167.89 |
| 国有企业 | State-owned Enterprises | 1771.86 | 2285.70 | 2272.74 | 12.96 | 179.28 |
| 集体企业 | Collective-owned Enterprises | 104.16 | 129.12 | 118.11 | 11.01 | 13.33 |
| 股份合作企业 | Cooperative Enterprises | 134.69 | 130.48 | 112.67 | 17.81 | 18.94 |
| 联营企业 | Joint Ownership Enterprises | 69.97 | 87.77 | 83.19 | 4.58 | 1.49 |
| 国有联营企业 | State Joint Ownership Enterprises | 59.92 | 77.65 | 73.35 | 4.30 | 0.68 |
| 集体联营企业 | Collective Joint Ownership Enterprise | 2.90 | 2.92 | 2.64 | 0.28 | 0.65 |
| 国有与集体联营企业 | Joint State-collective Enterprises | 0.58 | 0.65 | 0.65 | | 0.10 |
| 其他联营企业 | Other Joint Ownership Enterprises | 6.57 | 6.55 | 6.55 | | 0.06 |
| 有限责任公司 | Limited Liability Corporations | 6080.34 | 6589.42 | 6441.93 | 147.49 | 226.62 |
| 国有独资公司 | State solely Funded Corporations | 224.95 | 247.30 | 247.29 | 0.01 | 9.39 |
| 其他有限责任公司 | Other Limited Liability Corporations | 5855.40 | 6342.12 | 6194.64 | 147.48 | 217.24 |
| 股份有限公司 | Share-holding Corporations Ltd. | 3465.34 | 3951.28 | 3290.09 | 661.20 | 225.58 |
| 私营企业 | Private Enterprises | 9807.49 | 10886.23 | 10620.63 | 265.60 | 493.23 |
| 私营独资企业 | Private-funded Enterprises | 325.20 | 405.20 | 368.89 | 36.31 | 13.39 |
| 私营合伙企业 | Private Partnership Enterpises | 75.26 | 82.97 | 73.49 | 9.49 | 1.83 |
| 私营有限责任公司 | Private Limited Liability Corporations | 8928.68 | 9839.47 | 9646.97 | 192.49 | 423.09 |
| 私营股份有限公司 | Private Share-holding Corporations Ltd. | 478.34 | 558.59 | 531.28 | 27.31 | 54.93 |
| 其他企业 | Other Enterprises | 274.27 | 294.25 | 286.39 | 7.86 | 9.41 |
| 港、澳、台商投资企业 | Enterprises with Funds from Hong, Macao and Taiwan | 710.26 | 884.91 | 864.84 | 20.07 | 76.15 |
| 合资经营企业 | Joint-venture Enterprises | 223.52 | 241.62 | 239.33 | 2.29 | 19.66 |
| 合作经营企业 | Cooperative Enterprises | 0.99 | 1.02 | 1.02 | | 0.08 |
| 独资经营企业 | Enterprises with Sole Fund | 475.33 | 626.55 | 608.77 | 17.78 | 50.93 |
| 港、澳、台商投资股份有限公司 | Share-holding Corporations Ltd. | 10.43 | 15.72 | 15.72 | | 5.48 |
| 外商投资企业 | Foreign Funded Enterprises | 1955.06 | 2143.17 | 2105.83 | 37.33 | 77.54 |
| 合资经营企业 | Joint-venture Enterprises | 66.72 | 77.24 | 73.11 | 4.13 | 3.87 |
| 合作经营企业 | Cooperative Enterprises | 967.14 | 970.01 | 968.05 | 1.95 | 0.55 |
| 独资经营企业 | Enterprises with Sole Fund | 921.20 | 1095.92 | 1064.67 | 31.25 | 73.12 |

14－5 续 表 1 Continued 1

单位:亿元 (100 million yuan)

| 项 目 | Item | 商品购进总额 Total Purchaes Value | 商品销售总额 Total Sales Value | 批发 Whole-sale Value | 零售 Retail Sale Value | 商品库存总额 Stock |
|---|---|---|---|---|---|---|
| 外商投资股份有限公司 | Share-holding Corporations Ltd. | | | | | |
| **按行业分** | **Grouped by Sector** | | | | | |
| 农畜产品批发 | Wholesale of Farm Products and Live-stock Products | 294.85 | 320.31 | 310.33 | 9.98 | 70.65 |
| 食品、饮料及烟草制品批发 | Wholesale of Food, Beverages and To-baccos | 1147.75 | 1483.38 | 1431.76 | 51.61 | 104.74 |
| 纺织、服装及日用品批发 | Wholesale of Textiles, Garments and Daily Consumer Articals | 2120.88 | 2844.30 | 2786.13 | 58.17 | 164.11 |
| 文化、体育用品及器材批发 | Wholesale of Culture, Sports Appliances and Equipment | 244.66 | 267.88 | 249.09 | 18.79 | 45.06 |
| 医药及医疗器材批发 | Wholesale of Medicines and Medical Ap-pliances | 583.07 | 691.35 | 639.45 | 51.91 | 48.36 |
| 矿产品、建材及化工产品批发 | Wholesale of Mineral Products, Building Material and Chemical Products | 15845.94 | 17105.51 | 16212.64 | 892.87 | 563.20 |
| 机械设备、五金交电及电子产品批发 | Wholesale of Machinery, Hardware and Electronic Equipment | 3052.39 | 3465.54 | 3375.07 | 90.48 | 292.41 |
| 贸易经纪与代理 | Trade Broker and Agency | 142.60 | 161.00 | 159.28 | 1.72 | 4.94 |
| 其他批发 | Others | 941.31 | 1043.05 | 1032.66 | 10.39 | 28.11 |
| **零售业** | **Retail Trade** | **5421.53** | **6451.73** | **465.35** | **5986.38** | **532.82** |
| #国有控股 | State-owned and State Share Holding | 554.08 | 623.89 | 52.04 | 571.85 | 51.87 |
| **按登记注册类型分** | **Grouped by status of Registration** | | | | | |
| 内资企业 | Domestic Funded Enterprises | 4316.66 | 5087.09 | 287.17 | 4799.92 | 419.98 |
| 国有企业 | State-owned Enterprises | 143.69 | 163.72 | 20.22 | 143.50 | 23.95 |
| 集体企业 | Collective-owned Enterprises | 62.57 | 75.63 | 10.82 | 64.81 | 3.90 |
| 股份合作企业 | Cooperative Enterprises | 20.88 | 22.43 | 1.18 | 21.26 | 2.04 |
| 联营企业 | Joint Ownership Enterprises | 16.99 | 17.86 | 1.34 | 16.52 | 0.81 |
| 国有联营企业 | State Joint Ownership Enterprises | 4.20 | 4.32 | | 4.32 | 0.04 |
| 集体联营企业 | Collective Joint Ownership Enterprise | 0.14 | 0.14 | 0.01 | 0.13 | 0.01 |
| 国有与集体联营企业 | Joint State-collective Enterprises | 3.00 | 2.88 | | 2.88 | 0.26 |
| 其他联营企业 | Other Joint Ownership Enterprises | 9.65 | 10.53 | 1.33 | 9.19 | 0.50 |
| 有限责任公司 | Limited Liability Corporations | 1238.94 | 1530.20 | 75.59 | 1454.62 | 128.16 |
| 国有独资公司 | State solely Funded Corporations | 4.30 | 4.25 | 0.02 | 4.23 | 0.71 |
| 其他有限责任公司 | Other Limited Liability Corporations | 1234.64 | 1525.95 | 75.57 | 1450.38 | 127.45 |
| 股份有限公司 | Share-holding Corporations Ltd. | 461.34 | 563.61 | 40.64 | 522.97 | 30.46 |
| 私营企业 | Private Enterprises | 2298.84 | 2631.90 | 126.41 | 2505.49 | 224.06 |
| 私营独资企业 | Private-funded Enterprises | 179.27 | 210.47 | 22.49 | 187.98 | 14.71 |
| 私营合伙企业 | Private Partnership Enterpises | 17.33 | 18.68 | 1.06 | 17.63 | 1.63 |
| 私营有限责任公司 | Private Limited Liability Corporations | 1998.19 | 2282.91 | 96.35 | 2186.56 | 198.78 |
| 私营股份有限公司 | Private Share-holding Corporations Ltd. | 104.05 | 119.84 | 6.51 | 113.33 | 8.94 |

单位：亿元 (100 million yuan)

| 项 目 | Item | 商品购进总额 Total Purchaes Value | 商品销售总额 Total Sales Value | 批发 Whole-sale Value | 零售 Retail Sale Value | 商品库存总额 Stock |
|---|---|---|---|---|---|---|
| 其他企业 | Other Enterprises | 73.40 | 81.74 | 10.98 | 70.76 | 6.61 |
| 港、澳、台商投资企业 | Enterprises with Funds from Hong, Macao and Taiwan | 419.90 | 600.35 | 75.74 | 524.61 | 56.63 |
| 合资经营企业 | Joint-venture Enterprises | 58.74 | 75.62 | 1.06 | 74.56 | 6.44 |
| 合作经营企业 | Cooperative Enterprises | 1.28 | 18.20 | 7.89 | 10.31 | 0.92 |
| 独资经营企业 | Enterprises with Sole Fund | 356.23 | 502.87 | 66.79 | 436.08 | 48.72 |
| 港、澳、台商投资股份有限公司 | Share-holding Corporations Ltd. | 3.66 | 3.66 | | 3.66 | 0.55 |
| 外商投资企业 | Foreign Funded Enterprises | 684.97 | 764.29 | 102.44 | 661.86 | 56.21 |
| 合资经营企业 | Joint-venture Enterprises | 396.34 | 434.44 | 97.22 | 337.21 | 29.25 |
| 合作经营企业 | Cooperative Enterprises | 15.67 | 17.64 | | 17.64 | 1.20 |
| 独资经营企业 | Enterprises with Sole Fund | 266.40 | 305.07 | 5.21 | 299.85 | 24.82 |
| 外商投资股份有限公司 | Share-holding Corporations Ltd. | 6.56 | 7.15 | | 7.15 | 0.93 |
| **按行业分** | **Grouped by Sector** | | | | | |
| 综合零售 | Integrated Retail | 1553.27 | 2114.46 | 196.58 | 1917.87 | 171.76 |
| 食品、饮料及烟草制品专门零售 | Retail of Food, Beverages and Tobaccos | 140.84 | 175.98 | 15.53 | 160.45 | 12.04 |
| 纺织、服装及日用品专门零售 | Retail of Textiles, Garments and Daily Consumer Articles | 141.70 | 171.57 | 5.54 | 166.03 | 15.97 |
| 文化、体育用品及器材专门零售 | Retail of Culture, Sports Appliances and Equipment | 152.68 | 172.93 | 11.89 | 161.04 | 46.75 |
| 医药及医疗器材专门零售 | Retail of Medicines and Medica Appliances | 379.88 | 424.65 | 82.46 | 342.18 | 33.29 |
| 汽车、摩托车、燃料及零配件专门零售 | Retail of Motor Vehicles, Motorcycles, Fuel and Parts | 2233.78 | 2471.91 | 93.55 | 2378.36 | 194.27 |
| 家用电器及电子产品专门零售 | Special Retail of Household Electric Appliances and Electronic Products | 599.59 | 668.26 | 33.69 | 634.57 | 44.99 |
| 五金、家具及室内装修材料专门零售 | Special Retail of Hardware, Furniture and Decoration Materials | 122.16 | 143.68 | 14.25 | 129.43 | 7.95 |
| 无店铺及其他零售 | Non-shop and Other Retail | 97.62 | 108.30 | 11.85 | 96.45 | 5.81 |
| **按经营方式分** | **Grouped by Business Mode** | | | | | |
| 独立商店 | Independent Stores | 3550.01 | 4215.27 | 188.53 | 4026.74 | 345.39 |
| 连锁商店总店 | Chain Stores | 983.64 | 1206.64 | 184.49 | 1022.15 | 98.91 |
| 连锁商店分店 | Branches of Chain Stores | 400.94 | 458.01 | 11.22 | 446.79 | 42.59 |
| 其他 | Others | 486.95 | 571.81 | 81.11 | 490.70 | 45.92 |
| **按零售业态分** | **Grouped by Store Type** | | | | | |
| 百货商店 | Department Stores | 616.70 | 921.11 | 19.69 | 901.42 | 52.44 |
| 超级市场 | Supermarkets | 929.99 | 1186.96 | 175.19 | 1011.77 | 119.22 |
| 专业店 | Specialty Stores | 2074.70 | 2321.01 | 171.50 | 2149.52 | 190.89 |
| 专卖店 | Franchised Stores | 1500.26 | 1697.15 | 61.93 | 1635.22 | 150.74 |
| 家居建材店 | Building Material stores | 54.32 | 63.95 | 10.79 | 53.16 | 3.39 |
| 其他 | Others | 245.56 | 261.55 | 26.25 | 235.30 | 16.13 |
| **限额以下企业(单位)和个体** | **Enterprises (units) Below Designated Size and Individuals** | | **24829.39** | **17784.09** | **7045.30** | |

# 14－6 限额以上批发和零售业企业财务状况(2011 年)

单位:亿元

| 项目 | Item | 资产总计 Total Assets | #流动资产 Crculating Assets | #固定资产 Fixed Assets |
|---|---|---|---|---|
| **总 计** | **Total** | **11556.25** | **9260.22** | **885.37** |
| #国有控股 | State-owned and State Share Holding | 2689.15 | 2016.35 | 240.75 |
| **批发业** | **Wholesale Trade** | **8781.47** | **7421.96** | **447.05** |
| #国有控股 | State-owned and State Share Holding | 2418.01 | 1839.28 | 202.15 |
| **按登记注册类型分** | **Grouped by status of Registration** | | | |
| 内资企业 | Domestic Funded Enterprises | 7940.10 | 6693.89 | 415.65 |
| 国有企业 | State-owned Enterprises | 1137.55 | 976.27 | 78.43 |
| 集体企业 | Collective-owned Enterprises | 64.63 | 45.11 | 5.99 |
| 股份合作企业 | Cooperative Enterprises | 57.18 | 53.21 | 2.74 |
| 联营企业 | Joint Ownership Enterprises | 8.67 | 7.10 | 1.02 |
| 国有联营企业 | State Joint Ownership Enterprises | 5.69 | 4.46 | 0.97 |
| 集体联营企业 | Collective Joint Ownership Enterprise | 1.24 | 1.16 | 0.04 |
| 国有与集体联营企业 | Joint State-collective Enterprises | 0.53 | 0.27 | 0.02 |
| 其他联营企业 | Other Joint Ownership Enterprises | 1.21 | 1.21 | |
| 有限责任公司 | Limited Liability Corporations | 1926.12 | 1584.75 | 93.85 |
| 国有独资公司 | State Solely Funded Corporations | 192.66 | 102.56 | 17.92 |
| 其他有限责任公司 | Other Limited Liability Corporations | 1733.46 | 1482.18 | 75.93 |
| 股份有限公司 | Share-holding Corporations Ltd. | 1457.64 | 1129.36 | 102.96 |
| 私营企业 | Private Enterprises | 3181.36 | 2797.57 | 126.22 |
| 私营独资企业 | Private-funded Enterprises | 77.61 | 62.30 | 8.45 |
| 私营合伙企业 | Private Partnership Enterpises | 14.60 | 13.85 | 0.52 |
| 私营有限责任公司 | Private Limited Liability Corporations | 2696.03 | 2371.95 | 103.20 |
| 私营股份有限公司 | Private Share-holding Corporations Ltd. | 393.12 | 349.47 | 14.06 |
| 其他企业 | Other Enterprises | 106.96 | 100.53 | 4.42 |
| 港、澳、台商投资企业 | Enterprises with Funds from Hong, Macao and Taiwan | 422.84 | 363.99 | 23.18 |
| 合资经营企业 | Joint-venture Enterprises | 145.99 | 125.33 | 8.88 |
| 合作经营企业 | Cooperative Enterprises | 0.20 | 0.12 | |
| 独资经营企业 | Enterprises with Sole Fund | 267.04 | 230.79 | 13.97 |
| 港、澳、台商投资股份有限公司 | Share-holding Corporations Ltd. | 9.61 | 7.75 | 0.33 |
| 外商投资企业 | Foreign Funded Enterprises | 418.53 | 364.08 | 8.23 |
| 合资经营企业 | Joint-venture Enterprises | 15.60 | 13.38 | 1.02 |
| 合作经营企业 | Cooperative Enterprises | 90.66 | 85.48 | 0.03 |
| 独资经营企业 | Enterprises with Sole Fund | 312.27 | 265.22 | 7.18 |
| 外商投资股份有限公司 | Share-holding Corporations Ltd. | | | |
| **按行业分** | **Grouped by Sector** | | | |
| 农畜产品批发 | Wholesale of Farm Products and Livestock Products | 200.15 | 153.45 | 22.57 |
| 食品、饮料及烟草制品批发 | Wholesale of Food, Beverages and Tobaccos | 793.64 | 684.03 | 67.72 |
| 纺织、服装及日用品批发 | Wholesale of Textiles, Garments and Daily Consumer Articals | 1320.25 | 1092.01 | 59.23 |
| 文化、体育用品及器材批发 | Wholesale of Culture, Sports Appliances and Equipment | 211.57 | 160.38 | 9.56 |
| 医药及医疗器材批发 | Wholesale of Medicines and Medical Appliances | 334.74 | 281.27 | 14.76 |
| 矿产品、建材及化工产品批发 | Wholesale of Mineral Products, Building Material and Chemical Products | 4088.84 | 3387.58 | 213.16 |
| 机械设备、五金交电及电子产品批发 | Wholesale of Machinery, Hardware and Electronic Equipment | 1587.15 | 1462.27 | 46.74 |
| 贸易经纪与代理 | Trade Broker and Agency | 58.18 | 50.34 | 2.18 |
| 其他批发 | Others | 186.96 | 150.62 | 11.14 |
| **零售业** | **Retail Trade** | **2774.78** | **1838.27** | **438.32** |
| #国有控股 | State-owned and State Share Holding | 271.14 | 177.06 | 38.60 |
| **按登记注册类型分** | **Grouped by status of Registration** | | | |

## Financial Indicators of Enterprises above Designated Size in Wholesale and Retail Trade(2011)

(100 million yuan)

| 负债合计 Total Liabilities | 所有者权益合计 Owner' Equities | 主营业务收入 Revenue from Principal Business | 主营业务成本 Cost of Principle Business | 其他业务利润 Profits from Other Business | 营业利润 Profit from Major Business | 利润总额 Total Profits |
|---|---|---|---|---|---|---|
| **8623.06** | **2933.19** | **29227.79** | **27171.90** | **113.12** | **742.64** | **690.62** |
| 1670.87 | 1018.27 | 5908.77 | 5372.29 | 11.06 | 275.66 | 270.47 |
| **6594.36** | **2187.12** | **23804.75** | **22340.11** | **28.18** | **570.90** | **542.15** |
| 1464.77 | 953.23 | 5394.73 | 4914.64 | 5.59 | 261.75 | 257.49 |
| 5986.07 | 1954.03 | 21366.53 | 20177.58 | 25.22 | 489.05 | 469.11 |
| 633.99 | 503.55 | 2083.55 | 1843.53 | 2.83 | 142.82 | 139.31 |
| 56.33 | 8.30 | 111.00 | 104.83 | 0.36 | 1.21 | 1.38 |
| 52.06 | 5.12 | 108.14 | 101.73 | 0.19 | 3.36 | 3.20 |
| 4.94 | 3.73 | 35.52 | 34.27 | 0.05 | 0.48 | 0.53 |
| 3.16 | 2.53 | 26.92 | 25.83 | 0.01 | 0.39 | 0.48 |
| 0.56 | 0.68 | 2.45 | 2.33 | 0.03 | 0.08 | 0.05 |
| 0.18 | 0.34 | 0.56 | 0.54 | | | |
| 1.04 | 0.17 | 5.60 | 5.56 | | | |
| 1574.06 | 352.06 | 5819.36 | 5549.86 | 7.25 | 102.02 | 98.73 |
| 117.15 | 75.51 | 215.80 | 200.59 | 0.58 | 1.45 | 2.21 |
| 1456.91 | 276.55 | 5603.56 | 5349.27 | 6.68 | 100.57 | 96.51 |
| 995.78 | 461.86 | 3399.10 | 3148.55 | 3.23 | 135.16 | 134.22 |
| 2576.17 | 605.19 | 9552.72 | 9147.61 | 11.01 | 100.96 | 88.74 |
| 53.34 | 24.27 | 360.60 | 325.36 | 0.35 | 19.41 | 15.05 |
| 11.06 | 3.54 | 73.25 | 68.94 | 0.02 | 1.56 | 0.89 |
| 2165.16 | 530.86 | 8630.50 | 8298.15 | 10.53 | 72.43 | 72.59 |
| 346.61 | 46.51 | 488.37 | 455.16 | 0.11 | 7.56 | 0.21 |
| 92.73 | 14.23 | 257.14 | 247.20 | 0.29 | 3.04 | 3.00 |
| 289.70 | 133.14 | 730.73 | 609.71 | 1.24 | 45.89 | 46.22 |
| 108.51 | 37.48 | 187.30 | 169.57 | 0.76 | 9.33 | 7.91 |
| 0.13 | 0.06 | 0.87 | 0.84 | | | |
| 174.32 | 92.71 | 529.14 | 431.67 | 0.42 | 34.96 | 36.66 |
| 6.73 | 2.89 | 13.41 | 7.62 | 0.06 | 1.59 | 1.63 |
| 318.59 | 99.94 | 1707.48 | 1552.82 | 1.72 | 35.96 | 26.83 |
| 11.22 | 4.38 | 54.26 | 51.31 | 0.05 | 0.68 | 0.69 |
| 75.92 | 14.75 | 822.72 | 810.69 | | 11.87 | 1.87 |
| 231.45 | 80.82 | 830.50 | 690.82 | 1.67 | 23.40 | 24.26 |
| 161.03 | 39.11 | 304.36 | 277.97 | 1.33 | 13.23 | 14.10 |
| 335.01 | 458.64 | 1275.05 | 990.76 | 2.33 | 172.95 | 169.93 |
| 982.95 | 337.30 | 2527.74 | 2250.59 | 3.27 | 89.47 | 87.12 |
| 108.43 | 103.13 | 229.74 | 202.60 | 0.27 | 11.09 | 10.04 |
| 268.68 | 66.05 | 610.50 | 513.18 | 1.63 | 12.08 | 9.86 |
| 3272.93 | 815.91 | 14716.93 | 14216.93 | 6.63 | 178.50 | 151.95 |
| 1284.52 | 302.64 | 3081.95 | 2870.94 | 12.14 | 82.87 | 80.59 |
| 45.68 | 12.50 | 151.15 | 143.90 | 0.32 | 1.88 | 1.77 |
| 135.13 | 51.84 | 907.32 | 873.23 | 0.25 | 8.83 | 16.79 |
| **2028.70** | **746.07** | **5423.04** | **4831.79** | **84.94** | **171.74** | **148.47** |
| 206.10 | 65.04 | 514.03 | 457.65 | 5.48 | 13.91 | 12.98 |

14－6 续 表

单位:亿元

| 项 目 | Item | 资产总计 Total Assets | #流动资产 Crculating Assets | #固定资产 Fixed Assets |
|---|---|---|---|---|
| 内资企业 | Domestic Funded Enterprises | 2239.23 | 1479.74 | 347.38 |
| 国有企业 | State-owned Enterprises | 85.40 | 60.47 | 14.84 |
| 集体企业 | Collective-owned Enterprises | 15.57 | 8.61 | 5.48 |
| 股份合作企业 | Cooperative Enterprises | 9.14 | 6.19 | 1.46 |
| 联营企业 | Joint Ownership Enterprises | 4.00 | 1.32 | 1.15 |
| 国有联营企业 | State Joint Ownership Enterprises | 0.15 | 0.10 | 0.05 |
| 集体联营企业 | Collective Joint Ownership Enterprise | 0.10 | 0.06 | 0.04 |
| 国有与集体联营企业 | Joint State-collective Enterprises | 0.42 | 0.35 | 0.06 |
| 其他联营企业 | Other Joint Ownership Enterprises | 3.33 | 0.81 | 1.00 |
| 有限责任公司 | Limited Liability Corporations | 619.14 | 422.32 | 100.32 |
| 国有独资公司 | State Solely Funded Corporations | 2.25 | 1.20 | 0.35 |
| 其他有限责任公司 | Other Limited Liability Corporations | 616.89 | 421.12 | 99.97 |
| 股份有限公司 | Share-holding Corporations Ltd. | 434.97 | 205.80 | 65.73 |
| 私营企业 | Private Enterprises | 1045.63 | 753.24 | 156.81 |
| 私营独资企业 | Private-funded Enterprises | 70.92 | 49.98 | 13.58 |
| 私营合伙企业 | Private Partnership Enterprises | 5.63 | 4.63 | 0.71 |
| 私营有限责任公司 | Private Limited Liability Corporations | 922.48 | 666.06 | 136.81 |
| 私营股份有限公司 | Private Share-holding Corporations Ltd. | 46.59 | 32.58 | 5.71 |
| 其他企业 | Other Enterprises | 25.38 | 21.79 | 1.59 |
| 港、澳、台商投资企业 | Enterprises with Funds from Hong, Macao and Taiwan | 220.14 | 144.70 | 47.17 |
| 合资经营企业 | Joint-venture Enterprises | 31.73 | 16.27 | 11.83 |
| 合作经营企业 | Cooperative Enterprises | 3.24 | 2.36 | 0.45 |
| 独资经营企业 | Enterprises with Sole Fund | 184.68 | 125.97 | 34.49 |
| 港、澳、台商投资股份有限公司 | Share-holding Corporations Ltd. | 0.49 | 0.09 | 0.40 |
| 外商投资企业 | Foreign Funded Enterprises | 315.40 | 213.82 | 43.77 |
| 合资经营企业 | Joint-venture Enterprises | 134.82 | 100.72 | 19.92 |
| 合作经营企业 | Cooperative Enterprises | 4.48 | 2.19 | 1.10 |
| 独资经营企业 | Enterprises with Sole Fund | 175.24 | 110.51 | 22.48 |
| 外商投资股份有限公司 | Share-holding Corporations Ltd. | 0.86 | 0.40 | 0.27 |
| **按行业分** | **Grouped by Sector** | | | |
| 综合零售 | Integrated Retail | 1099.09 | 657.81 | 229.91 |
| 食品、饮料及烟草制品专门零售 | Retail of Food, Beverages and Tobaccos | 51.89 | 36.15 | 9.52 |
| 纺织、服装及日用品专门零售 | Retail of Textiles, Garments and Daily Consumer Articles | 59.44 | 39.58 | 9.71 |
| 文化、体育用品及器材专门零售 | Retail of Culture, Sports Appliances and Equipment | 99.63 | 77.43 | 12.94 |
| 医药及医疗器材专门零售 | Retail of Medicines and Medica Appliances | 168.65 | 147.39 | 10.16 |
| 汽车、摩托车、燃料及零配件专门零售 | Retail of Motor Vehicles, Motorcycles, Fuel and Parts | 797.20 | 581.37 | 103.66 |
| 家用电器及电子产品专门零售 | Special Retail of Household Electric Appliances and Electronic Products | 382.96 | 223.22 | 37.95 |
| 五金、家具及室内装修材料专门零售 | Special Retail of Hardware, Furniture and Decoration Materials | 60.82 | 37.69 | 14.35 |
| 无店铺及其他零售 | Non-shop and Other Retail | 55.10 | 37.63 | 10.11 |
| **按经营方式分** | **Grouped by Business Mode** | | | |
| 独立商店 | Independent Stores | 1801.63 | 1191.31 | 304.02 |
| 连锁商店总店 | Chain Stores | 604.44 | 381.45 | 80.12 |
| 连锁商店分店 | Branches of Chain Stores | 140.74 | 89.92 | 31.02 |
| 其他 | Others | 227.97 | 175.59 | 23.16 |
| **按零售业态分** | **Grouped by Store Type** | | | |
| 百货商店 | Department Stores | 652.56 | 339.27 | 146.27 |
| 超级市场 | Supermarkets | 442.32 | 315.31 | 82.98 |
| 专业店 | Specialty Stores | 979.39 | 648.95 | 124.87 |
| 专卖店 | Franchised Stores | 569.33 | 438.59 | 68.00 |
| 家居建材店 | Building Material stores | 26.44 | 15.98 | 6.37 |
| 其他 | Others | 104.74 | 80.18 | 9.83 |

Continued

(100 million yuan)

| 负债合计 Total Liabilities | 所有者权益合计 Owner' Equities | 主营业务收入 Revenue from Principal Business | 主营业务成本 Cost of Principle Business | 其他业务利润 Profits from Other Business | 营业利润 Profit from Major Business | 利润总额 Total Profits |
|---|---|---|---|---|---|---|
| 1649.26 | 589.97 | 4329.52 | 3868.09 | 52.12 | 128.31 | 112.20 |
| 65.02 | 20.38 | 128.03 | 111.85 | 1.88 | 4.32 | 4.03 |
| 9.26 | 6.31 | 61.55 | 55.35 | 0.20 | 2.39 | 2.25 |
| 7.27 | 1.87 | 19.40 | 17.38 | 0.10 | 0.25 | 0.22 |
| 1.32 | 2.69 | 13.75 | 12.95 | 0.06 | 0.22 | 0.22 |
| 0.05 | 0.10 | 2.28 | 2.22 | 0.02 | 0.02 | 0.03 |
| 0.04 | 0.06 | 0.12 | 0.10 | | | |
| 0.26 | 0.16 | 2.26 | 2.13 | | 0.04 | 0.05 |
| 0.97 | 2.37 | 9.09 | 8.50 | 0.04 | 0.15 | 0.14 |
| 478.89 | 140.24 | 1299.97 | 1156.00 | 23.75 | 38.99 | 32.87 |
| 1.10 | 1.15 | 3.41 | 2.47 | 0.08 | 0.17 | 0.21 |
| 477.80 | 139.10 | 1296.57 | 1153.54 | 23.67 | 38.82 | 32.67 |
| 275.08 | 159.88 | 468.45 | 401.86 | 8.26 | 24.28 | 22.53 |
| 793.30 | 252.33 | 2267.60 | 2049.23 | 17.55 | 55.21 | 47.68 |
| 48.72 | 22.20 | 181.31 | 161.63 | 0.48 | 7.88 | 6.37 |
| 3.57 | 2.07 | 18.44 | 16.48 | 0.06 | 0.59 | 0.47 |
| 705.69 | 216.79 | 1966.24 | 1779.56 | 16.12 | 44.78 | 39.45 |
| 35.32 | 11.27 | 101.60 | 91.56 | 0.88 | 1.95 | 1.39 |
| 19.10 | 6.28 | 70.77 | 63.47 | 0.32 | 2.65 | 2.38 |
| 168.10 | 52.04 | 509.53 | 442.20 | 12.49 | 20.61 | 13.43 |
| 20.17 | 11.56 | 64.96 | 57.61 | 2.19 | 3.57 | 2.57 |
| 1.56 | 1.68 | 16.30 | 15.19 | 1.35 | 0.68 | 0.85 |
| 146.06 | 38.63 | 426.42 | 367.77 | 8.74 | 16.31 | 9.97 |
| 0.32 | 0.17 | 1.86 | 1.63 | 0.21 | 0.05 | 0.05 |
| 211.34 | 104.06 | 583.99 | 521.51 | 20.34 | 22.83 | 22.85 |
| 102.47 | 32.35 | 349.76 | 321.80 | 14.04 | 7.80 | 7.89 |
| 3.90 | 0.58 | 8.89 | 7.58 | 0.80 | -0.15 | -0.15 |
| 104.45 | 70.79 | 223.61 | 190.52 | 5.48 | 15.16 | 15.09 |
| 0.51 | 0.35 | 1.72 | 1.61 | 0.02 | 0.02 | 0.02 |
| 824.70 | 274.39 | 1751.66 | 1506.42 | 58.20 | 70.76 | 59.80 |
| 28.45 | 23.43 | 128.55 | 107.98 | 0.64 | 9.01 | 8.06 |
| 41.61 | 17.83 | 121.91 | 103.60 | 2.20 | 4.24 | 3.24 |
| 65.98 | 33.65 | 125.13 | 98.10 | 1.31 | 7.78 | 8.56 |
| 134.48 | 34.17 | 362.42 | 330.51 | 1.81 | 7.45 | 6.45 |
| 605.43 | 191.77 | 2156.87 | 2000.17 | 10.00 | 43.37 | 37.27 |
| 251.24 | 131.72 | 569.24 | 502.34 | 9.24 | 21.26 | 18.04 |
| 37.61 | 23.21 | 121.57 | 105.89 | 0.75 | 6.28 | 5.91 |
| 39.20 | 15.90 | 85.70 | 76.80 | 0.79 | 1.61 | 1.14 |
| 1315.24 | 486.39 | 3593.67 | 3218.16 | 45.68 | 117.70 | 102.30 |
| 437.64 | 166.80 | 1030.32 | 904.15 | 27.80 | 33.08 | 26.30 |
| 111.34 | 29.40 | 332.80 | 290.64 | 8.57 | 6.81 | 6.12 |
| 164.48 | 63.48 | 466.25 | 418.85 | 2.89 | 14.15 | 13.75 |
| 429.64 | 222.93 | 764.33 | 646.15 | 25.81 | 52.09 | 48.65 |
| 388.77 | 53.54 | 978.37 | 853.17 | 32.30 | 19.28 | 11.75 |
| 674.97 | 304.41 | 1964.20 | 1767.28 | 15.43 | 61.09 | 52.43 |
| 430.57 | 138.76 | 1450.82 | 1327.77 | 7.47 | 32.90 | 30.63 |
| 18.51 | 7.93 | 56.00 | 47.56 | 0.23 | 3.30 | 3.18 |
| 86.23 | 18.51 | 209.32 | 189.86 | 3.71 | 3.09 | 1.84 |

# 14－7 限额以上住宿和餐饮业基本情况(2011 年)
# Basic Conditions of Enterprises above Designated Size in Hotel and Catering Trade(2011)

| 项 目 | Item | 法人企业(个) Number of Corporation Enterprises (unit) | 产业活动单位数(个) Number of Establishments(unit) | 餐饮营业面积(平方米) Floor Space of Catering Service (sq. m) | 从业人员(人) Persons Engaged (person) |
|---|---|---|---|---|---|
| **总 计** | **Total** | **2659** | **3993** | **5998121** | **375711** |
| #国有控股 | State-owned and State Share Holding | 275 | 352 | 717550 | 48828 |
| **住宿业** | **Hotel Service** | **940** | **1083** | **2019760** | **171029** |
| #国有控股 | State-owned and State Share Holding | 199 | 228 | 487948 | 37984 |
| **按登记注册类型分组** | **Grouped by status of Registration** | | | | |
| 内资企业 | Domestic Funded Enterprises | 871 | 984 | 1853238 | 154234 |
| 国有企业 | State-owned Enterprises | 146 | 169 | 330112 | 24941 |
| 集体企业 | Collective-owned Enterprises | 42 | 44 | 71577 | 3571 |
| 股份合作企业 | Cooperative Enterprises | 2 | 3 | 2505 | 180 |
| 联营企业 | Joint Ownership Enterprises | 5 | 6 | 19300 | 1089 |
| 国有联营企业 | State Joint Ownership Enterprises | 2 | 3 | 16500 | 696 |
| 集体联营企业 | Collective Joint Ownership Enterprise | 2 | 2 | 800 | 189 |
| 国有与集体联营企业 | Joint State-collective Enterprises | 1 | 1 | 2000 | 204 |
| 其他联营企业 | Other Joint Ownership Enterprises | | | | |
| 有限责任公司 | Limited Liability Corporations | 192 | 215 | 461413 | 33553 |
| 国有独资公司 | State solely Funded Corporations | 5 | 5 | 11116 | 579 |
| 其他有限责任公司 | Other Limited Liability Corporations | 187 | 210 | 450297 | 32974 |
| 股份有限公司 | Share-holding Corporations Ltd. | 29 | 35 | 75776 | 6318 |
| 私营企业 | Private Enterprises | 439 | 495 | 870751 | 82985 |
| 私营独资企业 | Private-funded Enterprises | 79 | 84 | 136537 | 6293 |
| 私营合伙企业 | Private Partnership Enterpises | 10 | 11 | 16320 | 833 |
| 私营有限责任公司 | Private Limited Liability Corporations | 328 | 378 | 663825 | 72716 |
| 私营股份有限公司 | Private Share-holding Corporations Ltd. | 22 | 22 | 54069 | 3143 |
| 其他企业 | Other Enterprises | 16 | 17 | 21804 | 1597 |
| 港、澳、台商投资企业 | Enterprises with Funds from Hong, Macao and Taiwan | 31 | 40 | 84010 | 7963 |
| 合资经营企业 | Joint-venture Enterprises | 16 | 24 | 52176 | 5158 |
| 合作经营企业 | Cooperative Enterprises | | | | |
| 独资经营企业 | Enterprises with Sole Fund | 15 | 16 | 31834 | 2805 |
| 港、澳、台商投资股份有限公司 | Share-holding Corporations Ltd. | | | | |
| 外商投资企业 | Foreign Funded Enterprises | 38 | 59 | 82512 | 8832 |
| 合资经营企业 | Joint-venture Enterprises | 10 | 13 | 23983 | 2684 |
| 合作经营企业 | Cooperative Enterprises | 3 | 5 | 11270 | 493 |
| 独资经营企业 | Enterprises with Sole Fund | 22 | 38 | 43859 | 4787 |
| 外商投资股份有限公司 | Share-holding Corporations Ltd. | 3 | 3 | 3400 | 868 |
| **按行业分组** | **Grouped by Sector** | | | | |
| 旅游饭店 | Tourist Restaurants | 720 | 821 | 1819180 | 123749 |
| 一般旅馆 | Ordinary Hotels | 197 | 239 | 185127 | 45769 |
| 其他住宿服务 | Other Hotel Service | 23 | 23 | 15453 | 1511 |
| **按星级等级分组** | **Grouped by Star Glass** | | | | |
| 一星 | One-star Class | 6 | 6 | 4610 | 545 |
| 二星 | Two-star Class | 74 | 79 | 94249 | 4550 |
| 三星 | Three-star Class | 249 | 273 | 528447 | 26869 |
| 四星 | Four-star Class | 159 | 176 | 540011 | 38006 |

14－7 续表 Continued

| 项目 | Item | 法人企业（个）Number of Corporation Enterprises (unit) | 产业活动单位数（个）Number of Establishments (unit) | 餐饮营业面积（平方米）Floor Space of Catering Service (sq. m) | 从业人员（人）Persons Engaged (person) |
|---|---|---|---|---|---|
| 五星 | Five-star Class | 65 | 89 | 344147 | 31022 |
| 其他 | Others | 387 | 460 | 488296 | 70037 |
| **餐饮业** | **Catering Service** | **1719** | **2910** | **3978361** | **204682** |
| #国有控股 | State-owned and State Share Holding | 76 | 124 | 229602 | 10844 |
| **按登记注册类型分组** | **Grouped by status of Registration** | | | | |
| 内资企业 | Domestic Funded Enterprises | 1627 | 2036 | 3431853 | 142290 |
| 国有企业 | State-owned Enterprises | 61 | 101 | 152409 | 6898 |
| 集体企业 | Collective-owned Enterprises | 19 | 21 | 26656 | 1100 |
| 股份合作企业 | Cooperative Enterprises | 6 | 8 | 23344 | 1169 |
| 联营企业 | Joint Ownership Enterprises | 1 | 2 | 3000 | 127 |
| 国有联营企业 | State Joint Ownership Enterprises | | | | |
| 集体联营企业 | Collective Joint Ownership Enterprise | 1 | 1 | 2000 | 85 |
| 国有与集体联营企业 | Joint State-collective Enterprises | | | | |
| 其他联营企业 | Other Joint Ownership Enterprises | | 1 | 1000 | 42 |
| 有限责任公司 | Limited Liability Corporations | 186 | 241 | 538360 | 25048 |
| 国有独资公司 | State Solely Funded Corporations | 4 | 4 | 17110 | 484 |
| 其他有限责任公司 | Other Limited Liability Corporations | 182 | 237 | 521250 | 24564 |
| 股份有限公司 | Share-holding Corporations Ltd. | 31 | 42 | 147546 | 4475 |
| 私营企业 | Private Enterprises | 1277 | 1571 | 2767469 | 100510 |
| 私营独资企业 | Private-funded Enterprises | 303 | 335 | 476390 | 16063 |
| 私营合伙企业 | Private Partnership Enterprises | 47 | 49 | 61289 | 2023 |
| 私营有限责任公司 | Private Limited Liability Corporations | 864 | 1119 | 1799966 | 77266 |
| 私营股份有限公司 | Private Share-holding Corporations Ltd. | 63 | 68 | 129824 | 5158 |
| 其他企业 | Other Enterprises | 46 | 50 | 73069 | 2963 |
| 港、澳、台商投资企业 | Enterprises with Funds from Hong, Macao and Taiwan | 52 | 157 | 156443 | 10112 |
| 合资经营企业 | Joint-venture Enterprises | 20 | 111 | 58231 | 4681 |
| 合作经营企业 | Cooperative Enterprises | 2 | 2 | 1150 | 88 |
| 独资经营企业 | Enterprises with Sole Fund | 30 | 44 | 97062 | 5343 |
| 港、澳、台商投资股份有限公司 | Share-holding Corporations Ltd. | | | | |
| 外商投资企业 | Foreign Funded Enterprises | 40 | 717 | 390065 | 52280 |
| 合资经营企业 | Joint-venture Enterprises | 12 | 265 | 119731 | 23524 |
| 合作经营企业 | Cooperative Enterprises | | 3 | 2760 | 110 |
| 独资经营企业 | Enterprises with Sole Fund | 24 | 442 | 264447 | 28269 |
| 外商投资股份有限公司 | Share-holding Corporations Ltd. | 4 | 7 | 3127 | 377 |
| **按行业分组** | **Grouped by Sector** | | | | |
| 正餐服务 | Dinner Service | 1583 | 1863 | 3375836 | 132523 |
| 快餐服务 | Snack Service | 65 | 820 | 447436 | 62017 |
| 饮料及冷饮服务 | Beverage and Cool Drink Service | 11 | 118 | 91960 | 3048 |
| 其他餐饮服务 | Other Catering Service | 60 | 109 | 63129 | 7094 |
| **按经营方式分组** | **Grouped by Business Mode** | | | | |
| 独立商店 | Independent Stores | 1571 | 1776 | 3126813 | 127033 |
| 连锁商店总店 | Chain Stores | 20 | 862 | 454083 | 60476 |
| 连锁商店分店 | Branches of Chain Stores | 54 | 173 | 249862 | 10637 |
| 其他 | Others | 74 | 99 | 147603 | 6536 |

注：产业活动单位数包括本省限额上批零住餐法人所属的全部（包括在外省的）产业活动单位和其他行业及外省法人所属在本省的限额以上住宿和餐饮业产业活动单位。营业面积、从业人数为法人在地口径。

Note: The number of establishments include the number of enterprises above designated size in wholesale and retail trades of Jiangsu and other province eatablished in Jiangsu. The data of persons engaged and floor space of retail business base on the data of corporation enterprises.

# 14－8 住宿和餐饮业经营情况(2011 年)
# Business of Enterprises of Hotels and Catering Services(2011)

单位:万元 (10000 yuan)

| 项目 | Item | 营业额 Business Revenue | 客房收入 Hotel Rooms | 餐费收入 Catering Service |
|---|---|---|---|---|
| 总计 | **Total** | **20353025** | | |
| **限额以上企业和单位** | **Above Designated Size Enterprises and Units** | **5610742** | **1194677** | **4021941** |
| #国有控股 | State-owned and State Share Holding | 861223 | 270547 | 454560 |
| **住宿业** | **Hotel Service** | **2398675** | **958893** | **1161121** |
| #国有控股 | State-owned and State Share Holding | 694698 | 239544 | 332795 |
| **按登记注册类型分组** | **Grouped by status of Registration** | | | |
| 内资企业 | Domestic Funded Enterprises | 2071038 | 806657 | 1012014 |
| 国有企业 | State-owned Enterprises | 399333 | 143877 | 202117 |
| 集体企业 | Collective-owned Enterprises | 56170 | 21560 | 27322 |
| 股份合作企业 | Cooperative Enterprises | 2620 | 1283 | 695 |
| 联营企业 | Joint Ownership Enterprises | 16998 | 4789 | 8950 |
| 国有联营企业 | State Joint Ownership Enterprises | 7914 | 2824 | 4831 |
| 集体联营企业 | Collective Joint Ownership Enterprise | 2387 | 1047 | 1240 |
| 国有与集体联营企业 | Joint State-collective Enterprises | 6697 | 917 | 2879 |
| 其他联营企业 | Other Joint Ownership Enterprises | | | |
| 有限责任公司 | Limited Liability Corporations | 585110 | 244528 | 289486 |
| 国有独资公司 | State solely Funded Corporations | 9722 | 3857 | 5555 |
| 其他有限责任公司 | Other Limited Liability Corporations | 575388 | 240672 | 283931 |
| 股份有限公司 | Share-holding Corporations Ltd. | 153839 | 42487 | 52036 |
| 私营企业 | Private Enterprises | 825643 | 335391 | 416634 |
| 私营独资企业 | Private-funded Enterprises | 113865 | 49865 | 49577 |
| 私营合伙企业 | Private Partnership Enterpises | 12724 | 4234 | 7752 |
| 私营有限责任公司 | Private Limited Liability Corporations | 646937 | 259156 | 333039 |
| 私营股份有限公司 | Private Share-holding Corporations Ltd. | 52118 | 22136 | 26266 |
| 其他企业 | Other Enterprises | 31326 | 12741 | 14775 |
| 港、澳、台商投资企业 | Enterprises with Funds from Hong, Macao and Taiwan | 153276 | 69796 | 72567 |
| 合资经营企业 | Joint-venture Enterprises | 97471 | 43374 | 45939 |
| 合作经营企业 | Cooperative Enterprises | | | |
| 独资经营企业 | Enterprises with Sole Fund | 55804 | 26422 | 26628 |
| 港、澳、台商投资股份有限公司 | Share-holding Corporations Ltd. | | | |
| 外商投资企业 | Foreign Funded Enterprises | 174362 | 82440 | 76540 |
| 合资经营企业 | Joint-venture Enterprises | 49759 | 19733 | 25559 |
| 合作经营企业 | Cooperative Enterprises | 8701 | 1879 | 6583 |
| 独资经营企业 | Enterprises with Sole Fund | 95704 | 52701 | 34357 |
| 外商投资股份有限公司 | Share-holding Corporations Ltd. | 20199 | 8128 | 10040 |
| **按行业分组** | **Grouped by Sector** | | | |
| 旅游饭店 | Tourist Restaurants | 2203902 | 840122 | 1100239 |
| 一般旅馆 | Ordinary Hotels | 170586 | 104254 | 53065 |
| 其他住宿服务 | Other Hotel Service | 24188 | 14518 | 7818 |
| **按星级等级分组** | **Grouped by Star Glass** | | | |
| 一星 | One-star Class | 11841 | 4297 | 7323 |

14－8 续表1 Continued 1

单位:万元 (10000 yuan)

| 项目 | Item | 营业额 Business Revenue | 客房收入 Hotel Rooms | 餐费收入 Catering Service |
|---|---|---|---|---|
| 二星 | Two-star Class | 67158 | 24487 | 33395 |
| 三星 | Three-star Class | 370387 | 125213 | 201928 |
| 四星 | Four-star Class | 642990 | 233765 | 347701 |
| 五星 | Five-star Class | 724556 | 272038 | 349100 |
| 其他 | Others | 581743 | 299094 | 221675 |
| **餐饮业** | **Catering Service** | **3212066** | **235784** | **2860820** |
| #国有控股 | State-owned and State Share Holding | 166526 | 31003 | 121765 |
| **按登记注册类型分组** | **Grouped by status of Registration** | | | |
| 内资企业 | Domestic Funded Enterprises | 2330410 | 215473 | 2011617 |
| 国有企业 | State-owned Enterprises | 100251 | 16353 | 75539 |
| 集体企业 | Collective-owned Enterprises | 22987 | 2781 | 18617 |
| 股份合作企业 | Cooperative Enterprises | 27330 | 9626 | 16944 |
| 联营企业 | Joint Ownership Enterprises | 1447 | 232 | 1215 |
| 国有联营企业 | State Joint Ownership Enterprises | | | |
| 集体联营企业 | Collective Joint Ownership Enterprise | 948 | | 948 |
| 国有与集体联营企业 | Joint State-collective Enterprises | | | |
| 其他联营企业 | Other Joint Ownership Enterprises | 499 | 232 | 267 |
| 有限责任公司 | Limited Liability Corporations | 402180 | 52968 | 328120 |
| 国有独资公司 | State Solely Funded Corporations | 3831 | 458 | 3369 |
| 其他有限责任公司 | Other Limited Liability Corporations | 398349 | 52510 | 324751 |
| 股份有限公司 | Share-holding Corporations Ltd. | 78636 | 6822 | 67383 |
| 私营企业 | Private Enterprises | 1643228 | 123967 | 1455044 |
| 私营独资企业 | Private-funded Enterprises | 286058 | 20221 | 249382 |
| 私营合伙企业 | Private Partnership Enterpises | 37881 | 2327 | 34384 |
| 私营有限责任公司 | Private Limited Liability Corporations | 1238393 | 93954 | 1100779 |
| 私营股份有限公司 | Private Share-holding Corporations Ltd. | 80896 | 7466 | 70499 |
| 其他企业 | Other Enterprises | 54351 | 2724 | 48756 |
| 港、澳、台商投资企业 | Enterprises with Funds from Hong, Macao and Taiwan | 169834 | 16740 | 141977 |
| 合资经营企业 | Joint-venture Enterprises | 84454 | 5630 | 76773 |
| 合作经营企业 | Cooperative Enterprises | 1020 | | 1006 |
| 独资经营企业 | Enterprises with Sole Fund | 84359 | 11111 | 64198 |
| 港、澳、台商投资股份有限公司 | Share-holding Corporations Ltd. | | | |
| 外商投资企业 | Foreign Funded Enterprises | 711823 | 3571 | 707225 |
| 合资经营企业 | Joint-venture Enterprises | 284670 | 2470 | 281609 |
| 合作经营企业 | Cooperative Enterprises | 4341 | | 4341 |
| 独资经营企业 | Enterprises with Sole Fund | 418438 | 1101 | 417090 |
| 外商投资股份有限公司 | Share-holding Corporations Ltd. | 4374 | | 4185 |
| **按行业分组** | **Grouped by Sector** | | | |
| 正餐服务 | Dinner Service | 2210105 | 230396 | 1879882 |
| 快餐服务 | Snack Service | 845113 | 285 | 841614 |
| 饮料及冷饮服务 | Beverage and Cool Drink Service | 39400 | | 37945 |
| 其他餐饮服务 | Other Catering Service | 117449 | 5103 | 101379 |
| **按经营方式分组** | **Grouped by Business Mode** | | | |
| 独立商店 | Independent Stores | 2097750 | 221377 | 1777893 |
| 连锁商店总店 | Chain Stores | 801682 | | 800228 |
| 连锁商店分店 | Branches of Chain Stores | 177656 | 6060 | 167287 |
| 其他 | Others | 134979 | 8347 | 115412 |
| **限额以下企业(单位)和个体** | **Enterprises(units) Below Designated Size and Individuals** | **14742283** | | |

14－8 续表2 Continued 2

单位：万元 (10000 yuan)

| 项目 | Item | 商品销售收入 Sales of Commodities | 其他收入 Other Revenue | 年末拥有床位数(个) Number of Bedsat Year-end (unit) | 年末拥有餐位数(位) Number of Dining-seats at Year-end (unit) |
|---|---|---|---|---|---|
| 总计 | **Total** | | | | |
| **限额以上企业和单位** | **Above Designated Size Enterprises and Units** | **168081** | **226042** | **311458** | **1411880** |
| #国有控股 | State-owned and State Share Holding | 66941 | 69176 | 67412 | 180099 |
| **住宿业** | **Hotel Service** | **99034** | **179627** | **236142** | **446042** |
| #国有控股 | State-owned and State Share Holding | 59802 | 62557 | 58817 | 118599 |
| **按登记注册类型分组** | **Grouped by status of Registration** | | | | |
| 内资企业 | Domestic Funded Enterprises | 95829 | 156538 | 208608 | 405648 |
| 国有企业 | State-owned Enterprises | 15377 | 37962 | 39594 | 79496 |
| 集体企业 | Collective-owned Enterprises | 957 | 6330 | 8081 | 12085 |
| 股份合作企业 | Cooperative Enterprises | 8 | 634 | 398 | 402 |
| 联营企业 | Joint Ownership Enterprises | 2022 | 1237 | 1781 | 2739 |
| 国有联营企业 | State Joint Ownership Enterprises | | 259 | 1073 | 1539 |
| 集体联营企业 | Collective Joint Ownership Enterprise | 100 | | 419 | 600 |
| 国有与集体联营企业 | Joint State-collective Enterprises | 1923 | 979 | 289 | 600 |
| 其他联营企业 | Other Joint Ownership Enterprises | | | | |
| 有限责任公司 | Limited Liability Corporations | 10284 | 40812 | 53759 | 104230 |
| 国有独资公司 | State Solely Funded Corporations | 60 | 251 | 1214 | 2520 |
| 其他有限责任公司 | Other Limited Liability Corporations | 10224 | 40561 | 52545 | 101710 |
| 股份有限公司 | Share-holding Corporations Ltd. | 42614 | 16702 | 8096 | 17241 |
| 私营企业 | Private Enterprises | 21960 | 51658 | 92820 | 184811 |
| 私营独资企业 | Private-funded Enterprises | 7840 | 6583 | 12485 | 21961 |
| 私营合伙企业 | Private Partnership Enterpises | 219 | 519 | 3032 | 2984 |
| 私营有限责任公司 | Private Limited Liability Corporations | 12528 | 42213 | 71078 | 147963 |
| 私营股份有限公司 | Private Share-holding Corporations Ltd. | 1373 | 2343 | 6225 | 11903 |
| 其他企业 | Other Enterprises | 2607 | 1202 | 4079 | 4644 |
| 港、澳、台商投资企业 | Enterprises with Funds from Hong, Macao and Taiwan | 2246 | 8666 | 12270 | 17567 |
| 合资经营企业 | Joint-venture Enterprises | 1879 | 6279 | 7634 | 11014 |
| 合作经营企业 | Cooperative Enterprises | | | | |
| 独资经营企业 | Enterprises with Sole Fund | 367 | 2387 | 4636 | 6553 |
| 港、澳、台商投资股份有限公司 | Share-holding Corporations Ltd. | | | | |
| 外商投资企业 | Foreign Funded Enterprises | 959 | 14423 | 15264 | 22827 |
| 合资经营企业 | Joint-venture Enterprises | 271 | 4196 | 4102 | 9275 |
| 合作经营企业 | Cooperative Enterprises | 233 | 6 | 499 | 2800 |
| 独资经营企业 | Enterprises with Sole Fund | 449 | 8196 | 9583 | 9002 |
| 外商投资股份有限公司 | Share-holding Corporations Ltd. | 6 | 2026 | 1080 | 1750 |
| **按行业分组** | **Grouped by Sector** | | | | |
| 旅游饭店 | Tourist Restaurants | 95066 | 168475 | 196855 | 410102 |
| 一般旅馆 | Ordinary Hotels | 3799 | 9468 | 34974 | 33003 |
| 其他住宿服务 | Other Hotel Service | 169 | 1684 | 4313 | 2937 |
| **按星级等级分组** | **Grouped by Star Glass** | | | | |
| 一星 | One-star Class | 10 | 211 | 1255 | 765 |

14－8 续表3 Continued 3

单位:万元 (10000 yuan)

| 项 目 | Item | 商品销售收入 Sales of Commodities | 其他收入 Other Revenue | 年末拥有床位数(个) Number of Beds at Year-end (unit) | 年末拥有餐位数(位) Number of Dining-seats at Year-end (unit) |
|---|---|---|---|---|---|
| 二星 | Two-star Class | 3210 | 6066 | 11432 | 23546 |
| 三星 | Three-star Class | 10821 | 32425 | 50683 | 116959 |
| 四星 | Four-star Class | 14400 | 47125 | 51329 | 122064 |
| 五星 | Five-star Class | 52215 | 51204 | 36616 | 78701 |
| 其他 | Others | 18378 | 42596 | 84827 | 104007 |
| **餐饮业** | **Catering Service** | **69048** | **46415** | **75316** | **965838** |
| #国有控股 | State-owned and State Share Holding | 7140 | 6619 | 8595 | 61500 |
| **按登记注册类型分组** | **Grouped by status of Registration** | | | | |
| 内资企业 | Domestic Funded Enterprises | 60156 | 43164 | 70989 | 778473 |
| 国有企业 | State-owned Enterprises | 4420 | 3940 | 6159 | 48438 |
| 集体企业 | Collective-owned Enterprises | 559 | 1031 | 1221 | 8162 |
| 股份合作企业 | Cooperative Enterprises | 375 | 384 | 901 | 4731 |
| 联营企业 | Joint Ownership Enterprises | | | 132 | 430 |
| 国有联营企业 | State Joint Ownership Enterprises | | | | |
| 集体联营企业 | Collective Joint Ownership Enterprise | | | | 150 |
| 国有与集体联营企业 | Joint State-collective Enterprises | | | | |
| 其他联营企业 | Other Joint Ownership Enterprises | | | 132 | 280 |
| 有限责任公司 | Limited Liability Corporations | 5956 | 15136 | 14694 | 120449 |
| 国有独资公司 | State solely Funded Corporations | 3 | 1 | 393 | 3656 |
| 其他有限责任公司 | Other Limited Liability Corporations | 5953 | 15135 | 14301 | 116793 |
| 股份有限公司 | Share-holding Corporations Ltd. | 4044 | 387 | 2434 | 23728 |
| 私营企业 | Private Enterprises | 42493 | 21725 | 44599 | 558806 |
| 私营独资企业 | Private-funded Enterprises | 13969 | 2487 | 7220 | 113097 |
| 私营合伙企业 | Private Partnership Enterprises | 997 | 174 | 2837 | 20447 |
| 私营有限责任公司 | Private Limited Liability Corporations | 26660 | 17000 | 31984 | 398323 |
| 私营股份有限公司 | Private Share-holding Corporations Ltd. | 867 | 2064 | 2558 | 26939 |
| 其他企业 | Other Enterprises | 2311 | 561 | 849 | 13729 |
| 港、澳、台商投资企业 | Enterprises with Funds from Hong, Macao and Taiwan | 8627 | 2489 | 2874 | 35929 |
| 合资经营企业 | Joint-venture Enterprises | 2049 | 2 | 681 | 17352 |
| 合作经营企业 | Cooperative Enterprises | | 15 | | 350 |
| 独资经营企业 | Enterprises with Sole Fund | 6578 | 2473 | 2193 | 18227 |
| 港、澳、台商投资股份有限公司 | Share-holding Corporations Ltd. | | | | |
| 外商投资企业 | Foreign Funded Enterprises | 265 | 762 | 1453 | 151436 |
| 合资经营企业 | Joint-venture Enterprises | 120 | 471 | 1021 | 39738 |
| 合作经营企业 | Cooperative Enterprises | | | | 391 |
| 独资经营企业 | Enterprises with Sole Fund | 145 | 102 | 432 | 110189 |
| 外商投资股份有限公司 | Share-holding Corporations Ltd. | | 188 | | 1118 |
| **按行业分组** | **Grouped by Sector** | | | | |
| 正餐服务 | Dinner Service | 53997 | 45830 | 73590 | 759910 |
| 快餐服务 | Snack Service | 3146 | 67 | 269 | 122780 |
| 饮料及冷饮服务 | Beverage and Cool Drink Service | 1455 | | | 56175 |
| 其他餐饮服务 | Other Catering Service | 10449 | 518 | 1457 | 26973 |
| **按经营方式分组** | **Grouped by Business Mode** | | | | |
| 独立商店 | Independent Stores | 58564 | 39916 | 68767 | 729655 |
| 连锁商店总店 | Chain Stores | 478 | 976 | | 153846 |
| 连锁商店分店 | Branches of Chain Stores | 1711 | 2598 | 2451 | 41554 |
| 其他 | Others | 8294 | 2925 | 4098 | 40783 |
| **限额以下企业(单位)和个体** | **Enterprises (units) Below Designated Size and Individuals** | | | | |

# 14-9 限额以上住宿和餐饮业企业财务状况(2011年)

单位:亿元

| 项目 | Item | 资产总计 Total Assets | #流动资产 Crculating Assets | #固定资产 Fixed Assets |
|---|---|---|---|---|
| **总 计** | **Total** | **862.41** | **284.42** | **368.87** |
| #国有控股 | State-owned and State Share Holding | 224.47 | 52.02 | 115.32 |
| **住宿业** | **Hotel Service** | **582.82** | **170.88** | **270.89** |
| #国有控股 | State-owned and State Share Holding | 206.36 | 45.64 | 106.26 |
| **按登记注册类型分组** | **Grouped by status of Registration** | | | |
| 内资企业 | Domestic Funded Enterprises | 502.99 | 151.77 | 227.48 |
| 国有企业 | State-owned Enterprises | 120.93 | 25.03 | 67.25 |
| 集体企业 | Collective-owned Enterprises | 8.62 | 2.85 | 4.61 |
| 股份合作企业 | Cooperative Enterprises | 0.64 | 0.50 | 0.11 |
| 联营企业 | Joint Ownership Enterprises | 0.92 | 0.29 | 0.44 |
| 国有联营企业 | State Joint Ownership Enterprises | 0.09 | 0.02 | 0.04 |
| 集体联营企业 | Collective Joint Ownership Enterprise | 0.07 | 0.07 | |
| 国有与集体联营企业 | Joint State-collective Enterprises | 0.76 | 0.20 | 0.40 |
| 其他联营企业 | Other Joint Ownership Enterprises | | | |
| 有限责任公司 | Limited Liability Corporations | 161.63 | 46.12 | 69.69 |
| 国有独资公司 | State solely Funded Corporations | 1.48 | 0.48 | 0.72 |
| 其他有限责任公司 | Other Limited Liability Corporations | 160.15 | 45.63 | 68.98 |
| 股份有限公司 | Share-holding Corporations Ltd. | 32.50 | 10.87 | 11.58 |
| 私营企业 | Private Enterprises | 172.42 | 64.53 | 71.18 |
| 私营独资企业 | Private-funded Enterprises | 16.10 | 5.63 | 6.85 |
| 私营合伙企业 | Private Partnership Enterpises | 1.57 | 0.52 | 0.85 |
| 私营有限责任公司 | Private Limited Liability Corporations | 144.62 | 54.40 | 58.68 |
| 私营股份有限公司 | Private Share-holding Corporations Ltd. | 10.12 | 3.98 | 4.81 |
| 其他企业 | Other Enterprises | 5.33 | 1.58 | 2.62 |
| 港、澳、台商投资企业 | Enterprises with Funds from Hong, Macao and Taiwan | 31.89 | 10.01 | 14.27 |
| 合资经营企业 | Joint-venture Enterprises | 20.70 | 6.43 | 9.97 |
| 合作经营企业 | Cooperative Enterprises | | | |
| 独资经营企业 | Enterprises with Sole Fund | 11.19 | 3.58 | 4.31 |
| 港、澳、台商投资股份有限公司 | Share-holding Corporations Ltd. | | | |
| 外商投资企业 | Foreign Funded Enterprises | 47.94 | 9.10 | 29.14 |
| 合资经营企业 | Joint-venture Enterprises | 11.02 | 4.18 | 5.30 |
| 合作经营企业 | Cooperative Enterprises | 1.08 | 0.45 | 0.16 |
| 独资经营企业 | Enterprises with Sole Fund | 28.69 | 3.93 | 18.74 |
| 外商投资股份有限公司 | Share-holding Corporations Ltd. | 7.15 | 0.52 | 4.95 |
| **按行业分组** | **Grouped by Sector** | | | |
| 旅游饭店 | Tourist Restaurants | 554.36 | 160.22 | 259.24 |
| 一般旅馆 | Ordinary Hotels | 26.07 | 9.64 | 10.72 |
| 其他住宿服务 | Other Hotel Service | 2.39 | 1.02 | 0.93 |
| **按星级等级分组** | **Grouped by Star Glass** | | | |
| 一星 | One-star Class | 2.75 | 1.51 | 0.72 |
| 二星 | Two-star Class | 12.83 | 5.32 | 5.21 |
| 三星 | Three-star Class | 67.85 | 25.65 | 26.51 |
| 四星 | Four-star Class | 143.40 | 46.19 | 61.42 |
| 五星 | Five-star Class | 223.65 | 49.37 | 116.04 |
| 其他 | Others | 132.35 | 42.84 | 61.00 |
| **餐饮业** | **Catering Service** | **279.59** | **113.54** | **97.98** |
| #国有控股 | State-owned and State Share Holding | 18.11 | 6.38 | 9.06 |
| **按登记注册类型分组** | **Grouped by status of Registration** | | | |

## Financial Indicators of Enterprises above Designated Size in Hotel and Catering Industry (2011)

(100 million yuan)

| 负债合计 Total Liabilities | 所有者权益合计 Owner' Equities | 主营业务收入 Revenue from Principal Business | 主营业务成本 Cost of Principle Business | 其他业务利润 Profits from Other Business | 营业利润 Profit from Major Business | 利润总额 Total Profits |
|---|---|---|---|---|---|---|
| **598.89** | **263.52** | **508.25** | **226.43** | **0.62** | **5.78** | **2.93** |
| 122.29 | 102.18 | 75.14 | 30.07 | 0.43 | -1.91 | -1.52 |
| **401.12** | **181.70** | **213.60** | **81.88** | **1.54** | **-5.74** | **-6.13** |
| 108.91 | 97.45 | 64.37 | 25.06 | 0.42 | -1.37 | -0.89 |
| | | | | | | |
| 343.09 | 159.90 | 188.82 | 74.75 | 1.27 | -3.82 | -3.69 |
| 54.45 | 66.48 | 37.93 | 14.52 | 0.32 | -1.61 | -0.76 |
| 6.20 | 2.42 | 5.23 | 2.71 | 0.06 | -0.02 | -0.07 |
| 0.41 | 0.23 | 0.18 | 0.05 | | 0.01 | 0.01 |
| 1.18 | -0.26 | 1.24 | 0.54 | | 0.03 | 0.03 |
| 0.28 | -0.19 | 0.28 | 0.07 | | 0.03 | 0.03 |
| 0.12 | -0.05 | 0.24 | 0.07 | | -0.01 | -0.01 |
| 0.78 | -0.02 | 0.72 | 0.40 | | | |
| | | | | | | |
| 116.75 | 44.88 | 50.27 | 17.79 | 0.37 | -1.99 | -1.67 |
| 1.01 | 0.48 | 0.95 | 0.39 | 0.01 | 0.01 | -0.16 |
| 115.74 | 44.40 | 49.32 | 17.40 | 0.36 | -2.01 | -1.51 |
| 15.74 | 16.76 | 14.11 | 7.42 | 0.06 | 1.05 | 1.08 |
| 144.65 | 27.77 | 76.77 | 30.42 | 0.38 | -1.35 | -2.24 |
| 13.28 | 2.82 | 9.71 | 4.20 | 0.04 | 0.04 | -0.01 |
| 1.35 | 0.23 | 1.23 | 0.62 | | 0.12 | 0.07 |
| 122.61 | 22.01 | 60.81 | 23.26 | 0.32 | -1.50 | -2.26 |
| 7.41 | 2.71 | 5.02 | 2.34 | 0.03 | -0.01 | -0.04 |
| 3.71 | 1.62 | 3.08 | 1.29 | 0.08 | 0.07 | -0.07 |
| 24.83 | 7.06 | 11.37 | 3.20 | 0.07 | 0.15 | 0.08 |
| 21.40 | -0.71 | 6.84 | 1.70 | 0.05 | 0.42 | 0.35 |
| | | | | | | |
| 3.43 | 7.77 | 4.53 | 1.50 | 0.02 | -0.27 | -0.27 |
| | | | | | | |
| 33.20 | 14.74 | 13.41 | 3.93 | 0.20 | -2.06 | -2.52 |
| 9.27 | 1.75 | 3.84 | 1.37 | 0.06 | -0.27 | -0.39 |
| 0.93 | 0.15 | 0.87 | 0.39 | | 0.02 | 0.02 |
| 19.49 | 9.20 | 6.68 | 1.79 | 0.14 | -1.88 | -2.23 |
| 3.51 | 3.64 | 2.02 | 0.38 | | 0.07 | 0.08 |
| | | | | | | |
| 382.16 | 172.20 | 196.09 | 74.65 | 1.37 | -5.39 | -5.37 |
| 16.41 | 9.66 | 15.10 | 6.41 | 0.17 | 0.03 | -0.35 |
| 2.55 | -0.16 | 2.41 | 0.81 | 0.00 | -0.38 | -0.40 |
| | | | | | | |
| 2.39 | 0.36 | 1.18 | 0.43 | | -0.04 | -0.03 |
| 8.78 | 4.05 | 6.42 | 3.02 | 0.03 | 0.07 | -0.05 |
| 45.63 | 22.21 | 35.03 | 15.52 | 0.25 | 0.29 | -0.21 |
| 94.94 | 48.46 | 62.67 | 24.44 | 0.66 | -1.89 | -2.10 |
| 159.98 | 63.67 | 57.91 | 19.44 | 0.19 | -2.36 | -1.56 |
| 89.39 | 42.95 | 50.39 | 19.03 | 0.42 | -1.81 | -2.17 |
| **197.77** | **81.82** | **294.65** | **144.55** | **-0.92** | **11.51** | **9.06** |
| 13.38 | 4.73 | 10.77 | 5.01 | 0.01 | -0.54 | -0.63 |

单位:亿元

| 项　　目 | Item | 资产总计 Total Assets | #流动资产 Crculating Assets | #固定资产 Fixed Assets |
|---|---|---|---|---|
| 内资企业 | Domestic Funded Enterprises | 228.29 | 98.21 | 79.20 |
| 国有企业 | State-owned Enterprises | 14.17 | 4.22 | 7.63 |
| 集体企业 | Collective-owned Enterprises | 2.59 | 1.31 | 0.84 |
| 股份合作企业 | Cooperative Enterprises | 0.35 | 0.13 | 0.16 |
| 联营企业 | Joint Ownership Enterprises | 0.01 | 0.01 | |
| 国有联营企业 | State Joint Ownership Enterprises | | | |
| 集体联营企业 | Collective Joint Ownership Enterprise | 0.01 | 0.01 | |
| 国有与集体联营企业 | Joint State-collective Enterprises | | | |
| 其他联营企业 | Other Joint Ownership Enterprises | | | |
| 有限责任公司 | Limited Liability Corporations | 40.65 | 18.20 | 11.55 |
| 国有独资公司 | State solely Funded Corporations | 0.22 | 0.12 | 0.03 |
| 其他有限责任公司 | Other Limited Liability Corporations | 40.42 | 18.07 | 11.52 |
| 股份有限公司 | Share-holding Corporations Ltd. | 8.74 | 4.21 | 2.03 |
| 私营企业 | Private Enterprises | 157.97 | 69.10 | 55.27 |
| 私营独资企业 | Private-funded Enterprises | 25.13 | 9.28 | 12.34 |
| 私营合伙企业 | Private Partnership Enterpises | 2.30 | 0.98 | 0.91 |
| 私营有限责任公司 | Private Limited Liability Corporations | 124.65 | 55.79 | 40.62 |
| 私营股份有限公司 | Private Share-holding Corporations Ltd. | 5.89 | 3.05 | 1.40 |
| 其他企业 | Other Enterprises | 3.82 | 1.04 | 1.71 |
| 港、澳、台商投资企业 | Enterprises with Funds from Hong, Macao and Taiwan | 22.30 | 6.88 | 10.03 |
| 合资经营企业 | Joint-venture Enterprises | 5.39 | 2.09 | 1.95 |
| 合作经营企业 | Cooperative Enterprises | 0.04 | 0.04 | 0.00 |
| 独资经营企业 | Enterprises with Sole Fund | 16.87 | 4.75 | 8.09 |
| 港、澳、台商投资股份有限公司 | Share-holding Corporations Ltd. | | | |
| 外商投资企业 | Foreign Funded Enterprises | 28.99 | 8.45 | 8.75 |
| 合资经营企业 | Joint-venture Enterprises | 10.55 | 3.29 | 3.01 |
| 合作经营企业 | Cooperative Enterprises | | | |
| 独资经营企业 | Enterprises with Sole Fund | 18.37 | 5.13 | 5.71 |
| 外商投资股份有限公司 | Share-holding Corporations Ltd. | 0.06 | 0.03 | 0.02 |
| **按行业分组** | **Grouped by Sector** | | | |
| 正餐服务 | Dinner Service | 239.70 | 99.29 | 87.30 |
| 快餐服务 | Snack Service | 31.94 | 11.07 | 7.75 |
| 饮料及冷饮服务 | Beverage and Cool Drink Service | 2.00 | 0.61 | 1.04 |
| 其他餐饮服务 | Other Catering Service | 5.95 | 2.56 | 1.89 |
| **按经营方式分组** | **Grouped by Business Mode** | | | |
| 独立商店 | Independent Stores | 228.65 | 93.26 | 86.06 |
| 连锁商店总店 | Chain Stores | 32.74 | 10.41 | 8.73 |
| 连锁商店分店 | Branches of Chain Stores | 11.70 | 6.92 | 1.29 |
| 其他 | Others | 6.49 | 2.95 | 1.90 |

14 -9 Continued

(100 million yuan)

| 负债合计 Total Liabilities | 所有者权益合计 Owner' Equities | 主营业务收入 Revenue from Principal Business | 主营业务成本 Cost of Principle Business | 其他业务利润 Profits from Other Business | 营业利润 Profit from Major Business | 利润总额 Total Profits |
|---|---|---|---|---|---|---|
| 168.99 | 59.30 | 212.27 | 112.14 | 0.72 | 4.55 | 2.27 |
| 11.62 | 2.55 | 7.63 | 3.79 | 0.01 | -0.67 | -0.69 |
| 2.13 | 0.46 | 2.14 | 1.19 | | -0.01 | -0.04 |
| 0.18 | 0.17 | 0.61 | 0.34 | | | -0.01 |
| 0.01 | | 0.09 | 0.05 | | | |
| | | | | | | |
| 0.01 | | 0.09 | 0.05 | | | |
| | | | | | | |
| | | | | | | |
| 29.79 | 10.85 | 36.81 | 16.95 | 0.30 | 0.85 | 0.49 |
| 0.17 | 0.06 | 0.38 | 0.19 | | -0.07 | -0.08 |
| 29.62 | 10.80 | 36.43 | 16.76 | 0.30 | 0.92 | 0.57 |
| 5.80 | 2.93 | 5.29 | 2.82 | 0.01 | 0.24 | 0.16 |
| 117.94 | 40.03 | 154.49 | 83.97 | 0.40 | 4.00 | 2.28 |
| 14.53 | 10.59 | 26.27 | 16.05 | 0.07 | 1.78 | 1.18 |
| 1.57 | 0.73 | 3.38 | 1.97 | | 0.16 | 0.11 |
| 97.52 | 27.13 | 117.17 | 61.93 | 0.33 | 2.00 | 0.98 |
| 4.32 | 1.57 | 7.66 | 4.02 | | 0.06 | 0.01 |
| 1.51 | 2.30 | 5.21 | 3.02 | | 0.13 | 0.08 |
| 11.55 | 10.76 | 15.74 | 6.29 | 0.06 | 0.56 | 0.45 |
| 3.20 | 2.19 | 8.13 | 3.41 | 0.05 | 0.56 | 0.57 |
| | 0.04 | 0.09 | 0.05 | | | |
| 8.35 | 8.52 | 7.52 | 2.83 | 0.01 | | -0.12 |
| | | | | | | |
| 17.23 | 11.76 | 66.65 | 26.12 | -1.70 | 6.40 | 6.34 |
| 6.83 | 3.72 | 28.06 | 12.38 | -1.83 | 2.67 | 2.64 |
| | | | | | | |
| 10.35 | 8.02 | 38.35 | 13.62 | 0.12 | 3.67 | 3.68 |
| 0.05 | 0.01 | 0.23 | 0.11 | | 0.06 | 0.02 |
| | | | | | | |
| 174.05 | 65.65 | 200.06 | 105.05 | 0.73 | 2.56 | 0.23 |
| 21.13 | 10.81 | 80.96 | 32.54 | -1.70 | 7.93 | 7.89 |
| -0.89 | 2.89 | 2.85 | 0.77 | | 0.27 | 0.26 |
| 3.48 | 2.47 | 10.78 | 6.20 | 0.04 | 0.76 | 0.67 |
| | | | | | | |
| 163.77 | 64.89 | 191.61 | 101.50 | 0.73 | 2.41 | 0.46 |
| 20.02 | 12.72 | 80.05 | 31.50 | -1.68 | 8.00 | 7.93 |
| 8.71 | 2.99 | 13.68 | 6.06 | 0.02 | 0.99 | 0.63 |
| 5.27 | 1.22 | 9.31 | 5.49 | 0.01 | 0.12 | 0.04 |

# 14－10 批发和零售业、住宿和餐饮业连锁总店经营情况（2011 年）

| 项 目 | Item | 连 锁 总店数 （个） Number of Chain Shops (unit) | 连 锁 门店数 （个） Number of Chain Stores (unit) | #在省外 门 店 Outside the Province |
|---|---|---|---|---|
| **总 计** | **Total** | **189** | **19533** | **2709** |
| **批发和零售业** | **Retail Trade** | **166** | **18247** | **2372** |
| #外商及港澳、台、投资 | Enterprises Prisese with Funds from Hong Kong, Macao Taiwan and Foreign Fanded | 20 | 2829 | 509 |
| 按零售业态分 | Grouped by Store Type | | | |
| 百货商店 | Department Store | 4 | 1016 | 6 |
| 超级市场 | Supermarket | 47 | 4523 | 516 |
| 专业店 | Specialty Store | 87 | 11051 | 1523 |
| 专卖店 | Franchised Store | 14 | 609 | |
| 便利店 | Convenience Store | 11 | 437 | |
| 家居建材店 | Building Material Store | 1 | 1 | |
| 其他 | Other Store | 2 | 610 | 327 |
| **住宿业** | **Hotel Service** | **3** | **27** | **1** |
| **餐饮业** | **Catering Service** | **20** | **1259** | **336** |
| #外商及港、澳、台投资 | Enterprises Prisese with Funds from Hong Kong, Macao Taiwan and Foreign Fanded | 8 | 824 | 214 |
| 按行业分 | Grouped by Sector | | | |
| 正餐 | Dinner | 6 | 57 | |
| 快餐 | Fast Food Snack | 10 | 1093 | 257 |
| 其他 | Others | 4 | 109 | 79 |

## Management Conditions of General Chain Stores of Wholesale and Retail Sale Trade, Hotel and Catering Trade Service (2011)

| 商品销售总额（或营业总收入）（亿元） Total Sales of Commodities (100 million yuan) | #商品零售额 Retail Sales | 零售或餐饮营业面积（万平方米） Business Area for Retail and Catering Service (10000 sq. m) | 从业人员（万人） Employees (10000 persons) |
|---|---|---|---|
| **5316.01** | **3221.36** | **1903.50** | **48.68** |
| **5232.89** | **3138.98** | **1861.03** | **42.21** |
| 1065.03 | 903.91 | 496.17 | 12.98 |
| | | | |
| 206.80 | 152.95 | 71.30 | 2.18 |
| 946.26 | 780.00 | 508.37 | 14.16 |
| 4021.40 | 2174.28 | 1270.07 | 24.93 |
| 17.06 | 16.41 | 6.27 | 0.31 |
| 6.63 | 6.58 | 3.27 | 0.28 |
| 1.30 | 1.27 | 0.89 | 0.01 |
| 33.44 | 7.48 | 0.86 | 0.34 |
| **0.75** | **0.01** | **0.05** | **0.05** |
| **82.37** | **82.37** | **42.42** | **6.42** |
| 67.58 | 67.58 | 30.77 | 5.35 |
| | | | |
| 2.61 | 2.61 | 3.02 | 0.12 |
| 76.23 | 76.23 | 34.57 | 5.99 |
| 3.54 | 3.54 | 4.83 | 0.31 |

## 14－11 亿元以上商品交易市场基本情况（2011年）

| 项　　目 | Item | 市场个数（个）Number of Markets (unit) | 年末摊位数（个）Number of Booths at Year-end (unit) |
|---|---|---|---|
| **总　计** | **Total** | **575** | **386182** |
| **按经营环境分** | **Grouped by Business Environment** | | |
| 露天式 | Open Air | 74 | 26976 |
| 封闭式 | Close | 416 | 310253 |
| 其他 | Others | 85 | 48953 |
| **按经营方式分** | **Grouped by Business Mode** | | |
| 批发 | Whole Sale | 293 | 229243 |
| 零售 | Retail Sale | 282 | 156939 |
| **按市场类别分** | **Grouped by Catergary of Market** | | |
| 综合市场 | Integrated Market | 174 | 130772 |
| 综合贸易市场 | Integrated Trade Market | 174 | 130772 |
| 生产资料综合市场 | Integrated Production Material Market | 9 | 13410 |
| 工业消费品综合市场 | Integrated Industrial Consumer Goods Market | 24 | 35966 |
| 农产品综合市场 | Integrated Farm Products Market | 123 | 66295 |
| 其他综合市场 | Others | 18 | 15101 |
| 专业市场 | Specialty Market | 401 | 255410 |
| 生产资料市场 | Production Goods Market | 122 | 65768 |
| 农业生产用具市场 | Agricultural Production Appliances Market | 1 | 550 |
| 农用生产资料市场 | Means of Agricultural Production | 3 | 476 |
| 煤炭市场 | Coal | 1 | 33 |
| 木材市场 | Wood | 10 | 4926 |
| 建材市场 | Building Material | 39 | 26503 |
| 化工材料及制品市场 | Chemical Material and Products | 8 | 7143 |
| 金属材料市场 | Matel Materials | 53 | 23197 |
| 机械设备市场 | Machinery | 5 | 1840 |
| 其他生产资料市场 | Others | 2 | 1100 |
| 农产品市场 | Farm Products Market | 85 | 34743 |
| 粮油市场 | Grain and Oil | 7 | 1053 |
| 肉禽蛋市场 | Meat, Poultry and Eggs | 18 | 3848 |
| 水产品市场 | Aquatic Products | 25 | 9442 |
| 蔬菜市场 | Vegetables | 15 | 6235 |
| 干鲜果品市场 | Dried and Fresh Fruits | 10 | 7147 |
| 棉麻土畜、烟叶市场 | Cotton, Hemp, Livestock and Tobacco Leaf | 1 | 2098 |
| 其他农产品市场 | Others | 9 | 4920 |
| 食品、饮料及烟酒市场 | Food, Beverage, Tobacco and Alcohol Market | 22 | 12038 |
| 食品饮料市场 | Food and Beverage | 8 | 3348 |
| 茶叶市场 | Tea | 1 | 420 |
| 烟酒市场 | Tobacco and Alcohol | 1 | 200 |
| 其他食品、饮料及烟酒市场 | Others | 12 | 8070 |
| 纺织、服装、鞋帽市场 | Textile Products, Garment, Footware and Headgear Market | 33 | 75168 |
| 布料及纺织市场 | Cloth and Testile Products | 8 | 20226 |
| 服装市场 | Garment | 11 | 32248 |

## Basic Condition of Transaction Markets with Transaction Value over 100 Million Yuan (2011)

| 年末已出租摊位（个）Number of Rented Booths at Year-end (unit) | 商品成交额（亿元）Transaction Value (100 million yuan) | 营业面积（万平方米）Business Area (10000 sq. m) | 交易业主从业人员（万人）Persons Engaged by Transaction Proprietor (10000 persons) |
|---|---|---|---|
| **346988** | **14007.31** | **3027.63** | **106.93** |
| 24882 | 1604.68 | 327.64 | 16.95 |
| 279064 | 9198.19 | 2218.01 | 77.75 |
| 43042 | 3204.44 | 481.98 | 12.22 |
| 201101 | 12087.24 | 2172.90 | 75.75 |
| 145887 | 1920.06 | 854.73 | 31.18 |
| 117097 | 2090.63 | 562.07 | 27.88 |
| 117097 | 2090.63 | 562.07 | 27.88 |
| 12067 | 188.72 | 158.44 | 1.97 |
| 32069 | 589.73 | 96.87 | 7.42 |
| 58895 | 888.68 | 196.20 | 14.71 |
| 14066 | 423.51 | 110.57 | 3.79 |
| 229891 | 11916.67 | 2465.56 | 79.04 |
| 54123 | 5901.13 | 785.97 | 16.12 |
| 470 | 5.71 | 4.59 | 0.13 |
| 360 | 17.28 | 3.03 | 0.15 |
| 33 | 12.60 | 20.00 | 0.01 |
| 4809 | 80.79 | 74.81 | 0.89 |
| 21603 | 278.30 | 286.67 | 4.98 |
| 5673 | 1104.62 | 34.14 | 1.05 |
| 18572 | 4335.23 | 341.22 | 8.23 |
| 1513 | 60.48 | 11.02 | 0.42 |
| 1090 | 6.12 | 10.50 | 0.27 |
| 31213 | 1088.76 | 299.51 | 16.70 |
| 912 | 137.81 | 31.10 | 0.37 |
| 3478 | 177.81 | 14.84 | 0.80 |
| 7679 | 274.27 | 76.32 | 9.06 |
| 5904 | 165.03 | 35.46 | 1.72 |
| 6868 | 121.63 | 46.38 | 2.04 |
| 2098 | 183.99 | 42.60 | 1.10 |
| 4274 | 28.23 | 52.82 | 1.62 |
| 10287 | 389.18 | 119.53 | 3.05 |
| 2367 | 55.73 | 51.83 | 0.76 |
| 420 | 2.30 | 4.00 | 0.02 |
| 180 | 2.12 | 0.32 | 0.03 |
| 7320 | 329.03 | 63.38 | 2.23 |
| 74248 | 2928.09 | 418.00 | 23.87 |
| 20005 | 1788.34 | 162.68 | 6.61 |
| 31834 | 842.36 | 129.96 | 10.88 |

| 项　　目 | Item | 市场个数（个）Number of Markets (unit) | 年末摊位数（个）Number of Booths at Year-end (unit) |
|---|---|---|---|
| 鞋帽市场 | Footware and Headgear | 4 | 2800 |
| 其他纺织服装鞋帽市场 | Others | 10 | 19894 |
| 日用品及文化用品市场 | Commodity and Culture Articles Market | 12 | 6165 |
| 小商品市场 | Small Commodities | 5 | 4138 |
| 箱包市场 | Boxes and Bags | | |
| 玩具市场 | Toyes | | |
| 文具市场 | Stationeries | | |
| 图书、报刊杂志市场 | Books, Newspapers and Magazines | 2 | 208 |
| 音像制品及电子出版物市场 | Audio and Video Products and E-journal | 1 | 305 |
| 体育用品市场 | Sports Goods | | |
| 其他日用品及文化用品市场 | Others | 4 | 1514 |
| 黄金、珠宝、玉器等首饰市场 | Gold, Jewelry and Jade Article Market | 3 | 1951 |
| 黄金、珠宝、玉器等首饰市场 | Gold, Jewelry and Jade Article Market | 3 | 1951 |
| 电器、通讯器材、电子设备市场 | Electrical Appliances, Communications Equipments and Electronic Equipment Market | 9 | 3916 |
| 家电市场 | Electric Household Appliances | 1 | 400 |
| 通讯器材市场 | Communications Equipments | 1 | 1732 |
| 照相、摄像器材市场 | Photographic and Video Equipments | | |
| 计算机及辅助设备市场 | Computers and Ancillary Equipments | 7 | 1784 |
| 其他电器、通讯器材、电子设备市场 | Others | | |
| 医药、医疗用品及器材市场 | Medicine, Medical Articles and Appliances | | |
| 中药材市场 | Chinese Traditional Medicine Material | | |
| 其他医药、医疗用品及器材市场 | Others | | |
| 家具、五金及装饰材料市场 | Furniture, Hardware and Decorating Material Market | 82 | 46454 |
| 家具市场 | Furniture | 22 | 12041 |
| 装饰材料市场 | Decorating Material | 34 | 13924 |
| 灯具市场 | Lamps and Lanterns | 4 | 2521 |
| 厨具、盥洗设备市场 | Kitchenware and Toilet Facility | | |
| 五金材料市场 | Hardware Material | 12 | 11376 |
| 其他装修市场 | Others | 10 | 6592 |
| 汽车、摩托车及零配件市场 | Motor Vehicles, Motorcycles and Spare Parts Market | 24 | 4557 |
| 汽车市场 | Motor Vehicles | 18 | 2272 |
| 摩托车市场 | Motorcycles | | |
| 机动车零配件市场 | Spare Parts for Motor－driven Vehicles | 6 | 2285 |
| 花、鸟、鱼、虫市场 | Flowers, Birds, Fish and Insects Market | 4 | 3510 |
| 花卉市场 | Flowers | 4 | 3510 |
| 鸟市场 | Birds | | |
| 观赏鱼市场 | Display Fish | | |
| 其他花鸟鱼虫市场 | Others | | |
| 旧货市场 | Secondhand Goods | 1 | 75 |
| 古玩、古董、字画市场 | Antiques, Calligraphy and Painting | | |
| 邮票、硬币市场 | Stamps and Coins | | |
| 其他旧货市场 | Others | 1 | 75 |
| 其他专业市场 | Other Speciality Markets | 4 | 1065 |

14－11 Continued

| 年末已出租摊位（个）Number of Rented Booths at Year-end (unit) | 商品成交额（亿元）Transaction Value (100 million yuan) | 营业面积（万平方米）Business Area (10000 sq. m) | 交易业主从业人员（万人）Persons Engaged by Transaction Proprietor (10000 persons) |
|---|---|---|---|
| 2800 | 34.56 | 74.67 | 0.34 |
| 19609 | 262.83 | 50.69 | 6.05 |
| 6067 | 32.67 | 12.31 | 1.45 |
| 4107 | 18.80 | 5.67 | 0.88 |
| 161 | 5.02 | 1.59 | 0.08 |
| 305 | 1.77 | 1.10 | 0.12 |
| 1494 | 7.09 | 3.96 | 0.38 |
| 1950 | 64.29 | 11.77 | 0.79 |
| 1950 | 64.29 | 11.77 | 0.79 |
| 3632 | 50.83 | 9.89 | 0.97 |
| 400 | 4.62 | 1.10 | 0.07 |
| 1732 | 6.05 | 4.43 | 0.36 |
| 1500 | 40.17 | 4.37 | 0.54 |
| 40398 | 967.17 | 622.86 | 13.65 |
| 10939 | 175.79 | 212.92 | 5.76 |
| 11737 | 290.36 | 173.45 | 2.38 |
| 2521 | 70.22 | 36.75 | 0.71 |
| 9156 | 260.62 | 73.91 | 1.90 |
| 6045 | 170.18 | 125.83 | 2.90 |
| 3854 | 347.18 | 135.96 | 1.94 |
| 1823 | 284.44 | 105.28 | 1.15 |
| 2031 | 62.74 | 30.68 | 0.78 |
| 3152 | 122.16 | 41.90 | 0.37 |
| 3152 | 122.16 | 41.90 | 0.37 |
| 71 | 1.90 | 3.70 | |
| 71 | 1.90 | 3.70 | |
| 896 | 23.32 | 4.16 | 0.15 |

# 14－12 省外批发和零售业、住宿和餐饮业连锁总店在江苏分店经营情况(2011) Management Conditions of Branch Stores of Wholesale and Retail Sale Trade Hotel and Catering Trade of General Chain Stores of Other Province in Jiangsu(2011)

| 项目 | Item | 连锁门店数(个) Number of Chain Stores (unit) | 商品销售总额(或营业总收入)(亿元) Total Sales of Commodities (100 million yuan) | #商品零售额 Retail Sales | 零售或餐饮营业面积(万平方米) Business Area for Retail and Catering service (10000 sq. m) | 从业人员(万人) Employees (10000 persons) |
|---|---|---|---|---|---|---|
| **总计** | **Total** | **104** | **124.55** | **121.98** | **58.28** | **1.26** |
| **批发和零售业** | **Retail Trade** | **62** | **120.31** | **119.27** | **56.52** | **1.00** |
| #外商及港、澳、台投资 | Enterprisese with Funds from Hong Kong, Macao Taiwan and Foreign Fanded | 18 | 40.37 | 40.13 | 8.26 | 0.22 |
| 按零售业态分 | Grouped by Store Type | | | | | |
| 百货商店 | Department Store | 3 | 2.71 | 2.71 | 5.14 | 0.02 |
| 超级市场 | Supermarket | 37 | 66.75 | 65.97 | 33.45 | 0.72 |
| 专业店 | Specialty Store | 6 | 12.42 | 12.40 | 13.37 | 0.14 |
| 专卖店 | Franchised Store | 6 | 6.35 | 6.35 | 0.49 | 0.03 |
| 便利店 | Convenience Store | 1 | 0.06 | 0.06 | 0.04 | |
| 家居建材店 | Building Material Store | 1 | 3.21 | 3.21 | 1.80 | 0.01 |
| 其他 | Other Store | 8 | 28.82 | 28.59 | 2.23 | 0.07 |
| **住宿业** | **Hotel Service** | **10** | **1.68** | **0.14** | **0.29** | **0.10** |
| **餐饮业** | **Catering Service** | **32** | **2.57** | **2.57** | **1.47** | **0.16** |
| #外商及港、澳、台投资 | Enterprisese with Funds from Hong Kong, Macao, Taiwan and Foreign Funded | 26 | 2.10 | 2.10 | 0.99 | 0.13 |
| 按行业分 | Grouped by Sector | | | | | |
| 正餐 | Dinner | 9 | 0.79 | 0.79 | 0.60 | 0.05 |
| 快餐 | Fast Food Snack | 12 | 1.03 | 1.03 | 0.51 | 0.08 |
| 其他 | Others | 11 | 0.74 | 0.74 | 0.37 | 0.03 |

# 14－13 旅游业发展情况
## Development of Tourism

| 指　　标　Item | | | | 2000 | 2005 | 2006 | 2007 |
|---|---|---|---|---|---|---|---|
| 旅行社数 | （个） | Number of Travel Agencies | (unit) | 646 | 1307 | 1478 | 1582 |
| 星级饭店数 | （个） | Number of Star－rated Hotel | (unit) | 408 | 722 | 799 | 850 |
| 入境旅游人数 | （万人次） | Number of Overseas Visitor Arrivals | (10000 person-times) | 160.94 | 378.30 | 445.19 | 512.55 |
| 外国人 | | Foreigners | | 98.15 | 262.15 | 314.89 | 369.20 |
| 香港同胞 | | Chinese Compatriots from Hong Kong | | 24.89 | 41.34 | 47.41 | 48.91 |
| 澳门同胞 | | Chinese Compatriots from Macao | | 2.17 | 3.65 | 4.30 | 5.02 |
| 台湾同胞 | | Chinese Compatriots from Taiwan | | 35.73 | 71.16 | 78.59 | 89.42 |
| 国内旅游人数 | （亿人次） | Number of Domestic Visitors | (100 million person-times) | 0.72 | 1.72 | 1.99 | 2.32 |
| 旅游收入 | | Tourism Earnings | | | | | |
| 旅游外汇收入 | （亿美元） | Foreign Exchange Earnings from International Tourism | (100 million USD) | 7.24 | 22.60 | 27.87 | 34.69 |
| 国内旅游收入 | （亿元） | Earnings from Domestic Tourism | (100 million USD) | 587.52 | 1625.62 | 2012.15 | 2508.30 |

14－13　续 表　Continued

| 指　　标　Item | | | | 2008 | 2009 | 2010 | 2011 |
|---|---|---|---|---|---|---|---|
| 旅行社数 | （个） | Number of Travel Agencies | (unit) | 1661 | 1704 | 1857 | 1986 |
| 星级饭店数 | （个） | Number of Star－rated Hotel | (unit) | 895 | 944 | 902 | 893 |
| 入境旅游人数 | （万人次） | Number of Overseas Visitor Arrivals | (10000 person-times) | 544.30 | 556.83 | 653.55 | 737.33 |
| 外国人 | | Foreigners | | 396.11 | 396.07 | 473.50 | 537.91 |
| 香港同胞 | | Chinese Compatriots from Hong Kong | | 49.75 | 54.04 | 56.96 | 65.60 |
| 澳门同胞 | | Chinese Compatriots from Macao | | 5.47 | 7.04 | 7.17 | 7.45 |
| 台湾同胞 | | Chinese Compatriots from Taiwan | | 92.97 | 99.68 | 115.92 | 126.37 |
| 国内旅游人数 | （亿人次） | Number of Domestic Visitors | (100 million person-times) | 2.61 | 2.97 | 3.55 | 4.12 |
| 旅游收入 | | Tourism Earnings | | | | | |
| 旅游外汇收入 | （亿美元） | Foreign Exchange Earnings from International Tourism | (100 million USD) | 38.80 | 40.16 | 47.83 | 56.53 |
| 国内旅游收入 | （亿元） | Earnings from Domestic Tourism | (100 million USD) | 2933.21 | 3449.5 | 4287.86 | 5161.47 |

# 14－14　接待海外旅游者人数和收入

## Number of Overseas Tourists Received and Earnings

| 指　　标 | Item | 1995 | 2000 | 2005 | 2010 | 2011 |
|---|---|---|---|---|---|---|
| **接待人数　（人次）** | **Number of Received Tourists (person-times)** | **767692** | **1609439** | **3783023** | **6535498** | **7373266** |
| 外国人 | Foreigners | 503278 | 981486 | 2621472 | 4734996 | 5379065 |
| 亚洲 | Asia | | 630705 | 1597371 | 2624108 | 2904932 |
| 日本 | Japan | 175849 | 299176 | 635260 | 1129775 | 1249206 |
| 菲律宾 | Philippines | 2591 | 4436 | 21791 | 38971 | 41954 |
| 新加坡 | Singapore | 37170 | 58513 | 133521 | 218380 | 239092 |
| 泰国 | Thailand | 6494 | 19623 | 63427 | 85253 | 84927 |
| 印度尼西亚 | Indonesia | 8308 | 14548 | 36298 | 64835 | 78389 |
| 马来西亚 | Malaysia | 21893 | 115748 | 232236 | 235926 | 231752 |
| 韩国 | Korea | 23560 | 96849 | 353345 | 553331 | 637006 |
| 其他 | Others | | 21812 | 121493 | 297637 | 342606 |
| 美洲 | America | | 131620 | 388015 | 827525 | 944871 |
| 美国 | United States | 40815 | 108455 | 303362 | 548192 | 609512 |
| 加拿大 | Canada | 7402 | 17388 | 65294 | 171362 | 197170 |
| 其他 | Others | | 5777 | 19359 | 107971 | 138189 |
| 欧洲 | Europe | | 168221 | 496143 | 967371 | 1160257 |
| 英国 | United Kingdom | 19590 | 28567 | 77726 | 182089 | 205710 |
| 法国 | France | 22091 | 32960 | 77917 | 122234 | 142915 |
| 德国 | Germany | 27052 | 30394 | 119195 | 244057 | 312351 |
| 意大利 | Italy | 16103 | 19239 | 51965 | 73654 | 100078 |
| 瑞士 | Switzerland | | 4842 | 14938 | 24371 | 32177 |
| 瑞典 | Sweden | | 5652 | 21332 | 29155 | 31235 |
| 俄罗斯 | Russia Fed. | 1668 | 7024 | 21867 | 45431 | 52231 |
| 西班牙 | Spain | 8112 | 7162 | 29474 | 30800 | 32082 |
| 其他 | Others | | 32381 | 81729 | 215580 | 251478 |
| 大洋洲 | Oceania | | 24537 | 100238 | 214226 | 263499 |
| 澳大利亚 | Australia | 6533 | 20522 | 73928 | 158935 | 188832 |
| 其他 | Others | | 4015 | 26310 | 55291 | 74667 |
| 非洲及其他 | Africa and Others | | 26403 | 39705 | 101766 | 105506 |
| 香港同胞 | Chinese Compatriots from Hong Kong | 146636 | 248958 | 413467 | 569562 | 655964 |
| 澳门同胞 | Chinese Compatriots from Macao | | 21653 | 36501 | 71677 | 74495 |
| 台湾同胞 | Chinese Compatriots from Taiwan | 117778 | 357342 | 711583 | 1159263 | 1263742 |
| **接待人天数　（人天）** | **Number of Received (person-days)** | **1734032** | **6103764** | **14369090** | **27433741** | **31057691** |
| 外国人 | Foreigners | 1193235 | 3669436 | 10071313 | 19668542 | 22262771 |
| 香港同胞 | Chinese Compatriots from Hong Kong | 281358 | 557459 | 1387882 | 2530030 | 3028140 |
| 澳门同胞 | Chinese Compatriots from Macao | | 65491 | 121217 | 224431 | 232428 |
| 台湾同胞 | Chinese Compatriots from Taiwan | 259439 | 1811378 | 2788678 | 5010738 | 5534352 |
| **旅游外汇收入　（万美元）** | **Foreign Exchange Earnings From Tourism (USD 10000)** | **25988** | **72384** | **225974** | **478343** | **565297** |

# 14－15 分市接待海外旅游者人数和收入

## Number of Overseas Tourists Received by Cities

| 指 标 | Item | 1995 | 2000 | 2005 | 2010 | 2011 |
|---|---|---|---|---|---|---|
| **接待人数 （人次）** | **Number of Received Tourists (person-times)** | **767692** | **1609439** | **3783023** | **6535498** | **7373266** |
| 南京市 | Nanjing City | 231704 | 419006 | 876279 | 1308791 | 1506642 |
| 无锡市 | Wuxi City | 150553 | 283739 | 616786 | 791592 | 908324 |
| 徐州市 | Xuzhou City | 4988 | 17825 | 73010 | 158277 | 182180 |
| 常州市 | Changzhou City | 19474 | 33067 | 181966 | 359067 | 413101 |
| 苏州市 | Suzhou City | 245700 | 566672 | 1185892 | 2075299 | 2326318 |
| 南通市 | Nantong City | 29556 | 58257 | 151305 | 355133 | 404852 |
| 连云港市 | Lianyungang City | 4488 | 11518 | 53758 | 116663 | 132289 |
| 淮安市 | Huaian City | 2513 | 6307 | 21634 | 28313 | 32328 |
| 盐城市 | Yancheng City | 3017 | 10903 | 40710 | 62100 | 72008 |
| 扬州市 | Yangzhou City | 38177 | 85477 | 238649 | 560113 | 622012 |
| 镇江市 | Zhenjiang City | 37522 | 104906 | 306482 | 613277 | 650074 |
| 泰州市 | Taizhou City | | 9082 | 29249 | 79016 | 91632 |
| 宿迁市 | Suqian City | | 2680 | 7303 | 27857 | 31506 |
| **旅游外汇收入 （万美元）** | **Foreign Exchange Earnings From Tourism (USD 10000)** | **25988** | **72384** | **225974** | **478343** | **565297** |
| 南京市 | Nanjing City | 9129 | 22107 | 57557 | 98062 | 119960 |
| 无锡市 | Wuxi City | 5211 | 9787 | 26323 | 48146 | 59839 |
| 徐州市 | Xuzhou City | 229 | 1307 | 5658 | 15287 | 18694 |
| 常州市 | Changzhou City | 1042 | 2412 | 14364 | 34707 | 42138 |
| 苏州市 | Suzhou City | 7060 | 20136 | 63905 | 125059 | 146998 |
| 南通市 | Nantong City | 1114 | 4803 | 13531 | 36066 | 39916 |
| 连云港市 | Lianyungang City | 238 | 791 | 4601 | 10747 | 12869 |
| 淮安市 | Huaian City | 60 | 418 | 1322 | 2475 | 2703 |
| 盐城市 | Yancheng City | 123 | 809 | 2125 | 4535 | 5556 |
| 扬州市 | Yangzhou City | 1024 | 3935 | 15177 | 45988 | 52348 |
| 镇江市 | Zhenjiang City | 761 | 4988 | 17988 | 46966 | 52181 |
| 泰州市 | Taizhou City | | 676 | 2899 | 7931 | 9440 |
| 宿迁市 | Suqian City | | 217 | 524 | 2375 | 2655 |

注:1995 年扬州包括泰州,淮安包括宿迁。

Note: In1995, Taizhou was included in Yangzhou, Suqian was included in Huaian.

# 14－16 国内旅游人数和收入

## Total Number of Domestic Tourists and Earnings from Domestic Tourism

| 项 目 | Item | 1995 | 2000 | 2005 | 2010 | 2011 |
|---|---|---|---|---|---|---|
| **接待人数 （万人次）** | **Number of Received Tourists （10000 person-times）** | **4403.40** | **7191.53** | **17234.26** | **35518.60** | **41150.01** |
| 南京市 | Nanjing City | 764.66 | 1272.70 | 3189.66 | 6365.50 | 7180.54 |
| 无锡市 | Wuxi City | 841.08 | 1127.77 | 2637.50 | 5067.27 | 5725.23 |
| 徐州市 | Xuzhou City | 177.84 | 360.09 | 993.59 | 2049.40 | 2457.31 |
| 常州市 | Changzhou City | 331.30 | 428.33 | 1282.78 | 2802.43 | 3360.88 |
| 苏州市 | Suzhou City | 821.06 | 1496.05 | 3656.87 | 7004.88 | 7775.38 |
| 南通市 | Nantong City | 228.44 | 319.88 | 743.08 | 1756.79 | 2108.97 |
| 连云港市 | Lianyungang City | 120.12 | 308.49 | 700.28 | 1392.73 | 1655.93 |
| 淮安市 | Huaian City | 299.85 | 280.89 | 549.85 | 1156.29 | 1398.21 |
| 盐城市 | Yancheng City | 258.18 | 328.80 | 529.91 | 1105.39 | 1325.07 |
| 扬州市 | Yangzhou City | 301.20 | 436.66 | 1113.05 | 2647.22 | 3166.65 |
| 镇江市 | Zhenjiang City | 259.67 | 442.75 | 1166.97 | 2607.45 | 3100.83 |
| 泰州市 | Taizhou City |  | 286.02 | 488.28 | 1072.83 | 1284.66 |
| 宿迁市 | Suqian City |  | 103.10 | 182.44 | 490.42 | 610.35 |
| **国内旅游收入 （亿元）** | **Earnings from Domestic Tourism （100 million yuan）** | **261.07** | **587.52** | **1625.62** | **4287.86** | **5161.47** |
| 南京市 | Nanjing City | 51.55 | 101.08 | 328.20 | 852.41 | 1013.43 |
| 无锡市 | Wuxi City | 48.85 | 101.75 | 280.07 | 703.92 | 844.83 |
| 徐州市 | Xuzhou City | 8.18 | 23.87 | 76.81 | 215.84 | 264.83 |
| 常州市 | Changzhou City | 22.12 | 36.10 | 114.42 | 320.75 | 391.66 |
| 苏州市 | Suzhou City | 44.42 | 125.22 | 380.28 | 917.76 | 1084.82 |
| 南通市 | Nantong City | 16.29 | 28.24 | 65.13 | 202.26 | 252.20 |
| 连云港市 | Lianyungang City | 7.97 | 24.21 | 61.06 | 153.58 | 188.32 |
| 淮安市 | Huaian City | 12.81 | 12.48 | 34.55 | 118.59 | 146.17 |
| 盐城市 | Yancheng City | 18.70 | 29.46 | 38.04 | 99.10 | 120.34 |
| 扬州市 | Yangzhou City | 19.14 | 37.26 | 92.36 | 271.84 | 330.23 |
| 镇江市 | Zhenjiang City | 11.04 | 41.93 | 103.48 | 285.59 | 345.63 |
| 泰州市 | Taizhou City |  | 20.46 | 41.01 | 113.34 | 136.91 |
| 宿迁市 | Suqian City |  | 5.46 | 10.21 | 32.88 | 42.12 |

注:1995 年扬州包括泰州;淮安包括宿迁。
Note: In 1995, Taizhou was included in Yangzhou, Suqian was included in Huaian.

# 主要统计指标解释

**社会消费品零售总额** 指各种经济类型的批发和零售业、住宿和餐饮业及其他行业对城乡居民和社会集团的消费品零售额总和。这个指标反映通过各种商品流通渠道向居民和社会集团供应的生活消费品来满足他们的生活需要，是研究人民生活、社会消费品购买力、货币流通等问题的重要指标。对居民的消费品零售额：指售给城乡居民用于生活消费的商品。对社会集团的消费品零售额：指售给机关、团体、部队、学校、企业、事业单位和城市街道居民委员会、农村村民委员会用公款购买的用作非生产、非经营使用的消费品。

社会消费品零售总额包括：(1)售给城乡居民作为生活用的商品及修建房屋用的建筑材料；(2)售给机关、团体、学校、部队、企业、事业单位的职工食堂和旅店（招待所）附设专门供本店旅客食用，不对外营业的食堂的各种食品、燃料；企业、单位和国营农场直接售给本单位职工和职工食堂的自己生产的产品；(3)售给部队干部、战士生活用的粮食、副食品、衣着品、日用品、燃料；(4)售给来华的外国人、华侨、港澳台同胞的消费品（包括友谊商店、在海关前后设立的免税商店、外轮供应公司等）；(5)居民自费购买的中、西药品，中药材及医疗用品；(6)报社、出版社直接售给居民和社会集团的报纸、图书、杂志，集邮公司（包括邮局集邮专柜）出售的新、旧（盖销的）纪念邮票、特种邮票、首日封、集邮册、集邮工具等；(7)旧货寄售商店（信托商店）自购、自销部分的商品零售额；(8)煤气公司、液化石油气站售给居民和社会集团的的煤气灶具和灌装液化石油气；(9)售给社会集团的办公用品、纸张、帐册、文印用品、计算工具、书报杂志和奖品；公共用品和纺织品、针织品；学校用的教学用具；文体用品；非专用的劳动保护用品，如工作服、套袖、围裙、手套、毛巾、肥皂等；日用百货和杂品，包括职工食堂用的餐具、炊具、设备和清洁卫生工具等；家具、设备、日用电器、电讯设备、电影器材和照相器材等；取暖用的设备和燃料，防暑、降温的饮料；非生产经营用的交通工具，如小轿车、面包车、工具车、卡车和油料；零星修理用的各种零配件、材料、工具，建筑材料等；举办各种招待会、茶话会、宴会用的烟酒茶和各种食品及馈赠的礼品；从公费医疗经费中开支的中、西药品、中药材和医疗器材以及其他非生产性设备和用品。

社会消费品零售额不包括：(1)农民之间相互买卖的商品；(2)城市居民通过市场或其他形式在城市居民中相互转让出售旧的生活用品；(3)售给农民或村办的生产单位各种生产工具、原材料和辅助材料；(4)售给国有农场、国有拖拉机站、排灌站、农村集体、农业生产单位和农民的各种农业生产资料和燃料；(5)售给工业（包括科研单位附属的工厂、学校办工厂）、交通运输业、建筑安装企业和建筑单位用的各种生产资料和建筑材料；(6)售给饮食业加工用的粮食、副食品、调味品、燃料等；(7)售给批发和零售业、住宿和餐饮业、居民服务业（旅行社、理发店、旅馆、照相馆、日用品修理业等）、公共事业等单位直接用于业务经营活动方面的设备、工具、器材、原料、材料、燃料和印制各种票证用的纸张等；(8)售给各种经济类型的批发和零售业、餐饮业作为转卖或加工后专卖的商品；(9)旧货寄售商店（信托商店）受居民委托寄售卖出的商品；(10)公用事业的营业收入（如市内公共汽车、电车、轮渡的车船票收入、公园门票收入等）、服务业的营业收入（如旅店的房租收入、理发店的理发收入、日用品修理行业的修理费收入等）、文化艺术事业收入（如电影、戏剧票收入、博物馆门票收入等）；(11)邮电局出售邮票（包括普通邮票、纪念邮票、特种邮票）、汇款单、电报稿纸的收入；(12)自来水、电力、煤气热力生产（供应）单位的产品通过管道、输电线路供应给居民和社会集团的水、电、煤气、暖气的收入；(13)售给对外营业影剧院的设备和器材；(14)售给自然科学研究单位直接用于科学研究的各种仪器仪表、化学试剂。元器件，工具和其它有关设备；(15)售给消防队、清洁队、出租汽车公司等单位用于业务活动的设备、车辆和燃料；(16)售给企业单位生产上专用的劳动保护用品，包括绝缘、防毒、耐酸、耐油，防烧、隔热以及高空、水下作业用的专用防护设备和用品；(17)售给民政部门救灾用的商品，售给人防工程的设备和材料。

**批发和零售业商品购、销、存总额** 指各种登记注册类型的批发和零售企业、产业活动单位、个体经营者以本单位为总体的商品购进、销售、库存总额。

**商品购进总额** 指从本单位以外的单位和个人购进（包括从境外直接进口）作为转卖或加工后转卖的商品总额。

**商品销售总额** 指对本单位以外的单位和个人出售（包括对境外直接出口）本单位经营的商品总额（含增值税）。

**商品批发额** 指商品零售额以外的一切商品销售额。包括售给生产经营单位用于生产或经营用的商品销售额；售给批发和零售业、餐饮业用于转卖或加工后转卖的商品销售额；直接向国（境）外出口和委托外贸部门代理出口的商品销售额。

**商品零售额** 指售给城乡居民用于生活消费、售给社会集团用公款购买用作非生产、非经营使用的商品销售额。

**商品库存总额** 指报告期末各种登记注册类型的批发和零售业企业、产业活动单位、个体经营者已取得所有权的商品。

**商品交易市场** 指有固定场所、设施，有若干经营者入场实行集中、公开交易各类实物商品的市场。

**商品交易市场成交额** 指商品交易市场内所有经营者所实现的商品销售金额。商品交易市场包括消费品市场和生产资料市场。

**旅游者人数**

(1)入境国际旅游者人数：指来中国参观、访问、旅行、探亲、访友、休养、考察、参加会议和从事经济、科技、文化、教育、宗教等活动的外国人、华侨、港澳同胞和台湾同胞的人数。不包括外国在我国的常驻机构,如使领馆、通讯社、企业办事处的工作人员;来我国常住的外国专家、留学生以及在岸逗留不过夜人员。

(2)出境居民人数:指大陆居民因公务活动或私人事务短期出境的人数。公务活动出境居民人数包括在国际交通工具上的中国服务员工,因私出境居民人数不包括在国际交通工具上的中国服务员工。

(3)国内旅游者人数:指我国大陆居民和在我国常住1年以上的外国人、华侨、港澳台同胞离开常住地在境内其他地方的旅游设施内至少停留一夜,最长不超过6个月的人数。

**国际旅游(外汇)收入** 指入境旅游的外国人、华侨、港澳同胞和台湾同胞在中国大陆旅游过程中发生的一切旅游支出,对于国家来说就是国际旅游(外汇)收入。

## Explanatory Notes on Main Statistical Indicators

**Total Retail Sales of Consumer Goods** refers to the sum of consumer goods sold by various economic ownerships of wholesale, retail sales, hotel and catering trade and other sectors to urban and rural residents and social groups. This indicator is used to show the supply of consumer goods through various channels to residents and social groups. It is a very important indicator for the study on problem of people's livelihood, social consumer goods purchasing power and currency circulation etc.. Retail sales of consumer goods sold to residents, refers to the commodities sold to urban and rural residents for their daily use. Retail sales of consumer goods sold to social groups, refers to the commodities sold to agencies, social groups, military units, schools, enterprises, institutions, urban sub-district committee and village committee for non-production and non-operation use, and purchased by public money of these units.

**The Retail Sales of Consumer Goods Include**: (1) commodities sold to urban and rural residents for their daily use, and building materials sold to them for the construction and repair of houses. (2) food and fuel sold to canteens of hotels and hostels that only serve their guests not the outside customers; commodities produced by enterprises, institutions or state farms and sold directly to their employees or their canteens; (3) grain and non-staple food, clothing, daily articles and fuels sold to cadres and soldiers of military units; (4) consumer goods sold to foreigners, overseas Chinese, and Chinese compatriots from Hong Kong, Macao and Taiwan (include friendship stores, tax-free shops), shops established in front of or behind the customs houses, foreign shipping supply companies; (5) Chinese and western medicines, herbs and medical facilities purchased by residents; (6) newspapers, books and magazines directly sold to residents and social groups by publishers, new and old commemorative stamps, special stamps, first-day covers, stamp albums and other stamp-collection articles sold by stamp companies (include stamp collection special cupboard of the post office); (7) consumer goods purchased and then sold by second-hand shops; (8) stoves and other heating facilities and liquefied gas sold to residents and social group by gas companies and liquefied gas stations; (9) Consumer goods sold to social groups and purchased by public money of these units including: office appliance and supplies, paper, account books, printers, counters, books, newspapers, magazines and awards, articles for common use, textile goods, knitting goods, teaching tools, stationery and sports goods, non-special use labor protection articles, such as working coat, over sleeves, aprons, gloves, towels and soaps, daily use articles and miscellaneous goods, include table ware, cook utensils, equipments, cleaning and hygiene tools of canteens, furniture, equipments, electric appliances, dispatch equipment, film and photo equipments; equipments and fuels for warm oneself, beverage for heatstroke prevention and temperature lowering; non-production transport tools, such as cars, mini-buses, tool vehicles, trunks and petroleum; spar parts and fitting, materials, tools and construction materials for old repairing user; tobacco, liquor, tea and foods of all kinds for reception, tea party, banquet, presentation of gifts; Chinese and western medicines, herb and medical facilities, and other non-production equipments and articles paid by expenditure for free medical services.

**The Retail Sales of Consumer Goods Exclude**: (1) Sales of commodities among the farmers; (2) daily use articles transferred and sold from each other through market or other types; (3) various production tools, raw materials and subsidiary materials sold to farmers or production units run by village; (4) various means of agricultural production and fuels sold to state-owned farms, state-owned tractor stations, irrigation and drainage stations, rural collective units and farmers and agricultural production units; (5) various mesa of production and building materials sold to factories (include attached factories of scientific research institutions, and factories run by schools), transportation industry, construction installation enterprises, construction units and residents; (6) grain non-staples foods, flavorings, fuels sold to catering trade for processing; (7) equipments, tools, facilities, raw materials, materials, fuels, paper for printing various cards, notes, certificates, and tickets, sold to wholesale and retail sales trade, hotel and catering trade, services (travel service, barber shops, hotels, photo studios, daily use articles repairing industries etc.), public services for the use of direct operational activities, (8) commodities sold to wholesale and retail sales trade, hotel and catering trade for the purpose of re-selling or re-selling after further processing;(9)commodities sold by second-hand combination shops (trust shops)trusted by residents;(10)operational revenue of public services(revenue by sold tickets of urban buses,trolley buses,furry;entrance tickets of parks),operational revenue of services (such as rent of hotels,hair-cutting of barbershops,repairing of daily use articles);revenue of art and cultural industries (such as revenue by sold the tickets of films and dramas,and the entrance tickets of museums); (11)stamps (include ordinary stamps,commemorative stamps,special stamps),money orders,telegram papers sold by post and telecommunication offices;(12)revenue from tap water,electricity,gas,central heating sold to residents and social groups through pipe line,and transmission line by tap water,electricity,gas,gas heating production(supply)units;(13)revenue from equipments and facilities sold to operational theaters;(14)revenue from instruments,meters,chemical reagent,components,tools and other relative equipments sold to natural scientific research institutions for the use of direct scientific research; (15)revenue from equipments,vehicles and fuels sold to fire brigades,cleaning squads,taxi-companies for their business activities; (16)revenue from special labor protection radicals (include special protection equipments and article of insulation,gas defense,acid proof, oil-resisting,burning prevention,heat insulation,high altitude works and under water works)sold to production units;(17)revenue from disaster relief commodities sold to civil administration department;equipments and materials sold to civil defense projects.

**Purchase,Sales and Stock of Commodities by Wholesale and Retail Trade** refers to the purchase,sales and stock of commodities by wholesale and retail enterprises,industrial activity units and individual sellers of different status of registration.

**Total Purchases of Commodities** refers to the total value of purchases of commodities by the establishments from other establishments or individuals (including direct import from abroad)for the purpose of re-selling.

**Total Sales of Commodities** refers to the total value (included added tax)of commodities sold by the establishments to other establishments and individuals(including direct export).

**Wholesale of Commodities** refers to all the total sales of commodities except the retail sales of consumer goods. Included the sales of commodities to production or operation units for the purpose of production and operation;the sales of commodities to wholesale and retail sale trade and catering industry for the purpose of re-selling or re-selling after further processing;the sales of commodities for direct export to abroad or export on a commission basis by entrusted the foreign trade department.

**Retail Sale of Commodities** refers to the commodities sold to urban and rural residents for their daily use,to social groups for the use of non-production and non-operation and purchased by public money of the social groups.

**Total Value of Commodity Stock** refers to the total commodities owned by wholesale and retail sale enterprises,economic active units and individual sellers of various types of registration status at the end of the reference period.

**Commodity Transaction Markets** refers to the markets provided with fixed place and equipments,and there are some operators who engaged in transaction of various substantial commodities in the markets by public and concentrating transaction.

**Value of Transaction at Transaction Markets** refers to the total sales value of commodities realized by the operators in the transaction market. Commodity transaction markets include consumer good markets and means of production markets.

**Number of Tourists**

(1)International tourists refer to foreigners,overseas Chinese,Chinese compatriots from Hong Kong,Macao and Taiwan coming to China for sight-seeing,visits,tours,family reunions,vacations,study tours,conferences and other activities of a business,scientific and technological,cultural,educational and religious nature. It does not include representatives and employees of resident institutions of foreign countries in China such as embassies,consulates,news agencies and offices of foreign companies and organizations,nor does it include long-term foreign experts or students residing in China,or persons in transition without spending a night in China.

(2)Chinese residents going abroad refer to Chinese residents going abroad for short terms for either public business or private purposes. Chinese employees working on international transport carriers are included in those going abroad for public business purpose,not in those for private purpose.

(3)Domestic tourists refer to residents of the mainland of China who stay for one night at least but no more than 6 months at tourist facilities in other places than their permanent residence within the territory of the mainland China,including foreigners,overseas Chinese and Chinese compatriots from Hong Kong,Macao and Taiwan who have resided in China for over one year.

**Foreign Exchange Earnings from International Tourism** refer to the total expenditures of foreigners,overseas Chinese,Chinese compatriots from Hong Kong,Macao and Taiwan during their stay in the mainland of China,which are earnings of foreign exchange from international tourism from the point of view from China.

# 15

# 教育、科技

# Education，Science and Technology

# 简 要 说 明

**一、本篇资料的主要内容**

本篇主要反映科技、人才、专利、产品质量、教育情况等内容。

科技部分主要包括科技活动、研究与发展课题情况，县级以上政府部门所属研究与开发机构情况，大中型工业企业、高等学校科技活动情况；人才部分包括工程、农业、科研、卫生等各类专业技术人员数，各类人才资源情况；专利部分主要包括三种专利申请受理量，三种专利授权量；教育事业部分包括各级各类教育事业情况，各级各类学校招生、在校生、专任教师人数等情况。

**二、本篇的资料来源**

根据各部门制定的统计报表制度汇总加工整理而成。科技资料主要来自省科技厅、省教育厅、省统计局；人才资料来自省人力资源和社会保障厅；专利资料来自省知识产权局；产品质量资料来自省质量技术监督局；教育事业资料来自省教育厅。

# Brief Introduction

Ⅰ. Main Contents

Data in this chapter show statistics on science and technology, talents, patents, quality of products, education.

Data on technology mainly include: data on scientific and technical activities, research and development (R&D) projects, state-owned R&D institutions above county level, large and medium-sized industrial enterprises, scientific and technical activities of institutions of higher education; data on talents mainly include: number of scientific and technical personnel of engineering, agriculture, scientific research, health care and so on, all kinds of human resources; data on patents mainly include: application of three kinds of patents accepted, three kinds of patents granted; data on education consist of education by level and type, new student enrolment, student enrolment full-time teachers of all kinds of school.

**Ⅱ. Sources of Data**

Data are collected and tabulated in accordance with the statistic reporting schemes stipulated by the departments concerned. Data on scientific and technical are mainly from Provincial Science and Technology Department, Education Department and Statistics Bureau; data on talents are from Provincial Human Resources and Social Security Department; data on patents are provided by Provincial Intellectual Property Office, data on product quality supervision are from Provincial Pledges Inspect Bureau; data on education are from Provincial Education Department.

# 15-1 科技活动基本情况
## Basic Statistics on Scientific and Technical Activities

| 指标 | Item | 2000 | 2005 | 2009 | 2010 | 2011 |
|---|---|---|---|---|---|---|
| 科技机构数 (个) | Number of Scientific and Technical Research Institutions (unit) | 1784 | 3751 | 7521 | 6798 | 9061 |
| 科研单位 | Research Institutions | 355 | 159 | 135 | 135 | 136 |
| 大中型工业企业 | Large and Medium-sized Industrial Enterprises | 968 | 1193 | 2249 | 2734 | 6726 |
| 高等院校 | Institutions of Higher Education | 461 | 541 | 578 | 579 | 647 |
| 其他 | Others | | 1858 | 4559 | 3350 | 1552 |
| 科技活动人员数 (万人) | Persons Engaged in Scientific and Technical Activities (10000 persons) | 19.42 | 38.17 | 67.17 | 73.69 | 81.62 |
| #大学本科及以上学历 | Bechelor and Above Education Regree | 11.03 | 23.08 | 24.41 | 25.54 | 32.72 |
| 研究与发展经费内部支出 (亿元) | Internal Expenses of Research and Development (100 million yuan) | 50.83 | 270.30 | 717.12 | 857.95 | 1071.96 |
| 研究与发展经费支出占国内生产总值比重 (%) | Ratio of Internal Expenses of Research and Development to GDP (%) | 0.59 | 1.48 | 2.08 | 2.1 | 2.2 |

注：2009 年开始，科学家工程师改为"大学本科及以上学历人员。"
Note: Scientists and Engineers has been changed to "Bachelor and Above Education Degree" since 2009.

# 15-2 研究与发展课题情况
## Research and Development Projects

单位：项 (unit)

| 指标 | Item | 2000 | 2005 | 2009 | 2010 | 2011 |
|---|---|---|---|---|---|---|
| 研究与发展课题 | Research and Development Projects | 12962 | 29610 | 67590 | 71815 | 73992 |
| #科研单位 | Research Institutions | 2477 | 1946 | 3003 | 3583 | 3989 |
| 高等院校 | Institutes of Higher Education | 7857 | 13503 | 31334 | 44668 | 39700 |
| 大中型工业企业 | Large and Medium-sized Industrial Enterprises | 2628 | 9241 | 15647 | 10234 | 15043 |
| 其他 | Others | | 4920 | 17606 | 13330 | 15260 |
| #基础研究 | Basic Research | 2214 | 5152 | 14700 | 16594 | 17609 |
| 应用研究 | Applied Research | 5538 | 8034 | 18062 | 22650 | 22743 |
| 实验发展 | Experiment al Development | 5210 | 16424 | 26595 | 32571 | 33640 |

# 15－3　县级以上政府部门所属研究与开发机构(2011 年)

| 项　目 | Item | 机构数(个) Institutions (unit) | 从业人员总数(人) Employees (person) |
|---|---|---|---|
| **总　计** | **Total** | **136** | **16280** |
| 按隶属关系分 | by Administrative Relationship | | |
| 地方部门属 | Local Departments | 121 | 11809 |
| 省级部门属 | Provincial Departments | 54 | 9497 |
| 副省级部门属 | Departments of Municipalities Directly under the Central Government in Plan | 9 | 406 |
| 地市级部门属 | Departments of City and Region Under Province | 58 | 1906 |
| 中央部门属 | Central Departments | 15 | 4471 |
| #中国科学院 | Academy of Science of China | 5 | 1424 |
| 按国民经济行业分 | by Sector | | |
| 农、林、牧、渔业 | Agriculture, Forestry, Animal Husbandry and Fishery | 136 | 16280 |
| 农业 | Farming | 37 | 3927 |
| 林业 | Forestry | 22 | 2758 |
| 畜牧业 | Animal Husbandry | 3 | 358 |
| 渔业 | Fishery | 2 | 254 |
| 农、林、牧、渔服务业 | Service far Support of Agriculture | 7 | 450 |
| 制造业 | Manufacturing | 3 | 107 |
| 纺织服装、鞋、帽制造业 | Manufacture of Textile Wearing, Apparel, Footwear and Caps | 13 | 1895 |
| 印刷业和记录媒介的复制 | Printing, Reproduction of Recording Media | 1 | 24 |
| 医药制造业 | Manufacture of Medicines | 5 | 1180 |
| 通用设备制造业 | Manufacture of General Purpose Machinery | 1 | 11 |
| 专用设备制造业 | Manufacture of Transport Equipment | 3 | 361 |
| 电气机械及器材制造业 | Manufacture of Electrical Machinery and Equipment | 1 | 226 |
| 通信设备、计算机及其他电子设备制造业 | Manufacture of Communication Equipment, Computers and Other Electronic Equipment | 1 | 71 |
| 仪器仪表及文化、办公用机械制造业 | Manufacture of Measuring Instruments and Machinery for Cultural Activity and Office Work | 1 | 22 |
| 电力、燃气及水的生产和供应业 | Production and Supply of Electricity, Gas and Water | 3 | 53 |
| 电力、热力的生产和供应业 | Production and Supply of Electric Power and Heat Power | 3 | 53 |
| 建筑业 | Construction | 2 | 135 |
| 房屋和土木工程建筑业 | Housing and Civil Engineering Construction | 1 | 59 |
| 交通运输、仓储和邮政业 | Transport, Storage and Post | 1 | 76 |
| 道路运输业 | Road Transport | 1 | 185 |
| 信息传输、计算机服务和软件业 | Information Transmission, Computer Services and Software | 1 | 185 |
| 计算机服务业 | Computer Services | 1 | 11 |
| 科学研究、技术服务和地质勘查业 | Scientific Research, Technical Service and Geologic Prospecting | 1 | 11 |
| 研究与试验发展 | Research and Experimental Development | 40 | 4989 |
| 专业技术服务业 | Professional Technology Service | 14 | 1770 |
| 科技交流和推广服务业 | Science & Technology Exchage and Popularization Service | 22 | 2585 |
| 地质勘查业 | Gealogical Prospecting | 4 | 634 |
| 水利、环境和公共设施管理业 | Water Conservancy, Environment and Public Facility Management | 16 | 2017 |
| 水利管理业 | Water Conservancy Management | 6 | 1375 |
| 环境管理业 | Environmental Manegement | 9 | 604 |
| 公共设施管理业 | Public Facility Management | 1 | 38 |
| 教育 | Education | 3 | 116 |
| 教育 | Education | 3 | 116 |
| 卫生、社会保障和社会福利业 | Health Care, Social Security and Social Welfare | 17 | 2867 |
| 卫生 | Health Care | 17 | 2867 |
| 文化、体育和娱乐业 | Culture, Sports and Recreation | 3 | 85 |
| 文化艺术业 | Cultural and Artistic Industry | 2 | 48 |
| 体育 | Sports | 1 | 37 |

State-owned Research and
Development Institutions above County Level(2011)

| #单位在职科技活动人员 Personnels Engaged in Scientific and Technical Activities | 经费收入总额（万元） Total Funds Revenue (10000 yuan) | #政府资金 Government Appropriated | 经费支出总额（万元） Total Expenditure (10000 yuan) | #科技经费支出 Expenditure for Science & Technology |
|---|---|---|---|---|
| **13427** | **771187** | **412204** | **729091** | **482459** |
| 9514 | 505566 | 255608 | 472068 | 273831 |
| 7759 | 440981 | 218957 | 413720 | 233800 |
| 290 | 13389 | 7360 | 10960 | 8868 |
| 1465 | 51196 | 29291 | 47388 | 31163 |
| 3913 | 265621 | 156596 | 257023 | 208628 |
| 1287 | 92850 | 83540 | 94168 | 86451 |
| 13427 | 771187 | 412204 | 729091 | 482459 |
| 2920 | 135671 | 106107 | 128752 | 113786 |
| 2021 | 100620 | 80828 | 94782 | 85961 |
| 286 | 9165 | 6844 | 8856 | 8363 |
| 171 | 5201 | 4413 | 4707 | 4248 |
| 351 | 16181 | 12555 | 16252 | 13611 |
| 91 | 4504 | 1466 | 4155 | 1603 |
| 1652 | 82498 | 45897 | 78211 | 45272 |
| 24 | 608 | 466 | 530 | 386 |
| 1055 | 39913 | 5470 | 38287 | 6489 |
| 11 | 104 | 20 | 99 | 65 |
| 272 | 17208 | 16416 | 19653 | 18817 |
| 214 | 17865 | 17693 | 14727 | 14721 |
| 67 | 6305 | 5833 | 4421 | 4353 |
| 9 | 495 |  | 494 | 441 |
| 50 | 9013 | 8553 | 6366 | 6054 |
| 50 | 9013 | 8553 | 6366 | 6054 |
| 48 | 9250 | 555 | 9236 | 1956 |
| 32 | 3374 |  | 3588 | 1386 |
| 16 | 5876 | 555 | 5648 | 570 |
| 157 | 32598 | 6468 | 26094 | 9402 |
| 157 | 32598 | 6468 | 26094 | 9402 |
| 10 | 105 | 90 | 104 | 104 |
| 10 | 105 | 90 | 104 | 104 |
| 4347 | 241194 | 180208 | 226509 | 190736 |
| 1562 | 100115 | 88799 | 88598 | 77573 |
| 2185 | 118085 | 73217 | 103839 | 80410 |
| 600 | 22993 | 18192 | 34072 | 32753 |
| 1767 | 99193 | 43480 | 94775 | 87189 |
| 1245 | 70796 | 33408 | 69295 | 67819 |
| 510 | 28058 | 9839 | 25149 | 19052 |
| 12 | 339 | 233 | 331 | 319 |
| 103 | 3976 | 2894 | 3906 | 2509 |
| 103 | 3976 | 2894 | 3906 | 2509 |
| 2292 | 155605 | 16246 | 153400 | 23829 |
| 2292 | 155605 | 16246 | 153400 | 23829 |
| 81 | 2085 | 1707 | 1739 | 1621 |
| 45 | 827 | 569 | 640 | 576 |
| 36 | 1258 | 1138 | 1100 | 1045 |

# 15－4 县级以上政府部门所属研究与开发机构课题情况(2011 年)

| 指　　标 | Item | 课题数(个) Number of Projects (unit) | #R&D 课题 R&D Projects | 课题经费内部支出(万元) Intramural Expenditures on Projects (10000 yuan) |
|---|---|---|---|---|
| **总　计** | **Total** | **5779** | **3989** | **201605** |
| 中央政府部门下达课题 | Projects Assigned by Central Governmental Departments | 2124 | 1727 | 96682 |
| 国家重大科技专项 | Major National Science and Technology and Special | 42 | 27 | 5781 |
| 自然科学基金课题 | Natural Scientific Foundation | 571 | 571 | 10378 |
| 863 计划课题 | 863 Plan | 49 | 45 | 4659 |
| 国家科技支撑(攻关)计划课 | National S&T Support Plan | 85 | 65 | 10381 |
| 国家火炬计划课题 | National Torch Plan | 1 | | 35 |
| 国家星火计划课题 | National Spark Plan | 9 | 2 | 285 |
| 国家 973 计划课题 | National 973 Plan | 57 | 57 | 2990 |
| 公益性行业科研专项 | Public Welfare Industry Research Speical | 136 | 102 | 5989 |
| 国家社会科学基金课题 | National Social Scientific Fundation | 17 | 17 | 315 |
| 其它课题 | Other Projects | 1157 | 841 | 55870 |
| 地方政府部门下达课题 | Projects Assigned by Local Governmental Depurtments | 2218 | 1343 | 57277 |
| 地方自然科学基金课题 | Local Natural Scientific Fundation | 209 | 205 | 1776 |
| 地方科技攻关计划课题 | Local Key Tackling Plan Items | 446 | 342 | 10451 |
| 地方火炬计划课题 | Local Torch Plan | | | |
| 地方星火计划课题 | Local Spark Plan | | | |
| 地方社会科学基金课题 | Local Social Scientific Fundation | 78 | 53 | 578 |
| 其它课题 | Other Projects | 1485 | 743 | 44471 |
| 企业委托课题 | Projects Entrusted by Enterprises | 819 | 375 | 25303 |
| 自选课题 | Optional | 315 | 294 | 14080 |
| 国际合作课题 | International Coorperation | 73 | 55 | 1530 |
| 其它课题 | Others | 230 | 195 | 6734 |

# Projects of State-owned Research and Development Institutions above County Level(2011)

| #政府资金 Government Appropriation | #R&D 课题经费 Funds for R&D Projects | 课题投入人员(人年) Project Personnels (man-years) | #R&D 人员 R&D Personnels | #外聘的流动研究人员 Floating Research Personnels Invited from Outside | #在读研究生 Postgraduates (studying) |
|---|---|---|---|---|---|
| **128040** | **143220** | **8730** | **6067** | **436** | **1034** |
| 77567 | 77870 | 3498 | 2742 | 229 | 489 |
| 5652 | 2994 | 149 | 93 | 2 | 16 |
| 10007 | 10378 | 717 | 717 | 71 | 214 |
| 4652 | 4277 | 66 | 52 | 6 | 9 |
| 4571 | 8454 | 251 | 201 | 7 | 22 |
| 35 | | 5 | | | |
| 278 | 13 | 22 | 1 | | |
| 2975 | 2990 | 86 | 86 | 9 | 28 |
| 5583 | 4356 | 246 | 177 | 12 | 33 |
| 314 | 315 | 36 | 36 | | |
| 43501 | 44095 | 1920 | 1378 | 123 | 168 |
| 33718 | 34669 | 3505 | 2173 | 82 | 294 |
| 1264 | 1736 | 259 | 253 | 9 | 37 |
| 8044 | 7244 | 576 | 440 | 20 | 74 |
| | | | | | |
| 440 | 475 | 423 | 260 | | 2 |
| 23970 | 25214 | 2248 | 1220 | 54 | 180 |
| 1128 | 9973 | 791 | 326 | 56 | 96 |
| 8689 | 13577 | 428 | 391 | 49 | 67 |
| 828 | 1249 | 126 | 107 | 3 | 21 |
| 6110 | 5883 | 383 | 329 | 17 | 67 |

## 15－5 县级以上政府部门所属研究与开发机构基本情况
## Basic Statistics on State-owned Research and Development Institutions above County Level

| 指 标 | Item | 2000 | 2005 | 2009 | 2010 | 2011 |
|---|---|---|---|---|---|---|
| 机构数 （个） | Number of Institutions (unit) | 313 | 146 | 138 | 135 | 136 |
| 职工总数 （人） | Employees (person) | 44071 | 13482 | 16189 | 15720 | 16280 |
| #大学本科及以上学历 | | | | | | 9982 |
| 经费收入总额 （亿元） | Funds Revenue (100 million yuan) | 56.09 | 20.09 | 59.43 | 67.22 | 77.12 |
| #政府拨款 | Government Appropriations | 24.88 | 13.67 | 34.02 | 38.11 | 41.22 |
| 经费支出总额 （亿元） | Expenditures (100 million yuan) | 51.53 | 17.16 | 55.82 | 64.77 | 72.91 |
| #基本建设支出 | Expenditures for Capital Construction | 4.14 | 3.28 | 8.23 | 6.66 | 5.95 |

## 15－6 县级以上政府部门所属研究与开发机构成果
## Achievements of State-owned Research and Development Institutions above County Level

| 年 份 Year | 科学著作(种) Scientific Works | 科学论文(篇) Scientific Papers (piece) |
|---|---|---|
| 1978 | 2138(万字) | 2532 |
| 1989 | 1717(万字) | 3263 |
| 1990 | 2540(万字) | 3728 |
| 1991 | 2454(万字) | 3392 |
| 1992 | 2086(万字) | 3962 |
| 1993 | 2273(万字) | 4629 |
| 1994 | 2783(万字) | 4049 |
| 1995 | 4196(万字) | 4662 |
| 1996 | 107(部) | 4378 |
| 1997 | 93 | 4906 |
| 1998 | 92 | 4798 |
| 1999 | 139 | 4782 |
| 2000 | 113 | 4774 |
| 2001 | 139 | 4872 |
| 2002 | 129 | 5502 |
| 2003 | 116 | 5463 |
| 2004 | 106 | 5214 |
| 2005 | 110 | 4306 |
| 2006 | 153 | 4920 |
| 2007 | 169 | 5396 |
| 2008 | 147 | 6259 |
| 2009 | 240 | 6779 |
| 2010 | 145 | 6919 |
| 2011 | 167 | 7020 |

# 15-7 大中型工业企业科技情况

## Basic Statistics on Scientific and Technical Activities of Large and Medium-sized Industrial Enterprises

单位:亿元 (100 million yuan)

| 指标 | Item | 2000 | 2005 | 2009 | 2010 | 2011 |
|---|---|---|---|---|---|---|
| 企业数 (个) | Number of Enterprise (unit) | 2091 | 3374 | 4718 | 5418 | 6726 |
| #有科技机构的企业数 | Enterprises Having S&T Institutions | 779 | 1695 | 2159 | 2257 | 2984 |
| 企业办科技机构数 (个) | Science and Technology Institutions of Enterprises (unit) | 968 | 1193 | 2249 | 2734 | 4545 |
| 从事科技的人员数 (万人) | Personnel Engaed in S&T Activities (10000 persons) | 14.71 | 20.25 | 31.84 | 40.51 | 47.09 |
| #科技机构中的人员 | Personnel in Science and Technology Institutions | 4.46 | 6.20 | 14.05 | 16.57 | 24.19 |
| #有高中级职称或大学本科及以上学历的人员 | Personnel with Senior or Medium, Professional Title or over Regular College Schooling | 2.65 | 3.89 | 8.39 | 10.07 | 15.07 |
| R&D 经费内部支出总额 | Funding for S&T Activities | 33.15 | 175.84 | 451.51 | 551.35 | 700.75 |
| 经常性支出 | Appropriations from Higher Authorities | 30.95 | 164.15 | 421.49 | 484.36 | 604.39 |
| #R&D 人员劳务费 | Loans from Financial Institutions | 8.15 | 43.24 | 111.03 | 119.38 | 157.57 |
| 资产性支出 | Seff-raised Funds by Enterprise | 2.20 | 11.69 | 30.03 | 66.99 | 96.36 |
| #土建工程 | Total Expenditures on S&T Activities | 0.17 | 0.89 | 2.29 | 3.26 | 3.40 |
| 仪器设备 | Intramural Expenditures | 2.04 | 10.80 | 27.74 | 63.73 | 92.96 |
| R&D 经费来源 | Raw Materials | | | | | |
| #政府资金 | Purchases or Construction of Fixed Assets | 0.91 | 4.81 | 12.36 | 10.24 | 13.83 |
| 企业资金 | Expenditures on New Product Development | 30.66 | 162.62 | 417.58 | 525.63 | 671.02 |
| 境外资金 | External Expenditures | 1.00 | 5.31 | 13.62 | 8.69 | 8.26 |
| 其它资金 | Expenditures for Technical Reconstruction | 0.58 | 3.10 | 7.95 | 6.78 | 7.64 |
| R&D 经费外部支出经费 | Expenditune for Acquisition of Foreign Technology | | | 29.63 | 23.12 | 36.90 |
| 技术改造支出总额 | Expenditure for Assimilation of Technology | 100.52 | 279.57 | 404.89 | 483.95 | 524.45 |
| 技术引进支出总额 | Expenditure for Purchase of Domestic Technology | 20.97 | 41.55 | 27.15 | 36.05 | 66.89 |
| #用于消化吸收的经费 | S&T Activities Output | 0.99 | 6.06 | 13.27 | 13.10 | 22.91 |
| 购买国内技术用款 | New Product Sales Revenue | 3.39 | 9.62 | 15.16 | 14.78 | 20.76 |
| 科技活动支出 | Science and Technology Activities Spending | | | | | |
| 新产品销售收入 | Number of Invention Patents | 973.30 | 2679.67 | 7295.21 | 9387.21 | 13217.37 |
| 企业专利申请数 (件) | Total Number of Owning Inventive Patents (unit) | 1183 | 5226 | 19503 | 31132 | 43645 |
| #发明专利数 | New Product Sales Revenue | | 1408 | 5843 | 8194 | 12781 |
| 企业拥有有效发明专利数(件) | Total Number of Owning Inventive Patents (unit) | | 2868 | 8370 | 13976 | 17077 |

# 15－8 大中型工业企业研究与发展经费内部支出
# Basic Statistics on Intramural R&D Expenditure of Large and Medium-sized Industrial Enterprises

单位:亿元 (100 million yuan)

| 项 目 | Item | 2000 | 2005 | 2009 | 2010 | 2011 |
|---|---|---|---|---|---|---|
| **总计** | **Total** | **33.15** | **175.84** | **451.96** | **551.35** | **700.75** |
| **按登记注册类型分** | **Grouped by Statys of Registration** | | | | | |
| 内资企业 | Domestic Funded Enterprises | 29.26 | 123.04 | 276.43 | 335.85 | 410.89 |
| 国有企业 | State-owned Enterprises | 11.37 | 14.29 | 30.56 | 32.38 | 33.48 |
| 集体企业 | Collective-owned Enterprises | 4.63 | 6.19 | 2.4 | 1.15 | 1.90 |
| 股份合作企业 | Cooperative Enterprises | 0.99 | 1.32 | 1.86 | 2.94 | 3.57 |
| 联营企业 | Joint Ownership Enterprises | 0.3 | 0.12 | | | 0.17 |
| 有限责任公司 | Limited Liability Corporations | 7.06 | 51.03 | 111.04 | 132.74 | 147.55 |
| #国有独资 | State Solely Funded Corporatios | 3.52 | 15.88 | 18.76 | 21.93 | 27.07 |
| 股份有限公司 | Share-holding Corporations Ltd. | 4.65 | 30.45 | 38.59 | 49.61 | 71.97 |
| 私营企业 | Private Enterprises | 0.25 | 19.56 | 90.63 | 116.22 | 149.88 |
| 其他企业 | Other Enterprises | 0 | 0.08 | 1.35 | 0.59 | 2.36 |
| 港、澳、台商投资企业 | Enterprises with Funds from Hong Kong, Macao and Taiwan | 1.42 | 16.63 | 58.57 | 64.81 | 82.04 |
| 外商投资企业 | Foreign Funded Enterprises | 2.48 | 36.17 | 79.44 | 150.68 | 207.83 |
| **按企业规模分** | **Grouped by Size of Enterprises** | | | | | |
| 大型企业 | Large Enterprises | 22.16 | 85.90 | 234.60 | 294.17 | 459.62 |
| 中型企业 | Medium-sized Enterprises | 10.99 | 89.94 | 217.36 | 257.17 | 241.13 |
| **按行业分** | **Grouped by Sector** | | | | | |
| **采矿业** | **Mining** | **0.75** | **2.65** | **6.42** | **6.22** | **8.91** |
| 煤炭开采和洗选业 | Mining and Washing of Coal | 0.43 | 1.85 | 4.41 | 4.70 | 6.28 |
| 石油和天然气开采业 | Extraction of Petroleum and Natural Gas | 0.21 | 0.61 | 1.37 | 0.94 | 1.15 |
| 黑色金属矿采选业 | Mining and Processing of Ferrous Metal Ores | 0.05 | 0.01 | 0.09 | 0.00 | 0.10 |
| 有色金属矿采选业 | Mining and Processing of Non-ferrous Metals Ores | 0.01 | 0.02 | 0.13 | 0.12 | 0.11 |
| 非金属矿采选业 | Mining and Processing of Nonmetal Ores | 0.05 | 0.14 | 0.41 | 0.47 | 1.27 |
| 其他矿采选业 | Mining of Other Ores | | | | | |
| **制造业** | **Manufacturing** | **31.88** | **172.26** | **443.04** | **543.29** | **689.51** |
| 农副食品加工业 | Processing of Food from Agricultural Products | 0.13 | 0.27 | 1.17 | 1.54 | 2.32 |
| 食品制造业 | Manufacture of Food | 0.05 | 0.83 | 0.86 | 1.01 | 1.71 |
| 饮料制造业 | Manufacture of Beverage | 0.69 | 0.49 | 6.08 | 5.36 | 6.73 |
| 烟草制品业 | Manufacture of Tobacco | 0.09 | 0.15 | 0.23 | 0.18 | 0.35 |
| 纺织业 | Manufacture of Textile | 2.7 | 6.85 | 16.98 | 21.11 | 25.90 |
| 纺织服装、鞋、帽制造业 | Manufacture of Textile Wearing, Apparel, Footwear and Caps | 0.23 | 4.44 | 4.73 | 5.11 | 7.46 |
| 皮革、毛皮、羽毛(绒)及其制品业 | Manufacture of Textile, Fur, Feather and Related Products | 0.04 | 0.25 | 0.35 | 0.61 | 0.65 |

15－8 续表 Continued

单位:亿元 (100 million yuan)

| 项 目 | Item | 2000 | 2005 | 2009 | 2010 | 2011 |
|---|---|---|---|---|---|---|
| 木材加工及木、竹、藤、棕、草制品业 | Processing of Timber, Manufacture of Wood, Bamboo, Rattan, Palm and Straw Products | 0.01 | 2.94 | 2.20 | 0.90 | 2.78 |
| 家具制造业 | Manufacture of Furniture | 0 | 0.02 | 0.10 | 0.27 | 0.07 |
| 造纸及纸制品业 | Manufacture of Paper and Paper Products | 0.33 | 1.22 | 5.13 | 5.07 | 8.03 |
| 印刷业和记录媒介的复制 | Printing, Reproduction of Recording Media | 0.05 | 0.17 | 0.55 | 0.66 | 2.06 |
| 文教体育用品制造业 | Manufacture of Articles for Culture, Education and Sport Activities | 0 | 0.27 | 1.18 | 1.73 | 1.66 |
| 石油加工、炼焦及核燃料加工业 | Processing of Petroleum, Coking, Processing of Nuclear Fuel | 0.43 | 0.57 | 0.99 | 0.70 | 0.82 |
| 化学原料及化学制品制造业 | Manufacture of Raw Chemical Materials and Chemical Products | 5.07 | 29.01 | 45.89 | 56.37 | 70.03 |
| 医药制造业 | Manufacture of Medicines | 1.34 | 6.38 | 16.88 | 20.64 | 24.68 |
| 化学纤维制造业 | Manufacture of Chemical Fibers | 1.36 | 4.33 | 12.15 | 11.62 | 19.52 |
| 橡胶制品业 | Manufacture of Rubber | 0.17 | 0.60 | 3.49 | 3.81 | 4.23 |
| 塑料制品业 | Manufacture of Plastics | 0.33 | 2.26 | 4.44 | 4.08 | 5.58 |
| 非金属矿物制品业 | Manufacture of Non-metallic Mineral Products | 0.53 | 1.98 | 5.21 | 6.44 | 9.74 |
| 黑色金属冶炼及压延加工业 | Smelting and Pressing of Ferrous Metals | 1.03 | 12.39 | 45.67 | 50.61 | 59.90 |
| 有色金属冶炼及压延加工业 | Smelting and Pressing of Non-ferrous Metals | 0.35 | 1.15 | 5.55 | 6.20 | 10.02 |
| 金属制品业 | Manufacture of Metal Products | 0.65 | 3.75 | 13.08 | 18.78 | 21.30 |
| 通用设备制造业 | Manufacture of General Purpose Machinery | 3.8 | 18.58 | 35.04 | 44.00 | 51.04 |
| 专用设备制造业 | Manufacture of Special Purpose Machinery | 1.42 | 6.12 | 17.70 | 23.03 | 26.05 |
| 交通运输设备制造业 | Manufacture of Transport Equipment | 3.24 | 14.89 | 37.67 | 47.55 | 53.33 |
| 电气机械及器材制造业 | Manufacture of Electrical Machinery and Equipment | 2.77 | 20.50 | 69.60 | 92.85 | 121.96 |
| 通信设备、计算机及其他电子设备制造业 | Manufacture of Communication Equipment, Computers and Other Electronic Equipment | 4.16 | 28.59 | 75.98 | 94.49 | 124.29 |
| 仪器仪表及文化、办公用机械制造业 | Manufacture of Measuring Instruments and Machinery for Cultural Activity and Office Work | 0.67 | 2.83 | 13.56 | 17.41 | 25.60 |
| 工艺品及其他制造业 | Manufacture of Artwork and Other Manufacturing | | 0.42 | 0.59 | 1.13 | 1.71 |
| 废弃资源和废旧材料回收加工业 | Recycling and Disposal of Waste | | | | | |
| **电力、燃气及水的生产和供应业** | **Production and Supply of Electricity, Gas and Water** | **0.52** | **0.93** | **2.51** | **1.84** | **2.33** |
| 电力、热力的生产和供应业 | Production and Supply of Electric Power and Heat Power | 0.47 | 0.92 | 2.35 | 1.52 | 1.88 |
| 燃气生产和供应 | Production and Supply of Gas | 0.01 | 0.00 | 0.00 | 0.04 | 0.06 |
| 水的生产和供应业 | Production and Supply of Water | 0.04 | 0.01 | 0.16 | 0.28 | 0.39 |

# 15－9　高等学校科技活动情况
# Basic Statistics on Scientific and Technical Activities of Institutions of Higher Education

| 指　　标 | Item | 2000 | 2005 | 2009 | 2010 | 2011 |
|---|---|---|---|---|---|---|
| **参加科技统计的高校　（所）** | **Institutions of Higher Education in Statistics　(unit)** | **48** | **39** | **58** | **58** | **61** |
| **从事科技活动人数　（人）** | **Personnel in Scientific and Technical Activities　(person)** | **59252** | **39003** | **49188** | **51374** | **52776** |
| 教　师 | Teachers | 30497 | 22999 | 32085 | 33672 | 34898 |
| 其他技术人员 | Other Technical Persons | 26174 | 15315 | 17103 | 17702 | 17878 |
| 辅助人员 | Assistants | 2581 | 689 | 612 | 588 | 685 |
| **从事研究与发展活动人员　（人）** | **Perssonnel in Research and Development　(person)** | **18919** | **22999** | **32085** | **33672** | **34898** |
| #正教授 | Professors | 1832 | 3741 | 5095 | 5413 | 5804 |
| 副教授 | Vice-professors | 4100 | 6590 | 9450 | 10086 | 10802 |
| 讲　师 | Lecturers | 6761 | 7486 | 13651 | 14640 | 15219 |
| 助　教 | Assistants | 1380 | 4616 | 3612 | 3444 | 3033 |
| **研究与发展机构　（个）** | **Institution of Research and Development　(unit)** | **469** | **361** | **365** | **390** | **447** |
| 机构中研究与发展人员　（人） | Personnel　(person) | 5901 | 7265 | 9946 | 10886 | 13207 |
| **当年研究与开发经费收入　（万元）** | **Funds Revenue of Research and Development　(10000 yuan)** | **142685** | **390441** | **709125** | **935840** | **1044550** |
| #科技事业费 | Scientific and Technical Funds | 8915 | 31608 | 44940 | 55727 | 48503 |
| 主管部门专项费 | Speical Funds of Responsible Department for the Work | 14835 | 47648 | 75705 | 93634 | 164674 |
| 国务院各部门专项费 | Speical Funds of State Council Department | 10807 | 59097 | 110748 | 199110 | 137764 |
| 省专项费 | Provincial Special Foundation | 11405 | 25956 | 50187 | 52707 | 57220 |
| 企事业单位委托经费 | Entrusting Funds of Enterprises and Institutions | 70874 | 181625 | 331538 | 407228 | 478370 |
| 国家自然科学基金 | State Natural Sciences Foundation | 6640 | 23256 | 49999 | 74767 | 106308 |
| 各种收入转入科研经费 | Funds from Other Revenues | 4101 | 18045 | 42736 | 49661 | 48434 |
| **研究与发展课题　（项）** | **Projects of Research and Development　(unit)** | **8412** | **13503** | **19069** | **21760** | **31158** |
| #基础研究 | Fundamental Research | 2007 | 4723 | 7689 | 8895 | 8941 |
| 应用研究 | Applied Research | 5084 | 6861 | 9321 | 9224 | 11751 |
| 实验发展 | Experimental Development | 1321 | 1919 | 2059 | 3641 | 3488 |
| **研究与发展成果** | **Achievements of Research and Development** | | | | | |
| 出版科学专著　（部） | Published Scientific Works　(book) | 449 | 153 | 248 | 239 | 216 |
| 发表学术论文　（篇） | Published Papers　(piece) | 24303 | 39868 | 62636 | 68563 | 75298 |
| #国外发表 | Abroad | 2710 | 5436 | 16944 | 20020 | 22838 |
| **科技成果转让　（项）** | **Scientific Achievements Transfered　(unit)** | **660** | **558** | **993** | **1231** | **1977** |
| **获奖成果数　（项）** | **Prized Achievements　(unit)** | **262** | **360** | **437** | **427** | **436** |
| #国家级 | National Level | 11 | 36 | 30 | 32 | 41 |
| 部省级 | Provincial Level | 251 | 170 | 240 | 221 | 247 |

## 15－10　高新技术产业产值
## Output Value in High-tech Industry

单位:亿元　　　　(100 million yuan)

| 项　目 | Item | 2005 | 2007 | 2008 | 2009 | 2010 | 2011 |
|---|---|---|---|---|---|---|---|
| **总计** | **Total** | **7928.17** | **14689.96** | **18402.19** | **21987.23** | **30354.84** | **38377.76** |
| **按行业分** | **Grouped by Sector** | | | | | | |
| 航空航天制造业 | Aviation and Aircrafts Manufacturing | 10.42 | 51.19 | 52.58 | 53.73 | 64.84 | 76.42 |
| 计算机及办公设备制造业 | Electronic Computers and Office Equipments | 1447.91 | 2124.76 | 2174.27 | 2209.28 | 2634.34 | 2940.80 |
| 电子及通信设备制造业 | Electronic and Communication Equipments | 2607.55 | 4629.50 | 6082.13 | 5667.39 | 7411.99 | 9114.40 |
| 医药制造业 | Medical and Pharmaceutical Products | 427.26 | 600.77 | 821.77 | 1266.26 | 1656.94 | 2123.22 |
| 专用科学仪器设备制造业 | Manufactune of Special purpose Scientific Eqaipment | 309.92 | 657.58 | 1004.17 | 1097.68 | 1697.01 | 2233.28 |
| 电气机械及设备制造业 | Manufacture of Eleetrical Machinary & Equipment | 1488.58 | 3034.63 | 3844.16 | 4395.76 | 5724.60 | 7332.90 |
| 新材料制造业 | Manufacture of New Material | 1636.54 | 3591.53 | 4423.11 | 5627.22 | 7486.61 | 9791.83 |
| 新能源制造业 | Manufacture of New Energy | | | | 1669.91 | 3678.51 | 4764.90 |
| **按地区分** | **Grouped by Region** | | | | | | |
| 南京市 | Nanjing City | 1236.80 | 2393.54 | 2673.19 | 2706.66 | 3383.41 | 4260.40 |
| 无锡市 | Wuxi City | 1312.16 | 2386.46 | 2671.87 | 3288.65 | 4429.91 | 5337.22 |
| 徐州市 | Xuzhou City | 85.14 | 168.94 | 292.22 | 518.74 | 1061.13 | 2000.01 |
| 常州市 | Changzhou City | 609.05 | 1202.01 | 1515.07 | 1842.30 | 2370.12 | 3100.55 |
| 苏州市 | Suzhou City | 3085.17 | 5245.91 | 6501.80 | 6921.52 | 9022.65 | 10530.84 |
| 南通市 | Nantong City | 426.15 | 966.96 | 1401.01 | 1847.78 | 2599.99 | 3250.83 |
| 连云港市 | Lianyungang City | 62.04 | 137.17 | 206.96 | 381.05 | 646.28 | 868.70 |
| 淮安市 | Huaian City | 46.93 | 100.55 | 140.61 | 245.83 | 479.17 | 580.70 |
| 盐城市 | Yancheng City | 126.73 | 234.19 | 401.88 | 485.31 | 687.54 | 908.46 |
| 扬州市 | Yangzhou City | 272.07 | 578.57 | 870.36 | 1533.31 | 2341.29 | 3093.06 |
| 镇江市 | Zhenjiang City | 324.97 | 600.08 | 851.29 | 1040.15 | 1654.37 | 2251.51 |
| 泰州市 | Taizhou City | 334.82 | 660.92 | 853.22 | 1137.55 | 1591.51 | 2063.19 |
| 宿迁市 | Suqian City | 6.15 | 14.65 | 22.71 | 38.37 | 87.46 | 132.30 |

# 15－11　各类专业技术人员数
## Number of Scientific and Technical Personnels

单位:万人　　(10000 persons)

| 年份<br>Year | 各类专业技术人员<br>Total | #工程技术人员<br>Engineering | #农业技术人员<br>Agriculture | #科学研究人员<br>Scientific Research | #卫生技术人员<br>Health Care | #教学人员<br>Teaching |
|---|---|---|---|---|---|---|
| 1980 | 43.87 | 9.63 | 1.13 | 1.47 | 9.02 | 17.13 |
| 1985 | 83.41 | 20.70 | 1.76 | 1.59 | 13.35 | 35.90 |
| 1989 | 150.56 | 34.08 | 2.37 | 1.86 | 17.42 | 49.88 |
| 1990 | 158.86 | 31.84 | 2.35 | 1.84 | 13.87 | 44.50 |
| 1991 | 166.02 | 25.86 | 2.39 | 0.67 | 13.54 | 44.57 |
| 1992 | 174.70 | 27.36 | 2.53 | 0.73 | 14.17 | 44.98 |
| 1993 | 172.71 | 41.72 | 2.50 | 2.19 | 19.90 | 50.83 |
| 1994 | 179.94 | 27.88 | 2.21 | 0.60 | 14.99 | 47.57 |
| 1995 | 184.97 | 28.38 | 2.65 | 0.60 | 15.48 | 50.72 |
| 1996 | 189.49 | 44.82 | 3.68 | 1.90 | 21.75 | 59.15 |
| 1997 | 193.46 | 44.51 | 3.90 | 1.94 | 22.13 | 62.46 |
| 1998 | 202.15 | 47.53 | 4.45 | 1.74 | 22.72 | 63.83 |
| 1999 | 198.20 | 45.67 | 4.51 | 1.48 | 22.86 | 64.94 |
| 2000 | 194.24 | 44.84 | 4.61 | 1.81 | 23.04 | 66.15 |
| 2001 | 186.05 | 40.11 | 4.18 | 1.75 | 23.19 | 66.95 |
| 2002 | 175.79 | 35.79 | 3.74 | 1.56 | 22.96 | 67.56 |
| 2003 | 163.20 | 29.19 | 3.74 | 1.82 | 22.07 | 68.01 |
| 2004 | 147.23 | 22.16 | 3.25 | 1.77 | 20.86 | 69.25 |
| 2005 | 148.67 | 20.96 | 3.18 | 1.83 | 23.45 | 69.33 |
| 2006 | 142.20 | 20.54 | 3.11 | 1.69 | 21.35 | 69.27 |
| 2007 | 142.18 | 20.03 | 2.92 | 1.64 | 21.86 | 69.00 |
| 2008 | 142.26 | 19.72 | 3.06 | 1.68 | 22.04 | 69.89 |
| 2009 | 141.61 | 19.67 | 2.99 | 1.64 | 21.88 | 69.48 |
| 2010 | 140.53 | 19.00 | 2.72 | 1.53 | 21.21 | 66.69 |
| 2011 | 140.51 | 19.82 | 2.85 | 1.71 | 22.04 | 69.09 |

注：本表数据含辖区内的全民所有制单位和集体所有制单位。

Note: Figures in the table are the data of state-owned and collective-owned units.

## 15－12　三种专利申请受理量
## Application for Three Kinds of Patents Accepted

单位:件　　　　(unit)

| 项　　目 | Item | 1990 | 1995 | 2000 | 2005 | 2010 | 2011 |
|---|---|---|---|---|---|---|---|
| **申请受理量合计** | **Applications Accepted** | **2706** | **4078** | **8210** | **34811** | **235873** | **348381** |
| #发　明 | Inventions | 384 | 538 | 1159 | 6582 | 50298 | 84678 |
| 实用新型 | Utility Models | 2085 | 2708 | 4590 | 11071 | 51436 | 81097 |
| 外观设计 | Designs | 237 | 832 | 2461 | 17158 | 134139 | 182606 |
| #非职务 | Non-official | 1620 | 2665 | 4530 | 20693 | 97222 | 130334 |
| 职　务 | Official | 886 | 1413 | 3680 | 14118 | 138651 | 218047 |
| 大专院校 | Universities and Colleges | 135 | 164 | 212 | 2529 | 11290 | 17821 |
| 科研单位 | Scientific Resarch Institutions | 112 | 104 | 129 | 382 | 1743 | 2944 |
| 工矿企业 | Industrial and Mineral Enterprises | 522 | 887 | 3296 | 11157 | 125089 | 196198 |
| 机关团体 | Government Agencies and Organizations | 117 | 258 | 43 | 50 | 529 | 1084 |

## 15－13　三种专利授权量
## Three Kinds of Patents Granted

单位:件　　　　(unit)

| 项　　目 | Item | 1990 | 1995 | 2000 | 2005 | 2010 | 2011 |
|---|---|---|---|---|---|---|---|
| **申请授权量合计** | **Patents Granted** | **1455** | **2413** | **6432** | **13580** | **138382** | **199814** |
| #发　明 | Inventions | 69 | 72 | 341 | 1241 | 7210 | 11043 |
| 实用新型 | Utility Models | 1236 | 1884 | 4095 | 6483 | 41161 | 53414 |
| 外观设计 | Designs | 150 | 457 | 1996 | 5856 | 90011 | 135357 |
| #非职务 | Non-official | 916 | 1506 | 3125 | 7021 | 59588 | 71061 |
| 职务 | Officia | 539 | 907 | 3307 | 6559 | 78794 | 128753 |
| 大专院校 | Universities and Colleges | 104 | 112 | 139 | 896 | 6038 | 8373 |
| 科研单位 | Scientific Resarch Institutions | 78 | 73 | 106 | 182 | 688 | 1033 |
| 工矿企业 | Industrial and Mineral Enterprises | 297 | 447 | 3022 | 5436 | 71781 | 118919 |
| 机关团体 | Government Agencies and Organizations | 60 | 275 | 40 | 45 | 287 | 428 |

# 15－14 教育事业基本情况
## Basic Statistics on Education

单位:万人 (10000 persons)

| 项 目 | Item | 1995 | 2000 | 2005 | 2010 | 2011 |
|---|---|---|---|---|---|---|
| **学校数 (所)** | **Number of Schools (unit)** | | | | | |
| 普通高等学校 | Regular Institutions of Higher Education | 67 | 71 | 115 | 124 | 126 |
| 普通中等学校 | Secondary Schools | 5093 | 4222 | 3530 | 3058 | 2975 |
| 中等专业学校 | Specialized Schools | 213 | 185 | 150 | 160 | 169 |
| 普通中学 | Regular Secondary Schools | 4439 | 3675 | 3141 | 2776 | 2721 |
| #高 中 | Senior Secondary Shools | 963 | 859 | 849 | 653 | 620 |
| 职业高中 | Vocational Senior Secondary Schools | 441 | 362 | 239 | 122 | 85 |
| 小 学 | Primary Schools | 27062 | 19110 | 6261 | 4498 | 4328 |
| 特殊教育 | Special Schools | 132 | 123 | 109 | 112 | 108 |
| **专任教师 (万人)** | **Number of Fulltime Teachers (10000 persons)** | | | | | |
| 普通高等学校 | Regular Institutions of Higher Education | 2.73 | 3.31 | 6.73 | 10.20 | 10.40 |
| 普通中等学校 | Secondary Schools | 22.16 | 25.02 | 31.13 | 32.36 | 32.14 |
| 中等专业学校 | Specialized Schools | 1.30 | 1.37 | 1.42 | 2.43 | 2.71 |
| 普通中学 | Regular Secondary Schools | 18.91 | 21.59 | 27.98 | 28.46 | 28.23 |
| #高 中 | Senior Secondary Shools | 3.59 | 5.46 | 8.88 | 9.82 | 9.71 |
| 职业高中 | Vocational Senior Secondary Schools | 1.95 | 2.06 | 1.73 | 1.47 | 1.20 |
| 小 学 | Primary Schools | 27.35 | 28.90 | 26.16 | 24.96 | 25.01 |
| 特殊教育 | Special Schools | 0.27 | 0.27 | 0.25 | 0.30 | 0.30 |
| **招生数 (万人)** | **New Student Enrollment (10000 persons)** | | | | | |
| 普通高等教育 | Regular Higher Education | 7.13 | 18.22 | 39.02 | 47.52 | 48.03 |
| 研究生 | Postgraduates | 0.38 | 0.97 | 2.87 | 4.25 | 4.42 |
| 本专科 | University and College Students | 6.75 | 17.25 | 36.15 | 43.27 | 43.61 |
| 普通中等学校 | Secondary Schools | 136.80 | 157.94 | 197.19 | 147.67 | 132.83 |
| 中等专业学校 | Specialized Secondary Schools | 12.27 | 10.64 | 24.45 | 22.78 | 20.61 |
| 普通中学 | Regular Secondary Schools | 114.03 | 141.44 | 157.55 | 115.07 | 105.84 |
| #高 中 | Senior Secondary Shools | 18.47 | 29.93 | 52.25 | 44.03 | 40.88 |
| 职业高中 | Vocational Senior Secondary Schools | 10.50 | 5.86 | 15.19 | 9.82 | 6.38 |
| 小 学 | Primary Schools | 130.42 | 95.53 | 61.93 | 73.13 | 76.18 |
| 特殊教育 | Special Schools | 0.71 | 0.39 | 0.40 | 0.48 | 0.37 |
| **在校学生 (万人)** | **Students Enrollment (10000 persons)** | | | | | |
| 普通高等教育 | Regular Higher Education | 21.95 | 47.48 | 123.77 | 177.49 | 179.38 |
| 研究生 | Postgraduates | 1.09 | 2.29 | 7.79 | 12.55 | 13.44 |
| 本专科生 | University and College Students | 20.86 | 45.19 | 115.98 | 164.94 | 165.94 |
| 普通中等学校 | Secondary Schools | 374.86 | 433.97 | 592.97 | 462.79 | 423.62 |
| 中等专业学校 | Specialized Secondary Schools | 31.87 | 43.62 | 66.10 | 68.30 | 63.59 |
| 普通中学 | Regular Secondary Schools | 316.75 | 373.64 | 491.56 | 368.61 | 339.82 |
| #高 中 | Senior Secondary Shools | 47.71 | 80.18 | 145.34 | 135.66 | 128.70 |
| 职业高中 | Vocational Senior Secondary Schools | 26.24 | 16.71 | 35.31 | 25.88 | 20.21 |
| 小 学 | Primary Schools | 644.77 | 718.55 | 485.53 | 398.78 | 409.60 |
| 特殊教育 | Special Schools | 3.98 | 3.59 | 3.07 | 2.97 | 2.55 |
| **毕业生数 (万人)** | **Graduates (10000 persons)** | | | | | |
| 普通高等教育 | Regular Higher Education | 6.17 | 8.01 | 24.46 | 50.88 | 51.05 |
| 研究生 | Postgraduates | 0.22 | 0.44 | 1.49 | 2.99 | 3.34 |
| 本专科生 | University and College Students | 5.95 | 7.57 | 22.97 | 47.89 | 47.71 |
| 普通中等学校 | Secondary Schools | 105.40 | 117.74 | 180.99 | 166.50 | 157.43 |
| 中等专业学校 | Specialized Secondary Schools | 5.17 | 14.49 | 10.90 | 16.73 | 19.59 |
| 普通中学 | Regular Secondary Schools | 92.62 | 96.00 | 162.98 | 140.04 | 130.44 |
| #高 中 | Senior Secondary Shools | 13.65 | 22.99 | 42.65 | 48.64 | 46.61 |
| 职业高中 | Vocational Senior Secondary Schools | 7.61 | 7.25 | 7.11 | 9.73 | 7.40 |
| 小 学 | Primary Schools | 99.03 | 114.78 | 105.52 | 70.58 | 64.97 |
| 特殊教育 | Special Schools | 0.22 | 0.36 | 0.43 | 0.52 | 0.33 |

注：2000 年以前职业高中为职业中学数据。

Note: Before 2000, the figure of vocational senior secondary schools was vocational secondary schools.

# 15－15 各级各类教育事业(2011年)
# Basic Statistics on Education by Level and Type (2011)

单位:人　　(person)

| 指　　标 | Item | 学校数(所) Number of Schools (unit) | 毕业生数 Graduates | 招生数 New Student Enrollment | 在校学生数 Students Enrollment in schools | 教职工数 Teachers and Staff | #专任教师 Full-time Teachers |
|---|---|---|---|---|---|---|---|
| 普通高等教育 | Regular Higher Education | 126 | 510525 | 480273 | 1793819 | 161062 | 103939 |
| 研究生 | Postgraduates | | 33388 | 44217 | 134404 | | |
| 本专科学生 | Undergraduate and Specialized Courses | | 477137 | 436056 | 1659415 | | |
| 普通中等专业学校 | Regular Specialized Secondary Schools | 169 | 195565 | 205899 | 635114 | 34267 | 27106 |
| 普通中学 | Regular Secondary Schools | 2721 | 1304400 | 1058460 | 3398200 | 351095 | 282259 |
| 高　中 | Senior Secondary Schools | 620 | 466131 | 408844 | 1286951 | 351095 | 97149 |
| 初　中 | Junior Secondary Schools | 2101 | 838269 | 649616 | 2111249 | | 185110 |
| 职业高中 | Vocational Senior Secondary Schools | 85 | 73958 | 63822 | 202099 | 14748 | 12023 |
| 技工学校 | Technical Schools | 127 | 89594 | 114210 | 305627 | 18355 | 15011 |
| 小　学 | Primary Schools | 4328 | 649684 | 761815 | 4095995 | 253834 | 250123 |
| 特殊教育学校 | Special Education | 108 | 3270 | 3693 | 25517 | 3844 | 3036 |
| 幼儿园 | Kindergartens | 4257 | 692314 | 811884 | 2174938 | 140645 | 89452 |
| 成人高等教育 | Adult Higher Education | 12 | 119285 | 151260 | 428306 | 2771 | 1651 |
| #广播电视大学 | Radio and TV Universities | 2 | 2825 | 2945 | 6952 | 829 | 449 |
| 管理干部学院 | Colleges for Training Managerial Personnel | 3 | 1939 | 2506 | 5930 | 825 | 548 |
| 职工高等学校 | Schools of Higher Education for Staff | 6 | 1103 | 923 | 2491 | 323 | 196 |
| 教育学院 | Pedagogical College | 2 | 4086 | 3478 | 10835 | 794 | 458 |
| 成人中等专业学校 | Specialized Secondary Schools for Adults | 54 | 19389 | 36817 | 86603 | 3665 | 2233 |
| 成人中学 | Secondary Schools for Adults | 256 | 96307 | | | 1554 | 1273 |
| 成人初等学校 | Primary Schools for Adults | 46 | 1515 | | | 211 | 190 |
| 网络教育 | Internet-based Education | 3 | 27288 | 33961 | 73088 | | |

## 15－16 全省研究生数
## Number of Postgraduates

单位：人 (person)

| 指标 | Item | 1995 | 2000 | 2005 | 2010 | 2011 |
|---|---|---|---|---|---|---|
| **高等学校** | **Institutions of Higher Education** | | | | | |
| 招生数 | New Student Enrollment | 3730 | 21705 | 28306 | 42070 | 43827 |
| 在读人数 | Student Enrollment | 10700 | 52875 | 76783 | 124209 | 133171 |
| #女　性 | Female | 2384 | 19409 | 31608 | 57225 | 62049 |
| 毕业生数 | Graduates | 2202 | 8918 | 14699 | 29553 | 33038 |
| **研究所(院)** | **Research Institutions (Academies)** | | | | | |
| 招生数 | New Student Enrollment | 65 | 318 | 379 | 389 | 390 |
| 在读人数 | Student Enrollment | 191 | 758 | 1101 | 1241 | 1233 |
| #女　性 | Female | 27 | 187 | 309 | 416 | 428 |
| 毕业生数 | Graduates | 45 | 117 | 184 | 366 | 350 |

## 15－17 各级各类学校女在校学生和女专任教师数
## Number of Female Students Enrollment and Teachers by Level and Type of Schools

单位：万人 (10000 persons)

| 指标 | Item | 1995 | 2000 | 2005 | 2010 | 2011 |
|---|---|---|---|---|---|---|
| **女在校学生数 (万人)** | Number of Female Students in Schools (10000 persons) | | | | | |
| 普通高等教育本、专科 | Regular Institutions of Higher Education | 6.79 | 16.32 | 53.99 | 81.46 | 82.21 |
| 普通中等专业学校 | Regular Specialized Secondary Schools | 16.19 | 23.17 | 35.78 | 33.96 | 31.82 |
| 普通中学 | Regular Secondary Schools | 139.72 | 166.00 | 224.09 | 168.64 | 156.55 |
| 职业高中 | Vocational Senior Secondary Schools | 12.30 | 7.23 | 16.51 | 11.92 | 9.31 |
| 小　学 | Primary Schools | 306.29 | 338.08 | 222.77 | 180.74 | 185.77 |
| **女在校学生占在校学生总数 (%)** | **Percentage of Female Students in Schools to Total Students (%)** | | | | | |
| 普通高等教育本、专科 | Regular Institutions of Higher Education | 32.6 | 38.1 | 46.6 | 49.4 | 49.5 |
| 普通中等专业学校 | Regular Specialized Secondary Schools | 50.8 | 53.1 | 54.1 | 49.7 | 50.1 |
| 普通中学 | Regular Secondary Schools | 44.1 | 44.4 | 45.6 | 45.8 | 46.1 |
| 职业高中 | Vocational Senior Secondary Schools | 46.9 | 43.3 | 46.8 | 46.1 | 46.1 |
| 小　学 | Primary Schools | 47.5 | 47.1 | 45.9 | 45.3 | 45.4 |
| **女专任教师数 (万人)** | Number of Full Time Female Teachers (10000 persons) | | | | | |
| 普通高等学校 | Regular Institutions of Higher Education | 0.76 | 1.14 | 2.77 | 4.55 | 4.65 |
| 普通中等专业学校 | Regular Specialized Secondary Schools | 0.52 | 0.58 | 0.69 | 1.26 | 1.43 |
| 普通中学 | Regular Secondary Schools | 5.58 | 7.69 | 11.86 | 13.35 | 13.40 |
| 职业高中 | Vocational Senior Secondary Schools | 0.63 | 0.81 | 0.75 | 0.71 | 0.58 |
| 小　学 | Primary Schools | 11.64 | 13.93 | 14.08 | 14.77 | 15.03 |
| **女专任教师占专任教师总数 (%)** | **Percentage of Full Time Female Teachers to Total Teachers (%)** | | | | | |
| 普通高等学校 | Regular Institutions of Higher Education | 27.8 | 34.5 | 41.2 | 44.6 | 44.8 |
| 普通中等专业学校 | Regular Specialized Secondary Schools | 39.9 | 42.0 | 48.6 | 52.0 | 52.6 |
| 普通中学 | Regular Secondary Schools | 29.5 | 35.6 | 42.4 | 46.9 | 47.5 |
| 职业高中 | Vocational Senior Secondary Schools | 32.4 | 39.4 | 43.6 | 47.9 | 48.4 |
| 小　学 | Primary Schools | 42.5 | 48.2 | 53.8 | 59.2 | 60.1 |

注：2000 年以前职业高中为职业中学数据。

Note: Before 2000, the figure of vocational senior secondary schools was vocational secondary school.

## 15－18　普通高等教育分科在校学生数
## Student Enrollment in Regular Higher Education by Field of Study

单位:人　　　　　　　　　　　　　　　　　　　　　　　　　　　　　(person)

| 项　　目 | Item | 2005 | 2006 | 2007 | 2008 | 2009 | 2010 | 2011 |
|---|---|---|---|---|---|---|---|---|
| **合　计** | **Total** | **640335** | **709884** | **782871** | **848248** | **896494** | **944090** | **968097** |
| 哲　学 | Philosophy | 309 | 298 | 368 | 434 | 459 | 468 | 454 |
| 经济学 | Economics | 35346 | 40022 | 44944 | 50796 | 54969 | 57042 | 57575 |
| 法　学 | Law | 22664 | 23196 | 23289 | 22879 | 22755 | 24085 | 25118 |
| 教育学 | Education | 15745 | 16786 | 16931 | 17595 | 18709 | 19794 | 20911 |
| 文　学 | Literature | 86917 | 100800 | 115453 | 129733 | 136626 | 142794 | 144540 |
| 历史学 | History | 2215 | 2226 | 2193 | 2480 | 2640 | 2867 | 2930 |
| 理　学 | Science | 69390 | 73186 | 76254 | 79390 | 80457 | 83703 | 84307 |
| 工　学 | Engineering | 249706 | 278522 | 308166 | 333197 | 354735 | 373760 | 386020 |
| 农　学 | Agriculture | 9043 | 9636 | 10800 | 11649 | 12577 | 13211 | 13251 |
| 医　学 | Medicine | 44993 | 48874 | 50961 | 51441 | 52103 | 52918 | 53388 |
| 管理学 | Management | 104007 | 116338 | 133512 | 148654 | 160464 | 173448 | 179603 |

## 15－19　普通高等教育分科招生数
## New Student Enrollment in Regular Higher Education by Field of Study

单位:人　　　　　　　　　　　　　　　　　　　　　　　　　　　　　(person)

| 项　　目 | Item | 2005 | 2006 | 2007 | 2008 | 2009 | 2010 | 2011 |
|---|---|---|---|---|---|---|---|---|
| **合　计** | **Total** | **182726** | **190628** | **217291** | **221663** | **228797** | **237150** | **255329** |
| 哲　学 | Philosophy | 89 | 104 | 119 | 167 | 110 | 122 | 98 |
| 经济学 | Economics | 9836 | 11124 | 13157 | 13961 | 13248 | 13567 | 15030 |
| 法　学 | Law | 6151 | 5325 | 5523 | 5563 | 6031 | 6658 | 6964 |
| 教育学 | Education | 4157 | 4295 | 4191 | 4144 | 4885 | 5280 | 6408 |
| 文　学 | Literature | 26305 | 28490 | 33468 | 34482 | 33708 | 35011 | 38052 |
| 历史学 | History | 587 | 506 | 626 | 743 | 752 | 724 | 723 |
| 理　学 | Science | 19346 | 18747 | 20208 | 20686 | 21363 | 21747 | 22486 |
| 工　学 | Engineering | 72122 | 75836 | 86400 | 87192 | 92516 | 94588 | 102161 |
| 农　学 | Agriculture | 2532 | 2683 | 3165 | 2981 | 3453 | 3341 | 3368 |
| 医　学 | Medicine | 11081 | 11041 | 11170 | 10538 | 11340 | 11812 | 12284 |
| 管理学 | Management | 30520 | 32477 | 39264 | 41206 | 41391 | 44300 | 47755 |

## 15－20 普通高等教育分科毕业生数 Graduates of Regular Higher Education by Field of Study

单位:人 (person)

| 项 目 | Item | 2005 | 2006 | 2007 | 2008 | 2009 | 2010 | 2011 |
|---|---|---|---|---|---|---|---|---|
| **合 计** | **Total** | **119375** | **126203** | **145749** | **163807** | **186754** | **198903** | **225510** |
| 哲 学 | Philosophy | 35 | 75 | 39 | 85 | 68 | 83 | 107 |
| 经济学 | Economics | 6276 | 6984 | 8492 | 9089 | 10930 | 12301 | 14390 |
| 法 学 | Law | 4760 | 5069 | 5614 | 5929 | 6330 | 5477 | 5665 |
| 教育学 | Education | 3386 | 3482 | 4094 | 3751 | 4442 | 4733 | 4671 |
| 文 学 | Literature | 16263 | 17269 | 20884 | 23488 | 28132 | 31239 | 35972 |
| 历史学 | History | 656 | 513 | 601 | 499 | 573 | 502 | 641 |
| 理 学 | Science | 13757 | 15318 | 16312 | 17155 | 18921 | 18337 | 19575 |
| 工 学 | Engineering | 47256 | 48258 | 55841 | 64303 | 72799 | 77494 | 88383 |
| 农 学 | Agriculture | 2179 | 1960 | 1950 | 2150 | 2488 | 2714 | 3157 |
| 医 学 | Medicine | 6637 | 7149 | 8711 | 9646 | 10272 | 11131 | 11262 |
| 管理学 | Management | 18170 | 20126 | 23211 | 27712 | 31799 | 34892 | 41687 |

## 15－21 每万人口在校学生数和中小学升学情况 Number of Students Per 10000 Population and Enrollment Rate of Secondary and Primary Schools

| 年 份 Year | 平均每万人口中 Number of Students per 10000 Population | | | 小学学龄儿童入学率(%) Enrollment Rate of School-age Children (%) | 小学毕业生升学率(%) Primary school Graduates Entering into Junior Secondary Schools (%) | 初中毕业生升学率(%) Junior Secondary Graduates Entering into Senior Secondary Schools (%) |
|---|---|---|---|---|---|---|
| | 大学生(人) University and College Students (person) | 中学生(人) Secondary School Students (person) | 小学生(人) Primary School Students (person) | | | |
| 1978 | 10.4 | 667.9 | 1489.3 | 96.7 | 90.3 | 42.3 |
| 1980 | 14.2 | 553.8 | 1409.4 | 97.1 | 81.3 | 28.4 |
| 1985 | 19.2 | 492.3 | 1091.1 | 99.5 | 74.2 | 29.5 |
| 1989 | 23.0 | 426.4 | 980.9 | 98.8 | 79.8 | 38.2 |
| 1990 | 21.7 | 460.3 | 904.8 | 99.9 | 82.0 | 39.6 |
| 1991 | 21.1 | 467.4 | 869.1 | 99.3 | 84.2 | 40.0 |
| 1992 | 22.1 | 476.6 | 846.5 | 99.5 | 85.9 | 41.8 |
| 1993 | 25.9 | 481.3 | 853.9 | 99.4 | 88.0 | 45.4 |
| 1994 | 28.7 | 503.8 | 877.7 | 99.4 | 93.5 | 51.1 |
| 1995 | 29.5 | 530.5 | 912.5 | 99.8 | 96.6 | 56.8 |
| 1996 | 31.0 | 549.1 | 967.4 | 99.8 | 96.6 | 61.2 |
| 1997 | 33.4 | 547.9 | 1024.6 | 99.8 | 97.1 | 63.8 |
| 1998 | 38.0 | 550.3 | 1046.8 | 99.8 | 97.5 | 62.4 |
| 1999 | 49.8 | 565.8 | 1027.6 | 99.8 | 97.2 | 65.1 |
| 2000 | 61.7 | 592.3 | 980.7 | 99.8 | 97.2 | 68.5 |
| 2001 | 79.6 | 643.1 | 933.4 | 98.7 | 97.9 | 73.9 |
| 2002 | 94.9 | 710.7 | 860.6 | 99.6 | 98.2 | 78.6 |
| 2003 | 116.1 | 761.3 | 782.3 | 99.6 | 98.7 | 83.2 |
| 2004 | 133.8 | 795.3 | 710.7 | 99.7 | 98.8 | 84.8 |
| 2005 | 155.2 | 793.3 | 649.6 | 99.8 | 99.8 | 89.6 |
| 2006 | 173.0 | 775.1 | 603.7 | 99.9 | 100.0 | 93.5 |
| 2007 | 193.1 | 740.8 | 562.9 | 99.6 | 100.0 | 95.7 |
| 2008 | 204.9 | 697.7 | 531.6 | 99.9 | 100.0 | 96.0 |
| 2009 | 214.0 | 642.6 | 512.7 | 99.9 | 100.0 | 97.3 |
| 2010 | 209.6 | 588.1 | 506.8 | 99.9 | 100.0 | 97.5 |
| 2011 | 227.1 | 430.2 | 518.6 | 99.9 | 100.0 | 97.7 |

# 15－22 各级学校教师负担学生数
# Student-teacher Ratio by Level of School

| 年 份<br>Year | 普通高等学校<br>Institutions of Regular Higher Education | | 普通中等学校<br>Regular Secondary Schools | | 小 学<br>Primary Schools | |
|---|---|---|---|---|---|---|
| | 教师数(万人)<br>Number of Teachers (10000 persons) | 平均每个教师负担学生数(人)<br>Student-teacher Ratio(person) | 教师数(万人)<br>Number of Teachers (10000 persons) | 平均每个教师负担学生数(人)<br>Student-teacher Ratio(person) | 教师数(万人)<br>Number of Teachers (10000 persons) | 平均每个教师负担学生数(人)<br>Student-teacher Ratio(person) |
| 1978 | 1.34 | 4.5 | 16.75 | 23.3 | 27.07 | 32.1 |
| 1980 | 1.59 | 5.3 | 16.83 | 19.5 | 27.97 | 29.9 |
| 1985 | 2.30 | 5.2 | 16.53 | 18.5 | 25.91 | 26.2 |
| 1989 | 2.79 | 5.3 | 19.00 | 16.0 | 26.74 | 23.6 |
| 1990 | 2.76 | 5.3 | 19.63 | 15.9 | 26.95 | 22.7 |
| 1991 | 2.76 | 5.2 | 20.06 | 15.9 | 27.00 | 22.0 |
| 1992 | 2.70 | 5.7 | 20.32 | 16.2 | 26.66 | 21.9 |
| 1993 | 2.70 | 6.7 | 20.71 | 16.2 | 25.59 | 23.2 |
| 1994 | 2.73 | 7.4 | 21.28 | 16.6 | 26.95 | 22.9 |
| 1995 | 2.73 | 7.6 | 22.16 | 16.9 | 27.35 | 23.6 |
| 1996 | 2.74 | 8.1 | 22.82 | 17.1 | 27.96 | 24.6 |
| 1997 | 2.79 | 8.6 | 23.26 | 16.8 | 28.32 | 25.9 |
| 1998 | 2.86 | 9.6 | 23.57 | 16.8 | 28.20 | 26.7 |
| 1999 | 3.04 | 11.8 | 24.10 | 16.9 | 28.41 | 26.1 |
| 2000 | 3.31 | 13.7 | 25.02 | 17.3 | 28.90 | 24.9 |
| 2001 | 3.80 | 15.4 | 25.96 | 18.2 | 28.84 | 23.8 |
| 2002 | 4.43 | 15.8 | 27.38 | 19.2 | 27.95 | 22.7 |
| 2003 | 4.98 | 18.3 | 28.74 | 19.6 | 26.84 | 21.6 |
| 2004 | 5.90 | 18.0 | 30.19 | 19.6 | 29.22 | 19.9 |
| 2005 | 6.73 | 18.4 | 31.14 | 19.0 | 26.16 | 18.6 |
| 2006 | 7.84 | 17.8 | 31.92 | 18.3 | 26.05 | 17.5 |
| 2007 | 8.86 | 17.7 | 32.30 | 17.5 | 25.83 | 16.6 |
| 2008 | 9.63 | 17.4 | 32.51 | 16.5 | 25.47 | 16.0 |
| 2009 | 9.99 | 17.7 | 32.54 | 15.3 | 25.47 | 15.6 |
| 2010 | 10.20 | 17.4 | 32.36 | 14.3 | 24.96 | 16.0 |
| 2011 | 10.39 | 17.3 | 32.14 | 13.2 | 25.01 | 16.4 |

# 主要统计指标解释

**科技活动** 指在自然科学、农业科学、医药科学、工程与技术科学、人文与社会科学领域(简称科学技术领域)中,与科技知识的产生、发展、传播和应用密切相关的有组织的活动。可分为研究与试验发展(R&D)、研究与试验发展成果应用及相关的科技服务三类活动。

**科技活动人员** 指直接从事科技活动、以及专门从事科技活动管理和为科技活动提供直接服务的人员。累计从事科技活动的实际工作时间占全年制度工作时间10%及以上的人员。(1)直接从事科技活动的人员包括:在独立核算的科学研究与技术开发机构、高等学校、各类企业及其他事业单位内设的研究室、实验室、技术开发中心及中试车间(基地)等机构中从事科技活动的研究人员、工程技术人员、技术工人及其它人员;虽不在上述机构工作,但编入科技活动项目(课题)组的人员;科技信息与文献机构中的专业技术人员;从事论文设计的研究生等。(2)专门从事科技活动管理和为科技活动提供直接服务的人员包括:独立核算的科学研究与技术开发机构、科技信息与文献机构、高等学校、各类企业及其他事业单位主管科技工作的负责人,专门从事科技活动的计划、行政、人事、财务、物资供应、设备维护、图书资料管理等工作的各类人员,但不包括保卫、医疗保健人员、司机、食堂人员、茶炉工、水暖工、清洁工等为科技活动提供间接服务的人员。

**科学家与工程师** 指科技活动人员中具有高、中级技术职称(职务)的人员和不具有高、中级技术职称(职务)的大学本科及以上学历人员。

**研究与试验发展(R&D)** 指在科学技术领域,为增加知识总量、以及运用这些知识去创造新的应用而进行的系统的创造性的活动,包括基础研究、应用研究、试验发展三类活动。

**基础研究** 指为了获得关于现象和可观察事实的基本原理的新知识(揭示客观事物的本质、运动规律,获得新发现、新学说)而进行的实验性或理论性研究,它不以任何专门或特定的应用或使用为目的。其成果以科学论文和科学著作为主要形式。

**应用研究** 指为获得新知识而进行的创造性研究,主要针对某一特定的目的或目标。应用研究是为了确定基础研究成果可能的用途,或是为达到预定的目标探索应采取的新方法(原理性)或新途径。其成果形式以科学论文、专著、原理性模型或发明专利为主。

**试验发展** 指利用从基础研究、应用研究和实际经验所获得的现有知识,为产生新的产品、材料和装置,建立新的工艺、系统和服务,以及对已产生和建立的上述各项作实质性的改进而进行的系统性工作。其成果形式主要是专利、专有技术、具有新产品基本特征的产品原型或具有新装置基本特征的原始样机等。在社会科学领域,试验发展是指把通过基础研究、应用研究获得的知识转变成可以实施的计划(包括为进行检验和评估实施示范项目)的过程。人文科学领域没有对应的试验发展活动。

**研究与试验发展人员** 指参与研究与试验发展项目研究、管理和辅助工作的人员,包括项目(课题)组人员,企业科技行政管理人员和直接为项目(课题)活动提供服务的辅助人员。

**研究与试验发展人员全时当量** 指全时人员数加非全时人员按工作量折算为全时人员数的总和。例如:有两个全时人员和三个非全时人员(工作时间分别为20%、30%和70%),则全时当量为2+0.2+0.3+0.7=3.2人年。

**专业技术人员** 指从事专业技术工作和专业技术管理工作的人员,即企事业单位中已经聘任专业技术职务从事专业技术工作和专业技术管理工作的人员,以及未聘任专业技术职务,现在专业技术岗位上工作的人员。包括工程技术人员,农业技术人员,科学研究人员,卫生技术人员,教学人员,经济人员,会计人员,统计人员,翻译人员,图书资料、档案、文博人员,新闻出版人员,律师、公证人员,广播电视播音人员,工艺美术人员,体育人员,艺术人员及企业政治思想工作人员,共十七个专业技术职务类别。

**科技活动经费筹集** 指从各种渠道筹集到的计划用于科技活动的经费,包括政府资金、企业资金、事业单位资金、金融机构贷款、国外资金和其他资金等。

**政府资金** 指从各级政府部门获得的计划用于科技活动的经费,包括科学事业费、科技三项费、科研基建费、科学基金、教育等部门事业费中计划用于科技活动的经费以及政府部门预算外资金中计划用于科技活动的经费等。

**企业资金** 指从自有资金中提取或接受其他企业委托的、科研院所和高校等事业单位接受企业委托获得的,计划用于科研和技术开发的经费。不包括来自政府、金融机构及国外的计划用于科技活动的资金。

**金融机构贷款** 指从各类金融机构获得的用于科技活动的贷款。

**科技活动经费内部支出** 指报告年内用于科技活动的实际支出包括劳务费、科研业务费、科研管理费,非基建投资购建的固定资产、科研基建支出以及其他用于科技活动的支出。不包括生产性活动支出、归还贷款支出及转拨外单位支出。

**劳务费** 指以货币或实物形式直接或间接支付给从事科技活动人员的劳动报酬及各种费用。包括各种形式的工资、津贴、奖金、福利、离退休人员费用、人民助学金等。

**固定资产购建费** 指报告年内使用非基建投资购建的固定资产和用于科研基建投资的实际支出额，即固定资产实际支出和科研基建投资实际完成额之和。固定资产是指长期使用而不改变原有实物形态的主要物资设备、图书资料、实验材料和标本以及其他设备和家具、房屋、建筑物。

**新产品** 指采用新技术原理、新设计构思研制、生产的全新产品，或在结构、材质、工艺等某一方面比原有产品有明显改进，从而显著提高了产品性能或扩大了使用功能的产品。既包括政府有关部门认定并在有效期内的新产品，也包括企业自行研制开发，未经政府有关部门认定，从投产之日起一年之内的新产品。

**专利** 是专利权的简称，是对发明人的发明创造经审查合格后，由专利局依据专利法授予发明人和设计人对该项发明创造享有的专有权。包括发明、实用新型和外观设计。

**发明** 指对产品、方法或者其改进所提出的新的技术方案。

**实用新型** 指对产品的形状、构造或者其结合所提出的适于实用的新的技术方案。

**外观设计** 指对产品的形状、图案、色彩或者其结合所作出的富有美感并适于工业上应用的新设计。

**普通高等学校** 指按照国家规定的设置标准和审批程序批准举办，通过国家统一招生考试，招收高中毕业生为主要培养对象，实施高等学历教育的全日制大学、独立设置的学院和高等专科学校、高等职业学校和其他机构。

**成人高等学校** 指按照国家规定的设置标准和审批程序批准举办的，通过全国成人高等教育统一招生考试，招收具有高中毕业或同等学历的人员为主要培养对象，利用脱产、业余或函授等多种形式对其实施高等学历教育的学校。包括广播电视大学、职工高等学校、农民高等学校、管理干部学院、教育学院、独立函授学院、其他机构。

**小学学龄儿童入学率** 指调查范围内已入小学学习的学龄儿童占校内外学龄儿童总数（包括弱智儿童，不包括盲聋哑儿童）的比重。计算公式为：

小学学龄儿童入学率 = 已入学的小学学龄儿童数/校内外小学学龄儿童总数 × 100%

## Explanatory Notes on Main Statistical Indicators

**Scientific and Technological Activities(S&T Activities)** refer to organized activities which are closely related with the creation, development, dissemination and application of the scientific and technical knowledge in the fields of natural sciences, agricultural science, medical science, engineering and technological science, humanities and social sciences (referred to as scientific and technological fields). S&T activities can be classified in to 3 categories: research and development(R&D) activities, application of R&D results, and related S&T services.

**Personnel Engaged in S&T Activities** refer to personnel directly engaged in S&T activities, in the management of S&T activ—ities, and in providing direct service to S&T activities, who spend over 10% of the total working hours in a year in S&T activities. (1) Personnel directly engaged in S&T activities include researchers, engineers, technicians and other related personnel engaged in S&T activities in independent—accounting R&D institutions, institutions of higher learning, and in research institutes, laboratories, technology development centers and central experiment workshops under enterprises and institutions. Also included are people working in S&T research project teams, professional and technical personnel working in S&T information archiving institutes, and graduate students working on the design of their thesis. (2) Personnel engaged in the management of S&T activities and in providing direct service to S&T activities include senior management people responsible for S&T activities in independent-accounting R&D institutions, S&T infor-mation archiving institutes, institutions of higher learning, and in enterprises and institutions where S&T activities are undertaken. Also included are people responsible for the planning, administration, personnel management, financial management, logistics supply, equipment maintenance, information and library management that are related with S&T activities. People providing indirect services are excluded, such as security, medical service, drivers, plumbers, cleaners and those providing catering and related service.

**Scientists and Engineers** refer to persons engaged in S&T activities who have obtained titles of senior and middle level professional positions, and those without such position but have completed university or higher education.

**Research and Development(R&D)** refers to systematic and creative activities in the field of science and technology aiming at increasing the knowledge and using the knowledge for new application. R&D includes 3 categories of activities: basic research, applied research and experiments and development.

**Basic Research** refers to empirical or theoretical research aiming at obtaining new knowledge on the fundamental principles of phenomena of observable facts to reveal the nature and law of movement of objects and to acquire new discoveries or new theories. Basic research takes no specific or designated application as the aim of the research. Results of basic research are mainly released or disseminated in the form of scientific papers or monographs.

**Applied research** refers to creative research aiming at obtaining new knowledge on a specific objective or target. Purpose of the applied research is to identify the possible use of results from basic research, or to explore new (fundamental) methods or new approaches. Results of applied research are expressed in the form of scientific papers, monographs, fundamental models or invention patents.

**Experiments and Development** refer to systematic activities aiming at using the knowledge from basic and applied researches or from practical experience to develop new products, materials and equipment, to establish new production process, systems and services, or to make substantial improvement on the existing products, process or services. Results of experiment and development activities are embodied in patents, exclusive technology, monotype of new products or equipment. In social sciences, experiment and development activities refer to the process of converting the knowledge from basic or applied researches into feasible programmes (including conduct of demonstration projects for assessment and evaluation). There is no experiment and development activities in the science of humani-ties. R&D Personnel refer to persons engaged in research, management and supporting activities of R&D, including persons in the project teams, persons engaged in the management of S&T activities of enterprises and supporting staff providing direct service to the research projects.

**R&D Personnel** refer to persons engaged in reasearch, management and supporting activities of R&D, including persons in project teams, persons engaged in management of S&T activities of enterprises and supporting staff providing direct service to the research projects.

**Full-time Equivalent of R&D Personnel** refers to the sum of the full-time persons and the full-time equivalent of part-time persons converted by workload. For instance, if there are 2 full-time persons and 3 part-time workers (20%, 30% and 70% of working hours respectively on R&D activities), the full-time equivalent is 2 + 0.2 + 0.3 + 0.7 = 3.2 person-years.

**Professional and Technical Personnel** refer to person engaged in professional and technical work or in the management of professional and technical activities, i. e., people with professional or technical positions who are engaged in professional and technical work or in the management of professional and technical activities, and people without professional or technical positions but are working on professional or technical posts. They include professionals and technicians working in 17 categories of technical occupations including engineering, agriculture, scientific researches, medical service, teaching, economic research and application, accounting, statistics, translation, libraries, archives, cultural and museum service, journalism and publication, lawyers, notarization service, radio and television broadcasting, handicraft and fine arts, sports, performing art, and political workers in enterprises.

**Funding for S&T Activities** refers to funds obtained from various sources for S&T activities, including government funds, self-raised funds by enterprises, self-raised funds by institutions, loans from financial institutions, foreign funds and other funds.

**Government Funds** refer to funds obtained from government agencies at all levels to be used for S&T activities, including fund for scientific undertakings, 3 kinds of fund for S&T activities, fund for capital construction for scientific researches, science fund, funds from education expenditures by education departments for S&T activities, and extra-budget fund from government agencies for S&T activities.

**Self-raised Funds by Enterprises** refers to self-raised funds by enterprises from their own expenditure or from other enterprises and funds received by universities or research institutions from enterprises for scientific research or technical development projects. Excluded in this category are funds from government agencies, financial institutions or from foreign institutions. Loans from Financial Institutions refer to loans from various financial institutions for S&T activities.

**Loans from Financial Institutions** refer to loans from various financial institutions for S&T activities.

**Total Internal Expenditure of Funds on R&D** refers to the real expenditure of surveyed units on their own R&D activities (basic research, application study, test and development) including direct expenditure on R&D activities, indirect expendure of management and services on R&D activities, expenditure on capital construction and material processing by others. Excluding the expenditure on production activities, return of loan, and fees transferred to cooperated and entrusted agencies on R&D activities.

**Service Fees** refer to direct or indirect payment, in cash or in kind, made to personnel engaged in S&T activities as remuneration and other fees. They include, in various forms, salaries, subsidies, bonus, benefits, retirement pension, stipend, etc.

**Purchase or Construction of Fixed Assets** refers to the fixed assets purchased or constructed using funds other than the investment in capital construction, and the actual expenditure on capital construction for scientific researches. In other words, it is the sum of the actual expenditure on fixed assets and the accomplished investment in capital construction for scientific researches. Fixed assets refer to main materials and equipment, literatures and documents in libraries, materials for experiments, specimen, instruments, furniture, buildings and constructions that can be used for a long time without changing the form and shape of those articles or constructions.

**New Products** refer to new products produced with new technology and new design, or products that represent noticeable improvement in terms of structure, material, or production process so as to improve significantly the character or function of the older versions. They include new products certified by relevant government agencies within the period of certification, as well as new products designed and produced by enterprises within a year without certification by government agencies.

**Patent** is an abbreviation for the patent right and refers to the exclusive right of ownership by the inventors or designers for the creation or inventions, given from the patent offices after due process of assessment and approval in accordance with the Patent Law.

Patents are granted for inventions, utility models and designs.

**Inventions** refer to the new technical proposals to the products or methods or their modifications.

**Utility Models** refer to the practical and new technical proposals on the shape and structure of the product or the combination of both.

**Designs** refer to the aesthetics and industrially applicable new designs for the shape, pattern and color of the product, or their combinations.

**Regular Institutions of Higher Learning** refer to educational establishments set up according to the government evaluation and approval procedures, enrolling graduates from senior secondary schools and providing higher education courses and training for senior professionals. They include full-time universities, colleges, high professional schools, high vocatoinal universities and other institutions.

**Institutions of Higher Learning for Adults** refer to educational establishments, set up in line with the government evalution and approval procedures, enrolling personnels with senior secondary school or equivalent education as main training objects, and providing higher education courses in many forms of full time, spare time, or correspondence for adults. Institutions of higher learning for adults include Radio and TV universities, schools of high education for staff and workers and peasants, colleges for management cadres, pedagogical colleges, independent correspondence colleges and other institutions.

**Enrollment Rate of Primary School Age Children** refers to the proportion of school age children enrolled at schools to the total number of school age children both in and outside schools (including retarded children, but excluding blind, deaf and mute children). The formula is:

Enrollment Rate of Primary School-age Children = (Total Primary School—age Children at Schools) (Total Primary School age Children Both at and outside Schools) 100%

# 16

# 文化、体育、卫生
# Culture, Sports and Public Health

# 简 要 说 明

**一、本篇资料的主要内容**

本篇主要反映文化、新闻出版、广播电影电视、体育、卫生事业的发展情况。

文化部分主要包括文化艺术和文物机构人员情况，群众艺术馆、文化馆站、公共图书馆业务活动及经费情况；新闻出版部分包括报纸、期刊、图书出版情况；广播电影电视部分包括广播、电视事业发展情况，广播、电视节目制作时间；体育部分主要内容包括体育系统职工人数，等级运动员、裁判员人数，运动员在各级比赛中获奖牌情况；卫生部分主要内容有卫生机构、人员、床位数，医院诊疗人次及入院人数，主要疾病死亡原因及构成，传染病的发病及死亡等情况。

**二、本篇的资料来源**

根据各部门制定的统计报表制度汇总加工整理而成。文化艺术业、文物业、图书馆业、群众文化服务业的资料主要来自省文化厅；新闻出版资料来自省新闻出版局；广播、电视资料来自省广播电影电视局；体育资料来自省体育局；卫生部分的资料来自省卫生厅。

## Brief Introduction

**I. Main Contents**

Data in this chapter mainly reflect the development of culture; news and publication; radio broadcasting; films and television; sports; and public health.

Data on culture cover mainly information on institution and personnel of cultural and cultural relics; mass art centers; cultural centers (stations); facilities, services and expenditures of public libraries; Press and Publication section includes newspaper, periodicals and books published; Part of Radio, Film and TV includes broadcasting and television stations; production of broadcasting and TV programs.

Data on sports cover number of staff and workers in sports commissions, athletes and referees in grades and awards for athletes in competitions of all levels.

Data on public health include mainly the number of institutions; personnel, hospital beds; number of patients treated and in – patients; major diseases as the causes of death and their proportions in total deaths; the incidence of and the deaths caused by infections diseases.

**II. Sources of Data**

Data are collected and tabulated in accordance with the statistic reporting schemes stipulated by the departments concerned. Data on cultural and arts, Cultural relics, libraries and mass culture are mainly from Provincial Department of Culture; data on journalism are from Provincial bureau of Press and Publication; data on broadcasting and television are from provincial Administration of Radio, Film and Television; data on sports are from Province sports bureau; data on public heath are from provincial bureau of health.

# 16－1 文化艺术和文物事业机构、人员情况
## Number of Cultural Institution and Personnel

| 项目 | Item | 机构数(个) Institution (unit) 2010 | 2011 | 从业人员(人) Personnel (person) 2010 | 2011 |
|---|---|---|---|---|---|
| **总计** | **Total** | **18447** | **17903** | **128369** | **131072** |
| 艺术业 | Art | 564 | 544 | 12256 | 12425 |
| #艺术创作机构 | Art Creation Institutions | 64 | 64 | 384 | 399 |
| #艺术表演团体 | Art Performance Troupes | 399 | 370 | 8866 | 9159 |
| 话剧、儿童剧、滑稽剧团 | Drama, Plays for Children and Comedy Troupes | 7 | 6 | 203 | 205 |
| 歌剧、舞剧、歌舞剧团 | Opera, Ballet and Dance Troupes | 0 | 2 | 0 | 134 |
| 歌舞团、轻音乐团 | Song and Dance Troupes, Light Music Troupes | 104 | 116 | 2016 | 2106 |
| 乐团 | Philharmonic and Chorus Troupes | 8 | 6 | 225 | 194 |
| 戏曲剧团 | Local Opera Troupes | 144 | 127 | 3270 | 3355 |
| 曲、杂、木、皮团 | Recitation and Ballad Troupes, Acrobatics and Circus Troupes, Puppet Show Troupes and Shadow Play Troupes | 63 | 48 | 919 | 972 |
| 综合性剧团 | Comprehensive Art Centers | 73 | 65 | 2233 | 2193 |
| #艺术表演场馆 | Art Centers | 101 | 110 | 3006 | 2867 |
| #剧场、影剧院 | Theaters and Music Halls | 80 | 88 | 1527 | 1800 |
| 图书馆业 | Libraries | 111 | 112 | 2838 | 2932 |
| #少儿图书馆 | Children's Libraries | 6 | 6 | 45 | 52 |
| 群众文化服务业 | Mass Culture | 1442 | 1429 | 6457 | 6557 |
| 群众艺术馆、文化馆 | Mass Art Centers | 118 | 117 | 1955 | 1990 |
| 文化站 | Cultural Stations | 1324 | 1312 | 4502 | 4567 |
| #乡镇文化站 | Township Cultural Stations | 1017 | 992 | 3478 | 3509 |
| 艺术教育业 | Art Education | 17 | 16 | 828 | 892 |
| 中等专业学校 | Secondary Art Schools | 8 | 8 | 698 | 751 |
| 其他教育机构 | Others | 9 | 8 | 130 | 141 |
| 文化市场经营单位 | Business Units Deding in Cultural Market | 15410 | 15074 | 78852 | 82485 |
| 文艺科研 | Art Research Institutions | 10 | 11 | 111 | 110 |
| 其他文化产业 | Others | 583 | 387 | 20017 | 20311 |
| 艺术展览机构 | Art Exhibition Agency | 8 | 10 | 130 | 145 |
| 其他 | Others | 575 | 377 | 19887 | 20166 |
| 非文化产业 | Non-cultural Industry | 15 | 2 | 2126 | 24 |
| 文物业 | Cultural Relic Industry | 295 | 328 | 4884 | 5336 |
| 文物保护管理机构 | Agencies of Historical Relics Preservation | 60 | 59 | 299 | 356 |
| 文物科研及其他文物机构 | Research and Other Historical Relics Agencies | 14 | 16 | 145 | 153 |
| 博物馆 | Museums | 213 | 245 | 4190 | 4593 |
| 综合类 | Comprehensive | 60 | 63 | 1730 | 1712 |
| 历史类 | History | 90 | 114 | 1718 | 2098 |
| 艺术类 | Arts | 46 | 49 | 536 | 583 |
| 自然科技类 | Natural Science and Technology | 8 | 8 | 72 | 75 |
| 其他 | Other | 9 | 11 | 134 | 125 |
| 文物商店 | Cultural Relics Shops | 8 | 8 | 250 | 234 |

# 16－2 群众艺术馆、文化馆站业务活动及经费情况（2011年）

## Basic Statistics on Activities and Expenditures of Mass Art Centers and Cultural Centers（2011）

| 项目 | Item | 总计 Total | 群众艺术馆、文化馆 Mass Art Centers | 文化站 Cultural Stations |
|---|---|---|---|---|
| 单位数（个） | Number of Units (unit) | 1429 | 117 | 1312 |
| 举办展览（个） | Number of Exhibitions (unit) | 6952 | 989 | 5963 |
| 组织文艺活动（次） | Art Performances and Story－telling Sessions (times) | 30534 | 7218 | 23316 |
| 举办训练班班次（次） | Number of Training Classes (times) | 15768 | 3867 | 11901 |
| 举办训练班结业人次（万人次） | Number of Persons Completing Courses (10000 person-times) | 119 | 23 | 96 |
| 由群众艺术馆、文化馆（站）指导的单位（个） | Units Responsible for Guiding Mass Art Center and Cultural Centers (unit) | 14308 | 2765 | 11543 |
| 馆办文艺团体（个） | Art Groups Run by Cultural Centers (unit) | 378 | 378 | |
| 馆办老年大学（个） | Colleges for Senior Citizens Run by Cultural Centers (unit) | 37 | 37 | |
| 群众业余文艺团队（个） | Part-time Art Groups (unit) | 13893 | 2350 | 11543 |
| 总支出（万元） | Total Expenditures (10000 yuan) | 95451 | 30681 | 64770 |
| #公用支出 | Expanditure for Public Use | | | |
| 维修费 | Maintenance Expenses | | | |

注：本表仅为文化系统内。

Note: The data in this table only refer to those under the administration of the cultural departments.

# 16－3 公共图书馆业务活动及经费情况（2011年）

## Facilities, Services and Expenditures of Public Libraries（2011）

| 项目 | Item | 总计 Total | #省级公共图书馆 Public Libraries at Provincial Level | #县(区)级公共图书馆 Public Libraries at County Level |
|---|---|---|---|---|
| 总藏量（万册、件） | Total Collections (10000 volumes) | 5381.85 | 1047.22 | 2790.77 |
| 书架单层总长度（万米） | Total Length of Bookshelves (10000 m) | 216.39 | 128.00 | 29.88 |
| 累计发放有效借书证数（万个） | Number of Library Cards Distributed Accumulately (10000 units) | 241.73 | 35.67 | 104.17 |
| 书刊文献外借人次（万人次） | Total Number of Circulation Borrowed by the Readers (10000 person-times) | 1544.78 | 74.47 | 889.62 |
| 书刊文献外借册次（万册次） | Number of Books Borrowed by the Readers (10000 volume-times) | 2739.16 | 173.16 | 1516.70 |
| 组织各类讲座次数（次） | Number of Activities Provided for Readers (times) | 2083 | 208 | 1237 |
| 参加人数（万人次） | Number of Readers Involved in Activities (10000 person-times) | 41.98 | 6.10 | 24.56 |
| 举办展览（个） | Number of Show (unit) | 640 | 62 | 400 |
| 参观人次（万人次） | Visitors (10000 person-times) | 119.69 | 26.10 | 53.42 |
| 举办培训班（个） | Number of Training Classes (unit) | 1689 | 92 | 994 |
| 培训人次（万人次） | Training Persons (10000 person-times) | 10.16 | 0.45 | 5.48 |
| 总支出（万元） | Total Expenditures (10000 yuan) | 46285 | 11184 | 18978 |
| #藏量购置费 | Purchase Expenses | 9114 | 4186 | 2521 |
| 本年新购藏量（万册、件） | Number of Books Purchased During the Year (10000 volumes) | 458.47 | 135.31 | 222.91 |
| 公用房屋建筑面积（万平方米） | Floor Space of Public Buildings (10000 sq. m) | 67.76 | 9.60 | 38.57 |
| #书库 | Stack Rooms | 12.76 | 1.03 | 6.78 |
| 阅览室座席（个） | Seating Capacity of Reading Rooms (seats) | 39798 | 3000 | 26070 |

## 16－4 报纸、期刊出版情况（2011 年）

## Basic Statistics on Newspaper and Periodicals Published（2011）

| 指 标 | Item | 种 数（种）Number of Publications（kind） | 总印数（万册、万份）Printed Copies（10000 volumes） | 总印张（万印张）Printed Sheets（10000 sheets） |
|---|---|---|---|---|
| **报 纸** | **Newspapers** | **142** | **284608** | **1422719** |
| **期 刊** | **Periodicals** | **441** | **11601** | **44768** |
| #综 合 | Comprehensiveness | 22 | 29 | 266 |
| 哲学、社会科学 | Philosophy and Social Sciences | 78 | 1213 | 7112 |
| 自然科学、技术 | Natural Sciences and Technology | 253 | 1864 | 8708 |
| 文化、教育 | Culture and Education | 51 | 5135 | 17294 |
| 文学、艺术 | Literature and Art | 27 | 805 | 4685 |
| 画 刊 | Pictorials | 1 | 4.33 | 14.772 |
| **少年儿童读物** | **Children's Reading Material** | **9** | **2552** | **6688** |

## 16－5 图书出版情况（2011 年）

## Basic Statistics on Books Published（2011）

| 指 标 | Item | 出版图书种数（种）Number of Publications（kind） | 总印数（万册）Printed Copies（10000 volumes） | 总印张（万印张）Printed Sheets（10000 sheets） |
|---|---|---|---|---|
| **总 计** | **Total** | **17763** | **54819.8** | **3745419** |
| 马列主义、毛泽东思想 | Marxism-leninism, Mao Zedong Thought | 28 | 22.16 | 4749 |
| 哲学 | Philosophy | 278 | 204.43 | 26605 |
| 社会科学总论 | General Social Sciences | 107 | 57.1 | 7961 |
| 政治、法律 | Politics and Law | 315 | 348.67 | 38336 |
| 军事 | Military Affairs | 40 | 59.31 | 9332 |
| 经济 | Economics | 473 | 202.37 | 33768 |
| 文化、科学、教育、体育 | Culture, Science, Education and Sports | 10044 | 47372.45 | 2912182 |
| 语言、文字 | Languages | 549 | 473.06 | 61786 |
| 文学 | Literature | 1828 | 2383.7 | 288786 |
| 艺术 | Arts | 1057 | 1354.16 | 77458 |
| 历史、地理 | History and Geography | 642 | 554.33 | 82561 |
| 自然科学总论 | General Natural Sciences | 26 | 14.14 | 1069 |
| 数理科学、化学 | Mathematics and Chemistry | 250 | 153.01 | 21171 |
| 天文学、地理科学 | Astronomy and Geology | 59 | 33.72 | 3702 |
| 生物科学 | Biology | 38 | 38.86 | 4281 |
| 医药、卫生 | Medicine and Health Care | 556 | 409.06 | 52629 |
| 农业科学 | Agricultural Science | 279 | 435.34 | 18988 |
| 工业技术 | Industrial Technology | 1023 | 614.89 | 80762 |
| 交通运输 | Transportation | 46 | 25.69 | 3142 |
| 航空、航天 | Aeronautics and Aerospace | 3 | 1.81 | 258 |
| 环境科技 | Environmental Science | 54 | 17.01 | 1782 |
| 综合性图书 | General Books | 68 | 44.53 | 14110 |

注：该表为使用中国标准书号部分。

Note: In this table, the data were used according to the standard serial number of China.

## 16－6 广播、电视事业发展情况
## Basic Statistics on Broadcasting and Television Stations

| 项 目 | Item | 1995 | 2000 | 2005 | 2010 | 2011 |
| --- | --- | --- | --- | --- | --- | --- |
| 职工人数 （人） | Number of Staff and Workers （person） | 21505 | 28208 | 33551 | 48790 | 52399 |
| 广播电台 （座） | Number of Broadcasting Stations （set） | 61 | 14 | 14 | 14 | 14 |
| 中短波发射台及转播台（座） | Number of Transmission and Relaying Stations of Medium and Short Ware Broadcast （set） | 21 | 21 | 21 | 21 | 21 |
| 中短波发射机功率（千瓦） | Power of Transmitters of Medium and Short Ware Broadcast （kW） | 458 | 505 | 542 | 718 | 711 |
| 广播人口覆盖率 （%） | Radio Coverage of Population （%） | 86.9 | 99.6 | 99.7 | 100.0 | 100.0 |
| 电视台 （座） | Number of Television Stations （set） | 52 | 14 | 14 | 14 | 14 |
| 电视发射及转播台（座） | Television Transmission Stations and Relaying Stations （set） | 153 | 147 | 111 | 96 | 83 |
| 发射机功率 （千瓦） | Power of Transmitters （kW） | 419 | 429 | 463 | 520 | 520 |
| 电视人口覆盖率 （%） | TV Coverage of Population （%） | 93.5 | 99.5 | 99.5 | 99.9 | 99.9 |
| 有线电视用户数（万户） | Users of Cable TV （10000 households） |  | 526 | 1076 | 1886 | 1988 |
| 数字电视用户数（万户） | Users of Digital TV （10000 households） |  |  | 14 | 1008 | 1196 |
| 有线电视入户率 （%） | Cable TV Coverage of Households （%） |  | 23.8 | 46.1 | 78.5 | 82.2 |

## 16－7 广播、电视节目制作时间
## Time of Production of Broadcasting and TV Programs

单位：小时 （hour）

| 项 目 | Item | 1995 | 2000 | 2005 | 2010 | 2011 |
| --- | --- | --- | --- | --- | --- | --- |
| **广播节目制作** | **Production of Broadcasting Programs** | **197793** | **335483** | **491458** | **569636** | **580799** |
| #新闻 | News Programs | 24574 | 42722 | 69994 | 100216 | 102619 |
| 专题 | Special Subject Programs | 40465 | 61658 | 148229 | 156430 | 147870 |
| 文艺（综艺） | General Entertainment Programs | 90838 | 129893 | 148248 | 135887 | 150640 |
| 广告 | Advertising Programs |  | 31440 | 57666 | 78699 | 73825 |
| **电视节目制作** | **Production of TV Programs** | **28738** | **42404** | **212222** | **226743** | **191070** |
| #新闻 | News Programs | 4659 | 9460 | 49939 | 46154 | 50623 |
| 专题 | Special Subject Programs | 3854 | 8111 | 36679 | 52894 | 53195 |
| 文艺（综艺） | General Entertainment Programs | 544 | 10311 | 14131 | 54994 | 20453 |
| 广告 | Advertising Programs |  | 7739 | 33596 | 43630 | 32434 |

## 16－8　体育系统职工人数（2011 年）
## Number of Staff and Workers in Sports Commissions (2011)

单位:人　　(person)

| 项目 | Item | 总计 Total | 体育行政机关 Sports Administration | 优秀运动队 Excellent Sports Teams | 体育运动学校 Physical Education and Sports Schools | 业余体校 Spare-time Sports Schools | 体育场馆 Public Stadiums and Gymnasiums | 其他 Others |
|---|---|---|---|---|---|---|---|---|
| **总　计** | **Total** | **9015** | **840** | **1606** | **1259** | **1442** | **981** | **2887** |
| 公务员 | Orderly | 840 | 840 | | | | | |
| 教练员 | Coaches | 1247 | | 175 | 263 | 413 | 70 | 326 |
| 运动员 | Athletes | 1726 | | 826 | 261 | 65 | | 574 |
| 科研人员 | Scientific and Technical Personnel | 148 | | | 27 | 22 | 8 | 91 |
| 医务人员 | Medical Personnel | 114 | | 43 | 21 | 16 | 1 | 33 |
| 文化教师 | Teachers | 879 | | 2 | 326 | 306 | 1 | 244 |
| 管理人员 | Administrative Staff | 1853 | | 177 | 152 | 356 | 463 | 705 |
| 其他人员 | Others | 2208 | | 383 | 209 | 264 | 438 | 914 |

## 16－9　等级运动员、裁判员人数
## Number of Athletes and Referees in Grades

单位:人　　(person)

| 项目 | Item | 1995 | 2000 | 2005 | 2010 | 2011 |
|---|---|---|---|---|---|---|
| **等级运动员发展人数** | **Number of Athletes in Grades** | | | | | |
| 运动健将 | Master of Sports | 54 | 76 | 104 | 72 | 170 |
| 一级 | First Grade | 88 | 200 | 212 | 632 | 206 |
| 二级 | Second Grade | 441 | 1028 | 1992 | 1573 | 1112 |
| **等级裁判员发展人数** | **Number of Referees in Grades** | | | | | |
| 国家(际)级 | National (International) Referees | 16 | 30 | 48 | 39 | 42 |
| 一级 | First Grade | 157 | 194 | 242 | 782 | 782 |
| 二级 | Second Grade | 408 | 779 | 1780 | 3438 | 2468 |

注：2011 年始运动健将包含国际级运动健将。
Note: From the 2011, Athlete inculdes World－Class.

## 16－10　运动员在各级比赛中获奖牌情况(2011 年)
## Awards for Athletes in Competitions of All Levels (2011)

单位:个　　(unit)

| 项目 | Item | 冠军 Champion | 亚军 Second Place | 季军 Third Place |
|---|---|---|---|---|
| 世界最高比赛 | World Highest Competition | 59 | 40 | 42 |
| 亚洲最高比赛 | Asian Highest Competition | 20 | 19 | 4 |
| 全国最高比赛 | National Highest Competition | 213 | 158 | 137 |

# 16－11　卫生事业基本情况（2011 年）
## Basic Statistics on Health Care（2011）

| 项　目 | Item | 机构数（个）Institutions（unit） | 床位数（张）Hospital Beds（bed） | 卫生工作人员（人）Personnel（person） | #卫生技术人员 Medical Technical Personnel | #医师 Doctors |
|---|---|---|---|---|---|---|
| **总　计** | **Total** | **31680** | **296390** | **481818** | **350544** | **134683** |
| 医　院 | Total Hospitals | 1283 | 221674 | 259991 | 214938 | 73237 |
| 综合医院 | General Hospitals | 849 | 149049 | 176906 | 148068 | 50762 |
| 中医医院 | Hospitals Specialized in Traditional Chinese Medicine | 86 | 27187 | 36489 | 30905 | 11064 |
| 中西结合医院 | Hospitals of Integrated Traditional Chinese and Western Medicine | 14 | 2446 | 3880 | 3164 | 1094 |
| 专科医院 | Specialized Hospitals | 308 | 38967 | 40960 | 31906 | 10137 |
| 肿瘤医院 | Tumor Hospitals | 11 | 2972 | 3924 | 3317 | 932 |
| 妇产(科)医院 | Hospitals for Maternity and Child Care | 26 | 2835 | 4867 | 3913 | 1226 |
| 儿科医院 | Children's Hospitals | 9 | 3225 | 4285 | 3621 | 960 |
| 精神病院 | Mental Hospitals | 46 | 13200 | 8316 | 6172 | 1959 |
| 传染病院 | Infections Diseases Hospitals | 15 | 5271 | 5540 | 4456 | 1338 |
| 结核病院 | Tuberculosis Hospitals | 4 | 642 | 322 | 282 | 117 |
| 职业病院 | Vocational Hospitals | 1 | 380 | 310 | 244 | 82 |
| 护理院 | Nursing Hospitals | 26 | 4025 | 1756 | 895 | 180 |
| 疗养院 | Sanatoriums | 2551 | 16431 | 37396 | 31058 | 12668 |
| 社区卫生服务中心(站) | Health Service Center for Community | 1223 | 51332 | 70699 | 57132 | 24139 |
| 卫生院 | Township Hospitals | 708 | 228 | 7732 | 6234 | 3009 |
| 门诊部 | Qutpatient Departments | 8483 | 106 | 18607 | 17635 | 11549 |
| 诊所、卫生所、医务室 | County (District) Chinics, Sanitation Offices and Medical Matter Centers Sanitation Service Station | 16694 |  | 57709 | 2710 | 2297 |
| 村卫生室 | Village Health Stations | 32 |  | 1045 | 417 | 245 |
| 急救中心(站) | Emergency Treatment Centers (Stations) | 30 |  | 1701 | 1125 | 113 |
| 采供血机构 | Blood Collection and Supply Institutions | 106 | 2956 | 7448 | 6096 | 2549 |
| 妇幼保健院(所、站) | Maternity and Child Care Centers | 53 | 1067 | 1324 | 1032 | 456 |
| 专科疾病防治院(所、站) | Specilized Disease Prevention and Treatment Institutes | 129 |  | 8164 | 6055 | 3434 |
| 疾病预防控制中心(防疫站) | Disease Prevention and Controlling Centers (Antiepidemic Stations) | 111 |  | 3978 | 3249 |  |
| 卫生监督所 | Sanitation Supervision Agenicies | 3 |  | 40 | 12 | 3 |
| 医学科学研究机构 | Institutions of Medical Sciences Research | 241 | 2593 | 5305 | 2630 | 918 |
| 医学在职培训机构 | In-service Training of Medical Science | 17 | 2593 | 1256 | 661 | 220 |
| 健康教育所(站、中心) | Health Education Centers | 8 |  | 433 | 159 | 69 |
| 其他卫生机构 | Other Health Care Institutions | 36 |  | 1611 | 398 | 164 |

# 16－12 卫生机构数
## Number of Health Care Institutions

单位:个 (unit)

| 年 份 Year | 总 计 Total | 医 院 Hospitals | 卫生院 Township Hospitals | 疗养院 Sanatoriums | 门诊部 Clinics |
|---|---|---|---|---|---|
| 1978 | 9277 | 2428 | | 7 | |
| 1980 | 9943 | 2457 | | 11 | |
| 1985 | 11515 | 2460 | | 32 | |
| 1989 | 12325 | 4463 | | 34 | |
| 1990 | 12366 | 2491 | | 35 | |
| 1991 | 12377 | 2495 | | 36 | |
| 1992 | 12277 | 2493 | | 36 | |
| 1993 | 12074 | 2483 | | 36 | |
| 1994 | 12067 | 2559 | | 36 | |
| 1995 | 12039 | 2534 | | 35 | |
| 1996 | 14944 | 2617 | | 35 | |
| 1997 | 13386 | 2620 | | 33 | |
| 1998 | 14572 | 2610 | | 30 | |
| 1999 | 13699 | 2641 | | 30 | |
| 2000 | 12813 | 634 | 1877 | 29 | 106 |
| 2001 | 13208 | 662 | 1771 | 29 | 119 |
| 2002 | 12368 | 891 | 1625 | 28 | 293 |
| 2003 | 12733 | 920 | 1602 | 21 | 313 |
| 2004 | 14447 | 995 | 1493 | 24 | 371 |
| 2005 | 15324 | 1014 | 1472 | 26 | 372 |
| 2006 | 17143 | 1061 | 1407 | 25 | 395 |
| 2007 | 19129 | 1087 | 1384 | 19 | 458 |
| 2008 | 13451 | 1093 | 1448 | 18 | 474 |
| 2009 | 13388 | 1112 | 1440 | 17 | 484 |
| 2010 | 30961 | 1157 | 1276 | 16 | 535 |
| 2011 | 31680 | 1283 | 1223 | 17 | 708 |

16－12 续表 Continued

单位:个 (unit)

| 年 份 Year | 妇幼保健院(所、站) Maternity and Child Care Conters | 专科疾病防治院(所、站) Specialized Disease Prevention and Treatment Institutes | 疾病预防控制中心(防疫站) Disease Prevention and Controlling Centers | 医学科学研究机构 Institutions of Medical Sciences Research |
|---|---|---|---|---|
| 1978 | 84 | 9 | 107 | 12 |
| 1980 | 99 | 17 | 119 | 11 |
| 1985 | 105 | 84 | 127 | 16 |
| 1989 | 114 | 95 | 135 | 16 |
| 1990 | 114 | 108 | 135 | 16 |
| 1991 | 114 | 112 | 137 | 14 |
| 1992 | 115 | 114 | 135 | 14 |
| 1993 | 117 | 120 | 141 | 18 |
| 1994 | 117 | 121 | 141 | 17 |
| 1995 | 117 | 122 | 141 | 17 |
| 1996 | 115 | 121 | 142 | 18 |
| 1997 | 114 | 121 | 143 | 18 |
| 1998 | 114 | 120 | 144 | 18 |
| 1999 | 116 | 122 | 147 | 18 |
| 2000 | 112 | 118 | 142 | 17 |
| 2001 | 112 | 113 | 147 | 17 |
| 2002 | 111 | 80 | 145 | 14 |
| 2003 | 106 | 59 | 136 | 13 |
| 2004 | 107 | 45 | 143 | 12 |
| 2005 | 107 | 49 | 154 | 12 |
| 2006 | 107 | 48 | 153 | 10 |
| 2007 | 106 | 49 | 166 | 9 |
| 2008 | 104 | 49 | 170 | 9 |
| 2009 | 105 | 47 | 170 | 9 |
| 2010 | 103 | 46 | 130 | 9 |
| 2011 | 106 | 53 | 129 | 8 |

注:从2010年起卫生机构数包括村卫生室的数字(下同)。

Note: Number of health care institutions have involved the figure of village health stations (the same below).

# 16－13 卫生机构人员数

## Number of Persons Engaged in Health Care Institutions

单位:万人 (10000 persons)

| 年 份 Year | 卫生工作人员 Medical Personnel | 卫生技术人员 Medical Technical Personnel | #医 师 Doctors | #注册护士 Registered Nurses | 每万人拥有医师数(人) Number of Doctors per 10000 Population (person) |
|---|---|---|---|---|---|
| 1978 | 17.45 | 14.00 | 5.70 | 1.79 | 9.7 |
| 1980 | 19.03 | 15.04 | 6.10 | 2.08 | 10.2 |
| 1985 | 23.68 | 18.28 | 7.65 | 3.61 | 12.3 |
| 1989 | 26.82 | 20.75 | 9.67 | 5.06 | 14.7 |
| 1990 | 27.58 | 21.35 | 9.94 | 5.34 | 14.6 |
| 1991 | 28.63 | 22.22 | 10.20 | 5.61 | 14.9 |
| 1992 | 29.39 | 22.89 | 10.43 | 5.76 | 15.1 |
| 1993 | 30.20 | 23.44 | 10.63 | 5.99 | 15.3 |
| 1994 | 30.85 | 24.05 | 10.94 | 6.28 | 15.6 |
| 1995 | 31.57 | 24.55 | 11.22 | 6.44 | 15.9 |
| 1996 | 31.90 | 25.02 | 11.34 | 6.69 | 16.0 |
| 1997 | 32.42 | 25.48 | 11.58 | 6.95 | 16.2 |
| 1998 | 32.61 | 25.67 | 11.61 | 7.13 | 16.2 |
| 1999 | 32.64 | 25.60 | 11.59 | 7.26 | 16.1 |
| 2000 | 32.18 | 25.36 | 11.44 | 7.39 | 15.6 |
| 2001 | 32.08 | 25.36 | 11.46 | 7.54 | 16.2 |
| 2002 | 30.08 | 24.00 | 10.22 | 7.25 | 14.3 |
| 2003 | 30.37 | 24.37 | 10.40 | 7.37 | 14.5 |
| 2004 | 30.95 | 25.01 | 10.60 | 7.70 | 14.7 |
| 2005 | 31.61 | 25.71 | 10.87 | 8.05 | 15.0 |
| 2006 | 33.45 | 27.54 | 11.46 | 8.59 | 15.7 |
| 2007 | 35.53 | 28.62 | 11.87 | 9.45 | 16.1 |
| 2008 | 36.13 | 29.16 | 11.97 | 10.09 | 15.6 |
| 2009 | 37.76 | 30.65 | 12.32 | 11.06 | 15.9 |
| 2010 | 45.93 | 32.84 | 12.90 | 12.26 | 16.4 |
| 2011 | 48.18 | 35.05 | 13.47 | 13.56 | 17.1 |

注:2010 年起本表人员合计中包括乡村医生和卫生员。

Note: Since 2010, personnel total of this table involving country doctors and health workers.

# 16－14 卫生机构床位数

## Number of Beds in Health Care Institutions

单位:万张 (10000 beds)

| 年 份 Year | 总 计 Total | 医 院 Hospitals | 卫生院 Township Hospitals | 疗养院 Sanatoriums | 社区卫生服务中心 Health Service Center for Community | 专科疾病防治院(所、站) Specialized Disease Prevention and Treatment Institutes | 每万人拥有医院、卫生院床位数(张) Number of Hospital Beds per 10000 Population (bed) |
|---|---|---|---|---|---|---|---|
| 1978 | 12.29 | 11.07 | | 0.13 | | | 19.0 |
| 1980 | 12.75 | 11.62 | | 0.23 | | | 19.6 |
| 1985 | 14.29 | 12.65 | | 0.55 | | | 20.4 |
| 1989 | 16.08 | 14.22 | | 0.64 | | 0.01 | 21.7 |
| 1990 | 16.45 | 14.54 | | 0.67 | | | 21.5 |
| 1991 | 16.77 | 14.85 | | 0.74 | | | 21.7 |
| 1992 | 17.02 | 15.07 | | 0.73 | | | 21.8 |
| 1993 | 17.33 | 15.29 | | 0.73 | | | 21.9 |
| 1994 | 17.45 | 15.42 | | 0.72 | | | 22.0 |
| 1995 | 17.46 | 15.48 | | 0.71 | | | 21.9 |
| 1996 | 17.03 | 15.78 | | 0.69 | | | 22.2 |
| 1997 | 17.03 | 15.90 | | 0.62 | | | 22.2 |
| 1998 | 17.01 | 15.91 | | 0.59 | | | 22.2 |
| 1999 | 17.25 | 16.17 | | 0.55 | | | 22.4 |
| 2000 | 17.31 | 10.01 | 6.18 | 0.56 | | 0.13 | 22.1 |
| 2001 | 17.32 | 10.14 | 6.13 | 0.55 | | 0.09 | 22.9 |
| 2002 | 17.45 | 11.38 | 5.58 | 0.44 | | 0.10 | 23.8 |
| 2003 | 17.99 | 11.54 | 5.63 | 0.37 | | 0.08 | 24.0 |
| 2004 | 18.90 | 12.31 | 5.42 | 0.39 | | 0.14 | 24.6 |
| 2005 | 19.75 | 13.18 | 5.41 | 0.49 | | 0.10 | 25.6 |
| 2006 | 21.16 | 14.27 | 5.31 | 0.36 | | 0.10 | 26.8 |
| 2007 | 22.00 | 15.15 | 5.30 | 0.30 | 0.92 | 0.10 | 27.8 |
| 2008 | 23.51 | 16.39 | 5.70 | 0.26 | 0.82 | 0.07 | 28.8 |
| 2009 | 25.15 | 17.76 | 5.71 | 0.22 | 1.07 | 0.07 | 30.4 |
| 2010 | 26.97 | 19.55 | 5.20 | 0.22 | 1.58 | 0.09 | 31.5 |
| 2011 | 29.64 | 22.17 | 5.13 | 0.26 | 1.57 | 0.11 | 34.6 |

## 16－15　医疗机构门诊情况（2011 年）
## Service of Health Institutions (2011)

| 指　　标 | Item | 诊疗人次（万人次）Total Number of Patients Treated (10000 person-times) | 门　诊 Out-patients Service | 急　诊 Emergency Patients |
|---|---|---|---|---|
| 合　计 | **Total** | **40693.5** | **36847.3** | **2309.5** |
| 医　院 | Hospitals | 16702.3 | 14816.1 | 1520.6 |
| #综合医院 | General Hospitals | 11536.1 | 10123.3 | 1176.0 |
| 中医医院 | Hospitals Specialized in Traditional Chinese Medicine | 2899.1 | 2625.5 | 184.3 |
| 中西医结合医院 | Hospitals of Integrated Traditional Chinese and Western Medicine | 243.7 | 211.9 | 29.0 |
| 专科医院 | Specialized Hospitals | 2015.0 | 1849.7 | 131.3 |
| 疗养院 | Sanatoriums | 24.9 | 14.3 | 0.5 |
| 社区卫生服务中心 | Health Service Center for Commnunity | 5451.5 | 4868.8 | 319.7 |
| 卫生院 | Township Hospitals | 7028.9 | 6431.3 | 387.0 |
| #乡镇卫生院 | Rural Township Hospitals | 7025.9 | 6428.7 | 386.8 |
| 门诊部 | Qutpatient Departments | 565.7 | 551.4 | 10.8 |
| 村卫生室 | Village Health Stations | 7376.9 | 6804.3 | 0.0 |
| 妇幼保健院(所、站) | Maternity and Child Care Centers | 722.9 | 622.7 | 30.4 |
| 专科疾病防治院(所、站) | Specialized Disease Prevention and Treatment Institutes | 130.5 | 114.8 | 0.7 |

## 16－16　医疗机构住院服务、病床使用情况（2011 年）
## Situation of Hospitalization Service and Beds Utilization of Health Institutions (2011)

| 指　　标 | Item | 病床使用率（%）Utilization Rate of Beds (%) | | | 入院人数（万人）Hospital Admissions (10000 persons) | | | 每百门急诊人次的入院人数（人）Hospital Admissions per 100 Patient-times (person) |
|---|---|---|---|---|---|---|---|---|
| | | 合　计 Total | 非营利 Non-profit | 营　利 Profit | 合　计 Total | 非营利 Non-profit | 营　利 Profit | |
| 合　计 | **Total** | **84.16** | **85.14** | **65.33** | **830.39** | **796.03** | **34.36** | **2.80** |
| 医　院 | Hospitals | 92.92 | 94.83 | 65.61 | 643.38 | 609.17 | 34.22 | 3.94 |
| #综合医院 | General Hospitals | 93.18 | 94.90 | 68.00 | 474.82 | 452.51 | 22.31 | 4.20 |
| 中医医院 | Hospitals Specialized in Traditional Chinese Medicine | 96.72 | 97.08 | 77.21 | 85.20 | 84.00 | 1.20 | 3.03 |
| 专科医院 | Specialized Hospitals | 91.06 | 95.01 | 54.47 | 75.21 | 66.61 | 8.60 | 3.80 |
| 疗养院 | Sanatoriums | 53.33 | 53.33 | | 4.34 | 4.34 | 0.00 | 29.41 |
| 社区卫生服务中心 | Health Service Center for Commnunity | 49.89 | 49.96 | | 26.84 | 26.84 | 0.00 | 0.70 |
| 卫生院 | Township Hospitals | 58.74 | 58.74 | 60.64 | 141.14 | 141.07 | 0.07 | 2.10 |
| #乡镇卫生院 | Rural Township Hospitals | 58.75 | 58.75 | | 141.03 | 141.03 | 0.00 | 2.10 |
| 门诊部 | Qutpatient Departments | 35.50 | 36.22 | | 0.50 | 0.43 | 0.08 | 0.10 |
| 妇幼保健院(所、站) | Maternity and Child Care Centers | 92.29 | 92.29 | | 13.25 | 13.25 | 0.00 | 2.00 |
| 专科疾病防治院(所、站) | Specialized Disease Prevention and Treatment Institutes | 62.94 | 63.91 | 0.40 | 0.73 | 0.73 | 0.00 | 0.63 |

## 16－17 法定报告传染病发病及死亡情况（2011 年）
## Legal Report on Infection Disease Incidence and Death (2011)

| 病　名 | | 发病率 (1/10 万) Incidence (1/100 thousand) | 死亡率 (1/10 万) Rate of Death (1/100 thousand) | 病死率 (%) Rate of Death from illness (%) |
|---|---|---|---|---|
| 鼠疫 | Pestilence | | | |
| 霍乱 | Cholera | 0.0038 | | |
| 传染性非典型肺炎 | SARS | | | |
| 艾滋病 | AIDS | 0.5873 | 0.1627 | 27.71 |
| 病毒性肝炎 | Viral Hepatitis | 29.522 | 0.0267 | 0.09 |
| 脊髓灰质炎 | Polio | | | |
| 人感染高致病性禽流感 | Highly Pathogenic Avian Influenza to Humans | | | |
| 甲型 H1N1 流感 | Influenza A virus Subtype HIM | 0.5238 | 0.0025 | 0.49 |
| 麻疹 | Measles | 0.45 | | |
| 流行性出血热 | Hemorrhage Fever | 0.2911 | 0.0127 | 4.37 |
| 狂犬病 | Hydrophobia | 0.1106 | 0.1119 | 101.15 |
| 流行性乙型脑炎 | Epidemic Encephalitis B | 0.0191 | | |
| 登革热 | Pengue | 0.0051 | | |
| 炭疽 | Anthrax | | | |
| 细菌性和阿米巴性痢疾 | Dysentery | 9.4127 | 0.0013 | 0.0135 |
| 肺结核 | Pulmonary Tuberculosis | 48.6919 | 0.1424 | 0.29 |
| 伤寒、副伤寒 | Typhoid and Paralyphoid Fever | 0.3433 | | |
| 流行性脑脊髓膜炎 | Epidemic Cerebrospinal Meningitis | 0.0127 | 0.0013 | 10.00 |
| 百日咳 | Pertussis | 0.089 | | |
| 白喉 | Diphtheria | | | |
| 新生儿破伤风 | Newborn Tetanus | 0.0225 | 0.0025 | 11.11 |
| 猩红热 | Scarlet Fever | 2.5973 | | |
| 布鲁氏菌病 | Brucellosis | 0.0216 | | |
| 淋病 | Gonorrhea | 8.2787 | | |
| 梅毒 | Syphilis | 30.0471 | 0.0064 | 0.0212 |
| 钩端螺旋体病 | Leptospirosis | 0.0051 | | |
| 血吸虫病 | Bilharziasis | | | |
| 疟疾 | Malaria | 0.4729 | 0.0051 | 1.08 |

## 16－18 孕产妇及婴儿死亡率
## Death Rate of Pregnant Women and Babies

| 指　标 | Item | 2000 | 2005 | 2009 | 2010 | 2011 |
|---|---|---|---|---|---|---|
| 孕产妇死亡率（1/10 万） | Death Rate of Pregnant Women (1/100 thousand) | 28.51 | 18.56 | 7.02 | 6.24 | 6.00 |
| 婴儿死亡率（‰） | Death Rate of Babies (‰) | 11.20 | 6.69 | 4.43 | 4.21 | 4.04 |
| 5 岁以下儿童死亡率（‰） | Death Rate of Children Aged 5 and Below (‰) | 14.61 | 8.56 | 5.86 | 5.60 | 5.44 |

# 主要统计指标解释

**文化事业机构** 指从事专业文化工作和为专业文化工作服务的独立建制的单位。不包括这些单位另外举办独立核算的其他机构和各部门的业余文化组织。

**艺术表演团体** 指从事戏曲、音乐、舞蹈、杂技等专业艺术表演,有独立帐户的单位,不包括半工半艺、半农半艺和民间职业剧团。

**等级运动员人数** 指经考核正式批准授予等级运动员称号的人数。运动员等级分为国际级运动健将、运动健将、一级运动员、二级运动员、三级运动员、少年级运动员。

**等级裁判员人数** 指经考核正式批准授予等级裁判员称号的人数。裁判员等级分为国际裁判、国家级裁判、一级裁判、二级裁判、三级裁判。

**卫生机构** 指从卫生行政部门取得《医疗机构执业许可证》,或从民政、工商行政、机构编制管理部门取得法人单位登记证书,为社会提供医疗保障、疾病控制、卫生监督服务或从事医学科研和教育等工作的单位。

**卫生技术人员** 指卫生事业机构支付工资的全部职工中现任职务为卫生技术工作的专业人员,包括执业医师、执业助理医师、注册护士、药剂人员、检验人员和其他卫生技术人员。

**执业(助理)医师和注册护士** 指领取医师执业证书和注册护士证书的人员。

## Explanatory Notes on Main Statistical Indicators

**Cultural Institutions** refer to units which have their own organizational system and independent accounting system and specilize in or serve cultural development. They exclude other establishment runed by these cultural institutions and amateur groups established by various departments.

**Art Troupe** refer to the troupe which is engaged in drama, opera, music, dance, acrobatics or other art performance, opens independent accounts with banks and has self-accounting system; excluding the troupes which are engaged partly in industrial or agricultural activities, partly in art performance and the professional troupes organized by the people.

**Number of Athletes in Grades** refers to the number of athletes who have been given titles through examination. The titles of athlets include international masters of sports, masters of sports, first grade, second grade and third grade sportsmen and young athletes.

**Number of Referees in Grades** refers to the number of referees who have been given titles after examination. They are classified as international referees, national referees and referees of the first, second and third grades.

**Health Care Institutions** refers to the units which have received the "Practitioner Licence Certification of Medical and Health Institutions" from health administration, or the registered certification of corporation units from the civil, industrial and commercial, and establishment administration. They provide the services of medical security, disease controlling, health supervision, or engaged in medical scientific research and education.

**Medical Technical Personnel** refer to all medical staff and workers employed by medical institutions, including doctor of Chinese and Western medicine, senior doctors who integrated traditional Chinese therapeutics with Western therapeutics in practice, senior nurses, pharmacists of Chinese and Western medicine, laboratory specialists, other specialists, paramedics of Chinese and Western medicine, nurses, midwives, druggists in Chinese and Western medicine, laboratory technicians, other technicians, other practitioners of Chinese medicine, nursing attendants, pharmacological workers of Chinese and Western medicine, laboratory workers and other primary medical personnel.

**Practitioner(Assistant) Doctor and Registered Nurse** refer to the doctors and nurses who have received the practitioner doctor certification and registered nurse certification respectively.

# 17

# 社会服务及其他

# Social Services and Others

# 简 要 说 明

**一、本篇资料的主要内容**

本篇主要反映档案、民政、残疾人、社会保障、工会妇联、公检法司情况等内容。

档案部分主要包括档案机构人员，档案馆档案资料馆藏和利用情况；民政事业部分主要包括民政行业单位情况，民政事业经费情况，收养类单位情况，办理结婚、离婚情况；社会保障部分主要包括社会保险基本情况，社会保险基金收支及累计结余情况；公检法司部分主要包括公安机关的刑事案件立案情况和治安案件查处情况，交通、火灾事故情况，人民检察院的办案情况，人民法院审理案件和收结案情况，以及律师、公证、调解工作等情况。

**二、本篇的资料来源**

根据各部门制定的统计报表制度汇总加工整理而成。档案资料来自省档案局；民政事业资料来自省民政厅；残疾人事业资料来自省残疾人联合会；社会保障资料来自省人力资源和社会保障厅；工会妇联资料分别来自省妇女联合会和省总工会；公检法司资料分别来自省公安厅、省人民检察院、省高级人民法院、省司法厅。

# Brief Introduction

**I. Main Contents**

Data in this chapter show statistics on archives, civil affairs, disabled persons, social security, labour union, woman's federation, public security, procuratorial, legal and judicial affairs and so on.

Data on archives, cover mainly information on persons and institutions of archives, conditions of files stored and used in archives; data on civil affairs include: basic conditions of affairs agencies, expenses for civil administration, statistics on adoptive homes, marriages and divorces; data on social security cover information such as basic statistics of social insurance, revenue, expenses and balance of social insurance fund; data on public security, procuratorial, legal and judicial affairs covering information on criminal cases registered and offense cases handled by the public security agencies, traffic or fire accidents, cases handled by procuratorate's offices, cases accepted and settled by the people's courts, and statistics on lawyers, notarization and mediation.

**II. Sources of Data**

Data are collected and tabulated in accordance with the statistic reporting schemes stipulated by the departments concerned. data on archives are provided by the Province Archives; data on civil affairs are from Provincial Department of Civil Affairs; data on disabled persons are from Province Disabled Persons' Federation; data on social security are from Provincial Department of Human Resources and Social Security; data on labour union and woman's federation are respectively from Province Women's Federation and Federation of Trade Unions. data on public security, procuratorial, legal and judicial affairs are respectively from Provincial Public Security Bureau, People's Procuratorate, Higher people's court and Justice Department.

## 17－1　档案事业机构人员数（2011年）
## Number of Persons and Institutions of Archives (2011)

| 项　目 | Item | 机构数（个） Number of Institutions (unit) | 专职人员数（人） Full-time Personnel (person) | #女性 Female | #大专以上文化程度 College and Higher Level |
|---|---|---|---|---|---|
| **总　计** | **Total** | **1602** | **3967** | **2504** | **3665** |
| 档案行政管理部门 | Administrative Department of Archives | 117 | 924 | 369 | 867 |
| 档案馆 | Archives | 172 | 1390 | 837 | 1284 |
| 档案室（处、科） | Archives Offices (Sections) | 1313 | 1653 | 1298 | 1514 |

## 17－2　档案馆档案资料馆藏和利用情况
## Conditions of Files Stored and Used in Archives

| 项　目 | Item | 1995 | 2000 | 2005 | 2010 | 2011 |
|---|---|---|---|---|---|---|
| **馆藏档案** | **Archives Stored** | | | | | |
| 全　宗　（个） | Whole Volume (unit) | 13018 | 13756 | 15363 | 17030 | 17700 |
| 案　卷　（万卷/万件） | Files (10000 volumes) | 569.60 | 769.02 | 913.74 | 1593 | 1845 |
| 录音录像影片档案　（盘） | Records, Films of Videotape Files (copy) | 10002 | 20270 | 52498 | 75292 | 76637 |
| 照片档案　（万张） | Photos (10000 pieces) | 37.05 | 51.08 | 38.42 | 72.17 | 99 |
| **馆藏资料　（万册）** | **Number of Material Stored (10000 volumes)** | **128.00** | **120.00** | **122.04** | **131.69** | **137** |
| **档案馆面积　（平方米）** | **Areas of Archives (sq. m)** | **159532** | **213419** | **209148** | **363823** | **468391** |
| #库房面积 | Areas of Storerooms | 918532 | 111336 | 114737 | 161740 | 176151 |
| **档案资料利用** | **Use of Material** | | | | | |
| 利用档案人次　（万人次） | Number of Person-times Using Files Material (10000 person-times) | 9.28 | 12.61 | 12.14 | 33 | 38 |
| 利用档案卷次　（万卷/万件次） | Number of Archives Used (10000 volume-times) | 42.52 | 46.40 | 37.48 | 78.56 | 83.5 |
| 利用资料　（万册/万件次） | Number of Data Used (10000 volumes-times) | 12.54 | 3.70 | 4.14 | 5.1 | 5.50 |
| 复制档案、资料　（万页） | Copies of Files and Material (10000 pages) | 75.20 | 52.22 | 40.20 | 58.39 | 95.89 |
| **开放档案** | **Opening archives** | | | | | |
| 全　宗　（个） | Whole Volume (unit) | 6716 | 7852 | 9523 | 10593 | 10796 |
| 案　卷　（万卷/件） | Files (10000 volumes) | 98 | 184 | 163 | 234 | 236 |

注：本表档案馆指综合档案馆。
Note: Archives in this table refer to comprehensive archives.

## 17－3 律师、公证及调解工作基本情况
## Basic Statistics on Lawyers, Notarization and Mediation

| 项目 | Item | 1995 | 2000 | 2005 | 2010 | 2011 |
|---|---|---|---|---|---|---|
| **律师工作** | **Lawyers** | | | | | |
| 律师事务所（个） | Number of Lawyer Offices (unit) | 414 | 579 | 709 | 1112 | 1180 |
| 律师所工作人员（人） | Number of Lawyers (person) | 3150 | 6766 | 9829 | 11903 | 13018 |
| 担任法律顾问（家） | Number of Units with Legal Advisors (unit) | 22054 | 23355 | 30796 | 57670 | 67160 |
| 民事案件诉讼代理（件） | Agent of Civil Cases (case) | 9236 | 46023 | 85107 | 180151 | 207173 |
| 刑事诉讼辩护及代理（件） | Defender and Agent of Criminal Cases (case) | 13254 | 17117 | 20301 | 28472 | 31319 |
| 非诉讼法律事务（件） | Agent of Non-litigious Legal Affairs (case) | 52002 | 26746 | 41451 | 31780 | 36547 |
| 解答法律咨询（人次） | Agent of Legal Advisory Services (person-times) | 272809 | 214560 | 326291 | 317252 | 319079 |
| 代写法律事务文书（件） | Agent of Legal Document Written on Behalf of Clients (case) | 39390 | 52386 | 59474 | 29612 | 31031 |
| 行政诉讼（件） | Administrative Lawsuit (case) | | | | 2703 | 2973 |
| **公证工作** | **Notarization** | | | | | |
| 公证处（个） | Number of Notary Offices (unit) | 110 | 118 | 112 | 110 | 110 |
| 公证人员（人） | Notarial Personnel (person) | 654 | 784 | 1023 | 1230 | 1262 |
| #公证员 | Notaries | 526 | 595 | 550 | 574 | 604 |
| 助理公证员 | Assistant Notaries | 43 | 73 | 256 | 343 | 362 |
| 办理国内公证文书（件） | Number of Domestic Notarized Documents (case) | 302248 | 362896 | 542289 | 570380 | 558835 |
| #经济公证 | Notarized Documents on Economic Affairs | 156650 | 214708 | 364424 | 276614 | 266057 |
| **人民调解工作** | **People's Mediation** | | | | | |
| 人民调解委员会（个） | Number of People's Mediation Committees (unit) | 57607 | 50509 | 33327 | 32189 | 32987 |
| 调解人员（人） | Number of Mediators (person) | 1003238 | 786300 | 374810 | 226714 | 200776 |
| 调解民事纠纷（件） | Number of Civil Disputes Mediated (case) | 303718 | 327622 | 255647 | 355671 | 538044 |

## 17－4 涉外公证文书分类
## Foreign-related Notarial Documents by Type

单位：件 (case)

| 指标 | Item | 2000 | 2005 | 2009 | 2010 | 2011 |
|---|---|---|---|---|---|---|
| **合计** | **Total** | **107747** | **124690** | **186244** | **191226** | **190004** |
| 出生 | Births | 15292 | 16414 | 23604 | 22685 | 23989 |
| 学历 | Schooling | 13901 | 13745 | 18894 | 18117 | 17651 |
| 经历 | Personal Histories | 6315 | 3967 | 2284 | 1547 | 1906 |
| 生存、居住 | Survival and Residence | 238 | 514 | 1528 | 1850 | 1821 |
| 死亡 | Deaths | 257 | 477 | 939 | 256 | 578 |
| 收养 | Child Adoption | 635 | 494 | 135 | 159 | 163 |
| 亲属关系 | Kinship Confirmation | 9673 | 10145 | 14018 | 14343 | 15223 |
| 婚姻状况 | Marital Status | 9928 | 5816 | 6724 | 6654 | 6845 |
| 继承权 | Rights of Inheritance | 335 | 2 | 103 | 42 | 741 |
| 遗嘱 | Testaments | 45 | 6 | 39 | 65 | 66 |
| 委托书 | Proxy | 735 | 1886 | 1624 | 1316 | 3609 |
| 声明书 | Announcement | 699 | 2545 | 3829 | 4173 | 4212 |
| 受、未受刑事处分 | Criminal Records | 13420 | 16237 | 19244 | 20140 | 21471 |
| 文本相符 | Confirmation of Copies and Photo-offset Copies to Originals | 10287 | 19045 | 32633 | 37670 | 40160 |
| 其他 | Others | 25987 | 33397 | 37205 | 37255 | 25850 |

# 17－5 国内公证文书分类
## Domestic Notarial Documents by Type

单位:件 (case)

| 项目 | Item | 2000 | 2005 | 2010 | 2011 |
|---|---|---|---|---|---|
| **总 计** | **Total** | **362896** | **542289** | **570380** | **558953** |
| **经济公证** | **Notarized Documents on Economic Affairs** | **214708** | **364424** | **276614** | **266057** |
| 购 销 | Purchases and Sales of Products | 15637 | 1760 | 17684 | 490 |
| 联 营 | Joint Business | 1076 | 66 | 5124 | 17 |
| 拍 卖 | Auctions | 2624 | 4762 | 1567 | 21497 |
| 贷 款 | Loans | 56836 | 222922 | 105975 | 100991 |
| 担 保 | Guarantees | 1850 | 5924 | 2845 | 10579 |
| 招标、投标 | Bidding | 6128 | 11397 | 8568 | 12163 |
| 科技协作 | Coordination of Science and Technology | 94 | 159 | 20 | |
| 供用电 | Supply and Use of Electric Power | 1089 | 113 | 28 | |
| 劳务合同 | Labor Contracts | 11251 | 1875 | 1411 | 2056 |
| 建筑工程承包 | Construction Project Contracts | 1832 | 301 | 4277 | 2847 |
| 工商服务业承包 | Industrial and Commercial Service Contracts | 4352 | 647 | 151 | 33 |
| 农林牧副渔业承包 | Farming, Forestry, Animal Husbandry, Sideline Production and Fishery Contracts | 7070 | 766 | 282 | 55 |
| 财产租赁 | Property Leases | 6597 | 500 | 206 | 184 |
| 企业租赁 | Enterprise Leases | 1403 | 272 | 11 | 83 |
| 资产经营责任制 | System of Assets Business Responsibility | 581 | 114 | 9 | 178 |
| 其他经济合同 | Other Business Contracts | 15347 | 15614 | 12326 | 11337 |
| 法人(代表人)资格 | Legal Person (agent) Identification | 1282 | 863 | 1959 | 2072 |
| 法人委托书 | Legal Person Trust Deeds | 3310 | 9007 | 14108 | 14257 |
| 公司章程 | Corporation Constitutions | 706 | 107 | 288 | 740 |
| 执行许可证明 | Operating Permits | 236 | 1153 | 360 | 589 |
| 其 他 | Others | 75407 | 86102 | 60336 | 53517 |
| **民事公证** | **Notarized Documents on Civil Relations** | **148188** | **177865** | **293766** | **292778** |
| 收 养 | Child Adoption | 842 | 205 | 149 | 82 |
| 解除收养 | Adoption Renouncements | 174 | 11 | 16 | 10 |
| 继承权 | Rights of Inheritance | 6627 | 17044 | 30251 | 34468 |
| 遗 嘱 | Testaments | 4494 | 5651 | 4966 | 4706 |
| 产 权 | Property Rights | 1638 | 1508 | 2356 | 4231 |
| 亲属关系 | Kinship Confirmation | 3255 | 2579 | 1790 | 2621 |
| 死 亡 | Death Certificates | 93 | 42 | 53 | 80 |
| 房屋买卖 | Purchases and Sales of Houses | 4870 | 13339 | 4923 | 3399 |
| 房屋租赁 | House Leases | 2548 | 757 | 368 | 839 |
| 留学协议 | Foreign Study Contracts | 709 | 763 | 790 | 632 |
| 遗赠扶养协议 | Donations and Family Fostering | 670 | 517 | 4447 | 714 |
| 其他民事协议 | Other Civil Agreements | 31211 | 24778 | 17826 | 18518 |
| 委托书 | Trust Deeds | 4236 | 25626 | 81005 | 78816 |
| 赠与书 | Presentaton Documents | 5464 | 9084 | 10588 | 10808 |
| 声明书 | Declarations | 6227 | 13407 | 41332 | 37790 |
| 现场监督 | Field Supervision | 10325 | 6250 | 5225 | 3261 |
| 文本相符 | Confirmation of Copies and Photo-offset Copies to Originals | 729 | 2993 | 17371 | 17154 |
| 宅基地使用权 | Rights to Housing Site | 551 | 30 | 797 | 74 |
| 证据保全 | Evidence Preservation | 2366 | 8257 | 7341 | 8045 |
| 计划生育协议 | Birth Control Contracts | 9555 | 698 | 270 | 143 |
| 其 他 | Others | 51604 | 44326 | 42559 | 35284 |

# 17－6 民政行业单位基本情况
## Basic Conditions of Affairs Agencies

| 指 标 | Item | 单位数(个) Number of Institutions (unit) | | 职工人数(人) Number of Staff and Workers(person) | |
|---|---|---|---|---|---|
| | | 2010 | 2011 | 2010 | 2011 |
| **民政行业单位** | **Civil Affairs Agencies** | **63402** | **66525** | **797306** | **834291** |
| 民政行政机关 | Civil Affairs Administrative Departments | 126 | 125 | 3367 | 3395 |
| 民政事业单位 | Civil Affairs Institutions | 3866 | 4625 | 37711 | 44322 |
| 优抚安置单位 | Agencies for Serviceman | 243 | 242 | 2204 | 2181 |
| 救灾储备单位 | Salvation and Institutions | 3 | 5 | 11 | 14 |
| 社区服务中心 | Community Service Centers | 944 | 1601 | 7173 | 11446 |
| 婚姻登记服务类单位 | Marriage Registration Institutions | 70 | 74 | 439 | 470 |
| 收养类单位 | Residential Institutions | 2036 | 2140 | 21247 | 23868 |
| 救助类单位 | Salvation Institutions | 68 | 77 | 586 | 646 |
| 殡仪类单位 | Funeral and Interment Institutions | 234 | 237 | 4605 | 4193 |
| 福利彩票发行单位 | Welfare Lottery Issuing Institutions | 81 | 80 | 548 | 627 |
| 慈善团体 | Charity Institutions | | | | |
| 老龄事业单位 | Aging Population Institutions | 87 | 81 | 280 | 260 |
| 其他事业单位 | Other Institutions | 100 | 88 | 618 | 617 |
| 民间组织 | Non-governmental Organizations | 34183 | 36661 | 307088 | 339391 |
| 社会团体 | Social Organization | 18707 | 19398 | 128379 | 136482 |
| 基金会 | Fund Organization | 310 | 376 | 680 | 846 |
| 民办非企业单位 | Non-enterprise Units Run by NGO | 15166 | 16887 | 178029 | 202063 |
| 基层群众自治组织 | Grass Roots Autonomy Organizations | 21645 | 21708 | 109003 | 108602 |
| 社区居委会 | Neighborhood Committee | 5842 | 6083 | 31407 | 32723 |
| 村委会 | Village Committee | 15803 | 15625 | 77596 | 75879 |
| 福利企业 | Social Welfare Enterprises | 3582 | 3406 | 340137 | 338581 |

# 17－7 民政事业费支出情况
## Operating Expenses for Civil Administration

单位:万元 (10000 yuan)

| 年 份<br>Year | 民政事业费实际支出合计<br>Actual Operating Expenses for Civil Administration | #抚恤事业费<br>Commiserate | #社会救济福利事业费<br>Subsidies of Social Welfare | #自然灾害救济费<br>Subsidies of Natural Calamity |
|---|---|---|---|---|
| 1980 | 15208 | 5138 | 7188 | 2882 |
| 1985 | 24095 | 11115 | 10976 | 2004 |
| 1989 | 27647 | 9098 | 7396 | 4203 |
| 1990 | 46657 | 20676 | 20333 | 5648 |
| 1991 | 69567 | 20530 | 27005 | 22032 |
| 1992 | 60808 | 22548 | 23267 | 14993 |
| 1993 | 60972 | 25920 | 27448 | 7605 |
| 1994 | 72276 | 31933 | 34078 | 6265 |
| 1995 | 87470 | 38966 | 39544 | 8961 |
| 1996 | 104278 | 48874 | 46470 | 8935 |
| 1997 | 119396 | 57247 | 52304 | 9846 |
| 1998 | 141192 | 67183 | 63207 | 10803 |
| 1999 | 157082 | 78084 | 69053 | 9945 |
| 2000 | 175738 | 86088 | 78046 | 11604 |
| 2001 | 187786 | 89952 | 87732 | 10102 |
| 2002 | 205763 | 54223 | 72244 | 8918 |
| 2003 | 255690 | 58221 | 91748 | 27724 |
| 2004 | 309196 | 72157 | 117935 | 13954 |
| 2005 | 419996 | 103882 | 178157 | 14999 |
| 2006 | 502744 | 118955 | 229594 | 17130 |
| 2007 | 632560 | 137177 | 274117 | 17801 |
| 2008 | 811832 | 161662 | 372348 | 13468 |
| 2009 | 996449 | 200052 | 450462 | 8037 |
| 2010 | 1265312 | 238040 | 559834 | 15339 |
| 2011 | 1726189 | 290324 | 926602 | 14140 |

注:社会救济福利事业费包含:城乡低保、农村社会救济、其他城镇社会救济、社会福利。
Note: Subsidies of social welfare consists of urban and rural low, sucial relief of country, other town social relief and social welfare.

# 17－8 收养类单位基本情况（2011 年）
# Basic Statistics on Adoptive Homes（2011）

| 项　　目 Item | | 院数（个） Homes (unit) | 工作人员（人） Staff (person) | 床位（张） Beds (unit) | 年末收养人员（人） Inmates at Year-end (person) |
|---|---|---|---|---|---|
| **总计** | **Total** | **2140** | **23868** | **283142** | **200549** |
| #工商登记 | State Run | 10 | 266 | 1978 | 1182 |
| 编制部门登记 | Collective Run | 237 | 6380 | 50797 | 39417 |
| 民政部门登记 | Civilian Run | 1568 | 15262 | 201455 | 142048 |
| 未登记 | Unregistered | 325 | 1960 | 28912 | 17902 |
| #优抚类收养性单位 | Gencies for Service man | 20 | 788 | 2062 | 1596 |
| 荣誉军人康复医院 | Convalescent Hospitals for Honorable Serviceman | 1 | 171 | 140 | 78 |
| 复员军人疗养院 | Sanatoriums for Ex-serviceman | 4 | 180 | 316 | 218 |
| 复退军人精神病院 | Mental Hospitals for Ex-serviceman | 1 | 304 | 796 | 796 |
| 光荣院 | Homes for Disabled Veteran | 14 | 133 | 810 | 504 |
| 福利类收养性单位 | Social Welfare Institutions | 2076 | 22600 | 277548 | 197075 |
| 社会福利院 | Social Welfare Homes | 68 | 2164 | 16784 | 10866 |
| 儿童福利院 | Baby Welfare Homes | 13 | 495 | 2203 | 1710 |
| 社会福利医院 | Social Welfare Hospitals | 12 | 1702 | 6179 | 5515 |
| 城镇收养性老年福利机构 | Unban Welfare Homes for Aged persons | 654 | 9239 | 88250 | 46726 |
| 农村五保供养服务机构 | Rural Welfare Homes for Aged persons | 1329 | 9000 | 164132 | 132258 |
| 其他收养性机构 | Other Adoptive Homes | 44 | 480 | 3532 | 1878 |

# 17－9 残疾人事业基本情况
## Basic Statistics of People with Disabilities

| 项 目 | Item | 2005 | 2007 | 2008 | 2009 | 2010 | 2011 |
|---|---|---|---|---|---|---|---|
| **康 复** | **Rehabilitation** | | | | | | |
| 视力残疾康复 | Rehabilitation of Persons with Sight Disability | | | | | | |
| 白内障复明手术 （万例） | Sight-restoring Cataract Surgeries (10000 cases) | 3.2 | 4.7 | 5.7 | 5.6 | 5.7 | 5.7 |
| #贫困白内障患者免费手术 | Free Surgeries for Poor Cataract Patients | | 1.4 | 1.5 | 1.8 | 1.6 | 1.6 |
| 低视力者配用助视器 （人） | Vision-aids Provided for Persons of Low-vision (person) | 2122 | 1795 | 1316 | 1795 | 1543 | 1857 |
| 盲人定向行走训练数 （人） | Blind People Trained with Direction Walking (person) | | 1510 | 1170 | 1272 | 1094 | 824 |
| 聋儿康复 | Rehabilitation of Children with Hearing Disability | | | | | | |
| 年收训聋儿 （人） | Hearing and Speech Training (person) | 1019 | 1189 | 1153 | 1096 | 1270 | 1396 |
| 培训聋儿家长 （人） | Parents Trained (person) | 1279 | 1556 | 1153 | 1289 | 1270 | 1940 |
| 精神病防治康复 | Prevention and Treatment of Psychiatric Diseases | | | | | | |
| 开展精神病防治康复工作市县数 （个） | Counties Carried on the Works of Prevention and Treatment of Psychiatric Diseases (unit) | 86 | 106 | 108 | 109 | 108 | 109 |
| 综合防治康复精神病人数 （万人） | Prevention and Treatment Provided for Patients with Severe Psychiatric Diseases (10000 persons) | 30.6 | 44 | 44 | 44 | 44 | 45 |
| 监护率 （%） | Guardianship Rate (%) | 90 | 93 | 96 | 96 | 96 | 94 |
| 显好率 （%） | Significant Improvement Rate (%) | 60 | 61 | 69 | 74 | 74 | 71 |
| 社会参与率 （%） | Social Involvement Rate (%) | 50 | 51 | 58 | 60 | 61 | 58 |
| 孤独症儿童训练数 （人） | Trained Persons with Infantile Autism (person) | | 325 | 310 | 402 | 533 | 668 |
| 肢体残疾康复 （人） | Rehabilitation of Persons with Physical Disability (person) | | | | | | |
| 肢体残疾人社区训练、家庭康复训练数 | Persons Rehabilitated at Community | 7194 | 11208 | 9307 | 12570 | 16071 | 19030 |
| 肢体残疾儿童机构康复训练数 | Persons Rehabilitated at Institutions | | 1557 | 2218 | 2162 | 3345 | 4430 |
| 麻风畸残康复矫治手术 （例） | Rehabilitation of People with Leprosy Orthopedic Surgeries (case) | 380 | 126 | 64 | | 31 | |
| 智力残疾康复 （人） | Rehabilitation of Persons with Intellectual Disability (person) | | | | | | |
| 智残儿童康复训练数 | Children Rehabilitated | 2261 | 2124 | 2358 | 1982 | 2135 | 2232 |
| 智残儿童家长培训数 | Parents Trained | | 1820 | 2032 | 1894 | 1991 | |

17－9 续表 Continued

| 项目 | Item | 2000 | 2007 | 2008 | 2009 | 2010 | 2011 |
|---|---|---|---|---|---|---|---|
| **教育** | **Education** | | | | | | |
| 未入学适龄残疾儿童少年（万人） | School-age Disabled Children without Schooling (10000 persons) | 0.4 | 0.3 | 0.3 | 0.3 | 0.2 | 0.2 |
| 职业教育与培训 | Vocational Education and Training | | | | | | |
| 机构数（个） | Facilities (unit) | 102 | 267 | 249 | 292 | 293 | |
| 职业技术年培训（万人次） | Number of Persons Educated and Trained (10000 persons) | 2.6 | 2.8 | 2.1 | 2.4 | 2.3 | |
| **就业** | **Employment** | | | | | | |
| 城镇残疾人就业状况 | Employment of Urban Handicapped | | | | | | |
| 当年安排就业（万人） | Persons Employed in the Year (10000 persons) | 1.9 | 2.8 | 2.4 | 1.9 | 1.7 | 1.7 |
| #按比例就业 | Employed by Quota Scheme | 0.5 | 0.7 | 0.7 | 0.7 | 0.5 | 0.5 |
| 集中就业 | Employed at Welfare Enterprises | 0.9 | 1.6 | 1 | 0.7 | 0.7 | 0.6 |
| 个体就业 | Self-employed | 0.5 | 0.5 | 0.7 | 0.5 | 0.5 | 0.6 |
| 未就业(累计) | Unemployed | 4.6 | 6.5 | 4.4 | 4.8 | 4.1 | 3 |
| 农村残疾人就业状况 | Employment of Rural Handicapped | | | | | | |
| 就业（万人） | Employed (10000 persons) | 78.7 | 95.4 | 71.8 | 96 | 77 | 73.8 |
| 未就业（万人） | Unemployed (10000 persons) | 12.3 | 16.4 | 16.1 | 16.2 | 11.5 | 10.1 |
| 残疾人就业服务机构（个） | Employment Service Institutions for Handicapped (unit) | 120 | 117 | 118 | 119 | 118 | |
| 省 | Provinces | 1 | 1 | 1 | 1 | 1 | 1 |
| 市（含县级市） | Cities (inc. Cities at County Level) | 40 | 39 | 39 | 39 | 39 | |
| 县 | Counties | 25 | 25 | 25 | 25 | 24 | |
| 市辖区 | Districts under the Jurisdiction of Cities | 54 | 52 | 53 | 54 | 54 | |
| **盲人按摩** | **Massage by Persons with Visual Disability** | | | | | | |
| 保健按摩员培训（人） | Massage Therapists Training (person) | 340 | | | | | |
| 医疗按摩员培训（人） | Keep-fit Massager Training (person) | 291 | 244 | 179 | 38 | 112 | 95 |
| **扶贫** | **Poverty Alleviation** | | | | | | |
| 扶贫开发解决温饱残疾人（万人） | Disabled Persons Overcoming Poverty Through Government's Poverty Reduction Program (10000 persons) | 5.1 | 5.4 | 4.3 | | | |
| 绝对贫困残疾人（万人） | Disabled Persons in Absolute Poverty (10000 persons) | | 7.6 | 6.3 | | | |
| 相对贫困残疾人（万人） | Disabled Persons in Relative Poverty (10000 persons) | | 13.7 | 12.4 | | | |
| 当地低收入残疾人（万人） | Disabled Persons at the Local Low-income Level (10000 persons) | | 20.4 | 17.3 | 18.5 | 19.3 | 19.5 |
| **残联组织建设** | **Organization of the Disabled Persons' Federation** | | | | | | |
| 残疾人工作者数（万人） | Workers for the Disabled (10000 persons) | 0.3 | 0.4 | 0.4 | 0.4 | 0.5 | 0.5 |

# 17－10 婚姻登记和离婚情况

## Number of Marriages and Divorces

| 年份 Year<br>地区 Region | 结婚登记对数(万对) Total Number of Registered Marriages (10000 couples) | 内地居民登记结婚(万人) Registered Marriages in the Mainland (10000 persons) | 涉外及港澳台居民登记结婚(万人) Registered Marriages with Foreigner or the Citizen of Hong Kong, Macao, Taiwan (10000 persons) | 初婚(万人) First Marriages (10000 persons) | 再婚(万人) Re-marriages (10000 persons) | 离婚(万对) Divorces (10000 couples) |
|---|---|---|---|---|---|---|
| 1985 | 43.01 | 86.01 | 0.01 | 84.51 | 1.51 | 2.11 |
| 1989 | 56.17 | 112.33 | 0.03 | 107.68 | 4.51 | 4.55 |
| 1990 | 52.72 | 105.40 | 0.04 | 102.88 | 2.56 | 4.63 |
| 1991 | 54.73 | 109.42 | 0.06 | 106.91 | 2.56 | 5.09 |
| 1992 | | | | | | |
| 1993 | 54.91 | 109.74 | 0.08 | 107.33 | 2.48 | 5.61 |
| 1994 | | | | | | |
| 1995 | 57.51 | 114.93 | 0.10 | 112.00 | 3.03 | 6.76 |
| 1996 | 54.71 | 109.32 | 0.10 | 106.01 | 3.41 | 7.36 |
| 1997 | 52.81 | 105.52 | 0.11 | 102.00 | 3.62 | 8.05 |
| 1998 | | | | | | |
| 1999 | 51.35 | 102.59 | 0.11 | 97.80 | 4.68 | 8.11 |
| 2000 | 49.81 | 99.50 | 0.12 | 94.43 | 4.95 | 8.19 |
| 2001 | 44.42 | 88.60 | 0.13 | 83.25 | 5.35 | 8.62 |
| 2002 | 48.14 | 96.15 | 0.13 | 89.41 | 6.60 | 9.70 |
| 2003 | 46.15 | 92.17 | 0.13 | 85.84 | 6.20 | 9.65 |
| 2004 | 51.64 | 103.13 | 0.14 | 93.98 | 9.00 | 11.74 |
| 2005 | 47.20 | 94.26 | 0.14 | 84.94 | 9.66 | 12.38 |
| 2006 | 59.23 | 118.30 | 0.16 | 105.70 | 12.76 | 13.80 |
| 2007 | 57.14 | 114.11 | 0.17 | 99.93 | 14.36 | 16.04 |
| 2008 | 62.47 | 123.64 | 0.17 | 110.60 | 14.30 | 13.55 |
| 2009 | 73.09 | 145.99 | 0.17 | 129.51 | 16.66 | 14.37 |
| 2010 | 75.71 | 151.42 | 0.16 | 137.41 | 14.02 | 16.02 |
| 2011 | 86.75 | 173.34 | 0.17 | 152.53 | 20.97 | 16.68 |
| 南京市 Nanjing | 7.71 | 15.41 | | 12.95 | 2.47 | 2.26 |
| 无锡市 Wuxi | 4.85 | 9.71 | | 6.33 | 3.38 | 1.17 |
| 徐州市 Xuzhou | 11.73 | 23.47 | | 21.40 | 2.07 | 1.69 |
| 常州市 Changzhou | 3.89 | 7.79 | | 6.38 | 1.41 | 1.03 |
| 苏州市 Suzhou | 6.63 | 13.27 | | 12.61 | 0.66 | 1.57 |
| 南通市 Nantong | 7.46 | 14.92 | | 12.59 | 2.33 | 1.57 |
| 连云港市 Lianyugang | 6.36 | 12.72 | | 11.14 | 1.57 | 1.02 |
| 淮安市 Huaian | 7.05 | 14.09 | | 13.02 | 1.08 | 1.00 |
| 盐城市 Yancheng | 9.31 | 18.61 | | 17.24 | 1.37 | 1.37 |
| 扬州市 Yangzhou | 5.02 | 10.04 | | 8.69 | 1.35 | 0.94 |
| 镇江市 Zhenjiang | 2.89 | 5.77 | | 5.11 | 0.66 | 0.71 |
| 泰州市 Taizhou | 5.54 | 11.08 | | 8.91 | 2.17 | 0.98 |
| 宿迁市 Suqian | 8.14 | 16.29 | | 15.94 | 0.34 | 1.35 |

## 17－11 社会保险基本情况
## Basic Statistics of Social Insurance

单位:万人 (10000 persons)

| 年份 Year | 失业保险 Unemployment Insurance | | | 城镇职工基本医疗保险 Basic Medical Care Insurance | | 工伤保险 Work Injury Insurance | | 年末参加生育保险人数 Maternity Insurance Contributors at Year-end |
|---|---|---|---|---|---|---|---|---|
| | 年末参保人数 Contributors at Year-end | 全年发放失业保险金人数 Beneficiaries of Unemployment Insurance Fund | 全年发放失业保险金(亿元) Unemployment Relief (100 million yuan) | 年末参保职工人数 Contributors at Year-end | 年末参保退休人员 Retirees Contributors at Year-end | 年末参保人数 Contributors at Year-end | 年末享受工伤待遇的人数 Beneficiaries at Year-end | |
| 2001 | 750.90 | 53.70 | 9.16 | 367.64 | 122.65 | 473.94 | 0.79 | 483.46 |
| 2002 | 733.87 | 76.71 | 13.00 | 507.69 | 183.24 | 480.00 | 1.44 | 486.06 |
| 2003 | 761.62 | 88.25 | 13.92 | 608.41 | 226.67 | 503.02 | 1.68 | 504.06 |
| 2004 | 797.09 | 85.98 | 14.73 | 715.11 | 261.62 | 577.20 | 2.28 | 552.68 |
| 2005 | 838.48 | 67.02 | 12.03 | 821.07 | 303.02 | 680.21 | 3.22 | 630.92 |
| 2006 | 901.08 | 51.63 | 9.36 | 935.77 | 338.51 | 812.69 | 5.06 | 711.49 |
| 2007 | 968.48 | 48.65 | 9.37 | 1070.34 | 365.45 | 920.98 | 5.84 | 794.11 |
| 2008 | 1052.24 | 48.83 | 11.57 | 1213.90 | 390.35 | 1055.71 | 7.90 | 907.23 |
| 2009 | 1079.14 | 49.98 | 14.17 | 1282.50 | 418.63 | 1118.10 | 9.34 | 962.46 |
| 2010 | 1153.78 | 46.51 | 13.95 | 1405.06 | 443.20 | 1205.52 | 9.79 | 1086.44 |
| 2011 | 1238.16 | 57.70 | 19.83 | 1541.55 | 470.89 | 1327.46 | 10.66 | 1199.21 |

## 17－12 社会保险基金收支及累计结余
## Revenue, Expenses and Balance of Social Insurance Fund

单位:亿元 (100 million yuan)

| 年份 Year | 合计 Total | 基本养老保险 Basic Pension Insurance | 失业保险 Unemployment Insurance | 城镇职工基本医疗保险 Basic Medical Care Insurance | 工伤保险 Work Injury Insurance | 生育保险 Maternity Insurance |
|---|---|---|---|---|---|---|
| **基金收入 Revenue** | | | | | | |
| 2001 | 205.03 | 148.53 | 18.28 | 33.43 | 2.18 | 2.61 |
| 2002 | 271.46 | 194.12 | 20.10 | 51.27 | 2.67 | 3.30 |
| 2003 | 344.49 | 238.86 | 24.97 | 73.32 | 3.32 | 4.01 |
| 2004 | 413.75 | 283.40 | 26.69 | 94.40 | 4.25 | 5.01 |
| 2005 | 519.83 | 356.23 | 31.63 | 117.99 | 6.66 | 7.32 |
| 2006 | 667.93 | 456.36 | 39.23 | 154.62 | 9.05 | 8.67 |
| 2007 | 874.11 | 598.45 | 48.71 | 203.65 | 12.12 | 11.19 |
| 2008 | 1107.35 | 749.30 | 62.88 | 264.07 | 16.12 | 14.98 |
| 2009 | 1251.93 | 865.28 | 63.00 | 291.67 | 15.74 | 16.24 |
| 2010 | 1450.34 | 999.80 | 72.46 | 339.90 | 18.77 | 19.41 |
| 2011 | 1854.94 | 1269.20 | 105.71 | 421.94 | 32.29 | 25.80 |
| **基金支出 Expenses** | | | | | | |
| 2001 | 187.12 | 145.79 | 16.50 | 21.60 | 1.48 | 1.75 |
| 2002 | 251.47 | 192.36 | 20.09 | 35.42 | 1.68 | 1.92 |
| 2003 | 289.96 | 207.41 | 22.05 | 55.55 | 2.80 | 2.15 |
| 2004 | 339.98 | 243.75 | 21.13 | 69.35 | 2.82 | 2.92 |
| 2005 | 401.03 | 281.85 | 20.22 | 90.60 | 4.01 | 4.34 |
| 2006 | 493.45 | 355.28 | 20.06 | 107.73 | 5.41 | 4.96 |
| 2007 | 586.98 | 419.36 | 19.81 | 133.83 | 7.05 | 6.93 |
| 2008 | 751.91 | 524.33 | 31.00 | 178.56 | 9.85 | 8.17 |
| 2009 | 913.13 | 617.65 | 40.77 | 231.80 | 11.92 | 10.99 |
| 2010 | 1075.73 | 737.91 | 41.37 | 270.26 | 13.89 | 12.29 |
| 2011 | 1337.14 | 884.20 | 74.92 | 338.01 | 24.19 | 15.82 |
| **累计结余 Balance at Year-end** | | | | | | |
| 2001 | 104.48 | 56.99 | 18.46 | 18.37 | 6.08 | 4.59 |
| 2002 | 124.37 | 58.74 | 18.37 | 34.22 | 7.07 | 5.97 |
| 2003 | 178.03 | 90.25 | 20.37 | 52.00 | 7.59 | 7.83 |
| 2004 | 249.39 | 127.58 | 25.83 | 77.05 | 9.02 | 9.91 |
| 2005 | 368.71 | 201.96 | 37.76 | 104.44 | 11.66 | 12.89 |
| 2006 | 550.51 | 305.40 | 58.26 | 154.95 | 15.31 | 16.59 |
| 2007 | 837.51 | 484.54 | 87.16 | 224.57 | 20.38 | 20.85 |
| 2008 | 1192.97 | 709.52 | 119.04 | 310.08 | 26.67 | 27.66 |
| 2009 | 1531.68 | 957.14 | 141.18 | 369.95 | 30.50 | 32.91 |
| 2010 | 1906.24 | 1219.03 | 172.27 | 439.60 | 35.32 | 40.03 |
| 2011 | 2424.02 | 1604.03 | 203.03 | 523.52 | 43.42 | 50.02 |

# 17-13 工会、妇联基本情况

## Basic Statistics on Labour Union and Women's Federation

单位:个 (unit)

| 项目 | Item | 1995 | 2000 | 2005 | 2010 | 2011 |
|---|---|---|---|---|---|---|
| **工会基本情况** | **Basic Condition of Labour Union** | | | | | |
| 基层工会组织数 | Number of Grassroot Labour Unions | 36215 | 37160 | 224605 | 350068 | 397350 |
| 职工人数 (万人) | Number of Staff and Workers (10000 persons) | 714.26 | 691.97 | 1017.65 | 1648.03 | 1817.45 |
| #女职工人数 | Women Workers | 305.53 | 288.81 | 424.14 | 692.46 | 762.08 |
| 会员人数 (万人) | Number of Members (10000 persons) | 645.48 | 626.67 | 1002.25 | 1575.11 | 1743.15 |
| #女会员人数 | Women Members | 275.81 | 262.26 | 411.46 | 666.03 | 735.66 |
| 女职工工作委员会 | Number of Women Workers Working Committees | 22843 | 24743 | 42342 | 73223 | 82067 |
| 建立工会经费审查组织 | Number of Units Established with Funds Examing by Labour Union | | | 38390 | 83607 | 86204 |
| 建立职工代表大会制度的单位 | Number of Units Established with Workers Delegating Congress System | 23194 | 17684 | 30075 | 65815 | 70131 |
| 实行厂务公开的单位 | Number of Units Carried Out the Factory Business to Public | | | 23355 | 59208 | 60405 |
| 建立工会劳动保护监督检查委员会 | Number of Units Established with Labour Protection, Supervisting and Examing Committees | | | 21018 | 57087 | 57536 |
| 建立工会劳动法律监督组织 | Number of Organizations Established with Law of Labour Supervising Committees by Labour Union | | | 18641 | 47111 | 45645 |
| 建立劳动争议调解委员会的单位 | Number of Units Established with Mediating Committee of Labour Disputes | 18292 | 13418 | 21687 | 52540 | 49521 |
| 建有职工技协组织 | Number of Organizations Established with Technical Association of Staff and Workers | | | 1818 | 3669 | 3856 |
| 职工董事人数 (人) | | | | | 6262 | 6418 |
| #女性 | | | | | 2759 | 2762 |
| 职工监事人数 (人) | | | | | 6542 | 6272 |
| #女性 | | | | | 3166 | 3134 |
| **妇联基本情况** | **Basic Condition of Women's Federation** | | | | | |
| 基层妇代会数 (个) | Number of Grassroot Dlegating Congress (unit) | | | 32520 | 22702 | 22271 |
| 妇联干部数 (人) | Number of Cadres of Women's Federation (person) | 3265 | 3231 | 2532 | 1237 | 2293 |
| 按年龄分 | Grouped by Age | | | | | |
| 35岁以下 | Aged 35 and Below | 881 | | 1045 | 333 | 781 |
| 36-45岁 | Aged 36-45 | 1553 | | 888 | 558 | 812 |
| 46-55岁 | Aged 46-55 | 790 | | 542 | 291 | 620 |
| 56岁以上 | Aged 56 and Above | 41 | | 57 | 55 | 80 |
| 按文化程度分 | Grouped by Educational Attainment | | | | | |
| 研究生 | Postgraduates | 12 | | 66 | 177 | 28 |
| 大学本科、大专学历 | University or College | 1824 | | 2215 | 1025 | 2169 |
| 高中、中专及以下 | Senior Middle School, Specialized Secondary School and Below | 1429 | | 251 | 35 | 96 |

## 17－14　公安机关立案的刑事案件情况
## Criminal Cases Registered in Public Security Organs

| 案件类别 | Category of Cases | 立　案　（起） Number of Cases Registered(case) | | 构　成　（%） Composition(%) | |
|---|---|---|---|---|---|
| | | 2010 | 2011 | 2010 | 2011 |
| **合　计** | **Total** | **410319** | **405143** | **100** | **100** |
| 杀　人 | Homicide | 540 | 463 | 0.13 | 0.11 |
| 伤　害 | Injury | 5312 | 5303 | 1.29 | 1.31 |
| 抢　劫 | Robbery | 2910 | 2528 | 0.71 | 0.62 |
| 强　奸 | Rape | 1861 | 1792 | 0.45 | 0.44 |
| 拐卖人口 | Bduction | 108 | 77 | 0.03 | 0.02 |
| 盗　窃 | Larceny | 319370 | 320198 | 77.83 | 79.03 |
| 诈　骗 | Fraud | 27970 | 31680 | 6.82 | 7.82 |
| 持有使用伪造货币 | Holding and Using Counterfeit Currency | 75 | 30 | 0.02 | 0.01 |
| 其　他 | Others | 52173 | 43072 | 12.72 | 10.64 |

## 17－15　公安机关受理、查处治安案件情况
## Offense Cases Against Public Order Handled by Public Security Organs

| 案件类别 | Category of Cases | 2010 | | 2011 | |
|---|---|---|---|---|---|
| | | 受　理 Number of Cases Accepted to be Treated | 查处 Number of Cases Investigated and Treated | 受　理 Number of Cases Accepted to be Treated | 查处 Number of Cases Investigated and Treated |
| **合　计　（起）** | **Total　(case)** | **1224213** | **1220500** | **936236** | **929057** |
| 扰乱公共场所秩序 | Disturbing the Orders in Public Places | 6536 | 6528 | 19120 | 19011 |
| 寻衅滋事 | Causing Quarrels and Making Troubles | 10005 | 9958 | 6944 | 6924 |
| 非法携带枪支、弹药、管制刀具 | Violation of Firearms Control Regulations | 11776 | 11775 | 4028 | 4012 |
| 违反危险物品管理规定 | Violation of Explosives Control Regulations | 6369 | 6367 | 2154 | 2154 |
| 殴打他人 | Battering Other Persons | 418775 | 418005 | 325714 | 324882 |
| 盗　窃 | Stealing Property | 300912 | 299329 | 278899 | 274578 |
| 骗取、抢夺、敲诈勒索 | Swindling, Robbery and Extortion | 27106 | 26958 | 28523 | 28232 |
| 伪造、变造、倒卖有价票证、凭证 | Forge, Alter, Scalp Valuable Coupons or Certificates | 228 | 228 | 213 | 213 |
| 利用迷信活动危害社会 | Endangering the Society through Superstition | 104 | 104 | 74 | 74 |
| 卖淫、嫖娼 | Prostitution or Soliciting Prostitutes | 23519 | 23519 | 21297 | 21308 |
| 赌　博 | Gambling | 55678 | 55439 | 42421 | 42349 |
| 其　他 | Others | 363205 | 362290 | 206849 | 205320 |

## 17－16　交通事故情况(2011 年)
## Basic Statistics on Traffic Accidents (2011)

| 类　别 | Item | 发生数(起) Number of Traffic Accidents (case) | 死亡人数(人) Number of Deaths (person) | 受伤人数(人) Number of Injuries (person) | 损失折款(万元) Losses Coverted into Cash (10000 yuan) |
|---|---|---|---|---|---|
| **总计** | **Total** | **13434** | **4899** | **12455** | **6012.7** |
| #一次死亡 3 人以上事故 | Accident with More than Three Persons' Death at one Time | 26 | 125 | 91 | 0.0 |
| 机动车 | Vehicles | 11673 | 4487 | 10731 | 5560.7 |
| #汽车 | Motor Vehicles | 8346 | 3391 | 7238 | 4834.2 |
| 摩托车 | Motorcycles | 2647 | 737 | 3020 | 523.2 |
| 非机动车 | Non-motor-driven Vehicles | 1610 | 320 | 1646 | 271.7 |
| #自行车 | Bicycles | 127 | 39 | 101 | 20.0 |
| 行人乘车人 | Pedestrians and Passengers | 126 | 71 | 68 | 168.4 |

## 17－17　火灾事故情况(2011 年)
## Basic Statistics on Fire Accidents (2011)

| 项　目 | Item | 合计 Total | 按事故发生程度分 By Degree | |
|---|---|---|---|---|
| | | | 重大 Serious | 一般 Ordinary |
| 发生　(起) | Fire Accidents　(case) | 4715 | 0 | 4715 |
| 死亡　(人) | Deaths　(person) | 75 | 0 | 75 |
| 受伤　(人) | Injuries　(person) | 46 | 0 | 46 |
| 损失折款　(万元) | Losses Converted into Cash　(10000 yuan) | 10459 | 0 | 10459 |
| 平均每起事故损失　(万元) | Average Loss per Fire　(10000 yuan) | 2.20 | 0 | 2.20 |

## 17－18 检察机关直接立案侦查案件情况（2011 年）
## Cases under Direct Investigation by Procurator's Offices(2011)

| 案件分类 | Case Item | 受案（件）Cases Accepted (case) | 立案件数（件）Number of Cases Registered (case) | 立案人数（人）Person of Cases Registered (person) | #要案 Key Case | 结案件数（件）Number of Cases Settled (case) | 结案人数（人）Person of Cases Settled (person) |
|---|---|---|---|---|---|---|---|
| **合计** | **Total** | 3523 | 1709 | 2051 | 98 | 1683 | 2027 |
| **贪污贿赂案件** | **Sub-total of Cases on Corruption and Bribery** | 2838 | 1375 | 1591 | 94 | 1335 | 1565 |
| 贪污 | Corruption | 776 | 214 | 356 | 11 | 227 | 377 |
| 贿赂 | Bribery | 1882 | 1043 | 1088 | 75 | 992 | 1039 |
| 挪用公款 | Misappropriation of Public Funds | 142 | 111 | 135 | 7 | 108 | 134 |
| 集体私分 | Collective Illegal Possession of Public Funds | 20 | 7 | 12 | 1 | 8 | 15 |
| 巨额财产 来源不明 | Unstated Source of Large Properities | 18 | 0 | 0 | 0 | 0 | 0 |
| 其他 | Others | 0 | 0 | 0 | 0 | 0 | 0 |
| **渎职案件** | **Sub-total of Cases on Abuse and Dereliction of Duty** | 685 | 334 | 460 | 4 | 348 | 462 |
| 滥用职权 | Abuse of Power | 304 | 142 | 198 | 3 | 154 | 205 |
| 玩忽职守 | Dereliction of Duty | 203 | 124 | 136 | 1 | 126 | 139 |
| 徇私舞弊 | Fraudulent Practice | 108 | 37 | 49 | 0 | 40 | 50 |
| 其他 | Others | 70 | 31 | 77 | 0 | 28 | 68 |

注：结案中含上年旧存（以下各表同）。

Note: Data of cases settled include cases turned over from previous year. (The same as in the following tables).

## 17－19 检察机关审查批准、决定逮捕犯罪嫌疑人和提起公诉被告人情况（2011 年）
## Arrests of Criminal Suspects and Defendants under Public Prosecution Approved by Procurator's Offices(2011)

| 案件分类 | Item | 批捕、决定逮捕合计 Total of Arrests | | 决定起诉合计 Total of Public Prosecutions | |
|---|---|---|---|---|---|
| | | 件 (case) | 人 (person) | 件 (case) | 人 (person) |
| **合计** | **Total** | **37997** | **52903** | **60118** | **88687** |
| **公安、安全、监狱机关提请** | **Sub-total of Requests by Departments of State and Public Security and Prisons** | **37164** | **52019** | **58616** | **86899** |
| 危害国家安全案 | Offences Against State Security | 0 | 0 | 0 | 0 |
| 危害公共安全案 | Offences Against Public Security | 2812 | 2891 | 11078 | 11255 |
| 破坏社会主义市场经济秩序案 | Offences Against Socialist Economic Order | 1966 | 2657 | 3249 | 5187 |
| 侵犯公民人身、民主权利案 | Offences Against Citizens' Personal and Democratic Rights | 5884 | 7090 | 8266 | 10676 |
| 侵犯财产案 | Offences Against Properties | 16918 | 23973 | 22270 | 32818 |
| 妨害社会管理秩序案 | Offences Against Social Management of Order | 9567 | 15391 | 13732 | 26931 |
| 危害国防利益案 | Offences Against National Defense | 17 | 17 | 21 | 32 |
| **检察机关直接立案侦查案件** | **Sub -total of Cases Directly Handled by Procuratorate officess** | **833** | **884** | **1502** | **1788** |
| 贪污贿赂案 | Offences on Corruption and Bribery | 756 | 798 | 1207 | 1406 |
| 渎职案 | Offences on Abuse and Dereliction of Duty | 77 | 86 | 295 | 382 |

## 17－20 检察机关处理申诉案件情况（2011 年）
## Appeals Handled by Procurator's Offices(2011)

| 案件分类 | Cases | 受案（件）Cases Accepted (case) | 立案复查（件）Cases Registered for Reinvestigation(case) | 结案（件）Cases Settled (case) | #改变原决定 Original Decision Changed |
|---|---|---|---|---|---|
| **合计** | **Total** | **1319** | **888** | **896** | **91** |
| 不服检察机关处理决定 | Appeals against Decision of Procurator's Offices | 342 | 277 | 292 | 91 |
| 不服不批捕 | Appeals against Rejection of Arrest | 126 | 111 | 108 | 20 |
| 不服不起诉 | Appeals against Rejection of Prosecuting | 122 | 92 | 107 | 12 |
| 不服撤案 | Appeals against Withdrawal of the Case | 1 | | | |
| 不服原免予起诉 | Appeals against Original Exemption of Lawsuit | 2 | 1 | 2 | 1 |
| 其他 | Others | 91 | 73 | 75 | 58 |
| 不服法院刑事判决裁定 | Appeals against Judgment of Criminal Case | 977 | 611 | 604 | |
| 刑罚执行中被害人申诉 | Appeals of the Victim at the Punishment | 358 | 226 | 224 | |
| 刑罚执行中被告人申诉 | Appeals of the Defendant at the Punishment | 390 | 267 | 263 | |
| 刑罚执行完毕后被害人申诉 | Appeals of the Victim after the Punishment | 55 | 33 | 33 | |
| 刑罚执行完毕后被告人申诉 | Appeals of the Defendant after the Punishment | 174 | 85 | 84 | |

## 17－21 人民法院审理刑事一审案件收结案情况
## First Trial Criminal Cases Accepted and Settled by Courts

单位:件 (case)

| 项目 | Item | 2010 | | 2011 | |
|---|---|---|---|---|---|
| | | 收案 Cases Accepted | 结案 Cases Settled | 收案 Cases Accepted | 结案 Cases Settled |
| **合计** | **Total** | **54974** | **54885** | **60966** | **60725** |
| 危害公共安全罪 | Offences Against Public Security | 6112 | 6127 | 10704 | 10646 |
| 破坏社会主义市场经济秩序罪 | Offences Against Socialist Economic Order | 3115 | 3082 | 3416 | 3383 |
| 侵犯公民人身权利民主权利罪 | Offences Against Citizens's Personal and Democratic Rights | 8840 | 8852 | 8994 | 8965 |
| 侵犯财产罪 | Offences Against Properties | 21671 | 21637 | 22493 | 22437 |
| 妨害社会管理秩序罪 | Offences Against Social Management of Order | 13682 | 13650 | 13877 | 13850 |
| 危害国防利益罪 | Offences Against National Defense | 9 | 8 | 19 | 18 |
| 贪污贿赂罪 | Offences on Corruption and Bribery | 1351 | 1341 | 1241 | 1224 |
| 渎职罪 | Offences on Dereliction of Duty | 179 | 174 | 214 | 192 |
| 其他 | Others | 15 | 14 | 8 | 10 |
| 合计中含自诉案件 | Private Prosecution Among the Total | 734 | 734 | 642 | 660 |

注:结案含上年旧存(下同)。

Note: Data of cases Settled include cases turned over from previous year. The same as the following tables.

## 17－22 人民法院审理婚姻家庭、继承一审案件收结案情况（2011年）

## First Trial Civil Cases of Marriages, Family Affairs and Inheritance Accepted and Settled by Courts(2011)

单位:件 (case)

| 项目 | Item | 收案 Cases Accepted | 结案 Cases Settled | 调解 Mediation | 判决 Judgement | 驳回 Reject | 撤诉 With-drawal | 其他 Other |
|---|---|---|---|---|---|---|---|---|
| **合计** | **Total** | **99431** | **99318** | **49971** | **24527** | **216** | **23914** | **690** |
| 婚姻家庭 | Marriages and Family Affairs | 96429 | 96327 | 48278 | 23817 | 201 | 23390 | 641 |
| 离婚 | Divorce | 80541 | 80471 | 39432 | 20728 | 157 | 19709 | 445 |
| 赡养纠纷 | Support Disputes | 2164 | 2157 | 1052 | 446 | 2 | 616 | 41 |
| 抚养、扶养关系纠纷 | Upbringing Disputes | 2688 | 2673 | 1876 | 327 | 2 | 446 | 22 |
| 抚育费纠纷 | Upbringing Fee Disputes | 2246 | 2248 | 1106 | 545 | 8 | 559 | 30 |
| 其他 | Others | 8790 | 8778 | 4812 | 1771 | 32 | 2060 | 103 |
| 继承 | Inheritance | 3002 | 2991 | 1693 | 710 | 15 | 524 | 49 |
| 法定继承 | Legal Inheritance | 1810 | 1814 | 1086 | 379 | 11 | 311 | 27 |
| 遗嘱继承 | Testament Inheritance | 473 | 452 | 219 | 115 | 3 | 107 | 8 |
| 其他 | Others | 719 | 725 | 388 | 216 | 1 | 106 | 14 |

## 17－23 人民法院审理合同纠纷一审案件收结案情况（2011年）

## First Trial Cases of Contracts Disputes Accepted and Settled by Courts (2011)

单位:件 (case)

| 项目 | Item | 收案 Cases Accepted | 结案 Cases Settled | 调解 Mediation | 判决 Judgement | 驳回 Reject | 撤诉 With-drawal | 其他 Other |
|---|---|---|---|---|---|---|---|---|
| **合计** | **Total** | **339302** | **338579** | **150069** | **85181** | **2558** | **96232** | **4539** |
| 借款合同 | Loan Contracts | 115404 | 114336 | 44581 | 38772 | 672 | 28743 | 1568 |
| 买卖合同 | Trade Contracts | 58471 | 58481 | 26268 | 14855 | 554 | 15732 | 1072 |
| 电信合同 | Telecom Contracts | 10554 | 10657 | 4766 | 83 | 15 | 5790 | 3 |
| 租赁合同 | Lease Contracts | 12153 | 12047 | 4538 | 3429 | 126 | 3846 | 108 |
| 劳动争议 | Work Disputes | 36937 | 37271 | 23268 | 5997 | 376 | 7302 | 328 |
| 劳务合同 | Service contracts | 9876 | 9918 | 5579 | 1144 | 27 | 3087 | 81 |
| 房地产合同 | Real Estate Contracts | 7580 | 7308 | 3750 | 1580 | 93 | 1785 | 100 |
| 供用动力合同 | Labor Contracts | 2788 | 2775 | 2145 | 77 | | 552 | 1 |
| 建设工程合同 | Construction Contracts | 9506 | 9627 | 3133 | 3277 | 135 | 2848 | 234 |
| 农村承包合同 | Rural Contracts | 2776 | 2781 | 1603 | 365 | 26 | 780 | 7 |
| 承揽合同 | Contracts for Work | 10620 | 10814 | 4670 | 2520 | 73 | 3278 | 273 |
| 保险合同 | Insurance Contracts | 12468 | 12472 | 6478 | 4005 | 114 | 1730 | 145 |
| 服务合同 | Service Contracts | 23168 | 23083 | 8888 | 1685 | 107 | 12309 | 94 |
| 信用卡纠纷 | Credit Card Dispute | 8276 | 8412 | 2478 | 2273 | 9 | 3631 | 21 |
| 经营合同 | Work Disputes | 2497 | 2525 | 793 | 815 | 39 | 794 | 84 |
| 其他 | Others | 16228 | 16072 | 7131 | 4304 | 192 | 4025 | 420 |

## 17－24 人民法院审理权属、侵权纠纷及其他民事一审收结案情况（2011 年）
## First Trial Cases of Disputes of Right, Infringement of Right and Other Civil Affairs Accepted and Settled by Courts(2011)

单位:件 (case)

| 项目 | Item | 收案 Cases Accepted | 结案 Cases Settled | 调解 Mediation | 判决 Judgement | 驳回 Reject | 撤诉 Withdrawal | 其他 Other |
|---|---|---|---|---|---|---|---|---|
| **合计** | **Total** | **177347** | **177526** | **94019** | **42996** | **1091** | **26835** | **12585** |
| 所有权及其相关权利 | Ownership and Related Rights | 22662 | 22875 | 10175 | 5351 | 444 | 6684 | 221 |
| 票据、证券、股票纠纷 | Disputes of Bill, Securities and Stocks | 333 | 306 | 36 | 110 | 11 | 111 | 38 |
| 股东权纠纷 | Stockholder's Right Disputes | 1906 | 1941 | 641 | 564 | 52 | 586 | 98 |
| 知识产权案件 | Intellectual Rights | 5043 | 4925 | 1259 | 719 | 14 | 2825 | 108 |
| 人身权纠纷 | Personal Rights | 123221 | 123671 | 78437 | 30903 | 170 | 13665 | 496 |
| 特殊侵权纠纷 | Disputes of Special Infringement of Right | 4535 | 4574 | 2271 | 1046 | 53 | 1153 | 51 |
| 不当得利 | Unjustified Enrichment | 1628 | 1628 | 365 | 429 | 32 | 770 | 32 |
| 特别程序 | Special Proceedings | 16916 | 16541 | 137 | 3746 | 300 | 833 | 11525 |
| 其他 | Others | 1103 | 1065 | 698 | 128 | 15 | 208 | 16 |

## 17－25 人民法院行政一审案件收结案情况（2011 年）
## First Trial Administrative Cases Accepted and Settled by Courts(2011)

单位:件 (case)

| 项目 | Item | 收案 Cases Accepted | 结案 Cases Settled | 维持 Affirmation of Original Judgement | 撤销 Cancel | 驳回 Reject | 撤诉 Withdrawal | 单独赔偿 Separate Compensation | 其他 Other |
|---|---|---|---|---|---|---|---|---|---|
| **合计** | **Total** | **5469** | **5544** | **186** | **80** | **1015** | **3737** | **9** | **517** |
| 土地等资源 | Land | 445 | 446 | 1 | 13 | 112 | 291 | | 29 |
| 公安 | Public Security | 629 | 629 | 16 | 3 | 95 | 473 | | 42 |
| 城建 | City Construction | 1498 | 1548 | 20 | 24 | 345 | 964 | 3 | 192 |
| 交通运输 | Traffic and Transport | 110 | 108 | 1 | | 13 | 90 | | 4 |
| 工商 | Industry and Commerce | 117 | 123 | 3 | 4 | 19 | 90 | | 7 |
| 环保 | Environment Protection | 67 | 64 | 1 | 1 | 6 | 45 | | 11 |
| 计划生育 | Family Planning | 231 | 231 | 1 | 2 | 3 | 175 | | 50 |
| 税务 | Tax | 38 | 39 | | | 3 | 36 | | 0 |
| 卫生 | Health | 57 | 58 | | 1 | 7 | 50 | | 0 |
| 乡政府 | Townships Government | 92 | 92 | | | 20 | 57 | | 15 |
| 劳动和社会保障 | Labour and Social Security | 952 | 947 | 120 | 9 | 214 | 586 | | 18 |
| 其他 | Other | 1233 | 1259 | 23 | 23 | 178 | 880 | 6 | 149 |

# 主要统计指标解释

**民政事业费支出** 指报告期内本辖区各项民政事业费实际支出的总数额。包括抚恤事业费、军队移交地方安置的离退休人员费用、社会救济福利事业费、救灾支出以及其它民政事业费。

**城镇居民最低生活保障人数** 指在报告期末家庭平均收入在当地规定的最低生活保障线以下的城镇居民数。包括"三无"对象、失业人员和在职、下岗、退休人员等。

**农村居民最低生活保障人数** 指报告期末在建立农村最低生活保障制度的地区，得到当地政府或集体给予最低生活保障的农业人口数。

**农村传统救济人数** 指末开展最低生活保障制度的农村地区，仍沿用传统救济制度救济贫困人口数。

**收养性福利单位** 指荣誉军人康复医院、复员军人疗养院、复退军人精神病院、光荣院、社会福利院、儿童福利院、精神病福利院、城镇老年福利机构、农村老年福利机构以及其它收养性单位的总称。

**社会福利企业** 指以集中安置有一定劳动能力的残疾人就业为目的（残疾职工占生产人员10%以上）、带有社会福利性质的特殊企业的总称。

**律师** 指受聘参加法律顾问处工作，担任法律顾问、刑（民）事代理人、刑事辩护人，办理非诉讼事件、解答法律询问，代写法律事务文书等主要从事律师业务的专职法律工作者和兼职律师。

**公证人员** 指在国家公证机关依法办理公证事务的司法人员，包括公证员、助理公证员和在公证处工作的其他人员。

**办理公证文书** 指公证处在一定时期内办结的公证文书件数。公证文书按司法部规定或批准的格式制作，包括国内公证和涉外公证两部分。国内公证分为经济合同公证和民事法律关系公证两大类。

**调解人员** 指在人民调解委员会担负调解民间一般民事纠纷和轻微违法行为引起纠纷的工作人员，包括调解委员会的委员和调解小组的调解员。

**调解民间纠纷** 指调解委员会依照法律规定，根据自愿原则，用说服教育的方法调解民间发生的有关民事权利和义务的争执，促成当事双方达到协议和谅解，解决纠纷。包括婚姻家庭纠纷，财产权益纠纷等，不包括法院受理调解的民事案件数。

**受理劳动争议案件数** 指劳动争议仲裁委员会根据国家有关规定，对劳动争议当事人的申请予以审查，符合受理条件而正式立案、准备处理的劳动争议案件数。

**决定逮捕** 指检察机关对直接受理、自行侦查的案件，认为需要逮捕犯罪嫌疑人时，依据法律作出的逮捕决定。

**批准逮捕** 指检察机关对公安机关、国家安全机关、监狱管理机关提出逮捕的犯罪嫌疑人进行审查，根据事实，依法作出逮捕决定。

**决定起诉** 指检察机关对公安机关、国家安全机关、监狱管理机关和检察机关内设机构反贪污贿赂部门移送起诉的刑事犯罪嫌疑人进行审查，根据事实，依法向人民法院提起公诉。

# Explanatory Notes on Main Statistical Indicators

**Operation Expenses for Civil Adiministration** refer to the total actual expenditures for all the operating expenses of civil administration in this jurisdiction district at reference period, including pensions, settlement allowance for the retirees who are transfered from P. L. A. units to the local government to be settled down, social welfare, disaster relief and other civil administration expenses.

**Number of Persons Receiving Lowest-Lost-Living in Urban Area** refer to the number of urban residents their family average income is below the lowest living standard insurance line at the year end, according to the local regulation; including "three proverty-striken people", unemployment, employees, laid off and retired personnels.

**Number of Persons Receiving Lowest-Cost-Living in Rural Area** refer the number of rural population in rural area with the system of lowest living standard insurance has been established, they are being insured by the local government and collective units.

**Number of Traditional Relief Persons in Rural Areas** refer to the rural areas which has not been established the system of lowest living standard insurance, the poor people are still succoured according to the traditional relief system.

**Adopting Social Welfare Institutions** refer to the all names of social welfare homes and adopting social welfare institutions, including homes for disabled soldiers, convalescent homes for demobilized soldiers, psychopathy welfare homes for demobilized soldiers, homes for disabled veterancs, social welfare homes, children welfare homes, urban eldery welfare units, rural elderly welfare units.

**Social Welfare Enterprises** refer the all names of special enterprises with the social welfare character, for the aim of employment of the disabled persons who still provide certain labor capacity, and are settled down concentratively (10% above are disabled staff and workers).

**Lawyers** are legal workers who are employed full time by legal counseling firms to act as a legal adivisers, agents in criminal civil lawsuits or defenders in criminal lawsuits, or to handle non-liligious legal affairs, to advise on matters of law or to write legal papers for others. Both full time and part time lawyers are included.

**Notary Personnel** refer to judicial workers of the state notary offices handling notarization work according to law. They include notaries and other people working for notary offices.

**Notarized Documents** refer to documents settled by notary offices in a year. The notary documents are drawn up in accordance with the regulations of the Ministry of Justice, including domestic documents and foreign-related documents. Domestic documents are divided into two major categories, documents on economic contracts and documents on civil legal relation.

**Mediators** refer to workers on peoples mediation committees responsible for mediating in civil disputes and cases of slight infraction of the law. They include members of the mediation committees and mediators of mediation groups.

**Mediatoin of Civil Disputes** refers to mediation committees work in mediating in civil disputes concerning civil rights and duties through persuasion and education in accordance with the provisions of law on a voluntary basis, so as to solve disputes by helping the parties involved come to an agreement and understanding. These disputes include divora cases and disputes over property ownership, but exclude the civil cases to be handled by the court.

**Number of Labour Dispute Cases Accepted** refer to the number of cases of labour dispute submitted that, after being reviewed by the labour dispute arbitraction committees in line with relevant state regulations, are accepted and registered for treatment.

**Decision on Arrest** refers to decision made by procurators office, in accordance:e with laws, to arrest the suspect(s) in the cases that are accepted and to be investigated by procurators office.

**Approval for Arrest** refers to the decision made b procurators office, in accordance with laws and relevant facts, to approve the arrest of the suspect(s) that is proposed by the public security departments or authority of prisons.

**Decision on Prosecution** refers to the decision made by procurators office, in accordance with laws and relevent facts, to institute proeedings to the people court against the suspect(s) of criminal cases handed by the public security departments, state security departments or authority of prisons, or by the anti-corruption departments within the procurators office.

# 18

# 城市经济与建设

# Urban Economy and Construction

# 简　要　说　明

**一、本篇资料的主要内容**

本篇资料反映城市建设基本情况、城市经济社会发展情况。

**二、资料来源**

城市建设数据来自住房与城乡建设部门及交通运输部门，城市经济社会发展统计数据来自市县社会经济基本情况统计年报。

# Brief Introduction

**I. Main Contents**

Data in this chapter reflect the basic situation of cities construction, cities economic and social development.

**Ⅱ. Date Source**

Data of city construction provided by Ministry of Housing and Urban – rural Development, Ministry of communications. Data of City economic and social development come from cities and counties in basic socio – economic statistics annual report.

# 18－1 城市公用事业基本情况
## Basic Statisics on Urban Public Utilities

| 指标 | Item | 1990 | 1995 | 2000 | 2005 | 2010 | 2011 |
|---|---|---|---|---|---|---|---|
| **城市基本情况** | **Basic condition of City** | | | | | | |
| 建成区面积(平方公里) | Developed Areas (sq. km) | | 1109 | 1382 | 2379 | 3271 | 3494 |
| 城市人口密度 (人/平方公里) | Population Density of Urban Districts (person/sq. km) | . | 1743 | 2260 | 1321 | 2027 | 2013 |
| **供水、供气** | **Water Supply and Gas Supply** | | | | | | |
| 自来水年供水量 (亿吨) | Annual Supply of Tap Water (100million tons) | 25.67 | 38.23 | 35.34 | 39.05 | 48.28 | 47.70 |
| #生活用水量 | Residential Consumption | 6.24 | 10.52 | 14.57 | 18.59 | 20.23 | 20.61 |
| 平均每人日生活用水 (升) | Per Capita Day (litre) | 176.4 | 225.6 | 265.6 | 211.47 | 220.37 | 212.26 |
| 用水普及率 (%) | Population with Access to Tap Water (%) | 91.3 | 98.9 | 99.2 | 96.3 | 99.6 | 99.6 |
| 煤气(天燃气)供气量 (亿立方米) | Coal Gas Supply (100 million cu. m) | 14.27 | 28.22 | 36.26 | 129.08 | 240.43 | 60.18 |
| #家庭用量 | Residential Use | 1.59 | 3.09 | 3.91 | 2.78 | 8.88 | 10.84 |
| 煤气(天燃气)管道长度 (公里) | Length of Gas Pipelines (km) | 1118 | 2041 | 4277 | 5320 | 30091 | 37062 |
| 液化气家庭用量 (万吨) | Residential Consumption of Liquefied Gas (10000 tons) | 12.27 | 43.61 | 49.24 | 64.99 | 47.17 | 46.71 |
| 燃气普及率 (%) | Population with Access to Gas (%) | 36.8 | 81.8 | 95.8 | 93.3 | 99.1 | 99.0 |
| **市政工程** | **Municipal Engineering** | | | | | | |
| 年末实有道路长度 (公里) | Length of Road (year end) (km) | 5812 | 8163 | 11011 | 28674 | 31899 | 32491 |
| 平均每万人拥有道路长度 (公里) | Per 10000 Population (km) | 6.5 | 8.3 | 8.7 | 11.46 | 12.62 | 12.16 |
| 年末实有道路面积 (万平方米) | Area of Road(year end) (10000 sq. m) | 5672 | 8669 | 13357 | 40830 | 53723 | 58405 |
| 平均每万人拥有道路面积 (平方米) | Per 10000 Population (sq. m) | 6.3 | 8.3 | 10.6 | 16.32 | 21.26 | 21.86 |
| 排水管道长度 (公里) | Length of Sewer Pipelines (km) | 4099 | 8262 | 11097 | 28568 | 46867 | 51735 |
| 建成区排水管道密度 (公里/平方公里) | Density of Drainage Pipelines (km/sq. km) | 5.7 | 7.5 | 8.0 | 12.01 | 14.33 | 14.81 |
| **公共交通** | **Public Traffic** | | | | | | |
| 公共汽(电)车总数 (辆) | Operating Public Transportation Vehicles (unit) | 2827 | 8101 | 14838 | 22197 | 28687 | 30867 |
| 平均每万人拥有公共汽(电)车 (辆) | Per 10000 Population (unit) | 3.6 | 7.1 | 10.6 | 9.07 | 11.50 | 11.6 |
| 出租汽车 (万辆) | Taxi (10000 units) | 0.6 | 1.8 | 3.7 | 4.10 | 5.30 | 5.34 |
| **城市绿化** | **Landscaping in Cities** | | | | | | |
| 公园绿地面积 (公顷) | Public Green Areas (hectare) | 3447 | 7402 | 10248 | 25687 | 33585 | 35634 |
| 人均公园绿地面积 (平方米) | Public Green Areas Per Capita (sq. m) | 3.8 | 6.9 | 8.1 | 10.27 | 13.29 | 13.34 |
| 公园面积 (公顷) | Area of Parks (hectare) | 2991 | 5648 | 5159 | 9924 | 12433 | 15687 |
| **环境卫生** | **Sanitation and Hygiene** | | | | | | |
| 清运生活垃圾 (万吨) | Garbage Disposal (10000 tons) | 288 | 398 | 515 | 834.8 | 1017.05 | 1119.77 |
| 清运粪便 (万吨) | Disposal of Night Soil (10000 tons) | 221 | 209 | 309 | 388.4 | 84.93 | 95.17 |
| 每万人拥有公厕 (座) | Public Restrooms Per 10000 Population (unit) | 9.0 | 7.0 | 5.9 | 4.23 | 3.75 | 3.79 |

注：2011 年煤气、天燃气供气量由于统计口径调整小于上年。(下同)

Note: From 2011, Coal Gas supply is less than last year because of the statistical standards adjust. (the same below)

# 18－2 城市自来水情况
## Basic Statistics on Tap Water Supply in Cities

| 年 份 Year<br>城 市 City | 综合生产能力（万吨/日）General Production Capacity (10000 tons/day) | 全年供水总量（万吨）Total Aunual Supply of Tap Water (10000 tons) | #生产用水量 Productive Use | #生活用水量 Residential Use | 用水人口（万人）Residents with Access to Tap Water (10000 persons) | 人均日生活用水量（升）Daily Per Capita Residential Tap Water Comsuption (liter) | 城市人口用水普及率（%）Population with Access to Tap Water (%) |
|---|---|---|---|---|---|---|---|
| 1978 | 112.3 | 35056 | 20073 | 12013 | 347.2 | 94.8 | 83.6 |
| 1980 | 142.6 | 45221 | 26005 | 16323 | 463.0 | 89.0 | 92.2 |
| 1985 | 218.9 | 76609 | 40908 | 29280 | 585.4 | 137.0 | 89.0 |
| 1989 | 856.3 | 233848 | 167472 | 54326 | 896.6 | 166.0 | 88.3 |
| 1990 | 941.7 | 256664 | 181543 | 62369 | 968.0 | 176.4 | 91.3 |
| 1991 | 1056.1 | 282691 | 201088 | 68287 | 1049.2 | 178.3 | 93.8 |
| 1992 | 1191.4 | 317812 | 224575 | 77010 | 1158.6 | 182.1 | 96.0 |
| 1993 | 1299.5 | 342780 | 239520 | 83041 | 1238.6 | 183.7 | 97.1 |
| 1994 | 1368.9 | 358696 | 243332 | 93030 | 1212.3 | 210.2 | 98.7 |
| 1995 | 1388.7 | 382325 | 190471 | 105192 | 1277.5 | 225.6 | 98.9 |
| 1996 | 1424.4 | 349423 | 192948 | 135429 | 1300.7 | 285.3 | 99.0 |
| 1997 | 1457.1 | 343106 | 189889 | 131650 | 1346.1 | 267.9 | 99.3 |
| 1998 | 1543.6 | 358999 | 199055 | 137663 | 1388.0 | 271.8 | 99.2 |
| 1999 | 1585.5 | 339066 | 173487 | 138264 | 1425.4 | 265.8 | 99.1 |
| 2000 | 1641.6 | 353366 | 172552 | 145707 | 1503.1 | 265.6 | 99.2 |
| 2001 | 1698.5 | 332155 | 156019 | 156717 | 1745.2 | 246.0 | 91.0 |
| 2002 | 1803.7 | 380991 | 182591 | 168929 | 2048.7 | 225.9 | 89.0 |
| 2003 | 1835.0 | 380395 | 174834 | 171830 | 2167.7 | 217.2 | 91.9 |
| 2004 | 1871.4 | 392462 | 179602 | 179068 | 2273.7 | 215.8 | 94.0 |
| 2005 | 1977.6 | 390460 | 161320 | 185906 | 2408.5 | 211.5 | 96.3 |
| 2006 | 2166.8 | 472128 | 225805 | 164928 | 2209.1 | 204.6 | 99.2 |
| 2007 | 2334.7 | 452628 | 198647 | 167341 | 2300.9 | 199.5 | 99.5 |
| 2008 | 2356.9 | 436597 | 187915 | 173506 | 2331.5 | 205.0 | 99.9 |
| 2009 | 2534.1 | 449037 | 185461 | 183641 | 2443.9 | 207.2 | 99.7 |
| 2010 | 2714.7 | 482821 | 204878 | 197408 | 2515.6 | 220.4 | 99.6 |
| 2011 | 2757.2 | 477044 | 198830 | 206120 | 2660.5 | 212.3 | 99.6 |
| 南京市区 Nanjing | 642.6 | 118862 | 45575 | 59121 | 532.7 | 304.1 | 100.0 |
| 无锡市区 Wuxi | 230.0 | 43033 | 18841 | 18462 | 240.2 | 210.6 | 100.0 |
| 徐州市区 Xuzhou | 117.9 | 21543 | 10769 | 8021 | 146.3 | 150.2 | 97.8 |
| 常州市区 Changzhou | 182.5 | 29311 | 14366 | 11521 | 137.3 | 229.9 | 100.0 |
| 苏州市区 Suzhou | 242.1 | 55557 | 24937 | 23857 | 224.5 | 291.1 | 100.0 |
| 南通市区 Nantong | 137.5 | 20442 | 6977 | 8861 | 118.0 | 205.7 | 100.0 |
| 连云港市区 Lianyungang | 39.1 | 10282 | 4042 | 3676 | 79.2 | 127.2 | 100.0 |
| 淮安市区 Huaian | 97.9 | 19747 | 10163 | 8079 | 124.0 | 178.6 | 96.2 |
| 盐城市区 Yancheng | 41.0 | 7258 | 1092 | 4652 | 76.3 | 167.1 | 100.0 |
| 扬州市区 Yangzhou | 82.4 | 15898 | 4328 | 7191 | 106.6 | 184.9 | 99.8 |
| 镇江市区 Zhenjiang | 52.0 | 15824 | 6548 | 6236 | 87.8 | 194.6 | 100.0 |
| 泰州市区 Taizhou | 42.0 | 6585 | 1816 | 3006 | 66.8 | 123.3 | 100.0 |
| 宿迁市区 Suqian | 34.0 | 5517 | 2244 | 2377 | 52.4 | 124.3 | 100.0 |

# 18－3 城市煤气、液化石油气情况

## Basic Statistics on Supply of Gas and Liquefied Petroleum Gas in Cities

| 年份 Year<br>城市 City | 全年供气总量 Total Gas Supply | | | 家庭用气量 Residential Use | | | 用气人口(万人) Population with Access to Gas (10000 persons) | | | 燃气普及率(%) |
|---|---|---|---|---|---|---|---|---|---|---|
| | 人工煤气(万立方米) Coal Gas (10000 cu. m) | 天然气 Gas (10000 cu. m) | 液化石油气(吨) Liquefied Petroleum Gas (ton) | 人工煤气(万立方米) Coal Gas (10000 cu. m) | 天然气 Gas (10000 cu. m) | 液化石油气(吨) Liquefied Petroleum Gas (ton) | 人工煤气 Coal Gas | 天然气 Gas | 液化石油气 Liquefied Petroleum Gas | Percentage of Population Using Gas for Household Use (%) |
| 1978 | 11756 | | 23666 | 1592 | | 22043 | 15.7 | | 48.4 | 15.7 |
| 1980 | 11401 | | 32591 | 2215 | | 31350 | 20.0 | | 69.6 | 17.8 |
| 1985 | 13155 | | 42495 | 3851 | | 38834 | 39.9 | | 76.2 | 17.9 |
| 1989 | 140497 | | 190471 | 13429 | | 105671 | 93.0 | | 186.1 | 32.5 |
| 1990 | 142681 | | 216936 | 15902 | | 122691 | 101.2 | | 219.3 | 36.8 |
| 1991 | 142665 | | 252342 | 17750 | | 137780 | 116.3 | | 261.2 | 41.9 |
| 1992 | 147625 | | 337456 | 20943 | | 190861 | 131.0 | | 373.1 | 53.3 |
| 1993 | 153994 | | 442089 | 23774 | | 258003 | 150.6 | | 498.0 | 63.5 |
| 1994 | 184552 | | 574191 | 26281 | | 337126 | 180.3 | | 558.8 | 74.1 |
| 1995 | 282227 | | 436131 | 30877 | | 361990 | 213.4 | | 637.3 | 81.8 |
| 1996 | 271852 | | 543989 | 35837 | | 468838 | 243.3 | | 701.2 | 86.6 |
| 1997 | 274853 | | 468106 | 34055 | | 392574 | 244.1 | | 746.2 | 87.8 |
| 1998 | 331580 | | 620344 | 34797 | | 430131 | 271.1 | | 798.3 | 93.0 |
| 1999 | 350299 | | 667556 | 41206 | | 427971 | 323.9 | | 814.1 | 94.9 |
| 2000 | 362606 | | 705010 | 39141 | | 492377 | 324.7 | | 882.9 | 95.8 |
| 2001 | 376025 | | 780527 | 44685 | | 523600 | 373.2 | | 1200.3 | 82.0 |
| 2002 | 788537 | | 1252001 | 38761 | | 632199 | 361.1 | | 1600.0 | 85.2 |
| 2003 | 802430 | | 1357710 | 47369 | | 687358 | 405.8 | | 1673.5 | 88.6 |
| 2004 | 1027886 | | 1226675 | 40926 | | 708033 | 333.8 | | 1712.1 | 92.0 |
| 2005 | 1290834 | | 1110300 | 27831 | | 649936 | 234.1 | | 1720.0 | 93.3 |
| 2006 | 1420015 | 155940 | 1042278 | 18120 | 22710 | 591415 | 177.1 | 574.9 | 1408.8 | 97.1 |
| 2007 | 1633281 | 254507 | 999243 | 13228 | 39383 | 548113 | 146.1 | 699.8 | 1407.3 | 97.4 |
| 2008 | 1554953 | 299726 | 931734 | 12518 | 62207 | 578762 | 123.2 | 841.7 | 1328.2 | 98.2 |
| 2009 | 1728890 | 343544 | 865663 | 11741 | 53244 | 531023 | 135.5 | 1029.6 | 1248.1 | 98.4 |
| 2010 | 1931995 | 472309 | 766586 | 9664 | 79160 | 471731 | 89.8 | 1299.7 | 1115.0 | 99.1 |
| 2011 | 10310 | 591493 | 766635 | 9270 | 99133 | 464117 | 45.8 | 1557.5 | 1042.6 | 99.0 |
| 南京市区 Nanjing | | 67921 | 130752 | | 16819 | 68825 | | 309.1 | 221.5 | 99.6 |
| 无锡市区 Wuxi | | 51525 | 73487 | | 8896 | 40303 | | 194.6 | 44.8 | 99.7 |
| 徐州市区 Xuzhou | | 18670 | 28050 | | 3272 | 22800 | | 80.0 | 60.9 | 94.2 |
| 常州市区 Changzhou | | 52355 | 8182 | | 9766 | 2615 | | 131.6 | 4.5 | 99.1 |
| 苏州市区 Suzhou | 6070 | 66233 | 67713 | 5070 | 11318 | 1970 | 27.8 | 186.2 | 10.5 | 100.0 |
| 南通市区 Nantong | 4240 | 3626 | 38022 | 3200 | 1885 | 26300 | 18.0 | 43.7 | 56.3 | 100.0 |
| 连云港市区 Lianyungang | | 7968 | 10000 | | 2316 | 7500 | | 50.0 | 24.0 | 93.4 |
| 淮安市区 Huaian | | 13062 | 27881 | | 6830 | 25363 | | 50.0 | 78.9 | 100.0 |
| 盐城市区 Yancheng | | 6745 | 28500 | | 1840 | 24200 | | 39.0 | 36.8 | 99.4 |
| 扬州市区 Yangzhou | | 10966 | 44780 | | 2876 | 20723 | | 60.9 | 43.7 | 98.0 |
| 镇江市区 Zhenjiang | | 23540 | 37278 | | 3273 | 15496 | | 53.9 | 33.9 | 100.0 |
| 泰州市区 Taizhou | | 9969 | 19125 | | 1130 | 16657 | | 24.2 | 41.9 | 98.9 |
| 宿迁市区 Suqian | | 6212 | 10745 | | 298 | 10408 | | 7.5 | 43.9 | 98.1 |

# 18－4 城市市政工程情况
## Basic Statistics on Municipal Engineering in Cities

| 年份 Year<br>城市 City | 年末实有道路长度（公里）<br>Length of Roads (year-end) (km) | 年末实有道路面积（万平方米）<br>Area of Roads (10000 sq. m) | 排水管道长度（公里）<br>Length of Drainage Pipelines (km) | 城市污水日处理能力（万吨）<br>Day Capacity of Sewerage Disposal (10000 tons) | 城市路灯盏数（千盏）<br>Number of Street Light (1000 units) | 人均拥有道路面积（平方米/人）<br>Per Capita of Road Areas (sq. m /person) | 排水管道密度（公里/平方公里）<br>Density of Drainage Pipelines (km/sq. km) | 污水处理率（%）<br>Rate of Sewerage Disposal (%) |
|---|---|---|---|---|---|---|---|---|
| 1978 | 1893 | 1154 | 1503 | | | | | |
| 1980 | 1881 | 1160 | 1650 | 0.1 | 48 | 2.3 | | 0.2 |
| 1985 | 2437 | 1623 | 2277 | 1.8 | 71 | 2.5 | 5.3 | 0.6 |
| 1989 | 5272 | 6607 | 3782 | 91.3 | 122 | 7.7 | 5.7 | 23.0 |
| 1990 | 5812 | 5672 | 4099 | 103.5 | 129 | 6.3 | 5.7 | 16.4 |
| 1991 | 5658 | 5216 | 4872 | 133.2 | 144 | 5.8 | 5.4 | 13.4 |
| 1992 | 6781 | 6587 | 5721 | 155.5 | 165 | 7.0 | 5.6 | 16.7 |
| 1993 | 7090 | 7581 | 6653 | 160.7 | 194 | 7.4 | 4.7 | 22.9 |
| 1994 | 6150 | 7094 | 7019 | 236.7 | 194 | 7.1 | 6.0 | 31.8 |
| 1995 | 8163 | 8669 | 8262 | 273.5 | 215 | 8.3 | 7.5 | 38.7 |
| 1996 | 8552 | 9711 | 8860 | 390.3 | 256 | 8.9 | 7.5 | 42.7 |
| 1997 | 9440 | 10438 | 8812 | 434.3 | 290 | 9.3 | 7.1 | 47.5 |
| 1998 | 9618 | 11336 | 9574 | 589.3 | 328 | 9.8 | 7.6 | 49.3 |
| 1999 | 10066 | 12283 | 10382 | 632.9 | 381 | 10.2 | 8.0 | 58.1 |
| 2000 | 11011 | 13357 | 11097 | 712.9 | 437 | 10.6 | 8.0 | 61.8 |
| 2001 | 16702 | 20309 | 13974 | 736.7 | 549 | 10.6 | 9.0 | 65.3 |
| 2002 | 22656 | 26987 | 16744 | 800.4 | 753 | 11.7 | 8.6 | 66.0 |
| 2003 | 25541 | 31859 | 20343 | 906.6 | 971 | 13.5 | 9.6 | 69.9 |
| 2004 | 26598 | 35596 | 25537 | 1017.8 | 1169 | 14.7 | 11.3 | 76.1 |
| 2005 | 28674 | 40830 | 28568 | 1084.7 | 1296 | 16.3 | 12.0 | 77.7 |
| 2006 | 27058 | 41623 | 31215 | 1224.9 | 1501 | 18.7 | 12.1 | 81.8 |
| 2007 | 28456 | 44595 | 34050 | 1184.1 | 1701 | 19.3 | 12.6 | 84.4 |
| 2008 | 28761 | 47330 | 38062 | 1432.2 | 1660 | 20.3 | 13.1 | 84.1 |
| 2009 | 30003 | 50075 | 42826 | 1411.2 | 1982 | 20.4 | 14.1 | 85.4 |
| 2010 | 31899 | 53723 | 46867 | 1590.0 | 2174 | 21.3 | 14.3 | 87.6 |
| 2011 | 32491 | 58405 | 51735 | 1555.5 | 2331 | 21.9 | 14.8 | 89.9 |
| 南京市区 Nanjing | 5890 | 10458 | 5301 | 437.3 | 253 | 19.6 | 8.3 | 95.2 |
| 无锡市区 Wuxi | 3265 | 5831 | 11111 | 143.7 | 274 | 24.3 | 38.4 | 95.4 |
| 徐州市区 Xuzhou | 1620 | 2604 | 1362 | 56.0 | 47 | 17.4 | 5.5 | 86.6 |
| 常州市区 Changzhou | 1811 | 3230 | 3807 | 98.8 | 163 | 23.5 | 22.0 | 91.7 |
| 苏州市区 Suzhou | 2965 | 6089 | 5678 | 209.9 | 311 | 27.1 | 16.9 | 90.3 |
| 南通市区 Nantong | 1775 | 3011 | 1975 | 53.5 | 113 | 25.5 | 14.0 | 92.1 |
| 连云港市区 Lianyungang | 1042 | 1675 | 1291 | 22.8 | 55 | 21.2 | 9.9 | 82.3 |
| 淮安市区 Huaian | 966 | 2386 | 1821 | 49.8 | 90 | 18.5 | 14.0 | 78.6 |
| 盐城市区 Yancheng | 647 | 1599 | 1010 | 29.4 | 92 | 21.0 | 11.0 | 83.3 |
| 扬州市区 Yangzhou | 1411 | 2083 | 1903 | 44.8 | 113 | 19.5 | 15.3 | 92.8 |
| 镇江市区 Zhenjiang | 1283 | 1912 | 1756 | 42.0 | 69 | 21.8 | 15.4 | 88.0 |
| 泰州市区 Taizhou | 940 | 1661 | 855 | 23.5 | 84 | 24.9 | 12.7 | 83.8 |
| 宿迁市区 Suqian | 653 | 1313 | 691 | 18.5 | 49 | 25.1 | 10.2 | 84.0 |

# 18－5　城市园林绿化情况

## Basic Statistics on Parks, Gardens and Green Areas in Cities

| 年份 Year<br>城市 City | 园林绿地面积（公顷）Total Area of Parks, Gardens and Green Areas in Cities (hectare) | #公园绿地 Park Green Areas | 建成区绿化覆盖面积（公顷）Coverage Space of Green Areas Developed (hectare) | 公园 Park 个数（个）Number (unit) | 公园 Park 面积（公顷）Area (hectare) | 人均公园绿地面积（平方米）Per Capita Park Green Areas (sq. m) | 建成区面积（平方公里）Developed Areas (sp. m) | 建成区绿化覆盖率（%）Coverage Rate of Green Area Developed (%) |
|---|---|---|---|---|---|---|---|---|
| 1978 | 7303 | | | 59 | 786 | | | |
| 1980 | 6582 | 1341 | | 72 | 944 | 2.7 | | 19.3 |
| 1985 | 7998 | 1450 | | 83 | 1030 | 2.3 | | 20.6 |
| 1989 | 18148 | 3214 | 12804 | 172 | 2725 | 3.7 | | 19.2 |
| 1990 | 20337 | 3447 | 14112 | 184 | 2991 | 3.8 | | 19.5 |
| 1991 | 19096 | 3841 | 16423 | 201 | 3071 | 4.3 | | 18.4 |
| 1992 | 20898 | 4283 | 21726 | 217 | 2958 | 4.5 | | 21.4 |
| 1993 | 30174 | 5882 | 31133 | 242 | 5179 | 5.8 | | 22.1 |
| 1994 | 33089 | 6124 | 34728 | 241 | 5396 | 6.1 | | 29.6 |
| 1995 | 48564 | 7226 | 34093 | 264 | 5648 | 6.9 | | 30.8 |
| 1996 | 50558 | 7528 | 35964 | 283 | 5263 | 6.9 | | 30.3 |
| 1997 | 52349 | 8175 | 38356 | 287 | 4831 | 7.3 | | 30.9 |
| 1998 | 54756 | 8891 | 40513 | 295 | 4920 | 7.7 | | 32.3 |
| 1999 | 57386 | 9581 | 43725 | 303 | 5027 | 8.0 | | 33.7 |
| 2000 | 60064 | 10248 | 45925 | 313 | 5159 | 8.1 | | 33.2 |
| 2001 | 94175 | 12724 | 49456 | 374 | 5549 | 6.6 | 1548.7 | 31.9 |
| 2002 | 137702 | 16252 | 68413 | 403 | 6374 | 7.1 | 1939.2 | 35.3 |
| 2003 | 145956 | 18743 | 74929 | 446 | 7317 | 7.9 | 2119.5 | 35.4 |
| 2004 | 172563 | 21617 | 85367 | 489 | 9098 | 8.9 | 2252.9 | 37.9 |
| 2005 | 189070 | 25687 | 94778 | 539 | 9924 | 10.3 | 2378.6 | 39.8 |
| 2006 | 152885 | 25868 | 107752 | 492 | 10608 | 11.6 | 2583.0 | 41.7 |
| 2007 | 180784 | 29125 | 116157 | 601 | 11787 | 12.6 | 2713.9 | 42.8 |
| 2008 | 195460 | 30645 | 123801 | 628 | 13026 | 13.1 | 2904.3 | 42.6 |
| 2009 | 214989 | 32403 | 127930 | 590 | 13740 | 13.2 | 3046.4 | 42.0 |
| 2010 | 227584 | 33585 | 137623 | 584 | 12433 | 13.3 | 3271.1 | 44.1 |
| 2011 | 237486 | 35634 | 147157 | 701 | 15687 | 13.3 | 3493.8 | 42.1 |
| 南京市区 Nanjing | 80777 | 7505 | 28329 | 83 | 5941 | 14.1 | 637.1 | 44.4 |
| 无锡市区 Wuxi | 17583 | 3485 | 12311 | 38 | 1290 | 14.5 | 289.1 | 42.6 |
| 徐州市区 Xuzhou | 13400 | 2395 | 10425 | 70 | | 16.0 | 249.0 | 41.9 |
| 常州市区 Changzhou | 7535 | 1704 | 7302 | 25 | 520 | 12.4 | 173.2 | 42.2 |
| 苏州市区 Suzhou | 14112 | 3662 | 14195 | 152 | 1845 | 16.3 | 336.4 | 42.2 |
| 南通市区 Nantong | 5435 | 1257 | 5749 | 19 | 235 | 10.7 | 140.9 | 40.8 |
| 连云港市区 Lianyungang | 18733 | 1084 | 5148 | 16 | 320 | 13.7 | 130.0 | 39.6 |
| 淮安市区 Huaian | 5466 | 1418 | 5178 | 9 | 289 | 11.0 | 130.0 | 39.8 |
| 盐城市区 Yancheng | 3894 | 902 | 3663 | 30 | 702 | 11.8 | 91.5 | 40.0 |
| 扬州市区 Yangzhou | 6370 | 1835 | 5354 | 9 | 262 | 17.2 | 124.5 | 43.0 |
| 镇江市区 Zhenjiang | 6767 | 1445 | 4815 | 17 | 598 | 16.5 | 114.1 | 42.2 |
| 泰州市区 Taizhou | 2470 | 602 | 2747 | 13 | 379 | 9.0 | 67.3 | 40.8 |
| 宿迁市区 Suqian | 7747 | 642 | 2786 | 11 | 242 | 12.3 | 68.1 | 40.9 |

# 18 －6　城市环境卫生情况

## Basic Statistics on Urban Environmental Sanitation

| 年 份 Year<br>城 市 City | 清扫面积（万平方米）Sweeping Areas (10000 sq. m) | 生活垃圾清运量（万吨）Residential Garbages Disposal Cleared (10000 tons) | 粪便清运量（万吨）Night Soil Disposal Cleared (10000 tons) | 无害化处理厂日处理能力（吨）Day Disposal Capacities of No Harmful Disposal Factory (ton) | 垃圾粪便年处理量（万吨）Annual Garbages and Night Soil Disposal Cleared (10000 tons) | 环卫机械（辆）Machines of Environment Sanitation (unit) | 公共厕所（座）Public Toilet (unit) |
|---|---|---|---|---|---|---|---|
| 1978 | 503 | 79 | 229 | | | 223 | 3545 |
| 1980 | 601 | 158 | 232 | | | 296 | 3712 |
| 1985 | 1078 | 159 | 147 | 20 | | 734 | 4700 |
| 1989 | 2136 | 262 | 260 | 162 | | 1735 | 7910 |
| 1990 | 2445 | 288 | 221 | 385 | | 1322 | 8072 |
| 1991 | 3068 | 341 | 271 | 1588 | 357.3 | 1604 | 9974 |
| 1992 | 3432 | 409 | 419 | 7622 | 531.7 | 1785 | 9265 |
| 1993 | 4095 | 408 | 441 | 14014 | 654.1 | 1998 | 9162 |
| 1994 | 4240 | 360 | 388 | 16442 | 658.8 | 1736 | 7095 |
| 1995 | 5429 | 398 | 209 | 13810 | 532.5 | 2072 | 7263 |
| 1996 | 6252 | 426 | 198 | 13125 | 523.9 | 2144 | 6932 |
| 1997 | 7085 | 479 | 196 | 15813 | 606.0 | 2351 | 7675 |
| 1998 | 7589 | 486 | 302 | 18570 | 721.4 | 2407 | 7486 |
| 1999 | 8221 | 505 | 310 | 43419 | 756.0 | 2458 | 7337 |
| 2000 | 8773 | 515 | 309 | 17392 | 762.9 | 2569 | 7393 |
| 2001 | 10971 | 634 | 338 | 17324 | 868.1 | 3800 | 9532 |
| 2002 | 16101 | 723 | 400 | 19997 | 985.9 | 4573 | 11016 |
| 2003 | 20874 | 775 | 406 | 20728 | 1060.9 | 4456 | 10660 |
| 2004 | 22505 | 808 | 389 | 23569 | 1106.6 | 4494 | 10260 |
| 2005 | 27101 | 835 | 388 | 24000 | 1030.5 | 5094 | 10591 |
| 2006 | 29409 | 851 | 126.9 | 24545 | 915.7 | 5447 | 9165 |
| 2007 | 31072 | 898 | 140.2 | 24192 | 942.8 | 5589 | 8520 |
| 2008 | 35418 | 934 | 159.9 | 27985 | 1024.8 | 5939 | 9050 |
| 2009 | 36160 | 957 | 116.1 | 34570 | 1048.4 | 6923 | 9654 |
| 2010 | 44088 | 1017 | 84.9 | 37637 | 1064.3 | 7481 | 9475 |
| 2011 | 46162 | 1120 | 95.2 | 42170 | 1142.0 | 7984 | 10134 |
| 南京市区 Nanjing | 7402 | 201 | 10.9 | 4300 | 201.2 | 1140 | 1162 |
| 无锡市区 Wuxi | 4199 | 102 | 10.7 | 2875 | 102.3 | 571 | 1686 |
| 徐州市区 Xuzhou | 2052 | 50 | 4.1 | 2200 | 43.6 | 380 | 600 |
| 常州市区 Changzhou | 2431 | 55 | 0.7 | 2960 | 55.7 | 289 | 801 |
| 苏州市区 Suzhou | 6968 | 122 | 1.2 | 5996 | 130.4 | 2031 | 773 |
| 南通市区 Nantong | 2664 | 46 | 9.7 | 930 | 47.4 | 285 | 202 |
| 连云港市区 Lianyungang | 1795 | 23 | 1.3 | 1400 | 24.5 | 219 | 604 |
| 淮安市区 Huaian | 2021 | 38 | 1.7 | 1250 | 28.6 | 167 | 453 |
| 盐城市区 Yancheng | 1450 | 35 | 10.6 | 1200 | 35.4 | 63 | 225 |
| 扬州市区 Yangzhou | 1568 | 43 | 3.7 | 2210 | 46.4 | 228 | 470 |
| 镇江市区 Zhenjiang | 1309 | 32 | 0.9 | 1800 | 32.8 | 238 | 325 |
| 泰州市区 Taizhou | 914 | 20 | 1.2 | 650 | 20.7 | 111 | 263 |
| 宿迁市区 Suqian | 870 | 16 | 1.3 | 1150 | 16.0 | 36 | 240 |

## 18－7 城市公共汽(电)车、出租汽车情况
## Basic Statistics on Buses (Trolley Buses) and Taxis in Cities

| 年份 Year<br>城市 City | 年末实有公共汽(电)车营运车数(辆)<br>Operating Public Transit Vehicles at Year-end (unit) | 实有公共汽(电)车营运标准车台(标台)<br>Operating Standard Public Transit Vehicles (Standardized) (unit) | 公共汽(电)车营运线路长度(公里)<br>Length of Public Transit Route (km) | 公共汽(电)车客运总量(万人次)<br>Passengers Carried by Transit (10000 person-times) | 每万人拥有公共交通车辆(标台)<br>Public Transit Vehicales Per 10000 Population (Standard sets) | 出租汽车营运车数(辆)<br>Operating Taxis (unit) |
|---|---|---|---|---|---|---|
| 1978 | 1407 | | 1772 | | | |
| 1980 | 1605 | | 1920 | 100671 | | 150 |
| 1985 | 2237 | | 2904 | 143146 | | 605 |
| 1989 | 2826 | 3167 | 4603 | 135947 | 3.7 | 4555 |
| 1990 | 2827 | 3210 | 3991 | 130641 | 3.6 | 5775 |
| 1991 | 2968 | 3727 | 4229 | 124409 | 4.1 | 5005 |
| 1992 | 4578 | 4855 | 6939 | 120282 | 5.1 | 8133 |
| 1993 | 6384 | 5954 | 7570 | 109248 | 5.8 | 9838 |
| 1994 | 7367 | 6808 | 10127 | 110921 | 6.8 | 12307 |
| 1995 | 8019 | 7215 | 13642 | 95362 | 7.1 | 18073 |
| 1996 | 7962 | 7144 | 3544 | 104583 | 6.6 | 25403 |
| 1997 | 9665 | 7916 | 5684 | 124805 | 7.0 | 32493 |
| 1998 | 12411 | 10080 | 5198 | 157600 | 8.9 | 34661 |
| 1999 | 14136 | 11625 | 5858 | 191831 | 9.7 | 36613 |
| 2000 | 14838 | 13341 | 6896 | 246314 | 10.6 | 36603 |
| 2001 | 16244 | 14871 | 7296 | 224582 | 7.8 | 41480 |
| 2002 | 16902 | 15874 | 12397 | 245227 | 6.9 | 41933 |
| 2003 | 17822 | 17015 | 14696 | 233586 | 7.2 | 40073 |
| 2004 | 19079 | 19098 | 15888 | 263088 | 7.9 | 40746 |
| 2005 | 22197 | 22484 | 18077 | 283760 | 9.1 | 41476 |
| 2006 | 22002 | 22898 | 12121 | 304669 | 10.4 | 42032 |
| 2007 | 23874 | 26419 | 16133 | 322230 | 11.6 | 44993 |
| 2008 | 25369 | 28664 | 14657 | 352597 | 12.4 | 44708 |
| 2009 | 30432 | 34335 | 18881 | 389293 | 11.7 | 52282 |
| 2010 | 28687 | 32927 | 44941 | 391856 | 11.2 | 52957 |
| 2011 | 30867 | 35715 | 50971 | 424699 | 11.3 | 53409 |
| 南京市区 Nanjing | 6471 | 7876 | 7524 | 105250 | 15.4 | 10644 |
| 无锡市区 Wuxi | 4317 | 5038 | 7079 | 58756 | 15.7 | 4911 |
| 徐州市区 Xuzhou | 2685 | 2989 | 6593 | 41344 | 11.5 | 6134 |
| 常州市区 Changzhou | 2802 | 3457 | 3522 | 43692 | 12.9 | 3156 |
| 苏州市区 Suzhou | 5656 | 6608 | 10345 | 80205 | 15.9 | 7327 |
| 南通市区 Nantong | 1422 | 1627 | 4213 | 12763 | 7.7 | 3053 |
| 连云港市区 Lianyungang | 817 | 838 | 1592 | 11860 | 5.6 | 2226 |
| 淮安市区 Huaian | 1110 | 1247 | 1290 | 15749 | 7.2 | 2171 |
| 盐城市区 Yancheng | 830 | 816 | 1528 | 9434 | 4.4 | 2846 |
| 扬州市区 Yangzhou | 1440 | 1643 | 1959 | 16253 | 7.4 | 3679 |
| 镇江市区 Zhenjiang | 1339 | 1526 | 2001 | 12380 | 10.1 | 2272 |
| 泰州市区 Taizhou | 1095 | 1130 | 1717 | 9143 | 7.5 | 2890 |
| 宿迁市区 Suqian | 883 | 922 | 1608 | 7872 | 5.1 | 2100 |

## 18－8　主要城市土地面积、人口情况（2011 年）
## Land Area and Population of Major Cities(2011)

| 城市 City | | 土地面积（平方公里）Land Area (sq. km) | 年末户籍人口（万人）Regjstered Population at Year-end (10000 persons) | #女 Female | 当年出生人口（万人）Births (10000 persons) | 当年死亡人口（万人）Deaths (10000 persons) | 年末常住人口（万人）Permanent Population at Year-end (10000 persons) |
|---|---|---|---|---|---|---|---|
| 南京市区 | Nanjing | 4733 | 551.56 | 274.07 | 4.90 | 2.92 | 727.05 |
| 无锡市区 | Wuxi | 1643 | 239.47 | 120.80 | 1.87 | 1.53 | 357.21 |
| 徐州市区 | Xuzhou | 3038 | 315.67 | 153.09 | 3.24 | 1.94 | 311.27 |
| 常州市区 | Changzhou | 1862 | 228.98 | 115.54 | 1.87 | 1.53 | 333.86 |
| 苏州市区 | Suzhou | 3230 | 245.25 | 124.04 | 2.67 | 1.42 | 410.40 |
| 南通市区 | Nantong | 1521 | 211.75 | 107.62 | 1.60 | 1.65 | 230.01 |
| 连云港市区 | Lianyungang | 1200 | 95.53 | 46.78 | 1.24 | 0.27 | 105.56 |
| 淮安市区 | Huaian | 3110 | 281.40 | 136.21 | 4.01 | 0.83 | 264.30 |
| 盐城市区 | Yancheng | 1862 | 164.92 | 80.01 | 1.83 | 0.75 | 161.28 |
| 扬州市区 | Yangzhou | 2351 | 229.95 | 115.26 | 1.84 | 1.61 | 240.90 |
| 镇江市区 | Zhenjiang | 1082 | 103.65 | 51.71 | 0.74 | 0.62 | 120.98 |
| 泰州市区 | Taizhou | 640 | 83.01 | 41.37 | 0.74 | 0.66 | 88.14 |
| 宿迁市区 | Suqian | 2108 | 162.72 | 78.57 | 2.75 | 0.61 | 146.04 |

## 18－9　主要城市就业情况（2011 年）
## Employment of Major Cities(2011)

单位:万人　　(10000 persons)

| 城市 City | | 年末从业人员数 Employment at Year-end | #在岗职工人数 Staff and Workers Employed | #城镇私营和个体人数 Employment in Private Enterprises and Self-employed Individuals of Urban Areas | 从业人员按三次产业分 Employment Grouped by Type of Industry | | |
|---|---|---|---|---|---|---|---|
| | | | | | 第一产业 Primary Industry | 第二产业 Secondary Industry | 第三产业 Tertiary Industry |
| 南京市区 | Nanjing | 410.92 | 123.44 | 153.10 | 34.11 | 143.15 | 233.66 |
| 无锡市区 | Wuxi | 215.63 | 53.89 | 112.53 | 4.19 | 116.91 | 94.53 |
| 徐州市区 | Xuzhou | 179.52 | 35.48 | 48.84 | 36.11 | 70.85 | 72.56 |
| 常州市区 | Changzhou | 193.55 | 37.52 | 115.20 | 9.60 | 107.97 | 75.98 |
| 苏州市区 | Suzhou | 220.94 | 60.56 | 98.86 | 8.19 | 104.25 | 108.50 |
| 南通市区 | Nantong | 136.89 | 30.02 | 33.59 | 14.65 | 59.91 | 62.32 |
| 连云港市区 | Lianyungang | 93.73 | 19.06 | 17.73 | 8.04 | 34.59 | 51.10 |
| 淮安市区 | Huaian | 185.43 | 23.21 | 36.37 | 45.19 | 65.15 | 75.10 |
| 盐城市区 | Yancheng | 70.97 | 14.20 | 31.76 | 18.43 | 25.51 | 27.04 |
| 扬州市区 | Yangzhou | 160.65 | 23.17 | 55.91 | 12.61 | 82.67 | 65.37 |
| 镇江市区 | Zhenjiang | 68.25 | 18.73 | 34.77 | 6.41 | 30.56 | 31.28 |
| 泰州市区 | Taizhou | 61.62 | 13.15 | 23.32 | 6.65 | 29.61 | 25.36 |
| 宿迁市区 | Suqian | 104.48 | 8.55 | 23.18 | 22.20 | 43.78 | 38.51 |

## 18－10　主要城市地区生产总值及指数（2011 年）
## Gross Domestic Product of Major Cities(2011)

单位:亿元　　(100 million yuan)

| 城　　市 City | | 地区生产总值 Gross Domestic Product | 第一产业 Primary Industry | 第二产业 Secondary Industry | 第三产业 Tertiary Industry | 人均地区生产总值（元）Per Capita GDP (yuan) | 地区生产总值指数（上年＝100）GDP Index (preceding year＝100) |
|---|---|---|---|---|---|---|---|
| 南京市区 | Nanjing | 5538.93 | 111.18 | 2401.18 | 3026.58 | 76724 | 112.0 |
| 无锡市区 | Wuxi | 3563.89 | 37.48 | 1837.79 | 1688.62 | 100159 | 111.1 |
| 徐州市区 | Xuzhou | 2115.17 | 63.26 | 1149.53 | 902.37 | 68564 | 112.7 |
| 常州市区 | Changzhou | 2715.04 | 52.75 | 1517.84 | 1144.45 | 81897 | 112.0 |
| 苏州市区 | Suzhou | 4061.64 | 35.03 | 2188.57 | 1838.04 | 99331 | 111.3 |
| 南通市区 | Nantong | 1594.08 | 49.43 | 856.20 | 688.45 | 69703 | 112.2 |
| 连云港市区 | Lianyungang | 507.23 | 29.94 | 259.18 | 218.11 | 48149 | 111.1 |
| 淮安市区 | Huaian | 1048.48 | 98.07 | 523.15 | 427.26 | 39714 | 112.8 |
| 盐城市区 | Yancheng | 778.38 | 65.06 | 426.37 | 286.95 | 48207 | 113.5 |
| 扬州市区 | Yangzhou | 1744.78 | 66.62 | 987.16 | 691.00 | 72572 | 112.6 |
| 镇江市区 | Zhenjiang | 1023.31 | 24.41 | 555.13 | 443.77 | 84897 | 112.0 |
| 泰州市区 | Taizhou | 658.95 | 15.40 | 401.30 | 242.26 | 74838 | 112.8 |
| 宿迁市区 | Suqian | 469.55 | 51.90 | 243.80 | 173.85 | 32378 | 114.3 |

## 18－11　主要城市固定资产投资（2011 年）
## Investment in Fixed Assets of Major Cities(2011)

单位:亿元　　(100 million yuan)

| 城　　市 City | | 固定资产投资 Investment in Fixed Assers | 房地产开发投资 Investment in Real Estate Development | #住宅 Resdential Building | 新增固定资产 Newly Increased Fixed Assets | 商品房屋销售建筑面积（万平方米）Construction Floor Space of Commercial House Sold (10000 sq. m) | #住宅 Resdential Building |
|---|---|---|---|---|---|---|---|
| 南京市区 | Nanjing | 3497.54 | 839.94 | 608.50 | 1964.76 | 684.16 | 602.87 |
| 无锡市区 | Wuxi | 2045.07 | 617.79 | 407.56 | 1350.49 | 434.22 | 349.74 |
| 徐州市区 | Xuzhou | 1193.05 | 151.78 | 132.27 | 705.68 | 359.22 | 332.18 |
| 常州市区 | Changzhou | 1821.18 | 506.69 | 359.87 | 830.01 | 537.59 | 441.50 |
| 苏州市区 | Suzhou | 1720.92 | 573.26 | 437.83 | 1188.55 | 455.35 | 398.10 |
| 南通市区 | Nantong | 991.82 | 267.86 | 197.47 | 661.50 | 334.80 | 300.63 |
| 连云港市区 | Lianyungang | 444.69 | 95.56 | 65.18 | 246.45 | 184.03 | 147.40 |
| 淮安市区 | Huaian | 621.73 | 186.10 | 145.60 | 288.36 | 326.77 | 288.54 |
| 盐城市区 | Yancheng | 495.71 | 111.37 | 80.17 | 398.85 | 258.68 | 223.62 |
| 扬州市区 | Yangzhou | 913.91 | 156.32 | 123.92 | 512.71 | 369.51 | 310.93 |
| 镇江市区 | Zhenjiang | 732.40 | 83.08 | 55.48 | 660.94 | 149.51 | 122.04 |
| 泰州市区 | Taizhou | 418.64 | 101.86 | 72.44 | 278.21 | 175.92 | 152.52 |
| 宿迁市区 | Suqian | 319.32 | 80.32 | 61.94 | 201.59 | 174.85 | 143.57 |

## 18－12 主要城市工业基本情况（2011 年）
## Basic Statistics on Industry of Major Cities(2011)

单位:亿元　　　　(100 million yuan)

| 城市 City | | 工业企业单位数(个) Number of Industrial Enterprises (unit) | #大中型企业 Enterprises of Large and Medium Size | 资产总计 Total Assets | 负债合计 Total Liabilities | 主营业务收入 Major Business Income | 利税总额 Total Pretax Profits |
|---|---|---|---|---|---|---|---|
| 南京市区 | Nanjing | 1907 | 447 | 7306.89 | 4287.37 | 9486.36 | 1057.03 |
| 无锡市区 | Wuxi | 2927 | 422 | 5157.73 | 2818.02 | 6163.95 | 608.46 |
| 徐州市区 | Xuzhou | 854 | 200 | 3069.65 | 1713.27 | 3923.86 | 674.13 |
| 常州市区 | Changzhou | 2955 | 487 | 5060.21 | 3004.03 | 6400.71 | 519.38 |
| 苏州市区 | Suzhou | 2928 | 755 | 6598.20 | 3557.13 | 8112.85 | 601.15 |
| 南通市区 | Nantong | 1640 | 170 | 2305.86 | 1289.73 | 3052.42 | 337.97 |
| 连云港市区 | Lianyungang | 262 | 57 | 1149.68 | 756.90 | 1037.19 | 137.46 |
| 淮安市区 | Huaian | 693 | 100 | 908.85 | 479.79 | 1811.87 | 209.41 |
| 盐城市区 | Yancheng | 577 | 77 | 1103.41 | 483.87 | 1611.52 | 231.81 |
| 扬州市区 | Yangzhou | 1472 | 282 | 2227.80 | 1253.26 | 4331.41 | 585.01 |
| 镇江市区 | Zhenjiang | 707 | 90 | 1865.26 | 1050.26 | 2069.55 | 218.59 |
| 泰州市区 | Taizhou | 485 | 59 | 1165.42 | 704.62 | 1782.56 | 200.62 |
| 宿迁市区 | Suqian | 405 | 59 | 605.20 | 346.22 | 607.87 | 117.03 |

## 18－13 主要城市工业总产值（2011 年）
## Gross Output Value of Industry of Major Cities(2011)

单位:亿元　　　　(100 million yuan)

| 城市 City | | 工业总产值 Tatal Output Value of Industry | 内资企业 Inner Funded Enterprises | 外商港澳台投资企业 Foreign, Hong Kong, Macao and Taiwan Funded Enterprises | #国有控股企业 State-owned Share Holding Enterprises | #大中型企业 Large and Medium-sized Enterprises | #制造业 Manufacturing |
|---|---|---|---|---|---|---|---|
| 南京市区 | Nanjing | 9372.36 | 5347.81 | 4024.56 | 3490.68 | 7115.22 | 9087.02 |
| 无锡市区 | Wuxi | 6117.19 | 2719.67 | 3397.52 | 324.91 | 3783.69 | 6070.50 |
| 徐州市区 | Xuzhou | 3907.51 | 3231.45 | 676.07 | 1010.97 | 2889.07 | 3481.41 |
| 常州市区 | Changzhou | 6446.64 | 4271.88 | 2174.77 | 272.36 | 3964.03 | 6353.53 |
| 苏州市区 | Suzhou | 8083.05 | 1460.18 | 6622.87 | 267.19 | 6072.72 | 7955.70 |
| 南通市区 | Nantong | 3166.83 | 1612.91 | 1553.92 | 460.45 | 1635.17 | 3090.92 |
| 连云港市区 | Lianyungang | 1047.81 | 511.58 | 536.22 | 207.26 | 861.00 | 950.86 |
| 淮安市区 | Huaian | 1827.07 | 1380.96 | 446.11 | 274.57 | 1074.22 | 1744.37 |
| 盐城市区 | Yancheng | 1580.10 | 873.18 | 706.92 | 60.25 | 1015.60 | 1559.90 |
| 扬州市区 | Yangzhou | 4506.82 | 3124.72 | 1382.10 | 580.74 | 2658.35 | 4424.13 |
| 镇江市区 | Zhenjiang | 2157.98 | 1143.45 | 1014.52 | 342.62 | 1262.25 | 2010.69 |
| 泰州市区 | Taizhou | 1796.95 | 1459.15 | 337.80 | 298.83 | 1051.91 | 1748.11 |
| 宿迁市区 | Suqian | 620.31 | 576.46 | 43.85 | 36.32 | 386.48 | 597.86 |

# 18-14 主要城市财政、金融(2011年)
# Government Revenue and Expenditures of Major Cities(2011)

单位:亿元 (100 million yuan)

| 城市 City | | 地方财政一般预算收入 Local Financial General Budgetary Revenue | #税收收入 Taxes | 地方财政一般预算支出 Local Financial General Budgetary Expenditure | 存款余额 Deposits Balance | #居民储蓄存款 Savings Deposits from Residents | 贷款余款 Loans Balance |
|---|---|---|---|---|---|---|---|
| 南京市区 | Nanjing | 592.00 | 498.24 | 607.35 | 13622.01 | 3737.93 | 10866.25 |
| 无锡市区 | Wuxi | 390.43 | 319.43 | 380.53 | 5887.56 | 2066.34 | 4304.01 |
| 徐州市区 | Xuzhou | 185.06 | 133.97 | 224.04 | 2038.67 | 868.45 | 1182.10 |
| 常州市区 | Changzhou | 290.68 | 230.80 | 287.77 | 4024.70 | 1674.01 | 2817.27 |
| 苏州市区 | Suzhou | 437.56 | 393.42 | 391.69 | 6991.50 | 2035.82 | 5839.71 |
| 南通市区 | Nantong | 187.74 | 134.50 | 172.49 | 2744.17 | 1213.25 | 1755.14 |
| 连云港市区 | Lianyungang | 88.94 | 58.69 | 113.07 | 847.61 | 295.35 | 645.75 |
| 淮安市区 | Huaian | 136.38 | 95.20 | 176.06 | 828.63 | 416.27 | 648.91 |
| 盐城市区 | Yancheng | 94.87 | 74.71 | 126.04 | 855.79 | 336.76 | 614.16 |
| 扬州市区 | Yangzhou | 151.06 | 106.36 | 171.50 | 2044.57 | 951.27 | 1281.56 |
| 镇江市区 | Zhenjiang | 100.67 | 78.53 | 106.16 | 1282.23 | 483.89 | 959.56 |
| 泰州市区 | Taizhou | 93.67 | 64.37 | 98.73 | 927.35 | 341.62 | 647.48 |
| 宿迁市区 | Suqian | 51.48 | 43.98 | 85.94 | 449.00 | 170.63 | 337.63 |

# 18-15 主要城市贸易、外经(2011年)
# Domestic Trade and Foreign Economy of Major Cities(2011)

单位:亿美元 (USD 100 million)

| 城市 City | | 社会消费品零售总额(亿元) Total Retail Sales of Consumer Goods (100 million yuan) | 进出口总额 Total Imports and Exports | 出口 Exports | 进口 Imports | 实际外商直接投资 Actual Foreign Direct Investment | 星级饭店数(个) Star Class Hotel (unit) |
|---|---|---|---|---|---|---|---|
| 南京市区 | Nanjing | 2484.71 | 566.45 | 302.40 | 264.04 | 33.52 | 104 |
| 无锡市区 | Wuxi | 1364.56 | 467.95 | 273.09 | 194.86 | 24.27 | 33 |
| 徐州市区 | Xuzhou | 721.09 | 42.58 | 23.42 | 19.17 | 9.78 | 36 |
| 常州市区 | Changzhou | 926.23 | 255.72 | 168.55 | 87.17 | 24.17 | 37 |
| 苏州市区 | Suzhou | 1235.06 | 1275.29 | 713.20 | 562.09 | 36.46 | 62 |
| 南通市区 | Nantong | 559.59 | 162.18 | 111.41 | 50.76 | 7.41 | 53 |
| 连云港市区 | Lianyungang | 201.74 | 59.29 | 29.28 | 30.01 | 4.46 | 40 |
| 淮安市区 | Huaian | 346.66 | 22.99 | 13.63 | 9.35 | 13.66 | 19 |
| 盐城市区 | Yancheng | 297.03 | 30.68 | 12.70 | 17.98 | 5.03 | 20 |
| 扬州市区 | Yangzhou | 563.21 | 83.71 | 61.33 | 22.38 | 14.82 | 45 |
| 镇江市区 | Zhenjiang | 325.83 | 63.08 | 30.60 | 32.49 | 9.03 | 23 |
| 泰州市区 | Taizhou | 201.07 | 36.62 | 24.68 | 11.94 | 6.52 | 0 |
| 宿迁市区 | Suqian | 130.53 | 10.67 | 7.80 | 2.88 | 0.90 | 12 |

## 18－16 主要城市邮电、电力（2011 年）

## Post and Telecommunication Service and Power Consumption of Major Cities(2011)

| 城市 | City | 邮电业务收入（亿元）Revenue From Posts and Telecommunication Services (100 million yuan) | 本地电话用户（万户）Telephones (10000 Subscribers) | 年末移动电话用户（万户）Mobile Telephones (10000 Subscribers) | 国际互联网用户（万户）Internet Service (10000 Subscribers) | 全年用电量（亿千瓦小时）Power Consumption (100 million kWh) | #城乡居民生活用电 Urban and Rural Residents Power Consumption |
|---|---|---|---|---|---|---|---|
| 南京市区 | Nanjing | 99.63 | 272.49 | 930.83 | 237.66 | 378.90 | 49.53 |
| 无锡市区 | Wuxi | 58.71 | 91.96 | 536.18 | 95.14 | 259.48 | 25.60 |
| 徐州市区 | Xuzhou | 27.88 | 137.13 | 323.22 | 46.50 | 172.62 | 15.14 |
| 常州市区 | Changzhou | 47.70 | 114.24 | 423.79 | 82.76 | 240.82 | 21.28 |
| 苏州市区 | Suzhou | 92.95 | 138.85 | 603.41 | 93.74 | 289.93 | 32.37 |
| 南通市区 | Nantong | 27.03 | 141.52 | 307.84 | 46.41 | 118.03 | 13.46 |
| 连云港市区 | Lianyungang | 12.33 | 40.09 | 128.79 | 25.75 | 39.71 | 6.31 |
| 淮安市区 | Huaian | 15.65 | 145.57 | 146.39 | 24.53 | 78.43 | 10.62 |
| 盐城市区 | Yancheng | 13.74 | 18.39 | 181.16 | 34.87 | 40.12 | 7.45 |
| 扬州市区 | Yangzhou | 27.20 | 88.81 | 277.79 | 57.24 | 69.03 | 9.15 |
| 镇江市区 | Zhenjiang | 12.42 | 71.67 | 149.10 | 21.86 | 96.38 | 7.42 |
| 泰州市区 | Taizhou | 9.66 | 28.17 | 91.35 | 12.45 | 40.53 | 4.86 |
| 宿迁市区 | Suqian | 7.85 | 28.06 | 123.31 | 12.10 | 46.15 | 4.73 |

## 18－17 主要城市居民收支情况（2011 年）

## Household Income and Expenditure of Major Cities(2011)

单位:元 (yuan)

| 城市 | City | 城镇非私营单位在岗职工年平均工资 Average Wage of Employed Staff and Workers (Excluded Private) | 城市居民人均可支配收入 Per Capita Disposable Income of Urban Residents | 城市居民人均消费性支出 Per Capita Living Expenditure of Urban Residents | #食品 Food | #衣着用品 Clothing Articles | #居住 Residence |
|---|---|---|---|---|---|---|---|
| 南京市区 | Nanjing | 55890 | 32200 | 20763 | 7439 | 1933 | 1285 |
| 无锡市区 | Wuxi | 51798 | 30853 | 19809 | 6919 | 1689 | 2224 |
| 徐州市区 | Xuzhou | 45909 | 23881 | 15012 | 5224 | 1538 | 1360 |
| 常州市区 | Changzhou | 52622 | 29829 | 18893 | 6760 | 1754 | 1250 |
| 苏州市区 | Suzhou | 54925 | 33243 | 21046 | 7850 | 1911 | 1334 |
| 南通市区 | Nantong | 47771 | 26778 | 16666 | 6220 | 1842 | 1010 |
| 连云港市区 | Lianyungang | 42514 | 21695 | 14110 | 5370 | 1460 | 1112 |
| 淮安市区 | Huaian | 39621 | 20260 | 13315 | 5082 | 1634 | 831 |
| 盐城市区 | Yancheng | 41898 | 22851 | 15108 | 5026 | 1946 | 867 |
| 扬州市区 | Yangzhou | 43445 | 24780 | 16003 | 6218 | 1760 | 1138 |
| 镇江市区 | Zhenjiang | 45643 | 26181 | 16419 | 6557 | 2047 | 1238 |
| 泰州市区 | Taizhou | 43685 | 24344 | 15464 | 5576 | 1859 | 1346 |
| 宿迁市区 | Suqian | 36280 | 16119 | 10910 | 4137 | 1222 | 674 |

## 18－18 主要城市居民消费支出、物价（2011 年）
## Household Living Expenditure and Price of Major Cities(2011)

单位:元 (yuan)

| 城市 City | | 城市居民人均消费性支出 Per Capita Living Expenditures for Consumption of Urban Residents | | | | 人均住房建筑面积（平方米）Per Capita Construction Floor Space of Residential Building (sq. m) | 居民消费价格指数（上年＝100）Consumer Price Index (preceding year＝100) |
|---|---|---|---|---|---|---|---|
| | | #家庭设备、用品及服务 Household Facilities, Articles and Services | #医疗保健 Medicine and Medical Services | #交通和通讯 Transportation and Telecommunication | #娱乐、教育、文化服务 Recreation, Education and Cultural Services | | |
| 南京市区 | Nanjing | 1636 | 1375 | 2620 | 3732 | 29.3 | 105.4 |
| 无锡市区 | Wuxi | 1379 | 1316 | 2740 | 2673 | 32.2 | 105.1 |
| 徐州市区 | Xuzhou | 1156 | 940 | 1618 | 2451 | 27.7 | 105.2 |
| 常州市区 | Changzhou | 1299 | 1409 | 2957 | 2962 | 34.7 | 105.0 |
| 苏州市区 | Suzhou | 1457 | 1250 | 3322 | 3049 | 31.7 | 105.1 |
| 南通市区 | Nantong | 1591 | 669 | 2323 | 2394 | 36.3 | 105.0 |
| 连云港市区 | Lianyungang | 1169 | 987 | 1473 | 1884 | 32.5 | 104.9 |
| 淮安市区 | Huaian | 928 | 766 | 1494 | 2065 | 34.8 | 104.4 |
| 盐城市区 | Yancheng | 975 | 914 | 2901 | 1814 | 35.9 | 105.0 |
| 扬州市区 | Yangzhou | 1146 | 769 | 1623 | 2871 | 37.7 | 105.1 |
| 镇江市区 | Zhenjiang | 973 | 863 | 2202 | 1894 | 35.2 | 105.0 |
| 泰州市区 | Taizhou | 982 | 844 | 2398 | 1879 | 40.4 | 105.1 |
| 宿迁市区 | Suqian | 699 | 756 | 1683 | 1373 | 39.9 | 105.0 |

## 18－19 主要城市文教、科技、卫生（2011 年）
## Culture, Education, Science and Technology and Public Health of Major Cities(2011)

| 城市 City | | 高等学校在校学生数（万人）Number of Students Enrollement in Regular Institutions of High Education (10000 persons) | 专利申请受理量（件）Applications Accepted | 公共图书馆图书藏量（万册）Total Volume of Collections of Public Libraries (10000 volumes) | 卫生机构数（个）Number of Health Care Institutions (unit) | 卫生机构床位数（万张）Number of Beds in Health Care Institutions (10000 units) | 执业（助理）医师（万人）Practitioner Doctors (Assistant) (10000 persons) |
|---|---|---|---|---|---|---|---|
| 南京市区 | Nanjing | 80.69 | 29072 | 1328 | 1990 | 3.19 | 1.61 |
| 无锡市区 | Wuxi | 9.30 | 34319 | 348 | 1072 | 1.91 | 0.77 |
| 徐州市区 | Xuzhou | 13.17 | 9730 | 128 | 1504 | 1.95 | 0.69 |
| 常州市区 | Changzhou | 10.46 | 17573 | 189 | 710 | 1.27 | 0.61 |
| 苏州市区 | Suzhou | 13.85 | 26950 | 287 | 1042 | 1.90 | 0.83 |
| 南通市区 | Nantong | 7.45 | 20152 | 139 | 1073 | 1.27 | 0.58 |
| 连云港市区 | Lianyungang | 3.39 | 1502 | 86 | 631 | 0.57 | 0.30 |
| 淮安市区 | Huaian | 6.74 | 3016 | 94 | 1079 | 1.02 | 0.41 |
| 盐城市区 | Yancheng | 5.53 | 2863 | 89 | 655 | 0.73 | 0.33 |
| 扬州市区 | Yangzhou | 7.78 | 8610 | 164 | 1114 | 1.14 | 0.52 |
| 镇江市区 | Zhenjiang | 8.80 | 7394 | 147 | 372 | 0.63 | 0.31 |
| 泰州市区 | Taizhou | 4.75 | 3184 | 59 | 339 | 0.44 | 0.22 |
| 宿迁市区 | Suqian | 1.76 | 505 | 22 | 903 | 0.51 | 0.22 |

# 18-20 市辖区主要指标（2011 年）

# Major Indicators of Municipal Districts(2011)

| 市辖区 Municipal District | 年末户籍人口（万人）Population at Year-end (10000 persons) | 土地面积（平方公里）Land Area (sq. m) | 地区生产总值（亿元）Gross Domestic Product (100 million yuan) | 固定资产投资（亿元）Investment in Fixed Assets (100 million yuan) | 地方财政一般预算收入（亿元）Local Financial General Budgetary Revenue (100 million yuan) | 实际外商直接投资（万美元）Actual Foreign Direct Investment (USD 10000) |
|---|---|---|---|---|---|---|
| **南京市 Nanjing City** | | | | | | |
| 玄武区 Xuanwu District | 51.25 | 75 | 461.37 | 85.51 | 31.23 | 10143 |
| 白下区 Baixia District | 46.24 | 26 | 410.37 | 91.07 | 30.10 | 10242 |
| 秦淮区 Qinhuai District | 25.38 | 23 | 142.06 | 50.43 | 12.29 | 10053 |
| 建邺区 Jianye District | 25.15 | 83 | 286.13 | 200.80 | 27.82 | 25181 |
| 鼓楼区 Gulou District | 64.62 | 25 | 485.24 | 85.65 | 44.73 | 13160 |
| 下关区 Xiaguan District | 31.04 | 28 | 242.45 | 132.11 | 17.41 | 10023 |
| 浦口区 Pukou District | 58.04 | 910 | 434.56 | 484.85 | 52.65 | 45964 |
| 栖霞区 Qixia District | 43.33 | 395 | 815.00 | 306.45 | 40.13 | 62355 |
| 雨花区 Yuhua District | 23.19 | 132 | 260.10 | 227.49 | 26.06 | 11904 |
| 江宁区 Jiangning District | 93.97 | 1563 | 829.42 | 561.85 | 115.07 | 84464 |
| 六合区 Luhe District | 89.35 | 1471 | 699.02 | 449.68 | 43.02 | 38395 |
| **无锡市 Wuxi City** | | | | | | |
| 崇安区 Chongan District | 18.51 | 16 | 372.58 | 107.50 | 22.78 | 15007 |
| 南长区 Nanchang District | 32.87 | 24 | 190.03 | 92.25 | 19.97 | 23487 |
| 北塘区 Beitang District | 25.43 | 31 | 209.39 | 79.66 | 19.72 | 140 |
| 锡山区 Xishan District | 41.81 | 399 | 481.85 | 392.03 | 45.77 | 35078 |
| 惠山区 Huishan District | 42.54 | 325 | 518.81 | 316.30 | 57.74 | 21022 |
| 滨湖区 Binhu District | 46.03 | 629 | 585.01 | 318.95 | 67.36 | 23161 |
| **徐州市 Xuzhou City** | | | | | | |
| 鼓楼区 Gulou District | 48.37 | 68 | 134.20 | 160.60 | 12.55 | 2962 |
| 云龙区 Yunlong District | 30.71 | 118 | 157.20 | 171.06 | 17.33 | 7605 |
| 贾汪区 Jiawang District | 50.51 | 834 | 170.26 | 114.72 | 11.02 | 5527 |
| 泉山区 Quanshan District | 55.00 | 108 | 318.88 | 172.08 | 19.11 | 8436 |
| 铜山区 Tongshan District | 131.07 | 1909 | 570.57 | 326.32 | 41.10 | 16287 |
| **常州市 Changzhou City** | | | | | | |
| 天宁区 Tianning District | 37.31 | 65 | 350.63 | 236.05 | 35.67 | 26043 |
| 钟楼区 Zhonglou District | 35.37 | 67 | 326.51 | 227.86 | 31.29 | 26043 |
| 戚墅堰区 Qishuyan District | 7.88 | 32 | 81.85 | 58.52 | 8.55 | 973 |
| 新北区 Xinbei District | 46.05 | 453 | 623.15 | 477.19 | 73.02 | 100042 |
| 武进区 Wujin District | 102.37 | 1246 | 1376.96 | 715.73 | 105.28 | 90402 |
| **苏州市 Suzhou City** | | | | | | |
| 沧浪区 Canglang District | 32.64 | 28 | 182.23 | 44.03 | 20.60 | 162 |

18－20 续 表 Continued

| 市 辖 区 Municipal District | 年末户籍人口（万人）Population at Year-end (10000 persons) | 土地面积（平方公里）Land Area (sq. m) | 地区生产总值（亿元）Gross Domestic Product (100 million yuan) | 固定资产投资（亿元）Investment in Fixed Assets (100 million yuan) | 地方财政一般预算收入（亿元）Local Financial General Budgetary Revenue (100 million yuan) | 实际外商直接投资（万美元）Actual Foreign Direct Investment (USD 10000) |
|---|---|---|---|---|---|---|
| 平江区 Pingjiang District | 22.65 | 23 | 134.91 | 45.01 | 13.58 | 140 |
| 金阊区 Jinchang District | 20.18 | 33 | 130.85 | 38.15 | 11.72 | 148 |
| 虎丘区 Huqiu District | 34.07 | 335 | 770.54 | 329.55 | 71.03 | 90019 |
| 吴中区 Wuzhong District | 60.33 | 2043 | 700.66 | 270.15 | 72.37 | 45395 |
| 相城区 Xiangcheng District | 38.16 | 490 | 421.63 | 251.62 | 46.21 | 35230 |
| **南通市 Nantong City** | | | | | | |
| 崇川区 Chongchuan District | 52.97 | 100 | 420.56 | 251.14 | 50.69 | 12005 |
| 港闸区 Gangzha District | 18.94 | 134 | 218.40 | 165.32 | 24.03 | 2789 |
| 通州区 Tongzhou District | 125.25 | 1166 | 604.71 | 313.05 | 42.40 | 7874 |
| **连云港市 Lianyungang City** | | | | | | |
| 连云区 Lianyun District | 25.12 | 535 | 68.41 | 92.69 | 11.31 | 6530 |
| 新浦区 Xinpu District | 46.79 | 462 | 94.45 | 78.52 | 16.26 | 2607 |
| 海州区 Haizhou District | 23.62 | 159 | 51.85 | 36.22 | 5.92 | 610 |
| **淮安市 Huaian City** | | | | | | |
| 清河区 Qinghe District | 23.58 | 32 | 85.26 | 70.92 | 22.03 | 20037 |
| 楚州区 Chuzhou District | 117.68 | 1452 | 246.79 | 119.77 | 19.79 | 20193 |
| 淮阴区 Huaiyin District | 91.34 | 1264 | 239.82 | 122.20 | 23.83 | 21025 |
| 清浦区 Qingpu District | 30.38 | 277 | 101.43 | 59.62 | 15.52 | 13293 |
| **盐城市 Yancheng City** | | | | | | |
| 亭湖区 Tinghu District | 93.53 | 732 | 265.67 | 185.24 | 33.31 | 16028 |
| 盐都区 Yandu District | 71.39 | 1047 | 303.98 | 191.71 | 37.69 | 16133 |
| **扬州市 Yangzhou City** | | | | | | |
| 广陵区 Guangling District | 49.65 | 335 | 410.65 | 188.27 | 23.46 | 25858 |
| 邗江区 Hanjiang District | 55.99 | 553 | 423.09 | 246.64 | 31.74 | 38922 |
| 江都区 Jiangdu District | 106.86 | 1330 | 578.02 | 334.99 | 34.39 | 17023 |
| **镇江市 Zhenjiang City** | | | | | | |
| 京口区 Jingkou District | 32.30 | 118 | 310.04 | 179.41 | 11.65 | 18926 |
| 润州区 Runzhou District | 24.80 | 130 | 217.59 | 173.79 | 15.52 | 4670 |
| 丹徒区 Dantu District | 28.67 | 611 | 223.04 | 141.44 | 14.81 | 13567 |
| **泰州市 Taizhou City** | | | | | | |
| 海陵区 Hailing District | 42.18 | 237 | 327.02 | 171.43 | 30.41 | 16212 |
| 高港区 Gaogang District | 26.24 | 287 | 237.29 | 113.40 | 17.59 | 19088 |
| **宿迁市 Suqian City** | | | | | | |
| 宿城区 Sucheng District | 90.94 | 854 | 185.10 | 88.02 | 15.86 | 3111 |
| 宿豫区 Suyu District | 71.78 | 1254 | 194.79 | 111.30 | 13.31 | 3825 |

# 18－21 市辖区法人单位数（2011 年）

## Number of Corporations of Municipal District(2011)

单位：个 (unit)

| 市辖区 Municipal District | 合计 Total | 企业 Enterprises | 事业单位 Institutions | 机关 Agencies& Organizations | 社会团体 Social Organizations | 民办非企业单位 Non-enterprise Units Run by NGO | 其他组织机构 Others |
|---|---|---|---|---|---|---|---|
| **南京市 Nanjing City** | | | | | | | |
| 玄武区 Xuanwu District | 11994 | 10857 | 268 | 149 | 428 | 168 | 124 |
| 白下区 Baixia District | 11276 | 10488 | 262 | 83 | 70 | 158 | 215 |
| 秦淮区 Qinhuai District | 5868 | 5496 | 106 | 58 | 28 | 47 | 133 |
| 建邺区 Jianye District | 5810 | 5328 | 169 | 70 | 34 | 79 | 130 |
| 鼓楼区 Gulou District | 11901 | 10444 | 475 | 141 | 430 | 209 | 202 |
| 下关区 Xiaguan District | 6611 | 6138 | 123 | 71 | 53 | 120 | 106 |
| 浦口区 Pukou District | 7069 | 6160 | 260 | 92 | 116 | 91 | 350 |
| 栖霞区 Qixia District | 8836 | 8176 | 165 | 78 | 63 | 102 | 252 |
| 雨花区 Yuhua District | 4271 | 3878 | 133 | 68 | 22 | 54 | 116 |
| 江宁区 Jiangning District | 13849 | 12723 | 348 | 55 | 64 | 100 | 559 |
| 六合区 Luhe District | 6026 | 4858 | 463 | 89 | 98 | 56 | 462 |
| **无锡市 Wuxi City** | | | | | | | |
| 崇安区 Chongan District | 8684 | 8053 | 197 | 105 | 134 | 90 | 105 |
| 南长区 Nanchang District | 6402 | 5844 | 213 | 67 | 77 | 102 | 99 |
| 北塘区 Beitang District | 7015 | 6624 | 136 | 48 | 40 | 49 | 118 |
| 锡山区 Xishan District | 12829 | 12110 | 275 | 70 | 133 | 47 | 194 |
| 惠山区 Huishan District | 15769 | 15046 | 245 | 68 | 134 | 69 | 207 |
| 滨湖区 Binhu District | 27510 | 26030 | 530 | 97 | 134 | 146 | 573 |
| **徐州市 Xuzhou City** | | | | | | | |
| 鼓楼区 Gulou District | 8140 | 7487 | 237 | 107 | 51 | 84 | 174 |
| 云龙区 Yunlong District | 6655 | 5918 | 238 | 130 | 80 | 99 | 190 |
| 贾汪区 Jiawang District | 2519 | 1909 | 215 | 47 | 63 | 37 | 248 |
| 泉山区 Quanshan District | 10414 | 9410 | 335 | 111 | 221 | 120 | 217 |
| 铜山区 Tongshan District | 6685 | 5193 | 386 | 100 | 235 | 156 | 615 |
| **常州市 Changzhou City** | | | | | | | |
| 天宁区 Tianning District | 11805 | 11044 | 232 | 61 | 228 | 91 | 149 |
| 钟楼区 Zhonglou District | 9878 | 8776 | 289 | 72 | 382 | 132 | 227 |
| 戚墅堰区 Qishuyan District | 2157 | 1970 | 67 | 46 | 23 | 7 | 44 |
| 新北区 Xinbei District | 16142 | 15237 | 264 | 132 | 175 | 48 | 286 |
| 武进区 Wujin District | 27666 | 25970 | 638 | 126 | 184 | 65 | 683 |
| **苏州市 Suzhou City** | | | | | | | |
| 沧浪区 Canglang District | 9358 | 8273 | 281 | 101 | 380 | 203 | 120 |

单位：个 (unit)

| 市辖区 Municipal District | 合计 Total | 企业 Enterprises | 事业单位 Institutions | 机关 Agencies& Organizations | 社会团体 Social Organizations | 民办非企业单位 Non-enterprise Units Run by NGO | 其他组织机构 Others |
|---|---|---|---|---|---|---|---|
| 平江区 Pingjiang District | 23537 | 22701 | 257 | 76 | 166 | 156 | 181 |
| 金阊区 Jinchang District | 8117 | 7644 | 137 | 81 | 64 | 89 | 102 |
| 虎丘区 Huqiu District | 12954 | 12479 | 185 | 42 | 41 | 53 | 154 |
| 吴中区 Wuzhong District | 20044 | 19111 | 325 | 93 | 143 | 32 | 340 |
| 相城区 Xiangcheng District | 12278 | 11854 | 135 | 52 | 25 | 83 | 129 |
| **南通市 Nantong City** | | | | | | | |
| 崇川区 Chongchuan District | 15299 | 13874 | 444 | 133 | 398 | 188 | 262 |
| 港闸区 Gangzha District | 7321 | 6929 | 80 | 52 | 95 | 67 | 98 |
| 通州区 Tongzhou District | 11036 | 9415 | 531 | 113 | 237 | 431 | 309 |
| **连云港市 Lianyungang City** | | | | | | | |
| 连云区 Lianyun District | 5035 | 4619 | 165 | 72 | 55 | 36 | 88 |
| 新浦区 Xinpu District | 9753 | 8326 | 335 | 144 | 452 | 147 | 349 |
| 海州区 Haizhou District | 3005 | 2627 | 114 | 62 | 43 | 21 | 138 |
| **淮安市 Huaian City** | | | | | | | |
| 清河区 Qinghe District | 8044 | 6864 | 382 | 177 | 334 | 97 | 190 |
| 楚州区 Chuzhou District | 5440 | 4152 | 473 | 120 | 150 | 72 | 473 |
| 淮阴区 Huaiyin District | 4726 | 3300 | 432 | 112 | 162 | 122 | 598 |
| 清浦区 Qingpu District | 3527 | 2896 | 213 | 82 | 104 | 110 | 122 |
| **盐城市 Yancheng City** | | | | | | | |
| 亭湖区 Tinghu District | 13492 | 12153 | 486 | 134 | 88 | 109 | 522 |
| 盐都区 Yandu District | 5896 | 4953 | 313 | 114 | 95 | 22 | 399 |
| **扬州市 Yangzhou City** | | | | | | | |
| 广陵区 Guangling District | 7639 | 6632 | 294 | 112 | 162 | 122 | 317 |
| 邗江区 Hanjiang District | 14779 | 13334 | 381 | 141 | 305 | 212 | 406 |
| 江都区 Jiangdu District | 10596 | 8595 | 651 | 83 | 362 | 91 | 814 |
| **镇江市 Zhenjiang City** | | | | | | | |
| 京口区 Jingkou District | 11137 | 9594 | 530 | 135 | 471 | 130 | 277 |
| 润州区 Runzhou District | 5352 | 4649 | 253 | 80 | 146 | 69 | 155 |
| 丹徒区 Dantu District | 4285 | 3587 | 288 | 84 | 88 | 18 | 220 |
| **泰州市 Taizhou City** | | | | | | | |
| 海陵区 Hailing District | 10056 | 8439 | 609 | 152 | 363 | 163 | 330 |
| 高港区 Gaogang District | 4760 | 4240 | 155 | 56 | 82 | 51 | 176 |
| **宿迁市 Suqian City** | | | | | | | |
| 宿城区 Sucheng District | 7677 | 6362 | 407 | 153 | 224 | 246 | 285 |
| 宿豫区 Suyu District | 3041 | 2233 | 329 | 95 | 43 | 40 | 301 |

## 18－22 市辖区人口、面积(2011 年)
## Population and Land Area of Municipal District(2011)

| 市 辖 区 | Municipal District | 年末总人口(万人) Total Population at Year-end (10000 persons) | 出生人口(人) Births (person) | 死亡人口(人) Deaths (person) | 年末总户数(万户) Total Households at Year-end (10000 household) | 土地面积(平方公里) Land Area (sq. m) | 人口密度(人/平方公里) Population Density (person/sq. m) |
|---|---|---|---|---|---|---|---|
| 南京市浦口区 | Nanjing Pukou District | 58.04 | 6216 | 3207 | 19.93 | 910 | 638 |
| 南京市栖霞区 | Nanjing Qixia District | 43.33 | 3417 | 2095 | 14.27 | 395 | 1097 |
| 南京市雨花区 | Nanjing Yuhua District | 23.19 | 2209 | 1150 | 8.25 | 132 | 1757 |
| 南京市江宁区 | Nanjing Jiangning District | 93.97 | 10310 | 4944 | 32.47 | 1563 | 601 |
| 南京市六合区 | Nanjing Luhe District | 89.35 | 7525 | 5453 | 28.97 | 1471 | 607 |
| 无锡市锡山区 | Wuxi Xishan District | 41.81 | 3293 | 2890 | 12.48 | 399 | 1048 |
| 无锡市惠山区 | Wuxi Huishan District | 42.54 | 3439 | 2821 | 13.05 | 325 | 1309 |
| 无锡市滨湖区 | Wuxi Binhu District | 46.03 | 3486 | 2584 | 16.47 | 629 | 732 |
| 徐州市贾汪区 | Xuzhou Jiawang District | 50.51 | 3990 | 2632 | 14.21 | 834 | 606 |
| 徐州市铜山区 | Xuzhou Tongshan District | 131.07 | 14581 | 7224 | 38.10 | 1909 | 687 |
| 常州市新北区 | Changzhou Xinbei District | 46.05 | 5040 | 3354 | 14.75 | 453 | 1017 |
| 常州市武进区 | Changzhou Wujin District | 102.37 | 7754 | 7288 | 36.34 | 1246 | 822 |
| 苏州市虎丘区 | Suzhou Huqui District | 34.07 | 4146 | 1760 | 10.20 | 335 | 1018 |
| 苏州市吴中区 | Suzhou Wuzhong District | 60.33 | 6562 | 3501 | 18.52 | 2043 | 295 |
| 苏州市相城区 | Suzhou Xiangcheng District | 38.16 | 4669 | 2513 | 12.44 | 490 | 779 |
| 南通市崇川区 | Nantong Chongchuan District | 52.97 | 3995 | 2859 | 18.65 | | |
| 南通市港闸区 | Nantong Gangzha District | 18.94 | 1382 | 1666 | 7.44 | | |
| 南通市通州区 | Nantong Tongzhou District | 125.25 | 9276 | 11040 | 48.12 | 1166 | 1074 |
| 连云港市连云区 | Lianyungang Lianyun District | 25.12 | 3116 | 856 | 8.23 | | |
| 淮安市楚州区 | Huaian Chuzhou District | 117.68 | 15346 | 2427 | 33.85 | | |
| 淮安市淮阴区 | Huaian Huaiyin District | 91.34 | 15812 | 4254 | 27.62 | | |
| 盐城市盐都区 | Yancheng Yandu District | 71.39 | 8897 | 3331 | 25.13 | 1047 | 682 |
| 扬州市邗江区 | Yangzhou Hanjiang District | 55.99 | 5473 | 3464 | 17.98 | 553 | 1013 |
| 扬州市江都区 | Yangzhou Jiangdu District | 106.86 | 7621 | 8062 | 36.90 | 1330 | 803 |
| 镇江市丹徒区 | Zhenjiang Dantu District | 28.67 | 2189 | 1780 | 10.30 | 611 | 383 |
| 泰州市海陵区 | Taizhou Hailing District | 42.18 | 3682 | 2949 | 15.76 | 237 | 1777 |
| 泰州市高港区 | Taizhou Gaogang District | 26.24 | 2165 | 1581 | 8.30 | 287 | 915 |
| 宿迁市宿豫区 | Suqian Suyu District | 71.78 | 11777 | 4601 | 19.34 | 1254 | 572 |

# 18－23 市辖区从业人员(2011 年)

# Employment of Municipal District(2011)

单位:万人 (10000 persons)

| 市辖区 | Municipal District | 从业人员 Employment | 第一产业 Primary Industry | 第二产业 Secondary Industry | 第三产业 Tertiary Industry | 在岗职工人数 Staff and Workers Employed | 私营企业和个体从业人员 Employment in Private Enterprises and Self-employed Individuals |
|---|---|---|---|---|---|---|---|
| 南京市浦口区 | Nanjing Pukou District | 29.08 | 2.18 | 16.03 | 10.87 | 8.71 | 14.87 |
| 南京市栖霞区 | Nanjing Qixia District | 31.59 | 1.83 | 18.37 | 11.39 | 16.20 | 13.96 |
| 南京市雨花区 | Nanjing Yuhua District | 19.60 | 0.22 | 7.37 | 12.01 | 6.70 | 9.04 |
| 南京市江宁区 | Nanjing Jiangning District | 60.03 | 6.87 | 33.63 | 19.53 | 20.21 | 25.83 |
| 南京市六合区 | Nanjing Luhe District | 47.38 | 7.23 | 26.75 | 13.40 | 14.32 | 21.86 |
| 无锡市锡山区 | Wuxi Xishan District | 45.00 | 2.10 | 30.31 | 12.59 | 6.79 | 20.32 |
| 无锡市惠山区 | Wuxi Huishan District | 46.14 | 1.45 | 31.48 | 13.21 | 3.05 | 24.94 |
| 无锡市滨湖区 | Wuxi Binhu District | 34.40 | 0.43 | 16.18 | 17.79 | 8.62 | 18.81 |
| 徐州市贾汪区 | Xuzhou Jiawang District | 20.09 | 6.44 | 8.16 | 5.49 | 1.40 | 7.37 |
| 徐州市铜山区 | Xuzhou Tongshan District | 70.40 | 24.48 | 24.74 | 21.18 | 5.52 | 11.75 |
| 常州市新北区 | Changzhou Xinbei District | 35.85 | 0.53 | 21.86 | 13.46 | 6.11 | 24.16 |
| 常州市武进区 | Changzhou Wujin District | 92.59 | 7.35 | 60.45 | 24.79 | 15.63 | 58.83 |
| 苏州市虎丘区 | Suzhou Huqui District | 32.14 | 1.22 | 16.98 | 13.94 | 11.26 | 15.85 |
| 苏州市吴中区 | Suzhou Wuzhong District | 62.42 | 5.17 | 31.69 | 25.56 | 7.42 | 38.48 |
| 苏州市相城区 | Suzhou Xiangcheng District | 33.39 | 1.76 | 21.13 | 10.50 | 5.44 | 25.61 |
| 南通市崇川区 | Nantong Chongchuan District | 27.25 | 0.35 | 7.28 | 19.63 | 16.17 | 13.63 |
| 南通市港闸区 | Nantong Gangzha District | 15.77 | 0.69 | 9.73 | 5.35 | 6.22 | 6.58 |
| 南通市通州区 | Nantong Tongzhou District | 70.87 | 12.81 | 33.41 | 24.65 | 7.63 | 35.52 |
| 连云港市连云区 | Lianyungang Lianyun District | 7.58 | 0.48 | 2.83 | 4.27 | 1.14 | 1.40 |
| 淮安市楚州区 | Huaian Chuzhou District | 69.43 | 23.75 | 22.10 | 23.58 | 5.61 | 16.01 |
| 淮安市淮阴区 | Huaian Huaiyin District | 55.94 | 15.03 | 21.63 | 19.28 | 3.63 | 13.64 |
| 盐城市盐都区 | Yancheng Yandu District | 35.08 | 10.97 | 11.60 | 12.52 | 4.11 | 13.93 |
| 扬州市邗江区 | Yangzhou Hanjiang District | 47.98 | 2.42 | 20.85 | 24.71 | 7.10 | 27.42 |
| 扬州市江都区 | Yangzhou Jiangdu District | 63.54 | 7.99 | 32.64 | 22.91 | 5.69 | 27.75 |
| 镇江市丹徒区 | Zhenjiang Dantu District | 19.48 | 4.28 | 9.26 | 5.94 | 3.97 | 11.71 |
| 泰州市海陵区 | Taizhou Hailing District | 24.97 | 2.29 | 9.51 | 13.17 | 7.33 | 14.16 |
| 泰州市高港区 | Taizhou Gaogang District | 17.92 | 2.51 | 8.75 | 6.66 | 4.40 | 7.98 |
| 宿迁市宿豫区 | Suqian Suyu District | 37.01 | 8.19 | 17.41 | 11.42 | 3.35 | 6.35 |

# 18－24　市辖区地区生产总值(2011 年)
## Gross Domestic Product of Municipal District(2011)

| 市辖区 | Municipal District | 地区生产总值(亿元) Gross Domestic Product (100 million yuan) | 第一产业 Primary Industry | 第二产业 Secondary Industry | #工业 Industry | 第三产业 Tertiary Industry | 地区生产总值指数(上年=100) GDP Index (preceding year =100) |
|---|---|---|---|---|---|---|---|
| 南京市浦口区 | Nanjing Pukou District | 434.56 | 27.01 | 250.50 | 227.70 | 157.05 | 113.3 |
| 南京市栖霞区 | Nanjing Qixia District | 815.00 | 6.03 | 600.96 | 572.25 | 208.01 | 113.5 |
| 南京市雨花区 | Nanjing Yuhua District | 260.10 | 0.43 | 120.41 | 108.12 | 139.26 | 113.4 |
| 南京市江宁区 | Nanjing Jiangning District | 829.42 | 38.21 | 476.67 | 406.30 | 314.54 | 113.3 |
| 南京市六合区 | Nanjing Luhe District | 699.02 | 38.49 | 503.73 | 471.35 | 156.80 | 112.5 |
| 无锡市锡山区 | Wuxi Xishan District | 481.85 | 16.07 | 275.62 | 245.30 | 190.16 | 112.3 |
| 无锡市惠山区 | Wuxi Huishan District | 518.81 | 15.56 | 337.23 | 306.52 | 166.02 | 111.3 |
| 无锡市滨湖区 | Wuxi Binhu District | 585.01 | 3.68 | 294.89 | 253.42 | 286.44 | 111.6 |
| 徐州市贾汪区 | Xuzhou Jiawang District | 170.26 | 13.36 | 92.48 | 88.13 | 64.42 | 113.8 |
| 徐州市铜山区 | Xuzhou Tongshan District | 570.57 | 43.97 | 323.25 | 273.66 | 203.35 | 114.3 |
| 常州市新北区 | Changzhou Xinbei District | 623.15 | 11.22 | 410.57 | 388.71 | 201.36 | 114.1 |
| 常州市武进区 | Changzhou Wujin District | 1376.96 | 40.65 | 867.14 | 823.24 | 469.17 | 112.0 |
| 苏州市虎丘区 | Suzhou Huqui District | 770.54 | 1.72 | 591.54 | 562.10 | 177.28 | 114.0 |
| 苏州市吴中区 | Suzhou Wuzhong District | 700.66 | 19.11 | 381.95 | 351.96 | 299.59 | 112.0 |
| 苏州市相城区 | Suzhou Xiangcheng District | 421.63 | 12.18 | 228.15 | 183.47 | 181.30 | 111.5 |
| 南通市崇川区 | Nantong Chongchuan District | 420.56 | 0.62 | 180.25 | 142.35 | 239.69 | 112.0 |
| 南通市港闸区 | Nantong Gangzha District | 218.40 | 2.52 | 160.14 | 142.63 | 55.74 | 112.2 |
| 南通市通州区 | Nantong Tongzhou District | 604.71 | 43.97 | 343.13 | 280.47 | 217.61 | 112.3 |
| 连云港市连云区 | Lianyungang Lianyun District | 68.41 | 3.67 | 31.54 | 26.56 | 33.20 | 117.5 |
| 淮安市楚州区 | Huaian Chuzhou District | 246.79 | 42.17 | 104.75 | 66.65 | 99.87 | 114.4 |
| 淮安市淮阴区 | Huaian Huaiyin District | 239.82 | 47.73 | 112.92 | 95.27 | 79.17 | 113.6 |
| 盐城市盐都区 | Yancheng Yandu District | 303.98 | 37.34 | 166.16 | 141.78 | 100.48 | 113.0 |
| 扬州市邗江区 | Yangzhou Hanjiang District | 423.09 | 15.27 | 200.08 | 162.14 | 207.74 | 112.7 |
| 扬州市江都区 | Yangzhou Jiangdu District | 578.02 | 42.10 | 318.90 | 271.40 | 217.02 | 112.6 |
| 镇江市丹徒区 | Zhenjiang Dantu District | 223.04 | 13.64 | 128.00 | 121.02 | 81.40 | 112.0 |
| 泰州市海陵区 | Taizhou Hailing District | 327.02 | 5.80 | 174.85 | 142.63 | 146.37 | 113.5 |
| 泰州市高港区 | Taizhou Gaogang District | 237.29 | 8.29 | 161.88 | 149.91 | 67.12 | 112.4 |
| 宿迁市宿豫区 | Suqian Suyu District | 194.79 | 25.25 | 117.62 | 102.25 | 51.92 | 113.0 |

# 18－25　市辖区投资、财政收支(2011 年)

## Investment, Government Revenue and Expenditure of Municipal District (2011)

单位:亿元　　(100 million yuan)

| 市辖区 Municipal District | | 固定资产投资 Investment in Fixed Assets | 房地产开发投资 Investment in Real Estate Development | #住宅 Resdential Building | 地方财政一般预算收入 Local Financial General Budgetary Revenue | #税收收入 Taxes | 地方财政一般预算支出 Local Financial General Budgetary Expenditure |
|---|---|---|---|---|---|---|---|
| 南京市浦口区 | Nanjing Pukou District | 484.85 | 90.49 | 71.93 | 52.65 | 47.79 | 51.44 |
| 南京市栖霞区 | Nanjing Qixia District | 306.45 | 103.27 | 94.49 | 40.13 | 39.15 | 32.87 |
| 南京市雨花区 | Nanjing Yuhua District | 227.49 | 66.19 | 48.08 | 26.06 | 24.75 | 22.98 |
| 南京市江宁区 | Nanjing Jiangning District | 561.85 | 78.60 | 66.80 | 115.07 | 92.06 | 105.66 |
| 南京市六合区 | Nanjing Luhe District | 449.68 | 45.39 | 34.20 | 43.02 | 35.02 | 53.99 |
| 无锡市锡山区 | Wuxi Xishan District | 392.03 | 71.53 | 54.04 | 45.77 | 40.04 | 39.98 |
| 无锡市惠山区 | Wuxi Huishan District | 316.30 | 77.57 | 54.46 | 57.74 | 45.44 | 51.10 |
| 无锡市滨湖区 | Wuxi Binhu District | 318.95 | 121.19 | 90.16 | 67.36 | 55.31 | 44.94 |
| 徐州市贾汪区 | Xuzhou Jiawang District | 114.72 | 8.15 | 7.08 | 11.02 | 7.73 | 16.15 |
| 徐州市铜山区 | Xuzhou Tongshan District | 326.32 | 17.47 | 15.41 | 41.10 | 29.17 | 52.20 |
| 常州市新北区 | Changzhou Xinbei District | 349.64 | 116.77 | 76.29 | 73.02 | 63.63 | 38.77 |
| 常州市武进区 | Changzhou Wujin District | 407.83 | 131.38 | 83.41 | 105.28 | 84.95 | 105.90 |
| 苏州市虎丘区 | Suzhou Huqui District | 329.55 | 89.00 | 61.78 | 71.03 | 65.70 | 46.02 |
| 苏州市吴中区 | Suzhou Wuzhong District | 270.16 | 96.89 | 70.18 | 72.37 | 66.76 | 63.62 |
| 苏州市相城区 | Suzhou Xiangcheng District | 261.62 | 65.25 | 53.13 | 46.21 | 43.10 | 36.75 |
| 南通市崇川区 | Nantong Chongchuan District | 251.14 | 138.02 | 101.88 | 50.69 | 46.18 | 17.53 |
| 南通市港闸区 | Nantong Gangzha District | 165.32 | 52.94 | 29.01 | 24.03 | 22.66 | 10.27 |
| 南通市通州区 | Nantong Tongzhou District | 315.05 | 21.13 | 18.65 | 42.40 | 34.11 | 53.38 |
| 连云港市连云区 | Lianyungang Lianyun District | 92.69 | 20.52 | 9.23 | 11.31 | 8.71 | 8.36 |
| 淮安市楚州区 | Huaian Chuzhou District | 119.77 | 33.16 | 23.34 | 19.79 | 13.86 | 38.06 |
| 淮安市淮阴区 | Huaian Huaiyin District | 122.20 | 28.07 | 17.04 | 23.83 | 16.79 | 34.75 |
| 盐城市盐都区 | Yancheng Yandu District | 191.71 | 34.17 | 34.16 | 37.69 | 27.92 | 40.53 |
| 扬州市邗江区 | Yangzhou Hanjiang District | 246.64 | 64.42 | 49.94 | 31.74 | 24.91 | 29.48 |
| 扬州市江都区 | Yangzhou Jiangdu District | 334.99 | 45.40 | 40.67 | 34.39 | 25.09 | 42.99 |
| 镇江市丹徒区 | Zhenjiang Dantu District | 141.44 | 12.54 | 11.93 | 14.81 | 13.39 | 14.80 |
| 泰州市海陵区 | Taizhou Hailing District | 171.43 | 64.39 | 45.84 | 30.41 | 27.72 | 17.69 |
| 泰州市高港区 | Taizhou Gaogang District | 113.40 | 16.81 | 10.58 | 17.59 | 14.31 | 14.95 |
| 宿迁市宿豫区 | Suqian Suyu District | 111.30 | 25.36 | 19.89 | 13.31 | 11.52 | 25.22 |

# 18－26 市辖区规模以上工业产值(2011 年)
# Gross Output Value of above Designated Size Industry of Municipal District (2011)

| 市辖区 Municipal District | | 规模以上工业企业个数(个) Number of Industrial Enterprises (unit) | 工业总产值(亿元) Tatal Output Value of Industry (100 million yuan) | 内资企业 Inner Funded Enterprises | 港澳台商投资企业 Hong Kong, Macao and Taiwan Funded Enterprises | 外商投资企业 Foreign Funded Enterprises |
|---|---|---|---|---|---|---|
| 南京市浦口区 | Nanjing Pukou District | 311 | 951.32 | 679.15 | 141.11 | 131.06 |
| 南京市栖霞区 | Nanjing Qixia District | 270 | 2776.59 | 1170.85 | 71.97 | 1533.77 |
| 南京市雨花区 | Nanjing Yuhua District | 123 | 466.64 | 445.17 | 4.71 | 16.77 |
| 南京市江宁区 | Nanjing Jiangning District | 634 | 1905.98 | 661.75 | 96.19 | 1148.04 |
| 南京市六合区 | Nanjing Luhe District | 425 | 2476.80 | 1752.97 | 100.43 | 623.40 |
| 无锡市锡山区 | Wuxi Xishan District | 624 | 1041.37 | 660.20 | 140.64 | 240.53 |
| 无锡市惠山区 | Wuxi Huishan District | 835 | 1208.62 | 821.45 | 206.88 | 180.29 |
| 无锡市滨湖区 | Wuxi Binhu District | 477 | 505.48 | 346.88 | 53.50 | 105.10 |
| 徐州市贾汪区 | Xuzhou Jiawang District | 183 | 451.75 | 414.65 | 1.37 | 35.74 |
| 徐州市铜山区 | Xuzhou Tongshan District | 464 | 1780.33 | 1630.38 | 59.01 | 90.94 |
| 常州市新北区 | Changzhou Xinbei District | 769 | 1707.93 | 740.26 | 222.86 | 744.82 |
| 常州市武进区 | Changzhou Wujin District | 1613 | 3223.30 | 2625.78 | 323.61 | 273.91 |
| 苏州市虎丘区 | Suzhou Huqui District | 577 | 2376.59 | 277.47 | 513.43 | 1585.69 |
| 苏州市吴中区 | Suzhou Wuzhong District | 837 | 1179.70 | 383.69 | 205.01 | 591.00 |
| 苏州市相城区 | Suzhou Xiangcheng District | 653 | 819.00 | 482.04 | 98.76 | 238.22 |
| 南通市崇川区 | Nantong Chongchuan District | 132 | 370.81 | 102.64 | 36.13 | 232.04 |
| 南通市港闸区 | Nantong Gangzha District | 335 | 476.99 | 282.71 | 21.80 | 172.48 |
| 南通市通州区 | Nantong Tongzhou District | 719 | 1308.54 | 797.32 | 129.96 | 381.25 |
| 连云港市连云区 | Lianyungang Lianyun District | 47 | 101.73 | 75.29 | 17.01 | 9.43 |
| 淮安市楚州区 | Huaian Chuzhou District | 212 | 285.15 | 249.12 | 23.62 | 12.42 |
| 淮安市淮阴区 | Huaian Huaiyin District | 249 | 501.27 | 474.36 | 5.39 | 21.52 |
| 盐城市盐都区 | Yancheng Yandu District | 300 | 471.95 | 411.32 | 27.70 | 32.94 |
| 扬州市邗江区 | Yangzhou Hanjiang District | 403 | 909.02 | 732.59 | 87.67 | 88.76 |
| 扬州市江都区 | Yangzhou Jiangdu District | 609 | 1627.93 | 1487.14 | 60.45 | 80.34 |
| 镇江市丹徒区 | Zhenjiang Dantu District | 324 | 650.25 | 467.51 | 101.82 | 80.92 |
| 泰州市海陵区 | Taizhou Hailing District | 230 | 801.89 | 697.04 | 18.32 | 86.53 |
| 泰州市高港区 | Taizhou Gaogang District | 142 | 747.36 | 593.47 | 7.53 | 146.36 |
| 宿迁市宿豫区 | Suqian Suyu District | 218 | 275.93 | 268.95 | 3.37 | 3.61 |

# 18 - 27 市辖区规模以上工业效益(2011 年)

# Economic Benefit of above Designated Size Industry of Municipal District (2011)

| 市辖区 | Municipal District | 主营业务收入(亿元) Major Business Income (100 million yuan) | 利润总额(亿元) Total Profits (100 million yuan) | 利税总额(亿元) Total Pre-tax Profits (100 million yuan) | 本年应交增值税(亿元) Added Value Payable (100 million yuan) | 从业人员年平均人数(万人) Annual Average Persons Employed (10000 persons) |
|---|---|---|---|---|---|---|
| 南京市浦口区 | Nanjing Pukou District | 966.75 | 71.65 | 117.87 | 38.33 | 8.02 |
| 南京市栖霞区 | Nanjing Qixia District | 2832.95 | 64.72 | 238.09 | 100.12 | 11.98 |
| 南京市雨花区 | Nanjing Yuhua District | 474.26 | 5.60 | 17.02 | 10.05 | 3.33 |
| 南京市江宁区 | Nanjing Jiangning District | 1847.82 | 135.24 | 205.98 | 43.44 | 17.19 |
| 南京市六合区 | Nanjing Luhe District | 2470.90 | 152.39 | 270.06 | 69.00 | 13.58 |
| 无锡市锡山区 | Wuxi Xishan District | 1019.61 | 106.50 | 124.80 | 14.33 | 12.77 |
| 无锡市惠山区 | Wuxi Huishan District | 1208.53 | 107.69 | 133.64 | 22.35 | 12.46 |
| 无锡市滨湖区 | Wuxi Binhu District | 514.29 | 43.47 | 60.78 | 14.35 | 7.18 |
| 徐州市贾汪区 | Xuzhou Jiawang District | 454.34 | 31.06 | 50.51 | 16.27 | 3.36 |
| 徐州市铜山区 | Xuzhou Tongshan District | 1757.86 | 162.97 | 265.18 | 89.45 | 16.76 |
| 常州市新北区 | Changzhou Xinbei District | 1672.46 | 91.18 | 141.23 | 44.17 | 16.11 |
| 常州市武进区 | Changzhou Wujin District | 3158.97 | 155.99 | 244.32 | 78.17 | 40.95 |
| 苏州市虎丘区 | Suzhou Huqui District | 2383.49 | 96.44 | 158.88 | 56.98 | 27.18 |
| 苏州市吴中区 | Suzhou Wuzhong District | 1198.96 | 46.10 | 81.62 | 31.99 | 24.37 |
| 苏州市相城区 | Suzhou Xiangcheng District | 830.17 | 35.00 | 54.07 | 16.91 | 16.79 |
| 南通市崇川区 | Nantong Chongchuan District | 364.09 | 41.22 | 49.27 | 6.66 | 3.30 |
| 南通市港闸区 | Nantong Gangzha District | 469.18 | 25.71 | 37.35 | 9.81 | 6.13 |
| 南通市通州区 | Nantong Tongzhou District | 1273.72 | 88.79 | 145.90 | 50.62 | 15.39 |
| 连云港市连云区 | Lianyungang Lianyun District | 103.87 | 4.44 | 5.51 | 0.82 | 0.55 |
| 淮安市楚州区 | Huaian Chuzhou District | 281.75 | 13.60 | 25.39 | 10.37 | 3.18 |
| 淮安市淮阴区 | Huaian Huaiyin District | 496.99 | 34.94 | 49.04 | 12.37 | 3.25 |
| 盐城市盐都区 | Yancheng Yandu District | 46.75 | 34.45 | 57.70 | 20.16 | 5.80 |
| 扬州市邗江区 | Yangzhou Hanjiang District | 886.04 | 53.91 | 97.64 | 38.67 | 16.02 |
| 扬州市江都区 | Yangzhou Jiangdu District | 1543.41 | 156.08 | 250.43 | 84.15 | 16.06 |
| 镇江市丹徒区 | Zhenjiang Dantu District | 634.81 | 44.59 | 71.33 | 23.92 | 5.45 |
| 泰州市海陵区 | Taizhou Hailing District | 784.90 | 31.07 | 75.09 | 32.31 | 5.27 |
| 泰州市高港区 | Taizhou Gaogang District | 755.40 | 52.92 | 89.66 | 32.78 | 5.38 |
| 宿迁市宿豫区 | Suqian Suyu District | 264.59 | 15.01 | 24.39 | 8.74 | 4.58 |

# 18 – 28 市辖区贸易、外资(2011 年)
# Trade and Foreign Economy of Municipal District(2011)

单位:亿美元 (USD 100 million)

| 市辖区 | Municipal District | 社会消费品零售总额(亿元) Total Retail Sales of Consumer Goods (100 million yuan) | 进出口总额 Total Imports and Exports | 出口总额 Total Exports | 合同外商直接投资 Contract of Foreign Direct Investment | 实际外商直接投资 Actual Foreign Direct Investment |
|---|---|---|---|---|---|---|
| 南京市浦口区 | Nanjing Pukou District | 132.91 | 33.06 | 20.00 | 5.08 | 4.60 |
| 南京市栖霞区 | Nanjing Qixia District | 124.92 | 142.32 | 53.32 | 7.35 | 6.24 |
| 南京市雨花区 | Nanjing Yuhua District | 155.07 | 33.02 | 22.80 | 1.85 | 1.19 |
| 南京市江宁区 | Nanjing Jiangning District | 239.06 | 12.96 | 9.18 | 18.37 | 8.45 |
| 南京市六合区 | Nanjing Luhe District | 194.87 | 29.82 | 11.35 | 6.67 | 3.84 |
| 无锡市锡山区 | Wuxi Xishan District | 137.50 | 41.25 | 28.57 | 3.96 | 3.51 |
| 无锡市惠山区 | Wuxi Huishan District | 103.12 | 24.42 | 18.99 | 2.21 | 2.10 |
| 无锡市滨湖区 | Wuxi Binhu District | 174.28 | 19.06 | 13.54 | 4.31 | 2.32 |
| 徐州市贾汪区 | Xuzhou Jiawang District | 37.91 | 2.73 | 1.08 | 1.36 | 0.55 |
| 徐州市铜山区 | Xuzhou Tongshan District | 100.50 | 3.28 | 2.75 | 2.08 | 1.63 |
| 常州市新北区 | Changzhou Xinbei District | 161.65 | 113.24 | 66.39 | 12.79 | 10.00 |
| 常州市武进区 | Changzhou Wujin District | 316.12 | 79.50 | 51.95 | 11.11 | 9.04 |
| 苏州市虎丘区 | Suzhou Huqui District | 140.54 | 340.75 | 209.72 | 14.76 | 9.00 |
| 苏州市吴中区 | Suzhou Wuzhong District | 236.23 | 93.82 | 66.40 | 10.17 | 4.54 |
| 苏州市相城区 | Suzhou Xiangcheng District | 129.94 | 39.17 | 26.11 | 6.84 | 3.52 |
| 南通市崇川区 | Nantong Chongchuan District | 217.58 | 72.29 | 47.26 | 2.82 | 1.20 |
| 南通市港闸区 | Nantong Gangzha District | 73.30 | 23.76 | 19.58 | 2.87 | 0.28 |
| 南通市通州区 | Nantong Tongzhou District | 208.48 | 24.55 | 21.44 | 4.37 | 0.79 |
| 连云港市连云区 | Lianyungang Lianyun District | 39.21 | 12.09 | 4.41 | 1.21 | 0.65 |
| 淮安市楚州区 | Huaian Chuzhou District | 82.12 | 1.61 | 1.45 | 3.36 | 2.02 |
| 淮安市淮阴区 | Huaian Huaiyin District | 55.25 | 3.19 | 1.14 | 2.99 | 2.10 |
| 盐城市盐都区 | Yancheng Yandu District | 127.19 | 3.76 | 2.21 | 1.90 | 1.61 |
| 扬州市邗江区 | Yangzhou Hanjiang District | 163.71 | 12.82 | 12.00 | 14.12 | 3.89 |
| 扬州市江都区 | Yangzhou Jiangdu District | 172.19 | 11.14 | 9.54 | 9.63 | 1.70 |
| 镇江市丹徒区 | Zhenjiang Dantu District | 38.14 | 6.08 | 4.87 | 2.05 | 1.36 |
| 泰州市海陵区 | Taizhou Hailing District | 145.84 | 10.59 | 8.43 | 4.68 | 1.62 |
| 泰州市高港区 | Taizhou Gaogang District | 26.54 | 19.63 | 11.46 | 5.61 | 1.91 |
| 宿迁市宿豫区 | Suqian Suyu District | 36.92 | 4.60 | 3.40 | 0.61 | 0.38 |

# 18－29 市辖区教育、卫生、收入(2011 年)
## Education, Public Health and Income of Municipal District(2011)

| 市辖区 Municipal District | | 普通中学在校学生(万人) Regular Secondary School Students Enrollment (10000 persons) | 小学在校学生(万人) Primary School Student Enrollment (10000 persons) | 医院数(个) Number of Hospitals (unit) | 医院床位数(张) Number of Beds in Hospitals (unit) | 执业(助理)医师(人) Practitioner (Assistant) Doctors (person) | 城镇居民人均可支配收入(元) Per Capita Disposable Income of Urban Residents (yuan) |
|---|---|---|---|---|---|---|---|
| 南京市浦口区 | Nanjing Pukou District | 1.85 | 2.76 | 11 | 1271 | 815 | 30013 |
| 南京市栖霞区 | Nanjing Qixia District | 1.23 | 2.14 | 17 | 1119 | 1080 | 29751 |
| 南京市雨花区 | Nanjing Yuhua District | 1.13 | 1.47 | 6 | 649 | 491 | 29321 |
| 南京市江宁区 | Nanjing Jiangning District | 3.72 | 4.90 | 22 | 2978 | 1427 | 31002 |
| 南京市六合区 | Nanjing Luhe District | 3.15 | 3.93 | 7 | 2009 | 1275 | 29297 |
| 无锡市锡山区 | Wuxi Xishan District | 2.13 | 3.14 | 9 | 1644 | 915 | |
| 无锡市惠山区 | Wuxi Huishan District | 2.29 | 3.49 | 3 | 760 | 810 | |
| 无锡市滨湖区 | Wuxi Binhu District | 1.46 | 2.62 | 20 | 4866 | 2252 | |
| 徐州市贾汪区 | Xuzhou Jiawang District | 2.09 | 2.69 | 4 | 1105 | 593 | 18350 |
| 徐州市铜山区 | Xuzhou Tongshan District | 4.68 | 6.30 | 14 | 1100 | 1156 | 20059 |
| 常州市新北区 | Changzhou Xinbei District | 1.67 | 2.71 | 0 | 476 | | |
| 常州市武进区 | Changzhou Wujin District | 5.71 | 8.25 | 6 | 2070 | 1884 | 31003 |
| 苏州市虎丘区 | Suzhou Huqui District | 1.40 | 2.13 | 9 | 1630 | 753 | |
| 苏州市吴中区 | Suzhou Wuzhong District | 2.26 | 3.51 | 17 | 2740 | 1530 | 36509 |
| 苏州市相城区 | Suzhou Xiangcheng District | 1.41 | 2.78 | 4 | 620 | 729 | 32011 |
| 南通市崇川区 | Nantong Chongchuan District | | 3.67 | 18 | 6379 | 3420 | |
| 南通市港闸区 | Nantong Gangzha District | | 0.95 | 10 | 1910 | 854 | |
| 南通市通州区 | Nantong Tongzhou District | 4.88 | 4.98 | 3 | 1460 | 1500 | 26354 |
| 连云港市连云区 | Lianyungang Lianyun District | | | 7 | 694 | 547 | |
| 淮安市楚州区 | Huaian Chuzhou District | 5.59 | 5.79 | 5 | 1485 | 1118 | 16410 |
| 淮安市淮阴区 | Huaian Huaiyin District | 3.98 | 5.13 | 5 | 2540 | 1190 | 17866 |
| 盐城市盐都区 | Yancheng Yandu District | 2.92 | 3.15 | 1 | 1270 | 1162 | 21124 |
| 扬州市邗江区 | Yangzhou Hanjiang District | 2.47 | 3.25 | 17 | 1561 | 1314 | 25940 |
| 扬州市江都区 | Yangzhou Jiangdu District | 4.31 | 4.98 | 23 | 2770 | 1718 | 23337 |
| 镇江市丹徒区 | Zhenjiang Dantu District | 1.19 | 1.16 | 2 | 300 | 352 | 26291 |
| 泰州市海陵区 | Taizhou Hailing District | 1.20 | 2.35 | 13 | 3002 | 1881 | |
| 泰州市高港区 | Taizhou Gaogang District | 0.61 | 1.30 | 3 | 393 | 351 | |
| 宿迁市宿豫区 | Suqian Suyu District | 3.67 | 2.90 | 29 | 1843 | 670 | 14673 |

# 主要统计指标解释

**供水综合生产能力**　指按供水设施取水、净化、送水、出厂输水干管等环节实际测定计算的综合生产能力。

**供水管道长度**　指从送水泵到用户水表之间所有管道的长度。在同一条街道埋设两条或两条以上管道时，应按每条管道的长度计算。

**供水总量**　指报告期供水企业(单位)供出的全部水量。包括有效供水量及损失水量。

**生活用水量**　指居民日常生活与公共福利设施的用水量，包括居民、饮食店、旅馆、医院、理发店、浴池、洗衣店、游泳池、商店、学校、机关、部队等单位的用水量。

**城市人口用水普及率**　指城市用水人口数与城市人口总数之比。计算公式为：

用水普及率＝城市用水人口数/城市人口总数×100%

**燃气综合生产能力**　指报告期末燃气生产厂制气、净化、输送等环节的综合生产能力，不包括备用设备能力。一般按设计能力计算，如果实际生产能力大于设计能力时，应按实际测定的生产能力计算。测定时应以制气、净化、输送三个环节中最薄弱的环节为主。

**燃气供气管道长度**　指报告期末从气源厂压缩机的出口或门站出口到各类用户引入管之间的全部已经通气投入使用的管道长度。不包括煤气生产厂、输配站、液化气储存站、灌瓶站、储配站、气化站、混气站、供应站等厂(站)内的管道。按不同的材质、压力级别、管径分别统计。

**燃气供应总量**　指报告期燃气企业(单位)向用户供应的燃气数量。包括销售量及损失量。

**燃气普及率**　指报告期末使用燃气的城市人口数与城市人口总数的比率。计算公式为：

燃气普及率＝用气人口数/城市人口总数×100%

**道路长度**　指道路长度和与道路相通的桥梁、隧道的长度，按车行道中心线计算。

**排水管道长度**　指所有排水总管、干管、支管、检查井及连接井进出口等长度之和。

计算时应按单管计算，即在同一条街道上如有两条或两条以上并排的排水管道时，应按每条排水管道的长度相加计算。

**城市污水处理能力**　指污水处理厂(或处理装置)每昼夜处理污水量的设计能力。

**营运车数**　指报告期末公交企业(单位)用于运营业务的全部车辆数。以企业(单位)固定资产台帐中已投入运营的车辆数为准；新购、新制和调入的运营车辆，自投入之日起开始计算；调出、报废和调作他用的运营车辆，自上级主管机关批准之日起不再计入。

**园林绿地面积**　指报告期末用于园林和绿化的各种绿地面积。包括公共绿地、居住区绿地、单位附属绿地、防护绿地、生产绿地、道路绿地和风景林地面积。不包括：

1. 屋顶绿化、垂直绿化、阳台绿化和室内绿化。
2. 以物质生产为主的林地、耕地、牧草地、果园和竹园等。
3. 城市总体规划中不列入绿地的水域。

**公园绿地**　指城市中向公众开放的以游憩为主要功能，有一定的游憩设施和服务设施，同时兼有健全生态、美化景观，防灾减灾等综合作用的绿化用地。包括综合公园、社区公园、专类公园、带状公园和街旁绿地。其中综合公园、专类公园和带状公园面积之和为公园面积。

# Explanatory Notes on Main Statistical Indicators

**Comprehensive Production Capacity of Tap Water**　refers to the actual comprehensive production capacity of the waterworks, taking the capacity of the main links such as waterflow, purification, conveyance and outflow of the trunk pilelines into account.

**Length of Water Pipelines**　refers to the total length of all the pipelines between the water pumps and the user's water meters. If there are two or more than two pipelies buried in a same street, the length of every pipeline should be taken into account.

**Volume of Water Supply**　refers to the total volume of water supply by the water supply enterprises(units) during the reference period, including both the effective water supply and loss.

**Consumption of Water for Residential Use**　refers to the water consumption of households for daily life and the water consumption of public welfare facilities, including the consumption of restaurants, hotels, hospitals, barber shops, public bathhouses, laundries, swimming pools, shops, schools, institutions, army units and other units.

**Percentage of Urban Population with Access to Tap Water**　refers to the ratio of the urban population with access to tap water to the total urban population. The formula is:

Percentage of Population with Access to Tap Water = (Urban Population with Access to Tap Water)/(Urban Population) ×100%

**Comprehensive Production Capacity of Burning Gas**　refers to the comprehensive production capacity of the burning gas—works in burning gas generation, purification and delivering, excluding the reserve capacity of the equipment. In general, the capacity is counted in accordance with the designed requirement. If the actual production capacity is larger than designed requirement, it should be counted according to the actual capacity through determination. In determination, the most weak link should be determined as the main one among the three links of burning gas generation, purification and delivering.

**Length of Burning Gas Pipelines**　refers to the total length of pipelines between the outlet of the compressor, blower or burning gas tank of the source factory and the burning gas meters of users, which are all put in use, excluding the pipelines in burning gas—works(stations) and the pipelines of transportation and distribution station, liquefied petroluem gas storage station, pipeline and bottle station, storage and distribution station, gasification station, gas mixed station, supply station. They are counted respectively according to the different quality of materials, level of preasure and the size of bores.

**Volume of Burning Gas Supply** refers to the volume of burning gas supplied by the burning gas enterprises, including both the sales volume and loss.

**Percentage of Urban Population with Access to Burning Gas** refers to the ratio of the urban population with access to burning gas to the urban population at the reference period. The formula is:

Percentage of Urban Population with Access to Burning Gas = (Urban Population with Access to Burning Gas)/Urban Population) × 100%

**Length of Roads** refers to the length of roads, as well as the length of bridges and tunnels, the same as the roads, and taking the middle line of traffic lane into account.

**Length of Sewage Pipes** refers to the total length of general drainage, trunks, branch and blind drainages, inspection wells, connection wells, inlets and outlets, ete., taking the single pipe into account. Namely if there are two or more than two pipes standing side by side in a street, the length of every pipe should put into account.

**Daily Disposal Capacity of Urban Sewage** refers to the designed 24 hour capacity of sewage disposal at the sewage treatment works.

**Number of Vehicles (Public Transit) in Working** refers to the total of operatoinal vehicles (buses and trolley buses) available at the end of the reference period, taking them as the fixed assets registered in account book of the enterprises and put in operation as the accounting standard. Vehicles, newly bought, newly manufactured and transfered in from other units, should be put into account since the day of putting into operation, while the vehicles, transfered to other units, being scrapped and turned to other use, should not be put into account since the day of permission made by higher responsible department.

**Area of Gardens and Green Areas** refers to the various green land used for gardening and afforestation at the end of reference period, including public green land, residential area green land, subsidiary green land of the units, protection green land, production green land, roadside green land and scenic forest land, excluding:

1. Roof, perpendicular, balcony and indoor green area.
2. Areas taking the material production as the main aim, such as forest land, cultivated land, pasture, orchard and bamboo forest.
3. Water areas which are not listed in the urban general plan.

**Park Green Area** refers to green areas open to the public for amusement and rest with the facilities of amusement, rest and services. Its function includes perfecting ecology, beautifying landscape, and preventing and reducing disaster. Park green areas include comprehensive park, community park, topic park, belt – shaped park and green area nearby street. Total areas of comprehensive park, topic park and belt – shaped is the area of park.

# 19

# 区域经济
Regional Economy

# 简 要 说 明

**一、本篇资料的主要内容**

本篇资料反映苏南苏中苏北、沿江、沿海、沿东陇海线及长江三角洲地区经济社会发展情况。

**二、资料来源**

本篇资料主要根据市县社会经济基本情况统计年报加工整理。

## Brief Introduction

**I. Main Contents**

Data in this chapter reflect economic and social development of the Southern, Mid and Northern Jiangsu; zone along the Yangtze rive; Coastal region; region along the Long – hai rarlway; Yangtze River Delta

**Ⅱ. Date Source**

Data in this chapter mainly based on the basic socio – economic situation annual report.

# 19－1 三大区域主要经济指标（2011 年）
## Major Economic Indicators of Three Regions（2011）

| 指标 | Item | 苏南 Southern Jiangsu | 苏中 Mid Jiangsu | 苏北 Northern Jiangsu |
|---|---|---|---|---|
| 年末常住人口（万人） | Permanent Resident Population at Year-end (10000 persons) | 3284.40 | 1637.81 | 2976.59 |
| 土地面积（平方公里） | Land Area (sq. km) | 27921 | 20379 | 54473 |
| 地区生产总值（亿元） | Gross Domestic Product (100 million yuan) | 29635.09 | 9133.14 | 10744.32 |
| 第一产业 | Primary Industry | 677.56 | 646.86 | 1388.65 |
| 第二产业 | Secondary Industry | 15669.93 | 4957.56 | 5146.24 |
| #工业 | Industry | 14353.50 | 4213.55 | 4302.86 |
| 第三产业 | Tertiary Industry | 13287.61 | 3528.72 | 4209.43 |
| 人均地区生产总值（元） | Per Capita GDP (yuan) | 90622 | 55788 | 36094 |
| 地区生产总值指数（上年＝100） | Indices of GDP (preceding year＝100) | 111.9 | 112.1 | 113.1 |
| 粮食产量（万吨） | Grain (10000 tons) | 546.36 | 956.06 | 2285.03 |
| 油料产量（万吨） | Oil-bearing Crops (10000 tons) | 21.88 | 57.74 | 67.71 |
| 棉花产量（万吨） | Cotton (10000 tons) | 0.78 | 7.38 | 17.44 |
| 规模以上工业利税总额（亿元） | Profits and Taxes of above Designated Size Industrial Enterprises (100 million yuan) | 5923.83 | 2570.70 | 2494.33 |
| 固定资产投资额（亿元） | Urban Completed Investment in Fixed Assets (100 million yuan) | 14622.46 | 5051.44 | 6640.77 |
| 社会消费品零售总额（亿元） | Total Retail Sale of Consumer Goods (100 million yuan) | 9568.87 | 2998.19 | 3421.32 |
| 进出口总额（亿美元） | Total Imports and Exports (USD 100 million) | 4693.77 | 470.04 | 233.78 |
| #出口 | Exports | 2653.88 | 328.10 | 144.25 |
| 实际外商直接投资（亿美元） | Actual Foreign Direct Invesment (USD 100 million) | 209.47 | 56.12 | 55.73 |
| 地方财政一般预算收入（亿元） | Local Financial Budgetary Revenue (100 million yuan) | 2883.66 | 801.72 | 1093.14 |
| 地方财政一般预算支出（亿元） | Local Financial Budgetary Expenditure (100 million yuan) | 2826.22 | 945.84 | 1654.01 |
| 金融机构存款余额（亿元） | Deposits Balance of Banking Institution (100 million yuan) | 45833.39 | 10913.35 | 8976.82 |
| #居民储蓄存款 | Saving Deposits by Residents | 15567.39 | 5787.91 | 4559.44 |
| 金融机构贷款余额（亿元） | Loans Balance of Banking Institution (100 million yuan) | 35083.19 | 6728.75 | 6056.35 |
| 城镇居民人均可支配收入（元） | Per Capita Disposable Income of Urban Households (yuan) | 31762 | 24052 | 18415 |
| 农村居民人均纯收入（元） | Per Capita Net Income of Rural Households (yuan) | 15213 | 11396 | 9246 |
| 居民人均储蓄存款（元） | Per Capita Saving Deposits of Residents (yuan) | 47398 | 35339 | 15318 |

# 19－2　三大区域经济社会基本情况（2011 年）

| 指　标 | Item | 苏南合计 Southern Jiangsu | 南京 Nanjing | 无锡 Wuxi | 常州 Changzhou | 苏州 Suzhou |
|---|---|---|---|---|---|---|
| **人口、就业** | **Population and Employment** | | | | | |
| 土地面积　（平方公里） | Land Area　(sq. km) | 27921 | 6587 | 4627 | 4372 | 8488 |
| 年末户籍人口　（万人） | Population (Registered)　(year-end) (10000 persons) | 2381.38 | 636.36 | 467.96 | 362.86 | 642.33 |
| 男 | Male | 1186.31 | 320.90 | 232.67 | 180.86 | 316.48 |
| 女 | Female | 1195.06 | 315.46 | 235.30 | 182.00 | 325.85 |
| 年均户籍人口　（万人） | Yearly Average Population(Registered) (10000 persons) | 2374.75 | 634.39 | 467.26 | 361.83 | 639.99 |
| 年末常住人口　（万人） | Population(Permanent)　(10000 persons) | 3284.40 | 810.91 | 643.22 | 464.97 | 1051.87 |
| 城镇化率　（%） | Rate of Urbanization　(%) | 71.9 | 79.7 | 72.2 | 65.2 | 71.3 |
| 年末总户数　（万户） | Households(year-end)　(10000 subs) | 813.06 | 213.17 | 156.31 | 128.10 | 213.24 |
| #乡村户数 | Rural Households | 361.57 | 64.84 | 66.30 | 78.00 | 94.11 |
| 出生人口　（万人） | Births　(10000 persons) | 20.34 | 5.83 | 3.57 | 2.90 | 5.87 |
| 死亡人口　（万人） | Deaths　(10000 persons) | 14.79 | 3.49 | 3.13 | 2.21 | 4.20 |
| 人口自然增长率　（‰） | Natural Growth Rate of Population　(‰) | 2.34 | 3.69 | 0.95 | 1.90 | 2.62 |
| 人口密度(按常住人口计算)　（人/平方公里） | Density of Population(Permanent) (person/sq. km) | 1176 | 1231 | 1390 | 1063 | 1239 |
| 从业人员　（万人） | Employed Persons　(10000 persons) | 1931.63 | 468.34 | 386.00 | 277.72 | 609.32 |
| 第一产业 | Primary Industry | 138.48 | 44.49 | 20.07 | 22.26 | 26.02 |
| 第二产业 | Secondary Industry | 972.13 | 175.63 | 211.53 | 153.21 | 335.87 |
| #工业 | Industry | 820.84 | 129.95 | 189.74 | 123.70 | 304.05 |
| 第三产业 | Tertiary Industry | 821.03 | 248.22 | 154.40 | 102.25 | 247.42 |
| 单位从业人员　（万人） | Number of Employed Persons (10000 persons) | 449.60 | 140.17 | 86.96 | 50.12 | 133.08 |
| 国有经济 | State-owned Units | 123.32 | 52.11 | 17.50 | 15.21 | 23.34 |
| 城镇集体经济 | Collective Owned Units in Urban Areas | 12.22 | 4.67 | 1.36 | 1.32 | 2.94 |
| 其他单位合计 | Others | 314.07 | 83.39 | 68.11 | 33.59 | 106.80 |
| 内资 | Domestic-funded Units | 149.38 | 51.32 | 33.89 | 22.30 | 29.05 |
| 港澳台商投资 | Economic Units Funded by Entrepreneurs from Hong Kong, Macao and Taiwan | 44.47 | 9.71 | 6.40 | 6.19 | 17.25 |
| 外商投资单位 | Foreign-funded Economic Units | 120.22 | 22.35 | 27.81 | 5.09 | 60.49 |
| 在岗职工人数　（万人） | Number of Fully Employed Workers and Staff　(10000 persons) | 430.22 | 133.72 | 80.55 | 48.32 | 129.84 |
| #国有单位 | State-owned Units | 117.13 | 49.79 | 16.07 | 14.73 | 22.14 |
| 城镇集体单位 | Collective Owned Units in Urban Areas | 11.32 | 4.28 | 1.22 | 1.16 | 2.77 |
| 港澳台商投资单位 | Economic Units Funded by Entrepreneurs from Hong Kong, Macao and Taiwan | 43.92 | 9.52 | 6.27 | 6.16 | 17.07 |

## Bacis Statistics on Economy and Society of Three Regions (2011)

| 镇 江 Zhenjiang | 苏中合计 Mid Jiangsu | 南 通 Nantong | 扬 州 Yangzhou | 泰 州 Taizhou | 苏北合计 Northern Jiangsu | 徐 州 Xuzhou | 连云港 Lianyungang | 淮 安 Huaian | 盐 城 Yancheng | 宿 迁 Suqian |
|---|---|---|---|---|---|---|---|---|---|---|
| 3847 | 20379 | 8001 | 6591 | 5787 | 54473 | 11259 | 7615 | 10072 | 16972 | 8555 |
| 271.86 | 1732.05 | 764.88 | 460.05 | 507.12 | 3400.82 | 976.66 | 505.18 | 543.24 | 820.69 | 555.05 |
| 135.40 | 867.06 | 378.01 | 230.46 | 258.60 | 1758.47 | 505.72 | 263.29 | 279.79 | 422.47 | 287.20 |
| 136.46 | 864.99 | 386.87 | 229.60 | 248.52 | 1642.36 | 470.94 | 241.89 | 263.45 | 398.22 | 267.85 |
| 271.28 | 1729.37 | 763.90 | 459.59 | 505.89 | 3386.30 | 974.78 | 501.46 | 540.99 | 818.41 | 550.67 |
| 313.43 | 1637.81 | 728.91 | 446.30 | 462.60 | 2976.59 | 857.26 | 438.61 | 480.34 | 723.74 | 476.64 |
| 63.0 | 57.5 | 57.6 | 57.9 | 56.8 | 53.3 | 55.4 | 53.2 | 52.0 | 54.0 | 49.8 |
| 102.24 | 607.58 | 282.76 | 153.24 | 171.58 | 1004.48 | 273.21 | 140.24 | 160.97 | 277.79 | 152.27 |
| 58.32 | 431.59 | 206.53 | 103.47 | 121.59 | 673.12 | 186.51 | 90.81 | 100.83 | 186.71 | 108.26 |
| 2.16 | 13.72 | 5.17 | 3.62 | 4.94 | 41.93 | 8.83 | 6.68 | 7.32 | 9.87 | 9.23 |
| 1.76 | 12.85 | 5.89 | 3.50 | 3.46 | 19.53 | 7.16 | 1.55 | 2.09 | 5.53 | 3.20 |
| 1.49 | 0.50 | -0.94 | 0.25 | 2.91 | 6.62 | 1.71 | 10.23 | 9.66 | 5.31 | 10.95 |
| 815 | 804 | 911 | 677 | 799 | 546 | 761 | 576 | 477 | 426 | 557 |
| 190.26 | 1055.34 | 464.88 | 303.81 | 286.65 | 1907.34 | 528.85 | 308.18 | 361.45 | 357.48 | 351.38 |
| 25.64 | 176.56 | 76.46 | 35.20 | 64.90 | 538.96 | 152.81 | 88.02 | 93.89 | 107.16 | 97.09 |
| 95.89 | 490.95 | 215.68 | 156.25 | 119.02 | 694.03 | 204.94 | 100.81 | 125.73 | 117.19 | 145.36 |
| 73.40 | 324.43 | 137.33 | 109.33 | 77.77 | 483.64 | 149.59 | 66.38 | 85.30 | 74.34 | 108.03 |
| 68.73 | 387.83 | 172.74 | 112.36 | 102.73 | 674.36 | 171.10 | 119.35 | 141.84 | 133.14 | 108.93 |
| 39.27 | 147.50 | 65.99 | 42.11 | 39.40 | 214.18 | 62.37 | 35.16 | 40.84 | 52.78 | 23.03 |
| 15.16 | 54.70 | 21.07 | 19.64 | 13.99 | 112.97 | 40.83 | 16.32 | 18.48 | 24.43 | 12.91 |
| 1.93 | 9.73 | 2.26 | 3.08 | 4.39 | 9.25 | 3.26 | 1.94 | 2.01 | 1.67 | 0.38 |
| 22.18 | 83.07 | 42.66 | 19.39 | 21.02 | 91.96 | 18.28 | 16.90 | 20.35 | 26.68 | 9.74 |
| 12.81 | 49.38 | 22.25 | 12.80 | 14.33 | 68.53 | 14.91 | 11.60 | 12.35 | 20.12 | 9.56 |
| 4.91 | 11.73 | 6.96 | 2.58 | 2.19 | 12.53 | 2.08 | 1.96 | 5.59 | 2.82 | 0.09 |
| 4.47 | 21.97 | 13.45 | 4.01 | 4.50 | 10.90 | 1.29 | 3.35 | 2.42 | 3.75 | 0.09 |
| 37.79 | 140.41 | 63.04 | 40.68 | 36.69 | 203.76 | 59.42 | 33.09 | 39.08 | 49.80 | 22.37 |
| 14.39 | 52.06 | 20.10 | 18.95 | 13.00 | 108.58 | 38.94 | 15.81 | 18.03 | 22.50 | 13.29 |
| 1.89 | 8.19 | 1.80 | 2.89 | 3.50 | 8.25 | 2.93 | 1.64 | 1.76 | 1.54 | 0.37 |
| 4.90 | 11.66 | 6.92 | 2.57 | 2.16 | 12.34 | 2.07 | 1.94 | 5.45 | 2.80 | 0.09 |

| 指标 | Item | 苏南合计 Southern Jiangsu | 南京 Nanjing | 无锡 Wuxi | 常州 Changzhou | 苏州 Suzhou |
|---|---|---|---|---|---|---|
| 外商投资单位 | Foreign-funded Economic Units | 117.67 | 21.54 | 26.71 | 5.05 | 59.92 |
| 私营企业从业人员（万人） | Number of Employed Persons in Private Enterprises (10000 persons) | 830.05 | 153.03 | 181.41 | 122.76 | 288.71 |
| 个体从业人员（万人） | Number of Self-employed Individuals (10000 persons) | 232.02 | 52.69 | 36.51 | 33.12 | 76.72 |
| 年末城镇登记失业人员（万人） | Registered Unemployed Persons in Urban Areas at Year-end (10000 persons) | 20.84 | 6.53 | 4.82 | 3.27 | 4.47 |
| 年末城镇登记失业率（%） | Registered Unemployed Persons in Urban Areas at Year-end (%) | 2.65 | 2.57 | 2.55 | 2.72 | 2.82 |
| **国民核算** | **National Accounting** | | | | | |
| 地区生产总值（亿元） | Gross Domestic Product (100 million yuan) | 29635.09 | 6145.52 | 6880.15 | 3580.99 | 10716.99 |
| 第一产业 | Primary Industry | 677.56 | 164.28 | 122.98 | 111.78 | 177.75 |
| 第二产业 | Secondary Industry | 15669.93 | 2760.84 | 3728.12 | 1950.84 | 5957.74 |
| #工业 | Industry | 14353.50 | 2390.51 | 3463.12 | 1768.91 | 5555.33 |
| 第三产业 | Tertiary Industry | 13287.61 | 3220.41 | 3029.05 | 1518.37 | 4581.50 |
| 人均地区生产总值（按常住人口计算,元） | Per Capita GDP(Permanent) (yuan) | 90622 | 76263 | 107437 | 77485 | 102129 |
| 人均地区生产总值（按户籍人口计算,元） | Per Capita GDP(Registered) (yuan) | 124792 | 96873 | 147244 | 98969 | 167454 |
| 地区生产总值指数（上年＝100） | Indices of GDP (preceding year＝100) | 111.9 | 112.0 | 111.6 | 112.2 | 112.0 |
| 第一产业 | Primary Industry | 104.3 | 104.1 | 104.4 | 103.9 | 104.1 |
| 第二产业 | Secondary Industry | 111.8 | 112.3 | 111.6 | 112.2 | 111.5 |
| #工业 | Industry | 112.1 | 112.9 | 111.7 | 112.6 | 111.7 |
| 第三产业 | Tertiary Industry | 112.5 | 112.3 | 111.8 | 112.8 | 112.9 |
| 地区生产总值构成（%） | Composition of GDP (%) | | | | | |
| 第一产业 | Primary Industry | 2.3 | 2.7 | 1.8 | 3.1 | 1.7 |
| 第二产业 | Secondary Industry | 52.9 | 44.9 | 54.2 | 54.5 | 55.6 |
| #工业 | Industry | 48.4 | 38.9 | 50.3 | 49.4 | 51.8 |
| 第三产业 | Tertiary Industry | 44.8 | 52.4 | 44.0 | 42.4 | 42.7 |
| **固定资产投资** | **Investment in Fixed Assets** | | | | | |
| 固定资产投资额（亿元） | Urban Investment in Fixed Assets (100 million yuan) | 14622.46 | 3757.25 | 3169.18 | 2223.26 | 4279.98 |
| #房地产投资 | Investment in Real Estate Development | 3651.45 | 871.43 | 877.78 | 567.53 | 1199.13 |
| #住宅 | Residence | 2606.19 | 637.52 | 584.32 | 404.21 | 881.45 |
| 固定资产投资本年资金来源构成（%） | Grouped by Source of Finance (%) | | | | | |

Continued 1

| 镇 江 Zhenjiang | 苏中合计 Mid Jiangsu | 南 通 Nantong | 扬 州 Yangzhou | 泰 州 Taizhou | 苏北合计 Northern Jiangsu | 徐 州 Xuzhou | 连云港 Lianyungang | 淮 安 Huaian | 盐 城 Yancheng | 宿 迁 Suqian |
|---|---|---|---|---|---|---|---|---|---|---|
| 4.45 | 21.78 | 13.33 | 3.99 | 4.46 | 10.76 | 1.29 | 3.25 | 2.41 | 3.72 | 0.09 |
| 84.14 | 366.20 | 190.71 | 96.15 | 79.34 | 395.89 | 102.26 | 38.76 | 66.36 | 124.98 | 63.53 |
| 32.98 | 114.31 | 56.65 | 26.08 | 31.58 | 186.68 | 41.97 | 15.84 | 29.95 | 69.95 | 28.97 |
| 1.76 | 9.16 | 3.92 | 3.21 | 2.03 | 11.44 | 3.78 | 1.52 | 2.41 | 2.41 | 1.32 |
| 2.56 | 2.67 | 2.46 | 2.33 | 2.78 | 2.54 | 2.58 | 2.56 | 2.44 | 2.56 | 2.60 |
| 2311.45 | 9133.14 | 4080.22 | 2630.30 | 2422.61 | 10744.32 | 3551.65 | 1410.52 | 1690.00 | 2771.33 | 1320.83 |
| 100.77 | 646.86 | 287.21 | 184.54 | 175.11 | 1388.65 | 334.54 | 204.11 | 223.46 | 416.83 | 209.72 |
| 1272.39 | 4957.56 | 2221.48 | 1427.87 | 1308.21 | 5146.24 | 1777.04 | 654.28 | 794.18 | 1306.26 | 614.48 |
| 1175.63 | 4213.55 | 1840.41 | 1240.87 | 1132.27 | 4302.86 | 1509.82 | 517.82 | 661.15 | 1111.50 | 502.57 |
| 938.29 | 3528.72 | 1571.53 | 1017.89 | 939.29 | 4209.43 | 1440.07 | 552.13 | 672.36 | 1048.24 | 496.63 |
| 73981 | 55788 | 56005 | 58950 | 52396 | 36094 | 41407 | 32119 | 35181 | 38222 | 27839 |
| 85205 | 52812 | 53413 | 57232 | 47889 | 31729 | 36435 | 28128 | 31239 | 33862 | 23986 |
| 112.3 | 112.1 | 112.1 | 112.2 | 112.1 | 113.1 | 113.5 | 113.0 | 113.2 | 112.8 | 112.8 |
| 105.5 | 104.0 | 103.7 | 104.0 | 104.3 | 104.1 | 104.5 | 104.0 | 104.1 | 103.8 | 104.3 |
| 112.7 | 112.5 | 112.4 | 112.6 | 112.5 | 115.1 | 114.6 | 115.6 | 115.2 | 114.8 | 116.6 |
| 113.0 | 112.9 | 112.9 | 113.0 | 112.9 | 116.0 | 115.6 | 117.3 | 116.3 | 115.0 | 118.4 |
| 112.6 | 113.2 | 113.2 | 113.2 | 113.1 | 113.9 | 114.5 | 113.4 | 114.3 | 114.0 | 112.3 |
| 4.4 | 7.1 | 7.0 | 7.0 | 7.2 | 12.9 | 9.4 | 14.5 | 13.2 | 15.0 | 15.9 |
| 55.0 | 54.3 | 54.4 | 54.3 | 54.0 | 47.9 | 50.0 | 46.4 | 47.0 | 47.1 | 46.5 |
| 50.9 | 46.1 | 45.1 | 47.2 | 46.7 | 40.0 | 42.5 | 36.7 | 39.1 | 40.1 | 38.0 |
| 40.6 | 38.6 | 38.5 | 38.7 | 38.8 | 39.2 | 40.5 | 39.1 | 39.8 | 37.8 | 37.6 |
| 1226.94 | 5051.44 | 2378.36 | 1475.43 | 1197.65 | 6640.77 | 2201.03 | 1043.19 | 1020.60 | 1586.98 | 788.97 |
| 141.47 | 805.92 | 379.96 | 197.71 | 228.25 | 1110.56 | 255.12 | 164.65 | 286.49 | 214.37 | 189.93 |
| 101.53 | 619.37 | 284.32 | 160.99 | 174.05 | 868.48 | 219.96 | 114.33 | 222.51 | 167.16 | 144.52 |

| 指 标 | Item | 苏南合计 Southern Jiangsu | 南京 Nanjing | 无锡 Wuxi | 常州 Changzhou | 苏州 Suzhou |
|---|---|---|---|---|---|---|
| 国家预算内资金 | State Appropriation | 0.7 | 0.8 | 0.4 | 0.5 | 1.1 |
| 国内贷款 | Domestic Loans | 16.6 | 24.1 | 11.6 | 10.9 | 17.7 |
| 利用外资 | Foreign Inventment | 5.6 | 3.1 | 6.3 | 4.5 | 7.4 |
| 自筹资金 | Fund Raising | 58.3 | 55.7 | 66.4 | 62.1 | 47.9 |
| 其他资金 | Others | 18.8 | 16.3 | 15.3 | 22.0 | 25.9 |
| 新增固定资产（亿元） | Newly Increased Investment in Fixed Assets (100 million yuan) | 9568.62 | 2447.19 | 2208.20 | 1551.67 | 2411.28 |
| 商品房销售建筑面积（万平方米） | Floor Space of Selling Commercial Houses (10000 sq. m) | 3625.00 | 767.70 | 653.93 | 661.12 | 1210.91 |
| #住宅 | Residencial Buildings | 3012.88 | 680.89 | 528.88 | 537.94 | 983.53 |
| **财政、金融、保险** | **Finance, Banking and Insurance** | | | | | |
| 财政总收入 （亿元） | Total Financial Budgetary Revenue (100 million yuan) | 8517.71 | 1958.00 | 1722.12 | 977.79 | 3328.53 |
| 上划中央收入 | Turn Over Revenue to the Central Government | 2475.53 | 663.77 | 523.07 | 244.20 | 929.22 |
| 地方财政一般预算收入 | Local Financial Budgetary Revenue | 2883.66 | 635.00 | 615.00 | 350.88 | 1100.88 |
| #税收收入 | Taxes | 2399.59 | 529.62 | 513.96 | 280.83 | 929.36 |
| #增值税 | Value-added Tax | 438.47 | 82.11 | 102.60 | 48.56 | 181.53 |
| 营业税 | Operation Tax | 618.25 | 152.64 | 122.02 | 74.11 | 225.09 |
| 企业所得税 | Income Tax of Enterprises | 447.62 | 94.50 | 101.16 | 44.07 | 187.41 |
| 个人所得税 | Induvidual Income Tax | 166.28 | 41.55 | 35.40 | 19.18 | 62.58 |
| 地方财政一般预算支出 （亿元） | Local Financial Budgetary Expenditure (100 million yuan) | 2826.22 | 666.21 | 592.67 | 361.81 | 1002.63 |
| #科学技术 | Science and Technology | 121.46 | 24.08 | 24.25 | 12.53 | 53.61 |
| 教育 | Education | 437.65 | 95.30 | 102.89 | 54.92 | 151.27 |
| 文化体育与传媒 | Culture, Sports and Media | 54.29 | 12.84 | 14.89 | 5.86 | 17.82 |
| 社会保障和就业 | Social Security and Employment | 233.92 | 56.58 | 43.33 | 36.36 | 84.63 |
| 医疗卫生 | Medical Treatment and Healthcare | 147.90 | 39.19 | 30.75 | 19.69 | 46.06 |
| 环境保护 | Enrironmental Protection | 98.91 | 11.94 | 31.69 | 15.84 | 30.06 |
| 城乡社区事务 | Operating Expenses of Urban and Rural Communities | 494.72 | 127.28 | 87.39 | 68.01 | 185.82 |
| 农林水事务 | Operating Expenses of Agriculture, Forestry and Water | 203.81 | 44.08 | 37.21 | 25.66 | 78.62 |
| 金融机构存款余额 （亿元） | Deposits Balance of Banking Institutions (100 million yuan) | 45833.39 | 13945.92 | 9372.69 | 4902.15 | 15180.78 |
| #居民储蓄存款 | Savings Deposits by Residents | 15567.39 | 3910.20 | 3312.38 | 2157.39 | 5078.59 |

Continued 2

| 镇 江 Zhenjiang | 苏中合计 Mid Jiangsu | 南 通 Nantong | 扬 州 Yangzhou | 泰 州 Taizhou | 苏北合计 Northern Jiangsu | 徐 州 Xuzhou | 连云港 Lianyungang | 淮 安 Huaian | 盐 城 Yancheng | 宿 迁 Suqian |
|---|---|---|---|---|---|---|---|---|---|---|
| 0.3 | 2.2 | 3.0 | 3.6 | 0.3 | 1.1 | 1.6 | 0.8 | 1.6 | 0.5 | 1.0 |
| 12.0 | 7.6 | 8.3 | 2.6 | 10.5 | 9.4 | 7.9 | 3.8 | 8.0 | 18.0 | 4.6 |
| 8.1 | 2.3 | 2.1 | 3.9 | 1.3 | 2.0 | 2.2 | 1.0 | 3.1 | 1.7 | 1.3 |
| 78.5 | 77.4 | 73.1 | 89.1 | 74.1 | 78.0 | 82.3 | 84.7 | 73.5 | 70.6 | 79.6 |
| 1.1 | 10.4 | 13.5 | 0.9 | 13.8 | 9.5 | 6.0 | 9.8 | 13.8 | 9.2 | 13.6 |
| 950.28 | 2601.00 | 1064.86 | 695.86 | 840.28 | 4289.64 | 1504.07 | 713.00 | 548.32 | 1061.15 | 463.09 |
| 331.34 | 1698.18 | 677.53 | 552.45 | 468.20 | 2647.31 | 639.38 | 435.68 | 552.48 | 562.82 | 456.95 |
| 281.64 | 1467.66 | 595.97 | 484.06 | 387.62 | 2286.71 | 575.14 | 355.03 | 483.16 | 482.80 | 390.58 |
| 531.27 | 2075.91 | 951.65 | 500.96 | 623.30 | 2844.34 | 789.64 | 462.41 | 562.06 | 754.00 | 276.24 |
| 115.27 | 531.71 | 227.93 | 128.60 | 175.18 | 662.67 | 226.94 | 74.72 | 142.15 | 143.46 | 75.40 |
| 181.90 | 801.72 | 373.69 | 218.08 | 218.00 | 1093.14 | 318.42 | 180.08 | 204.63 | 269.04 | 120.98 |
| 145.82 | 604.72 | 285.14 | 155.45 | 164.14 | 800.71 | 237.12 | 124.14 | 145.68 | 198.48 | 95.28 |
| 23.68 | 107.92 | 45.41 | 26.88 | 35.64 | 106.35 | 34.17 | 15.53 | 19.54 | 25.47 | 11.64 |
| 44.39 | 170.21 | 84.85 | 42.90 | 42.47 | 271.78 | 83.40 | 41.66 | 52.47 | 62.22 | 32.03 |
| 20.48 | 92.33 | 42.79 | 21.90 | 27.64 | 82.11 | 24.73 | 12.64 | 12.09 | 20.16 | 12.49 |
| 7.57 | 33.05 | 19.15 | 6.75 | 7.15 | 30.47 | 8.78 | 4.33 | 4.74 | 8.04 | 4.57 |
| 202.90 | 945.84 | 419.45 | 264.37 | 262.02 | 1654.01 | 454.24 | 274.63 | 296.68 | 407.22 | 221.24 |
| 7.00 | 28.04 | 13.07 | 9.69 | 5.28 | 39.01 | 10.35 | 5.89 | 6.25 | 11.90 | 4.62 |
| 33.28 | 178.80 | 89.03 | 46.81 | 42.96 | 313.04 | 90.17 | 42.65 | 53.24 | 78.06 | 48.93 |
| 2.87 | 19.12 | 6.30 | 5.32 | 7.50 | 21.58 | 4.40 | 3.67 | 4.37 | 6.55 | 2.59 |
| 13.02 | 77.44 | 35.45 | 19.93 | 22.05 | 149.42 | 46.44 | 17.40 | 28.24 | 33.27 | 24.08 |
| 12.20 | 60.87 | 28.52 | 15.10 | 17.26 | 111.72 | 33.45 | 14.67 | 20.07 | 29.30 | 14.22 |
| 9.38 | 24.48 | 9.86 | 7.48 | 7.14 | 41.51 | 12.11 | 5.16 | 6.50 | 12.59 | 5.15 |
| 26.21 | 101.21 | 34.89 | 32.32 | 34.01 | 215.16 | 65.27 | 57.06 | 40.97 | 33.92 | 17.95 |
| 18.24 | 112.96 | 49.72 | 32.61 | 30.62 | 224.12 | 61.77 | 35.67 | 38.71 | 51.19 | 36.79 |
| 2431.84 | 10913.35 | 5502.08 | 2818.31 | 2592.95 | 8976.82 | 2980.99 | 1367.85 | 1310.00 | 2320.16 | 997.81 |
| 1108.83 | 5787.91 | 3052.28 | 1427.87 | 1307.77 | 4559.44 | 1495.42 | 623.23 | 678.92 | 1264.37 | 497.50 |

| 指　　标　Item | | 苏南合计 Southern Jiangsu | 南京 Nanjing | 无锡 Wuxi | 常州 Changzhou | 苏州 Suzhou |
|---|---|---|---|---|---|---|
| 金融机构贷款余额（亿元） | Loans Balance of Banking Institutions (100 million yuan) | 35083.19 | 11132.09 | 6883.44 | 3406.35 | 11873.89 |
| 保费收入（亿元） | Premium (100 million yuan) | 704.50 | 194.08 | 143.70 | 99.28 | 209.52 |
| 财产险 | Property Insurance | 257.55 | 75.51 | 51.49 | 29.65 | 87.74 |
| 人寿险 | Life Insurance | 446.95 | 118.57 | 92.21 | 69.64 | 121.78 |
| 赔款和给付（亿元） | Claim and Payment (100 million yuan) | 185.51 | 56.43 | 44.22 | 16.57 | 56.43 |
| 财产险 | Property Insurance | 117.77 | 32.64 | 23.76 | 14.55 | 40.71 |
| 人寿险 | Life Insurance | 67.74 | 23.79 | 20.46 | 2.02 | 15.72 |
| **农业** | **Agriculture** | | | | | |
| 乡村从业人员（万人） | Rural Employees (10000 persons) | 659.75 | 122.03 | 120.44 | 132.81 | 184.77 |
| #农林牧渔业 | Farming, Forestry, Animal Husbandry and Fishery | 125.88 | 28.35 | 20.67 | 26.02 | 24.97 |
| 工业 | Industry | 321.26 | 36.57 | 70.82 | 58.45 | 109.50 |
| 建筑业 | Construction | 71.06 | 24.58 | 7.98 | 16.88 | 10.65 |
| 农林牧渔业总产值（亿元） | Gross Output Value of Farming, Forestry, Animal Husbandry and Fishery (100 million yuan) | 1143.31 | 283.50 | 202.02 | 194.68 | 309.86 |
| 农业 | Farming | 570.15 | 162.45 | 98.86 | 107.79 | 121.02 |
| 林业 | Forestry | 46.38 | 3.22 | 17.49 | 1.48 | 17.98 |
| 牧业 | Animal Husbandry | 175.81 | 47.02 | 32.60 | 32.19 | 41.14 |
| 渔业 | Fishery | 253.39 | 57.20 | 32.25 | 44.56 | 97.83 |
| 农林牧渔服务业 | Service Industry of FFAF | 97.58 | 13.62 | 20.81 | 8.66 | 31.88 |
| 农业机械总动力（万千瓦） | Total Power of Agricultural Machinery (10000 kW) | 765.73 | 210.62 | 104.90 | 155.25 | 161.05 |
| 化肥施用量（万吨） | Consumption of Chemical Fertilizer (10000 tons) | 36.28 | 8.45 | 6.20 | 6.53 | 8.76 |
| 农村用电量（亿千瓦小时） | Electricity Consumed in Rural Areas (100 million kW·h) | 1144.55 | 30.11 | 370.65 | 151.58 | 524.91 |
| 有效灌溉面积（千公顷） | Irrigated Area (1000 hectares) | 765.63 | 180.20 | 128.90 | 143.50 | 180.13 |
| 农作物总播种面积（千公顷） | Total Sown Area (1000 hectares) | 1241.56 | 331.99 | 178.45 | 226.21 | 266.19 |
| #粮食 | Grain | 772.10 | 160.95 | 116.95 | 159.51 | 159.65 |
| 主要产品产量（万吨） | Total Output of Major Products (10000 tons) | | | | | |
| 粮食 | Grain | 546.36 | 112.06 | 82.22 | 115.19 | 115.00 |
| 油料 | Oil-bearing Crops | 21.88 | 10.49 | 0.93 | 3.20 | 2.89 |
| 棉花（吨） | Cotton (ton) | 7821 | 4319 | | 491 | 1508 |

Continued 3

| 镇 江 Zhenjiang | 苏中合计 Mid Jiangsu | 南 通 Nantong | 扬 州 Yangzhou | 泰 州 Taizhou | 苏北合计 Northern Jiangsu | 徐 州 Xuzhou | 连云港 Lianyungang | 淮 安 Huaian | 盐 城 Yancheng | 宿 迁 Suqian |
|---|---|---|---|---|---|---|---|---|---|---|
| 1787.42 | 6728.75 | 3285.39 | 1718.03 | 1725.34 | 6056.35 | 1734.84 | 1011.18 | 991.69 | 1558.64 | 760.00 |
| 57.92 | 296.95 | 151.88 | 72.97 | 72.09 | 260.17 | 89.61 | 35.17 | 36.73 | 71.22 | 27.45 |
| 13.16 | 60.66 | 27.36 | 17.61 | 15.70 | 72.44 | 25.65 | 10.92 | 10.71 | 15.20 | 9.97 |
| 44.75 | 236.28 | 124.52 | 55.37 | 56.39 | 187.74 | 63.96 | 24.25 | 26.02 | 56.02 | 17.49 |
| 11.86 | 56.17 | 30.05 | 9.17 | 16.95 | 66.69 | 22.07 | 9.27 | 10.54 | 18.75 | 6.07 |
| 6.12 | 27.84 | 12.56 | 7.50 | 7.79 | 33.85 | 10.42 | 5.30 | 5.48 | 8.31 | 4.34 |
| 5.74 | 28.33 | 17.50 | 1.67 | 9.16 | 32.84 | 11.65 | 3.97 | 5.05 | 10.44 | 1.73 |
| 99.70 | 708.20 | 317.41 | 181.05 | 209.74 | 1284.70 | 365.05 | 174.87 | 212.52 | 303.21 | 229.05 |
| 25.87 | 158.89 | 74.20 | 37.07 | 47.62 | 536.92 | 149.58 | 87.02 | 90.01 | 118.57 | 91.74 |
| 45.92 | 199.17 | 82.01 | 60.73 | 56.43 | 270.36 | 93.95 | 27.22 | 33.99 | 56.04 | 59.16 |
| 10.97 | 131.10 | 62.31 | 33.27 | 35.52 | 170.36 | 48.16 | 27.02 | 29.68 | 35.83 | 29.67 |
| 153.25 | 1126.86 | 502.27 | 330.31 | 294.28 | 2635.41 | 618.34 | 376.53 | 411.74 | 849.70 | 379.09 |
| 80.03 | 529.25 | 217.93 | 157.07 | 154.25 | 1414.28 | 376.96 | 180.71 | 256.87 | 376.58 | 223.17 |
| 6.22 | 13.94 | 3.07 | 7.78 | 3.10 | 64.91 | 11.11 | 11.55 | 8.38 | 19.51 | 14.37 |
| 22.86 | 260.28 | 133.02 | 62.44 | 64.83 | 699.15 | 190.19 | 92.08 | 100.43 | 240.23 | 76.21 |
| 21.55 | 263.85 | 118.47 | 88.00 | 57.38 | 358.54 | 26.34 | 75.70 | 39.11 | 159.28 | 58.11 |
| 22.60 | 59.53 | 29.78 | 15.03 | 14.72 | 98.53 | 13.74 | 16.49 | 6.96 | 54.10 | 7.24 |
| 133.91 | 793.37 | 334.91 | 230.32 | 228.14 | 2547.01 | 591.70 | 426.41 | 425.11 | 528.61 | 575.18 |
| 6.35 | 61.26 | 23.75 | 18.95 | 18.56 | 239.68 | 69.72 | 33.73 | 37.10 | 59.29 | 39.84 |
| 67.31 | 275.80 | 134.43 | 48.88 | 92.48 | 186.48 | 56.63 | 27.06 | 11.75 | 61.24 | 29.80 |
| 132.90 | 981.32 | 408.86 | 288.65 | 283.81 | 2070.98 | 470.44 | 303.68 | 323.62 | 621.17 | 352.07 |
| 238.72 | 1931.12 | 850.55 | 503.55 | 577.02 | 4676.15 | 1110.29 | 601.35 | 785.74 | 1472.02 | 706.75 |
| 175.04 | 1376.13 | 525.61 | 414.73 | 435.79 | 3390.84 | 727.26 | 487.75 | 649.92 | 956.48 | 569.43 |
| 121.89 | 956.06 | 329.12 | 305.68 | 321.26 | 2285.03 | 455.30 | 345.99 | 453.42 | 661.79 | 368.54 |
| 4.37 | 57.74 | 40.00 | 7.03 | 10.72 | 67.71 | 11.45 | 11.64 | 10.09 | 28.77 | 5.76 |
| 1503 | 73802 | 54395 | 4523 | 14884 | 174418 | 33882 | 3874 | 505 | 133952 | 2205 |

| 指　　标 | Item | 苏南合计 Southern Jiangsu | 南京 Nanjing | 无锡 Wuxi | 常州 Changzhou | 苏州 Suzhou |
|---|---|---|---|---|---|---|
| 肉类 | Meat | 59.99 | 12.34 | 11.01 | 13.40 | 15.00 |
| #猪肉 | Pork | 33.45 | 6.91 | 7.18 | 6.07 | 8.62 |
| 牛肉 | Beef | 0.18 | 0.10 | 0.03 | 0.02 | |
| 羊肉 | Mutton | 0.83 | 0.40 | 0.04 | 0.14 | 0.15 |
| 水产品 | Aquatic Products | 87.18 | 20.62 | 12.20 | 17.15 | 28.41 |
| **工业(规模以上)** | **Industry(above Designated Size)** | | | | | |
| 工业企业单位数 (个) | Number of Industrial Enterprises (unit) | 23464 | 2508 | 5241 | 3638 | 9904 |
| #内资企业 | Domestic Funded Enterprises | 15462 | 1852 | 3871 | 2904 | 5243 |
| 外商港澳台商投资企业 | Enterprises Funded by Foreign, Hong Kong, Macao and Taiwan Entrepreneurs | 8002 | 656 | 1370 | 734 | 4661 |
| #国有控股企业 | State-owned Share Holding Enterprises | 464 | 184 | 76 | 56 | 92 |
| #大型企业 | Large Enterprises | 581 | 91 | 139 | 92 | 218 |
| 中型企业 | Medium-sized Enterprises | 3778 | 436 | 677 | 528 | 1890 |
| 工业总产值 (亿元) | Gross Output Value of Industry (100 million yuan) | 66173.81 | 10354.65 | 14561.97 | 8270.77 | 27778.75 |
| #内资企业 | Domestic Funded Enterprises | 33260.13 | 6171.85 | 9130.11 | 5429.54 | 9150.52 |
| 外商港澳台商投资企业 | Enterprises Funded by Foreign, Hong Kong, Macao and Taiwan Entrepreneurs | 32913.68 | 4182.80 | 5431.86 | 2841.23 | 18628.23 |
| #国有控股企业 | State-owned Share Holding Enterprlises | 5714.79 | 3599.15 | 535.68 | 321.41 | 903.76 |
| #大中型企业 | Large and Medium-sized Enterprises | 46238.87 | 7455.44 | 9812.16 | 5146.82 | 20789.17 |
| #轻工业 | Light Industry | 15013.99 | 1784.76 | 3365.01 | 1547.84 | 7349.02 |
| #制造业 | Manufacturing | 64901.95 | 10061.62 | 14339.75 | 8163.03 | 27298.16 |
| 电力、燃气及水的生产和供应业 | Electric Power, Gas and Water Production and Supply | 1167.98 | 249.50 | 228.64 | 100.66 | 478.09 |
| 资产合计 (亿元) | Total Industrial Assets (100 million yuan) | 52232.81 | 7841.71 | 12493.99 | 6243.25 | 21821.92 |
| #流动资产 | Current Assets | 31201.09 | 4134.35 | 7679.88 | 3956.53 | 13462.52 |
| 固定资产 | Fixed Assets | 15080.87 | 2459.90 | 3332.96 | 1582.98 | 6387.74 |
| 负债合计 (亿元) | Total Liabilities (100 million yuan) | 30867.65 | 4595.39 | 7404.07 | 3804.26 | 12879.96 |
| 主营业务收入 (亿元) | Major Business Revenue (100 million yuan) | 66191.34 | 10472.31 | 14567.14 | 8212.53 | 27898.91 |
| #主营业务税金及附加 | Major Business Tax and Extra | 411.19 | 253.73 | 47.59 | 25.93 | 66.31 |
| 利税总额 (亿元) | Total Pre-tax Profits (100 million yuan) | 5923.83 | 1191.05 | 1523.17 | 713.30 | 2028.08 |
| #利润总额 | Total Profits | 3998.62 | 594.40 | 1149.48 | 468.43 | 1484.73 |
| 从业人员平均人数 (万人) | Average Number of Staff and Workers Employed (10000 persons) | 673.39 | 75.19 | 132.10 | 86.13 | 331.11 |

Continued 4

| 镇 江 Zhenjiang | 苏中合计 Mid Jiangsu | 南 通 Nantong | 扬 州 Yangzhou | 泰 州 Taizhou | 苏北合计 Northern Jiangsu | 徐 州 Xuzhou | 连云港 Lianyungang | 淮 安 Huaian | 盐 城 Yancheng | 宿 迁 Suqian |
|---|---|---|---|---|---|---|---|---|---|---|
| 8.25 | 90.09 | 47.40 | 18.25 | 24.44 | 271.01 | 94.11 | 28.91 | 29.90 | 83.22 | 34.87 |
| 4.67 | 55.56 | 26.01 | 10.39 | 19.15 | 150.50 | 42.89 | 20.50 | 19.08 | 50.01 | 18.01 |
| 0.03 | 0.12 | 0.03 | 0.07 | 0.02 | 4.58 | 0.91 | 1.91 | 0.35 | 0.42 | 0.99 |
| 0.10 | 3.06 | 2.59 | 0.16 | 0.31 | 8.57 | 4.33 | 0.61 | 0.58 | 2.58 | 0.47 |
| 8.82 | 155.35 | 82.56 | 38.35 | 34.45 | 233.43 | 17.50 | 65.21 | 24.39 | 102.02 | 24.31 |
| | | | | | | | | | | |
| 2173 | 9985 | 4912 | 2584 | 2489 | 9931 | 2788 | 1263 | 1495 | 2590 | 1795 |
| 1592 | 7913 | 3591 | 2176 | 2146 | 9062 | 2609 | 1073 | 1354 | 2301 | 1725 |
| 581 | 2072 | 1321 | 408 | 343 | 869 | 179 | 190 | 141 | 289 | 70 |
| 56 | 140 | 54 | 60 | 26 | 163 | 39 | 38 | 30 | 42 | 14 |
| 41 | 149 | 28 | 77 | 44 | 130 | 20 | 21 | 21 | 47 | 21 |
| 247 | 934 | 404 | 363 | 167 | 924 | 270 | 110 | 161 | 261 | 122 |
| 5207.67 | 21265.74 | 8679.82 | 6772.79 | 5813.13 | 18404.54 | 6950.65 | 2630.52 | 2941.00 | 4360.07 | 1522.30 |
| 3378.12 | 14369.83 | 5283.46 | 4869.66 | 4216.71 | 15036.37 | 6045.39 | 1935.45 | 2370.30 | 3234.00 | 1451.22 |
| 1829.55 | 6895.91 | 3396.36 | 1903.13 | 1596.42 | 3368.17 | 905.26 | 695.07 | 570.70 | 1126.07 | 71.08 |
| 354.79 | 2114.18 | 565.34 | 1154.95 | 393.90 | 1848.82 | 1063.24 | 239.83 | 318.15 | 128.81 | 98.78 |
| 3035.27 | 10186.06 | 3831.75 | 3823.16 | 2531.15 | 9181.61 | 3507.58 | 1652.33 | 1362.87 | 2027.52 | 631.31 |
| 967.36 | 6122.13 | 3106.60 | 1541.26 | 1474.27 | 5137.21 | 1922.02 | 726.22 | 111.56 | 1570.08 | 807.32 |
| 5039.39 | 20954.52 | 8520.06 | 6686.82 | 5747.64 | 17241.93 | 6443.29 | 2515.48 | 2841.21 | 3946.69 | 1495.27 |
| 111.08 | 311.21 | 159.76 | 85.97 | 65.49 | 374.05 | 151.85 | 84.60 | 59.52 | 63.81 | 14.28 |
| 3831.93 | 11975.61 | 5289.81 | 3238.81 | 3446.99 | 10517.38 | 3964.56 | 1712.85 | 1333.63 | 2475.32 | 1031.02 |
| 1967.81 | 6667.42 | 2904.33 | 1699.68 | 2063.40 | 4988.11 | 1816.64 | 809.63 | 645.44 | 1152.47 | 563.93 |
| 1317.30 | 3962.51 | 1727.58 | 1204.95 | 1029.97 | 4398.17 | 1647.49 | 717.13 | 548.71 | 1088.34 | 396.49 |
| 2183.97 | 6796.56 | 3043.91 | 1749.67 | 2002.98 | 5756.34 | 2148.68 | 1044.15 | 702.05 | 1362.71 | 498.75 |
| 5040.45 | 20668.82 | 8432.59 | 6563.35 | 5672.88 | 18315.03 | 6940.76 | 2601.68 | 2918.90 | 4355.32 | 1498.37 |
| 17.63 | 122.13 | 29.59 | 49.87 | 42.67 | 307.08 | 146.29 | 20.34 | 76.66 | 48.60 | 15.19 |
| 468.23 | 2570.70 | 1017.50 | 841.64 | 711.56 | 2494.33 | 1123.70 | 299.95 | 299.68 | 508.98 | 262.02 |
| 301.58 | 1650.12 | 694.85 | 517.25 | 438.02 | 1443.55 | 643.54 | 190.10 | 150.21 | 269.17 | 190.53 |
| 48.85 | 212.59 | 87.73 | 77.84 | 47.03 | 195.75 | 71.81 | 20.43 | 27.09 | 47.95 | 28.47 |

| 指 标 | Item | 苏南合计 Southern Jiangsu | 南京 Nanjing | 无锡 Wuxi | 常州 Changzhou | 苏州 Suzhou |
|---|---|---|---|---|---|---|
| **建筑业** | **Construction** | | | | | |
| 建筑企业单位数（个） | Number of Construction Enterprise (unit) | 4622 | 1579 | 619 | 577 | 1479 |
| 建筑企业从业人员（万人） | Number of Persons Engaged in Construction Enterprises (10000 persons) | 188.14 | 64.85 | 24.49 | 30.78 | 54.62 |
| 建筑业总产值（亿元） | Gross Output Value of Construction (100 million yuan) | 5311.44 | 2006.60 | 540.61 | 883.87 | 1530.81 |
| 房屋建筑施工面积（万平方米） | Floor Space of Building Under Construction (10000 sq. m) | 37298.91 | 13479.02 | 4192.57 | 7657.71 | 10105.76 |
| 房屋建筑竣工面积（万平方米） | Floor Space of Buildings Completed (10000 sq. m) | 13862.85 | 4288.39 | 1864.70 | 2849.49 | 3945.09 |
| **交通运输、邮电业** | **Transportation, Postal and Telecommunication Sercices** | | | | | |
| 公路里程（公里） | Total Length of Highways (km) | 46369 | 10861 | 7632 | 8446 | 12415 |
| #等级公路 | Expressway and Class Ⅰ to Ⅳ Highways | 45324 | 9868 | 7632 | 8394 | 12415 |
| #高速公路 | Expressway | 1645 | 437 | 274 | 248 | 535 |
| 一级公路 | Class Ⅰ Highway | 4867 | 876 | 798 | 882 | 1608 |
| 公路客运量（万人） | Passenger Traffic of Highways (10000 persons) | 149630 | 39080 | 21154 | 14733 | 63969 |
| 公路货运量（万吨） | Freight Traffic of Highways (10000 tons) | 72618 | 19820 | 12887 | 13936 | 14798 |
| 民用汽车拥有量（万辆） | Number of Civil Motor Vehicles Owned (10000 units) | 419.22 | 99.71 | 87.31 | 56.07 | 151.89 |
| #私人汽车拥有量 | Number of Private-owned Vehicles | 325.86 | 79.63 | 63.78 | 43.47 | 120.15 |
| 邮政业务总量（亿元） | Total Post Services (100 million yuan) | 56.45 | 7.69 | 5.91 | 4.57 | 35.87 |
| 电信业务总量（亿元） | Total Telecommunications Services (100 million yuan) | 432.67 | 97.17 | 88.40 | 53.96 | 169.15 |
| 本地电话用户（万户） | Number of Local Telephone Subscribers (10000 subscribers) | 1147.65 | 294.01 | 212.11 | 158.74 | 340.55 |
| 移动电话用户（万户） | Number of Mobile Telephone Subscribers (10000 subscribers) | 4223.69 | 1002.10 | 880.77 | 560.46 | 1459.50 |
| 国际互联网用户（万户） | Number of Subscribers of Internet Service (10000 subscriber) | 770.00 | 247.36 | 152.23 | 104.51 | 220.53 |
| 全年用电量（亿千瓦小时） | Total Consumption of Electricity (100 million kW·h) | 2627.72 | 399.74 | 580.60 | 331.66 | 1131.63 |
| #工业用电 | Consumption of Electricity for Industrial Use | 2095.47 | 256.84 | 476.28 | 267.21 | 946.19 |
| 居民生活用电 | Consumption of Electricity for Living Use by Residents | 218.72 | 52.91 | 43.81 | 28.04 | 77.18 |

Continued 5

| 镇 江 Zhenjiang | 苏中合计 Mid Jiangsu | 南 通 Nantong | 扬 州 Yangzhou | 泰 州 Taizhou | 苏北合计 Northern Jiangsu | 徐 州 Xuzhou | 连云港 Lianyungang | 淮 安 Huaian | 盐 城 Yancheng | 宿 迁 Suqian |
|---|---|---|---|---|---|---|---|---|---|---|
| 368 | 2315 | 931 | 728 | 656 | 2227 | 382 | 223 | 623 | 692 | 307 |
| 13.40 | 246.64 | 121.81 | 69.32 | 55.51 | 186.12 | 40.90 | 20.42 | 44.44 | 43.77 | 36.58 |
| 349.55 | 6902.51 | 3571.78 | 1894.38 | 1436.35 | 2908.78 | 648.07 | 367.75 | 679.21 | 814.79 | 398.95 |
| 1863.85 | 81678.06 | 49322.87 | 15495.91 | 16859.29 | 26474.51 | 5517.02 | 3052.39 | 6083.98 | 8280.46 | 3540.66 |
| 915.18 | 27245.30 | 12783.23 | 7010.33 | 7451.74 | 13542.06 | 2584.80 | 1653.76 | 3411.01 | 4065.04 | 1827.44 |
| 7015 | 36928 | 17789 | 10245 | 8894 | 68950 | 16199 | 11313 | 12458 | 18564 | 10416 |
| 7015 | 35478 | 17638 | 8972 | 8868 | 63311 | 15029 | 11221 | 11541 | 16507 | 9013 |
| 151 | 809 | 298 | 267 | 244 | 1668 | 413 | 349 | 377 | 322 | 207 |
| 703 | 2027 | 988 | 306 | 733 | 3055 | 1101 | 285 | 486 | 846 | 337 |
| 10694 | 36716 | 19605 | 8152 | 8959 | 70368 | 21275 | 14419 | 11324 | 13225 | 10125 |
| 11177 | 29239 | 18181 | 6881 | 4177 | 47645 | 16829 | 11279 | 7073 | 7342 | 5122 |
| 24.25 | 112.96 | 55.97 | 28.76 | 28.24 | 153.95 | 52.69 | 23.05 | 21.02 | 33.80 | 23.39 |
| 18.82 | 90.13 | 45.47 | 22.72 | 21.94 | 125.70 | 44.18 | 18.34 | 16.11 | 26.98 | 20.09 |
| 2.42 | 20.54 | 8.00 | 8.63 | 3.91 | 17.13 | 5.08 | 1.99 | 2.33 | 5.62 | 2.11 |
| 23.99 | 127.90 | 57.16 | 37.83 | 32.90 | 154.70 | 49.20 | 26.85 | 22.62 | 36.61 | 19.42 |
| 142.23 | 631.82 | 360.59 | 145.38 | 125.85 | 860.83 | 232.53 | 104.08 | 252.70 | 185.82 | 85.70 |
| 320.86 | 1600.68 | 775.22 | 456.31 | 369.15 | 2217.10 | 681.97 | 367.40 | 255.44 | 564.89 | 347.39 |
| 45.37 | 250.07 | 115.13 | 87.95 | 46.99 | 292.85 | 76.83 | 53.34 | 39.28 | 87.28 | 36.12 |
| 184.09 | 643.67 | 280.77 | 167.22 | 195.68 | 796.00 | 287.30 | 103.71 | 126.37 | 184.58 | 94.03 |
| 148.95 | 489.32 | 212.15 | 122.04 | 155.13 | 586.17 | 225.91 | 69.84 | 92.09 | 132.29 | 66.04 |
| 16.77 | 78.60 | 34.87 | 22.43 | 21.30 | 110.90 | 31.64 | 16.79 | 18.26 | 29.02 | 15.19 |

| 指 标 | Item | 苏南合计 Southern Jiangsu | 南京 Nanjing | 无锡 Wuxi | 常州 Changzhou | 苏州 Suzhou |
|---|---|---|---|---|---|---|
| **批发零售贸易、餐饮业** | **Wholesale and Retail Trade and Catering Services** | | | | | |
| 社会消费品零售总额（亿元） | Total Retail Sale of Consumer Goods (100 million yuan) | 9568.87 | 2697.10 | 2142.02 | 1236.10 | 2829.58 |
| #批发和零售业 | Wholesale and Retail Trade | 8634.78 | 2422.59 | 1982.09 | 1133.78 | 2504.56 |
| 住宿和餐饮业 | Catering Services | 907.30 | 247.71 | 159.92 | 102.32 | 325.02 |
| **对外经济贸易、旅游** | **Foreign Economy, Trade and Tourism** | | | | | |
| 进出口总额（亿美元） | Total Imports and Exports (USD 100 million) | 4693.77 | 573.44 | 724.63 | 286.33 | 3008.63 |
| 出口 | Exports | 2653.88 | 308.65 | 423.11 | 193.60 | 1672.33 |
| 进口 | Imports | 2039.88 | 264.79 | 301.53 | 92.73 | 1336.29 |
| 实际外商直接投资（亿美元） | Actual Foreign Direct Investment (USD 100 million) | 209.47 | 35.66 | 35.05 | 30.52 | 90.16 |
| 接待海外旅游者人数（万人次） | Number of Overseas Recieved Tourists (10000 person-times) | 655.10 | 150.66 | 100.38 | 41.31 | 297.75 |
| 星级饭店数（个） | Star Class Hotels (unit) | 444 | 113 | 65 | 65 | 150 |
| 旅游外汇收入（亿美元） | Foreign Exchange Earnings from Tourism (USD 100 million) | 42.11 | 12.00 | 5.98 | 4.21 | 14.70 |
| **教育** | **Education** | | | | | |
| 学校总数（所） | Total Number of School (unit) | 2405 | 677 | 443 | 384 | 632 |
| #普通高校 | Institutions of Regular Higher Education | 88 | 42 | 12 | 9 | 20 |
| 普通中等专业学校 | Regular Specialized Secondary Schools | 88 | 25 | 16 | 13 | 22 |
| 普通中学 | Regular Secondary Schools | 927 | 220 | 174 | 162 | 263 |
| 小学 | Primary Schools | 1172 | 344 | 207 | 186 | 306 |
| 毕业生总数（万人） | Total Number of Graduates (10000 persons) | 106.58 | 39.80 | 18.47 | 15.43 | 23.02 |
| #普通高校 | Institutions of Regular Higher Education | 37.86 | 23.20 | 3.25 | 3.59 | 5.52 |
| 普通中等专业学校 | Regular Specialized Secondary Schools | 5.43 | 1.57 | 1.21 | 0.64 | 1.47 |

Continued 6

| 镇 江 Zhenjiang | 苏中合计 Mid Jiangsu | 南 通 Nantong | 扬 州 Yangzhou | 泰 州 Taizhou | 苏北合计 Northern Jiangsu | 徐 州 Xuzhou | 连云港 Lianyungang | 淮 安 Huaian | 盐 城 Yancheng | 宿 迁 Suqian |
|---|---|---|---|---|---|---|---|---|---|---|
| 664.07 | 2998.19 | 1493.27 | 853.74 | 651.17 | 3421.32 | 1141.89 | 500.23 | 547.85 | 895.09 | 336.26 |
| 591.75 | 2690.69 | 1369.55 | 767.55 | 553.60 | 3067.68 | 1016.11 | 453.57 | 488.47 | 815.53 | 294.00 |
| 72.33 | 280.50 | 110.32 | 78.50 | 91.67 | 353.64 | 125.78 | 46.66 | 59.37 | 79.56 | 42.27 |
| 100.75 | 470.04 | 257.75 | 101.40 | 110.88 | 233.78 | 63.10 | 68.98 | 28.54 | 52.45 | 20.70 |
| 56.19 | 328.10 | 180.12 | 73.20 | 74.78 | 144.25 | 41.59 | 37.36 | 18.39 | 29.78 | 17.13 |
| 44.56 | 141.95 | 77.64 | 28.20 | 36.11 | 89.53 | 21.50 | 31.63 | 10.15 | 22.67 | 3.58 |
| 18.08 | 56.12 | 21.66 | 21.03 | 14.17 | 55.73 | 14.66 | 6.10 | 16.20 | 16.88 | 1.90 |
| 65.01 | 111.85 | 40.49 | 62.20 | 9.16 | 45.03 | 18.22 | 13.23 | 3.23 | 7.20 | 3.15 |
| 51 | 202 | 108 | 63 | 31 | 238 | 57 | 59 | 39 | 58 | 25 |
| 5.22 | 10.17 | 3.99 | 5.23 | 0.94 | 4.25 | 1.87 | 1.29 | 0.27 | 0.56 | 0.27 |
| 269 | 1415 | 627 | 427 | 361 | 3822 | 1240 | 640 | 596 | 766 | 580 |
| 5 | 14 | 6 | 5 | 3 | 24 | 8 | 3 | 6 | 5 | 2 |
| 12 | 20 | 6 | 10 | 4 | 55 | 11 | 8 | 11 | 7 | 18 |
| 108 | 615 | 243 | 173 | 199 | 1175 | 326 | 179 | 190 | 285 | 195 |
| 129 | 699 | 340 | 220 | 139 | 2454 | 856 | 432 | 359 | 451 | 356 |
| 9.86 | 53.68 | 22.86 | 15.83 | 14.99 | 120.08 | 34.72 | 19.95 | 19.90 | 22.31 | 23.19 |
| 2.30 | 6.37 | 2.69 | 2.24 | 1.44 | 8.49 | 3.35 | 1.01 | 1.96 | 1.59 | 0.58 |
| 0.54 | 2.48 | 0.93 | 1.03 | 0.52 | 7.27 | 0.88 | 1.62 | 0.89 | 1.03 | 2.85 |

19－2 续 表7

| 指 标 | Item | 苏南合计 Southern Jiangsu | 南京 Nanjing | 无锡 Wuxi | 常州 Changzhou | 苏州 Suzhou |
|---|---|---|---|---|---|---|
| 普通中学 | Regular Secondary Schools | 35.84 | 8.63 | 7.50 | 6.32 | 9.00 |
| 小学 | Primary Schools | 21.12 | 4.66 | 4.88 | 3.64 | 5.82 |
| 招生总数 （万人） | Total Number of New Student Enrollment (10000 persons) | 114.37 | 42.82 | 19.30 | 16.37 | 26.24 |
| #普通高校 | Institutions of Regular Higher Education | 41.54 | 25.80 | 3.38 | 3.96 | 5.91 |
| 普通中等专业学校 | Regular Specialized Secondary Schools | 7.50 | 2.07 | 1.58 | 1.43 | 1.65 |
| 普通中学 | Regular Secondary Schools | 32.90 | 7.52 | 7.26 | 5.75 | 8.89 |
| 小学 | Primary Schools | 25.99 | 5.64 | 5.67 | 4.16 | 8.20 |
| 在校学生数 （万人） | Total Number of Students Enrollment (10000 persons) | 414.97 | 145.96 | 74.36 | 60.04 | 97.26 |
| #普通高校 | Institutions of Regular Higher Education | 128.80 | 80.85 | 10.83 | 10.46 | 17.85 |
| 普通中等专业学校 | Regular Specialized Secondary Schools | 24.40 | 6.07 | 5.35 | 3.82 | 6.61 |
| 普通中学 | Regular Secondary Schools | 101.12 | 23.77 | 21.76 | 17.76 | 26.54 |
| 小学 | Primary Schools | 139.30 | 30.07 | 31.74 | 22.90 | 41.50 |
| 专任教师总数 （万人） | Total Number of Full-time Teachers (10000 persons) | 27.60 | 9.93 | 5.00 | 3.43 | 6.63 |
| #普通高校 | Institutions of Regular Higher Education | 7.70 | 5.12 | 0.58 | 0.49 | 0.98 |
| 普通中等专业学校 | Regular Specialized Secondary Schools | 1.42 | 0.35 | 0.30 | 0.25 | 0.36 |
| 普通中学 | Regular Secondary Schools | 9.19 | 2.24 | 1.99 | 1.38 | 2.56 |
| 小学 | Primary Schools | 8.25 | 2.00 | 1.78 | 1.19 | 2.46 |
| 幼儿园数 （所） | Kindergartens (unit) | 1622 | 551 | 225 | 213 | 444 |
| 在园幼儿数 （万人） | School-age Children Enrolled in Schools (10000 persons) | 69.39 | 16.76 | 14.74 | 10.47 | 21.00 |
| 成人高等学校在校学生数 （万人） | Total Number of Adult Students in Institutions of Higher Education (10000 persons) | 31.84 | 18.61 | 2.15 | 3.78 | 4.28 |
| **科技、文化、卫生** | **Science, Culture and Public Health** | | | | | |
| 专利申请受理量 （件） | Applications Accepted (unit) | 223468 | 31055 | 51520 | 23413 | 102164 |

Continued 7

| 镇 江 Zhenjiang | 苏中合计 Mid Jiangsu | 南 通 Nantong | 扬 州 Yangzhou | 泰 州 Taizhou | 苏北合计 Northern Jiangsu | 徐 州 Xuzhou | 连云港 Lianyungang | 淮 安 Huaian | 盐 城 Yancheng | 宿 迁 Suqian |
|---|---|---|---|---|---|---|---|---|---|---|
| 4.39 | 28.27 | 12.13 | 7.63 | 8.51 | 66.15 | 19.82 | 10.86 | 10.44 | 11.97 | 13.06 |
| 2.12 | 12.95 | 5.49 | 3.77 | 3.69 | 30.91 | 8.53 | 5.39 | 4.99 | 5.97 | 6.02 |
| 9.65 | 49.00 | 20.28 | 15.40 | 13.32 | 113.47 | 34.60 | 18.96 | 18.85 | 21.58 | 19.48 |
| 2.49 | 6.15 | 2.28 | 2.31 | 1.56 | 8.95 | 3.81 | 1.01 | 2.01 | 1.49 | 0.63 |
| 0.75 | 3.34 | 1.58 | 1.17 | 0.58 | 8.15 | 1.39 | 2.09 | 0.90 | 1.02 | 2.76 |
| 3.48 | 22.05 | 9.17 | 6.52 | 6.36 | 50.90 | 14.13 | 8.85 | 8.24 | 9.93 | 9.75 |
| 2.32 | 12.92 | 5.32 | 3.75 | 3.85 | 37.28 | 12.45 | 6.31 | 5.75 | 7.02 | 5.75 |
| 37.35 | 194.50 | 81.39 | 60.11 | 52.99 | 448.93 | 128.95 | 72.66 | 72.32 | 84.44 | 90.57 |
| 8.80 | 19.99 | 7.45 | 7.78 | 4.75 | 30.59 | 13.17 | 3.39 | 6.74 | 5.53 | 1.76 |
| 2.54 | 11.78 | 4.89 | 5.30 | 1.59 | 27.34 | 4.67 | 4.81 | 4.92 | 3.84 | 9.10 |
| 11.28 | 72.46 | 30.52 | 20.81 | 21.13 | 166.23 | 46.36 | 28.61 | 26.76 | 31.88 | 32.62 |
| 13.09 | 77.64 | 32.22 | 22.72 | 22.69 | 192.66 | 57.10 | 33.60 | 30.31 | 36.56 | 35.09 |
| 2.62 | 13.12 | 5.32 | 3.87 | 3.93 | 28.39 | 8.38 | 4.81 | 4.53 | 6.11 | 4.56 |
| 0.53 | 1.10 | 0.39 | 0.46 | 0.25 | 1.60 | 0.70 | 0.18 | 0.34 | 0.29 | 0.09 |
| 0.16 | 0.37 | 0.10 | 0.16 | 0.11 | 0.93 | 0.19 | 0.15 | 0.19 | 0.12 | 0.28 |
| 1.02 | 6.22 | 2.58 | 1.68 | 1.96 | 13.03 | 3.77 | 2.22 | 2.10 | 2.90 | 2.04 |
| 0.83 | 4.70 | 1.86 | 1.35 | 1.50 | 11.78 | 3.35 | 2.03 | 1.82 | 2.50 | 2.08 |
| 189 | 867 | 381 | 277 | 209 | 1573 | 540 | 273 | 236 | 285 | 239 |
| 6.42 | 35.31 | 14.90 | 9.79 | 10.62 | 112.79 | 33.82 | 17.44 | 18.44 | 26.77 | 16.32 |
| 3.01 | 3.88 | 1.42 | 1.81 | 0.66 | 7.12 | 4.06 | 0.62 | 0.99 | 1.19 | 0.26 |
| 15316 | 85983 | 56421 | 14459 | 15103 | 37681 | 14723 | 3470 | 6856 | 10586 | 2046 |

| 指 标 | Item | 苏南合计 Southern Jiangsu | 南京 Nanjing | 无锡 Wuxi | 常州 Changzhou | 苏州 Suzhou |
|---|---|---|---|---|---|---|
| #发 明 | Inventions | 53773 | 11533 | 11233 | 6125 | 21765 |
| 专利申请授权量 （件） | Patents Granted (unit) | 142556 | 12404 | 34077 | 11390 | 77281 |
| #发 明 | Inventions | 9106 | 3452 | 1821 | 744 | 2492 |
| 公共图书馆 （个） | Public Libraries (unit) | 52 | 18 | 10 | 4 | 12 |
| 公共图书馆藏书量 （千册、件） | Total Collections of Public Libraries (1000 volumes) | 30633 | 13774 | 4626 | 2404 | 7666 |
| 卫生机构数 （个） | Number of Health Institutions (unit) | 9033 | 2268 | 1938 | 1101 | 2858 |
| #医院 | Hospitals | 495 | 170 | 110 | 30 | 150 |
| 卫生院 | Commune Hospitals | 267 | 22 | 33 | 62 | 92 |
| 疾病预防控制中心（防疫站） | Sanitation and Antiepidemic Agencies | 57 | 20 | 9 | 8 | 13 |
| 妇幼保健院（所、站） | Maternity and Child Care Centers | 41 | 14 | 6 | 8 | 7 |
| 卫生机构床位数（万张） | Number of Beds in Health Institutions (10000 units) | 13.41 | 3.45 | 2.88 | 1.69 | 4.30 |
| #医院 | Hospital | 10.76 | 2.93 | 2.39 | 1.07 | 3.55 |
| 卫生院 | Commune Hospitals | 1.31 | 0.05 | 0.10 | 0.43 | 0.53 |
| 卫生技术人员 （万人） | Number of Medical and Technical Personnel (10000 persons) | 16.97 | 5.00 | 3.17 | 2.29 | 5.09 |
| #执业（助理）医师 | Practitioner (Assistant) Doctors | 6.31 | 1.73 | 1.23 | 0.84 | 1.95 |
| 注册护士 | Registered Nurses | 6.76 | 2.10 | 1.29 | 0.86 | 1.96 |
| **人民生活** | **People's Livelihood** | | | | | |
| 城镇非私营单位在岗职工工资总额（亿元） | Total Wages of Fully-employed Staff and Workers (Excluded Private) (100 million yuan) | 2209.62 | 724.06 | 410.90 | 227.16 | 686.50 |

Continued 8

| 镇 江<br>Zhenjiang | 苏中合计<br>Mid Jiangsu | 南 通<br>Nantong | 扬 州<br>Yangzhou | 泰 州<br>Taizhou | 苏北合计<br>Northern Jiangsu | 徐 州<br>Xuzhou | 连云港<br>Lianyungang | 淮 安<br>Huaian | 盐 城<br>Yancheng | 宿 迁<br>Suqian |
|---|---|---|---|---|---|---|---|---|---|---|
| 3117 | 21022 | 15216 | 3154 | 2652 | 8629 | 4876 | 1053 | 967 | 1440 | 293 |
| 7404 | 42285 | 31335 | 5344 | 5606 | 14965 | 6821 | 2042 | 1984 | 3234 | 884 |
| 597 | 1048 | 508 | 284 | 256 | 885 | 299 | 152 | 224 | 160 | 50 |
| 8 | 22 | 9 | 7 | 6 | 40 | 8 | 7 | 8 | 11 | 6 |
| 2163 | 7127 | 3323 | 2129 | 1675 | 8530 | 2416 | 1996 | 1455 | 2011 | 652 |
| 868 | 7263 | 3283 | 1982 | 1998 | 15387 | 4415 | 2666 | 2116 | 3059 | 3131 |
| 35 | 221 | 107 | 76 | 38 | 567 | 108 | 64 | 53 | 126 | 216 |
| 58 | 439 | 221 | 93 | 125 | 517 | 158 | 92 | 130 | 137 | |
| 7 | 24 | 9 | 8 | 7 | 48 | 13 | 10 | 9 | 10 | 6 |
| 6 | 21 | 7 | 8 | 6 | 44 | 12 | 10 | 6 | 11 | 5 |
| 1.09 | 6.21 | 2.91 | 1.69 | 1.61 | 10.02 | 3.30 | 1.30 | 1.60 | 2.29 | 1.53 |
| 0.82 | 3.97 | 1.82 | 1.21 | 0.94 | 7.43 | 2.31 | 0.88 | 1.14 | 1.58 | 1.52 |
| 0.19 | 1.85 | 1.00 | 0.32 | 0.53 | 1.97 | 0.72 | 0.28 | 0.40 | 0.57 | |
| 1.42 | 7.44 | 3.21 | 2.33 | 1.90 | 11.10 | 3.53 | 1.72 | 1.76 | 2.42 | 1.67 |
| 0.57 | 3.03 | 1.36 | 0.81 | 0.86 | 4.13 | 1.27 | 0.64 | 0.64 | 0.99 | 0.58 |
| 0.56 | 2.55 | 1.14 | 0.77 | 0.64 | 4.25 | 1.36 | 0.70 | 0.68 | 0.84 | 0.66 |
| 161.00 | 587.36 | 285.25 | 162.87 | 139.24 | 751.31 | 234.77 | 127.04 | 143.42 | 175.72 | 70.36 |

| 指 标 | Item | 苏南合计 Southern Jiangsu | 南 京 Nanjing | 无 锡 Wuxi | 常 州 Changzhou | 苏 州 Suzhou |
|---|---|---|---|---|---|---|
| 城镇非私营单位在岗职工年平均工资（元） | Average Wage of Fully-employed Staff and Workers (Excluded Private) (yuan) | 51580 | 54713 | 51518 | 49755 | 51657 |
| #国有单位 | State-owned Units | 70620 | 67976 | 79480 | 68289 | 81343 |
| 城镇集体单位 | Collective Owned Units in Urban Areas | 43538 | 37105 | 49717 | 47063 | 54628 |
| 港澳台投资单位 | Units Funded by Entrepreneurs from Hong Kong, Macao and Taiwan | 37343 | 35066 | 42274 | 36605 | 38971 |
| 外商投资单位 | Foreign-funded Economic Units | 43388 | 46250 | 41178 | 40614 | 44291 |
| 城镇居民人均可支配收入（元） | Per Capita Disposable Income of Urban Households (yuan) | 31762 | 31100 | 31638 | 29559 | 34617 |
| 城镇居民人均消费支出（元） | Per Capita Living Expenditure for Consumption of Urban Households (yuan) | 20244 | 20098 | 19780 | 19126 | 22330 |
| #食品支出 | Expenditure for Food | 7088 | 7133 | 6979 | 6591 | 7615 |
| 恩格尔系数（城镇）(%) | Engle Coefficient (Urban,%) | 35.0 | 35.5 | 35.3 | 34.5 | 34.1 |
| 农村居民人均纯收入（元） | Per Capita Net Income of Rural Households (yuan) | 15213 | 13108 | 16438 | 14838 | 17226 |
| 农村居民人均生活费支出（元） | Per Capita Living Expenditure for Consumption of Rural Households (yuan) | 11045 | 9956 | 11239 | 11207 | 12485 |
| #食品支出 | Expenditure for Food | 3954 | 3731 | 4115 | 3976 | 4221 |
| 恩格尔系数（农村）(%) | Engle Coefficient (Rural,%) | 35.8 | 37.5 | 36.6 | 35.5 | 33.8 |
| 居民人均储蓄存款（元） | Per Capita Saving Deposits of Residents (yuan) | 47398 | 48220 | 51497 | 46398 | 48282 |
| 城镇居民人均住房建筑面积（平方米） | Per Capita Residential Space of Urban Residents (sq. m) | 35.3 | 31.8 | 36.2 | 37.0 | 36.1 |
| 农村居民人均住房面积（平方米） | Per Capita Residential Space of Rural Residents (sq. m) | 62.8 | 58.9 | 66.0 | 61.5 | 69.0 |
| 居民消费价格指数（上年＝100） | Consumer Price Indices (preceding year = 100) | — | 105.4 | 105.1 | 105.0 | 105.1 |

Continued 9

| 镇 江 Zhenjiang | 苏中合计 Mid Jiangsu | 南 通 Nantong | 扬 州 Yangzhou | 泰 州 Taizhou | 苏北合计 Northern Jiangsu | 徐 州 Xuzhou | 连云港 Lianyungang | 淮 安 Huaian | 盐 城 Yancheng | 宿 迁 Suqian |
|---|---|---|---|---|---|---|---|---|---|---|
| 42659 | 41731 | 44574 | 40289 | 38328 | 37112 | 39493 | 38817 | 36982 | 35499 | 31995 |
| 56014 | 55524 | 63230 | 49749 | 52026 | 42958 | 43102 | 43526 | 45383 | 42897 | 38337 |
| 35468 | 33376 | 42303 | 29773 | 31626 | 32651 | 30822 | 30788 | 32671 | 38337 | 31656 |
| 30334 | 30018 | 31137 | 29303 | 27305 | 27323 | 29869 | 27500 | 27899 | 24487 | 19136 |
| 33290 | 33562 | 34843 | 32476 | 30654 | 30039 | 25206 | 30186 | 31273 | 31485 | 8136 |
| 26637 | 24052 | 25094 | 22835 | 23597 | 18415 | 19206 | 18483 | 18510 | 19414 | 14972 |
| 15518 | 15042 | 15613 | 14757 | 14415 | 12353 | 12450 | 11473 | 13287 | 13188 | 10634 |
| 5936 | 5551 | 5651 | 5588 | 5355 | 4459 | 4338 | 4321 | 4861 | 4710 | 3995 |
| 38.3 | 36.9 | 36.2 | 37.9 | 37.2 | 36.1 | 34.8 | 37.7 | 36.6 | 35.7 | 37.6 |
| 12825 | 11396 | 11730 | 11217 | 11046 | 9246 | 9490 | 8434 | 8645 | 10511 | 8344 |
| 9136 | 8193 | 8510 | 7791 | 8046 | 5909 | 5973 | 5498 | 5904 | 6142 | 5838 |
| 3445 | 2884 | 3077 | 2916 | 2573 | 2208 | 2170 | 2018 | 2198 | 2267 | 2352 |
| 37.7 | 35.2 | 36.2 | 37.4 | 32.0 | 37.4 | 36.3 | 36.7 | 37.2 | 36.9 | 40.3 |
| 35377 | 35339 | 41875 | 31993 | 28270 | 15318 | 17444 | 14209 | 14134 | 17470 | 10438 |
| 39.4 | 38.4 | 39.5 | 36.2 | 39.0 | 36.2 | 34.7 | 36.9 | 34.9 | 36.8 | 38.9 |
| 53.3 | 52.7 | 54.2 | 48.3 | 53.9 | 46.3 | 44.7 | 41.5 | 41.3 | 44.2 | 40.0 |
| 105.0 | — | 105.0 | 105.1 | 105.1 | — | 105.2 | 104.9 | 104.4 | 105.0 | 105.0 |

# 19－3 江苏主要指标占长江三角洲比重（2011 年）
## Proportion of Main Indicators of Jiangsu in Yangtze River Delta（2011）

| 指标 | Item | 长江三角洲三省市合计 Yangtze River Delta | 长江三角洲占全国比重（%）Proportion of Yangtze River Delta in the Country（%） | 江苏占长江三角洲比重（%）Proportion of Jiangsu in Yangtze River Delta（%） |
|---|---|---|---|---|
| 土地面积 （万平方公里） | Land Area （10000 sq. km） | 21.1 | 2.2 | 48.7 |
| 地区生产总值 （亿元） | Gross Domestic Product （100 million yuan） | 100624.8 | 21.3 | 48.8 |
| 第一产业 | Primary Industry | 4772.8 | 10.0 | 64.2 |
| 第二产业 | Secondary Industry | 49686.7 | 22.5 | 50.7 |
| 第三产业 | Tertiary Industry | 46165.3 | 22.7 | 45.1 |
| 固定资产投资 （亿元） | Total Investment in Fixed Assets （100 million yuan） | 44843.1 | 14.9 | 58.7 |
| #房地产开发 | Investment in Real Estate Development | 11875.5 | 19.2 | 46.9 |
| 地方一般预算收入 （亿元） | General Budgetary Revenue in Local Finance （100 million yuan） | 11729.6 | 22.4 | 43.9 |
| 金融机构本外币存款余额 （亿元） | Deposits Balance of Banking Institutions （100 million yuan） | 186718.4 | 22.6 | 36.2 |
| #居民储蓄存款 | Saving Deposits of Residents | 68015.3 | 19.6 | 38.4 |
| 金融机构本外币贷款余额 （亿元） | Loans Balance of Banking Institutions （100 million yuan） | 140719.6 | 24.2 | 35.7 |
| 货运量 （亿吨） | Freight Traffic （100 million tons） | 491931.5 | 13.3 | 43.2 |
| 客运量 （亿人） | Passenger Traffic （100 million persons） | 488207.4 | 13.8 | 50.7 |
| 社会消费品零售总额（亿元） | Total Rtail Sales of Consumer Goods （100 million yuan） | 34831.2 | 18.9 | 45.9 |
| 进出口总额 （亿美元） | Total Imports and Exports （USD 100 million） | 12864.7 | 35.3 | 42.0 |
| 出口 | Exports | 7386.7 | 38.9 | 42.3 |
| 进口 | Imports | 5477.9 | 31.4 | 41.5 |
| 实际外商直接投资（亿美元） | Actual Foreign Direct Investment （USD 100 million） | 564.0 | 48.6 | 57.0 |
| 旅游外汇收入 （亿美元） | Foreign Exchange Earnings from Tourism （USD 100 million） | 159.5 | 32.9 | 35.5 |
| 在读研究生 （万人） | Postgraduates （10000 persons） | 30.5 | 18.6 | 44.0 |
| 普通高等学校本专科在校学生 （万人） | University and College Students （10000 persons） | 298.0 | 12.9 | 55.7 |
| 专利申请受理量 （万件） | Applications Accepted （10000 units） | 60.6 | 37.1 | 57.5 |
| 专利申请受权量 （万件） | Patents Granted （10000 units） | 37.8 | 39.4 | 52.9 |
| 图书出版量 （亿册） | Books Pubished （100 million copies） | 11.5 | 14.9 | 47.8 |
| 执业医师数 （万人） | Doctors （10000 persons） | 31.1 | 12.6 | 43.3 |
| 医院卫生院床位数 （万张） | Number of Hospital Beds （10000 units） | 59.8 | 11.6 | 49.5 |

# 19－4 沿江开发区域主要指标占全省比重（2011年）

# Proportion of Main Indicators of Development Zones along the Yangtze River in Jiangsu Province (2011)

| 指 标 | Item | 全 省 Province | 沿江开发区域 Development Zones along the Yangtze River | 沿江开发区域占全省比重（%） Proportion of Development Zones along the Yangtze River in Jiangsu Province (%) |
|---|---|---|---|---|
| 年末户籍人口 （万人） | Total Population at Year－end (10000 persons) | 7514.25 | 2541.18 | 33.8 |
| 土地面积 （万平方公里） | Land Area (10000 sq. km) | 10.26 | 2.54 | 24.7 |
| 地区生产总值 （亿元） | Gross Domestic Product (100 million yuan) | 49110.27 | 24356.01 | 49.6 |
| 第一产业 | Primary Industry | 3064.78 | 747.43 | 24.4 |
| 第二产业 | Secondary Industry | 25203.28 | 13006.26 | 51.6 |
| #工业 | Industry | 22280.61 | 11807.42 | 53.0 |
| 第三产业 | Tertiary Industry | 20842.21 | 10602.34 | 50.9 |
| 规模以上工业总产值 （亿元） | Gross Industrial Output Value of Over Scale Enterprises (100 million yuan) | 107680.68 | 52717.29 | 49.0 |
| #制造业 | Manufacturing | 103116.79 | 51430.04 | 49.9 |
| 固定资产投资额 （亿元） | Urban Investment in Fixed Assets (100 million yuan) | 26314.66 | 12520.83 | 47.6 |
| #房地产开发投资 | Real Estate avelopment | 5567.94 | 2598.26 | 46.7 |
| 社会消费品零售总额 （亿元） | Total Retail Sales of Consumer Goods (100 million yuan) | 15988.38 | 7732.13 | 48.4 |
| 进出口总额 （亿美元） | Total Imports and Exports (USD 100 million) | 5397.59 | 2209.28 | 40.9 |
| #出口 | Exports | 3126.23 | 1246.01 | 39.9 |
| 实际外商直接投资 （亿美元） | Actual Foreign Direct Investment (USD 100 million) | 321.32 | 155.74 | 48.5 |
| 地方财政一般预算收入（亿元） | General Budgetary Revenue in Local Finance (100 million yuan) | 5148.92 | 2235.23 | 43.4 |
| 地方财政一般预算支出（亿元） | General Budgetary Expenditure in Local Finance (100 million yuan) | 6221.72 | 2277.72 | 36.6 |
| 金融机构存款余额 （亿元） | Deposits Balance of Banking Institutions (100 million yuan) | 65723.56 | 35572.71 | 54.1 |
| #居民储蓄存款 | Saving Deposits of Residents | 25914.74 | 13388.82 | 51.7 |
| 金融机构贷款余额 （亿元） | Loans Balance of Banking Institutions (100 million yuan) | 47868.30 | 25865.32 | 54.0 |

# 19－5　沿江地区主要指标（2011 年）

## Main Indicators of the Region along the Yangtze River (2011)

| 地　　区 | Region | 年末户籍人口（万人）Registered Population at Year-end (10000 persons) | 土地面积（平方公里）Land Area (sq. km) | 人口密度（人/平方公里）Density of Population (person/sq. km) | 从业人员（万人）Employed Persons (10000 persons) | #第二产业 Secondary Industry | #第三产业 Tertiary Industry |
|---|---|---|---|---|---|---|---|
| **沿江八市** | **Eight Cities** | **4113.43** | **48301** | **852** | **2986.97** | **1463.08** | **1208.86** |
| **沿江开发区域** | **Development Regions** | **2541.18** | **25350** | **1002** | **1829.60** | **874.84** | **764.84** |
| 南京市区 | Nanjing | 551.56 | 4733 | 1165 | 410.92 | 143.15 | 233.66 |
| 江 阴 市 | Jiangyin | 120.88 | 987 | 1225 | 96.31 | 55.93 | 34.60 |
| 常州市区 | Changzhou | 228.98 | 1862 | 1230 | 193.55 | 107.97 | 75.98 |
| 常 熟 市 | Changshu | 106.72 | 1276 | 836 | 91.54 | 56.02 | 31.38 |
| 张家港市 | Zhangjiagang | 90.79 | 990 | 918 | 87.42 | 53.21 | 30.57 |
| 太 仓 市 | Taicang | 47.04 | 823 | 572 | 43.54 | 26.57 | 13.53 |
| 南通市区 | Nantong | 211.75 | 1521 | 1392 | 136.89 | 59.91 | 62.32 |
| 启 东 市 | Qidong | 112.41 | 1208 | 931 | 68.69 | 29.49 | 24.47 |
| 如 皋 市 | Rugao | 142.26 | 1492 | 953 | 75.02 | 34.78 | 24.79 |
| 海 门 市 | Haimen | 99.99 | 939 | 1065 | 66.49 | 31.69 | 21.38 |
| 扬州市区 | Yangzhou | 229.95 | 2351 | 978 | 160.65 | 82.67 | 65.37 |
| 仪 征 市 | Yizheng | 56.62 | 857 | 661 | 39.18 | 21.97 | 13.73 |
| 镇江市区 | Zhenjiang | 103.65 | 1082 | 958 | 68.25 | 30.56 | 31.28 |
| 丹 阳 市 | Danyang | 81.29 | 1047 | 776 | 62.21 | 36.09 | 19.44 |
| 扬 中 市 | Yangzhong | 28.01 | 331 | 846 | 21.30 | 12.68 | 7.10 |
| 句 容 市 | Jurong | 58.91 | 1387 | 425 | 38.50 | 16.56 | 10.91 |
| 泰州市区 | Taizhou | 83.01 | 640 | 1298 | 61.62 | 29.61 | 25.36 |
| 靖 江 市 | Jingjiang | 67.15 | 656 | 1024 | 40.72 | 18.84 | 14.78 |
| 泰 兴 市 | Taixing | 120.21 | 1170 | 1028 | 66.79 | 27.12 | 24.19 |

19－5 续 表1 Continued 1

| 地 区 | Region | 地区生产总值（亿元）Gross Domectic Product (100 million yuan) | 第一产业 Primary Industry | 第二产业 Seconary Industry | #工 业 Industry | 第三产业 Tertiary Industry | 人均地区生产总值（元）Per Capita GDP (yuan) |
|---|---|---|---|---|---|---|---|
| **沿江八市** | **Eight Cities** | **38768.22** | **1324.42** | **20627.49** | **18567.05** | **16816.33** | **79001** |
| **沿江开发区域** | **Development Regions** | **24356.01** | **747.43** | **13006.26** | **11807.42** | **10602.34** | **81802** |
| 南京市区 | Nanjing | 5538.93 | 111.18 | 2401.18 | 2093.72 | 3026.58 | 76724 |
| 江 阴 市 | Jiangyin | 2335.87 | 43.02 | 1354.31 | 1306.00 | 938.54 | 145456 |
| 常州市区 | Changzhou | 2715.04 | 52.75 | 1517.84 | 1418.92 | 1144.45 | 81897 |
| 常 熟 市 | Changshu | 1710.45 | 33.65 | 938.07 | 898.40 | 738.73 | 113133 |
| 张家港市 | Zhangjiagang | 1860.28 | 25.03 | 1098.01 | 1057.20 | 737.24 | 148727 |
| 太 仓 市 | Taicang | 867.53 | 30.88 | 485.72 | 459.30 | 350.93 | 121656 |
| 南通市区 | Nantong | 1594.08 | 49.43 | 856.19 | 724.75 | 688.46 | 69703 |
| 启 东 市 | Qidong | 520.17 | 55.96 | 277.11 | 219.19 | 187.10 | 53629 |
| 如 皋 市 | Rugao | 520.67 | 46.99 | 288.82 | 245.03 | 184.86 | 41178 |
| 海 门 市 | Haimen | 590.33 | 41.39 | 348.22 | 284.61 | 200.72 | 65226 |
| 扬州市区 | Yangzhou | 1744.78 | 66.62 | 987.16 | 876.26 | 691.00 | 72573 |
| 仪 征 市 | Yizheng | 333.41 | 17.71 | 196.19 | 173.69 | 119.51 | 59214 |
| 镇江市区 | Zhenjiang | 1023.31 | 24.41 | 555.13 | 494.36 | 443.77 | 84897 |
| 丹 阳 市 | Danyang | 724.90 | 38.80 | 400.20 | 383.54 | 285.90 | 75185 |
| 扬 中 市 | Yangzhong | 300.05 | 10.01 | 171.82 | 165.68 | 118.22 | 89194 |
| 句 容 市 | Jurong | 291.89 | 27.56 | 157.86 | 144.68 | 106.47 | 47193 |
| 泰州市区 | Taizhou | 658.95 | 15.40 | 401.30 | 347.34 | 242.26 | 74838 |
| 靖 江 市 | Jingjiang | 538.98 | 17.41 | 306.25 | 283.96 | 215.32 | 78683 |
| 泰 兴 市 | Taixing | 486.39 | 39.23 | 264.88 | 230.79 | 182.28 | 45258 |

| 地　区 | Region | 三次产业占 GDP 比重(%) Percentage of Three Industries to GDP(%) | | | | 地方财政一般预算收入占GDP 比重(%) Percentage of General Budgetary Revenue in Local Finance to GDP(%) | 外贸依存度(%) Interdependent Level to Foreign Trade (%) |
|---|---|---|---|---|---|---|---|
| | | 第一产业 Primary Industry | 第二产业 Seconary Industry | #工　业 Industry | 第三产业 Tertiary Industry | | |
| **沿江八市** | **Eight Cities** | **3.4** | **53.2** | **47.9** | **43.4** | **9.5** | **86.0** |
| **沿江开发区域** | **Development Regions** | **3.1** | **53.4** | **48.5** | **43.5** | **9.2** | **58.6** |
| 南京市区 | Nanjing | 2.0 | 43.4 | 37.8 | 54.6 | 10.7 | 66.1 |
| 江 阴 市 | Jiangyin | 1.8 | 58.0 | 55.9 | 40.2 | 6.6 | 57.8 |
| 常州市区 | Changzhou | 1.9 | 55.9 | 52.3 | 42.2 | 10.7 | 60.8 |
| 常 熟 市 | Changshu | 2.0 | 54.8 | 52.5 | 43.2 | 7.2 | 74.8 |
| 张家港市 | Zhangjiagang | 1.3 | 59.0 | 56.8 | 39.6 | 7.7 | 116.1 |
| 太 仓 市 | Taicang | 3.6 | 56.0 | 52.9 | 40.5 | 9.8 | 90.6 |
| 南通市区 | Nantong | 3.1 | 53.7 | 45.5 | 43.2 | 11.8 | 65.7 |
| 启 东 市 | Qidong | 10.8 | 53.3 | 42.1 | 36.0 | 8.5 | 30.9 |
| 如 皋 市 | Rugao | 9.0 | 55.5 | 47.1 | 35.5 | 8.8 | 37.7 |
| 海 门 市 | Haimen | 7.0 | 59.0 | 48.2 | 34.0 | 7.2 | 17.3 |
| 扬州市区 | Yangzhou | 3.8 | 56.6 | 50.2 | 39.6 | 8.7 | 31.0 |
| 仪 征 市 | Yizheng | 5.3 | 58.8 | 52.1 | 35.8 | 7.8 | 16.1 |
| 镇江市区 | Zhenjiang | 2.4 | 54.2 | 48.3 | 43.4 | 9.8 | 39.8 |
| 丹 阳 市 | Danyang | 5.4 | 55.2 | 52.9 | 39.4 | 5.7 | 20.9 |
| 扬 中 市 | Yangzhong | 3.3 | 57.3 | 55.2 | 39.4 | 6.5 | 19.1 |
| 句 容 市 | Jurong | 9.4 | 54.1 | 49.6 | 36.5 | 7.0 | 11.8 |
| 泰州市区 | Taizhou | 2.3 | 60.9 | 52.7 | 36.8 | 14.2 | 35.9 |
| 靖 江 市 | Jingjiang | 3.2 | 56.8 | 52.7 | 39.9 | 9.0 | 52.2 |
| 泰 兴 市 | Taixing | 8.1 | 54.5 | 47.4 | 37.5 | 5.7 | 23.6 |

| 地　区 | Region | 规模以上工业企业个数(个) Number of Over Scale Industrial Enterprises (unit) | 从业人员平均人数(万人) Average Number of Employees (10000 persons) | 工业总产值(亿元) Total Output Value of Industry (100 million yuan) | #制造业 Manufacturing | 主营业务收入(亿元) Major Business Revenue (100 million yuan) | 利税总额(亿元) Total Pre-tax Profits (100 million yuan) |
|---|---|---|---|---|---|---|---|
| **沿江八市** | **Eight Cities** | **33449** | **885.99** | **87439.55** | **85856.47** | **86860.16** | **8494.53** |
| **沿江开发区域** | **Development Regions** | **18794** | **478.50** | **52717.29** | **51430.04** | **52332.58** | **5459.60** |
| 南京市区 | Nanjing | 1907 | 61.14 | 9372.36 | 9087.02 | 9486.36 | 1055.54 |
| 江 阴 市 | Jiangyin | 1417 | 45.73 | 5953.02 | 5800.32 | 5970.02 | 718.70 |
| 常州市区 | Changzhou | 2955 | 70.20 | 6446.64 | 6353.53 | 6400.71 | 519.38 |
| 常 熟 市 | Changshu | 1430 | 38.86 | 3251.66 | 3158.65 | 3184.39 | 237.79 |
| 张家港市 | Zhangjiagang | 1174 | 33.38 | 4461.91 | 4370.42 | 4688.83 | 296.02 |
| 太 仓 市 | Taicang | 1076 | 17.76 | 1706.25 | 1592.36 | 1687.26 | 143.51 |
| 南通市区 | Nantong | 1640 | 32.64 | 3166.83 | 3090.92 | 3052.42 | 337.97 |
| 启 东 市 | Qidong | 507 | 9.67 | 1036.53 | 976.52 | 1007.61 | 139.03 |
| 如 皋 市 | Rugao | 756 | 14.59 | 1157.30 | 1155.04 | 1118.31 | 96.72 |
| 海 门 市 | Haimen | 570 | 10.26 | 1201.98 | 1199.48 | 1219.01 | 196.55 |
| 扬州市区 | Yangzhou | 1472 | 52.21 | 4506.82 | 4424.13 | 4331.41 | 585.01 |
| 仪 征 市 | Yizheng | 308 | 8.92 | 944.67 | 943.28 | 940.25 | 112.27 |
| 镇江市区 | Zhenjiang | 707 | 14.59 | 2157.98 | 2010.69 | 2069.55 | 218.59 |
| 丹 阳 市 | Danyang | 712 | 17.11 | 1604.94 | 1601.12 | 1569.01 | 105.27 |
| 扬 中 市 | Yangzhong | 295 | 7.00 | 729.66 | 728.34 | 695.94 | 77.48 |
| 句 容 市 | Jurong | 459 | 10.15 | 715.08 | 699.23 | 705.95 | 66.98 |
| 泰州市区 | Taizhou | 485 | 12.81 | 1796.95 | 1748.11 | 1782.56 | 200.63 |
| 靖 江 市 | Jingjiang | 428 | 11.59 | 1434.14 | 1424.73 | 1362.98 | 208.55 |
| 泰 兴 市 | Taixing | 496 | 9.87 | 1072.56 | 1066.14 | 1060.02 | 143.59 |

19－5 续 表4 Continued 4

| 地　区 | Region | 固定资产投资（亿元）Investment in Fixed Assets (100 million yuan) | #房地产开发 Real Estate Development | 社会消费品零售总额（亿元）Total Retail Sales of Consumer Goods (100 million yuan) | 进出口总额（亿美元）Total Imports and Exports (USD 100 million) | #出口 Exports | 实际外商直接投资（亿美元）Actual Direct Foreign Investment (USD 100 million) |
|---|---|---|---|---|---|---|---|
| **沿江八市** | **Eight Cities** | **19673.89** | **4457.38** | **12567.06** | **5163.81** | **2981.98** | **266.33** |
| **沿江开发区域** | **Development Regions** | **12520.83** | **2598.26** | **7732.13** | **2209.28** | **1246.01** | **155.74** |
| 南京市区 | Nanjing | 3497.54 | 839.94 | 2511.51 | 566.45 | 302.40 | 33.52 |
| 江 阴 市 | Jiangyin | 711.92 | 180.30 | 451.92 | 209.05 | 118.89 | 7.21 |
| 常州市区 | Changzhou | 1821.18 | 506.69 | 926.23 | 255.72 | 168.55 | 24.17 |
| 常 熟 市 | Changshu | 492.83 | 93.02 | 426.26 | 198.04 | 135.46 | 9.02 |
| 张家港市 | Zhangjiagang | 532.56 | 74.95 | 316.46 | 334.32 | 120.93 | 9.02 |
| 太 仓 市 | Taicang | 386.25 | 87.10 | 167.17 | 121.64 | 53.57 | 8.10 |
| 南通市区 | Nantong | 991.82 | 267.86 | 559.59 | 162.18 | 111.41 | 7.41 |
| 启 东 市 | Qidong | 302.99 | 19.82 | 198.53 | 24.91 | 18.28 | 3.83 |
| 如 皋 市 | Rugao | 272.02 | 19.62 | 198.65 | 30.42 | 18.77 | 4.76 |
| 海 门 市 | Haimen | 300.66 | 28.44 | 204.93 | 15.84 | 11.38 | 1.13 |
| 扬州市区 | Yangzhou | 913.91 | 156.32 | 563.21 | 83.71 | 61.33 | 14.82 |
| 仪 征 市 | Yizheng | 205.74 | 10.50 | 100.83 | 8.31 | 4.64 | 2.92 |
| 镇江市区 | Zhenjiang | 732.40 | 83.08 | 328.79 | 63.08 | 30.60 | 9.03 |
| 丹 阳 市 | Danyang | 231.68 | 23.79 | 175.35 | 23.45 | 18.25 | 2.69 |
| 扬 中 市 | Yangzhong | 120.01 | 10.84 | 78.21 | 8.86 | 3.50 | 1.92 |
| 句 容 市 | Jurong | 142.85 | 23.76 | 81.72 | 5.33 | 3.85 | 4.44 |
| 泰州市区 | Taizhou | 418.64 | 101.86 | 206.97 | 36.62 | 24.68 | 6.52 |
| 靖 江 市 | Jingjiang | 232.05 | 43.74 | 109.13 | 43.57 | 30.21 | 3.02 |
| 泰 兴 市 | Taixing | 213.78 | 26.62 | 126.67 | 17.79 | 9.31 | 2.21 |

19－5 续 表 5 Continued 5

单位:亿元 (100 million yuan)

| 地 区 | Region | 地方财政一般预算收入 General Budgetary Revenue in Local Finance | #税收收入 Taxes | 地方财政一般预算支出 General Budgetary Expenditure in Local Finance | 年末金融机构存款余额 Deposits Balance of Banking Institutions (year－end) | #城乡居民储蓄存款 Savings Deposits by Residents | 年末金融机构贷款余额 Loans Balance of Banking Institutions (year－end) |
|---|---|---|---|---|---|---|---|
| **沿江八市** | **Eight Cities** | **3693.43** | **3004.31** | **3772.06** | **56746.74** | **21355.31** | **41811.95** |
| **沿江开发区域** | **Development Regions** | **2235.23** | **1773.92** | **2277.72** | **35572.71** | **13388.82** | **25865.32** |
| 南京市区 | Nanjing | 592.00 | 498.24 | 607.35 | 13622.01 | 3737.93 | 10866.25 |
| 江 阴 市 | Jiangyin | 153.37 | 132.58 | 136.44 | 2193.35 | 699.23 | 1640.94 |
| 常州市区 | Changzhou | 290.68 | 230.80 | 287.77 | 4024.70 | 1674.01 | 2817.27 |
| 常 熟 市 | Changshu | 122.50 | 94.84 | 115.02 | 1815.87 | 812.08 | 1319.15 |
| 张家港市 | Zhangjiagang | 142.32 | 113.88 | 132.77 | 1857.34 | 665.62 | 1309.15 |
| 太 仓 市 | Taicang | 85.41 | 65.83 | 80.51 | 890.23 | 325.41 | 749.49 |
| 南通市区 | Nantong | 187.74 | 134.50 | 172.49 | 2744.17 | 1213.25 | 1755.14 |
| 启 东 市 | Qidong | 44.07 | 35.55 | 53.27 | 572.40 | 406.11 | 322.78 |
| 如 皋 市 | Rugao | 45.63 | 38.72 | 60.54 | 597.06 | 370.40 | 291.54 |
| 海 门 市 | Haimen | 42.35 | 32.57 | 47.65 | 608.72 | 409.30 | 340.16 |
| 扬州市区 | Yangzhou | 151.06 | 106.36 | 171.50 | 2044.57 | 951.27 | 1281.56 |
| 仪 征 市 | Yizheng | 25.95 | 18.76 | 27.41 | 296.05 | 161.25 | 156.14 |
| 镇江市区 | Zhenjiang | 100.67 | 78.53 | 106.16 | 1282.23 | 483.89 | 959.56 |
| 丹 阳 市 | Danyang | 41.13 | 34.20 | 43.64 | 590.26 | 313.96 | 465.18 |
| 扬 中 市 | Yangzhong | 19.60 | 16.17 | 22.18 | 296.74 | 164.55 | 195.82 |
| 句 容 市 | Jurong | 20.50 | 16.92 | 30.92 | 262.61 | 146.42 | 166.86 |
| 泰州市区 | Taizhou | 93.67 | 64.37 | 98.73 | 927.35 | 341.62 | 647.48 |
| 靖 江 市 | Jingjiang | 48.68 | 39.30 | 41.50 | 559.05 | 261.87 | 352.84 |
| 泰 兴 市 | Taixing | 27.90 | 21.82 | 41.88 | 388.01 | 250.63 | 228.01 |

19－5 续 表6 Continued 6

| 地 区 | Region | 公路里程（公里）Total Length of Highways (km) | 民用汽车拥有量（万辆）Number of Civil Motor Vehicles Owned (10000 units) | 公路客运量（万人）Passenger Traffic (10000 persons) | 公路货运量（万吨）Freight Traffic (10000 tons) | 全社会用电量（亿千瓦时）Total Consumption of Electricity (100 million kW·h) | #工业用电 Consumption of Electricity for Industrial Use |
|---|---|---|---|---|---|---|---|
| **沿江八市** | **Eight Cities** | **83297** | **532.19** | **186346** | **101857** | **3271.39** | **2584.79** |
| **沿江开发区域** | **Development Regions** | **50121** | **320.68** | **106907** | **70709** | **1935.97** | **1533.98** |
| 南京市区 | Nanjing | 7799 | 94.81 | 36910 | 17959 | 378.90 | 242.43 |
| 江阴市 | Jiangyin | 2362 | 21.62 | 3012 | 3299 | 233.35 | 211.77 |
| 常州市区 | Changzhou | 4035 | 45.36 | 10343 | 10043 | 240.82 | 189.93 |
| 常熟市 | Changshu | 3164 | 20.24 | 6483 | 1771 | 141.38 | 119.94 |
| 张家港市 | Zhangjiagang | 1509 | 17.10 | 7237 | 2602 | 259.60 | 243.12 |
| 太仓市 | Taicang | 1265 | 9.97 | 3095 | 1986 | 77.93 | 66.78 |
| 南通市区 | Nantong | 3898 | 24.42 | 13088 | 8494 | 118.03 | 88.78 |
| 启东市 | Qidong | 3477 | 7.02 | 1721 | 1401 | 22.36 | 14.88 |
| 如皋市 | Rugao | 3143 | 7.67 | 877 | 2492 | 39.39 | 29.31 |
| 海门市 | Haimen | 2456 | 6.58 | 1411 | 1072 | 28.85 | 21.02 |
| 扬州市区 | Yangzhou | 4104 | 18.51 | 5355 | 4767 | 69.03 | 46.35 |
| 仪征市 | Yizheng | 1459 | 3.10 | 579 | 838 | 25.71 | 21.38 |
| 镇江市区 | Zhenjiang | 1587 | 13.88 | 5435 | 6272 | 96.38 | 78.97 |
| 丹阳市 | Danyang | 2084 | 6.01 | 2277 | 2546 | 55.32 | 45.59 |
| 扬中市 | Yangzhong | 958 | 2.46 | 1076 | 680 | 13.33 | 10.31 |
| 句容市 | Jurong | 2386 | 1.90 | 1906 | 1679 | 19.06 | 14.09 |
| 泰州市区 | Taizhou | 1141 | 8.60 | 2510 | 1155 | 40.53 | 28.81 |
| 靖江市 | Jingjiang | 1241 | 5.83 | 1746 | 620 | 37.89 | 30.29 |
| 泰兴市 | Taixing | 2052 | 5.61 | 1845 | 1032 | 38.10 | 30.25 |

# 19－6 沿海地区主要指标（2011 年）
## Main Indicators of the Coastal Regions(2011)

| 地　区 | Region | 年末总人口（万人）Total Population at Year-end (10000 persons) | 土地面积（平方公里）Land Area (sq. km) | 人口密度（人/平方公里）Density of Population (person/sq. km) | 从业人员（万人）Employed Persons (10000 persons) | #第二产业 Secondary Industry | #第三产业 Tertiary Industry |
|---|---|---|---|---|---|---|---|
| **沿海三市** | **Three Cities** | **2090.75** | **32588** | **642** | **1130.54** | **433.68** | **425.23** |
| **沿海地带合计** | **Coastal Regions** | **1757.64** | **28497** | **617** | **974.69** | **372.41** | **370.59** |
| 南通市区 | Nantong | 211.75 | 1521 | 1392 | 136.89 | 59.91 | 62.32 |
| 海 安 县 | Haian | 93.72 | 1108 | 846 | 54.89 | 28.86 | 17.80 |
| 如 东 县 | Rudong | 104.75 | 1733 | 604 | 62.89 | 30.93 | 21.99 |
| 启 东 市 | Qidong | 112.41 | 1208 | 931 | 68.69 | 29.49 | 24.47 |
| 海 门 市 | Haimen | 99.99 | 939 | 1065 | 66.49 | 31.69 | 21.38 |
| 连云港市区 | Lianyungang | 95.53 | 1200 | 796 | 93.73 | 34.59 | 51.10 |
| 赣 榆 县 | Ganyu | 114.07 | 1514 | 753 | 63.44 | 21.98 | 21.69 |
| 东 海 县 | Donghai | 116.24 | 2037 | 571 | 65.47 | 20.51 | 21.57 |
| 灌 云 县 | Guanyun | 101.82 | 1840 | 553 | 47.28 | 13.83 | 14.03 |
| 灌 南 县 | Guannan | 77.52 | 1025 | 756 | 38.26 | 9.90 | 10.96 |
| 盐城市区 | Yancheng | 164.92 | 1862 | 886 | 70.97 | 25.51 | 27.04 |
| 响 水 县 | Xiangshui | 61.57 | 1461 | 421 | 22.12 | 6.40 | 8.03 |
| 滨 海 县 | Binhai | 120.05 | 1915 | 627 | 43.32 | 10.94 | 15.96 |
| 射 阳 县 | Sheyang | 97.37 | 2855 | 341 | 43.05 | 12.90 | 15.69 |
| 东 台 市 | Dongtai | 113.40 | 3221 | 352 | 59.15 | 21.35 | 22.13 |
| 大 丰 市 | Dafeng | 72.53 | 3059 | 237 | 38.05 | 13.61 | 14.43 |

| 地　区 | Region | 地区生产总值（亿元）Gross Domectic Product (100 million yuan) | 第一产业 Primary Industry | 第二产业 Seconary Industry | #工　业 Industry | 第三产业 Tertiary Industry | 人均地区生产总值（元）Per Capita GDP (yuan) |
|---|---|---|---|---|---|---|---|
| **沿海三市** | **Three Cities** | **8262.07** | **908.15** | **4182.02** | **3469.73** | **3171.90** | **43650** |
| **沿海地带合计** | **Coastal Regions** | **7230.47** | **773.65** | **3721.32** | **3098.76** | **2735.50** | **44966** |
| 南通市区 | Nantong | 1594.08 | 49.43 | 856.19 | 724.75 | 688.46 | 69703 |
| 海 安 县 | Haian | 429.52 | 42.94 | 228.01 | 186.17 | 158.57 | 49598 |
| 如 东 县 | Rudong | 425.45 | 50.50 | 223.13 | 180.66 | 151.82 | 42843 |
| 启 东 市 | Qidong | 520.17 | 55.96 | 277.11 | 219.19 | 187.10 | 53629 |
| 海 门 市 | Haimen | 590.33 | 41.39 | 348.22 | 284.61 | 200.72 | 65226 |
| 连云港市区 | Lianyungang | 507.23 | 29.94 | 259.18 | 205.49 | 218.11 | 48149 |
| 赣 榆 县 | Ganyu | 283.07 | 43.43 | 144.44 | 110.87 | 95.20 | 29846 |
| 东 海 县 | Donghai | 245.67 | 45.42 | 116.44 | 99.86 | 83.81 | 25845 |
| 灌 云 县 | Guanyun | 192.22 | 44.29 | 90.29 | 68.97 | 57.64 | 23496 |
| 灌 南 县 | Guannan | 182.33 | 34.33 | 91.38 | 77.53 | 56.62 | 29358 |
| 盐城市区 | Yancheng | 778.38 | 65.06 | 426.37 | 362.10 | 286.95 | 48207 |
| 响 水 县 | Xiangshui | 161.16 | 32.50 | 79.62 | 71.03 | 49.04 | 31696 |
| 滨 海 县 | Binhai | 238.00 | 45.41 | 104.34 | 87.91 | 88.25 | 24948 |
| 射 阳 县 | Sheyang | 287.98 | 63.66 | 117.78 | 106.92 | 106.54 | 32132 |
| 东 台 市 | Dongtai | 447.92 | 71.49 | 205.43 | 181.19 | 171.00 | 45292 |
| 大 丰 市 | Dafeng | 346.96 | 57.90 | 153.39 | 131.51 | 135.67 | 49218 |

| 地 区 | Region | 三次产业占 GDP 比重(%) Percentage of Three Industries to GDP (%) | | | | 地方财政一般预算收入占GDP 比重(%) Percentage of General Budgetary Revenue in Local Finance to GDP(%) | 外贸依存度(%) Interdependent Level to Foreign Trade (%) |
|---|---|---|---|---|---|---|---|
| | | 第一产业 Primary Industry | 第二产业 Seconary Industry | #工 业 Industry | 第三产业 Tertiary Industry | | |
| **沿海三市** | **Three Cities** | **11.0** | **50.6** | **42.0** | **38.4** | **10.0** | **29.6** |
| **沿海地带合计** | **Coastal Regions** | **10.7** | **51.5** | **42.9** | **37.8** | **10.0** | **30.8** |
| 南通市区 | Nantong | 3.1 | 53.7 | 45.5 | 43.2 | 11.8 | 65.7 |
| 海安县 | Haian | 10.0 | 53.1 | 43.3 | 36.9 | 6.6 | 18.6 |
| 如东县 | Rudong | 11.9 | 52.4 | 42.5 | 35.7 | 6.0 | 19.1 |
| 启东市 | Qidong | 10.8 | 53.3 | 42.1 | 36.0 | 8.5 | 30.9 |
| 海门市 | Haimen | 7.0 | 59.0 | 48.2 | 34.0 | 7.2 | 17.3 |
| 连云港市区 | Lianyungang | 5.9 | 51.1 | 40.5 | 43.0 | 17.5 | 75.5 |
| 赣榆县 | Ganyu | 15.3 | 51.0 | 39.2 | 33.6 | 8.4 | 6.0 |
| 东海县 | Donghai | 18.5 | 47.4 | 40.6 | 34.1 | 9.6 | 7.6 |
| 灌云县 | Guanyun | 23.0 | 47.0 | 35.9 | 30.0 | 11.2 | 9.8 |
| 灌南县 | Guannan | 18.8 | 50.1 | 42.5 | 31.1 | 12.2 | 4.6 |
| 盐城市区 | Yancheng | 8.4 | 54.8 | 46.5 | 36.9 | 12.2 | 25.5 |
| 响水县 | Xiangshui | 20.2 | 49.4 | 44.1 | 30.4 | 10.6 | 17.6 |
| 滨海县 | Binhai | 19.1 | 43.8 | 36.9 | 37.1 | 8.7 | 4.3 |
| 射阳县 | Sheyang | 22.1 | 40.9 | 37.1 | 37.0 | 6.6 | 3.8 |
| 东台市 | Dongtai | 16.0 | 45.9 | 40.5 | 38.2 | 8.0 | 5.5 |
| 大丰市 | Dafeng | 16.7 | 44.2 | 37.9 | 39.1 | 8.7 | 10.8 |

| 地　区 | Region | 规模以上工业企业个数(个) Number of Over Scale Industrial Enterprises (unit) | 从业人员平均人数(万人) Average Number of Employees (10000 persons) | 工业总产值(亿元) Total Output Value of Industry (100 million yuan) | #制造业 Manufacturing | 主营业务收入(亿元) Major Business Revenue (100 million yuan) | 利税总额(亿元) Total Pre-tax Profits (100 million yuan) |
|---|---|---|---|---|---|---|---|
| **沿海三市** | **Three Cities** | **8765** | **156.11** | **15670.41** | **14982.23** | **15389.59** | **1826.43** |
| **沿海地带合计** | **Coastal Regions** | **7472** | **131.37** | **13762.68** | **13078.78** | **13524.40** | **1653.95** |
| 南通市区 | Nantong | 1640 | 32.64 | 3166.83 | 3090.92 | 3052.42 | 337.97 |
| 海 安 县 | Haian | 798 | 9.93 | 1071.86 | 1068.67 | 1014.26 | 119.28 |
| 如 东 县 | Rudong | 641 | 10.64 | 1045.32 | 1029.44 | 1020.99 | 127.95 |
| 启 东 市 | Qidong | 507 | 9.67 | 1036.53 | 976.52 | 1007.61 | 139.03 |
| 海 门 市 | Haimen | 570 | 10.26 | 1201.98 | 1199.48 | 1219.01 | 196.56 |
| 连云港市区 | Lianyungang | 262 | 8.10 | 1047.81 | 950.86 | 1037.19 | 137.46 |
| 赣 榆 县 | Ganyu | 341 | 3.63 | 595.06 | 591.51 | 592.21 | 64.20 |
| 东 海 县 | Donghai | 327 | 3.39 | 364.75 | 358.55 | 357.18 | 37.75 |
| 灌 云 县 | Guanyun | 261 | 3.27 | 219.27 | 212.49 | 217.48 | 21.11 |
| 灌 南 县 | Guannan | 145 | 2.28 | 319.54 | 319.28 | 314.83 | 30.71 |
| 盐城市区 | Yancheng | 577 | 13.20 | 1580.10 | 1559.90 | 1611.52 | 231.81 |
| 响 水 县 | Xiangshui | 130 | 2.92 | 322.66 | 306.38 | 319.16 | 38.20 |
| 滨 海 县 | Binhai | 187 | 3.63 | 341.54 | 337.49 | 330.44 | 37.94 |
| 射 阳 县 | Sheyang | 264 | 3.71 | 375.99 | 14.14 | 372.66 | 28.50 |
| 东 台 市 | Dongtai | 512 | 8.34 | 569.91 | 565.04 | 557.65 | 56.81 |
| 大 丰 市 | Dafeng | 383 | 6.00 | 419.43 | 415.34 | 417.02 | 39.87 |

19－6 续 表4 Continued 4

| 地 区 | Region | 固定资产投资（亿元）Investment in Fixed Assets (100 million yuan) | #房地产开发 Real Estate Development | 社会消费品零售总额（亿元）Total Retail Sales of Consumer Goods (100 million yuan) | 进出口总额（亿美元）Total Imports and Exports (USD 100 million) | #出 口 Exports | 实际外商直接投资（亿美元）Actual Direct Foreign Investment (USD 100 million) |
|---|---|---|---|---|---|---|---|
| **沿海三市** | **Three Cities** | **5008.52** | **758.99** | **2888.60** | **379.19** | **247.26** | **44.64** |
| **沿海地带合计** | **Coastal Regions** | **4458.32** | **713.01** | **2522.91** | **344.89** | **224.77** | **37.01** |
| 南通市区 | Nantong | 991.82 | 267.86 | 559.59 | 162.18 | 111.41 | 7.41 |
| 海安县 | Haian | 260.12 | 27.82 | 157.00 | 12.39 | 10.27 | 1.59 |
| 如东县 | Rudong | 250.75 | 16.40 | 174.58 | 12.58 | 10.07 | 2.95 |
| 启东市 | Qidong | 302.99 | 19.82 | 198.53 | 24.91 | 18.28 | 3.83 |
| 海门市 | Haimen | 300.66 | 28.44 | 204.74 | 15.84 | 11.38 | 1.13 |
| 连云港市区 | Lianyungang | 444.69 | 95.56 | 201.74 | 59.29 | 29.28 | 4.46 |
| 赣榆县 | Ganyu | 168.03 | 19.04 | 92.53 | 2.63 | 2.10 | 0.57 |
| 东海县 | Donghai | 157.66 | 16.22 | 89.66 | 2.88 | 2.19 | 0.76 |
| 灌云县 | Guanyun | 136.94 | 12.74 | 68.12 | 2.92 | 2.71 | 0.16 |
| 灌南县 | Guannan | 135.86 | 21.09 | 48.18 | 1.28 | 1.08 | 0.16 |
| 盐城市区 | Yancheng | 495.71 | 111.37 | 297.03 | 30.68 | 12.70 | 5.03 |
| 响水县 | Xiangshui | 116.33 | 9.77 | 37.20 | 4.39 | 3.34 | 1.05 |
| 滨海县 | Binhai | 152.59 | 15.85 | 61.66 | 1.60 | 1.49 | 1.36 |
| 射阳县 | Sheyang | 138.77 | 9.09 | 97.02 | 1.69 | 1.08 | 1.26 |
| 东台市 | Dongtai | 228.31 | 23.60 | 139.29 | 3.82 | 3.50 | 2.65 |
| 大丰市 | Dafeng | 177.09 | 18.33 | 95.85 | 5.82 | 3.88 | 2.65 |

单位:亿元 (100 million yuan)

| 地　区 | Region | 地方财政一般预算收入 General Budgetary Revenue in Locel Finance | #税收收入 Taxes | 地方财政一般预算支出 General Budgetary Expenditure in Local Finance | 年末金融机构存款余额 Deposits Balance of Banking Institutions (year－end) | #城乡居民储蓄存款 Savings Deposits by Residents | 年末金融机构贷款余额 Loans Balance of Banking Institutions (year－end) |
|---|---|---|---|---|---|---|---|
| **沿海三市** | **Three Cities** | **822.80** | **607.76** | **1101.30** | **9190.10** | **4939.87** | **5855.21** |
| **沿海地带合计** | **Coastal Regions** | **725.78** | **533.97** | **955.14** | **8212.84** | **4320.03** | **5298.78** |
| 南通市区 | Nantong | 187.74 | 134.50 | 172.49 | 2744.17 | 1213.25 | 1755.14 |
| 海安县 | Haian | 28.51 | 23.31 | 43.09 | 556.67 | 356.46 | 362.23 |
| 如东县 | Rudong | 25.39 | 20.49 | 42.41 | 423.07 | 296.74 | 213.54 |
| 启东市 | Qidong | 44.07 | 35.55 | 53.27 | 572.40 | 406.11 | 322.78 |
| 海门市 | Haimen | 42.35 | 32.57 | 47.65 | 608.72 | 409.30 | 340.16 |
| 连云港市区 | Lianyungang | 88.94 | 58.69 | 113.07 | 847.61 | 295.36 | 645.76 |
| 赣榆县 | Ganyu | 23.81 | 17.64 | 44.63 | 157.35 | 102.63 | 117.64 |
| 东海县 | Donghai | 23.50 | 16.46 | 43.35 | 164.55 | 102.08 | 110.02 |
| 灌云县 | Guanyun | 21.61 | 15.73 | 35.91 | 125.96 | 73.32 | 82.87 |
| 灌南县 | Guannan | 22.22 | 15.62 | 37.67 | 72.39 | 49.83 | 54.89 |
| 盐城市区 | Yancheng | 94.87 | 74.71 | 126.04 | 855.79 | 336.76 | 614.16 |
| 响水县 | Xiangshui | 17.01 | 12.00 | 26.24 | 93.17 | 51.40 | 75.42 |
| 滨海县 | Binhai | 20.77 | 15.08 | 38.36 | 138.52 | 81.42 | 95.98 |
| 射阳县 | Sheyang | 19.01 | 13.48 | 35.83 | 181.28 | 112.32 | 133.35 |
| 东台市 | Dongtai | 35.92 | 25.53 | 53.70 | 375.08 | 267.01 | 209.78 |
| 大丰市 | Dafeng | 30.07 | 22.62 | 41.44 | 296.13 | 166.02 | 165.07 |

19－6 续 表6 Continued 6

| 地 区 | Region | 公路里程（公里）Total Length of Highways (km) | 民用汽车拥有量（万辆）Number of Civil Motor Vehicles Owned (10000 units) | 公路客运量（万人）Passenger Traffic (10000 persons) | 公路货运量（万吨）Freight Traffic (10000 tons) | 全社会用电量（亿千瓦时）Total Consumption of Electricity (100 million kW·h) | #工业用电 Consumption of Electricity for Industrial Use |
|---|---|---|---|---|---|---|---|
| **沿海三市** | **Three Cities** | **47666** | **112.82** | **47249** | **36802** | **569.06** | **414.28** |
| **沿海地带合计** | **Coastal Regions** | **41015** | **100.60** | **44867** | **33860** | **485.90** | **351.13** |
| 南通市区 | Nantong | 3898 | 24.42 | 13088 | 8494 | 118.03 | 88.78 |
| 海安县 | Haian | 2320 | 4.81 | 1659 | 2871 | 35.29 | 28.79 |
| 如东县 | Rudong | 2495 | 5.42 | 849 | 1851 | 31.60 | 24.15 |
| 启东市 | Qidong | 3477 | 7.02 | 1721 | 1401 | 22.36 | 14.88 |
| 海门市 | Haimen | 2456 | 6.58 | 1411 | 1072 | 28.85 | 21.02 |
| 连云港市区 | Lianyungang | 1417 | 9.20 | 9034 | 5443 | 39.71 | 24.10 |
| 赣榆县 | Ganyu | 2686 | 3.98 | 1392 | 2016 | 22.77 | 17.13 |
| 东海县 | Donghai | 2865 | 4.49 | 1532 | 1856 | 17.63 | 12.31 |
| 灌云县 | Guanyun | 2508 | 3.24 | 1356 | 1104 | 8.21 | 4.39 |
| 灌南县 | Guannan | 1837 | 2.13 | 1105 | 860 | 15.38 | 11.91 |
| 盐城市区 | Yancheng | 2750 | 11.21 | 8628 | 3501 | 40.12 | 24.72 |
| 响水县 | Xiangshui | 1713 | 1.97 | 783 | 492 | 18.35 | 15.13 |
| 滨海县 | Binhai | 2091 | 4.01 | 329 | 1029 | 17.89 | 12.68 |
| 射阳县 | Sheyang | 2448 | 3.56 | 346 | 108 | 14.41 | 8.93 |
| 东台市 | Dongtai | 3088 | 4.41 | 750 | 1169 | 31.90 | 25.12 |
| 大丰市 | Dafeng | 2967 | 4.14 | 884 | 593 | 23.38 | 17.10 |

# 19－7 沿东陇海线地区主要指标（2011 年）
## Main Indicators of the East Region along the Long-hai Railway(2011)

| 地区 | Region | 年末总人口（万人）Total Population at Year-end (10000 persons) | 土地面积（平方公里）Land Area (sq. km) | 人口密度（人/平方公里）Density of Population (person/sq. km) | 从业人员（万人）Employed Persons (10000 persons) | #第二产业 Secondary Industry | #第三产业 Tertiary Industry |
|---|---|---|---|---|---|---|---|
| **东陇海合计** | **Total** | **810.77** | **9933** | **816** | **487.17** | **184.68** | **191.43** |
| 徐州市区 | Xuzhou | 315.67 | 3038 | 1039 | 179.52 | 70.85 | 72.56 |
| 新 沂 市 | Xinyi | 104.70 | 1571 | 666 | 58.19 | 21.88 | 16.70 |
| 邳 州 市 | Pizhou | 178.63 | 2088 | 856 | 90.26 | 36.85 | 29.50 |
| 连云港市区 | Lianyungang | 95.53 | 1200 | 796 | 93.73 | 34.59 | 51.10 |
| 东 海 县 | Donghai | 116.24 | 2037 | 571 | 65.47 | 20.51 | 21.57 |

19－7 续表 1 Continued 1

| 地区 | Region | 地区生产总值（亿元）Gross Domectic Product (100 million yuan) | 第一产业 Primary Industry | 第二产业 Seconary Industry | #工业 Industry | 第三产业 Tertiary Industry | 人均地区生产总值（元）Per Capita GDP (yuan) |
|---|---|---|---|---|---|---|---|
| **东陇海合计** | **Total** | **3618.30** | **250.68** | **1853.59** | **1611.49** | **1514.02** | **48533** |
| 徐州市区 | Xuzhou | 2115.17 | 63.26 | 1149.53 | 1034.00 | 902.37 | 68564 |
| 新 沂 市 | Xinyi | 301.37 | 42.14 | 129.94 | 110.21 | 129.29 | 32861 |
| 邳 州 市 | Pizhou | 448.86 | 69.92 | 198.50 | 161.93 | 180.44 | 30972 |
| 连云港市区 | Lianyungang | 507.23 | 29.94 | 259.18 | 205.49 | 218.11 | 48149 |
| 东 海 县 | Donghai | 245.67 | 45.42 | 116.44 | 99.86 | 83.81 | 25845 |

19－7 续 表2 Continued 2

| 地　　区 | Region | 规模以上工业企业个数(个) Number of Over Scale Industrial Enterprises (unit) | 从业人员平均人数(万人) Average Number of Employees (10000 persons) | 工业总产值(亿元) Total Output Value (100 million yuan) | #制造业 Manufacturing | 主营业务收入(亿元) Major Business Revenue (100 million yuan) | 利税总额(亿元) Total Pre-tax Profits (100 million yuan) |
|---|---|---|---|---|---|---|---|
| **东陇海合计** | **Total** | **2408** | **66.94** | **6973.41** | **6384.38** | **6969.76** | **1099.24** |
| 徐州市区 | Xuzhou | 854 | 37.66 | 3907.51 | 3481.41 | 3923.86 | 674.13 |
| 新 沂 市 | Xinyi | 426 | 6.10 | 604.30 | 593.59 | 601.44 | 78.58 |
| 邳 州 市 | Pizhou | 539 | 11.69 | 1049.04 | 999.96 | 1050.09 | 171.33 |
| 连云港市区 | Lianyungang | 262 | 8.10 | 1047.81 | 950.86 | 1037.19 | 137.46 |
| 东 海 县 | Donghai | 327 | 3.39 | 364.75 | 358.55 | 357.18 | 37.75 |

19－7 续 表3 Continued 3

| 地　　区 | Region | 固定资产投资(亿元) Urban Investment in Fixed Assets (100 million yuan) | #房地产开发 Real Estate Development | 社会消费品零售总额(亿元) Total Retail Sales of Consumer Goods (100 million yuan) | 进出口总额(亿美元) Total Imports and Exports (USD 100 million) | #出　口 Export | 实际外商直接投资(亿美元) Actual Direct Foreign Investment (USD 100 million) |
|---|---|---|---|---|---|---|---|
| **东陇海合计** | **Total** | **2337.47** | **321.02** | **1186.68** | **117.71** | **66.93** | **17.34** |
| 徐州市区 | Xuzhou | 1193.05 | 151.78 | 721.09 | 42.58 | 23.42 | 9.78 |
| 新 沂 市 | Xinyi | 220.72 | 33.02 | 73.81 | 2.83 | 2.25 | 0.66 |
| 邳 州 市 | Pizhou | 321.35 | 24.45 | 100.37 | 10.13 | 9.79 | 1.67 |
| 连云港市区 | Lianyungang | 444.69 | 95.56 | 201.74 | 59.29 | 29.28 | 4.46 |
| 东 海 县 | Donghai | 157.66 | 16.22 | 89.66 | 2.88 | 2.19 | 0.76 |

19－7 续 表4 Continued 4

单位:亿元 (100 million yuan)

| 地 区 | Region | 地方财政一般预算收入 General Budgetary Revenue in Locel Finance | #税收收入 Taxes | 地方财政一般预算支出 General Budgetary Expenditure in Local Finance | 年末金融机构存款余额 Deposits Balance of Banking Institutions (year－end) | #城乡居民储蓄存款 Savings Deposits by Residents | 年末金融机构贷款余额 Loans Balance of Banking Institutions (year－end) |
|---|---|---|---|---|---|---|---|
| **东陇海合计** | **Total** | **359.10** | **255.01** | **477.09** | **3414.19** | **1499.27** | **2218.20** |
| 徐州市区 | Xuzhou | 185.06 | 133.97 | 224.04 | 2038.67 | 868.45 | 1182.10 |
| 新 沂 市 | Xinyi | 26.51 | 20.15 | 43.18 | 158.03 | 97.85 | 130.48 |
| 邳 州 市 | Pizhou | 35.08 | 25.74 | 53.45 | 205.33 | 135.53 | 149.84 |
| 连云港市区 | Lianyungang | 88.94 | 58.69 | 113.07 | 847.61 | 295.36 | 645.76 |
| 东 海 县 | Donghai | 23.50 | 16.46 | 43.35 | 164.55 | 102.08 | 110.02 |

19－7 续 表5 Continued 5

| 地 区 | Region | 公路里程(公里) Total Length of Highways (km) | 民用汽车拥用量(万辆) Number of Civil Motor Vehicles Owned (10000 units) | 公路客运量(万人) Passenger Traffic (10000 persons) | 公路货运量(万吨) Freight Traffic (10000 tons) | 全社会用电量(亿千瓦时) Total Consumption of Electricity (100 million kW·h) | #工业用电 Consumption of Electricity for Industrial Use |
|---|---|---|---|---|---|---|---|
| **东陇海合计** | **Total** | **13991** | **52.75** | **26806** | **19199** | **288.82** | **222.22** |
| 徐州市区 | Xuzhou | 3915 | 28.10 | 12160 | 7145 | 172.62 | 139.12 |
| 新 沂 市 | Xinyi | 2773 | 3.97 | 1522 | 2239 | 34.62 | 29.64 |
| 邳 州 市 | Pizhou | 3021 | 6.99 | 2558 | 2516 | 24.24 | 17.05 |
| 连云港市区 | Lianyungang | 1417 | 9.20 | 9034 | 5443 | 39.71 | 24.10 |
| 东 海 县 | Donghai | 2865 | 4.49 | 1532 | 1856 | 17.63 | 12.31 |

# 20

# 市县社会经济

# Social Economy of Cities and Counties

# 简 要 说 明

**一、本篇资料的主要内容**

本篇资料反映市县经济社会发展情况。

**二、资料来源**

本篇资料主要根据市县社会经济基本情况统计年报加工整理。

# Brief Introduction

**I. Main Contents**

Data in this chapter reflect the economic and social development of cities and counties.

**Ⅱ. Date Source**

Data in this chapter mainly based on the basic socio – economic situation annual report.

# 20－1 人　　口（2011年）

# Population（2011）

| 市　　县 | City and County | 年末户籍人口（万人）Registered Population at Year-end（10000 persons） | #女　性 Female | 年平均人口（万人）Average Person Per Year（10000 persons） | 出生人口（人）Birth（person） | 死亡人口（人）Death（person） | 年末常住人口（万人）Permanent Population at Year-end（10000 persons） |
|---|---|---|---|---|---|---|---|
| **南京市** | **Nanjing City** | **636.36** | **315.46** | **634.39** | **58289** | **34888** | **810.91** |
| 溧水县 | Lishui County | 41.70 | 20.48 | 41.52 | 4349 | 2584 | 41.93 |
| 高淳县 | Gaochun County | 43.10 | 20.91 | 42.91 | 4947 | 3085 | 41.93 |
| **无锡市** | **Wuxi City** | **467.96** | **235.30** | **467.26** | **35734** | **31294** | **643.22** |
| 江阴市 | Jiangyin City | 120.88 | 60.20 | 120.80 | 9327 | 7934 | 161.64 |
| 宜兴市 | Yixing City | 107.61 | 54.30 | 107.43 | 7753 | 8047 | 124.37 |
| **徐州市** | **Xuzhou City** | **976.66** | **470.94** | **974.78** | **88305** | **71598** | **857.26** |
| 丰　县 | Fengxian County | 115.08 | 55.05 | 115.78 | 9873 | 8774 | 95.51 |
| 沛　县 | Peixian County | 127.12 | 61.37 | 127.53 | 10209 | 6112 | 111.97 |
| 睢宁县 | Suining County | 135.46 | 65.02 | 134.29 | 17152 | 6260 | 103.16 |
| 新沂市 | Xinyi City | 104.70 | 50.55 | 104.36 | 11317 | 8741 | 91.34 |
| 邳州市 | Pizhou City | 178.63 | 85.86 | 178.63 | 7335 | 22302 | 144.01 |
| **常州市** | **Changzhou City** | **362.86** | **182.00** | **361.83** | **29007** | **22144** | **464.97** |
| 溧阳市 | Liyang City | 78.73 | 38.86 | 78.44 | 6312 | 2885 | 75.58 |
| 金坛市 | Jintan City | 55.15 | 27.61 | 55.03 | 3995 | 3943 | 55.53 |
| **苏州市** | **Suzhou City** | **642.33** | **325.85** | **639.99** | **58732** | **41956** | **1051.87** |
| 常熟市 | Changshu City | 106.72 | 54.77 | 106.70 | 7083 | 7958 | 151.22 |
| 张家港市 | Zhangjiagang City | 90.79 | 46.06 | 90.65 | 7427 | 6292 | 125.22 |
| 昆山市 | Kunshan City | 72.36 | 36.24 | 71.75 | 7878 | 4021 | 165.87 |
| 吴江市 | Wujiang City | 80.18 | 40.54 | 80.07 | 6609 | 5753 | 127.75 |
| 太仓市 | Taicang City | 47.04 | 24.20 | 46.96 | 3047 | 3691 | 71.41 |

20－1 续 表1 Continued 1

| 市　县 City and County | | 年末户籍人口（万人）Registered Population at Year-end (10000 persons) | #女　性 Female | 年平均人口（万人）Average Person Per Year (10000 persons) | 出生人口（人）Birth (person) | 死亡人口（人）Death (person) | 年末常住人口（万人）Permanent Population at Year-end (10000 persons) |
|---|---|---|---|---|---|---|---|
| **南 通 市** | **Nantong City** | **764.88** | **386.87** | **763.90** | **51665** | **58864** | **728.91** |
| 海 安 县 | Haian County | 93.71 | 47.21 | 93.57 | 5350 | 6737 | 86.60 |
| 如 东 县 | Rudong County | 104.75 | 52.96 | 104.80 | 6240 | 9293 | 99.07 |
| 启 东 市 | Qidong City | 112.41 | 57.21 | 112.23 | 6788 | 8151 | 96.76 |
| 如 皋 市 | Rugao City | 142.26 | 71.21 | 141.74 | 10895 | 9987 | 126.20 |
| 海 门 市 | Haimen City | 99.99 | 50.67 | 99.92 | 6441 | 8179 | 90.27 |
| **连云港市** | **Lianyungang City** | **505.18** | **241.89** | **501.46** | **66820** | **15499** | **438.61** |
| 赣 榆 县 | Ganyu County | 114.07 | 54.26 | 113.35 | 15586 | 2960 | 94.56 |
| 东 海 县 | Donghai County | 116.24 | 55.88 | 115.67 | 17580 | 6215 | 94.76 |
| 灌 云 县 | Guanyun County | 101.82 | 48.45 | 101.04 | 9457 | 1970 | 81.80 |
| 灌 南 县 | Guannan County | 77.52 | 36.52 | 76.84 | 11755 | 1631 | 61.93 |
| **淮 安 市** | **Huaian City** | **543.24** | **263.45** | **540.99** | **73151** | **20905** | **480.34** |
| 涟 水 县 | Lianshui County | 110.34 | 53.08 | 109.85 | 18251 | 4286 | 84.72 |
| 洪 泽 县 | Hongze County | 38.32 | 18.96 | 38.20 | 3140 | 1146 | 33.14 |
| 盱 眙 县 | Xuyi County | 77.47 | 37.36 | 77.25 | 9284 | 4123 | 65.20 |
| 金 湖 县 | Jinhu County | 35.71 | 17.83 | 35.82 | 2378 | 3033 | 32.98 |
| **盐 城 市** | **Yancheng City** | **820.69** | **398.22** | **818.41** | **98709** | **55271** | **723.74** |
| 响 水 县 | Xiangshui County | 61.57 | 29.41 | 61.45 | 8443 | 6124 | 50.68 |
| 滨 海 县 | Binhai County | 120.05 | 57.12 | 118.83 | 26643 | 5917 | 95.07 |
| 阜 宁 县 | Funing County | 110.37 | 52.71 | 110.01 | 14720 | 10320 | 84.07 |
| 射 阳 县 | Sheyang County | 97.37 | 47.46 | 97.43 | 9624 | 6376 | 89.52 |
| 建 湖 县 | Jianhu County | 80.49 | 38.92 | 80.69 | 7683 | 5767 | 74.00 |

| 市 县<br>City and County | | 年末户籍人口（万人）Registered Population at Year-end (10000 persons) | #女 性 Female | 年平均人口（万人）Average Person Per Year (10000 persons) | 出生人口（人）Birth (person) | 死亡人口（人）Death (person) | 年末常住人口（万人）Permanent Population at Year-end (10000 persons) |
|---|---|---|---|---|---|---|---|
| 东 台 市 | Dongtai City | 113.40 | 56.32 | 113.38 | 8046 | 7814 | 98.79 |
| 大 丰 市 | Dafeng City | 72.53 | 36.27 | 72.54 | 5288 | 5444 | 70.33 |
| **扬 州 市** | **Yangzhou City** | **460.05** | **229.60** | **459.59** | **36181** | **35034** | **446.30** |
| 宝 应 县 | Baoying County | 91.42 | 45.20 | 91.40 | 8029 | 7968 | 75.20 |
| 仪 征 市 | Yizheng City | 56.62 | 27.98 | 56.57 | 4580 | 4206 | 56.20 |
| 高 邮 市 | Gaoyou City | 82.06 | 41.16 | 82.07 | 5178 | 6743 | 74.00 |
| **镇 江 市** | **Zhenjiang City** | **271.86** | **136.46** | **271.28** | **21641** | **17592** | **313.43** |
| 丹 阳 市 | Danyang City | 81.29 | 40.99 | 81.08 | 7103 | 6866 | 96.76 |
| 扬 中 市 | Yangzhong City | 28.01 | 14.22 | 27.91 | 2350 | 2185 | 33.78 |
| 句 容 市 | Jurong City | 58.91 | 29.54 | 58.70 | 4802 | 2390 | 61.91 |
| **泰 州 市** | **Taizhou City** | **507.12** | **248.52** | **505.89** | **49382** | **34639** | **462.60** |
| 兴 化 市 | Xinghua City | 157.30 | 75.13 | 156.71 | 21832 | 10945 | 125.43 |
| 靖 江 市 | Jingjiang City | 67.15 | 33.73 | 66.99 | 4494 | 3904 | 68.54 |
| 泰 兴 市 | Taixing City | 120.21 | 58.98 | 119.92 | 9260 | 7692 | 107.51 |
| 姜 堰 市 | Jiangyan City | 79.45 | 39.31 | 79.42 | 6351 | 5514 | 72.98 |
| **宿 迁 市** | **Suqian City** | **555.05** | **267.85** | **550.67** | **92303** | **31992** | **476.64** |
| 沭 阳 县 | Shuyang County | 186.45 | 89.89 | 184.76 | 33889 | 9064 | 154.70 |
| 泗 阳 县 | Siyang County | 103.32 | 49.70 | 102.53 | 9979 | 4791 | 84.30 |
| 泗 洪 县 | Sihong County | 102.55 | 49.70 | 102.13 | 20982 | 12082 | 91.60 |

# 20－2 户数及土地面积（2011 年）
# Number of Households and Land Area (2011)

| 市 县<br>City and County | | 年末总户数（万户）Number of Households at Year-end (10000 households) | #乡村户数 Rural Household | 人口密度（人/平方公里）Density of Population (person/sq. km) | 土地面积（平方公里）Land Area (sq. km) | 建成区面积（平方公里）Developed Areas (sq. km) | 建成区绿化覆盖面积（公顷）Coverage Space of Green Areas Developed (hectare) |
|---|---|---|---|---|---|---|---|
| **南京市** | **Nanjing City** | **213.17** | **64.84** | **966** | **6587** | **676** | **29891** |
| 溧水县 | Lishui County | 14.29 | 10.48 | 392 | 1064 | 22 | 916 |
| 高淳县 | Gaochun County | 14.93 | 11.24 | 546 | 790 | 16 | 646 |
| **无锡市** | **Wuxi City** | **156.31** | **66.30** | **1011** | **4627** | **410** | **17454** |
| 江阴市 | Jiangyin City | 36.59 | 21.19 | 1225 | 987 | 55 | 2303 |
| 宜兴市 | Yixing City | 38.02 | 22.12 | 539 | 1997 | 66 | 2840 |
| **徐州市** | **Xuzhou City** | **273.21** | **186.51** | **867** | **11259** | **413** | **16850** |
| 丰县 | Fengxian County | 31.00 | 26.57 | 796 | 1446 | 23 | 822 |
| 沛县 | Peixian County | 37.50 | 24.60 | 942 | 1349 | 35 | 1437 |
| 睢宁县 | Suining County | 33.51 | 26.90 | 767 | 1767 | 32 | 1173 |
| 新沂市 | Xinyi City | 31.81 | 22.68 | 666 | 1571 | 33 | 1318 |
| 邳州市 | Pizhou City | 44.63 | 35.90 | 856 | 2088 | 41 | 1675 |
| **常州市** | **Changzhou City** | **128.10** | **78.00** | **830** | **4372** | **218** | **9155** |
| 溧阳市 | Liyang City | 26.53 | 19.88 | 513 | 1535 | 23 | 957 |
| 金坛市 | Jintan City | 21.04 | 14.22 | 565 | 976 | 22 | 896 |
| **苏州市** | **Suzhou City** | **213.24** | **94.11** | **757** | **8488** | **699** | **29672** |
| 常熟市 | Changshu City | 33.41 | 18.71 | 836 | 1276 | 98 | 4334 |
| 张家港市 | Zhangjiagang City | 33.91 | 19.79 | 918 | 990 | 66 | 2886 |
| 昆山市 | Kunshan City | 24.41 | 10.47 | 776 | 932 | 70 | 3045 |
| 吴江市 | Wujiang City | 25.59 | 16.73 | 648 | 1238 | 85 | 3383 |
| 太仓市 | Taicang City | 14.71 | 7.09 | 572 | 823 | 44 | 1829 |

20-2 续 表1 Continued 1

| 市 县<br>City and County | | 年末总户数（万户）Number of Households at Year-end (10000 households) | #乡村户数<br>Rural Household | 人口密度（人/平方公里）Density of Population (person/sq. km) | 土地面积（平方公里）Land Area (sq. km) | 建成区面积（平方公里）Developed Areas (sq. km) | 建成区绿化覆盖面积（公顷）Coverage Space of Green Areas Developed (hectare) |
|---|---|---|---|---|---|---|---|
| **南 通 市** | **Nantong City** | **282.76** | **206.53** | **956** | **8001** | **239** | **9641** |
| 海 安 县 | Haian County | 34.72 | 25.20 | 846 | 1108 | 19 | 744 |
| 如 东 县 | Rudong County | 37.60 | 30.76 | 605 | 1733 | 20 | 755 |
| 启 东 市 | Qidong City | 46.18 | 39.27 | 931 | 1208 | 18 | 718 |
| 如 皋 市 | Rugao City | 45.79 | 35.60 | 953 | 1492 | 20 | 807 |
| 海 门 市 | Haimen City | 38.35 | 30.10 | 1065 | 939 | 22 | 868 |
| **连云港市** | **Lianyungang City** | **140.24** | **90.81** | **663** | **7615** | **230** | **8975** |
| 赣 榆 县 | Ganyu County | 34.19 | 23.65 | 753 | 1514 | 27 | 1087 |
| 东 海 县 | Donghai County | 29.18 | 23.85 | 571 | 2037 | 25 | 988 |
| 灌 云 县 | Guanyun County | 26.75 | 19.53 | 553 | 1840 | 27 | 962 |
| 灌 南 县 | Guannan County | 20.72 | 15.70 | 756 | 1025 | 22 | 790 |
| **淮 安 市** | **Huaian City** | **160.97** | **100.83** | **539** | **10072** | **225** | **8844** |
| 涟 水 县 | Lianshui County | 28.27 | 22.10 | 658 | 1676 | 30 | 1056 |
| 洪 泽 县 | Hongze County | 112.43 | 8.21 | 275 | 1394 | 17 | 623 |
| 盱 眙 县 | Xuyi County | 22.02 | 15.47 | 310 | 2497 | 29 | 1187 |
| 金 湖 县 | Jinhu County | 12.96 | 8.16 | 256 | 1394 | 20 | 800 |
| **盐 城 市** | **Yancheng City** | **277.79** | **186.71** | **484** | **16972** | **280** | **11187** |
| 响 水 县 | Xiangshui County | 17.74 | 11.94 | 421 | 1461 | 21 | 789 |
| 滨 海 县 | Binhai County | 34.88 | 25.53 | 627 | 1915 | 31 | 1194 |
| 阜 宁 县 | Funing County | 36.72 | 21.82 | 767 | 1439 | 38 | 1505 |
| 射 阳 县 | Sheyang County | 32.74 | 22.28 | 341 | 2855 | 21 | 852 |
| 建 湖 县 | Jianhu County | 30.57 | 19.36 | 694 | 1160 | 23 | 902 |

| 市 县<br>City and County | | 年末总户数（万户）<br>Number of Households at Year-end (10000 households) | #乡村户数<br>Rural Household | 人口密度（人/平方公里）<br>Density of Population (person/sq. km) | 土地面积（平方公里）<br>Land Area (sq. km) | 建成区面积（平方公里）<br>Developed Areas (sq. km) | 建成区绿化覆盖面积（公顷）<br>Coverage Space of Green Areas Developed (hectare) |
|---|---|---|---|---|---|---|---|
| 东台市 | Dongtai City | 40.60 | 32.99 | 352 | 3221 | 32 | 1297 |
| 大丰市 | Dafeng City | 28.22 | 21.04 | 237 | 3059 | 25 | 985 |
| **扬州市** | **Yangzhou City** | **153.24** | **103.47** | **698** | **6591** | **216** | **9091** |
| 宝应县 | Baoying County | 29.46 | 20.84 | 626 | 1462 | 30 | 1232 |
| 仪征市 | Yizheng City | 19.34 | 12.01 | 661 | 857 | 39 | 1569 |
| 高邮市 | Gaoyou City | 26.48 | 18.83 | 427 | 1922 | 23 | 936 |
| **镇江市** | **Zhenjiang City** | **102.24** | **58.32** | **707** | **3847** | **173** | **7189** |
| 丹阳市 | Danyang City | 28.61 | 19.91 | 776 | 1047 | 25 | 1007 |
| 扬中市 | Yangzhong City | 10.90 | 7.81 | 846 | 331 | 12 | 461 |
| 句容市 | Jurong City | 22.50 | 15.25 | 425 | 1387 | 22 | 906 |
| **泰州市** | **Taizhou City** | **171.58** | **121.59** | **876** | **5787** | **170** | **6882** |
| 兴化市 | Xinghua City | 53.19 | 37.98 | 657 | 2395 | 24 | 945 |
| 靖江市 | Jingjiang City | 22.12 | 14.65 | 1024 | 656 | 34 | 1348 |
| 泰兴市 | Taixing City | 39.90 | 31.07 | 1028 | 1170 | 24 | 943 |
| 姜堰市 | Jiangyan City | 27.69 | 21.92 | 857 | 928 | 22 | 899 |
| **宿迁市** | **Suqian City** | **152.27** | **108.26** | **649** | **8555** | **193** | **7682** |
| 沭阳县 | Shuyang County | 50.27 | 38.53 | 811 | 2298 | 60 | 2345 |
| 泗阳县 | Siyang County | 28.46 | 20.16 | 729 | 1418 | 34 | 1339 |
| 泗洪县 | Sihong County | 29.27 | 19.43 | 376 | 2731 | 31 | 1212 |

# 20－3 法人单位数(2011 年)
# Number of Corporations (2011)

单位:个 (unit)

| 地区 | City and County | 合计 Total | 企业 Benterprises | 事业单位 Institutions | 机关 Agencies & Organizations | 社会团体 Social Organizations | 民办非企业单位 Non-enterprise Units Run by NGO | 其他组织机构 Others |
|---|---|---|---|---|---|---|---|---|
| **南京市** | **Nanjing City** | **102909** | **92484** | **3254** | **1109** | **1500** | **1261** | **3301** |
| 溧水县 | Lishui County | 5133 | 4368 | 236 | 70 | 25 | 27 | 407 |
| 高淳县 | Gaochun County | 4265 | 3570 | 246 | 85 | 69 | 50 | 245 |
| **无锡市** | **Wuxi City** | **126764** | **118998** | **2704** | **693** | **1100** | **801** | **2468** |
| 江阴市 | Jiangyin City | 28846 | 27214 | 534 | 134 | 218 | 133 | 613 |
| 宜兴市 | Yixing City | 19709 | 18077 | 574 | 104 | 230 | 165 | 559 |
| **徐州市** | **Xuzhou City** | **60140** | **49031** | **3448** | **1018** | **1328** | **1000** | **4315** |
| 丰县 | Fengxian County | 4529 | 3300 | 463 | 96 | 121 | 48 | 501 |
| 沛县 | Peixian County | 5601 | 4086 | 396 | 113 | 207 | 124 | 675 |
| 睢宁县 | Suining County | 4886 | 3594 | 399 | 89 | 69 | 171 | 564 |
| 新沂市 | Xinyi City | 4800 | 3704 | 338 | 88 | 143 | 90 | 437 |
| 邳州市 | Pizhou City | 5911 | 4430 | 441 | 137 | 138 | 71 | 694 |
| **常州市** | **Changzhou City** | **81984** | **74934** | **2252** | **635** | **1424** | **517** | **2222** |
| 溧阳市 | Liyang City | 7185 | 5903 | 381 | 97 | 190 | 80 | 534 |
| 金坛市 | Jintan City | 7151 | 6034 | 381 | 101 | 242 | 94 | 299 |
| **苏州市** | **Suzhou City** | **217726** | **206954** | **3643** | **917** | **1950** | **1051** | **3211** |
| 常熟市 | Changshu City | 21958 | 20449 | 537 | 101 | 250 | 119 | 502 |
| 张家港市 | Zhangjiagang City | 24721 | 23377 | 420 | 110 | 168 | 53 | 593 |
| 昆山市 | Kunshan City | 45191 | 43787 | 553 | 81 | 299 | 102 | 369 |
| 吴江市 | Wujiang City | 25957 | 24633 | 434 | 98 | 218 | 70 | 504 |
| 太仓市 | Taicang City | 13611 | 12646 | 379 | 82 | 196 | 91 | 217 |

20－3 续 表1 Continued 1

单位:个 (unit)

| 地 区 | City and County | 合 计 Total | 企 业 Benterprises | 事 业 单 位 Institutions | 机 关 Agencies & Organizations | 社 会 团 体 Social Organizations | 民办非企业单位 Non-enterprise Units Run by NGO | 其他组织机构 Others |
|---|---|---|---|---|---|---|---|---|
| **南 通 市** | **Nantong City** | **80917** | **69717** | **3677** | **794** | **1827** | **1699** | **3203** |
| 海 安 县 | Haian County | 9485 | 8071 | 536 | 72 | 174 | 315 | 317 |
| 如 东 县 | Rudong County | 8816 | 7426 | 549 | 92 | 238 | 134 | 377 |
| 启 东 市 | Qidong City | 9086 | 7666 | 428 | 104 | 209 | 115 | 564 |
| 如 皋 市 | Rugao City | 10613 | 8698 | 551 | 102 | 196 | 224 | 842 |
| 海 门 市 | Haimen City | 9261 | 7638 | 558 | 126 | 280 | 225 | 434 |
| **连云港市** | **Lianyungang City** | **38282** | **30713** | **2301** | **697** | **1249** | **686** | **2636** |
| 赣 榆 县 | Ganyu County | 5695 | 4225 | 398 | 94 | 187 | 44 | 747 |
| 东 海 县 | Donghai County | 6895 | 5497 | 361 | 119 | 145 | 222 | 551 |
| 灌 云 县 | Guanyun County | 4171 | 2887 | 510 | 108 | 209 | 75 | 382 |
| 灌 南 县 | Guannan County | 3728 | 2532 | 418 | 98 | 158 | 141 | 381 |
| **淮 安 市** | **Huaian City** | **37165** | **27975** | **2977** | **915** | **1324** | **603** | **3371** |
| 涟 水 县 | Lianshui County | 3983 | 2264 | 482 | 132 | 146 | 81 | 878 |
| 洪 泽 县 | Hongze County | 3074 | 2144 | 291 | 89 | 115 | 41 | 394 |
| 盱 眙 县 | Xuyi County | 4385 | 3198 | 385 | 104 | 209 | 50 | 439 |
| 金 湖 县 | Jinhu County | 3986 | 3157 | 319 | 99 | 104 | 30 | 277 |
| **盐 城 市** | **Yancheng City** | **61169** | **50976** | **3617** | **984** | **1084** | **617** | **3891** |
| 响 水 县 | Xiangshui County | 3509 | 2527 | 314 | 92 | 216 | 29 | 331 |
| 滨 海 县 | Binhai County | 4933 | 3864 | 442 | 104 | 131 | 48 | 344 |
| 阜 宁 县 | Funing County | 5930 | 4992 | 301 | 107 | 60 | 33 | 437 |
| 射 阳 县 | Sheyang County | 5431 | 4283 | 412 | 118 | 158 | 64 | 396 |
| 建 湖 县 | Jianhu County | 5784 | 4482 | 434 | 105 | 162 | 109 | 492 |

20－3 续 表2 Continued 2

单位:个 (unit)

| 地 区 City and County | | 合 计 Total | 企 业 Benterprises | 事 业 单 位 Institutions | 机 关 Agencies & Organizations | 社 会 团 体 Social Organizations | 民办非企业单位 Non-enterprise Units Run by NGO | 其他组织机构 Others |
|---|---|---|---|---|---|---|---|---|
| 东 台 市 | Dongtai City | 9159 | 7820 | 467 | 119 | 77 | 133 | 543 |
| 大 丰 市 | Dafeng City | 7035 | 5902 | 448 | 91 | 97 | 70 | 427 |
| **扬 州 市** | **Yangzhou City** | **50853** | **42662** | **2613** | **594** | **1332** | **607** | **3045** |
| 宝 应 县 | Baoying County | 5296 | 4071 | 441 | 94 | 139 | 34 | 517 |
| 仪 征 市 | Yizheng City | 6223 | 4946 | 400 | 76 | 268 | 89 | 444 |
| 高 邮 市 | Gaoyou City | 6320 | 5084 | 446 | 88 | 96 | 59 | 547 |
| **镇 江 市** | **Zhenjiang City** | **43904** | **38083** | **2153** | **576** | **1196** | **350** | **1546** |
| 丹 阳 市 | Danyang City | 10603 | 9412 | 432 | 115 | 214 | 62 | 368 |
| 扬 中 市 | Yangzhong City | 6532 | 5853 | 265 | 84 | 128 | 46 | 156 |
| 句 容 市 | Jurong City | 5995 | 4988 | 385 | 78 | 149 | 25 | 370 |
| **泰 州 市** | **Taizhou City** | **53861** | **44965** | **2942** | **544** | **1391** | **1006** | **3013** |
| 兴 化 市 | Xinghua City | 9309 | 6695 | 795 | 103 | 367 | 353 | 996 |
| 靖 江 市 | Jingjiang City | 9701 | 8421 | 441 | 75 | 164 | 137 | 463 |
| 泰 兴 市 | Taixing City | 10591 | 9115 | 591 | 79 | 200 | 90 | 516 |
| 姜 堰 市 | Jiangyan City | 9444 | 8055 | 351 | 79 | 215 | 212 | 532 |
| **宿 迁 市** | **Suqian City** | **28745** | **22745** | **1808** | **589** | **478** | **960** | **2165** |
| 沭 阳 县 | Shuyang County | 9154 | 7553 | 400 | 131 | 79 | 325 | 666 |
| 泗 阳 县 | Siyang County | 4775 | 3693 | 300 | 105 | 84 | 269 | 324 |
| 泗 洪 县 | Sihong County | 4098 | 2904 | 372 | 105 | 48 | 80 | 589 |

# 20 -4 年末从业人员（2011 年）
## Number of Employed Persons（Year-end）（2011）

单位:万人 （10000 persons）

| 市 县 | City and County | 从业人员 Total Employed Persons | 第一产业 Primary Industry | 第二产业 Secondary Industry | #工 业 Industry | 第三产业 Tertiary Industry | #城镇单位从业人员 Employed Persons of Urban Units |
|---|---|---|---|---|---|---|---|
| **南 京 市** | **Nanjing City** | **468.34** | **44.49** | **175.63** | **129.95** | **248.22** | **140.17** |
| 溧 水 县 | Lishui County | 28.96 | 4.08 | 17.88 | 11.39 | 7.00 | 4.30 |
| 高 淳 县 | Gaochun County | 28.46 | 6.30 | 14.60 | 7.10 | 7.56 | 5.93 |
| **无 锡 市** | **Wuxi City** | **386.00** | **20.07** | **211.53** | **189.74** | **154.40** | **86.96** |
| 江 阴 市 | Jiangyin City | 96.31 | 5.78 | 55.93 | 50.41 | 34.60 | 17.53 |
| 宜 兴 市 | Yixing City | 74.06 | 10.10 | 38.69 | 31.69 | 25.27 | 11.38 |
| **徐 州 市** | **Xuzhou City** | **528.85** | **152.81** | **204.94** | **149.59** | **171.10** | **62.37** |
| 丰 县 | Fengxian County | 66.17 | 30.36 | 20.54 | 13.45 | 15.27 | 4.35 |
| 沛 县 | Peixian County | 62.09 | 17.96 | 27.76 | 17.55 | 16.37 | 4.30 |
| 睢 宁 县 | Suining County | 72.63 | 24.86 | 27.06 | 18.12 | 20.70 | 4.55 |
| 新 沂 市 | Xinyi City | 58.19 | 19.61 | 21.88 | 13.97 | 16.70 | 5.41 |
| 邳 州 市 | Pizhou City | 90.26 | 23.91 | 36.85 | 29.13 | 29.50 | 6.70 |
| **常 州 市** | **Changzhou City** | **277.72** | **22.26** | **153.21** | **123.70** | **102.25** | **50.12** |
| 溧 阳 市 | Liyang City | 48.67 | 7.65 | 25.12 | 14.65 | 15.90 | 5.75 |
| 金 坛 市 | Jintan City | 35.50 | 5.00 | 20.12 | 14.42 | 10.38 | 5.50 |
| **苏 州 市** | **Suzhou City** | **609.32** | **26.02** | **335.87** | **304.05** | **247.42** | **133.08** |
| 常 熟 市 | Changshu City | 91.54 | 4.13 | 56.02 | 50.71 | 31.38 | 12.61 |
| 张家港市 | Zhangjiagang City | 87.42 | 3.64 | 53.21 | 48.82 | 30.57 | 14.45 |
| 昆 山 市 | Kunshan City | 93.69 | 2.14 | 54.07 | 46.71 | 37.48 | 20.10 |
| 吴 江 市 | Wujiang City | 72.19 | 4.47 | 41.75 | 39.03 | 25.96 | 11.54 |
| 太 仓 市 | Taicang City | 43.54 | 3.45 | 26.57 | 24.71 | 13.53 | 12.38 |

20－4 续 表1 Continued 1

单位:万人 (10000 persons)

| 市 县<br>City and County | | 从业人员<br>Total Employed Persons | 第一产业<br>Primary Industry | 第二产业<br>Secondary Industry | #工 业<br>Industry | 第三产业<br>Tertiary Industry | #城镇单位从业人员<br>Employed Persons of Urban Units |
|---|---|---|---|---|---|---|---|
| **南 通 市** | **Nantong City** | **464.88** | **76.46** | **215.68** | **137.33** | **172.74** | **65.99** |
| 海 安 县 | Haian County | 54.89 | 8.23 | 28.86 | 18.03 | 17.80 | 7.21 |
| 如 东 县 | Rudong County | 62.89 | 9.98 | 30.93 | 19.79 | 21.99 | 7.04 |
| 启 东 市 | Qidong City | 68.69 | 14.73 | 29.49 | 18.21 | 24.47 | 6.75 |
| 如 皋 市 | Rugao City | 75.02 | 15.46 | 34.78 | 21.96 | 24.79 | 6.31 |
| 海 门 市 | Haimen City | 66.49 | 13.42 | 31.69 | 18.76 | 21.38 | 6.66 |
| **连云港市** | **Lianyungang City** | **308.18** | **88.02** | **100.81** | **66.38** | **119.35** | **35.16** |
| 赣 榆 县 | Ganyu County | 63.44 | 19.77 | 21.98 | 11.37 | 21.69 | 3.93 |
| 东 海 县 | Donghai County | 65.47 | 23.39 | 20.51 | 11.85 | 21.57 | 4.10 |
| 灌 云 县 | Guanyun County | 47.28 | 19.42 | 13.83 | 8.72 | 14.03 | 3.23 |
| 灌 南 县 | Guannan County | 38.26 | 17.40 | 9.90 | 6.64 | 10.96 | 3.53 |
| **淮 安 市** | **Huaian City** | **361.45** | **93.89** | **125.73** | **85.30** | **141.84** | **40.84** |
| 涟 水 县 | Lianshui County | 66.21 | 22.93 | 16.09 | 10.10 | 27.19 | 4.75 |
| 洪 泽 县 | Hongze County | 31.55 | 6.82 | 15.12 | 11.21 | 9.62 | 3.57 |
| 盱 眙 县 | Xuyi County | 53.76 | 13.06 | 18.21 | 14.24 | 22.50 | 3.94 |
| 金 湖 县 | Jinhu County | 24.50 | 5.90 | 11.16 | 8.58 | 7.44 | 2.99 |
| **盐 城 市** | **Yancheng City** | **357.48** | **107.16** | **117.19** | **74.34** | **133.14** | **52.78** |
| 响 水 县 | Xiangshui County | 22.12 | 7.69 | 6.40 | 5.10 | 8.03 | 3.32 |
| 滨 海 县 | Binhai County | 43.32 | 16.42 | 10.94 | 5.63 | 15.96 | 3.96 |
| 阜 宁 县 | Funing County | 42.53 | 14.83 | 12.14 | 6.22 | 15.56 | 5.15 |
| 射 阳 县 | Sheyang County | 43.05 | 14.46 | 12.90 | 7.70 | 15.69 | 5.62 |
| 建 湖 县 | Jianhu County | 38.29 | 9.65 | 14.34 | 9.55 | 14.30 | 5.38 |

20－4 续 表2 Continued 2

单位:万人 (10000 persons)

| 市 县 | City and County | 从业人员 Total Employed Persons | 第一产业 Primary Industry | 第二产业 Secondary Industry | #工 业 Industry | 第三产业 Tertiary Industry | #城镇单位从业人员 Employed Persons of Urban Units |
|---|---|---|---|---|---|---|---|
| 东台市 | Dongtai City | 59.15 | 15.67 | 21.35 | 13.30 | 22.13 | 6.99 |
| 大丰市 | Dafeng City | 38.05 | 10.01 | 13.61 | 9.27 | 14.43 | 6.28 |
| **扬州市** | **Yangzhou City** | **303.81** | **35.20** | **156.25** | **109.33** | **112.36** | **42.11** |
| 宝应县 | Baoying County | 54.12 | 10.33 | 26.68 | 13.90 | 17.11 | 6.01 |
| 仪征市 | Yizheng City | 39.18 | 3.48 | 21.97 | 14.75 | 13.73 | 6.78 |
| 高邮市 | Gaoyou City | 49.86 | 8.78 | 24.93 | 17.63 | 16.15 | 5.47 |
| **镇江市** | **Zhenjiang City** | **190.26** | **25.64** | **95.89** | **73.40** | **68.73** | **39.27** |
| 丹阳市 | Danyang City | 62.21 | 6.68 | 36.09 | 31.50 | 19.44 | 8.70 |
| 扬中市 | Yangzhong City | 21.30 | 1.52 | 12.68 | 11.02 | 7.10 | 4.66 |
| 句容市 | Jurong City | 38.50 | 11.03 | 16.56 | 9.54 | 10.91 | 6.33 |
| **泰州市** | **Taizhou City** | **286.65** | **64.90** | **119.02** | **77.77** | **102.73** | **39.40** |
| 兴化市 | Xinghua City | 71.93 | 27.14 | 20.60 | 13.05 | 24.19 | 5.88 |
| 靖江市 | Jingjiang City | 40.72 | 7.10 | 18.84 | 15.86 | 14.78 | 6.99 |
| 泰兴市 | Taixing City | 66.79 | 15.48 | 27.12 | 15.91 | 24.19 | 7.26 |
| 姜堰市 | Jiangyan City | 45.59 | 8.54 | 22.85 | 12.58 | 14.21 | 5.50 |
| **宿迁市** | **Suqian City** | **351.38** | **97.09** | **145.36** | **108.03** | **108.93** | **23.03** |
| 沭阳县 | Shuyang County | 130.45 | 34.50 | 55.09 | 44.52 | 40.86 | 6.30 |
| 泗阳县 | Siyang County | 61.33 | 16.30 | 28.95 | 22.12 | 16.08 | 3.73 |
| 泗洪县 | Sihong County | 55.11 | 24.09 | 17.54 | 11.73 | 13.49 | 4.18 |

# 20－5 在岗职工及私营个体从业人员(2011 年)
## Number of Staff and Workers and Businessmen of Private Units and Individuals (2011)

单位:万人 (10000 persons)

| 市县 | City and County | 在岗职工人数 Employed | #国有单位 State-owned Units | #城镇集体单位 Urban Collective-owned Units | #港澳台商投资单位 Units Funded by Entrepreneurs from Hong Kong, Macao & Taiwan | #外商投资单位 Foreign Funded Units | 私营企业和个体从业人员 Individuals and Employed Persons in Private Enterprises |
|---|---|---|---|---|---|---|---|
| **南京市** | **Nanjing City** | **133.72** | **49.79** | **4.28** | **9.52** | **21.54** | **205.72** |
| 溧水县 | Lishui County | 5.00 | 1.27 | 0.14 | 1.14 | 0.58 | 10.91 |
| 高淳县 | Gaochun County | 5.28 | 1.76 | 0.12 | 0.12 | 0.12 | 12.46 |
| **无锡市** | **Wuxi City** | **80.55** | **16.07** | **1.22** | **6.27** | **26.71** | **217.92** |
| 江阴市 | Jiangyin City | 16.46 | 3.21 | 0.34 | 2.86 | 1.76 | 59.36 |
| 宜兴市 | Yixing City | 10.20 | 2.61 | 0.25 | 0.75 | 1.45 | 44.18 |
| **徐州市** | **Xuzhou City** | **59.42** | **38.94** | **2.93** | **2.07** | **1.29** | **144.23** |
| 丰县 | Fengxian County | 3.99 | 2.78 | 0.31 | 0.08 | 0.07 | 8.72 |
| 沛县 | Peixian County | 3.85 | 3.21 | 0.41 | | | 14.55 |
| 睢宁县 | Suining County | 4.34 | 2.67 | 0.30 | 0.48 | 0.04 | 12.08 |
| 新沂市 | Xinyi City | 5.29 | 2.33 | 0.34 | 0.11 | 0.27 | 25.77 |
| 邳州市 | Pizhou City | 6.47 | 3.65 | 0.44 | 0.62 | 0.59 | 19.40 |
| **常州市** | **Changzhou City** | **48.32** | **14.73** | **1.16** | **6.16** | **5.05** | **155.88** |
| 溧阳市 | Liyang City | 5.55 | 2.24 | 0.07 | 0.25 | 0.44 | 21.53 |
| 金坛市 | Jintan City | 5.25 | 1.56 | 0.20 | 0.81 | 1.11 | 17.70 |
| **苏州市** | **Suzhou City** | **129.84** | **22.14** | **2.77** | **17.07** | **59.92** | **365.42** |
| 常熟市 | Changshu City | 12.37 | 2.85 | 0.54 | 2.34 | 2.36 | 56.90 |
| 张家港市 | Zhangjiagang City | 13.88 | 3.19 | 0.42 | 0.72 | 1.79 | 56.77 |
| 昆山市 | Kunshan City | 19.58 | 2.67 | 0.58 | 3.12 | 12.00 | 58.02 |

单位:万人 (10000 persons)

| 市 县 | City and County | 在岗职工人数 Employed | #国有单位 State-owned Units | #城镇集体单位 Urban Collective-owned Units | #港澳台商投资单位 Units Funded by Entrepreneurs from Hong Kong, Macao & Taiwan | #外商投资单位 Foreign Funded Units | 私营企业和个体从业人员 Individuals and Employed Persons in Private Enterprises |
|---|---|---|---|---|---|---|---|
| 吴江市 | Wujiang City | 11.36 | 2.42 | 0.30 | 1.33 | 5.80 | 37.32 |
| 太仓市 | Taicang City | 12.08 | 1.93 | 0.20 | 1.58 | 6.03 | 22.21 |
| **南通市** | **Nantong City** | **63.04** | **20.10** | **1.80** | **6.92** | **13.33** | **247.36** |
| 海安县 | Haian County | 7.01 | 1.91 | 0.22 | 0.59 | 0.68 | 30.94 |
| 如东县 | Rudong County | 6.87 | 2.53 | 0.16 | 1.10 | 0.92 | 28.28 |
| 启东市 | Qidong City | 6.53 | 1.96 | 0.16 | 0.91 | 1.58 | 25.15 |
| 如皋市 | Rugao City | 6.16 | 2.38 | 0.20 | 0.99 | 1.29 | 45.75 |
| 海门市 | Haimen City | 6.46 | 2.15 | 0.28 | 1.09 | 1.62 | 38.44 |
| **连云港市** | **Lianyungang City** | **33.09** | **15.81** | **1.64** | **1.94** | **3.25** | **54.60** |
| 赣榆县 | Ganyu County | 3.58 | 2.41 | 0.22 | 0.21 | 0.18 | 8.85 |
| 东海县 | Donghai County | 4.01 | 2.38 | 0.13 | 0.46 | 0.42 | 10.83 |
| 灌云县 | Guanyun County | 3.01 | 1.81 | 0.28 | 0.01 | 0.35 | 6.73 |
| 灌南县 | Guannan County | 3.43 | 1.52 | 0.30 | 0.21 | 0.06 | 6.84 |
| **淮安市** | **Huaian City** | **39.08** | **18.03** | **1.76** | **5.45** | **2.41** | **96.31** |
| 涟水县 | Lianshui County | 4.73 | 2.57 | 0.37 | 0.93 | 0.11 | 10.68 |
| 洪泽县 | Hongze County | 3.47 | 0.89 | 0.31 | 0.33 | 0.18 | 8.74 |
| 盱眙县 | Xuyi County | 3.74 | 2.11 | 0.50 | 0.33 | 0.09 | 15.22 |
| 金湖县 | Jinhu County | 2.91 | 1.32 | 0.20 | 0.25 | 0.37 | 7.69 |
| **盐城市** | **Yancheng City** | **49.80** | **22.50** | **1.54** | **2.80** | **3.72** | **194.93** |
| 响水县 | Xiangshui County | 3.22 | 2.11 | 0.18 | 0.08 | 0.14 | 7.96 |
| 滨海县 | Binhai County | 3.75 | 2.08 | 0.16 | 0.14 | 0.00 | 21.61 |
| 阜宁县 | Funing County | 5.03 | 1.77 | 0.10 | 0.06 | 0.43 | 25.15 |

单位:万人 (10000 persons)

| 市 县 City and County | | 在岗职工人数 Employed | #国有单位 State-owned Units | #城镇集体单位 Urban Collective-owned Units | #港澳台商投资单位 Units Funded by Entrepreneurs from Hong Kong, Macao & Taiwan | #外商投资单位 Foreign Funded Units | 私营企业和个体从业人员 Individuals and Employed Persons in Private Enterprises |
|---|---|---|---|---|---|---|---|
| 射 阳 县 | Sheyang County | 5.45 | 2.69 | 0.21 | 0.42 | 0.13 | 17.99 |
| 建 湖 县 | Jianhu County | 5.04 | 1.61 | 0.27 | 0.35 | | 21.95 |
| 东 台 市 | Dongtai City | 6.55 | 2.59 | 0.28 | 0.44 | 0.68 | 26.64 |
| 大 丰 市 | Dafeng City | 5.99 | 2.10 | 0.16 | 0.55 | 1.08 | 23.29 |
| **扬 州 市** | **Yangzhou City** | **40.68** | **18.95** | **2.89** | **2.57** | **3.99** | **122.23** |
| 宝 应 县 | Baoying County | 5.69 | 2.18 | 0.61 | 0.14 | 0.59 | 13.47 |
| 仪 征 市 | Yizheng City | 6.71 | 3.18 | 0.17 | 0.95 | 0.69 | 13.04 |
| 高 邮 市 | Gaoyou City | 5.12 | 2.02 | 1.19 | 0.73 | 0.37 | 20.51 |
| **镇 江 市** | **Zhenjiang City** | **37.79** | **14.39** | **1.89** | **4.90** | **4.45** | **117.12** |
| 丹 阳 市 | Danyang City | 8.40 | 3.40 | 0.42 | 1.92 | 1.19 | 36.49 |
| 扬 中 市 | Yangzhong City | 4.49 | 1.04 | 0.47 | 0.33 | 0.11 | 14.30 |
| 句 容 市 | Jurong City | 6.17 | 1.99 | 0.38 | 1.62 | 1.13 | 20.76 |
| **泰 州 市** | **Taizhou City** | **36.69** | **13.00** | **3.50** | **2.16** | **4.46** | **110.92** |
| 兴 化 市 | Xinghua City | 5.52 | 2.63 | 0.39 | 0.32 | 0.95 | 21.61 |
| 靖 江 市 | Jingjiang City | 6.46 | 2.02 | 0.59 | 0.59 | 1.31 | 19.42 |
| 泰 兴 市 | Taixing City | 6.35 | 2.52 | 0.91 | 0.23 | 0.42 | 22.56 |
| 姜 堰 市 | Jiangyan City | 5.22 | 1.88 | 0.26 | 0.42 | 0.92 | 17.61 |
| **宿 迁 市** | **Suqian City** | **22.37** | **13.29** | **0.37** | **0.09** | **0.09** | **92.50** |
| 沭 阳 县 | Shuyang County | 6.29 | 3.45 | 0.30 | 0.09 | 0.09 | 29.49 |
| 泗 阳 县 | Siyang County | 3.49 | 1.94 | 0.04 | | | 12.51 |
| 泗 洪 县 | Sihong County | 4.03 | 2.75 | 0.03 | | | 15.39 |

# 20－6　乡村从业人员　(2011 年)
## Rural Employment (2011)

单位:万人　(10000 persons)

| 市　县 | City and County | 乡村从业人员 Total Employment | #农林牧渔业 Farming, Forestry, Animal Husbandry and Fishery | #工　业 Industry | #建筑业 Construction | #交通运输、仓储及邮政业 Transportation, Storage, and Postal Services | #批发和零售业 Wholesale and Retail Trade |
|---|---|---|---|---|---|---|---|
| **南京市** | **Nanjing City** | **122.03** | **28.35** | **36.57** | **24.58** | **7.73** | **7.41** |
| 溧水县 | Lishui County | 17.94 | 4.12 | 5.46 | 3.70 | 1.03 | 1.06 |
| 高淳县 | Gaochun County | 22.85 | 6.18 | 5.30 | 6.97 | 1.71 | 0.98 |
| **无锡市** | **Wuxi City** | **120.44** | **20.67** | **70.82** | **7.98** | **3.96** | **6.05** |
| 江阴市 | Jiangyin City | 40.35 | 6.01 | 24.05 | 2.83 | 1.61 | 2.28 |
| 宜兴市 | Yixing City | 36.76 | 10.45 | 17.09 | 3.65 | 1.20 | 1.67 |
| **徐州市** | **Xuzhou City** | **365.05** | **149.58** | **93.95** | **48.16** | **14.63** | **20.68** |
| 丰　县 | Fengxian County | 54.36 | 30.24 | 11.24 | 6.34 | 1.21 | 1.91 |
| 沛　县 | Peixian County | 49.64 | 17.27 | 14.27 | 9.68 | 1.84 | 2.44 |
| 睢宁县 | Suining County | 60.87 | 24.75 | 14.75 | 8.37 | 1.34 | 2.50 |
| 新沂市 | Xinyi City | 43.71 | 19.39 | 8.66 | 7.35 | 1.67 | 2.41 |
| 邳州市 | Pizhou City | 67.65 | 23.50 | 21.10 | 6.70 | 3.85 | 5.46 |
| **常州市** | **Changzhou City** | **132.81** | **26.02** | **58.45** | **16.88** | **5.48** | **6.93** |
| 溧阳市 | Liyang City | 31.90 | 8.62 | 8.11 | 8.63 | 1.74 | 1.73 |
| 金坛市 | Jintan City | 20.53 | 5.47 | 7.04 | 4.32 | 0.89 | 0.99 |
| **苏州市** | **Suzhou City** | **184.77** | **24.97** | **109.50** | **10.65** | **5.64** | **10.34** |
| 常熟市 | Changshu City | 40.89 | 4.03 | 25.29 | 2.22 | 1.22 | 2.50 |
| 张家港市 | Zhangjiagang City | 32.55 | 3.52 | 21.04 | 1.86 | 1.31 | 1.72 |
| 昆山市 | Kunshan City | 21.39 | 1.92 | 13.77 | 1.03 | 0.58 | 1.23 |
| 吴江市 | Wujiang City | 32.67 | 4.34 | 18.97 | 1.82 | 0.86 | 1.84 |
| 太仓市 | Taicang City | 16.63 | 3.34 | 10.37 | 0.63 | 0.35 | 0.39 |

20－6 续 表1 Continued 1

单位:万人 (10000 persons)

| 市 县<br>City and County | | 乡 村<br>从业人员<br>Total Employment | #农林牧渔业<br>Farming, Forestry, Animal Husbandry and Fishery | #工 业<br>Industry | #建筑业<br>Construction | #交通运输、仓储及邮政业<br>Transportation, Storage, and Postal Services | #批发和零售业<br>Wholesale and Retail Trade |
|---|---|---|---|---|---|---|---|
| **南 通 市** | **Nantong City** | **317.41** | **74.20** | **82.01** | **62.31** | **17.29** | **28.83** |
| 海 安 县 | Haian County | 38.92 | 7.92 | 10.75 | 8.36 | 2.69 | 3.27 |
| 如 东 县 | Rudong County | 48.47 | 9.10 | 15.21 | 9.15 | 2.83 | 3.06 |
| 启 东 市 | Qidong City | 52.88 | 14.65 | 12.06 | 9.27 | 2.55 | 5.76 |
| 如 皋 市 | Rugao City | 60.80 | 15.30 | 16.00 | 11.40 | 2.80 | 3.30 |
| 海 门 市 | Haimen City | 49.92 | 13.11 | 10.44 | 11.08 | 2.28 | 6.58 |
| **连云港市** | **Lianyungang City** | **174.87** | **87.02** | **27.22** | **27.02** | **6.29** | **7.37** |
| 赣 榆 县 | Ganyu County | 42.25 | 18.77 | 7.17 | 9.87 | 1.52 | 1.57 |
| 东 海 县 | Donghai County | 46.55 | 23.39 | 7.06 | 7.32 | 1.68 | 1.67 |
| 灌 云 县 | Guanyun County | 37.31 | 19.42 | 5.91 | 4.11 | 1.02 | 1.28 |
| 灌 南 县 | Guannan County | 31.83 | 17.40 | 3.93 | 3.70 | 1.54 | 1.13 |
| **淮 安 市** | **Huaian City** | **212.52** | **90.01** | **33.99** | **29.68** | **6.52** | **8.54** |
| 涟 水 县 | Lianshui County | 49.73 | 22.40 | 4.61 | 4.60 | 1.04 | 1.63 |
| 洪 泽 县 | Hongze County | 18.17 | 6.71 | 5.13 | 2.87 | 0.73 | 0.62 |
| 盱 眙 县 | Xuyi County | 33.66 | 12.25 | 4.87 | 2.79 | 1.05 | 1.17 |
| 金 湖 县 | Jinhu County | 13.38 | 5.57 | 3.04 | 2.26 | 0.42 | 0.53 |
| **盐 城 市** | **Yancheng City** | **303.21** | **118.57** | **56.04** | **35.83** | **13.33** | **13.01** |
| 响 水 县 | Xiangshui County | 21.88 | 9.60 | 5.53 | 1.26 | 0.75 | 0.79 |
| 滨 海 县 | Binhai County | 44.16 | 17.89 | 5.56 | 4.43 | 2.23 | 1.69 |
| 阜 宁 县 | Funing County | 37.25 | 16.08 | 4.59 | 5.40 | 1.34 | 1.32 |
| 射 阳 县 | Sheyang County | 35.62 | 13.61 | 5.19 | 4.00 | 1.60 | 2.05 |
| 建 湖 县 | Jianhu County | 30.44 | 9.83 | 8.71 | 3.49 | 1.36 | 1.62 |

单位:万人 (10000 persons)

| 市 县 | City and County | 乡村从业人员 Total Employment | #农林牧渔业 Farming, Forestry, Animal Husbandry and Fishery | #工业 Industry | #建筑业 Construction | #交通运输、仓储及邮政业 Transportation, Storage, and Postal Services | #批发和零售业 Wholesale and Retail Trade |
|---|---|---|---|---|---|---|---|
| 东台市 | Dongtai City | 48.40 | 21.94 | 8.43 | 6.40 | 1.93 | 1.82 |
| 大丰市 | Dafeng City | 31.63 | 10.71 | 6.99 | 2.55 | 1.40 | 1.44 |
| **扬州市** | **Yangzhou City** | **181.05** | **37.07** | **60.73** | **33.27** | **7.62** | **11.75** |
| 宝应县 | Baoying County | 41.90 | 10.98 | 10.58 | 9.65 | 2.04 | 3.47 |
| 仪征市 | Yizheng City | 22.90 | 3.62 | 7.14 | 4.71 | 0.80 | 1.08 |
| 高邮市 | Gaoyou City | 35.64 | 9.34 | 12.85 | 6.52 | 1.37 | 1.98 |
| **镇江市** | **Zhenjiang City** | **99.70** | **25.87** | **45.92** | **10.97** | **3.51** | **3.33** |
| 丹阳市 | Danyang City | 36.26 | 8.52 | 19.76 | 2.89 | 1.01 | 1.09 |
| 扬中市 | Yangzhong City | 12.51 | 2.34 | 7.43 | 0.71 | 0.39 | 0.49 |
| 句容市 | Jurong City | 25.23 | 8.75 | 7.31 | 5.21 | 0.93 | 0.65 |
| **泰州市** | **Taizhou City** | **209.74** | **47.62** | **56.43** | **35.52** | **13.08** | **15.81** |
| 兴化市 | Xinghua City | 60.36 | 20.69 | 9.39 | 5.56 | 4.30 | 5.28 |
| 靖江市 | Jingjiang City | 27.31 | 5.83 | 12.74 | 2.34 | 1.67 | 1.31 |
| 泰兴市 | Taixing City | 55.65 | 10.70 | 14.25 | 10.99 | 3.10 | 5.23 |
| 姜堰市 | Jiangyan City | 34.84 | 6.27 | 9.69 | 9.72 | 2.39 | 1.94 |
| **宿迁市** | **Suqian City** | **229.05** | **91.74** | **59.16** | **29.67** | **8.07** | **13.24** |
| 沭阳县 | Shuyang County | 86.65 | 30.29 | 25.93 | 8.74 | 3.47 | 4.62 |
| 泗阳县 | Siyang County | 40.14 | 16.05 | 10.66 | 5.76 | 1.08 | 1.93 |
| 泗洪县 | Sihong County | 38.94 | 23.59 | 5.88 | 4.55 | 0.85 | 1.65 |

# 20－7 地区生产总值(2011年)
## Gross Domestic Product (2011)

单位:亿元 (100 million yuan)

| 市县 City and County | | 地区生产总值 Gross Domestic Product | 第一产业 Primary Industry | 第二产业 Secondary Industry | #工业 Industry | 第三产业 Tertiary Industry | 人均地区生产总值(按常住人口计算,元) Per Capita GDP(yuan) |
|---|---|---|---|---|---|---|---|
| **南京市** | **Nanjing City** | **6145.52** | **164.28** | **2760.84** | **2390.51** | **3220.41** | **76263** |
| 溧水县 | Lishui County | 303.77 | 26.01 | 188.57 | 159.79 | 89.19 | 72257 |
| 高淳县 | Gaochun County | 302.82 | 27.09 | 171.09 | 137.00 | 104.64 | 72332 |
| **无锡市** | **Wuxi City** | **6880.15** | **122.98** | **3728.12** | **3463.12** | **3029.05** | **107437** |
| 江阴市 | Jiangyin City | 2335.87 | 43.02 | 1354.31 | 1306.00 | 938.54 | 145456 |
| 宜兴市 | Yixing City | 980.39 | 42.48 | 536.02 | 474.60 | 401.89 | 79080 |
| **徐州市** | **Xuzhou City** | **3551.65** | **334.54** | **1777.04** | **1509.82** | **1440.07** | **41407** |
| 丰县 | Fengxian County | 190.61 | 40.28 | 86.98 | 61.46 | 63.35 | 19867 |
| 沛县 | Peixian County | 376.98 | 59.80 | 181.09 | 146.89 | 136.09 | 33335 |
| 睢宁县 | Suining County | 252.36 | 50.90 | 109.35 | 87.06 | 92.11 | 24366 |
| 新沂市 | Xinyi City | 301.37 | 42.14 | 129.94 | 110.21 | 129.29 | 32861 |
| 邳州市 | Pizhou City | 448.86 | 69.92 | 198.50 | 161.93 | 180.44 | 30972 |
| **常州市** | **Changzhou City** | **3580.99** | **111.78** | **1950.84** | **1768.91** | **1518.37** | **77485** |
| 溧阳市 | Liyang City | 503.78 | 34.49 | 283.92 | 257.58 | 185.37 | 66934 |
| 金坛市 | Jintan City | 365.10 | 24.08 | 203.94 | 180.56 | 137.08 | 65944 |
| **苏州市** | **Suzhou City** | **10716.99** | **177.75** | **5957.74** | **5555.33** | **4581.50** | **102129** |
| 常熟市 | Changshu City | 1710.45 | 33.65 | 938.07 | 898.40 | 738.73 | 113133 |
| 张家港市 | Zhangjiagang City | 1860.28 | 25.03 | 1098.01 | 1057.20 | 737.24 | 148727 |
| 昆山市 | Kunshan City | 2432.25 | 22.17 | 1510.06 | 1437.06 | 900.02 | 147186 |
| 吴江市 | Wujiang City | 1192.28 | 30.97 | 699.48 | 663.52 | 461.83 | 93417 |
| 太仓市 | Taicang City | 867.53 | 30.88 | 485.72 | 459.30 | 350.93 | 121656 |

单位:亿元 (100 million yuan)

| 市 县 City and County | | 地区生产总值 Gross Domestic Product | 第一产业 Primary Industry | 第二产业 Secondary Industry | #工 业 Industry | 第三产业 Tertiary Industry | 人均地区生产总值(按常住人口计算,元) Per Capita GDP(yuan) |
|---|---|---|---|---|---|---|---|
| **南 通 市** | **Nantong City** | **4080.22** | **287.21** | **2221.48** | **1840.41** | **1571.53** | **56005** |
| 海 安 县 | Haian County | 429.52 | 42.94 | 228.01 | 186.17 | 158.57 | 49598 |
| 如 东 县 | Rudong County | 425.45 | 50.50 | 223.13 | 180.66 | 151.82 | 42843 |
| 启 东 市 | Qidong City | 520.17 | 55.96 | 277.11 | 219.19 | 187.10 | 53629 |
| 如 皋 市 | Rugao City | 520.67 | 46.99 | 288.82 | 245.03 | 184.86 | 41178 |
| 海 门 市 | Haimen City | 590.33 | 41.39 | 348.22 | 284.61 | 200.72 | 65226 |
| **连云港市** | **Lianyungang City** | **1410.52** | **204.11** | **654.28** | **517.82** | **552.13** | **32119** |
| 赣 榆 县 | Ganyu County | 283.07 | 43.43 | 144.44 | 110.87 | 95.20 | 29846 |
| 东 海 县 | Donghai County | 245.67 | 45.42 | 116.44 | 99.86 | 83.81 | 25845 |
| 灌 云 县 | Guanyun County | 192.22 | 44.29 | 90.29 | 68.97 | 57.64 | 23496 |
| 灌 南 县 | Guannan County | 182.33 | 34.33 | 91.38 | 77.53 | 56.62 | 29358 |
| **淮 安 市** | **Huaian City** | **1690.00** | **223.46** | **794.18** | **661.15** | **672.36** | **35181** |
| 涟 水 县 | Lianshui County | 194.54 | 47.43 | 76.78 | 59.29 | 70.33 | 22793 |
| 洪 泽 县 | Hongze County | 133.83 | 22.07 | 59.16 | 49.22 | 52.60 | 40684 |
| 盱 眙 县 | Xuyi County | 191.19 | 35.79 | 84.17 | 65.56 | 71.23 | 29160 |
| 金 湖 县 | Jinhu County | 121.96 | 20.10 | 50.92 | 43.91 | 50.94 | 37463 |
| **盐 城 市** | **Yancheng City** | **2771.33** | **416.83** | **1306.26** | **1111.50** | **1048.24** | **38222** |
| 响 水 县 | Xiangshui County | 161.16 | 32.50 | 79.62 | 71.03 | 49.04 | 31696 |
| 滨 海 县 | Binhai County | 238.00 | 45.41 | 104.34 | 87.91 | 88.25 | 24948 |
| 阜 宁 县 | Funing County | 244.09 | 42.30 | 117.14 | 87.42 | 84.65 | 28977 |
| 射 阳 县 | Sheyang County | 287.98 | 63.66 | 117.78 | 106.92 | 106.54 | 32132 |
| 建 湖 县 | Jianhu County | 288.77 | 38.51 | 138.02 | 119.25 | 112.24 | 38965 |

20－7 续 表2 Continued 2

单位:亿元 (100 million yuan)

| 市 县 | City and County | 地区生产总值 Gross Domestic Product | 第一产业 Primary Industry | 第二产业 Secondary Industry | #工 业 Industry | 第三产业 Tertiary Industry | 人均地区生产总值（按常住人口计算,元）Per Capita GDP(yuan) |
|---|---|---|---|---|---|---|---|
| 东台市 | Dongtai City | 447.92 | 71.49 | 205.43 | 181.19 | 171.00 | 45292 |
| 大丰市 | Dafeng City | 346.96 | 57.90 | 153.39 | 131.51 | 135.67 | 49218 |
| **扬州市** | **Yangzhou City** | **2630.30** | **184.54** | **1427.87** | **1240.87** | **1017.89** | **58950** |
| 宝应县 | Baoying County | 291.53 | 49.75 | 139.45 | 112.35 | 102.33 | 38754 |
| 仪征市 | Yizheng City | 333.41 | 17.71 | 196.19 | 173.69 | 119.51 | 59214 |
| 高邮市 | Gaoyou City | 302.50 | 50.47 | 145.63 | 119.13 | 106.40 | 40746 |
| **镇江市** | **Zhenjiang City** | **2311.45** | **100.77** | **1272.39** | **1175.63** | **938.29** | **73981** |
| 丹阳市 | Danyang City | 724.90 | 38.80 | 400.20 | 383.54 | 285.90 | 75185 |
| 扬中市 | Yangzhong City | 300.05 | 10.01 | 171.82 | 165.68 | 118.22 | 89194 |
| 句容市 | Jurong City | 291.89 | 27.56 | 157.86 | 144.68 | 106.47 | 47193 |
| **泰州市** | **Taizhou City** | **2422.61** | **175.11** | **1308.21** | **1132.27** | **939.29** | **52396** |
| 兴化市 | Xinghua City | 459.47 | 74.18 | 202.83 | 175.77 | 182.46 | 36639 |
| 靖江市 | Jingjiang City | 538.98 | 17.41 | 306.25 | 283.96 | 215.32 | 78683 |
| 泰兴市 | Taixing City | 486.39 | 39.23 | 264.88 | 230.79 | 182.28 | 45258 |
| 姜堰市 | Jiangyan City | 364.08 | 28.89 | 192.17 | 158.31 | 143.02 | 49915 |
| **宿迁市** | **Suqian City** | **1320.83** | **209.72** | **614.48** | **502.57** | **496.63** | **27839** |
| 沭阳县 | Shuyang County | 410.45 | 65.86 | 185.57 | 160.80 | 159.02 | 26583 |
| 泗阳县 | Siyang County | 238.18 | 42.50 | 119.27 | 98.30 | 76.41 | 28458 |
| 泗洪县 | Sihong County | 226.05 | 44.60 | 93.70 | 74.15 | 87.75 | 24748 |

# 20－8 地区生产总值构成(2011 年)

## Composition and Indices of Gross Domestic Product (2011)

| 市县 | City and County | 地区生产总值指数(上年=100) GDP Index (preceding year=100) | 三次产业占GDP比重(%) Percentage of Three Industries to GDP 第一产业 Primary Industry | 第二产业 Secondary Industry | 第三产业 Tertiary Industry | 地方财政一般预算收入占GDP比重(%) Percentage of General Budetary Revenue in Local Finance to GDP(%) | 外贸依存度(%) Interdependent Level to Foreign Trade(%) |
|---|---|---|---|---|---|---|---|
| **南京市** | **Nanjing City** | **112.0** | **2.7** | **44.9** | **52.4** | **10.3** | **60.3** |
| 溧水县 | Lishui County | 112.3 | 8.6 | 62.1 | 29.4 | 8.2 | 7.7 |
| 高淳县 | Gaochun County | 111.9 | 8.9 | 56.5 | 34.6 | 5.9 | 7.3 |
| **无锡市** | **Wuxi City** | **111.6** | **1.8** | **54.2** | **44.0** | **8.9** | **68.0** |
| 江阴市 | Jiangyin City | 112.0 | 1.8 | 58.0 | 40.2 | 6.6 | 57.8 |
| 宜兴市 | Yixing City | 112.3 | 4.3 | 54.7 | 41.0 | 7.3 | 31.4 |
| **徐州市** | **Xuzhou City** | **113.5** | **9.4** | **50.0** | **40.5** | **9.0** | **11.5** |
| 丰县 | Fengxian County | 113.4 | 21.1 | 45.6 | 33.2 | 10.3 | 3.8 |
| 沛县 | Peixian County | 114.1 | 15.9 | 48.0 | 36.1 | 8.5 | 4.9 |
| 睢宁县 | Suining County | 113.8 | 20.2 | 43.3 | 36.5 | 8.0 | 9.1 |
| 新沂市 | Xinyi City | 114.4 | 14.0 | 43.1 | 42.9 | 8.8 | 6.1 |
| 邳州市 | Pizhou City | 114.1 | 15.6 | 44.2 | 40.2 | 7.8 | 14.6 |
| **常州市** | **Changzhou City** | **112.2** | **3.1** | **54.5** | **42.4** | **9.8** | **51.6** |
| 溧阳市 | Liyang City | 112.3 | 6.8 | 56.4 | 36.8 | 7.4 | 13.3 |
| 金坛市 | Jintan City | 112.1 | 6.6 | 55.9 | 37.5 | 6.3 | 35.8 |
| **苏州市** | **Suzhou City** | **112.0** | **1.7** | **55.6** | **42.7** | **10.3** | **181.3** |
| 常熟市 | Changshu City | 112.2 | 2.0 | 54.8 | 43.2 | 7.2 | 74.8 |
| 张家港市 | Zhangjiagang City | 111.6 | 1.3 | 59.1 | 39.6 | 7.7 | 116.1 |
| 昆山市 | Kunshan City | 112.0 | 0.9 | 62.1 | 37.0 | 8.2 | 227.1 |
| 吴江市 | Wujiang City | 112.5 | 2.6 | 58.7 | 38.7 | 9.5 | 121.4 |
| 太仓市 | Taicang City | 113.0 | 3.6 | 55.9 | 40.5 | 9.8 | 90.6 |

| 市 县<br>City and County | | 地区生产总值指数（上年＝100）GDP Index (preceding year＝100) | 三次产业占GDP比重（％）Percentage of Three Industries to GDP | | | 地方财政一般预算收入占GDP比重（％）Percentage of General Budetary Revenue in Local Finance to GDP（％） | 外贸依存度（％）Interdependent Level to Foreign Trade（％） |
|---|---|---|---|---|---|---|---|
| | | | 第一产业 Primary Industry | 第二产业 Secondary Industry | 第三产业 Tertiary Industry | | |
| **南通市** | **Nantong City** | **112.1** | **7.0** | **54.4** | **38.5** | **9.2** | **40.8** |
| 海安县 | Haian County | 112.4 | 10.0 | 53.1 | 36.9 | 6.6 | 18.6 |
| 如东县 | Rudong County | 112.1 | 11.9 | 52.4 | 35.7 | 6.0 | 19.1 |
| 启东市 | Qidong City | 112.4 | 10.8 | 53.3 | 36.0 | 8.5 | 30.9 |
| 如皋市 | Rugao City | 112.0 | 9.0 | 55.5 | 35.5 | 8.8 | 37.7 |
| 海门市 | Haimen City | 112.0 | 7.0 | 59.0 | 34.0 | 7.2 | 17.3 |
| **连云港市** | **Lianyungang City** | **113.0** | **14.5** | **46.4** | **39.1** | **12.8** | **31.6** |
| 赣榆县 | Ganyu County | 114.5 | 15.3 | 51.0 | 33.6 | 8.4 | 6.0 |
| 东海县 | Donghai County | 114.5 | 18.5 | 47.4 | 34.1 | 9.6 | 7.6 |
| 灌云县 | Guanyun County | 114.0 | 23.0 | 47.0 | 30.0 | 11.2 | 9.8 |
| 灌南县 | Guannan County | 114.0 | 18.8 | 50.1 | 31.1 | 12.2 | 4.6 |
| **淮安市** | **Huaian City** | **113.2** | **13.2** | **47.0** | **39.8** | **12.1** | **10.9** |
| 涟水县 | Lianshui County | 114.5 | 24.4 | 39.5 | 36.2 | 10.4 | 6.9 |
| 洪泽县 | Hongze County | 113.1 | 16.5 | 44.2 | 39.3 | 11.1 | 3.5 |
| 盱眙县 | Xuyi County | 114.3 | 18.7 | 44.0 | 37.3 | 10.5 | 4.0 |
| 金湖县 | Jinhu County | 114.1 | 16.5 | 41.8 | 41.8 | 10.7 | 8.5 |
| **盐城市** | **Yancheng City** | **112.8** | **15.0** | **47.1** | **37.8** | **9.7** | **12.2** |
| 响水县 | Xiangshui County | 113.7 | 20.2 | 49.4 | 30.4 | 10.6 | 17.6 |
| 滨海县 | Binhai County | 113.5 | 19.1 | 43.8 | 37.1 | 8.7 | 4.3 |
| 阜宁县 | Funing County | 112.9 | 17.3 | 48.0 | 34.7 | 9.5 | 6.0 |
| 射阳县 | Sheyang County | 112.7 | 22.1 | 40.9 | 37.0 | 6.6 | 3.8 |
| 建湖县 | Jianhu County | 112.9 | 13.3 | 47.8 | 38.9 | 9.8 | 4.9 |

| 市 县 City and County | | 地区生产总值指数（上年＝100）GDP Index (preceding year＝100) | 三次产业占GDP比重（%）Percentage of Three Industries to GDP | | | 地方财政一般预算收入占GDP比重（%）Percentage of General Budetary Revenue in Local Finance to GDP（%） | 外贸依存度（%）Interdependent Level to Foreign Trade（%） |
|---|---|---|---|---|---|---|---|
| | | | 第一产业 Primary Industry | 第二产业 Secondary Industry | 第三产业 Tertiary Industry | | |
| 东 台 市 | Dongtai City | 112.7 | 16.0 | 45.9 | 38.2 | 8.0 | 5.5 |
| 大 丰 市 | Dafeng City | 114.0 | 16.7 | 44.2 | 39.1 | 8.7 | 10.8 |
| **扬 州 市** | **Yangzhou City** | **112.2** | **7.0** | **54.3** | **38.7** | **8.3** | **24.9** |
| 宝 应 县 | Baoying County | 112.0 | 17.1 | 47.8 | 35.1 | 7.1 | 12.6 |
| 仪 征 市 | Yizheng City | 112.9 | 5.3 | 58.8 | 35.8 | 7.8 | 16.1 |
| 高 邮 市 | Gaoyou City | 112.3 | 16.7 | 48.1 | 35.2 | 6.8 | 8.2 |
| **镇 江 市** | **Zhenjiang City** | **112.3** | **4.4** | **55.0** | **40.6** | **7.9** | **28.2** |
| 丹 阳 市 | Danyang City | 112.7 | 5.4 | 55.2 | 39.4 | 5.7 | 20.9 |
| 扬 中 市 | Yangzhong City | 112.4 | 3.3 | 57.3 | 39.4 | 6.5 | 19.1 |
| 句 容 市 | Jurong City | 112.2 | 9.4 | 54.1 | 36.5 | 7.0 | 11.8 |
| **泰 州 市** | **Taizhou City** | **112.1** | **7.2** | **54.0** | **38.8** | **9.0** | **29.6** |
| 兴 化 市 | Xinghua City | 111.4 | 16.1 | 44.1 | 39.7 | 5.6 | 8.4 |
| 靖 江 市 | Jingjiang City | 113.8 | 3.2 | 56.8 | 39.9 | 9.0 | 52.2 |
| 泰 兴 市 | Taixing City | 112.6 | 8.1 | 54.5 | 37.5 | 5.7 | 23.6 |
| 姜 堰 市 | Jiangyan City | 112.1 | 7.9 | 52.8 | 39.3 | 6.1 | 12.3 |
| **宿 迁 市** | **Suqian City** | **112.8** | **15.9** | **46.5** | **37.6** | **9.2** | **10.1** |
| 沭 阳 县 | Shuyang County | 112.8 | 16.0 | 45.2 | 38.7 | 9.1 | 4.3 |
| 泗 阳 县 | Siyang County | 113.0 | 17.8 | 50.1 | 32.1 | 7.3 | 12.6 |
| 泗 洪 县 | Sihong County | 112.4 | 19.7 | 41.5 | 38.8 | 6.6 | 7.7 |

# 20－9 农林牧渔业总产值(2011年)
# Gross Output Value of Agriculture, Forestry, Animal Husbandry and Fishery (2011)

单位:亿元 (100 million yuan)

| 市县 | City and County | 农林牧渔业总产值 Total Output Value of Agriculture, Forestry, Animal Husbandry and Fishery | 农业 Farming | 林业 Forestry | 畜牧业 Animal Husbandry | 渔业 Fishery | 农林牧渔服务业 Service in Support of Agriculture |
|---|---|---|---|---|---|---|---|
| **南京市** | **Nanjing City** | **283.50** | **162.45** | **3.22** | **47.02** | **57.20** | **13.62** |
| 溧水县 | Lishui County | 44.38 | 26.92 | 0.40 | 7.05 | 6.60 | 3.40 |
| 高淳县 | Gaochun County | 46.73 | 18.39 | 0.49 | 5.92 | 19.54 | 2.38 |
| **无锡市** | **Wuxi City** | **202.02** | **98.86** | **17.49** | **32.60** | **32.25** | **20.81** |
| 江阴市 | Jiangyin City | 70.52 | 28.11 | 6.63 | 17.33 | 9.47 | 8.99 |
| 宜兴市 | Yixing City | 69.08 | 35.32 | 4.88 | 7.70 | 15.55 | 5.64 |
| **徐州市** | **Xuzhou City** | **618.34** | **376.96** | **11.11** | **190.19** | **26.34** | **13.74** |
| 丰县 | Fengxian County | 77.52 | 57.46 | 0.56 | 16.69 | 0.67 | 2.15 |
| 沛县 | Peixian County | 109.02 | 65.41 | 0.36 | 37.26 | 2.19 | 3.80 |
| 睢宁县 | Suining County | 95.07 | 51.96 | 1.80 | 36.33 | 3.26 | 1.73 |
| 新沂市 | Xinyi City | 80.62 | 41.79 | 2.76 | 24.28 | 9.67 | 2.12 |
| 邳州市 | Pizhou City | 132.75 | 81.87 | 2.69 | 38.95 | 6.62 | 2.62 |
| **常州市** | **Changzhou City** | **194.68** | **107.79** | **1.48** | **32.19** | **44.56** | **8.66** |
| 溧阳市 | Liyang City | 62.02 | 33.90 | 0.91 | 6.44 | 18.81 | 1.96 |
| 金坛市 | Jintan City | 45.97 | 19.75 | 0.31 | 10.55 | 13.01 | 2.36 |
| **苏州市** | **Suzhou City** | **309.86** | **121.02** | **17.98** | **41.14** | **97.83** | **31.88** |
| 常熟市 | Changshu City | 57.35 | 28.82 | 1.73 | 6.75 | 13.85 | 6.19 |
| 张家港市 | Zhangjiagang City | 44.80 | 23.50 | 5.42 | 4.70 | 4.81 | 6.36 |
| 昆山市 | Kunshan City | 38.01 | 10.63 | 3.05 | 2.71 | 19.82 | 1.78 |
| 吴江市 | Wujiang City | 53.15 | 22.31 | 1.71 | 6.66 | 20.89 | 1.58 |
| 太仓市 | Taicang City | 53.00 | 22.17 | 1.97 | 13.97 | 10.31 | 4.59 |

20－9 续 表1 Continued 1

单位:亿元 (100 million yuan)

| 市 县 | City and County | 农林牧渔业总产值 Total Output Value of Agriculture, Forestry, Animal Husbandry and Fishery | 农 业 Farming | 林 业 Forestry | 畜牧业 Animal Husbandry | 渔 业 Fishery | 农林牧渔服务业 Service in Support of Agriculture |
|---|---|---|---|---|---|---|---|
| **南 通 市** | **Nantong City** | **502.27** | **217.93** | **3.07** | **133.02** | **118.47** | **29.78** |
| 海 安 县 | Haian County | 80.84 | 31.07 | 0.25 | 39.15 | 6.06 | 4.31 |
| 如 东 县 | Rudong County | 100.77 | 36.22 | 0.71 | 29.08 | 30.69 | 4.07 |
| 启 东 市 | Qidong City | 99.93 | 34.65 | 0.56 | 11.92 | 48.44 | 4.36 |
| 如 皋 市 | Rugao City | 77.13 | 42.84 | 0.15 | 26.49 | 4.05 | 3.60 |
| 海 门 市 | Haimen City | 66.04 | 32.68 | 0.49 | 11.22 | 16.06 | 5.59 |
| **连云港市** | **Lianyungang City** | **376.53** | **180.71** | **11.55** | **92.08** | **75.70** | **16.49** |
| 赣 榆 县 | Ganyu County | 102.30 | 33.91 | 3.21 | 16.98 | 46.99 | 1.21 |
| 东 海 县 | Donghai County | 84.44 | 47.70 | 3.41 | 20.95 | 7.69 | 4.69 |
| 灌 云 县 | Guanyun County | 80.50 | 39.26 | 2.16 | 26.43 | 7.09 | 5.56 |
| 灌 南 县 | Guannan County | 63.32 | 36.84 | 1.41 | 17.54 | 4.45 | 3.08 |
| **淮 安 市** | **Huaian City** | **411.74** | **256.87** | **8.38** | **100.43** | **39.11** | **6.96** |
| 涟 水 县 | Lianshui County | 90.50 | 65.19 | 1.86 | 19.67 | 2.15 | 1.63 |
| 洪 泽 县 | Hongze County | 44.35 | 20.50 | 2.46 | 12.66 | 7.78 | 0.95 |
| 盱 眙 县 | Xuyi County | 66.63 | 42.08 | 0.96 | 12.40 | 10.16 | 1.02 |
| 金 湖 县 | Jinhu County | 36.38 | 20.57 | 1.23 | 5.45 | 7.99 | 1.15 |
| **盐 城 市** | **Yancheng City** | **849.70** | **376.58** | **19.51** | **240.23** | **159.28** | **54.10** |
| 响 水 县 | Xiangshui County | 57.97 | 27.81 | 1.06 | 14.46 | 8.98 | 5.67 |
| 滨 海 县 | Binhai County | 80.63 | 39.12 | 3.39 | 18.59 | 17.71 | 1.82 |
| 阜 宁 县 | Funing County | 83.20 | 31.25 | 2.94 | 28.40 | 13.69 | 6.93 |
| 射 阳 县 | Sheyang County | 142.23 | 55.79 | 3.51 | 35.67 | 36.00 | 11.25 |
| 建 湖 县 | Jianhu County | 71.00 | 26.50 | 0.94 | 20.06 | 17.40 | 6.10 |

单位:亿元 (100 million yuan)

| 市 县 City and County | | 农林牧渔业总产值 Total Output Value of Agriculture, Forestry, Animal Husbandry and Fishery | 农 业 Farming | 林 业 Forestry | 畜牧业 Animal Husbandry | 渔 业 Fishery | 农林牧渔服务业 Service in Support of Agriculture |
|---|---|---|---|---|---|---|---|
| 东台市 | Dongtai City | 155.49 | 74.58 | 2.64 | 48.52 | 21.21 | 8.54 |
| 大丰市 | Dafeng City | 135.09 | 67.18 | 2.79 | 31.18 | 24.81 | 9.12 |
| **扬州市** | **Yangzhou City** | **330.31** | **157.07** | **7.78** | **62.44** | **88.00** | **15.03** |
| 宝应县 | Baoying County | 89.37 | 35.10 | 1.34 | 14.06 | 35.62 | 3.26 |
| 仪征市 | Yizheng City | 31.75 | 18.60 | 1.53 | 8.13 | 1.12 | 2.39 |
| 高邮市 | Gaoyou City | 90.16 | 36.14 | 1.27 | 16.28 | 31.60 | 4.87 |
| **镇江市** | **Zhenjiang City** | **153.25** | **80.03** | **6.22** | **22.86** | **21.55** | **22.60** |
| 丹阳市 | Danyang City | 55.40 | 30.31 | 0.94 | 8.21 | 7.97 | 7.97 |
| 扬中市 | Yangzhong City | 16.09 | 7.63 | 0.61 | 2.51 | 2.04 | 3.30 |
| 句容市 | Jurong City | 42.36 | 24.05 | 3.08 | 4.95 | 4.33 | 5.95 |
| **泰州市** | **Taizhou City** | **294.28** | **154.25** | **3.10** | **64.83** | **57.38** | **14.72** |
| 兴化市 | Xinghua City | 125.43 | 58.00 | 1.35 | 15.61 | 43.45 | 7.02 |
| 靖江市 | Jingjiang City | 29.05 | 15.34 | 0.45 | 7.80 | 2.81 | 2.65 |
| 泰兴市 | Taixing City | 65.68 | 36.89 | 0.83 | 22.48 | 3.67 | 1.81 |
| 姜堰市 | Jiangyan City | 48.40 | 28.73 | 0.27 | 12.21 | 4.99 | 2.20 |
| **宿迁市** | **Suqian City** | **379.09** | **223.17** | **14.37** | **76.21** | **58.11** | **7.24** |
| 沭阳县 | Shuyang County | 124.28 | 93.90 | 4.15 | 23.20 | 1.95 | 1.08 |
| 泗阳县 | Siyang County | 76.00 | 42.79 | 5.95 | 12.05 | 12.40 | 2.82 |
| 泗洪县 | Sihong County | 88.41 | 39.30 | 1.16 | 14.72 | 32.07 | 1.15 |

# 20－10 农业生产情况(2011 年)

## Basic Conditions of Agricultural Production (2011)

| 市 县<br>City and County | | 农作物总播种面积(千公顷)<br>Total Sown Area (1000 hectares) | #粮食作物<br>Grain Grops | 农业机械总动力(万千瓦)<br>Total Power of Agricultural Machinery (10000 kW) | 农用化肥施用量(万吨)<br>Consumption of Chemical Fertilizer (10000 tons) | 农村用电量(亿千瓦小时)<br>Electricity Consumed in Rural Area (100 million kW·h) | 有效灌溉面积(千公顷)<br>Irrigated Area (1000 hectares) |
|---|---|---|---|---|---|---|---|
| **南京市** | **Nanjing City** | **331.99** | **160.95** | **210.62** | **8.45** | **30.11** | **180.20** |
| 溧水县 | Lishui County | 58.54 | 33.34 | 29.08 | 1.09 | 6.16 | 31.57 |
| 高淳县 | Gaochun County | 51.25 | 26.03 | 50.37 | 2.01 | 3.41 | 31.47 |
| **无锡市** | **Wuxi City** | **178.45** | **116.95** | **104.90** | **6.20** | **370.65** | **128.90** |
| 江阴市 | Jiangyin City | 44.30 | 28.64 | 24.09 | 1.62 | 164.88 | 25.73 |
| 宜兴市 | Yixing City | 95.03 | 68.82 | 50.93 | 2.87 | 77.79 | 64.77 |
| **徐州市** | **Xuzhou City** | **1110.29** | **727.26** | **591.70** | **69.72** | **56.63** | **470.44** |
| 丰县 | Fengxian County | 143.06 | 85.41 | 73.80 | 10.51 | 3.08 | 68.54 |
| 沛县 | Peixian County | 144.23 | 87.40 | 89.13 | 9.29 | 6.27 | 64.38 |
| 睢宁县 | Suining County | 188.82 | 149.35 | 96.96 | 11.18 | 7.75 | 79.20 |
| 新沂市 | Xinyi City | 149.25 | 97.81 | 72.61 | 8.59 | 3.40 | 71.00 |
| 邳州市 | Pizhou City | 227.70 | 122.88 | 111.13 | 14.95 | 11.90 | 73.15 |
| **常州市** | **Changzhou City** | **226.21** | **159.51** | **155.25** | **6.53** | **151.58** | **143.50** |
| 溧阳市 | Liyang City | 95.51 | 71.80 | 51.06 | 2.36 | 39.46 | 60.73 |
| 金坛市 | Jintan City | 56.89 | 40.29 | 40.31 | 2.29 | 16.60 | 38.86 |
| **苏州市** | **Suzhou City** | **266.19** | **159.65** | **161.05** | **8.76** | **524.91** | **180.13** |
| 常熟市 | Changshu City | 74.81 | 43.63 | 33.95 | 3.14 | 68.16 | 42.92 |
| 张家港市 | Zhangjiagang City | 57.51 | 41.51 | 31.27 | 1.24 | 130.16 | 31.87 |
| 昆山市 | Kunshan City | 24.86 | 16.60 | 17.11 | 1.15 | 93.75 | 15.49 |
| 吴江市 | Wujiang City | 40.11 | 21.45 | 39.81 | 1.04 | 110.83 | 36.59 |
| 太仓市 | Taicang City | 50.01 | 29.64 | 16.13 | 1.13 | 48.64 | 27.88 |

| 市 县<br>City and County | | 农作物总播种面积（千公顷）Total Sown Area (1000 hectares) | #粮食作物 Grain Grops | 农业机械总动力（万千瓦）Total Power of Agricultural Machinery (10000 kW) | 农用化肥施用量（万吨）Consumption of Chemical Fertilizer (10000 tons) | 农村用电量（亿千瓦小时）Electricity Consumed in Rural Area (100 million kW·h) | 有效灌溉面积（千公顷）Irrigated Area (1000 hectares) |
|---|---|---|---|---|---|---|---|
| **南通市** | **Nantong City** | **850.55** | **525.61** | **334.91** | **23.75** | **134.43** | **408.86** |
| 海安县 | Haian County | 102.87 | 79.19 | 55.90 | 3.91 | 16.68 | 56.29 |
| 如东县 | Rudong County | 171.96 | 131.87 | 76.72 | 4.23 | 15.94 | 84.77 |
| 启东市 | Qidong City | 153.39 | 70.85 | 49.53 | 3.63 | 8.94 | 68.67 |
| 如皋市 | Rugao City | 150.58 | 110.53 | 70.99 | 3.65 | 28.99 | 59.00 |
| 海门市 | Haimen City | 108.25 | 40.97 | 32.11 | 4.81 | 23.12 | 59.77 |
| **连云港市** | **Lianyungang City** | **601.35** | **487.75** | **426.41** | **33.73** | **27.06** | **303.68** |
| 赣榆县 | Ganyu County | 106.25 | 77.13 | 95.98 | 4.89 | 7.93 | 52.99 |
| 东海县 | Donghai County | 197.47 | 155.27 | 108.48 | 6.98 | 9.31 | 103.75 |
| 灌云县 | Guanyun County | 120.29 | 103.93 | 96.58 | 10.06 | 4.82 | 66.73 |
| 灌南县 | Guannan County | 99.93 | 87.09 | 79.33 | 4.75 | 1.37 | 42.24 |
| **淮安市** | **Huaian City** | **785.74** | **649.92** | **425.11** | **37.10** | **11.75** | **323.62** |
| 涟水县 | Lianshui County | 165.38 | 131.85 | 76.24 | 6.01 | 1.50 | 74.36 |
| 洪泽县 | Hongze County | 68.07 | 57.57 | 60.50 | 4.61 | 0.75 | 30.00 |
| 盱眙县 | Xuyi County | 165.24 | 138.47 | 89.51 | 4.23 | 1.88 | 60.52 |
| 金湖县 | Jinhu County | 79.83 | 72.19 | 57.25 | 4.10 | 1.82 | 32.73 |
| **盐城市** | **Yancheng City** | **1472.02** | **956.48** | **528.61** | **59.29** | **61.24** | **621.17** |
| 响水县 | Xiangshui County | 110.67 | 76.18 | 56.20 | 4.53 | 2.62 | 41.40 |
| 滨海县 | Binhai County | 174.01 | 124.18 | 74.08 | 5.80 | 6.81 | 64.02 |
| 阜宁县 | Funing County | 162.92 | 125.31 | 58.23 | 4.25 | 6.63 | 90.55 |
| 射阳县 | Sheyang County | 218.93 | 150.64 | 77.31 | 12.33 | 7.86 | 94.73 |
| 建湖县 | Jianhu County | 116.58 | 99.16 | 42.62 | 3.45 | 9.11 | 61.57 |

| 市 县 City and County | | 农作物总播种面积（千公顷）Total Sown Area (1000 hectares) | #粮食作物 Grain Grops | 农业机械总动力（万千瓦）Total Power of Agricultural Machinery (10000 kW) | 农用化肥施用量（万吨）Consumption of Chemical Fertilizer (10000 tons) | 农村用电量（亿千瓦小时）Electricity Consumed in Rural Area (100 million kW·h) | 有效灌溉面积（千公顷）Irrigated Area (1000 hectares) |
|---|---|---|---|---|---|---|---|
| 东 台 市 | Dongtai City | 245.15 | 136.88 | 77.37 | 6.93 | 12.76 | 92.74 |
| 大 丰 市 | Dafeng City | 253.58 | 117.11 | 68.55 | 12.81 | 7.09 | 84.77 |
| **扬 州 市** | **Yangzhou City** | **503.55** | **414.73** | **230.32** | **18.95** | **48.88** | **288.65** |
| 宝 应 县 | Baoying County | 134.19 | 117.33 | 44.58 | 3.41 | 8.02 | 59.60 |
| 仪 征 市 | Yizheng City | 60.56 | 49.06 | 29.92 | 1.09 | 2.94 | 29.83 |
| 高 邮 市 | Gaoyou City | 139.50 | 114.63 | 57.87 | 4.74 | 10.19 | 63.47 |
| **镇 江 市** | **Zhenjiang City** | **238.72** | **175.04** | **133.91** | **6.35** | **67.31** | **132.90** |
| 丹 阳 市 | Danyang City | 84.89 | 69.96 | 38.50 | 1.73 | 45.60 | 52.11 |
| 扬 中 市 | Yangzhong City | 18.82 | 14.19 | 12.35 | 0.47 | 6.91 | 10.10 |
| 句 容 市 | Jurong City | 79.81 | 49.66 | 49.41 | 2.50 | 5.40 | 38.73 |
| **泰 州 市** | **Taizhou City** | **577.02** | **435.79** | **228.14** | **18.56** | **92.48** | **283.81** |
| 兴 化 市 | Xinghua City | 229.61 | 182.75 | 94.58 | 6.80 | 31.26 | 115.27 |
| 靖 江 市 | Jingjiang City | 54.69 | 46.11 | 24.19 | 2.24 | 14.72 | 32.75 |
| 泰 兴 市 | Taixing City | 134.63 | 95.07 | 52.99 | 3.01 | 23.25 | 64.28 |
| 姜 堰 市 | Jiangyan City | 106.68 | 73.33 | 39.88 | 4.61 | 12.32 | 51.01 |
| **宿 迁 市** | **Suqian City** | **706.75** | **569.43** | **575.18** | **39.84** | **29.80** | **352.07** |
| 沭 阳 县 | Shuyang County | 247.85 | 183.43 | 203.86 | 15.13 | 13.51 | 114.17 |
| 泗 阳 县 | Siyang County | 112.01 | 88.39 | 81.80 | 3.91 | 3.51 | 54.96 |
| 泗 洪 县 | Sihong County | 187.57 | 162.49 | 185.58 | 11.00 | 2.29 | 107.80 |

# 20-11 农产品产量(2011年)
# Output of Agricultural Products (2011)

单位:万吨 (10000 tons)

| 市县 City and County | | 粮食产量 Grain | 油料产量 Oil-bearing Crops | 棉花产量(吨) Cotton (ton) | 肉类总产量 Meat | #猪牛羊肉 Pork, Beef and Mutton | 水产品产量 Aquatic Products |
|---|---|---|---|---|---|---|---|
| **南京市** | **Nanjing City** | **112.06** | **10.49** | **4319** | **12.34** | **7.41** | **20.62** |
| 溧水县 | Lishui County | 22.95 | 1.97 | 945 | 1.89 | 1.03 | 2.73 |
| 高淳县 | Gaochun County | 18.64 | 1.65 | 776 | 1.67 | 0.96 | 4.12 |
| **无锡市** | **Wuxi City** | **82.22** | **0.93** | **0** | **11.01** | **7.24** | **12.20** |
| 江阴市 | Jiangyin City | 20.12 | 0.16 | 0 | 5.07 | 2.99 | 2.31 |
| 宜兴市 | Yixing City | 48.57 | 0.72 | 0 | 3.57 | 2.47 | 7.89 |
| **徐州市** | **Xuzhou City** | **455.30** | **11.45** | **33882** | **94.11** | **48.13** | **17.50** |
| 丰县 | Fengxian County | 51.10 | 0.47 | 12980 | 13.32 | 6.63 | 0.45 |
| 沛县 | Peixian County | 59.89 | 0.20 | 3820 | 19.54 | 6.09 | 1.40 |
| 睢宁县 | Suining County | 88.51 | 1.58 | 1659 | 12.91 | 8.02 | 2.21 |
| 新沂市 | Xinyi City | 63.58 | 6.57 | 0 | 12.63 | 7.97 | 4.62 |
| 邳州市 | Pizhou City | 79.50 | 1.76 | 7009 | 19.55 | 8.36 | 2.78 |
| **常州市** | **Changzhou City** | **115.19** | **3.20** | **491** | **13.40** | **6.23** | **17.15** |
| 溧阳市 | Liyang City | 54.47 | 2.07 | 457 | 2.21 | 1.32 | 6.51 |
| 金坛市 | Jintan City | 28.38 | 0.82 | 34 | 4.38 | 1.59 | 3.92 |
| **苏州市** | **Suzhou City** | **115.00** | **2.89** | **1508** | **15.00** | **8.77** | **28.41** |
| 常熟市 | Changshu City | 32.14 | 0.77 | 985 | 2.11 | 1.73 | 3.80 |
| 张家港市 | Zhangjiagang City | 28.28 | 0.47 | 72 | 1.29 | 0.87 | 1.76 |
| 昆山市 | Kunshan City | 11.80 | 0.17 | 42 | 0.76 | 0.70 | 5.25 |
| 吴江市 | Wujiang City | 16.75 | 0.69 | 0 | 1.72 | 1.49 | 7.67 |
| 太仓市 | Taicang City | 21.20 | 0.61 | 409 | 6.59 | 1.72 | 3.73 |

20－11 续 表1 Continued 1

单位:万吨 (10000 tons)

| 市 县 | City and County | 粮食产量 Grain | 油料产量 Oil-bearing Crops | 棉花产量(吨) Cotton (ton) | 肉类总产量 Meat | #猪牛羊肉 Pork, Beef and Mutton | 水产品产量 Aquatic Products |
|---|---|---|---|---|---|---|---|
| **南通市** | **Nantong City** | **329.12** | **40.00** | **54395** | **47.40** | **28.63** | **82.56** |
| 海安县 | Haian County | 64.05 | 1.38 | 171 | 9.12 | 6.09 | 3.16 |
| 如东县 | Rudong County | 90.80 | 4.97 | 17281 | 9.49 | 5.67 | 26.99 |
| 启东市 | Qidong City | 24.09 | 10.16 | 16349 | 5.80 | 2.57 | 35.34 |
| 如皋市 | Rugao City | 72.80 | 3.58 | 200 | 11.08 | 7.81 | 2.26 |
| 海门市 | Haimen City | 17.84 | 9.45 | 12859 | 4.13 | 1.52 | 8.20 |
| **连云港市** | **Lianyungang City** | **345.99** | **11.64** | **3874** | **28.91** | **23.02** | **65.21** |
| 赣榆县 | Ganyu County | 53.51 | 6.83 | 304 | 7.17 | 5.64 | 39.96 |
| 东海县 | Donghai County | 109.39 | 4.38 | 105 | 7.30 | 6.17 | 5.16 |
| 灌云县 | Guanyun County | 74.71 | 0.08 | 422 | 5.31 | 4.63 | 4.50 |
| 灌南县 | Guannan County | 61.94 | 0.21 | 22 | 4.74 | 4.35 | 3.20 |
| **淮安市** | **Huaian City** | **453.42** | **10.09** | **505** | **29.90** | **20.02** | **24.39** |
| 涟水县 | Lianshui County | 90.07 | 3.37 | 358 | 6.65 | 4.98 | 1.76 |
| 洪泽县 | Hongze County | 41.72 | 0.29 | 0 | 2.01 | 1.16 | 5.20 |
| 盱眙县 | Xuyi County | 95.73 | 2.86 | 147 | 6.88 | 3.15 | 5.00 |
| 金湖县 | Jinhu County | 50.02 | 0.73 | 0 | 1.43 | 0.82 | 4.78 |
| **盐城市** | **Yancheng City** | **661.79** | **28.77** | **133952** | **83.22** | **53.01** | **102.02** |
| 响水县 | Xiangshui County | 50.54 | 2.35 | 6956 | 4.44 | 3.34 | 5.83 |
| 滨海县 | Binhai County | 89.85 | 4.49 | 2270 | 9.95 | 6.66 | 9.33 |
| 阜宁县 | Funing County | 91.30 | 1.65 | 161 | 16.78 | 11.33 | 6.56 |
| 射阳县 | Sheyang County | 107.49 | 3.59 | 41256 | 7.82 | 5.37 | 18.60 |
| 建湖县 | Jianhu County | 72.05 | 1.52 | 2230 | 5.63 | 3.20 | 9.15 |

20－11 续 表 2 Continued 2

单位:万吨 (10000 tons)

| 市　县 City and County | | 粮食产量 Grain | 油料产量 Oil-bearing Crops | 棉花产量（吨） Cotton (ton) | 肉类总产量 Meat | #猪牛羊肉 Pork, Beef and Mutton | 水产品产量 Aquatic Products |
|---|---|---|---|---|---|---|---|
| 东台市 | Dongtai City | 83.19 | 6.67 | 11217 | 14.05 | 8.23 | 16.75 |
| 大丰市 | Dafeng City | 76.09 | 5.20 | 45276 | 12.05 | 6.73 | 16.05 |
| **扬州市** | **Yangzhou City** | **305.68** | **7.03** | **4523** | **18.25** | **10.62** | **38.35** |
| 宝应县 | Baoying County | 91.08 | 1.39 | 38 | 4.59 | 2.95 | 14.66 |
| 仪征市 | Yizheng City | 32.72 | 0.85 | 106 | 2.30 | 1.29 | 0.60 |
| 高邮市 | Gaoyou City | 85.55 | 1.78 | 3088 | 4.55 | 2.59 | 15.59 |
| **镇江市** | **Zhenjiang City** | **121.89** | **4.37** | **1503** | **8.25** | **4.80** | **8.82** |
| 丹阳市 | Danyang City | 49.57 | 0.93 | 0 | 2.36 | 1.78 | 3.73 |
| 扬中市 | Yangzhong City | 10.72 | 0.11 | 0 | 0.92 | 0.69 | 0.68 |
| 句容市 | Jurong City | 33.74 | 2.39 | 1483 | 1.45 | 0.99 | 2.43 |
| **泰州市** | **Taizhou City** | **321.26** | **10.72** | **14884** | **24.44** | **19.49** | **34.45** |
| 兴化市 | Xinghua City | 138.01 | 3.17 | 12746 | 5.42 | 3.76 | 26.17 |
| 靖江市 | Jingjiang City | 33.49 | 0.43 | 0 | 2.92 | 2.55 | 0.93 |
| 泰兴市 | Taixing City | 68.57 | 3.61 | 0 | 7.89 | 7.04 | 2.21 |
| 姜堰市 | Jiangyan City | 53.96 | 2.46 | 2090 | 5.46 | 4.13 | 3.63 |
| **宿迁市** | **Suqian City** | **368.54** | **5.76** | **2205** | **34.87** | **19.48** | **24.31** |
| 沭阳县 | Shuyang County | 125.09 | 1.65 | 48 | 9.99 | 7.20 | 1.89 |
| 泗阳县 | Siyang County | 57.84 | 1.30 | 27 | 5.17 | 3.50 | 6.85 |
| 泗洪县 | Sihong County | 94.52 | 2.32 | 1901 | 6.97 | 4.22 | 9.70 |

# 20－12 工业企业单位数(2011年)
## Number of Industrial Enterprises (2011)

单位:个 (unit)

| 市县<br>City and County | | 工业企业个数<br>Number of Industrial Enterprises | 内资企业<br>Domestic Funded Enterprises | 外商港澳台商投资企业<br>Foreign, Hong Kong Macao and Taiwan Invested Enterprises | #国有控股企业<br>State-owned Share Holding Enterprises | #大中型企业<br>Large and Medium Scale Enterprises | #轻工业<br>Light Industry |
|---|---|---|---|---|---|---|---|
| **南京市** | **Nanjing City** | **2508** | **1852** | **656** | **184** | **527** | **736** |
| 溧水县 | Lishui County | 348 | 293 | 55 | 6 | 28 | 100 |
| 高淳县 | Gaochun County | 253 | 224 | 29 | 4 | 52 | 122 |
| **无锡市** | **Wuxi City** | **5241** | **3871** | **1370** | **76** | **816** | **1294** |
| 江阴市 | Jiangyin City | 1417 | 1136 | 281 | 12 | 261 | 581 |
| 宜兴市 | Yixing City | 897 | 734 | 163 | 9 | 133 | 189 |
| **徐州市** | **Xuzhou City** | **2788** | **2609** | **179** | **39** | **290** | **999** |
| 丰县 | Fengxian County | 271 | 247 | 24 | 3 | 6 | 111 |
| 沛县 | Peixian County | 463 | 452 | 11 | 0 | 17 | 239 |
| 睢宁县 | Suining County | 235 | 222 | 13 | 0 | 15 | 109 |
| 新沂市 | Xinyi City | 426 | 412 | 14 | 1 | 15 | 156 |
| 邳州市 | Pizhou City | 539 | 502 | 37 | 4 | 37 | 112 |
| **常州市** | **Changzhou City** | **3638** | **2904** | **734** | **56** | **620** | **1097** |
| 溧阳市 | Liyang City | 327 | 284 | 43 | 8 | 60 | 58 |
| 金坛市 | Jintan City | 356 | 261 | 95 | 7 | 73 | 149 |
| **苏州市** | **Suzhou City** | **9904** | **5243** | **4661** | **92** | **2108** | **4106** |
| 常熟市 | Changshu City | 1430 | 1072 | 358 | 10 | 248 | 769 |
| 张家港市 | Zhangjiagang City | 1174 | 900 | 274 | 8 | 177 | 543 |
| 昆山市 | Kunshan City | 1761 | 488 | 1273 | 16 | 547 | 477 |
| 吴江市 | Wujiang City | 1535 | 968 | 567 | 4 | 258 | 893 |
| 太仓市 | Taicang City | 1076 | 644 | 432 | 18 | 123 | 597 |

20－12 续 表1 Continued 1

单位:个 (unit)

| 市 县 | City and County | 工业企业个数 Number of Industrial Enterprises | 内资企业 Domestic Funded Enterprises | 外商港澳台商投资企业 Foreign, Hong Kong Macao and Taiwan Invested Enterprises | #国有控股企业 State-owned Share Holding Enterprises | #大中型企业 Large and Medium Scale Enterprises | #轻工业 Light Industry |
|---|---|---|---|---|---|---|---|
| **南 通 市** | **Nantong City** | **4912** | **3591** | **1321** | **54** | **432** | **2415** |
| 海 安 县 | Haian County | 798 | 638 | 160 | 1 | 56 | 373 |
| 如 东 县 | Rudong County | 641 | 479 | 162 | 5 | 61 | 401 |
| 启 东 市 | Qidong City | 507 | 367 | 140 | 5 | 42 | 164 |
| 如 皋 市 | Rugao City | 756 | 631 | 125 | 1 | 67 | 366 |
| 海 门 市 | Haimen City | 570 | 292 | 278 | 0 | 36 | 267 |
| **连云港市** | **Lianyungang City** | **1263** | **1073** | **190** | **38** | **131** | **485** |
| 赣 榆 县 | Ganyu County | 341 | 316 | 25 | 2 | 22 | 164 |
| 东 海 县 | Donghai County | 327 | 280 | 47 | 2 | 16 | 126 |
| 灌 云 县 | Guanyun County | 188 | 178 | 10 | 3 | 21 | 78 |
| 灌 南 县 | Guannan County | 145 | 131 | 14 | 2 | 15 | 29 |
| **淮 安 市** | **Huaian City** | **1495** | **1354** | **141** | **30** | **182** | **713** |
| 涟 水 县 | Lianshui County | 198 | 180 | 18 | 2 | 30 | 120 |
| 洪 泽 县 | Hongze County | 197 | 182 | 15 | 3 | 17 | 87 |
| 盱 眙 县 | Xuyi County | 256 | 240 | 16 | 2 | 20 | 108 |
| 金 湖 县 | Jinhu County | 151 | 137 | 14 |  | 15 | 50 |
| **盐 城 市** | **Yancheng City** | **2590** | **2301** | **289** | **42** | **308** | **1132** |
| 响 水 县 | Xiangshui County | 130 | 125 | 5 | 2 | 26 | 59 |
| 滨 海 县 | Binhai County | 187 | 184 | 3 | 2 | 31 | 61 |
| 阜 宁 县 | Funing County | 236 | 216 | 20 | 1 | 20 | 72 |
| 射 阳 县 | Sheyang County | 264 | 238 | 26 | 3 | 27 | 172 |
| 建 湖 县 | Jianhu County | 301 | 292 | 9 | 0 | 41 | 111 |

20－12 续 表 2 Continued 2

单位:个 (unit)

| 市 县 City and County | | 工业企业个数 Number of Industrial Enterprises | 内资企业 Domestic Funded Enterprises | 外商港澳台商投资企业 Foreign, Hong Kong Macao and Taiwan Invested Enterprises | #国有控股企业 State-owned Share Holding Enterprises | #大中型企业 Large and Medium Scale Enterprises | #轻工业 Light Industry |
|---|---|---|---|---|---|---|---|
| 东 台 市 | Dongtai City | 512 | 440 | 72 | 7 | 44 | 253 |
| 大 丰 市 | Dafeng City | 383 | 309 | 74 | 11 | 42 | 203 |
| **扬 州 市** | **Yangzhou City** | **2584** | **2176** | **408** | **60** | **440** | **940** |
| 宝 应 县 | Baoying County | 317 | 274 | 43 | 4 | 54 | 118 |
| 仪 征 市 | Yizheng City | 308 | 251 | 57 | 20 | 38 | 125 |
| 高 邮 市 | Gaoyou City | 487 | 439 | 48 | 0 | 66 | 191 |
| **镇 江 市** | **Zhenjiang City** | **2173** | **1592** | **581** | **56** | **288** | **727** |
| 丹 阳 市 | Danyang City | 712 | 516 | 196 | 7 | 109 | 287 |
| 扬 中 市 | Yangzhong City | 295 | 221 | 74 | 1 | 51 | 41 |
| 句 容 市 | Jurong City | 459 | 367 | 92 | 3 | 38 | 225 |
| **泰 州 市** | **Taizhou City** | **2489** | **2146** | **343** | **26** | **211** | **652** |
| 兴 化 市 | Xinghua City | 615 | 583 | 32 | 2 | 25 | 156 |
| 靖 江 市 | Jingjiang City | 428 | 350 | 78 | 7 | 58 | 85 |
| 泰 兴 市 | Taixing City | 496 | 413 | 83 | 6 | 44 | 133 |
| 姜 堰 市 | Jiangyan City | 465 | 398 | 67 | 0 | 25 | 121 |
| **宿 迁 市** | **Suqian City** | **1795** | **1725** | **70** | **14** | **143** | **857** |
| 沭 阳 县 | Shuyang County | 611 | 594 | 17 | 0 | 50 | 226 |
| 泗 阳 县 | Siyang County | 420 | 415 | 5 | 1 | 19 | 168 |
| 泗 洪 县 | Sihong County | 359 | 346 | 13 | 6 | 15 | 240 |

注：统计范围为年主营业务收入2000万元以上工业企业(下同)。

Note: The statistical scope of industry covers industrial enterprises with major business revenue of over 20 million yuan. (Similarly in following tables.)

# 20－13 工业总产值(2011年)
# Gross Output Value of Industry (2011)

单位:亿元 (100 million yuan)

| 市县<br>City and County | | 工业总产值<br>Gross Output Value of Industry | 内资企业<br>Domestic Funded Enterprises | 外商港澳台商投资企业<br>Foreign, Hong Kong Macao and Taiwan Invested Enterprises | #国有控股企业<br>State-owned Share Holding Enterprises | #大中型企业<br>Large and Medium Scale Enterprises | #轻工业<br>Light Industry |
|---|---|---|---|---|---|---|---|
| **南京市** | **Nanjing City** | **10354.65** | **6171.85** | **4182.80** | **3599.15** | **7455.44** | **1784.76** |
| 溧水县 | Lishui County | 503.59 | 394.10 | 109.48 | 7.79 | 152.20 | 123.46 |
| 高淳县 | Gaochun County | 478.70 | 429.94 | 48.75 | 100.68 | 188.02 | 174.84 |
| **无锡市** | **Wuxi City** | **14561.97** | **9130.11** | **5431.86** | **535.68** | **9812.16** | **3365.01** |
| 江阴市 | Jiangyin City | 5953.02 | 4361.78 | 1591.24 | 169.36 | 4768.34 | 1576.04 |
| 宜兴市 | Yixing City | 2491.76 | 2048.65 | 443.11 | 41.41 | 1260.13 | 341.46 |
| **徐州市** | **Xuzhou City** | **6950.65** | **6045.39** | **905.26** | **1063.24** | **3507.58** | **1922.02** |
| 丰县 | Fengxian County | 221.28 | 201.20 | 20.08 | 25.75 | 42.62 | 80.43 |
| 沛县 | Peixian County | 788.07 | 770.41 | 17.65 | | 71.83 | 284.51 |
| 睢宁县 | Suining County | 380.46 | 328.04 | 52.42 | | 153.65 | 190.75 |
| 新沂市 | Xinyi City | 604.30 | 575.50 | 28.80 | 0.20 | 81.48 | 179.99 |
| 邳州市 | Pizhou City | 1049.04 | 938.79 | 110.25 | 26.32 | 268.92 | 228.83 |
| **常州市** | **Changzhou City** | **8270.77** | **5429.54** | **2841.23** | **321.41** | **5146.82** | **1547.84** |
| 溧阳市 | Liyang City | 1137.23 | 703.20 | 434.03 | 24.04 | 802.77 | 72.09 |
| 金坛市 | Jintan City | 686.90 | 454.46 | 232.44 | 25.01 | 380.02 | 193.12 |
| **苏州市** | **Suzhou City** | **27778.75** | **9150.51** | **18628.24** | **903.76** | **20789.17** | **7349.02** |
| 常熟市 | Changshu City | 3251.66 | 1808.11 | 1443.55 | 60.29 | 2196.00 | 1320.54 |
| 张家港市 | Zhangjiagang City | 4461.91 | 3275.24 | 1186.67 | 255.73 | 3495.83 | 1207.18 |
| 昆山市 | Kunshan City | 7282.21 | 555.59 | 6726.62 | 98.94 | 6113.76 | 1045.39 |
| 吴江市 | Wujiang City | 2993.67 | 1200.82 | 1792.85 | 10.79 | 2073.73 | 1147.72 |
| 太仓市 | Taicang City | 1706.25 | 850.58 | 855.67 | 210.82 | 837.13 | 696.41 |

单位:亿元 (100 million yuan)

| 市 县 City and County | | 工业总产值 Gross Output Value of Industry | 内资企业 Domestic Funded Enterprises | 外商港澳台商投资企业 Foreign, Hong Kong Macao and Taiwan Invested Enterprises | #国有控股企业 State-owned Share Holding Enterprises | #大中型企业 Large and Medium Scale Enterprises | #轻工业 Light Industry |
|---|---|---|---|---|---|---|---|
| **南通市** | **Nantong City** | **8679.82** | **5283.46** | **3396.36** | **565.34** | **3831.75** | **3106.60** |
| 海安县 | Haian County | 1071.86 | 819.63 | 252.23 | 0.22 | 500.62 | 515.51 |
| 如东县 | Rudong County | 1045.32 | 681.27 | 364.05 | 8.91 | 444.29 | 491.84 |
| 启东市 | Qidong City | 1036.53 | 676.05 | 360.48 | 71.11 | 397.33 | 311.97 |
| 如皋市 | Rugao City | 1157.30 | 823.06 | 334.24 | 24.65 | 514.93 | 318.49 |
| 海门市 | Haimen City | 1201.98 | 670.53 | 531.45 | | 339.40 | 358.61 |
| **连云港市** | **Lianyungang City** | **2630.52** | **1935.45** | **695.08** | **239.83** | **1652.33** | **726.22** |
| 赣榆县 | Ganyu County | 595.06 | 557.96 | 37.10 | 21.45 | 356.54 | 111.40 |
| 东海县 | Donghai County | 364.75 | 260.82 | 103.93 | 1.32 | 75.63 | 136.65 |
| 灌云县 | Guanyun County | 303.37 | 291.76 | 11.60 | 6.89 | 146.18 | 77.18 |
| 灌南县 | Guannan County | 319.54 | 313.33 | 6.22 | 2.91 | 212.98 | 29.49 |
| **淮安市** | **Huaian City** | **2941.00** | **2371.21** | **569.79** | **318.15** | **1362.87** | **111.56** |
| 涟水县 | Lianshui County | 291.46 | 262.26 | 29.20 | 29.57 | 100.08 | 17.69 |
| 洪泽县 | Hongze County | 261.86 | 225.95 | 35.91 | 6.22 | 43.62 | 8.89 |
| 盱眙县 | Xuyi County | 335.49 | 311.43 | 24.06 | 7.80 | 47.10 | 12.82 |
| 金湖县 | Jinhu County | 224.21 | 189.70 | 34.51 | | 97.84 | 7.86 |
| **盐城市** | **Yancheng City** | **4360.07** | **3234.00** | **1126.07** | **128.81** | **2027.52** | **1570.08** |
| 响水县 | Xiangshui County | 322.66 | 264.42 | 58.24 | 2.10 | 191.28 | 83.82 |
| 滨海县 | Binhai County | 341.54 | 332.11 | 9.43 | 1.48 | 150.61 | 148.86 |
| 阜宁县 | Funing County | 338.37 | 306.06 | 32.31 | 0.16 | 94.66 | 135.60 |
| 射阳县 | Sheyang County | 375.99 | 323.40 | 52.59 | 3.14 | 44.14 | 253.44 |
| 建湖县 | Jianhu County | 412.08 | 351.98 | 60.10 | | 196.18 | 182.87 |

20－13 续 表2 Continued 2

单位:亿元 (100 million yuan)

| 市 县 | City and County | 工业总产值 Gross Output Value of Industry | 内资企业 Domestic Funded Enterprises | 外商港澳台商投资企业 Foreign, Hong Kong Macao and Taiwan Invested Enterprises | #国有控股企业 State-owned Share Holding Enterprises | #大中型企业 Large and Medium Scale Enterprises | #轻工业 Light Industry |
|---|---|---|---|---|---|---|---|
| 东台市 | Dongtai City | 569.91 | 468.10 | 101.82 | 36.38 | 195.81 | 235.12 |
| 大丰市 | Dafeng City | 419.43 | 314.75 | 104.68 | 25.31 | 139.24 | 214.98 |
| **扬州市** | **Yangzhou City** | **6772.79** | **4869.66** | **1903.13** | **1154.95** | **3823.16** | **1541.26** |
| 宝应县 | Baoying County | 570.92 | 501.30 | 69.62 | 137.24 | 326.42 | 115.68 |
| 仪征市 | Yizheng City | 944.67 | 644.34 | 300.33 | 436.97 | 551.17 | 121.29 |
| 高邮市 | Gaoyou City | 750.38 | 599.30 | 151.08 | | 287.22 | 260.29 |
| **镇江市** | **Zhenjiang City** | **5207.67** | **3378.12** | **1829.55** | **354.79** | **3035.27** | **967.36** |
| 丹阳市 | Danyang City | 1604.94 | 1178.61 | 426.33 | 9.59 | 1012.80 | 300.71 |
| 扬中市 | Yangzhong City | 729.66 | 626.87 | 102.80 | 0.89 | 536.69 | 37.77 |
| 句容市 | Jurong City | 715.08 | 429.19 | 285.90 | 1.69 | 223.53 | 245.80 |
| **泰州市** | **Taizhou City** | **5813.13** | **4216.71** | **1596.41** | **393.90** | **2531.15** | **1474.27** |
| 兴化市 | Xinghua City | 773.25 | 663.07 | 110.18 | 2.69 | 146.65 | 169.93 |
| 靖江市 | Jingjiang City | 1434.14 | 739.37 | 694.77 | 78.87 | 849.67 | 191.93 |
| 泰兴市 | Taixing City | 1072.56 | 794.38 | 278.18 | 13.50 | 286.08 | 246.03 |
| 姜堰市 | Jiangyan City | 736.22 | 560.75 | 175.47 | | 196.84 | 201.51 |
| **宿迁市** | **Suqian City** | **1522.30** | **1451.22** | **71.08** | **98.78** | **631.31** | **807.32** |
| 沭阳县 | Shuyang County | 428.26 | 408.34 | 19.91 | | 113.02 | 186.62 |
| 泗阳县 | Siyang County | 280.25 | 277.31 | 2.94 | 0.22 | 52.97 | 122.03 |
| 泗洪县 | Sihong County | 193.49 | 189.11 | 4.38 | 62.24 | 78.84 | 139.49 |

# 20-14 工业企业主要经济指标(2011 年)

# Major Economic Indicators on Industrial Enterprises (2011)

单位:亿元 (100 million yuan)

| 市县 | City and County | 资产合计 Total Assets | 负债合计 Total Liabilities | 主营业务收入 Major Business Revenue | 利税总额 Total Pre-tax Profits | #利润总额 Total Profits | 从业人员年平均人数(万人) Annual Average Employed Persons (10000 persons) |
|---|---|---|---|---|---|---|---|
| **南京市** | **Nanjing City** | **7841.71** | **4595.39** | **10472.31** | **1191.05** | **594.40** | **75.19** |
| 溧水县 | Lishui County | 285.73 | 161.52 | 492.85 | 74.96 | 48.95 | 6.12 |
| 高淳县 | Gaochun County | 249.09 | 146.50 | 493.10 | 60.55 | 37.89 | 7.94 |
| **无锡市** | **Wuxi City** | **12493.99** | **7404.07** | **14567.14** | **1523.17** | **1149.48** | **132.10** |
| 江阴市 | Jiangyin City | 5148.61 | 3136.37 | 5970.02 | 718.70 | 513.63 | 45.73 |
| 宜兴市 | Yixing City | 2187.66 | 1449.69 | 2433.18 | 195.91 | 139.38 | 18.81 |
| **徐州市** | **Xuzhou City** | **3964.56** | **2148.68** | **6940.76** | **1123.70** | **643.54** | **71.81** |
| 丰县 | Fengxian County | 129.32 | 56.79 | 216.43 | 33.12 | 18.40 | 3.04 |
| 沛县 | Peixian County | 154.82 | 84.12 | 773.69 | 105.54 | 56.53 | 8.87 |
| 睢宁县 | Suining County | 118.26 | 57.54 | 375.25 | 61.61 | 42.87 | 4.45 |
| 新沂市 | Xinyi City | 216.83 | 130.46 | 601.44 | 78.58 | 45.36 | 6.10 |
| 邳州市 | Pizhou City | 275.68 | 106.50 | 1050.09 | 171.33 | 98.81 | 11.69 |
| **常州市** | **Changzhou City** | **6243.25** | **3804.26** | **8212.53** | **713.30** | **468.43** | **86.13** |
| 溧阳市 | Liyang City | 735.66 | 518.29 | 1140.76 | 107.50 | 64.80 | 7.51 |
| 金坛市 | Jintan City | 447.38 | 281.94 | 671.06 | 86.42 | 62.02 | 8.43 |
| **苏州市** | **Suzhou City** | **21821.92** | **12879.96** | **27898.91** | **2028.08** | **1484.73** | **331.11** |
| 常熟市 | Changshu City | 2817.69 | 1697.25 | 3184.39 | 237.79 | 186.03 | 38.86 |
| 张家港市 | Zhangjiagang City | 4178.47 | 2814.80 | 4688.83 | 296.02 | 197.12 | 33.38 |
| 昆山市 | Kunshan City | 4270.88 | 2402.74 | 7207.49 | 511.25 | 412.55 | 86.66 |
| 吴江市 | Wujiang City | 2449.08 | 1502.54 | 3018.09 | 239.65 | 179.55 | 43.57 |
| 太仓市 | Taicang City | 1507.61 | 905.51 | 1687.26 | 143.51 | 96.65 | 17.76 |

单位:亿元 (100 million yuan)

| 市 县 | City and County | 资产合计 Total Assets | 负债合计 Total Liabilities | 主营业务收入 Major Business Revenue | 利税总额 Total Pre-tax Profits | #利润总额 Total Profits | 从业人员年平均人数(万人) Annual Average Employed Persons (10000 persons) |
|---|---|---|---|---|---|---|---|
| **南通市** | **Nantong City** | **5289.81** | **3043.91** | **8432.59** | **1017.50** | **694.85** | **87.73** |
| 海安县 | Haian County | 510.04 | 283.66 | 1014.26 | 119.28 | 88.81 | 9.93 |
| 如东县 | Rudong County | 515.05 | 250.75 | 1020.99 | 127.95 | 90.50 | 10.64 |
| 启东市 | Qidong City | 623.94 | 366.33 | 1007.61 | 139.03 | 95.08 | 9.67 |
| 如皋市 | Rugao City | 910.05 | 643.04 | 1118.31 | 96.72 | 60.87 | 14.59 |
| 海门市 | Haimen City | 424.87 | 210.41 | 1219.01 | 196.55 | 133.02 | 10.26 |
| **连云港市** | **Lianyungang City** | **1712.85** | **1044.15** | **2601.68** | **299.95** | **190.10** | **20.43** |
| 赣榆县 | Ganyu County | 195.01 | 101.15 | 592.21 | 64.20 | 37.54 | 3.63 |
| 东海县 | Donghai County | 144.09 | 67.91 | 357.18 | 37.75 | 23.91 | 3.39 |
| 灌云县 | Guanyun County | 93.26 | 37.77 | 300.27 | 29.91 | 22.33 | 3.03 |
| 灌南县 | Guannan County | 130.80 | 80.43 | 314.83 | 30.71 | 14.77 | 2.28 |
| **淮安市** | **Huaian City** | **1333.63** | **702.05** | **2918.90** | **299.68** | **150.21** | **27.09** |
| 涟水县 | Lianshui County | 104.76 | 49.66 | 292.42 | 24.39 | 15.31 | 3.84 |
| 洪泽县 | Hongze County | 107.52 | 48.96 | 259.42 | 27.41 | 19.80 | 3.09 |
| 盱眙县 | Xuyi County | 118.41 | 68.58 | 333.89 | 20.74 | 12.03 | 2.76 |
| 金湖县 | Jinhu County | 94.09 | 55.05 | 221.30 | 17.91 | 13.19 | 1.86 |
| **盐城市** | **Yancheng City** | **2475.32** | **1362.71** | **4355.32** | **508.98** | **269.17** | **47.95** |
| 响水县 | Xiangshui County | 170.74 | 64.89 | 319.16 | 38.20 | 28.45 | 2.92 |
| 滨海县 | Binhai County | 160.46 | 80.04 | 330.44 | 37.94 | 20.74 | 3.63 |
| 阜宁县 | Funing County | 165.03 | 98.31 | 339.69 | 29.66 | 13.97 | 4.56 |
| 射阳县 | Sheyang County | 17.74 | 130.95 | 372.66 | 28.50 | 14.25 | 3.71 |
| 建湖县 | Jianhu County | 181.56 | 96.18 | 407.19 | 46.71 | 24.78 | 5.59 |

20－14 续 表2 Continued 2

单位:亿元 (100 million yuan)

| 市 县 | City and County | 资产合计 Total Assets | 负债合计 Total Liabilities | 主营业务收入 Major Business Revenue | 利税总额 Total Pre-tax Profits | #利润总额 Total Profits | 从业人员年平均人数(万人) Annual Average Employed Persons (10000 persons) |
|---|---|---|---|---|---|---|---|
| 东台市 | Dongtai City | 395.83 | 263.61 | 557.65 | 56.81 | 30.21 | 8.34 |
| 大丰市 | Dafeng City | 280.54 | 144.85 | 417.02 | 39.87 | 21.28 | 6.00 |
| **扬州市** | **Yangzhou City** | **3238.81** | **1749.67** | **6563.35** | **841.64** | **517.25** | **77.84** |
| 宝应县 | Baoying County | 271.52 | 129.09 | 546.82 | 50.34 | 29.21 | 6.67 |
| 仪征市 | Yizheng City | 484.30 | 239.72 | 940.25 | 112.27 | 77.69 | 8.92 |
| 高邮市 | Gaoyou City | 255.19 | 127.60 | 744.85 | 95.72 | 63.12 | 10.04 |
| **镇江市** | **Zhenjiang City** | **3831.93** | **2183.97** | **5040.45** | **468.23** | **301.58** | **48.85** |
| 丹阳市 | Danyang City | 1037.35 | 630.41 | 1569.01 | 105.27 | 68.26 | 17.11 |
| 扬中市 | Yangzhong City | 627.54 | 351.28 | 695.94 | 77.48 | 48.89 | 7.00 |
| 句容市 | Jurong City | 301.78 | 152.01 | 705.95 | 66.98 | 33.55 | 10.15 |
| **泰州市** | **Taizhou City** | **3446.99** | **2002.98** | **5672.88** | **711.56** | **438.02** | **47.03** |
| 兴化市 | Xinghua City | 316.22 | 147.07 | 766.10 | 78.08 | 44.41 | 6.96 |
| 靖江市 | Jingjiang City | 1106.04 | 649.90 | 1362.98 | 208.55 | 158.29 | 11.59 |
| 泰兴市 | Taixing City | 582.96 | 359.84 | 1060.02 | 143.59 | 84.78 | 9.87 |
| 姜堰市 | Jiangyan City | 276.35 | 141.56 | 701.22 | 80.92 | 51.25 | 5.79 |
| **宿迁市** | **Suqian City** | **1031.02** | **498.75** | **1498.37** | **262.02** | **190.53** | **28.47** |
| 沭阳县 | Shuyang County | 180.42 | 59.33 | 421.28 | 67.60 | 49.61 | 8.18 |
| 泗阳县 | Siyang County | 128.96 | 42.40 | 280.18 | 30.14 | 22.27 | 5.51 |
| 泗洪县 | Sihong County | 116.44 | 50.80 | 189.05 | 47.34 | 34.53 | 4.26 |

# 20－15 交 通 运 输 （2011 年）
## Transportation（2011）

| 市 县 | City and County | 公路里程（公里）Total Length of Highway (km) | #等级公路 Grade Highway | 公路客运量（万人）Passenger Traffic of Highways (10000 persons) | 公路货运量（万吨）Freight Traffic of Highways (10000 tons) | 民用汽车拥有量（万辆）Civil Vehicles Owned (10000 units) | #私人汽车 Private Vehicles |
|---|---|---|---|---|---|---|---|
| **南 京 市** | **Nanjing City** | **10861** | **9868** | **39080** | **19820** | **99.71** | **79.63** |
| 溧 水 县 | Lishui County | 1621 | 1592 | 1082 | 990 | 2.78 | 2.38 |
| 高 淳 县 | Gaochun County | 1486 | 1432 | 1088 | 871 | 2.12 | 1.70 |
| **无 锡 市** | **Wuxi City** | **7632** | **7632** | **21154** | **12887** | **87.31** | **63.78** |
| 江 阴 市 | Jiangyin City | 2362 | 2362 | 4158 | 3517 | 21.62 | 16.23 |
| 宜 兴 市 | Yixing City | 2320 | 2320 | 4480 | 2261 | 14.27 | 10.67 |
| **徐 州 市** | **Xuzhou City** | **16199** | **15029** | **21275** | **16829** | **52.69** | **44.18** |
| 丰 县 | Fengxian County | 1803 | 1803 | 1428 | 1623 | 4.62 | 4.09 |
| 沛 县 | Peixian County | 2283 | 2283 | 2027 | 1525 | 4.40 | 3.68 |
| 睢 宁 县 | Suining County | 2404 | 2211 | 1580 | 1781 | 4.61 | 4.08 |
| 新 沂 市 | Xinyi City | 2773 | 2265 | 1522 | 2239 | 3.97 | 3.39 |
| 邳 州 市 | Pizhou City | 3021 | 2682 | 2558 | 2516 | 6.99 | 6.18 |
| **常 州 市** | **Changzhou City** | **8446** | **8394** | **14733** | **13936** | **56.07** | **43.47** |
| 溧 阳 市 | Liyang City | 2423 | 2423 | 2570 | 2546 | 6.43 | 5.14 |
| 金 坛 市 | Jintan City | 1988 | 1936 | 1820 | 1347 | 4.26 | 3.29 |
| **苏 州 市** | **Suzhou City** | **12415** | **12415** | **63969** | **14798** | **151.89** | **120.15** |
| 常 熟 市 | Changshu City | 3164 | 3164 | 6483 | 1771 | 20.24 | 16.44 |
| 张家港市 | Zhangjiagang City | 1509 | 1509 | 7237 | 2602 | 17.10 | 14.01 |
| 昆 山 市 | Kunshan City | 2002 | 2002 | 11807 | 1583 | 22.32 | 17.08 |
| 吴 江 市 | Wujiang City | 2288 | 2288 | 5376 | 925 | 13.80 | 11.82 |
| 太 仓 市 | Taicang City | 1265 | 1265 | 3095 | 1986 | 9.97 | 8.02 |

20－15 续 表1 Continued 1

| 市 县<br>City and County | | 公路里程（公里）Total Length of Highway (km) | #等级公路 Grade Highway | 公路客运量（万人）Passenger Traffic of Highways (10000 persons) | 公路货运量（万吨）Freight Traffic of Highways (10000 tons) | 民用汽车拥有量（万辆）Civil Vehicles Owned (10000 units) | #私人汽车 Private Vehicles |
|---|---|---|---|---|---|---|---|
| **南 通 市** | **Nantong City** | **17789** | **17638** | **19605** | **18181** | **55.97** | **45.47** |
| 海 安 县 | Haian County | 2320 | 2296 | 1659 | 2871 | 4.81 | 3.99 |
| 如 东 县 | Rudong County | 2495 | 2411 | 849 | 1851 | 5.42 | 4.64 |
| 启 东 市 | Qidong City | 3477 | 3466 | 1721 | 1401 | 7.02 | 6.18 |
| 如 皋 市 | Rugao City | 3143 | 3143 | 877 | 2492 | 7.67 | 6.71 |
| 海 门 市 | Haimen City | 2456 | 2438 | 1411 | 1072 | 6.58 | 5.64 |
| **连云港市** | **Lianyungang City** | **11313** | **11221** | **14419** | **11279** | **23.05** | **18.34** |
| 赣 榆 县 | Ganyu County | 2686 | 2686 | 1392 | 2016 | 3.98 | 3.44 |
| 东 海 县 | Donghai County | 2865 | 2865 | 1532 | 1856 | 4.49 | 3.90 |
| 灌 云 县 | Guanyun County | 2508 | 2508 | 1356 | 1104 | 3.24 | 2.83 |
| 灌 南 县 | Guannan County | 1837 | 1806 | 1105 | 860 | 2.13 | 1.84 |
| **淮 安 市** | **Huaian City** | **12458** | **11541** | **11324** | **7073** | **21.02** | **16.11** |
| 涟 水 县 | Lianshui County | 2470 | 2207 | 1692 | 1603 | 2.95 | 2.33 |
| 洪 泽 县 | Hongze County | 1345 | 1227 | 858 | 287 | 1.09 | 0.79 |
| 盱 眙 县 | Xuyi County | 2598 | 2598 | 1586 | 1636 | 2.01 | 1.46 |
| 金 湖 县 | Jinhu County | 1296 | 1118 | 1121 | 301 | 1.08 | 0.77 |
| **盐 城 市** | **Yancheng City** | **18564** | **16507** | **13225** | **7342** | **33.80** | **26.98** |
| 响 水 县 | Xiangshui County | 1713 | 1629 | 783 | 492 | 1.97 | 1.54 |
| 滨 海 县 | Binhai County | 2091 | 1803 | 329 | 1029 | 4.01 | 3.06 |
| 阜 宁 县 | Funing County | 1803 | 1444 | 983 | 160 | 3.08 | 2.67 |
| 射 阳 县 | Sheyang County | 2448 | 1882 | 346 | 108 | 3.56 | 3.14 |
| 建 湖 县 | Jianhu County | 1705 | 1578 | 869 | 398 | 2.43 | 1.95 |

| 市 县 City and County | | 公路里程（公里）Total Length of Highway (km) | #等级公路 Grade Highway | 公路客运量（万人）Passenger Traffic of Highways (10000 persons) | 公路货运量（万吨）Freight Traffic of Highways (10000 tons) | 民用汽车拥有量（万辆）Civil Vehicles Owned (10000 units) | #私人汽车 Private Vehicles |
|---|---|---|---|---|---|---|---|
| 东 台 市 | Dongtai City | 3088 | 2878 | 750 | 1169 | 4.41 | 3.68 |
| 大 丰 市 | Dafeng City | 2967 | 2602 | 884 | 593 | 4.14 | 3.49 |
| | | | | | | | |
| **扬 州 市** | **Yangzhou City** | **10245** | **8972** | **8152** | **6881** | **28.76** | **22.72** |
| 宝 应 县 | Baoying County | 2193 | 1839 | 1124 | 398 | 2.78 | 2.30 |
| 仪 征 市 | Yizheng City | 1459 | 1458 | 579 | 838 | 3.10 | 2.40 |
| 高 邮 市 | Gaoyou City | 2489 | 2024 | 1094 | 878 | 3.06 | 2.46 |
| | | | | | | | |
| **镇 江 市** | **Zhenjiang City** | **7015** | **7015** | **10694** | **11177** | **24.25** | **18.82** |
| 丹 阳 市 | Danyang City | 1155 | 1155 | 2277 | 2546 | 6.01 | 5.91 |
| 扬 中 市 | Yangzhong City | 444 | 444 | 1076 | 680 | 2.46 | 2.43 |
| 句 容 市 | Jurong City | 1334 | 1334 | 1906 | 1679 | 1.90 | 1.61 |
| | | | | | | | |
| **泰 州 市** | **Taizhou City** | **8894** | **8868** | **8959** | **4177** | **28.24** | **21.94** |
| 兴 化 市 | Xinghua City | 2589 | 2569 | 1608 | 605 | 5.15 | 4.42 |
| 靖 江 市 | Jingjiang City | 1241 | 1238 | 1746 | 620 | 5.83 | 4.56 |
| 泰 兴 市 | Taixing City | 2052 | 2052 | 1845 | 1032 | 5.61 | 4.46 |
| 姜 堰 市 | Jiangyan City | 1871 | 1871 | 1250 | 765 | 4.76 | 3.76 |
| | | | | | | | |
| **宿 迁 市** | **Suqian City** | **10416** | **9013** | **10125** | **5122** | **23.39** | **20.09** |
| 沭 阳 县 | Shuyang County | 3351 | 2490 | 4153 | 2520 | 6.60 | 5.74 |
| 泗 阳 县 | Siyang County | 1650 | 1595 | 2145 | 1295 | 3.46 | 3.09 |
| 泗 洪 县 | Sihong County | 2341 | 2333 | 2811 | 936 | 3.37 | 2.83 |

# 20-16 邮电、电力（2011年）
# Postal and Telecommunications, Power Services (2011)

| 市 县 | City and County | 邮电业务总量（亿元）Post & Telecommunication Services (100 million yuan) | 本地电话用户（万户）Telephone Subscribers (10000 subscribers) | 移动电话用户（万户）Number of Mobile Telephones Subscribers at Year-end (10000 subscribers) | 国际互联网用户（万户）International Exchange Network Users (10000 subscribers) | 全年用电量（亿千瓦时）Total Consumption of Electricity of the Year (100 million kW·h) | #工业用电 Consumption of Electricity for Industrial Use |
|---|---|---|---|---|---|---|---|
| **南京市** | **Nanjing City** | **120.91** | **294.01** | **1002.10** | **247.36** | **399.74** | **256.84** |
| 溧水县 | Lishui County | 3.13 | 11.17 | 37.50 | 4.98 | 13.84 | 10.50 |
| 高淳县 | Gaochun County | 2.96 | 10.35 | 33.77 | 4.72 | 7.00 | 3.91 |
| **无锡市** | **Wuxi City** | **94.34** | **212.11** | **880.77** | **152.23** | **580.60** | **476.28** |
| 江阴市 | Jiangyin City | 21.77 | 68.77 | 207.58 | 33.39 | 233.35 | 211.77 |
| 宜兴市 | Yixing City | 14.05 | 51.39 | 137.01 | 23.70 | 87.77 | 72.18 |
| **徐州市** | **Xuzhou City** | **39.55** | **232.53** | **681.97** | **76.83** | **287.30** | **225.91** |
| 丰县 | Fengxian County | 3.28 | 14.05 | 64.04 | 4.31 | 10.76 | 5.51 |
| 沛县 | Peixian County | 4.13 | 19.72 | 75.64 | 6.17 | 26.64 | 21.15 |
| 睢宁县 | Suining County | 3.55 | 18.72 | 65.90 | 5.80 | 18.42 | 13.43 |
| 新沂市 | Xinyi City | 3.58 | 20.77 | 65.18 | 6.63 | 34.62 | 29.64 |
| 邳州市 | Pizhou City | 4.95 | 22.14 | 87.99 | 7.42 | 24.24 | 17.05 |
| **常州市** | **Changzhou City** | **59.47** | **158.74** | **560.46** | **104.51** | **331.66** | **267.21** |
| 溧阳市 | Liyang City | 6.66 | 24.14 | 78.16 | 12.04 | 56.56 | 48.87 |
| 金坛市 | Jintan City | 5.13 | 20.36 | 58.51 | 9.71 | 34.28 | 28.40 |
| **苏州市** | **Suzhou City** | **205.02** | **334.19** | **1459.50** | **220.53** | **1131.63** | **946.19** |
| 常熟市 | Changshu City | 22.73 | 47.33 | 179.65 | 28.63 | 141.38 | 119.94 |
| 张家港市 | Zhangjiagang City | 18.81 | 39.42 | 152.84 | 23.93 | 259.60 | 243.12 |
| 昆山市 | Kunshan City | 35.54 | 50.48 | 264.38 | 35.66 | 174.63 | 143.25 |
| 吴江市 | Wujiang City | 22.21 | 37.43 | 173.17 | 24.26 | 188.16 | 168.85 |
| 太仓市 | Taicang City | 11.03 | 20.68 | 86.06 | 14.50 | 77.93 | 66.78 |

| 市 县 City and County | | 邮电业务总量（亿元） Post & Telecommunication Services (100 million yuan) | 本地电话用户（万户） Telephone Subscribers (10000 subscribers) | 移动电话年末用户（万户） Number of Mobile Telephones Subscribers at Year-end (10000 subscribers) | 国际互联网用户（万户） International Exchange Network Users (10000 subscribers) | 全年用电量（亿千瓦时） Total Consumption of Electricity of the Year (100 million kW·h) | #工业用电 Consumption of Electricity for Industrial Use |
|---|---|---|---|---|---|---|---|
| **南通市** | **Nantong City** | **65.16** | **360.59** | **775.22** | **115.13** | **280.77** | **212.15** |
| 海安县 | Haian County | 6.54 | 43.26 | 82.99 | 13.64 | 35.29 | 28.79 |
| 如东县 | Rudong County | 6.74 | 40.70 | 84.90 | 11.80 | 31.60 | 24.15 |
| 启东市 | Qidong City | 7.46 | 45.47 | 94.38 | 13.74 | 22.36 | 14.88 |
| 如皋市 | Rugao City | 10.00 | 49.65 | 116.18 | 16.50 | 39.39 | 29.31 |
| 海门市 | Haimen City | 7.45 | 39.99 | 88.93 | 13.04 | 28.85 | 21.02 |
| **连云港市** | **Lianyungang City** | **28.84** | **104.08** | **367.40** | **53.34** | **103.71** | **69.84** |
| 赣榆县 | Ganyu County | 5.09 | 20.59 | 73.42 | 9.12 | 22.77 | 17.13 |
| 东海县 | Donghai County | 5.15 | 18.51 | 70.01 | 8.62 | 17.63 | 12.31 |
| 灌云县 | Guanyun County | 3.79 | 13.98 | 53.99 | 5.37 | 8.21 | 4.39 |
| 灌南县 | Guannan County | 2.96 | 10.91 | 41.19 | 4.48 | 15.38 | 11.91 |
| **淮安市** | **Huaian City** | **24.96** | **252.70** | **255.44** | **39.28** | **126.37** | **92.09** |
| 涟水县 | Lianshui County | 3.33 | 43.40 | 38.39 | 4.21 | 11.81 | 7.73 |
| 洪泽县 | Hongze County | 1.60 | 14.47 | 18.35 | 3.43 | 14.08 | 11.84 |
| 盱眙县 | Xuyi County | 2.77 | 33.36 | 33.02 | 3.68 | 12.57 | 8.14 |
| 金湖县 | Jinhu County | 1.89 | 15.90 | 19.30 | 3.42 | 9.48 | 6.89 |
| **盐城市** | **Yancheng City** | **42.22** | **185.82** | **564.89** | **87.28** | **184.58** | **132.29** |
| 响水县 | Xiangshui County | 2.32 | 14.06 | 32.01 | 4.08 | 18.35 | 15.13 |
| 滨海县 | Binhai County | 3.79 | 27.10 | 50.51 | 6.26 | 17.89 | 12.68 |
| 阜宁县 | Funing County | 3.90 | 21.57 | 54.12 | 7.36 | 23.88 | 18.78 |
| 射阳县 | Sheyang County | 4.33 | 21.49 | 61.54 | 7.27 | 14.41 | 8.93 |
| 建湖县 | Jianhu County | 4.02 | 22.90 | 53.99 | 6.62 | 14.66 | 9.83 |

| 市　县<br>City and County | | 邮电业务总量（亿元）Post & Telecommunication Services (100 million yuan) | 本地电话用户（万户）Telephone Subscribers (10000 subscribers) | 移动电话年末用户（万户）Number of Mobile Telephones Subscribers at Year-end (10000 subscribers) | 国际互联网用户（万户）International Exchange Network Users (10000 subscribers) | 全年用电量（亿千瓦时）Total Consumption of Electricity of the Year (100 million kW·h) | #工业用电 Consumption of Electricity for Industrial Use |
|---|---|---|---|---|---|---|---|
| 东台市 | Dongtai City | 5.14 | 39.97 | 71.83 | 11.35 | 31.90 | 25.12 |
| 大丰市 | Dafeng City | 4.77 | 20.34 | 59.73 | 9.47 | 23.38 | 17.10 |
| | | | | | | | |
| **扬州市** | **Yangzhou City** | **46.47** | **145.38** | **456.31** | **87.95** | **167.22** | **122.04** |
| 宝应县 | Baoying County | 5.50 | 19.06 | 57.05 | 9.48 | 13.24 | 8.33 |
| 仪征市 | Yizheng City | 5.26 | 16.95 | 56.27 | 9.95 | 25.71 | 21.38 |
| 高邮市 | Gaoyou City | 6.22 | 20.56 | 65.21 | 11.28 | 19.41 | 13.79 |
| | | | | | | | |
| **镇江市** | **Zhenjiang City** | **28.92** | **142.23** | **320.86** | **45.37** | **184.09** | **148.95** |
| 丹阳市 | Danyang City | 8.29 | 31.02 | 86.58 | 11.96 | 55.32 | 45.59 |
| 扬中市 | Yangzhong City | 3.19 | 17.03 | 36.98 | 5.55 | 13.33 | 10.31 |
| 句容市 | Jurong City | 3.89 | 22.52 | 48.20 | 6.00 | 19.06 | 14.09 |
| | | | | | | | |
| **泰州市** | **Taizhou City** | **36.81** | **125.85** | **369.15** | **46.99** | **195.68** | **155.13** |
| 兴化市 | Xinghua City | 7.20 | 27.92 | 79.38 | 9.41 | 53.03 | 44.91 |
| 靖江市 | Jingjiang City | 6.69 | 21.15 | 62.13 | 8.89 | 37.89 | 30.29 |
| 泰兴市 | Taixing City | 7.81 | 29.25 | 77.65 | 9.69 | 38.10 | 30.25 |
| 姜堰市 | Jiangyan City | 5.43 | 19.36 | 58.65 | 6.54 | 26.13 | 20.88 |
| | | | | | | | |
| **宿迁市** | **Suqian City** | **21.63** | **85.70** | **347.39** | **36.12** | **94.03** | **66.04** |
| 沭阳县 | Shuyang County | 6.31 | 23.13 | 101.11 | 9.67 | 26.67 | 18.95 |
| 泗阳县 | Siyang County | 3.87 | 19.05 | 60.40 | 7.72 | 10.51 | 5.57 |
| 泗洪县 | Sihong County | 3.74 | 15.45 | 62.58 | 6.63 | 10.71 | 5.27 |

# 20-17 固定资产投资完成额(2011年)
## Completed Investment in Fixed Assets (2011)

单位:亿元　(100 million yuan)

| 市　县 | City and County | 固定资产投资 Investment in Fixed Assets | 房地产开发投资 Investment in Real Estate Development | #住宅 Residential Buildings | 新增固定资产 Newly Added Fixed Assets | 商品房屋销售建筑面积(万平方米) Constraction Floor Space of the Commercial Houses Sold (10000 sq. m) | #住宅 Residential Buildings |
|---|---|---|---|---|---|---|---|
| **南京市** | **Nanjing City** | **3757.25** | **871.43** | **637.52** | **2447.19** | **767.70** | **680.89** |
| 溧水县 | Lishui County | 185.61 | 15.00 | 13.56 | 265.35 | 50.99 | 47.88 |
| 高淳县 | Gaochun County | 74.10 | 16.50 | 15.46 | 217.08 | 32.55 | 30.15 |
| **无锡市** | **Wuxi City** | **3169.18** | **877.78** | **584.32** | **2208.20** | **659.89** | **533.94** |
| 江阴市 | Jiangyin City | 711.92 | 180.30 | 126.90 | 558.51 | 139.11 | 117.75 |
| 宜兴市 | Yixing City | 412.20 | 79.68 | 49.86 | 299.21 | 86.57 | 66.45 |
| **徐州市** | **Xuzhou City** | **2201.03** | **255.12** | **219.96** | **1504.07** | **639.38** | **575.14** |
| 丰县 | Fengxian County | 103.94 | 12.40 | 10.11 | 110.30 | 59.65 | 50.84 |
| 沛县 | Peixian County | 237.20 | 20.02 | 18.26 | 188.63 | 58.67 | 52.52 |
| 睢宁县 | Suining County | 124.72 | 13.45 | 9.25 | 75.67 | 49.34 | 41.48 |
| 新沂市 | Xinyi City | 220.72 | 33.02 | 26.29 | 96.98 | 62.32 | 48.04 |
| 邳州市 | Pizhou City | 321.35 | 24.45 | 23.79 | 326.79 | 50.17 | 50.07 |
| **常州市** | **Changzhou City** | **2223.26** | **567.53** | **404.21** | **1551.67** | **661.12** | **537.94** |
| 溧阳市 | Liyang City | 311.16 | 33.66 | 23.83 | 226.50 | 60.90 | 49.87 |
| 金坛市 | Jintan City | 206.60 | 25.56 | 18.60 | 155.40 | 62.63 | 47.63 |
| **苏州市** | **Suzhou City** | **4279.98** | **1199.13** | **881.45** | **2411.28** | **1210.91** | **983.53** |
| 常熟市 | Changshu City | 492.83 | 93.02 | 66.00 | 227.03 | 150.66 | 102.86 |
| 张家港市 | Zhangjiagang City | 532.56 | 74.95 | 51.67 | 386.23 | 71.57 | 50.28 |
| 昆山市 | Kunshan City | 642.57 | 237.40 | 169.96 | 402.24 | 253.46 | 206.19 |
| 吴江市 | Wujiang City | 504.84 | 133.40 | 105.82 | 276.17 | 177.78 | 156.94 |
| 太仓市 | Taicang City | 386.25 | 87.10 | 50.16 | 197.76 | 102.09 | 69.16 |

单位:亿元 (100 million yuan)

| 市 县 City and County | | 固定资产投资 Investment in Fixed Assets | 房地产开发投资 Investment in Real Estate Development | #住宅 Residential Buildings | 新增固定资产 Newly Added Fixed Assets | 商品房屋销售建筑面积(万平方米) Constraction Floor Space of the Commercial Houses Sold (10000 sq. m) | #住宅 Residential Buildings |
|---|---|---|---|---|---|---|---|
| **南 通 市** | **Nantong City** | **2378.36** | **379.96** | **284.32** | **1780.48** | **677.53** | **595.97** |
| 海 安 县 | Haian County | 260.12 | 27.82 | 23.94 | 229.03 | 73.15 | 66.17 |
| 如 东 县 | Rudong County | 250.75 | 16.40 | 12.57 | 231.70 | 48.97 | 38.70 |
| 启 东 市 | Qidong City | 302.99 | 19.82 | 14.48 | 268.32 | 60.00 | 51.90 |
| 如 皋 市 | Rugao City | 272.02 | 19.62 | 13.18 | 150.37 | 71.82 | 62.45 |
| 海 门 市 | Haimen City | 300.66 | 28.44 | 22.68 | 239.56 | 88.78 | 76.13 |
| **连云港市** | **Lianyungang City** | **1043.19** | **164.65** | **114.33** | **713.00** | **435.68** | **355.03** |
| 赣 榆 县 | Ganyu County | 168.03 | 19.04 | 10.99 | 106.87 | 70.89 | 59.66 |
| 东 海 县 | Donghai County | 157.66 | 16.22 | 13.19 | 88.75 | 72.85 | 63.23 |
| 灌 云 县 | Guanyun County | 136.94 | 12.74 | 8.73 | 115.49 | 46.57 | 40.97 |
| 灌 南 县 | Guannan County | 135.86 | 21.09 | 16.25 | 155.46 | 61.35 | 43.76 |
| **淮 安 市** | **Huaian City** | **1020.60** | **286.49** | **222.51** | **548.32** | **552.48** | **483.16** |
| 涟 水 县 | Lianshui County | 113.37 | 37.65 | 28.15 | 62.57 | 89.39 | 74.86 |
| 洪 泽 县 | Hongze County | 74.68 | 12.92 | 10.04 | 73.56 | 17.45 | 15.77 |
| 盱 眙 县 | Xuyi County | 141.26 | 32.96 | 26.03 | 65.66 | 69.87 | 63.25 |
| 金 湖 县 | Jinhu County | 69.57 | 16.87 | 12.68 | 58.18 | 48.99 | 40.73 |
| **盐 城 市** | **Yancheng City** | **1586.98** | **214.37** | **167.16** | **1061.15** | **562.82** | **482.80** |
| 响 水 县 | Xiangshui County | 116.33 | 9.77 | 8.98 | 65.79 | 27.93 | 27.73 |
| 滨 海 县 | Binhai County | 152.59 | 15.85 | 13.31 | 111.78 | 64.34 | 56.48 |
| 阜 宁 县 | Funing County | 132.57 | 11.32 | 8.32 | 87.42 | 42.11 | 33.80 |
| 射 阳 县 | Sheyang County | 138.77 | 9.09 | 6.04 | 105.95 | 36.03 | 29.73 |
| 建 湖 县 | Jianhu County | 145.62 | 15.04 | 12.03 | 60.59 | 40.39 | 38.63 |

20－17 续 表2 Continued 2

单位:亿元 (100 million yuan)

| 市 县 | City and County | 固定资产投资 Investment in Fixed Assets | 房地产开发投资 Investment in Real Estate Development | #住宅 Residential Buildings | 新增固定资产 Newly Added Fixed Assets | 商品房屋销售建筑面积(万平方米) Constraction Floor Space of the Commercial Houses Sold (10000 sq. m) | #住宅 Residential Buildings |
|---|---|---|---|---|---|---|---|
| 东台市 | Dongtai City | 228.31 | 23.60 | 21.82 | 119.05 | 40.98 | 31.29 |
| 大丰市 | Dafeng City | 177.09 | 18.33 | 16.11 | 111.73 | 52.36 | 41.50 |
| **扬州市** | **Yangzhou City** | **1475.43** | **197.71** | **160.99** | **695.86** | **552.45** | **484.06** |
| 宝应县 | Baoying County | 160.15 | 14.98 | 12.64 | 77.18 | 78.96 | 72.68 |
| 仪征市 | Yizheng City | 205.74 | 10.50 | 10.38 | 46.91 | 39.57 | 39.57 |
| 高邮市 | Gaoyou City | 196.37 | 15.91 | 14.05 | 59.06 | 64.41 | 60.88 |
| **镇江市** | **Zhenjiang City** | **1226.94** | **141.47** | **101.53** | **950.28** | **331.34** | **281.64** |
| 丹阳市 | Danyang City | 231.68 | 23.79 | 16.79 | 149.88 | 74.47 | 62.19 |
| 扬中市 | Yangzhong City | 120.01 | 10.84 | 7.38 | 85.56 | 20.86 | 14.16 |
| 句容市 | Jurong City | 142.85 | 23.76 | 19.96 | 53.89 | 86.51 | 83.25 |
| **泰州市** | **Taizhou City** | **1197.65** | **228.25** | **174.05** | **840.28** | **468.20** | **387.62** |
| 兴化市 | Xinghua City | 155.01 | 21.10 | 17.91 | 101.85 | 89.06 | 65.64 |
| 靖江市 | Jingjiang City | 232.05 | 43.74 | 36.15 | 130.63 | 73.05 | 56.26 |
| 泰兴市 | Taixing City | 213.78 | 26.62 | 21.53 | 183.11 | 50.41 | 42.52 |
| 姜堰市 | Jiangyan City | 178.16 | 34.93 | 26.07 | 146.48 | 79.77 | 70.69 |
| **宿迁市** | **Suqian City** | **788.97** | **189.93** | **144.52** | **463.09** | **456.95** | **390.58** |
| 沭阳县 | Shuyang County | 205.90 | 48.41 | 31.53 | 79.58 | 115.52 | 99.02 |
| 泗阳县 | Siyang County | 141.84 | 31.36 | 23.98 | 109.59 | 72.65 | 60.62 |
| 泗洪县 | Sihong County | 121.91 | 29.85 | 27.07 | 72.33 | 93.93 | 87.37 |

# 20－18 国内贸易、对外经济(2011 年)
# Domestic and Foreign Trade and Foreign Economy (2011)

| 市县<br>City and County | | 社会消费品零售总额(亿元)<br>Total Retail of Consumer Goods (100 million Yuan) | #批发和零售业<br>Wholesale and Retail Trade | 进出口总额(亿美元)<br>Total Imports and Exports (USD 100 million) | 出口<br>Exports | 进口<br>Imports | 实际外商直接投资(亿美元)<br>Actual Foreign Direct Investment (USD 100 million) |
|---|---|---|---|---|---|---|---|
| **南京市** | **Nanjing City** | **2697.10** | **2422.59** | **573.44** | **308.65** | **264.79** | **35.66** |
| 溧水县 | Lishui County | 85.53 | 73.13 | 3.60 | 3.21 | 0.39 | 1.23 |
| 高淳县 | Gaochun County | 100.06 | 85.26 | 3.41 | 3.07 | 0.34 | 0.61 |
| **无锡市** | **Wuxi City** | **2142.02** | **1982.09** | **724.63** | **423.11** | **301.53** | **35.05** |
| 江阴市 | Jiangyin City | 451.92 | 423.12 | 209.05 | 118.89 | 90.16 | 7.21 |
| 宜兴市 | Yixing City | 325.54 | 309.23 | 47.63 | 31.12 | 16.51 | 3.57 |
| **徐州市** | **Xuzhou City** | **1141.89** | **1016.11** | **63.10** | **41.59** | **21.50** | **14.66** |
| 丰县 | Fengxian County | 61.38 | 53.91 | 1.11 | 1.04 | 0.08 | 0.42 |
| 沛县 | Peixian County | 109.49 | 93.02 | 2.88 | 2.84 | 0.04 | 1.07 |
| 睢宁县 | Suining County | 75.75 | 68.74 | 3.56 | 2.25 | 1.31 | 1.05 |
| 新沂市 | Xinyi City | 73.81 | 65.13 | 2.83 | 2.25 | 0.58 | 0.66 |
| 邳州市 | Pizhou City | 100.37 | 82.23 | 10.13 | 9.79 | 0.33 | 1.67 |
| **常州市** | **Changzhou City** | **1236.10** | **1133.78** | **286.33** | **193.60** | **92.73** | **30.52** |
| 溧阳市 | Liyang City | 173.20 | 156.82 | 10.41 | 8.91 | 1.50 | 4.01 |
| 金坛市 | Jintan City | 136.67 | 123.58 | 20.22 | 16.15 | 4.07 | 4.01 |
| **苏州市** | **Suzhou City** | **2829.58** | **2504.56** | **3008.63** | **1672.33** | **1336.29** | **90.16** |
| 常熟市 | Changshu City | 426.26 | 387.16 | 198.04 | 135.46 | 62.58 | 9.02 |
| 张家港市 | Zhangjiagang City | 316.46 | 276.35 | 334.32 | 120.93 | 213.39 | 9.02 |
| 昆山市 | Kunshan City | 420.98 | 341.27 | 855.30 | 533.38 | 321.91 | 17.50 |
| 吴江市 | Wujiang City | 263.65 | 229.97 | 224.04 | 115.80 | 108.25 | 9.02 |
| 太仓市 | Taicang City | 167.17 | 144.54 | 121.64 | 53.57 | 68.07 | 8.10 |

| 市 县 | City and County | 社会消费品零售总额（亿元）Total Retail of Consumer Goods (100 million Yuan) | #批发和零售业 Wholesale and Retail Trade | 进出口总额（亿美元）Total Imports and Exports (USD 100 million) | 出 口 Exports | 进口 Imports | 实际外商直接投资（亿美元）Actual Foreign Direct Investment (USD 100 million) |
|---|---|---|---|---|---|---|---|
| **南 通 市** | **Nantong City** | **1493.27** | **1369.55** | **257.75** | **180.12** | **77.64** | **21.66** |
| 海 安 县 | Haian County | 157.00 | 143.97 | 12.39 | 10.27 | 2.12 | 1.59 |
| 如 东 县 | Rudong County | 174.58 | 159.86 | 12.58 | 10.07 | 2.51 | 2.95 |
| 启 东 市 | Qidong City | 198.53 | 182.17 | 24.91 | 18.28 | 6.62 | 3.83 |
| 如 皋 市 | Rugao City | 198.65 | 182.16 | 30.42 | 18.77 | 11.65 | 4.76 |
| 海 门 市 | Haimen City | 204.93 | 188.38 | 15.84 | 11.38 | 4.46 | 1.13 |
| **连云港市** | **Lianyungang City** | **500.23** | **453.57** | **68.98** | **37.36** | **31.63** | **6.10** |
| 赣 榆 县 | Ganyu County | 92.53 | 84.81 | 2.63 | 2.10 | 0.53 | 0.57 |
| 东 海 县 | Donghai County | 89.66 | 82.95 | 2.88 | 2.19 | 0.69 | 0.76 |
| 灌 云 县 | Guanyun County | 68.12 | 63.30 | 2.92 | 2.71 | 0.21 | 0.16 |
| 灌 南 县 | Guannan County | 48.18 | 41.98 | 1.28 | 1.08 | 0.20 | 0.16 |
| **淮 安 市** | **Huaian City** | **547.85** | **488.47** | **28.54** | **18.39** | **10.15** | **16.20** |
| 涟 水 县 | Lianshui County | 53.34 | 47.27 | 2.06 | 1.75 | 0.31 | 2.10 |
| 洪 泽 县 | Hongze County | 49.34 | 43.49 | 0.72 | 0.66 | 0.06 | 1.59 |
| 盱 眙 县 | Xuyi County | 52.15 | 45.61 | 1.17 | 0.79 | 0.38 | 2.12 |
| 金 湖 县 | Jinhu County | 46.37 | 41.08 | 1.60 | 1.56 | 0.04 | 1.51 |
| **盐 城 市** | **Yancheng City** | **895.09** | **815.53** | **52.45** | **29.78** | **22.67** | **16.88** |
| 响 水 县 | Xiangshui County | 37.20 | 34.35 | 4.39 | 3.34 | 1.05 | 1.05 |
| 滨 海 县 | Binhai County | 61.66 | 56.46 | 1.60 | 1.49 | 0.11 | 1.36 |
| 阜 宁 县 | Funing County | 72.40 | 67.85 | 2.28 | 1.77 | 0.51 | 1.51 |
| 射 阳 县 | Sheyang County | 97.02 | 87.42 | 1.69 | 1.08 | 0.60 | 1.26 |
| 建 湖 县 | Jianhu County | 94.63 | 81.37 | 2.17 | 2.02 | 0.15 | 1.36 |

| 市 县 | City and County | 社会消费品零售总额（亿元）Total Retail of Consumer Goods (100 million Yuan) | #批发和零售业 Wholesale and Retail Trade | 进出口总额（亿美元）Total Imports and Exports (USD 100 million) | 出 口 Exports | 进口 Imports | 实际外商直接投资（亿美元）Actual Foreign Direct Investment (USD 100 million) |
|---|---|---|---|---|---|---|---|
| 东 台 市 | Dongtai City | 139.29 | 125.26 | 3.82 | 3.50 | 0.32 | 2.65 |
| 大 丰 市 | Dafeng City | 95.85 | 88.75 | 5.82 | 3.88 | 1.94 | 2.65 |
| **扬 州 市** | **Yangzhou City** | **853.74** | **767.55** | **101.40** | **73.20** | **28.20** | **21.03** |
| 宝 应 县 | Baoying County | 93.03 | 87.35 | 5.67 | 4.14 | 1.53 | 1.72 |
| 仪 征 市 | Yizheng City | 100.83 | 91.24 | 8.31 | 4.64 | 3.66 | 2.92 |
| 高 邮 市 | Gaoyou City | 96.67 | 85.13 | 3.84 | 3.12 | 0.72 | 1.56 |
| **镇 江 市** | **Zhenjiang City** | **664.07** | **585.75** | **100.75** | **56.19** | **44.56** | **18.08** |
| 丹 阳 市 | Danyang City | 175.35 | 156.51 | 23.45 | 18.25 | 5.21 | 2.69 |
| 扬 中 市 | Yangzhong City | 78.21 | 68.75 | 8.86 | 3.50 | 5.36 | 1.92 |
| 句 容 市 | Jurong City | 81.72 | 71.65 | 5.33 | 3.85 | 1.48 | 4.44 |
| **泰 州 市** | **Taizhou City** | **651.17** | **553.60** | **110.88** | **74.78** | **36.11** | **14.17** |
| 兴 化 市 | Xinghua City | 100.12 | 83.97 | 5.99 | 4.65 | 1.33 | 1.14 |
| 靖 江 市 | Jingjiang City | 109.13 | 90.49 | 43.57 | 30.21 | 13.36 | 3.02 |
| 泰 兴 市 | Taixing City | 126.67 | 104.82 | 17.79 | 9.31 | 8.48 | 2.21 |
| 姜 堰 市 | Jiangyan City | 108.28 | 99.83 | 6.91 | 5.92 | 0.99 | 1.28 |
| **宿 迁 市** | **Suqian City** | **336.26** | **294.00** | **20.70** | **17.13** | **3.58** | **1.90** |
| 沭 阳 县 | Shuyang County | 93.72 | 81.98 | 2.72 | 2.22 | 0.50 | 0.43 |
| 泗 阳 县 | Siyang County | 55.48 | 48.14 | 4.63 | 4.49 | 0.14 | 0.36 |
| 泗 洪 县 | Sihong County | 56.53 | 51.76 | 2.68 | 2.62 | 0.06 | 0.21 |

# 20－19 财政、金融（2011年）
## Government Finance, Financial Intermediation

单位：亿元 (100 million yuan)

| 市县 City and County | | 地方财政一般预算收入 General Budetary Revenue in Local Finance | #税收收入 Taxes | 地方财政一般预算支出 General Budetary Expenditure in Local Finance | 年末金融机构存款余额 Deposits Balance of Banking Institutions (Year-end) | #居民储蓄存款 Savings Deposits of Residents | 年末金融机构贷款余额 Loans Balance of Banking Institutions (Year-end) |
|---|---|---|---|---|---|---|---|
| **南京市** | **Nanjing City** | **635.00** | **529.62** | **666.21** | **13945.92** | **3910.20** | **11132.09** |
| 溧水县 | Lishui County | 25.00 | 17.86 | 31.55 | 175.79 | 89.74 | 132.64 |
| 高淳县 | Gaochun County | 18.00 | 13.52 | 27.30 | 148.12 | 82.53 | 133.20 |
| **无锡市** | **Wuxi City** | **615.00** | **513.96** | **592.67** | **9372.69** | **3312.38** | **6883.44** |
| 江阴市 | Jiangyin City | 153.37 | 132.58 | 136.44 | 2193.35 | 699.23 | 1640.94 |
| 宜兴市 | Yixing City | 71.20 | 61.95 | 75.70 | 1291.78 | 546.81 | 938.50 |
| **徐州市** | **Xuzhou City** | **318.42** | **237.12** | **454.24** | **2980.99** | **1495.42** | **1734.84** |
| 丰县 | Fengxian County | 19.66 | 15.85 | 40.40 | 145.62 | 103.88 | 84.88 |
| 沛县 | Peixian County | 31.90 | 25.38 | 50.79 | 246.49 | 161.52 | 89.28 |
| 睢宁县 | Suining County | 20.20 | 16.04 | 42.39 | 186.86 | 128.20 | 98.26 |
| 新沂市 | Xinyi City | 26.51 | 20.15 | 43.18 | 158.03 | 97.85 | 130.48 |
| 邳州市 | Pizhou City | 35.08 | 25.74 | 53.45 | 205.33 | 135.53 | 149.84 |
| **常州市** | **Changzhou City** | **350.88** | **280.83** | **361.81** | **4902.15** | **2157.39** | **3406.35** |
| 溧阳市 | Liyang City | 37.13 | 30.82 | 44.32 | 541.80 | 286.58 | 361.26 |
| 金坛市 | Jintan City | 23.08 | 19.22 | 29.72 | 335.65 | 196.81 | 227.81 |
| **苏州市** | **Suzhou City** | **1100.88** | **929.36** | **1002.63** | **15180.78** | **5078.59** | **11873.89** |
| 常熟市 | Changshu City | 122.50 | 94.84 | 115.02 | 1815.87 | 812.08 | 1319.15 |
| 张家港市 | Zhangjiagang City | 142.32 | 113.88 | 132.77 | 1857.34 | 665.62 | 1309.15 |
| 昆山市 | Kunshan City | 200.22 | 173.61 | 174.58 | 2075.18 | 684.00 | 1443.06 |
| 吴江市 | Wujiang City | 112.88 | 87.78 | 108.06 | 1550.66 | 555.66 | 1213.33 |
| 太仓市 | Taicang City | 85.41 | 65.83 | 80.51 | 890.23 | 325.41 | 749.49 |

20－19 续 表1 Continued 1

单位:亿元 (100 million yuan)

| 市 县 City and County | | 地方财政一般预算收入 General Budetary Revenue in Local Finance | #税收收入 Taxes | 地方财政一般预算支出 General Budetary Expenditure in Local Finance | 年末金融机构存款余额 Deposits Balance of Banking Institutions (Year-end) | #居民储蓄存款 Savings Deposits of Residents | 年末金融机构贷款余额 Loans Balance of Banking Institutions (Year-end) |
|---|---|---|---|---|---|---|---|
| **南 通 市** | **Nantong City** | **373.69** | **285.14** | **419.45** | **5502.08** | **3052.28** | **3285.39** |
| 海 安 县 | Haian County | 28.51 | 23.31 | 43.09 | 556.67 | 356.46 | 362.23 |
| 如 东 县 | Rudong County | 25.39 | 20.49 | 42.41 | 423.07 | 296.74 | 213.54 |
| 启 东 市 | Qidong City | 44.07 | 35.55 | 53.27 | 572.40 | 406.11 | 322.78 |
| 如 皋 市 | Rugao City | 45.63 | 38.72 | 60.54 | 597.06 | 370.40 | 291.54 |
| 海 门 市 | Haimen City | 42.35 | 32.57 | 47.65 | 608.72 | 409.30 | 340.16 |
| **连云港市** | **Lianyungang City** | **180.08** | **124.14** | **274.63** | **1367.85** | **623.23** | **1011.18** |
| 赣 榆 县 | Ganyu County | 23.81 | 17.64 | 44.63 | 157.35 | 102.63 | 117.64 |
| 东 海 县 | Donghai County | 23.50 | 16.46 | 43.35 | 164.55 | 102.08 | 110.02 |
| 灌 云 县 | Guanyun County | 21.61 | 15.73 | 35.91 | 125.96 | 73.32 | 82.87 |
| 灌 南 县 | Guannan County | 22.22 | 15.62 | 37.67 | 72.39 | 49.83 | 54.89 |
| **淮 安 市** | **Huaian City** | **204.63** | **145.68** | **296.68** | **1310.00** | **678.92** | **991.69** |
| 涟 水 县 | Lianshui County | 20.28 | 14.67 | 38.55 | 151.61 | 86.72 | 89.76 |
| 洪 泽 县 | Hongze County | 14.85 | 11.05 | 23.28 | 83.92 | 41.73 | 67.37 |
| 盱 眙 县 | Xuyi County | 20.11 | 14.10 | 36.36 | 140.46 | 72.32 | 104.49 |
| 金 湖 县 | Jinhu County | 13.00 | 10.66 | 22.42 | 105.39 | 61.88 | 81.15 |
| **盐 城 市** | **Yancheng City** | **269.04** | **198.48** | **407.22** | **2320.16** | **1264.37** | **1558.64** |
| 响 水 县 | Xiangshui County | 17.01 | 12.00 | 26.24 | 93.17 | 51.40 | 75.42 |
| 滨 海 县 | Binhai County | 20.77 | 15.08 | 38.36 | 138.52 | 81.42 | 95.98 |
| 阜 宁 县 | Funing County | 23.14 | 15.27 | 41.04 | 181.94 | 116.10 | 126.19 |
| 射 阳 县 | Sheyang County | 19.01 | 13.48 | 35.83 | 181.28 | 112.32 | 133.35 |
| 建 湖 县 | Jianhu County | 28.25 | 19.80 | 44.58 | 198.26 | 133.34 | 138.70 |

20－19 续 表2 Continued 2

单位:亿元 (100 million yuan)

| 市县 City and County | | 地方财政一般预算收入 General Budetary Revenue in Local Finance | #税收收入 Taxes | 地方财政一般预算支出 General Budetary Expenditure in Local Finance | 年末金融机构存款余额 Deposits Balance of Banking Institutions (Year-end) | #居民储蓄存款 Savings Deposits of Residents | 年末金融机构贷款余额 Loans Balance of Banking Institutions (Year-end) |
|---|---|---|---|---|---|---|---|
| 东台市 | Dongtai City | 35.92 | 25.53 | 53.70 | 375.08 | 267.01 | 209.78 |
| 大丰市 | Dafeng City | 30.07 | 22.62 | 41.44 | 296.13 | 166.02 | 165.07 |
| **扬州市** | **Yangzhou City** | **218.08** | **155.45** | **264.37** | **2818.31** | **1427.87** | **1718.03** |
| 宝应县 | Baoying County | 20.58 | 14.97 | 32.30 | 221.90 | 143.13 | 137.53 |
| 仪征市 | Yizheng City | 25.95 | 18.76 | 27.41 | 296.05 | 161.25 | 156.14 |
| 高邮市 | Gaoyou City | 20.49 | 15.36 | 33.16 | 255.80 | 172.22 | 142.80 |
| **镇江市** | **Zhenjiang City** | **181.90** | **145.82** | **202.90** | **2431.84** | **1108.83** | **1787.42** |
| 丹阳市 | Danyang City | 41.13 | 34.20 | 43.64 | 590.26 | 313.96 | 465.18 |
| 扬中市 | Yangzhong City | 19.60 | 16.17 | 22.18 | 296.74 | 164.55 | 195.82 |
| 句容市 | Jurong City | 20.50 | 16.92 | 30.92 | 262.61 | 146.42 | 166.86 |
| **泰州市** | **Taizhou City** | **218.00** | **164.14** | **262.02** | **2592.95** | **1307.77** | **1725.34** |
| 兴化市 | Xinghua City | 25.56 | 20.95 | 49.36 | 346.47 | 234.88 | 231.88 |
| 靖江市 | Jingjiang City | 48.68 | 39.30 | 41.50 | 559.05 | 261.87 | 352.84 |
| 泰兴市 | Taixing City | 27.90 | 21.82 | 41.88 | 388.01 | 250.63 | 228.01 |
| 姜堰市 | Jiangyan City | 22.19 | 17.71 | 30.56 | 372.08 | 218.77 | 265.13 |
| **宿迁市** | **Suqian City** | **120.98** | **95.28** | **221.24** | **997.81** | **497.50** | **760.00** |
| 沭阳县 | Shuyang County | 37.28 | 26.92 | 64.11 | 237.22 | 150.45 | 178.05 |
| 泗阳县 | Siyang County | 17.33 | 13.74 | 35.46 | 167.15 | 94.89 | 123.63 |
| 泗洪县 | Sihong County | 14.88 | 10.62 | 35.72 | 144.45 | 81.53 | 120.68 |

# 20－20 人民生活(一)(2011年)
# People's Living Condition(Ⅰ)(2011)

| 市县 | City and County | 城镇非私营单位在岗职工年平均工资(元) Average Wages of Fully Employed Staff and Workers (Excluded Prirate)(yuan) | 城镇居民人均可支配收入(元) Per Capita Disposable Income of Urban Households (yuan) | 城镇居民人均生活消费支出(元) Per Capita Comsumption Expaniture of Urban Households (yuan) | #食品 Food | 城镇居民恩格尔系数(%) Engle Coefficient of Urban Residents (%) | 城镇居民人均住房建筑面积(平方米) Per Capital Construction Floor Space of Urban Residential Building (sq. m) |
|---|---|---|---|---|---|---|---|
| **南京市** | **Nanjing City** | **54713** | **31100** | **20098** | **7133** | **35.5** | **31.8** |
| 溧水县 | Lishui County | 40164 | 28016 | 16304 | 5519 | 33.9 | 39.1 |
| 高淳县 | Gaochun County | 40536 | 29284 | 17410 | 5925 | 34.0 | 41.9 |
| **无锡市** | **Wuxi City** | **51518** | **31638** | **19780** | **6979** | **35.3** | **36.2** |
| 江阴市 | Jiangyin City | 53357 | 34888 | 22425 | 7727 | 34.5 | 39.4 |
| 宜兴市 | Yixing City | 47041 | 29494 | 16438 | 6213 | 37.8 | 39.8 |
| **徐州市** | **Xuzhou City** | **39493** | **19206** | **12450** | **4338** | **34.8** | **34.7** |
| 丰县 | Fengxian County | 29866 | 14261 | 10219 | 3410 | 33.4 | 37.4 |
| 沛县 | Peixian County | 30803 | 16910 | 11366 | 3928 | 34.6 | 40.2 |
| 睢宁县 | Suining County | 26616 | 14465 | 9524 | 3678 | 38.6 | 51.9 |
| 新沂市 | Xinyi City | 32164 | 15508 | 13384 | 4774 | 35.7 | 37.6 |
| 邳州市 | Pizhou City | 30633 | 18083 | 9827 | 3682 | 37.5 | 33.9 |
| **常州市** | **Changzhou City** | **49755** | **29559** | **19126** | **6591** | **34.5** | **37.0** |
| 溧阳市 | Liyang City | 41551 | 26418 | 18081 | 6650 | 36.8 | 40.1 |
| 金坛市 | Jintan City | 39273 | 28087 | 18528 | 6346 | 34.2 | 38.3 |
| **苏州市** | **Suzhou City** | **51657** | **34617** | **22330** | **7615** | **34.1** | **36.1** |
| 常熟市 | Changshu City | 47917 | 35041 | 22280 | 7000 | 31.4 | 38.3 |
| 张家港市 | Zhangjiagang City | 50041 | 35128 | 23829 | 7125 | 29.9 | 39.8 |
| 昆山市 | Kunshan City | 46749 | 35190 | 24212 | 8086 | 33.4 | 38.3 |
| 吴江市 | Wujiang City | 49281 | 35212 | 22231 | 7711 | 34.7 | 42.0 |
| 太仓市 | Taicang City | 51045 | 34887 | 23124 | 7958 | 34.4 | 44.5 |

| 市　县<br>City and County | | 城镇非私营单位在岗职工年平均工资(元)<br>Average Wages of Fully Employed Staff and Workers (Excluded Prirate)(yuan) | 城镇居民人均可支配收入(元)<br>Per Capita Disposable Income of Urban Households (yuan) | 城镇居民人均生活消费支出(元)<br>Per Capita Comsumption Expaniture of Urban Households (yuan) | #食　品<br>Food | 城镇居民恩格尔系数(%)<br>Engle Coefficient of Urban Residents (%) | 城镇居民人均住房建筑面积(平方米)<br>Per Capital Construction Floor Space of Urban Residential Building (sq. m) |
|---|---|---|---|---|---|---|---|
| **南 通 市** | **Nantong City** | **44574** | **25094** | **15613** | **5651** | **36.2** | **39.5** |
| 海 安 县 | Haian County | 41974 | 23775 | 14241 | 4970 | 34.9 | 43.2 |
| 如 东 县 | Rudong County | 40655 | 23773 | 15747 | 5816 | 36.9 | 44.4 |
| 启 东 市 | Qidong City | 42113 | 23889 | 15164 | 5323 | 35.1 | 39.3 |
| 如 皋 市 | Rugao City | 41562 | 23028 | 13452 | 5038 | 37.5 | 38.2 |
| 海 门 市 | Haimen City | 42354 | 26339 | 16555 | 5795 | 35.0 | 38.7 |
| **连云港市** | **Lianyungang City** | **38817** | **18483** | **11473** | **4321** | **37.7** | **36.9** |
| 赣 榆 县 | Ganyu County | 35824 | 17240 | 10249 | 3868 | 37.7 | 37.3 |
| 东 海 县 | Donghai County | 33926 | 17380 | 10420 | 3722 | 35.7 | 38.5 |
| 灌 云 县 | Guanyun County | 33265 | 14047 | 8528 | 3282 | 38.5 | 37.4 |
| 灌 南 县 | Guannan County | 32318 | 16394 | 9429 | 3576 | 37.9 | 48.9 |
| **淮 安 市** | **Huaian City** | **37391** | **18510** | **13287** | **4861** | **36.6** | **34.9** |
| 涟 水 县 | Lianshui County | 29431 | 16018 | 12732 | 4208 | 33.1 | 35.1 |
| 洪 泽 县 | Hongze County | 35203 | 19219 | 12934 | 5151 | 39.8 | 33.2 |
| 盱 眙 县 | Xuyi County | 33860 | 19690 | 12657 | 4316 | 34.1 | 35.4 |
| 金 湖 县 | Jinhu County | 34013 | 19535 | 11455 | 4482 | 39.1 | 34.7 |
| **盐 城 市** | **Yancheng City** | **35499** | **19414** | **13188** | **4710** | **35.7** | **36.8** |
| 响 水 县 | Xiangshui County | 29066 | 16112 | 12881 | 4851 | 37.7 | 36.6 |
| 滨 海 县 | Binhai County | 32169 | 16879 | 9983 | 3989 | 40.0 | 34.2 |
| 阜 宁 县 | Funing County | 31809 | 16153 | 11979 | 4457 | 37.2 | 32.5 |
| 射 阳 县 | Sheyang County | 32453 | 17129 | 13353 | 5028 | 37.7 | 35.4 |
| 建 湖 县 | Jianhu County | 32806 | 18774 | 12276 | 4528 | 36.9 | 36.5 |

| 市　县<br>City and County | | 城镇非私营单位在岗职工年平均工资(元)<br>Average Wages of Fully Employed Staff and Workers (Excluded Prirate)(yuan) | 城镇居民人均可支配收入(元)<br>Per Capita Disposable Income of Urban Households (yuan) | 城镇居民人均生活消费支出(元)<br>Per Capita Comsumption Expaniture of Urban Households (yuan) | #食　品<br>Food | 城镇居民恩格尔系数(%)<br>Engle Coefficient of Urban Residents (%) | 城镇居民人均住房建筑面积(平方米)<br>Per Capital Construction Floor Space of Urban Residential Building (sq. m) |
|---|---|---|---|---|---|---|---|
| 东台市 | Dongtai City | 34263 | 21093 | 13164 | 4855 | 36.9 | 36.3 |
| 大丰市 | Dafeng City | 35357 | 19851 | 12522 | 4489 | 35.9 | 38.0 |
| **扬州市** | **Yangzhou City** | **40289** | **22835** | **14757** | **5588** | **37.9** | **36.2** |
| 宝应县 | Baoying County | 37711 | 16848 | 10889 | 4331 | 39.8 | 33.3 |
| 仪征市 | Yizheng City | 38592 | 23675 | 14715 | 5452 | 37.1 | 34.3 |
| 高邮市 | Gaoyou City | 36185 | 20078 | 13367 | 5267 | 39.4 | 34.9 |
| **镇江市** | **Zhenjiang City** | **42659** | **26637** | **15518** | **5936** | **38.3** | **39.4** |
| 丹阳市 | Danyang City | 40761 | 26631 | 13985 | 5365 | 38.4 | 40.9 |
| 扬中市 | Yangzhong City | 41602 | 29595 | 16198 | 5337 | 32.9 | 53.3 |
| 句容市 | Jurong City | 37155 | 26264 | 15014 | 5662 | 37.7 | 41.2 |
| **泰州市** | **Taizhou City** | **38328** | **23597** | **14415** | **5355** | **37.2** | **39.0** |
| 兴化市 | Xinghua City | 32261 | 21480 | 12493 | 4797 | 38.4 | 34.3 |
| 靖江市 | Jingjiang City | 38993 | 25580 | 15928 | 5638 | 35.4 | 55.5 |
| 泰兴市 | Taixing City | 36339 | 23391 | 14531 | 5467 | 37.6 | 42.1 |
| 姜堰市 | Jiangyan City | 33068 | 23746 | 13739 | 5356 | 39.0 | 36.8 |
| **宿迁市** | **Suqian City** | **31995** | **14972** | **10634** | **3995** | **37.6** | **38.9** |
| 沭阳县 | Shuyang County | 28851 | 15127 | 11244 | 4220 | 37.5 | 37.6 |
| 泗阳县 | Siyang County | 28053 | 14553 | 9117 | 3383 | 37.1 | 40.8 |
| 泗洪县 | Sihong County | 31748 | 14002 | 11149 | 4122 | 37.0 | 41.7 |

# 20－21 人民生活(二)(2011年)
# People's Living Condition(Ⅱ)(2011)

| 市县 | City and County | 人均居民储蓄存款(元) Per Capita Balance of Saving Deposit (yuan) | 农村居民人均纯收入(元) Per Capita Net Income of Rural Households (yuan) | 农村居民人均生活消费支出(元) Per Capita Living Expenditure of Rural Households (yuan) | #食品 Food | 农村居民恩格尔系数(%) Engle Coefficient of Rural Residents (%) | 农村居民人均住房面积(平方米) Per Capita Living Space of Housing of Rural Residents (sq. m) |
|---|---|---|---|---|---|---|---|
| **南京市** | **Nanjing City** | **48220** | **13108** | **9956** | **3731** | **37.5** | **58.9** |
| 溧水县 | Lishui County | 21402 | 12716 | 9913 | 3620 | 36.5 | 59.6 |
| 高淳县 | Gaochun County | 19683 | 13142 | 9572 | 3610 | 37.7 | 58.7 |
| **无锡市** | **Wuxi City** | **51497** | **16438** | **11239** | **4115** | **36.6** | **66.0** |
| 江阴市 | Jiangyin City | 43259 | 17460 | 10606 | 3780 | 35.6 | 66.6 |
| 宜兴市 | Yixing City | 43966 | 14949 | 11010 | 4324 | 39.3 | 63.4 |
| **徐州市** | **Xuzhou City** | **17444** | **9490** | **5973** | **2170** | **36.3** | **44.7** |
| 丰县 | Fengxian County | 10876 | 8642 | 6288 | 2396 | 38.1 | 42.2 |
| 沛县 | Peixian County | 14425 | 10001 | 7587 | 2349 | 31.0 | 46.9 |
| 睢宁县 | Suining County | 12427 | 8384 | 4987 | 2036 | 40.8 | 42.0 |
| 新沂市 | Xinyi City | 10713 | 8634 | 5766 | 2095 | 36.3 | 44.1 |
| 邳州市 | Pizhou City | 9411 | 9931 | 5188 | 1835 | 35.4 | 46.2 |
| **常州市** | **Changzhou City** | **46398** | **14838** | **11207** | **3976** | **35.5** | **61.5** |
| 溧阳市 | Liyang City | 37917 | 13505 | 12839 | 4537 | 35.3 | 47.7 |
| 金坛市 | Jintan City | 35442 | 13812 | 10758 | 3876 | 36.0 | 53.0 |
| **苏州市** | **Suzhou City** | **48282** | **17226** | **12485** | **4221** | **33.8** | **69.0** |
| 常熟市 | Changshu City | 53702 | 17289 | 13162 | 4370 | 33.2 | 82.7 |
| 张家港市 | Zhangjiagang City | 53156 | 17252 | 12977 | 3982 | 30.7 | 68.4 |
| 昆山市 | Kunshan City | 41237 | 17374 | 13955 | 4669 | 33.5 | 71.2 |
| 吴江市 | Wujiang City | 43496 | 17150 | 11307 | 4101 | 36.3 | 56.6 |
| 太仓市 | Taicang City | 45570 | 17201 | 11094 | 3904 | 35.2 | 73.5 |

20－21　续　表 1　Continued 1

| 市　县 City and County | | 人均居民储蓄存款（元） Per Capita Balance of Saving Deposit (yuan) | 农村居民人均纯收入（元） Per Capita Net Income of Rural Households (yuan) | 农村居民人均生活消费支出（元） Per Capita Living Expenditure of Rural Households (yuan) | #食　品 Food | 农村居民恩格尔系数（%） Engle Coefficient of Rural Residents (%) | 农村居民人均住房面　积（平方米） Per Capita Living Space of Housing of Rural Residents (sq. m) |
|---|---|---|---|---|---|---|---|
| **南 通 市** | **Nantong City** | **41875** | **11730** | **8510** | **3077** | **36.2** | **54.2** |
| 海 安 县 | Haian County | 41162 | 11216 | 8483 | 3132 | 36.9 | 50.7 |
| 如 东 县 | Rudong County | 29953 | 10786 | 8563 | 2945 | 34.4 | 53.0 |
| 启 东 市 | Qidong City | 41971 | 12535 | 9018 | 3382 | 37.5 | 52.4 |
| 如 皋 市 | Rugao City | 29350 | 10312 | 6959 | 2355 | 33.8 | 51.3 |
| 海 门 市 | Haimen City | 45342 | 13453 | 9685 | 3584 | 37.0 | 57.0 |
| **连云港市** | **Lianyungang City** | **14209** | **8434** | **5498** | **2018** | **36.7** | **41.5** |
| 赣 榆 县 | Ganyu County | 10854 | 9068 | 5686 | 1989 | 35.0 | 38.8 |
| 东 海 县 | Donghai County | 10773 | 8701 | 5754 | 2071 | 36.0 | 41.3 |
| 灌 云 县 | Guanyun County | 8963 | 7839 | 4468 | 1723 | 38.6 | 41.3 |
| 灌 南 县 | Guannan County | 8046 | 7451 | 5407 | 2078 | 38.4 | 39.1 |
| **淮 安 市** | **Huaian City** | **14134** | **8645** | **5904** | **2198** | **37.2** | **41.3** |
| 涟 水 县 | Lianshui County | 10236 | 8043 | 5499 | 2063 | 37.5 | 37.2 |
| 洪 泽 县 | Hongze County | 12593 | 9532 | 5632 | 2234 | 39.7 | 41.3 |
| 盱 眙 县 | Xuyi County | 11092 | 8807 | 4793 | 1890 | 39.4 | 40.1 |
| 金 湖 县 | Jinhu County | 18764 | 9336 | 7196 | 2870 | 39.9 | 59.2 |
| **盐 城 市** | **Yancheng City** | **17470** | **10511** | **6142** | **2267** | **36.9** | **44.2** |
| 响 水 县 | Xiangshui County | 10143 | 8673 | 5313 | 2106 | 39.6 | 33.0 |
| 滨 海 县 | Binhai County | 8564 | 9197 | 5044 | 2049 | 40.6 | 40.7 |
| 阜 宁 县 | Funing County | 13810 | 9299 | 4884 | 1948 | 39.9 | 41.4 |
| 射 阳 县 | Sheyang County | 12547 | 10377 | 5455 | 2037 | 37.3 | 39.2 |
| 建 湖 县 | Jianhu County | 18019 | 10358 | 6168 | 2161 | 35.0 | 42.4 |

20－21 续 表2 Continued 2

| 市 县 City and County | | 人均居民储蓄存款（元）Per Capita Balance of Saving Deposit (yuan) | 农村居民人均纯收入（元）Per Capita Net Income of Rural Households (yuan) | 农村居民人均生活消费支出（元）Per Capita Living Expenditure of Rural Households (yuan) | #食 品 Food | 农村居民恩格尔系数（%）Engle Coefficient of Rural Residents (%) | 农村居民人均住房面积（平方米）Per Capita Living Space of Housing of Rural Residents (sq. m) |
|---|---|---|---|---|---|---|---|
| 东 台 市 | Dongtai City | 27028 | 12056 | 6869 | 2308 | 33.6 | 52.3 |
| 大 丰 市 | Dafeng City | 23606 | 11941 | 7404 | 2677 | 36.2 | 49.2 |
| **扬 州 市** | **Yangzhou City** | **31993** | **11217** | **7791** | **2916** | **37.4** | **48.3** |
| 宝 应 县 | Baoying County | 19033 | 10327 | 7354 | 2699 | 36.7 | 44.2 |
| 仪 征 市 | Yizheng City | 28692 | 10826 | 7942 | 2898 | 36.5 | 54.0 |
| 高 邮 市 | Gaoyou City | 23273 | 10449 | 7341 | 2650 | 36.1 | 45.2 |
| **镇 江 市** | **Zhenjiang City** | **35377** | **12825** | **9136** | **3445** | **37.7** | **53.3** |
| 丹 阳 市 | Danyang City | 32447 | 13426 | 10358 | 3911 | 37.8 | 61.5 |
| 扬 中 市 | Yangzhong City | 48713 | 14692 | 9209 | 3553 | 38.6 | 63.5 |
| 句 容 市 | Jurong City | 23651 | 11692 | 7855 | 2958 | 37.7 | 45.9 |
| **泰 州 市** | **Taizhou City** | **28270** | **11046** | **8046** | **2573** | **32.0** | **53.9** |
| 兴 化 市 | Xinghua City | 18726 | 10439 | 6932 | 2408 | 34.7 | 41.8 |
| 靖 江 市 | Jingjiang City | 38207 | 12116 | 11022 | 3266 | 29.6 | 74.9 |
| 泰 兴 市 | Taixing City | 23312 | 11047 | 7296 | 2490 | 34.1 | 59.9 |
| 姜 堰 市 | Jiangyan City | 29977 | 10802 | 7851 | 2340 | 29.8 | 44.3 |
| **宿 迁 市** | **Suqian City** | **10438** | **8344** | **5838** | **2352** | **40.3** | **40.0** |
| 沭 阳 县 | Shuyang County | 9725 | 8383 | 6251 | 2569 | 41.1 | 40.2 |
| 泗 阳 县 | Siyang County | 11256 | 8379 | 6211 | 2334 | 37.6 | 41.9 |
| 泗 洪 县 | Sihong County | 8901 | 8189 | 4261 | 1709 | 40.1 | 37.2 |

# 20－22 科技、教育（2011年）

# Science, Technology and Education (2011)

| 市　县 City and County | | 专利申请受理量（件）Applications Accepted (unit) | 专利申请受权量（件）Patents Granted (unit) | 在校学生总数（万人）Student Enrollment (10000 persons) | #普通中学 Regular Secondary Schools | #小学 Primary Schools | 专任教师总数（万人）Full-time Teachers (10000 persons) |
|---|---|---|---|---|---|---|---|
| **南京市** | **Nanjing City** | **31055** | **12404** | **145.96** | **23.77** | **30.07** | **9.93** |
| 溧水县 | Lishui County | 856 | 177 | 4.13 | 1.78 | 1.86 | 0.31 |
| 高淳县 | Gaochun County | 1127 | 387 | 3.80 | 1.68 | 1.82 | 0.30 |
| **无锡市** | **Wuxi City** | **51520** | **34077** | **74.36** | **21.76** | **31.74** | **5.00** |
| 江阴市 | Jiangyin City | 11440 | 6912 | 17.03 | 6.02 | 8.81 | 1.25 |
| 宜兴市 | Yixing City | 5761 | 3747 | 13.11 | 4.80 | 6.30 | 0.92 |
| **徐州市** | **Xuzhou City** | **14723** | **6821** | **128.95** | **46.36** | **57.10** | **8.38** |
| 丰　县 | Fengxian County | 1178 | 269 | 13.86 | 6.72 | 6.50 | 0.95 |
| 沛　县 | Peixian County | 1497 | 957 | 14.56 | 5.97 | 6.98 | 0.88 |
| 睢宁县 | Suining County | 694 | 284 | 16.64 | 8.34 | 7.54 | 1.17 |
| 新沂市 | Xinyi City | 893 | 353 | 10.44 | 4.08 | 6.25 | 0.76 |
| 邳州市 | Pizhou City | 731 | 392 | 22.15 | 8.20 | 12.82 | 1.33 |
| **常州市** | **Changzhou City** | **23413** | **11390** | **60.04** | **17.76** | **22.90** | **3.43** |
| 溧阳市 | Liyang City | 3224 | 2058 | 8.22 | 3.49 | 3.73 | 0.58 |
| 金坛市 | Jintan City | 2616 | 448 | 5.35 | 2.35 | 2.55 | 0.44 |
| **苏州市** | **Suzhou City** | **102164** | **77281** | **97.26** | **26.54** | **41.50** | **6.63** |
| 常熟市 | Changshu City | 16416 | 7980 | 13.95 | 4.26 | 6.64 | 0.93 |
| 张家港市 | Zhangjiagang City | 7351 | 7702 | 11.29 | 3.63 | 5.60 | 0.76 |
| 昆山市 | Kunshan City | 17626 | 12742 | 11.41 | 3.24 | 5.74 | 0.73 |
| 吴江市 | Wujiang City | 28729 | 30041 | 9.33 | 3.54 | 4.81 | 0.70 |
| 太仓市 | Taicang City | 5092 | 3997 | 5.83 | 1.98 | 3.04 | 0.40 |

| 市　县 City and County | | 专利申请受理量（件）Applications Accepted (unit) | 专利申请受权量（件）Patents Granted (unit) | 在校学生总　数（万人）Student Enrollment (10000 persons) | #普通中学 Regular Secondary Schools | #小　学 Primary Schools | 专任教师总数（万人）Full-time Teachers (10000 persons) |
|---|---|---|---|---|---|---|---|
| **南 通 市** | **Nantong City** | **56421** | **31335** | **81.39** | **30.52** | **32.22** | **5.32** |
| 海 安 县 | Haian County | 6791 | 2434 | 8.76 | 3.55 | 3.61 | 0.65 |
| 如 东 县 | Rudong County | 3250 | 1684 | 8.52 | 3.95 | 3.61 | 0.63 |
| 启 东 市 | Qidong City | 7521 | 3424 | 8.51 | 3.90 | 3.87 | 0.66 |
| 如 皋 市 | Rugao City | 6549 | 2550 | 13.97 | 5.89 | 6.20 | 0.83 |
| 海 门 市 | Haimen City | 12158 | 9899 | 9.68 | 4.37 | 4.43 | 0.71 |
| **连云港市** | **Lianyungang City** | **3470** | **2042** | **72.66** | **28.61** | **33.60** | **4.81** |
| 赣 榆 县 | Ganyu County | 610 | 272 | 15.84 | 7.16 | 7.58 | 1.18 |
| 东 海 县 | Donghai County | 656 | 273 | 15.40 | 6.39 | 7.81 | 1.00 |
| 灌 云 县 | Guanyun County | 373 | 199 | 13.15 | 5.82 | 6.52 | 0.71 |
| 灌 南 县 | Guannan County | 329 | 168 | 9.99 | 4.04 | 5.52 | 0.63 |
| **淮 安 市** | **Huaian City** | **6856** | **1984** | **72.32** | **26.76** | **30.31** | **4.53** |
| 涟 水 县 | Lianshui County | 809 | 207 | 14.20 | 5.66 | 7.03 | 0.81 |
| 洪 泽 县 | Hongze County | 1141 | 187 | 4.17 | 1.58 | 1.87 | 0.29 |
| 盱 眙 县 | Xuyi County | 1306 | 342 | 9.11 | 4.12 | 4.22 | 0.67 |
| 金 湖 县 | Jinhu County | 584 | 320 | 3.42 | 1.39 | 1.44 | 0.22 |
| **盐 城 市** | **Yancheng City** | **10586** | **3234** | **84.44** | **31.88** | **36.56** | **6.11** |
| 响 水 县 | Xiangshui County | 336 | 48 | 5.88 | 2.30 | 3.34 | 0.48 |
| 滨 海 县 | Binhai County | 765 | 131 | 9.83 | 3.91 | 5.25 | 0.74 |
| 阜 宁 县 | Funing County | 1004 | 305 | 9.28 | 3.93 | 4.83 | 0.80 |
| 射 阳 县 | Sheyang County | 849 | 93 | 8.86 | 3.80 | 4.39 | 0.67 |
| 建 湖 县 | Jianhu County | 1280 | 500 | 7.44 | 3.04 | 3.68 | 0.58 |

| 市 县 City and County | | 专利申请受理量（件）Applications Accepted (unit) | 专利申请受权量（件）Patents Granted (unit) | 在校学生总数（万人）Student Enrollment (10000 persons) | #普通中学 Regular Secondary Schools | #小 学 Primary Schools | 专任教师总数（万人）Full-time Teachers (10000 persons) |
|---|---|---|---|---|---|---|---|
| 东台市 | Dongtai City | 1765 | 595 | 8.72 | 4.40 | 3.88 | 0.69 |
| 大丰市 | Dafeng City | 1724 | 720 | 6.23 | 2.87 | 2.89 | 0.52 |
| **扬州市** | **Yangzhou City** | **14459** | **5344** | **60.11** | **20.81** | **22.72** | **3.87** |
| 宝应县 | Baoying County | 1720 | 637 | 9.25 | 3.94 | 4.29 | 0.60 |
| 仪征市 | Yizheng City | 1843 | 883 | 5.89 | 2.42 | 2.48 | 0.45 |
| 高邮市 | Gaoyou City | 2286 | 611 | 7.69 | 3.74 | 3.37 | 0.51 |
| **镇江市** | **Zhenjiang City** | **15316** | **7404** | **37.35** | **11.28** | **13.09** | **2.62** |
| 丹阳市 | Danyang City | 3157 | 1211 | 9.11 | 3.88 | 4.54 | 0.65 |
| 扬中市 | Yangzhong City | 1686 | 920 | 2.80 | 1.13 | 1.36 | 0.25 |
| 句容市 | Jurong City | 3079 | 1564 | 5.00 | 2.17 | 2.27 | 0.35 |
| **泰州市** | **Taizhou City** | **15103** | **5606** | **52.99** | **21.13** | **22.69** | **3.93** |
| 兴化市 | Xinghua City | 2138 | 1055 | 11.55 | 5.15 | 5.81 | 0.93 |
| 靖江市 | Jingjiang City | 4176 | 1159 | 6.83 | 2.77 | 3.26 | 0.56 |
| 泰兴市 | Taixing City | 2763 | 1005 | 12.40 | 5.95 | 5.59 | 0.94 |
| 姜堰市 | Jiangyan City | 2842 | 1092 | 7.71 | 3.72 | 3.54 | 0.53 |
| **宿迁市** | **Suqian City** | **2046** | **884** | **90.57** | **32.62** | **35.09** | **4.56** |
| 沭阳县 | Shuyang County | 851 | 343 | 28.13 | 11.97 | 10.21 | 1.37 |
| 泗阳县 | Siyang County | 453 | 218 | 16.48 | 5.63 | 7.11 | 0.85 |
| 泗洪县 | Sihong County | 237 | 100 | 17.17 | 5.70 | 7.60 | 0.82 |

# 20－23 文化、卫生（2011年）
# Culture and Public Health (2011)

| 市县 City and County | | 公共图书馆（个） Public Libraries (unit) | 公共图书馆图书藏量（千册） Total Collections of Public Libraries (1000 volumes) | 卫生机构数（个） Number of Health Institutions (unit) | 卫生机构床位数（张） Number of Hospital Beds (unit) | 卫生技术人员（人） Medical Technical Personnel (person) | #执业（助理）医师 Practitioner (Assistant) Doctors |
|---|---|---|---|---|---|---|---|
| **南京市** | **Nanjing City** | **18** | **13774** | **2268** | **34503** | **50041** | **17265** |
| 溧水县 | Lishui County | 2 | 344 | 108 | 1205 | 1381 | 537 |
| 高淳县 | Gaochun County | 1 | 150 | 170 | 1418 | 1683 | 579 |
| **无锡市** | **Wuxi City** | **10** | **4626** | **1938** | **28780** | **31735** | **12265** |
| 江阴市 | Jiangyin City | 1 | 751 | 465 | 6240 | 6521 | 2480 |
| 宜兴市 | Yixing City | 1 | 400 | 401 | 3401 | 4852 | 2098 |
| **徐州市** | **Xuzhou City** | **8** | **2416** | **4415** | **32960** | **35303** | **12745** |
| 丰县 | Fengxian County | 1 | 161 | 530 | 2279 | 2346 | 1103 |
| 沛县 | Peixian County | 1 | 271 | 487 | 3247 | 3572 | 1530 |
| 睢宁县 | Suining County | 1 | 367 | 647 | 2509 | 2402 | 796 |
| 新沂市 | Xinyi City | 1 | 124 | 440 | 1978 | 2927 | 940 |
| 邳州市 | Pizhou City | 1 | 210 | 807 | 3443 | 5340 | 1514 |
| **常州市** | **Changzhou City** | **4** | **2404** | **1101** | **16936** | **21668** | **8360** |
| 溧阳市 | Liyang City | 1 | 288 | 215 | 2361 | 3500 | 1326 |
| 金坛市 | Jintan City | 1 | 226 | 176 | 1845 | 2587 | 961 |
| **苏州市** | **Suzhou City** | **12** | **7666** | **2856** | **42972** | **50866** | **19514** |
| 常熟市 | Changshu City | 1 | 1356 | 443 | 5883 | 6634 | 2635 |
| 张家港市 | Zhangjiagang City | 1 | 834 | 417 | 5615 | 6702 | 2712 |
| 昆山市 | Kunshan City | 1 | 1084 | 419 | 4609 | 7572 | 2940 |
| 吴江市 | Wujiang City | 1 | 1033 | 348 | 4714 | 5218 | 1672 |
| 太仓市 | Taicang City | 1 | 489 | 189 | 3167 | 3297 | 1280 |

20－23 续 表1 Continued 1

| 市 县 | City and County | 公共图书馆（个） Public Libraries (unit) | 公共图书馆图书藏量（千册） Total Collections of Public Libraries (1000 volumes) | 卫生机构数（个） Number of Health Institutions (unit) | 卫生机构床位数（张） Number of Hospital Beds (unit) | 卫生技术人员（人） Medical Technical Personnel (person) | #执业(助理)医师 Practitioner (Assistant) Doctors |
|---|---|---|---|---|---|---|---|
| **南通市** | **Nantong City** | **9** | **3323** | **3283** | **29058** | **32136** | **13607** |
| 海安县 | Haian County | 1 | 367 | 404 | 3622 | 3379 | 1388 |
| 如东县 | Rudong County | 1 | 230 | 471 | 2741 | 3238 | 1398 |
| 启东市 | Qidong City | 1 | 228 | 380 | 3166 | 3034 | 1537 |
| 如皋市 | Rugao City | 1 | 632 | 533 | 3680 | 4153 | 1980 |
| 海门市 | Haimen City | 1 | 476 | 422 | 3195 | 3285 | 1530 |
| **连云港市** | **Lianyungang City** | **7** | **1996** | **2666** | **12991** | **17247** | **6409** |
| 赣榆县 | Ganyu County | 1 | 196 | 703 | 1971 | 2820 | 1046 |
| 东海县 | Donghai County | 1 | 621 | 538 | 1688 | 2484 | 928 |
| 灌云县 | Guanyun County | 1 | 152 | 434 | 1749 | 2160 | 813 |
| 灌南县 | Guannan County | 1 | 165 | 360 | 1848 | 1952 | 651 |
| **淮安市** | **Huaian City** | **8** | **1455** | **2116** | **16002** | **17614** | **6444** |
| 涟水县 | Lianshui County | 1 | 109 | 452 | 2433 | 2379 | 879 |
| 洪泽县 | Hongze County | 1 | 193 | 135 | 661 | 1091 | 371 |
| 盱眙县 | Xuyi County | 1 | 87 | 320 | 1978 | 1963 | 665 |
| 金湖县 | Jinhu County | 1 | 122 | 130 | 775 | 1033 | 409 |
| **盐城市** | **Yancheng City** | **11** | **2011** | **3059** | **22927** | **24204** | **9903** |
| 响水县 | Xiangshui County | 1 | 72 | 205 | 1382 | 1417 | 597 |
| 滨海县 | Binhai County | 1 | 94 | 421 | 2196 | 2490 | 1026 |
| 阜宁县 | Funing County | 1 | 122 | 376 | 1775 | 1966 | 765 |
| 射阳县 | Sheyang County | 1 | 191 | 322 | 2340 | 2480 | 1127 |
| 建湖县 | Jianhu County | 1 | 167 | 375 | 2261 | 1975 | 761 |

20－23 续 表 2 Continued 2

| 市　县 City and County | | 公共图书馆（个） Public Libraries (unit) | 公共图书馆图书藏量（千册） Total Collections of Public Libraries (1000 volumes) | 卫生机构数（个） Number of Health Institutions (unit) | 卫生机构床位数（张） Number of Hospital Beds (unit) | 卫生技术人员（人） Medical Technical Personnel (person) | #执业（助理）医师 Practitioner (Assistant) Doctors |
|---|---|---|---|---|---|---|---|
| 东台市 | Dongtai City | 1 | 246 | 387 | 3597 | 2999 | 1331 |
| 大丰市 | Dafeng City | 1 | 229 | 318 | 2096 | 2311 | 1016 |
| **扬州市** | **Yangzhou City** | **7** | **2129** | **1982** | **16909** | **19891** | **8066** |
| 宝应县 | Baoying County | 1 | 92 | 374 | 1790 | 3157 | 975 |
| 仪征市 | Yizheng City | 1 | 267 | 218 | 1764 | 2700 | 856 |
| 高邮市 | Gaoyou City | 1 | 132 | 276 | 1958 | 3224 | 1081 |
| **镇江市** | **Zhenjiang City** | **8** | **2163** | **868** | **10940** | **14225** | **5684** |
| 丹阳市 | Danyang City | 2 | 311 | 236 | 2618 | 3197 | 1313 |
| 扬中市 | Yangzhong City | 1 | 267 | 84 | 700 | 1250 | 541 |
| 句容市 | Jurong City | 1 | 116 | 176 | 1367 | 1813 | 742 |
| **泰州市** | **Taizhou City** | **6** | **1675** | **1998** | **16106** | **18970** | **8620** |
| 兴化市 | Xinghua City | 1 | 199 | 663 | 3367 | 3267 | 1618 |
| 靖江市 | Jingjiang City | 1 | 415 | 331 | 2855 | 3461 | 1634 |
| 泰兴市 | Taixing City | 1 | 290 | 358 | 2889 | 3912 | 1763 |
| 姜堰市 | Jiangyan City | 1 | 185 | 307 | 2549 | 2953 | 1373 |
| **宿迁市** | **Suqian City** | **6** | **652** | **3131** | **15306** | **16650** | **5801** |
| 沭阳县 | Shuyang County | 1 | 140 | 947 | 4113 | 4318 | 1498 |
| 泗阳县 | Siyang County | 1 | 216 | 663 | 2879 | 3075 | 1038 |
| 泗洪县 | Sihong County | 1 | 80 | 618 | 3205 | 3350 | 1039 |

# 21

# 县(市)社会经济发展序列

# Social Economy Development Alignment of Counties (Cities)

# 简 要 说 明

**一、本篇资料的主要内容**

本篇资料反映县（市）经济社会发展水平序列情况。

**二、资料来源**

本篇资料主要根据市县社会经济基本情况统计年报加工整理。

# Brief Introduction

**I. Main Contents**

Data in this chapter reflects the counties (cities) rankings of economic and social development

**Ⅱ. Date Source**

Data in this chapter mainly based on the basic socio – economic situation annual report.

# 21－1 年末户籍人口(2011 年)
# Total Registered Population at the Year-end (2011)

| 位次 No. | 县(市)名称 County (City) | | 绝对数(万人) Absolute Figure (10000 persons) | 位次 No. | 县(市)名称 County (City) | | 绝对数(万人) Absolute Figure (10000 persons) |
|---|---|---|---|---|---|---|---|
| 1 | 沭阳县 | Shuyang County | 186.45 | 26 | 海安县 | Haian County | 93.72 |
| 2 | 邳州市 | Pizhou City | 178.63 | 27 | 宝应县 | Baoying County | 91.42 |
| 3 | 兴化市 | Xinghua City | 157.30 | 28 | 张家港市 | Zhangjiagang City | 90.79 |
| 4 | 如皋市 | Rugao City | 142.26 | 29 | 高邮市 | Gaoyou City | 82.06 |
| 5 | 睢宁县 | Suining County | 135.46 | 30 | 丹阳市 | Danyang City | 81.29 |
| 6 | 沛县 | Peixian County | 127.12 | 31 | 建湖县 | Jianhu County | 80.49 |
| 7 | 江阴市 | Jiangyin City | 120.88 | 32 | 吴江市 | Wujiang City | 80.18 |
| 8 | 泰兴市 | Taixing City | 120.21 | 33 | 姜堰市 | Jiangyan City | 79.45 |
| 9 | 滨海县 | Binhai County | 120.05 | 34 | 溧阳市 | Liyang City | 78.73 |
| 10 | 东海县 | Donghai County | 116.24 | 35 | 灌南县 | Guannan County | 77.52 |
| 11 | 丰县 | Fengxian County | 115.08 | 36 | 盱眙县 | Xuyi County | 77.47 |
| 12 | 赣榆县 | Ganyu County | 114.07 | 37 | 大丰市 | Dafeng City | 72.53 |
| 13 | 东台市 | Dongtai City | 113.40 | 38 | 昆山市 | Kunshan City | 72.36 |
| 14 | 启东市 | Qidong City | 112.41 | 39 | 靖江市 | Jingjiang City | 67.15 |
| 15 | 阜宁县 | Funing County | 110.37 | 40 | 响水县 | Xiangshui County | 61.57 |
| 16 | 涟水县 | Lianshui County | 110.34 | 41 | 句容市 | Jurong City | 58.91 |
| 17 | 宜兴市 | Yixing City | 107.61 | 42 | 仪征市 | Yizheng City | 56.62 |
| 18 | 常熟市 | Changshu City | 106.72 | 43 | 金坛市 | Jintan City | 55.15 |
| 19 | 如东县 | Rudong County | 104.75 | 44 | 太仓市 | Taicang City | 47.04 |
| 20 | 新沂市 | Xinyi City | 104.70 | 45 | 高淳县 | Gaochun County | 43.10 |
| 21 | 泗阳县 | Siyang County | 103.32 | 46 | 溧水县 | Lishui County | 41.70 |
| 22 | 泗洪县 | Sihong County | 102.55 | 47 | 洪泽县 | Hongze County | 38.32 |
| 23 | 灌云县 | Guanyun County | 101.82 | 48 | 金湖县 | Jinhu County | 35.71 |
| 24 | 海门市 | Haimen City | 99.99 | 49 | 扬中市 | Yangzhong City | 28.01 |
| 25 | 射阳县 | Sheyang County | 97.37 | | | | |

# 21-2 地区生产总值（2011 年）
# Gross Domestic Product（2011）

| 位次 No. | 县（市）名称 County（City） | | 绝对数（亿元） Absolute Figure （100 million yuan） | 位次 No. | 县（市）名称 County（City） | | 绝对数（亿元） Absolute Figure （100 million yuan） |
|---|---|---|---|---|---|---|---|
| 1 | 昆山市 | Kunshan City | 2432.25 | 26 | 溧水县 | Lishui County | 303.77 |
| 2 | 江阴市 | Jiangyin City | 2335.87 | 27 | 高淳县 | Gaochun County | 302.82 |
| 3 | 张家港市 | Zhangjiagang City | 1860.28 | 28 | 高邮市 | Gaoyou City | 302.50 |
| 4 | 常熟市 | Changshu City | 1710.45 | 29 | 新沂市 | Xinyi City | 301.37 |
| 5 | 吴江市 | Wujiang City | 1192.28 | 30 | 扬中市 | Yangzhong City | 300.05 |
| 6 | 宜兴市 | Yixing City | 980.39 | 31 | 句容市 | Jurong City | 291.89 |
| 7 | 太仓市 | Taicang City | 867.53 | 32 | 宝应县 | Baoying County | 291.53 |
| 8 | 丹阳市 | Danyang City | 724.90 | 33 | 建湖县 | Jianhu County | 288.77 |
| 9 | 海门市 | Haimen City | 590.33 | 34 | 射阳县 | Sheyang County | 287.98 |
| 10 | 靖江市 | Jingjiang City | 538.98 | 35 | 赣榆县 | Ganyu County | 283.07 |
| 11 | 如皋市 | Rugao City | 520.67 | 36 | 睢宁县 | Suining County | 252.36 |
| 12 | 启东市 | Qidong City | 520.17 | 37 | 东海县 | Donghai County | 245.67 |
| 13 | 溧阳市 | Liyang City | 503.78 | 38 | 阜宁县 | Funing County | 244.09 |
| 14 | 泰兴市 | Taixing City | 486.39 | 39 | 泗阳县 | Siyang County | 238.18 |
| 15 | 兴化市 | Xinghua City | 459.47 | 40 | 滨海县 | Binhai County | 238.00 |
| 16 | 邳州市 | Pizhou City | 448.86 | 41 | 泗洪县 | Sihong County | 226.05 |
| 17 | 东台市 | Dongtai City | 447.92 | 42 | 涟水县 | Lianshui County | 194.54 |
| 18 | 海安县 | Haian County | 429.52 | 43 | 灌云县 | Guanyun County | 192.22 |
| 19 | 如东县 | Rudong County | 425.45 | 44 | 盱眙县 | Xuyi County | 191.19 |
| 20 | 沭阳县 | Shuyang County | 410.45 | 45 | 丰县 | Fengxian County | 190.61 |
| 21 | 沛县 | Peixian County | 376.98 | 46 | 灌南县 | Guannan County | 182.33 |
| 22 | 金坛市 | Jintan City | 365.10 | 47 | 响水县 | Xiangshui County | 161.16 |
| 23 | 姜堰市 | Jiangyan City | 364.08 | 48 | 洪泽县 | Hongze County | 133.83 |
| 24 | 大丰市 | Dafeng City | 346.96 | 49 | 金湖县 | Jinhu County | 121.96 |
| 25 | 仪征市 | Yizheng City | 333.41 | | | | |

# 21－3 第一产业增加值（2011 年）
# Value-added of the Primary Industry (2011)

| 位次 No. | 县（市）名称 County (City) | | 绝对数（亿元）Absolute Figure (100 million yuan) | 位次 No. | 县（市）名称 County (City) | | 绝对数（亿元）Absolute Figure (100 million yuan) |
|---|---|---|---|---|---|---|---|
| 1 | 兴化市 | Xinghua City | 74.18 | 26 | 海门市 | Haimen City | 41.39 |
| 2 | 东台市 | Dongtai City | 71.49 | 27 | 丰县 | Fengxian County | 40.28 |
| 3 | 邳州市 | Pizhou City | 69.92 | 28 | 泰兴市 | Taixing City | 39.23 |
| 4 | 沭阳县 | Shuyang County | 65.86 | 29 | 丹阳市 | Danyang City | 38.80 |
| 5 | 射阳县 | Sheyang County | 63.66 | 30 | 建湖县 | Jianhu County | 38.51 |
| 6 | 沛县 | Peixian County | 59.80 | 31 | 盱眙县 | Xuyi County | 35.79 |
| 7 | 大丰市 | Dafeng City | 57.90 | 32 | 溧阳市 | Liyang City | 34.49 |
| 8 | 启东市 | Qidong City | 55.96 | 33 | 灌南县 | Guannan County | 34.33 |
| 9 | 睢宁县 | Suining County | 50.90 | 34 | 常熟市 | Changshu City | 33.65 |
| 10 | 如东县 | Rudong County | 50.50 | 35 | 响水县 | Xiangshui County | 32.50 |
| 11 | 高邮市 | Gaoyou City | 50.47 | 36 | 吴江市 | Wujiang City | 30.97 |
| 12 | 宝应县 | Baoying County | 49.75 | 37 | 太仓市 | Taicang City | 30.88 |
| 13 | 涟水县 | Lianshui County | 47.43 | 38 | 姜堰市 | Jiangyan City | 28.89 |
| 14 | 如皋市 | Rugao City | 46.99 | 39 | 句容市 | Jurong City | 27.56 |
| 15 | 东海县 | Donghai County | 45.42 | 40 | 高淳县 | Gaochun County | 27.09 |
| 16 | 滨海县 | Binhai County | 45.41 | 41 | 溧水县 | Lishui County | 26.01 |
| 17 | 泗洪县 | Sihong County | 44.60 | 42 | 张家港市 | Zhangjiagang City | 25.03 |
| 18 | 灌云县 | Guanyun County | 44.29 | 43 | 金坛市 | Jintan City | 24.08 |
| 19 | 赣榆县 | Ganyu County | 43.43 | 44 | 昆山市 | Kunshan City | 22.17 |
| 20 | 江阴市 | Jiangyin City | 43.02 | 45 | 洪泽县 | Hongze County | 22.07 |
| 21 | 海安县 | Haian County | 42.94 | 46 | 金湖县 | Jinhu County | 20.10 |
| 22 | 泗阳县 | Siyang County | 42.50 | 47 | 仪征市 | Yizheng City | 17.71 |
| 23 | 宜兴市 | Yixing City | 42.48 | 48 | 靖江市 | Jingjiang City | 17.41 |
| 24 | 阜宁县 | Funing County | 42.30 | 49 | 扬中市 | Yangzhong City | 10.01 |
| 25 | 新沂市 | Xinyi City | 42.14 | | | | |

# 21－4 第二产业增加值（2011 年）
# Value-added of the Secondary Industry（2011）

| 位次 No. | 县（市）名称 County（City） | | 绝对数（亿元） Absolute Figure（100 million yuan） | 位次 No. | 县（市）名称 County（City） | | 绝对数（亿元） Absolute Figure（100 million yuan） |
|---|---|---|---|---|---|---|---|
| 1 | 昆山市 | Kunshan City | 1510.06 | 26 | 扬中市 | Yangzhong City | 171.82 |
| 2 | 江阴市 | Jiangyin City | 1354.31 | 27 | 高淳县 | Gaochun County | 171.09 |
| 3 | 张家港市 | Zhangjiagang City | 1098.01 | 28 | 句容市 | Jurong City | 157.86 |
| 4 | 常熟市 | Changshu City | 938.07 | 29 | 大丰市 | Dafeng City | 153.39 |
| 5 | 吴江市 | Wujiang City | 699.48 | 30 | 高邮市 | Gaoyou City | 145.63 |
| 6 | 宜兴市 | Yixing City | 536.02 | 31 | 赣榆县 | Ganyu County | 144.44 |
| 7 | 太仓市 | Taicang City | 485.72 | 32 | 宝应县 | Baoying County | 139.45 |
| 8 | 丹阳市 | Danyang City | 400.20 | 33 | 建湖县 | Jianhu County | 138.02 |
| 9 | 海门市 | Haimen City | 348.22 | 34 | 新沂市 | Xinyi City | 129.94 |
| 10 | 靖江市 | Jingjiang City | 306.25 | 35 | 泗阳县 | Siyang County | 119.27 |
| 11 | 如皋市 | Rugao City | 288.82 | 36 | 射阳县 | Sheyang County | 117.78 |
| 12 | 溧阳市 | Liyang City | 283.92 | 37 | 阜宁县 | Funing County | 117.14 |
| 13 | 启东市 | Qidong City | 277.11 | 38 | 东海县 | Donghai County | 116.44 |
| 14 | 泰兴市 | Taixing City | 264.88 | 39 | 睢宁县 | Suining County | 109.35 |
| 15 | 海安县 | Haian County | 228.01 | 40 | 滨海县 | Binhai County | 104.34 |
| 16 | 如东县 | Rudong County | 223.13 | 41 | 泗洪县 | Sihong County | 93.70 |
| 17 | 东台市 | Dongtai City | 205.43 | 42 | 灌南县 | Guannan County | 91.38 |
| 18 | 金坛市 | Jintan City | 203.94 | 43 | 灌云县 | Guanyun County | 90.29 |
| 19 | 兴化市 | Xinghua City | 202.83 | 44 | 丰县 | Fengxian County | 86.98 |
| 20 | 邳州市 | Pizhou City | 198.50 | 45 | 盱眙县 | Xuyi County | 84.17 |
| 21 | 仪征市 | Yizheng City | 196.19 | 46 | 响水县 | Xiangshui County | 79.62 |
| 22 | 姜堰市 | Jiangyan City | 192.17 | 47 | 涟水县 | Lianshui County | 76.78 |
| 23 | 溧水县 | Lishui County | 188.57 | 48 | 洪泽县 | Hongze County | 59.16 |
| 24 | 沭阳县 | Shuyang County | 185.57 | 49 | 金湖县 | Jinhu County | 50.92 |
| 25 | 沛县 | Peixian County | 181.09 | | | | |

# 21－5　全部工业增加值(2011年)
# Value-added of All Industries (2011)

| 位　次<br>No. | 县（市）名称<br>County (City) | | 绝对数(亿元)<br>Absolute Figure (100 million yuan) | 位　次<br>No. | 县（市）名称<br>County (City) | | 绝对数(亿元)<br>Absolute Figure (100 million yuan) |
|---|---|---|---|---|---|---|---|
| 1 | 昆山市 | Kunshan City | 1437.06 | 26 | 沛县 | Peixian County | 146.89 |
| 2 | 江阴市 | Jiangyin City | 1306.00 | 27 | 句容市 | Jurong City | 144.68 |
| 3 | 张家港市 | Zhangjiagang City | 1057.20 | 28 | 高淳县 | Gaochun County | 137.00 |
| 4 | 常熟市 | Changshu City | 898.40 | 29 | 大丰市 | Dafeng City | 131.51 |
| 5 | 吴江市 | Wujiang City | 663.52 | 30 | 建湖县 | Jianhu County | 119.25 |
| 6 | 宜兴市 | Yixing City | 474.60 | 31 | 高邮市 | Gaoyou City | 119.13 |
| 7 | 太仓市 | Taicang City | 459.30 | 32 | 宝应县 | Baoying County | 112.35 |
| 8 | 丹阳市 | Danyang City | 383.54 | 33 | 赣榆县 | Ganyu County | 110.87 |
| 9 | 海门市 | Haimen City | 284.61 | 34 | 新沂市 | Xinyi City | 110.21 |
| 10 | 靖江市 | Jingjiang City | 283.96 | 35 | 射阳县 | Sheyang County | 106.92 |
| 11 | 溧阳市 | Liyang City | 257.58 | 36 | 东海县 | Donghai County | 99.86 |
| 12 | 如皋市 | Rugao City | 245.03 | 37 | 泗阳县 | Siyang County | 98.30 |
| 13 | 泰兴市 | Taixing City | 230.79 | 38 | 滨海县 | Binhai County | 87.91 |
| 14 | 启东市 | Qidong City | 219.19 | 39 | 阜宁县 | Funing County | 87.42 |
| 15 | 海安县 | Haian County | 186.17 | 40 | 睢宁县 | Suining County | 87.06 |
| 16 | 东台市 | Dongtai City | 181.19 | 41 | 灌南县 | Guannan County | 77.53 |
| 17 | 如东县 | Rudong County | 180.66 | 42 | 泗洪县 | Sihong County | 74.15 |
| 18 | 金坛市 | Jintan City | 180.56 | 43 | 响水县 | Xiangshui County | 71.03 |
| 19 | 兴化市 | Xinghua City | 175.77 | 44 | 灌云县 | Guanyun County | 68.97 |
| 20 | 仪征市 | Yizheng City | 173.69 | 45 | 盱眙县 | Xuyi County | 65.56 |
| 21 | 扬中市 | Yangzhong City | 165.68 | 46 | 丰县 | Fengxian County | 61.46 |
| 22 | 邳州市 | Pizhou City | 161.93 | 47 | 涟水县 | Lianshui County | 59.29 |
| 23 | 沭阳县 | Shuyang County | 160.80 | 48 | 洪泽县 | Hongze County | 49.22 |
| 24 | 溧水县 | Lishui County | 159.79 | 49 | 金湖县 | Jinhu County | 43.91 |
| 25 | 姜堰市 | Jiangyan City | 158.31 | | | | |

# 21－6　第三产业增加值（2011年）
# Value-added of the Tertiary Industry (2011)

| 位次 No. | 县（市）名称 County (City) | | 绝对数（亿元）Absolute Figure (100 million yuan) | 位次 No. | 县（市）名称 County (City) | | 绝对数（亿元）Absolute Figure (100 million yuan) |
|---|---|---|---|---|---|---|---|
| 1 | 江阴市 | Jiangyin City | 938.54 | 26 | 仪征市 | Yizheng City | 119.51 |
| 2 | 昆山市 | Kunshan City | 900.02 | 27 | 扬中市 | Yangzhong City | 118.22 |
| 3 | 常熟市 | Changshu City | 738.73 | 28 | 建湖县 | Jianhu County | 112.24 |
| 4 | 张家港市 | Zhangjiagang City | 737.24 | 29 | 射阳县 | Sheyang County | 106.54 |
| 5 | 吴江市 | Wujiang City | 461.83 | 30 | 句容市 | Jurong City | 106.47 |
| 6 | 宜兴市 | Yixing City | 401.89 | 31 | 高邮市 | Gaoyou City | 106.40 |
| 7 | 太仓市 | Taicang City | 350.93 | 32 | 高淳县 | Gaochun County | 104.64 |
| 8 | 丹阳市 | Danyang City | 285.90 | 33 | 宝应县 | Baoying County | 102.33 |
| 9 | 靖江市 | Jingjiang City | 215.32 | 34 | 赣榆县 | Ganyu County | 95.20 |
| 10 | 海门市 | Haimen City | 200.72 | 35 | 睢宁县 | Suining County | 92.11 |
| 11 | 启东市 | Qidong City | 187.10 | 36 | 溧水县 | Lishui County | 89.19 |
| 12 | 溧阳市 | Liyang City | 185.37 | 37 | 滨海县 | Binhai County | 88.25 |
| 13 | 如皋市 | Rugao City | 184.86 | 38 | 泗洪县 | Sihong County | 87.75 |
| 14 | 兴化市 | Xinghua City | 182.46 | 39 | 阜宁县 | Funing County | 84.65 |
| 15 | 泰兴市 | Taixing City | 182.28 | 40 | 东海县 | Donghai County | 83.81 |
| 16 | 邳州市 | Pizhou City | 180.44 | 41 | 泗阳县 | Siyang County | 76.41 |
| 17 | 东台市 | Dongtai City | 171.00 | 42 | 盱眙县 | Xuyi County | 71.23 |
| 18 | 沭阳县 | Shuyang County | 159.02 | 43 | 涟水县 | Lianshui County | 70.33 |
| 19 | 海安县 | Haian County | 158.57 | 44 | 丰县 | Fengxian County | 63.35 |
| 20 | 如东县 | Rudong County | 151.82 | 45 | 灌云县 | Guanyun County | 57.64 |
| 21 | 姜堰市 | Jiangyan City | 143.02 | 46 | 灌南县 | Guannan County | 56.62 |
| 22 | 金坛市 | Jintan City | 137.08 | 47 | 洪泽县 | Hongze County | 52.60 |
| 23 | 沛县 | Peixian County | 136.09 | 48 | 金湖县 | Jinhu County | 50.94 |
| 24 | 大丰市 | Dafeng City | 135.67 | 49 | 响水县 | Xiangshui County | 49.04 |
| 25 | 新沂市 | Xinyi City | 129.29 | | | | |

# 21－7 人均地区生产总值（2011 年）
# Per Capita Gross Domestic Product（2011）

| 位次 No. | 县（市）名称 County（City） | | 绝对数（元）Absolute Figure（yuan） | 位次 No. | 县（市）名称 County（City） | | 绝对数（元）Absolute Figure（yuan） |
|---|---|---|---|---|---|---|---|
| 1 | 张家港市 | Zhangjiagang City | 148727 | 26 | 高邮市 | Gaoyou City | 40746 |
| 2 | 昆山市 | Kunshan City | 147186 | 27 | 洪泽县 | Hongze County | 40684 |
| 3 | 江阴市 | Jiangyin City | 145456 | 28 | 建湖县 | Jianhu County | 38965 |
| 4 | 太仓市 | Taicang City | 121656 | 29 | 宝应县 | Baoying County | 38754 |
| 5 | 常熟市 | Changshu City | 113133 | 30 | 金湖县 | Jinhu County | 37463 |
| 6 | 吴江市 | Wujiang City | 93417 | 31 | 兴化市 | Xinghua City | 36639 |
| 7 | 扬中市 | Yangzhong City | 89194 | 32 | 沛县 | Peixian County | 33335 |
| 8 | 宜兴市 | Yixing City | 79080 | 33 | 新沂市 | Xinyi City | 32861 |
| 9 | 靖江市 | Jingjiang City | 78683 | 34 | 射阳县 | Sheyang County | 32132 |
| 10 | 丹阳市 | Danyang City | 75185 | 35 | 响水县 | Xiangshui County | 31696 |
| 11 | 高淳县 | Gaochun County | 72332 | 36 | 邳州市 | Pizhou City | 30972 |
| 12 | 溧水县 | Lishui County | 72257 | 37 | 赣榆县 | Ganyu County | 29846 |
| 13 | 溧阳市 | Liyang City | 66934 | 38 | 灌南县 | Guannan County | 29358 |
| 14 | 金坛市 | Jintan City | 65944 | 39 | 盱眙县 | Xuyi County | 29160 |
| 15 | 海门市 | Haimen City | 65226 | 40 | 阜宁县 | Funing County | 28977 |
| 16 | 仪征市 | Yizheng City | 59214 | 41 | 泗阳县 | Siyang County | 28458 |
| 17 | 启东市 | Qidong City | 53629 | 42 | 沭阳县 | Shuyang County | 26583 |
| 18 | 姜堰市 | Jiangyan City | 49915 | 43 | 东海县 | Donghai County | 25845 |
| 19 | 海安县 | Haian County | 49598 | 44 | 滨海县 | Binhai County | 24948 |
| 20 | 大丰市 | Dafeng City | 49218 | 45 | 泗洪县 | Sihong County | 24748 |
| 21 | 句容市 | Jurong City | 47193 | 46 | 睢宁县 | Suining County | 24366 |
| 22 | 东台市 | Dongtai City | 45292 | 47 | 灌云县 | Guanyun County | 23496 |
| 23 | 泰兴市 | Taixing City | 45258 | 48 | 涟水县 | Lianshui County | 22793 |
| 24 | 如东县 | Rudong County | 42843 | 49 | 丰县 | Fengxian County | 19867 |
| 25 | 如皋市 | Rugao City | 41178 | | | | |

# 21-8 固定资产投资（2011年）

# Completed Investment in Fixed Assetes (2011)

| 位次 No. | 县（市）名称 County (City) | | 绝对数（亿元）Absolute Figure (100 million yuan) | 位次 No. | 县（市）名称 County (City) | | 绝对数（亿元）Absolute Figure (100 million yuan) |
|---|---|---|---|---|---|---|---|
| 1 | 江阴市 | Jiangyin City | 711.92 | 26 | 姜堰市 | Jiangyan City | 178.16 |
| 2 | 昆山市 | Kunshan City | 642.57 | 27 | 大丰市 | Dafeng City | 177.09 |
| 3 | 张家港市 | Zhangjiagang City | 532.56 | 28 | 赣榆县 | Ganyu County | 168.03 |
| 4 | 吴江市 | Wujiang City | 504.84 | 29 | 宝应县 | Baoying County | 160.15 |
| 5 | 常熟市 | Changshu City | 492.83 | 30 | 东海县 | Donghai County | 157.66 |
| 6 | 宜兴市 | Yixing City | 412.20 | 31 | 兴化市 | Xinghua City | 155.01 |
| 7 | 太仓市 | Taicang City | 386.25 | 32 | 滨海县 | Binhai County | 152.59 |
| 8 | 邳州市 | Pizhou City | 321.35 | 33 | 建湖县 | Jianhu County | 145.62 |
| 9 | 溧阳市 | Liyang City | 311.16 | 34 | 句容市 | Jurong City | 142.85 |
| 10 | 启东市 | Qidong City | 302.99 | 35 | 泗阳县 | Siyang County | 141.84 |
| 11 | 海门市 | Haimen City | 300.66 | 36 | 盱眙县 | Xuyi County | 141.26 |
| 12 | 如皋市 | Rugao City | 272.02 | 37 | 射阳县 | Sheyang County | 138.77 |
| 13 | 海安县 | Haian County | 260.12 | 38 | 灌云县 | Guanyun County | 136.94 |
| 14 | 如东县 | Rudong County | 250.75 | 39 | 灌南县 | Guannan County | 135.86 |
| 15 | 沛县 | Peixian County | 237.20 | 40 | 阜宁县 | Funing County | 132.57 |
| 16 | 靖江市 | Jingjiang City | 232.05 | 41 | 睢宁县 | Suining County | 124.72 |
| 17 | 丹阳市 | Danyang City | 231.68 | 42 | 泗洪县 | Sihong County | 121.91 |
| 18 | 东台市 | Dongtai City | 228.31 | 43 | 扬中市 | Yangzhong City | 120.01 |
| 19 | 新沂市 | Xinyi City | 220.72 | 44 | 响水县 | Xiangshui County | 116.33 |
| 20 | 泰兴市 | Taixing City | 213.78 | 45 | 涟水县 | Lianshui County | 113.37 |
| 21 | 金坛市 | Jintan City | 206.60 | 46 | 丰县 | Fengxian County | 103.94 |
| 22 | 沭阳县 | Shuyang County | 205.90 | 47 | 洪泽县 | Hongze County | 74.68 |
| 23 | 仪征市 | Yizheng City | 205.74 | 48 | 高淳县 | Gaochun County | 74.10 |
| 24 | 高邮市 | Gaoyou City | 196.37 | 49 | 金湖县 | Jinhu County | 69.57 |
| 25 | 溧水县 | Lishui County | 185.61 | | | | |

## 21－9 地方财政一般预算收入（2011 年）
## Local Financial Budgetary Revenue（2011）

| 位次<br>No. | 县（市）名称<br>County（City） | | 绝对数（亿元）<br>Absolute Figure（100 million yuan） | 位次<br>No. | 县（市）名称<br>County（City） | | 绝对数（亿元）<br>Absolute Figure（100 million yuan） |
|---|---|---|---|---|---|---|---|
| 1 | 昆山市 | Kunshan City | 200.22 | 26 | 溧水县 | Lishui County | 25.00 |
| 2 | 江阴市 | Jiangyin City | 153.37 | 27 | 赣榆县 | Ganyu County | 23.81 |
| 3 | 张家港市 | Zhangjiagang City | 142.32 | 28 | 东海县 | Donghai County | 23.50 |
| 4 | 常熟市 | Changshu City | 122.50 | 29 | 阜宁县 | Funing County | 23.14 |
| 5 | 吴江市 | Wujiang City | 112.88 | 30 | 金坛市 | Jintan City | 23.08 |
| 6 | 太仓市 | Taicang City | 85.41 | 31 | 灌南县 | Guannan County | 22.22 |
| 7 | 宜兴市 | Yixing City | 71.20 | 32 | 姜堰市 | Jiangyan City | 22.19 |
| 8 | 靖江市 | Jingjiang City | 48.68 | 33 | 灌云县 | Guanyun County | 21.61 |
| 9 | 如皋市 | Rugao City | 45.63 | 34 | 滨海县 | Binhai County | 20.77 |
| 10 | 启东市 | Qidong City | 44.07 | 35 | 宝应县 | Baoying County | 20.58 |
| 11 | 海门市 | Haimen City | 42.35 | 36 | 句容市 | Jurong City | 20.50 |
| 12 | 丹阳市 | Danyang City | 41.13 | 37 | 高邮市 | Gaoyou City | 20.49 |
| 13 | 沭阳县 | Shuyang County | 37.28 | 38 | 涟水县 | Lianshui County | 20.28 |
| 14 | 溧阳市 | Liyang City | 37.13 | 39 | 睢宁县 | Suining County | 20.20 |
| 15 | 东台市 | Dongtai City | 35.92 | 40 | 盱眙县 | Xuyi County | 20.11 |
| 16 | 邳州市 | Pizhou City | 35.08 | 41 | 丰县 | Fengxian County | 19.66 |
| 17 | 沛县 | Peixian County | 31.90 | 42 | 扬中市 | Yangzhong City | 19.60 |
| 18 | 大丰市 | Dafeng City | 30.07 | 43 | 射阳县 | Sheyang County | 19.01 |
| 19 | 海安县 | Haian County | 28.51 | 44 | 高淳县 | Gaochun County | 18.00 |
| 20 | 建湖县 | Jianhu County | 28.25 | 45 | 泗阳县 | Siyang County | 17.33 |
| 21 | 泰兴市 | Taixing City | 27.90 | 46 | 响水县 | Xiangshui County | 17.01 |
| 22 | 新沂市 | Xinyi City | 26.51 | 47 | 泗洪县 | Sihong County | 14.88 |
| 23 | 仪征市 | Yizheng City | 25.95 | 48 | 洪泽县 | Hongze County | 14.85 |
| 24 | 兴化市 | Xinghua City | 25.56 | 49 | 金湖县 | Jinhu County | 13.00 |
| 25 | 如东县 | Rudong County | 25.39 | | | | |

# 21－10 人均地方一般预算收入（2011年）
# Per Capita Local Financial Budgetary Revenue (2011)

| 位次 No. | 县（市）名称 County (City) | | 绝对数（元）Absolute Figure (yuan) | 位次 No. | 县（市）名称 County (City) | | 绝对数（元）Absolute Figure (yuan) |
|---|---|---|---|---|---|---|---|
| 1 | 昆山市 | Kunshan City | 12116 | 26 | 句容市 | Jurong City | 3315 |
| 2 | 太仓市 | Taicang City | 11977 | 27 | 海安县 | Haian County | 3292 |
| 3 | 张家港市 | Zhangjiagang City | 11378 | 28 | 盱眙县 | Xuyi County | 3067 |
| 4 | 江阴市 | Jiangyin City | 9551 | 29 | 姜堰市 | Jiangyan City | 3042 |
| 5 | 吴江市 | Wujiang City | 8844 | 30 | 新沂市 | Xinyi City | 2890 |
| 6 | 常熟市 | Changshu City | 8102 | 31 | 沛县 | Peixian County | 2821 |
| 7 | 靖江市 | Jingjiang City | 7107 | 32 | 高邮市 | Gaoyou City | 2759 |
| 8 | 溧水县 | Lishui County | 5947 | 33 | 阜宁县 | Funing County | 2747 |
| 9 | 扬中市 | Yangzhong City | 5825 | 34 | 宝应县 | Baoying County | 2736 |
| 10 | 宜兴市 | Yixing City | 5743 | 35 | 灌云县 | Guanyun County | 2641 |
| 11 | 溧阳市 | Liyang City | 4933 | 36 | 泰兴市 | Taixing City | 2596 |
| 12 | 海门市 | Haimen City | 4679 | 37 | 如东县 | Rudong County | 2557 |
| 13 | 仪征市 | Yizheng City | 4609 | 38 | 赣榆县 | Ganyu County | 2510 |
| 14 | 启东市 | Qidong City | 4544 | 39 | 东海县 | Donghai County | 2472 |
| 15 | 洪泽县 | Hongze County | 4516 | 40 | 邳州市 | Pizhou City | 2421 |
| 16 | 高淳县 | Gaochun County | 4300 | 41 | 沭阳县 | Shuyang County | 2415 |
| 17 | 丹阳市 | Danyang City | 4266 | 42 | 涟水县 | Lianshui County | 2376 |
| 18 | 大丰市 | Dafeng City | 4265 | 43 | 滨海县 | Binhai County | 2177 |
| 19 | 金坛市 | Jintan City | 4168 | 44 | 射阳县 | Sheyang County | 2121 |
| 20 | 金湖县 | Jinhu County | 3994 | 45 | 泗阳县 | Siyang County | 2071 |
| 21 | 建湖县 | Jianhu County | 3812 | 46 | 丰县 | Fengxian County | 2049 |
| 22 | 东台市 | Dongtai City | 3632 | 47 | 兴化市 | Xinghua City | 2039 |
| 23 | 如皋市 | Rugao City | 3609 | 48 | 睢宁县 | Suining County | 1951 |
| 24 | 灌南县 | Guannan County | 3578 | 49 | 泗洪县 | Sihong County | 1630 |
| 25 | 响水县 | Xiangshui County | 3345 | | | | |

# 21－11 粮食产量(2011年)

## Output of Grain (2011)

| 位次<br>No. | 县(市)名称<br>County (City) | | 绝对数(万吨)<br>Absolute Figure (10000 tons) | 位次<br>No. | 县(市)名称<br>County (City) | | 绝对数(万吨)<br>Absolute Figure (10000 tons) |
|---|---|---|---|---|---|---|---|
| 1 | 兴化市 | Xinghua City | 138.01 | 26 | 溧阳市 | Liyang City | 54.47 |
| 2 | 沭阳县 | Shuyang County | 125.09 | 27 | 姜堰市 | Jiangyan City | 53.96 |
| 3 | 东海县 | Donghai County | 109.39 | 28 | 赣榆县 | Ganyu County | 53.51 |
| 4 | 射阳县 | Sheyang County | 107.49 | 29 | 丰县 | Fengxian County | 51.10 |
| 5 | 盱眙县 | Xuyi County | 95.73 | 30 | 响水县 | Xiangshui County | 50.54 |
| 6 | 泗洪县 | Sihong County | 94.52 | 31 | 金湖县 | Jinhu County | 50.02 |
| 7 | 阜宁县 | Funing County | 91.30 | 32 | 丹阳市 | Danyang City | 49.57 |
| 8 | 宝应县 | Baoying County | 91.08 | 33 | 宜兴市 | Yixing City | 48.57 |
| 9 | 如东县 | Rudong County | 90.80 | 34 | 洪泽县 | Hongze County | 41.72 |
| 10 | 涟水县 | Lianshui County | 90.07 | 35 | 句容市 | Jurong City | 33.74 |
| 11 | 滨海县 | Binhai County | 89.85 | 36 | 靖江市 | Jingjiang City | 33.49 |
| 12 | 睢宁县 | Suining County | 88.51 | 37 | 仪征市 | Yizheng City | 32.72 |
| 13 | 高邮市 | Gaoyou City | 85.55 | 38 | 常熟市 | Changshu City | 32.14 |
| 14 | 东台市 | Dongtai City | 83.19 | 39 | 金坛市 | Jintan City | 28.38 |
| 15 | 邳州市 | Pizhou City | 79.50 | 40 | 张家港市 | Zhangjiagang City | 28.28 |
| 16 | 大丰市 | Dafeng City | 76.09 | 41 | 启东市 | Qidong City | 24.09 |
| 17 | 灌云县 | Guanyun County | 74.71 | 42 | 溧水县 | Lishui County | 22.95 |
| 18 | 如皋市 | Rugao City | 72.80 | 43 | 太仓市 | Taicang City | 21.20 |
| 19 | 建湖县 | Jianhu County | 72.05 | 44 | 江阴市 | Jiangyin City | 20.12 |
| 20 | 泰兴市 | Taixing City | 68.57 | 45 | 高淳县 | Gaochun County | 18.64 |
| 21 | 海安县 | Haian County | 64.05 | 46 | 海门市 | Haimen City | 17.84 |
| 22 | 新沂市 | Xinyi City | 63.58 | 47 | 吴江市 | Wujiang City | 16.75 |
| 23 | 灌南县 | Guannan County | 61.94 | 48 | 昆山市 | Kunshan City | 11.80 |
| 24 | 沛县 | Peixian County | 59.89 | 49 | 扬中市 | Yangzhong City | 10.72 |
| 25 | 泗阳县 | Siyang County | 57.84 | | | | |

# 21-12 油料产量(2011年)
# Output of Oil-bearing Crops (2011)

| 位次<br>No. | 县(市)名称<br>County (City) | | 绝对数(万吨)<br>Absolute Figure (10000 tons) | 位次<br>No. | 县(市)名称<br>County (City) | | 绝对数(万吨)<br>Absolute Figure (10000 tons) |
|---|---|---|---|---|---|---|---|
| 1 | 启东市 | Qidong City | 10.16 | 26 | 沭阳县 | Shuyang County | 1.65 |
| 2 | 海门市 | Haimen City | 9.45 | 27 | 睢宁县 | Suining County | 1.58 |
| 3 | 赣榆县 | Ganyu County | 6.83 | 28 | 建湖县 | Jianhu County | 1.52 |
| 4 | 东台市 | Dongtai City | 6.67 | 29 | 宝应县 | Baoying County | 1.39 |
| 5 | 新沂市 | Xinyi City | 6.57 | 30 | 海安县 | Haian County | 1.38 |
| 6 | 大丰市 | Dafeng City | 5.20 | 31 | 泗阳县 | Siyang County | 1.30 |
| 7 | 如东县 | Rudong County | 4.97 | 32 | 丹阳市 | Danyang City | 0.93 |
| 8 | 滨海县 | Binhai County | 4.49 | 33 | 仪征市 | Yizheng City | 0.85 |
| 9 | 东海县 | Donghai County | 4.38 | 34 | 金坛市 | Jintan City | 0.82 |
| 10 | 泰兴市 | Taixing City | 3.61 | 35 | 常熟市 | Changshu City | 0.77 |
| 11 | 射阳县 | Sheyang County | 3.59 | 36 | 金湖县 | Jinhu County | 0.73 |
| 12 | 如皋市 | Rugao City | 3.58 | 37 | 宜兴市 | Yixing City | 0.72 |
| 13 | 涟水县 | Lianshui County | 3.37 | 38 | 吴江市 | Wujiang City | 0.69 |
| 14 | 兴化市 | Xinghua City | 3.17 | 39 | 太仓市 | Taicang City | 0.61 |
| 15 | 盱眙县 | Xuyi County | 2.86 | 40 | 张家港市 | Zhangjiagang City | 0.47 |
| 16 | 姜堰市 | Jiangyan City | 2.46 | 41 | 丰县 | Fengxian County | 0.47 |
| 17 | 句容市 | Jurong City | 2.39 | 42 | 靖江市 | Jingjiang City | 0.43 |
| 18 | 响水县 | Xiangshui County | 2.35 | 43 | 洪泽县 | Hongze County | 0.29 |
| 19 | 泗洪县 | Sihong County | 2.32 | 44 | 灌南县 | Guannan County | 0.21 |
| 20 | 溧阳市 | Liyang City | 2.07 | 45 | 沛县 | Peixian County | 0.20 |
| 21 | 溧水县 | Lishui County | 1.97 | 46 | 昆山市 | Kunshan City | 0.17 |
| 22 | 高邮市 | Gaoyou City | 1.78 | 47 | 江阴市 | Jiangyin City | 0.16 |
| 23 | 邳州市 | Pizhou City | 1.76 | 48 | 扬中市 | Yangzhong City | 0.11 |
| 24 | 高淳县 | Gaochun County | 1.65 | 49 | 灌云县 | Guanyun County | 0.08 |
| 24 | 阜宁县 | Funing County | 1.65 | | | | |

# 21－13 肉类总产量(2011年)
# Total Output of Meat (2011)

| 位次 No. | 县(市)名称 County (City) | | 绝对数(万吨) Absolute Figure (10000 tons) | 位次 No. | 县(市)名称 County (City) | | 绝对数(万吨) Absolute Figure (10000 tons) |
|---|---|---|---|---|---|---|---|
| 1 | 邳州市 | Pizhou City | 19.55 | 26 | 灌云县 | Guanyun County | 5.31 |
| 2 | 沛县 | Peixian County | 19.54 | 27 | 泗阳县 | Siyang County | 5.17 |
| 3 | 阜宁县 | Funing County | 16.78 | 28 | 江阴市 | Jiangyin City | 5.07 |
| 4 | 东台市 | Dongtai City | 14.05 | 29 | 灌南县 | Guannan County | 4.74 |
| 5 | 丰县 | Fengxian County | 13.32 | 30 | 宝应县 | Baoying County | 4.59 |
| 6 | 睢宁县 | Suining County | 12.91 | 31 | 高邮市 | Gaoyou City | 4.55 |
| 7 | 新沂市 | Xinyi City | 12.63 | 32 | 响水县 | Xiangshui County | 4.44 |
| 8 | 大丰市 | Dafeng City | 12.05 | 33 | 金坛市 | Jintan City | 4.38 |
| 9 | 如皋市 | Rugao City | 11.08 | 34 | 海门市 | Haimen City | 4.13 |
| 10 | 沭阳县 | Shuyang County | 9.99 | 35 | 宜兴市 | Yixing City | 3.57 |
| 11 | 滨海县 | Binhai County | 9.95 | 36 | 靖江市 | Jingjiang City | 2.92 |
| 12 | 如东县 | Rudong County | 9.49 | 37 | 丹阳市 | Danyang City | 2.36 |
| 13 | 海安县 | Haian County | 9.12 | 38 | 仪征市 | Yizheng City | 2.30 |
| 14 | 泰兴市 | Taixing City | 7.89 | 39 | 溧阳市 | Liyang City | 2.21 |
| 15 | 射阳县 | Sheyang County | 7.82 | 40 | 常熟市 | Changshu City | 2.11 |
| 16 | 东海县 | Donghai County | 7.30 | 41 | 洪泽县 | Hongze County | 2.01 |
| 17 | 赣榆县 | Ganyu County | 7.17 | 42 | 溧水县 | Lishui County | 1.89 |
| 18 | 泗洪县 | Sihong County | 6.97 | 43 | 吴江市 | Wujiang City | 1.72 |
| 19 | 盱眙县 | Xuyi County | 6.88 | 44 | 高淳县 | Gaochun County | 1.67 |
| 20 | 涟水县 | Lianshui County | 6.65 | 45 | 句容市 | Jurong City | 1.45 |
| 21 | 太仓市 | Taicang City | 6.59 | 46 | 金湖县 | Jinhu County | 1.43 |
| 22 | 启东市 | Qidong City | 5.80 | 47 | 张家港市 | Zhangjiagang City | 1.29 |
| 23 | 建湖县 | Jianhu County | 5.63 | 48 | 扬中市 | Yangzhong City | 0.92 |
| 24 | 姜堰市 | Jiangyan City | 5.46 | 49 | 昆山市 | Kunshan City | 0.76 |
| 25 | 兴化市 | Xinghua City | 5.42 | | | | |

# 21－14　规模以上工业企业利税总额（2011年）

## Profits and Taxes of above Designated Size Industrial Enterprises（2011）

| 位次 No. | 县（市）名称 County（City） | | 绝对数（亿元）Absolute Figure（100 million yuan） |
|---|---|---|---|
| 1 | 江阴市 | Jiangyin City | 718.70 |
| 2 | 昆山市 | Kunshan City | 511.25 |
| 3 | 张家港市 | Zhangjiagang City | 296.02 |
| 4 | 吴江市 | Wujiang City | 239.65 |
| 5 | 常熟市 | Changshu City | 237.79 |
| 6 | 靖江市 | Jingjiang City | 208.55 |
| 7 | 海门市 | Haimen City | 196.55 |
| 8 | 宜兴市 | Yixing City | 195.91 |
| 9 | 邳州市 | Pizhou City | 171.33 |
| 10 | 泰兴市 | Taixing City | 143.59 |
| 11 | 太仓市 | Taicang City | 143.51 |
| 12 | 启东市 | Qidong City | 139.03 |
| 13 | 如东县 | Rudong County | 127.95 |
| 14 | 海安县 | Haian County | 119.28 |
| 15 | 仪征市 | Yizheng City | 112.27 |
| 16 | 溧阳市 | Liyang City | 107.50 |
| 17 | 沛县 | Peixian County | 105.54 |
| 18 | 丹阳市 | Danyang City | 105.27 |
| 19 | 如皋市 | Rugao City | 96.72 |
| 20 | 高邮市 | Gaoyou City | 95.72 |
| 21 | 金坛市 | Jintan City | 86.42 |
| 22 | 姜堰市 | Jiangyan City | 80.92 |
| 23 | 新沂市 | Xinyi City | 78.58 |
| 24 | 兴化市 | Xinghua City | 78.08 |
| 25 | 扬中市 | Yangzhong City | 77.48 |
| 26 | 溧水县 | Lishui County | 74.96 |
| 27 | 沭阳县 | Shuyang County | 67.60 |
| 28 | 句容市 | Jurong City | 66.98 |
| 29 | 赣榆县 | Ganyu County | 64.20 |
| 30 | 睢宁县 | Suining County | 61.61 |
| 31 | 高淳县 | Gaochun County | 60.55 |
| 32 | 东台市 | Dongtai City | 56.81 |
| 33 | 宝应县 | Baoying County | 50.34 |
| 34 | 泗洪县 | Sihong County | 47.34 |
| 35 | 建湖县 | Jianhu County | 46.71 |
| 36 | 大丰市 | Dafeng City | 39.87 |
| 37 | 响水县 | Xiangshui County | 38.20 |
| 38 | 滨海县 | Binhai County | 37.94 |
| 39 | 东海县 | Donghai County | 37.75 |
| 40 | 丰县 | Fengxian County | 33.12 |
| 41 | 灌南县 | Guannan County | 30.71 |
| 42 | 泗阳县 | Siyang County | 30.14 |
| 43 | 灌云县 | Guanyun County | 29.91 |
| 44 | 阜宁县 | Funing County | 29.66 |
| 45 | 射阳县 | Sheyang County | 28.50 |
| 46 | 洪泽县 | Hongze County | 27.41 |
| 47 | 涟水县 | Lianshui County | 24.39 |
| 48 | 盱眙县 | Xuyi County | 20.74 |
| 49 | 金湖县 | Jinhu County | 17.91 |

# 21－15　社会消费品零售总额（2011 年）
# Total Retail Sale of Consumer Goods（2011）

| 位　次<br>No. | 县（市）名称<br>County（City） | | 绝对数（亿元）<br>Absolute Figure（100 million yuan） | 位　次<br>No. | 县（市）名称<br>County（City） | | 绝对数（亿元）<br>Absolute Figure（100 million yuan） |
|---|---|---|---|---|---|---|---|
| 1 | 江阴市 | Jiangyin City | 451.92 | 26 | 高邮市 | Gaoyou City | 96.67 |
| 2 | 常熟市 | Changshu City | 426.26 | 27 | 大丰市 | Dafeng City | 95.85 |
| 3 | 昆山市 | Kunshan City | 420.98 | 28 | 建湖县 | Jianhu County | 94.63 |
| 4 | 宜兴市 | Yixing City | 325.54 | 29 | 沭阳县 | Shuyang County | 93.72 |
| 5 | 张家港市 | Zhangjiagang City | 316.46 | 30 | 宝应县 | Baoying County | 93.03 |
| 6 | 吴江市 | Wujiang City | 263.65 | 31 | 赣榆县 | Ganyu County | 92.53 |
| 7 | 海门市 | Haimen City | 204.93 | 32 | 东海县 | Donghai County | 89.66 |
| 8 | 如皋市 | Rugao City | 198.65 | 33 | 溧水县 | Lishui County | 85.53 |
| 9 | 启东市 | Qidong City | 198.53 | 34 | 句容市 | Jurong City | 81.72 |
| 10 | 丹阳市 | Danyang City | 175.35 | 35 | 扬中市 | Yangzhong City | 78.21 |
| 11 | 如东县 | Rudong County | 174.58 | 36 | 睢宁县 | Suining County | 75.75 |
| 12 | 溧阳市 | Liyang City | 173.20 | 37 | 新沂市 | Xinyi City | 73.81 |
| 13 | 太仓市 | Taicang City | 167.17 | 38 | 阜宁县 | Funing County | 72.40 |
| 14 | 海安县 | Haian County | 157.00 | 39 | 灌云县 | Guanyun County | 68.12 |
| 15 | 东台市 | Dongtai City | 139.29 | 40 | 滨海县 | Binhai County | 61.66 |
| 16 | 金坛市 | Jintan City | 136.67 | 41 | 丰县 | Fengxian County | 61.38 |
| 17 | 泰兴市 | Taixing City | 126.67 | 42 | 泗洪县 | Sihong County | 56.53 |
| 18 | 沛县 | Peixian County | 109.49 | 43 | 泗阳县 | Siyang County | 55.48 |
| 19 | 靖江市 | Jingjiang City | 109.13 | 44 | 涟水县 | Lianshui County | 53.34 |
| 20 | 姜堰市 | Jiangyan City | 108.28 | 45 | 盱眙县 | Xuyi County | 52.15 |
| 21 | 仪征市 | Yizheng City | 100.83 | 46 | 洪泽县 | Hongze County | 49.34 |
| 22 | 邳州市 | Pizhou City | 100.37 | 47 | 灌南县 | Guannan County | 48.18 |
| 23 | 兴化市 | Xinghua City | 100.12 | 48 | 金湖县 | Jinhu County | 46.37 |
| 24 | 高淳县 | Gaochun County | 100.06 | 49 | 响水县 | Xiangshui County | 37.20 |
| 25 | 射阳县 | Sheyang County | 97.02 | | | | |

# 21－16 出口总额（2011年）
# Total Exports（2011）

| 位次 No. | 县（市）名称 County（City） | | 绝对数（亿美元）Absolute Figure（100 million USD） | 位次 No. | 县（市）名称 County（City） | | 绝对数（亿美元）Absolute Figure（100 million USD） |
|---|---|---|---|---|---|---|---|
| 1 | 昆山市 | Kunshan City | 533.38 | 26 | 扬中市 | Yangzhong City | 3.50 |
| 2 | 常熟市 | Changshu City | 135.46 | 27 | 东台市 | Dongtai City | 3.50 |
| 3 | 张家港市 | Zhangjiagang City | 120.93 | 28 | 响水县 | Xiangshui County | 3.34 |
| 4 | 江阴市 | Jiangyin City | 118.89 | 29 | 溧水县 | Lishui County | 3.21 |
| 5 | 吴江市 | Wujiang City | 115.80 | 30 | 高邮市 | Gaoyou City | 3.12 |
| 6 | 太仓市 | Taicang City | 53.57 | 31 | 高淳县 | Gaochun County | 3.07 |
| 7 | 宜兴市 | Yixing City | 31.12 | 32 | 沛县 | Peixian County | 2.84 |
| 8 | 靖江市 | Jingjiang City | 30.21 | 33 | 灌云县 | Guanyun County | 2.71 |
| 9 | 如皋市 | Rugao City | 18.77 | 34 | 泗洪县 | Sihong County | 2.62 |
| 10 | 启东市 | Qidong City | 18.28 | 35 | 新沂市 | Xinyi City | 2.25 |
| 11 | 丹阳市 | Danyang City | 18.25 | 36 | 睢宁县 | Suining County | 2.25 |
| 12 | 金坛市 | Jintan City | 16.15 | 37 | 沭阳县 | Shuyang County | 2.22 |
| 13 | 海门市 | Haimen City | 11.38 | 38 | 东海县 | Donghai County | 2.19 |
| 14 | 海安县 | Haian County | 10.27 | 39 | 赣榆县 | Ganyu County | 2.10 |
| 15 | 如东县 | Rudong County | 10.07 | 40 | 建湖县 | Jianhu County | 2.02 |
| 16 | 邳州市 | Pizhou City | 9.79 | 41 | 阜宁县 | Funing County | 1.77 |
| 17 | 泰兴市 | Taixing City | 9.31 | 42 | 涟水县 | Lianshui County | 1.75 |
| 18 | 溧阳市 | Liyang City | 8.91 | 43 | 金湖县 | Jinhu County | 1.56 |
| 19 | 姜堰市 | Jiangyan City | 5.92 | 44 | 滨海县 | Binhai County | 1.49 |
| 20 | 兴化市 | Xinghua City | 4.65 | 45 | 射阳县 | Sheyang County | 1.08 |
| 21 | 仪征市 | Yizheng City | 4.64 | 46 | 灌南县 | Guannan County | 1.08 |
| 22 | 泗阳县 | Siyang County | 4.49 | 47 | 丰县 | Fengxian County | 1.04 |
| 23 | 宝应县 | Baoying County | 4.14 | 48 | 盱眙县 | Xuyi County | 0.79 |
| 24 | 大丰市 | Dafeng City | 3.88 | 49 | 洪泽县 | Hongze County | 0.66 |
| 25 | 句容市 | Jurong City | 3.85 | | | | |

# 21－17 实际外商直接投资（2011 年）
# Actual Foreign Direct Investment（2011）

| 位 次<br>No. | 县（市）名 称<br>County（City） | | 绝 对 数（亿美元）<br>Absolute Figure（100 million USD） | 位 次<br>No. | 县（市）名 称<br>County（City） | | 绝 对 数（亿美元）<br>Absolute Figure（100 million USD） |
|---|---|---|---|---|---|---|---|
| 1 | 昆 山 市 | Kunshan City | 17.50 | 26 | 海 安 县 | Haian County | 1.59 |
| 2 | 常 熟 市 | Changshu City | 9.02 | 27 | 高 邮 市 | Gaoyou City | 1.56 |
| 2 | 张家港市 | Zhangjiagang City | 9.02 | 28 | 阜 宁 县 | Funing County | 1.51 |
| 2 | 吴 江 市 | Wujiang City | 9.02 | 29 | 金 湖 县 | Jinhu County | 1.51 |
| 5 | 太 仓 市 | Taicang City | 8.10 | 30 | 滨 海 县 | Binhai County | 1.36 |
| 6 | 江 阴 市 | Jiangyin City | 7.21 | 31 | 建 湖 县 | Jianhu County | 1.36 |
| 7 | 如 皋 市 | Rugao City | 4.76 | 32 | 姜 堰 市 | Jiangyan City | 1.28 |
| 8 | 句 容 市 | Jurong City | 4.44 | 33 | 射 阳 县 | Sheyang County | 1.26 |
| 9 | 溧 阳 市 | Liyang City | 4.01 | 34 | 溧 水 县 | Lishui County | 1.23 |
| 10 | 金 坛 市 | Jintan City | 4.01 | 35 | 兴 化 市 | Xinghua City | 1.14 |
| 11 | 启 东 市 | Qidong City | 3.83 | 36 | 海 门 市 | Haimen City | 1.13 |
| 12 | 宜 兴 市 | Yixing City | 3.57 | 37 | 沛 县 | Peixian County | 1.07 |
| 13 | 靖 江 市 | Jingjiang City | 3.02 | 38 | 响 水 县 | Xiangshui County | 1.05 |
| 14 | 如 东 县 | Rudong County | 2.95 | 39 | 睢 宁 县 | Suining County | 1.05 |
| 15 | 仪 征 市 | Yizheng City | 2.92 | 40 | 东 海 县 | Donghai County | 0.76 |
| 16 | 丹 阳 市 | Danyang City | 2.69 | 41 | 新 沂 市 | Xinyi City | 0.66 |
| 17 | 东 台 市 | Dongtai City | 2.65 | 42 | 高 淳 县 | Gaochun County | 0.61 |
| 17 | 大 丰 市 | Dafeng City | 2.65 | 43 | 赣 榆 县 | Ganyu County | 0.57 |
| 19 | 泰 兴 市 | Taixing City | 2.21 | 44 | 沭 阳 县 | Shuyang County | 0.43 |
| 20 | 盱 眙 县 | Xuyi County | 2.12 | 45 | 丰 县 | Fengxian County | 0.42 |
| 21 | 涟 水 县 | Lianshui County | 2.10 | 46 | 泗 阳 县 | Siyang County | 0.36 |
| 22 | 扬 中 市 | Yangzhong City | 1.92 | 47 | 泗 洪 县 | Sihong County | 0.21 |
| 23 | 宝 应 县 | Baoying County | 1.72 | 48 | 灌 南 县 | Guannan County | 0.16 |
| 24 | 邳 州 市 | Pizhou City | 1.67 | 49 | 灌 云 县 | Guanyun County | 0.16 |
| 25 | 洪 泽 县 | Hongze County | 1.59 | | | | |

# 21-18 城镇非私营单位在岗职工年平均工资(2011年)
# Average Wage of Staff and Workers(Excluded Private)(2011)

| 位次 No. | 县(市)名称 County (City) | 绝对数(元) Absolute Figure (yuan) | 位次 No. | 县(市)名称 County (City) | 绝对数(元) Absolute Figure (yuan) |
|---|---|---|---|---|---|
| 1 | 江阴市 Jiangyin City | 53357 | 26 | 洪泽县 Hongze County | 35011 |
| 2 | 太仓市 Taicang City | 51045 | 27 | 宝应县 Baoying County | 34589 |
| 3 | 张家港市 Zhangjiagang City | 50041 | 28 | 东台市 Dongtai City | 34169 |
| 4 | 吴江市 Wujiang City | 49281 | 29 | 东海县 Donghai County | 33926 |
| 5 | 常熟市 Changshu City | 47917 | 30 | 盱眙县 Xuyi County | 33846 |
| 6 | 宜兴市 Yixing City | 47041 | 31 | 金湖县 Jinhu County | 33779 |
| 7 | 昆山市 Kunshan City | 46749 | 32 | 灌云县 Guanyun County | 33265 |
| 8 | 海门市 Haimen City | 42354 | 33 | 姜堰市 Jiangyan City | 33068 |
| 9 | 启东市 Qidong City | 42113 | 34 | 建湖县 Jianhu County | 32707 |
| 10 | 海安县 Haian County | 41974 | 35 | 射阳县 Sheyang County | 32435 |
| 11 | 扬中市 Yangzhong City | 41602 | 36 | 灌南县 Guannan County | 32318 |
| 12 | 如皋市 Rugao City | 41562 | 37 | 兴化市 Xinghua City | 32261 |
| 13 | 溧阳市 Liyang City | 41555 | 38 | 滨海县 Binhai County | 32149 |
| 14 | 丹阳市 Danyang City | 40761 | 39 | 新沂市 Xinyi City | 31986 |
| 15 | 如东县 Rudong County | 40655 | 40 | 阜宁县 Funing County | 31807 |
| 16 | 高淳县 Gaochun County | 40536 | 41 | 泗洪县 Sihong County | 31430 |
| 17 | 溧水县 Lishui County | 40164 | 42 | 沛县 Peixian County | 30713 |
| 18 | 金坛市 Jintan City | 39274 | 43 | 邳州市 Pizhou City | 30633 |
| 19 | 靖江市 Jingjiang City | 38993 | 44 | 丰县 Fengxian County | 29872 |
| 20 | 仪征市 Yizheng City | 37523 | 45 | 涟水县 Lianshui County | 29432 |
| 21 | 句容市 Jurong City | 37155 | 46 | 响水县 Xiangshui County | 29007 |
| 22 | 泰兴市 Taixing City | 36339 | 47 | 沭阳县 Shuyang County | 28804 |
| 23 | 高邮市 Gaoyou City | 36100 | 48 | 泗阳县 Siyang County | 28038 |
| 24 | 赣榆县 Ganyu County | 35824 | 49 | 睢宁县 Suining County | 26606 |
| 25 | 大丰市 Dafeng City | 35215 | | | |

# 21－19 农村居民人均纯收入(2011年)

# Per Capita Net Income of Rural Households(2011)

| 位次 No. | 县(市)名称 County (City) | | 绝对数(元) Absolute Figure (yuan) |
|---|---|---|---|
| 1 | 江阴市 | Jiangyin City | 17460 |
| 2 | 昆山市 | Kunshan City | 17374 |
| 3 | 常熟市 | Changshu City | 17289 |
| 4 | 张家港市 | Zhangjiagang City | 17252 |
| 5 | 太仓市 | Taicang City | 17201 |
| 6 | 吴江市 | Wujiang City | 17150 |
| 7 | 宜兴市 | Yixing City | 14949 |
| 8 | 扬中市 | Yangzhong City | 14692 |
| 9 | 金坛市 | Jintan City | 13812 |
| 10 | 溧阳市 | Liyang City | 13505 |
| 11 | 海门市 | Haimen City | 13453 |
| 12 | 丹阳市 | Danyang City | 13426 |
| 13 | 高淳县 | Gaochun County | 13142 |
| 14 | 溧水县 | Lishui County | 12716 |
| 15 | 启东市 | Qidong City | 12535 |
| 16 | 靖江市 | Jingjiang City | 12116 |
| 17 | 东台市 | Dongtai City | 12056 |
| 18 | 大丰市 | Dafeng City | 11941 |
| 19 | 句容市 | Jurong City | 11692 |
| 20 | 海安县 | Haian County | 11216 |
| 21 | 泰兴市 | Taixing City | 11047 |
| 22 | 仪征市 | Yizheng City | 10826 |
| 23 | 姜堰市 | Jiangyan City | 10802 |
| 24 | 如东县 | Rudong County | 10786 |
| 25 | 高邮市 | Gaoyou City | 10449 |
| 26 | 兴化市 | Xinghua City | 10439 |
| 27 | 射阳县 | Sheyang County | 10377 |
| 28 | 建湖县 | Jianhu County | 10358 |
| 29 | 宝应县 | Baoying County | 10327 |
| 30 | 如皋市 | Rugao City | 10312 |
| 31 | 沛县 | Peixian County | 10001 |
| 32 | 邳州市 | Pizhou City | 9931 |
| 33 | 洪泽县 | Hongze County | 9532 |
| 34 | 金湖县 | Jinhu County | 9336 |
| 35 | 阜宁县 | Funing County | 9299 |
| 36 | 滨海县 | Binhai County | 9197 |
| 37 | 赣榆县 | Ganyu County | 9068 |
| 38 | 盱眙县 | Xuyi County | 8807 |
| 39 | 东海县 | Donghai County | 8701 |
| 40 | 响水县 | Xiangshui County | 8673 |
| 41 | 丰县 | Fengxian County | 8642 |
| 42 | 新沂市 | Xinyi City | 8634 |
| 43 | 睢宁县 | Suining County | 8384 |
| 44 | 沭阳县 | Shuyang County | 8383 |
| 45 | 泗阳县 | Siyang County | 8379 |
| 46 | 泗洪县 | Sihong County | 8189 |
| 47 | 涟水县 | Lianshui County | 8043 |
| 48 | 灌云县 | Guanyun County | 7839 |
| 49 | 灌南县 | Guannan County | 7451 |

# 21－20 城镇居民人均可支配收入(2011 年)
# Per Capita Annual Disposable Income of Urban Households(2011)

| 位次<br>No. | 县(市)名称<br>County (City) | | 绝对数(元)<br>Absolute Figure (yuan) | 位次<br>No. | 县(市)名称<br>County (City) | | 绝对数(元)<br>Absolute Figure (yuan) |
|---|---|---|---|---|---|---|---|
| 1 | 吴江市 | Wujiang City | 35212 | 26 | 高邮市 | Gaoyou City | 20078 |
| 2 | 昆山市 | Kunshan City | 35190 | 27 | 大丰市 | Dafeng City | 19851 |
| 3 | 张家港市 | Zhangjiagang City | 35128 | 28 | 盱眙县 | Xuyi County | 19690 |
| 4 | 常熟市 | Changshu City | 35041 | 29 | 金湖县 | Jinhu County | 19535 |
| 5 | 江阴市 | Jiangyin City | 34888 | 30 | 洪泽县 | Hongze County | 19219 |
| 6 | 太仓市 | Taicang City | 34887 | 31 | 建湖县 | Jianhu County | 18774 |
| 7 | 扬中市 | Yangzhong City | 29595 | 32 | 邳州市 | Pizhou City | 18083 |
| 8 | 宜兴市 | Yixing City | 29494 | 33 | 东海县 | Donghai County | 17380 |
| 9 | 高淳县 | Gaochun County | 29284 | 34 | 赣榆县 | Ganyu County | 17240 |
| 10 | 金坛市 | Jintan City | 28087 | 35 | 射阳县 | Sheyang County | 17129 |
| 11 | 溧水县 | Lishui County | 28016 | 36 | 沛县 | Peixian County | 16910 |
| 12 | 丹阳市 | Danyang City | 26631 | 37 | 滨海县 | Binhai County | 16879 |
| 13 | 溧阳市 | Liyang City | 26418 | 38 | 宝应县 | Baoying County | 16848 |
| 14 | 海门市 | Haimen City | 26339 | 39 | 灌南县 | Guannan County | 16394 |
| 15 | 句容市 | Jurong City | 26264 | 40 | 阜宁县 | Funing County | 16153 |
| 16 | 靖江市 | Jingjiang City | 25580 | 41 | 响水县 | Xiangshui County | 16112 |
| 17 | 启东市 | Qidong City | 23889 | 42 | 涟水县 | Lianshui County | 16018 |
| 18 | 海安县 | Haian County | 23775 | 43 | 新沂市 | Xinyi City | 15508 |
| 19 | 如东县 | Rudong County | 23773 | 44 | 沭阳县 | Shuyang County | 15127 |
| 20 | 姜堰市 | Jiangyan City | 23746 | 45 | 泗阳县 | Siyang County | 14553 |
| 21 | 仪征市 | Yizheng City | 23675 | 46 | 睢宁县 | Suining County | 14465 |
| 22 | 泰兴市 | Taixing City | 23391 | 47 | 丰县 | Fengxian County | 14261 |
| 23 | 如皋市 | Rugao City | 23028 | 48 | 灌云县 | Guanyun County | 14047 |
| 24 | 兴化市 | Xinghua City | 21480 | 49 | 泗洪县 | Sihong County | 14002 |
| 25 | 东台市 | Dongtai City | 21093 | | | | |

# 21－21　居民储蓄存款余额（2011 年）
## Savings Deposit Balance of Residents(2011)

| 位　次<br>No. | 县（市）名称<br>County (City) | | 绝对数（亿元）<br>Absolute Figure (100 million yuan) | 位　次<br>No. | 县（市）名称<br>County (City) | | 绝对数（亿元）<br>Absolute Figure (100 million yuan) |
|---|---|---|---|---|---|---|---|
| 1 | 常 熟 市 | Changshu City | 812.08 | 26 | 沭 阳 县 | Shuyang County | 150.45 |
| 2 | 江 阴 市 | Jiangyin City | 699.23 | 27 | 句 容 市 | Jurong City | 146.42 |
| 3 | 昆 山 市 | Kunshan City | 684.00 | 28 | 宝 应 县 | Baoying County | 143.13 |
| 4 | 张家港市 | Zhangjiagang City | 665.62 | 29 | 邳 州 市 | Pizhou City | 135.53 |
| 5 | 吴 江 市 | Wujiang City | 555.66 | 30 | 建 湖 县 | Jianhu County | 133.34 |
| 6 | 宜 兴 市 | Yixing City | 546.81 | 31 | 睢 宁 县 | Suining County | 128.20 |
| 7 | 海 门 市 | Haimen City | 409.30 | 32 | 阜 宁 县 | Funing County | 116.10 |
| 8 | 启 东 市 | Qidong City | 406.11 | 33 | 射 阳 县 | Sheyang County | 112.32 |
| 9 | 如 皋 市 | Rugao City | 370.40 | 34 | 丰　 县 | Fengxian County | 103.88 |
| 10 | 海 安 县 | Haian County | 356.46 | 35 | 赣 榆 县 | Ganyu County | 102.63 |
| 11 | 太 仓 市 | Taicang City | 325.41 | 36 | 东 海 县 | Donghai County | 102.08 |
| 12 | 丹 阳 市 | Danyang City | 313.96 | 37 | 新 沂 市 | Xinyi City | 97.85 |
| 13 | 如 东 县 | Rudong County | 296.74 | 38 | 泗 阳 县 | Siyang County | 94.89 |
| 14 | 溧 阳 市 | Liyang City | 286.58 | 39 | 溧 水 县 | Lishui County | 89.74 |
| 15 | 东 台 市 | Dongtai City | 267.01 | 40 | 涟 水 县 | Lianshui County | 86.72 |
| 16 | 靖 江 市 | Jingjiang City | 261.87 | 41 | 高 淳 县 | Gaochun County | 82.53 |
| 17 | 泰 兴 市 | Taixing City | 250.63 | 42 | 泗 洪 县 | Sihong County | 81.53 |
| 18 | 兴 化 市 | Xinghua City | 234.88 | 43 | 滨 海 县 | Binhai County | 81.42 |
| 19 | 姜 堰 市 | Jiangyan City | 218.77 | 44 | 灌 云 县 | Guanyun County | 73.32 |
| 20 | 金 坛 市 | Jintan City | 196.81 | 45 | 盱 眙 县 | Xuyi County | 72.32 |
| 21 | 高 邮 市 | Gaoyou City | 172.22 | 46 | 金 湖 县 | Jinhu County | 61.88 |
| 22 | 大 丰 市 | Dafeng City | 166.02 | 47 | 响 水 县 | Xiangshui County | 51.40 |
| 23 | 扬 中 市 | Yangzhong City | 164.55 | 48 | 灌 南 县 | Guannan County | 49.83 |
| 24 | 沛　 县 | Peixian County | 161.52 | 49 | 洪 泽 县 | Hongze County | 41.73 |
| 25 | 仪 征 市 | Yizheng City | 161.25 | | | | |

# 21 -22 居民人均储蓄存款（2011 年）

## Per Capita Savings Deposit of Residents(2011)

| 位次<br>No. | 县（市）名称<br>County (City) | | 绝对数（元）<br>Absolute Figure (yuan) | 位次<br>No. | 县（市）名称<br>County (City) | | 绝对数（元）<br>Absolute Figure (yuan) |
|---|---|---|---|---|---|---|---|
| 1 | 常熟市 | Changshu City | 53702 | 26 | 高淳县 | Gaochun County | 19683 |
| 2 | 张家港市 | Zhangjiagang City | 53156 | 27 | 宝应县 | Baoying County | 19033 |
| 3 | 扬中市 | Yangzhong City | 48713 | 28 | 金湖县 | Jinhu County | 18764 |
| 4 | 太仓市 | Taicang City | 45570 | 29 | 兴化市 | Xinghua City | 18726 |
| 5 | 海门市 | Haimen City | 45342 | 30 | 建湖县 | Jianhu County | 18019 |
| 6 | 宜兴市 | Yixing City | 43966 | 31 | 沛县 | Peixian County | 14425 |
| 7 | 吴江市 | Wujiang City | 43496 | 32 | 阜宁县 | Funing County | 13810 |
| 8 | 江阴市 | Jiangyin City | 43259 | 33 | 洪泽县 | Hongze County | 12593 |
| 9 | 启东市 | Qidong City | 41971 | 34 | 射阳县 | Sheyang County | 12547 |
| 10 | 昆山市 | Kunshan City | 41237 | 35 | 睢宁县 | Suining County | 12427 |
| 11 | 海安县 | Haian County | 41162 | 36 | 泗阳县 | Siyang County | 11256 |
| 12 | 靖江市 | Jingjiang City | 38207 | 37 | 盱眙县 | Xuyi County | 11092 |
| 13 | 溧阳市 | Liyang City | 37917 | 38 | 丰县 | Fengxian County | 10876 |
| 14 | 金坛市 | Jintan City | 35442 | 39 | 赣榆县 | Ganyu County | 10854 |
| 15 | 丹阳市 | Danyang City | 32447 | 40 | 东海县 | Donghai County | 10773 |
| 16 | 姜堰市 | Jiangyan City | 29977 | 41 | 新沂市 | Xinyi City | 10713 |
| 17 | 如东县 | Rudong County | 29953 | 42 | 涟水县 | Lianshui County | 10236 |
| 18 | 如皋市 | Rugao City | 29350 | 43 | 响水县 | Xiangshui County | 10143 |
| 19 | 仪征市 | Yizheng City | 28692 | 44 | 沭阳县 | Shuyang County | 9725 |
| 20 | 东台市 | Dongtai City | 27028 | 45 | 邳州市 | Pizhou City | 9411 |
| 21 | 句容市 | Jurong City | 23651 | 46 | 灌云县 | Guanyun County | 8963 |
| 22 | 大丰市 | Dafeng City | 23606 | 47 | 泗洪县 | Sihong County | 8901 |
| 23 | 泰兴市 | Taixing City | 23312 | 48 | 滨海县 | Binhai County | 8564 |
| 24 | 高邮市 | Gaoyou City | 23273 | 49 | 灌南县 | Guannan County | 8046 |
| 25 | 溧水县 | Lishui County | 21402 | | | | |

# 22

# 乡镇基本情况

# Basic Conditions of Villages and Town

# 简 要 说 明

### 一、本篇资料的主要内容

本篇资料反映乡镇经济社会基本情况。

### 二、资料来源

本篇资料根据乡镇社会经济基本情况统计年报加工整理。

# Brief Introduction

### I. Main Contents

Data in this chapter reflect economic and social basic conditions of villages and Towns

### Ⅱ. Date Source

Data in this chapter mainly based on the basic conditions of villages and Towns annual report.

# 22－1 乡镇基本情况(2011 年)

## Basic Conditions of Villages and Towns(2011)

| 名 称 Name | | 总人口(人) Total Population (person) | 从业人员(人) Employment (person) | 土地面积(公顷) Land Area (hectare) | 耕地面积(公顷) Cultivated Area (hectare) | 财政收入(万元) Financial Revenue (10000 yuan) | 粮食产量(吨) Output of Grain (ton) |
|---|---|---|---|---|---|---|---|
| **南 京 市** | **Nanjing City** | | | | | | |
| **市 辖 区** | **Municipal District** | | | | | | |
| 永 宁 镇 | Yongning Town | 38612 | 19940 | 10860 | 4034 | 24017 | 17315 |
| 星 甸 镇 | Xingdian Town | 38230 | 16017 | 13300 | 5268 | 20545 | 19056 |
| 石 桥 镇 | Shiqiao Town | 26828 | 12726 | 6759 | 2300 | 15517 | 13159 |
| 乌 江 镇 | Wujiang Town | 23350 | 11007 | 5700 | 2112 | 24423 | 11208 |
| 冶 山 镇 | Yeshan Town | 44039 | 21807 | 9582 | 4888 | 9424 | 21072 |
| 东 沟 镇 | Donggou Town | 27258 | 15767 | 4538 | 2000 | 6738 | 10315 |
| 龙 袍 镇 | Longpao Town | 31129 | 17761 | 4160 | 2817 | 8315 | 26702 |
| 玉 带 镇 | Yudai Town | 30549 | 15753 | 4900 | 1880 | 7158 | 11711 |
| 瓜 埠 镇 | Guabu Town | 34015 | 16435 | 4529 | 1411 | 7157 | 12702 |
| 竹 镇 镇 | Zhuzhen Town | 64758 | 33904 | 20900 | 6377 | 14191 | 42274 |
| 马 集 镇 | Maji Town | 41685 | 22445 | 9900 | 3800 | 5849 | 28327 |
| 马 鞍 镇 | Maan Town | 49439 | 21045 | 11855 | 3932 | 8158 | 20568 |
| 新 篁 镇 | Xinhuang Town | 27538 | 13872 | 6050 | 3026 | 6512 | 16458 |
| **溧 水 县** | **Lishui County** | | | | | | |
| 永 阳 镇 | Yongyang Town | 106194 | 69218 | 13297 | 3769 | 154072 | 24376 |
| 白 马 镇 | Baima Town | 40072 | 20700 | 12400 | 4948 | 13310 | 30549 |
| 东 屏 镇 | Dongping Town | 40138 | 19694 | 11953 | 4271 | 10752 | 33270 |
| 柘 塘 镇 | Zhetang Town | 36045 | 25922 | 4600 | 2138 | 10318 | 26414 |
| 石 湫 镇 | Shiqiu Town | 49267 | 25839 | 12830 | 3094 | 16600 | 26894 |
| 洪 蓝 镇 | Honglan Town | 46664 | 27419 | 10133 | 2884 | 16450 | 27759 |
| 晶 桥 镇 | Jingqiao Town | 38189 | 24499 | 13233 | 2778 | 24146 | 29858 |
| 和 风 镇 | Hefeng Town | 50969 | 26917 | 19000 | 3126 | 17200 | 29767 |
| **高 淳 县** | **Gaochun County** | | | | | | |
| 淳 溪 镇 | Chunxi Town | 114094 | 76550 | 8357 | 2910 | 30538 | 8353 |
| 阳 江 镇 | Yangjiang Town | 70320 | 46189 | 12503 | 5527 | 16404 | 23035 |
| 砖 墙 镇 | Zhuanqiang Town | 34084 | 22281 | 6888 | 3463 | 14853 | 5242 |
| 古 柏 镇 | Gubai Town | 37438 | 22622 | 5068 | 1923 | 17373 | 11484 |
| 漆 桥 镇 | Qiqiao Town | 25492 | 16016 | 5370 | 1659 | 12466 | 15333 |
| 固 城 镇 | Gucheng Town | 39842 | 24349 | 8346 | 3463 | 14769 | 21380 |
| 东 坝 镇 | Dongba Town | 44819 | 27115 | 10432 | 3892 | 20091 | 36809 |
| 桠 溪 镇 | Yaxi Town | 58544 | 34564 | 14900 | 5272 | 14900 | 64892 |

续 表 1 Continued 1

| 名 称 Name | | 总人口（人）Total Population (person) | 从业人员（人）Employment (person) | 土地面积（公顷）Land Area (hectare) | 耕地面积（公顷）Cultivated Area (hectare) | 财政收入（万元）Financial Revenue (10000 yuan) | 粮食产量（吨）Output of Grain (ton) |
|---|---|---|---|---|---|---|---|
| **无锡市** | **Wuxi City** | | | | | | |
| **市辖区** | **Municipal District** | | | | | | |
| 羊尖镇 | Yangjian Town | 55750 | 35157 | 5046 | 2101 | 61448 | 20175 |
| 鹅湖镇 | Ehu Town | 70291 | 40902 | 5457 | 1442 | 57755 | 12398 |
| 锡北镇 | Xibei Town | 89089 | 52154 | 6238 | 2417 | 57511 | 14675 |
| 东港镇 | Donggang Town | 118343 | 88601 | 8431 | 2480 | 148389 | 19041 |
| 洛社镇 | Luoshe Town | 177039 | 102003 | 7757 | 1343 | 219323 | 3256 |
| 阳山镇 | Yangshan Town | 52206 | 29460 | 3278 | 602 | 38920 | 445 |
| 胡埭镇 | Hudai Town | 57850 | 30125 | 3608 | 929 | 63970 | 1572 |
| **江阴市** | **Jiang yin City** | | | | | | |
| 璜土镇 | Huangtu Town | 89360 | 50315 | 6449 | 1332 | 112734 | 12250 |
| 利港镇 | Ligang Town | 80970 | 54283 | 5942 | 2202 | 123588 | 22170 |
| 月城镇 | Yuecheng Town | 57778 | 31290 | 3853 | 823 | 57076 | 6529 |
| 青阳镇 | Qingyang Town | 97448 | 55284 | 6756 | 1960 | 63456 | 24287 |
| 徐霞客镇 | Xuxiake Town | 154382 | 82720 | 11017 | 2682 | 152381 | 26124 |
| 华士镇 | Huashi Town | 140127 | 89034 | 7458 | 1975 | 193384 | 9881 |
| 周庄镇 | Zhouzhuang Town | 144622 | 87801 | 7596 | 2685 | 217944 | 11292 |
| 新桥镇 | Xinqiao Town | 51035 | 44124 | 2000 | 528 | 186227 | 1717 |
| 长泾镇 | Changjing Town | 99041 | 71423 | 5330 | 1572 | 59187 | 18222 |
| 顾山镇 | Gushan Town | 87665 | 60508 | 4971 | 1350 | 74953 | 15672 |
| 祝塘镇 | Zhutang Town | 130332 | 70670 | 5959 | 2460 | 91378 | 21083 |
| **宜兴市** | **Yixing City** | | | | | | |
| 张渚镇 | Zhangzhu Town | 72935 | 43803 | 17651 | 3717 | 45536 | 18396 |
| 西渚镇 | Xizhu Town | 31675 | 19641 | 6666 | 3127 | 11536 | 16581 |
| 太华镇 | Taihua Town | 24648 | 13416 | 9157 | 659 | 6779 | 2804 |
| 徐舍镇 | Xushe Town | 100145 | 54040 | 17991 | 9441 | 58803 | 85538 |
| 官林镇 | Guanlin Town | 104525 | 47472 | 10458 | 4284 | 126274 | 35923 |
| 杨巷镇 | Yangxiang Town | 50899 | 26262 | 8642 | 3966 | 20220 | 36147 |
| 新建镇 | Xinjian Town | 31739 | 18945 | 4500 | 2314 | 39898 | 7857 |
| 和桥镇 | Heqiao Town | 68860 | 48162 | 10510 | 3488 | 41917 | 40318 |
| 高塍镇 | Gaocheng Town | 59183 | 32680 | 8118 | 3602 | 100568 | 42330 |
| 万石镇 | Wanshi Town | 25374 | 13931 | 4377 | 2419 | 35202 | 35032 |
| 周铁镇 | Zhoutie Town | 56759 | 29167 | 7300 | 3834 | 56972 | 29617 |
| 芳桥镇 | Fangqiao Town | 27664 | 12388 | 4980 | 2612 | 17103 | 31665 |
| 丁蜀镇 | Dingshu Town | 199185 | 87012 | 19185 | 4701 | 133252 | 29151 |
| 湖父镇 | Hufu Town | 23613 | 12760 | 9324 | 1205 | 22839 | 3436 |

| 名称 Name | | 总人口（人）Total Population (person) | 从业人员（人）Employment (person) | 土地面积（公顷）Land Area (hectare) | 耕地面积（公顷）Cultivated Area (hectare) | 财政收入（万元）Financial Revenue (10000 yuan) | 粮食产量（吨）Output of Grain (ton) |
|---|---|---|---|---|---|---|---|
| **徐州市** | **Xuzhou City** | | | | | | |
| **市辖区** | **Municipal District** | | | | | | |
| 大庙镇 | Damiao Town | 77367 | 37985 | 8346 | 2686 | 49727 | 35160 |
| 黄山镇 | Huangshan Town | 49243 | 23817 | 4300 | 1089 | 43422 | 13464 |
| 贾汪镇 | Jiawang Town | 52390 | 21960 | 7956 | 2350 | 20148 | 23059 |
| 青山泉镇 | Qingshanquan Town | 58716 | 33427 | 8366 | 4097 | 61227 | 27344 |
| 大吴镇 | Dawu Town | 86347 | 39219 | 6620 | 1758 | 55289 | 24794 |
| 紫庄镇 | Zizhuang Town | 50517 | 25982 | 6668 | 3200 | 2836 | 42687 |
| 塔山镇 | Tashan Town | 69936 | 28571 | 9468 | 5507 | 3791 | 46556 |
| 汴塘镇 | Biantang Town | 58549 | 18566 | 10500 | 4568 | 1713 | 35633 |
| 江庄镇 | Jiangzhuang Town | 34924 | 13130 | 7496 | 4228 | 24577 | 25781 |
| 铜山镇 | Tongshan Town | 157109 | 72452 | 5000 | 614 | 291831 | 2514 |
| 何桥镇 | Heqiao Town | 50234 | 28912 | 7400 | 5353 | 4641 | 26967 |
| 黄集镇 | Huangji Town | 57751 | 32840 | 8340 | 4566 | 6299 | 49183 |
| 马坡镇 | Mapo Town | 49704 | 22001 | 6900 | 3342 | 7521 | 57005 |
| 郑集镇 | Zhengji Town | 50772 | 27650 | 6800 | 5062 | 8573 | 44904 |
| 柳新镇 | Liuxin Town | 72659 | 37048 | 8500 | 4112 | 35484 | 58015 |
| 刘集镇 | Liuji Town | 64946 | 29367 | 8360 | 4053 | 8406 | 39047 |
| 大彭镇 | Dapeng Town | 64981 | 42239 | 7600 | 3029 | 9392 | 32710 |
| 汉王镇 | Hanwang Town | 53548 | 25302 | 9300 | 2945 | 16411 | 21630 |
| 三堡镇 | Sanbao Town | 45558 | 23214 | 7157 | 3656 | 16154 | 41760 |
| 棠张镇 | Tangzhang Town | 57555 | 33540 | 8500 | 4567 | 11728 | 27737 |
| 张集镇 | Zhangji Town | 78652 | 32872 | 14800 | 7933 | 13465 | 57741 |
| 房村镇 | Fangcun Town | 73286 | 37643 | 13600 | 7987 | 6749 | 66303 |
| 伊庄镇 | Yizhuang Town | 47030 | 20258 | 8560 | 3340 | 4194 | 34927 |
| 单集镇 | Shanji Town | 66515 | 29391 | 13210 | 7384 | 5959 | 53396 |
| 利国镇 | Liguo Town | 57315 | 23684 | 7769 | 2583 | 56812 | 20257 |
| 徐庄镇 | Xuzhuang Town | 66321 | 32116 | 13259 | 6260 | 6098 | 80816 |
| 大许镇 | Daxu Town | 82344 | 33442 | 12900 | 6284 | 4809 | 60397 |
| 茅村镇 | Maocun Town | 70383 | 32946 | 8396 | 3856 | 12324 | 33494 |
| 柳泉镇 | Liuquan Town | 59160 | 32861 | 10520 | 3410 | 20115 | 38834 |
| **丰县** | **Fengxian City** | | | | | | |
| 凤城镇 | Fengcheng Town | 62847 | 31872 | 6197 | 2638 | 94451 | 24145 |
| 首羡镇 | Shouxian Town | 93048 | 48528 | 12176 | 7429 | 23423 | 10640 |

续 表 3 Continued 3

| 名 称 | Name | 总人口（人）Total Population (person) | 从业人员（人）Employment (person) | 土地面积（公顷）Land Area (hectare) | 耕地面积（公顷）Cultivated Area (hectare) | 财政收入（万元）Financial Revenue (10000 yuan) | 粮食产量（吨）Output of Grain (ton) |
|---|---|---|---|---|---|---|---|
| 顺河镇 | Shunhe Town | 58983 | 32276 | 8648 | 5831 | 6602 | 29653 |
| 常店镇 | Changdian Town | 66041 | 29716 | 7727 | 5019 | 6981 | 45706 |
| 欢口镇 | Huankou Town | 101240 | 53992 | 10500 | 6561 | 10080 | 78313 |
| 师寨镇 | Shizhai Town | 80082 | 43415 | 10450 | 6500 | 5941 | 64860 |
| 华山镇 | Huashan Town | 87825 | 51213 | 11300 | 4198 | 7983 | 26378 |
| 梁寨镇 | Liangzhai Town | 65837 | 32078 | 8680 | 4592 | 8810 | 30198 |
| 范楼镇 | Fanlou Town | 82567 | 45200 | 11610 | 7331 | 7099 | 42995 |
| 孙楼镇 | Sunlou Town | 52580 | 26647 | 6608 | 3800 | 6381 | 28347 |
| 宋楼镇 | Songlou Town | 92251 | 44871 | 12214 | 3345 | 5411 | 25179 |
| 大沙河镇 | Dashahe Town | 61054 | 28207 | 8150 | 2054 | 4897 | 11125 |
| 王沟镇 | Wanggou Town | 102994 | 56467 | 12621 | 8088 | 4562 | 57275 |
| 赵庄镇 | Zhaozhuang Town | 69656 | 42040 | 9100 | 5090 | 5323 | 28434 |
| **沛县** | **Peixian City** | | | | | | |
| 龙固镇 | Longgu Town | 61038 | 29967 | 5302 | 2659 | 33042 | 32118 |
| 杨屯镇 | Yangtun Town | 58958 | 31296 | 4100 | 2025 | 15451 | 31787 |
| 大屯镇 | Datun Town | 67305 | 32300 | 5540 | 2906 | 59119 | 44704 |
| 沛城镇 | Peicheng Town | 183600 | 92214 | 10560 | 4260 | 70806 | 52534 |
| 胡寨镇 | Huzhai Town | 40336 | 22642 | 4594 | 2731 | 8344 | 40594 |
| 魏庙镇 | Weimiao Town | 58560 | 31410 | 5200 | 3950 | 9203 | 49640 |
| 五段镇 | Wuduan Town | 45821 | 24227 | 4700 | 2800 | 8377 | 59245 |
| 张庄镇 | Zhangzhuang Town | 100380 | 57790 | 11200 | 6149 | 13478 | 51810 |
| 张寨镇 | Zhangzhai Town | 100096 | 37942 | 10634 | 7372 | 8314 | 62654 |
| 敬安镇 | Jingan Town | 63229 | 33516 | 9600 | 5021 | 19031 | 30257 |
| 河口镇 | Hekou Town | 58756 | 32611 | 8257 | 5330 | 6871 | 21447 |
| 栖山镇 | Qishan Town | 64476 | 31405 | 8951 | 6359 | 5915 | 31510 |
| 鹿楼镇 | Lulou Town | 75032 | 46716 | 12540 | 5996 | 8158 | 65571 |
| 朱寨镇 | Zhuzhai Town | 60146 | 26516 | 7900 | 4482 | 11164 | 36552 |
| 安国镇 | Anguo Town | 81702 | 45574 | 13328 | 5535 | 14265 | 46370 |
| **睢宁县** | **Suining City** | | | | | | |
| 睢城镇 | Suicheng Town | 245248 | 147854 | 9600 | 3204 | 65400 | 39089 |
| 王集镇 | Wangji Town | 77550 | 45895 | 13152 | 7183 | 4870 | 49119 |
| 双沟镇 | Shuanggou Town | 58382 | 34175 | 9827 | 5320 | 7552 | 40412 |
| 岚山镇 | Lanshan Town | 88316 | 47340 | 12837 | 8454 | 4720 | 59493 |
| 李集镇 | Liji Town | 53672 | 28768 | 6368 | 3511 | 7147 | 31865 |
| 桃园镇 | Taoyuan Town | 74232 | 38013 | 10900 | 5989 | 6745 | 54579 |

续　表　4　Continued 4

| 名　称 | Name | 总人口（人）Total Population (person) | 从业人员（人）Employment (person) | 土地面积（公顷）Land Area (hectare) | 耕地面积（公顷）Cultivated Area (hectare) | 财政收入（万元）Financial Revenue (10000 yuan) | 粮食产量（吨）Output of Grain (ton) |
|---|---|---|---|---|---|---|---|
| 官山镇 | Guanshan Town | 75921 | 48579 | 12528 | 7200 | 4528 | 65960 |
| 高作镇 | Gaozuo Town | 67723 | 36521 | 6227 | 3513 | 13963 | 31268 |
| 沙集镇 | Shaji Town | 58600 | 28420 | 4000 | 3430 | 5928 | 36800 |
| 凌城镇 | Lingcheng Town | 77430 | 38442 | 9365 | 5381 | 7677 | 60723 |
| 邱集镇 | Qiuji Town | 106092 | 53606 | 14079 | 8875 | 5614 | 88694 |
| 古邳镇 | Gupi Town | 73322 | 47658 | 10666 | 4800 | 3800 | 49000 |
| 姚集镇 | Yaoji Town | 94881 | 46001 | 16700 | 6700 | 3844 | 58851 |
| 魏集镇 | Weiji Town | 73793 | 38421 | 12938 | 7134 | 5056 | 59608 |
| 梁集镇 | Liangji Town | 86075 | 40565 | 11036 | 5946 | 10955 | 84591 |
| 庆安镇 | Qingan Town | 71343 | 46340 | 11571 | 6180 | 6608 | 55420 |
| **新沂市** | **Xinyi City** | | | | | | |
| 新安镇 | Xinan Town | 232095 | 133238 | 7856 | 3550 | 67541 | 28177 |
| 瓦窑镇 | Wayao Town | 37015 | 24944 | 6172 | 3378 | 21354 | 28526 |
| 港头镇 | Gangtou Town | 42342 | 20835 | 7818 | 3647 | 8794 | 46058 |
| 唐店镇 | Tangdian Town | 48971 | 28215 | 8260 | 3797 | 10194 | 41343 |
| 合沟镇 | Hegou Town | 59752 | 29778 | 6172 | 2845 | 9426 | 26950 |
| 草桥镇 | Caoqiao Town | 70023 | 36077 | 10025 | 3631 | 11335 | 45345 |
| 窑湾镇 | Yaowan Town | 65417 | 29718 | 11597 | 4366 | 11216 | 50421 |
| 棋盘镇 | Qipan Town | 75519 | 40445 | 16735 | 8054 | 8398 | 54900 |
| 马陵山镇 | Malingshan Town | 55814 | 28640 | 10600 | 4100 | 7040 | 61817 |
| 新店镇 | Xindian Town | 52708 | 27673 | 12800 | 5110 | 4240 | 59600 |
| 邵店镇 | Shaodian Town | 38755 | 17296 | 5845 | 2654 | 7204 | 25470 |
| 北沟镇 | Beigou Town | 61861 | 25666 | 3400 | 1252 | 7993 | 10780 |
| 时集镇 | Shiji Town | 52150 | 27123 | 12119 | 6552 | 5891 | 60320 |
| 高流镇 | Gaoliu Town | 56675 | 30100 | 12190 | 8570 | 7929 | 47200 |
| 阿湖镇 | Ahu Town | 61000 | 32000 | 12545 | 5500 | 8123 | 68650 |
| 双唐镇 | Shuangtang Town | 36898 | 25600 | 9200 | 3541 | 14195 | 34174 |
| **邳州市** | **Pizhou City** | | | | | | |
| 运河镇 | Yunhe Town | 239489 | 110797 | 7565 | 2767 | 97257 | 25376 |
| 邳城镇 | Picheng Town | 79248 | 38628 | 9028 | 5034 | 6884 | 23229 |
| 官湖镇 | Guanhu Town | 106381 | 68924 | 8880 | 2338 | 42555 | 19965 |
| 四户镇 | Sihu Town | 54236 | 26198 | 8100 | 4880 | 11546 | 52425 |
| 宿羊山镇 | Suyangshan Town | 74930 | 39705 | 9013 | 4543 | 8903 | 31329 |
| 八义集镇 | Bayiji Town | 79967 | 42249 | 9112 | 8327 | 6500 | 46020 |
| 土山镇 | Tushan Town | 54116 | 33962 | 6380 | 3542 | 4750 | 28548 |

续 表 5 Continued 5

| 名 称 | Name | 总人口（人）Total Population (person) | 从业人员（人）Employment (person) | 土地面积（公顷）Land Area (hectare) | 耕地面积（公顷）Cultivated Area (hectare) | 财政收入（万元）Financial Revenue (10000 yuan) | 粮食产量（吨）Output of Grain (ton) |
|---|---|---|---|---|---|---|---|
| 碾庄镇 | Nianzhuang Town | 86818 | 36951 | 12100 | 7117 | 20262 | 39879 |
| 港上镇 | Gangshang Town | 58320 | 31500 | 6400 | 3098 | 13044 | 9000 |
| 邹庄镇 | Zouzhuang Town | 58000 | 32480 | 7366 | 5980 | 8860 | 32856 |
| 占城镇 | Zhancheng Town | 41907 | 19640 | 8900 | 4200 | 3221 | 29453 |
| 新河镇 | Xinhe Town | 59000 | 33100 | 9797 | 4500 | 4680 | 45600 |
| 八路镇 | Balu Town | 49820 | 25900 | 6695 | 3667 | 4205 | 31880 |
| 炮车镇 | Paoche Town | 52828 | 34064 | 6225 | 2932 | 27787 | 22030 |
| 铁富镇 | Tiefu Town | 113352 | 54136 | 12444 | 6020 | 17535 | 33789 |
| 岔河镇 | Chahe Town | 39800 | 21326 | 7030 | 3480 | 9113 | 43131 |
| 戴圩镇 | Daiwei Town | 22000 | 12669 | 3478 | 2106 | 6942 | 16783 |
| 陈楼镇 | Chenlou Town | 42050 | 24993 | 3667 | 1840 | 14847 | 5458 |
| 邢楼镇 | Xinglou Town | 47100 | 34000 | 9650 | 5510 | 7000 | 35200 |
| 戴庄镇 | Daizhuang Town | 51103 | 29432 | 7373 | 3524 | 3837 | 35135 |
| 车辐山镇 | Chefushan Town | 51890 | 31580 | 9500 | 5250 | 4441 | 18920 |
| 燕子埠镇 | Yanzibu Town | 35900 | 23900 | 7700 | 4000 | 3825 | 35000 |
| 赵墩镇 | Zhaodun Town | 94200 | 52465 | 12000 | 5600 | 10766 | 48565 |
| 议堂镇 | Yitang Town | 32817 | 17057 | 5760 | 2633 | 13015 | 26347 |
| **常州市** | **Changzhou City** | | | | | | |
| **市辖区** | **Municipal District** | | | | | | |
| 春江镇 | Chunjiang Town | 142203 | 73611 | 14109 | 4352 | 148847 | 45057 |
| 孟河镇 | Menghe Town | 99004 | 44627 | 8824 | 3748 | 48646 | 43842 |
| 新桥镇 | Xinqiao Town | 26489 | 12398 | 2714 | 691 | 51518 | 6014 |
| 薛家镇 | Xuejia Town | 45692 | 22913 | 3757 | 451 | 105947 | 5748 |
| 罗溪镇 | Luoxi Town | 50222 | 24621 | 5351 | 1625 | 36000 | 17538 |
| 西夏墅镇 | Xixiashu Town | 50250 | 27125 | 5196 | 2371 | 40040 | 23498 |
| 湖塘镇 | Hutang Town | 271372 | 122633 | 8406 | 157 | 222627 | 137 |
| 牛塘镇 | Niutang Town | 84435 | 40195 | 3839 | 843 | 62399 | 1356 |
| 洛阳镇 | Luoyang Town | 87472 | 55010 | 5570 | 1760 | 65366 | 8774 |
| 遥观镇 | Yaoguan Town | 112342 | 62434 | 4468 | 704 | 141963 | 4671 |
| 横林镇 | Henglin Town | 90650 | 46500 | 4668 | 912 | 58980 | 5132 |
| 横山桥镇 | Hengshanqiao Town | 83976 | 52306 | 5791 | 1237 | 75912 | 7803 |
| 郑陆镇 | Zhenglu Town | 113417 | 41024 | 8893 | 2744 | 65085 | 19988 |
| 雪堰镇 | Xueyan Town | 97552 | 48976 | 10438 | 3343 | 71734 | 25197 |
| 前黄镇 | Qianhuang Town | 78829 | 37760 | 10240 | 3505 | 36913 | 39679 |
| 礼嘉镇 | Lijia Town | 55590 | 31321 | 5822 | 2247 | 49899 | 20079 |

| 名 称 Name | | 总人口（人）Total Population (person) | 从业人员（人）Employment (person) | 土地面积（公顷）Land Area (hectare) | 耕地面积（公顷）Cultivated Area (hectare) | 财政收入（万元）Financial Revenue (10000 yuan) | 粮食产量（吨）Output of Grain (ton) |
|---|---|---|---|---|---|---|---|
| 邹 区 镇 | Zouqu Town | 96404 | 45649 | 6086 | 2446 | 56326 | 8120 |
| 嘉 泽 镇 | Jiaze Town | 85545 | 55176 | 10430 | 4630 | 34007 | 366 |
| 湟 里 镇 | Huangli Town | 72898 | 38815 | 8715 | 3509 | 58558 | 1971 |
| 奔 牛 镇 | Benniu Town | 59553 | 31934 | 5578 | 2394 | 39135 | 24638 |
| **溧 阳 市** | **Liyang City** | | | | | | |
| 溧 城 镇 | Licheng Town | 246464 | 169560 | 15520 | 5773 | 193840 | 51972 |
| 埭 头 镇 | Daitou Town | 27636 | 19223 | 4369 | 2006 | 37797 | 17183 |
| 上 黄 镇 | Shanghuang Town | 26275 | 13067 | 4760 | 1822 | 18484 | 15652 |
| 戴 埠 镇 | Daibu Town | 52167 | 31560 | 13630 | 3684 | 22984 | 28917 |
| 天目湖镇 | Tianmuhu Town | 72527 | 34538 | 23897 | 5705 | 45501 | 31050 |
| 别 桥 镇 | Bieqiao Town | 69925 | 43812 | 11265 | 6554 | 16299 | 56684 |
| 上 兴 镇 | Shangxing Town | 79561 | 38137 | 22696 | 11319 | 32366 | 97381 |
| 竹 箦 镇 | Zhuze Town | 62172 | 32512 | 18360 | 6762 | 21288 | 61116 |
| 南 渡 镇 | Nandu Town | 75612 | 39297 | 11540 | 6784 | 21341 | 69567 |
| 社 渚 镇 | Shezhu Town | 70416 | 39606 | 20700 | 7754 | 32939 | 101617 |
| **金 坛 市** | **Jintan City** | | | | | | |
| 金 城 镇 | Jincheng Town | 190195 | 149375 | 19251 | 7234 | 100029 | 64407 |
| 儒 林 镇 | Rulin Town | 33001 | 16884 | 10500 | 1580 | 11691 | 13441 |
| 尧 塘 镇 | Yaotang Town | 56673 | 39847 | 9880 | 3429 | 54547 | 27370 |
| 直 溪 镇 | Zhixi Town | 59491 | 41335 | 10662 | 4285 | 22801 | 46612 |
| 朱 林 镇 | Zhulin Town | 37770 | 25436 | 7699 | 3257 | 27221 | 34499 |
| 薛 埠 镇 | Xuebu Town | 67632 | 48929 | 23610 | 6515 | 45342 | 46292 |
| 指 前 镇 | Zhiqian Town | 40821 | 24815 | 9172 | 3038 | 18747 | 32392 |
| **苏 州 市** | **Suzhou City** | | | | | | |
| **市 辖 区** | **Municipal District** | | | | | | |
| 娄 葑 镇 | Loufeng Town | 334391 | 277533 | 7256 | 20 | 784384 | 30 |
| 唯 亭 镇 | Weiting Town | 253164 | 174042 | 11574 | 67 | 458148 | 415 |
| 胜 浦 镇 | Shengpu Town | 71856 | 54162 | 1800 | 0 | 75241 | 0 |
| 墅 关 镇 | Shuguan Town | 50945 | 21000 | 3200 | 700 | 111000 | 1300 |
| 通 安 镇 | Tongan Town | 45381 | 25325 | 3698 | 1101 | 47024 | 2088 |
| 东 渚 镇 | Dongzhu Town | 40321 | 22600 | 3772 | 671 | 9400 | 0 |
| 甪 直 镇 | Luzhi Town | 163220 | 116624 | 9799 | 2095 | 146167 | 6629 |
| 木 渎 镇 | Mudu Town | 277884 | 239037 | 6228 | 90 | 193194 | 490 |
| 胥 口 镇 | Xukou Town | 90641 | 65705 | 3820 | 403 | 131800 | 1014 |

续 表 7 Continued 7

| 名 称 | Name | 总人口（人）Total Population (person) | 从业人员（人）Employment (person) | 土地面积（公顷）Land Area (hectare) | 耕地面积（公顷）Cultivated Area (hectare) | 财政收入（万元）Financial Revenue (10000 yuan) | 粮食产量（吨）Output of Grain (ton) |
|---|---|---|---|---|---|---|---|
| 东山镇 | Dongshan Town | 56130 | 31768 | 9600 | 474 | 36321 | 190 |
| 光福镇 | Guangfu Town | 62690 | 40821 | 6156 | 1340 | 42254 | 504 |
| 金庭镇 | Jinting Town | 48133 | 27270 | 8342 | 779 | 21334 | 1845 |
| 临湖镇 | Linhu Town | 70618 | 50580 | 5430 | 1807 | 68493 | 4656 |
| 望亭镇 | Wangting Town | 75561 | 48682 | 4406 | 1489 | 51509 | 5882 |
| 黄埭镇 | Huangdai Town | 135708 | 86222 | 5600 | 903 | 123874 | 9078 |
| 渭塘镇 | Weitang Town | 99909 | 55673 | 3669 | 706 | 116267 | 196 |
| 阳澄湖镇 | Yangchenghu Town | 64370 | 41806 | 6284 | 1711 | 51709 | 685 |
| **常熟市** | **Changshu City** | | | | | | |
| 虞山镇 | Yushan Town | 298217 | 223305 | 18900 | 3869 | 626438 | 48798 |
| 梅李镇 | Meili Town | 115110 | 61095 | 8084 | 3341 | 100209 | 22989 |
| 海虞镇 | Haiyu Town | 135963 | 96920 | 10997 | 3838 | 161059 | 45520 |
| 古里镇 | Guli Town | 121090 | 89978 | 11666 | 2567 | 181452 | 36988 |
| 沙家浜镇 | Shajiabang Town | 79416 | 51890 | 8040 | 1266 | 71394 | 4168 |
| 支塘镇 | Zhitang Town | 112053 | 52280 | 12896 | 5468 | 60865 | 53375 |
| 董浜镇 | Dongbang Town | 66123 | 49552 | 6261 | 3328 | 48735 | 10532 |
| 辛庄镇 | Xinzhuang Town | 114183 | 73559 | 10426 | 3382 | 102001 | 24164 |
| 尚湖镇 | Shanghu Town | 127815 | 74905 | 11260 | 4170 | 102004 | 53093 |
| **张家港市** | **Zhangjiagang City** | | | | | | |
| 杨舍镇 | Yangshe Town | 274842 | 228006 | 15309 | 3794 | 650900 | 29250 |
| 塘桥镇 | Tangqiao Town | 152915 | 98331 | 9427 | 3926 | 168676 | 43124 |
| 金港镇 | Jingang Town | 293141 | 196157 | 13161 | 3842 | 659122 | 37335 |
| 锦丰镇 | Jinfeng Town | 169397 | 97997 | 11434 | 4595 | 631676 | 39782 |
| 乐余镇 | Leyu Town | 90401 | 52989 | 9338 | 4184 | 75015 | 43581 |
| 凤凰镇 | Fenghuang Town | 109713 | 66442 | 7877 | 2251 | 143713 | 25577 |
| 南丰镇 | Nanfeng Town | 71193 | 37565 | 4750 | 2023 | 140689 | 20955 |
| 大新镇 | Daxin Town | 68715 | 34698 | 4048 | 1625 | 43459 | 14691 |
| **昆山市** | **Kunshan City** | | | | | | |
| 玉山镇 | Yushan Town | 196900 | 137126 | 11800 | 900 | 1193125 | 14652 |
| 巴城镇 | Bacheng Town | 100651 | 73675 | 15700 | 648 | 272278 | 8260 |
| 周市镇 | Zhoushi Town | 144529 | 102274 | 8156 | 569 | 423019 | 4754 |
| 陆家镇 | Lujia Town | 90561 | 72951 | 3558 | 384 | 313026 | 6035 |
| 花桥镇 | Huaqiao Town | 111097 | 77397 | 5000 | 538 | 496096 | 6277 |
| 淀山湖镇 | Dianshanhu Town | 50148 | 36354 | 6300 | 799 | 145501 | 11219 |

| 名 称 Name | | 总人口（人）Total Population (person) | 从业人员（人）Employment (person) | 土地面积（公顷）Land Area (hectare) | 耕地面积（公顷）Cultivated Area (hectare) | 财政收入（万元）Financial Revenue (10000 yuan) | 粮食产量（吨）Output of Grain (ton) |
|---|---|---|---|---|---|---|---|
| 张 浦 镇 | Zhangpu Town | 136341 | 99017 | 10904 | 2030 | 314254 | 20983 |
| 周 庄 镇 | Zhouzhuang Town | 30069 | 20964 | 3605 | 507 | 75100 | 5191 |
| 千 灯 镇 | Qiandeng Town | 127369 | 90551 | 7853 | 1287 | 345999 | 16459 |
| 锦 溪 镇 | Jinxi Town | 51477 | 48201 | 9069 | 1131 | 228338 | 14716 |
| **吴 江 市** | **Wujiang City** | | | | | | |
| 松 陵 镇 | Songling Town | 376650 | 279895 | 26152 | 3711 | 713772 | 15030 |
| 同 里 镇 | Tongli Town | 53638 | 33024 | 10291 | 3230 | 64555 | 9258 |
| 平 望 镇 | Pingwang Town | 92341 | 55001 | 13565 | 4342 | 95104 | 30808 |
| 盛 泽 镇 | Shengze Town | 198842 | 145470 | 14774 | 4562 | 625148 | 34794 |
| 七 都 镇 | Qidu Town | 69625 | 43487 | 8620 | 1922 | 81012 | 6046 |
| 震 泽 镇 | Zhenze Town | 78854 | 46497 | 9561 | 2985 | 78788 | 19883 |
| 桃 源 镇 | Taoyuan Town | 77484 | 45481 | 9060 | 1155 | 65778 | 11256 |
| 汾 湖 镇 | Fenhu Town | 173079 | 102275 | 25800 | 8146 | 334906 | 35550 |
| **太 仓 市** | **Taicang City** | | | | | | |
| 城 厢 镇 | Chengxiang Town | 276121 | 152415 | 12964 | 3248 | 923873 | 20126 |
| 沙 溪 镇 | Shaxi Town | 136761 | 89512 | 12580 | 5932 | 131334 | 50257 |
| 浏 河 镇 | Liuhe Town | 87406 | 68313 | 6459 | 3222 | 60900 | 19381 |
| 浮 桥 镇 | Fuqiao Town | 125652 | 83854 | 13720 | 4413 | 372533 | 50410 |
| 璜 泾 镇 | Huangjing Town | 84375 | 55282 | 7963 | 4378 | 69294 | 39042 |
| 双 凤 镇 | Shuangfeng Town | 57083 | 47299 | 5937 | 2692 | 34966 | 14858 |
| 陆 渡 镇 | Ludu Town | 54680 | 44080 | 2377 | 716 | 73275 | 5342 |
| **南 通 市** | **Nantong City** | | | | | | |
| **市 辖 区** | **Municipal Distric** | | | | | | |
| 金 沙 镇 | Jinsha Town | 226183 | 106242 | 13441 | 6057 | 259836 | 32426 |
| 西 亭 镇 | Xiting Town | 44316 | 25967 | 4875 | 3151 | 12664 | 29933 |
| 二 甲 镇 | Erjia Town | 83071 | 50378 | 6504 | 4061 | 16383 | 10434 |
| 东 社 镇 | Dongshe Town | 60661 | 37527 | 6129 | 4276 | 9811 | 20319 |
| 三 余 镇 | Sanyu Town | 124378 | 79891 | 15886 | 11571 | 20038 | 29357 |
| 十 总 镇 | Shizong Town | 36265 | 20903 | 4094 | 2928 | 16197 | 22560 |
| 骑 岸 镇 | Qian Town | 48065 | 27651 | 6921 | 4420 | 7915 | 48048 |
| 五 甲 镇 | Wujia Town | 32379 | 18318 | 3584 | 2382 | 12759 | 15526 |
| 石 港 镇 | Shigang Town | 67987 | 43066 | 9836 | 5685 | 22247 | 67284 |
| 四 安 镇 | Sian Town | 39594 | 24427 | 3958 | 3027 | 16015 | 33265 |
| 刘 桥 镇 | Liuqiao Town | 75691 | 40635 | 9001 | 5547 | 27217 | 67127 |

续 表 9 Continued 9

| 名 称 Name | | 总人口（人）Total Population (person) | 从业人员（人）Employment (person) | 土地面积（公顷）Land Area (hectare) | 耕地面积（公顷）Cultivated Area (hectare) | 财政收入（万元）Financial Revenue (10000 yuan) | 粮食产量（吨）Output of Grain (ton) |
|---|---|---|---|---|---|---|---|
| 平潮镇 | Pingchao Town | 78250 | 46373 | 5739 | 2571 | 63575 | 28815 |
| 平东镇 | Pingdong Town | 43343 | 22589 | 4006 | 2302 | 21591 | 24023 |
| 五接镇 | Wujie Town | 38137 | 22575 | 3238 | 1582 | 28391 | 21276 |
| 兴仁镇 | Xingren Town | 43218 | 29233 | 3365 | 1501 | 43079 | 15338 |
| 兴东镇 | Xingdong Town | 32151 | 18571 | 2576 | 1196 | 40870 | 12987 |
| 张芝山镇 | Zhangzhishan Town | 55152 | 30991 | 4266 | 2711 | 21784 | 12780 |
| 川姜镇 | Chuanjiang Town | 70096 | 49083 | 5278 | 2775 | 70237 | 13467 |
| 先锋镇 | Xianfeng Town | 53608 | 27332 | 3520 | 1795 | 23198 | 6228 |
| **海安县** | **Haian County** | | | | | | |
| 海安镇 | Haian Town | 268440 | 174939 | 21434 | 6788 | 252568 | 90813 |
| 城东镇 | Chengdong Town | 146136 | 81550 | 16388 | 6210 | 138021 | 88145 |
| 曲塘镇 | Qutang Town | 97280 | 48476 | 11552 | 6415 | 25629 | 80776 |
| 李堡镇 | Libao Town | 81997 | 44895 | 9453 | 4151 | 16208 | 56305 |
| 角斜镇 | Jiaoxie Town | 66923 | 31991 | 12800 | 4803 | 7084 | 48918 |
| 大公镇 | Dagong Town | 62207 | 28071 | 8928 | 5421 | 15451 | 63743 |
| 雅周镇 | Yazhou Town | 59186 | 30373 | 8330 | 3701 | 5817 | 50955 |
| 白甸镇 | Baidian Town | 31884 | 16966 | 5305 | 2930 | 12846 | 30647 |
| 南莫镇 | Nanmo Town | 53824 | 26940 | 7420 | 3762 | 10089 | 49578 |
| 墩头镇 | Duntou Town | 66443 | 38008 | 11556 | 5974 | 10041 | 76097 |
| **如东县** | **Rudong County** | | | | | | |
| 拼茶镇 | Bingcha Town | 57215 | 34572 | 8100 | 4172 | 7229 | 36962 |
| 洋口镇 | Yangkou Town | 73642 | 39580 | 11000 | 6650 | 6297 | 80601 |
| 苴镇 | Ju Town | 37557 | 20002 | 7100 | 4058 | 3493 | 33102 |
| 长沙镇 | Changsha Town | 38712 | 22108 | 8000 | 3581 | 5095 | 16917 |
| 大豫镇 | Dayu Town | 102987 | 60317 | 22873 | 11054 | 9306 | 32731 |
| 掘港镇 | Juegang Town | 210762 | 153570 | 25600 | 10144 | 122818 | 100497 |
| 马塘镇 | Matang Town | 81474 | 33266 | 13700 | 8016 | 26282 | 104494 |
| 丰利镇 | Fengli Town | 81894 | 38184 | 13600 | 8026 | 8287 | 80962 |
| 曹埠镇 | Caobu Town | 47573 | 25425 | 9000 | 4307 | 9687 | 60890 |
| 岔河镇 | Chahe Town | 82911 | 54449 | 13800 | 7458 | 18548 | 107169 |
| 双甸镇 | Shuangdian Town | 72845 | 33817 | 10900 | 6198 | 15302 | 74753 |
| 新店镇 | Xindian Town | 37888 | 19284 | 7800 | 3331 | 11125 | 46039 |
| 河口镇 | Hekou Town | 63765 | 33672 | 11300 | 5282 | 50403 | 64268 |
| 袁庄镇 | Yuanzhuang Town | 53169 | 41630 | 9600 | 5020 | 11249 | 62967 |

续　表　10　Continued 10

| 名　称<br>Name | | 总人口（人）Total Population (person) | 从业人员（人）Employment (person) | 土地面积（公顷）Land Area (hectare) | 耕地面积（公顷）Cultivated Area (hectare) | 财政收入（万元）Financial Revenue (10000 yuan) | 粮食产量（吨）Output of Grain (ton) |
|---|---|---|---|---|---|---|---|
| **启东市** | **Qidong City** | | | | | | |
| 汇龙镇 | Huilong Town | 241453 | 60120 | 13463 | 6421 | 193747 | 22498 |
| 北新镇 | Beixin Town | 75047 | 37002 | 9720 | 6087 | 19961 | 20534 |
| 惠萍镇 | Huiping Town | 91714 | 52595 | 10785 | 7107 | 22724 | 20086 |
| 寅阳镇 | Yinyang Town | 77162 | 40883 | 10058 | 6328 | 44678 | 21109 |
| 东海镇 | Donghai Town | 70638 | 38888 | 8540 | 5443 | 7724 | 14529 |
| 近海镇 | Jinhai Town | 64010 | 32649 | 7990 | 5280 | 8654 | 18778 |
| 南阳镇 | Nanyang Town | 107154 | 59078 | 12680 | 7797 | 12734 | 29040 |
| 海复镇 | Haifu Town | 56752 | 31111 | 7380 | 4105 | 7059 | 12530 |
| 合作镇 | Hezuo Town | 65468 | 35298 | 8870 | 4637 | 7920 | 19004 |
| 王鲍镇 | Wangbao Town | 93163 | 52850 | 12600 | 6928 | 13806 | 26770 |
| 吕四港镇 | Lusigang Town | 177849 | 86642 | 15280 | 7288 | 75766 | 26794 |
| 启隆乡 | Qilong Country | 3677 | 1726 | 1986 | 1248 | 9508 | 9250 |
| **如皋市** | **Rugao City** | | | | | | |
| 如城镇 | Rucheng Town | 190954 | 126217 | 14069 | 5283 | 193589 | 28221 |
| 柴湾镇 | Chaiwan Town | 105886 | 44185 | 7634 | 4631 | 221429 | 37801 |
| 雪岸镇 | Xuean Town | 34874 | 16386 | 5084 | 2824 | 6411 | 22662 |
| 东陈镇 | Dongchen Town | 46273 | 24814 | 6148 | 3439 | 30669 | 34131 |
| 丁堰镇 | Dingyan Town | 53114 | 27724 | 7048 | 4099 | 22971 | 45252 |
| 白蒲镇 | Baipu Town | 78333 | 39685 | 8540 | 4822 | 24126 | 53751 |
| 林梓镇 | Linzi Town | 44621 | 22870 | 5949 | 3549 | 10367 | 36404 |
| 下原镇 | Xiayuan Town | 59818 | 31819 | 7076 | 3735 | 11651 | 39387 |
| 九华镇 | Jiuhua Town | 66094 | 43546 | 6961 | 4226 | 24283 | 39107 |
| 郭园镇 | Guoyuan Town | 56113 | 28173 | 5348 | 2762 | 12585 | 27784 |
| 石庄镇 | Shizhuang Town | 63455 | 35396 | 6106 | 2918 | 14458 | 22267 |
| 长江镇 | Changjiang Town | 108280 | 92495 | 6861 | 4126 | 442133 | 41556 |
| 吴窑镇 | Wuyao Town | 64518 | 39503 | 6436 | 3277 | 18891 | 27714 |
| 江安镇 | Jiangan Town | 92224 | 42922 | 8655 | 4892 | 22259 | 42994 |
| 高明镇 | Gaoming Town | 53556 | 23334 | 6657 | 3496 | 5668 | 26093 |
| 常青镇 | Changqing Town | 48511 | 26587 | 5900 | 3424 | 6601 | 25912 |
| 搬经镇 | Banjing Town | 84814 | 38129 | 10509 | 6233 | 15497 | 54962 |
| 磨头镇 | Motou Town | 82453 | 38458 | 10315 | 5359 | 14791 | 46821 |
| 桃园镇 | Taoyuan Town | 62815 | 30175 | 7361 | 4100 | 80471 | 40155 |
| 袁桥镇 | Yuanqiao Town | 47809 | 26923 | 6581 | 3840 | 11183 | 35032 |

| 名 称 | Name | 总人口（人）Total Population (person) | 从业人员（人）Employment (person) | 土地面积（公顷）Land Area (hectare) | 耕地面积（公顷）Cultivated Area (hectare) | 财政收入（万元）Financial Revenue (10000 yuan) | 粮食产量（吨）Output of Grain (ton) |
|---|---|---|---|---|---|---|---|
| **海 门 市** | **Haimen City** | | | | | | |
| 海 门 镇 | Haimen Town | 268187 | 163197 | 14238 | 4185 | 258558 | 19201 |
| 三 星 镇 | Sanxing Town | 92924 | 66818 | 6773 | 2896 | 45898 | 9323 |
| 德 胜 镇 | Desheng Town | 44421 | 33150 | 5462 | 2893 | 14000 | 4651 |
| 三 厂 镇 | Sanchang Town | 101673 | 65489 | 6329 | 3612 | 24397 | 13470 |
| 常 乐 镇 | Changle Town | 47277 | 32437 | 6001 | 2936 | 29356 | 11359 |
| 麒 麟 镇 | Qilin Town | 30423 | 16880 | 3809 | 1942 | 3657 | 7700 |
| 悦 来 镇 | Yuelai Town | 50982 | 28243 | 5426 | 3270 | 7863 | 6770 |
| 万 年 镇 | Wannian Town | 28888 | 18577 | 2800 | 1844 | 3949 | 9801 |
| 三 阳 镇 | Sanyang Town | 29768 | 19217 | 4500 | 1904 | 4968 | 6170 |
| 四 甲 镇 | Sijia Town | 56237 | 30068 | 5990 | 3116 | 10152 | 21142 |
| 货 隆 镇 | Huolong Town | 31794 | 14593 | 3705 | 2030 | 6717 | 6200 |
| 余 东 镇 | Yudong Town | 29085 | 17653 | 3000 | 1498 | 7157 | 8066 |
| 正 余 镇 | Zhengyu Town | 38278 | 24927 | 3580 | 1643 | 5982 | 6483 |
| 包 场 镇 | Baochang Town | 57873 | 41811 | 3858 | 2321 | 20788 | 9535 |
| 刘 浩 镇 | Liuhao Town | 57560 | 35199 | 4430 | 3876 | 3730 | 9978 |
| 王 浩 镇 | Wanghao Town | 29737 | 13378 | 2028 | 1680 | 3007 | 10849 |
| 树 勋 镇 | Shuxun Town | 34566 | 22708 | 3791 | 1881 | 5213 | 4340 |
| 海 永 乡 | Haiyong Country | 5282 | 3523 | 800 | 425 | 8339 | 1614 |
| **连云港市** | **Lianyungang City** | | | | | | |
| **市 辖 区** | **Municipal District** | | | | | | |
| 朝 阳 镇 | Chaoyang Town | 20136 | 10830 | 2446 | 633 | 27463 | 5567 |
| 宿 城 乡 | Sucheng Country | 4651 | 2987 | 1800 | 15 | 1070 | 158 |
| 高公岛乡 | Gaogongdao Country | 3045 | 2044 | 807 | 0 | 2020 | 0 |
| 南 城 镇 | Nancheng Town | 7783 | 3345 | 380 | 42 | 3190 | 380 |
| 浦 南 镇 | Punan Town | 53262 | 27256 | 10850 | 4405 | 11936 | 76330 |
| 云 台 乡 | Yuntai Country | 31029 | 18896 | 5812 | 1623 | 3070 | 22040 |
| 花果山乡 | Huaguoshan Country | 16542 | 8586 | 3330 | 450 | 7824 | 6131 |
| 新 坝 镇 | Xinba Town | 31588 | 20415 | 6946 | 4484 | 2878 | 74340 |
| 锦 屏 镇 | Jinping Town | 30172 | 14120 | 5214 | 2221 | 3760 | 26531 |
| 板 浦 镇 | Banpu Town | 66869 | 41689 | 8064 | 4917 | 6125 | 42453 |
| 宁 海 乡 | Ninghai Country | 26645 | 10198 | 4600 | 2400 | 23877 | 32080 |
| **赣 榆 县** | **Ganyu County** | | | | | | |
| 青 口 镇 | Qingkou Town | 187282 | 85100 | 9080 | 2220 | 53249 | 29500 |

续 表 12 Continued 12

| 名称 Name | | 总人口（人）Total Population (person) | 从业人员（人）Employment (person) | 土地面积（公顷）Land Area (hectare) | 耕地面积（公顷）Cultivated Area (hectare) | 财政收入（万元）Financial Revenue (10000 yuan) | 粮食产量（吨）Output of Grain (ton) |
|---|---|---|---|---|---|---|---|
| 柘汪镇 | Zhewang Town | 52710 | 27000 | 7230 | 2033 | 21828 | 18200 |
| 石桥镇 | Shiqiao Town | 64342 | 26838 | 7343 | 3118 | 7420 | 18862 |
| 金山镇 | Jinshan Town | 49215 | 19720 | 7000 | 3584 | 8995 | 23926 |
| 黑林镇 | Heilin Town | 44185 | 19800 | 8798 | 2615 | 1251 | 25702 |
| 厉庄镇 | Lizhuang Town | 36405 | 13980 | 6130 | 2901 | 3422 | 14770 |
| 海头镇 | Haitou Town | 84806 | 34041 | 7900 | 2955 | 15567 | 25503 |
| 塔山镇 | Tashan Town | 61000 | 27082 | 8498 | 4459 | 3014 | 37354 |
| 赣马镇 | Ganma Town | 83288 | 37979 | 8430 | 4550 | 10225 | 57450 |
| 班庄镇 | Banzhuang Town | 56440 | 25987 | 9167 | 4700 | 1830 | 26170 |
| 城头镇 | Chengtou Town | 50410 | 21400 | 6670 | 3513 | 3347 | 29420 |
| 门河镇 | Menhe Town | 35218 | 16725 | 4854 | 2933 | 2750 | 25156 |
| 城西镇 | Chengxi Town | 45440 | 20040 | 4527 | 3113 | 2349 | 30144 |
| 欢墩镇 | Huandun Town | 40843 | 16982 | 7900 | 2369 | 1732 | 13562 |
| 宋庄镇 | Songzhuang Town | 31727 | 16175 | 3320 | 1501 | 2381 | 14228 |
| 沙河镇 | Shahe Town | 109216 | 54027 | 13156 | 7521 | 5727 | 64218 |
| 墩尚镇 | Dunshang Town | 39258 | 19456 | 4744 | 2133 | 3547 | 29918 |
| 罗阳镇 | Luoyang Town | 37546 | 21813 | 3733 | 2340 | 6352 | 33698 |
| **东海县** | **Donghai County** | | | | | | |
| 牛山镇 | Niushan Town | 151715 | 87523 | 9279 | 2338 | 28820 | 34795 |
| 白塔埠镇 | Baitabu Town | 59396 | 31432 | 10329 | 6052 | 6714 | 79172 |
| 黄川镇 | Huangchuan Town | 63761 | 32407 | 9383 | 4665 | 3090 | 5575 |
| 石梁河镇 | Shilianghe Town | 43139 | 21825 | 7166 | 2936 | 2398 | 31177 |
| 青湖镇 | Qinghu Town | 58285 | 25200 | 9433 | 6131 | 2379 | 5710 |
| 石榴镇 | Shiliu Town | 62708 | 30841 | 7040 | 4589 | 5548 | 45620 |
| 温泉镇 | Wenquan Town | 14870 | 7588 | 3582 | 1348 | 8134 | 9204 |
| 双店镇 | Shuangdian Town | 51800 | 30200 | 11700 | 7000 | 2603 | 34260 |
| 桃林镇 | Taolin Town | 72819 | 33826 | 16978 | 9551 | 7182 | 44442 |
| 洪庄镇 | Hongzhuang Town | 35666 | 17706 | 6719 | 4450 | 3534 | 23665 |
| 安峰镇 | Anfeng Town | 66832 | 33826 | 13417 | 7425 | 8609 | 72114 |
| 房山镇 | Fangshan Town | 79683 | 46528 | 14972 | 9211 | 6731 | 99863 |
| 平明镇 | Pingming Town | 73880 | 32057 | 15731 | 10160 | 12707 | 138315 |
| 驼峰乡 | Tuofeng Country | 62688 | 32399 | 10425 | 7180 | 6272 | 67313 |
| 南辰乡 | Nanchen Country | 18786 | 8562 | 3050 | 560 | 2182 | 6520 |
| 横沟乡 | Henggou Country | 35315 | 15846 | 6689 | 2684 | 2053 | 29080 |

| 名 称 | Name | 总人口（人）Total Population (person) | 从业人员（人）Employment (person) | 土地面积（公顷）Land Area (hectare) | 耕地面积（公顷）Cultivated Area (hectare) | 财政收入（万元）Financial Revenue (10000 yuan) | 粮食产量（吨）Output of Grain (ton) |
|---|---|---|---|---|---|---|---|
| 李埝乡 | Linian Country | 36985 | 13197 | 7009 | 2867 | 2215 | 9835 |
| 山左口乡 | Shanzuokou Country | 44203 | 18222 | 8906 | 4571 | 5469 | 27893 |
| 石湖乡 | Shihu Country | 33022 | 17527 | 7226 | 4499 | 3270 | 26706 |
| 曲阳乡 | Quyang Country | 38132 | 15950 | 7542 | 3967 | 2988 | 36410 |
| 张湾乡 | Zhangwan Country | 33234 | 18231 | 9500 | 5768 | 2997 | 72371 |
| **灌云县** | **Guanyun County** | | | | | | |
| 伊山镇 | Yishan Town | 157022 | 62891 | 7675 | 3597 | 20066 | 41662 |
| 杨集镇 | Yangji Town | 71225 | 39545 | 7673 | 5579 | 10940 | 52890 |
| 燕尾港镇 | Yanweigang Town | 13828 | 8025 | 2580 | 78 | 15620 | 1160 |
| 同兴镇 | Tongxing Town | 42008 | 19209 | 5378 | 3805 | 4638 | 29182 |
| 四队镇 | Sidui Town | 35388 | 12170 | 4154 | 2794 | 3590 | 32179 |
| 圩丰镇 | Weifeng Town | 45957 | 22868 | 6901 | 5114 | 5925 | 65419 |
| 龙苴镇 | Longju Town | 52052 | 24013 | 6400 | 4512 | 5506 | 41860 |
| 伊芦乡 | Yilu Country | 38976 | 17063 | 5228 | 5044 | 5239 | 37755 |
| 鲁河乡 | Luhe Country | 34134 | 13312 | 4673 | 3195 | 4441 | 25610 |
| 图河乡 | Tuhe Country | 61459 | 32257 | 9500 | 4026 | 5762 | 64394 |
| 沂北乡 | Yibei Country | 47716 | 19358 | 4462 | 3950 | 6552 | 38284 |
| 下车乡 | Xiache Country | 50322 | 25949 | 4871 | 4531 | 4030 | 55824 |
| 白蚬乡 | Baixian Country | 41706 | 19552 | 5497 | 3623 | 4027 | 45528 |
| 东王集乡 | Dongwangji Country | 65763 | 33234 | 9197 | 5653 | 6646 | 67420 |
| 侍庄乡 | Shizhuang Country | 50966 | 17450 | 6610 | 3600 | 46675 | 25000 |
| 小伊乡 | Xiaoyi Country | 64747 | 24138 | 7952 | 5454 | 4478 | 60304 |
| 穆圩乡 | Muwei Country | 33181 | 19325 | 6240 | 4023 | 5521 | 47387 |
| 陡沟乡 | Dougou Country | 63299 | 21230 | 7317 | 5298 | 3584 | 56582 |
| 南岗乡 | Nangang Country | 43282 | 17920 | 6055 | 4380 | 4875 | 32420 |
| **灌南县** | **Guannan County** | | | | | | |
| 新安镇 | Xinan Town | 183702 | 82338 | 14327 | 7681 | 42193 | 85892 |
| 堆沟港镇 | Duigougang Town | 39980 | 20685 | 6172 | 2453 | 21183 | 29712 |
| 长茂镇 | Changmao Town | 41640 | 21501 | 5943 | 3187 | 8835 | 32264 |
| 北陈集镇 | Beichenji Town | 39030 | 22580 | 5526 | 3437 | 6679 | 35260 |
| 张店镇 | Zhangdian Town | 38845 | 21025 | 5918 | 3787 | 8593 | 31940 |
| 三口镇 | Sankou Town | 61443 | 30137 | 8702 | 5519 | 8175 | 61231 |
| 孟兴庄镇 | Mengxingzhuang Town | 60885 | 25595 | 7809 | 4852 | 9946 | 46799 |
| 汤沟镇 | Tanggou Town | 30250 | 14844 | 3260 | 2006 | 7722 | 20983 |

| 名 称 Name | | 总人口（人）Total Population (person) | 从业人员（人）Employment (person) | 土地面积（公顷）Land Area (hectare) | 耕地面积（公顷）Cultivated Area (hectare) | 财政收入（万元）Financial Revenue (10000 yuan) | 粮食产量（吨）Output of Grain (ton) |
|---|---|---|---|---|---|---|---|
| 百 禄 镇 | Bailu Town | 67082 | 33522 | 10516 | 6330 | 10074 | 49350 |
| 五 队 乡 | Wudui Country | 45579 | 23400 | 7543 | 3689 | 8680 | 59300 |
| 田 楼 乡 | Tianlou Country | 35591 | 20228 | 5201 | 2586 | 6956 | 39250 |
| 李 集 乡 | Liji Country | 70203 | 33623 | 8819 | 5068 | 12906 | 52553 |
| 新 集 乡 | Xinji Country | 34416 | 16964 | 5858 | 3771 | 10206 | 34897 |
| 花 园 乡 | Huayuan Country | 35297 | 16096 | 6881 | 4361 | 5551 | 39955 |
| **淮 安 市** | **Huaian City** | | | | | | |
| **市 辖 区** | **Municipal Distric** | | | | | | |
| 钵 池 乡、 | Bochi Country | 6916 | 4465 | 655 | 120 | 48870 | 1830 |
| 徐 杨 乡 | Xuyang Country | 53250 | 35100 | 3327 | 1275 | 49192 | 2880 |
| 南马厂乡 | Nanmachang Country | 25779 | 13200 | 3600 | 1500 | 5337 | 16240 |
| 淮 城 镇 | Huaicheng Town | 190220 | 86565 | 4200 | 623 | 27176 | 3557 |
| 平 桥 镇 | Pingqiao Town | 37248 | 19515 | 4600 | 2985 | 2105 | 32350 |
| 上 河 镇 | Shanghe Town | 28714 | 13529 | 3375 | 2207 | 1206 | 23827 |
| 马 甸 镇 | Madian Town | 31287 | 15016 | 3400 | 1948 | 3158 | 21203 |
| 朱 桥 镇 | Zhuqiao Town | 45778 | 20530 | 5158 | 3165 | 2987 | 33872 |
| 溪 河 镇 | Xihe Town | 31077 | 17665 | 4308 | 2533 | 2426 | 28450 |
| 施 河 镇 | Shihe Town | 44593 | 21342 | 5775 | 3843 | 8080 | 33697 |
| 车 桥 镇 | Cheqiao Town | 64316 | 29323 | 6400 | 3629 | 2412 | 53277 |
| 泾 口 镇 | Jingkou Town | 45597 | 21262 | 5680 | 3369 | 2251 | 6786 |
| 流 均 镇 | Liujun Town | 67352 | 26711 | 8860 | 2857 | 2811 | 33526 |
| 博 里 镇 | Boli Town | 47064 | 25339 | 7191 | 4220 | 2232 | 57414 |
| 仇 桥 镇 | Qiuqiao Town | 44798 | 20596 | 7447 | 4607 | 2928 | 57059 |
| 复 兴 镇 | Fuxing Town | 36730 | 19622 | 6454 | 3438 | 2029 | 44123 |
| 苏 嘴 镇 | Suzui Town | 41620 | 24156 | 5987 | 3190 | 1435 | 23315 |
| 钦 工 镇 | Qingong Town | 30981 | 13778 | 4141 | 2206 | 2583 | 27454 |
| 顺 河 镇 | Shunhe Town | 44811 | 22143 | 7756 | 3744 | 2119 | 48127 |
| 季 桥 镇 | Jiqiao Town | 37854 | 18865 | 5140 | 2953 | 3720 | 36189 |
| 席 桥 镇 | Xiqiao Town | 21740 | 9421 | 2510 | 1684 | 4074 | 14178 |
| 林 集 镇 | Linji Town | 22356 | 9879 | 3660 | 1962 | 2714 | 27403 |
| 南 闸 镇 | Nanzha Town | 32204 | 18678 | 3457 | 2404 | 2034 | 39965 |
| 范 集 镇 | Fanji Town | 17219 | 9364 | 5990 | 3000 | 13149 | 45518 |
| 建 淮 乡 | Jianhuai Country | 36988 | 17377 | 3479 | 1988 | 6759 | 21181 |
| 茭 陵 乡 | Jiaoling Country | 34013 | 17405 | 3546 | 2041 | 1400 | 24624 |

续 表 15 Continued 15

| 名 称 | Name | 总人口（人）Total Population (person) | 从业人员（人）Employment (person) | 土地面积（公顷）Land Area (hectare) | 耕地面积（公顷）Cultivated Area (hectare) | 财政收入（万元）Financial Revenue (10000 yuan) | 粮食产量（吨）Output of Grain (ton) |
|---|---|---|---|---|---|---|---|
| 宋集乡 | Songji Country | 41438 | 16482 | 5723 | 2669 | 2832 | 32686 |
| 城东乡 | Chengdong Country | 49456 | 22117 | 3724 | 1114 | 8504 | 12753 |
| 三堡乡 | Sanbao Country | 31308 | 14819 | 3708 | 1715 | 2145 | 20048 |
| 王营镇 | Wangying Town | 164282 | 29156 | 6139 | 982 | 48476 | 8588 |
| 赵集镇 | Zhaoji Town | 41970 | 19259 | 9825 | 3062 | 8608 | 21569 |
| 吴城镇 | Wucheng Town | 34497 | 18620 | 5312 | 3099 | 2985 | 26874 |
| 南陈集镇 | Nanchenji Town | 63924 | 35621 | 13468 | 5012 | 3368 | 51062 |
| 码头镇 | Matou Town | 24562 | 12002 | 4200 | 1928 | 3209 | 16579 |
| 王兴镇 | Wangxing Town | 34660 | 18000 | 6100 | 2778 | 2108 | 46212 |
| 棉花庄镇 | Mianhuazhuang Town | 41831 | 21510 | 7078 | 2980 | 3495 | 26023 |
| 丁集镇 | Dingji Town | 33665 | 11805 | 4030 | 2873 | 4491 | 20178 |
| 五里镇 | Wuli Town | 29757 | 15783 | 5100 | 3321 | 2364 | 29730 |
| 徐溜镇 | Xuliu Town | 39463 | 17936 | 6430 | 3891 | 3529 | 25423 |
| 渔沟镇 | Yugou Town | 57895 | 27347 | 9700 | 4466 | 3423 | 50161 |
| 吴集镇 | Wuji Town | 36327 | 17389 | 5700 | 3910 | 1389 | 33487 |
| 西宋集镇 | Xisongji Town | 51629 | 23719 | 7390 | 3534 | 3220 | 40646 |
| 三树镇 | Sanshu Town | 40080 | 18415 | 7968 | 6063 | 2276 | 38834 |
| 韩桥乡 | Hanqiao Country | 33481 | 18031 | 5400 | 1926 | 2703 | 22854 |
| 新渡乡 | Xindu Country | 29649 | 13325 | 4650 | 2308 | 3666 | 20362 |
| 老张集乡 | Laozhangji Country | 28433 | 18396 | 5088 | 3086 | 4030 | 27792 |
| 凌桥乡 | Lingqiao Country | 30076 | 14380 | 6856 | 3674 | 2726 | 45062 |
| 袁集乡 | Yuanji Country | 27360 | 12940 | 3940 | 2488 | 1504 | 22272 |
| 刘老庄乡 | Liulaozhuang Country | 26081 | 12230 | 3279 | 2175 | 3038 | 33260 |
| 古寨乡 | Guzhai Country | 22018 | 11128 | 3885 | 2530 | 1522 | 16133 |
| 和平镇 | Heping Town | 32456 | 19655 | 7202 | 3165 | 7298 | 40924 |
| 武墩镇 | Wudun Town | 20105 | 9394 | 4078 | 2046 | 8177 | 29451 |
| 盐河镇 | Yanhe Town | 21269 | 12300 | 3283 | 1527 | 5266 | 15732 |
| 城南乡 | Chengnan Country | 30331 | 14353 | 2825 | 560 | 44371 | 4250 |
| 黄码乡 | Huangma Country | 29947 | 14345 | 4020 | 2080 | 8269 | 23567 |
| **涟水县** | **Lianshui County** | | | | | | |
| 涟城镇 | Liancheng Town | 137202 | 50283 | 3960 | 1522 | 16606 | 10481 |
| 高沟镇 | Gaogou Town | 106054 | 55320 | 9176 | 5840 | 14170 | 49500 |
| 唐集镇 | Tangji Town | 34955 | 22162 | 6051 | 3793 | 2350 | 58493 |
| 保滩镇 | Baotan Town | 25137 | 11657 | 4082 | 2095 | 5300 | 15629 |

续 表 16 Continued 16

| 名 称 Name | | 总人口（人）Total Population (person) | 从业人员（人）Employment (person) | 土地面积（公顷）Land Area (hectare) | 耕地面积（公顷）Cultivated Area (hectare) | 财政收入（万元）Financial Revenue (10000 yuan) | 粮食产量（吨）Output of Grain (ton) |
|---|---|---|---|---|---|---|---|
| 大东镇 | Dadong Town | 27948 | 16180 | 3888 | 3078 | 2700 | 31161 |
| 五港镇 | Wugang Town | 62970 | 37665 | 9512 | 5353 | 6684 | 44426 |
| 梁岔镇 | Liangcha Town | 39014 | 16901 | 3978 | 3647 | 3041 | 41961 |
| 石湖镇 | Shihu Town | 45526 | 26795 | 5359 | 3675 | 4015 | 22800 |
| 朱码镇 | Zhuma Town | 38097 | 15837 | 5496 | 3001 | 12300 | 36160 |
| 岔庙镇 | Chamiao Town | 44430 | 25960 | 6238 | 4165 | 1850 | 24810 |
| 东胡集镇 | Donghuji Town | 32417 | 19223 | 4654 | 4125 | 856 | 32763 |
| 南集镇 | Nanji Town | 32150 | 13940 | 5847 | 3117 | 2400 | 31512 |
| 义兴镇 | Yixing Town | 22513 | 9262 | 3670 | 1769 | 3269 | 19490 |
| 成集镇 | Chengji Town | 45153 | 22934 | 6167 | 4821 | 3800 | 32594 |
| 红窑镇 | Hongyao Town | 65076 | 35045 | 8725 | 5212 | 4240 | 67813 |
| 陈师镇 | Chenshi Town | 29964 | 18984 | 3706 | 2477 | 4480 | 21095 |
| 前进镇 | Qianjin Town | 30250 | 14131 | 5087 | 2475 | 2342 | 25737 |
| 徐集乡 | Xuji Country | 39818 | 23126 | 3979 | 3778 | 2636 | 39208 |
| 黄营乡 | Huangying Country | 55530 | 24710 | 7811 | 5546 | 6197 | 31500 |
| **洪泽县** | **Hongze County** | | | | | | |
| 高良涧镇 | Gaoliangjian Town | 126989 | 85314 | 12100 | 3790 | 16399 | 49578 |
| 蒋坝镇 | Jiangba Town | 10268 | 3972 | 326 | 230 | 5074 | 4335 |
| 仁和镇 | Renhe Town | 27610 | 18629 | 7438 | 2800 | 3727 | 41451 |
| 岔河镇 | Chahe Town | 36555 | 22555 | 12500 | 4384 | 4253 | 61960 |
| 西顺河镇 | Xishunhe Town | 9246 | 5371 | 1900 | 309 | 10509 | 3430 |
| 老子山镇 | Laozishan Town | 17199 | 7667 | 1750 | 120 | 5300 | 2728 |
| 三河镇 | Sanhe Town | 21608 | 18049 | 2938 | 2799 | 6166 | 30815 |
| 朱坝镇 | Zhuba Town | 29139 | 16163 | 3760 | 2980 | 5790 | 42389 |
| 黄集镇 | Huangji Town | 20087 | 12114 | 5100 | 2384 | 5452 | 34669 |
| 万集镇 | Wanji Town | 25400 | 13095 | 5562 | 3179 | 4106 | 42401 |
| 东双沟镇 | Dongshuanggou Town | 34620 | 32790 | 4300 | 3910 | 4032 | 47546 |
| 共和镇 | Gonghe Town | 23452 | 15002 | 3850 | 2985 | 6865 | 47023 |
| **盱眙县** | **Xuyi County** | | | | | | |
| 盱城镇 | Xucheng Town | 120784 | 55612 | 10700 | 1656 | 35540 | 11584 |
| 马坝镇 | Maba Town | 66012 | 47111 | 19500 | 8623 | 35133 | 81026 |
| 官滩镇 | Guantan Town | 39067 | 19440 | 13425 | 6088 | 23869 | 14235 |
| 旧铺镇 | Jiupu Town | 35435 | 17882 | 14979 | 4354 | 8157 | 71261 |
| 桂五镇 | Guiwu Town | 37915 | 15816 | 15850 | 3314 | 7118 | 38266 |

| 名 称 |  Name | 总人口（人）Total Population (person) | 从业人员（人）Employment (person) | 土地面积（公顷）Land Area (hectare) | 耕地面积（公顷）Cultivated Area (hectare) | 财政收入（万元）Financial Revenue (10000 yuan) | 粮食产量（吨）Output of Grain (ton) |
|---|---|---|---|---|---|---|---|
| 管镇镇 | Guanzhen Town | 32500 | 7866 | 6750 | 2183 | 8282 | 23658 |
| 河桥镇 | Heqiao Town | 36580 | 13180 | 17080 | 3453 | 7189 | 46603 |
| 鲍集镇 | Baoji Town | 54129 | 25787 | 13200 | 3829 | 5812 | 47896 |
| 黄花塘镇 | Huanghuatang Town | 34102 | 16371 | 13121 | 4981 | 6659 | 80330 |
| 明祖陵镇 | Mingzuling Town | 34652 | 18521 | 13500 | 3691 | 7307 | 50064 |
| 铁佛镇 | Tiefo Town | 40050 | 17435 | 10800 | 5391 | 10042 | 71230 |
| 淮河镇 | Huaihe Town | 29950 | 11368 | 10895 | 2242 | 8706 | 31554 |
| 仇集镇 | Qiuji Town | 31463 | 18950 | 16556 | 2498 | 8602 | 36382 |
| 观音寺镇 | Guanyinsi Town | 31212 | 13415 | 12197 | 4333 | 6696 | 57070 |
| 维桥乡 | Weiqiao Country | 24040 | 12428 | 7260 | 3340 | 4823 | 45333 |
| 穆店乡 | Mudian Country | 27144 | 15920 | 10270 | 3320 | 3570 | 59147 |
| 王店乡 | Wangdian Country | 38157 | 19565 | 15958 | 5830 | 3788 | 50106 |
| 古桑乡 | Gusang Country | 24350 | 12499 | 9310 | 2887 | 10660 | 29016 |
| 兴隆乡 | Xinglong Country | 33287 | 20786 | 10100 | 2898 | 2438 | 39388 |
| **金湖县** | **Jinhu County** | | | | | | |
| 黎城镇 | Licheng Town | 103801 | 80948 | 6600 | 1217 | 32975 | 16953 |
| 金南镇 | Jinnan Town | 33486 | 21852 | 10201 | 4550 | 7057 | 53818 |
| 闵桥镇 | Minqiao Town | 22546 | 13382 | 6791 | 2753 | 9822 | 31773 |
| 塔集镇 | Taji Town | 24255 | 11773 | 4221 | 2746 | 8648 | 33051 |
| 银集镇 | Yinji Town | 19817 | 10849 | 5109 | 2648 | 4743 | 37719 |
| 涂沟镇 | Tugou Town | 24008 | 11369 | 5898 | 2492 | 5927 | 39006 |
| 前锋镇 | Qianfeng Town | 27076 | 15382 | 7329 | 2794 | 16934 | 60358 |
| 吕良镇 | Luliang Town | 20153 | 13013 | 7480 | 2873 | 5676 | 51829 |
| 陈桥镇 | Chenqiao Town | 24381 | 14821 | 5486 | 4054 | 9969 | 51669 |
| 金北镇 | Jinbei Town | 20891 | 9432 | 6667 | 2958 | 8082 | 39209 |
| 戴楼镇 | Dailou Country | 21218 | 12540 | 7596 | 3188 | 8580 | 38110 |
| **盐城市** | **Yancheng City** | | | | | | |
| **市辖区** | **Municipal District** | | | | | | |
| 南洋镇 | Nanyang Town | 74647 | 48603 | 12147 | 7589 | 17181 | 51830 |
| 新兴镇 | Xinxing Town | 68031 | 27689 | 7496 | 4660 | 13479 | 50141 |
| 便仓镇 | Biancang Town | 38356 | 16108 | 7197 | 3649 | 4769 | 41035 |
| 步凤镇 | Bufeng Town | 59669 | 28044 | 12900 | 6305 | 2830 | 39425 |
| 盐东镇 | Yandong Town | 57576 | 26008 | 14195 | 5669 | 7924 | 27077 |
| 黄尖镇 | Huangjian Town | 39007 | 18463 | 10500 | 3990 | 3917 | 34393 |

续 表 18 Continued 18

| 名 称 | Name | 总人口（人）Total Population (person) | 从业人员（人）Employment (person) | 土地面积（公顷）Land Area (hectare) | 耕地面积（公顷）Cultivated Area (hectare) | 财政收入（万元）Financial Revenue (10000 yuan) | 粮食产量（吨）Output of Grain (ton) |
|---|---|---|---|---|---|---|---|
| 大纵湖镇 | Dazonghu Town | 69843 | 32471 | 13790 | 4976 | 19676 | 54123 |
| 楼 王 镇 | Louwang Town | 73015 | 29172 | 15030 | 5349 | 17358 | 67911 |
| 学 富 镇 | Xuefu Town | 53863 | 22602 | 8336 | 4631 | 8249 | 66920 |
| 尚 庄 镇 | Shangzhuang Town | 68066 | 28216 | 10336 | 5362 | 13989 | 72255 |
| 秦 南 镇 | Qinnan Town | 90086 | 34450 | 12780 | 7492 | 22770 | 100899 |
| 龙 冈 镇 | Longgang Town | 77334 | 28855 | 9339 | 4846 | 28109 | 64419 |
| 郭 猛 镇 | Guomeng Town | 48739 | 22835 | 6242 | 3550 | 11925 | 46383 |
| 大 冈 镇 | Dagang Town | 85646 | 28400 | 13081 | 6084 | 20751 | 75000 |
| **响 水 县** | **Xiangshui County** | | | | | | |
| 响 水 镇 | Xiangshui Town | 110536 | 65728 | 5121 | 1711 | 21676 | 16710 |
| 陈家港镇 | Chenjiagang Town | 51941 | 28183 | 8518 | 2781 | 6470 | 35487 |
| 小 尖 镇 | Xiaojian Town | 101966 | 41456 | 18815 | 8653 | 20897 | 79005 |
| 黄 圩 镇 | Huangwei Town | 34913 | 14850 | 6877 | 3475 | 5312 | 35097 |
| 大 有 镇 | Dayou Town | 58406 | 30021 | 11612 | 6180 | 13382 | 67888 |
| 双 港 镇 | Shuanggang Town | 59982 | 30830 | 10372 | 6437 | 11925 | 56833 |
| 南 河 镇 | Nanhe Town | 59336 | 22421 | 11674 | 7340 | 4419 | 78576 |
| 运 河 镇 | Yunhe Town | 75871 | 35084 | 13130 | 8230 | 9407 | 55195 |
| **滨 海 县** | **Binhai County** | | | | | | |
| 东 坎 镇 | Dongkan Town | 219518 | 111389 | 15007 | 3735 | 58420 | 41983 |
| 五 汛 镇 | Wuxun Town | 85654 | 31813 | 15267 | 7420 | 13810 | 105381 |
| 蔡 桥 镇 | Caiqiao Town | 61111 | 19269 | 9212 | 4464 | 10366 | 64280 |
| 正 红 镇 | Zhenghong Town | 106821 | 37995 | 14500 | 7555 | 7962 | 97444 |
| 通 榆 镇 | Tongyu Town | 40421 | 20297 | 5600 | 2582 | 11389 | 33926 |
| 界 牌 镇 | Jiepai Town | 78441 | 34552 | 12194 | 5463 | 13067 | 72522 |
| 八 巨 镇 | Baju Town | 52230 | 20864 | 6893 | 3780 | 10295 | 39225 |
| 八 滩 镇 | Batan Town | 89728 | 35612 | 11185 | 5122 | 14997 | 61516 |
| 滨 淮 镇 | Binhuai Town | 104642 | 48562 | 20132 | 8864 | 23693 | 107531 |
| 天 场 乡 | Tianchang Country | 48769 | 21098 | 8150 | 3626 | 11264 | 35019 |
| 陈 涛 乡 | Chentao Country | 66863 | 32872 | 11091 | 4890 | 7200 | 55118 |
| **阜 宁 县** | **Funing County** | | | | | | |
| 阜 城 镇 | Fucheng Town | 236104 | 124735 | 15095 | 7202 | 51425 | 66607 |
| 沟 墩 镇 | Goudun Town | 62607 | 40321 | 11166 | 6904 | 9836 | 76943 |
| 陈 良 镇 | Chenliang Town | 42219 | 15165 | 6752 | 3977 | 5971 | 51358 |
| 三 灶 镇 | Sanzao Town | 54492 | 22326 | 9120 | 5986 | 2656 | 52814 |

续 表 19 Continued 19

| 名　称 Name | | 总人口（人）Total Population (person) | 从业人员（人）Employment (person) | 土地面积（公顷）Land Area (hectare) | 耕地面积（公顷）Cultivated Area (hectare) | 财政收入（万元）Financial Revenue (10000 yuan) | 粮食产量（吨）Output of Grain (ton) |
|---|---|---|---|---|---|---|---|
| 郭墅镇 | Guoshu Town | 43359 | 18684 | 7071 | 4320 | 23178 | 32517 |
| 新沟镇 | Xingou Town | 50000 | 21075 | 7742 | 4666 | 8056 | 60780 |
| 陈集镇 | Chenji Town | 46212 | 23323 | 8727 | 5500 | 3924 | 54746 |
| 羊寨镇 | Yangzhai Town | 56947 | 21780 | 9420 | 5101 | 4801 | 46198 |
| 芦蒲镇 | Lupu Town | 50296 | 19636 | 8673 | 4400 | 3379 | 33720 |
| 板湖镇 | Banhu Town | 47820 | 24927 | 6906 | 4581 | 4454 | 57593 |
| 东沟镇 | Donggou Town | 115798 | 48732 | 16968 | 9790 | 21687 | 118700 |
| 益林镇 | Yilin Town | 95002 | 47215 | 10918 | 5049 | 24467 | 63774 |
| 古河镇 | Guhe Town | 57455 | 23406 | 8979 | 5889 | 2783 | 44919 |
| 罗桥镇 | Luoqiao Town | 59357 | 24980 | 8810 | 5500 | 4815 | 52604 |
| **射阳县** | **Sheyang County** | | | | | | |
| 合德镇 | Hede Town | 245018 | 103416 | 30200 | 14225 | 52389 | 106590 |
| 临海镇 | Linhai Town | 78501 | 32837 | 18628 | 7125 | 12182 | 83209 |
| 千秋镇 | Qianqiu Town | 60375 | 25000 | 15750 | 7000 | 3839 | 69709 |
| 四明镇 | Siming Town | 82748 | 41707 | 17341 | 8858 | 4696 | 102909 |
| 海河镇 | Haihe Town | 104907 | 45049 | 24243 | 12088 | 6386 | 165883 |
| 海通镇 | Haitong Town | 33808 | 20713 | 7333 | 4110 | 15530 | 20252 |
| 兴桥镇 | Xingqiao Town | 54935 | 24493 | 12914 | 5070 | 6405 | 55891 |
| 新坍镇 | Xintan Town | 51113 | 21182 | 9816 | 4661 | 5048 | 49516 |
| 长荡镇 | Changdang Town | 45592 | 20370 | 9591 | 4296 | 4700 | 43396 |
| 盘湾镇 | Panwan Town | 40553 | 22100 | 9504 | 4231 | 9609 | 32389 |
| 特庸镇 | Teyong Town | 41227 | 16074 | 10295 | 4250 | 5628 | 20505 |
| 洋马镇 | Yangma Town | 31834 | 13588 | 9600 | 4100 | 4806 | 39047 |
| 黄沙港镇 | Huangshagang Town | 40954 | 18136 | 8648 | 1757 | 8484 | 14857 |
| **建湖县** | **Jianhu County** | | | | | | |
| 近湖镇 | Jinhu Town | 195633 | 144749 | 7797 | 2699 | 90912 | 34363 |
| 建阳镇 | Jianyang Town | 53058 | 18532 | 7200 | 4597 | 33709 | 60636 |
| 九龙口镇 | Jiulongkou Town | 34010 | 16065 | 7480 | 3652 | 8547 | 41084 |
| 恒济镇 | Hengji Town | 32536 | 16926 | 8008 | 2859 | 12935 | 42763 |
| 颜单镇 | Yandan Town | 33210 | 16434 | 8974 | 2905 | 10861 | 31825 |
| 沿河镇 | Yanhe Town | 38622 | 20218 | 8181 | 3660 | 9498 | 44129 |
| 芦沟镇 | Lugou Town | 44361 | 19651 | 8586 | 4498 | 5880 | 56569 |
| 庆丰镇 | Qingfeng Town | 60447 | 30319 | 9400 | 5403 | 17502 | 64100 |
| 上冈镇 | Shanggang Town | 152864 | 67079 | 23127 | 11620 | 56431 | 148334 |

| 名 称<br>Name | | 总人口（人）<br>Total Population (person) | 从业人员（人）<br>Employment (person) | 土地面积（公顷）<br>Land Area (hectare) | 耕地面积（公顷）<br>Cultivated Area (hectare) | 财政收入（万元）<br>Financial Revenue (10000 yuan) | 粮食产量（吨）<br>Output of Grain (ton) |
|---|---|---|---|---|---|---|---|
| 冈西镇 | Gangxi Town | 33951 | 19797 | 6811 | 4103 | 4026 | 49500 |
| 宝塔镇 | Baota Town | 27901 | 16042 | 5078 | 3133 | 4212 | 35121 |
| 高作镇 | Gaozuo Town | 37041 | 20258 | 7010 | 4046 | 7377 | 48651 |
| **东台市** | **Dongtai City** | | | | | | |
| 溱东镇 | Qindong Tow | 45206 | 26344 | 7574 | 3965 | 32037 | 38985 |
| 时堰镇 | Shiyan Town | 69850 | 42962 | 10228 | 6064 | 29078 | 53886 |
| 五烈镇 | Wulie Town | 85474 | 48291 | 13414 | 7875 | 14514 | 78043 |
| 梁垛镇 | Liangduo Town | 82956 | 47144 | 13221 | 7697 | 35150 | 64411 |
| 安丰镇 | Anfeng Town | 55600 | 24880 | 7121 | 3473 | 19246 | 38170 |
| 南沈灶镇 | Nanshenzao Town | 52119 | 28444 | 10323 | 5451 | 6596 | 39935 |
| 富安镇 | Fuan Town | 97328 | 48252 | 16998 | 9028 | 21093 | 86810 |
| 唐洋镇 | Tangyang Town | 50112 | 30357 | 10748 | 5700 | 5276 | 25899 |
| 新街镇 | Xinjie Town | 41241 | 22900 | 10289 | 4770 | 5147 | 13505 |
| 许河镇 | Xuhe Town | 47975 | 25181 | 10698 | 5650 | 5304 | 33427 |
| 三仓镇 | Sancang Town | 70563 | 33772 | 15700 | 7484 | 13601 | 29083 |
| 头灶镇 | Touzao Town | 76039 | 37865 | 20682 | 10503 | 15422 | 54606 |
| 弥港镇 | Nigang Town | 44918 | 26019 | 17491 | 5938 | 6778 | 32484 |
| 东台镇 | Dongtai Town | 276520 | 151886 | 30312 | 13794 | 102422 | 99201 |
| **大丰市** | **Dafeng City** | | | | | | |
| 大中镇 | Dazhong Town | 183558 | 102299 | 20012 | 9084 | 131677 | 49278 |
| 草堰镇 | Caoyan Town | 39670 | 18072 | 9589 | 4646 | 6769 | 52032 |
| 白驹镇 | Baiju Town | 40310 | 19966 | 11300 | 5709 | 8517 | 75287 |
| 刘庄镇 | Liuzhuang Town | 43723 | 23043 | 9624 | 5104 | 6806 | 56843 |
| 西团镇 | Xituan Town | 29552 | 15643 | 8681 | 4531 | 19719 | 40681 |
| 小海镇 | Xiaohai Town | 39472 | 20112 | 12114 | 6489 | 4169 | 42316 |
| 大桥镇 | Daqiao Town | 32883 | 16176 | 10254 | 4404 | 8040 | 39481 |
| 草庙镇 | Caomiao Town | 27756 | 17172 | 12279 | 4333 | 6980 | 47088 |
| 万盈镇 | Wanying Town | 48356 | 25645 | 14256 | 6868 | 10396 | 41649 |
| 南阳镇 | Nanyang Town | 37223 | 17130 | 9352 | 4899 | 14304 | 22339 |
| 新丰镇 | Xinfeng Town | 106506 | 47395 | 27431 | 12819 | 30090 | 58845 |
| 三龙镇 | Sanlong Town | 55568 | 31263 | 15257 | 6781 | 5377 | 35369 |
| **扬州市** | **Yangzhou City** | | | | | | |
| **市辖区** | **Municipal District** | | | | | | |
| 杭集镇 | Hangji Town | 36776 | 21723 | 4026 | 948 | 44142 | 12890 |

续 表 21 Continued 21

| 名 称 | Name | 总人口（人）Total Population (person) | 从业人员（人）Employment (person) | 土地面积（公顷）Land Area (hectare) | 耕地面积（公顷）Cultivated Area (hectare) | 财政收入（万元）Financial Revenue (10000 yuan) | 粮食产量（吨）Output of Grain (ton) |
|---|---|---|---|---|---|---|---|
| 李典镇 | Lidian Town | 43433 | 25158 | 7045 | 1932 | 84215 | 27450 |
| 沙头镇 | Shatou Town | 36358 | 21199 | 5606 | 2252 | 29314 | 21278 |
| 头桥镇 | Touqiao Town | 43613 | 22883 | 6421 | 2644 | 13511 | 30489 |
| 泰安镇 | Taian Town | 20110 | 12770 | 3209 | 1004 | 6821 | 11218 |
| 湾头镇 | Wantou Town | 27275 | 16943 | 2760 | 454 | 11599 | 5910 |
| 汤汪乡 | Tangwang Country | 17042 | 6065 | 1030 | 96 | 10300 | 0 |
| 公道镇 | Gongdao Town | 37014 | 18659 | 10605 | 2459 | 11128 | 31477 |
| 方巷镇 | Fangxiang Town | 43466 | 24736 | 8936 | 2780 | 13626 | 34632 |
| 槐泗镇 | Huaisi Town | 48354 | 22175 | 6725 | 2434 | 43485 | 26489 |
| 瓜洲镇 | Guazhou Town | 17183 | 8948 | 1602 | 294 | 16577 | 3115 |
| 杨寿镇 | YangshouTown | 21732 | 15407 | 3940 | 1667 | 10699 | 17689 |
| 杨庙镇 | Yangmiao Town | 21928 | 13200 | 3102 | 1325 | 14203 | 11563 |
| 西湖镇 | Xihu Town | 39651 | 18153 | 2700 | 747 | 20700 | 5713 |
| 施桥镇 | Shiqiao Town | 35729 | 21467 | 3099 | 715 | 14300 | 7228 |
| 八里镇 | Bali Town | 23414 | 14161 | 2326 | 388 | 6047 | 2224 |
| 朴席镇 | Puxi Town | 32449 | 17625 | 4301 | 2161 | 2013 | 23545 |
| 平山乡 | Pingshan Country | 13297 | 6660 | 856 | 169 | 12000 | 283 |
| 双桥乡 | Shuangqiao Country | 9569 | 4537 | 639 | 0 | 39000 | 0 |
| 城北乡 | Chengbei Country | 38790 | 26112 | 1800 | 300 | 9600 | 3243 |
| 仙女镇 | Xiannu Town | 138110 | 84035 | 14158 | 3843 | 157508 | 52533 |
| 小纪镇 | Xiaoji Town | 93139 | 44913 | 17778 | 7512 | 28512 | 98244 |
| 武坚镇 | Wujian Town | 42173 | 26872 | 6180 | 3517 | 15949 | 42545 |
| 樊川镇 | Fanchuan Town | 68614 | 45705 | 11758 | 5923 | 13407 | 78888 |
| 真武镇 | Zhenwu Town | 55533 | 34985 | 6712 | 3342 | 12230 | 41978 |
| 宜陵镇 | Yiling Town | 53419 | 25113 | 5986 | 2289 | 15677 | 30442 |
| 丁沟镇 | Dinggou Town | 61957 | 42278 | 10232 | 4702 | 12775 | 59174 |
| 郭村镇 | Guocun Town | 88492 | 37542 | 10450 | 4212 | 9568 | 64264 |
| 邵伯镇 | Shaobo Town | 76569 | 60706 | 11465 | 2990 | 35493 | 51710 |
| 丁伙镇 | Dinghuo Town | 50000 | 38500 | 8020 | 3427 | 21519 | 33180 |
| 大桥镇 | Daqiao Town | 137597 | 104859 | 15566 | 4831 | 66000 | 69257 |
| 吴桥镇 | Wuqiao Town | 47020 | 22900 | 5596 | 2765 | 8133 | 33270 |
| 浦头镇 | Putou Town | 47124 | 24106 | 4290 | 1813 | 7800 | 24011 |
| **宝应县** | **Baoying County** | | | | | | |
| 安宜镇 | Anyi Town | 130800 | 90929 | 14135 | 4270 | 80517 | 55514 |

| 名 称 | Name | 总人口（人）Total Population (person) | 从业人员（人）Employment (person) | 土地面积（公顷）Land Area (hectare) | 耕地面积（公顷）Cultivated Area (hectare) | 财政收入（万元）Financial Revenue (10000 yuan) | 粮食产量（吨）Output of Grain (ton) |
|---|---|---|---|---|---|---|---|
| 范水镇 | Fanshui Town | 95736 | 51100 | 17200 | 6967 | 16396 | 111125 |
| 夏集镇 | Xiaji Town | 62281 | 30287 | 12200 | 5840 | 12159 | 92639 |
| 柳堡镇 | Liubao Town | 51644 | 30953 | 11740 | 4729 | 14737 | 75061 |
| 射阳湖镇 | Sheyanghu Town | 89757 | 45968 | 19650 | 7329 | 17007 | 112908 |
| 广洋湖镇 | Guangyanghu Town | 34081 | 21374 | 9020 | 3179 | 8214 | 53504 |
| 鲁垛镇 | Luduo Town | 33090 | 20503 | 6130 | 3072 | 6066 | 50010 |
| 小官庄镇 | Xiaoguanzhuang Town | 30050 | 19405 | 4600 | 2857 | 6427 | 42283 |
| 望直港镇 | Wangzhigang Town | 63329 | 40262 | 9000 | 4497 | 18956 | 69143 |
| 曹甸镇 | Caodian Town | 62332 | 36248 | 10000 | 4160 | 11588 | 65732 |
| 西安丰镇 | Xianfeng Town | 29642 | 16649 | 5839 | 1850 | 8090 | 31278 |
| 山阳镇 | Shanyang Town | 53804 | 30485 | 12277 | 4281 | 8609 | 64999 |
| 黄塍镇 | Huangcheng Town | 25803 | 15693 | 4200 | 1865 | 5247 | 26925 |
| 泾河镇 | Jinghe Town | 57574 | 26567 | 8317 | 3941 | 7671 | 60038 |
| **仪征市** | **Yizheng City** | | | | | | |
| 真州镇 | Zhenzhou Town | 140374 | 71845 | 6084 | 1456 | 141488 | 11018 |
| 青山镇 | Qingshan Town | 32871 | 21058 | 4603 | 1445 | 8548 | 5768 |
| 新集镇 | Xinji Town | 43232 | 25520 | 6389 | 3375 | 16267 | 34041 |
| 新城镇 | Xincheng Town | 47750 | 28616 | 7822 | 3118 | 12741 | 25576 |
| 马集镇 | Maji Town | 30181 | 17002 | 6573 | 3248 | 9472 | 26452 |
| 刘集镇 | Liuji Town | 46566 | 25985 | 9065 | 5164 | 23924 | 41110 |
| 陈集镇 | Chenji Town | 38370 | 19496 | 8155 | 4602 | 5685 | 38979 |
| 大仪镇 | Dayi Town | 46536 | 28976 | 10863 | 6366 | 11343 | 57955 |
| 月塘乡 | Yuetang Country | 57434 | 28978 | 14446 | 6898 | 11085 | 53091 |
| **高邮市** | **Gaoyou City** | | | | | | |
| 高邮镇 | Gaoyou Town | 151169 | 99907 | 4313 | 850 | 68539 | 20791 |
| 龙虬镇 | Longqiu Town | 35798 | 18916 | 3987 | 2133 | 7543 | 36138 |
| 马棚镇 | Mapeng Town | 18247 | 11774 | 2266 | 1854 | 2111 | 22301 |
| 车逻镇 | Cheluo Town | 32375 | 14602 | 3644 | 2604 | 10518 | 40622 |
| 八桥镇 | Baqiao Town | 22457 | 13895 | 4000 | 2243 | 5656 | 25746 |
| 汉留镇 | Hanliu Town | 29590 | 15648 | 6670 | 3396 | 8022 | 47632 |
| 汤庄镇 | Tangzhuang Town | 32931 | 23400 | 4633 | 3620 | 11162 | 55000 |
| 卸甲镇 | Xiejia Town | 57007 | 31770 | 12387 | 5760 | 14520 | 94116 |
| 三垛镇 | Sanduo Town | 55429 | 32766 | 7537 | 5019 | 8628 | 64826 |
| 甘垛镇 | Ganduo Town | 37799 | 18327 | 8839 | 4150 | 4836 | 41765 |

| 名 称 | Name | 总人口（人）Total Population (person) | 从业人员（人）Employment (person) | 土地面积（公顷）Land Area (hectare) | 耕地面积（公顷）Cultivated Area (hectare) | 财政收入（万元）Financial Revenue (10000 yuan) | 粮食产量（吨）Output of Grain (ton) |
|---|---|---|---|---|---|---|---|
| 司徒镇 | Situ Town | 21460 | 15845 | 7478 | 1904 | 2754 | 25924 |
| 横泾镇 | Hengjing Town | 22316 | 13489 | 6133 | 2207 | 2567 | 21165 |
| 界首镇 | Jieshou Town | 33141 | 16462 | 8580 | 2462 | 5915 | 37599 |
| 周山镇 | Zhoushan Town | 26973 | 15445 | 6202 | 3116 | 3312 | 41072 |
| 周巷镇 | Zhouxiang Town | 32256 | 16125 | 8130 | 3369 | 6616 | 55305 |
| 临泽镇 | Linze Town | 59417 | 32972 | 11810 | 4532 | 8187 | 76085 |
| 送桥镇 | Songqiao Town | 25425 | 14530 | 4750 | 1838 | 7664 | 25681 |
| 郭集镇 | Guoji Town | 22590 | 21740 | 5400 | 2453 | 12642 | 36192 |
| 天山镇 | Tianshan Town | 20477 | 16925 | 4672 | 2300 | 14406 | 24566 |
| 菱塘回族乡 | Lingtang Huizu Country | 23276 | 14362 | 5392 | 1958 | 15808 | 23333 |
| **镇江市** | **Zhenjiang City** | | | | | | |
| **市辖区** | **Municipal District** | | | | | | |
| 姚桥镇 | Yaoqiao Town | 44433 | 27105 | 5588 | 2581 | 5846 | 29992 |
| 大路镇 | Dalu Town | 30018 | 15461 | 1750 | 1277 | 5885 | 16363 |
| 丁岗镇 | Dinggang Town | 29159 | 13180 | 3536 | 1272 | 6219 | 14521 |
| 高桥镇 | Gaoqiao Town | 20138 | 12972 | 4022 | 1279 | 7050 | 15381 |
| 辛丰镇 | Xinfeng Town | 52369 | 33441 | 7488 | 2700 | 23690 | 29923 |
| 谷阳镇 | Guyang Town | 30290 | 18727 | 4675 | 1935 | 17205 | 19125 |
| 上党镇 | Shangdang Town | 50338 | 29075 | 11263 | 3665 | 14707 | 31246 |
| 宝堰镇 | Baoyan Town | 25522 | 13925 | 4019 | 1786 | 5372 | 22528 |
| 世业镇 | Shiye Town | 14542 | 7087 | 2930 | 1248 | 5482 | 17810 |
| **丹阳市** | **Danyang City** | | | | | | |
| 司徒镇 | Situ Town | 61530 | 38579 | 10177 | 5062 | 44545 | 37702 |
| 延陵镇 | Yanling Town | 76942 | 43507 | 11552 | 5783 | 22376 | 64848 |
| 珥陵镇 | Erling Town | 51620 | 29005 | 8367 | 4835 | 10771 | 47414 |
| 导墅镇 | Daoshu Town | 50648 | 26657 | 8060 | 4649 | 20985 | 49842 |
| 皇塘镇 | Huangtang Town | 58405 | 39611 | 8044 | 4199 | 29934 | 45645 |
| 吕城镇 | Lucheng Town | 52007 | 28623 | 6799 | 3972 | 26737 | 39916 |
| 陵口镇 | Lingkou Town | 44446 | 27061 | 6440 | 3976 | 11711 | 40007 |
| 访仙镇 | Fangxian Town | 51653 | 28787 | 7379 | 4419 | 18173 | 46338 |
| 界牌镇 | Jiepai Town | 53160 | 33528 | 2363 | 801 | 49087 | 8338 |
| 新桥镇 | Xinqiao Town | 38050 | 23333 | 2618 | 1057 | 47344 | 8915 |
| 后巷镇 | Houxiang Town | 57706 | 36432 | 4965 | 1739 | 69055 | 14648 |
| 埤城镇 | Picheng Town | 23315 | 14833 | 3929 | 1571 | 30113 | 15113 |

续 表 24 Continued 24

| 名 称 Name | | 总人口（人）Total Population (person) | 从业人员（人）Employment (person) | 土地面积（公顷）Land Area (hectare) | 耕地面积（公顷）Cultivated Area (hectare) | 财政收入（万元）Financial Revenue (10000 yuan) | 粮食产量（吨）Output of Grain (ton) |
|---|---|---|---|---|---|---|---|
| 云阳镇 | Yunyang Town | 172842 | 103655 | 7201 | 3776 | 177645 | 30960 |
| **扬中市** | **Yangzhong City** | | | | | | |
| 新坝镇 | Xinba Town | 55147 | 31079 | 4920 | 1992 | 101103 | 21291 |
| 油坊镇 | Youfang Town | 46552 | 27480 | 4593 | 2208 | 39433 | 25578 |
| 八桥镇 | Baqiao Town | 37832 | 21530 | 3458 | 1582 | 19424 | 17778 |
| 西来桥镇 | Xilaiqiao Town | 20144 | 10837 | 1950 | 852 | 8920 | 7811 |
| **句容市** | **Jurong City** | | | | | | |
| 华阳镇 | Huayang Towm | 44293 | 25004 | 11600 | 3412 | 50667 | 27364 |
| 下蜀镇 | Xiashu Town | 40228 | 18191 | 12200 | 2341 | 49138 | 20887 |
| 白兔镇 | Baitu Town | 40984 | 23060 | 11550 | 4450 | 12897 | 38567 |
| 边城镇 | Biancheng Town | 35298 | 18036 | 10900 | 2964 | 18494 | 26323 |
| 茅山镇 | Maoshan Town | 29471 | 16121 | 8100 | 2963 | 4528 | 25412 |
| 后白镇 | Houbai Town | 51612 | 29804 | 14328 | 4766 | 13646 | 46184 |
| 郭庄镇 | Guozhuang Town | 55935 | 29458 | 11700 | 4528 | 10136 | 47020 |
| 天王镇 | Tianwang Town | 55336 | 29368 | 13154 | 4704 | 8695 | 46056 |
| 宝华镇 | Baohua Town | 23470 | 11773 | 10000 | 821 | 25043 | 10937 |
| **泰州市** | **Taizhou City** | | | | | | |
| **市辖区** | **Municipal District** | | | | | | |
| 九龙镇 | Jiulong Town | 26553 | 14836 | 2680 | 837 | 30510 | 11430 |
| 罡杨镇 | Gangyang Town | 23102 | 14921 | 3400 | 1748 | 15016 | 23491 |
| 苏陈镇 | Suchen Town | 42392 | 25291 | 4580 | 2640 | 17573 | 31632 |
| 永安洲镇 | Yonganzhou Town | 29470 | 17325 | 5291 | 1211 | 71628 | 16543 |
| 白马镇 | Baima Town | 22232 | 12466 | 2402 | 1250 | 8828 | 13878 |
| 胡庄镇 | Huzhuang Town | 46990 | 25431 | 4938 | 3321 | 3041 | 34012 |
| 大泗镇 | Dasi Town | 29776 | 15021 | 3000 | 1732 | 5033 | 19658 |
| 野徐镇 | Yexu Town | 23462 | 13051 | 2267 | 873 | 8372 | 9876 |
| **兴化市** | **Xinghua City** | | | | | | |
| 戴窑镇 | Daiyao Town | 69112 | 30147 | 10045 | 5675 | 14932 | 70675 |
| 合陈镇 | Hechen Town | 54663 | 25180 | 9928 | 5939 | 10293 | 66340 |
| 永丰镇 | Yongfeng Town | 50590 | 20550 | 7802 | 4425 | 4110 | 69971 |
| 新垛镇 | Xinduo Town | 26711 | 10495 | 4903 | 2520 | 3118 | 31673 |
| 安丰镇 | Anfeng Town | 79863 | 32164 | 9900 | 5380 | 22778 | 56609 |
| 海南镇 | Hainan Town | 37152 | 15223 | 7209 | 4141 | 4538 | 51422 |
| 钓鱼镇 | Diaoyu Town | 45976 | 18519 | 7552 | 4189 | 4746 | 58664 |
| 大邹镇 | Dazou Town | 28226 | 10515 | 4656 | 2719 | 2275 | 26180 |

续 表 25 Continued 25

| 名 称 Name | | 总人口（人）Total Population (person) | 从业人员（人）Employment (person) | 土地面积（公顷）Land Area (hectare) | 耕地面积（公顷）Cultivated Area (hectare) | 财政收入（万元）Financial Revenue (10000 yuan) | 粮食产量（吨）Output of Grain (ton) |
|---|---|---|---|---|---|---|---|
| 沙 沟 镇 | Shagou Town | 27812 | 9951 | 7003 | 2030 | 3371 | 21272 |
| 中 堡 镇 | Zhongbao Town | 35398 | 14913 | 8320 | 2835 | 4740 | 39037 |
| 李 中 镇 | Lizhong Town | 32111 | 15418 | 8100 | 2600 | 3342 | 34085 |
| 西 郊 镇 | Xijiao Town | 29554 | 15089 | 7024 | 3416 | 6013 | 31923 |
| 临 城 镇 | Lincheng Town | 51029 | 23807 | 9247 | 5427 | 38924 | 54421 |
| 垛 田 镇 | Duotian Town | 53684 | 27919 | 5955 | 2132 | 9947 | 2263 |
| 竹 泓 镇 | Zhuhong Town | 39729 | 17354 | 6450 | 2950 | 4161 | 41799 |
| 沈 沦 镇 | Shenlun Town | 28274 | 11790 | 4959 | 3019 | 7815 | 31205 |
| 大 垛 镇 | Daduo Town | 43024 | 19286 | 7363 | 3650 | 12576 | 58689 |
| 荻 垛 镇 | Diduo Town | 42407 | 18609 | 7200 | 3469 | 11913 | 62293 |
| 陶 庄 镇 | Taozhuang Town | 44366 | 16965 | 6960 | 4133 | 5471 | 53330 |
| 昌 荣 镇 | Changrong Town | 36916 | 17687 | 6180 | 3500 | 5744 | 55050 |
| 茅 山 镇 | Maoshan Town | 30414 | 11739 | 4304 | 2760 | 12263 | 33601 |
| 周 庄 镇 | Zhouzhuang Town | 56116 | 27027 | 9252 | 5419 | 11685 | 68902 |
| 陈 堡 镇 | Chenbao Town | 45260 | 18938 | 8068 | 4433 | 20380 | 57374 |
| 戴 南 镇 | Dainan Town | 126918 | 56815 | 10773 | 5085 | 152247 | 61448 |
| 张 郭 镇 | Zhangguo Town | 63481 | 37636 | 8450 | 4126 | 57253 | 51779 |
| 昭 阳 镇 | Zhaoyang Town | 161284 | 102467 | 5100 | 1011 | 90927 | 9868 |
| 大 营 镇 | Daying Town | 27933 | 10672 | 5067 | 3350 | 2002 | 41656 |
| 下 圩 镇 | Xiawei Town | 25406 | 10473 | 4912 | 3140 | 2444 | 42016 |
| 城 东 镇 | Chengdong Town | 30489 | 14456 | 5547 | 3424 | 6914 | 28489 |
| 老 圩 乡 | Laowei Country | 27802 | 11679 | 5243 | 2997 | 3243 | 36709 |
| 周 奋 乡 | Zhoufen Country | 27743 | 12300 | 5730 | 2524 | 869 | 19555 |
| 缸 顾 乡 | Ganggu Country | 20826 | 9676 | 4633 | 2045 | 4323 | 23167 |
| 西 鲍 乡 | Xibao Country | 28795 | 16588 | 5241 | 3092 | 3406 | 39578 |
| 林 湖 乡 | Linhu Country | 38338 | 14951 | 6638 | 3487 | 3609 | 37932 |
| **靖 江 市** | **Jingjiang City** | | | | | | |
| 新 桥 镇 | Xinqiao Town | 68750 | 29584 | 6135 | 3025 | 68552 | 42598 |
| 东 兴 镇 | Dongxing Town | 34870 | 21902 | 3568 | 2042 | 21958 | 25978 |
| 斜 桥 镇 | Xieqiao Town | 53117 | 28751 | 4398 | 1657 | 15816 | 21845 |
| 西 来 镇 | Xilai Town | 49180 | 22717 | 4666 | 2524 | 19772 | 32934 |
| 季 市 镇 | Jishi Town | 48770 | 22252 | 4163 | 2018 | 14552 | 28361 |
| 孤 山 镇 | Gushan Town | 61657 | 33862 | 4799 | 3183 | 13598 | 41558 |
| 生 祠 镇 | Shengci Town | 49944 | 27032 | 7019 | 4294 | 12836 | 53891 |
| 马 桥 镇 | Maqiao Town | 36851 | 21287 | 5031 | 2936 | 11157 | 38530 |

| 名 称 Name | | 总人口（人）Total Population (person) | 从业人员（人）Employment (person) | 土地面积（公顷）Land Area (hectare) | 耕地面积（公顷）Cultivated Area (hectare) | 财政收入（万元）Financial Revenue (10000 yuan) | 粮食产量（吨）Output of Grain (ton) |
|---|---|---|---|---|---|---|---|
| **泰兴市** | **Taixing City** | | | | | | |
| 黄桥镇 | Huangqiao Town | 191589 | 91507 | 17501 | 8862 | 55631 | 110850 |
| 分界镇 | Fenjie Town | 60454 | 30918 | 7088 | 3733 | 3772 | 48135 |
| 古溪镇 | Guxi Town | 57762 | 31965 | 7082 | 3794 | 5959 | 48540 |
| 元竹镇 | Yuanzhu Town | 39304 | 21971 | 4754 | 2384 | 4631 | 28689 |
| 珊瑚镇 | Shanhu Town | 51558 | 29233 | 4951 | 2735 | 5977 | 35448 |
| 广陵镇 | Guangling Town | 57009 | 30559 | 5866 | 2902 | 4589 | 37095 |
| 曲霞镇 | Quxia Town | 32606 | 17598 | 3526 | 1981 | 1838 | 25368 |
| 张桥镇 | Zhangqiao Town | 57082 | 30068 | 6177 | 3226 | 11318 | 50318 |
| 河失镇 | Heshi Town | 54649 | 29084 | 6456 | 3210 | 5917 | 44071 |
| 新街镇 | Xinjie Town | 60104 | 33103 | 7214 | 3604 | 4975 | 43302 |
| 姚王镇 | Yaowang Town | 52992 | 29767 | 6688 | 2516 | 28683 | 34607 |
| 宣堡镇 | Xuanbao Town | 33284 | 17665 | 3216 | 1769 | 6376 | 20044 |
| 滨江镇 | Binjiang Town | 98905 | 51601 | 9467 | 4399 | 171034 | 60442 |
| 虹桥镇 | Hongqiao Town | 79717 | 40820 | 9542 | 4461 | 54962 | 64626 |
| 根思乡 | Gensi Country | 50288 | 26369 | 5065 | 3236 | 6262 | 37911 |
| **姜堰市** | **Jiangyan City** | | | | | | |
| 姜堰镇 | Jiangyan Town | 196810 | 92407 | 9103 | 3628 | 212167 | 35984 |
| 溱潼镇 | Qintong Town | 33554 | 20113 | 3861 | 1275 | 14878 | 10928 |
| 蒋垛镇 | Jiangduo Town | 49676 | 31000 | 6505 | 4153 | 7358 | 39517 |
| 顾高镇 | Gugao Town | 28261 | 16375 | 3820 | 2442 | 6926 | 23339 |
| 大伦镇 | Dalun Town | 35864 | 17945 | 5503 | 3452 | 6934 | 34603 |
| 张甸镇 | Zhangdian Town | 81476 | 40497 | 9360 | 5755 | 14972 | 64356 |
| 梁徐镇 | Liangxu Town | 55361 | 26549 | 6557 | 3900 | 19751 | 40756 |
| 桥头镇 | Qiaotou Town | 24664 | 15469 | 3799 | 2235 | 6249 | 25226 |
| 淤溪镇 | Yuxi Town | 39790 | 26097 | 7168 | 3580 | 7663 | 24027 |
| 白米镇 | Baimi Town | 44294 | 28458 | 5488 | 3249 | 35800 | 37623 |
| 娄庄镇 | Louzhuang Town | 45312 | 23162 | 6792 | 3852 | 16255 | 50674 |
| 沈高镇 | Shengao Town | 39774 | 23835 | 5673 | 2807 | 14840 | 36715 |
| 兴泰镇 | Xingtai Town | 24840 | 15324 | 3691 | 2045 | 9528 | 28340 |
| 俞垛镇 | Yuduo Town | 47286 | 25671 | 7980 | 4365 | 14140 | 47621 |
| 华港镇 | Huagang Town | 40502 | 22922 | 6977 | 3642 | 13150 | 35737 |
| **宿迁市** | **Suqian City** | | | | | | |
| **市辖区** | **Municipal District** | | | | | | |
| 双庄镇 | Shuangzhuang Town | 35309 | 20471 | 4178 | 1012 | 9192 | 8538 |

续 表 27 Continued 27

| 名称<br>Name | | 总人口（人）<br>Total Population (person) | 从业人员（人）<br>Employment (person) | 土地面积（公顷）<br>Land Area (hectare) | 耕地面积（公顷）<br>Cultivated Area (hectare) | 财政收入（万元）<br>Financial Revenue (10000 yuan) | 粮食产量（吨）<br>Output of Grain (ton) |
|---|---|---|---|---|---|---|---|
| 耿车镇 | Gengche Town | 34459 | 18503 | 3501 | 1328 | 4460 | 14517 |
| 埠子镇 | Buzi Town | 54464 | 32298 | 5242 | 2379 | 3756 | 24880 |
| 龙河镇 | Longhe Town | 50300 | 28398 | 5800 | 2600 | 2683 | 28020 |
| 洋北镇 | Yangbei Town | 29105 | 18702 | 4400 | 2249 | 2291 | 20454 |
| 仓集镇 | Cangji Town | 43615 | 23622 | 4683 | 3252 | 1769 | 33100 |
| 洋河镇 | Yanghe Town | 103005 | 49863 | 8998 | 3861 | 43288 | 30849 |
| 中扬镇 | Zhongyang Town | 50968 | 28605 | 9315 | 5562 | 2069 | 55338 |
| 郑楼镇 | Zhenglou Town | 43274 | 21493 | 6086 | 2628 | 3552 | 31791 |
| 陈集镇 | Chenji Town | 46232 | 16166 | 6867 | 3695 | 2159 | 34135 |
| 罗圩乡 | Luowei Country | 36441 | 24129 | 4379 | 2573 | 3174 | 22727 |
| 南蔡乡 | Nancai Country | 32165 | 18437 | 3890 | 1991 | 2428 | 16506 |
| 屠园乡 | Tuyuan Country | 35405 | 20809 | 6298 | 4221 | 1353 | 51765 |
| 顺河镇 | Shunhe Town | 77319 | 37260 | 6880 | 1760 | 14166 | 16308 |
| 晓店镇 | Xiaodian Town | 55824 | 26921 | 15266 | 3054 | 22500 | 29811 |
| 蔡集镇 | Caiji Town | 43384 | 23125 | 4900 | 2613 | 3706 | 20910 |
| 王官集镇 | Wangguanji Town | 51760 | 23505 | 6270 | 2973 | 2699 | 34779 |
| 皂河镇 | Zaohe Town | 48572 | 22367 | 26409 | 2152 | 3048 | 33588 |
| 仰化镇 | Yanghua Town | 36695 | 20545 | 5236 | 2560 | 2019 | 28600 |
| 大兴镇 | Daxing Town | 50137 | 30125 | 5838 | 3162 | 3328 | 25120 |
| 丁嘴镇 | Dingzui Town | 34278 | 17220 | 5300 | 2390 | 1895 | 24000 |
| 来龙镇 | Lailong Town | 38388 | 20851 | 7496 | 4190 | 3102 | 51143 |
| 黄墩镇 | Huangdun Town | 25841 | 11538 | 5125 | 2460 | 2328 | 40100 |
| 陆集镇 | Luji Town | 24143 | 13496 | 4208 | 2270 | 2699 | 21429 |
| 关庙镇 | Guanmiao Town | 39708 | 24123 | 7946 | 4310 | 2623 | 46280 |
| 侍岭镇 | Shiling Town | 32575 | 14538 | 5806 | 2773 | 2638 | 32022 |
| 新庄镇 | Xinzhuang Town | 23950 | 11742 | 5368 | 2850 | 1390 | 40762 |
| 井头乡 | Jingtou Country | 19818 | 10282 | 3293 | 1287 | 15000 | 12698 |
| 曹集乡 | Caoji Country | 31604 | 16573 | 4700 | 2530 | 2796 | 26881 |
| 保安乡 | Baoan Country | 22328 | 12461 | 4460 | 3026 | 1867 | 35316 |
| **沭阳县** | **Shuyang City** | | | | | | |
| 沭城镇 | Shucheng Town | 395246 | 217860 | 27715 | 13360 | 105000 | 121200 |
| 陇集镇 | Longji Town | 26201 | 16785 | 4688 | 3260 | 9801 | 25200 |
| 胡集镇 | Huji Town | 54801 | 29182 | 6868 | 3584 | 9864 | 32314 |
| 钱集镇 | Qianji Town | 33901 | 17996 | 4949 | 2980 | 2847 | 31950 |
| 塘沟镇 | Tanggou Town | 43859 | 22790 | 5795 | 3996 | 6389 | 34681 |

| 名 称 | Name | 总人口（人） Total Population (person) | 从业人员（人） Employment (person) | 土地面积（公顷） Land Area (hectare) | 耕地面积（公顷） Cultivated Area (hectare) | 财政收入（万元） Financial Revenue (10000 yuan) | 粮食产量（吨） Output of Grain (ton) |
|---|---|---|---|---|---|---|---|
| 马厂镇 | Machang Town | 70532 | 39496 | 8412 | 5484 | 7623 | 54541 |
| 沂涛镇 | Yitao Town | 75656 | 41017 | 9456 | 5984 | 6047 | 60034 |
| 庙头镇 | Miaotou Town | 49244 | 23776 | 5847 | 3609 | 5730 | 24360 |
| 韩山镇 | Hanshan Town | 43621 | 19824 | 6557 | 4111 | 8356 | 44706 |
| 华冲镇 | Huachong Town | 49983 | 23186 | 5455 | 3750 | 5335 | 39619 |
| 桑墟镇 | Sangxu Town | 52783 | 25914 | 5319 | 2719 | 10241 | 27000 |
| 悦来镇 | Yuelai Town | 45188 | 25838 | 8803 | 5772 | 3173 | 50610 |
| 刘集镇 | Liuji Town | 38846 | 21812 | 7200 | 4968 | 8228 | 47772 |
| 李恒镇 | Liheng Town | 44122 | 20790 | 6688 | 4400 | 4180 | 28210 |
| 扎下镇 | Zhaxia Town | 56354 | 28713 | 5534 | 2900 | 11293 | 7072 |
| 颜集镇 | Yanji Town | 58068 | 34980 | 9968 | 6539 | 5995 | 11080 |
| 潼阳镇 | Tongyang Town | 50708 | 26350 | 9968 | 6539 | 4650 | 41750 |
| 龙庙镇 | Longmiao Town | 52764 | 31368 | 4860 | 2510 | 4485 | 29047 |
| 高墟镇 | Gaoxu Town | 38321 | 20806 | 6115 | 3856 | 5615 | 48990 |
| 耿圩镇 | Gengwei Town | 36656 | 21628 | 7044 | 3925 | 4385 | 51328 |
| 汤涧镇 | Tangjian Town | 41110 | 17178 | 5500 | 3032 | 6371 | 32225 |
| 新河镇 | Xinhe Town | 42324 | 23014 | 4860 | 2650 | 6767 | 0 |
| 贤官镇 | Xianguan Town | 50846 | 31731 | 5029 | 3394 | 14306 | 26006 |
| 吴集镇 | Wuji Town | 46771 | 20303 | 7305 | 4067 | 4866 | 37125 |
| 湖东镇 | Hudong Town | 41799 | 21440 | 6343 | 4530 | 5062 | 61301 |
| 青伊湖镇 | Qingyihu Town | 39718 | 18755 | 5000 | 2760 | 7178 | 31426 |
| 北丁集乡 | Beidingji Country | 28347 | 13586 | 3880 | 2021 | 3508 | 23426 |
| 周集乡 | Zhouji Country | 28936 | 15480 | 4387 | 2673 | 3100 | 33412 |
| 东小店乡 | Dongxiaodian Country | 34099 | 17082 | 5099 | 3139 | 4154 | 31898 |
| 张圩乡 | Zhangwei Country | 27260 | 17240 | 3902 | 2450 | 2793 | 21235 |
| 茆圩乡 | Maowei Country | 42916 | 25130 | 7223 | 5180 | 5434 | 36715 |
| 西圩乡 | Xiwei Country | 30899 | 17890 | 4776 | 3820 | 2938 | 6360 |
| 万匹乡 | Wanpi Country | 36343 | 16302 | 3500 | 2508 | 4065 | 25552 |
| 官墩乡 | Guandun Country | 28942 | 16549 | 5603 | 3635 | 3110 | 37472 |
| **泗阳县** | **Siyang County** | | | | | | |
| 众兴镇 | Zhongxing Town | 341715 | 141110 | 26200 | 9606 | 42273 | 107044 |
| 爱园镇 | Aiyuan Town | 56367 | 31151 | 6501 | 3514 | 5200 | 37699 |
| 王集镇 | Wangji Town | 76511 | 34682 | 8531 | 5089 | 9291 | 41390 |
| 裴圩镇 | Peiwei Town | 62303 | 33140 | 7686 | 4582 | 7280 | 35789 |
| 新袁镇 | Xinyuan Town | 45778 | 28793 | 5359 | 3691 | 4846 | 23105 |

| 名称 | Name | 总人口(人) Total Population (person) | 从业人员(人) Employment (person) | 土地面积(公顷) Land Area (hectare) | 耕地面积(公顷) Cultivated Area (hectare) | 财政收入(万元) Financial Revenue (10000 yuan) | 粮食产量(吨) Output of Grain (ton) |
|---|---|---|---|---|---|---|---|
| 李口镇 | Likou Town | 53070 | 29011 | 6585 | 3803 | 5119 | 29679 |
| 临河镇 | Linhe Town | 49339 | 27013 | 5872 | 2683 | 5656 | 24502 |
| 穿城镇 | Chuancheng Town | 39893 | 23360 | 5436 | 3332 | 3508 | 34931 |
| 张家圩镇 | Zhangjiawei Town | 39878 | 23724 | 5764 | 3535 | 4023 | 30890 |
| 高渡镇 | Gaodu Town | 36432 | 19283 | 5271 | 2916 | 3562 | 27399 |
| 卢集镇 | Luji Town | 42509 | 24360 | 8002 | 6030 | 3520 | 49240 |
| 庄圩乡 | Zhuangwei Country | 41187 | 18486 | 4876 | 3386 | 3834 | 29925 |
| 里仁乡 | Liren Country | 38097 | 20506 | 4482 | 2783 | 3658 | 24646 |
| 三庄乡 | Sanzhuang Country | 43594 | 22310 | 6588 | 4389 | 3368 | 38634 |
| 南刘集乡 | Nanliuji Country | 37991 | 19800 | 5828 | 4304 | 3397 | 24933 |
| 八集乡 | Baji Country | 27674 | 15570 | 3865 | 2092 | 2680 | 18596 |
| **泗洪县** | **Sihong County** | | | | | | |
| 青阳镇 | Qingyang Town | 215885 | 138972 | 25322 | 11533 | 48386 | 99768 |
| 双沟镇 | Shuanggou Town | 49808 | 29107 | 7428 | 2782 | 17845 | 17156 |
| 上塘镇 | Shangtang Town | 51567 | 29880 | 13299 | 6595 | 3744 | 58223 |
| 魏营镇 | Weiying Town | 36451 | 17719 | 10615 | 4365 | 4906 | 45250 |
| 临淮镇 | Linhuai Town | 16860 | 8767 | 2100 | 91 | 3105 | 884 |
| 半城镇 | Bancheng Town | 19029 | 8877 | 8300 | 741 | 2239 | 7672 |
| 孙园镇 | Sunyuan Town | 47015 | 19118 | 9604 | 5162 | 2765 | 59952 |
| 梅花镇 | Meihua Town | 33723 | 21087 | 9350 | 4757 | 8085 | 49580 |
| 归仁镇 | Guiren Town | 62538 | 24705 | 11459 | 6050 | 2653 | 54631 |
| 金锁镇 | Jinsuo Town | 44122 | 25234 | 8073 | 4391 | 3032 | 38675 |
| 朱湖镇 | Zhuhu Town | 40431 | 23133 | 7370 | 3595 | 4680 | 40800 |
| 界集镇 | Jieji Town | 42555 | 23088 | 8960 | 5862 | 4928 | 47081 |
| 太平镇 | Taiping Town | 34580 | 17138 | 7251 | 3618 | 1420 | 42315 |
| 龙集镇 | Longji Town | 44036 | 17720 | 8741 | 2880 | 2687 | 33155 |
| 四河乡 | Sihe Country | 34996 | 16944 | 5983 | 2239 | 1707 | 11222 |
| 峰山乡 | Fengshan Country | 26225 | 13688 | 5684 | 1818 | 4046 | 11432 |
| 天岗湖乡 | Tianganghu Country | 33276 | 15899 | 8918 | 3830 | 3945 | 28100 |
| 车门乡 | Chemen Country | 29424 | 12959 | 8436 | 3485 | 2080 | 42695 |
| 瑶沟乡 | Yaogou Country | 25822 | 13297 | 5664 | 2915 | 3402 | 33000 |
| 石集乡 | Shiji Country | 24131 | 11928 | 8940 | 3213 | 3095 | 43010 |
| 城头乡 | Chengtou Country | 21372 | 11722 | 7817 | 4864 | 4506 | 56880 |
| 陈圩乡 | Chenwei Country | 37496 | 18201 | 8821 | 3825 | 3500 | 53576 |
| 曹庙乡 | Caomiao Country | 36649 | 18390 | 9185 | 4845 | 3812 | 51253 |

# 附录

## 全国分省主要指标

## Appendix. Major Indicators by Region

# 简 要 说 明

**一、主要内容**

包括全国各省、自治区、直辖市经济社会主要指标。

**二、资料来源**

附录 1 －4 财政、金融，分别由财政部门和人民银行提供。

其余资料均来自中国统计出版社出版的《中国统计摘要 2011》，部分数据为初步统计数。其中江苏的数据与相应篇章内容保持一致。

# Brief Introduction

**I. Main Content**

Data in this charter include social and economic indicators of provinces, autonomous regions and municipalities.

**II. Source of Data**

Data on government finance and banking of Appendix 1 －4 are provided by Jiangsu provincial department of finance and Nanjing branch of the people's bank of china.

Other data in this charter come from *china statistics abstract 2011* published by china statistics press, and part of the data are preliminary statistics. Data of Jiangsu province are consistent with corresponding chapter.

# 附录1-1 人口及地区生产总值（2011年）
# Population and Gross Domestic Product (2011)

| 地 区 Region | | 常住人员（万人）Permanent Population (10000 persons) | 地区生产总值（亿元）Gross Domestic Products (100 million yuan) | 第一产业 Primary Industry | 第二产业 Secondary Industry | #工 业 Industry | 第三产业 Tertiary Industry | 人均地区生产总值（元）Per Capita GDP (yuan) |
|---|---|---|---|---|---|---|---|---|
| **全 国** | **National Total** | **134735** | **471564** | **47712** | **220592** | **188572** | **203260** | **35083** |
| 北 京 | Beijing | 2019 | 16011.4 | 136.2 | 3744.4 | 3039.0 | 12130.9 | 80394 |
| 天 津 | Tianjin | 1355 | 11191.0 | 159.1 | 5878.0 | 5380.5 | 5153.9 | 84337 |
| 河 北 | Hebei | 7241 | 24228.2 | 2905.7 | 13098.1 | 11741.9 | 8224.3 | 33571 |
| 山 西 | Shanxi | 3593 | 11100.2 | 641.4 | 6577.8 | 5903.9 | 3880.9 | 30974 |
| 内蒙古 | Inner Mongolia | 2482 | 14246.1 | 1304.9 | 8092.1 | 7158.9 | 4849.1 | 57515 |
| 辽 宁 | Liaoning | 4383 | 22025.9 | 1915.6 | 12150.7 | 10696.5 | 7959.6 | 50299 |
| 吉 林 | Jilin | 2749 | 10530.7 | 1277.4 | 5601.2 | 4907.7 | 3652.1 | 38321 |
| 黑龙江 | Heilongjiang | 3834 | 12503.8 | 1705.6 | 6317.3 | 5583.2 | 4481.0 | 32615 |
| 上 海 | Shanghai | 2347 | 19195.7 | 124.9 | 7959.7 | 7230.6 | 11111.1 | 82560 |
| **江 苏** | **Jiangsu** | **7899** | **49110.3** | **3064.8** | **25203.3** | **22280.6** | **20842.2** | **62290** |
| 浙 江 | Zhejiang | 5463 | 32000.1 | 1580.6 | 16404.2 | 14535.5 | 14015.4 | 58665 |
| 安 徽 | Anhui | 5968 | 15110.3 | 2020.3 | 8226.4 | 6979.6 | 4863.6 | 25340 |
| 福 建 | Fujian | 3720 | 17410.2 | 1610.6 | 9167.5 | 7775.1 | 6632.1 | 46972 |
| 江 西 | Jiangxi | 4488 | 11583.8 | 1391.1 | 6592.2 | 5611.9 | 3600.5 | 25884 |
| 山 东 | Shandong | 9637 | 45429.2 | 3973.8 | 24037.4 | 21290.3 | 17418.0 | 47260 |
| 河 南 | Henan | 9388 | 27232.0 | 3512.1 | 15887.4 | 14401.7 | 7832.6 | 28981 |
| 湖 北 | Hubei | 5758 | 19594.2 | 2569.3 | 9818.8 | 8538.0 | 7206.1 | 34131 |
| 湖 南 | Hunan | 6596 | 19635.2 | 2733.7 | 9324.7 | 8083.2 | 7576.8 | 29828 |
| 广 东 | Guangdong | 10505 | 52673.6 | 2659.8 | 26205.3 | 24408.1 | 23808.5 | 50295 |
| 广 西 | Guangxi | 4645 | 11714.4 | 2047.3 | 5736.8 | 4914.4 | 3930.3 | 25315 |
| 海 南 | Hainan | 877 | 2515.3 | 659.2 | 714.5 | 475.0 | 1141.6 | 28797 |
| 重 庆 | Chongqing | 2919 | 10011.1 | 844.5 | 5542.8 | 4690.5 | 3623.8 | 34500 |
| 四 川 | Sichuan | 8050 | 21026.7 | 2983.5 | 11027.9 | 9491.0 | 7015.3 | 26133 |
| 贵 州 | Guizhou | 3469 | 5701.8 | 726.2 | 2334.0 | 1969.7 | 2641.6 | 16413 |
| 云 南 | Yunnan | 4631 | 8751.0 | 1407.8 | 3991.0 | 3205.9 | 3352.2 | 18957 |
| 西 藏 | Tibet | 303 | 605.8 | 74.4 | 209.5 | 48.9 | 321.9 | 20077 |
| 陕 西 | Shaanxi | 3743 | 12391.3 | 1220.9 | 6836.3 | 5727.8 | 4334.1 | 33142 |
| 甘 肃 | Gansu | 2564 | 5000.5 | 678.2 | 2524.3 | 2071.3 | 1798.0 | 19517 |
| 青 海 | Qinghai | 568 | 1634.7 | 155.4 | 939.1 | 775.7 | 540.2 | 28891 |
| 宁 夏 | Ningxia | 639 | 2060.8 | 184.1 | 1076.0 | 836.9 | 800.7 | 32392 |
| 新 疆 | Xinjiang | 2209 | 6474.5 | 1139.0 | 3289.8 | 2764.1 | 2045.7 | 29496 |

注：地区生产总值为初步核算数。

Note: Data of grass domestre products are preliminary verification data.

# 附录 1－2　地区生产总值构成及增速（2011 年）

## Structure and Growth Rate of Gross Domestic Product (2011)

| 地　区 Region | | 地区生产总值构成（%）Structure of GDP(%) | 第一产业 Primary Industry | 第二产业 Secondary Industry | #工　业 Industry | 第三产业 Tertiary Industry | 地区生产总值比上年增长（%）Growth Rate of GDP Over Preceding Year (%) |
|---|---|---|---|---|---|---|---|
| **全　国** | **National Total** | **100.0** | **10.1** | **46.8** | **40.0** | **43.1** | **9.2** |
| 北　京 | Beijing | 100.0 | 0.9 | 23.4 | 19.0 | 75.8 | 8.1 |
| 天　津 | Tianjin | 100.0 | 1.4 | 52.5 | 48.1 | 46.1 | 16.4 |
| 河　北 | Hebei | 100.0 | 12.0 | 54.1 | 48.5 | 33.9 | 11.3 |
| 山　西 | Shanxi | 100.0 | 5.8 | 59.3 | 53.2 | 35.0 | 13.0 |
| 内蒙古 | Inner Mongolia | 100.0 | 9.2 | 56.8 | 50.3 | 34.0 | 14.3 |
| 辽　宁 | Liaoning | 100.0 | 8.7 | 55.2 | 48.6 | 36.1 | 12.1 |
| 吉　林 | Jilin | 100.0 | 12.1 | 53.2 | 46.6 | 34.7 | 13.7 |
| 黑龙江 | Heilongjiang | 100.0 | 13.6 | 50.5 | 44.7 | 35.8 | 12.2 |
| 上　海 | Shanghai | 100.0 | 0.7 | 41.5 | 37.7 | 57.9 | 8.2 |
| **江　苏** | **Jiangsu** | **100.0** | **6.3** | **51.3** | **45.4** | **42.4** | **11.0** |
| 浙　江 | Zhejiang | 100.0 | 4.9 | 51.3 | 45.4 | 43.8 | 9.0 |
| 安　徽 | Anhui | 100.0 | 13.4 | 54.4 | 46.2 | 32.2 | 13.5 |
| 福　建 | Fujian | 100.0 | 9.3 | 52.7 | 44.7 | 38.1 | 12.2 |
| 江　西 | Jiangxi | 100.0 | 12.0 | 56.9 | 48.4 | 31.1 | 12.5 |
| 山　东 | Shandong | 100.0 | 8.7 | 52.9 | 46.9 | 38.3 | 10.9 |
| 河　南 | Henan | 100.0 | 12.9 | 58.3 | 52.9 | 28.8 | 11.6 |
| 湖　北 | Hubei | 100.0 | 13.1 | 50.1 | 43.6 | 36.8 | 13.8 |
| 湖　南 | Hunan | 100.0 | 13.9 | 47.5 | 41.2 | 38.6 | 12.8 |
| 广　东 | Guangdong | 100.0 | 5.0 | 49.8 | 46.3 | 45.2 | 10.0 |
| 广　西 | Guangxi | 100.0 | 17.5 | 49.0 | 42.0 | 33.6 | 12.3 |
| 海　南 | Hainan | 100.0 | 26.2 | 28.4 | 18.9 | 45.4 | 12.0 |
| 重　庆 | Chongqing | 100.0 | 8.4 | 55.4 | 46.9 | 36.2 | 16.4 |
| 四　川 | Sichuan | 100.0 | 14.2 | 52.4 | 45.1 | 33.4 | 15.0 |
| 贵　州 | Guizhou | 100.0 | 12.7 | 40.9 | 34.5 | 46.3 | 15.0 |
| 云　南 | Yunnan | 100.0 | 16.1 | 45.6 | 36.6 | 38.3 | 13.7 |
| 西　藏 | Tibet | 100.0 | 12.3 | 34.6 | 8.1 | 53.1 | 12.7 |
| 陕　西 | Shaanxi | 100.0 | 9.9 | 55.2 | 46.2 | 35.0 | 13.9 |
| 甘　肃 | Gansu | 100.0 | 13.6 | 50.5 | 41.4 | 36.0 | 12.5 |
| 青　海 | Qinghai | 100.0 | 9.5 | 57.4 | 47.4 | 33.0 | 13.5 |
| 宁　夏 | Ningxia | 100.0 | 8.9 | 52.2 | 40.6 | 38.9 | 12.0 |
| 新　疆 | Xinjiang | 100.0 | 17.6 | 50.8 | 42.7 | 31.6 | 12.0 |

# 附录1-3 固定资产投资完成额(2011年)
# Completed Investment in Fixed Assets (2011)

单位:亿元 (100 million yuan)

| 地区 Region | | 固定资产投资额(含农户) Investment in Fixed Assets (Including farm households) | 固定资产投资额(不含农户) Investment in Fixed Assets (Excluding farm households) | #房地产开发 Real Estate Developoment | 商品房销售额 Sales Value of Commercial Housing | #住宅 Residence | 商品房竣工面积(万平方米) Floor Space of Commercial Housing Completed (10000 sq. m) | 商品房销售面积(万平方米) Sales Floor Space of Commercial Residence (10000 sq. m) |
|---|---|---|---|---|---|---|---|---|
| **全国** | **National Total** | **311021.9** | **301932.8** | **61739.8** | **59119.1** | **48619.4** | **89244.2** | **109945.6** |
| 北京 | Beijing | 5578.9 | 5519.9 | 3036.3 | 2425.8 | 1606.0 | 2245.2 | 1440.0 |
| 天津 | Tianjin | 7067.5 | 7040.5 | 1080.0 | 1473.1 | 1242.3 | 2105.3 | 1643.1 |
| 河北 | Hebei | 16404.3 | 15795.2 | 3069.6 | 2350.0 | 1998.1 | 5145.3 | 5901.4 |
| 山西 | Shanxi | 7072.8 | 6837.4 | 789.9 | 434.7 | 372.3 | 2084.2 | 1263.2 |
| 内蒙古 | Inner Mongolia | 10403.9 | 10291.7 | 1650.0 | 1360.8 | 997.6 | 2453.1 | 3620.1 |
| 辽宁 | Liaoning | 17726.3 | 17431.5 | 4487.6 | 3576.3 | 3010.8 | 6359.2 | 7561.4 |
| 吉林 | Jilin | 7436.7 | 7221.6 | 1165.4 | 1040.1 | 863.6 | 1656.2 | 2364.2 |
| 黑龙江 | Heilongjiang | 7523.8 | 7206.3 | 1219.4 | 1357.5 | 1080.2 | 2992.6 | 3395.4 |
| 上海 | Shanghai | 4879.2 | 4877.0 | 2170.3 | 2568.9 | 1981.9 | 2240.6 | 1771.3 |
| **江苏** | **Jiangsu** | **26693.8** | **26314.7** | **5567.9** | **5186.0** | **4125.7** | **8448.2** | **7970.5** |
| 浙江 | Zhejiang | 14185.1 | 13651.5 | 4137.3 | 3728.2 | 2925.0 | 4423.3 | 3827.1 |
| 安徽 | Anhui | 12433.8 | 11986.0 | 2590.1 | 2183.1 | 1736.8 | 3063.9 | 4581.6 |
| 福建 | Fujian | 9926.4 | 9692.6 | 2402.6 | 2070.9 | 1627.1 | 2614.9 | 2696.2 |
| 江西 | Jiangxi | 9089.8 | 8756.1 | 852.7 | 953.6 | 790.0 | 1777.4 | 2335.4 |
| 山东 | Shandong | 26770.7 | 25928.4 | 4108.1 | 4259.2 | 3760.1 | 6226.8 | 9579.6 |
| 河南 | Henan | 17766.8 | 16932.1 | 2620.0 | 2201.2 | 1791.0 | 5307.1 | 6304.4 |
| 湖北 | Hubei | 12585.7 | 12223.7 | 2063.2 | 1873.0 | 1566.3 | 3083.5 | 4190.1 |
| 湖南 | Hunan | 11833.7 | 11360.5 | 1896.7 | 1852.2 | 1566.9 | 3934.0 | 4877.7 |
| 广东 | Guangdong | 17158.5 | 16688.4 | 4899.2 | 6199.2 | 5326.2 | 5800.5 | 7761.3 |
| 广西 | Guangxi | 7973.6 | 7563.9 | 1500.5 | 1111.7 | 973.5 | 2183.9 | 2934.1 |
| 海南 | Hainan | 1669.5 | 1611.4 | 663.0 | 790.4 | 759.3 | 375.9 | 888.2 |
| 重庆 | Chongqing | 7472.6 | 7366.2 | 2015.1 | 2146.1 | 1825.4 | 3424.3 | 4533.5 |
| 四川 | Sichuan | 14239.8 | 13705.3 | 2836.7 | 3270.9 | 2727.3 | 4308.7 | 6664.7 |
| 贵州 | Guizhou | 3943.5 | 3734.1 | 878.7 | 734.7 | 595.3 | 1462.4 | 1889.9 |
| 云南 | Yunnan | 6185.3 | 5927.0 | 1272.7 | 1133.6 | 921.8 | 1450.8 | 3107.1 |
| 西藏 | Tibet | 516.3 | 516.3 | 5.1 | 6.7 | 6.1 | 21.7 | 19.4 |
| 陕西 | Shaanxi | 9445.8 | 9123.7 | 1420.5 | 1517.2 | 1353.9 | 1104.4 | 3068.6 |
| 甘肃 | Gansu | 3961.7 | 3866.0 | 362.9 | 276.9 | 235.5 | 656.0 | 815.9 |
| 青海 | Qinghai | 1435.7 | 1366.0 | 144.8 | 114.2 | 103.3 | 505.9 | 348.2 |
| 宁夏 | Ningxia | 1639.1 | 1583.5 | 330.6 | 314.5 | 237.7 | 942.8 | 842.9 |
| 新疆 | Xinjiang | 4632.1 | 4445.0 | 518.3 | 608.4 | 512.2 | 1253.3 | 1737.0 |

# 附录1-4 财政、金融(2011年)
## Government Finance, Financial Intermediation(2011)

单位:亿元 (100 million yuan)

| 地区 | Region | 地方一般预算收入 Local Government Budgetary Revenue | 金融机构本外币各项存款余额 Balance of Deposits | #储蓄存款 Savings Deposits | 金融机构本外币各项贷款余额 Balance of Loans |
|---|---|---|---|---|---|
| **全国** | **National Total** | **52433.9** | **826702.1** | **347401.2** | **581890.8** |
| 北京 | Beijing | 3006.3 | 75001.9 | 19690.6 | 39660.5 |
| 天津 | Tianjin | 1454.9 | 17586.9 | 6194.7 | 15924.7 |
| 河北 | Hebei | 1737.5 | 29749.5 | 17878.2 | 18460.6 |
| 山西 | Shanxi | 1213.2 | 21003.2 | 10494.5 | 11265.6 |
| 内蒙古 | Inner Mongolia | 1358.9 | 12132.5 | 5442.6 | 9814.0 |
| 辽宁 | Liaoning | 2640.5 | 30832.4 | 15529.6 | 22831.7 |
| 吉林 | Jilin | 850.1 | 10962.0 | 5884.3 | 8240.9 |
| 黑龙江 | Heilongjiang | 997.4 | 14416.4 | 8197.9 | 8761.1 |
| 上海 | Shanghai | 3429.8 | 58186.5 | 17958.2 | 37196.8 |
| **江苏** | **Jiangsu** | **5148.9** | **67638.7** | **26111.8** | **50283.5** |
| 浙江 | Zhejiang | 3150.8 | 60893.1 | 23945.2 | 53239.3 |
| 安徽 | Anhui | 1463.4 | 19547.3 | 9261.3 | 14146.4 |
| 福建 | Fujian | 1501.2 | 21571.6 | 9215.8 | 18982.8 |
| 江西 | Jiangxi | 1053.4 | 14322.0 | 7153.1 | 9301.9 |
| 山东 | Shandong | 3455.7 | 46986.5 | 22305.7 | 37521.9 |
| 河南 | Henan | 1721.6 | 26774.8 | 14702.2 | 17648.9 |
| 湖北 | Hubei | 1470.1 | 24148.3 | 11343.4 | 16323.5 |
| 湖南 | Hunan | 1466.3 | 19444.1 | 10623.4 | 13462.5 |
| 广东 | Guangdong | 5513.7 | 91589.5 | 41061.6 | 58611.2 |
| 广西 | Guangxi | 947.6 | 13528.0 | 6682.2 | 10646.4 |
| 海南 | Hainan | 340.1 | 4504.5 | 1888.5 | 3194.6 |
| 重庆 | Chongqing | 1488.3 | 16128.9 | 7011.7 | 13195.2 |
| 四川 | Sichuan | 2044.4 | 34971.2 | 16200.7 | 22514.2 |
| 贵州 | Guizhou | 773.2 | 8771.3 | 3944.1 | 6875.6 |
| 云南 | Yunnan | 1110.8 | 15429.4 | 6684.9 | 12347.5 |
| 西藏 | Tibet | 54.8 | 1662.5 | 319.3 | 409.1 |
| 陕西 | Shaanxi | 1499.1 | 19348.7 | 9220.9 | 12097.3 |
| 甘肃 | Gansu | 450.4 | 8460.9 | 4250.0 | 5736.2 |
| 青海 | Qinghai | 151.8 | 2834.8 | 1048.8 | 2239.0 |
| 宁夏 | Ningxia | 220.0 | 2978.4 | 1356.3 | 2907.2 |
| 新疆 | Xinjiang | 720.9 | 10442.8 | 4440.9 | 6603.4 |

注:本表全国财政收支为地方合计,地方一般预算收入为快报口径。
Note: National Total is the sum of local government budgetary revenue and data of general budget renenue are preliminary statistics.

# 附录1-5 城镇居民家庭人均收支情况（2011年）

## Per Capita Income and Expenditure of Urban Household（2011）

单位：元 （yuan）

| 地区 Region | | 总收入 Total Income | #可支配收入 Disposable Income | 总支出 Total Expenditure | 消费性支出 Living Expenditure | 非消费性支出 Non-living Expenditure | 恩格尔系数（%）Engle Coefficient（%） |
|---|---|---|---|---|---|---|---|
| **全　国** | **National Total** | **23979** | **21810** | **20366** | **15161** | **5205** | **36.3** |
| 北　京 | Beijing | 37124 | 32903 | 28253 | 21984 | 6269 | 31.4 |
| 天　津 | Tianjin | 29916 | 26921 | 26345 | 18424 | 7920 | 36.2 |
| 河　北 | Hebei | 19592 | 18292 | 15216 | 11609 | 3606 | 33.8 |
| 山　西 | Shanxi | 19666 | 18124 | 16442 | 11354 | 5088 | 31.3 |
| 内蒙古 | Inner Mongolia | 21890 | 20408 | 20271 | 15878 | 4393 | 31.3 |
| 辽　宁 | Liaoning | 22880 | 20467 | 20056 | 14790 | 5266 | 35.5 |
| 吉　林 | Jilin | 19212 | 17797 | 16958 | 13011 | 3947 | 32.7 |
| 黑龙江 | Heilongjiang | 17118 | 15696 | 15933 | 12054 | 3878 | 36.1 |
| 上　海 | Shanghai | 40532 | 36230 | 33779 | 25102 | 8676 | 35.5 |
| **江　苏** | **Jiangsu** | **28972** | **26341** | **23191** | **16782** | **6409** | **36.1** |
| 浙　江 | Zhejiang | 34264 | 30971 | 29109 | 20437 | 8672 | 34.6 |
| 安　徽 | Anhui | 20751 | 18606 | 18830 | 13181 | 5649 | 39.8 |
| 福　建 | Fujian | 27378 | 24907 | 22569 | 16661 | 5908 | 39.2 |
| 江　西 | Jiangxi | 18657 | 17495 | 15153 | 11747 | 3406 | 39.8 |
| 山　东 | Shandong | 24890 | 22792 | 19341 | 14561 | 4781 | 33.2 |
| 河　南 | Henan | 19527 | 18195 | 15477 | 12336 | 3141 | 34.1 |
| 湖　北 | Hubei | 20193 | 18374 | 18123 | 13164 | 4960 | 40.7 |
| 湖　南 | Hunan | 20084 | 18844 | 18163 | 13403 | 4760 | 36.9 |
| 广　东 | Guangdong | 30219 | 26897 | 27126 | 20252 | 6874 | 36.9 |
| 广　西 | Guangxi | 20846 | 18854 | 17126 | 12848 | 4278 | 39.5 |
| 海　南 | Hainan | 20094 | 18369 | 16439 | 12643 | 3796 | 44.9 |
| 重　庆 | Chongqing | 21794 | 20250 | 18537 | 14974 | 3563 | 39.1 |
| 四　川 | Sichuan | 19688 | 17899 | 17825 | 13696 | 4129 | 40.7 |
| 贵　州 | Guizhou | 17599 | 16495 | 15558 | 11353 | 4205 | 40.2 |
| 云　南 | Yunnan | 20255 | 18576 | 16397 | 12248 | 4149 | 39.2 |
| 西　藏 | Tibet | 18116 | 16196 | 12949 | 10399 | 2550 | 49.9 |
| 陕　西 | Shaanxi | 20070 | 18245 | 18433 | 13783 | 4650 | 36.6 |
| 甘　肃 | Gansu | 16267 | 14989 | 14311 | 11189 | 3123 | 37.4 |
| 青　海 | Qinghai | 17795 | 15603 | 15382 | 10955 | 4426 | 38.9 |
| 宁　夏 | Ningxia | 19655 | 17579 | 18705 | 12896 | 5809 | 34.8 |
| 新　疆 | Xinjiang | 17631 | 15514 | 16058 | 11839 | 4218 | 38.3 |

# 附录1－6 农村居民家庭人均收支情况(2011年)

## Per Capita Income and Expenditure of Rural Household (2011)

单位:元 (yuan)

| 地区 Region | | 总收入 Total Income | #纯收入 Net Income | #现金收入 Cash Income | 总支出 Total Expenditure | #生活消费支出 Living Expenditure | #现金支出 Cash Expenditure | 恩格尔系数(%) Engle Coefficient (%) |
|---|---|---|---|---|---|---|---|---|
| **全国** | **National Total** | **9833** | **6977** | **8639** | **8642** | **5221** | **7985** | **40.4** |
| 北京 | Beijing | 17424 | 14736 | 17158 | 14503 | 11078 | 14361 | 32.4 |
| 天津 | Tianjin | 15650 | 12321 | 15328 | 10361 | 6725 | 10302 | 35.3 |
| 河北 | Hebei | 10047 | 7120 | 8958 | 8149 | 4711 | 7879 | 33.5 |
| 山西 | Shanxi | 7420 | 5601 | 6397 | 6936 | 4587 | 6522 | 37.7 |
| 内蒙古 | Inner Mongolia | 11973 | 6642 | 9751 | 11828 | 5508 | 10423 | 37.5 |
| 辽宁 | Liaoning | 13898 | 8297 | 12855 | 12241 | 5406 | 11668 | 39.1 |
| 吉林 | Jilin | 13244 | 7510 | 10793 | 12715 | 5306 | 11937 | 35.3 |
| 黑龙江 | Heilongjiang | 14622 | 7591 | 11716 | 13073 | 5334 | 12535 | 38.9 |
| 上海 | Shanghai | 17306 | 16054 | 17079 | 13458 | 11049 | 13227 | 40.9 |
| **江苏** | **Jiangsu** | **13839** | **10805** | **13053** | **11940** | **8095** | **11453** | **35.1** |
| 浙江 | Zhejiang | 17261 | 13071 | 16917 | 14876 | 9965 | 14663 | 37.3 |
| 安徽 | Anhui | 8469 | 6232 | 7464 | 7603 | 4957 | 7073 | 41.5 |
| 福建 | Fujian | 10769 | 8779 | 9928 | 8944 | 6541 | 8480 | 46.4 |
| 江西 | Jiangxi | 8994 | 6892 | 7863 | 7281 | 4660 | 6615 | 45.2 |
| 山东 | Shandong | 12147 | 8342 | 11086 | 10299 | 5901 | 9914 | 35.7 |
| 河南 | Henan | 8725 | 6604 | 7318 | 6859 | 4320 | 6557 | 36.1 |
| 湖北 | Hubei | 9387 | 6898 | 8233 | 7972 | 5011 | 7195 | 39.0 |
| 湖南 | Hunan | 9142 | 6567 | 7887 | 8481 | 5179 | 7522 | 45.2 |
| 广东 | Guangdong | 11080 | 9372 | 10262 | 8846 | 6726 | 8231 | 49.1 |
| 广西 | Guangxi | 7521 | 5231 | 6449 | 6792 | 4211 | 5959 | 43.8 |
| 海南 | Hainan | 8646 | 6446 | 8086 | 6511 | 4166 | 6107 | 51.3 |
| 重庆 | Chongqing | 8422 | 6480 | 6963 | 7036 | 4502 | 5910 | 46.8 |
| 四川 | Sichuan | 8657 | 6129 | 7249 | 7642 | 4675 | 6575 | 46.2 |
| 贵州 | Guizhou | 5660 | 4145 | 4440 | 5722 | 3456 | 4660 | 47.6 |
| 云南 | Yunnan | 7397 | 4722 | 5951 | 7000 | 4000 | 5754 | 47.1 |
| 西藏 | Tibet | 6137 | 4904 | 4587 | 3834 | 2742 | 3122 | 50.5 |
| 陕西 | Shaanxi | 7044 | 5028 | 6324 | 7184 | 4492 | 6839 | 29.9 |
| 甘肃 | Gansu | 5878 | 3909 | 4914 | 5932 | 3665 | 5208 | 42.2 |
| 青海 | Qinghai | 6491 | 4608 | 5263 | 6835 | 4537 | 5982 | 37.8 |
| 宁夏 | Ningxia | 8389 | 5410 | 7034 | 8670 | 4727 | 7795 | 37.3 |
| 新疆 | Xinjiang | 11591 | 5442 | 10259 | 11250 | 4398 | 10586 | 36.1 |

# 附录 1－7　农林牧渔业总产值和增速(2011 年)

# Gross Output Value and Growth Rate of Agriculture, Forestry, Animal Husbandry and Fishery (2011)

| 地区 Region | | 农林牧渔业总产值(亿元) | Gross Output Value of Agriculture, Forestry, Animal Husbandryand Fishery (100 million yuan) | | | | 农林牧渔业总产值比上年增长(%) Grouth Rate of Gross Output Value of Agriculture, Forestry, Animal Husbandry and Fishery Over Preceding Year(%) |
|---|---|---|---|---|---|---|---|
| | | | #农业 Farming | #林业 Forestry | #畜牧业 Animal Husbandry | #渔业 Fishery | |
| **全国** | **National Total** | **81303.9** | **41988.6** | **3120.7** | **25770.7** | **7568.0** | **4.5** |
| 北京 | Beijing | 363.1 | 163.4 | 18.9 | 162.7 | 11.5 | 0.9 |
| 天津 | Tianjin | 349.5 | 179.9 | 2.5 | 98.5 | 58.6 | 4.2 |
| 河北 | Hebei | 4895.9 | 2775.3 | 58.8 | 1674.0 | 163.6 | 3.9 |
| 山西 | Shanxi | 1207.6 | 767.1 | 73.5 | 295.7 | 7.5 | 5.8 |
| 内蒙古 | Inner Mongolia | 2204.5 | 1057.8 | 93.2 | 998.3 | 23.5 | 5.7 |
| 辽宁 | Liaoning | 3633.6 | 1307.2 | 107.4 | 1521.1 | 560.0 | 6.0 |
| 吉林 | Jilin | 2275.1 | 1020.4 | 81.9 | 1074.5 | 31.1 | 5.2 |
| 黑龙江 | Heilongjiang | 3223.5 | 1801.8 | 110.2 | 1189.9 | 58.9 | 5.5 |
| 上海 | Shanghai | 314.6 | 165.1 | 7.6 | 77.4 | 54.7 | -0.6 |
| **江苏** | **Jiangsu** | **5237.4** | **2640.9** | **92.8** | **1190.5** | **1060.4** | **4.2** |
| 浙江 | Zhejiang | 2534.9 | 1152.0 | 134.1 | 546.3 | 655.8 | 3.1 |
| 安徽 | Anhui | 3459.7 | 1714.8 | 182.1 | 1083.5 | 346.2 | 4.0 |
| 福建 | Fujian | 2730.9 | 1136.2 | 237.7 | 479.2 | 782.6 | 4.1 |
| 江西 | Jiangxi | 2207.3 | 917.8 | 206.1 | 734.3 | 272.2 | 4.2 |
| 山东 | Shandong | 7409.7 | 3843.6 | 100.0 | 2171.9 | 999.1 | 3.8 |
| 河南 | Henan | 6218.6 | 3599.9 | 127.3 | 2198.4 | 72.5 | 3.8 |
| 湖北 | Hubei | 4252.9 | 2299.3 | 86.1 | 1205.8 | 508.8 | 4.4 |
| 湖南 | Hunan | 4508.2 | 2391.7 | 239.1 | 1425.6 | 255.0 | 4.3 |
| 广东 | Guangdong | 4384.4 | 2042.2 | 208.7 | 1146.4 | 843.0 | 3.9 |
| 广西 | Guangxi | 3323.4 | 1602.5 | 217.4 | 1096.6 | 303.1 | 4.8 |
| 海南 | Hainan | 1002.4 | 401.0 | 161.4 | 207.1 | 204.6 | 6.6 |
| 重庆 | Chongqing | 1265.3 | 751.2 | 38.1 | 425.3 | 34.9 | 4.8 |
| 四川 | Sichuan | 4932.7 | 2454.3 | 130.1 | 2127.2 | 147.2 | 4.6 |
| 贵州 | Guizhou | 1165.5 | 655.3 | 46.7 | 381.9 | 19.9 | 1.4 |
| 云南 | Yunnan | 2306.5 | 1124.7 | 245.7 | 808.2 | 55.9 | 6.1 |
| 西藏 | Tibet | 109.4 | 49.6 | 2.4 | 54.1 | 0.2 | 3.6 |
| 陕西 | Shaanxi | 2058.6 | 1360.7 | 42.3 | 553.4 | 10.6 | 5.6 |
| 甘肃 | Gansu | 1187.8 | 848.5 | 17.2 | 210.6 | 1.6 | 5.4 |
| 青海 | Qinghai | 230.8 | 102.9 | 4.2 | 119.3 | 0.2 | 4.8 |
| 宁夏 | Ningxia | 354.7 | 223.6 | 9.3 | 97.6 | 10.2 | 5.1 |
| 新疆 | Xinjiang | 1955.4 | 1437.9 | 38.1 | 415.0 | 14.2 | 6.9 |

注：本表绝对数按当年价格计算，增速按可比价格计算。

Note: In This Table the absolute value is counted with current price, while the growth rate is counted with comparable price.

# 附录1－8　主要农产品产量（2011年）
# Output of Major Agricultural Products (2011)

单位：万吨　　　　(10000 tons)

| 地　区 Region | | 粮　食 Grain | 油　料 Oil-bearing Crops | 棉　花 Cotton | 肉　类 Meat | 奶　类 Milk | 水　果 Fruit |
|---|---|---|---|---|---|---|---|
| **全　国** | **National Total** | **57120.8** | **3306.8** | **658.9** | **7957.8** | **3810.7** | **22768.2** |
| 北　京 | Beijing | 121.8 | 1.4 | 0.1 | 44.4 | 64.0 | 120.9 |
| 天　津 | Tianjin | 161.8 | 0.7 | 7.2 | 42.9 | 69.4 | 62.6 |
| 河　北 | Hebei | 3172.6 | 141.8 | 65.3 | 418.2 | 466.9 | 1719.2 |
| 山　西 | Shanxi | 1193.0 | 18.7 | 6.3 | 71.3 | 75.9 | 617.9 |
| 内蒙古 | Inner Mongolia | 2387.5 | 133.9 | 0.2 | 237.4 | 931.4 | 301.4 |
| 辽　宁 | Liaoning | 2035.5 | 119.8 | 0.1 | 408.2 | 132.0 | 810.7 |
| 吉　林 | Jilin | 3171.0 | 69.6 | 1.2 | 243.9 | 46.0 | 225.7 |
| 黑龙江 | Heilongjiang | 5570.6 | 23.3 | 0.0 | 201.2 | 550.4 | 279.9 |
| 上　海 | Shanghai | 122.0 | 1.9 | 0.5 | 27.6 | 29.1 | 88.0 |
| **江　苏** | **Jiangsu** | **3307.8** | **144.1** | **24.7** | **375.9** | **59.2** | **757.1** |
| 浙　江 | Zhejiang | 781.6 | 39.9 | 3.2 | 176.0 | 19.9 | 712.4 |
| 安　徽 | Anhui | 3135.5 | 213.8 | 37.8 | 375.5 | 22.5 | 846.6 |
| 福　建 | Fujian | 672.8 | 27.5 | 0.0 | 183.0 | 15.8 | 687.9 |
| 江　西 | Jiangxi | 2052.8 | 113.6 | 14.3 | 295.6 | 12.3 | 580.6 |
| 山　东 | Shandong | 4426.3 | 341.0 | 78.5 | 711.1 | 279.0 | 2850.8 |
| 河　南 | Henan | 5542.5 | 532.4 | 38.2 | 641.7 | 321.1 | 2414.1 |
| 湖　北 | Hubei | 2388.5 | 304.7 | 52.6 | 381.9 | 34.8 | 855.2 |
| 湖　南 | Hunan | 2939.4 | 215.3 | 22.7 | 489.5 | 8.1 | 868.8 |
| 广　东 | Guangdong | 1361.0 | 91.9 | 0.0 | 434.7 | 14.5 | 1314.3 |
| 广　西 | Guangxi | 1429.9 | 50.1 | 0.2 | 391.1 | 8.9 | 1223.0 |
| 海　南 | Hainan | 188.0 | 9.9 | 0.0 | 71.6 | 0.2 | 403.7 |
| 重　庆 | Chongqing | 1126.9 | 46.5 | 0.0 | 196.3 | 8.0 | 261.1 |
| 四　川 | Sichuan | 3291.6 | 278.4 | 1.5 | 651.2 | 71.7 | 776.6 |
| 贵　州 | Guizhou | 876.9 | 78.9 | 0.1 | 180.0 | 4.9 | 128.0 |
| 云　南 | Yunnan | 1673.6 | 60.7 | 0.0 | 324.4 | 56.6 | 476.4 |
| 西　藏 | Tibet | 93.7 | 6.4 | 0.0 | 26.1 | 29.8 | 1.4 |
| 陕　西 | Shaanxi | 1194.7 | 59.0 | 6.7 | 99.6 | 182.4 | 1587.1 |
| 甘　肃 | Gansu | 1014.6 | 63.5 | 7.6 | 83.8 | 37.7 | 519.1 |
| 青　海 | Qinghai | 103.4 | 33.3 | 0.0 | 28.8 | 28.4 | 4.4 |
| 宁　夏 | Ningxia | 359.0 | 18.4 | 0.0 | 25.2 | 96.0 | 237.3 |
| 新　疆 | Xinjiang | 1224.7 | 66.8 | 289.8 | 120.0 | 133.9 | 1036.0 |

# 附录1－9　规模以上工业企业主要经济指标(2011年)
# Main Economic Indicators of above Designated Size Industrial Enterprises (2011)

| 地区 | Region | 主营业务收入 Revenue from Principal Business | 利税总额 Total Profits and Taxes | 利润总额 Total Profits | 应收账款 Accounts Receivalble | 产成品 Finished Goods | 全部从业人员平均人数（万人） Annual Average Employed Persons (10000 persons) |
|---|---|---|---|---|---|---|---|
| **全　国** | **National Total** | **843315** | **91362** | **54544** | **69874** | **27818** | **8984** |
| 北　京 | Beijing | 15504.1 | 1759.1 | 1119.9 | 2388.5 | 586.1 | 110.8 |
| 天　津 | Tianjin | 20711.9 | 2777.6 | 1669.3 | 2393.5 | 692.9 | 145.2 |
| 河　北 | Hebei | 40726.3 | 3596.3 | 2255.5 | 2109.3 | 1117.1 | 355.4 |
| 山　西 | Shanxi | 16893.4 | 2268.2 | 1200.6 | 1497.3 | 700.6 | 220.0 |
| 内蒙古 | Inner Mongolia | 17632.8 | 2750.1 | 1835.2 | 1020.6 | 495.0 | 129.6 |
| 辽　宁 | Liaoning | 44065.9 | 3496.8 | 1862.0 | 2671.0 | 1125.3 | 369.0 |
| 吉　林 | Jilin | 16485.8 | 1897.7 | 1121.3 | 813.4 | 401.5 | 135.2 |
| 黑龙江 | Heilongjiang | 11492.7 | 2564.6 | 1270.5 | 880.7 | 426.1 | 136.9 |
| 上　海 | Shanghai | 34466.3 | 3685.0 | 2176.1 | 4579.7 | 1334.7 | 255.3 |
| **江　苏** | **Jiangsu** | **107030.1** | **11038.5** | **7074.4** | **11886.0** | **3655.2** | **1091.9** |
| 浙　江 | Zhejiang | 53071.0 | 5021.2 | 3080.1 | 6891.5 | 2624.6 | 704.0 |
| 安　徽 | Anhui | 23895.5 | 2254.8 | 1306.9 | 1826.1 | 752.6 | 251.5 |
| 福　建 | Fujian | 26305.7 | 2395.1 | 1578.9 | 2366.1 | 950.5 | 361.9 |
| 江　西 | Jiangxi | 18466.8 | 1814.7 | 1113.9 | 732.4 | 442.5 | 192.3 |
| 山　东 | Shandong | 102470.2 | 11136.2 | 6998.3 | 4411.5 | 2658.4 | 898.8 |
| 河　南 | Henan | 47759.8 | 6026.3 | 4066.1 | 2141.4 | 937.1 | 545.7 |
| 湖　北 | Hubei | 26934.8 | 2650.1 | 1497.2 | 1809.3 | 983.0 | 266.3 |
| 湖　南 | Hunan | 25395.6 | 2756.7 | 1252.2 | 1304.4 | 612.3 | 280.6 |
| 广　东 | Guangdong | 95614.1 | 7561.4 | 4609.3 | 10943.0 | 3310.7 | 1423.0 |
| 广　西 | Guangxi | 11973.5 | 1276.1 | 717.3 | 751.7 | 556.8 | 136.2 |
| 海　南 | Hainan | 1580.9 | 313.2 | 133.7 | 103.8 | 46.3 | 11.4 |
| 重　庆 | Chongqing | 11566.1 | 957.8 | 558.4 | 1031.3 | 376.7 | 143.9 |
| 四　川 | Sichuan | 30138.7 | 3560.7 | 1961.3 | 2260.7 | 925.7 | 365.7 |
| 贵　州 | Guizhou | 4799.2 | 771.1 | 330.8 | 393.8 | 207.1 | 78.4 |
| 云　南 | Yunnan | 7505.8 | 1525.0 | 523.6 | 594.6 | 398.7 | 85.2 |
| 西　藏 | Tibet | 74.5 | 20.4 | 13.0 | 11.1 | 3.7 | 1.6 |
| 陕　西 | Shaanxi | 13666.7 | 3137.8 | 1946.2 | 1166.3 | 640.2 | 150.9 |
| 甘　肃 | Gansu | 6515.4 | 648.1 | 241.2 | 372.4 | 363.9 | 63.0 |
| 青　海 | Qinghai | 1690.6 | 328.5 | 202.9 | 125.6 | 75.6 | 18.8 |
| 宁　夏 | Ningxia | 2408.5 | 239.1 | 142.0 | 229.2 | 202.1 | 28.2 |
| 新　疆 | Xinjiang | 6686.7 | 1549.7 | 910.4 | 417.4 | 312.0 | 56.4 |

# 附录1－10 主要工业产品产量(2011年)
# Output of Major Industrial Products (2011)

| 地区 | Region | 发电量(亿千瓦小时) Electricity (100 million kW·h) | 生铁(万吨) Pig Irom (10000 tons) | 粗钢(万吨) Rough Steel (10000 tons) | 钢材(万吨) Steel Products (10000 tons) | 水泥(万吨) Cement (10000 tons) | 农用化肥(万吨) Chemical Fertilizers (10000 tons) | 汽车(万辆) Truck (10000 units) | 布(亿米) Cloth (100 million meter) |
|---|---|---|---|---|---|---|---|---|---|
| **全　国** | **National Total** | **47001** | **62969** | **68388** | **88258** | **208500** | **6217** | **1842** | **837** |
| 北　京 | Beijing | 263.0 | 0.0 | 2.9 | 289.6 | 911.5 | 0.0 | 150.5 | 0.0 |
| 天　津 | Tianjin | 619.1 | 2097.0 | 2295.7 | 5163.8 | 765.5 | 6.3 | 75.7 | 2.8 |
| 河　北 | Hebei | 2310.2 | 15442.4 | 16450.7 | 19256.4 | 13972.4 | 176.4 | 72.1 | 60.8 |
| 山　西 | Shanxi | 2344.0 | 3768.6 | 3490.4 | 3371.2 | 3935.6 | 363.8 | 0.6 | 0.8 |
| 内蒙古 | Inner Mongolia | 2972.8 | 1431.1 | 1669.7 | 1417.3 | 6396.5 | 126.1 | 3.7 | 1.0 |
| 辽　宁 | Liaoning | 1368.1 | 5417.9 | 5389.2 | 5754.1 | 5690.1 | 64.2 | 75.5 | 5.6 |
| 吉　林 | Jilin | 709.9 | 941.4 | 925.2 | 1069.0 | 4221.3 | 27.7 | 155.7 | 0.5 |
| 黑龙江 | Heilongjiang | 828.7 | 588.9 | 667.5 | 598.0 | 4213.9 | 68.4 | 18.2 | 0.2 |
| 上　海 | Shanghai | 947.0 | 1947.5 | 2225.5 | 2483.6 | 805.6 | 2.6 | 191.6 | 1.7 |
| **江　苏** | **Jiangsu** | **3755.8** | **5303.5** | **6838.8** | **9994.0** | **14899.7** | **243.7** | **80.4** | **67.7** |
| 浙　江 | Zhejiang | 2774.2 | 1002.2 | 1329.9 | 3141.0 | 12122.3 | 30.2 | 30.6 | 146.1 |
| 安　徽 | Anhui | 1632.8 | 1829.8 | 1968.6 | 2746.3 | 9204.7 | 259.7 | 117.0 | 11.8 |
| 福　建 | Fujian | 1578.9 | 441.2 | 1166.9 | 1561.0 | 6570.9 | 53.5 | 18.6 | 36.1 |
| 江　西 | Jiangxi | 729.9 | 1917.1 | 2067.8 | 2250.3 | 6782.2 | 30.4 | 34.4 | 8.1 |
| 山　东 | Shandong | 3162.3 | 5608.5 | 5655.2 | 7033.7 | 15035.6 | 616.5 | 76.3 | 124.5 |
| 河　南 | Henan | 2583.2 | 2151.0 | 2370.8 | 3553.6 | 13666.0 | 492.2 | 36.6 | 32.4 |
| 湖　北 | Hubei | 2077.2 | 2520.7 | 2753.3 | 3573.4 | 9342.9 | 1033.4 | 131.9 | 62.3 |
| 湖　南 | Hunan | 1343.5 | 1876.4 | 1819.8 | 1947.8 | 9238.6 | 216.6 | 16.2 | 4.2 |
| 广　东 | Guangdong | 3735.5 | 861.6 | 1324.3 | 3189.9 | 12607.0 | 55.3 | 150.3 | 24.5 |
| 广　西 | Guangxi | 1039.0 | 955.6 | 1212.2 | 1766.4 | 8640.1 | 98.0 | 142.4 | 0.3 |
| 海　南 | Hainan | 172.9 | 0.0 | 0.0 | 23.2 | 1508.5 | 67.1 | 15.2 | 0.0 |
| 重　庆 | Chongqing | 582.2 | 559.4 | 630.6 | 950.0 | 4935.2 | 175.9 | 166.6 | 5.1 |
| 四　川 | Sichuan | 1980.7 | 1715.0 | 1729.2 | 2237.7 | 14501.1 | 507.1 | 12.9 | 16.7 |
| 贵　州 | Guizhou | 1379.3 | 482.4 | 434.0 | 462.9 | 5000.2 | 367.5 | 1.3 | 0.1 |
| 云　南 | Yunnan | 1555.7 | 1344.2 | 1323.2 | 1351.9 | 6457.4 | 326.9 | 9.7 | 0.0 |
| 西　藏 | Tibet | 27.2 | 0.0 | 0.0 | 0.0 | 232.8 | 0.0 | 0.0 | 0.0 |
| 陕　西 | Shaanxi | 1222.5 | 732.0 | 766.0 | 1038.2 | 6430.6 | 92.8 | 55.7 | 6.1 |
| 甘　肃 | Gansu | 1027.9 | 769.3 | 819.8 | 812.8 | 2746.8 | 74.1 | 2.1 | 0.1 |
| 青　海 | Qinghai | 463.1 | 114.6 | 139.5 | 142.0 | 1043.0 | 288.2 | 0.0 | 0.0 |
| 宁　夏 | Ningxia | 939.3 | 91.9 | 28.8 | 76.5 | 1455.5 | 92.8 | 0.0 | 0.0 |
| 新　疆 | Xinjiang | 875.2 | 1058.1 | 893.0 | 985.1 | 2993.6 | 233.6 | 0.1 | 0.4 |

# 附录1－11 全社会客货运量及货物周转量（2011年）

## Passenger and Freight Traffic and Turnover Volume of Freight Traffic（2011）

| 地区 | Region | 客运量（万人）Total Passenger Traffic（10000 persons） | #铁路 Railway | #公路 Highway | 货运量（万吨）Total Freight Traffic（10000 tons） | #铁路 Railway | #公路 Highway | 货物周转量（亿吨公里）Turnover Volume of Freight Traffic（100 million ton-km） | #铁路 Railway |
|---|---|---|---|---|---|---|---|---|---|
| **全　国** | **National Total** | **3526319** | **186226** | **3286220** | **3696961** | **393263** | **2820100** | **159324** | **29466** |
| 北　京 | Beijing | 139718 | 9800 | 129918 | 24663 | 1387 | 23276 | 1000 | 867 |
| 天　津 | Tianjin | 24934 | 2829 | 22054 | 43601 | 7346 | 23505 | 10337 | 520 |
| 河　北 | Hebei | 99458 | 7601 | 91857 | 189799 | 20447 | 166680 | 9630 | 3916 |
| 山　西 | Shanxi | 39208 | 6219 | 32866 | 134436 | 69194 | 65201 | 3063 | 2015 |
| 内蒙古 | Inner Mongolia | 26014 | 4207 | 21807 | 168320 | 64669 | 103651 | 5422 | 2685 |
| 辽　宁 | Liaoning | 98606 | 12044 | 86013 | 184982 | 21577 | 151773 | 10405 | 1547 |
| 吉　林 | Jilin | 68190 | 6141 | 61830 | 47451 | 7875 | 39308 | 1453 | 635 |
| 黑龙江 | Heilongjiang | 50481 | 10745 | 39424 | 63216 | 17678 | 44420 | 1968 | 1117 |
| 上　海 | Shanghai | 10033 | 6198 | 3477 | 92962 | 888 | 42685 | 20310 | 21 |
| **江　苏** | **Jiangsu** | **247405** | **10598** | **235673** | **212594** | **7282** | **140803** | **7514** | **399** |
| 浙　江 | Zhejiang | 230769 | 8888 | 218415 | 186376 | 4850 | 108654 | 8635 | 312 |
| 安　徽 | Anhui | 185575 | 5980 | 179440 | 268413 | 12507 | 219467 | 8446 | 1013 |
| 福　建 | Fujian | 79549 | 4695 | 73259 | 75191 | 3762 | 52558 | 3397 | 183 |
| 江　西 | Jiangxi | 78930 | 6152 | 72527 | 111851 | 6046 | 98358 | 2985 | 715 |
| 山　东 | Shandong | 251187 | 7327 | 241457 | 318407 | 23156 | 279380 | 12684 | 1627 |
| 河　南 | Henan | 193285 | 8804 | 184213 | 241017 | 14368 | 220122 | 8531 | 2180 |
| 湖　北 | Hubei | 112422 | 7083 | 104971 | 106913 | 6431 | 82741 | 3799 | 942 |
| 湖　南 | Hunan | 171371 | 8064 | 161980 | 168516 | 6321 | 144241 | 3370 | 1071 |
| 广　东 | Guangdong | 510653 | 14441 | 493618 | 224394 | 8971 | 166567 | 6905 | 327 |
| 广　西 | Guangxi | 83100 | 3383 | 79300 | 136132 | 6770 | 113549 | 3478 | 895 |
| 海　南 | Hainan | 46224 | 1074 | 43677 | 25115 | 694 | 15095 | 1368 | 9 |
| 重　庆 | Chongqing | 140398 | 2934 | 136142 | 96771 | 2191 | 82818 | 2529 | 191 |
| 四　川 | Sichuan | 258845 | 13147 | 242615 | 155310 | 9172 | 139771 | 2016 | 787 |
| 贵　州 | Guizhou | 72428 | 3939 | 66303 | 44890 | 7219 | 36684 | 1061 | 696 |
| 云　南 | Yunnan | 44963 | 2727 | 41394 | 60170 | 5545 | 54186 | 1024 | 399 |
| 西　藏 | Tibet | 3769 | 110 | 3659 | 1028 | 49 | 979 | 40 | 13 |
| 陕　西 | Shaanxi | 107032 | 5614 | 101062 | 120908 | 30299 | 90419 | 2825 | 1354 |
| 甘　肃 | Gansu | 60902 | 2451 | 58355 | 35269 | 6446 | 28790 | 2037 | 1390 |
| 青　海 | Qinghai | 11870 | 520 | 11308 | 12586 | 3634 | 8952 | 486 | 228 |
| 宁　夏 | Ningxia | 15104 | 543 | 14440 | 36864 | 7848 | 29016 | 933 | 325 |
| 新　疆 | Xinjiang | 35130 | 1964 | 33166 | 53252 | 6801 | 46451 | 1475 | 742 |

# 附录1－12 国内外贸易及旅游（2011年）
# Domestic and Foreign Trade, Tourism (2011)

单位:亿美元 (USD 100 million)

| 地区 Region | | 社会消费品零售总额(亿元) Total Ratail Sales of Consumer Goods (100 million yuan) | 进出口总额 Total Value of Imports and Exports Through Customs | 出口 Exports | 进口 Imports | 国际旅游人数(万人次) Total Number of International Tourists (10000 person-times) | #外国人 Foreigners | 旅游外汇收入 Earnings from International Tourism |
|---|---|---|---|---|---|---|---|---|
| **全　国** | **National Total** | **183918.6** | **36420.6** | **18986.0** | **17434.6** | **5758.1** | **2711.2** | **484.6** |
| 北　京 | Beijing | 6900.3 | 3894.9 | 590.3 | 3304.7 | 520.4 | 447.4 | 54.2 |
| 天　津 | Tianjin | 3395.1 | 1033.9 | 445.0 | 588.9 | 73.1 | 63.6 | 17.6 |
| 河　北 | Hebei | 8035.5 | 536.0 | 285.8 | 250.2 | 114.1 | 98.3 | 4.5 |
| 山　西 | Shanxi | 3903.4 | 147.6 | 54.3 | 93.3 | 155.3 | 98.3 | 5.7 |
| 内蒙古 | Inner Mongolia | 3991.7 | 119.4 | 46.9 | 72.6 | 151.5 | 147.6 | 6.7 |
| 辽　宁 | Liaoning | 8095.3 | 959.6 | 510.4 | 449.2 | 405.3 | 339.4 | 27.1 |
| 吉　林 | Jilin | 4119.8 | 220.5 | 50.0 | 170.5 | 99.3 | 85.5 | 3.9 |
| 黑龙江 | Heilongjiang | 4750.1 | 385.1 | 176.7 | 208.4 | 206.5 | 197.8 | 9.2 |
| 上　海 | Shanghai | 6814.8 | 4373.1 | 2096.9 | 2276.2 | 668.6 | 555.0 | 57.5 |
| **江　苏** | **Jiangsu** | **15988.4** | **5397.6** | **3126.2** | **2271.4** | **737.3** | **537.9** | **56.5** |
| 浙　江 | Zhejiang | 12028.0 | 3094.0 | 2163.6 | 930.4 | 773.7 | 515.0 | 45.4 |
| 安　徽 | Anhui | 4955.1 | 313.4 | 170.8 | 142.5 | 262.9 | 151.7 | 11.8 |
| 福　建 | Fujian | 6276.2 | 1435.6 | 928.4 | 507.2 | 427.4 | 140.0 | 36.3 |
| 江　西 | Jiangxi | 3485.1 | 315.6 | 218.8 | 96.7 | 135.8 | 44.0 | 4.2 |
| 山　东 | Shandong | 17155.5 | 2359.9 | 1257.9 | 1102.0 | 424.2 | 312.3 | 25.5 |
| 河　南 | Henan | 9453.6 | 326.4 | 192.4 | 134.0 | 168.3 | 104.3 | 5.5 |
| 湖　北 | Hubei | 8275.2 | 335.2 | 195.3 | 139.8 | 213.5 | 160.1 | 9.4 |
| 湖　南 | Hunan | 6884.7 | 190.0 | 99.0 | 91.0 | 227.6 | 119.8 | 10.1 |
| 广　东 | Guangdong | 20297.5 | 9134.8 | 5319.4 | 3815.3 | 3331.6 | 749.3 | 139.1 |
| 广　西 | Guangxi | 3908.2 | 233.5 | 124.6 | 108.9 | 302.8 | 171.5 | 10.5 |
| 海　南 | Hainan | 759.5 | 127.6 | 25.4 | 102.2 | 81.4 | 56.2 | 3.8 |
| 重　庆 | Chongqing | 3487.8 | 292.2 | 198.4 | 93.8 | 186.4 | 132.6 | 9.7 |
| 四　川 | Sichuan | 8044.6 | 477.8 | 290.5 | 187.4 | 164.0 | 113.7 | 5.9 |
| 贵　州 | Guizhou | 1751.6 | 48.8 | 29.9 | 19.0 | 58.5 | 23.6 | 1.4 |
| 云　南 | Yunnan | 3000.1 | 160.5 | 94.7 | 65.8 | 395.4 | 281.0 | 16.1 |
| 西　藏 | Tibet | 219.0 | 13.6 | 11.8 | 1.8 | 27.1 | 24.9 | 1.3 |
| 陕　西 | Shaanxi | 3790.0 | 146.2 | 70.1 | 76.1 | 270.4 | 189.9 | 13.0 |
| 甘　肃 | Gansu | 1648.0 | 87.4 | 21.6 | 65.8 | 9.1 | 5.5 | 0.2 |
| 青　海 | Qinghai | 410.5 | 9.2 | 6.6 | 2.6 | 5.2 | 4.1 | 0.3 |
| 宁　夏 | Ningxia | 477.6 | 22.9 | 16.0 | 6.9 | 1.9 | 1.4 | 0.1 |
| 新　疆 | Xinjiang | 1616.3 | 228.2 | 168.3 | 59.9 | 56.4 | 48.8 | 4.7 |

# 中国统计开放日

2012.09.20

China Statistics Open Day

为宣传官方统计服务、诚信、专业的核心价值，推广统计知识，促进社会公众走进统计，引导社会公众正确认识、理解、信任和支持统计，提高政府统计公信力，国家统计局决定于今年9月20日举办第三届“中国统计开放日”。

**“中国统计开放日”总主题：**统计和您在一起

**2012年开放日年度主题：**改革创新的中国统计

# 江苏统计主要产品与服务形式

江苏省统计局利用多种形式公布统计资料，方便社会公众的查询和使用。

## 1 “江苏统计信息网”（http://www.jssb.gov.cn）

定期公布根据统计制度规定搜集、汇总的月、季、年度统计资料，不定期公布普查和专项调查资料。

## 2 新闻发布会

新闻发布会采取定期与不定期相结合的方式举行，及时发布统计数据和统计信息。

## 3 《江苏统计年鉴》

编辑出版《江苏统计年鉴》，公布年度和历史统计资料。

## 4 新闻媒体采访

接受新闻媒体的采访和访谈，解答社会公众关心的问题，诠释统计指标，宣传统计知识。

## 5 受理查询申请

受理单位和个人对统计资料的查询，帮助社会公众正确理解和使用统计数据。

# 江苏省常州市

2011年，我市各级各部门在市委市政府的正确领导下，着力化解各种不利因素的影响，努力在宏观环境总体趋紧、经济下行压力加大、制约发展的不确定因素明显增多的情况下，保持经济社会的又好又快发展。

**经济实力得到新提升**

全年实现地区生产总值（GDP）3581.0亿元，按可比价计算增长12.2%，其中一、二、三次产业分别实现增加值111.8亿元、1950.8亿元和1518.4亿元，分别比上年增长4.0%、12.2%和12.8%。产业结构继续得到优化，服务业增加值在全市经济总量中所占比重达到42.4%，较上年提高1.0个百分点。按常住人口计算，全市人均生产总值达77485元，按当年平均汇率折算达11997美元。全年实现地方财政一般预算收入350.9亿元，比上年增长22.6%。主要税种保持较快增长态势，其中增值税、营业税、个人所得税分别入库48.6亿元、74.1亿元和19.2亿元，比上年增长21.5%、14.1%和32%。

**产业经济实现新跨越**

工业经济发展迈上了新的发展平台，全市规模以上工业总产值8270.8亿元，比上年增长18.5%，产值超亿元企业达1248家，其中产值超10亿元企业116家，产值超100亿元企业8家。服务业呈现传统产业和新兴行业竞相发展的良好态势，全年完成服务业投资1033.1亿元，比上年增长20.7%；实现服务业税收收入221.8亿元，比上年增长26%；全市实现旅游总收入425.9亿元，比上年增长21.8%；环球动漫嬉戏谷、环球恐龙城5D互动电影、春秋淹城旅游区百灵水世界等一大批旅游新项目先后建成开放。全市共有国家5A级景区1家，国家4A级景区11家，全国工农业旅游示范点17家。

**有效投入呈现新格局**

全年完成全社会固定资产投资2338.9亿元，比上年增长20%，其中工业完成投资1293.4亿元，比上年增长19.7%。五大产业投资力度明显加大，全年完成投资961亿元，比上年增长27.9%，占全部工业投资的比重由上年的69.5%提升至74.3%。由于道路、交通、市政等政府主导性基础设施投资比上年减少，我市投资主体结构呈现新的调整和变化，国有投资拉动作用明显下降，民间投资份额有所扩大，全年国有投资完成260.5亿元，比上年下降8.7%；民间投资完成1705.1亿元，比上年增长25%，占全社会固定资产投资的比重由上年的70.4%提高到72.9%。房产投资较快增长，全年完成投资565.9亿元，比上年增长33.2%，其中住宅完成投资402.9亿元，比上年增长39%；商业营业用房、办公楼分别完成投资82.5亿元、28.3亿元，增长21.3%、51.5%。

**外向经济取得新进展**

外贸实力不断增强,全年完成进出口总额286.3亿美元，比上年增长28.5%，其中出口193.6亿美元，增长24.4%；进口92.7亿美元，增长38.1%。机电产品出口103.4亿美元，占全市出口份额的53.4%；高新技术产品出口41.1亿美元，占全市出口份额的21.2%。全年出口额超1000万美元的企业共360家，比上年增长25.4%。全市新增国家级出口基地1家，新获认定省级出口品牌32家，市级出口品牌53家。招商引资结构优化,全年完成实际到帐外资上报数32.2亿美元，比上年增长20.6%；实际到帐外资确认数30.5亿美元，增长14.3%。其中制造业实际到帐外资19.8亿美元，生产性服务业实际到帐外资2.5亿美元。新增世界500强投资项目9个，已有56家世界500强企业在我市投资85个项目。

**创新驱动实现新突破**

高新技术产业呈现总量扩大、质量改善、份额提高的良好发展态势，全市规模以上工业高新技术企业全年完成产值3100.6亿元，比上年增长38.6%，占规模以上工业产值的比重达37.4%，比上年提高5.3个百分点。科技创新成绩斐然,全年专利申请量达到23413件，比上年增长47.5%，其中发明专利6125件，增长84.8%；专利授权11390件，增长25.3%，其中发明专利授权744件，增长33 %。“一核八园”建设稳步推进，科教城入驻机构达520家，研发人才超万人；实施产学研合作项目556项，科研总收入4.4亿元。年末全市拥有各类专业技术人员41.4万人，比上年增长11.3%。

**社会事业取得新发展**

教育事业稳步推进,年末全市共有各类学校600所，在校学生74.5万人，教职工5.2万人，其中专任教师4万人。全市基础教育阶段省级优质学校达407所，占比率和就读率分别达到72.9%、83.6%。文化工作成效显著，全年公共图书馆图书总流通132.2万人次，书刊文献外借125.3万册次，博物馆全年接待参观者94万人次。常州历史上投资最大、阵容最强的大型交响锡剧《天涯歌女》社会反响强烈，成为江苏省戏剧节开幕式剧目并晋京演出。广播电影电视节目48件作品获省政府奖，其中一等奖11件，二等奖19件，三等奖18件，为历年最好成绩。医疗体系不断完善，年末全市共有各类医疗卫生机构1101个，卫生技术人员2.3万人，其中医生10376人、注册护士8550人。累计建立居民健康档案344.2万份，建档率为75%。体育事业蓬勃发展。成功举办2011李宁杯中国羽毛球大师赛等4项国际级比赛、14项国家级比赛、15项省级赛事。常州籍运动员全年在重大比赛中获得世界冠军2项，亚洲冠军1项，全国冠军22项。

**城乡建设呈现新面貌**

基础设施日益完善，常州机场新航站楼、京沪高铁常州北站建成运营，西绕城高速公路、龙江路高架南延等工程建成通车；公交优先成效显著。年末拥有公交线路167条，公交线路长度3138公里，运营车辆2600辆；公交总客运量4.1亿人次，日均客运量111.6万人次，其中快速公交日均客运量29万人次，快速公交系统成功入选全国“百年百项杰出土木工程”。城市绿化品质提升,实施深化五大特色绿化工程，完成投资 8.3亿元，新增绿地578.1公顷。年末建成区绿地面积达6648.7公顷，城区人均公园绿地达到12.4平方米；建成区绿化覆盖率达42.2%。

**人民生活得到新改善**

全市城镇居民人均可支配收入29829元，比上年增长13.6%，扣除价格因素实际增长8.2%；农村居民人均纯收入14838元，比上年增长17.4%，扣除价格因素实际增长11.8%，增速比上年加快2.6个百分点。城乡居民收入比由上年的2.08：1调整为2.01：1，相对差距有所缩小。城镇居民人均住房建筑面积34.8平方米，比上年末增加1.6平方米；农村居民人均住房面积61.5平方米，比上年末增加3平方米。保障性安居工程建设继续推进，全年新开工建设廉租住房1022套、新开工公共租赁住房14013套、新增经济适用住房1376套、新建限价商品房3389套、城市棚户区危旧房改造56.5万平方米，发放廉租住房租赁补贴5016户。

# 江苏省淮安市

①

淮安是一代伟人周恩来的故乡、国家历史文化名城、国家卫生城市、国家园林城市、国家环保模范城市、中国淮扬菜之乡、中国运河之都、中国优秀旅游城市、全国双拥模范城市、江苏省文明城市。现辖清河、清浦、淮安、淮阴四区和涟水、洪泽、金湖、盱眙四县，总面积1.01万平方公里，总人口543万。淮安是一座独具魅力的历史古城。秦时置县，至今已有2200多年的历史，境内有著名的"下草湾文化"和"青莲岗文化"遗址。明清鼎盛时期，与扬州、苏州、杭州并称京杭大运河沿线的"四大都市"。淮安是一座底蕴深厚的文化名城。历史上诞生过千古名将韩信、小说大家吴承恩、汉赋大家枚乘、枚皋、巾帼英雄梁红玉、民族英雄关天培等众多名人，产生了中国四大名著之一《西游记》、中医四大经典之一《温病条辨》、晚清四大谴责小说之一《老残游记》等众多杰作。全国四大传统名菜之一淮扬菜发源于此，新中国开国宴会选用的就是淮扬菜。淮安是一座秀丽宜居的生态水城。京杭大运河、里运河、古黄河、盐河、淮沭新河等五河穿城，洪泽湖及高邮湖、白马湖、宝应湖等四湖镶嵌，境内水域面积占整个市域面积的1/4，被誉为"漂浮在水面上的城市"，6个

②

县（区）建成国家级生态示范区，是适宜居住的生态家园。淮安是一座快速崛起的工业新城。特钢、IT、盐化工新材料、食品和节能环保五大千亿元产业初具规模，新能源、新医药等新兴产业加速发展，富士康科技城、台玻实联化工、旺旺食品等一批基地型台资项目成功落户，台资集聚新高地正加速隆起。

2011年，在市委、市政府的正确领导下，全市积极抢抓省委省政府支持淮安加快苏北重要中心城市建设重大机遇，保持了又好又快发展势头，实现了“十二五”经济发展良好开局。全市完成地区生产总值1690亿元，增长13.2%；财政总收入、地方一般预算收入分别达407.82亿元、204.63亿元，分别增长35.9%和44.7%；社会消费品零售总额547.85亿元，增长17.9%；注册外资实际到账16.1亿美元，增长54.1%；城镇居民人均可支配收入18510元、农民人均纯收入8645元，分别增长14.6%和19.5%。

①碧水蓝天映淮安
②铁山寺国家森林公园
③明代古闸——清江正越闸
④建设美丽新淮安
⑤洪泽湖古大堤段
⑥清江浦夕照
⑦淮安南互通立交
⑧中国淮安出口加工区
⑨绿水抱城
⑩漕运总督署大门
⑪古淮河生态公园一隅

# 江苏省镇江市

## 加快转变发展方式 实现“十二五”良好开局

2011年，在市委、市政府的正确领导下，以转变经济发展方式为主线，紧扣稳增长、调结构、惠民生发展主题，经济运行取得发展速度平稳较快、结构效益持续改善、居民收入稳定增长、预期目标比较理想的积极成效，实现了“十二五”良好开局。

**>产业结构继续优化。**2011年，全市农业高效化、园区化、产业化步伐不断加快，新增高效农业、设施农业、高效渔业面积13.9万亩、8.83万亩和3.58万亩，新增省级农业园区4家，拥有市级以上农业产业化龙头企业118家。工业高新化、新兴化步伐不断加快，全年规模以上工业实现高新技术产业产值、新兴产业销售收入分别增长41.4%和54.5%。服务业增加值占GDP比重41.2%，物流、贸易、信息、商务等生产性服务业加快发展。

**>投入结构继续优化。**2011年，全市完成服务业固定资产投资498.79亿元，比上年增长25.7%，占比重40.8%；新兴产业投资实现倍增，完成固定资产投资407.9亿元，增长100.7%，占比重33.3%；文化产业投资继续高位增长，完成固定资产投资60.5亿元，增长68.2%，占比重4.9%。民营投资增长平稳，完成投资674.41亿元，比上年增长20%，占比重55.1%。全市R&D支出增长28.1%，占GDP比重达到2.2%，提高0.2个百分点。

莲花含秋

云台霞蔚

西津夜色

**>效益结构继续优化。**2011年，全市财政总收入占GDP比重首次突破20%，达到23.0%，比上年提高3.8个百分点，提高幅度创历史新高。规模工业持续呈现利税增长快于销售、销售增长快于生产的发展态势，企业利税增幅连续两年超过30%，工业34个行业大类实现整体盈利。城乡居民收入增长同步加快，其中城镇居民人均可支配收入增幅比上年提高4.3个百分点，农民人均纯收入增幅比上年提高5.1个百分点，财政、企业与居民收入之间增幅落差明显收窄。

**>内部结构继续优化。**民营外贸、税收增速明显快于平均水平，占有率均超过五成半，成为经济稳增长的主要支撑力量。截止12月末，全市拥有私营企业5.29万户、个体工商户16.1万户，其中当年新增0.88和2.29万户；私营个体注册资本2529.65亿元，其中当年新增436.09亿元。民营经济税收增长32.6%，占比重62.2%，提高4.3个百分点，对税收增长的贡献率达76.9%。

**>节能减排继续推进。**2011年，全面完成省下达的各项节能减排目标任务。据初步测算，单位GDP能耗比上年下降3.9%，其中单位工业增加值能耗比上年下降6.9%；单位GDP化学需氧量排放强度2.06千克/万元，比上年下降2.2%；单位GDP二氧化硫排放强度3.71千克/万元，比上年下降2.5%；单位GDP氨氮排放强度0.26千克/万元，比上年下降2%；单位GDP氮氧化物排放强度3.3千克/万元，比上年下降0.5%。

**>民生保障继续提升。**全年财政一般预算民生支出124.5亿元，比上年增长37.6%，占比重提高3个百分点。社会保障不断推进，标准不断提高，职工最低工资标准比上年增加180元，市区离退休职工养老金标准比上年增加161元，城乡最低保障发放标准调增至405元和314元，全年累计发放最低生活费10456万元，比上年增长21.0%。保障性安居工程进展顺利，新开工建设保障性安居房100.6万平方米、18113套（间）。

# 江苏省江阴市

大桥公园全景图

江阴，简称“澄”，古称暨阳，北临长江，南接太湖，是历史上著名的军事重镇和重要商港，素有“江海门户”、“锁航要塞”之称。市辖11个镇、6个街道办事处、1个国家级开发区、2个省级开发区，总面积988平方公里，人口120.88万，境内35公里长江深水岸线，被专家称为黄金水道的黄金地段。江阴交通便利发达，距上海、南京各150公里，以江阴为圆心，半径160公里范围内有6个机场，江阴大桥连接长江南北，京沪高速、沿江高速、新长铁路、锡澄运河穿境而过，是长江下游新兴的滨江港口城市和交通枢纽城市。

改革开放以来，江阴人民发扬“人心齐、民性刚、敢攀登、创一流”的江阴精神，抢抓机遇、奋力开拓，不断实现新跨越。江阴以全国万分之一的土地、近千分之一的人口，创造了超过全国二百分之一的地区生产总值、二百五十分之一的财政收入、百分之一的上市公司和五十分之一的中国500强企业，连续多年领跑中国县域经济。2011年，全市完成地区生产总值2335.87亿元，全口径财政收入444.98亿元，一般预算收入153.37亿元，城镇居民人均可支配收入34888元，农民人均纯收入17460元，农民人均纯收入连续12年位居全省同类城市第一。全市拥有32家上市公司、33只股票，是华夏A股第一县，形成证券界独特的“江阴板块”现象。

江阴先后荣获国家卫生城市、全国优秀旅游城市、首批国家生态市、国际花园城市、中国十大和谐名城、中国最佳经济活力魅力城市等120项全国性荣誉。在全国县域经济基本竞争力排名中实现“九连冠”，特别是2008年被中央确定为改革开放30周年全国18个典型地区之一，被中央调研组誉为“科学发展的先行者”。

“十二五”期间，江阴以科学发展观为指导，全力打造现代化滨江花园城市。充分发挥“枕山负水”的环境优势，打造“北依长江，中环群山，南涵湿地”的城市形态。以市域内的“江、河、湖、山”为依托，营造气净、地绿、水清的区域空间环境，最大限度地聚集、整合和统筹城乡资源，突破行政区划限制，科学保护利用山体、水系等自然资源，优化人居环境，提升产业结构，增强城市竞争力。

滨江公园

定山

海澜马场

音乐会

# 江苏省溧阳市

梦幻天目湖

中共溧阳市委书记、市人大常委会主任　盛建良

中共溧阳市委副书记、市长苏江华

溧阳位于苏浙皖三省交界处，总面积1535平方公里，总人口78.73万，辖10个镇（2个省级开发区）。溧阳历史悠久，自秦朝建县制以来已有2232年历史，1990年8月撤县建市。溧阳山水田林兼备，地貌特征为“三山一水六分田”，生态资源丰富。溧阳山清水秀，生态优美，人文荟萃，有“山水绝佳天目湖，感恩信义溧阳城”之美名。溧阳交通便捷，宁杭高速、扬溧高速于此交汇，104国道、芜太运河和建设中的宁杭铁路等横贯全境，距南京禄口国际机场仅80公里。溧阳是江苏省第三批全面小康达标的县级市。近年来，先后被评为《福布斯》中国大陆最佳商业城市、中国特色魅力城市200强、全国农村综合实力百强县(市)、全国县域经济基本竞争力百强县（市）、国家卫生城市、国家环保模范城市、中国优秀旅游城市、中国长寿之乡等。

**综合实力日益增强。**2011年全市实现地区生产总值503.78亿元，同比增长12.3%（可比价）；完成财政收入100.33亿元，其中一般预算收入37.13亿元，同比分别增长25.4%和28%，已连续九年获省财政收入新增贡献先进单位。**现代农业颇具特色。**1997年我市被确定为江苏省唯一的“全国丘陵山区综合开发示范县”。2011年吸引“三资”13.2亿元开发农业，至2011年底，全市高效农业面积达79.5万亩；建成“一村一品”专业村115个、专业园127个，千亩以上农业开发基地达109个。天目湖白茶、溧阳白芹获国家农产品地理标志登记保护，天目湖白茶并入选为人民大会堂宴会用茶和中国2010年上海世博会“十大名茶”之一。被评为“全国粮食生产先进县”、“中国名茶之乡”、“全省高效农业先进县”。**工业建安快速发展。**围绕工业纳税销售“三年翻一番、五年翻两番”目标，实施工业经济三年跃升计划，强力推进工业经济总量攀升。全年完成工业纳税销售1267.81亿元，同比增长45.6%，申特钢铁、上上电缆、新时代铜业、金峰水泥4家企业纳税销售超百亿元，其中申特钢铁超350亿元。全市纳税销售超亿元企业121家，超10亿元企业10家，超50亿元企业6家。华朋变压器公司荣获“中国工业行业排头兵企业”称号。全年建筑施工产值、劳务收入分别达375.7亿元

世外桃源——南山竹海

和116.5亿元，天力集团和鹏程钢结构公司承建工程相继获“国优工程”，天目集团等4家企业入选全省百强建安企业，我市首次被评为江苏省“建筑强市”。**旅游业发展亮点纷呈。**全市拥有3个国家AAAA级景区、7个国家级工农业旅游示范点、200多家农庄。全年接待国内外游客901万人次，实现旅游总收入86.4亿元。**人民生活不断改善。**2011年，全市城镇居民人均可支配收入26418元，农民人均纯收入13505元，分别增长15.3%和18.8%。全市新增城镇就业1.1万人，失业人员再就业1872人，城镇登记失业率为2%。职工养老、医疗、失业三大保险覆盖率稳定在98%以上，居民养老保险、“新农合”参保率均达100%，“低保”、“五保”全面提标。**社会保持和谐稳定。**扎实推进“平安溧阳”、“法治溧阳”建设，强化社会管理综合治理，启动实施“设防城市”建设三年规划和“六五”普法宣传，依法惩处违法犯罪活动。深入开展矛盾纠纷排查，强化信访调处责任落实，全市信访形势总体平稳，我市先后被评为全省社会治安综合治理先进集体和法制宣传教育先进县（市），连续7年成为“江苏省社会治安安全县（市）”。

站在“十二五”发展的新起点，溧阳市将坚持以邓小平理论和“三个代表”重要思想为指导，深入贯彻落实科学发展观，紧紧围绕“紧跟苏锡常，同步现代化”的总目标，锐意创新，开拓奋进，努力建设一个经济发达、生态优美、文化繁荣、社会和谐、人民幸福的新溧阳，率先基本实现现代化。

魅力溧阳

江苏华朋集团

江苏中关村科技产业园创新中心

群山环抱——天目湖

# 常州市武进区

新天地公园

## 实力之区

武进区位于中国经济发展最具竞争力的长三角中心，距上海、南京、杭州各百余公里，北望长江，南临太湖，1条运河、4条铁路、5条高速穿境而过，地理位置优越，交通条件便利，区位优势明显。作为吴文化的发源地之一，武进人文荟萃、文化发达，阳湖文派、南田画派、常州词派源远流长，瞿秋白、张太雷、恽代英等近代先贤名垂史册。改革开放以来，百万武进人民发扬“事事当争第一流，耻为天下第二手”的阳湖精神，奋力谱写争先发展、领先发展、率先发展新篇章，在“两个率先”的伟大实践中创造了崭新的业绩，综合实力稳居全国2700多个县（市、区）的前十位。2011年，完成地区生产总值1377亿元，实现全口径财政收入316亿元，其中地方一般预算收入105亿元；工商登记注册外资13.7亿美元，实际到账外资9亿美元；武进获得“中国最具投资潜力中小城市百强”第一名、“中国产业发展能力十强县（市、区）”第三名、“中国中小城市科学发展百强”第四名等全国性荣誉。今天的武进，高举科学发展大旗，积极推进产业升级、大力实施城乡统筹、加快建设生态文明、努力促进社会和谐，在“奋战十二五、再展新宏图”、争当全省率先基本实现现代化先行军的征程中阔步向前。

## 产业高地

近年来，武进瞄准“一产做精、二产做强、三产做大”的目标，立足“民资跃升、外资赶超、投资倍增”的思路，加大有效投入，夯实平台基础，加快产业转型，全力实施新兴产业倍增、传统产业提升、服务业提速、千亿产业和百亿企业培育等四大计划，实现了经济发展速度与质量、效益的同步提升。工业经济加快转型。先进装备制造、半导体照明、风电装备等新兴产业迅速崛起，机器人及智能装备、功能新材料等四个国家创新型科技园区蓬勃发展。2011年，全区实现工业总产值3865亿元，其中规模以上工业产值3221亿元；新兴产业产值2009亿元，占规模工业的62.3%；先进装备制造业产值1041亿元，成为全区首个千亿级产业。服务业发展不断提速。花园街商业核心区、延政路商务行政区、武宜路高档住宅区等“八大街区”建设深入推进，环球动漫嬉戏谷盛大开园，现代物流、科技研发、现代金融、电子商务等新兴服务业加快发展。2011年，全区服务业增加值469亿元，旅游接待人次达到810万人次。创新能力持续提高。2011年，全区高新技术产业产值1632亿元，占规模工业的比重超过50%；新认定工程技术研究中心、院士工作站等各类创新平台45家，入驻的领军型创新创业团队累计达到309个，拥有各类专业技术人才超过10万人，武进连续四次被评为全省人才工作先进县（市、区），连续六年被评为“全国科技进步先进区”。

2011武进科技经贸洽谈会开幕式

西太湖鸟瞰

武进出口加工区

## 魅力之都

近年来，武进始终坚持统筹发展这一导向，按照“南建北联、东拓西进、完善中心”的总体思路，全力打造现代新城，加快城乡一体化步伐。目前，中心城区5.6平方公里核心区渐趋成熟，16.6平方公里核心区加快完善，72平方公里城区框架全面拉开，花园街北延及中段提升工程加快实施，滨湖新城建设强势推进，花博城建设日新月异，文化旅游、商业商贸、公共服务等城市功能不断完善，一座现代之城、宜居之城、魅力之城在江苏大地傲然崛起。小城镇建设亮点频现，以洛阳镇等5个现代化小城镇建设示范镇为龙头，全面推进小城镇“十个一”工程和新农村“十个村村有”工程，14个镇全部创成全国环境优美镇，高新区、经发区创成省级生态工业园。综合交通运输体系加速形成，宁常高速滆湖互通工程全面建成，西绕城高速公路、锡溧漕河一期按时竣工，锡溧漕河二期、常溧高速启动建设，城区“八纵八横”路网进一步拓展，对接主城、连接周边的交通网络日益完善。生态环境持续优化，围绕“空气清新，河湖清澈；生态宜人，环境宜居”的目标，在完成生态创建三大步的基础上，努力实现人与自然的和谐相处。大力实施清水工程，河流水质持续好转，全面完成城乡绿化“五大工程”，新增林木面积1.8万亩，农村环境连片整治工作成效显著，“花都水城，浪漫武进”的城市品牌得到彰显；“低碳示范区”建设进展顺利，低碳品牌进一步打响，武进被授予全国首个“住建部绿色建筑产业集聚示范区”。

第八届中国花卉博览会主场馆设计图

淹城

## 幸福之城

始终遵循“发展为了人民，发展依靠人民，发展成果由人民共享”的民本理念，以打造“幸福武进”为目标，推出了一系列民生措施，办成了一大批民生实事，有效解决了一批群众最关心、最直接、最现实的热点问题。连续五年实施30项为民实事工程，尽心竭力解民忧、保民安、惠民生，较好解决了群众关注的突出民生问题。居民收入稳步增长，2011年，全区城镇居民人均可支配收入3.1万元，农民人均纯收入1.64万元。社会事业全面进步，9个镇建成2000平方米以上综合性文体活动中心，武进人民医院南院、阳湖医院竣工投用，创业指导服务中心、创业公共服务网实现镇域全覆盖。社会保障体系日益健全，全区“三大保险”覆盖率保持在98%以上，保障标准逐年提升，制度完善、管理科学、城乡一体的社会保障体系基本建立。社会保持和谐稳定，法治武进、平安武进、创新管理等各项活动扎实开展，全省社会管理创新综合试点工作全面推进，交通、治安管控能力大幅提升，放心消费创建工作扎实开展，安全生产形势保持平稳，文明和谐的安定局面进一步巩固，人民群众的满意度和幸福感不断提升。

揽月湾全景

# 常州市新北工业园区（春江镇）

新北区区委常委、新北工业园区党工委书记、春江镇党委书记：宋建伟

新北工业园区管委会主任、春江镇镇长：蒋新耀

新北工业园区（春江镇）位于常州市北面，东临江阴，西靠镇江，北枕长江。地理位置优越，交通便捷，民航常州机场、京沪铁路、京杭大运河和境内四通八达的高速公路网为园区（镇）提供了多层次的交通运输网络。

新北工业园区成立于2006年4月，是经江苏省政府批准、国家发改委备案的省级经济开发区,面积超50平方公里。包括滨江化工产业园、国家环保产业园、智能电网产业园、港口物流产业园（录安洲港区）、新材料产业园五大版块。

春江镇是2003年由魏村、安家、圩塘、百丈合并而成，全镇总面积171平方公里，户籍人口12.29万人，外来暂住人口5.18万人。下辖四个管理服务中心、42个行政村（社区）、2个居委会。辖内水网密布，土地肥沃，物产丰富。特产“长江三鲜”（长江鲥鱼、刀鱼、河豚），是当地著名的“鱼米之乡”。

2010年，常州市新北区区委、区政府统一部署，按照“区镇合一、以区带镇、优势互补”的指导思想，新北工业园区与春江镇合署办公，实行“两块牌子，一套班子”的行政管理体制。

2011年，园区（镇）完成国内生产总值165.5亿元，同比增长21.26%；实现财政总收入20亿元，其中一般预算收入8.3亿元，同比分别增长17.2%和21.5%；完成工业总产值615亿元，其中规模以上工业总产值513.35亿元，同比分别增长26.26%和27.53%;实现产品销售收入603亿元，其中规模以上产品销售收入506亿元，同比分别增长26.98%和27.46%；完成全社会固定资产投资125.4亿元，其中工业投入112.8亿元，同比分别增长25.29%和28.8%；园区（镇）新批注册外资3.12亿美元，到账外资2.17亿美元，新批注册内资12.2亿元。累计引进外商投资企业101家，有美国、法国、日本、韩国、台湾等国家和地区的客商前来投资兴业。目前开工投产的民营企业近1500家。

十二五期间，新北工业园区（春江镇）将以奋力打造省级优质园区，建设全省一流“经济强镇、滨江新镇、生态优镇、文化名镇、文明新镇”为目标，努力打造最具经济发展潜力、最具人文吸引力、以及最适宜人居住的和谐社会，欢迎海内外朋友前来投资兴业。

长江港

华润包装材料有限公司

魏村老街改造一鸟瞰

万拂阁

龙城钢材城

固体化工品物流中心及保税中心

友谊河规划

居民安置小区

居民广场

新华村

# 江苏省丰县

县委书记邱成

县长郭学习

2011年，是丰县实施"三年崛起达小康，五年倍增冲百强"的起步之年。全年累计实现地区生产总值190.61亿元，同比增长13.4%；规模以上工业企业实现总产值221.28亿元，同比增长55.7%；财政一般预算收入完成19.66亿元，增长52.6%；城镇居民人均可支配收入14261元，同比增长17.9%；农民人均纯收入8642元，同比增长19.1%。总投资5.6亿元、世界上单体最大的生态农业屋顶光伏电站顺利并网发电，投资规模均在10亿元以上的丰成盐化工、建滔能源焦化、福丰纺织10万纱锭等项目建设完工。坚持城乡规划、建设、设施和管理四个一体化发展，全县城镇化率达到42.9%。围绕强基础促增收，着力建设全省特色农业第一县、打造现代农业示范区，新扩高效农业29.9万亩、设施农业6.3万亩，55个省定经济薄弱村全部实现脱贫。围绕惠民生增和谐，稳步推进小康社会建设，四大类25项指标中19项已达标，总体达标率达到76%。成功创建了全国保护性耕作示范县、全国玉米生产机械化示范县，实现了省土地执法模范县四连冠、省文明城市四连冠。

2012年，丰县将以时不我待的紧迫感和加快发展的责任感，以加快转变经济发展方式为主线，以改革创新为动力，以改善民生为宗旨，全面落实"八项工程"，积极推进新型工业化、农业现代化、城乡一体化，全力推进"三年崛起达小康，五年倍增冲百强"战略，力争实现争先进位，如期实现全面小康目标，为2015年跨入全国百强县而努力奋斗！

四星级大酒店—同仁居大酒店

开发区鑫源热电

李堂煤矿

银龙电缆

中国电动车城

丰县高效农业生产

建设中的盐化工产业园

小史楼新农村建设

# 江苏省沛县

沛城全景

中共沛县县委书记、县人大常委会主任 **冯兴振**

县委副书记、沛县人民政府县长 **李晓雷**

沛县是江苏北大门，因汉刘邦享有帝王之乡、大汉之源美誉。上世纪因沛微纠纷受到全国关注，如今以全国文明县城、跨入全国百强、实现全面小康而知名。省定全面小康4大类18项25小项指标，2011年沛县已经达标，2012年3月顺利通过省验收，在淮河以北以县为单位率先实现全面小康，走在了徐州和苏北“两个率先”的前列。

沛县综合实力在科学发展中大幅跃升。6年时间县域经济基本竞争力由全国151位跃升至77位，经济总量翻了一番半，一般预算收入翻了三番，城乡居民收入翻了一番多。2011年，完成地区生产总值377亿元，增长14.1%;地方一般预算收入31.9亿元，增长50.2%；城镇居民人均可支配收入16910元，增长18%；农村居民人均纯收入10001元，增长19.4%。

特色产业在转型升级中崛起壮大。累计落地5000万元以上项目350余个，完成固定资产投资921.7亿元。农业现代化建设实现重大突破。省定农业现代化六大类21项指标实现率全省第7、苏中苏北领先。被批准为国家现代农业示范区、全国首批国家现代农业产业化示范基地、全国肉鸭标准化生产示范县、省农业现代化建设试点县，被授予“中国肉鸭之乡”称号。新型工业加速集聚升级。铝加工、煤盐化工、农产品加工三大主导产业集聚发展，产值占全县规模以上工业产值的近60%。新型铝材产业园被批准为省特色产业基地，被授予中国新型铝材产业基地称号，农产品加工园被授予江苏省绿色食品产业园称号。文化旅游业迅速崛起。千岛湿地景区被批准为江苏微山湖湖滨省级湿地公园，沛县被评为中国最佳生态旅游县、最佳历史文化旅游名城和区域休闲旅游目的地城市。

生态文明建设水平日益提升。农村每年绿化造林1万亩，城区每年新增绿化面积100万平方米，环境空气质量优良天数达355天。新农村建设成绩斐然。草庙、胡楼等6个村被评为省新农村建设示范村、先进村，36个村被评为市级新农村建设示范村。沛县是国家园林县城、全国绿化模范县、中国绿化环保百强县、全国生态示范区。

社会事业在和谐发展中全面进步。被评为全国文化、体育工作先进县、国家科技进步先进县、江苏省教育现代化县。蝉联江苏省文明城市、全国文明县城两项桂冠。好人沛县建设深入人心。1人被评为全国道德模范，7人荣登“中国好人榜”。

汉皇故里

肉鸭之乡

煤电之都

江苏新型铝材产业园

沛县的小康是全民共享的小康。累计投入90亿元实施为民办实事工程220项，农民人均纯收入年均增长14.2%，城镇居民人均可支配收入年均增长17.2%。通过开展助学、助医、助残、助老、助贫、助居、助孤“七助”活动，累计救助1280名贫困大学生400余万元，为普高困难学生发放助学金500余万元。新建定销房5万平方米，经济适用房、廉租房、公共租赁房15.5万平方米；新建阳光小区四期、金城小区等10个农民安置房222万平方米，小城镇农民安置房100万平方米。

# 江苏省邳州市

城市新姿

邳州位于江苏省最北部，面积2088平方公里，辖24个镇、1个办事处、1个省级开发区、1个新城区，490个行政村（居），人口178万，是江苏省第二人口大县，也是全国著名的板材之乡、大蒜之乡、银杏之乡、玉雕之乡、书法之乡、农民画和民间剪纸艺术之乡。**邳州历史悠久、人文荟萃。**邳州具有6000年的文明史，是江苏省文明的发祥地，夏朝奚仲建邳国，秦朝置下邳县，北周始建邳州，民国元年改置邳县，1992年撤县设市。邳州地杰人灵，英才辈出，是红十四军军长兼政委李超时、全国最小的烈士小萝卜头的故乡，是王杰精神的发祥地。**邳州区位优越、交通便捷。**地处苏鲁接壤，自古有“北控齐鲁、南屏江淮”之称，东临亚欧大陆桥东方桥头堡连云港，西依历史文化名城徐州，陇海铁路、霍连高速公路横穿东西，京杭大运河纵贯南北，观音、临沂、连云港三大机场近在咫尺，市区坐落在东陇海铁路与京杭运河的交汇处，是苏北鲁南重要的水陆交通枢纽，东陇海产业带极具活力的发展引擎。**邳州产业集聚、特色鲜明。**全市形成了“三大主导产业”、“六大特色产业”和“四大新兴产业”的产业体系，形成了开发区、环保化工和板材家具产业园、高新技术产业园“一区两园”以及11个工业集中区的发展格局，循环经济产业园被批准为“国家城市矿产示范基地”。**邳州环境优美、生态宜居。**城市建成区45平方公里、人口40 万，城镇化率45.4%。境内国艾山九龙风景区、土山关帝庙、岠山风景区、银杏博览园、天下水杉第一路家等4A级景区、3A级景区和国家、省级风景区交相辉映，形成了“楚韵汉风、诗意田园”的城市风格。**邳州开放包容、重诚守信。**坚持“对内讲规则、对外讲诚信”，被确定为国家级政务公开和政务服务试点县，“亲商、安商、富商”的氛围更加浓厚，日益成为安居乐业的家园、投资兴业的热土。

启动创建国家级外贸转型升级专业示范基地仪式

2012中国大蒜年会暨邳州农业产业推介会签约仪式

近年来，邳州在省委、省政府和徐州市委、市政府的正确领导下，以“跨越发展、富民强市”为主题，“转型升级、创新创优”为主线，大力弘扬昂扬向上、坚韧挺拔、心无旁骛、精诚团结的“水杉精神”，深入实施产业培育壮大、城镇统筹发展、高效农业提升扩面、和谐邳州建设“四大计划”，加快推进工业经济、城镇建设农业产业、社会事业和管理“四个转型”，全市经济社会实现了更好更快发展。2011年，全市地区生

国家银杏博览园

国家4A级景区——艾山九龙风景区

产总值448.9亿元，一般预算收入35.1亿元，城乡居民收入分别达到18083元、9931元，在全国百强县排名跃居第67位。

当前，邳州全市上下正大力弘扬昂扬向上的“水杉精神”，紧紧围绕“全面达小康、开启新征程”的奋斗目标，突出“跨越发展、争先进位、更快更快”的总体要求，认真实施“八项工程”，加快推进“四大计划四个转型”，不断开创邳州更好更快发展新局面，确保2012年全面建成更高水平小康社会、开启基本实现现代化新征程；2015年，经济社会发展总体水平进入“全省十强、全国百强县前五十位”。

先进木地板生产线

水杉大道

鲜花种植大棚

城市游园

## 城市名片

全国百强县
中国优秀旅游城市
全国林产业第一县（市）
全国科技进步先进市
全国粮食生产先进市
全国文化先进市（县）
全国文物工作先进市（县）
全国全民健身活动先进单位
国家级生态示范区
中国民间文化艺术之乡

中国书法之乡
江苏省文明城市
江苏省卫生城市
江苏省园林城市
江苏省设施农业先进市
江苏省生猪产业大市
江苏省土地执法先进市（县）
江苏省体育强市
江苏省“五五”普法先进单位
江苏省双拥模范城

城市一角

沙沟湖水杉公园

# 开启现代化 再创新辉煌

## ——铜山区社会经济发展情况简介

中共徐州市铜山区委书记　毕于瑞

中共徐州市铜山区委副书记、区长刘广民

铜山位于江苏西北部，地处苏鲁豫皖四省交界处和淮海经济区中心，环抱历史文化名城徐州。铜山因境内微山湖中铜山岛而得名。古称大彭氏国，秦始置县，汉列“天下九州”之一，历称大彭、彭城、铜山，迄今已有4000多年历史。

铜山东临沿海开放区，西接中原腹地。欧亚大陆桥横贯东西，京杭大运河穿境而过，京沪、陇海两大铁路干线在此交汇，徐州观音国际机场距政府驻地40公里。四条高速公路（霍连、京福、合徐、宁宿徐）、四条国道（104、206、307、310）、六条市县一级公路及县乡公路网通达四面八方，京沪高铁纵贯南北，交通十分便利。

铜山土地总面积1909平方公里，2011年末户籍总人口131.97万人。现辖20个镇、1个农场、1个省级高新技术开发区，307个行政村，14个居民社区，8个办事处。

铜山是楚汉文化集中地，古迹众多，已发掘并被列入国家和省市重点文物保护单位的有彭祖庙、北洞山汉墓、汉画像石等文物古迹20多处。孕育出西汉刘向、东晋刘裕、南朝刘义庆、唐朝刘禹锡、宋朝陈师道以及郭影秋、李可染和喻继高等杰出人物。

2011年，全区人民在区委、区政府的正确领导下，紧紧围绕 “建设更高水平的小康社会并率先基本实现现代化”的总体目标，全面落实科学发展观，认真贯彻宏观调控各项政策措施，将新型工业

先进的现代制造业

化、新城区建设、新农村建设、重点项目建设、和谐社会建设作为工作重点。经济社会持续健康发展，运行质量进一步提高，在淮北地区率先实现全面小康，为苏北地区加快推进全面小康社会建设起到了积极的示范作用。

2011年实现GDP570.57亿元，比上年增长14.3%；财政总收入88.99亿元，地方一般预算收入41.1亿元，分别比上年增长31.7%和50.0%；农民人均纯收入10934元，比上年增长19.2%，城镇居民人均可支配收入20059元，同比增长17.5%。实现了主要经济指标总量进苏南，均量进苏中，重要指标全省领先的新跨越。在2011年第十一届全国县域经济基本竞争力百强县评比中位居第53位，比上届前移13位。

当前和今后一个时期，铜山将按照新的发展定位，着力建设“两个中心”（先进制造业中心和徐州城市副中心）、“四大基地”（装备制造业基地、食品工业基地、能源工业基地、现代生态都市农业基地）、“六大产业”（工程机械、食品及农副产品加工、车辆制造、冶金、电子、现代服务业），全力加快国家高新区、国家现代农业样板区、国家级生态区、城乡统筹发展试验区以及和谐社会示范区建设。

铜山人民在率先建成全面小康社会的基础上，将向“率先实现基本现代化”的更高目标迈进！热忱欢迎国内外有识之士，前来投资创业，展现才华。

铜山的明天将会更加美好！

毕于瑞书记陪同外商在铜山参观考察

刘广民区长调度区城建重点工程

铜山具有丰厚的文化底蕴

铜山新区美丽的居住环境

铜山新区优美的环境

# 常熟 ChangShu

虞山尚湖度假区

常熟濒江临海，地处中国最具活力的“长三角”经济带中心，位于沪宁发展轴与沿江发展轴的交汇处，紧邻上海、无锡、苏州等大中型城市，距苏南国际机场40公里、上海虹桥机场80公里、上海浦东机场120公里，境内有沿江、苏嘉杭、常昆三条高速公路交汇。全市总面积1276平方公里，户籍人口106万人。

常熟是一座历史底蕴深厚的文化之城。常熟有着3000年文明史、1700年建城史，是吴文化的重要发祥地之一，也是中国历史文化名城，现有国家级文物保护单位3处。常熟文化繁荣，自古人杰地灵，是虞山琴派、虞山画派、虞山诗派、虞山印派的发源地，也是中国曲艺之乡、中国书法之乡和中国民间文化艺术之乡。历史上，常熟曾出过8名状元、9名宰相、485名进士；当代中国科学院、工程院院士中常熟籍的有24人。

常熟是一座生态资源丰厚的山水之城。明代诗人沈玄的著名诗句“七溪流水皆通海，十里青山半入城”，形象地描绘了常熟山、水、城融为一体的独特地域形态。常熟古城依山而筑，三湖环抱，历经千年沧桑，至今仍保留着典型的江南城市格局。常熟自然风光秀丽，生态环境优良，拥有虞山、尚湖等国家4A级景区4处，是中国“十大文化生态旅游城市”，先后获得中国人居环境奖、国家生态市、中国十佳绿色城市、国际花园城市等荣誉。

沙家浜风景区

昆承湖夜景

常熟是一座经济基础雄厚的开放之城。改革开放以来，常熟地区生产总值、地方财政一般预算收入、工业总产值年均保持20%左右的增长，连续五年在中国县域经济基本竞争力排名中位居“区域经济强县统筹发展组团”第一名。2011年，全市完成地区生产总值1710亿元，实现地方财政一般预算收入122亿元，工业总产值超过4200亿元，人均GDP超过2.5万美元，城镇居民人均可支配收入超过3.5万元，农民人均纯收入超过1.7万元。国家一类开放口岸常熟港已与全球50多个国家和地区的260多个港口通商通航，已吸引了50多个国家和地区的2800多家外资企业落户，总投资超过400亿美元，其中32家世界500强企业在常熟投资了65个项目。

常熟服装城

常熟经济开发区

常熟东南开发区

市民休闲公园

# 江苏省张家港市

张家港是位于长江和沿海两大经济带交汇处的一座新兴港口工业城市，以境内天然良港张家港港而命名。全市总面积990平方公里，其中陆域面积777平方公里，下辖8个镇和1个现代农业示范园区，175个行政村，户籍人口90.8万。可以用四句话来简要描述这座城市：

第一句话，古老的土地、年轻的城市。说她古老，是因为境内的东山村遗址，距今已有8000年历史，是太湖流域、也是长江下游地区迄今发现的最早的新石器时代文化遗址，被列入2009年全国十大考古发现。吴文化中保存和传承得最好的吴歌是张家港的河阳山歌，被列为国家级非物质文化遗产，其中《斫竹歌》产生于6000多年前。境内古黄泗浦还是唐代鉴真大师成功东渡日本的启航地。说她年轻，是因为建县市只有50年，1962年从常熟、江阴各划出一块合并成立沙洲县，1986年撤县建市。

第二句话，经济繁荣、民生幸福。1994年以来，张家港经济实力始终位居全国县市前三甲。2011年，实现地区生产总值1860亿元，按常住人口计算，人均2.3万美元，地方一般预算收入142亿元。同时，教育、医疗、文化、社保等城乡社会事业实现高水平均衡发展。2011年，全市城镇居民人均可支配收入达到3.51万元，农村居民人均收入1.73万元。人均预期寿命81.34岁。

第三句话，城乡一体、高度文明。城乡规划、建设、管理、服务等加快实现一体化，城市化水平达到63%。各种文明形态高度协调，是全国精神文明建设、生态文明建设的老典型，是唯一实现全国文明城市“三连冠”的县级市，也是全国首个荣膺联合国人居奖的县级市、首家国家环境保护模范城市、首批国家生态市、全国生态文明建设试点城市，累计荣获国家级以上荣誉160多项。

第四句话，精神引领、科学发展。江泽民同志亲笔题写的“团结拼搏、负重奋进、自加压力、敢于争先”的十六字张家港精神，是张家港的力量之魂、动力之源，被誉为苏州的“三大法宝”之一。在改革发展实践中，我们不断赋予张家港精神新的时代内涵，着力打响以张家港精神为核心要义、以实干创业为关键内涵、以永争一流为鲜明导向、以文明进步为显著特征的城市文化品牌，以张家港精神凝聚人心、激励斗志，引领张家港率先发展、科学发展、和谐发展。

全国文明城市
联合国人居奖
国家生态市
全国环境保护模范城市
国家卫生城市
国家园林城市
全国文化先进市
全国科技进步先进市

# 江苏省**昆山市**

市民文化广场

2011年是“十二五”发展的开局之年，也是昆山率先基本实现现代化的决战之年。一年来，昆山深入贯彻落实科学发展观，积极在变化变局中抢占先机，在应对困难挑战中谋求突破，实现了“十二五”良好开局。2011年，全市完成地区生产总值2432.3亿元，比上年增长12%；全口径财政收入602.2亿元，其中地方一般预算收入200.2亿元，分别比上年增长25.3%、22.7%；工业总产值8001.6亿元，增长14.3%；完成全社会固定资产投资646.2亿元，增长21.8%；社会消费品零售总额421.8亿元，增长18.0%；进出口总额855.3亿美元，其中出口533.4亿美元；城镇居民人均可支配收入35190元，农村居民人均纯收入17374元，分别增长13.8%和14.5%。

在台湾电电公会大陆地区投资环境评估中，连续三年排名“综合实力极力推荐城市”第一；在福布斯中国大陆最佳县级城市排行榜上，连续三年位居第一；连续七年位列中国中小城市科学发展百强榜首；先后荣获中国经济转型特别贡献奖、中国全面小康特别贡献城市、中国县级市最具创新竞争力城市、中国宜居宜业典范城市、中国最具幸福感城市等称号。

绿色出行

**一、以经济转型为核心，加快发展方式转变，努力把昆山建成经济结构合理、产业特色鲜明、综合竞争力强的现代工商城市**

按照“新城市、新产业、新人才”的要求，坚持制造业立市、服务业强市，重点围绕建设十个科技创新载体、十个服务业集聚区、十个特色产业基地，打造十条主导产业链，实施十大人才工程，推进主导产业提升、新兴产业倍增、现代服务业提速、现代都市农业精品等“四大工程”，形成以高新技术产业为导向、先进制造业为基础、现代服务业为支撑、现代都市农业为特色的现代产业体系。

**二、以自主创新为关键环节，坚持走开放条件下的自主创新之路，努力把昆山建成充满生机和活力的创新创业城市**

坚持“开放带动”与“创新驱动”紧密结合，着力构建科技创新、产业集聚、人才支撑和可持续发展“四大平台”，突出企业主体地位、打造创新服务平台、深化产学研合作、强化招才引智、完善创新创业环境，更大范围地集聚创新核心要素，加快发展创新型经济、建设创新型城市。在国家科技部、社科院组织的城市创新能力综合测评中，昆山连续四年位居全国县级市第一，被评为全国科技进步示范市。

昆山南站

**三、以富民优先为第一导向，加快共同富裕进程，努力把昆山建成群众安居乐业、民生保障健全的人民满意城市**

始终把富民优先作为发展的第一导向，把提高群众幸福感和满意度作为一切工作的出发点和落脚点，不以平均数代替大多数，努力提高中等收入户比重；不以统计数字代替直观感受，努力提高全面小康的公认度。以统筹城乡劳动就业、缩小城乡收入差距、推进社保制度并轨、优质发展教卫事业为抓手，切实加强以改善民生为重点的社会建设。目前全市人均纯收入超过10000元的农户达80%以上。

**四、以统筹兼顾为根本方法，加快推进城乡一体化发展，努力把昆山建成富有竞争力和吸引力的生态宜居城市**

坚持用城乡统筹发展的理念解决“三农”新问题，以城乡一体化发展为总命题，从制度创新和政策设计入手，着力提升城乡发展规划、产业布局、基础设施、资源配置、公共服务、就业社保、生态建设、社会管理等“八个一体化”发展水平，加快城市基础设施向农村延伸、城市公共服务向农村覆盖、城市现代文明向农村传播、城市生活要素向农村辐射，努力使改革发展成果更多地普惠于民。

台湾商品交易展示中心

昆山开发区

姜巷村

当前，昆山发展已站在新的历史起点上，跃上了一个新的发展平台。我们将牢记使命、奋勇争先，确保到2012年，初步形成率先基本率先现代化的形态，初步达到中等发达国家和地区水平；到2015年，初步形成率先基本实现现代化格局，总体发展水平赶上中等发达国家和地区；到2020年，全面建成经济发达、文化繁荣、社会和谐、人民幸福、环境优美的现代化新昆山。

# 江苏省海安县

# Hai'an County Of Jiangsu Province

中共海安县委书记 单晓鸣

海安县人民政府县长 陆卫东

海安县地处苏中，东临黄海、南邻上海，辖3个开发区，7个镇，总面积1108平方公里，人口93.7万，2011年全年实现地区生产总值430亿元，完成财政一般预算收入28.5亿元。

海安县是全国县域经济基本竞争力百强县、全国中小城市综合实力百强县、全国最具投资潜力中小城市百强县、中国中小城市科学发展百强县，是全国著名的教育之乡、装备制造之乡、建筑之乡、茧丝绸之乡、河豚之乡、纺织之乡、花鼓之乡、紫菜之乡和长寿之乡，先后获得国家生态县、全国科技进步示范县、全国文明县城、江苏省文明城市、江苏省金融生态示范县等数十项国家级、省级荣誉称号。

海安县依托得天独厚的交通区位优势，“枢纽海安，物流天下”初具雏形，进一步把交通优势转化为现代服务业的产业优势、竞争优势和发展优势，加快推动现代服务业大发展，促进服务业发展提速、比重提高、竞争力提升，加快经济转型升级。

# 海纳百川 聚力超越

*Welcome to Hai'an*

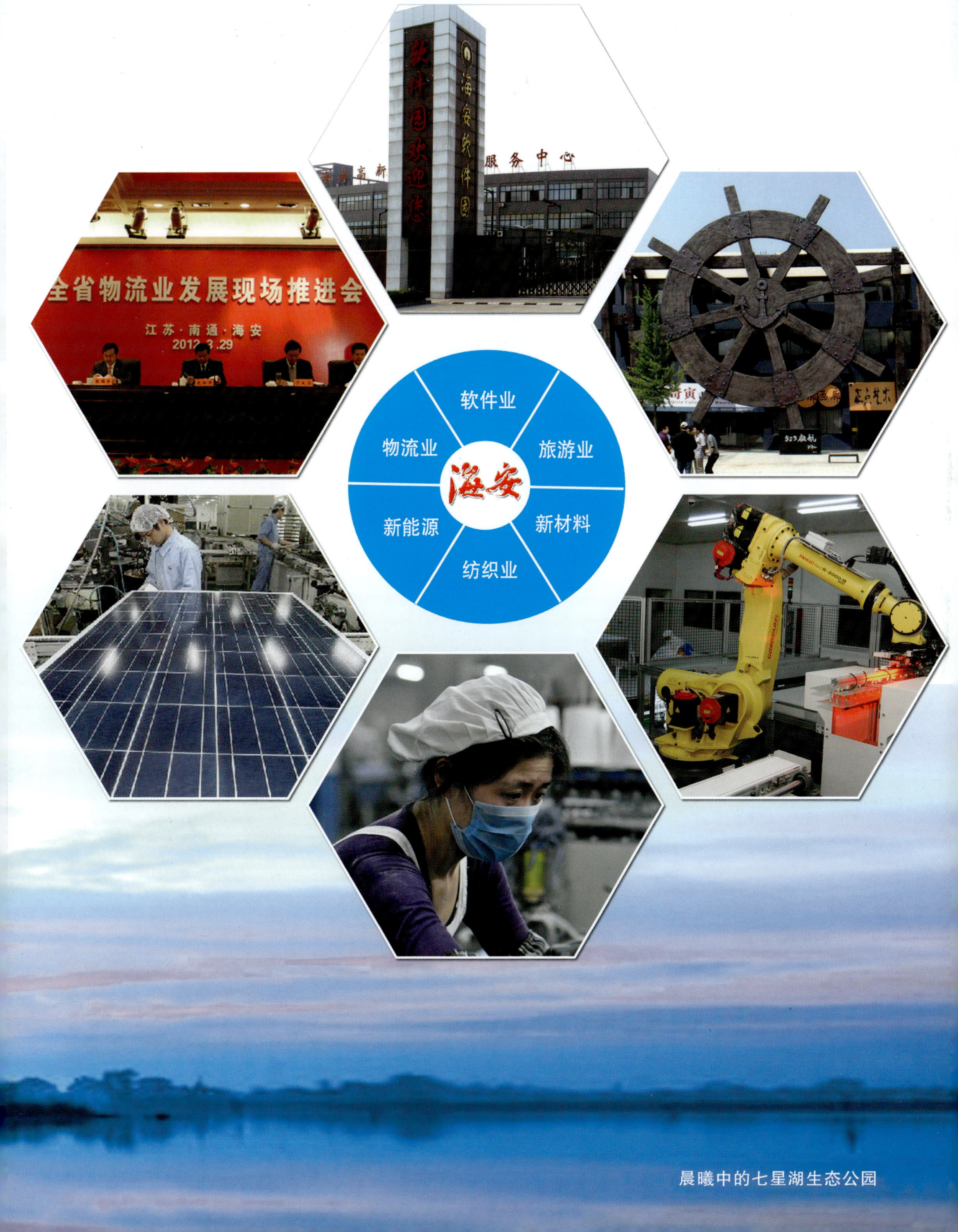


晨曦中的七星湖生态公园

# 江苏省阜宁县

富士康太阳能组件签约现场

庙湾古城

阜宁地处江苏沿海中部，面积1439平方公里，人口110万，辖14个镇和“一区一园一湖”（省级阜宁经济开发区、富士康产业园、金沙湖）。境内地势平坦，气候温和，物阜民宁，素有“江淮乐地”之称。阜宁是著名的红色圣地、水绿宝地、创业福地，是一座生态环境优美的宜居城市，也是著名的“散文之乡”、“淮剧之乡”、“建筑之乡”和“长寿之乡”。 2011年评为“省级文明城市”。

近年来，全县上下紧紧围绕“奋战四年全面达小康，争先苏北跃进前八强”的宏伟目标，大力弘扬“艰苦创业，负重奋进，团结拼搏，跨越争先”的新时期阜宁精神，始终高扬“大变革、大发展”主旋律，扎实推进工业集聚、农业种养方式、交通格局、城市扩域、教育事业“五大变革”，建成全国风电装备产业基地、全国环保滤料产业基地、全国绿色食品原料标准化生产基地县、全国科普示范县、全国生猪标准化养殖示范县。先后获得全国粮食生产先进县、 全国绿化模范县、全国食品工业强县 、中国新能源产业百强县、全国肉类产量

铁军广场

阜宁港

金沙湖

香港路夜景

东方广场

百强县、苏商投资中国·最具投资价值城市、江苏省发展高效设施农业先进县、江苏省建筑强县等称号。

“十二五”期间，围绕省委省政府提出的“八项工程”，阜宁扎实抓好“劳有多得、学有优教、病有良医、老有颐养、住有宜居、饮食有安全保障、出行有便捷交通、娱乐有健康文化”等“八有”民生实事，到2015年建成更高小平小康社会，努力让改革发展成果更多地惠及百姓、惠及更多百姓。

建阜高速开工典礼

美丽阜宁

# 小康盐都 惠及民生

2011年，我区抢抓江苏沿海开发、长三角一体化发展的历史机遇，坚定不移地走率先发展、科学发展、和谐发展之路，经济社会保持了又好又快发展的良好态势。2012年4月，我区顺利通过了省定全面小康现场综合考察验收。

## 一、全面建设小康社会指标基本实现

农村新貌

按照省定县级全面建设小康社会四大类18项25个指标的监测体系，我区全面建设小康社会监测情况如下。

**1、综合实力进一步增强**。2011年实现地区生产总值304亿元，人均GDP突破40000元；财政总收入达80亿元，其中地方一般预算收入38亿元。

**2、经济结构进一步优化**。2011年实现第二产业增加值166.2亿元，增长14.4%；第三产业实现增加值100.5亿元,增长14.4%；二、三产业增加值占GDP的比重达到87.7%，较去年底提升0.9个百分点。

**3、人民生活进一步改善**。2011年实现城镇居民人均可支配收入、农民人均纯收入分别为21124元和11350元，同比分别增长17.1%、18.8%；城镇登记失业率为2.03%；城镇社会保障三大保险覆盖率为95.4%；新型农村合作医疗保险覆盖率为100%；百户家庭电话和电脑拥有量分别为290部和67台；恩格尔系数为33.7%；城镇居民人均住房建筑面积为47.3平方米；农村人均钢筋、砖木结构住房面积为51平方米；城镇人均拥有道路面积为22.4平方米；农村行政村通灰黑公路比重达100%；居民文教娱乐服务支出占家庭消费支出比重18.9%。

**4、城市化水平进一步提高**。2011年实现城市化水平为55.8%；城市绿化覆盖率为41.2%；森林覆盖率为13.2%；环境质量综合指数95.2%。

**5、社会事业进一步发展**。2011年实现R＆D经费支出占GDP比重为1.05%；初中毕业生升学率99.8%；卫生服务体系健全率100%；人民群众对社会治安的满意率96%。农村村委会和城镇社区居委会依法自治达标率分别为98.5%和99.7%。

综合2011年全面小康社会进程监测情况，我区全面建设小康社会建设呈以下三个特点。

**核心指标全部达标**。人均GDP全年实现41185元，高于目标值17185元；城镇居民人均可支配收入实现21124元，高于目标值5124元；农村居民人均纯收入实现11350元，高于目标值3350元；城镇社会保障三大保险各自覆盖面和环境质量综合指数在达标基础上得到进一步巩固和提高，“新农保”实现全覆盖。

**指标达标面和水平不断提升**。监测显示，相对于去年，2011年又新增了“居民文教娱乐服务支出占家庭消费支出比重”和“R&D经费支出占GDP比重”指标达标，已达标指标由上年末的21个增至23个。在已达标指标数量不断增多的同时，指标的达标水平也在不断提升。经济指标方面，人均地区生产总值高出目标值17185元，城市化水平高出目标值10个百分点，城镇登记失业率比上限值低2.97个百分点；生活水平方面，2011年城镇居民人均可支配收入和农村居民人均纯收入分别高出目标值5124元和3350元，城乡居民人均住房面积分别高出目标值17.3平方米和11平方米，城镇人均拥有道路面积高出目标值10.4平方米，百户家庭电话拥有量及百户家庭电脑拥有量分别高出目标值90部和27台，恩格尔系数比上限值低6.3个百分点。在社会发展和生态环境方面，初中毕业生升学率99.8%，高出目标值9.8百分点；卫生服务体系健全率100%，城镇社会保障三大保险覆盖面达到95.4%，新型农村合作医疗覆盖面达100%，分别高出目标值10、0.4、15个百分点；人民群众对社会治安的满意率96%，高出目标值6个百分点；城市绿化覆盖率41.2%，高出目标值1.2个百分点；环境质量综合指数达到95.2分，高出目标值15.2分。

世纪公园民俗风情区

**弱势指标加快推进**。在全部25个小康指标中，二三产占比、森林覆盖率指标是我区的两个相对弱项指标。主要有两方面客观因素：一是我区作为传统的农业大区，加之高效和设施农业发展较快，一产增加值总量不低，影响了二三产业增加值占GDP比重指标值；二是我区为里下河平原地貌，土地主要以耕地为主，并且河网密布，植树成林难度较大，客观上影响了我区森林覆盖率指标。近年来，针对二三产占比、森林覆盖率方面存在的不足，我区实施工业强区战略，推进新兴产业、特色产业发展，加快新型工业化进程。大力发展服务业，形成了现代物流、连锁配送、科技研发等现代服务业集聚区。2011年实现二三产业增加值266.64亿元，二三产业增加值占GDP比重达87.7%，比2006年提高6.8个百分点。为提高森林覆盖率，我区科学制定规划，加大投入力度，大力组织实施绿色通道、绿色产业、绿色家园、绿色河堤、绿色园区五大绿色工程。目前森林覆盖面积1.38万公顷，森林覆盖率达13.2%，比2006年底的5.9%提高7.3个百分点，年均增加1.35个百分点。

华锐风电

## 二、全面小康社会建设成效显著

**1、综合实力不断增强，运行质量进一步提升。**

2011年全区实现地区生产总值303.98亿元，按可比价计算比上年增长13.0%。按平均常住人口计算，全区人均GDP达41185元，增长15.8%。三次产业协调发展，全区第一产业实现增加值37.34亿元，增长3.8%；第二产业实现增加值166.16亿元，增长14.4%；第三产业实现增加值100.48亿元，增长14.4%。三次产业结构由2010年的13.2：54.4：32.4调整为12.3：54.7：33.0。实现财政总收入79.63亿元，增长48.4%，其中地方一般预算收入34.92亿元,增长44.3%，财政总收入占地区生产总值比重由2006年的7.6%提高到26.2%，一般预算收入占地区生产总值比重由2006年的3.9%提高到11.5%。注册外资实际到账15900万美元，增长32.5%。全省综合排名五年前移9位，连续6年获得全市目标任务绩效考核综合先进奖。

工业经济持续增长，新特产业发展迅速。近年以来，全区工业按照"四有三聚"、"快增快转"的要求，推进新兴产业、特色产业发展，促进转型升级、提速增效，新型工业化进程不断加快。2011年实现规模以上工业增加值129.7亿元，增长14.5%。秦川机床与华兴集团、中力齿轮与山东时风集团、宏大集团与湖州晶能实现成功重组；中联电气、翔宇疏浚控股实现成功上市，华锐6MW风电机组成功下线。

服务业加快突破，集聚区快速推进。大力拓展现代物流、连锁配送、科技研发、融资担保等新型业态，悦达摩比斯、红星美凯龙、盐渎明城、永宁国际汽车城等重大服务业项目相继建成，东方汽车广场、高新区科创园、现代物流园区、商务商贸区四大服务业集聚区加快建设；步湖路生态观光旅游带开发全面启动，驿都金陵大酒店在全市首家通过五星级评定，大纵湖旅游景区被认定为国家4A级景区，华都森林公园、葛武郝荣、潘黄仰徐被评为省四星级乡村旅游点。

大纵湖风景区芦荡迷宫

**2、居民收入不断增加，社会保障水平明显提高。**

2011年城镇居民人均可支配收入、农民人均现金收入分别达到21124元、11350元，分别增长17.1%、18.8%。2006年以来，全区累计实现就业8.29万人，转移18.2万人，2011年城镇登记失业率2.03%。

完善社会保障体系，统筹城乡稳步推进。近年来，我区围绕"政策覆盖各类群体、人人享有社会保障"目标，全面推进社会保险依法扩面工作，三大保险覆盖面一直保持在95%以上。我区新型农村合作医疗参合率达100%，人均筹资标准从2003年的人均42元增至275元（全市领先），2012年将达到350元，参合群众医药费政策补偿比达75%以上。

各级教育均衡发展。2011年，全区初中毕业生升学率达99.8%。先后投入资金数亿元用于办学条件改善，城乡学校基本实现教育现代化。

**3、生态建设步伐加快，环境质量稳步提升。**

近几年来，我区城市区绿化建设累计投入达13亿元，新增绿地面积近2000公顷。到2011年末，城市绿化覆盖率达到41.2%以上，绿地率达到34.6%，列盐城市各县市区第一位，人均公共绿地面积为13.6平方米，创建省、市级园林式单位(小区)39家。2011年底，全区森林覆盖面积13794公顷，森林覆盖率为13.2%。

环境保护质量不断提升。根据统计，我区2009—2011年环境空气良好天数分别达到334天、343天和342天，达标率93.7%、良好率86%；集中式饮用水源水质达标率98%；城市水域功能区水质达100%；城市功能区环境噪声达标率84.5%；2009年-2011年，城乡环境保护满意率分别为74.91%、74.12%、74.51%；累计关闭化工企业185家，建成苏北首家"无化区"。

现代农业示范园区

盐都区文化艺术中心

驿都国际大酒店

# 丹阳概况

镇江市委常委
丹阳市委书记——童国祥

丹阳市市长——裔玉乾

丹阳，丹凤朝阳之意，位于江苏省南部，东邻常州市武进区、新北区，西接镇江市丹徒区、句容市，南与金坛市接壤，北接镇江新区，并与扬中市隔江相望。总面积1047平方公里，户籍人口81.3万人，辖13个镇和1个省级开发区。目前，丹阳综合实力居江苏省十强县（市）第8位，经济基本竞争力居全国百强县（市）第16位，是国家卫生城市、江苏省社会治安安全市，被评为“中国和谐城市”，在第三届“长三角最具投资价值县市”评选中荣获“最具竞争力奖”，并入选由世界品牌组织、美中经贸投资总商会、和谐社会全球合作组织联合评选的“中国特色魅力城市200强”。

近年来，丹阳紧紧抓住涉及当前和长远的目标定位、规划布局、载体建设、产业集群、集聚吸纳、服务环境等关键环节，打牢了发展基础，为蓄势腾飞建好了“跑道”、搭好了“跳板”，成为沪宁经济线上新兴的工贸城市。

**发展提速、质量提升、效益提高正成为丹阳发展的主趋势。**2011年，实现地区生产总值724.9亿元，增长12.7%；全社会固定资产投资325.9亿元，增长24.9%；工业销售1750亿元，增长25.2%；财政总收入102.6亿元，增长28.2%；一般预算收入41.1亿元，增长37.1%。近年来，相继建成“中国眼镜生产基地”、“中国眼镜出口基地”、“江苏省五金工具出口基地”和“国家级车辆灯具检测重点实验室”、“中国汽车零部件制造基地”。眼镜产业成为国家行业标准的制定者，五金工具产业正从普通工具钢向模具钢、特钢发展，木业产业夺得国内同行业10大品牌中的三块，汽车零部件产业正从零部件制造走向整车制造。创建了全国首个航空航天材料产业园、“军民融合式发展示范区”，正打造我市第一个千亿级产业群。

**创新驱动、人才带动、金融推动已成为丹阳发展的主动力。**连续8年被评为全国科技进步先进县（市），是全国3个国家知识产权试点县市之一。科技创新专项资金设立、争取省重大科技成果转化专项扶持资金、“国家科技兴贸基地”建设等多个方面在全省县级市领先，煤制乙二醇、平面转立体电影、商用陀螺仪、大型熔模铸造、第三代消防车、光扩散综合膜、玻纤单丝连续毡、高速工具钢水平连铸等200多项技术和成果填补国内空白，20多项技术达到国际先进水平。共引进海归创业创新团队70多个、高层次人才200多名，被评为省高层次人才创新创业基地，其中4人入选“国家千人计划”，是全省首批创新型城市试点市。同时，构建起科技型企业、科研院所、金融机构三者强强联合的“金三角”模式，在金融创新上形成亮点。积极鼓励企业上市，上市企业累计8家，总市值突破600亿。在全省首创天工惠农小额贷款公司，目前共有小额贷款组织10家，农村资金互助合作社15家，村镇银行1家。

**优化服务、强化开放、深化改革已成为丹阳发展主抓手。**强化服务软环境建设，成为沪宁线上收费项目最少、收费标准最低的城市，德国汉高、法国欧尚、美国AIG、德国贺利氏等世界500强企业先后落户。坚持以制度建设为发展“保驾护航”，相继形成了大项目领导挂钩扶持、“飞地”工业、“万人问卷”、党务公开目录、领导班子和领导干部绩效考核等一批有创新、有特色的制度。

**统筹发展、共享发展、和谐发展正成为丹阳发展的主基调。**城镇化率由48%提高到56%，形成“一城两区、一体两翼”的城市布局。2009年获得了国家卫生城市称号，国家生态市和国家环保模范城市的创建工作正稳步推进。以练湖为代表的新市区建设，以界牌为代表的“全镇一体化”新市镇建设，金桥村、群楼村等为代表的一批新社区建设正在加快推进。社会保障体系日趋完善，建立了覆盖城乡、惠及全民的社会养老保障体系，基本做到了“应保尽保”。2011年，城镇居民人均可支配收入26631元，增长15.7%；农民人均纯收入13426元，增长17.3%。

当前，丹阳正以“四城建设”为总抓手（创新之城、文化之城、生态之城、和谐之城），向着率先基本实现现代化的宏伟目标阔步前进!

汽车零部件工业园

全国最大的眼镜交易市场——中国眼镜城

新农村建设

天地石刻园

# 江苏悦达集团有限公司

JIANGSU YUEDA GROUP CO.,LTD.

陈云华——盐城市政协副主席、江苏悦达集团党委书记、董事局主席

江苏悦达集团为全国520户重点大型国有企业之一，位居全国重点规模企业前百强、江苏省重点规模企业前十强。创业30多年来，悦达历经了从贸易流通向实业经营、从自我发展向合资合作、从产品经营向资本运营、从单一产业向多元化发展等四次嬗变，走出了一条以国际化带动新型工业化的成功之路。目前，悦达在境内外拥有两家上市公司、30多家子、分公司、3万多名员工、资产总额400多亿元。形成了以汽车和纺织为两大支柱，工业制造、矿产开发、公路投资、现代服务业和商业地产、房地产五大产业板块的多元化布局。集团先后与韩国现代起亚、法国家乐福、日本富士重工以及德国黛安芬、印度马恒达等世界500强企业及国际知名企业携手合作，不断引领悦达产业向纵深发展。

2011年，集团实现综合营业收入782亿元，利税151.45亿元，继续保持江苏长江以北地区领先的位次。“十一五”期间，悦达累计实现营业收入1861.26亿元，净利润128.78亿元，上缴税金137.17亿元，比“十五”期间分别增长了8倍、27倍和6.8倍。

如今，站在新起点上的悦达人，正在全力抢抓江苏沿海开发和长三角经济一体化两大战略机遇，不断调整提高现有产业，积极进军新兴产业，大力推进“二次创业”新事业，努力培育新的增长极，力争到“十二五”期末实现年营业收入超1200亿元，利润和税收双超100亿元，努力为地方经济和社会事业发展再作新贡献，为打造“百年悦达、千亿悦达、百亿税收”奠定更为坚实的基础。


法人代表：陈云华

联系电话：0515-88202813

传　　真：0515-88334601

邮政编码：224007

通讯地址：江苏省盐城市世纪大道东路2号


## 悦达产业规模

**汽　车：**已形成年产43万台规模，位居全国同行业第六位。

**纺　织：**已形成25万锭规模；将形成亚洲家纺织机最大规模。

**拖　拉　机：**已建成10万台大马力拖拉机生产、出口基地，产销量位居全国同行业第三，出口量连续5年位居全国第一。

**专　用　车：**已形成了年产5000台规模，产销量占全国市场需求量的三分之一，是奥运会、世博会场馆指定选用产品。

**妇女时装：**已形成年产2000万件规模，是东南亚地区最大的妇女内衣生产基地。

**煤矿经营：**拥有总储量10多亿吨、年产能2000万吨的规模。

**有色金属矿业：**拥有金、银、铜、铅、锌、铁及稀土矿10座。总规模达500万金吨。

**公路投资：**拥有8条高等级公路收费经营权，总里程650公里。

**大型连锁超市：**家乐福超市开店总数达到38家，新合作超市直营店达577家。

**资本经营：**拥有悦达A股、香港红筹股两家上市公司；参股盛京银行、江苏银行两家金融机构。

**房地产开发：**总面积达100万平方米。

**现代农业：**以家乐福为依托，投资培植了10万农户、20万亩的现代农业产业示范园区和生态农副产品生产基地。

江苏省委书记罗志军先生（右一）与悦达集团董事局主席陈云华先生（左一）亲切交谈

悦达总部大楼外景

纺织车间内景

黛安芬成衣车间

东风悦达起亚汽车二工厂全景

# 金湖

县委书记肖进方

县长龚晓琴

“中国荷文化传承基地”授牌

淮河入江水道金湖二桥

金湖县位于江苏省中部，现辖11个镇、7个场圃，县域面积近1400平方公里，人口36万，是国家级生态示范区、国家平原绿化先进县、国家科普示范县、国家园林县城、国家卫生县城，江苏省文明城、江苏省教育现代化先进县、江苏省法治建设示范县。

金湖的基本情况可以概括为“四个好”：一是自然禀赋好。高邮湖、宝应湖、白马湖三湖环绕，淮河入江水道横穿腹地，水域面积约占县域面积的1/3，盛产龙虾、大闸蟹、荷藕等水生动植物，被誉为江湖要塞上的“小江南”，是“鱼米之乡”、“荷花之都”、“中国湖鲜美食之乡”，1959年建县时，周总理亲自定名金湖，就是取湖中“日出斗金”之意。拥有耕地75万亩、滩涂40万亩，耕地和滩涂人均拥有量位居全省前列。已探明石油储量4000多万吨，天然气储量5亿多立方米，建有“西气东输”工程国家储气库。二是生态环境好。拥有农田林网51.9万亩，林网化率99.8%；有林地面积41万亩，林木覆盖率24.47%，大气质量、水体质量、耕地质量均高于国家标准，正在创建国家级生态县。拥有万亩荷花荡、2000多亩柳树湾湿地公园、荷花广场、白马湖生态渔村、水上森林公园等多处生态旅游景点，正在实施的国家南水北调东线一期运西线和淮河入江水道整治等大型水利工程，建成后将成为金湖独特的水生态景观，被赞誉为“沪宁后花园”。拥有“金湖大米”地理标志和204个无公害农产品、3个有机食品、9个绿色食品品牌，是国家生态农业示范区、江苏省无公害农产品产地整体推进县。三是人文风气好。1998年商务印书馆出版的《中华人民共和国地名大词典》，明确记录金湖塔集是尧帝出生地，千百年来，尧之古风、尧之道德积淀成尧文化，深深融入了尧帝故里的历史长河里。金湖人种荷、爱荷、咏荷历史久远，不仅成就了最具水乡特色的荷生态，而且孕育了底蕴丰厚的荷文化，是“中国荷文化之乡”、“中国荷文化传承基地”。金湖人秉性中和、热情包容、诚实守信。文化、教育、科技、卫生等工作先后被国家表彰，连续多年获评“江苏省社会治安安全县”、“法治江苏合格县”等称号。四是发展前景好。工业基础强，初步形成了机械制造、线缆仪表、新材料三大支柱产业，培育国家高新技术企业15户、省级工程技术研究中心4家、中国驰名商标5件，建成国家石油机械特色产业基地，江苏省石油机械出口基地、汽摩配产业园以及仪表线缆产业集群品牌培育基地，具有产业对接、延伸、升级的广阔空间。发展平台优，远景规划80平方公里的省级经济开发区，已建成20平方公里，有200多家企业落户投产，建成了汽车底盘件制造基地、汽摩配产业园、阀门工业园、台商产业园等特色投资平台。区位交通好，是长三角城市群重点发展的卫星城，交通便捷，东连京沪高速、西接宁连高速，拥有800万吨内河良港。

经历了“十一五”时期的提速发展，金湖2011年再次收获了“十二五”精彩开局。完成地区生产总值121.96亿元，增长23.8%；全社会固定资产投资131亿元，增长35.6%；财政总收入26.38亿元、地方一般预算收入13亿元，分别增长45.9%、48.5%，被省政府授予“财政收入增收表彰单位”称号；城镇居民人均可支配收入19535元、农村居民人均纯收入9336元，分别增长16.8%、20%；全面小康取得了实质性进展，对照省定4大类18项25条指标体系，已有22项提前达标、2项达序时进度，小康社会实现程度约为99.4%。

当前，创先争优的金湖干部群众正在新一届县委、县政府的坚强领导下，积极贯彻李学勇省长在金湖驻村调研时指示精神，坚持高标准的发展追求和工作要求，快字当头、扩量提质，推动经济社会的充分发展，加速新型工业化、城乡一体化、农业现代化、环境生态化“四化同步”，实现强县、兴镇、壮村、富民“四大工程”，确保今年在淮安率先全面达小康、在苏北率先建成生态县，到“十二五”末实现总量增两倍、财政翻两番，全力建设一个产业支撑强、发展基础好、生态环境美、百姓满意度高的“中国荷花之都”。

荷花广场

农民水上运动会

经济开发区

# 江苏省响水县

市民广场

响水位于盐城、淮安、连云港3市交汇处，属黄淮冲积平原，气候温和湿润，四季分明。县域面积1461平方公里，耕地98万亩，下辖8个镇、3个工业园区，总人口62万。境内还有江苏省最大的农场、盐场——黄海农场、灌东盐场。响水是国务院批准的首批沿海对外开放县、国家级生态示范区、全国绿化模范县，2011年被评为“中国最具投资潜力中小城市百强县”之一。

“十一五”以来，在省委、省政府和市委、市政府的正确领导下，全县广大干部群众紧紧围绕“全面奔小康、建设新响水”的总体要求，深入贯彻落实科学发展观，坚持又好又快、好中求快、能快则快，大力实施“以工强县、沿海开发、城镇崛起、外向带动”四大战略，强势推进招商引资和项目建设，加快转变经济发展方式，全县经济社会呈现出快速发展、科学发展、和谐发展的良好势头，顺利实现了“主要经济指标增幅全市领先、总量全省进位、均量苏北一流”的目标。“十一五”时期，可以说是响水建县以来发展最好最快的时期，也是人民群众得实惠最多的时期。

2011年是“十二五”发展的开局之年，响水紧紧围绕“十二五”主题主线，大力实施以工强县、沿海开发、城镇崛起、创新驱动、生态立县“五大战略”，全力以赴调结构、转方式，扩总量、增效益，惠民生、促和谐，全年实现地区生产总值161.16亿元、同比增长13.7%，规模以上工业增加值77.24亿元、增长15.7%，固定资产投资118.7亿元、增长26.36%，工业投资100.01亿元、增长24.7%，社会消费品零售总额37.3亿元、增长18.2%，财政总收入36.59亿元、增长44.8%，地方一般预算收入17.01亿元、增长57.5%。主要经济指标在连续四年快速增长的基础上，财政一般预算收入、工业投资、城镇居民人均可支配收入等6项指标增幅在盐城市9个县（市、区）中列第1位，规模以上工业利润总额和外贸出口总量全市第三，工业用电量总量全市第四，被盐城市人民政府授予目标绩效考核综合先进县，财政一般预算收入增幅在全省名列前茅，连续四年被省政府表彰为“财政收入增收先进县”，顺利实现了“十二五”发展的良好开局，巩固和发展了科学发展的好势头、和谐稳定的好局面。

市委常委、县委书记潘道津（右三）调研港城建设

县长马俊健（右二）调研农业农村工作

5万吨级“明州67”远洋货轮建成下水

气势雄伟的灌河大桥

20万千瓦的风电项目投入发电

# 江苏省滨海县

滨海县城南湖公园

## 滨海实现“十二五”良好开局

2011年，滨海百万干群以千亿临港产业攻坚行动、四大百亿板块升级行动、三大农业基地扩张行动、东西两大城区突进行动、十大惠民工程推进行动等“五大行动”统领全年工作，以“百项工程百日竞赛”活动冲刺全年任务， 实现“十二五”首战告捷。

**一、主要指标呈现出由增幅领先转变为总量争先的新格局。**全年完成财政总收入51.8亿元，增长47.9%，增幅列全市第二，仅增量就相当于05年全县总量的3倍；一般预算收入20.77亿元，增长43.1%，总量从去年的全省39位提升到35位；工业用电量、规模以上工业增加值、固定资产投资三项指标增幅均位列全市第一，固定资产投资和工业投资的总量分别位列全市第四位和第五位，规模工业开票销售总量已挺进全市前三，全县主要指标呈现量质一同超越的态势。

四大主导产业（化工）

四大主导产业（泵阀）

**二、港口开发呈现出由强推基础设施转变为大干产业项目的新格局。**中电投全面参与滨海港开发，投入10亿元的防波挡沙堤全面建成，投入2.8亿元的北疏港公路建成通车，投资1.2亿元的10万吨级煤码头陆域工程开工建设。中海油、大唐集团、协鑫集团等大企业纷纷垂青滨海港，中海油LNG项目、大唐海上风电项目、2×100万千瓦级火电项目先后签约，由于港口产业项目的突破，滨海的发展潜力和竞争力越来越突显。

**三、工业经济呈现出由双轮驱动转变为多极支撑的新格局。**工业园全年新招引项目16个，其中亿元项目10个、5亿元以上项目4个、10亿元以上项目1个；沿海工业园新招引项目15个，在建5亿元以上项目7个，10亿元以上项目3个，全年实现税收超千万元企业数达到20家，连续4年在全市省级开发区综合考评中排名第一。在两个园区快速发展的同时，全县以13个民营创业园为引领的镇域经济呈现出竞相发展的局面，仅过去一年就新建厂房49.33万平方米，新入园企业101家。

四大主导产业（纺织）

四大主导产业（农产品加工）

**四、城市建设呈现出由外延扩张转变为内涵提升的新格局。**50平方公里的城市框架已经拉开，全年完成城建投入60亿元，开工建设商品房168万平方米，新建高层、小高层146幢。城市化率达45.4%，城市绿化覆盖率达39%，水绿城市特色全面彰显，城市功能更加完善。城市交通、卫生、经营和建设秩序进一步规范，在省市城镇环境综合整治定量考核中，取得全市第一、全省第四的好成绩。

**五、富民惠民呈现出由全面脱贫转变为全面奔小康的新格局。**全县上下坚持把提高群众收入作为工作重点，产业富民卓有成效，高效农业面积不断扩大，生态白鹅养殖已成为省级示范区，优质生猪总量实现翻番，粮食生产受到国家表彰。脱贫攻坚工程圆满“收官”，全面小康进程取得新进展，五大核心指标全部达标，小康监测综合积分达99.18分。全县社会事业持续进步，企业养老保险、城镇职工医疗保险、新农保、工伤、失业保险等各项险种参保人员都超额完成了年度目标。社会管理创新取得新成效，全县社会大局继续保持和谐稳定。

滨海公园

# 江苏省射阳县

射阳县位于江苏沿海中部，相传因精卫填海而成陆，由后羿射日而得名。土地总面积2800平方公里，列江苏省第一位；海岸线总长103公里，滩涂面积7.3万公顷，每年还以近500公顷的速度向海洋延伸。

全县辖13个镇、1个省级经济开发区、1个射阳港经济区，总人口近百万。境内还有省属农场3个、市属盐场1个；世界珍禽丹顶鹤有90%在境内的国家级自然保护区越冬，故射阳又有“鹤乡”之誉。迈进新世纪以来，射阳全面落实科学发展观，大力弘扬“创新、敬业、实干、争先”的新射阳精神，大力实施产业升级、创新驱动、沿海领跑、城乡一体、生态优先五大战略，努力建设产业特色鲜明、城乡生态宜居、社会文明和谐、人民幸福安康的新射阳。2011年全县实现地区生产总值288亿元，人均超过3.2万元，全社会固定资产投资143亿元，实际完成财政总收入51.8亿元。连续六年跻身全国最具投资潜力中小城市前十强。2011年入选中国产业百强县和中国承接产业转移最具优势县。

1988年，射阳县被国务院列为首批沿海对外开放县。县内国家二类口岸——射阳港，目前已开辟了上海港、连云港、青岛港等集装箱内支航线，开通了韩国、日本及港澳地区等国际航线。该港南北双导堤已初步建成，2012将形成3.5万吨的通航能力。县城距盐城机场40公里，距新长铁路盐城站50公里。县内等级公路网络健全。沿海高速公路纵贯射阳全境，临海高等级公路正在兴建，苏通大桥通车使射阳融入上海3个小时经济圈。

盐城市政协副主席、射阳县委书记——徐超

射阳县县长——吴本辉

光伏电站

射阳岛生态公园

丹顶鹤保护区

射阳河闸风景区

新能源

射阳县城建成区面积13平方公里，初步形成25平方公里的辖区雏形，滨湖新城、港口港城已全面启动建设。县城居住人口22万人，全县城市化水平近43.2%。已获得国家级园林城市、国家级生态示范县、省级卫生城市、全国文明县城等称号。

正在建设全面小康社会的新射阳，是一片充满生机与活力的热土，商机无限，前程似锦。热情好客的射阳人，诚挚欢迎各地朋友、各路嘉宾，前来射阳观光旅游、考察投资。射阳将是您施展才华的舞台、成就事业的沃土、温馨生活的家园！

后羿射日

亭湖新区东亭湖景观图

# 盐城市亭湖新区

亭湖新区位于盐城市区东部，前身为江苏亭湖经济开发区，2006年经省政府批准为省级开发区；2010年根据沿海发展战略和盐城市区东向出海战略需要，成立亭湖新区；同年8月，设立新城街道。规划面积25平方公里，人口3万余人，辖6个社区。新区交通条件优越，紧邻沈海高速，通榆河，盐城火车站、汽车站和国家一类口岸南洋国际机场。

新区坚持“从早从紧、紧张快干、干就干好”的理念和“精心、精细、精致、精品”的要求，建区造城并举，全力打造“生态、科教、宜业、宜居”新城，综合实力居亭湖区之首。2011年，财政总收入和一般预算收入继续领跑全区。新区入园工业企业110余家，海螺水泥、汇源果汁、中马集团等一批国内外知名企业相继落户，形成以光电、汽车配件、轻工等为主导的产业群。受大学城落户、区政府行政中心入驻拉动，服务业发展态势良好。加州东郡、阳光水岸等高品位小区建成启用，一批现代服务业项目和医院、学校等公共配套项目正加紧建设。

新区规划建设服务业集聚区和特色产业园区各1个。商务商贸区是全市23个服务业集聚区之一，核心区规划面积1.64平方公里，设综合商务商贸、文化创意休闲、配套服务、科研办公四个区域，绿地商务城、虹亚翰府广场等正全面建设。“江苏亭湖光电产业园”是新获批的省级特色园区，规划面积4平方公里，重点发展以“新光源、新能源、新元件”为主题的光电产业。致力打造江苏知名光电产业基地，已有伯乐达光伏、极立电子、三帝光电等一批重大项目落户。

亭湖新区管委会主任　孙红

加州东郡居民小区

重点企业极立电子(江苏)有限公司

地址：盐城市建军东路180号
盐城市亭湖新区管理委员会
邮编：224051
传真：0515-88183118

亭湖新区鸟瞰图

昆山高新区清华科技园

昆山高新区城市一角

昆山高新区工业技术研究院

# 昆山高新技术产业开发区

昆山高新技术产业开发区是昆山市大力实施开放条件下的自主创新、加快高新技术产业集聚发展、推动经济发展方式转变的重要载体。2010年9月经国务院批准成为中国县级市首家国家高新技术产业开发区，被列为国家科技服务体系试点园区、国家海外高层次人才创新创业基地。依托阳澄湖科技园、吴淞江产业园、新城北产业园“三大板块”，全力打造“6+3”产业发展格局，即：新一代电子信息产业、模具产业、可再生能源产业、机器人及装备制造产业、小核酸及生物医药产业、汽车及零部件产业；科技服务业、生产性服务业、商贸服务业。2011年实现地区生产总值530亿元，财政总收入120亿元，工业总产值1784亿元，综合实力连续多年位居全省开发区第一方阵。

2012年，昆山高新区将以争当决胜率先基本实现现代化排头兵为总体目标，抢抓江苏省建设苏南自主创新示范区建设的重大机遇，坚持走科技引领、创新驱动、内生增长的“二次创业”新路，努力增创各领域的领先优势，力争成为全市新兴产业示范区、创新驱动引领区和体制创新先导区。

# 江苏建湖经济开发区

省委书记罗志军视察园区

省长李学勇视察园区

2011年，全区上下在直面挑战中把握机遇，在克难奋进中谋求转型，获得了全县目标任务绩效考核综合奖和15个单项奖，连续4年被市委、市政府表彰为“全市开发区发展工作先进集体”。全国政协副主席李金华、省委书记罗志军、省长李学勇先后亲临我区视察。

**综合实力持续跃升**。全年实现业务总收入130亿元，完成地区生产总值26亿元，实现财政收入7.47亿元，一般预算收入4亿元，分别比去年增长60%、68%，协议利用外资7000万美元，实际利用外资3620万美元，自营出口3500万美元。

**重大项目强力推进**。深入开展招商引资百日竞赛、项目建设百日会战活动，一着不让抓招商，全力以赴上项目，新开工超亿元项目48个，其中10亿元以上项目3个、5亿元以上项目6个；33个项目竣工投产；良基汽配、东林二期等7家列入市“三百工程”的项目，全部通过市竣工验收。

**转型升级步伐加快**。坚持把科技创新作为推动转型升级的重要着力点，进一步深化产学研合作，江苏省节能电光源（LED）产业技术创新战略联盟正式成立，新增省级以企业技术（工程）中心6家、省级以上高新技术企业2家，“豪迈”、“象王”被认定为中国驰名商标；剑牌、象王公司进入上市辅导期。

全省首家苏沪共建园区——上海嘉定建湖科技工业园

**载体建设日臻完善**。完成基础设施建设投入4.8亿元，实施基建、城建项目55个。园区骨干道路绿化、美化、亮化工程全部实施到位，人才公寓、光谷大厦等标志性项目推进顺利，商务区建设步伐加快，中国银行等现代服务业项目相继入驻，城市配套功能不断完善。

光谷大厦效果图

园区一角

# 江苏建湖 高新技术经济区

JIANGSU JIANHU GAOXIN JISHU JINGJIQU

科创大厦

江苏建湖高新技术经济区位于建湖城南片区，紧邻盐徐高速道口，规划面积近30平方公里，已建成面积10平方公里。园区坚持高新定位，致力打造特色园区，重点发展高端机械装备制造、汽车及零部件、航空航天装备、电子信息、软件和服务业外包等产业。

2009年8月首批项目开工以来，目前已有50多家企业落户园区。一批国内外知名的央企、民企、外企、工业园区以及科研院所已来我区直接投资或合作建园。科技创新创业园、嘉定科技工业园、航天航空装备产业园、液压机械科技园、农业机械产业园等特色园区投资均在10亿元以上，实现了产业集聚发展。

园区内科创大厦、金钻大厦、集贤公寓等一批公共服务平台正在加快建设，“九横九纵”的主干道路网络，使交通运输顺畅便捷，地块划分科学合理，便于项目依据投资规模合适选址。“七通一平”的配套设施完善，可满足项目建设和生产所需。园区坚持服务至上、争创一流的工作理念，为每一个项目提供优质高效的服务。

到“十二五”期末，确保经济总量突破300亿，成为长三角经济圈和江苏沿海经济开发带最优投资环境、最具投资价值的园区之一。

集贤公寓——人才服务中心

金钻大厦——国家级石油机械产品检验中心

建设中的园区

# 苏州市唯亭镇

唯亭镇文体中心

浦田有机生态农业园

美丽的园区城铁站

唯亭镇是苏州工业园区的北部城市副中心，位于苏州市中心城区规划范围内东北部，东面与昆山市接壤，西面紧靠苏州市区；全镇行政管辖面积80平方公里，其中，包含36平方公里阳澄湖水面；常住人口近25万，其中，户籍人口6万；312国道、京沪铁路、沪宁高速和娄江水运四大通道贯通东西，沪宁高速公路在唯亭设置两个出入口，沪宁城际高铁与规划中的通苏嘉城际高铁在唯亭相交并设置苏州园区站枢纽。规划建设中的苏州中环线贯穿唯亭，24条公交线路覆盖唯亭全镇。

近年来，在苏州工业园区的辐射带动下，唯亭发展实现历史性跨越，主要经济指标年均增幅35%以上，在“全国千强镇”排名中稳居前30位，在“江苏百强镇”排名中保持前10位。2011年全镇完成GDP330亿元；实现地方一般预算收入20.2亿元，在苏州市乡镇中排名第六位；注册外资5.5亿美元，实际利用外资3.1亿美元，保持全市乡镇第二位；注册内资173亿元，全社会固定资产投资66亿元，全镇主要经济指标始终保持全市乡镇发展“第一方阵”行列。

俯瞰青剑湖

青剑湖夜景

智能产业园区外景

环青剑湖新景